함께 시리즈

예레미야와 함께

(예레미야 주해서)

조 휘

With Series

With Jeremiah

예레미야와 함께

2019년 7월 30일 초 판 1쇄 인쇄
2019년 8월 5일 초 판 1쇄 발행

저 자 • 조 휘
발행인 • 조 경 혜
발행처 • 도서출판 그리심
07030 서울시 동작구 사당로2길 72 인정 B동 b-01

등록번호 • 제 7-258호(1998. 4. 23)
출 판 사 • 전화 523-7589 팩스 523-7590
홈페이지 • http://grisim.biz
전자우편 • grisimcho@hanmail.net

값: 표지 뒷면에

ISBN 978-89-5799-428-3 (93230)

삶을 함께 하는
나의 형제와 자매
연휘, 명순, 선옥, 선휘, 완휘, 수정,
성범, 희숙, 성혜, 희수에게 이 책을 드립니다.

차 례

제7장 유다와 예루살렘에 관한 사건기록 II (34:1-45:5)

제8장 열방을 향한 신탁(46:1-51:64)

서 문

성경주해서를 집필하는 것은 조심스럽고 부담스러운 작업이다. 하나님의 말씀이기에 정확히 주해를 해야 하는 조심스러움이 있다. 혹시 잘못된 해석을 해서 하나님의 말씀의 권위를 손상시키지는 않을까? 하나님의 말씀에 대한 왜곡된 이해를 독자에게 주는 것은 아닐까? 염려와 조심스러움이 있지만 성경을 주해하면서 하나님의 말씀이 담고 있는 신비와 진리를 발견하는 즐거움과 감격도 있다. 그래서 주해서를 집필하게 된다. 예레미야서와 같이 분량이 많은 성경을 주해하는 것은 부담이다. 시간과 집중이 그만큼 많이 요구되기 때문이다. 주해작업을 하면서 예레미야가 정말 긴 책이라는 사실을 실감하게 됐다. 긴 책일 뿐만 아니라 상당히 복잡하다. 한 본문 안에서도 화자가 누구인지를 구분해 내는 것도 여간 쉽지 않다. 예레미야서를 주해하면서 실제 느끼고 보게 된 것이 있다. 바로 선지자 예레미야다. 예레미야의 사역이 책만큼이나 길고 복잡했구나! 예레미야의 소명은 그의 입장에서 보면 불행하고 즐겁지 않은 부르심이다. 그가 상대해야 할 유다백성은 아마도 이스라엘 역사 중에서 가장 패역한 사람들이었을 거라고 생각할 정도로 완악하고 거칠었다. 그 당시 정치적 정세가 그들을 더욱 그렇게 만들었을 수도 있다. 듣지 않으려고 하는 이들에게 심판을 선포해야 했고 수시로 죽음의 위협을 감수해야 했다. 더욱 그를 힘들게 했던 것은 아마도 긴 사역기간이었을 것이다. 40년을 넘게 줄 곳 한 길을 가야했던 예레미야! 하나님이 인도하신 길에서 벗어나 자신들의 길만 고집했던 유다백성과 달리 고통스럽고 힘겹지만 하나님이 부르신 그 길을 걸었던 예레미야! 그러하기에 태어난 날을 저주하고 하나님이 자기를 속이셨다고 반항하기도 한 그의 모습에 공감이 가기도 한다. 그가 목숨을 걸고 고통 중에 선포했던 메시지, 언약백성이 꼭 들어야만 했던 하나님의 말씀을 글로 남겼다. 21세기를 살아가고 있는 하나님의 백성, 성도들이 그가 선포했던 말씀에 귀를 기울이기를 원해서다. 귀를 막고 하나님께 등을 돌렸던 유다백성과는 달라야만 한다. 그렇게 할 때 온전한 성도로 설 수 있고 한국교회가 살 수 있다. 한국교회가 예레미야의 메시지로 바로 설 때 한국사회에 깃든 어둠은 점차 사라지게 될 것이다. 예레미야서는 유다 지도자들과 백성이 초래한 유다왕국의 총체적인 위기상황에 대한 예레미야의 신학적 관점에 따른 접근이고 분석이다. 아마도 다른 어떤 성경보다도 지금 한국교회와 사회가 주목해야 할 하나님의 말씀을 담고 있다고 생각한다. 이 주해서를 통해 예레미야가 전하는 하나님의 말씀을 더 정확하게 이해하고 도전을 받는다면 거기에 예레미야 주해서를 집필한 의미와 작은 보람이 있다.

본 주해서는 구약선지서 주해에 집중하는 「함께 시리즈(*With Series*)」의 한 부분이다. 구약선지서의 저자가 인도하는 대로 본문 안으로 들어가 그와 "함께" 본문을 살피고 읽고 해석하려고 하는 주해서 시리즈다. 이미 『나훔과 함께』 주해서가 지난 2013년에 출간됐고 그에 앞서 이 시리즈 명칭을 붙이지는 못했지만 같은 의도에서 2011년에 집필한 아모스 주해서(『사자가 부르짖은즉 누가 두려워하지 않겠느냐?: 아모스서 원전연구 및 주해』가 있다. 『예레미야와 함께』는 이 시리즈의 작업을 이어간다.

본 주해서의 구성은 다음과 같다. 먼저 해당 단락의 개요를 소개하고 간단한 개관을 한다. 이어서 절별 주해를 다루고 마지막에 현재적 적용을 소개한다. 본 주해서를 효과적으로 활용하기 위해서는 먼저 해당 예레미야서 본문을 충분히 읽고 숙지한 후, 개요와 개관 단락을 통해 해당 본문의 전체적인 그림을 파악하는 작업이 필요하다. 그런 후 절별 주해 단락을 통해 구체적인 단어와 표현의 의미를 확인하는 것이다. 주해단락에 히브리어 단어, 표현, 문장을 소개하는 것은 같은 단어와 표현인데 번역을 달리하는 경우가 있기 때문에 같은 단어와 표현이 반복되면서 강조되는 바를 볼 수 있게 하려는 것이다. 때론 원문에 담긴 의미를 번역본에서 충분히 또는 명확히 담아내지 못할 때 원문을 설명하면서 본래 의도된 바를 소개하기도 한다. 필자의 아모스 주해서와 나훔 주해서에는 히브리어 원전을 집중적으로 다루는 단락이 있지만 본 주해서에서는 구분된 단락에서 원전을 다루지 않는다. 원전을 다룰 경우 본 주해서의 분량에 문제가 있기 때문이다. 하지만 주해에서 필요한 경우 원전을 다루고 있기 때문에 충분하지는 않지만 원전분석에 따른 유익을 얻을 수 있기를 기대한다. 히브리어를 알고 히브리어 구문을 공부하길 원하는 독자의 경우, 예레미야서 히브리어 원전을 함께 참조할 때 기대하는 유익을 얻을 수 있다. 문장 중에 괄호와 함께 히브리어가 표기 때문에 가독성에 문제가 있을 수 있다. 그럼에도 불구하고 히브리어 원전을 접하게 하고픈 필자의 작은 바람이 있기에 무리가 되지만 담아보았다. 히브리어 표현에 한글음역을 표기해서 히브리어에 대한 독자의 부담감을 최소화하려고 했다. 음역을 읽으면서 히브리어 표현의 묘미도 느끼는 것이 작은 즐거움이 되기를 바란다.

현재적 적용 단락에서는 적용을 구체적인 서술식의 설명으로 제공하기보다는 묵상을 위한 간단한 질문들을 나열한다. 그 이유는 주어진 질문들을 읽고 독자 스스로 해당 본문을 다시 살피면서 자신의 삶에 적용하고 고민하기를 바라기 때문이다. 주어진 질문을 고민하면서 독자 역시 말씀연구와 말씀묵상에 적극적으로 참여할 수 있는 기회를 갖게 되기를 바란다. 본 주해서가 제시하고 있는 본문분석과 주해를 효율적으로 따라가려면 선지서의 신탁구성에 대한 이해가 필요하다. 신탁은 하나님이 선지자들을 통해 전달하신 그의 말씀이다. 신탁은 일반적으로 문제와 원인을 서술하는 "고소단락"과 앞서 고소단락에서 서술한 원인(문제)에 따른 결과를 선언하는 "선언단락"으로 구성되어 있다. 예레미야서의 대부분의 본문이 신탁형식이기 때문에 이 기본적인 정보를 기억하는 것이 중요하다. 특히 고소단락에 지적된 문제가 나 자신과 내가 속한 신앙공동체에는 없는지 살필 때 예레미야서의 메시지가 더 구체적이고 직접적으로 다가온다. 여기에 말씀묵상과 적용의 의미가 있다.

본서와 관련해서 한 가지 더 첨언하는 것은, 주해단락에서 많은 주석서들의 해석을 참조하거나 소개하지 않는다. 여러 주석서를 참조하면서 주해하기보다는 필자의 본문분석과 주해에 집중하고자 했기 때문이다. 물론 해석의 타당성을 확인하기 위해 복음주의 입장과 비평적 입장을 견지하는 주석서를 제한적으로 활용했다. 따라서 예레미야서를 학문적 차원에서 심도 있게 연구하고자 하는 독자의 경우 다른 주석서나 연구논문을 살펴야 하며 또한 거기서 제공하는 참고문헌을 통해 도움을 얻을 필요가 있다. 본 주해서는 예레미야서를 읽고 이해하기를 원하는 일반 목회자와 신학생, 그리고 성도를 염두에 두고 있다. 본 주해서에 많은 부족함과 아쉬움이 있지만 하나님의 말씀 안으로 예레미야와 함께 걸어 들어가서 무엇을 보아야하고 무슨 고민을 해야 하는지를 돕기 위한 작업을 의도했다. 바라기는 본 주해서와 함께 예레미야서를 읽고 연구하면서 하나님의 말씀 앞에서 성도로 어떤 삶을 살아야하는지에 대한 도전이 있기를 기도한다.

서문을 마감하면서 감사의 뜻을 표해야 할 분들이 있다. 먼저 「함께 시리즈」 출판의 부담감을 기꺼이 떠맡아주신 그리심 출판사의 조경혜 사장님과 세심한 편집작업을 해주신 장종길 편집장님께 감사의 마음을 전한다. 또한 긴 원고를 세밀하게 읽으시고 필자의 실수들을 바로 잡아주신 김은주 목사님(ACTS 구약 박사과정)께 특별한 감사를 드린다. 본서의 집필에 집중할 수 있도록 환경과 연구비를 제공한 아세아연합신학대학교에도 감사의 뜻을 전한다. 본 주해서의 집필을 마감하면서 기도와 관심으로 함께 해주신 휄로쉽교회(북버지니아) 오이코스 지체들을 한 분 한 분 떠올리게 된다. 특별히 본 주해서를 집필하는 동안 시간을 양보해 주고 간절한 마음과 기도로 집필에 동행해준 사랑하는 아내(정림)와 두 딸(예린, 예나)에게 사랑을 담은 감사의 마음을 전한다. 무엇보다도 예레미야서를 붙들고 씨름할 때마다 인내할 수 있도록 마음에 기쁨을 주시고 함께 하신 성삼위 하나님께 모든 영광과 찬양과 감사를 드린다.

2019년 6월 12일

버크(Burke)에서

조 휘

약어표

AB	Anchor Bible
ASV	American Standard Version
AYBC	Anchor Yale Bible Commentary
BCBC	Believers Church Bible Commentary
BHS	Biblia Hebraica Stuttgartensia
CBQ	*Catholic Biblical Quarterly*
CTM	*Concordia Theological Monthly*
ITC	International Theological Commentary
JBL	*Journal of Biblical Literature*
JPSV	The Jewish Publication Society TNK
KJV	King James Version
LXX	The Septuagint
MT	Massoretic Text
NASB	New American Standard Bible
NCBC	The New Century Bible Commentary
NICOT	New International Commentary on the Old Testament
NIV	New International Version
NAC	NIV American Commentary
NJB	New Jerusalem Bible
OTL	Old Testament Library
RSV	Revised Standard Version
SHBC	Smyth & Helwys Bible Commentary
TOTC	Tyndale Old Testament Commentaries
UBCS	Understanding the Bible Commentary Series
VT	*Vetus Testamentum*
WBC	World Biblical Commentary
WTJ	*Westminster Theological Journal*
ZAW	*Zeitschrift für die alttestamentaliche Wissenschaft*

일러두기

1. 성경본문 인용은 특별한 표기가 없는 한 개역개정을 사용한다.

2. 특별히 성경출처를 표기하지 않고 장과 절을 언급할 경우에는 예레미야서의 장과 절을 가리킨다(예: 2:3). 반면에 다른 성경의 장과 절을 언급할 경우에는 약어로 성경이름을 표기하고 장과 절을 제시한다(예: 사 5:1-7).

3. 히브리어 단어를 한글로 음역을 할 때, 중자음(dagesh forte)의 경우 한글이 어색하더라도 중자음을 반영하기 위해 그대로 표기한다(예: שִׁקּוּצֵיהֶם 쉭쿠째헴, וְאַתָּה 베알타).

4. 히브리어는 오른쪽에서 왼쪽으로 쓰고 읽는다. 한글음역이 읽는 순서를 나타낸다. 따라서 히브리어 문장이나 구의 경우, 한글음역이 시작하는 바로 앞의 단어가 문장이나 구의 첫 번째 단어가 되고 왼쪽으로 진행한다. 예를 들면, רֹב עֲוֹנֵךְ 로브 아보내크(13:22)에서 한글음역 "로브"는 רֹב("많음")의 음역이고 "아보내크"는 עֲוֹנֵךְ("네 죄악")의 음역이다. 한글음역의 순서는 "로브 아보내크"로 표기되고 히브리어 구의 순서는 오른쪽에서 왼쪽으로, 즉 רֹב 로브 그리고 עֲוֹנֵךְ 아보내크가 된다. 이를 히브리어 구의 순서대로 표기하면 "많음 네 죄악"이다. 한글번역으로는 "네 많은 죄악" 또는 "네 죄악의 많음"이 된다.

5. 절의 상중하 구분은 대략적 구분이다(예: 14절상, 14절하).

6. 주해를 하면서 개역개정의 표현을 그대로 사용할 때 따옴표(" ")를 사용하는데, 이 안에 꺾쇠([ ])로 표기하는 것은 히브리어 원전의 표현을 그대로 반영한 것이다.

예레미야와 함께

(예레미야 주해서)

제1장 서 론

예레미야서는 총 52장이며 선지서 열여섯 권 중에서 본문이 가장 길다.[1] 개신교의 구약성경 구성에 따르면 예레미야서는 이사야서, 에스겔서, 다니엘서와 함께 대선지서 단락에 있다. 히브리어성경(TNK) 구성에 따르면 두 번째 단락인 "네비임"(נבאים)의 후기선지서 단락에 있다.[2] 예레미야서를 읽고 내용을 이해하려고 할 때 독자에게 어려움을 주는 요소는 대략 다음과 같다. 첫째, 분량이다. 예레미야서는 예레미야가 40년간 사역하면서 선포한 메시지들을 담고 있기 때문에 분량이 많다. 둘째, 예레미야서의 구성이다. 예레미야서는 역대기적 흐름에 따라 전개되지 않기 때문에 전체 구성과 흐름을 일목요연하게 정리하면서 내용을 파악하는 것이 쉽지 않다.[3] 셋째, 예레미야 선지자의 복잡한 심정에 대한

---

1) 이사야서가 66장이지만 분량에 있어서 예레미야서보다 짧다.

2) 히브리어성경(TNK)은 삼중 구조다: (1) 토라(모세오경); (2) 네비임(전기선지서, 후기선지서); (3) 케투빔(시서, 오축, 역사기록). 네비임의 후기선지서로 분류되는 선지서는 이사야, 예레미야, 에스겔, 호세아, 요엘, 아모스, 오바댜, 요나, 미가, 나훔, 하박국, 스바냐, 학개, 스가랴, 말라기다.

3) 하지만 간단하게는 대상과 주제에 따라 남유다와 예루살렘에 관한 본문(1-29장, 34-45장), 회복선포에 집중하고 있는 본문(30-33장), 열방을 향한 신탁을 담고 있는 본문(46-51장), 결언의 역할을 하는 마지막 장(52장)으로 구분할 수 있다. 연도가 표기되는 단락에서 그 단락의 끝을 규정하는 것도 학자들 간에 논쟁이 있다.

직설적인 표현이다. 예레미야 선지자는 오랜 기간 동안 사역을 감당하면서 자신이 느꼈던 감정과 갈등을 솔직하게 고백하는 글들을 곳곳에 서술하고 있기 때문에 앞의 두 가지 문제와 더불어 책의 내용을 이해하는데 어려움을 준다. 하지만 예레미야서의 혼란스러운 구성과 전개 및 예레미야 선지자의 복잡한 심정에 대한 고백은 마치 독자를 그 당시 격동의 상황으로 인도해서 그대로 느끼게 하려는 듯 보인다. 따라서 독자는 마치 파도를 타듯이 예레미야서의 전체 흐름을 타고 예레미야가 선포하고 있는 메시지로 다가서는 것이 중요하다. 예레미야서를 읽고 이해하기 위해서는 상당한 인내와 집중, 그리고 시간이 요구된다.

예레미야가 사역을 하는 동안 그의 육성 메시지와 행위를 직접 듣고 보았던 이들과 최종적으로 문서화된 예레미야서의 독자들을 구분해서 고려해 볼 필요가 있다.[4] 예레미야 사역 당시의 사람들은 아직 예루살렘과 성전의 파괴를 경험하지 않은 상황에서 그의 메시지를 듣고 반응했던 이들이다. 이들은 역사의 격동 속에서 위기감을 느끼기는 했겠지만 예레미야의 심판선언을 철저히 외면했다. 따라서 회복선언 역시 무의미한 외침에 불과했을 것이다. 반면에 기록으로 전달된 예레미야서의 독자들은 예루살렘 성전의 파괴와 다윗왕조의 붕괴, 및 포로를 경험한 이들이다. 이들은 심판의 메시지보다는 회복의 메시지에 더 주목했을 것이다.[5] 왜냐하면 예레미야가 선포한 심판이 실제로 성취되면서 그가 참 선지자인 것이 확증됐기 때문이다. 그가 선포한 심판이 성취됐다면 그가 예고한 회복 역시 성취될 것이 확실하기 때문에 예레미야서의 본래 독자들은 회복에 대한 기대와 확신을 가질 수 있었을 것이다. 달리 말하면, 포로기의 신실한 자들은 예레미야서를 읽으면서 하나님의 심판원인을 확인하고 과거를 돌아보았을 뿐만 아니라 회복에 대한 기대와 확신을 가질 수 있었을 것이다.[6] 따라서 기록된 예레미야서의 의미론적 무게는 회복의 메시지에 놓이게 된다. 이스라엘의 역사가 충격과 혼란 속에 마무리될 수밖에 없었던 원인과 실패를 지적하면서도 하나님이 이루실 새로운 시대를 전하고 있는 예레미야서는 현재에도 격동의 시기를 살아가는 이들에게 위로와 소망을 주는 하나님의 메시지다. 그러므로 현대 독자들은 과거에 이루어진 하나님의 심판의 원인을 분명하게 파악해서 성도가 온전한 삶을 이루어가는 여정에 도전을

---

4) Cf. T. E. Fretheim, *Jeremiah* (Macon: Smyth & Helwys Publishing, 2002), 4.

받아야 할 뿐만 아니라 구원의 계획과 성취에 대한 하나님의 일하심에 주목할 필요가 있다. 아래에서는 예레미야서를 읽고 분석하기 위한 기본적인 정보들을 정리하여 서술하고자 한다.

1. 선지자 예레미야

예레미야의 출신, 소명, 사역기간

예레미야서 1장 1절은 선지자 예레미야를 베냐민 땅의 아나돗에 있었던 제사장들 중의 한 명인 힐기야의 아들로 소개한다. 즉, 예레미야가 제사장 가계 출신인 것과 그의 고향이 아나돗인 것을 알 수 있다. 아나돗은 여호수아 21장 18절에 제사장 아론과 그의 자손에게 준 성읍들 중의 하나로 언급되고 있으며 예루살렘의 북쪽으로 약 5km 떨어진 곳에 위치했다.[7] 예레미야 선지자의 히브리어 이름인 יִרְמְיָהוּ 이르메야후의 의미를 분명히 규정할 수는 없지만 대략 "여호와께서 세우신다" 또는 "여호와께서 높이신다"를 의미하는 것으로 추정한다.[8]

1장 2-3절에 따르면 예레미야는 요시야 왕 13년(주전 627년)에 하나님의 부르

---

5) Clements는 최종 예레미야서의 편집과정과 편집자를 인정하면서 희망의 메시지가 갖는 중요성을 다음과 같이 설명한다: "그러나 가장 두드러진 사실은 예레미야서가 희망의 메시지를 담고 있다는 것이다. . . 예레미야의 예언들을 보존한 이름 모를 서기관들과 편찬자들은 이런 비극적 재난들에 의하여 압도되었던 사람들이 그것을 현실로 받아들이되 용감하게 대처하여 그런 사건들을 넘어서는 희망을 발견하도록 도울 목적으로 예레미야의 예언들을 모으고 편집하였다"(로날드 E. 클레멘츠, 『예레미야』[서울: 한국장로교출판사, 2002], 26-27). 필자는 클레멘츠가 제시하는 정도의 편집자의 작업을 수용하지 않지만 유다의 멸망 이후의 정황에서 희망의 메시지가 갖게 된 중요성을 지적한 면에는 동의한다.

6) 그 예로 다니엘 9장에 기록된 다니엘의 태도를 고려해 볼 수 있다.

7) 아비아달은 다윗시대에 제사장으로 섬기다가 솔로몬 왕위를 위협하던 아도니야를 도운 일로 그의 고향 아나돗으로 쫓겨난다(왕상 2:26-27). 이러한 사실에 비추어볼 때, 예레미야의 고향이 아나돗이라는 것은 그가 아비아달의 가계에 속했던 것으로 추정해 볼 수 있다.

8) 히브리어 יִרְמְיָהוּ 이르메야후가 라틴어성경 Vulgate에는 Hieremia로, 칠십인경에는 Ἰερεμίας로 번역되고 있다.

심을 받고 선지자 사역을 시작한다.9) 사역으로의 공식적인 부르심은 요시야 왕 13년에 있었지만 예레미야 1장 5절은 그가 모태에 지어지기 전에 이미 하나님이 그를 성별하여 "열방을 향한 선지자"(נָבִיא לַגּוֹיִם나비 락고임)로 세우셨다고 기록하고 있다. 이는 두 가지 사실을 전달한다. 첫째, 하나님이 그의 부르심과 사역을 미리 작정하셨다는 것이다. 둘째, 그가 유다를 향한 신탁만을 선언하기 위해 부름을 받은 것이 아니라 다른 민족들을 향한 하나님의 계획도 전달하는 소명을 받았다는 것이다.10)

하나님의 소명을 받는 장면에서 예레미야는 자신을 "아이"(נַעַר나아르)라고 표현한다(렘 1:6). 히브리어 נַעַר나아르가 정확하게 어느 연령대의 남자를 가리키는지 명확하지 않지만 대개 "어린 소년" 또는 "(결혼 적령기의) 젊은 남자"를 의미한다.11) 후자의 의미에 근거하여 아쳐(G. Archer)는 예레미야가 약 20세에 부름을

---

9) 주전 627년은 앗시리아의 왕 앗술바니팔이 죽으면서 앗시리아의 쇠퇴가 시작된 해다. 1장 2-3절은 예레미야의 사역시기를 요시야 왕 13년(627년)부터 시드기야 왕 11년(586년)까지 언급하지만 39-44장은 예루살렘 파괴 이후의 사건과 예레미야의 사역을 기록하고 있다.

10) 예레미야가 실제로 다른 나라에 가서 신탁을 선포했는지는 논의의 여지가 있지만 열방을 향한 심판과 회복을 선언하는 신탁들이 예레미야서에 포함되는 것은 자연스럽게 설명된다.

11) 창세기 21장 12절에서 열네 살인 이스마엘을 נַעַר나아르로 표현하고 있다. 따라서 주전 640년을 예레미야의 출생연도로 보는 견해도 있다(cf. R. K. Harrison, *Jeremiah & Lamentations: An Introduction and Commentary* [Downers Grove: Inter-Varsity Press, 1973], 34). 그렇게 되면 예레미야가 소명을 받은 요시야 왕 13년은 그가 대략 14세 전후가 되는 해가 된다. 반면에 창세기 19장 4절에서 나이든 사람과 젊은이를 말하면서 r[;n: 나아르가 사용되고 있는 것을 볼 때 어린 나이가 아닌 젊은이를 가리키는 것으로 이해할 수도 있다. 이와는 달리 요시야 왕 13년을 예레미야의 출생연도로 보기도 한다(cf. J. P. Hyatt, W. L. Holladay, etc.). 이는 렘 1장 5절의 언급("내가 너를 모태에 짓기 전에 너를 알았고 네가 배에서 나오기 전에 너를 성별하였고")과 예레미야가 요시야의 개혁 시기에 사역을 했다면 그의 개혁에 대해 침묵할 수 없다는 것에 근거한 것이다(cf. J. P. Hyatt, "The Beginning of Jeremiah's Prophecy," in *A Prophet to the Nations: Essays in Jeremiah Studies*, ed. by L. G. Perdue and B. W. Kovacs [Winona Lake: Eisenbrauns, 1984], 63-72; W. L. Holladay, *Jeremiah 1*, [Philadelphia: Fortress Press, 1986], 1). 이 견해를 따르는 학자들은 주로 예레미야가 주전 609년 이후(약 18세)에 본격적으로 사역을 시작한 것으로 본다. Holladay는 율법책(신명기)이 주전 622년에 발견된 후, 신 31:9-13의 명령에 따라 매 칠년마다 율법이 낭독된 것으로 간주하여 율법책이 첫 번째로 낭독되는 해인 615년에 열두 살의 예레미야가 소명을 받은 것(렘 1:4-7)으로 설명한다(ibid., 1-

받았다는 견해를 소개하기도 한다.[12] 정확한 나이를 알 수는 없지만 비교적 젊은 나이에 예레미야가 소명을 받고 사역을 시작한 것으로 볼 수 있다. 젊은 나이에 사역을 시작한 예레미야는 아내를 맞이하지 말고 자녀를 두지 말라는 명령을 받고 독신으로 사역을 감당한다(cf. 16:1).

예레미야는 요시야 왕 통치 13년(주전 627년, 통치기간: 640-609년)에 소명을 받고 사역을 시작한 후 요시야의 뒤를 이어 왕이 된 여호아하스(609년, 3개월간 통치), 여호야김(609-597년), 여호야긴(597년, 3개월간 통치), 시드기야 시대(597-586년)까지 사역을 이어간다. 주전 586년에 예루살렘과 성전의 파괴를 목격하게 된다. 바벨론 왕 느부갓네살은 시드기야 왕을 제거한 후 그다랴를 유다 지도자로 세우게 되는데, 그다랴는 느다니야의 아들 이스마엘에 의해 살해를 당하게 된다(585년).[13] 이때 바벨론의 반응을 두려워한 가레아의 아들 요하난과 호사야의 아들 아사랴 및 그들과 함께 하던 백성이 예레미야에게 이집트로 가야할지에 대해 묻자 그들에게 이집트로 가지 말라는 여호와의 말씀을 전하는 것을 마지막으로 그의 사역에 대한 기록은 없다. 따라서 예레미야의 총 사역기간은 주전 627년에서 585년에 이르기까지 약 40년이다. 이 사역기간 동안 예레미야는 요시야 왕이 주도한 유다의 종교개혁뿐만 아니라 유다의 총체적 타락과 멸망을 경험한다.

감정을 표현하는 선지자, 예레미야

예레미야는 다른 어떤 문서선지자보다도 자신의 감정을 솔직하게 고백하고 기

---

2). 뿐만 아니라 예레미야가 자신을 נַעַר나아르로 표현하고 있는 것과 예수님의 열두 살 때의 사건을 연계하여 설명한다.

12) 글리이슨 아처, 『구약총론』 김정우 역 (서울: 기독교문서선교회, 1985), 413. 정규남 역시 예레미야가 소명을 받을 당시 약 20세였을 것으로 소개한다(정규남, 『구약개론』[서울: 개혁주의신행협회, 2001], 238). Bright은 주전 627년에 예레미야가 사역을 시작했고 645년 또는 바로 직전에 그가 태어났다는 견해를 견지한다(J. Bright, *Jeremiah*, AB [New York: Doubleday, 1965], XXIX). 이 경우 예레미야가 약 20세 전후에 사역을 시작한 것이 된다.

13) 동일한 인물에 대해 예레미야서에서는 "그다랴" (גְּדַלְיָה 게달리야)로 표기되는 반면에 열왕기하 25:22-24은 "그달리야" (גְּדַלְיָהוּ 게달리야후)로 표기된다.

록한다.[14] 선지자로서의 갈등과 고뇌, 슬픔, 그리고 확신 등을 사실적으로 서술해 주는 면에서 예레미야서가 갖는 의미가 크다. 왜냐하면 가장 인간적인 모습의 선지자를 예레미야를 통해서 볼 수 있기 때문이다.[15] 선지자들은 감정이 통제되고 무감각한 초능력자들이 아니라 지극히 인간적인 특성과 약점을 그대로 간직한 채 사역했던 사람들이다. 특히 예레미야서는, 감정적 갈등과 어려움을 억누르고 사역을 감당하는 것이 온전한 사역자의 모습이라고 생각하는 이들에게 인간적인 연약함 속에서도 주어진 사역을 감당해 가는 신실한 사역자의 모습을 보게 한다.

예레미야의 메시지는 그 당시 유다 백성에게 정치, 사회, 종교적으로 환영받지 못했기 때문에 예레미야는 많은 어려움을 겪게 된다. 그가 겪은 고난이 비교적 상세히 기록된 편이다(cf. 11:18-12:6; 15:10-21; 17:12-18; 18:18-23; 20:7-18). 이 기록들에서 예레미야는 믿음과 소명, 사역에 대한 의심과 갈등을 솔직하게 고백하면서 선지자로서의 고뇌를 생생하게 전달한다. 이는 소명에 대한 분명한 확인이나 확신이 없었기 때문이 아니다. 예레미야 1장의 소명기사를 보면 예레미야는 부르심과 하나님의 임재에 대한 약속에 근거하여 그의 사역을 시작한 것을 볼 수 있다. 하지만 실제 상황이 벌어질 때 드러날 수 있는 사역자의 연약한 모습을 그대로 보여준다. 이런 면에서 예레미야서는 더 실제적이고 사실적으로 독자들에게 다가온다. 고난과 갈등으로 인해 많은 눈물을 흘렸기 때문에 예레미야는 "눈물의 선지자"라는 별명을 가지고 있다(cf. 대하 35:25). 그런데 그가 흘린 눈물의 의미가 무엇인지에 대해 생각해 보는 것은 흥미롭다.

---

14) 문서선지자란 구약의 선지자들 중에서 자신들의 사역과 그들이 선포한 신탁 등을 기록으로 남긴 선지자들을 가리킨다. 즉, 이사야, 예레미야, 에스겔, 다니엘, 호세아, 요엘, 아모스, 오바댜, 요나, 미가, 나훔, 하박국, 스바냐, 학개, 말라기가 문서선지자들이다.

15) 예레미야서의 후대편집을 주장하는 학자들은 예레미야서에 서술된 선지자 예레미야를 역사적 예레미야와 동일시하지 않으면서 다양한 견해를 개진한다. 다양한 견해가 제시되고 있는 점이 이러한 논의의 타당성이나 확실성에 의문을 제기하게 하지만 더 중요한 사실은 역사적 예레미야를 재구성해내는 것이 예레미야서 해석에 결정적인 역할을 하지 않는다는 것이다. 예레미야서에 서술된 선지자 예레미야에 관한 본문들은 역사적 예레미야에 대한 정보를 전달하려는 것을 그 목적으로 하지 않는다. 해석자에게 필요한 작업은 역사적 예레미야를 재구성하는 것이 아니라 그 본문들이 예레미야가 선포하는 메시지와 어떤 연관을 갖는지 살피는 것이다.

눈물의 선지자 예레미야, 그 눈물의 의미는?

유다와 예루살렘의 타락을 "고칠 수 없는 상처"로 표현하면서 미가 선지자는 자신의 심정을 다음과 같이 표현했다: "내가 애통하며 애곡하고 벌거벗은 몸으로 행하며 들개 같이 애곡하고 타조 같이 애통하리니"(미 1:8). 미가가 흘린 눈물의 의미는 민족의 타락에 대한 슬픔의 표현이다. 그렇다면 "눈물의 선지자"로 불리는 예레미야가 흘린 그 많은 눈물의 의미는 무엇인가? 그의 눈물에는 세 가지 의미가 있다.

첫째, 민족의 실패와 이에 따른 고통과 시련에 대한 눈물이다. 예레미야는 유다 백성을 대신해서 유다의 죄를 인정하고 고백하는 눈물을 흘린다(3:23-25). 이는 스스로 무죄하고 죄를 범하지 않았다고 말하는 뻔뻔한 유다 백성과 대조되는 모습이다(cf. 2:35). 유다를 향한 하나님의 맹렬한 노가 아직 돌이키지 않았다는 선언을 들은 예레미야는 눈물을 흘리게 되고(4:8-10), 그 눈물은 심판에 대한 경고의 나팔 소리를 들었을 때 그 결과의 비참함에 대한 슬픔으로 이어지고 마음의 병으로 표현된다: "슬프고 아프다 내 마음속이 아프고 내 마음이 답답하여 잠잠할 수 없으니"(4:19-31). 더 나아가 예레미야는 유다백성의 치유될 수 없는 상함을 자신의 상함으로 받아들이고 슬피 운다: "딸 내 백성이 상하였으므로 나도 상하여 슬퍼하며 놀라움에 잡혔도다 길르앗에는 유향이 있지 아니한가 그곳에는 의사가 있지 아니한가 딸 내 백성이 치료를 받지 못함은 어찌 됨인고 어찌하면 내 머리는 물이 되고 내 눈은 눈물 근원이 될꼬 죽임을 당한 딸 내 백성을 위하여 주야로 울리로다"(8:21-9:1). 뿐만 아니라 심판이 임하기 전에 여호와께로 돌아서지 않는 백성의 교만한 모습 때문에 은밀히 울기도 한다(13:15-17).[16] 예레미야는 단지 슬퍼

16) 하나님의 명령에 따라 유다백성에게 신탁을 전달하지만 아무도 관심을 두지 않을 뿐만 아니라 부정적인 반응을 보인 것으로 인해 예레미야는 그의 난감함을 이렇게 표현한다: "내가 누구에게 말하며 누구에게 경책하여 듣게 할꼬 보라 그 귀가 할례를 받지 못하였으므로 듣지 못하는도다 보라 여호와의 말씀을 그들이 자신들에게 욕으로 여기고 이를 즐겨하지 아니하니"(6:10). 6장의 정황에서 이 말은 예레미야의 말인지 아니면 하나님의 말인지 모호하다. 누구의 말이던 하나님의 말씀을 대하는 백성의 태도에 대한 난감함을 전달한다. 하나님의 대언자로서 예레미야가 그의 난감함을 표현하는 것이라면 이 역시 하나님의 난감함이 된다.

하고 울기만 하는 것이 아니라 가뭄으로 하나님의 심판이 임하게 될 때 백성의 고통을 바라보며 그들을 대신해서 죄를 고백하고 여호와의 이름을 위하여 그의 백성을 버리지 마시라는 간청을 그의 눈물에 담기도 한다(14:7-9). 유다백성의 문제가 거짓선지자들 때문인 것을 지적할 때에는 그의 백성을 위해 하나님이 언약을 기억해 주시길 간청하는 선지자의 기도를 드린다(14:13, 19-22; cf. 23:9). 회복에 대한 약속이 분명하지만 당시에는 하나님의 참혹한 심판을 피할 수 없는 유다백성의 처지를 애처로운 마음으로 바라보면서 그의 슬픔을 하나님께 토로한다(32:16-25). 눈물을 흘리던 선지자 예레미야는 여호와의 진노와 버리심을 인식하고 유다백성 역시 통곡의 눈물을 흘리라고 명한다: "딸 내 백성이[여], 굵은 베를 두르고 재에서 구르며 독자를 잃음 같이 슬퍼하며 통곡할지어다 멸망시킬 자가 갑자기 우리에게 올 것임이라"(6:26); "너의 머리털을 베어 버리고 벗은 산 위에서 통곡할지어다 여호와께서 그 노하신 바 이 세대를 끊어 버리셨음이라"(7:29). 이는 애곡하라는 여호와의 명령(4:8; 9:17-22)을 스스로 실천하며 백성에게 전한 것이다.

둘째, 선지자로서 자신이 겪고 있는 고독과 갈등, 번민, 위협에 대한 눈물이다. 사실 예레미야는 하나님의 소명을 받는 장면에서부터 그의 눈물을 보인다: "내가 이르되 슬프도소이다 주 여호와여 보소서 나는 아이라 말할 줄을 알지 못하나이다 하니"(1:6). 그의 눈물에는 소명을 감당할 때에 갖게 되는 두려움과 부담감이 담겨있다. 이 눈물은 자신을 죽이려고 하는 아나돗 사람들로 인하여 하나님께 원통함을 아뢰며 하나님의 보복을 간청하는 기도로 이어진다(11:18-23). 예레미야의 기도에서 자신의 슬픔을 직접적으로 표현하지 않지만 그의 원통함이 담긴 눈물을 충분히 짐작해 볼 수 있다. 하나님의 사역을 감당하는 자신은 고통을 당하는데, 악한 자들이 형통하고 반역하는 자가 평온한 것을 본 예레미야는 그 이유를 하나님께 따져 물으면서 그의 답답함을 드러낸다(12:1-4). 15장 10-18절에서 예레미야는 하나님의 사역을 감당할 때에 겪게 되는 위협과 고독의 고통을 토로하는데, 그가 하나님의 말씀에 따라 최선을 다했음에도 불구하고 그 고통이 쉽게 해결되지 않은 것에 대해 "주께서는 내게 대하여 물이 말라서 속이는 시내 같으시리이까"(15:18)라는 직설적인 질문을 하기도 한다. 예레미야는 그가 선포한 심판을 임하게 해 보라는 조롱을 듣는 중에도 목자의 직분에서 물러나지 않았음을 하나님께 토로할 때에, 자신을 박해하는 자들이 치욕을 당하고 배나 되는 멸망으로 멸하게 해 달라는 간청을 드릴 정도의 괴로움을 그대로 드러낸다(17:12-18; 18:18-23). 20장 7-18절을 보면 오르막길과 내리막길을 걷고 있는 것처럼 보이는 예레미야의 복잡한 심정을 알 수 있다. 하나님의 강권을 거부하지 못해 선지자 사역을 하는 것으로 인해 조롱과 치욕을 당하는 것을 생각하면 당장 그만두고 싶지만 마음이 불붙는 것 같아서 그만두지도 못하는 심정(7-9절), 자신의 마음과 사정을 아시는 하나님 때문에 자신에 대한 비방과 위협이 아무 소용이 없다는 확신(10-12절), 여호와를 찬양하라는 권면(13절)을 말하면서도 괴로움에 지쳐 자신의 태어남을 저주하는 예레미야의 모습이 그려진다: "어찌하여 내가 태에서 나와서 고생과 슬픔을 보며 나의 날을 부끄러움으로 보내는고 하니라"(18절; 14-18절). 이는 갈멜산 위에서 하나님의 귀한 사역을 위대하게 행한 후에 이세벨이 선언한 죽음의 위협으로 인해 도망하며 지쳐서 죽기를 간청하는 엘리야의 고독과 애처로움을 보는 듯하다(왕상 19장). 죽음의 두려움을 시드기야 왕에게 표현하는 예레미야에게서 인간적인 연약함을 가진 선지자의 모습이 보인다(37:20). 이렇게 흘리는 눈물 속에서도 예레미야는 하나님의 약속과 권면의 말씀을 붙들고 맡겨진 사명을 감당한다(1:17-19; 11:22-23; 12:5-6; 15:19-20).

셋째, 하나님의 슬픈 심정을 그대로 담아 표현하는 눈물이다. 유다백성의 패역과 그에 따른 멸망의 고통으로 인해 흘린 예레미야의 눈물은 단지 개인적 차원의 슬픔으로만 이해되는 것이 아니라 하나님의 눈물을 상징적으로 보여주는 역할도 한다.[17] 하나님의 슬픔이 예레미야의 눈물에 투영될 뿐만 아니라 하나님의 눈물이 직접적으로 서술된다: "내가 산들을 위하여 울며 부르짖으며 광야 목장을 위하여 슬퍼하나니 이는 그것들이 불에 탔으므로 지나는 자가 없으며 거기서 가축의 소리가 들리지 아니하며 공중의 새도 짐승도 다 도망하여 없어졌음이라"(9:10); "너는 이 말로 그들에게 이르라 내 눈이 밤낮으로 그치지 아니하고 눈물을 흘리리니 이는 처녀 딸 내 백성이 큰 파멸, 중한 상처로 말미암아 망함이라"(14:17). 31장 20절은 사랑하는 아들을 징계할 때 그 아들의 고통을 보며 슬퍼하는 아버지의 모습으로 하나님의 슬픔과 불쌍히 여기실 수밖에 없는 마음을 전달한다. 천상

---

17) Cf. Fretheim, *Jeremiah*, 15-16. 본서의 예레미야 4장 19-22절의 주해를 참조하라.

회의에 참여한 예레미야는 하나님의 눈물을 보았고 그것을 그의 눈물에 담아 보여준 것이다. 하나님의 마음이 예레미야의 눈물을 통해 그대로 전달됐지만 유다백성은 여전히 그 의미를 보지 못했다. 따라서 예레미야의 눈물을 읽을 때 하나님의 눈물을 읽는 것이 중요하다. 예레미야는 남유다의 격랑의 시기에 몰락과 파멸의 고통을 자신의 온몸으로 경험하고 눈물과 신음으로 표현했던 선지자다. 이러한 의미에서 예레미야의 눈물은 실제적인 삶에서 하나님의 심판과 회복을 경험하는 성도들이 함께 읊조리게 되는 탄식과 애가다.

이 대목에서 예레미야의 경건에 대해 생각해 보게 된다. 경건(piety)은 성도가 선망하는 고귀한 단어다. 성도는 경건하길 갈망하고 노력한다. 그런데 예레미야의 경건은 추상적인 삶이나 신비적인 경험 속에서 형성된 것이 아니다. 의심하고 갈등하고 때론 하나님의 말씀에 위로를 받고 감격하는 등 신앙의 굴곡과 현실적인 모습을 통해 만들어진 경건이다. 예레미야는 자신의 감정과 모습을 하나님 앞에 감추지 않았다. 죽음을 두려워했고, 자신을 위협하는 자들이 무서워 그들에 대한 보복을 간청했고, 하나님이 이해가 되지 않을 때는 의심하고 따져 물었고 불평했다. 하지만 하나님의 책망에 귀를 기울였고 하나님이 지켜주시겠다는 약속을 의지하여 균형을 잡고 자신에게 주어진 사명과 삶을 성실히 수행했다. 여기에 예레미야의 경건이 있다. 경건은 인간성이 억눌린 신비하고 초인적인 모습이 아니다. 경건은 가장 인간적인 모습으로 하나님과 씨름하며 그가 가시는 곳으로 함께 걸어가는 것이다. 그래서 죄의 속성에 사로잡히지 않고 진정한 성도의 삶을 사는 것이다.

반역자 예레미야?

유다왕국 내부의 친이집트 파벌과 친바벨론 파벌의 갈등은 여호야김의 통치 이후 지속적으로 나타난 현상이다. 남유다가 바벨론에 두 차례 반역을 꾀했던 것을 볼 때 친이집트 파벌이 우위를 점유한 것으로 판단된다. 이 상황에서 예레미야는 외형적으로 친바벨론 파벌에 동조하고 있는 것으로 간주됐을 것이다. 왜냐하면 바벨론의 통치를 하나님의 뜻으로 인정하고 항복할 것을 권고했기 때문이다(cf. 21:9; 24:1-10). 심지어는 바벨론 왕의 멍에를 목에 메고 바벨론 왕을 섬기라고 말하기도 한다(27:12-17). 더 나아가 바벨론에 포로로 잡혀간 사람들에게 그 땅에 정착하고 그들이 거하는 성읍의 평안을 빌라는 편지를 보낸다(29:1-23). 유다왕국이 몰락한 후에는 바벨론 왕이 세운 그다랴와 행보를 같이 하기도 한다(40:6). 결과적으로 예레미야는 반역자라는 비난을 피할 수 없었을 것이다. 따라서 친이집트 입장을 선호하는 지도층과 일반 대중은 예레미야를 적대적으로 대우하고 압박을 했다. 이로 인해 예레미야는 심한 고초와 조롱을 당할 뿐만 아니라 생명의 위협까지 경험하게 된다(cf. 11:18-23; 15:10; 18:18-23; 20:1-6; 28:1-17; 29:24-32; 32:1-15; 37:11-21).[18] 고관들이 바벨론에 항복하라고 한 예레미야의 말을 왕에게 전하면서 예레미야를 죽일 것을 간청한 사건을 38장에 기록하고 있다.

하지만 실제적인 면에서 예레미야는 친바벨론자로 분류되기 어렵다. 왜냐하면 예레미야의 권면은 죄를 인정하고 바벨론을 파괴의 도구로 사용하시는 하나님의 심판을 수용하라는 것이기 때문이다. 예를 들면, 예레미야는 직접적으로 시드기야에게 바벨론 왕을 섬기라고 말한다: "바벨론 왕의 멍에를 목에 메고 그와 그의 백성을 섬기소서 그리하면 사시리라"(27:12). 하지만 이 권면은 하나님이 바벨론 왕을 "내 종"이라고 선언하시고(27:5), 그를 통해 그의 뜻을 이루실 것이라는 신탁에 근거하고 있다. 예레미야의 이러한 신탁선포는 바벨론 왕의 통치를 거부하는 것은 곧 하나님을 거부하는 것이라는 의미를 담고 있다. 무엇보다 중요한 사실은 예레미야가 바벨론의 멸망을 선언하고 있다는 것이다: "여호와께서 메대 왕들의 마음을 부추기사 바벨론을 멸하기로 뜻하시나니 이는 여호와께서 보복하시는 것 곧 그의 성전을 위하여 보복하시는 것이라"(51:11, 59-64). 이는 예레미야가 바벨론은 하나님의 심판의 도구라는 사실을 확신하고 있기 때문이다. 특히 예레미야가 바벨론에 의한 남유다의 멸망을 선언하는 것은 그 당시 외형적인 종교행위와 언약에 근거하여 형성된 남유다가 결코 멸망하지 않을 것이라는 독단적인 확신에 대한 거부이지 남유다에 대한 개인적인 반역이나 친바벨론 성향을 표현한 것은 아니다. 또한 예루살렘 성과 성전이 파괴된 후 바벨론의 사령관 느부사라단이 예레미야에게 바벨론으로 가면 선대해주겠다는 제안을 하지만 예레미야는 이 제안을 거부하고 남아 있는 유다백성과 함께 거한다(40:1-6). 따라서 굳이 파벌을 말한

---

18) 느헬람 사람 스마야는 제사장 마아세야의 아들 스바냐와 모든 제사장들에게 보내는 편지에서 예레미야를 나무고랑과 쇠고랑을 채워야할 "모든 미친 자와 선지자 노릇을 하는 자들" 중의 하나로 분류하여 폄훼하기도 한다(29:26).

다면 예레미야는 "친여호와 파벌"로 분류되어야 할 것이다.

배우(공연자) 예레미야

예레미야는 하나님의 신탁을 말로만 선포한 것이 아니라 다양한 상징적 행위를 공연함으로 신탁을 시각화한다.[19] 그의 모습은 마치 행위예술을 하는 배우와 같다. 따라서 예레미야의 신탁을 듣고 그의 행동을 본 이들은 분명하게 그가 전하고자 하는 신탁을 확인할 수 있었을 것이다. 예레미야와 관련된 상징적 행위는 세 가지로 분류된다. 첫째, 예레미야가 일시적 행동으로 보인 상징적 행위다: (1) 13:1-14(베띠); (2) 19:1-15(토기장이의 옹기); (3) 27:1-22(줄과 멍에); 32:1-44(아나돗에 있는 하나멜의 밭 매매); (4) 43:8-13(다바네스에 있는 궁전대문 축대에 숨긴 큰 돌들). 여호와의 명령에 따라 예레미야는 베띠를 사서 허리에 띠고 물에 적시지 않다가 그 베띠를 유브라데 물가에 감춘다(13:1-14). 수일 후 썩어서 쓸 수 없게 된 베띠를 가져오는데, 썩은 베띠는 여호와가 유다의 교만과 예루살렘의 교만을 썩게 하실 것과 유다백성이 썩은 베띠처럼 쓸모없게 될 것임을 상징적으로 보여준다(13:9-10). 19장을 보면 예레미야는 유다백성과 장로들 및 제사장들을 힌놈의 아들 골짜기로 데리고 가서 그들이 보는 앞에서 토기장이의 옹기를 깨뜨린다. 이것은 깨어진 옹기가 다시 완전해 질 수 없는 것처럼 유다백성과 예루살렘이 하나님의 재앙으로 파괴될 것을 가시적으로 보여준다(19:10-11). 예레미야는 하나님의 명령에 따라 줄과 멍에를 목에 걸고 이방나라들이 바벨론 왕의 멍에를 메고 그를 섬기게 될 것을 선포할 뿐만 아니라 시드기야 왕에게도 바벨론 왕의 멍에를 메고 그를 섬겨서 죽음을 면할 것을 선포한다(27:1-22). 그가 멘 줄과 멍에는 바벨론 왕

---

19) 차준희는 예언자의 상징행동의 특징을 다음과 같이 서술한다: "첫째, 이것은 현재의 삶에서 앞으로 일어날 사건을 선취하여 선포하는 것이다. 즉, 미래사건의 선취모사(模寫)다. 둘째, 상징행동은 그 행동자체 보다는 그 행동이 내포하고 있는 의미가 더 중요하다. 셋째, 상징행동은 의미(Sinn)를 내포하고 있는 것이지, 그 자체 안에 어떤 힘(Kraft)이 내재되어 있는 것은 아니다. 행동으로 묘사된 미래를 실제화 할 수 있는 힘이 그 자체 안에 있지 않으며, 그것은 하나님의 능력에 있는 것이다. 넷째, 상징행동은 하나님의 행동을 소개하고 표현해줌으로 예언자의 메시지를 강화시켜주는 것이 주목적이다"(그말씀, [1997]: 101-111).

을 섬겨야 하는 것을 상징적으로 보여준다.[20] 28장 10절은 예레미야가 실제로 멍에를 메고 있었던 것으로 서술한다. 예레미야는 아나돗에 있는 하나멜의 밭을 사서 증인들 앞에서 매매증서를 작성하고 봉인한 후 그 증서를 바룩에게 전달한다(32:8-12). 이것은 회복신탁에 대한 그의 확신을 공개적으로 보여주는 것이다. 43장에는 예레미야가 큰 돌들을 가져다가 다바네스에 있는 바로의 궁전 대문의 축대에 진흙으로 감추는 행위가 서술된다. 이것은 바벨론 왕이 이집트와의 전쟁에서 승리하게 될 것을 상징적으로 보여준다. 예레미야의 행동을 통해 요하난과 백성에게 그들이 느부갓네살 왕을 피해 이집트로 도망한 것이 아무런 소용이 없다는 메시지가 분명하게 전달된다.

둘째, 예레미야가 그의 삶을 통해 보인 상징적 행위다. 16장을 보면, 하나님은 예레미야에게 세 가지 명령을 내린다. 첫째, 결혼을 해서 자녀를 갖지 말라(1-2절). 둘째, 초상집에 가서 곡을 하거나 위로하지 말라(5절). 셋째, 잔칫집에 가서 흥에 젖지 말라(8절). 이 명령에 따른 예레미야의 삶은 유다가 겪게 될 확정된 심판을 확언해 줄 뿐만 아니라 심판에 따른 죽음과 고통, 괴로움을 상징적으로 시각화한다. 예레미야는 독신으로 살면서 초상집과 잔칫집에 다니지 않았다. 그래서 자신의 고달픈 삶에 대해 다음과 같이 표현하기도 한다: "내가 기뻐하는 자의 모임 가운데 앉지 아니하며 즐거워하지도 아니하고 주의 손에 붙들려 홀로 앉았사오니 이는 주께서 분노로 내게 채우셨음이니이다"(15:17); "여호와여 주께서 나를 권유하시므로 내가 그 권유를 받았사오며 주께서 나보다 강하사 이기셨으므로 내가 조롱거리가 되니 사람마다 종일토록 나를 조롱하나이다"(20:7). 예레미야는 하나님의 명령을 따를 때 겪는 삶의 역경으로 인해 "다시는 여호와를 선포하지 아니하며 그의 이름으로 말하지 않겠다"는 다짐도 하지만 "마음이 불붙는 것 같아서 골수에 사무치니 답답하여 견딜 수 없는" 심정 때문에 사역을 감당한다(20:9). 예레미야와 같은 말로 예루살렘 성과 남유다에 대한 경고를 전한 우리야는 생명의 위협을 받고 이집트로 도망을 갔다가 결국 죽임을 당한다(26:20-24). 반면에 예레

---

20) 27장 1절은 줄과 멍에를 메라는 명령이 시드기야가 통치를 시작한 때에 주어진 것으로 서술한다. 28장 1절은 예레미야와 하나냐의 사건이 시드기야 4년에 일어난 것으로 서술한다. 이에 따르면 최소한 시드기야 1년부터 4년까지 예레미야가 멍에를 목에 메고 있었던 것으로 볼 수 있다.

미야는 사역을 하는 동안 죽음의 위협에도 불구하고 남유다에 있으면서 나무고랑을 차게 되고(20:1-6), 시위대 뜰에 갇히고(32:2; 38:13), 뚜껑을 씌운 웅덩이에 들어가고(37:16; 38:6), 감옥 뜰에 머무는(37:21; 38:28) 등 여러 고초를 당한다. 예레미야의 삶 자체가 하나님의 말씀을 선포하는 통로로 사용됐다. 더 나아가 예레미야 자신 안에 갈등과 고민 등의 여러 굴곡이 있기는 했지만 하나님의 소명을 받은 후 약 40여 년간 신실하게 사역을 감당한 그의 삶은 거짓선지자들의 삶과 대조를 이루면서 참선지자의 모습을 확인시켜준다. 또한 악한 마음의 완악함에 따라 하나님의 말씀을 거부했던 유다백성의 모습과도 대조를 이룬다. 따라서 당시 하나님께 신실했던 이들이 예레미야의 사역을 존중하고 그를 도운 기록을 예레미야서에서 볼 수 있다(26:24; 38:7-13). 예레미야의 삶 자체가 여호와의 신탁이었고 신실한 남은 자에게는 하나님의 백성이 격동과 타락의 시기에 취해야 할 삶의 모범을 제시했다.

셋째, 예레미야가 목격하거나 명령한 상징적 행위다(18:1-17; 35:1-9; 51:59-64).[21] 18장에 언급된 상징적 행위는 예레미야가 직접 행한 것은 아니지만 그가 목격한 자신의 의견에 좋은 대로 진흙을 다루는 토기장이의 행위는 여호와가 어느 민족이나 국가를 뽑거나 건설하실 수 있는 절대적 주권을 가지고 있음을 시각화한다(18:6). 사건 속에서 토기장이의 녹로행위는 예레미야에게 하나님의 주권에 대한 분명한 그림을 보여주었고 서술된 본문, 즉 18장을 읽는 독자에게도 하나님의 주권의 의미를 시각화한다. 35장의 사건기록에 따르면 하나님의 명령에 따라 예레미야는 레갑 사람들을 성전의 한 집으로 데려가서 포도주를 마시게 한다. 하지만 그들의 선조 요나답의 명령 때문에 포도주 마시기를 거부한다. 이 사건은 여호와의 명령을 지키지 않는 유다백성의 모습과 대조를 이루면서 유다백성의 패역

---

21) 추가적으로 주목하게 되는 두 가지 상징적 행위가 있다. 하나는 28장에 기록된 선지자 하나냐의 죽음(28:1-17)이다. 선지자 하나냐의 죽음은 예레미야가 전한 하나님의 말씀을 거부한 이들이 당하게 될 죽음을 상징적으로 보여준다. 다른 하나는 시드기야 왕의 사로잡힘과 죽음(44:30; cf. 32:3-5; 34:3-5 52:1-11)이다. 이집트의 멸망을 의미하는 바로 호브라 왕의 사로잡힘에 대한 확증으로 시드기야의 사로잡힘이 언급된다: "보라 내가 유다의 시드기야 왕을 그의 원수 곧 그의 생명을 찾는 바벨론의 느부갓네살 왕의 손에 넘긴 것 같이 애굽의 바로 호브라 왕을 그의 원수들 곧 그의 생명을 찾는 자들의 손에 넘겨주리라" (44:30).

을 지적하는 상징적 사건이 된다. 시드기야 왕이 네리야의 아들 스라야와 함께 바벨론으로 갈 때 예레미야는 바벨론에 닥치게 될 모든 재난을 책에 기록해서 스라야에게 주면서 그 책을 읽어준 후 책에 돌을 매어 유브라데 강 속에 던지라고 명령한다(51:59-63). 이 행위는 하나님이 행하시는 재난 때문에 바벨론이 몰락하여 다시 일어나지 못하게 되는 것을 상징적으로 보여준다. 예레미야는 마치 배우처럼 그의 삶과 그가 행하거나 명령한 상징적 행위들을 통해서 하나님의 말씀과 앞으로 일어날 일을 분명하게 시각화해서 전달했다.

위에 서술한 바와 같이 다른 선지서에 비해 예레미야서는 예레미야에 대한 많은 정보를 제공해 준다. 하지만 해석자가 인지해야 할 한 가지 사실은, 예레미야서가 예레미야의 전기를 기록하고 있는 것이 아니라는 것이다. 따라서 예레미야라는 인물에 집중하기 보다는 예레미야에 대한 기록들을 다른 예언적 본문들 및 사건들과의 연관성 속에서 분석하고 이해야 한다.[22)]

예레미야와 요시야 왕의 종교개혁

유다의 요시야 왕이 통치 12년(주전 628년)에 시작한 종교개혁은 그의 통치 18년(주전 622년)에 성전에서 율법책이 발견되면서 절정에 이르게 된다(cf. 대하 34:1-33; 왕하 22:1-23:20) 주전 622년은 예레미야가 사역을 시작한 지 5년이 지난 시기임에도 불구하고 열왕기서와 역대기서 그리고 예레미야서에는 예레미야가 요시야의 개혁운동에 관여했다는 직접적인 언급이 없다. 예레미야 8장 8절("너희가 어찌

---

22) 예레미야서가 상당히 긴 기간에 동안 편집자들에 의해 전승들이 포함된 것으로 보는 학자들은 예레미야라는 인물 역시 편집과정에 따른 시기와 전승과 연관하여 분석해야 한다고 주장한다. 달리 표현하면 예레미야는 후대의 편집과정에서 형성된 인물이라는 것이다. Carroll의 말에서 그 예를 볼 수 있다: "Hence the figure of Jeremiah which is discerned in the text must not be confused with a hypothesized real person, but must be interpreted as the production of the various levels of tradition making up the text"(R. P. Carroll, *Jeremiah 1-25*, OTL [London: SCM Press, 1986], 64). 더 나아가 Carroll은, 복음서의 예수는 초대 교회의 신학과 그에 관한 전승의 발전에 의해 형성된 것이기 때문에 복음서를 통해 역사적 예수를 찾을 수 없는 것처럼 예레미야서를 통해 역사적 예레미야를 찾을 수 없다는 비평적 견해를 견지한다.

우리는 지혜가 있고 우리에게는 여호와의 율법이 있다 말하겠느냐 참으로 서기관의 거짓의 붓이 거짓되게 하였나니")에 근거하여 예레미야가 요시야의 개혁에 부정적인 태도를 가진 것으로 보기도 한다.[23] 하지만 예레미야가 여호와의 율법(율법책) 자체를 거부한 것이 아니라 율법책이 지혜롭게 한다고 말하면서 실제로는 여호와의 말을 거부하는 태도를 비난하는 것이기 때문에 요시야의 개혁에 대한 예레미야의 부정적인 태도를 반영하는 것으로 보기 어렵다. 오히려 22장 15-16절에서 예레미야는 요시야 왕에 대한 긍정적인 평가를 한다. 요시야 왕의 개혁운동과 관련하여 예레미야의 관여에 대한 직접적인 언급은 없지만 개혁운동에 참여했던 인물들이 곤궁에 처한 예레미야를 도운 사건에 대한 기록(26:4; 36:1-26)을 고려할 때, 예레미야가 요시야의 종교개혁에 부정적인 태도를 취했거나 무관심했다고 보기는 어렵다. 그러나 예레미야가 요시야의 개혁이 실제적으로 유다 백성의 근본적인 변화를 가져오지 못한 것에 대해서는 비평적이었던 것은 분명해 보인다. 이것은 요시야 왕이 주도한 개혁에 대한 근본적인 문제를 지적하는 것이 아니라 요시야가 살아 있는 동안 개혁이 진행됐음에 불구하고 그 결과가 미비하여 유다의 타락이 여전히 지속되고 있을 뿐만 아니라 오히려 더 악화되고 있는 것에 대한 지적이다. 열왕기서의 저자가 요시야 왕의 개혁정책을 긍정적으로 평가하고 있는 것처럼 예레미야 역시 개혁정책에는 긍정적인 태도를 취했겠지만 그 개혁이 외형적인 수준에 머물고 있는 것에 대해서는 비판적인 입장을 취했던 것으로 보인다. 왜냐하면 예레미야는 남유다 백성의 총체적인 타락과 배교의 원인을 "완악한 마음"으로 거듭해서 지적하고 있기 때문이다(cf. 3:17; 4:14; 7:24; 9:13-14; 11:8; 13:10; 16:12; 18:12; 23:17). 또한 예레미야는 요시야 왕 때에 받은 여호와의 신탁을 전하면서 "유다가 진심으로 내게 돌아오지 아니하고 거짓으로 할 뿐"(3:10)이라고 언급하고 있는 점을 주목할 필요가 있다. 이것은 진정성이 없는 외형적인 종교개혁의 모습에 대한 하나님의 지적을 보여준다.

예레미야가 요시야의 종교개혁이 진행되던 시기에 사역을 했는데, 종교개혁이나 율법책의 발견에 대해 어떤 언급도 하지 않는 것에 근거하여 일부 학자들은 627년(요시야 왕 13년)에 예레미야가 출생했고 그의 사역이 주전 609년의 성전설

---

23) 예레미야서의 일부 표현에 따르면 요시야의 종교개혁이 이룬 실효성에 대해서는 부정적인 평가를 하는 것을 볼 수 있다(cf. 3:1-5, 10; 5:2).

교로 시작된 것으로 설명한다. 예레미야 1장 5절은 하나님이 예레미야가 태어나기 전 모태에서 성별하여 그를 선지자로 세웠다고 말하는데, 이것이 바로 요시야 왕 13년을 가리키는 것으로 해석한다. 하지만 세 가지 이유에서 이러한 견해는 설득력이 없다. 첫째, 1장 2절은 "요사야가 다스린 지 십삼 년에 여호와의 말씀이 예레미야에게 임하였고"라고 적고 있다. 이것은 일반적으로 사역의 시작을 의미한다. 둘째, 3장 16절에서 하나님의 말씀이 요시야 왕 때에 임한 것을 서술하고 있기 때문에 요시야 왕이 죽고 난 후(609년)에 사역을 시작했다고 보기는 어렵다. 셋째, 2장 18절에서 여전히 앗시리아가 어느 정도 영향력을 갖고 있는 것을 암시하고 있는 것을 고려하면 앗시리아의 멸망(612년) 이후에 예레미야가 사역을 시작했다고 보기 어렵다. 그렇다면 요시야가 종교개혁을 시작한 다음 해에 예레미야가 소명을 받고 사역을 시작했고 성전에서 율법책이 발견된 후(622년) 종교개혁이 본격적으로 진행된 시기에도 예레미야가 사역을 한 것으로 볼 수 있다. 하지만 예레미야는 직접적으로 요시야의 종교개혁에 대해 언급하지 않는다. 그럼에도 불구하고 요시야가 율법책을 읽고 언약적 저주에 대해 심각하게 반응한 것 등을 고려할 때, 예레미야의 선포에 언약관계 및 축복과 저주가 중요하게 언급되는 것은 예레미야의 사역이 요시야의 종교개혁 당시의 역사적 정황을 반영하고 있는 것으로 고려할 수 있게 한다.[24)]

2. 역사적 정황

예레미야서는 연대기적 배열이 혼란스럽지만 역사적 정황에 대한 언급과 함께 신탁과 사건을 기록하고 있기 때문에 언급된 역사적 정황에 대한 이해는 예레미야서의 해석에 중요한 역할을 한다. 예레미야는 요시야 왕의 시대부터 유다의 멸망 때까지 사역을 했는데, 이 시기는 남유다의 역사에 있어서 정치적, 사회적, 종교적으로 가장 복잡하고 혼란스러운 상황이었다. 예레미야는 이 시기에 남유다가 겪은 일들에 대한 하나님의 관여와 관점을 제시한다. 그 당시 국제정세는 북이스

24) Bright는 예레미야가 요시야의 개혁에 대해 침묵하고 있는 것에 대해 예레미야가 초기에 요시야 개혁의 목적에는 동조했지만 후에 그 결과에 대해 만족하지 못했기 때문이라고 설명한다(J. Bright, *Jeremiah*, 1965], LXXXIII).

라엘을 주전 722년에 멸망시키고 남유다를 속국으로 만들어서 그 영향력을 거의 1세기 동안 발휘하던 앗시리아가 쇠퇴하게 되고 바벨론이 새로운 강국으로 등장하는 혼란과 격변의 소용돌이를 지나가고 있었다. 앗시리아가 팔레스타인에서의 영향력을 잃게 되자 이집트와 바벨론은 치열하게 대립을 하면서 주도권 다툼을 벌이게 된다. 결국 앗시리아가 몰락하게 되면서 남유다는 독립과 자유를 누리게 되는 기회가 주어지는 듯 하지만 이집트와 바벨론의 주도권 다툼의 격랑 속에서 다시 속국의 신세를 면치 못하게 될 뿐만 아니라 멸망의 위기를 맞게 된다.

요시야 왕의 통치기간, 유다왕국의 말기정세, 그리고 바벨론 왕국의 등장이 예레미야서의 주요 역사적 정황이다(cf. 1:2-3). 요시야 왕은 8세에 왕이 되어 31년간 유다를 통치한다(주전 640-609년)(cf. 왕하 22:1; 대하 34:1). 요시야는 그의 통치 12년(628년)부터 종교개혁을 시도한다(cf. 대하 34:3). 주전 627년에 앗시리아 왕 앗수르바니팔이 죽게 되면서 요시야가 본격적으로 종교개혁을 이룰 수 있는 정황이 마련된 것으로 보인다. 바로 이때 예레미야가 선지자로 부름을 받게 된다(cf. 렘 1:2). 요시야의 통치 18년(622년)에 성전에서 율법책이 발견되면서 요시야의 종교개혁은 본격적으로 진행된다(cf. 왕하 22:3-20; 대하 34:8-33). 요시야는 내부적으로는 종교개혁을 이루는 한편 외부적으로는 바벨론 왕국을 배경으로 해서 쇠퇴하는 앗시리아로부터 영토를 되찾으려고 노력을 하는 등 친바벨론 정책을 견지한다.

앗시리아 제국의 쇠퇴로 인해 힘의 공백이 생긴 지역을 점령하려는 바벨론 왕국을 견제하기 위해 이집트의 느고가 주전 609년에 하란으로 진격하게 되는데, 이집트의 진격을 막고자 출정한 요시야 왕은 므깃도 전투에서 전사를 하게 된다. 남유다 백성은 요시야의 뒤를 이어 그의 아들 여호아하스(주전 609년)를 왕으로 세우지만 팔레스타인에서 세력을 잡게 된 이집트 왕 느고는 3개월 만에 여호아하스를 폐위시켜서 이집트로 잡아가고 그의 형제, 엘리야김을 왕으로 세워 그에게 여호야김이라는 새로운 이름을 준다(cf. 왕하 23:30-37). 여호야김의 통치 하에 요시야가 이룬 종교개혁은 사라지게 되고 우상숭배의 이방제의가 다시 회복된다. 이집트는 605년에 갈그미스 전투에서 바벨론에게 패하게 되면서 힘을 잃게 되고 바벨론이 팔레스타인의 핵심세력이 된다.[25] 이 상황에서 남유다는 바벨론의 속국이

25) 결국 주전 605년의 갈그미스 전투를 끝으로 바벨론 왕국은 북부 시리아와 팔레스타인의 절대 권력이 되고 그 권력은 주전 538년에 페르시아 왕국이 등장하기까지 지속된다.

되는 신세에 처하게 되고 여호야김은 성전 기구와 귀족 자녀들을 빼앗기지만 자신의 탐욕을 채우는 일에 집중하게 된다(cf. 22:13-19; 단 1:1-3).

그러던 중 600년경에 이집트가 바벨론에 대적할 만한 세력을 보이자 여호야김은 바벨론 왕을 배반한다. 이것이 빌미가 되어 예루살렘은 바벨론에 의해 포위되는 상황을 맞게 되고(cf. 왕하 24:1), 결국 주전 597년에 여호야김(주전 609-597년)은 바벨론으로 잡혀가게 되고 그의 뒤를 이어 그의 아들 여호야긴이 왕이 된다. 하지만 여호야긴 역시 3개월 만에 바벨론에 포로로 잡혀간다. 대신 바벨론 왕은 요시야의 아들, 시드기야(맛다니아, 주전 597-586년)를 왕으로 세운다. 자연히 남유다의 내부에는 친바벨론파와 친이집트파 등의 파벌이 형성된다. 이 상황에서 호브라(Hophra)가 이집트의 바로가 된 후 팔레스타인에 간섭하게 되자 시드기야는 친이집트 정책을 취한다. 이것이 빌미가 되어 588년에 예루살렘은 바벨론에 의해 포위를 당하게 되고 약 1년 반의 포위가 있은 후 결국 예루살렘은 점령을 당하고 성전은 파괴된다(주전 586년). 시드기야는 바벨론에 포로로 사로잡혀가게 되고(cf. 왕하 25:5-7), 바벨론 왕 느부갓네살은 아히감의 아들 그다랴에게 예루살렘의 통치권을 넘겨준다. 하지만 얼마 지나지 않아 그다랴는 암몬의 왕 바알리스의 후원을 받았던 느다냐의 아들 이스마엘에 의해 살해를 당한다. 이스마엘을 견제하던 가레아의 아들 요하난은 이스마엘이 그다랴를 죽인 후 사로잡은 백성을 되찾게 되는데, 예레미야가 이집트로 가지 말라는 하나님의 말씀을 전했음에도 불구하고 이들은 바벨론의 보복을 두려워하여 이집트로 피난을 간다(cf. 왕하 25:26). 이때 예레미야는 강제로 이집트로 끌려가게 된다(cf. 43:5-7). 그 이후 예레미야와 관련된 일에 대한 언급이 없는 것을 볼 때 예레미야는 이집트에서 죽은 것으로 보인다. 예레미야서에 언급된 마지막 연도는 여호야긴이 감옥에서 석방된 에윌므로닥 왕의 즉위 원년(주전 561년)이다(52:31-34).

예레미야서와 관련된 주요 연도와 사건을 정리하면 다음과 같다.[26)]

주전 640년　요시야 왕의 즉위(8세)
주전 627년　앗시리아 왕 앗술바니팔의 사망

26) 예레미야와 관련된 사건 및 신탁은 예레미야서에 표기된 것을 기준으로 표기한다. 주요 연대와 사건의 정리에서 볼 수 있는 바와 같이 예레미야서의 구성은 연대기적 배열을 따르지 않는다.

주전 628년	요시야의 종교개혁 시작(통치 12년[20세])(대하 34장)
	앗시리아에 대한 바벨론 나보폴라살 왕의 반란 시작
주전 627년	요시야 통치 13년
	예레미야의 소명(1장)
주전 622년	요시야 종교개혁의 본격적인 진행(율법책 발견, 통치 18년[26세])
주전 612년	메대와 바벨론에 의한 앗시리아의 수도 니느웨의 함락
	***시기를 특정할 수 없는 요시야 시대에 받은 신탁(3:6 이후)**
주전 609년	이집트의 진격/ 요시야의 사망(통치 31년[39세])
	여호아하스의 즉위와 폐위/ 여호야김의 즉위
	여호야김 통치 1년
	예레미야가 성전에서 신탁을 전함(26장)
주전 605년	갈그미스 전투/ 앗시리아의 몰락/ 유다의 1차 바벨론 포로
	바벨론 왕 느부갓네살의 즉위
	여호야김 통치 4년
	예레미야가 열방에 대한 신탁을 받음(25장)
	예레미야가 신탁(요시야-오늘)을 책에 기록하라는 명령을 받음(36장)[27]
	여호야김이 두루마리를 태움(36장)
	바룩에 대한 신탁(45장)
	예레미야가 이집트에 대한 신탁을 받음(46장)
	*시기를 특정할 수 없는 여호야김 시대의 일
	예레미야가 레갑 자손에게 포도주를 권함(35장)
주전 597년	여호야김의 폐위/여호야긴의 즉위와 포로

27) 예레미야가 기록해야 할 신탁은 유다와 모든 나라에 관한 것이다(36:2). 25장과 46장의 열방신탁이 기록된 것으로 볼 수 있다. 따라서 요시야 왕 13년(주전 627년)부터 예레미야는 유다와 열방에 대한 신탁을 받고 구두로 전하다가 여호야김 4년(주전 605년)에 기록으로 남긴 것으로 추정이 된다. 여호야김이 불에 태운 두루마리가 바로 이 두루마리였을 가능성이 있다(36:20-26).

	시드기야의 즉위/ 유다의 2차 바벨론 포로
	시드기야 통치 1년
	무화과 광주리 환상(24장)
	예레미야가 줄과 멍에를 목에 멤(27장)
	예레미야가 포로지에 편지를 보냄(29장)
	시드기야가 사람들을 보내 예레미야에게 기도를 요청(37장)
	예레미야가 요나단의 집에 감금됨(37장)
	예레미야가 감옥 뜰에 거함(37장)
주전 594년	시드기야 통치 4년
	예레미야와 선지자 하나냐의 충돌(28장)
	예레미야가 스라야에게 책을 유브라데에 던지라고 명령 (51: 59-64)
주전 588년	바벨론의 예루살렘 포위 시작/ 시드기야 통치 9년
주전 587년	시드기야 통치 10년
	예레미야가 하나멜의 밭을 구입함(32장)
	예레미야가 시위대 뜰에 갇힘(32장)
주전 586년	유다의 몰락/ 예루살렘 성과 성전의 파괴/ 유다의 3차 바벨론 포로
	시드기야의 포로(통치 11년)/ 그다랴의 총독임명
	예레미야가 석방됨(39-40장)
주전 585년	유다총독 그다랴의 살해
	예레미야가 이집트로 끌려감(43장)
주전 581년	유다의 바벨론 4차 포로
주전 561년	여호야긴의 석방

3. 예레미야서에 사용된 문학형식

예레미야서에 사용된 문학형식은 크게 신탁, 애가, 전기적 서사, 역사적 서사, 및 환상이 있다. 이 문학형식들에 산문과 시문의 서술형식이 혼용되어 사용되고 있다.[28] 신탁은 내용에 따라 심판을 선언하는 심판신탁과 회복을 선언하는 회복신탁으로 나눌 수 있다.[29] 또한 신탁의 서술관점에 따라 하나님의 말씀을 직접화법으로 선언하는 신적 신탁(divine oracle)과 선지자가 하나님의 말씀에 근거하여 자신의 말로 설교하는 선지자 신탁(prophetic oracle)으로 구분된다. 신탁의 대상에 따라서는 유다를 향한 신탁과 열방을 향한 신탁, 개인을 향한 신탁 등으로 구분된다.[30] 예레미야는 심판신탁을 주로 시문형식으로 기록하고 있다.[31] 따라서 해석자는 고소단락과 선언단락의 구분을 가지고 있는 신탁형식에 따라 신탁의 구조를 분석해야 할 뿐만 아니라 신탁의 내용을 분석할 때는 시 분석 방법을 적극적으로 활용해야 한다.[32] 하지만 신탁이 시문으로만 주어지는 것이 아니라 산문 또는 산문의 사건기록 중에 전달되기도 한다(cf. 7:1-8:3; 11:1-17; 13:1-14; 16:1-18; 18:1-17; 19:1-15; 21:1-10; 22:24-30; 24:1-10). 예를 들면, 예루살렘 성전의 파괴를 선언하는 7장의 신탁은 산문형식으로 기록된다. 18장은 예레미야가 하나님의 명령을 받고 토기장이의 집에 가서 그가 진흙을 가지고 작업을 목격하는 사건을 산문형식으로 기록하는데, 그 때 임한 하나님의 신탁은 시문형식으로 서술한다. 19장의 경우, 유사한 형식을 취하는데 사건의 전개 속에서 하나님의 신탁이 시문이 아닌 산문

28) Cf. D. R. Jones, *Jeremiah*, NCBC (Grand Rapids: Eerdmans, 1992), 18-28; T. Longman, III, *Jeremiah/Lamentations*, UBCS (Grand Rapids: Baker, 2008), 13-15. 예레미야의 소명기사(1장)는 시문으로 서술되고 있다. 신탁이 주로 시문으로 서술되지만 사건이 전개되는 과정에서 신탁이 산문으로 서술되기도 한다. 예를 들면, "위로의 책"이라고 불리는 30-33장의 구성은 시문(30-31장)과 산문(32-33장)이다. 시문과 산문형식으로 회복의 신탁을 전달한다.

29) 심판신탁은 1-29장과 34-51장에 집중되고 회복신탁은 30-33장에 집중된다.

30) 46-51장이 하나의 단락을 이루어 열방을 향한 신탁을 서술한다. 개인을 향한 신탁의 예를 20, 22, 28, 29, 34, 38, 45장 등에서 볼 수 있다.

31) 히브리 시문에 대한 분석적 논의를 보려면 W. E. Watson, *Classical Hebrew Poetry*, JSOTSup. 26 (Sheffield; JSOT Press, 1984); Robert Alter, *The Art of Biblical Poetry* (New York: Basic Books, 1985); Adele Berlin, *The Dynamics of Biblical Parallelism* (Indiana University Press, 1992); David L. Petersen and Kent H. Richards, *Interpreting Hebrew Poetry* (Minneapolis; Fortress, 1992) 등을 참조하라.

32) 신탁의 형식과 분석에 대한 간략한 설명을 보려면, 조휘, 『사자가 부르짖은 즉 누가 두려워하지 않겠느냐?: 아모스서 원전연구 및 주해』 (서울: 그리심, 2011), 34-39을 참조하라.

으로 서술된다. 중요한 것은 신탁이 어떤 서술형식을 취하던 간에 원인과 근거를 지적하는 고소단락과 이에 따른 선언단락을 구분해서 분석하는 것이다. 특히 사건 서술 속에 신탁이 등장할 경우, 사건과의 연관성을 고려할 필요가 있다.

예레미야 선지자의 심정이 표현되는 본문들이 있는데, 주로 시문의 애가(탄식) 또는 기도문의 형식을 취한다(3:22-25; 4:10; 4:19-31; 8:18-9:2; 10:17-25; 11:18-23; 12:1-6; 13:15-17; 14:7-9, 13, 17-18; 15:10-18; 18:18-23; 20:7-18; 32:10-25). 주변 본문과의 관계 속에서 왜 이곳에 그의 심정이 서술되고 또한 어떤 심정이 표현되고 있는지의 물음과 함께 예레미야 선지자의 심정을 읽고 해석하는 것이 중요하다.

예레미야서의 역사적 사건에 대한 기록들은 두 가지 부류로 구분된다. 하나는 예레미야 선지자와 관련된 사건의 기록들이며 다른 하나는 유다의 역사적 사건에 대한 기록들이다.[33] 전자를 주로 전기적 서사로 표현한다. 또한 기록 관점에 있어서 1인칭과 3인칭 관점이 혼용되는 것을 볼 수 있다.[34] 예레미야와 관련된 전기적 서사의 경우, 서술되는 사건 속에 신탁이 주어지거나 또는 상징적 행위가 제시된다. 예를 들면, 51장 59-64절에는 예레미야가 책을 기록하고, 바벨론으로 가는 스라야에게 그 책을 낭독한 후 돌을 매어 유브라데 강에 던지라고 명령한 사건이 서술되는데, 책을 강에 던지는 것은 바벨론의 멸망을 시각화하는 상징적 행위다. 예레미야가 등장하지 않는 역사적 서사는 남유다의 멸망 이후 남아있던 사람들에

---

33) 서사본문의 분석적 방법을 보려면, R. L. Pratt, Jr. *He Gave Us Stories* (New Jersey: P & R Publishing, 1993); R. Alter, *The Art of Biblical Narrative* (New York: Basic Books, 1981); 로버트 치숌, 데이빗 하워드 공저, 『역사서를 어떻게 해석할 것인가?』 (문산: 크리스찬출판사, 2007을 참조하라.

34) 1인칭 관점의 서술본문(1:4-19; 11:18-23; 12:1-6; 13:1-14; 18:1-17; 24:1-10; 27:1-22; 35:1-19); 3인칭 관점의 서술본문(19:1-15; 20:1-6; 21:1-10; 26:1-24; 28:1-17; 29:1-23, 24-32; 32:1-44; 33:1-26; 34:1-22; 36:1-32; 37:1-21; 38:1-13, 14-28; 39:1-14/15-18; 40:1-7; 42:1-44:30; 45:1-5; 51:59-64). 서술관점이 다른 서사들이 혼용되어 배열된다. 예를 들면, 18장은 예레미야가 1인칭 관점으로 토기장이의 집에 갔던 일을 서술하면서 신탁을 전달하는 반면에 19장은 신탁이 주어진 것과 이에 따른 예레미야의 행동을 3인칭 관점에서 서술한다. 이와 유사하게 26장은 3인칭 관점에서 예레미야가 성전에서 하나님의 신탁을 전한 사건을 기록하는 반면에 27장은 예레미야가 1인칭 관점에서 시드기야 왕과의 사건을 서술한다. 3인칭 관점으로 서술된 예레미야의 사건기록은 예레미야가 아닌 다른 손길(아마도 바룩)에 의해 기록됐을 수도 있지만 예레미야의 저술 가능성도 배제되지 않는다.

대한 기록(40:7-41:18)과 52장의 시드기야 왕과 유다 멸망과 포로에 대한 기록이다.

환상기록은 신탁의 경우처럼 정형화된 도입형식과 구성을 취하는 것은 아니지만 내용으로 환상을 기록하는 본문인 것을 알 수 있다. 예레미야는 자신이 본 환상을 기록한다. 1장의 소명기사에서 예레미야는 그가 본 두 개의 환상을 소개한다(살구나무 환상과 끓는 가마 환상). 살구나무 환상은 예레미야가 사역을 감당할 수 있도록 하나님이 그의 말을 지키실 것에 대한 약속을 확언해 준다. 끓는 가마 환상은 하나님의 심판을 행할 북방 왕국들의 모든 족속을 상징적으로 보여준다. 24장에서 예레미야는 1인칭관점에서 그가 본 무화과 광주리 환상을 서술한다. 이 환상은 유다백성의 심판과 회복을 보여준다. 31장 26절을 보면, 30-31장의 회복신탁을 환상 중에 받은 것으로 짐작할 수 있다.

예레미야서에 서술된 신탁본문들과 서사본문들 간의 관계에 대한 논의가 필요하다. 신탁들과 함께 사건을 기록하는 서사본문들이 등장하는 이유는 무엇인가? 서사본문들은 선포된 신탁의 진실성과 확실성을 확언해 주는 역할을 한다. 유다를 향해 심판을 선언하는 신탁의 고소단락들은 주로 왕, 선지자, 제사장, 유다백성의 패역을 지적하면서 이에 따른 하나님의 보복적 심판을 선언한다. 서사본문들은 그들의 문제가 구체적으로 어떤 것들이었는지 보여주면서 심판의 정당성을 확보할 뿐만 아니라 심판선언의 확실성을 기대하게 한다. 예를 들면, 여호야김이 두루마리를 태운 사건(36장)과 시드기야 왕은 예레미야에게 하나님의 뜻을 묻기는 하지만 따르지는 않은 사건(37:1-21)은 왕들의 문제를 확인해 준다. 38장 1-7절에 기록된 사건은 왕과 지도자들이 예레미야를 통해 선포되는 하나님의 말씀을 거부한 패역을 보여준다. 같은 맥락에서 예레미야를 때리고 목에 나무고랑을 채우는 제사장 바스훌의 모습은 제사장들의 패역과 불의를 독자로 하여금 구체적으로 보게 한다(20:1-6). 바스훌이 "마골 밋사빕"(사방으로 두려움)이라는 새로운 이름을 얻게 되는 것은 하나님의 심판을 상징적으로 표상한다. 예레미야의 목에 있던 멍에를 꺾고 거짓예언을 선언한 것으로 인해 죽음을 맞이한 선지자 하나냐의 사건은 선지자들의 문제를 대표적으로 보여주는 사례다(28:1-17). 유다백성의 실패와 타락을 보여주는 사건들도 역시 기록된다. 34장에 보면 예루살렘에 있는 모든 백성이 계약을 맺고 히브리 종들의 자유를 선포하지만 계약을 파기하고 다시 그들을 종으로 삼은 사건이 기록된다. 율법과 하나님 앞에서 맺은 계약을 존중하지 않는 백성의 모습은 하나님의 심판이 선언될 수밖에 없는 구체적인 예다. 선조 요나답의 명령을 지키는 레갑 자손의 이야기(35:1-17)는 하나님의 율법을 지키지 않는 유다백성의 패역과 대조를 이루면서 심판이 주어질 수밖에 없는 구체적인 이유를 변론해 준다. 구덩이에 던져진 예레미야를 구해 준 구스인 에벳멜렉은 선지자를 존중하지 않고 그의 말에 귀를 기울이지 않는 패역한 유다백성과 대조를 이룬다(38:1-13). 특히 그가 히브리인이 아니라 구스인이라는 사실(38:7)과 에벳멜렉에게 주어진 구원신탁에서 "네가 나를 믿었기 때문"이라는 여호와의 말씀(39:18)에 주목하게 된다. 끝으로 52장의 시드기야 왕과 유다 멸망에 대한 기록은 단순한 역사기록 이상의 의미를 갖는다. 왜냐하면 이 기록은 1-51장에 기록된 심판신탁의 성취를 확인해 줄뿐만 아니라 회복의 신탁 역시 성취될 것이라는 희망(52:31-34)을 주기 때문이다.

예레미야서에는 산문과 시문의 혼용, 다양한 문학형식의 사용, 1인칭 서술관점과 3인칭 서술관점의 혼용 등이 있지만, 해리슨(R. Harrison)이 지적하는 바와 같이 언어적 일관성과 사고형식의 유사성을 볼 때 예레미야의 저작과 예레미야서의 통일성을 충분히 고려할 수 있다.[35]

4. 주요 단어 및 표현[36]

예레미야서 전반에 거쳐 반복적으로 서술되기 때문에 주목하게 되는 주요 단어들과 표현들이 있다. 구체적인 의미는 해당 본문의 주해에서 설명할 것이며 여기에서는 그 목록과 간단한 설명을 제시하고자 한다.

35) Harrison은 다음과 같이 서술한다: "Despite of this diversity there is a remarkable coherence of language and thought-forms, so that, in reading the MT, there is seldom any doubt that one is studying the book of Jeremiah, even when the thought of other prophets is being reflected. This circumstance furnishes a strong argument for the integrity and unity of authorship of the composition" (Harrison, *Jeremiah & Lamentations*, 1973], 29).

36) 본서에서 제시하는 주요 단어와 표현은 필자의 선택적 목록이다.

(1) "그들의 악한 마음의 완악함" (שְׁרִרוּת לִבָּם הָרָע 쉐리루트 립밤 하라, 3:17; 7:24; 11:8)/ "그[들] 마음의 완악함" (שְׁרִרוּת לִבָּם 쉐리루트 립밤, 9:13; 13:10)/ "각기[그의] 악한 마음의 완악함" (שְׁרִרוּת לִבּוֹ־הָרָע 쉐리루트 립보 하라, 16:12; 18:12)/ "자기[그의] 마음의 완악함" (שְׁרִרוּת לִבּוֹ 쉐리루트 립보, 23:17)[37)]

"악한" (רַע 라)이라는 형용사의 사용여부에 차이가 있기는 하지만 이 표현들이 담고 있는 의미에는 큰 차이가 없다. 이 표현들은 "마음의 완악함과 악함"을 가리키는 것으로 유다백성의 근본적인 마음의 문제를 지적한다.[38)] 악한 마음의 완악함은 예레미야서 전반에 거쳐 여러 구체적인 모습으로 서술된다. 따라서 악한 마음의 완악함에 따라 행동하는 모습이 구체적으로 어떻게 서술되고 있는지에 주목해서 예레미야서를 읽는 것이 중요하다. 악한 마음의 완악함은 불순종과 우상숭배(2:20, 23-24), 반항과 반역(2:25; 5:23; 6:16-17; 11:8), 뻔뻔함(2:35; 5:24; 6:15; 8:12) 등의 구체적인 모습으로 드러난다. 5장 23절에서는 마음의 완악함이 "배반하며 반역하는 마음" (לֵב סוֹרֵר וּמוֹרֶה 래브 쏘래르 우모레)으로 표현된다.[39)] 악한 마음의 완악함으로 인해 유다백성은 "여호와의 말씀을 . . . 자신들에게 욕으로 여기고 이를 즐겨하지 않을" (6:10; 18:12)뿐만 아니라 가증한 일을 행할 때에 조금도 부끄러워하지 않고 얼굴도 붉어지지 않는다(6:15; 8:12).

---

37) 완악함으로 번역된 שְׁרִרוּת 쉐리루트는 구약성경에 총 10회 서술되는데, 8회가 예레미야서에 나오고 신 29:19와 시 81:12에 각각 1회씩 나온다. 따라서 이 단어가 예레미야서에 집중된 것을 볼 수 있다. שְׁרִרוּת לִבָּם הָרָע 쉐리루트 립밤 하라를 공동번역에서는 "그릇된 생각"으로, 새번역은 "자기들의 악한 마음에서 나오는 고집"으로, 현대인의 성경은 "마음의 악한 고집"으로 번역한다: cf. NIV/NSAB(the stubbornness of their evil hearts). KJV(the imagination of their evil heart),

38) 악한 마음의 완악함이 9장 26절에서는 마음의 할례를 받지 못한 것으로 묘사된다. 따라서 "스스로 할례를 행하여 너희 마음 가죽을 베고 (나) 여호와께 속하라" (4:4)는 명령과 구원을 얻도록 마음의 악을 씻어 버리라(4:14)는 명령이 주어진다. 또한 온 마음으로 여호와를 구하면 여호와를 찾을 수 있고 만날 수 있다는 약속(29:13)을 주신다.

39) סוֹרֵר 쏘래르는 동사 סָרַר 싸라르의 칼, 분사, 남성, 단수형으로 "고집이 센" 또는 "완강한" 태도를 가리킨다. 개역개정에서는 "반역" 또는 "배반"으로 번역한다. 6장 28절의 סָרֵי סוֹרְרִים 싸래 쏘레림는 복수 분사를 연결형과 절대형으로 함께 사용하면서 극도의 완강한 태도를 서술한다. מוֹרֶה 모레는 동사 מָרָה 마라의 칼, 분사, 남성, 단수형으로 סוֹרֵר 쏘래르와 유사하게 "고치기 힘든" 또는 "말을 듣지 않는" 태도를 가리킨다(cf. 4:17).

악한 마음의 완악함에 따른 행위를 보신 하나님은 그들의 모습을 시각화하는데, 하나는 "그들의 등을 내게로 돌리고 그들의 얼굴은 내게로 향하지 않은 것"(2:27; 32:33)이며 다른 하나는 "목을 곧게 한 것"(7:26; 17:23)이다.[40] 결국 17장 5절이 지적하는 바와 같이 악한 마음의 완악함에 따라 행동하는 자는 "사람을 믿으며 육신으로 그의 힘을 삼고 마음이 여호와에게서 떠난 자"다. 이런 자들은 하나님이 말해도 듣지 않고 불러도 대답하지 않는다(35:17; 42:21). 뿐만 아니라 심판의 경고를 듣고 두려워하거나 옷을 찢고 회개하지 않는다(36:24). 유다멸망 이후 남아있던 백성과 요하난의 모습은 악한 마음의 완악함에 따라 행동한 절정을 보여준다(42:1-43:13). 요하난과 백성은 예레미야에게 하나님의 뜻을 물을 것을 간청하면서 어떤 답변이던 그대로 따르겠다는 엄중한 맹세를 한다: "우리가 당신의 하나님 여호와께서 당신을 보내사 우리에게 이르시는 모든 말씀대로 행하리이다 여호와께서는 우리 가운데에 진실하고 성실한 증인이 되시옵소서"(42:5). 하지만 그들이 원하는 답변이 주어지지 않자 예레미야에게 다음과 같이 말한다.

> *네가 여호와의 이름으로 우리에게 하는 말을 우리가 듣지 아니하고 우리 입에서 낸 모든 말을 반드시 실행하여 우리가 본래 하던 것 곧 우리와 우리 선조와 우리 왕들과 우리 고관들이 유다 성읍들과 예루살렘 거리에서 하던 대로 하늘의 여왕에게 분향하고 그 앞에 전제를 드리리라*: 그 때에는 우리가 먹을 것이 풍부하며 복을 받고 재난을 당하지 아니하였더니 우리가 하늘의 여왕에게 분향하고 그 앞에 전제 드리던 것을 폐한 후부터는 모든 것이 궁핍하고 칼과 기근에 멸망을 당하였느니라(44:16-18).

이들은 예레미야가 선포한 하나님의 심판이 성취된 것을 직접 경험했음에도 불구하고 그들의 악한 마음의 완악함에서 여전히 벗어나지 못하고 있는 모습을 보인다. 이에 대해 하나님은 "너희 서원을 성취하며 너희 서원을 이행하라"는 답변을 주신다(44:25).

하나님의 심판을 받아야 했던 유다백성에 대해 하나님이 "악에 익숙한 너희"

40) 유다백성의 태도에 상응하게 하나님도 "그들의 재난의 날에는 내가 그들에게 등을 보이고 얼굴을 보이지 않겠다"고 말씀하신다(18:17).

(13:23)라고 표현하시는 것과 "네가 어려서부터 내 목소리를 청종하지 아니함이 네 습관"(22:21)이라고 지적하시는 것을 충분히 이해할만 하다. 아무리 경고를 해도 전혀 듣지 않고 돌아서지 않기 때문에 결국 심판을 행하실 수밖에 없는 하나님은 그의 심정을 "내가 뜻을 돌이키기에 지쳤다"(15:6)라고 말하실 정도다. 이와 같이 모든 악이 마음에서 시작되고 그 마음이 쉽게 바뀌지 않기 때문에 하나님은 "만물보다 거짓되고 심히 부패한 것은 마음이라"고 말씀하신다(17:9). 그렇다면 아무런 소망이 없는 것인가?

예레미야서는 하나님 안에 소망이 있음을 보여준다: "내가 여호와인 줄 아는 마음(לֵב 래브)을 그들에게 주어서 그들이 전심(כָּל־לִבָּם 콜 립밤)으로 내게 돌아오게 하리니 그들은 내 백성이 되겠고 나는 그들의 하나님이 되리라"(24:7). 더 나아가 여호와의 법을 마음에 기록하실 뿐만 아니라 "한 마음"(לֵב אֶחָד 래브 에하드)과 "한 길"(דֶּרֶךְ אֶחָד 데레크 에하드)을 주고 여호와 경외함을 마음에 두시겠다(אֶת־יִרְאָתִי אֶתֵּן בִּלְבָבָם 에트 이르아티 엘텐 빌바밤)는 약속의 말씀을 주신다(31:33; 32:39-40). 이는 여호와를 경외하는 것을 마음으로도 생각하지 않는 태도(5:24)를 하나님이 완전히 바꾸겠다는 약속이다. 그러면 회복된 백성은 "다시는 그들의 악한 마음의 완악한 대로 . . . 행하지 아니할 것이다"(3:17).

(2) "헛된 것"(הֶבֶל 헤벨)[41]

이 단어를 가장 많이 접하게 되는 구약성경은 전도서다.

"전도자가 이르되 헛되고 헛되며 헛되고 헛되니 모든 것이 헛되도다"
(הֲבֵל הֲבָלִים אָמַר קֹהֶלֶת הֲבֵל הֲבָלִים הַכֹּל הָבֶל 하벨 하발림 아마르 학코헬레트 하벨 하발림 학콜 하벨, 전 1:2; cf. 전 12:8).

---

41) הֶבֶל 헤벨은 구약성경에 총 73회 사용되는데, 전도서에 38회로 가장 많이 사용되고 시편에 9회 그리고 예레미야서에 8회 사용된다(2:5; 8:19; 10:3, 8, 15; 14:22; 16:19; 51:18). 동사 הבל은 총 5회 사용되는데(칼형 4회; 히필형 1회), 예레미야 2:5과 23:16에 2회 서술된다. 왕하 17:15은 예레미야서와 유사한 구문을 취한다. "가치가 없는 것" 또는 "거짓"을 의미하는 שָׁוְא 샤베가 18장 15절에서 우상을 가리킨다. 즉 우상의 속성을 표현한다. 시편 31편 6절과 요나 2장 9절에서는 הֶבֶל 헤벨과 שָׁוְא 샤베가 함께 사용되면서 우상을 가리킨다: "내가 허탄한 거짓(הַבְלֵי־שָׁוְא 하블래 샤베)을 숭상하는 자들을 미워하고 여호와를 의

전도서에는 הֶבֶל 헤벨이 "내용이 없고 무의미함"을 의미하는 "헛된 것"으로 번역되고 있다. 예레미야서에 이 단어는 중의적 의미를 갖는다. 전도서에서와 같이 "의미도 없고, 내용도 없는 헛된 상태"를 의미할 뿐만 아니라 이것이 실체화된 우상을 가리킨다. 따라서 "우상"으로 직접 번역하기도 한다. 2장 5절의 표현이 전자의 의미를 담으면서 앞으로 이 단어가 우상을 가리키는 것을 기대하게 한다: "가서 헛된 것을 따라 헛되이 행하였느냐"(וַיֵּלְכוּ אַחֲרֵי הַהֶבֶל וַיֶּהְבָּלוּ 바이엘레쿠 아하레 하헤벨 바이에흐발루; "그들은 헛된 것을 따라가서 헛되게 됐다"[사역]). הֶבֶל 헤벨과 같은 어근을 가지고 있는 동사 הבל을 사용해서 언약백성이 헛된 것을 추구하다가 결국 스스로 헛되게 된 것을 가리킨다. 그들이 추구한 헛된 것은 이방의 우상이다. 후자의 의미는 8장 19절에서 "그들의 조각한 신상"(פְּסִלֵיהֶם 페실래헴)과 평행을 이루면서 명확히 제시된다. 10장 1-11절은 우상이 인간이 만든 것에 불과할 뿐만 아니라 그 어떤 것도 할 수 없는 헛된 것임을 논증적으로 지적한다.[42] 이런 이해가 한글성경과 영어성경의 다양한 번역을 통해 반영되고 있다.[43]

지하니이다"(시 31:6); "거짓되고 헛된 것(הַבְלֵי־שָׁוְא 하블래 샤베)을 숭상하는 모든 자는 자기에게 베푸신 은혜를 버렸사오나."

42) 이 단락(10:1-11)에서 הֶבֶל 헤벨이 3회 사용된다. 이방우상은 하나님의 심판이 그 나라에 임하게 됐을 때 아무런 도움이 되지 못하고 심판의 대상에 불과하다(모압의 그모스[48:46]; 암몬의 말감[49:1-3]; 51:17-18, 52). 그러나 이스라엘의 하나님, 여호와는 다르다: "야곱의 분깃은 그와 같지 아니하시니 그는 만물을 지으신 분이요 이스라엘은 그의 소유인 지파라 그이 이름은 만군의 여호와시니라"(51:19).

43) (1) 2:5(הֶבֶל 헤벨): "헛된 것"[개역개정], "허수아비"[공동번역], "헛된 우상"[새번역], "우상"[현대인의 성경], "worthless idols"[NIV], "vanity"[KJV], "emptiness"[NASB]; (2) 8:19(הַבְלֵי נֵכָר 하블레 네카르): "이방의 헛된 것"[개역개정], "남의 나라 허수아비"[공동번역], "헛된 우상"[새번역], "헛된 이방의 우상"[현대인의 성경], "their worthless foreign idols"[NIV], "strange vanities"[KJV], "foreign idols"[NABS]; (3) 10:3(הֶבֶל 헤벨): "헛된 것"[개역개정], "장승"[공동번역], "허황된 것"[새번역], "헛된 것"[현대인의 성경], "worthless"[NIV], "vain"[KJV], "delusion"[NABS]; (4) 10:8(הֲבָלִים 하발림):"우상"[개역개정], "장승"[공동번역], "우상"[새번역], "우상"[현대인의 성경], "worthless [wooden] idols"[NIV], "vanity"[KJV], "delusion"[NABS]; (5) 10:15(הֶבֶל 헤벨): "헛것"[개역개정], "놀림감"[공동번역], "허황된 것"[새번역], "무가치하고"[현대인의 성경], "worthless"[NIV], "vanity"[KJV], "worthless"[NABS]; (6) 14:22(הַבְלֵי הַגּוֹיִם 하블레 학고임): "이방의 우상"[개역개정], "다른 민족이 받드는 허수아비"[공동번역], "이방 사람이 섬기는 허황된 우상"[새번역], "이방신"[현대인의 성경], "the worthless idols"[NIV], "the vanities of

(3) “유익하지 않은 것”(לֹא־יוֹעִלוּ로 요일루)[44]

2장 8절에는 선지자들이 바알의 이름으로 예언하고 무익한 것을 따른 것(לֹא־יוֹעִלוּ로 요일루)이 서술되는 반면에 이어지는 11절에서는 유다백성이 참 신이신 하나님을 신이 아닌 것과 바꾼 것처럼 하나님의 영광을 유익하지 않은 것과 바꾼 것(2:11, לוֹא יוֹעִיל로 요일)이 언급된다. 이 표현은 우상숭배와 연결이 되고 헛된 것을 의미하는 הֶבֶל헤벨이 우상을 가리키는 것과도 연관이 있다. 따라서 הֶבֶל헤벨과 이 표현(לוֹא יוֹעִיל로 요일)의 사용에 주목하면 우상이 헛되고 가치가 없는 존재인데, 그 우상을 선택하고 따르는 것은 어떤 유익도 얻지 못한다는 의미를 전달한다. 이 표현은 또한 거짓말의 속성, 즉 거짓에는 실제적인 유익이 없음을 묘사하기도 한다(“유익이 없는 거짓의 말들”[דִּבְרֵי הַשָּׁקֶר לְבִלְתִּי הוֹעִיל디브래 핫샤케르 레빌티 호일, 7:8]). 16장 19절에서 이방민족은 자신들의 조상으로부터 물려받은 것은 단지 허망하고(הֶבֶל헤벨), 거짓되고(שֶׁקֶר쉐케르), 그 안에 유익한 것이 없는 것들(אֵין־בָּם מוֹעִיל앤-밤 모일)뿐이라는 고백을 하면서 이어지는 20절에서는 그 이유가 신이 아닌 것을 자기의 신으로 삼았기 때문이라는 이해를 제시한다. 이와 같이 우상과 함께 수반되는 주요소는 “헛된 것”(הֶבֶל헤벨), “거짓”(שֶׁקֶר쉐케르), “무익한 것”(לוֹא יוֹעִיל로 요일)이다. 23장 32절에서 하나님은 거짓선지자들이 유다백성에게 어떤 유익도 되지 않는다는 사실을 동족의 히필 부정사 절대형(הוֹעֵיל호앨)과 부정어(לֹא로)를 수반하는 주동사(יוֹעִילוּ요일루)를 사용하여 강조한다. 더 나아

---

the nations” [KJV], “the idols of the nations” [NABS]; (7) 16:19(הֶבֶל헤벨): “허망하고” [개역개정], “엉터리 허수아비” [공동번역], “헛되며” [새번역], “헛된 우상” [현대인의 성경], “false gods” [NIV], “vanity” [KJV], “futility” [NABS]; (8) 51:18(הֶבֶל헤벨): “헛된 것” [개역개정], “아무것도 못하는 놀림감” [공동번역], “허황된 것” [새번역], “무가치하여” [현대인의 성경], “worthless” [NIV], “vanity” [KJV], “worthless” [NABS].

44) 구약성경에 동사 l[y은 항상 히필형으로 서술되면서 “유익하다” 또는 “유용하다”의 의미를 갖는다. 예레미야서에 7회 사용되는데, 부정어 לֹא로와 함께 4회, לְבִלְתִּי레빌티와 함께 1회 등장한다. 분사형(מוֹעִיל모일)은 부재를 나타내는 !yae앤과 함께 쓰이면서 부정적 의미를 취한다. 동족 동사 앞에 놓이는 부정사의 용례가 1회 나타난다: הוֹעֵיל לֹא־יוֹעִילוּ 호앨 로 요일루(23:32). 12장 13절에도 이 표현이 등장하는데, 여기서는 하나님의 심판의 결과로 수고하지만 그 결과를 얻지 못하는 상황을 묘사한다(נֶחְלוּ לֹא יוֹעִלוּ네흐루 로 요일루, 12:13).

가 하나님의 보내심이나 명령을 받지 않고 "거짓 꿈"(חֲלֹמוֹת שֶׁקֶר 할로모트 쉐케르)을 예언하고 "[자신들의] 거짓"(שִׁקְרֵיהֶם 쉬크래헴)과 "[자신들의] 헛된 자만"(פַּחֲזוּתָם 파하주탐)으로 백성을 미혹하는 선지자들은 아무 유익을 주지 못하는 존재들이다. 우상과 거짓선지자는 같은 맥락에서 유익이 되지 못한다는 사실을 이 표현을 통해 전달한다. 이 표현과 함께 הֶבֶל 헤벨과 שֶׁקֶר 쉐케르가 같이 서술되고 있는 것에 주목할 필요가 있다.

(4) "거짓"(שֶׁקֶר 쉐케르)[45]

שֶׁקֶר 쉐케르는 구약성경에 총 113회 사용되는데, 예레미야서에 38회로 가장 많이 사용된다. 두 가지 측면에서 이 단어는 주목을 받게 된다. 하나는 반복적으로 등장하는 것이고 다른 하나는 예레미야서 전반에 거쳐 사용된다는 것이다. 선지자의 문제를 다루고 있는 23장과 27장에 각각 5회와 4회에 거쳐 반복적으로 사용된다. 이것은 거짓선지자의 핵심적인 문제가 거짓을 예언하는 것과 그들 스스로 거짓된 자들임을 보여준다. 그러나 거짓은 단지 선지자들만의 문제는 아니다. 왜냐하면 유다백성도 거짓되고 거짓을 말했기 때문이다(3:10; 5:2; 9:3-5; 13:25). 하지만 거짓의 문제를 포함한 "경건하지 못함"(חֲנֻפָּה 하눞파; "사악"[개역개정])이 선지자들로부터 나와 온 땅에 퍼졌기 때문에 거짓을 예언한 선지자들에게 근본적인 원인이 있음을 알 수 있다(5:31; 6:13; 8:10; 14:14; 23:14-15, 25-26, 32; 27:10, 14-16; 28:15; 29:9, 21, 23, 31).[46] 선지자들이 선포한 잘못된 예언에는 자신들에게서 나온 "거짓 계시"(חֲזוֹן שֶׁקֶר 하존 쉐케르), "점술"(קֶסֶם 케쎔), "헛된 것"(אֱלִיל 엘릴), "거

---

45) שֶׁקֶר 쉐케르:3:10, 23; 5:2, 31; 6:13; 7:4, 8, 9; 8:8(x2), 10; 9:2, 4; 10:14; 13:25; 14:14(x2); 16:19; 20:6; 23:14, 25, 26, 32(x2); 27:10, 14, 15, 16; 28:15; 29:9, 21, 23, 31; 37:14; 40:16; 43:2; 51:17.

46) 23장 15절의 חֲנֻפָּה 하눞파는 구약성경에 1회 사용된 단어(hapax legomenon)다. 이 단어를 개역개정은 "사악"으로, 공동번역은 "썩음"으로, 새번역은 "죄악"으로, 현대인의 성경은 "악"으로 번역하고 있으며 영어성경에서는 "ungodliness"(NIV), "profaneness"(KJV), "pollution"(NASB)로 번역한다. 어떤 단어로 번역을 하던 חֲנֻפָּה 하눞파는 문맥 안에서 총체적인 타락의 상태를 가리킨다.

짓"(שֶׁקֶר 쉐케르), "속임/간교함"(תַּרְמִית 타르미트), "거짓 꿈"(חֲלֹמוֹת שֶׁקֶר 할로모트 쉐케르), "헛된 자만"(פַּחֲזוּת 파하주트) 등이 있다.[47] 또한 שֶׁקֶר 쉐케르는 우상의 거짓된 속성을 의미하기도 한다(10:14; 51:17).

(5) "헛된 말"(נוֹאָשׁ 노아쉬)

נוֹאָשׁ 노아쉬는 "절망하다" 또는 "좌절하다"를 의미하는 יאשׁ의 니팔, 분사, 남성, 단수, 절대형으로 예레미야서에 2회 등장한다(2:25; 18:12).[48] נוֹאָשׁ 노아쉬는 두 번밖에 사용되지 않지만 하나님의 명령과 심판에 따른 회개촉구를 대하는 유다백성의 생각과 태도를 그대로 보여준다. 발이 빠른 암낙타처럼 신속히 이방신에게로 달려가고 발정이 난 들암나귀들처럼 헐떡거리며 상대를 찾는 유다백성에게 하나님이 "네 발을 제어하여 벗은 발이 되게 하지 말며 목을 갈하게 하지 말라"고 명하자 그들은 נוֹאָשׁ 노아쉬라고 답변을 한다. 즉, "가망이 없다"(현대인의 성경)는 답변이다. 그 말에 어떤 기대도 하지 말라는 의미일 뿐만 아니라 그 말이 아무런 소용이 없다는 의미다.[49] 더 나아가 하나님의 명령을 소홀히 여기고 자신들의 악한 마음의 완악함에 따라 하고 싶은 대로 하겠다는 태도를 담아내는 표현이다. 이 태도가 18장 12절에 직접적으로 서술된다. 예레미야가 "내가 너희에게 재앙을 내리며 계책을 세워 너희를 치려하노니 너희는 각기 악한 길에서 돌이키며 너희의 길과 행위를 아름답게 하라"(18:11)는 하나님의 명령을 전했을 때 유다백성은 다음과 같이 답변한다. "이는 헛되니(נוֹאָשׁ 노아쉬) 우리는 우리의 계획대로 행하며 우리

---

47) 렘 14:14; 23:32. תַּרְמִית 타르미트는 8:5; 14:14; 23:26에 나타난다. 개역개정은 이 단어를 "거짓"(8:5; 14:14) 또는 "간교한 것"(23:26)으로 번역한다. 유사한 의미를 공유하지만 שֶׁקֶר 쉐케르와 구분하여 תַּרְמִית 타르미트를 "속임"으로 번역하는 것이 적절해 보인다(cf. 습 3:13). 8장 5절은 유다백성이 תַּרְמִית 타르미트를 붙들고 고집하면서 하나님께 돌아오기를 거절한 것을 지적한다. 그들이 붙들고 고집했던 תַּרְמִית 타르미트는 거짓선지자들이 선포했던 예언과 연결된다(23:26).

48) 동사 יאשׁ는 구약성경에 총 6회 사용된다(삼상 27:1; 욥 6:26; 전 2:20; 사 57:10; 렘 2:25; 18:12).

49) 공동번역은 נוֹאָשׁ 노아쉬를 극적인 표현으로 번역한다: "다 버린 몸 말리지 마세요."

는 각기 악한 마음이 완악한 대로 행하리라"(18:12).[50] נוֹאָשׁ노아쉬가 사용되지는 않지만, 예레미야가 유다의 멸망 후에 남아 있던 백성에게 이집트로 가지 말라는 하나님의 말씀을 전달했을 때 유다백성의 동일한 태도를 보인다(44:16-18). 이는 심판을 경험하고 난 후에도 변하지 않는 유다백성의 완악함을 보여준다.

(6) "북쪽"(צָפוֹן짜폰)[51]

한글성경에서 צָפוֹן짜폰은 "북쪽" 또는 "북방"으로 번역되고 있으며 예레미야서 전반에 거쳐 사용된다.[52] 이 단어에 출처를 나타내는 전치사 מִן민이 붙어서 "북쪽에서" 또는 "북쪽으로부터"라는 의미를 갖는 מִצָּפוֹן밋짜폰이 반복되면서 하나님의 심판을 행할 민족이 오는 방향을 가리킨다.[53] צָפוֹן짜폰의 등장은 예레미야의 소명환상에서부터 시작된다(1:13, 14, 15). 예레미야는 환상을 통해 끓는 가마가 상징적으로 가리키고 있는 재앙이 북에서부터 유다에 임하는 것을 보게 된다. 이 환상을 시작으로 하나님의 심판의 도구로 사용될 민족이 북에서부터 올 것이라는 선언이 이어진다. 따라서 예레미야서에서 북쪽은 하나님의 심판인 재앙과 큰 파멸이 오는 방향이다(4:6; 6:1; 10:22; 13:20).[54] 이 방향과 연결되어 한 민족(큰 나라)가 일어날 것이라고 선언되는데(5:15; 6:22), 이는 바벨론 왕국과 느부갓네살 왕을 가

---

50) 18장 12절의 경우, 공동번역은 נוֹאָשׁ노아쉬를 "다 글렀다"로 번역한다: "그럴 필요없다"(새번역); "소용없는 일이다"(현대인의 성경).

51) צָפוֹן짜폰은 구약성경에 총 153회 사용되는데, 예레미야서에는 25회 등장한다.

52) 1:13, 14, 15; 3:12, 18; 4:6; 6:1, 22; 10:22; 13:20; 15:12; 16:15; 23:8; 25:9, 26; 31:8; 46:6, 20; 46:24; 47:2; 50:3, 9, 41; 51:48.

53) 에스겔 26장 7절은 두로를 치러 오는 바벨론 왕 느부갓네살이 오는 방향을 북쪽(מִצָּפוֹן밋짜폰)으로 언급한다. 에스겔 39장 2절은 로스와 메섹과 두발 왕 곡을 북쪽에서부터 이스라엘 산 위에 이르게 하겠다는 하나님의 신탁을 기록하고 있다. 스가랴 6장의 환상(회복)에서는 심판을 위해 북쪽으로 간 자들이 북쪽에서 여호와의 영을 쉬게 했다는 말을 한다. 즉 하나님의 백성을 파괴한 북쪽 민족에게 하나님의 심판이 임하게 될 것임을 의미한다.

54) 예레미야 3장 12절에서도 북쪽이 언급되는데, 이 경우에는 패역한 이스라엘이 있는 자리로 묘사된다. 46장의 이집트를 향한 심판신탁에서도 "북"이 언급되는데, 역시 심판의 자리, 심판이 오는 자리, 심판의 도구로 제시된다(46:6, 10, 20, 24; 47:2).

리킨다.[55] 이 나라와 왕은 꺾을 수 없는 "철 곧 북방의 철과 놋"으로 비유되기도 한다(15:12). 하지만 북쪽은 하나님의 심판이 임하는 자리이기도 하다: "북방 원근의 모든 왕과 지면에 있는 세상의 모든 나라로 마시게 하니라 세삭 왕은 그 후에 마시리라"(25:26). 여기서 세삭 왕은 바벨론을 가리키는 암호와 같은 것인데, 심판의 도구로 사용됐던 북방의 왕들과 바벨론 왕은 결국 하나님의 심판의 대상이 된다. 흥미로운 것은 바벨론에게 심판을 행할 한 나라도 북쪽으로부터 온다는 것이다(50:3, 41; 51:48).[56] 따라서 예레미야서에서 북쪽은 심판과 연관이 된다.

하나님의 심판이 "북방"으로부터 임한다는 표현에 맞추어 예레미야서는 재앙에서 벗어나 회복해서 나오는 방향도 "북"으로 표현한다: "그 때에 유다 족속이 이스라엘 족속과 동행하여 북에서부터(מֵאֶרֶץ צָפוֹן 매에레쯔 짜폰; '북쪽의 땅에서부터') 나와서 내가 너희 열조에게 기업으로 준 땅에 함께 이르리라"(3:18). 회복의 신탁에 북방이 언급되는 이유는 그곳이 바로 이스라엘 자손이 쫓겨난 방향과 자리이기 때문이다(16:15; cf. 23:8). 따라서 북쪽으로부터 회복된 백성이 하나님의 인도함을 받고 돌아온다: "보라 나는 그들을 북쪽 땅에서 인도하며 땅 끝에서부터 모으리라 그들 중에는 맹인과 다리 저는 사람과 잉태한 여인과 해산하는 여인이 함께 있으며 큰 무리를 이루어 이 곳으로 돌아오리라"(31:8). 이스라엘 자손은 하나님 앞에 행한 패역으로 인해 북쪽으로부터 오는 심판을 받고 북쪽으로 쫓겨 가지만 하나님의 인도하심으로 다시 북쪽으로부터 나와서 약속의 땅으로 돌아오는 은혜를 입게 된다.

(7) "새벽부터 부지런히/ 일찍"(הַשְׁכֵּם 하쉬캠)

히필 부정사 절대형 הַשְׁכֵּם 하쉬캠은 문자적으로 주로 아침에 "일찍 일어나는 것"을 의미한다(cf. 창 21:14; 22:3; 수 3:1).[57] 예레미야에서는 이 표현과 함께 "말

---

55) Cf. 20:4-5; 21:10; 22:25; 24:1; 25:9; 27:6, 22; 28:14; 32:2-5, 28, 36; 34:2-3, 21; 37:17; 38:3, 22.

56) 바벨론 왕국과 왕이 하나님의 심판으로 인해 폐허가 되는 것은 자신들이 범한 죄 때문이다: "나 여호와가 말하노라 칠십년이 마치면 내가 바벨론 왕과 그 나라와 갈대아인의 땅을 그 죄악으로 인하여 벌하여 영영히 황무케 하되"(25:12; cf. 사 47:5-7; 슥 1:15).

하다" (הַשְׁכֵּם וְדַבֵּר 하쉬캠 베답베르, 7:13; 25:3; 35:14), "보내다" (הַשְׁכֵּם וְשָׁלֹחַ 하쉬캠 베샬로아흐, 7:25; 25:4; 26:5; 29:19; 35:15; 44:4), "경고하다" (הַשְׁכֵּם וְהָעֵד 하쉬캠 베하에드, 11:7), "가르치다" (הַשְׁכֵּם וְלַמֵּד 하쉬캠 베람매드, 32:33)가 덧붙여 서술되면서 하나님이 끊임없이 그리고 부지런히 그의 백성에게 말씀하시고, 선지자를 보내시고, 경고하시고, 참된 길을 가르치신 행위를 의미한다. 이것은 하나님의 인내와 자비하심, 그리고 그의 신실하심을 보여주는 표현이다. 하나님이 선지자들을 보내어 성실히 그리고 끊임없이 그의 백성에게 말씀하시고 경고하신 것에 대한 분명한 예가 바로 예레미야다. 예레미야도 자신의 사역이 하나님의 이러한 신실하심을 감당하고 있음을 보여준다. 왜냐하면 그의 사역을 동일한 표현으로 서술하고 있기 때문이다: "유다 왕 아몬의 아들 요시야의 십 삼년부터 오늘까지 이십 삼년 동안에 여호와의 말씀이 내게 임하기로 내가 너희에게 이르되 *부지런히 일렀으나* (אַשְׁכֵּים וְדַבֵּר 아쉬캠 베답배르) 너희가 듣지 아니 하였으며" (25:3). 패역한 유다백성에게 하나님이 이렇게 인내하심으로 행하셨음에도 불구하고 그들은 그들의 악한 마음의 완악함에 따라 하나님과 그의 말씀, 경고, 가르침을 거부하는 행동을 멈추지 않는다. 그래서 자연스럽게 등장하는 표현이 하나님의 분노를 나타내는 "내가 보복하지 않겠느냐?"는 수사적 질문이다.

(8) "내가 보응하지 않겠느냐" (לֹא־אֶפְקֹד 로-에프코드) / "보복하지 않겠느냐" (לֹא תִתְנַקֵּם 로 티트낰캠) / "보복" (נְקָמָה 네카마)

פָּקַד 파카드가 칼형으로 쓰일 경우, 이 동사는 "방문하다," "보다[점검하다]," "돌보다" 등을 의미한다. 하지만 어떤 일을 어떤 의도로 보는지에 따라 그 의미에 차이가 있다. 부정적인 일로 인해 방문하거나 보는 것일 경우, 이 동사는 "보응하다," "보복하다," "징계하다" 등의 부정적인 의미를 갖는다. 예레미야서 역시 이 동사가 사용된 본문의 맥락에 따라 긍정적 의미와 부정적 의미를 취한다.[58] 개역

57) 동사 שׁכם은 사건을 서술하는 모세오경과 역사서에 주로 사용되는데, 아침에 일찍 일어나는 행위를 가리킨다.

58) 5:9, 29; 9:9.

개정에서는 동사 פָּקַד파카드를 "돌보다"로 번역하면서 긍정적 의미를 반영한다 (15:15; 27:22; 29:10; 32:5). 또한 하나님이 자신의 백성, 이방나라, 우상을 대상으로 징계를 행한다는 부정적 의미를 담아 이 동사가 사용되기도 한다.[59)]

לוֹא־אֶפְקֹד로-에프코드와 함께 고려하게 되는 표현은 "보복하지 않겠느냐" (לֹא תִתְנַקֵּם로 티트낙캠)이다. 5장 9절과 29절, 9장 9절에서 이 두 표현이 함께 서술되면서 악한 마음의 완악함에 따라 하나님께 등을 돌린 유다백성을 향한 하나님의 분노가 드러난다: "여호와의 말씀이니라 내가 어찌 이 일들에 대하여 벌하지 아니하겠으며(לוֹא־אֶפְקֹד로-에프코드) 내 마음이 이런 나라에 보복하지 않겠느냐 (לֹא תִתְנַקֵּם נַפְשִׁי로 티트낙캠 나프쉬)" (5:9). 특히 두 번째 표현은 하나님의 징계의 속성(방문의 속성)이 "보복" (נקם) 인 것을 분명하게 전달한다. 또한 이 표현들은 그가 행하시는 심판의 정당성을 대변하는 수사적 질문이다. 유다백성의 죄와 패역은 하나님의 부정적인 방문과 보복을 자처했기 때문이다.[60)] 이는 인간의 행위에 따라 되갚으시는 하나님의 공의의 속성에 따른 것이다: "여호와는 보복의 하나님이시니" (אֵל גְּמֻלוֹת יְהוָה앨 게물로트 아도나이, 51:56).

이 표현들과 더불어 직접적으로 "보복"을 의미하는 נְקָמָה네카마가 반복적으로 사용된다.[61)] 자신을 죽이려고 하는 아나돗 사람들에 대해 하나님의 보복을 간절히 구하는 예레미야의 기도에서 "주[당신]의 보복" (נִקְמָתְךָ니크마트카)이 언급된다 (11:20). 20장 12절에서는 유다백성이 예레미야에게 보복을 하겠다는 말("우리가 그를 이기어 우리 원수를 갚자" [10절], נִקְחָה נִקְמָתֵנוּ מִמֶּנּוּ니크하 니크마태누 밈메누)을 듣고 그가 하나님의 보복을 간청하는 말에 동일한 표현(נִקְמָתְךָ니크마트카)이 사용된다. 하나님이 이집트에게 심판을 행하시는 날은 그가 대적에게 보복을 행하시는 날, 곧 "보복의 날" (יוֹם נְקָמָה욤 네카마)이다(46:10). 행한 대로 되갚으시는 "여호와의 보복" (נִקְמַת יְהוָה니크마트 아도나이)과 그의 성전을 파괴한 바벨론을 향한 "성전

---

59) 5:9, 29; 6:6, 15; 9:8, 24; 11:22; 14:10; 15:3, 15; 21:14; 23:34; 25:12; 27:8; 29:32; 30:20; 36:31; 44:13, 29; 46:25; 49:8; 50:18(x2), 31; 51:44, 47, 52.

60) 동일한 표현이 반복되는 것은 아니지만 유다백성의 생각, 태도, 삶이 여호와의 심판을 자처했다는 의미를 나타내는 서술들이 반복되면서 유사한 의미를 다양하게 강조한다(cf. 2:17; 4:18; 5:25; 6:19; 7:19; 17:4; 25:7).

61) נְקָמָה네카마는 11:20; 20:10, 12; 46:10; 50:15, 28(x2); 51:6. 11(x2), 36에 사용된다.

의 보복"(נִקְמַת הֵיכָלוֹ니크마트 해칼로)이 직접적으로 선언되기도 한다(50:15, 28; cf. 51:6; 11). 51장 36절에서 하나님은 바벨론에 의해 당한 폭행과 학대를 되갚아주시길 바라는 유다백성의 간청을 듣고 그들을 위해 보복을 행하시겠다고 선언하신다. 즉 "내가 너의 보복을 보복해 주겠다"(נִקַּמְתִּי אֶת־נִקְמָתֵךְ닉캄티 에트-니크마태크)는 선언이다. 하나님의 보복은 단순한 분풀이나 피의 보복이 아니라 공의의 속성에 따른 정당한 대응이다.

(9) "배역"(מְשׁוּבָה메슈바; שׁוֹבָב쇼바브)/ "반역하다"(פָּשַׁע파샤; פֶּשַׁע페샤)/ "반역한"(בָּגוֹד바고드; בֶּגֶד베게드; 동사 בגד)

"배역"과 "반역"은 이방신을 따라가며 하나님께 얼굴이 아닌 등을 돌린 유다백성의 모습을 묘사하는 단어들이다. מְשׁוּבָה메슈바는 구약성경에 총 12회 등장하는데, 예레미야서에서 9회 사용된다.[62] 이 단어는 동사 שׁוּב슈브("돌아오다"; "돌아서다")에서 유래된 명사로 "돌아섬" 또는 "배교"를 의미한다. 따라서 개역개정에서는 "반역"(2:19; 5:6), "배역"(3:6, 8, 11, 12, 22), "물러감"(8:5), "타락함"(14:7)으로 번역하고 있다. 8장 5절에서는 유다백성이 하나님으로부터 "돌아섬"(מְשׁוּבָה메슈바)이 그에게 "돌아오기를 거절하는 것"으로 설명된다: "이 예루살렘 백성이 항상 나를 떠나(שׁוֹבְבָה쇼베바) 물러감(מְשׁוּבָה메슈바)은 어찌함이냐 그들이 거짓(תַּרְמִית타르미트)을 고집하고 *돌아오기를 거절하도다*(מֵאֲנוּ לָשׁוּב매아누 라슈브)."[63]

מְשׁוּבָה메슈바와 같은 어근을 공유하면서 동일한 의미("돌아섬")를 취하는 형용사 שׁוֹבָב쇼바브(또는 שׁוֹבֵב쇼배브)는 예레미야서에 총 5회 사용된다.[64] 개역개정에서

62) 잠 1:32; 렘 2:19; 3:6, 8, 11, 12, 22; 5:6; 8:5; 14:7; 호 11:7; 14:5.

63) 예레미야서에서 תַּרְמִית타르미트는 거짓선지자들과 연관된 단어다(14:14; 23:26). 따라서 유다백성이 거짓을 고집한다는 것은 거짓선지자들의 예언을 비롯해서 우상을 모두 포함하는 것으로 보인다.

64) 3장 14, 22절과 31장 22절에서는 שׁוֹבָב쇼바브가 북이스라엘과 남유다의 배역을 가리키는 반면에 49장 4절에서는 골짜기를 자랑하고 재물을 의지하는 암몬 자손의 배역을 가리킨다. 50장 6절에 사용된 שׁוֹבְבוּם쇼바브는 길을 잃은 양떼에 비유된 하나님의 백성이 산을 이리저리 다니는 모습을 묘사한다.

는 "배역," "반역," "패역"으로 번역한다. 3장 22절의 경우, שׁוֹבָב 쇼바브와 מְשׁוּבָה 메슈바가 함께 서술되면서 동의어로 사용되고 있는 것을 볼 수 있다: "*배역한 자식들아*(בָּנִים שׁוֹבָבִים 바님 쇼바빔) 돌아오라(שׁוּבוּ 슈브) 내가 *너희의 배역함*(מְשׁוּבֹתֵיכֶם 메슈보태켐)을 고치리라 하시니라." 하나님을 등지고 돌아선 백성을 향해 그 돌아섬을 고치시겠다고 약속하시면서 돌아오라고 호소하시는 하나님의 안타까운 심정을 볼 수 있다.

같은 맥락에서 유다백성의 불의한 태도를 가리키는 동사 פָּשַׁע 파샤(פֶּשַׁע 페샤[명사])와 동사 בגד(בָּגוֹד 바고드[형용사]; בֶּגֶד 베게드[명사])가 사용된다.[65] 동사 פָּשַׁע 파샤는 "반항하다" 또는 "죄를 범하다"를 의미하는데, 개역개정에서는 "반역하다"(2:8), "대항하다"(2:29), "배반하다"(3:13), "[죄를] 범하다"(33:8)로 번역한다. 5장 6절에서는 명사형 פֶּשַׁע 페샤가 예루살렘 거민들 중에 정의를 행하며 진리를 구하는 자가 한 사람도 없는 상태를 가리키며 이 단어가 מְשׁוּבָה 메슈바와 평행을 이루면서 의미를 강조한다: "이는 그들의 허물(פִּשְׁעֵיהֶם 피쉬애헴)이 많고 반역이(מְשֻׁבוֹתֵיהֶם 메슈보태헴) 심함이니이다." 동사 בגד는 신의를 저버리는 행위와 태도를 가리킨다.[66] 이 단어의 의미를 가장 잘 나타내는 비유는 아내가 남편을 배신하거나 남편이 아내를 배신하는 행위다(3:20).[67] 개역개정은 이 동사를 주로 "반역하다"(3:8, 11; 5:11; 9:2[1]; 12:1) 또는 "속이다"(3:20; 12:6)로 번역한다.

3장 8절과 11절에서는 "배역을 하는 이스라엘"(מְשֻׁבָה יִשְׂרָאֵל 메슈바 이스라엘)과 "반역을 하는 유다"(בֹּגֵדָה יְהוּדָה 보개다 예후다)가 평행을 이루면서 북이스라엘과 남유다가 여호와께 등을 돌리고 돌아선 것은 곧 그들이 지켜야 할 신의를 지키지 않은 것을 분명하게 전달하다. 특히 주목하게 되는 것은, 북이스라엘과 남유다가 하나님을 떠난 것에 대한 지적과 그들의 "돌아섬"에도 불구하고 하나님의 돌이키심, 그리고 돌아오라는 하나님의 간청을 담고 있는 3장 6-22절에 이 단어들이 집중적으로 모두 사용되고 있다는 것이다: מְשׁוּבָה 메슈바(3:6, 8, 11, 12, 22); שׁוֹבָב 쇼바브

---

65) פָּשַׁע 파샤(2:8, 29; 3:13; 33:8); פֶּשַׁע 페샤(5:6).

66) בגד(3:8, 11, 20[x2]; 5:11[x2]; 9:2[MT, 9:1]; 12:1, 6); בָּגוֹד 바고드(3:7, 10); בֶּגֶד 베게드(12:1)

67) 3장 20절의 בגד를 개역개정에서는 "속이다"로 번역하는 반면에 새번역은 "정절을 지키지 않다"와 "배신하다"로 번역한다.

(3:14, 22); פָּשַׁע 파샤(3:13); בגד(3:8, 11, 20[x2]); בָּגוֹד 바고드(3:7, 10). 이는 하나님의 백성이 보인 모습이 하나님께 대한 반역과 반항, 신의를 저버림, 범죄인 것을 명확하게 강조한다.

5. 내용개요

예레미야서의 구성이 복잡하기는 하지만 그 안에 담긴 메시지는 크게 두 가지로 구분된다. 하나는 심판이고 다른 하나는 회복이다. 예레미야서 1-29장이 심판의 메시지에 집중하고 있는 반면에 30-52장은 회복에 무게를 두고 있다. 46-51장의 열방을 향한 심판신탁은 간접적으로 이스라엘의 회복에 대한 메시지가 될 뿐만 아니라 열방의 회복에 대한 선언을 포함하고 있다.[68)]

예레미야는 심판선언의 근거를 유다백성의 언약파기에서 찾고 있다. 구체적으로는 유다백성의 영적 배교이며 언약의 하나님을 의지하기 보다는 열방과 이방우상을 의지하여 자신들의 문제를 해결하려고 한 것이다: “내 백성이 두 가지 악을 행하였나니 곧 그들의 생수의 근원이 되는 나를 버린 것과 스스로 웅덩이를 판 것인데 그것은 그 물을 가두지 못할 터진 웅덩이들이니라”(2:13). 뿐만 아니라 사회적 관계에 있어서도 무고한 피를 흘리고 빈민의 재판을 공정하게 판결하지 않는 등 언약의무를 감당하지 않은 것이다(2:34; 5:1; 6:6-7, 13; 7:5-6, 9; 19:4; 22:1-9). 더 심각한 문제는 이런 배교와 패역을 바로 잡아주어야 할 종교 지도자들인 제사장들과 선지자들이 타락을 주도했을 뿐만 아니라 그들의 타락에 백성이 동조했다는 것이다(5:31). 따라서 예레미야는 언약에 따른 심판을 선언하게 된다.

예레미야는 당시 유다백성이 가지고 있었던 잘못된 신학을 비판하고 거부한다.

---

68) 12:15-17; 30:16-17; 46:27-28; 50:17-20; 51:19, 33-40, 50-53(이스라엘; cf. 50:33-34); 46:26(이집트); 48:47(모압); 49:6(암몬 자손); 49:39(엘람). 예레미야서의 배열이 에스겔서의 배열(겔 1-24장[유다를 향한 심판]; 25-32장[열방을 향한 심판]; 33-48장[유다의 회복])과 차이가 있지만 열방에 대한 심판이 이스라엘의 회복과 관련이 있는 것으로 제시하는 면에서는 유사하다(cf. 겔 28:24, 25-26). 에스겔은 열방을 향한 심판만을 선언하는 반면에 예레미야는 열방의 구원과 회복도 함께 선언된다(12:15-16; 46:26; 48:47; 49:6, 39). 예레미야서에 따르면, 열방이 하나님의 진노의 잔을 마시는 대상이기도 하지만 구원과 회복의 대상이 되기도 한다.

그들은 시내산언약, 다윗언약, 시온신학에 대한 절대적인 확신을 가지고 있었다. 더 나아가 그들이 어떤 삶을 살던지 간에 하나님은 그의 언약을 파기하지 않으실 것이며(시내산언약), 다윗왕조는 영원하며(다윗언약), 시온은 결코 점령당하거나 파괴되지 않을 것(시온신학)이라는 확신이 있었다. 이런 눈먼 확신을 가지고 있었던 유다백성을 향해 예레미야는 유다와 예루살렘 성전의 멸망을 선언하면서 그들이 약속의 땅에서 추방될 것이며, 다윗왕조는 멸망하고, 시온이 이방인의 군대에 의해 짓밟히게 될 것을 예언한다. 이는 하나님의 선택을 받은 백성이 그들의 정체성을 상실한 채 그의 길을 외면하고 구별된 삶을 살지 않으면서도 당연히 하나님의 언약과 약속을 누릴 수 있다고 잘못된 확신에 대한 정당한 판결이다. 결국 어리석은 신념이 유다백성을 파국으로 내몰았다. 예레미야의 심판선언은 헛된 확신과 이데올로기화된 신앙의 잘못을 지적하는 결정적인 증거다(cf. 7:1-8:3; 26:1-24). 예레미야는 하나님이 바벨론을 그의 심판의 도구로 사용하셔서 유다를 파괴하실 것을 선포한다.

하지만 예레미야의 심판선언에도 불구하고 유다백성에게 심판을 피할 수 있는 기회가 없었던 것은 아니다. 왜냐하면 이 심판선언은 회개하면 취소될 수 있었기 때문이다(26:3, 13; 36:3, 7). 예레미야 36장 3절과 7절에 따르면, 예레미야가 바룩에게 책을 받아쓰게 하고 그 책을 낭독하게 한 것은 회개를 촉구하여 하나님의 용서를 얻게 하기 위한 것임을 알 수 있다: "유다 가문이 내가 그들에게 내리려한 모든 재난을 듣고 각기 악한 길에서 돌이키리니 그리하면 내가 그 악과 죄를 용서하리라 하시니라"(3절; cf. 4:4; 6:8). 하지만 바룩이 낭독한 책을 여호야김이 불사르고 여호와의 말씀을 거부하자 여호와는 확정된 심판을 선언하신다.

> 그러므로 여호와께서 유다의 왕 여호야김에 대하여 이와 같이 말씀하시니라 그에게 다윗의 왕위에 앉을 자가 없게 될 것이요 그의 시체는 버림을 당하여 낮에는 더위, 밤에는 추위를 당하리라 또 내가 그와 그의 자손과 신하들을 그들의 죄악으로 말미암아 벌할 것이라 내가 일찍이 그들과 예루살렘 주민과 유다 사람에게 그 모든 재난을 내리리라 선포하였으나 그들이 듣지 아니하였느니라(36:30-31).

이 사건이 있었던 주전 605년 이후부터 예레미야는 본격적으로 "확정된" 심판을 선포한 것으로 보인다. 하나님이 예레미야에게 백성을 위하여 기도하지 말라고 명하는 장면들은 확정된 심판을 반영하는 것으로 보인다(7:16; 11:14; 14:11-12). 왜냐하면 이 명령과 함께 하나님이 백성의 기도를 결코 듣지 않으시겠다는 확언이 서술되기 때문이다. 결국 유다백성은 예레미야의 경고에 귀를 기울이지 않고 자신들의 판단과 확신을 따르다가 유다의 멸망과 포로기를 맞이하면서 그가 선포한 메시지와 신탁의 권위와 진정성을 확인하게 된다.

유다의 멸망과 성전의 파괴는 하나님이 그의 백성과의 언약을 완전히 파기하신 것을 의미하지 않는다. 왜냐하면 예레미야가 서신으로 예루살렘 멸망 이전에 이미 바벨론에 잡혀간 유다 포로들(주전 597년)에게 70년간의 포로생활을 한 후 약속의 땅으로 돌아올 수 있다는 회복의 메시지를 전달하고 있기 때문이다(29:10). 주전 586년에 바벨론에 의해 예루살렘 성과 성전이 파괴된 사건은 예레미야가 적극적으로 회복을 선포하게 되는 전환점이 된다. 왜냐하면 하나님의 심판이 성취됐고 이 성취는 회복에 대한 기대와 성취를 확언해 주는 것이 되기 때문이다. 예레미야는 "새 언약"(בְּרִית חֲדָשָׁה 베리트 하다샤)의 선포와 함께 회복의 시대를 기대하게 한다. 예레미야 30장 2-3절은 소위 말하는 "위로의 책"(30-31장, 32-33장)의 도입역할을 하는데, 포로에서의 귀환을 예언한다. 이러한 흐름은 이미 예레미야의 소명 당시부터 예견된 내용이다: "보라 내가 오늘 너를 여러 나라와 여러 왕국 위에 세워 네가 *그것들을 뽑고 파괴하며 파멸하고 넘어뜨리며 건설하고 심게 하였느니라* 하시니라"(1:10). 또한 소명기사 이후에 처음 등장하는 신탁이 자신의 백성에 대한 하나님의 사랑과 보호를 말하고 있기 때문이다.

> 여호와의 말씀이 내게 임하니라 이르시되 가서 예루살렘의 귀에 외칠지니라 여호와께서 이와 같이 말씀하시기를 내가 너를 위하여 네 청년 때의 인애와 네 신혼 때의 사랑을 기억하노니 곧 씨 뿌리지 못하는 땅, 그 광야에서 나를 따랐음이니라 이스라엘은 여호와를 위한 성물 곧 그의 소산 중 첫 열매이니 그를 삼키는 자면 모두 벌을 받아 재앙이 그들에게 닥치리라 여호와의 말씀이니라(2:1-3).

회복은 심판의 결과를 돌이키고 심판의 원인이 됐던 근본적인 문제들을 해결한다. 신앙의 회복, 다윗왕조의 재건, 언약관계의 갱신, 약속의 땅으로의 귀환 등이 포함되어 있다. 예레미야서는 주로 심판선언에 많은 분량을 할애하고 회복에 대한 선언은 30-33장에서 집중적으로 서술한다. 하지만 예루살렘의 파괴와 유다의 멸망으로 인해 예레미야가 선포한 심판신탁의 진실성과 신적 권위가 확인됐기 때문에 그가 선포한 회복의 메시지는 포로지의 신실한 유다백성에게 더 의미가 있었을 것이다. 다니엘이 "책을 통해 여호와께서 말씀으로 선지자 예레미야에게 알려 주신 그 연수를 깨달았다"(단 9:2)고 말하면서 회복을 위해 기도하는 것에서 그 예를 볼 수 있다. 특히 예레미야서의 마지막 장인 52장은 유다의 마지막 왕 시드기야의 등극과 죽음, 그리고 바벨론 포로와 여호야긴의 석방에 대한 기록을 통해 예레미야가 전한 심판신탁의 진정성을 확인해 줄 뿐만 아니라 회복신탁의 성취를 기대하게 하는 것으로 예레미야서를 마무리하고 있다.

6. 주요 메시지와 신학적 주제

예레미야서 주석가들에 따라 제시되는 주요 메시지와 신학적 주제에 차이가 있다.[69] 예를 들면, 마틴즈(E. Martens)는 심판과 구원, 하나님 알기, 언약, 그리고 땅을 예레미야서의 주요 주제로 제시하는 반면에 해리슨(R. Harrison)은 옛 언약, 배교와 형식적 종교, 심판, 새 언약, 메시아 소망을 제시한다. 아쳐(G. Archer)는 "예레미야 선지자의 주제는 유다백성이 우상숭배로부터 돌아서야 포로로 잡혀가는 환난에서 벗어날 수 있다는 호된 경고에 있다"고 말하는데, 이는 확정된 심판을 선언하기 전까지의 상황에는 적합하지만 예레미야서 전체의 주제로 보기는 어렵다.[70] 왜냐하면 예레미야는 회개하지 않는 백성에게 확정된 심판을 선언할 뿐만 아니라 회복을 예언하고 있기 때문이다. 이 예들은 주석가들이 제시하는 예레미야서의 주요 메시지가 주관적이고 제한적인 것을 보여준다. 주석가에 따라 제시된 주요 메시지는 다르지만 통합적으로 살피면 예레미야서를 포괄적으로 이해할 수 있는 유익이 있다. 따라서 독자들은 주석가들이 서술하고 있는 주요 메시지

69) E. A. Martens는 예레미야서의 핵심 주제를 다음과 같이 지적한다: (1) Judgment/ deliverance; (2) On knowing God; (3) On covenant; (4) On land (E. A. Martens, *Jeremiah*, BCBC [Scottdale: Herald Press, 1986], 21-25); Harrison, *Jeremiah & Lamentations*, 34-43.

70) 아쳐, 『구약총론』, 413.

를 개별적으로 살피기보다는 통합적으로 고려하는 것이 중요하다. 본서에서 제시하는 예레미야서의 주요 메시지 역시 선택적이고 제한적이다. 본서에서는 예레미야서의 주요 메시지와 신학적 주제로 (1) 하나님의 우주적 주권, (2) 배교와 패역, 그리고 심판, (3) 지도자들의 실패와 백성의 실패, (4) 옛 언약과 새 언약, (5) 메시아 예언, (6) 심판 후의 회복을 제시한다. 이 주요 메시지와 주제로만 예레미야서가 제한되지는 않는다. 하지만 예레미야서는 이 메시지들과 주제를 중심으로 전개되는 것을 볼 수 있다.

(1) 하나님의 우주적 주권

다른 선지서와 마찬가지로 예레미야서의 주요 메시지 중의 하나는 하나님의 우주적 주권이다. 예레미야의 소명장면(1장)에서부터 하나님의 우주적 주권이 분명히 드러난다. 하나님의 우주적 주권을 나타내는 요소들은 다음과 같다. 첫째, 창조의 주, 하나님이다. 예레미야서는 창조주 하나님의 관점을 가지고 있다. 하나님은 천지를 창조하셨을 뿐만 아니라 창조의 질서를 유지하시는 분이다(10:12-16; 14:22; 31:35-36; 32:17; 33:2, 20, 25).[71] 또한 그는 하늘과 땅에 충만하신 분이시다(23:23-24). 생명의 근원이 되실 뿐만 아니라 모든 육체의 하나님이시다(2:13; 32:27). 하나님이 창조주이며 주관자라는 사실은 하나님의 우주적 주권의 핵심근거다. 또한 여기에 우상과 하나님이 구분되는 극명한 지점이 있다.

> 여호와께서 그의 권능으로 땅을 지으셨고 그의 지혜로 세계를 세우셨고 그의 명철로 하늘을 펴셨으며 그가 목소리를 내신즉 하늘에 많은 물이 생기나니 그는 땅 끝에서 구름이 오르게 하시며 비를 위하여 번개치게 하시며 그 곳간에서 바람을 내시거늘 사람마다 어리석고 무식하도다 은장이마다 자기의 조각한 신상으로 말미암아 수치를 당하나니 이는 그가 부어 만든 우상은 거짓 것이요 그 속에 생기가 없음이라 그것들은 헛 것이요 망령되이 만든 것인즉 징벌하실 때에 멸망할 것이나 야곱의 분깃은 이같지 아니하시니 그는 만물의 조성자요 이스라엘은 그의 기업의 지파라 그 이름은 만군의 여호와시니라(10:12-16).

---

71) "그는 만물의 조성자요" (יוֹצֵר הַכֹּל הוּא 요쩨르 학콜 후, 10:16); "주께서 이 모든 것을 만드셨음이니이다" (14:22).

> 이방인의 우상 가운데 능히 비를 내리게 할 자가 있나이까 하늘이 능히 소나기를 내릴 수 있으리이까 우리 하나님 여호와여 그리하는 자는 주가 아니시니이까 그러므로 우리가 주를 앙망하옵는 것은 주께서 이 모든 것을 만드셨음이니이다 하니라(14:22).

> 여호와께서 그의 능력으로 땅을 지으셨고 그의 지혜로 세계를 세우셨고 그의 명철로 하늘들을 펴셨으며 그가 목소리를 내신즉 하늘에 많은 물이 생기나니 그는 땅 끝에서 구름이 오르게 하시며 비를 위하여 번개를 치게 하시며 그의 곳간에서 바람을 내시거늘 사람마다 어리석고 무식하도다 금장색마다 자기가 만든 신상으로 말미암아 수치를 당하나니 이는 그 부어 만든 우상은 거짓이요 그 속에 생기가 없음이라 그것들은 헛된 것이요 조롱거리이니 징벌하시는 때에 멸망할 것이나 야곱의 분깃은 그와 같지 아니하시니 그는 만물을 지으신 분이요 이스라엘은 그의 소유인 지파라 그의 이름은 만군의 여호와시니라(51:15-19).

하나님은 세상 만물을 창조하신 분으로서 그가 원하시는 대로 결정하고 사용하실 수 있다: “나는 내 큰 능력과 나의 쳐든 팔로 땅과 지상에 있는 사람과 짐승들을 만들고 내가 보기에 옳은 사람에게 그것을 주었노라”(27:5). 뿐만 아니라 피조물에 대한 소유권을 가지고 계시며 그에게는 모든 것이 가능하다: “나는 여호와요 모든 육체의 하나님이라 내게 할 수 없는 일이 있겠느냐”(32:27). 예레미야 역시 창조주 하나님과 그의 절대적 주권을 고백한다: “슬프도소이다 주 여호와여 주께서 큰 능력과 펴신 팔로 천지를 지으셨사오니 주에게는 할 수 없는 일이 없으시니이다”(32:17). 따라서 하나님은 유다백성을 포함하여 열방에도 관여하실 수 있는 분이며 그의 속성에 근거하여 그들의 행위에 따라 그들을 심판하거나 회복시키실 수 있다. 예레미야를 열방을 위한 선지자로 부르신 것 역시 그의 우주적 주권을 반영한다(1:5; 36:2).

둘째, 심판의 주, 하나님이다. 창조주 하나님은 그의 창조질서와 속성을 거스르는 그 어떤 행위도 용납하지 않으시고 심판하신다. 따라서 하늘과 땅, 그리고 땅 위에 있는 모든 성읍과 모든 육체 그리고 열방이 하나님이 행하시는 심판의 대상이 된다(4:23-26; 7:20; 10:25; 21:5-6; 25:14, 31; 45:5). 하나님이 어느 민족이나 국가를 그의 목소리를 듣는지의 여부에 따라 뽑거나 심으시는 것 그리고 재앙과 복을 취소하거나 내리시는 것은 그의 우주적 주권을 드러낸다(1:10; 18:1-12; 45:4). 예레미야 18장에 서술된 토기장이의 집으로 간 사건은 하나님의 절대적이고 우주적인 주권에 대한 직접적인 선언이다(18:1-11). 열방은 그들이 행한 바에 따라 하나님의 심판을 받게 된다(25:15-26). 이에 근거하여 예레미야는 다음과 같이 기도한다: "주는 책략에 크시며 하시는 일에 능하시며 인류의 모든 길을 주목하시며 그의 길과 그의 행위의 열매대로 보응하시나이다"(32:19). 하나님의 심판이 결정된 민족과 나라는 진노의 잔을 피할 수가 없다(25:27-38). 하나님의 줄과 멍에를 매어야 할 대상이다(27:1-7, 11). 이는 "여호와께서 뭇 민족과 다투시며 모든 육체를 심판하시며 악인을 칼에 내어 주셨기" 때문이다(25:31). 따라서 예레미야 46-51장에 열방을 향한 하나님의 심판이 선언되는 것은 하나님의 우주적 주권을 고려할 때 자연스러운 등장이다.

창조주 하나님의 우주적 주권은 열방을 심판하실 뿐만 아니라 열방을 심판의 도구로 자유롭게 사용하시는 하나님의 모습에서 발견된다. 하나님은 유다 왕국을 심판하시기 위해 "한 나라"를 먼 곳에서 오게 하시고(5:15; 6:22-23), 예루살렘을 파괴하라는 명령을 직접 내리신다(6:3-6; 34:22). 하나님이 사용하시는 심판의 도구는 이방나라인 바벨론 왕국과 느부갓네살 왕이다(21:7; 25:9; 34:21-22).[72] 심지어는 바벨론 왕을 "내 종"(עַבְדִּי 아브디)으로 표현하기까지 한다(25:9; 27:6; 43:10).[73] 즉 그의 명령을 수행하는 종이라는 의미다. 흥미로운 것은, 유다를 "불쌍히 여기지 아니하며(לֹא־אֶחְמוֹל 로-에흐몰) 사랑하지 아니하며(לֹא־אָחוּס 로-하후스) 아끼지 않는(לֹא אֲרַחֵם 로 아라햄) 하나님의 모습(13:14) 그대로 느부갓네살 왕도 "측은히 여기지 아니하며(לֹא־יָחוּס 로-야후스) 긍휼히 여기지 아니하며(לֹא יַחְמֹל 로 야흐몰) 불쌍히 여기지 않는(לֹא יְרַחֵם 로 예라햄) 모습을 보인다(21:7). 뿐만 아니라 바벨론은 이집트를 포함해서 유다의 주변나라들을 심판하시는 도구로 사용하시기도 한다

72) 20:4; 21:7, 10; 22:25; 24:1; 25:9, 11; 27:6, 11; 28:14; 29:21-22; 32:4, 28, 36; 34:2, 21-22; 36:29; 37:17; 38:3, 23; 39:1; 44:30; 52:4, 12, 28.

73) 50장에서 하나님의 심판의 도구로 사용되는 바벨론이 "여호와의 손에 잡혀 있어 온 세계가 취하게 하는 금잔"(7절), "나의 철퇴"(20절), "온 세계를 멸하는 멸망의 산"(25절)으로 표현된다. 유다의 경우와 동일하게 이집트를 심판하는 도구로 사용되는 바벨론 왕 느부갓네살이 "내 종"으로 표현된다(43:10).

(6:22; 21:7; 27:8; 43:10, 13; 46:13, 26). 바벨론은 게달과 하솔 나라들을 파괴하라는 하나님의 직접적인 명령을 받는다(49:28-29, 31). 이는 하나님의 우주적 주권을 직접적으로 표현하는 것이다. 결국 바벨론이 자신의 행위에 따른 보복의 심판을 받게 되는데(50:15, 29; 51:24; cf. 25:12; 50:17), 하나님은 역시 이방나라 메대 왕들을 사용해서 바벨론을 심판하신다(51:11, 28; cf. 50:9, 26, 41). 하나님이 바벨론을 멸망시키는 자의 심령을 부추긴다는 표현은 그의 주권에 따른 적극적인 개입을 보여준다(51:1). 에돔에 심판을 행하는 바벨론이 "택한 자"(מִי בָחוּר 미 바후르)로 표현되는 것(49:19)과 동일하게 바벨론을 멸망시키고 그 자리를 차지하게 될 심판의 도구 역시 "택한 자"(מִי בָחוּר 미 바후르)로 표현된다(50:44).[74] 바벨론이 하나님의 심판을 받게 되는 이유는 하나님의 주권을 거스른 "교만"(זָדוֹן 자돈)이다(50:29-32).[75] 같은 맥락에서 모압(48:26, 29, 42)과 에돔(49:16)의 멸망원인으로 여호와께 대한 거만함(עַל־יְהוָה הִגְדִּיל 알 아도나이 히그딜)과 교만(זָדוֹן 자돈)이 언급된다.[76] 특히 주목하게 되는 것은 바벨론의 멸망을 선언하는 신탁 중에 창조주 하나님의 위대하심과 능력에 대한 찬양이 서술되고 있는 것이다(51:15-19). 또한 열방에 대한 하나님의 심판은 말씀하신대로 그리고 계획하신대로 행하시는 것은 그의 주권적 결정과 실행인 것을 보여준다(51:12, 29).

셋째, 회복의 주, 하나님이다. 회복에 있어서도 하나님의 우주적 주권과 관심이 나타난다. 예레미야가 선포하는 회복신탁은 이스라엘에만 제한되지 않는다. 열방 역시 하나님의 심판을 경험한 후 그가 여호와인 것을 아는 대상에 포함된다.

---

74) 49장 19절과 50장 44절은 동일한 표현을 사용한다. 문맥에서 파괴자와 파괴의 대상만 바뀔 뿐이다.

75) 하나님이 바벨론을 심판의 도구로 사용하시지만 바벨론은 꼭두각시처럼 행한 것이 아니라 자신의 악에 따른 지나친 행동과 교만 때문에 결국 하나님의 보복을 당하게 된다. 이는 사 47:5-7에서도 지적되는 바다(cf. 슥 1:15). 예레미야서에 따르면 바벨론의 멸망은 하나님의 백성의 공의를 드러내는 것이다: "여호와께서 우리 공의를 드러내셨으니 오라 시온에서 우리 하나님 여호와의 일을 선포하자"(51:10).

76) 48장 29절은 유의어를 반복하면서 모압의 교만을 집중적으로 지적한다: "우리가 모압의 교만(גְּאוֹן־מוֹאָב 게온 모압)을 들었나니 심한 교만(גֵּאֶה מְאֹד 개에 메오드) 곧 그의 자고(גָּבְהוֹ 고브호)와 [그의] 오만(גְּאוֹנוֹ 게오노)과 [그의] 자랑(גַּאֲוָתוֹ 가아바토)과 그 마음의 거만(רָם לִבּוֹ 룸 립보)이로다."

> 여호와 나의 힘, 나의 요새, 환난 날의 피난처시여 민족들이 땅 끝에서 주께 이르러 말하기를 우리 조상들의 계승한 바는 허망하고 거짓되고 무익한 것뿐이라 사람이 어찌 신 아닌 것을 자기의 신으로 삼겠나이까 하리이다 여호와께서 이르시되 보라 이번에 그들에게 내 손과 내 능력을 알려서 그들로 내 이름이 여호와인 줄 알게 하리라(16:19-21).

무엇보다도 그들이 여호와를 경험하고 그에 대한 신앙을 고백할 때 자비하신 하나님이 약속된 그의 구원과 회복을 얻는 기회를 주신다.

> 내가 그들을 뽑아 낸 후에 내가 돌이켜 그들을 불쌍히 여겨서 각 사람을 그들의 기업으로, 각 사람을 그 땅으로 다시 인도하리니 그들이 내 백성의 도를 부지런히 배우며 살아 있는 여호와라는 내 이름으로 맹세하기를 자기들이 내 백성을 가리켜 바알로 맹세하게 한 것 같이 하면 그들이 내 백성 가운데에 세움을 입으려니와 그들이 순종하지 아니하면 내가 반드시 그 나라를 뽑으리라 뽑아 멸하리라 여호와의 말씀이니라(12:15-17).

열방 중 대상을 특정해서 회복에 대한 구체적인 신탁이 제시되는 것은 아니지만 일부 나라의 회복이 언급되면서 열방이 회복을 누리게 됨을 기대할 수 있게 한다 (3:17; 4:2; 46:26[애굽]; 48:47[모압]; 49:8[암몬], 39[엘람]). 심판신탁에 따라 심판을 받게 되는 나라들 중에 일부 나라의 회복만 언급되는 이유는 오직 심판을 경험한 후 여호와를 찾고 돌아온 나라가 회복을 누리게 된다는 것을 보여준다. 에돔에 대한 회복 약속은 없다. 하지만 에돔이 하나님의 심판을 받게 되면 고아들과 과부들이 버림을 받게 되는데, 하나님은 그들을 돌보실 것을 약속하신다: "네 고아들을 버려도 내가 그들을 살리리라 네 과부들은 나를 의지할 것이니라"(49:11).[77] 이는 그의 긍휼과 자비가 이스라엘에게만 제한되지 않고 모든 백성과 육체를 향하고 있음을 나타낸다.

예레미야서에서 하나님의 우주적 주권을 반영하는 직접적인 표현이 두 개 등

77) "네 고아들은 내게 남겨 두어라. 내가 그들을 돌보아 주겠다. 네 과부들도 나를 의지하고 살 수가 있을 것이다"(49:11, 새번역).

장하는데, 하나는 "만군의 여호와" (יְהוָה צְבָאוֹת 아도나이 쩨바오트) 이며 다른 하나는 "왕" (מֶלֶךְ 멜레크) 이다(46:18). צְבָאוֹת 쩨바오트는 "군대," "용사," "전쟁," 혹은 "천사들의 무리" 내지는 "별들의 무리"를 의미하는 명사 צָבָא 짜바의 복수형으로 여호와를 가리키는 표현에 자주 등장한다. 이 경우, 하나님의 권위와 절대적 능력을 나타낼 뿐만 아니라 천사의 군대 또는 하늘의 군대를 거느리시는 분이라는 이미지를 전달한다. 심판과 회복을 행하시는 여호와를 가리킬 때 יְהוָה צְבָאוֹת 아도나이 쩨바오트라는 표현이 주로 사용된다.[78] 이는 하나님이 우주적 주권을 가지고 계신다는 사실을 그를 가리키는 명칭으로 표현하는 것이다. 따라서 하나님은 그의 주권에 따라 말씀하시고 계획하신 대로 행하실 수 있다(cf. 18:5-10; 51:12, 19).

창조주로서 유일하고 참 신이신 하나님은 모든 피조물의 "왕" (מֶלֶךְ 멜레크) 이시며 모든 육체의 경외를 받으실 분이시다: "여호와여 주와 같은 이 없나이다 주는 크시니 주의 이름이 그 권능으로 말미암아 크시니이다 *이방 사람들의 왕이시여* (מֶלֶךְ הַגּוֹיִם 멜레크 학고임) 주를 경외하지 아니할 자가 누구리이까 이는 주께 당연한 일이라 여러 나라와 여러 왕국들의 지혜로운 자들 가운데 주와 같은 이가 없음이니이다" (10:6-7). 따라서 영원한 왕권으로 행하는 하나님의 심판을 감당할 육체는 없다: "오직 여호와는 참 하나님이시요 살아 계신 하나님이시요 *영원한 왕이시라*(מֶלֶךְ עוֹלָם 멜레크 올람) 그 진노하심에 땅이 진동하며 그 분노하심을 이방이 능히 당하지 못하느니라" (10:10). 천지를 짓지 않은 신들은 헛된 우상으로 하나님의 심판에 대상에 불과하다(10:11). 또한 이집트, 모압, 바벨론에 대한 심판신탁에 하나님이 "만군의 여호와라 일컫는 왕"으로 표현되면서 이방나라를 심판하실 수 있는 권한을 가지고 계신 분으로 서술된다: הַמֶּלֶךְ יְהוָה צְבָאוֹת שְׁמוֹ 함멜레크 아도나이 쩨바오트 쉐모(46:18[이집트]; 48:15[모압]; 51:57[바벨론]). 이 표현은 "이름이 만군의 여호와인 왕"을 의미한다. 따라서 하나님의 우주적 권위와 왕권, 능력 앞에 대적할 자가 없다: "나와 같은 자 누구며 나와 더불어 다툴 자 누구며 내 앞에 설 목자가 누구냐" (49:19). 뿐만 아니라 하나님은 그의 권위를 거부하는 태도인 교만을 철저히 응징하신다(48:26, 29, 42; 49:16; 50:29-32).

---

78) יְהוָה צְבָאוֹת 아도나이 쩨바오트와 יְהוָה אֱלֹהֵי צְבָאוֹת 아도나이 엘로해 쩨바오트가 함께 사용된다. 예레미야서 전반에 거쳐 이 표현이 약 81회 사용된다.

창조주로서 우주적 주권을 가지신 하나님은 감정이 없는 그저 근엄하고 엄격하신 분이 아니다. 예레미야서에서 다양한 감정을 드러내시는 하나님을 볼 수 있다: (1) 슬픔(9:10-11; 14:17), (2) 근심과 고통(31:20), (3) 분노(4:26; 7:18, 20; 10:10; 12:13; 21:5; 32:29-32; 44:6, 8), (4) 우상숭배의 죄와 가증한 일, 악행에 대한 증오(12:8; 44:4). 하나님의 증오는 그의 분노로 표출된다. 결국 하나님의 진노는 심판으로 이어진다. 하나님의 슬픔과 근심, 괴로움은 하나님이 파괴와 파멸을 즐기시는 분이 아닌 것을 분명하게 보여준다. 이는 불쌍히 여기실 뿐만 아니라 회복을 친히 계획하고 이루시는 그의 모습에서 분명히 확인된다(3:12; 12:15; 30:18; 31:20; 33:26; 42:12). 하나님의 증오와 분노는 죄에 대한 그의 공의로운 행위다. 왜냐하면 사람의 행위에 따라 그에 상응하는 상과 징벌을 내리시는 것이 하나님의 공의의 속성이기 때문이다(21:14; 32:19; 46:28; cf. 5:9; 14:10). 회복을 이루시는 하나님의 심정이 32장 41절에 잘 표현되고 있다: "내가 기쁨으로 그들에게 복을 주되 분명히(בֶּאֱמֶת 베에메트) 나의 마음과 정성을 다하여(בְּכָל־לִבִּי וּבְכָל־נַפְשִׁי 베콜-립비 우베콜 나프쉬) 그들을 이 땅에 심으리라." 중요한 것은 창조주 하나님의 우주적 주권은 이 회복의 대상에 그에게 돌아오는 이방인들을 포함하고 있다는 사실이다.

(2) 배교와 패역, 그리고 심판

앞의 주요단어에서 언급한 유다백성의 "배역,"과 "반역"은 언약관계의 배신을 의미한다. 유다백성이 그들과 유일하게 언약을 맺으신 하나님께 등을 돌리고 그들의 얼굴을 이방신과 이방나라들에게로 돌린 것이다. 배교의 중심에는 시내산 언약이 엄격히 금하고 있는 우상숭배의 문제가 자리하고 있다. 따라서 배교는 하나님과의 언약관계를 근본적으로 거부하는 행위다(11:10).[79] 하나님은 이러한 배교의 태도를 "여호와를 버림," "행음," "경외함이 없음," "악"과 "고통," "신의를 저버림"으로 규정하신다(2:19; 3:8-9, 11, 14, 22; 31:22).

유다백성의 배교는 하나님이 "유다여 너의 신들이 너의 성읍 수와 같도다" (2:28; 11:13)라고 말하실 정도로 유다 온 지역에 만연했다(cf. 3:23; 7:31; 13:27;

---

79) 16장 11절은 우상숭배를 여호와를 버리고 율법을 지키지 않은 것으로 서술한다.

17:2-3; 19:4-5, 13; 32:35). 7장 18절은 유다 전 지역에 만연한 우상숭배의 문제와 유다백성의 총체적 영적 타락을 가장 잘 표현해 준다: "자식들은 나무를 줍고 아버지들은 불을 피우며 부녀들은 가루를 반죽하여 하늘의 여왕을 위하여 과자를 만들며 그들이 또 다른 신들에게 전제를 부음으로 나의 노를 일으키느니라."[80] 심지어 유다백성은 성전 안에도 우상을 세우는 패역으로 성전을 더럽히는 지경에까지 이르게 된다(7:30; 32:34-35). 이 상황의 심각함을 에스겔 선지자를 통해 구체적으로 알 수 있는데, 에스겔 선지자는 그가 환상에서 본 예루살렘 성전 안에서 벌어지고 있는 우상숭배의 모습을 적나라하게 묘사하면서 결국 하나님이 성전을 떠나실 수밖에 없음을 말한다(겔 8-11장).

예레미야는 유다가 범하고 있는 배교문제를 지적할 때 호세아 선지자처럼 남편과 아내의 관계 유비를 사용한다(2:1-8; 3:1-18; 31:32). 배교에 대한 유다백성의 열의는 하나님의 경고를 무시하고 자신들의 결정을 우선할 정도로 대단했다: "내가 이방 신들을 사랑하였은즉 그를 따라가겠노라"(2:25). 하나님의 심판을 경험했음에도 불구하고 전혀 교훈을 얻거나 반성하지 않고 유다멸망 후 남아있던 백성은 여전히 그들의 고집대로 우상을 섬기겠다고 당당히 말한다(44:16-18). 그렇다고 유다백성이 성전제의나 절기준수에 소홀했던 것은 아니다. 문제는 그들의 행위가 형식적이었고 혼합 종교적이었다는 것이다(3:10; 6:20; 7:21-26; 11:15; 12:1-2). 여호와의 이름으로 맹세를 하여도 실상은 거짓 맹세였다(5:2).

유다백성의 죄는 단순히 종교적인 영역에만 제한되지 않는다. 그들의 종교적 실패는 사회적 실패와 맥을 같이하고 있다. 기득권층의 사람들은 가난한 자들을 억압하고 착취했고 불의하게 얻은 재물로 향락과 사치, 그리고 간음에 빠져있었다(2:34; 5:7-8, 26-28; 7:1-11). 유다백성의 사회적 패역으로 포학(עֹשֶׁק 오쉐크), 폭력(חָמָס 하마쓰), 탈취(שֹׁד 쇼드), 질병(חֳלִי 홀리), 살상(מַכָּה 막카), 탐욕(בּוֹצֵעַ 보째아), 도둑질(גָּנֹב 가노브), 살인(רָצֹחַ 라쪼아흐), 간음(נָאֹף 나오프) 등이 언급된다(6:6-15; 7:5-6, 9).

---

80) 아녀자들이 우상숭배에 적극적이었던 것은 남편의 허락 없이 행한 일이 아니었다(44:15, 19). 32장 32절은 유다의 총체적 타락을 심판의 원인으로 지적한다: "이는 이스라엘 자손과 유다 자손이 모든 악을 행하여 내 노여움을 일으켰음이라 그들과 그들의 왕들과 그의 고관들과 그의 제사장들과 그의 선지자들과 유다 사람들과 예루살렘 주민들이 다 그러하였느니라."

5장 1절에 따르면, 예루살렘에 정의를 행하며 진리를 구하는 자가 한 명도 없어 멸망을 피할 수 없을 정도다: "너희는 예루살렘 거리로 빨리 다니며 그 넓은 거리에서 찾아보고 알라 너희가 만일 정의를 행하며 진리를 구하는 자를 한 사람이라도 찾으면 내가 이 성읍을 용서하리라."

결과적으로 하나님의 심판은 불가피할 수밖에 없었다. 하나님의 심판은 언약파기에 따른 언약적 저주다(11:1-5; cf. 레 26:14-39; 신 28:15-68; 30:17-18).[81] 예레미야 1장의 소명기사에서부터 유다가 범한 우상숭배로 인해 심판을 선고하고 그들의 죄악을 징계하신다는 하나님의 결정을 분명하게 전달한다(1:16). 13장에서 예레미야는 유다백성이 그들의 완악한 마음에 따라 다른 신들을 숭배한 것을 유다의 교만과 예루살렘의 큰 교만으로 규정한다(9-10절, 15-17절). 그리고 베띠가 썩게 되어 쓸모없게 된 것처럼 유다가 그렇게 될 것임을 베띠 사건으로 시각화해서 전달한다(9-10절). 결국 여호와를 격노케 한 우상숭배자들과 우상숭배의 자리가 모두 하나님의 심판으로 파괴된다.

> 이 성을 치는 갈대아인이 와서 이 성읍에 불을 놓아 성과 집 곧 그 지붕에서 바알에게 분향하며 다른 신들에게 전제를 드려 나를 격노하게 한 집들을 사르리니 이는 이스라엘 자손과 유다 자손이 예로부터 내 눈 앞에 악을 행하였을 뿐이라 이스라엘 자손은 그의 손으로 만든 것을 가지고 나를 격노하게 한 것뿐이니라 여호와의 말씀이니라(32:29-30).

> 만군의 여호와 이스라엘의 하나님께서 이와 같이 말씀하시니라 너희가 예루살렘과 유다 모든 성읍에 내린 나의 모든 재난을 보았느니라 보라 오늘 그것들이 황무지가 되었고 사는 사람이 없나니 이는 그들이 자기나 너희나 너희 조상들이 알지 못하는 다른 신들에게 나아가 분향하여 섬겨서 나의 노여움을 일으킨 악행으로 말미암음이라(44:2-3).

성전 또한 이방인들에 의해 더럽힘을 당하고 폐허가 되어 버려지게 된다(51:51). 하나님은 유다백성이 쫓겨난 땅에서 그들이 원하는 바대로 주야로 다른 신들을

---

81) 예레미야는 유다백성에 대해 언약에 따른 기소를 한다(11:1-17).

섬기게 내버려두시겠다고 하신다(16:13).[82] 이는 하나님의 은혜의 단절을 의미하는 불행이다. 8장 1-3절은 총체적 배교와 패역에 대한 하나님의 심판과 그 참혹함을 서술한다.

> 여호와의 말씀이니라 그 때에 사람들이 유다 왕들의 뼈와 그의 지도자들의 뼈와 제사장들의 뼈와 선지자들의 뼈와 예루살렘 주민의 뼈를 그 무덤에서 끌어내어 그들이 사랑하며 섬기며 뒤따르며 구하며 경배하던 해와 달과 하늘의 뭇 별 아래에서 펼쳐지게 하리니 그 뼈가 거두이거나 묻히지 못하여 지면에서 분토 같을 것이며 이 악한 민족의 남아 있는 자, 무릇 내게 쫓겨나서 각처에 남아 있는 자들이 사는 것보다 죽는 것을 원하리라 만군의 여호와의 말씀이니라.

하나님의 심판을 받은 유다백성은 죽는 것을 원할 정도의 참혹한 심판을 겪을 뿐만 아니라 열방 중에서 "수치" (חֶרְפָּה 헤르파)와 "치욕" (כְּלִמּוּת 케림무트), "말거리" (מָשָׁל 마샬), "조롱" (שְׁנִינָה 쉐니나), "조소" (שְׁרֵקָה 쉐래카). "저주" (קְלָלָה 케랄라; אָלָה 알라), "경악" (שַׁמָּה 샴마), "학대" (זַעֲוָה 자브아하)를 당하게 된다(23:40; 24:9; 29:18; 42:18; 44:8, 12; 51:51; cf. 신 28:37).[83]

(3) 지도자들의 실패, 그리고 백성의 실패

유다백성이 영적으로 그리고 사회적으로 총체적인 타락을 하게 된 배경에는 정치와 종교 지도자들의 실패가 자리하고 있다. 예레미야 2장 8절은 이러한 사실을 분명하게 지적한다(cf. 5:31; 6:13-14; 14:14).

> 제사장들은 여호와께서 어디 계시냐 말하지 아니하였으며 율법을 다루는 자들은 나를 알지 못하며 관리들도 나에게 반역하며 선지자들은 바알의 이름으로 예언

82) 쫓겨난 땅에서 이방신을 섬기는 것은 언약적 저주이기도 하다(신 28:36).

83) 이는 하나님의 심판을 받은 자들의 동일한 운명이다. 에돔 역시 하나님의 심판 후에 공포의 대상이 되고 놀램과 치욕거리와 황폐함과 저주거리가 된다(49:13, 17). 신명기 28장 37절에 "놀람" (שַׁמָּה 샴마), "속담" (מָשָׁל 마샬), "비방거리" (שְׁנִינָה 쉐니나)가 언약적 저주로 언급된다.

하고 무익한 것들을 따랐느니라(2:8).

제사장들은 율법을 가르쳐 유다백성이 하나님을 찾고 따를 수 있도록 인도하지 못했다. 그들 스스로가 여호와가 어딘 계신지 찾지 않았기 때문에 백성도 "여호와께서 어디 계시냐" 고 묻지 않았다(2:6, 8). 뿐만 아니라 제사장들을 비롯한 지도자들이 우상숭배를 주도해서 백성이 여호와께 등을 돌리게 했다(2:26; 8:1-2). 자신들에게 주어진 권력을 오용하고(5:31), 거짓을 행했다(6:13; 8:10). 시드기야 왕 때에 여호와 앞에서 맹세하여 히브리 종들에게 자유를 선포하지만 곧 마음을 바꾸어 다시 노비로 삼은 일에 제사장들도 함께 동참했고 하나님의 심판선언을 듣게 된다(34:19). 이는 영적 지도자로서 제사장들이 종교적, 사회적 모범을 보이지 못하고 오히려 유다의 모든 악을 주도하고 참여한 것을 보여준다. 20장 1-6절에 기록된 임멜의 아들 제사장 바스훌 사건은 제사장의 타락에 대한 구체적인 예를 제시한다. 여호와의 성전의 총감독이었던 제사장 바스훌은 심판을 선포한 선지자 예레미야를 박해하고 거짓 예언으로 유다백성의 완악한 마음을 부추겨 하나님의 경고를 무시하게 했다. 결국 그는 "마골 밋사빕" (מָגוֹר מִסָּבִיב 마고르 밌싸비브; "사방으로 두려움")이라는 새 이름을 얻게 되고 자신에게 임할 심판신탁을 듣게 된다(20:3, 6).

선지자들의 실패와 타락 또한 분명하게 지적된다. 타락한 선지자들의 특징은 "거짓" (שֶׁקֶר 쉐케르)이다. 그들은 바알의 이름으로 예언하고 무익한 것을 따랐을 뿐만 아니라 거짓을 행했고 거짓 신인 우상숭배에 동참했다(2:8, 26-27; 6:13; 8:1-2, 10). 하나님의 명령이나 보내심이 없었음에도 불구하고 선지자들은 자의적인 거짓 예언으로 백성의 귀에 듣기 좋은 말만을 전하면서 백성의 타락과 패역을 부추겼다(5:31; 14:13-14; 23:16; 29:9; cf. 겔 13장). 23장 9-32절은 거짓선지자들의 문제를 구체적으로 지적한 후, 유다백성에게 어떤 유익을 주지 못하는 그들에게 임할 심판을 선포한다. 선지자들은 "간음을 행하며 거짓을 말하며 악을 행하는 자의 손을 강하게 하여 사람으로 그 악에서 돌이킴이 없게 했고," 결국 유다백성이 하나님백성의 정체성을 잃고 심판받을 정체성, 즉 소돔과 고모라의 주민과 다름이 없는 존재가 되게 했다(14절). 특히 주목하게 되는 것은 "사악이 예루살렘 선지자들로부터 나와서 온 땅에 퍼짐이라" (23:15)는 지적이다. 따라서 하나님은 선지자들의 타락으로 인해 유다백성이 타락하게 된 것에 대한 책임을 물으신다. 거짓선지자들에게 임할 하나님의 심판은 그들뿐만 아니라 그들의 가족 모두가 칼과 기근으로 죽게 되고 그 죽은 시체가 예루살렘 거리에 던져지는 수치를 당하게 되는 것이다(14:15). 28장은 거짓선지자의 구체적인 예로 선지자 하나냐의 사건을 소개한다. 선지자 하나냐는 여호와의 이름으로 "내가 바벨론 왕의 멍에를 꺾었느니라 내가 바벨론 왕의 느부갓네살이 이 곳에서 빼앗아 바벨론으로 옮겨 간 여호와의 성전 모든 기구를 이 년 안에 다시 이곳으로 되돌려 오리라"는 예언을 선포하고 예레미야의 목에 있던 멍에를 꺾어버리는 것으로 그 신탁을 시각화한다(2-3, 10절). 하나냐의 신탁은 형식적인 면에서 전형적인 신탁의 모양을 갖추고 있지만 예레미야가 듣지 말라고 언급한 거짓선지자의 예가 된다(27:16). 왜냐하면 거짓선지자 하나냐는 백성에게 거짓을 믿게 한 죄로 인해 "금년 안에 죽으리라"는 예레미야의 신탁에 따라 2개월 후에 죽었기 때문이다(15-17절).[84] 예레미야는 포로로 끌려간 백성에게 보내는 편지(29장)에서 그들 중에 사역을 하고 있던 거짓선지자들을 언급한다: 골라야의 아들 아합과 마아세야의 아들 시드기야(29:21); 느헬람 사람 스마야(29:31). 이들은 포로로 잡혀온 백성에게 곧 포로에서 귀환할 것이라는 거짓 예언으로 잡혀온 백성을 미혹했다. 결국 이들의 자손은 살아남지 못할 뿐만 아니라 하나님이 이루실 회복을 보지 못하게 된다(29:32). 그렇다고 거짓선지자들의 거짓예언에 미혹되고 부추김을 받은 유다백성이 심판에서 면제되는 것은 아니다. 부추김을 받은 그들 역시 자신들의 미혹됨과 타락으로 인해 심판의 대상이 된다(20:6).

정치 지도자들인 왕과 관료들 역시 유다의 총체적 타락에서 예외가 아니다(32:32). 오히려 그들이 백성의 실패와 타락을 유도했다(50:6). 정치 지도자들은 하나님께 반역했고(2:8), 우상숭배를 주도했고(2:26; 8:1-2; 19:13), 하나님의 법을 거부했고(5:5), 탐욕과 거짓을 따랐다(6:13). 정치 지도자들은 그들의 어리석음으로 인해 여호와를 찾지 않아 형통하지 못했고, 그 결과 그들이 돌보아야 할 백성은 흩어졌다(10:21). 결국 하나님의 소유("내 소유")를 황폐하게 만들었다는 책망을 듣

---

84) 하나냐가 꺾어 버린 나무멍에 대신 "쇠 멍에"(מֹטֹות בַּרְזֶל 모토트 바르젤)를 메게 되는데(28:13), 이는 신명기 28장 48절은 하나님의 말씀을 청종하지 않은 언약백성이 언약적 저주로 적군에 의해 "철 멍에"(עֹל בַּרְזֶל 올 바르젤)를 메는 것과 연결된다.

게 된다(12:7-10). 21장 11절에서 22장 30절에 특별히 유다 말기의 왕들에 대한 신탁을 서술하고 있는 것은 유다의 타락과 멸망이 유다 왕들에게 있다는 사실을 보여준다. 유다 왕들은 유다의 종교적, 사회적 타락에 책임이 있다. 왜냐하면 이들의 타락이 그대로 예루살렘과 백성의 습관화된 타락으로 이어졌기 때문이다(22:20-23). 따라서 이들은 하나님이 책임을 물으시는 심판을 피할 수가 없게 된다: "목자들은 도망할 수 없겠고 양 떼의 인도자들은 도주할 수 없으리로다 목자들이 부르짖는 소리와 양 떼의 인도자들이 애곡하는 소리여 여호와가 그들의 초장을 황폐하게 함이로다"(25:35-36). 유다 왕의 실패에 대한 구체적인 예를 여호야김의 사건에서 볼 수 있다. 36장에 보면, 예레미야의 신탁을 받아 적은 책을 바룩이 성전에 온 유다백성에게 낭독한다. 이 일이 고관들에 의해 여호야김 왕에게 보고되고 여후디가 이 책을 낭독할 때 여호야김 왕이 면도칼로 책을 베어 화로 불에 태운다(20-23절). 이것은 재난에 대한 경고를 듣고 악한 길에서 돌이키는 회개를 기대했던 것을 저버리는 행위다(3절; cf. 24절). 여호야김의 태도는 하나님의 말씀을 거부하는 유다 왕들의 모습을 보여주는 것이며 유다백성의 태도도 대변한다. 시드기야의 모습에서도 유사한 태도를 볼 수 있다. 시드기야는 스스로 기회를 만들어 예레미야에게 하나님의 뜻을 묻기는 하지만 그 뜻에 따라 행하지는 않는다(cf. 37:1-21; 38:14-28). 따라서 유다의 마지막 왕 시드기야 죽음에 대한 구체적인 신탁은 실패한 다윗왕조가 맞이하게 될 운명을 보여준다(32:2-5; 34:2-5; cf. 21:7; 24:8; 34:21; 37:17; 38:17-18, 23; 39:2-10; 44:30; 52:6-11). 44장 10절은 왕들이 타락하게 된 근본적인 원인으로 "그들이 오늘까지 겸손하지 아니하며 두려워하지도 아니한" 것을 지적한다. 결국 유다백성을 패역과 타락으로 인도한 지도자들은 하나님의 심판이 임하게 되면 "그 날에 왕과 지도자들은 낙심할 것이며 제사장들은 놀랄 것이며 선지자들은 깜짝 놀라게" 된다(4:9).[85]

더욱 심각한 것은 지도자들의 실패와 패역에 일반백성이 동조하고 있다는 것이다(5:31).[86] 하나님은 이것을 "무섭고 놀라운 일"(שַׁמָּה וְשַׁעֲרוּרָה 샴마 베샤아루라)

85) "그 날이 오면, 왕도 고관들도 넋을 잃을 것이다. 사제들은 정신을 잃고 예언자들은 얼빠진 사람이 되리라"(공동번역); "그 날이 오면, 왕이 용기를 잃고, 지도자들도 낙담하고, 제사장들도 당황하고, 예언자들도 소스라치게 놀랄 것이다."(새번역); "그 날에는 왕과 신하들이 낙심할 것이며 제사장들과 예언자들이 깜짝 놀랄 것이다"(현대인의 성경).

이라고 규정하신다(5:30).[87] 유다백성이 이렇게 된 이유는 거짓선지자들이 그들에게 "괜찮아 신학"('It's OK' theology)을 외치며 백성을 미혹하고 완악한 마음을 부추겼기 때문이다. 제사장들과 선지자들은 백성의 죄를 가볍게 여기고 그들에게 거짓 평강을 외쳤다(cf. 겔 13:16).

> 그들이 내 백성의 상처를 가볍게 여기면서 말하기를 평강하다 평강하다 하나 평강이 없도다(6:14; 8:11).

> 항상 그들이 나를 멸시하는 자에게 이르기를 너희가 평안하리라 여호와의 말씀이니라 하며 또 자기 마음이 완악한 대로 행하는 모든 사람에게 이르기를 재앙이 너희에게 임하지 아니하리라 하였느니라(23:17).

따라서 유다백성은 죄를 짓고도 부끄러워하지 않을 뿐 아니라 얼굴도 붉어지지 않는 뻔뻔한 태도를 보인다(6:15). 결국에 유다왕국의 총체적 배교와 패역은 하나님의 보복의 심판을 자처하게 된다: "여호와의 말씀이니라 내가 어찌 이 일들에 대하여 벌하지 아니하겠으며 내 마음이 이런 나라에 보복하지 않겠느냐"(5:9, 29; 9:9; cf. 2:17; 4:18).

(4) 옛 언약과 새 언약

예레미야는 옛 언약과 새 언약의 전환점에서 사역한 선지자다. "새 언약"을 선포한 예레미야의 사명을 고려할 때, 반게메런(W. VanGemeren)이 지적하는 바와 같이 예레미야는 "새 모세"의 역할을 감당한다.[88] 모세가 선언했던 언약적 저주의 성취를 선포하면서 옛 시대의 종말을 고하고 새 시대에 대한 소망을 선언한다.

---

86) 유다 멸망 후 남아 있던 백성과 요하난이 예레미야에게 하나님의 뜻을 구하고 그 뜻을 따르지 않은 것은 유다백성의 타락의 예다(42:1-44:30). 또한 35장의 레갑 자손의 이야기는 하나님의 명령을 거역하는 유다백성과 대조적인 예를 제시한다.

87) שַׁמָּה 삼마와 שַׁעֲרוּר 샤아루르는 유의어로 "두려움/섬뜩함," "경악," 또는 "충격"을 의미한다(cf. 23:14).

88) W. 반게메렌, 『예언서연구』 채천석 역 (서울: 솔로몬, 2012), 450.

예레미야는 옛 언약 위에 세워진 하나님과 유다백성의 관계 및 그의 백성이 누리는 특별한 지위를 분명하게 언급한다. 무엇보다 언약 백성인 유다는 잊지 못할 하나님의 사랑의 대상이다: "내가 너를 위하여 네 청년 때의 인애와 네 신혼 때의 사랑을 기억하노니 곧 씨 뿌리지 못하는 땅, 그 광야에서 나를 따랐음이니라"(2:2). 이스라엘은 여호와께 거룩하고 그의 소산 중 첫 열매이기 때문에 그를 삼키는 자는 모두 벌을 받게 되고 재앙을 피할 수 없을 정도의 애정을 보이신다(2:3). 뿐만 아니라 하나님은 그의 언약 백성을 "내 딸 백성"(**בַּת־עַמִּי** 바트-암미), "내 소유"(**נַחֲלָתִי** 나할라티; '내 기업'), "내 마음으로 사랑하는 것"(**יְדִדוּת נַפְשִׁי** 예디두트 나프쉬), "내 포도원"(**כַּרְמִי** 카르미), "내 몫"(**חֶלְקָתִי** 헬카티; '내 밭'), "내가 기뻐하는 땅"(**חֶלְקַת חֶמְדָּתִי** 헬카트 헴다티), "내 백성"(**עַמִּי** 암미), "내 목장의 양떼"(**צֹאן מַרְעִיתִ** 쫀 마르이트)/"내 양떼"(**צֹאנִי** 쪼니)라고 부르신다(4:11; 12:7-10, 14; 23:1, 2).[89] 언약 백성은 하나님의 기업의 지파다(10:16; 51:19). 더 나아가 하나님은 자신을 아버지로 그의 백성은 "[나의] 장자"(**בְּכֹרִי** 베코리; 31:9) 그리고 "나의 사랑하는 아들"(**בֵּן יַקִּיר לִי** 밴 약키르 리), "기뻐하는 자식"(**יֶלֶד שַׁעֲשֻׁעִים** 예레드 샤아슈임)이라고 여기신다(31:20; cf. 3:19). 이와 같이 유다백성이 하나님께 특별했음에도 불구하고 하나님은 그들을 원수의 손에 넘기시게 되고(12:7; 17:4), 미워하시고(12:8), 그들이 거하는 땅을 황폐하게 만드신다(12:10). 심지어는 "내가 그들을 불쌍히 여기지 아니하며 사랑하지 아니하며 아끼지 아니하고 멸하겠다"고 말하신다(13:14; 21:7). 이는 유다백성의 죄가 그들의 습관이 됐고(22:21), 하나님은 그의 뜻을 돌이키시기에 지치셨기 때문이다(15:6). 하나님이 예레미야 선지자를 통해 전달하신 경고의 말을 유다백성 중 어느 누구도 마음에 두는 이가 없었다(12:11). 유다백성은 옛 언약을 거부하고 스스로 파기했다. 따라서 하나님은 언약적 저주로 유다의 죄를 벌하시지만 언약관계를 영원히 단절하지는 않으신다: "이는 여호와의 말씀이라 내가 너와 함께 있어 너를 구원할 것이라 너를 흩었던 그 모든 이방을 내가 멸망시키리라 *그럴지라도 너만은 멸망시키지 아니하리라 그러나 내가 법에 따라 너를*

---

89) 언약관계에 따른 표현인 "내 백성"(**עַמִּי** 암미)이 반복적으로 사용된다: 2:11, 13, 31, 32; 4:22; 5:26, 31; 6:14, 26, 27; 7:12, 23; 8:7, 11, 19, 21, 22; 9:1(MT, 8:23), 2(MT, 9:1), 7(MT, 9:6); 11:4; 12:16; 13:11; 14:17; 15:7; 18:15; 23:2, 13, 22, 27, 32; 24:7; 30:3, 22; 31:1, 14, 33; 32:38; 50:6 ; 51:45.

징계할 것이요 결코 무죄한 자로만 여기지는 아니하리라"(30:11; 46:28; cf. 5:18). 오히려 옛 언약에 근거하여 구원을 약속하시고 "새 언약"(בְּרִית חֲדָשָׁה 베리트 하다샤)을 선언하신다(31:1-4, 31-34).[90] 유다에 임한 하나님의 심판은 그의 백성과 맺은 언약관계의 영원한 종식을 의미하지 않는다.

"새 언약"(בְּרִית חֲדָשָׁה 베리트 하다샤)이라는 표현을 분명하게 언급한 면에서 예레미야는 구약의 구속사 및 선지자들의 흐름에서 특별한 위치를 차지한다(31:31-34). 새 언약적 요소는 이미 모세오경 안에서도 언급되고 있다: "네 하나님 여호와께서 네 마음과 네 자손의 마음에 할례를 베푸사 너로 마음을 다하며 뜻을 다하여 네 하나님 여호와를 사랑하게 하사 너로 생명을 얻게 하실 것이며"(신 30:6).[91] 뿐만 아니라 구약의 선지자들이 새 언약의 요소들을 언급하며 회복에 대한 선언을 하고 있는 것을 볼 수 있다(cf. 겔 36:26-28; 욜 2:28-32).[92] 하지만 "새 언약"이라는 명확한 표현과 함께 회복을 선언해 주고 있는 선지자는 예레미야다. 그는 이 표현과 함께 역사의 새로운 지평에 대한 기대를 갖게 했다.[93] 새 언약에

---

90) 일반적으로 새 언약이 옛 언약을 "대체한다" 또는 "성취한다"는 표현을 사용한다. 히브리서 8장 7-13절에 근거하여 전자의 표현을 사용하고 마태복음 5장 17-18절에 근거하여 후자의 표현을 사용한다(Longman, *Jeremiah/Lamentations*, 13). 히브리서 저자에 따르면, 인간의 입장에서 옛 언약을 볼 때 지키지 못한 언약이고 따라서 인간은 언약관계를 유지할 수 없다. 하지만 새 언약은 하나님이 율법을 마음에 새김을 통해 언약관계를 유지하는 것을 가능하게 한다. 이런 면에서 새 언약 하에서는 옛 언약은 옛 것이 되고 그 효력이 잃게 된다. 예수님의 선언은 새 언약이 옛 언약의 의도와 목적을 성취하는 것을 통해 옛 언약이 완전하게 된 것을 지적하신다. 새 언약을 보면 옛 언약은 다시 말하지 않고, 기억하지 않고, 찾지 않을 것이다(cf. 렘 3:16).

91) 신명기 30장 6절에서 하나님은 마음의 할례를 베푸실 것을 약속하시지만 신명기 10장 16절에서는 "마음에 할례를 행하고 다시는 목을 곧게 하지 말라"고 명령하신다. 마찬가지로 예레미야 24장 7절, 31장 33절, 32장 39-40절에서 하나님이 여호와를 아는 마음과 한 마음을 주고 율법을 마음에 기록하시겠다고 약속하시지만 4장 4절에서는 "너희 마음의 가죽을 베고 [나] 여호와께 속하라"라고 명령하시기도 한다.

92) 모세는 여호와께서 그의 영을 그의 모든 백성에게 주시길 간구했고(민 11:29), 요엘은 모든 육체에 성령을 부어주심을 예언했고(욜 2:28-32), 베드로는 오순절에 이 간구와 예언의 성취를 목격했다(행 2:14-21).

93) 칠십인경(LXX)은 예레미야 31장 31절의 בְּרִית חֲדָשָׁה 베리트 하다샤를 διαθήκην καινήν로 번역하고 있다. 예레미야가 선포한 "새 언약"이 예수 그리스도를 통하여 성취됐음은 신약의 저자들이 선언하고 있는 바다(cf. 눅 22:20, ἡ καινὴ διαθήκη).

서 하나님의 구원을 얻게 되는 모든 이는 마음에 기록된 그의 법에 따라 살게 될 뿐만 아니라 하나님을 알기 위한 중재자가 필요 없고 다 하나님을 알게 된다(31:33-34). 새 언약을 통해 하나님과의 관계가 공동체적 차원에서 개인적 차원으로 전환한다(cf. 31:29-30).

언약의무를 외면하고 배교에 빠진 그의 백성에 대한 하나님의 언약적 사랑이 두 가지 모습으로 나타난다. 첫째, 하나님은 언약적 저주를 행함으로 그의 백성이 범한 죄를 책망하시고 그들을 훈육하신다(30:11; 46:28; 25:29). 둘째, 하나님은 언약에 대한 그의 신실하심에 따라 새 언약을 약속하시고 친히 그들의 실패를 돌이키신다. 더 나아가 새 언약은 하나님과 그의 백성 사이의 언약관계에 대한 확증이다: "그러나 그 날 후에 내가 이스라엘과 맺을 언약은 이러하니 곧 내가 나의 법을 그들의 속에 두며 그들의 마음에 기록하여 *나는 그들의 하나님이 되고 그들은 내 백성이 될 것이라 여호와의 말씀이니라*"(31:33; 32:37-41). 따라서 하나님이 언약관계에 신실하심을 신뢰한 예레미야는 그의 신실하심에 호소하며 그의 자비를 간청한다(14:7-9, 19-21).

언약관계 회복의 기저에는 사랑하는 아들에 대한 하나님의 애절한 긍휼이 자리하고 있다: "에브라임은 나의 사랑하는 아들 기뻐하는 자식이 아니냐 내가 그를 책망하여 말할 때마다 깊이 생각하노라 그러므로 그를 위하여 내 창자가 들끓으니 내가 *반드시 그를 불쌍히 여기리라*(רַחֵם אֲרַחֲמֶנּוּ 라햄 아라하멘누) 여호와의 말씀이니라"(31:20; cf. 30:18; 33:26; 42:12). 하나님은 옛 언약을 맺을 때 베푸셨던 그의 "영원한 사랑"(אַהֲבַת עוֹלָם 아하바트 올람)과 "인자"(חֶסֶד 헤쎄드)를 기억하시고 포로가 된 자들을 다시 이끌어내실 것을 약속하신다(31:2-4). 따라서 새 언약은 언약관계뿐만 아니라 그의 사랑에 대한 확증이기도 하다. 특히 새 언약을 통해 유다의 실패의 근본적인 원인이었던 마음의 문제를 해결하시고 하나님만 섬기게 하시는 것에 주목할 필요가 있다.

> 내가 그들에게 한 마음과 한 길을 주어 자기들과 자기 후손의 복을 위하여 항상 나를 경외하게 하고 내가 그들에게 복을 주기 위하여 그들을 떠나지 아니하리라 하는 영원한 언약을 그들에게 세우고 나를 경외함을 그들의 마음에 두어 나를 떠나지 않게 하고(32:39-40).

(5) 메시아 예언

예레미야는 새 언약의 선포와 함께 메시아 왕을 명확하게 예언한다. 23장 1-8절과 33장 14-18절에 메시아 인물이 언급된다.[94] 23장에서 하나님은 "목자들"(유다 왕들)이 양떼를 멸하고 흩어지게 한 책임을 물어 심판을 선언하신 후, 양떼를 기를 목자를 세우실 것을 약속하신다(1-4절). 그리고 이 목자에 대한 구체적인 설명 및 그의 사역과 그 결과에 대한 서술이 이어진다(5-8절). 하나님이 세우실 왕은 다윗에게서 나게 될 "한 의로운 가지"(צֶמַח צַדִּיק 쩨마흐 짜디크)이며 그가 지혜롭게 다스리고 세상에서 정의와 공의를 실행할 것이라고 선포한다(5절).[95] 이 왕으로 인해 북이스라엘과 유다가 구원을 받고 평안을 누릴 수 있게 된다(6절). 이 왕은 "여호와 우리의 공의"(יְהוָה צִדְקֵנוּ 아도나이 찌드캐누)로 불리게 되고 출애굽이 아닌 바벨론에서의 귀환을 기억하게 되고 약속의 땅으로 돌아오는 회복을 누리게 된다. "여호와 우리의 공의"(יְהוָה צִדְקֵנוּ 아도나이 찌드캐누)라는 이름은 "의로운 가지"의 특징과 사역을 정확하게 나타내는 표현이기도 하지만 언어유희적 측면이 있다. 하나님이 최종적으로 거부하시는 유다 왕은 시드기야(צִדְקִיָּהוּ 찌드키이야후)다. 시드기야라는 이름의 의미는 "나의 의는 여호와"이다. 시드기야는 이름으로는 "여호와가 자신의 의"라고 말하지만 하나님의 의로움을 실현하는 통치를 하지 않았다(34:8-22; 52:2; cf. 왕하 24:19; 대하 36:12-13). 따라서 예레미야는 하나님이 실패한 시드기야를 대체할 "의로운 가지"를 세워 그의 공의와 정의를 드러내실 것을 예언한다. 이런 맥락에서 "여호와 우리의 공의"(יְהוָה צִדְקֵנוּ 아도나이 찌드캐누)라는 이름은 "시드기야"(צִדְקִיָּהוּ 찌드키이야후)의 실패를 지적하는 것이며 하나님이 친히 세우시는 "의로운 가지"가 그의 실패를 역전시키는 것을 기대하게 한다.

33장 14-18절은 23장 5-6절의 신탁을 유사하게 반복하는데, 세 가지 요소를 추가한다. 첫째, "여호와 우리의 공의"(יְהוָה צִדְקֵנוּ 아도나이 찌드캐누)가 왕의 이름이

---

94) 예레미야 30장 9절에 회복된 공동체가 하나님 여호와를 섬기고 그들의 왕 다윗을 섬길 것을 언급한다. 또한 지도자의 회복에 대한 신탁이 있다(30:21; cf. 호 3:5)

95) "한 의로운 가지"(צֶמַח צְדָקָה 쩨마흐 쩨데카)라는 표현은 이사야 선지자가 표현한 "한 싹"(חֹטֶר 호테르)과 "한 가지"(נֵצֶר 네쩨르, 사 11:1-5), "한 아기"(יֶלֶד 옐레드, 사 9:6-7) 및 에스겔 선지자가 언급하고 있는 "연한 가지"(רַךְ 라크, 겔 17:22)와 맥을 같이하고 있다.

아니라 예루살렘의 이름으로 언급된다(16절). 예루살렘에 동일한 이름을 부여하는 것은 다윗후손의 의로운 통치가 이루어지는 장소인 예루살렘("다윗 성," 대상 15:1)이 하나님의 의를 경험하게 되는 장소가 될 것임을 선언하기 위한 것으로 보인다.[96] 둘째, 영원한 다윗왕조에 대한 예언이다(17절). 이것은 사무엘하 7장에 서술된 다윗언약의 확언이다. 셋째, 영원한 제사장이다(18절). 이 요소는 다윗에게서 오는 "의로운 가지"가 회복할 언약관계에서 요구되는 회복된 예배를 집행할 제사장의 지속적인 역할을 예언한다. 즉, 예배의 회복은 하나님과의 단절된 관계의 회복을 의미한다. "의로운 가지"가 실패한 유다 왕들의 문제를 해결하고 역전시키는 것과 동일하게 영원한 제사장은 유다백성의 배교와 패역에 책임이 있는 타락한 제사장들의 문제를 해결하고 역전시킨다. 왕과 함께 등장하는 영원한 제사장에 대한 하나님의 약속은 사무엘상 2장에서 이미 주어졌다. 엘리 제사장의 두 아들, 즉 실패한 제사장 홉니와 비느하스의 죽음을 선고하신 후 하나님은 다음과 같은 약속을 주신다: "내가 나를 위하여 충실한 제사장을 일으키리니 그 사람은 내 마음, 내 뜻대로 행할 것이라 내가 그를 위하여 견고한 집을 세우리니 그가 나의 기름 부음을 받은 자 앞에서 영구히 행하리라"(삼상 2:35). 메시아 왕과 제사장에 대한 약속은 하나님의 절대적 주권과 긍휼에 근거한다(33:19-26). 유다 왕들과 제사장들의 지독한 실패와 패역에도 불구하고 왕과 제사장을 세우시는 하나님의 결정은 인간의 입장에서 도저히 이해하기가 어렵고 하나님께 논쟁할 수 있는 사안이다. 그래서 하나님은 만약 누군가가 그가 세우신 창조질서를 바꿀 수 있고 온 우주를 설명할 수 있다면 그의 백성의 회복을 위해 영원한 왕과 제사장을 세우시겠다는 그의 계획과 언약도 바꾸실 수 있고 다윗언약도, 아브라함언약도 다 버리실 수 있다고 말씀하신다(33:20-21). 달리 말하면, 인간은 이해할 수 없는 하나님의 절대적 주권에 따른 결정이라는 것이다. 하나님의 이 결정을 설명할 수 있는 논리는 하나, 바로 하나님의 긍휼이다: "내가 그 포로된 자를 돌아오게 하고 그를 *불쌍히 여기리라*"(33:26). 뿐만 아니라 우주의 법칙을 성실히 지키시는 것처럼 그의 계획과 결정을 지키실 것을 확언하신다(33:25-26).

---

96) 예레미야 31장 23절은 포로에서 돌아오는 자들이 하나님의 임재를 약속하는 성전과 예루살렘을 다시 "의로운 처소"와 "거룩한 산"으로 부르게 될 것이라고 서술하고 있다.

(6) 심판 후의 구원과 회복

유다왕국에 대한 하나님의 심판은 유다백성의 언약파기에 따른 당연한 결과다: "땅이여 들으라 내가 이 백성에게 재앙(רָעָה 라아)을 내리리니 이것이 그들의 생각의 결과라 그들이 내 말을 듣지 아니하며 내 율법을 거절하였음이니라"(6:19; cf. 21:14; 32:19). 유다에 임하게 될 "재앙"(הָרָעָה 하라아, 1:14)은 유다백성이 총체적으로 하나님께 범한 "모든 죄악"(כָּל־רָעָתָם 콜 라아탐, 1:16)에 대한 보응이다.[97] 이 보응은 하나님의 결정이다: "내가 이 백성에게서 나의 평강을 빼앗으며 인자와 사랑을 제함이라 여호와의 말씀이니라"(16:5). 하나님이 행하시는 보응의 핵심은 약속의 땅에서의 추방, 예루살렘 성과 성전을 포함한 땅의 황폐함, 다윗왕조의 몰락이다. 이것은 아브라함언약, 시내산언약과 다윗언약에 대한 하나님의 일시적 거부를 의미한다. 따라서 하나님이 행하신 심판에서의 회복은 이 언약파기의 갱신을 의미한다. 불쌍히 여기지 않고 사랑하지 않고 유다를 멸하셨던 하나님이 다시 그의 백성을 불쌍히 여기심으로 회복을 계획하시고 이루신다(30:18; 31:20; 33:26). 새 언약을 통해 이루어질 회복은 유다가 바벨론으로 추방당하여 70년의 세월이 지난 후 약속의 땅으로 귀환하는 것으로 시작된다. "위로의 책"으로 불리는 예레미야 30-33장의 시작이 이러한 사실을 분명하게 보여준다(30:3; cf. 25:11-12; 29:10).[98] 새 언약과 함께 임하게 될 구원과 회복은 출애굽 사건이 잊힐 정도로 더 영광스러운 것이다(23:7-8).[99] 이 회복에는 다음과 같은 내용이 있다. 첫째, 약속의 땅의 회복과 그 땅으로의 귀환이다. 이는 아브라함언약의 갱신을 의미한다. 유다백성이 바벨론에 포로로 잡혀가 있는 70년은 레위기 26장 34-35절에서 서술하는 바와

97) 예레미야 4장 22절은 심판을 받을 수밖에 없었던 유다백성에 대해 다음과 같이 서술한다: "내 백성은 나를 알지 못하는 어리석은 자요 지각이 없는 미련한 자식이라 악을 행하기에는 지각이 있으나 선을 행하기에는 무지하도다."

98) 약속의 땅에서의 추방이 레위기 18장 25, 28절에는 주민이 땅을 더럽히면 땅이 주민을 토해내는 것으로 표현된다.

99) "그러므로 여호와의 말씀이니라 보라 날이 이르리니 그들이 다시는 이스라엘 자손을 애굽 땅에서 인도하여 내신 여호와의 사심으로 맹세하지 아니하고 이스라엘 집 자손을 북쪽 땅, 그 모든 쫓겨났던 나라에서 인도하여 내신 여호와의 사심으로 맹세할 것이며 그들이 자기 땅에 살리라 하시니라"(23:7-8).

같이 그들의 배교와 패역으로 더럽혀지고 역겹게 된 땅이 안식을 취하고 새롭게 되는 기간이다(cf. 2:7; 16:18; 대하 36:21).

> 너희가 원수의 땅에 살 동안에 너희의 본토가 황무할 것이므로 땅이 안식을 누릴 것이라 그 때에 땅이 안식을 누리리니 너희가 그 땅에 거주하는 동안 너희가 안식할 때에 땅은 쉬지 못하였으나 그 땅이 황무할 동안에는 쉬게 되리라(레 26:34-35).

실제 70년 후 포로에서의 귀환을 목격한 역대기서의 저자는 예레미야가 전한 신탁의 성취를 확언해준다: "이에 토지가 황폐하여 땅이 안식년을 누림 같이 안식하여 칠십 년을 지냈으니 여호와께서 예레미야의 입으로 하신 말씀이 이루어졌더라"(대하 36:21). 하나님의 심판을 받은 약속의 땅의 모습을 예레미야는 다음과 같이 묘사한다.

> 보라 내가 땅을 본즉 *혼돈하고 공허하며* 하늘에는 빛이 없으며 내가 산들을 본즉 다 진동하며 작은 산들도 요동하며 내가 본즉 사람이 없으며 공중의 새가 다 날아갔으며 보라 내가 본즉 좋은 땅이 황무지가 되었으며 그 모든 성읍이 여호와의 앞 그의 맹렬한 진노 앞에 무너졌으니(4:23-26).

"혼돈"(תֹהוּ 토후)과 "공허"(בֹהוּ 보후)는 창세기 1장 2절에서 창조질서가 세워지기 전 땅의 모습을 묘사한다. 따라서 예레미야가 서술하고 있는 심판받은 땅의 모습은 창조질서가 완전히 파괴되어 어느 누구도 살 수 없는 폐허가 된 땅을 의미한다(cf. 사 45:18). 하나님은 70년이 지나 땅이 안식을 누리고 회복됐을 때 그의 백성을 약속의 땅으로 다시 돌아오게 하실 것을 약속하신다: "여호와의 말씀이니라 보라 내가 내 백성 이스라엘과 유다의 포로를 돌아가게 할 날이 오리니 내가 그들을 그 조상들에게 준 땅으로 돌아오게 할 것이니 그들이 그 땅을 차지하리라 여호와께서 말씀하시니라"(30:3, 7; 31:8-9, 16-17; 12:14). 이 약속으로 인해 유다백성은 다시는 이방을 섬기지 않고 약속의 땅으로 돌아오는 복을 얻게 된다(30:7-8). 하나님의 임재와 구원으로 인해 돌아온 백성은 회복된 약속의 땅에서 거주지를 마련하고 태평과 안식 그리고 기쁨을 누린다(30:10-11, 18; 31:5, 12-13, 24; 32:37-

38; 33:12-14; 46:27-28). 31장 9절에 따르면 약속의 땅으로의 귀환은 하나님과 그의 백성 간에 아버지와 장자의 관계를 회복하는 것을 의미한다. 특히 예레미야가 하나님의 명령에 따라 살룸의 아들 하나멜에게 밭을 사고 매매증서를 토기에 담아 보관하는 것은 약속의 땅으로의 귀환과 소유에 대한 하나님의 약속을 확언하고 시각화하는 것이다(32:6-15, 43-44). 하나님의 긍휼이 이것을 가능하게 한다(42:12).

둘째, 다윗왕조의 회복이다. 30장 21절을 보면, 약속의 땅으로 귀환한 백성은 하나님이 그들을 위해 세울 "그들의 왕 다윗"을 섬긴다는 약속을 받는데, 이 다윗은 23장 5-6절과 33장 14-17절에서 예언하고 있는 다윗에게서 나올 "한 의로운 가지"다. 이 왕은 영원히 다윗의 왕위에 앉아 공의와 정의로 그의 백성을 통치한다(33:16-17). 하나님은 다윗의 가계를 멸시하고 나라로 인정하지 않았던 백성의 태도를 상기시키시면서 다윗왕조의 회복을 약속하신다(33:24). 다윗왕조의 회복은 정의와 공의의 회복으로 이어진다(33:14-17).

셋째, 언약백성의 회복이다. 먼저 백성의 물리적 회복을 볼 수 있다. 회복된 언약백성은 약속의 땅에서 번성하여 많아질 것이며 예전과 같게 된다(3:16; 30:20; cf. 23:3). 사람의 씨와 짐승의 씨를 이스라엘 집과 유다 집에 뿌리고, 그가 깨어서 세우고 심으시겠다는 확실한 약속이 주어진다(31:27-28). 이는 심판의 성취가 확언해준다(31:28). 백성의 물리적 회복에 대한 약속과 함께 내면적 회복을 기대할 수 있다. 즉, 마음의 치유와 변화다. 유다백성은, 선지자 예레미야를 통해 "배역한 자식들아 돌아오라 내가 너희의 배역함을 고치리라"(3:22)는 치유의 약속을 들었음에도 불구하고 악한 마음의 완악함 때문에 치유의 기회를 놓치고 결국 참혹한 심판을 겪게 된다. 하지만 심판 후에 하나님은 친히 완악한 마음을 치유하시고 율법을 마음에 새기시고, 모두가 그를 알게 하시고, 여호와 경외함을 마음에 두신다(31:33-34; 32:39-40). 그러면 약속의 땅으로 돌아오는 백성이 울며 여호와를 구하며 영원한 언약으로 여호와와 연합하겠다는 다짐을 한다(50:4-5; 24:6-7). 따라서 하나님께 돌아온 백성은 하나님과의 언약관계를 누리게 될 뿐만 아니라(24:6-7; 30:20), 하나님 백성의 존귀함을 회복하게 된다: "내가 그들을 존귀하게 하리니 그들은 비천하여지지 아니하리라"(30:19). 언약백성의 회복과 관련해서 특별한 은혜는 죄 사함을 받고 죄가 다시 기억되지 않는 것이다(31:34; 33:8; cf. 50:19-20). 결국 하나님의 회복은 피곤한 심령을 상쾌하게 하고 연약한 심령을 만족하게 한다(31:25).

넷째, 통일왕국의 회복이다. 새 언약은 하나님이 이스라엘 집과 유다 집에 맺으신 언약이다(31:31). 따라서 약속의 땅으로 귀환하는 백성에는 유다와 이스라엘이 모두 포함된다. 즉, 유다의 포로와 이스라엘의 포로가 돌아와서 처음과 같이 한 나라를 이루게 된다(3:18; 33:7). 회복된 유다와 이스라엘은 다윗후손의 통치 하에서 정의와 공의를 회복한다. 같은 맥락에서 에스겔은 두 개의 막대기에 각각 "유다와 짝 이스라엘 자손"과 "에브라임의 막대기 곧 요셉과 그 짝 이스라엘"이라고 쓰고 그의 손에서 둘이 하나가 되게 하는 것을 가시적으로 보여주면서 통일왕국의 회복을 선언한다(겔 37:16-17). 이어서 하나님이 그의 종 다윗을 그들의 왕으로 세우신다는 예언을 전한다(겔 37:24; cf. 호 1:11). 통일왕국의 회복은 다윗언약의 성취에 따른 당연한 결과다.

다섯째, 예루살렘 성의 회복이다. 우상숭배가 가득 찼던 예루살렘 성이 파괴되고 새 언약이 성취되는 때가 임하면 예루살렘은 회복되고 "의로운 처소"(נְוֵה־צֶדֶק 네배 쩨데크)와 "거룩한 산"(הַר הַקֹּדֶשׁ 하르 학코데쉬)이라고 다시 불리게 된다(31:23). 뿐만 아니라 여호와의 거룩한 곳이 되어 영원히 존재하게 된다(31:38-40): "시체와 재의 모든 골짜기와 기드론 시내에 이르는 모든 고지 곧 동쪽 마문의 모퉁이에 이르기까지 여호와의 거룩한 곳이니라 영원히 다시는 뽑거나 전복하지 못할 것이니라"(40절). 병들었던 예루살렘 성이 하나님의 치료로 낫게 되면 참된 평안의 풍성함을 경험하게 된다(33:6). 따라서 바벨론포로 70년은 예루살렘 성이 치료되고 회복되는 기간이다. 치유되고 회복된 예루살렘과 유다 성읍의 거리에는 기쁨과 감사의 소리로 가득 채워지고 지난날의 영광을 회복하게 된다(33:9, 11). 특히 다윗에게서 난 "한 의로운 가지"가 다윗의 왕위에 영원히 앉아 정의와 공의로 통치하게 되면 예루살렘 성은 "여호와 우리의 의"라는 이름을 얻게 된다(33:15-16). 이와 더불어 "여호와의 보좌"(כִּסֵּא יְהוָה 킷쎄 아도나이)라고 불리며 하나님의 임재의 자리가 된다(3:17). 이는 에스겔이 환상 중에 본 예루살렘 성이 여호와의 임재를 의미하는 "여호와 삼마"(יְהוָה שָׁמָּה 아도나이 샴마)라는 이름을 얻게 되는 것과 맥을 같이한다(겔 48:35). 하나님의 임재의 자리로 회복된 예루살렘은 다윗왕조의 영원한 통치가 이루어지는 자리이며 제사장이 주재하는 온전한 제의가 이루어지는 자리다.

여섯째, 제의(예배)의 회복이다. 하나님의 심판으로 약속의 땅에서 쫓겨난 유다 백성은 그들이 머무는 곳의 이방신을 섬기게 된다. 이것은 언약적 저주다(신 28:36, 64). 이는 하나님과의 물리적 단절뿐만 아니라 영적 단절을 의미한다(16:13). 하지만 귀환한 백성은 '시온에 가서 하나님 여호와께로 나아가자'는 파수꾼의 소리를 듣게 되고(31:6), 약속의 땅에서 그들의 하나님 여호와를 섬기게 된다(30:9; cf. 호 3:5). 에스겔과는 달리 예레미야는 성전제의 회복에 대해 직접적으로 그리고 구체적으로 언급하지 않지만 제사장의 회복은 곧 제의(예배)의 회복을 의미한다(33:18). 따라서 회복된 언약백성은 마음으로부터 하나님을 경외하는 예배공동체가 된다. 이는 하나님이 여호와 경외함을 그들의 마음에 두셨기 때문이다(32:40; cf. 24:7). 또한 하나님의 영원한 언약이기에 확실하다. 하나님이 제사장들의 필요를 충분히 채워주심으로 그들의 마음이 흡족하기 때문에 그들을 통한 온전한 제의(예배)가 가능하게 된다(31:14). 이는 타락한 제사장들에 의해 훼손된 성전제의의 회복을 의미한다. 뿐만 아니라 제의에 참여하는 다윗의 자손이 하늘의 만상과 바다의 모래같이 번성하게 된다는 약속도 주어진다(33:22).

결론적으로 예레미야가 선포한 새 언약에 따른 회복은 심판 후에도 옛 언약의 유효성을 확언하는 것일 뿐만 아니라 옛 언약의 성취를 의미한다. 궁극적으로는 언약관계의 회복이다. 그래서 회복의 신탁 안에는 "너희는 내 백성이 되겠고 나는 너희들의 하나님이 되리라"는 표현이 반복된다(30:22; 31:33; 32:38). 새 언약을 통한 회복은 창조주 만군의 여호와 하나님의 권위로 확언된다(31:36). 창조질서가 하나님 앞에서 폐하고 우주의 질서를 다 이해한 후, 하나님에게 유다백성을 구원하거나 회복시키지 말라고 말하면 하나님은 그렇게 하시겠다고 말씀하신다(31:36-37). 그러나 피조물인 인간 중 그 어느 누구도 이와 같이 하나님의 구원에 반론할 수 없기 때문에 그의 약속은 신실하다. 언약백성과 관련해서 하나님이 회복을 약속하시기도 하지만 돌아오라고 명령하시는 것에 주목할 필요가 있다: "처녀 이스라엘아 너의 이정표를 세우며 너의 푯말을 만들고 큰 길 곧 네가 전에 가던 길을 마음에 두라 돌아오라 네 성읍들로 돌아오라 반역한 딸아 네가 어느 때까지 방황하겠느냐 여호와가 새 일을 세상에 창조하였나니 곧 여자가 남자를 둘러싸리라"(31:21-22). 따라서 예레미야는 포로지에 있는 백성에게 편지로 회복에 대한 약속과 더불어 하나님을 구할 것을 전한다.

너희가 온 마음으로 나를 구하면 나를 찾을 것이요 나를 만나리라 이것은 여호와의 말씀이니라 나는 너희들을 만날 것이며 너희를 포로된 중에서 다시 돌아오게 하되 내가 쫓아 보내었던 나라들과 모든 곳에서 모아 사로잡혀 떠났던 그 곳으로 돌아오게 하리라 이것은 여호와의 말씀이니라(29:13-14).

특히 여호와께 부르짖으면 상상조차 할 수 없는 크고 비밀한 일을 보여주시겠다고 약속하신다(33:3). 바벨론 포로 70년 세월이 지난 후 하나님의 약속에 따라 회복이 임하게 되지만 하나님은 회복을 위한 백성의 회개를 요구하기도 하신다(31:15-16; cf. 레 26:40-42;). 회복의 때가 되면 자신의 죄를 뉘우치고 하나님께로 돌아가길 간구하는 회개의 기도가 있게 된다(31:18-19).

회복을 이루시는 분은 강한 구원자, 만군의 여호와다(50:34). 모든 회복의 동기는 그의 사랑과 긍휼이다(30:18; 31:3; 42:12). 그가 정성을 다해 회복을 이루실 것이며(32:41), 이것은 "영원한 언약"(בְּרִית עוֹלָם 베리트 올람)이다(32:40). 그러므로 새 언약을 통한 하나님의 구원과 회복을 누리는 이에게 요구되는 것은 기뻐하고 즐거워할 뿐만 아니라 "여호와는 선하시고(טוֹב יְהוָה 토브 아도나이), 그의 인자하심이 영원하다(לְעוֹלָם חַסְדּוֹ 레올람 하쓰도)"는 찬양과 함께 구원을 이루시는 만군의 여호와께 감사를 드리는 것이다(33:11).

7. 논쟁적 이슈들[100)]

예레미야서와 관련된 논쟁적 이슈들은 대략 예레미야 사역의 시작시기, 신명기사가적 신학과의 연관성과 정도, "북방 대적"의 정체, 예레미야서 사본, 최종 형태의 예레미야서 형성과정 등에 대한 것이다.[101)] 예레미야의 저작권을 수용하는지의 여부에 따라 논쟁은 단순화될 수 있다.[102)] 전통적인 견해를 견지할 때, 예레

100) 아쳐는 예레미야서와 관련된 세 개의 논쟁에 대해 논한다: (1) 예레미야서의 역사, (2) 예레미야서의 진정성, (3) 역사적 문제(아쳐, 『구약총론』, 416-20).

101) 예레미야서와 관련된 논쟁에 대해 정리된 글을 보려면, L. G. Perdue, "Jeremiah in Modern Research: Approaches and Issues," in *A Prophet to the Nations: Essays in Jeremiah Studies*, ed. L. G. Perdue and B. W. Kovacs [Winona Lake: Eisenbrauns, 1984], 1-32을 참조하라. 특히 Perdue와 Kovacs가 편집한 책, *A Prophet to the Nations: Essays*

미야가 사역을 시작한 시기는 1장 2절이 서술하는 바대로 요시야 왕 13년(주전 627년)이 되며, 또한 예레미야의 저작을 인정할 때, 신명기사가의 편집작업이나 신학은 논외가 된다.[103] "북방 대적"의 정체 역시 예레미야의 저작권을 따를 때 산문본문에서 제시하는 바와 같이 "바벨론"(25장)과 "바사"(50-51장)로 규정될 수 있다. 그럼에도 불구하고 여전히 논쟁이 요구되는 것은 예레미야서 사본과 최종본

---

*in Jeremiah Studies*에서 예레미야서의 핵심 논쟁과 관련된 주요 소논문을 볼 수 있다. 예레미야서의 저작권 및 진정성에 대한 논의대상에 대한 소개를 보려면 James L. Crenshaw, "A Living Tradition, the Book of Jeremiah in Current Research," *Interpretation* 37 (1983): 117-29를 참조하라.

102) 예레미야의 저작권에 대해 논할 때, 대략 세 가지 사실을 견지할 필요가 있다. 첫째, 최종형태의 예레미야서 전체에 대한 예레미야의 작업을 확정적으로 말할 수는 없다. 왜냐하면 최소한 52장의 경우, 확실히 예레미야의 저작이 아니기 때문이다. 둘째, 예레미야서의 형성에 오랜 시간과 과정을 고려해야 한다. 예레미야의 사역기간이 기본적으로 주전 627년에서 586년(586년 이후 몇 년)이기 때문에 이 기간 동안에 저작의 과정이 있었을 것으로 보인다. 또한 예레미야가 유다와 열방에 대해 받은 신탁이 기록된 두루마리가 있었는데, 여호야김에 의해 소멸되자 다시 복원하고 추가된 내용이 있다는 서술이 있다 (36:32; cf. 36:1-2). 예레미야는 그의 사역을 주전 627년에 시작했지만 그의 신탁을 글로 기록하라는 명령은 여호야김 4년, 즉 주전 605년에 받는다. 이는 605년 이전까지는 기록이 없이 구두로 사역을 했고 그가 전달한 신탁이 구두로 회자됐을 가능성을 보여준다. 특히, 맛소라 예레미야서와 칠십인경 예레미야서의 차이는 다양한 전승과정을 반영한다. 셋째, 예레미야의 대필자 바룩의 존재다. 43장에 보면 요하난이 예레미야의 말을 그대로 믿지 않고 바룩의 관여를 언급하는 것을 고려하면, 바룩은 단지 대필하는 역할만 한 것으로 보이지 않는다. 예레미야와 관련된 사건의 3인칭 기록이 모두 예레미야의 저술이 아니라고 볼 수는 없지만 바룩의 관여를 짐작하게 된다. 특히 36장 32절은 바룩이 첫 번째 두루마리를 복원할 뿐만 아니라 "그 외에도 그 같은 말을 많이 더 했다"고 말한다. 이는 605년부터 최소한 유다멸망(주전 586년)이후 요하난 사건까지 예레미야가 받은 신탁들이 첫 번째 두루마리에 추가되는 과정을 고려하게 되는 대목이다. 결론적으로 예레미야서의 예레미야 저작권에 대해, 예레미야서에 제3자의 저술이 있다고 하더라도 이것이 예레미야의 사역과 그가 전한 신탁에 대한 기록이라는 점과 예레미야가 그가 전한 신탁을 기록하고 있는 점(대필이라 하더라도)을 감안할 때, 예레미야서 전반에 대한 예레미야의 "실질적인"(substantial) 저작을 고려할 수 있다.

103) 예레미야서에 나타나는 신명기적 색채 또는 신명기 신학의 반영은 신명기사가의 작업으로만 설명이 되는 것이 아니다. 충분히 예레미야의 본래적 요소로 볼 수 있다. 왜냐하면 예레미야가 모세오경, 특히 신명기의 신학에 근거한 사역을 감당했다는 설명이 가능하기 때문이다.

문의 형성과정에 대한 것이다. 따라서 본서에서는 예레미야서 사본에 관한 논쟁과 맛소라 예레미야사본의 형성에 제한해서 간략히 다루고자 한다.

(1) 예레미야서 사본에 관한 논쟁

칠십인경(LXX)의 예레미야 번역본은 히브리어 성경의 예레미야서(맛소라 사본)와 차이가 있다. 칠십인경 예레미야서는 맛소라 예레미야서의 칠 분의 일에 해당하는 약 2700개의 단어가 부족한 것으로 보고 있다.[104] 구성에 있어서도 차이가 나타나는데, 맛소라 예레미야서의 46-51장(열방신탁)이 칠십인경에서는 25장 13절 뒤에 위치하고 있으며 이 장들의 순서도 다르다.[105] 이러한 사실에 근거하여 학자들은 칠십인경 예레미야서와 맛소라 예레미야서의 차이에 대해 (1) 칠십인경의 번역자가 맛소라 예레미야서를 요약하고 재배열한 것인지 아니면 (2) 맛소라 예레미야서와 다른 히브리어 대본(*vorlage*)을 사용한 것인지를 논하여 왔다. 하지만 쿰란의 제4동굴에서 세 개의 히브리어 예레미야 사본파편이 발견되면서 후자의 견해가 더 힘을 얻게 된다(4QJer^a, 4QJer^b, 4QJer^c). 이는 4QJer^{a}와 4QJer^{c}는 맛소라 예레미야서와 유사한 반면에 4QJer^{b}는 칠십인경 예레미야서에 가깝기 때문이다. 따라서 맛소라 예레미야서(proto-Massoretic Jeremiah) 외에 다른 히브리어 사본이 존재했음을 알 수 있다. 이와 관련하여 정경성의 논의가 제기되는데, 쿰란 공동체에서는 두 개의 사본을 모두 사용했고 맛소라 예레미야서가 정경적 권위를 인정받고 히브리어 성경에 남게 된 것으로 보인다. 본문비평적 관점에서 볼 때, 짧은 사본이 앞선 것으로 간주된다. 따라서 대부분의 학자들은 후대의 해석자가

---

104) Cf. 트램퍼 롱맨 & 레이몬드 딜라드, 『최신구약개론』 박철현 역 (서울: 크리스찬다이제스트, 2009), 291. Fretheim의 계산에 따르면 칠십인경 예레미야서가 맛소라 예레미야서와 동일한 장수(52장)를 가지고 있지만 칠십인경사본이 맛소라사본에 비해 약 칠분의 일("14.7% of 52 chapters")이 짧고 칠십인경 사본에는 없는 단어 3,097개가 맛소라 사본에 있고 반면에 맛소라 사본에 없는 단어 307개가 칠십인경 사본에 있다고 한다(Fretheim, *Jeremiah*, 25). 맛소라 본문보다 길게 서술하고 있는 칠십인경의 일반적인 특성을 고려할 때 짧은 본문의 칠십인경 예레미야서는 예외적이다(cf. 에스더, 다니엘).

105) 맛소라 예레미야서와는 달리, 칠십인경 예레미야서는 열방을 향한 심판신탁(25:14-31:44)으로 마무리된다.

짧은 사본에 기초해서 맛소라 예레미야서를 작성한 것이며 그 작업이 포로후기에 있었던 것으로 간주한다. 반면에 복음주의 학자인 아쳐(G. Archer)는 이 두 사본의 존재에 대해 다음과 같이 설명한다.[106)]

> 아마 이 초기의 판[칠십인경 예레미야서]은 선지자가 살아 있었던 동안에 출판되었던 것 같고 애굽에서 배포되었던 것 같다. 예레미야가 죽은 후에 바룩이 그 선생의 설교를 모두 모아서 더 논리적인 순서로 일목요연하게 배열하였던 것 같다.

이어서 아쳐(Archer)는 이에 대한 근거로 36장 32절을 언급한다: "이와 관련해서 36:32은 두 번째의 임시판이 여호야김의 치하 때 출판되었음을 시사해 주고 있음을 주목하라."[107)] 유사한 맥락에서 딜라드(R. Dillard)와 롱맨(T. Longman)은 다음과 같이 서술한다.[108)]

> 우리는 여호야김에 의해 파손된 판본과 하나님의 명령으로 다시 쓰인 판본의 최소한 두 가지 판본이 존재했음을 알고 있다(36장). 더 짧은 70인경의 본문이 원래 예레미야나 바룩이 애굽에 있을 때(41:16-44:30) 만들어진 히브리어 원문(the Vorlage)에 근거하고 있을 가능성이 있다는 것이 분명하다. 아마 이 판본은 애굽에서 회자되다가 거기에서 만들어진 이 책이 70인경의 토대가 되었을 것이다. 후에 예레미야가 이 책을 확대했거나, 아니면 바룩이 자신의 선생의 사후에 부가적인 문헌을 첨가하였을 수도 있다.

히브리어 성경(TNK)의 권위를 고려하면, 맛소라 예레미야서에 주목하게 된다.[109)] 누가복음 24장 44절을 고려하면, 예수님은 맛소라 예레미야서가 포함된 히브리어

---

106) 아쳐, 『구약총론』, 416.

107) 아쳐, 『구약총론』, 416.

108) 롱맨 & 딜라드, 『최신구약개론』, 293. 하지만 딜라드와 롱맨은 일부분에 한정하여 예레미야나 바룩이 아닌 제 3의 후대 손길에 의한 작업이 있었을 것으로 추정한다. 왜냐하면 렘 27:1-11과 25:15-32에 예레미야나 바룩의 작업으로 보기 어려운 부분이 있다고 보기 때문이다(롱맨 & 딜라드, 『최신구약개론』, 439-41).

109) "또 이르시되 내가 너희와 함께 있을 때에 너희에게 말한 바 곧 모세의 율법과 선지자의

성경(TNK)의 권위를 수용하시는 것으로 보인다. 그렇다면 맛소라 예레미야서가 칠십인경 예레미야서보다 권위가 있는 것으로 간주할 수 있다. 그러므로 해석자는 예레미야서 형성의 역사에 관심을 두기보다는 최종형태의 맛소라 예레미야서에 담긴 메시지를 확인하는 것이 중요하다.

(2) 맛소라 히브리어 예레미야 사본의 형성

예레미야서의 형성과정은 예레미야서 연구자들에게 중요한 주제로 자리매김을 해왔다. 예레미야를 최종저자로 보는 견해로부터 오랜 기간 지속적인 편집과정을 거쳐 현재의 예레미야서가 형성됐다는 견해까지 다양한 주장이 개진되어왔다.[110] 이 주제는 앞으로도 하나의 통일된 견해로 쉽게 정리될 것으로 보이지 않는다. 학자들이 제시하고 있는 몇 가지 견해를 살펴보면 다음과 같다. 예레미야서의 자료에 대한 논의를 처음으로 제기한 둠(Duhm)과 모빙켈(Mowinckel)의 구분과 같은 맥락에서 앤더슨(B. Anderson)은 예레미야서를 서술형식과 저자에 따라 세 가지 유형의 기본 자료로 구분하여 제시한다: A. 예레미야의 시문(1-25장); B. 전기적 산문(26-45장); C. 편찬자(편집자)의 손길들.[111] 자료 A가 예레미야 선지자의 저작이라는 의미에서 A는 "authentic"(진본)을 의미한다. 예레미야 26-45장은 산문형식으로 서술되어 있고 바룩(Baruch)의 회고록인 것으로 간주하여 B로 표기한

글과 시편에 나를 가리켜 기록된 모든 것이 이루어져야 하리라 한 말이 이것이라 하시고"(눅 24:44).

110) 저작과 편집적 과정에 대한 다양한 논의들에 대한 간략한 정리를 보려면 Carroll, *Jeremiah 1-25*, 38-50을 참조하라.

111) 버나드 W. 앤더슨, 『구약성서 이해』 강성열 노항규 역 (서울: 크리스찬다이제스트, 2002), 468-69. 대부분의 예레미야서 학자들은 자료 A를 예레미야의 저작으로 보는 것에는 동의하는데, 다양한 견해는 자료 B와 C에 따른 것이다. 자료 A를 예레미야의 저작으로 보는 것은 예레미야를 시인(설교가)으로 보는 견해에 근거하고 있다. 하지만 예레미야를 시인으로만 제한하는 것에 대한 결정적 근거가 제시되고 있는 것은 아니다. 이에 대해 Carroll은 다음과 같이 말한다: "It is *a dogma of Jeremiah* studies that the prophet is the poet of the tradition. That dogma cannot be established by argument; it can only be believed" (Carroll, *Jeremiah 1-25*, 47, 이탤릭은 필자의 강조).

다.[112] 예레미야서의 산문부분 중 신명기적 전승의 특징을 반영하고 있는 것으로 간주되는 본문들은 제 3의 손길에 의해 편집된 것으로 보아 C(complier)로 표기한다. 이 편집적 손길을 바룩과 관련해서 설명하는 경우가 있는데, 실제 예레미야서 안에 바룩이 편집자의 역할을 감당한 것에 대한 시사점이 없고 단지 예레미야의 서기관(הַסֹּפֵר 핫쏘패르)으로 제시되고 있다(cf. 36:18, 32). 따라서 바룩을 예레미야의 글이나 신탁들을 현재 형태의 최종 예레미야서로 편집한 인물이라고 볼 만한 확정적 증거가 있는 것은 아니다.[113] 클레멘츠(R. E. Clements)는 후대의 이야기와 신학적 관점들이 역사서술 단락들에 반영되고 있기 때문에 바룩이 이 단락들의 저자였을 것이라는 견해를 거부할 뿐만 아니라 현재의 예레미야서는 오랜 과정을 거친 편집적 작업의 결과물로 설명한다.[114] 더 나아가 이 최종작업에 관여한 사람들을 "신명기 역사학파와 생각과 목적을 상당히 지지하는-비록 전적으로는 아닐지라도-한 무리의 해석자들과 서기관들"로 간주한다.[115]

이 견해들은 기본적으로 문서비평의 JEDP구분의 흐름을 따르고 있다. 하지만 이러한 견해와 관련해서 스멜리크(K. A. Smelik)가 제기하는 질문들을 고려해 볼 필요가 있다.[116] 그의 질문을 요약적으로 정리하면 다음과 같다. 첫째, 예레미야

---

112) 과연, B로 구분하고 있는 전기적 기록을 전기적 기록이라고 칭할 수 있는가? 왜냐하면 그 기록 목적이 선지자 예레미야의 삶을 그려주려는 것이 아니라 신탁과 연계되어 신탁의 의미와 기능을 강화하기 위한 것이라면 전기적 기록이라고 칭하기가 어렵다. 또한 이 기록물이 연대기적 순서를 따르지 않고 있다는 사실 역시 전기적 기록으로 보는 것에 어려움을 준다. 오히려 일반적인 역사기록의 목적과 의도와는 달리 선지자가 전하는 신탁과 관련해서 선지서에 등장하는 "선지서의 서사"로 간주하는 것이 적절해 보인다. 또한 학자들은 B의 기록자(저자)로 바룩을 제시하는데, 이에 대한 확정적 증거가 있는 것도 아니며 단지 추정에 불과하다. 예를 들면, Bright는 B의 기록자로 바룩을 확정할 수는 없지만 그로 추정함과 동시에 바룩이 아닌 예레미야와 동시대 인물일 수도 있음을 언급한다. 더 나아가 Bright는 시문과 산문의 구분 및 신명기적 작업은 학자들의 서투른 과장이라고까지 말한다(Bright, *Jeremiah*, LXVIII).

113) Cf. Harrison, *Jeremiah & Lamentations*, 32.

114) 클레멘츠, 『예레미야』, 32-33.

115) 클레멘츠, 『예레미야』, 38.

116) Klaas A. D. Smelik, "An Approach to the Book of Jeremiah," in *Reading the Book of Jeremiah: A Search for Coherence*, ed. Martin Kessler (Winona Lake: Eisenbrauns, 2004), 5-6.

서가 정말 신명기적 편집의 영향을 받았는지 아니면 반대로 예레미야서가 신명기적 역사관 형성에 영향을 미친 것은 아닌가라는 질문이다. 둘째, 해석자가 실제 관심을 가져야 하는 것은 역사적 예레미야가 아니라 그의 이름을 따라 정경으로 전달되고 있는 최종형태의 예레미야서는 아닌가라는 질문이다. 이 질문은 예레미야의 원문과 후대에 삽입된 본문을 단정적으로 명확하게 구분하는 것이 가능한지의 문제를 수반한다. 셋째, 맛소라 예레미야서와 칠십인경 예레미야서의 차이를 밝혀내는 일에 힘을 쏟는 일이 과연 의미가 있는가라는 질문이다. 이 질문과 관련하여 스멜리크는 전혀 존재하지 않았을지도 모를 원문(Urtext)을 찾는 대신에 분리된 석의를 요구하는 두 개의 형식으로 된 예레미야서(칠십인경과 맛소라)를 가지고 있다는 사실을 단지 인정할 수는 없는가라는 질문을 던진다. 넷째, 실제 일어난 사건과 예레미야서에 기록된 서술 간에 차이가 있다고 할지라도 일단 예레미야서의 저자가 서술하고 있는 그대로 읽고 해석하고 있는가라는 질문이다. 이러한 질문들은 이제까지 제시된 예레미야서의 형성과정에 대한 견해들이 여전히 명확한 답변을 주지 못하고 있을 뿐만 아니라 많은 경우 가정과 추측의 작업을 통해 형성된 것임을 지적한다.

비평적 견해를 따르는 학자들은 산문형식으로 기록된 본문들이 신명기적 사관을 가진 집단에 의해 추가됐거나 주전 6세기 또는 5세기의 신명기적 사관을 반영하고 있는 것으로 제안한다. 하지만 비평적 학자들의 견해에 상당한 차이점이 나타난다. 존스(D. R. Jones)의 경우, 산문본문들이 신명기사가적인 것만큼이나 "예레미야적"(Jeremianic)이라는 견해와 함께 다음과 같이 확신한다: "산문은 신명기적이다. 그러나 정확히는 신명기 또는 신명기적 역사의 산문은 아니다. 예레미야 전승의 산문이다."[117] 이러한 견해는 비평적 학자들 안에서도 선지자 예레미야와

117) "The prose is Deuteronomistic, but it is not exactly the prose of Deuteromony or the Deuteronomistic history. It is prose of the Jeremiah tradition"(Jones, *Jeremiah*, 21, 22). Jones는 예레미야적 특징은 예레미야의 저작에 대한 증거가 아니라 예레미야 전승을 나타내는 형식의 증거라는 견해를 견지한다. 예레미야 전승에 책임이 있는 이들은 신명기학파 사람들이 아니라 신명기학파에서 교육을 받은 예레미야 전승을 대표하는 이들이며 "예레미야의 후대 제자들"(distant disciples of Jeremiah) 또는 "예레미야학파의 설교자들"(a Jeremiah school of preachers)로 보는 것이 타당하다는 주장을 한다 (Jones, *Jeremiah*, 22). Jones는 B와 C가 동일한 언어와 구문뿐만 아니라 예레미야 산

가정된 후대의 손길을 분간하기가 결코 쉽지 않다는 사실을 반영한다.

캐롤(R. Carroll)은, 예레미야서는 편집과 축적의 오랜 과정의 산물이라고 주장하지만 실제 본문을 통해 그와 같은 과정의 역사에 대한 분명한 흔적을 찾을 수 없음을 인정하다.[118] 따라서 본문이 아닌 그와 같은 작업에 영향을 미친 사회적 종교적 배경에 대한 이해가 요구된다고 말한다. 캐롤(Carroll)의 이러한 요구는 두 가지 견해에 근거하고 있기 때문에 가능하다. 첫째, 예레미야서가 가지고 있는 예언의 속성을 인정하지 않는 것이다. 캐롤(Carroll)은 70년 후의 귀환에 대한 선포가 이미 바벨론의 패망을 알고 있는 전승의 반영이라고 단정한다: "The tradition knows of the defeat of Babylon because it can date the Babylonian period of power to be seventy years (25.11-2; 29.10; cf. Zech. 1.12) or three generations (27.7)."[119] 그러나 미래의 일에 대해 선언하고 있는 예언의 속성을 인정하면 바벨론 멸망을 알고 있는 전승에 대한 결론으로 가지 않을 수 있다. 둘째, 본문들 안에 발견되는 상이한 내용들은 다른 역사적 배경을 반영하고 있는 것으로 간주하는 것이다. 이 견해에 근거하여 편집의 과정을 추론하기 시작한다. 하지만 상이해 보이는 내용들에 대한 적절한 의도와 목적을 본문 안에서 설명할 수 있고 또한 본문이 제시하는 바대로 그 출처를 예레미야에 둔다면, 제안된 배경이나 설명이 본문 밖의 객관적 증거가 없고 추정과 추론에 근거하고 있을 경우에는

문전승과 유사한 사상적 양식을 보여주는 것으로 분석한다. Jones가 "예레미야 학파"(a Jeremiah school)를 제시하는 이유는 B가 A의 사상과 메시지를 그대로 따르고 있다는 분석에 근거한 것이다. 또한 B와 C 사이에도 서술적 특징이나 사상에 있어서 차이가 없다고 주장한다. 그렇다면 예레미야서 전체를 볼 때 복잡하고 거친 면이 있지만 최소한 사상과 메시지의 일관성을 가지고 있다는 설명이 가능하다. 뿐만 아니라 후대에 작업을 한 이들이 굳이 자신들을 밝히지 않는 이유에 대한 적절한 답변을 찾기가 쉽지 않다. 그러므로 가정에 불과한 "예레미야 학파"나 신명기적 편집 작업에 근거하여 예레미야서를 분석하기 보다는 예레미야서가 제시하고 있는 예레미야의 저작관점에 따라 분석하는 것이 더 타당하다.

118) "A book like that of Jeremiah or Isaiah is the product of lengthy processes of editing and accumulation, and few traces of the history of such processes can be detected clearly from the text itself. Without an acute knowledge of the social and religious background it is difficult to determine why such collections were made or given the shape they possess in the Bible"(Carroll, *Jeremiah 1-25*, 65).

119) Carroll, *Jeremiah 1-25*, 68.

예레미야의 저작을 따를 수 있다. 물론 예레미야서의 경우, 칠십인경 예레미야의 존재, 쿰란공동체에서 발견된 상이한 예레미야 사본들, 예레미야 52장 등을 고려할 때, 최종적인 편집 작업이 배제된 예레미야의 저작을 주장할 수는 없다. 하지만 1-51장에 대한 예레미야의 저작을 주장하는 것이 전혀 불가능한 것이 아니다. 무엇보다도 여러 시대에 걸쳐 다양한 전승들과 시대적 관심에 따라 자료들이 모아지고 형성됐다고 가정하더라도 최종 형태의 맛소라 예레미야서의 도입은 요시야 왕 통치 13년(주전 627년)에서 예루살렘의 멸망(주전 586년)의 기간을 전체 책을 읽는 역사적 배경으로 제시하고 있다는 사실에 주목하면, 편집자가 본문해석을 위해 다양한 시대적 배경으로 독자를 초대하고 있는 것으로 보기 어렵다.[120] 그렇다면 최종 편집자의 의도에 반하여 바벨론 포로기나 포로기 이후의 시대적 배경을 추론하고 본문을 해석하는 것이 과연 정당한 독법인지에 대한 의문을 갖게 된다. 오히려 본문이 제시하고 있는 역사적 배경은 예레미야가 사역한 시대다. 따라서 예레미야서의 의도에 따라 그 시대를 배경으로 본문을 해석하는 것이 타당하다. 특히 예레미야의 긴 사역기간(40여년)과 그 기간 중에 있었던 혼란 등을 고려할 때 내용상의 모순이 아닌 이상 충분히 예레미야서의 복잡성과 다양성은 짐작해 볼 수 있다. 격변하는 시대상황에 대한 하나님의 역동적인 대응과 관여 역시 이러한 복잡성과 다양성을 가능하게 할 수 있다. 그러므로 현재의 맛소라 예레미야서를 해석하는 작업은 이 책이 제시하는 흐름과 구성 및 역사적 배경 속에서 해당 본문의 의미를 분석하는 것에 집중하는 것이 중요하다.

현대 독자의 시각으로 볼 때, 예레미야서의 서사는 연대기적 흐름을 따르는 것이 요구되고 시문과 산문은 명확하게 구분되어 제시되는 것이 요구될 수 있다. 하

120) Carroll은 1:1-2의 도입이 편집자의 그러한 의도를 반영하고 있는 것으로 볼 수도 있지만 정말 그러했는지를 확정하는 것은 불가능하다고 말한다(Carroll, *Jeremiah 1-25*, 81). 왜냐하면 40-44장, 50-51장, 특히 52장은 그 시기를 벗어나고 있기 때문이다(바벨론의 멸망을 다루고 있는 40-44장과 50-51장을 포함시키는 것은 바벨론의 멸망 이후에 이 장들이 기록된 것으로 보기 때문). 하지만 긴 편집과정과 최종 편집자를 가정하더라도 편집자가 51장 64절에서 "예레미야의 말이 이에 끝나리라"는 표현과 함께 시기의 범위를 정한 후 52장을 서술하고 있다는 점을 고려하면 일단 렘 1:1-2의 의도는 분명해 질 수 있다. 40-44장은 사건에 대한 기록 중에 등장하는 예레미야의 예언은 유다멸망 이후 남아 있던 백성에 관한 것이며 예레미야도 함께 등장하고 있다. 이 사건은 유다 멸망과 연계된 것이기에 1장 1-2절이 제시하는 범주를 완전히 벗어난 것으로 보지 않을 수 있다.

지만 예레미야서를 저작한 우선된 목적은 역사적 사실이나 정보를 제공하는 역사책을 서술하려는 것 또는 고대의 문학작품을 남기고자 한 것이 아니라 격변하는 시기에 역사적 사실에 대한 신학적 메시지를 전달하려는 것이다. 선지자 예레미야는 그 시대의 상황과 사건에 대한 신학적 분석을 한 후 그 내용을 그 당시의 독자들에게 가장 효과적이라고 판단되는 문학형식과 서술형식을 통해 전달하고 있다는 사실을 기억할 필요가 있다.

무엇보다도 구약의 선지자들은 설교자들이었기 때문에 문서화된 기록은 후대에 이루어졌을 것이라는 전제에서 후대 편집자에 대한 견해가 시작된다. 선지자들이 설교로 그들의 메시지를 전달한 것이 사실이지만 이것은 그들이 저작에 관여하지 않았다는 것을 의미하지 않는다. 왜냐하면 예레미야가 자신이 전한 메시지를 기록으로 남기는 작업을 하고 있고(36:4, 32), 나훔의 경우 묵시의 글("책," סֵפֶר 쎄페르)로 그의 신탁을 남기고 있기 때문이다(나 1:1). 그렇다면 구약의 선지자들이 기록에 전혀 관여하지 않은 단순한 설교자들로만 보는 것은 그들에 대한 제한적 이해다. 더욱이 현재의 예레미야서에서 편집과 재편집 등의 과정을 역으로 추론해서 내리는 결론 또한 확정적일 수 없는 제한적이고 가정적 가설에 불과하다.

최종형태의 본문을 정직하게 읽는 것은 예레미야서를 예레미야의 글로 읽는 것이다.[121] 왜냐하면 최종형태의 본문을 제시하고 있는 손길이 그것을 인정하고 있기 때문이다. 그렇다면 일정부분 양보해서 편집자의 글과 손길을 인정하더라도 과연 후대의 편집부분을 구분해 내서 읽는 것이 타당한가? 더 나아가 만약 현재의 예레미야서가 예레미야 선지자의 글에 그의 제자, 또는 후대의 누군가가 기록한 글이 포함된 것이라고 한다면 한 가지 의문을 갖게 된다. 왜 구약의 선지자들처럼 자신들의 글이 하나님께로부터 온 것이라는 확신과 함께 자신들의 이름을

---

121) 예레미야서가 현재의 형태로 완성된 시기는 52장 31-34절에서 언급하고 있는 여호야긴의 석방을 고려할 때 560년 이후로 보인다. 여호야긴이 사로잡혀 간지 37년이 되는 해에 석방됐다고 기록하고 있기 때문에 그가 주전 597년에 포로로 사로잡혀간 것을 고려하면 그가 주전 561년에 석방된 것을 알 수 있다. 포로기 중 남겨진 예레미야의 글을 간직하던 신앙공동체에서 여호와긴의 석방을 목격한 후 예레미야가 전한 회복신탁의 확실성을 보여주기 위해 52장을 예레미야서에 추가한 것은 아닐까? 그렇다고 하더라도 1-51장은 주전 627년에서 585년까지 신실하게 하나님의 말씀을 선포한 예레미야와 분리해서 해석할 수 없다.

밝히는 것을 주저했는가?[122] 과연 후대의 편집자나 기록자들은 왜 그들의 글을 예레미야라는 선지자의 이름으로 전하고 있는지에 대한 의문을 갖게 된다. 예레미야를 비롯한 구약의 선지자들은 자신들이 받은 메시지를 전할 때 고초와 힘든 상황을 기꺼이 감당했다. 때론 미치광이와 같은 행동을 서슴지 않았고, 에스겔의 경우 사랑하는 아내를 잃고도 하나님의 명령이 있었기에 슬퍼도 슬퍼할 수 없었다. 왜냐하면 그들에게는 그들이 전하시는 메시지가 하나님께로부터 받은 것이라는 확신이 분명했기 때문이다. 이러한 사실은 그들이 남긴 글에 대해서도 동일하게 적용된다. 신적 권위를 담고 있는 확실한 메시지를 받고도 왜 자신의 이름을 숨기고 다른 이의 이름으로 전해야 했는가?

8. 예레미야서의 구조[123]

예레미야 1장 2-3절은 예레미야의 사역기간으로 요시야 왕 13년(주전 627년)부터 예루살렘 멸망(주전 586년)까지 약 40년을 제시하지만 예레미야서에 등장하는 기록들은 대략 네 개의 시기에 집중하고 있다. 반게메런(VanGemeren)은 그 시기들을 다음과 같이 제시한다: (1) 요시야 통치초기(주전 627-622년), (2) 여호야김 통치초기(주전 608-605년), (3) 시드기야 4년부터 예루살렘 멸망(주전 594-586년), (4) 예루살렘 멸망에서 예레미야의 이집트 체류(주전 586-585년).[124] 예레미야서의

122) 특이하게도 예레미야서는 신탁도입형식 또는 단락도입형식으로 "여호와께로부터 예레미야에게 말씀이 임하니라 이르시되"(הַדָּבָר אֲשֶׁר הָיָה אֶל־יִרְמְיָהוּ מֵאֵת יְהוָה לֵאמֹר 핫다브 아쉐르 하야 엘 이르미야후 매애트 아도나이 래모르)와 이 형식의 변형이 반복적으로 사용되면서 강조되는 것을 볼 수 있다(7:1; 11:1; 14:1; 18:1; 21:1; 26:1; 27:1; 30:1; 32:1; 34:1, 8, 12; 35:1; 36:1; 40:1).

123) 예레미야서의 구조와 관련된 논의를 보려면, R. D. Patterson, "Of Bookends, Hinges, and Hooks Literary Clues to the Arrangement of Jeremiah's Prophecies," *WTJ* 51 (1989): 109-31; Alexander Rofé, "The Arrangement of the Book of Jeremiah," *ZAW* 101 (1989): 390-98; T. R. Hobbs, "Some Remarks on the Composition and Structure of the Book of Jeremiah," *CBQ* 34 (1972): 257-75을 참조하라.

124) 반게메렌, 『예언서연구』, 447.

125) 예레미야서의 상당 부분이 선지자 예레미야에 의해 저술된 것으로 보지만 최종형태의 본

세부 단락을 정확하게 이 시기들에 맞추어 분류하고 확정짓는 것은 불가능하지만 대략 이 시기들에 집중된 내용이 예레미야서에 등장하고 있는 것으로 볼 수 있다. 문제는 이 시기에 따라 예레미야서가 구성되지 않았다는 것이다.

학자들이 제시하는 예레미야서의 구조는 다양하다. 그 만큼 예레미야서의 구조가 복잡하다는 것을 의미한다. 예레미야의 사역이 40년의 긴 기간 동안 이루어졌다는 점, 책의 내용이 연대기적 순서에 따라 배열되지 않았다는 점, 최종형태의 예레미야서가 있기 전에 이미 존재했을 것으로 추정되는 일부 본문의 묶음들이 확인된다는 점, 예레미야의 1인칭 서술과 예레미야에 대한 3인칭 서술이 혼재된 점, 맛소라 예레미야서와 칠십인경 예레미야서에 차이가 있다는 점 등은 구조분석에 어려움을 가중시킨다. 예레미야 30장 2절의 "책에 기록하라"는 명령과 함께 회복에 대한 신탁들이 등장하면서 소위 말하는 "위로의 책"(30-33장)을 이룬다. 또한 열방을 향한 심판신탁을 기록하고 있는 예레미야 46-51장이 칠십인경에는 그 안의 배열이 다를 뿐만 아니라 위치도 25장 13절 이후에 있는 것을 볼 때, 열방을 향한 심판신탁 역시 구분된 묶음으로 존재했을 가능성을 짐작하게 한다. 이와 더불어 52장 역시 구분된 단락으로 고려할 수 있다. 예레미야가 40년 사역기간 동안 이러한 묶음들과 그 외의 본문들을 점차적으로 작성했을 가능성을 충분히 가늠해 볼 수 있게 한다.[125] 뿐만 아니라 예레미야 36장에 따르면 여호야김이 바룩이 전달한 두루마리를 불태운 후 예레미야는 이 두루마리에 기록된 것만 아니라 추가적인 내용을 첨가하여 다른 두루마리를 작성하게 한 것을 볼 수 있다(36:32). 초기 두루마리에 어떤 내용이 있었는지 확정할 수는 없지만 최소한 초기 두루마리에 추가적인 작업이 있었다는 것은 분명하다.[126] 이 사건이 일어난 해가

문에 대한 책임과 관련해서 예레미야로 보는 견해와 후대 편집자(바룩 등)로 보는 견해로 구분된다. 전자의 견해는 렘 51:64의 "예레미야의 말이 이에 끝나니라"는 표현에 의해 힘을 받는다. 반면에 후자의 견해를 따를 경우, 후대 편집자의 작업이 책의 구성에만 관여했는지 아니면 그의 저술도 포함됐는지에 대해서는 분명한 답변을 제시하기가 쉽지 않다.

126) 일반적으로 초기 두루마리에는 1-25장에 서술된 대부분의 내용이 담겨져 있었을 것으로 추정한다(cf. Clements, Fretheim). 그러나 1-25장의 모든 내용이 초기 두루마리에 담겼을 것으로 보기 어렵다. 왜냐하면 1-25장에 주전 605년 이후의 내용으로 간주될 수 있는 본문들이 있기 때문이다.

127) Bright, *Jeremiah*, LXXIX. Bright는 연대기적 배열이 아닌 주제적 배열에 따라 전체 책

주전 605년인 것을 고려하면(36:1), 이 때는 예레미야의 사역 중반 쯤 되는 시기다. 그렇다면 그의 후반 사역 동안 전한 메시지에 대한 기록이 후에 기록되고 첨가된 것으로 볼 수 있다. 하지만 이 묶음들과 그 외의 본문들이 어떤 이유로 최종 형태의 예레미야서의 배열과 흐름을 갖게 됐는지에 대한 분명한 답변을 제시하는 것은 결코 쉬운 일이 아니다. 연대기적 배열을 따르는 본문도 있지만 연대기적 배열을 따르지 않는 본문들도 있기 때문에 연대기적 흐름을 구성원리로 제안하는 것도 불가능하다. 한편 일부 본문들은 주제적 연관성을 보이기도 하지만 이러한 원리가 전체 책에 적용되지 않기 때문에 주제적 배열의 원리로 구성을 설명하기도 어렵다.

이러한 어려움으로 인해 단지 예레미야서를 예레미야가 전했던 메시지들과 그에 관한 글들을 특정한 의도적 전개나 흐름이 없이 모아놓은 선집(anthology)으로 간주하기도 한다. 브라이트(Bright)는 예레미야서가 "모음집들의 모음집"(anthology of anthologies)이기 때문에 연대기적 배열이나 논리적 흐름에 따라 읽고 해석하는 것이 아니라 단지 모음집으로 읽는 것이 타당하다고 주장한다.[127] 같은 맥락에서 크레이기(P. Craigie)는 이 견해가 더 정확하다고 주장한다.[128] 그러나 그럼에도 불구하고 대략적인 책의 흐름은 파악될 수 있다는 견해에 대부분 동의한다. 예를 들면, 프레트하임(T. Fretheim)은 25장을 중심으로 전반부(2-24장)와 후반부(26-51장)로 구분되는 이중구조를 언급한다. 세부적으로는 다음과 같은 구조로 분석한다.[129]

이 구성이 되고 있지만, 일관성이 있는 주제적 배열이 적용되는 것은 아니라고 설명한다. 후자의 표현을 하는 것은 1-25장에 심판의 주제뿐만 아니라 회복의 주제가 등장하고 30-33장이 위로의 책으로 회복을 선포하지만 32장 28-35절에서는 멸망에 대한 메시지가 언급되고 있기 때문이다. 하지만 이것은 심판의 주제와 회복의 주제를 구분해서 제시해야만 한다는 전제에 따른 주장이다.

128) 피터 크레이기 외.『예레미야 1-25』WBC vol. 26 (서울: 솔로몬, 2003), 41(이 책은 P. C. Craigie, P. H. Kelley, J. F. Drinkard, Jr.가 저자로 표기되는데, 서론부분은 Craigie의 저작이다).

129) Fretheim, *Jeremiah*, 18. Harrison도 52장의 역사적 부록을 제외하면 이중구조를 제시하는데, 신탁의 대상을 중심으로 단락의 구분에 차이가 있다: (1) 당시 역사와 국내 문제에 관한 예언들(1:1-45:5); (2) 열방을 향한 신탁(46:1-51:64); (3) 역사적 부록(52:1-

1-25장 (627-605년)
26-29장: 전기적 기록
30-31장(32-33장): 위로의 책
34-45장: 전기적 기록
46-51장: 열방신탁
52장: 부록

프레트하임(Fretheim)은 1장이 도입의 역할을 하고 52장은 결론적 결언의 역할을 하는 것으로 제안한다. 특히 전반부의 내용이 후반부에서 구체화되는 흐름을 보인다는 지적은 예레미야서 전체를 읽는 방법에 의미 있는 단서를 제공한다.

반게메런(VanGemeren)은 "수사학적 분석을 기초로 할 때, 예레미야는 연대기적으로 그리고 주제에 따라 구성된 듯이 보인다"는 견해를 견지하면서 다음과 같은 구조를 제시한다.[130)]

I. 예레미야의 예언과 시들, 1-20장
II. 여호야김과 시드기야 시대의 역사적 담설, 21-36장
III. 예루살렘 멸망 직전, 직후의 사건들, 37-45장
IV. 열방에 대한 신탁들, 46-51장
V. 역사적 부록, 52장

이 두 구조를 보면 첫 번째 단락(I)이 1-20장 또는 1-25장이 제시되는데, 이는 36장(주전 605년경)에서 언급하고 있는 두루마리의 범위에 대한 논의와 연관되어 있다.

롱맨(Longman)은 예레미야서의 단락구분에 있어서 25장에 주목한다. 25장 1-14절이 2-24장을 요약하고 있고 25장 15-38절은 열방에 대한 신탁을 소개하고 있기 때문에 예레미야서가 25장을 중심으로 크게 이중구조를 이루는 것으로 설명

---

34)(Harrison, *Jeremiah & Lamentations*, 45.

130) 반게메렌, 『예언서연구』, 446.

131) Longman, *Jeremiah/Lamentations*, 15.

한다.[131] 이 이중구조 안에 세부단락을 다음과 같다.[132] 다양한 형식의 글들이 모아져 있는 것에 주목해서 롱맨(Longman)은 프레트하임(Fretheim)의 표현인 "콜라주"(collage)를 언급한다.

1장: 서론
2-24장: 설교, 시와 산문신탁 모음, 예언적 상징 행위
25장: 요약 및 예기
26-29장: 예레미야와 신탁보고에 대한 산문기록
30-33장: 구원신탁 모음
34-38장: 예레미야와 심판신탁에 대한 산문기록
39-44장: 포로에 대한 기록과 남은 자들의 실패
45장: 바룩에 관한 서술
46-51장: 열방에 대한 심판신탁 모음
52장: 결어

캐롤(Carroll)은 크게 4중 구조를 제시한다.[133] 세부 단락의 구분에 있어서 열방을 향한 신탁을 다루는 25장 15-18절과 46-51장을 함께 분류하는 것이 특징이다.

1장: 서언
Part I: 2:1-25:14, 유다와 예루살렘을 향한 시와 설교
Part II: 25:15-38; 46-51장, 열방을 향한 신탁
Part III: 26-36장, 다양한 서사 및 자료의 순환
Part IV: 37-45장, 예루살렘의 멸망과 그 이후
52:1-34: 결언

---

132) 본서에 제시된 Longman의 구조는 그의 설명을 요약적으로 구성한 것이다.

133) Carroll, *Jeremiah 1-25*, 87-88.

134) 같은 맥락에서 Chisholm은 1-25장을 하나의 단락을 구분한다(R. B. Chisholm, Jr.,

1장 또는 2장부터 시작되는 단락의 끝점을 20장 또는 25장으로 할 것인지의 문제가 있다. 앞에서 언급한 바와 같이 롱맨(Longman)은 25장의 전환적 역할을 지적한다.[134] 이 경우, 1장부터서 시작된 단락은 24장 또는 25장에서 마무리된다. 25장은 열방에 대한 심판선언으로 마무리되는데, 이는 1장의 소명기사에서 언급한 예레미야의 사명, 즉 "여러 나라의 선지자"로 세움을 받은 것을 확인해 주는 역할을 하는 것을 볼 때, 1-25장이 하나의 큰 단락을 이루는 것으로 보는 것이 가능할 수 있다. 이와는 달리 반게메런(VanGemeren)의 경우, 1-20장과 21-36장을 구분하여 후자에 "여호야김과 시드기야 시대의 역사적 담설"이라는 제목을 준다. 이는 21장 1절에 시드기야가 언급되고 그 이후에 유다 왕 시드기야와 여호야김이 거듭해서 등장하는 것에 주목한 것으로 보인다.

이러한 구조분석들과는 달리 신탁과 사건의 대상을 중심으로 예레미야서를 분석하면 다음과 같이 제시될 수 있다.

(1) 1-29장: 유다와 예루살렘을 향한 신탁과 사건
(2) 30-33장: 유다(언약백성)의 회복신탁("위로의 책")
(3) 34-45장: 유다와 예루살렘을 향한 신탁과 사건
(4) 46-51장: 열방을 향한 신탁
(5) 52장: 역사기록

이 단락들 간의 주제적 관계를 고려하면 예레미야의 주제적 구조는 다음과 같다.

A. 1-29장: 유다와 예루살렘에 관련된 신탁과 사건
  B. 30-33장: 유다(언약백성)의 회복신탁("위로의 책")
A'. 34-45장: 유다와 예루살렘에 관련된 신탁과 사건
  B'. 46-51장: 열방을 향한 신탁
    C. 52장: 역사기록

Handbook on the Prophets [Grand Rapids: Zondervan, 2002], 153-54).

A(1-29장)과 A'(34-45장)은 유다와 예루살렘에 관련된 신탁과 사건으로 평행을 이룬다. B(30-33장)과 B'(46-51장)은 신탁의 대상과 주요 내용에 차이가 있지만, 열방에 대한 하나님의 심판이 언약백성의 구원과 연계되어 있다는 면에서 그 연결성을 고려할 수 있다. 또한 열방에 대한 심판이 선언되지만 그들을 향한 구원과 회복의 선언도 있기 때문이다. 51장 64절("예레미야의 말이 이에 끝나니라")과 시대적 간극을 보여주는 52장 31-34절(여호야긴의 석방)에 근거하여 52장은 역사적 사건에 대한 기록으로 분리된 단락을 이룬다. 주제에 따른 구조분석은 예레미야서가 유다와 예루살렘의 심판(A와 A')과 회복(B와 B') 주제에 집중하고 있는 것을 보여준다. 역사적 서사(C, 52장)는 이 주제를 역사적으로 검증하는 역할을 한다. 52장 역시 심판과 회복의 주제를 담고 있다.[135]

여기서 더 나아가 예레미야서의 세 가지 서술특징에 주목할 필요가 있다. 첫째, 예레미야서는 신탁을 기록하는 시문과 사건을 기록하는 산문을 혼용한다.[136] 또한 신탁이 산문으로 전달되기도 하는 반면에 산문의 기록과 함께 시문이 등장하기도 한다. 특히 산문의 사건기록은 시문의 신탁을 확언하고 보증하는 역할을 한다. 이에 주목하면 "위로의 책"으로 불리는 30-33장의 단락에서도 시문의 신탁기록(30-31장)과 산문의 사건기록(32-33장)이 함께 등장하고 사건기록이 신탁을 확언하는 것을 볼 수 있다. 둘째, 유다 왕의 통치 연도를 언급하며 신탁이나 사건을 서술한다. 도입(1:1-3)을 제외하고 언급된 유다 왕과 그의 통치 연도에 주목하면 20장과 21장 사이에 단락이 구분되는 것으로 볼 수 있다. 3장 6절에 요시야 왕이 언급된 이후 처음으로 유다 왕이 언급되는 것은 21장 1절이다.[137] 21장 1절에서 시드기야 왕이 언급된 후부터 아래와 같이 이 서술적 특징이 집중적으로 반복된다. 이것은 1장 4절-2장 3절을 예레미야의 소명기사로 구분하고 2장 4절부터 20장 18절까지를 하나의 단락으로 구분하는 것을 가능하게 한다.

---

135) 여호야긴의 석방은 회복의 전조다.

136) Cf. 예레미야의 저작과 관련된 시문과 산문의 연관성에 대한 논의를 보려면 W. Holladay, "Prototype and Copies: A New Approach to the Poetry-Prose Problem in the Book of Jeremiah," *JBL* 79 (1960): 351-67을 참조하라.

137) 3장 이후 20장까지의 내용이 모두 요시야 왕과 직접적으로 연결되는 것은 아니다.

요시야 왕 (3:6) [유다와 예루살렘]

시드기야 [연도가 특정되지 않음] (21:1) [9년?] [유다와 예루살렘]
[느부갓네살 8년, 시드기야 1년 (24:1)]
여호야김 4년 (25:1)
여호야김 1년 (26:1)
시드기야 4년 (27:1; 28:1)

시드기야 10년 (32:1) ["위로의 책" (30-33장)]

[느부갓네살 17년, 예루살렘 공격 (34:1)] [유다와 예루살렘]
여호야김 [연도가 특정되지 않음] (35:1)
여호야김 4년 (36:1)
시드기야 1년 (37:1)
시드기야 9-11년 (39:1)
여호야김 4년 (45:1)

여호야김 4년 (46:2) [열방]
시드기야 4년 (51:59)

셋째, 회복신탁이 갖는 주제적 우위다. 즉, 시문의 신탁으로 회복을 선언하고 상징적 행위(아나돗 밭 매매증서)에 대한 산문기록으로 선언된 회복을 확증하고 있는 "위로의 책"(30-33장)은 예레미야서 전체의 분량에 비해 상대적으로 적은 분량이지만 주제적 우위를 갖는다. 왜냐하면 최종형태의 예레미야서가 대상으로 하는 독자는 포로지의 유다백성이다. 이들은 유다의 멸망과 예루살렘의 파괴를 실제로 경험하면서 예레미야가 전한 신탁의 진정성을 확인했다. 따라서 그들에게 예레미야는 하나님의 신탁을 전한 참선지자라는 사실이 확인됐을 것이다(cf. 신 18:20-22). 그렇다면 이들이 주목하게 되는 바는 회복의 신탁이다. 달리 말하면 "위로의 책"(30-33장)을 예레미야서의 절정 또는 핵심으로 간주할 수 있다.

이러한 서술특징들을 반영하고 또한 "위로의 책"(30-33장)을 중심으로 해당 단락의 주도적인 서술형식에 주목하면(단순화한 면이 있지만), 다음과 같은 분석이 가능하다.

A. 1:1-2:3: 예레미야의 소명기사(시문)
　B. 2:4-20장: 시문의 심판신탁기록(유다와 예루살렘)
　　C. 21-29장: 산문의 사건기록(유다와 예루살렘)
　　　D. 30-33장: 회복신탁기록(시문, 30-31장)/사건기록(산문, 32-33장)
　　C'. 34-45장: 산문의 사건기록(유다와 예루살렘)
　B'. 46-51장: 시문의 심판신탁기록(열방)
A'. 52장: 역사기록(산문)

A(1:1-2:3, 예레미야의 소명기사)와 A'(52장, 역사기록)은 선언과 성취라는 관계로 평행을 이룬다.[138] 소명기사에서 예레미야는 유다를 포함한 열방의 파괴와 회복, 및 유다가 우상숭배로 인해 북방왕국에 의해 멸망하게 될 것이라는 신탁과 함께 언약백성을 향한 하나님의 변함없는 사랑(2:1-3)에 대해 듣게 된다. 52장은 유다가

138) 대부분의 구조분석은 예레미야의 소명기사(1장)에 2장 1-3절을 포함시키지 않고 유다와 예루살렘을 향한 심판신탁의 시작으로 간주한다. 이와는 달리 본서에서는 다음의 분석에 근거하여 1장의 소명기사에 2장 1-3절을 포함시킨다. 첫째, 2장 1-3절이 하나님의 선택을 받은 언약백성(예루살렘)이 하나님에게 보였던 옛적 인애와 사랑을 기억하고 계심을 서술하고 언약백성의 속성과 위상(성물, 첫 열매)과 그의 보호를 약속하는 내용을 담고 있기 때문에 심판신탁 단락의 시작으로 보기 어렵다. 물론 이전의 관계를 언급하면서 심판으로 전환되는 반전을 고려할 수도 있다. Martens의 분석이 이런 이해를 반영하고 있다: "From Honeymoon to Divorce, 2:1-3:5"(Martens, *Jeremiah*, 281). 둘째, 2장 1-3절은 소명기사에 언급된 열방을 향한 하나님의 파괴와 건설에 대한 근거를 제시한다. 즉 그의 성물에 대한 보호가 열방을 파괴하는 근거가 되고 이스라엘이 첫 열매라는 것은 하나님의 회복에 열방이 이스라엘을 따라 이어질 열매들이 될 수 있기에 열방건설의 근거가 된다. 셋째, 2장 4절-3장 5절은 심판신탁 단락(3:6-20:18 그리고 넓게는 그 이후의 본문들)의 도입으로서의 역할을 감당한다. 이 단락(2:4-3:5)은 유다가 심판을 받게 되는 핵심원인을 요약적으로 지적하고 있으며 이어지는 신탁들이 이 요약을 구체적으로 서술한다. 넷째, 1장 4절, 11절, 13절의 신탁도입형식(וַיְהִי דְבַר־יְהוָה אֵלַי לֵאמֹר 바예히 데바르 아도나이 앨라이 래모르)과 동일한 형식을 2장 1절이 취하고 있으며 2장 4절은 단락을 "들으라"(שִׁמְעוּ 심우)로 시작하면서 본격적으로 심판신탁을 선언하게 된 정황을 논증하는 것으로 보인다. 다섯째, 1:4-2:3은 52장의 역사기록에 담긴 심판(유다의 멸망과 포로)과 회복의 전조(여호야긴의 석방)와 주제적 수미쌍관(*inclusio*)을 이룬다.

바벨론 느부갓네살에 의해 멸망당하고 포로로 사로잡혀간 역사적 사실과 여호야긴의 석방을 기록하면서 심판신탁의 성취와 회복신탁의 성취에 대한 전조를 확언해 준다. 특히 1장의 시문과 52장의 산문이 짝을 이루며 전체 책을 시작하고 마무리한다는 것이 흥미롭다. 이 구조분석에서 주목하게 되는 것은 "위로의 책"(30-33장)이 예레미야서의 구성적 특징(시문과 산문의 혼용)을 반영하면서 핵심을 이룬다는 것이다. 크게 보면 A와 A'으로 유다를 향한 심판신탁이 성취됐다는 사실을 확인하게 된다. 그렇다면 심판신탁처럼 회복신탁도 과연 성취될 것인가라는 질문을 갖게 된다. 또한 그 회복은 어떤 것이고 확실한가? 이에 대해 예레미야는 새 언약의 회복(30-31장)을 선언한 후, 아나돗 밭 매매 사건과 그의 기도에 대한 하나님의 선언(32-33장)으로 회복을 확증해 준다.

예레미야서를 지금의 형태로 누가 구성했는지에 대한 하나의 답변을 확정하는 것은 결코 쉬운 일이 아니다. 하지만 현재의 예레미야서를 주해하고 그 내용을 파악하기 위해서는 예레미야서의 구조에 대한 이해가 중요하다는 점에서 예레미야서의 구조에 대한 분석은 반드시 요구된다. 예레미야서가 혼란스럽게 뒤엉켜버린 구성을 취하고 있는 것은 유다 말기에 있었던 격동과 격변의 상황, 예레미야의 갈등과 혼란을 독자가 실제적으로 느낄 수 있도록 의도된 것은 아닐까? 예레미야의 복잡하고 굴곡이 있는 감정이 뒤섞여 등장하는 것을 읽으면서 독자는 예레미야를 비롯한 신실한 남은 자들이 겪었을 혼란과 고민, 갈등을 그대로 느끼게 된다. 뿐만 아니라 뒤엉켜버린 연대기적 구성은 방향을 잡지 못하고 갈팡질팡하는 그 당시의 혼란스러운 상황과 유다백성의 모습을 생생하게 느끼게 하려는 것처럼 보인다.

본서를 활용함에 있어서 위에 제시한 필자의 예레미야의 거시적 구조분석들을 참조할 뿐만 아니라 아래에 제시되는 예레미야서의 내용을 담고 있는 미시적 구조분석을 함께 참조할 필요가 있다.

예레미야서의 미시구조

표제, 1:1-3

I. 예레미야의 소명기사(1:4-2:3)

1. 예레미야의 소명, 1:4-10
2. 살구나무환상, 1:11-12
3. 끓는 가마환상과 심판선언, 1:13-19
4. 언약관계의 유효성 확인, 2:1-3

II. 유다와 예루살렘에 관한 심판신탁(2:4-20:18)[139]

1. 유다의 배교와 심판선언, 2:4-3:5
   (1) 유다의 배교, 2:4-9
   (2) 유다의 두 가지 악과 심판선언, 2:10-37
   (3) 재앙만 피하자는 속셈, 3:1-5
2. 회개촉구와 확정된 심판, 3:6-6:30 [요시야 왕 때]
   (1) 이스라엘의 멸망에서 교훈을 얻지 못한 유다, 3:6-10
   (2) 이스라엘을 향한 돌아오라는 촉구와 회복약속, 3:11-22상
   (3) 진정한 돌아옴(회개)의 필수요소, 3:22하-25
   (4) 돌아옴(회개)의 방향과 모습, 그리고 본질적인 의미, 4:1-4
   (5) 유다에 임할 임박한 파괴에 대한 경고, 4:5-18
   (6) 유다의 확정된 멸망을 바라보는 슬픔과 탄식, 4:19-31
   (7) 유다의 허물과 반역, 그리고 여호와의 보복, 5:1-9
   (8) 언약백성의 배교와 심판을 행할 "한 나라," 5:10-19
   (9) 유다의 배반과 반역, 그리고 여호와의 보복, 5:20-31
   (10) 예루살렘을 향해 북방에서 오는 큰 파멸, 6:1-8
   (11) 쏟아부을 수밖에 없는 여호와의 진노, 6:9-15

139) 7장에서 20장 사이의 소단락 구분은 도입형식, "여호와께로부터 예레미야에게 말씀이 임하니라 [이르시되]"([הַדָּבָר אֲשֶׁר הָיָה אֶל־יִרְמְיָהוּ מֵאֵת יְהוָה [לֵאמֹר 한다바르 아쉐르 하야 엘 이르미야후 매애트 아도나이 [래모르])를 기준으로 한다(7:1; 11:1; 14:1; 18:1).

(12) 유다백성의 완강한 거부가 초래한 하나님의 심판, 6:16-21
(13) 북방의 "한 민족"과 "버려진 은," 유다, 6:22-30

3. 예레미야의 성전설교와 탄식, 심판, 그리고 유일한 신, 7:1-10:25
(1) 여호와의 전이라는 거짓말과 추방선언, 7:1-15
(2) 중보가 금지된 심판선언과 고질적인 반역, 7:16-29
(3) 하나님의 눈앞에서 행한 우상숭배에 대한 참혹한 심판선언, 7:30-8:3
(4) 여호와의 규례를 모르는 유다백성에 대한 심판선언, 8:4-12
(5) 하나님의 심판에 대한 유다백성의 반응과 예레미야의 반응, 8:13-22
(6) 유다의 거짓과 율법을 버린 것에 대한 하나님의 보복선언, 9:1-16
(7) 허울뿐인 애곡과 참된 자랑, 9:17-26
(8) 헛된 우상과 참 하나님, 영원한 왕, 창조주이신 여호와, 10:1-16
(9) 하나님의 내던지심 그리고 예레미야의 탄식과 기도, 10:17-25

4. 언약파기, 예레미야의 탄식, 상징적 행위, 11:1-13:27
(1) 언약파기에 따른 재앙선언, 11:1-17
(2) 아나돗 사람들의 위협과 예레미야의 간청(주의 보복과 재앙), 11:18-23
(3) 공의에 대한 예레미야의 갈등과 하나님의 공의확언, 12:1-17
(4) 베띠와 포도주 가죽부대, 그리고 썩고 취하게 될 유다, 13:1-14
(5) 예레미야의 설교: 교만하지 말고 여호와께 영광을 돌리라, 13:15-17
(6) 하나님의 신탁: 예루살렘멸망의 정당성, 13:18-27

5. 유다의 가뭄과 예레미야의 탄식, 14:1-17:27
(1) 가뭄고통, 심판선언, 중보금지명령, 14:1-12
(2) 거짓 선지자들에 대한 심판선언과 예레미야의 간청, 14:13-22
(3) 중보가 효력이 없는 확정된 심판과 예레미야를 위한 구원약속, 15:1-14
(4) 예레미야의 탄식과 하나님의 보호확언, 15:15-21
(5) 삶을 통한 예레미야의 사역, 심판선언과 유다와 열방의 회복, 16:1-21
(6) 지울 수 없는 유다의 죄와 예레미야의 간청, 17:1-18
(7) 영적 상태의 시금석, 안식일 준수, 17:19-27

6. 상징적 사건들과 예레미야의 간청과 탄식, 18:1-20:18
(1) 토기장이의 행위와 여호와의 절대적 주권, 18:1-17

(2) 예레미야를 해하려는 음모와 심판 간청, 18:18-23
(3) 깨진 옹기와 예루살렘의 멸망, 19:1-15
(4) 제사장 바스훌의 핍박과 심판선언, 20:1-6
(5) 예레미야의 탄식과 생일저주, 20:7-18

III. 유다와 예루살렘에 관한 사건기록 I (21:1-29:32)
1. 유다 왕들과 선지자들에 대한 신탁, 21:1-23:40
(1) 바벨론에 의한 멸망확언, 21:1-14
(2) "유다 왕의 집"과 예루살렘에 대한 심판신탁, 22:1-30
(3) 다윗에게 일으킬 "한 의로운 가지," 23:1-8
(4) 선지자들에 대한 심판신탁, 23:9-32
(5) 여호와의 엄중한 말씀과 연관된 문제, 23:33-40
2. 두 무화과 광주리 환상, 24:1-10 [주전 597년]
3. 유다와 열방에 대한 심판선언, 25:1-38 [여호야김 4년, 605년]
(1) 유다와 주변 나라들, 바벨론에 대한 심판신탁, 25:1-14
(2) 열방이 마시는 진노의 술잔에 대한 환상신탁, 25:15-38
4. 예레미야의 성전설교, 26:1-24 [여호야김 1년, 609년]
5. 주변나라들과 유다가 바벨론에 의해 메게 될 멍에, 27:1-22 [시드기야 원년, 597년]
6. 선지자 예레미야와 선지자 하나냐의 충돌, 28:1-17 [시드기야 4년, 594년]
7. 예레미야의 편지와 스마야의 편지, 29:1-32 [597년 이후]
(1) 예레미야의 편지: 전반부, 29:1-14
(2) 예레미야의 편지: 후반부, 29:15-23
(3) 스마야의 편지와 그에 대한 심판선언, 29:24-32

IV. "위로의 책"과 "새 언약"(30:1-33:26)
1. "위로의 책" 전반부: 시문, 30:1-31:40
(1) 북이스라엘과 유다에 관한 신탁, 30:1-24
(2) 이스라엘의 모든 족속에 관한 신탁, 31:1-40
1) 북이스라엘과 유다의 회복: 31:1-26

2) "새 언약," 영원한 나라, 예루살렘의 회복: 31:27-44

2. "위로의 책" 후반부: 산문(32:1-33:26) [시드기야 10년, 587년]

(1) 아나돗 땅 매매의 상징적 행위를 통한 귀환확언, 32:1-44)

(2) 약속의 땅과 신정국가의 회복, 33:1-26)

V. 유다와 예루살렘에 관한 사건기록 II (34:1-45:5)

1. 시드기야와 유다를 향한 심판선언, 34:1-22

(1) 바벨론 왕의 공격과 시드기야의 죽음에 관한 신탁, 34:1-7

(2) 노비해방 계약을 파기한 것에 따른 멸망선언, 34:8-22

2. 레갑자손 이야기, 35:1-19 [여호야김 시대]

3. 여호야김이 두루마리를 불태운 사건, 36:1-32 [여호야김 4년, 605년]

4. 시드기야 9-10년의 사건들, 37:1-38:28 [주전 588-587년]

(1) 시드기야의 기도요청, 예레미야의 감금, 은밀한 만남, 37:1-21

(2) 예레미야의 감금, 에벳멜렉의 구조, 은밀한 만남, 38:1-28

5. 시드기야와 예루살렘의 몰락과 예레미야의 석방(39:1-18) [시드기야 11년, 586년]

6. 유다멸망 이후의 사건들(40:1-44:30) [586년-?년]

(1) 예레미야와 남아있던 유다백성이 미스바로 돌아옴, 40:1-12

(2) 요하난의 밀고와 그다랴의 암살, 이어지는 이스마엘의 악행, 40:13-41:10

(3) 요하난이 이스마엘에게서 유다백성을 구출함, 41:11-18

(4) 유다백성의 기도간청, 하나님의 응답, 유다백성의 불순종, 42:1-43:7

(5) 이집트의 멸망에 대한 선언, 43:8-13

(6) 이집트에 사는 유다백성을 향한 심판선언, 44:1-14

(7) 유다백성의 부정적인 반응과 예레미야의 책망 및 심판선언, 44:15-30

7. 바룩의 탄식과 구원약속, 45:1-5 [여호야김 4년, 605년]

VI. 열방을 향한 신탁들(46:1-51:64)

1. 이집트의 심판과 회복신탁, 그리고 이스라엘의 회복신탁, 46:1-28

2. 블레셋의 심판신탁, 47:1-7

3. 모압의 심판과 회복신탁, 48:1-47
4. 암몬 자손의 심판과 회복신탁, 49:1-6
5. 에돔의 심판신탁, 49:7-22
6. 다메섹의 심판신탁, 49:23-27
7. 게달과 하솔의 심판신탁, 49:28-33
8. 엘람의 심판과 회복신탁, 49:34-39
9. 바벨론의 심판신탁과 이스라엘의 회복, 50:1-51:58
    (1) 바벨론 신탁단락 I, 50:1-24
    (2) 바벨론 신탁단락 II, 50:25-46
    (3) 바벨론 신탁단락 III, 51:1-33
    (4) 바벨론 신탁단락 IV, 51:34-58
10. 스라야에게 준 명령과 바벨론의 패망 확증, 51:59-64 [시드기야 원년, 597년, 594년]

VII. 역사기록(52장)
1. 시드기야의 등극과 신학적 평가, 사건의 정황, 52:1-5
2. 예루살렘 함락과 시드기야의 체포, 52:6-11
3. 느부사라단에 의한 성전과 예루살렘의 파괴, 약탈과 유다 포로, 52:12-30
4. 여호야긴의 석방, 52:31-34

제2장

표제(1:1-3)

예레미야 1장 1-3절은 두 가지 측면에서 표제 역할을 한다. 하나는 예레미야서의 제목과 같은 역할로 전체 예레미야서를 열어 주는 것이고 다른 하나는 예레미야서를 읽기 전에 독자에게 필요한 기본적인 정보를 제공하는 것이다. 표제가 제공하는 정보는 다음과 같다.

첫째, 예레미야에 대한 정보다(1절). 앞서 서론의 예레미야 선지자에 대한 설명에서 언급한 바와 같이 예레미야는 베냐민 땅의 아나돗에 있었던 제사장 가문의 후손이다. 아나돗은 예루살렘에서 먼 곳이 아닌 지역이다.[1] 32장에 그의 숙부 살룸의 아들 하나멜이 자신의 밭을 예레미야에게 구매할 것을 요청하는 장면이 나오는데, 이는 친족의 소유를 친족이 구매하는 것을 통해 재산을 친족 안에 보호하는 것을 보여준다(cf. 레 25:23-28). 그의 아버지는 힐기야로 소개되고 있다. 따라서 예레미야는 제사장 가계 출신인 것을 알 수 있다.

둘째, "예레미야의 말[들]" (דִּבְרֵי יִרְמְיָהוּ 디브래 이르메야후)이라는 표현은 예레미야가 하나님으로부터 받은 "말씀들"을 기록한 것이며 그가 저자라는 정보다(1절).[2] 이는 2절의 "여호와의 말씀이 예레미야에게 임했다" (הָיָה דְבַר־יְהוָה אֵלָיו 하야

---

1) 여호수아 21장 18절에 따르면, 아나돗은 베냐민 지파의 영역 중에서 레위 사람들에게 준 땅이다.

데바르 아도나이 앨라브)는 표현으로 재확인된다. 히브리어 원전에서 2절은 형용사절로 1절의 "예레미야의 말"을 꾸며준다. 이는 예레미야 말의 성격을 규정하는 것으로 그의 말은 곧 여호와의 말씀이라는 의미를 전달한다. 선지서에서 이 표현은 선지자들이 여호와에게서 받은 신탁(oracle)을 가리킨다.

셋째, 예레미야서의 정황인 역사 정보다(2-3절). 2절은 예레미야가 여호와의 말씀을 받기 시작한 시점이 유다 왕 요시야의 통치 13년째 되는 해(주전 627년)인 것을 알려준다. 이어지는 3절은 이러한 일, 즉 여호와의 말씀이 예레미야에게 임하는 일이 여호야김(주전 609-597년)의 통치시대를 지나 시드기야(주전 597-586년)의 통치 11년 말까지 지속된 것을 서술한다.[3] 따라서 예레미야가 여호와의 말씀으로 사역을 한 기간이 요시야 왕 13년(주전 627년)부터 시드기야 왕 11년(주전 586년)까지 약 40년 정도 사역했다는 정보를 제공한다.[4] 이 정보는 예레미야서의 역사적 정황을 제시한다. 이 시기는 유다말기 정황으로 격변하는 주변 강대국들의 정세와 맞물려 유다왕국이 내부적으로도 혼란을 거듭했고 유다의 멸망과 더불어 포로기가 시작된 시기다.[5] 이 정보에 따르면, 예레미야는 주전 622년에 시작된 요시야의 종교개혁을 경험했고, 유다몰락의 과정을 지켜보았고, 결국 예루살렘 성과 성전의 파괴를 목격하면서 그의 사역을 했다. 표제에 역사적 정보가 제공되는 것은 독자로 하여금 언급된 시대의 역사적 정황에 대한 이해와 함께 예레미야서를 읽을 것을 요구한다. 왜냐하면 예레미야에게 임한 여호와의 말씀은 그 시대에 실제적으로 선포되어 적용됐고 유다백성이 긍정적이든 부정적이든 반응했던 역사적 실체를 갖고 있기 때문이다.

선지서의 표제와 관련해서, 일반적인 견해는 편집자에 의해 표제가 추가된 것으로 본다.[6] 이 편집자가 해당 선지서 당대의 편집자일 수도 있고 아니면 구약의

2) 예레미야의 저작권에 대한 논의는 서론을 참조하라.

3) 여호아하스 왕(주전 609년, 3개월)이 언급되지 않는 이유는 아마도 그의 통치 기간이 상대적으로 짧았거나 그와 관련된 주요 사건이 없었기 때문일 수도 있다.

4) 예레미야 41-44장의 기록을 보면 유다가 패망한 후에 일정기간 하나님의 말씀을 사역했던 것을 볼 수 있다. 이 사건의 정황에서는 남아있던 백성의 요구에 따라 하나님께 기도하고 그의 말씀을 받았다. 따라서 실제 예레미야서에 기록된 사역기간은 주전 627년에서 585년까지로 보인다. 그 이후 그가 이집트에서 사역을 했는지의 여부는 예레미야서 밖의 논의다.

5) 이 시기의 역사적 정황에 대해서는 서론을 참조하라.

선지서들이 최종적으로 정경화되는 단계에 관여했던 편집자일 수도 있다. 물론 해당 선지서의 선지자가 표제의 저작자이었을 가능성이 완전히 배제되는 것은 아니다. 대선지서와 소선지서에 있는 표제들이 모두 한 명(또는 한 부류)의 편집자들에 의한 일관된 작업으로 보기는 어렵다. 왜냐하면 표제들에 일관성이 없기 때문이다. 표제들이 제공하는 정보의 형식과 요소가 모두 동일하지 않다. 예를 들면, 이사야서(1:1), 예레미야서(1:1-3), 에스겔(1:1-3), 호세아(1:1), 아모스(1:1-2), 미가(1:1), 스바냐(1:1)는 선지자와 시대적 정황에 대한 정보를 제공하는 반면에 요엘(1:1), 오바댜(1:1), 나훔(1:1), 하박국(1:1), 말라기(1:1)은 선지자에 대한 간단한 정보 외에는 다른 정보를 제공하지 않는다.[7] 다니엘서와 요나서에는 표제가 등장하지 않는다. 표제가 편집자에 의해 추가되었을 것으로 보는 견해는 표제가 선지자에 대해 3인칭 표현을 사용하고 있는 점에 주목한다. 따라서 해당 선지서의 선지자가 아닌 제3자가 그 선지자를 표현하고 있는 것으로 이해한다. 하지만 해당 선지서의 선지자가 자신을 3인칭으로 표현할 가능성을 배제할 수 없다. 왜냐하면 자신이 하나님께로부터 받은 말씀이 개인적인 사건이지만 이 사실을 공적으로 객관화하기 위해 3인칭으로 자신을 표현할 수도 있기 때문이다. 이 가능성을 에스겔의 표제에서 볼 수 있다. 에스겔 1장 1-3절에서 에스겔은 1인칭 화법으로 하나님의 환상을 본 사건을 기록하면서 에스겔서를 시작한다.

1절. 서른째 해 넷째 달 초닷새에 *내가* 그발 강 가 사로잡힌 자 중에 있을 때에 하늘이 열리며 하나님의 모습이 *내게* 보이니

2절. 여호야긴 왕이 사로잡힌 지 오 년 그 달 초닷새라

3절. 갈대아 땅 그발 강 가에서 여호와의 말씀이 부시의 아들 제사장 [나] *에*

---

6) Jones는 편집자가 표제를 기록한 것을 당연한 것으로 간주한다: "The superscription was of course written by an editor"(Jones, *Jeremiah*, 61). 그러면서도 그 편집자가 누구이고 언제 기록했는지에 대해서는 정확히 알 수 없다고 말한다. Cf. Carroll, *Jeremiah 1-25*, 90; 클레멘츠, 『예레미야』, 41; Longman, *Jeremiah/Lamentations*, 19.

7) 학개 1장 1절과 스가랴 1장 1절은 전형적인 표제가 아니지만 역사적 정보와 선지자에 대한 언급이 있다. 이 두 선지서는 유사한 형식으로 선지서를 시작한다. 아모스서의 경우, 다른 선지서의 표제에서 볼 수 없는 선지자의 구체적인 직업정보를 제공한다.

스겔에게 특별히 임하고 여호와의 권능이 *내* 위에 있으니라.

전형적인 표제형식은 아니지만 일반적으로 표제가 제공하는 정보를 담고 있다: (1) 선지자 정보(에스겔); (2) 역사적 정보(주전 597년). 1절에 언급된 서른째 해가 여호야긴 왕이 사로잡힌 지 오년(주전 597년)이라고 2절에서 부연설명을 한 후 3절에서 1인칭 화법을 이어간다. 그런데 3절에서 에스겔은 자신을 "나에게"로 표현하지 않고 "에스겔에게"라는 3인칭화법을 사용한다(개역개정에는 히브리어 원문에는 없는 "나"를 추가해서 "나 에스겔에게"라고 번역해서 1인칭화법을 유지한다). 에스겔이 1인칭화법의 문맥에서 3인칭화법을 사용하는 것은 자신의 주관적 경험을 객관화하여 그 사실성과 진실성을 확보하려는 것으로 보인다.[8] 다른 선지서들도 같은 의도로 표제에 3인칭화법을 사용한 것이라면 해당 선지서의 선지자가 표제를 기록했을 가능성이 배제되지 않는다. 추가적으로 학개서의 경우, 선지자 학개에 대한 표현이 1인칭화법으로 표현되지 않기 때문에 학개의 저작을 인정하지 않기도 하는데, 이 경우에도 반드시 학개의 저작권이 3인칭화법에 의해 부정되는 것은 아니다.[9] 그러므로 선지서의 표제의 저작에 대한 논의보다는 표제에서 어떤 정보가 제공되고 어느 역사적 정황으로 독자를 초대하고 있는지에 주목하는 것이 중요하다. 예레미야서의 표제는 독자를 요시야 왕 13년부터 시드기야 왕 11년까지의 역사적 정황으로 초대한다. 따라서 이 시대에 대한 정보를 인지하고 예레미야서를 읽어야 한다. 또한 예레미야서는 신탁과 사건이 혼용되고 있지만 표제는 이 모든 기록이 하나님의 말씀이고 신적 권위가 있는 것을 인정하고 읽으라고 한다.

---

8) 3인칭화법의 객관화 의도에 관한 논의를 보려면, 조휘, "선지서의 신적 신탁에 등장하는 '여호와께서' 와 '여호와가' 의 한글번역에 관한 제언-개역개정을 중심으로,"「ACTS신학저널」26 (2015): 9-39를 참조하라.

9) 회복의 시대가 시작되었음을 선포하는 학개서의 경우, 회복의 시대에 필수적인 요소로 선지자의 존재(학개), 다윗후손의 존재(스룹바벨), 제사장의 존재(여호수아)가 있음을 강조하면서 성전건축의 필요성을 선포한다. 이들의 이름과 출신이 짧은 학개서에 반복적으로 언급되는 것은 의도적이다(학 1:1, 12, 14; 2:1-2, 4, 20, 21). 따라서 선지자의 존재를 강조하기 위해 학개가 의도적으로 1인칭화법이 아닌 3인칭화법으로 자신을 표현했을 가능성이 있다.

현재적 적용 **묵상**

1. 성경이 제시하는 역사정보를 사실 그대로 믿고 수용하는가?
2. 역사적 인물로서 예레미야를 만나고 있는가?
3. 하나님의 말씀을 받은 예레미야의 선지자로서의 권위를 인정하고 그가 전하는 말을 하나님의 말씀으로 받는가? 그가 선지자로서 전하고 있는 하나님의 말씀에 성도로서 귀를 기울이고 있는가?

제3장

예레미야의 소명기사(1:4-2:3)

예레미야서의 표제에 이어서 등장하는 첫 번째 단락은 1장 4절부터 2장 3절의 예레미야의 소명기사다. 일반적으로 1장 4-19절을 예레미야 소명기사의 단락으로 구분한다. 그러나 본서에서 2장 1-3절을 예레미야의 소명기사에 포함시키는 이유는 다음과 같다. 첫째, "여호와의 말씀이 내게 임하니라"라는 신탁도입형식이 4절, 11절, 13절, 2장 1절에 등장한다. 2장 4절은 "들으라"는 말로 유다에 대해 하나님이 심판을 결정하실 수밖에 없는 이유를 논쟁한다(cf. 2:9). 이 논쟁은 3장 5절까지 이어진다.[1] 2장 4절부터 3장 5절 사이에는 "여호와의 말씀이 내게 임하니라"는 등의 도입표현이 등장하지 않는다. 3장 6절에서 비로소 시기를 언급하면서 이 신탁도입형식과 함께 다음 단락이 시작된다: "요시야 왕 때에 여호와께서 [또] 내게 이르시되"(3:6). 이 분석에 따르면 2장 1-3절이 소명기사에 연결된 것으로 볼 수 있다. 둘째, 앞서 서론에서 언급한 바와 같이 2장 1-3절은 유다를 향한 심판신탁과 사건기록의 도입역할을 하기에는 그 내용이 어색하다. 왜냐하면 2장 1-3절은 하나님의 성물과 첫 열매로서의 예루살렘(언약백성)의 위상과 보호를 말하고 있기 때문이다. 오히려 2장 4절부터 3장 5절의 내용이 심판신탁과 사건단락의 도입으로 적절해 보인다. 이는 2:4-3:5이 유다와 예루살렘이

---

1) 2장 4절에서 3장 5절의 논쟁적 어투에 대한 논의는 해당 주해를 참조하라.

하나님의 심판을 받는 이유를 논증하고 있기 때문이다. 셋째, 2장 1-3절은 주제적으로 1장 4-19절에 연결된다. 이는 2:1-3이 예레미야가 소명을 받으면서 듣게 된 열방의 건설과 파괴에 대한 근거를 제시하기 때문이다. 하나님이 그의 성물을 지키시는 행위는 열방의 파괴와 연결된다. 그리고 이스라엘이 하나님이 선택하신 첫 열매가 되고 열방은 그 뒤를 잇는 것에 대한 연상은 열방의 건설과 심어짐의 근거를 제공한다. 넷째, 1장 4-19절에서 예레미야를 부르신 후 하나님이 그를 실제로 보내시는 장면이 2장 1-3절에 연출된다: "가서 예루살렘의 귀에 외칠지니라." 특히 주목하게 되는 것은 예레미야가 소명을 받을 때 유다와 예루살렘을 향한 하나님의 심판계획에 대해 듣지만 그가 처음 위임명령을 받고 전하는 신탁은 예루살렘의 특별한 지위(성물과 첫 열매)뿐 아니라 하나님이 여전히 언약적 사랑을 기억하고 계시다는 것이다. 이는 심판의 혹독한 선언이 이어지겠지만 회복에 대한 소망을 가질 수 있는 전조이기도 한다.[2] 선지자에게 있어서 하나님의 소명은 필연적 요소다. 이는 이스라엘 공동체를 위해 사역을 하는 선지자의 정통성이 하나님의 소명에 있기 때문이다: "내가[여호와] 그들의 형제 중에서 너[모세]와 같은 선지자 하나를 그들을 위하여 일으키고 내 말을 그 입에 두리니 내가 그에게 명령하는 것을 그가 무리에게 다 말하리라"(신 18:18). 하나님의 부르심을 받고 그의 입에 하나님의 말씀을 받은 선지자는 그 받은 바를 여호와의 이름으로 사역의 대상들에게 그대로 전달해야 할 의무가 있다. 이와 같은 신적 기원 때문에 선지자가 전하는 말은 신적 권위를 갖는다. 따라서 누구든지 선지자가 여호와의 이름으로 전하는 여호와의 말을 듣지 않는 자는 그의 벌을 받게 된다는 엄중한 선언이 뒤따른다(신 18:19). 따라서 예레미야가 그가 받은 하나님의 말씀(신탁)을 전하기에 앞서 그의 소명기사를 소개하는 것은 중요한 의미가 있다.[3] 즉, 그가 하나님의 소

---

2) 2장 1-3절을 소명기사의 한 부분으로 포함시키지 않더라도 예레미야서 안에서 2장 1-3절이 갖는 역할과 의미는 동일하다. 하지만 이 부분을 소명기사에 포함해서 분석하면 52장과의 주제적 연관성이 분명해진다. 왜냐하면 52장에서 유다의 멸망과 포로에 대한 역사적 기록(1-30절)은 심판신탁의 성취를 검증해주고 여호야긴의 석방에 대한 기록(31-34절)은 회복의 전조로2장 1-3절과 주제적 연결성을 가질 수 있기 때문이다. 즉 2장 1-3절은 회복의 근거를 제시한다.

3) 문서선지자들(이사야-말라기) 모두가 소명기사를 소개하는 것은 아니다: 이사야 6장(이사야의 소명기사); 예레미야 1장(예레미야의 소명기사); 아모스 7장(아모스의 소명에 대한 언

명을 받고 하나님의 권위로 그의 명령을 전하고 있음을 알려주는 것이다. 예레미야의 소명기사는 표제에서 언급한 요시야 왕 13년에 하나님의 말씀이 임하게 된 상황을 예레미야의 1인칭관점으로 구체적으로 설명한다. 소명을 받고 주저하는 예레미야의 모습과 그에게 확신을 주시고 격려하시며 선지자의 사역으로 부르시는 하나님의 모습을 볼 수 있다.

1. 예레미야의 소명, 1:4-10

하나님은 예레미야에게 선지자로 부름을 받는 것은 이미 예정된 것임을 알려주시면서 절대적 순종을 요구하신다. 예레미야는 유다와 여러 나라들을 파괴하고 건설하는 하나님의 계획을 선포하기 위해 부르심을 받는다.

하나님의 부르심(4-5절)
하나님은 예레미야를 선지자로 예정하셨고 여러 나라의 선지자로 세우신 것을 알려주신다.

예레미야의 답변(6절)
하나님의 소명을 받은 예레미야는 자신은 아이라는 변명과 함께 소명을 받기를 주저한다.

하나님의 답변과 임명(7-10절)
예레미야의 변명에도 불구하고 하나님은 그의 명령에 절대적으로 순종할 것을 명하시고 그와 함께 하실 것을 약속하신다. 하나님의 말씀을 그의 입에 두시고 여러 나라의 파괴됨과 세워짐이 그를 통해 이루어질 것을 선언하신다.

급). 하지만 소명기사가 없는 선지서들의 경우, 표제에서 하나님의 말씀이 그들에게 임한 것을 기록하고 있거나 신탁 중에 하나님의 말씀이 임한 것을 기록하고 있다.

주해

4-5절. 신탁도입형식("여호와의 말씀이 내게 임하니라 이르시되")으로 소명의 장면을 시작한다. 이어서 5절은 임한 말씀의 내용을 서술한다. 5절은 두 가지 사실이 전달한다. 첫째, 예레미야의 소명은 그가 태어나기 전에 이미 예정되었다는 사실이다. 하나님이 그의 예정을 "너를 알았다"(יְדַעְתִּיךָ 예다으티카)와 "너를 성별했다"(הִקְדַּשְׁתִּיךָ 히크다쉬티카)는 표현으로 설명하신다. "알았다"는 단지 인지적으로 그를 안 것을 의미하는 것보다 더 친밀하고 세밀한 관계적 앎을 의미한다. "성별했다"는 구별되어 거룩하게 되었다는 것을 의미한다. 따라서 하나님의 특별한 선택을 말한다. 이 표현과 함께 주목하게 되는 것은 "내가 너를 모태에 짓기 전에"와 "네가 배에서 나오기 전에"라는 표현이다. 하나님이 그를 모태에 짓는 것과 지음을 받은 그가 어머니의 배에서 나오는 것은 자연스러운 출생의 과정이다. 그러나 이 과정이 있기 전에 하나님이 그를 알았고 성별했다는 것은 목적을 위해 하나님이 그의 출생을 계획하셨음을 가리킨다. 그 목적은 그를 "여러 나라의 선지자"로 세우는 것이다. 이는 하나님의 절대적 주권을 보여준다. 둘째, 예레미야가 "여러 나라의 선지자"(נָבִיא לַגּוֹיִם 나비 락고임)로 세움을 받았다는 사실이다.[4] 이것은 특이한 사실이다. 왜냐하면 대부분의 선지자들은 언약백성(북이스라엘과 남유다)을 대상으로 하는 사역으로 소명을 받았기 때문이다. 이사야는 북이스라엘도 포함된 유다백성에게로 보내심을 받는다(사 6:1-13). 에스겔의 경우, 포로지의 유다백성이 그의 사역의 대상이다(cf. 겔 1:1; 8:1; 11:25; 43:10). 아모스는 하나님의 강권적인 부르심 때문에 그의 생업을 떠나 북이스라엘을 향한 선지자 사역을 감당했다(암 7:14-15). 물론 이 선지자들이 전한 신탁에 열방이 포함된다(cf. 사 13-23장; 겔 25-32장; 암 1:3-2:3). 하지만 처음부터 "열방의 선지자"로 세움을 받은 선지자로 명확히 언급되는 선지자는 예레미야다. 따라서 예레미야는 다른 선지자들보다 더 적극적으로 열방에게 하나님의 신탁을 전하는 모습을 보인다(cf. 27:1-11).

---

4) נָבִיא לַגּוֹיִם 나비 락고임은 "나라들을 위한(향한) 선지자" 또는 "나라들에 대한 선지자"를 의미한다: "만방에 내 말을 전할 나의 예언자"(공동번역); "뭇 민족에게 보낼 예언자"(새번역); "온 세상의 예언자로"(현대인의 성경). 이 "나라들"에는 유다왕국을 포함한다.

6절. 하나님의 소명에 대한 예레미야의 반응은 "뜻이 하늘에서 이루어진 것이 땅에서도 이루어지게 하소서"라는 경건하거나 성숙한 반응이 아니다. 그의 첫 마디는 "슬프도소이다"(אֲהָהּ 아하)이다. 이 말은 슬픔이나 놀람을 표현한다. 예레미야가 당혹스러워하는 모습을 연상할 수 있다. 이어서 예레미야는 소명을 감당하기 어려운 사정을 하나님께서 고려해 주시길 간청한다. 그가 "아이"라는 것과 말할 줄을 모른다는 것이다. 여기서 "아이"(נַעַר 나아르)란 말은 그가 어리다는 의미와 함께 그가 하나님의 소명을 감당하기에 느끼는 부족함 또는 선지자로서 하나님의 말씀을 전달할 줄 모르는 미숙함을 의미하는 것으로 보인다.[5] 선지자라고 하면 "말을 잘 하는 이"라는 인식이 있었던 것으로 보인다. 예레미야의 답변에서 그가 가졌을 당혹감, 부담감, 두려움이 느껴진다. 이어지는 하나님의 답변을 보면 아마도 두려움이 가장 강하게 예레미야의 마음을 눌렀던 것으로 보인다(cf. 8절). 예레미야가 "핑계"(?)를 대면서 소명을 감당하는 것을 주저하자 하나님의 답변이 주어진다.

7-10절. 하나님은 예레미야에게 아이라고 말하지 말고 그가 명령하는 대로 그대로 순종하라고 말씀하신다(7절). 가야할 대상과 해야 할 말을 예레미야가 스스로 생각하고 정하는 것이 아니라 하나님이 보내시는 사람들에게 가야하고 하나님이 명령하시는 말을 가감 없이 전해야 한다. 즉, 하나님의 전령으로서의 사명을 감당하라는 것이다(cf. 15:19). 또한 하나님께서 그를 구해 주실 것이라는 약속과 함께 그가 상대해야 할 사람들 때문에 두려워하지 말라고 하신다(8절). "여호와의 말이니라"(נְאֻם־יְהוָה 네움-아도나이)는 표현으로 그의 약속을 엄중히 확언해 주시는 것도 잊지 않으신다. 하나님이 그의 손을 내밀어 예레미야의 입을 만지신 것은 하나님의 말씀을 예레미야의 입에 둔다는 것을 그에게 가시적으로 보여주는 행위이다(9절). 이 행위는 예레미야가 자신은 아이이기 때문에 말할 줄 알지 못한다고 한 말에 대한 하나님의 배려이기도 하다. 더 나아가 이것은 공식적인 선지자 위임 의식이다. 왜냐하면 하나님이 선지자를 세우실 때 선지자의 입에 그의 말을 두겠다고 하셨기 때문이다(cf. 신 18:18). 이 행위 후, 하나님은 "열방의 선지자"로 임

---

5) נַעַר 나아르는 "어린 소년" 또는 결혼 적령기에 있는 "젊은 남자"를 의미한다.

명을 받은 예레미야가 감당해야 할 사역을 구체적으로 설명해 주신다. 예레미야는 하나님이 그의 입에 주시는 말씀으로 열방을 파괴하고 건설해야 한다. 열방의 파괴와 관계된 표현은 네 가지다:(1) "뽑고"(נְתוֹשׁ 네토쉬), (2) "파괴하며"(נְתוֹץ 네토쯔), (3) "파멸하고"(הַאֲבִיד 하아비드). (4) "넘어뜨리며"(הֲרוֹס 하로쓰). 이 단어들은 하나님의 심판의 행위를 묘사한다. 그 대상은 유다를 포함한 열방이다. 따라서 유다와 열방을 향한 심판신탁에 이 단어들이 등장한다. 이 단어들은 하나님의 심판행위를 묘사한다. 반면에 열방의 건설과 관련된 표현은 두 가지다: (1) "건설하고"(בְּנוֹת 베노트), (2) "심게"(נְטוֹעַ 네토아). 이 단어들은 하나님의 구원과 회복행위를 묘사한다. 18장에서 한 나라를 파괴하는 하나님의 심판행위를 묘사할 때 "뽑거나 부수거나 멸하려"(לִנְתוֹשׁ וְלִנְתוֹץ וּלְהַאֲבִיד 린토쉬 베린토쯔 울레하아비드)라는 표현이 사용되고 한 나라를 지키고 구원하시는 하나님의 구원행위를 묘사할 때 "건설하거나 심으려"(לִבְנֹת וְלִנְטֹעַ 리브노트 베린토아)라는 표현이 사용된다(18:5-10). 어느 민족이나 국가가 "악"(רָעָה 라아)에서 돌이키면 하나님의 "건설과 심으심," 즉 "복"(הַטּוֹבָה 할토바)을 누리게 되지만 "악"을 행하면 하나님의 "뽑으심과 부수심," 즉 "재앙"(הָרָעָה 하라아)을 경험하게 된다.[6] 31장 28절은 북이스라엘과 남유다에 행한 하나님의 심판과 그가 이루실 회복을 이 단어들로 묘사한다: "깨어서 그들을 뿌리 뽑으며(לִנְתוֹשׁ 린토쉬) 무너뜨리며(לִנְתוֹץ 린토쯔) 전복하며(לַהֲרֹס 라하로쓰) 멸망시키며(לְהַאֲבִיד 레하아비드) 괴롭게 하던 것과 같이 내가 깨어서 그들을 세우며(לִבְנוֹת 리브노트) 심으리라(לִנְטוֹעַ 린토아) 여호와의 말씀이니라."[7] 결론적으로 예레미야의 사역은 유다를 포함한 열방을 향해 하나님의 심판과 구원을 선포하는 것이다. 예레미야가 선포하는 심판과 구원의 신탁에 나라들이 어떻게 반응하느냐에 따라 그

6) 24장 6절에서는 이 단어들이 짝을 이루어 하나님의 심판에서의 구원(회복)을 묘사한다(cf. 42:10; 45:4): "내가 그들을 돌아보아 좋게 하여(הַטּוֹבָה 할토바) 다시 이 땅으로 인도하여 세우고 헐지 아니하며(בְנִיתִים וְלֹא אֶהֱרֹס 베니팀 벨로 에헤로스) 심고 뽑지 아니하겠고(נְטַעְתִּים וְלֹא אֶתּוֹשׁ 네타으팀 벨로 엩토쉬)" (24:6). 29장 5절에서는 동사 בָּנָה 바나("건설하다")와 נָטַע 나타("심다")이 포로지에 있는 유다백성의 정착을 묘사한다: "너희는 집을 짓고 거기에 살며 텃밭을 만들고 그 열매를 먹으라."

7) "괴롭게 하던 것"(לְהָרֵעַ 레하래아)이라는 표현이 추가되는데, 이 표현은 하나님의 심판의 행위, 즉 "뿌리를 뽑으며 무너뜨리며 전복하며 멸망시키며"를 "재앙을 내리신다"(심판을 하신다)로 요약해서 정리한다.

나라의 흥망성쇠가 결정된다.

현재적 적용 **묵상**

1. 창조주 하나님은 인간의 생사화복을 그의 절대적 주권과 섭리에 따라 주관하신다. 이 진리를 기억하면서 산다면 나의 삶은 과연 어떤 모습일까?
2. 하나님은 그의 계획에 따라 각자에게 그의 상황과 능력에 맞는 소명을 주신다. 나에 대한 하나님의 계획과 소명을 확인한 경험이 있는가? 이런 경험이 있었다면 그 소명에 대한 나의 첫 마디는 무엇이었는가? 여전히 핑계를 대면서 회피하고 있는 것은 아닌가? 나와 함께 하시면서 도우시겠다는 하나님의 약속을 신뢰하고 그 소명을 감당하고 있는가?
3. 나의 연약함의 문제를 해결해 주시면서 소명으로 부르시는 하나님을 보고 있는가?

2. 살구나무환상, 1:11-12

예레미야가 감당하게 될 사역을 설명하신 후, 하나님은 예레미야에게 전달하시는 말을 반드시 지키실 것에 대한 증거로 살구나무 환상을 보여주신다.

주해

11-12절. 하나님의 임명을 받긴 했지만, 예레미야는 여전히 그가 나라들에게 전하는 하나님의 말씀에 대한 확실성에 의문을 가질 수 있었을 것이다. 왜냐하면 그런 경험이 없이 처음 하는 일이기 때문이다. 그래서 하나님은 예레미야에게 하나의 환상을 보여주시며 그가 무엇을 보고 있는지 물으신다. 예레미야는 살구나무 가지를 보고 있다고 답하자 하나님은 이 환상의 의미를 설명해 주신다. 바로 하나님이 하나님의 말을 지켜 그대로 이루시겠다는 약속이다.[8] 여기에 한글번역에는

8) 개역개정이 "내가 내 말을 지켜 그대로 이루려 함이라 하시니라" 라고 번역하고 있는 문장

담기지 않은 언어유희가 있다. 예레미야가 본 살구나무는 히브리어로 שָׁקֵד샤케드다. 이 단어는 "지켜보다"를 의미하는 동사 שָׁקַד샤캐드(분사형 שֹׁקֵד쇼캐드가 사용됨) 철자와 발음이 유사하다. 따라서 예레미야가 살구나무를 볼 때마다 하나님이 그의 말씀이 이루어지는 것을 지켜보시겠다는 약속을 상기하게 된다. 또한 그가 사역을 감당하면서 하나님의 말씀의 성취가 더디어져서 사람들의 비난과 공격을 받을 때 아마도 살구나무를 찾고 바라보면서 하나님이 그의 약속을 이루시길 소망했을 것이다. 그가 요시야 왕 13년 이후부터 유다의 멸망에 대해 선포했지만 실제 유다가 멸망한 것은 거의 40년이 지나서이다. 이 환상에서 "보다"(רָאָה라아)라는 동사의 반복을 보게 된다. 하나님이 예레미야에게 무엇을 "보느냐"(רֹאֶה로에)고 물으셨고 예레미야는 살구나무 가지를 "보고 있다"(רֹאֶה로에)고 답변한다. 이에 하나님은 그가 "보는 것"(לִרְאוֹת리르오트)을 잘 했다고 칭찬하신 후 그의 말이 이루어지는 것을 "지켜보고 있겠다"(שֹׁקֵד쇼캐드)고 말씀하신다. 따라서 예레미야는 שָׁקֵד샤캐드(살구나무)를 볼 때 하나님의 שֹׁקֵד쇼캐드(지켜보고 계심)를 기억하게 된다. 이는 예레미야가 하나님의 일하심에 대한 가시적 상징을 얻은 것을 의미한다. 살구나무를 볼 때마다 자신의 말이 이루어지는 것을 하나님이 세심히 지켜보고 있다는 사실을 기억하면서 사역을 감당하라는 격려이다.

현재적 적용 | 묵상

1. 하나님은 우리에게 확신을 주고 격려하기 위한 것들을 보여주시는데, 우리는 그것을 보고 있는가? 보기는 하는데, 하나님이 원하시는 대로 보고 있는가? 혹시 내가 원하는 대로 보고 이해하지는 않는가?
2. 어렵고 힘든 상황에서 하나님의 약속을 기억하기 위해 바라볼 가시적 증거를 가지고 있는가? 이 증거는 하나님의 말씀인 성경을 비롯해서 개인적인 또는 공동체적인 경험을 포함한다. 또한 개인에 따라 다양할 수 있다. 하지만 분명해야 하는 것은 기록된 하나님의 말씀에 위배되지 않는 하나님이 주신 증거여

은 "내 말을 행하기 위해 내가 내 말을 지켜보고 있다" 또는 "내 말이 일할 수 있도록 내가 내 말을 지켜보겠다"는 의미로 번역할 수 있다. 새번역은 "내가 한 말이 그대로 이루어지는 것을 내가 지켜보고 있다"로 번역한다.

야 한다. 다른 증거를 찾기보다는 성경이 가장 확실한 증거임을 기억할 필요가 있다. 왜냐하면 하나님은 그가 주신 성경이 이루어지는 것을 여전히 지켜보고 계시기 때문이다.

---

3. 끓는 가마 환상 & 심판선언, 1:13-19

예레미야는 살구나무 환상에 이어 윗면이 북에서부터 기울어진 끓는 가마 환상을 보게 된다. 이 환상은 예루살렘과 유다 성읍들에 임할 하나님의 재앙을 상징한다. 이는 유다백성이 범한 우상숭배의 죄 때문이다. 이와 같이 재앙이 선고됐기 때문에 하나님이 함께 하시며 구해주실 것을 확신하고 담대히 하나님이 명하시는 바를 유다백성에게 전해야만 하는 사명이 예레미야에게 주어진다.

두 번째 환상에 대한 질문(13절)

살구나무 환상에 이어 두 번째 환상으로 예레미야는 북에서부터 남쪽으로 기울어진 끓는 가마를 본다.

환상에 대한 해석(14-16절)

끓는 가마환상은 유다백성에게 임할 재앙이라는 하나님의 해석이 주어진다. 북방의 민족들이 예루살렘과 유다의 모든 성읍을 점령할 것이다. 이는 유다가 우상을 섬긴 죄악으로 인한 하나님의 심판선고에 따른 정당한 보응이다.

하나님의 위임명령과 보호약속(17-19절)

하나님이 명하는 바를 그대로 전하라는 절대적 명령이 예레미야에게 주어진다. 하나님은 두려워하지 말라는 명령과 함께 두려움을 당하지 않게 하시겠다는 약속을 주신다. 왜냐하면 하나님이 예레미야를 유다의 지도자들과 백성을 상대할 수 있도록 견고한 선지자로 세우실 것이고 위협을 당할 때 구해 주실 것이기 때문이다.

주해

13절. 하나님은 예레미야에게 "무엇을 보느냐"고 다시 질문하신다. 이번에 예레미야가 본 환상은 가마의 윗면이 북에서부터 남으로 기울어져 있는 "끓는 가마"(סִיר נָפוּחַ 씨르 나푸아흐)다. 끓는 물이 곧 가마에서 쏟아져 내릴 것 같은 장면을 연상케 한다. "북쪽"(צָפוֹן 짜폰)은 하나님의 심판이 임하는 방향이다. 이 환상에서 언급된 "북쪽"은 이후 예레미야의 신탁이 전개되면서 지속적으로 하나님의 심판을 행할 민족이 오는 방향 또는 재앙과 파멸이 오는 방향으로 언급된다.[9)]

14-16절. 하나님은 끓는 가마의 물이 재앙을 의미하고 "이 땅의 모든 주민" 곧 유다백성에게 임하게 될 것이라고 설명하신다(14절). 이어서 이 재앙을 행할 이들을 "북방 왕국들의 모든 족속들"이라고 말씀하신다. 이들이 와서 예루살렘 성문 어귀와 유다의 모든 성읍에 각기 자리(כִּסְאוֹ 키쓰오)를 정한다는 것은 이들에 의해 예루살렘과 성읍들이 점령당하는 것을 의미한다.[10)] 이 환상에서는 이들의 구체적인 정체가 언급되지 않지만 다른 신탁에서 바벨론 왕국과 느부갓네살 왕이 하나님의 재앙을 수행할 도구로 밝혀진다(20:4-5). 예레미야가 소명을 받은 요시야 왕 13년(주전 627년)에는 바벨론의 위상이 이런 위협을 행할 정도가 아니었기 때문에 북방 왕국의 정체에 대한 논의가 있다. 또는 그 정체가 바벨론이라면 예레미야의 소명이 주전 627년에 있었던 것이 아니라 이 해는 예레미야가 태어난 해를 가리

---

9) 예레미야서에 언급되고 있는 "북방"의 용례에 대한 요약된 설명을 보려면 서론의 주요단어 단락을 참조하라.

10) 성취적 측면에서 바벨론에 의한 예루살렘의 포위와 점령을 고려하게 된다: "시드기야의 제십일년 넷째 달 아홉째 날에 성이 함락되니라 예루살렘이 함락되매 바벨론의 왕의 모든 고관이 나타나 중문에 *앉으니* 곧 네르갈사레셀과 삼갈네부와 내시장 살스김이니 네르갈사레셀은 궁중 장관이며 바벨론의 왕의 나머지 고관들도 있더라"(39:2-3). 이와 더불어 하나님이 바벨론의 느부갓네살 왕을 불러와서 다바네스에 있는 바로의 궁전 대문의 벽돌로 쌓은 축대 위에 그의 왕좌(כִּסְאוֹ 키쓰오)와 장막을 치게 하신 후 그가 이집트 땅을 치고 살육을 행하는 장면이 연상된다(43:8-11).

11) 따라서 예레미야가 소명을 받은 해를 요시야 왕 13년(주전 627년)으로 보는 것도 가능하다.

키는 것으로 보기도 한다. 이 환상에서 언급된 북방왕국의 정체를 바벨론으로 보는 것은 문제가 되지 않는다.[11] 왜냐하면 이 환상에서의 선언은 예언으로 예보적 성격을 갖기 때문이다.[12] 즉 앞으로 일어날 일에 대한 선언이기 때문에 이 환상이 주어진 당시에 바벨론의 위상은 문제가 되지 않는다. 특히 20장에서 북방왕국의 정체가 바벨론으로 언급되기 전까지는 심판을 행하는 이의 정체를 지속적으로 밝히지 않는다는 것이다.[13] 20장에서 예레미야가 제사장 바스훌에게 하나님의 심판을 선언하는 중에 북방왕국의 정체가 바벨론으로 처음 언급된다(20:4, 5-6). 이는 19장까지 유다백성이 하나님의 심판을 받을 수밖에 없음을 충분히 논증한 후 비로소 북방왕국의 정체를 밝히는 것으로 보인다. 따라서 20장 이후로는 반복해서 북방왕국의 정체를 바벨론과 느부갓네살 왕으로 밝히고 있다.[14] 20장 이전에 정체를 밝히지 않고 북방왕국을 가리키는 표현들이 있는 본문들 중에 요시야 왕의 시대가 아닌 시기의 것으로 간주될 수 있는 본문들이 있다고 하더라도 최종형태의 예레미야서에서는 19장까지 북방왕국의 정체를 의도적으로 밝히지 않는 것으로 보인다.[15] 그렇다면 이 환상에서 북방왕국의 정체는 주요 쟁점이 아니다. 따

---

12) 복수형의 "북방 왕국들의 모든 족속들"은 바벨론으로만 제한되지 않는다. 바벨론을 포함한 북쪽의 모든 왕국과 민족을 의미하기 때문이다.

13) 북방왕국의 정체를 밝히지 않은 채, "사자"(4:7), "뜨거운 바람"(4:11), "에워싸고 치는 자들"(4:16), "기병과 활 쏘는 자의 함성"(4:29), "먼 곳에의 한 나라"(5:15), "재앙과 큰 파멸"(6:1), "목자들"(6:3), "한 민족/큰 나라"(6:22), "말/준마"(8:16), "뱀과 독사"(8:17), "북방에서부터 크게 떠드는 소리"(10:22), "원수"(12:7), "많은 목자"(12:10), "파괴하는 자들/여호와의 칼"(12:12), "북방에서 오는 자들"(13:20), "너의 친구 삼았던 자"(13:21), "많은 어부/ 많은 포수"(16:16), "원수"(17:4; 18:17), "대적/그들의 원수/그들의 생명을 찾는 자들"(19:7, 9)로 표현한다. 13장의 베띠 사건에서 "유브라데"(פְּרָת 페라트)가 바벨론을 가리키는 것이라면 이전의 표현보다는 더 구체적이지만 여전히 정체를 직접적으로 언급하는 것은 아니다.

14) 바벨론이 하나님의 심판을 행하는 민족으로 언급된 본문들: 21:10; 22:25; 24:1; 25:9; 27:6, 22; 28:14; 32:2-5, 28, 36; 34:2-3, 21; 37:17; 38:3, 22. 이 본문들은 여호야김과 시드기야 시대에 속한다.

15) 주목하게 되는 것은 예레미야가 자신의 생명을 위협하는 자들을 향한 하나님의 보복을 간청하면서 "군대"(גְּדוּד 게두드; "침입자")라는 표현을 사용한 것이다: "주께서 군대로 갑자기 그들에게 이르게 하사"(18:22). גְּדוּד 게두드는 예레미야서에서 예레미야의 기도에 단 1회 사용된다: "무리들"(공동번역); "약탈하는 자들"(새번역); "침략자들"(현대인의 성경).

라서 주목해야 하는 것은 하나님의 심판이 계획되었고 하나님이 친히 심판의 도구를 보내신다는 사실이다: "내가 북방 왕국들과 모든 족속들을 부를 것인즉"(15절). 즉 북방민족의 침입은 단순히 정치적, 군사적 사건이 아니라 하나님의 심판행위라는 것을 의미한다. 왜 하나님이 이렇게 하시는 것인가? 이에 대한 답변이 16절에 서술된다. 바로 유다백성이 범한 우상숭배다. 그들이 이방나라 신들과 자신들의 손으로 만든 우상을 섬겼기 때문이다.[16] 허무하고 거짓된 이방신과 우상을 섬긴 그들의 모든 죄악(כָּל־רָעָתָם 콜-라아탐)으로 인해 하나님은 유다백성을 심판하시겠다고 선고하신다. 그들이 우상숭배로 하나님께 "죄악"(רָעָה 라아)을 범했기 때문에 "재앙"(הָרָעָה 하라아)이 북방에서 일어나게 하신다(14절). 따라서 유다백성에게 임할 하나님의 재앙을 상징하는 끓는 가마 환상은 유다백성의 "죄악"(רָעָה 라아)에 대해 하나님이 동일하게 "재앙"(הָרָעָה 하라아)으로 되갚으시는 것을 의미한다.

17-19절. 하나님을 버리고 우상을 섬긴 유다백성에게 하나님의 심판이 선고되었고 그들의 죄악을 징계하실 계획이 세워졌기 때문에 하나님은 예레미야에게 마음을 굳건히 해서 그가 명하는 바를 유다백성에게 전하라고 명령하신다. 이어서 그가 상대해야 할 유다백성 때문에 두려워하지 말라는 명령과 함께 두려움을 당하지 않게 하시겠다는 약속을 주신다(17절). 명령과 약속이 함께 주어지는 것은 하나님이 그가 두려움을 당하지 않게 하시겠지만 그것을 누리는 것은 예레미야의 결단에 따른 것이기 때문이다. 예레미야는 하나님의 약속을 신뢰함으로 두려움을 극복하는 행보를 보여야 한다. 하나님은 예레미야가 두려움을 당하지 않을 근거를 두 가지로 제시하신다. 첫째, 하나님이 예레미야를 그가 상대해야 할 유다의 종교적, 정치적 지도자들과 백성 앞에 "견고한 성읍," "쇠기둥," "놋성벽"과 같은 견고한 선지자로 세우실 것이다. 그들이 감당할 수 없고 무너뜨릴 수 없게 하시겠다는 약속이다(18절). "견고한 성읍," "쇠기둥," "놋성벽"이 서술되면서 어떤 방법과 공격으로도 무너뜨릴 수 없는 난공불락의 요새를 연상하게 된다. 6장 28절에 완강한 유다백성이 놋과 철로 묘사된 것을 고려하면, 그들을 충분히 상대할 수 있

이 표현이 단순히 보복을 행할 자를 가리키는 것일 수 있지만 예레미야의 어떤 말에도 주의를 기울이지 않고 그의 생명을 해하려고 하는 이들에 대한 보복을 간청하고 있는 것을 고려할 때 "군대"가 이들에 대한 심판을 행할 이들을 가리키는 것으로 보인다.

도록 예레미야를 쇠기둥과 놋성벽으로 세우시는 것을 의미한다. 둘째, 예레미야에게 위협이 있을 때마다 하나님이 함께 하시면서 그를 구해 주실 것이다(19절). 그러므로 그들이 예레미야를 공격하지만 그들의 뜻을 이루지 못하게 된다. "여호와의 말씀"이라는 표현으로 그의 약속을 확언하신다. 17절의 "너는"과 18절의 "내가"에 주목하게 된다. 왜냐하면 이 두 표현은 강조용법이기 때문이다. 히브리어 문장에서 주어가 인칭으로 표기되는 경우, 동사가 "나," "너," "그" 등의 인칭주어를 포함하고 있기 때문에 별도로 인칭주어를 표기할 필요가 없다. 하지만 동사와 함께 인칭주어가 표기되는 것은 주어를 강조하기 위한 것이다. 17절은 "너는 동이라"(אַתָּה תֶּאְזֹר 알타 테에조르)로 시작한다. "너는"(אַתָּה 알타)이라는 인칭주어가 추가적으로 서술되면서 "너는"이 강조된다. 이것은 18절의 "내가, 보라, 너를 세울 것이다"(אֲנִי הִנֵּה נְתַתִּיךָ 아니 힌내 네탈티카)라는 서술과 짝을 이룬다. 즉, *너는* 이렇게 하고 *나는* 이렇게 한다는 의미가 강조된다. 18절에는 "보라"(הִנֵּה 힌내)라는 표현이 추가되면서 하나님의 역할에 더 주목하게 한다. 하나님은 그가 하실 일을 반드시 하실 것이기 때문에 예레미야는 마음을 굳건히 하고 두려움 없이 선지자 사역을 감당해야 한다. 하나님이 그를 누구도 무너뜨릴 수 없는 견고한 선지자로 세우신 것과 모든 위협에서 구해주시는 것을 보고 선지자의 사역을 감당하라는 명령이다. 끓는 가마환상을 통해 본 재앙을 유다백성에게 선포하는 사명을 감당하려고 할 때 갖게 되는 두려움을 아시는 하나님은 예레미야에게 그와 함께 하시며 지키시겠다는 약속으로 마음을 다잡을 수 있게 하신다. 예레미야가 태어나기 전부터 그를 잘 알고 계셨던 하나님은 그가 함께 하심으로 예레미야의 연약한 부분을 채워주시겠다고 하신다.[17)]

---

16) 같은 맥락에서 2장 5절은 "*나를 멀리하고 가서* 헛된 것(הַהֶבֶל 하헤벨)을 따라 헛되이 행한(יֶּהְבָּלוּ 예흐발루)" 것으로 그리고 18장 15절은 "무릇 내 백성은 *나를 잊고* 허무한 것(שָּׁוְא 샤베)에게 분향한" 것으로 표현한다.

17) 예레미야서에는 예레미야의 두려움을 표현하는 본문들이 등장한다. 예레미야가 "여호와여 주께서(당신께서) 나를 권유하시므로 내가 그 권유를 받았사오며 주께서(당신께서) 나보다 강하사 이기셨으므로 내가 조롱거리가 되니 사람마다 종일토록 나를 조롱하나이다"(20:7)라고 한 말을 보면 아마도 그의 두려움과 연약함을 이 환상에 보는 바와 같이 하나님이 달래시고 격려하실 뿐만 아니라 약속으로 확신을 주시면서 소명을 받고 감당하게 하신 것으로 짐작해 볼 수 있다.

현재적 적용 | 묵상

1. 내가 행한 바대로 하나님이 그대로 내게 되갚으신다면 과연 "복" 일까, 아니면 "재앙" 일까? 하나님의 축복을 받을 만한 삶을 살지 않으면서 축복해 달라고 억지를 부리는 것은 아닐까?
2. 하나님만 섬기는 성도의 정체성이 내게 있는가? 내게 이기적 만족을 주는 것들을 섬기면서 말로만 성도라고 하는 것은 아닌가? 성도의 정체성을 지키지 않을 때 나를 향해 끓는 가마가 기울어져있는 것이 보이는가?
3. 나의 연약함을 잘 아시는 하나님이 내게 준 약속은 무엇인가?
4. 내가 감당해야 할 일들을 위해 하나님이 그가 하실 일을 하고 계실 때 나는 그가 하시는 일을 주목하면서 내가 당연히 해야 할 바를 하고 있는가? 모든 것을 하나님이 다 해주시길 바라고 있는 것은 아닌가? 하나님이 예레미야에게 두려움을 없게 하시겠다고 약속하셨을 뿐만 아니라 두려워하지 말라고 명령하신 것을 기억할 필요가 있다.

4. 언약관계의 유효성 확언, 2:1-3

두 개의 환상에 이어 다시 하나님의 말씀이 임한다. 두 번째 환상에서 진노하시는 하나님의 모습을 보았다면 이제 유다백성이 하나님의 심판과 징계의 대상이긴 하지만 그들의 속성(거룩함)과 위상(첫 열매)을 상기시키시면서 여전히 하나님과의 언약관계가 유효하다는 사실을 알게 하시길 원하시는 모습을 보게 된다.

주해

1절. 앞의 4절, 11절, 13절과 같이 1절은 "여호와의 말씀이 내게 임하니라 이르시되" 라는 신탁도입공식으로 단락을 시작한다. 여호와가 예레미야에게 하신 말씀의 내용이 2-3절에 서술된다. 2절의 "여호와께서 이와 같이 말씀하시기를" 이 그 말씀의 시작을 보여주고 3절의 "여호와의 말씀이니라"가 끝을 보여준다.

2-3절. 하나님은 예레미야에게 "가서 예루살렘의 귀에 외치라"는 명령을 하시고 그가 외쳐야 할 하나님의 말씀을 이어서 알려주신다. 여기서 예루살렘은 유다백성을 가리키는 환유다. 선지자로 하나님의 위임을 받은 후 예레미야가 예루살렘으로 가서 처음 외쳐야 할 하나님의 말씀은 두 가지다(2절). 첫째, 유다백성이 하나님에게 보여주었던 "인애"(חֶסֶד 헤쎄드)와 "사랑"(אַהֲבַת 아하바트)을 하나님이 여전히 기억하고 계시다는 사실이다.[18] "인애"가 언약관계와 관련해서 언급될 때에는 언약관계에 기초한 애정, 즉 언약적 사랑을 의미한다. 이 인애와 사랑이 각각 "네 청년의 때"와 "네 신혼 때"라는 표현과 함께 서술되는데, 이 표현들은 시내산에서 언약을 맺은 사건을 상기시킨다. "[네가] 씨 뿌리지 못하는 땅, 그 광야에서 나를 따랐다"는 말은 이 정황을 분명하게 인식할 수 있게 한다. 하나님이 이 인애와 사랑을 그들을 *위해* 기억하고 계시다는 것은 단지 아련한 옛 추억을 말하는 것이 아니라 이 기억에 따른 하나님의 행동을 기대하게 한다. 둘째, "이스라엘이 여호와를 위한 성물 곧 그의 소산의 첫 열매"라는 속성과 위상을 가지고 있다는 사실이다(3절). "이스라엘이 여호와를 위한 성물"(קֹדֶשׁ יִשְׂרָאֵל לַיהוָה 코데쉬 이스라엘 라도나이)이라는 것은 "이스라엘이 여호와께 거룩하다"는 의미다(언약백성의 속성). "그의 소산의 첫 열매"는 이스라엘이 하나님이 거두실 첫 번째 열매라는 것을 의미한다(언약백성의 위상). 즉 그의 첫 번째 소유다(cf. 31:9).[19] 그렇다면 첫 번째 열매를 뒤따르는 열매들을 생각할 수 있다. 3절은 출애굽기 19장 5-6절을 상기시킨다. 하나님은 시내산에서 이스라엘과 언약을 맺으실 때 언약백성의 위상과 속성을 분명히 알려 주셨다.

> 세계가 다 내게 속하였나니 너희가 내 말을 잘 듣고 내 언약을 지키면 너희는 모든 민족 중에서 *내 소유*(לִי סְגֻלָּה 리 쎄굴라)가 되겠고 너희가 내게 대하여 *제사장 나라*(מַמְלֶכֶת כֹּהֲנִים 맘레케트 코하님)가 되며 *거룩한 백성*(גוֹי קָדוֹשׁ 고이 카도쉬)이

18) 2절의 2인칭 "너"는 예레미야가 외치는 말을 들어야 하는 "예루살렘"을 가리킨다.

19) 언약백성이 첫 열매로 거룩하게 되어 여호와의 소유가 되는 것은 처음 익은 모든 열매가 여호와의 것이 되는 것과 같은 맥락이다(민 18:13).

되리라 너는 이 말을 이스라엘 자손에게 전할지니라(출 19:5-6).

하나님은 유다백성이 그를 버리고 이방신과 우상을 섬기고 있지만 여전히 그에게는 거룩하고 그의 소중한 첫 열매라는 것을 그들이 알기를 원하신다. 달리 말하면, 하나님과 유다백성의 언약관계가 여전히 유효하다는 것을 예루살렘에 외쳐 알게 하라는 것이다.[20] 그러므로 이 언약관계에 근거하여 하나님은 언약백성에 대한 보호를 약속하신다. 하나님의 특별한 소유를 삼키는 자는 죄를 범하는 것이기 때문에 그 어느 누구도 그가 내시는 재앙을 피할 수가 없다.[21] 2장 1-3절에 따르면, 언약관계가 유효한 상황에서 하나님이 유다백성에게 심판을 선고하고 재앙을 계획하시는 것은 여전히 그의 언약적 사랑이 아프게 표현되는 것을 의미한다(cf. 5:18; 30:11). 결론적으로 예레미야는 유다백성의 배교와 패역에도 불구하고 하나님과의 언약관계가 여전히 유효하다는 사실을 확인하고 유다와 열방을 향해 심판과 회복을 선포하는 그의 사역을 감당한다.

---

20) 이 견해는 3절의 동사가 사용되지 않는 명사절(קֹדֶשׁ יִשְׂרָאֵל לַיהוָה רֵאשִׁית תְּבוּאָתֹה 코데쉬 이스라앨 라도나이 래쉬트 테부아토)을 현재시제로 분석하는 것에 근거한다. 명사절의 경우, 본문의 정황에 따라 과거시제 또는 현재시제로 번역할 수 있다. NIV, KJV, NASB는 모두 과거시제로 번역한다: "Israel was holy to the LORD, the firstfruits of his harvest" (NIV). 이 경우, 과거에는 이스라엘이 여호와께 거룩했다는 것이며 현재는 그렇지 않다는 의미를 전달한다. 개역개정과 새번역은 현재시제로, 공동번역과 현대인의 성경은 과거시제로 번역한다. 이 명사절을 현재시제로 번역하는 이유는 이스라엘이 여호와께 거룩한 첫 열매라는 사실은 바뀌지 않는 사실이기 때문이다. 또한 이 사실에 근거하여 하나님의 회복신탁이 주어지기 때문이다. 하나님이 법에 따라 유다를 징계하고 무죄한 자로 여기시지 않으시지만 언약관계를 완전히 취소하신 것은 아니다(30:11; 46:28; 5:18).

21) "그를 삼키는 자면 모두 벌을 받아"로 번역한 원문의 문장(כָּל־אֹכְלָיו יֶאְשָׁמוּ 콜-오켈라브 예이샤무)은 "그를 삼키는 자는 모두 유죄가 된다"는 의미를 갖고 있다. 즉 죄를 범하는 것이 된다. 왜냐하면 그들의 행위는 하나님의 결정과 주권에 대항하는 것이기 때문이다.

현재적 적용 묵상

1. 하나님이 기억하실 정도로 내가 보여드렸던 헌신, 애정, 사랑이 있는가? 처음 하나님을 만나고 고백하고 다짐했던 열정과 사랑을 하나님은 여전히 기억하시고 계시는데, 나는 잊고 있는 것은 아닌가? 나는 그 사랑을 잊어버리고 물질과 쾌락, 권력과 명예를 향해 사랑한다고 말하고 있는데, 여전히 나를 위해 그 사랑을 잊지 않고 계시는 하나님이 내 삶에 관여하시는 것을 알고 있는가?
2. 하나님의 아픈 사랑을 경험하는 것과 그의 즐거운 사랑을 경험하는 것, 과연 어떤 것이 성도의 참된 축복인가?
3. 내가 섬기는 교회에서 그리고 내가 살아가는 삶의 현장(가정과 직장)에서 성도의 속성(거룩함)과 위상(하나님의 소유)을 기억하면서 사고하고, 판단하고, 행동하고 있는가?
4. 하나님을 버리고 세상을 따라가고 있는 이들을 향해 하나님은 나에게 어떤 말을 외치라고 하시는가? 하나님의 명령을 듣고도 외면하는 것은 아닌가?

제4장

유다와 예루살렘에 관한 심판신탁(2:4-20:18)

1. 유다의 배교와 심판선언, 2:4-3:5

예레미야의 소명기사(1:4-2:3)에 이어서 2장 4절부터 3장 6절은 하나의 큰 단락을 이룬다. 이 단락은 유다백성이 하나님의 심판을 받을 수밖에 없는 이유를 논쟁적 어투로 확증하고 이것을 통해 하나님이 행하시는 심판의 정당성을 보게 한다. 조상들의 죄를 답습하고 있는 유다백성의 문제는 (1) 여호와를 찾지 않고 우상을 숭배한 것, (2) 지도자들의 타락, (3) 이방나라를 의지한 것, (4) 고의적인 불순종과 반항, 그리고 (5) 사회적 불의다. 그들이 이런 죄악들로 하나님의 심판을 자처한 것임을 지적한다.

이 단락(2:4-3:5)의 본문들은 선지자 신탁(선지자 설교) 형식을 취한다. 선지서에서 "들으라"(שִׁמְעוּ 쉼우)가 신탁을 시작하는 도입형식으로 사용될 때 주로 선지자 신탁을 열어준다. 선지자 신탁이란 선지자가 하나님의 말씀을 받고 그 말씀을 자신의 말로 또는 자신의 말과 하나님의 말씀을 혼용해서 설교처럼 전달하는 신탁 형식이다.[1] 2장 4절은 이 도입형식("들으라")을 취한다.[2] 그런데 특이하게도 도입

---

1) 선지자 신탁(prophetic speech/oracle)은 신탁의 한 형태로 신적 신탁(divine speech/oracle)과 맥을 같이 하지만 서술관점에 차이가 있다. 선지자 신탁에는 하나님이 주로 3인칭("그")으로 표기된다. 이는 선지자가 하나님이 하신 말씀을 자신의 말로 설명하기 때문이

은 선지자의 설교형식이지만 내용은 하나님의 말씀을 직접 인용해서 전달한다. 왜냐하면 2장 5절부터 시작된 1인칭화법(하나님이 "내가"로 표현되는 것)이 3장 5절까지 지속적으로 사용되기 때문이다. 달리 말하면, 예레미야는 2:4-3:5의 단락을 선지자 신탁형식으로 시작한 후 실제 내용은 하나님이 하신 말씀을 직접 인용하는 방식을 취한다. 이 단락이 세부적으로는 세 개의 작은 단락으로 구분된다.

a. 유다의 배교(우상숭배), 2:4-9
b. 유다의 두 가지 악과 심판선언, 2:10-37
c. 욕심을 이루려는 속셈, 3:1-5.

분석적 측면에서, 신탁의 구성에 주목할 필요가 있다. 선지자 신탁 또는 신적 신탁에는 영적 타락 및 사회적 불의 등의 문제를 지적하는 "고소단락"과 이에 따른 선언을 서술하는 "선언단락"이 있다. 따라서 고소단락과 선언단락을 구분한 후, 고소단락에서 지적하고 있는 문제가 무엇인지를 파악하고 이 문제에 따른 하나님의 대처와 선언이 무엇인지를 확인하는 것이 중요한 분석 작업이다.

(1) 언약백성의 배교와 지도자들의 타락, 2:4-9

이 신탁의 어투는 상당히 논쟁적이다. 이 논쟁적 어투가 3장 5절까지 이어진다. 논쟁의 원인이 된 사안은 하나님이 언약백성에게 불의한 일을 한 것이 없음에도 불구하고 그들이 그를 버리고 우상을 따라간 것이다. 이것이 고소의 내용이고 이에 따라 유다백성과 이 문제를 따져보겠다는 선언이 주어진다.

다. 반면에 신적 신탁에는 하나님이 1인칭("나")으로 등장한다. 이는 하나님이 하신 말씀을 직접 인용하기 때문이다. 선지자 신탁과 신적 신탁에 대한 간단한 설명을 보려면, 조휘, 『사자가 부르짖은 즉』, 34-37을 참조하라.

2) 히브리어의 어순은 한글과 달리 동사가 먼저 서술된다. 따라서 2장 4절은 "들으라"(שִׁמְעוּ 쉼우)라는 동사로 시작되기 때문에 이 도입형식과 함께 선지자 신탁이 서술되는 것을 알 수 있다. 한편 신적 신탁도 "들으라"로 시작될 수 있다. 이 경우, "들으라"라는 명령의 화자가 하나님이다. 또는 이 명령에 앞서 주로 신적 신탁을 도입하는 형식("여호와의 말씀이 내게 임하여 이르시되")이 먼저 서술되고 인용된 하나님의 말씀에 "들으라"가 등장한다.

a. 고소단락: 논쟁 사안(4-8절)
  b. 선언단락: 유다와 다시 따져보겠다(9절)

고소단락: 논쟁 사안(4-8절)

하나님은 그의 언약백성에게 그가 잘못한 일이 없는데 왜 그를 버리고 "헛된 것"(우상)을 따라가서 헛되게 되었는지를 따져 물으신다. 그들을 이집트 땅에서 인도해 내서 약속의 땅으로 인도하신 하나님을 찾지 않은 것과 정치와 종교 지도자들이 모두 타락한 문제를 지적하신다.

선언단락: 유다와 다시 따져보겠다(9절)

하나님은 조상들이 범한 죄가 유다백성과 그들의 후손들에게는 없는지 따져보겠다고 말씀하신다.

주해

4-8절. 예레미야가 전달하는 여호와의 말씀을 들어야 하는 이들은 "야곱의 집과 이스라엘 집의 모든 족속들"이다(4절). 이 표현은 북이스라엘과 유다를 모두 포함하는 표현이다. 즉 12지파로 구성된 언약백성을 가리킨다. 하지만 실제 이 말씀을 듣는 대상은 유다백성이다. 유다백성에게 조상들이 하나님께 범한 죄를 알려주신다. 지적된 그들의 문제는 세 가지다. 첫째, 하나님이 언약백성에게 그 어떤 "불의한 일"(עָוֶל아벨)을 하시지 않았음에도 불구하고 그들 스스로 언약관계를 거부하고 헛된 존재가 된 것이다(5절). "헛된 것"(הַהֶבֶל하헤벨)은 우상을 가리킨다.[3] "헛된 것을 따라 헛되이 행했다"는 말은 "헛된 것을 따라가서 결국 헛되게 됐다"는 의미다.[4] 달리 말하면 우상을 섬기게 되면서 언약백성의 존귀한 정체성을 잃

3) 예레미야서에 사용된 הֶבֶל헤벨의 용례에 대한 설명을 보려면 서론의 주요단어 단락(2번)을 참조하라.

4) הֶבֶל헤벨과 같은 어근을 가지고 있는 동사 הָבַל하발을 사용해서 언약백성이 "헛된 것"을 추구하다가 결국 그들 스스로 "헛되게 된 것"을 가리킨다: וַיֵּלְכוּ אַחֲרֵי הַהֶבֶל וַיֶּהְבָּלוּ바이엘레쿠 아하래 하헤벨 바이예흐발루(5절).

고 헛된 존재가 됐다는 지적이다. 이는 언약백성이 하나님을 멀리 떠남으로 스스로 언약관계를 파기한 것을 말한다. 둘째, 여호와를 찾지 않고 배은망덕한 것이다(6-7절). 노예생활을 하던 이집트에서 이끌어내시고 광야에서 안전하게 그들을 인도하신 여호와를 찾지 않았을 뿐만 아니라 약속하신대로 가나안 땅으로 인도하셔서 그곳의 풍요로운 소출을 누리게 하셨음에도 불구하고 그들은 온갖 우상숭배와 사회적 불의로 그 땅을 더럽히고 역겨운 것으로 만들어버리는 배은망덕을 범했다. 하나님의 임재가 있는 아름답고 거룩한 약속의 땅을 불결한 땅으로 만들었다. 셋째, 정치와 종교 지도자들의 타락이다(8절). 이들의 타락은 언약백성의 타락원인이다. 왜냐하면 언약백성이 여호와가 어디계시냐고 묻지 않은 것(6절)은 제사장들이 여호와가 어디 계신지 묻지 않았기 때문이다. 즉 언약백성의 종교적 실패는 제사장들의 실패에서 시작된 것임을 지적한다. 그들이 율법으로 백성에게 여호와를 가르치지 않았기 때문에 백성이 여호와를 찾지 않았다.[5] 이들과 더불어 정치적 지도자들(관리들)은 하나님이 원하시는 통치를 하지 않음으로 그를 거역했다. 또한 언약백성의 이러한 잘못을 하나님의 이름으로 지적하고 바로 잡아야 할 선지자들은 바알의 이름으로 거짓예언을 선포하고 그들이 먼저 "무익한 것들"(לֹא־יוֹעִלוּ로 요일루), 즉 어떤 유익도 주지 않는 우상들을 따랐기 때문에 언약백성은 타락할 수밖에 없었다. 유익을 주지 못하는 것을 따랐던 선지자들은 결국 23장 32절의 지적처럼 언약백성에게 아무 유익이 되지 않는 존재가 된다.[6]

하나님은 자신이 무엇을 잘못했기에 그들이 그를 버리고 우상을 따라가 언약백성의 정체성을 잃고 스스로 헛된 존재가 됐는지를 물으시는데, 이 물음에서 그의 답답하고 억울한 심정과 분노를 느낄 수 있다. 그의 입장에서는 도저히 이해할 수 없는 일이 벌어졌다. 왜냐하면 언약백성의 그러한 행위를 정당화할 만큼 하나님이 불의한 일이나 잘못을 하지 않으셨기 때문이다. 언약백성의 배은망덕한 행

5) "율법을 다루는 자들"(תֹּפְשֵׂי הַתּוֹרָה토페새 할토라)은 레위 제사장들 중에 율법을 다루는 서기관들을 가리키는 것으로 보인다. 왜냐하면 8장 8절에 율법과 관련해서 "서기관들"(סֹפְרִים쏘페림)이 언급되고 있기 때문이다.

6) לֹא־יוֹעִלוּ로 요일루가 선지자들의 문제를 지적하는 23장 32절에도 사용된다: וְהוֹעֵיל לֹא־יוֹעִילוּ לָעָם־הַזֶּה베호앨 로-요일루 라암-핫제. לֹא־יוֹעִלוּ로 요일루의 용례에 대해서는 서론의 주요단어 단락(3번)을 참조하라.

위와 모범이 되지 못한 지도자들의 타락은 하나님의 심정을 더 어렵게 만들고 그의 분노를 자극했을 것이다. 그런데 이것이 조상들만의 문제는 아니라는 것이다. 그래서 유다백성과도 이 문제에 대해 따져보시겠다는 선언을 하신다.

9절. 개역개정에서 "싸우다"로 번역하고 있는 히브리어 동사 רִיב 리브는 물리적 싸움을 의미하는 것이 아니라 법정용어로 말로 다투어보겠다는 의미다. 한글로는 "따져보겠다"는 번역이 이 문맥에서 רִיב 리브가 전달하는 의미를 가장 잘 담아낸다.[7)]

고소단락(4-8절)에서 지적한 문제에 근거해서 하나님은 "너희와도 따져보겠다"고 선언하신다. 이는 조상들이 하나님께 범한 죄가 유다백성에게는 없는지 반드시 따져봐야겠다는 의미를 전달한다.[8)] 또한 당시의 유다백성만이 아니라 그들의 후손들에게도 동일한 정황이 오면 그렇게 하시겠다고 선언하신다. 하나님이 따져서 살펴보시는 구체적인 내용이 2장 10절부터 3장 5절에 서술된다. 따라서 9절은 4-8절의 고소단락에 따른 선언단락의 역할을 할 뿐만 아니라 이어지는 2:10-17 단락을 열어주는 기능을 한다.

현재적 적용 | 묵상

1. 나를 바라보시는 하나님의 심정은 과연 어떠할까? 혹시 답답함, 억울함, 분노일까, 아니면 시원하게 된 마음일까? "충성된 사자는 그를 보낸 이에게 마치 추수하는 날에 얼음냉수 같아서 능히 그 주인의 마음을 시원하게 하느니라"(잠 25:13).

2. 하나님과의 신의를 지키면서 그의 은혜에 보답하는 삶을 살고 있는가? 불행히도 은혜를 베푸신 하나님을 찾지 않고 오히려 배반하고 있는 것은 아닌가?

3. 헛된 것을 추구하다가 스스로 헛되게 되는 어리석은 행보를 하고 있는 것은

7) "그러므로 나는 다시 너희와 *따지리라*. 이는 내 말이니, 어김이 없다. 너희 후손과도 *따질 것이다*"(2:9, 공동번역)

8) "여호와의 말이니라"는 그가 선언한 바를 확언해 준다. 즉 "반드시" 따져보겠다는 어감을 갖는다.

아닌가? 오직 하나님만을 따르면서 성도의 아름다운 정체성을 지키고 있는가?

4. 하나님이 베푸신 은혜와 축복을 정결하고 사랑할 만한 것으로 지키고 있는가? 혹시 헛된 것을 추구하는 욕심 때문에 그 은혜를 더럽히고 역겨운 것으로 만드는 것은 아닌가? 은혜와 사랑으로 인도해 주신 하나님이 어디 계신지 묻고 있는가?

5. 사회 지도자와 종교 지도자로서 하나님의 율법과 원리에 따라 그리고 그의 기대에 따라 충성과 최선을 다하고 있는가? 신앙공동체의 지도자가 실패하기 때문에 신앙공동체가 실패하고 있는 것은 아닌지 또한 부모로서 실패하기 때문에 자녀들이 실패하고 있는 것은 아닌가?

6. 내가 대면해야 할 하나님의 모습이 따져 물으시는 모습은 아닌가?

---

(2) 유다의 두 가지 악과 심판선언, 2:10-37

본 단락에서 논쟁의 어투가 두 가지 측면에서 강화된다. 하나는 수사적 질문의 빈도이고 다른 하나는 내용이다. 따져 묻는 질문들이 반복될 뿐만 아니라 언급되는 내용이 신탁을 듣는 실제 대상인 유다백성을 겨냥하고 있다(11, 14, 17, 18, 21, 23, 29, 31, 32절). 유다백성이 범한 죄를 두 가지로 규정하시고 이에 대해 구체적으로 따져 물으시면서 그들이 하나님의 심판을 자초한 것을 지적하신다. 결국 그들은 하나님의 심판으로 인해 그들이 의지하던 나라들이 어떤 도움을 주지 못하는 것을 확인한 후 수치를 당할 뿐만 아니라 원하는 바를 얻지 못하게 된다는 선언을 듣게 된다. 본 단락은 하나님이 화자로 등장하는 신적 신탁이며 내용으로는 심판신탁이다. 따라서 고소단락(10-35절상)과 선언단락(35절하-37절)으로 구분된다.

고소단락: 유다의 두 가지 악(10-35절상)

하나님은 1인칭화법의 논쟁적 어투를 유지하면서 유다백성이 범한 죄를 구체적으로 따지듯 지적하신다. 유다백성은 언약관계에서 전혀 상상하거나 믿을 수 없는 두 가지 죄를 범했다. 하나는 생명을 주시는 여호와를 버린 것, 곧 우상숭배이고 다른 하나는 여호와보다 이방나라를 더 신뢰한 것이다. 이는 지울 수 없는 얼룩처럼 남아있어 결코 부인할 수 없다.

선언단락: 심판선언과 수치(35절하-37절)

두 가지 죄로 인해 하나님의 심판선언이 주어진다. 심판이 임하면 수치를 피할 수 없고 형통에 대한 그 어떤 기대도 가질 수 없게 된다. 이는 그들이 스스로 초래한 결과다(cf. 17절). 따라서 하나님의 심판은 정당하다.

주해

10-12절. 하나님은 유다백성의 이해할 수 없는 행동에 대해 답답함을 토로하신다. 세상의 그 어디를 가보아도 자신들의 신을 신 아닌 것과 바꾼 나라가 없는데, 이 상상할 수도 없는 일이 유다에서 일어났다. 하나님과 특별한 관계를 가지고 있는 백성이 자신들이 누릴 수 있는 "영광"(כָּבוֹד 카보드)을 "그 어떤 유익을 주지 못하는 것"(לֹא־יוֹעִלוּ 로 요일루)과 바꿔버렸다(11절).[9] 이는 그들의 영광이신 하나님을 우상과 바꾼 것을 가리킨다. 하나님은 직접 동서로 가서 확인해보라고 말하실 정도의 답답하고 당황스러운 심정을 나타내신다. "깃딤 섬"은 유다의 서쪽에 위치한 지중해 연안을 가리키고 "게달"은 동쪽에 위치한 지역을 가리킨다(cf. 49:28). 즉 동쪽과 서쪽, 그 어느 곳을 다녀도 그런 일을 행한 민족을 찾을 수 없다는 말이다. 따라서 하나님은 이런 일은 하늘도 놀라고 심히 떨고 두려워할 만한 일이라고 말하신다(12절). 모두가 놀랄 수밖에 없는 일을 유다백성이 행했다. 이 놀랄만한 일의 구체적인 내용이 이어서 서술된다.

13절. 하나님은 유다백성이 범한 죄를 두 가지로 분명하게 규정해서 알려주신다. 하나는 생명의 근원되는 여호와를 버린 것이며 다른 하나는 물을 가두지 못할 터진 웅덩이를 스스로 판 것이다. 전자는 우상숭배를 가리키며 후자는 유다백성이

9) "무익한 것"(לֹא־יוֹעִלוּ 로 요일루)은 8절에서 선지자들이 따른 것을 가리킬 때 사용했던 표현이다. 따라서 유다백성이 하나님을 버리고 "유익을 주지 못하는 것들"(우상, 거짓예언 등을 포함한 온갖 무익한 것들)을 따른 것은 선지자들이 그런 행동을 보였기 때문인 것을 알 수 있다. 선지자들이 유다백성의 타락에 주도적 역할을 한 것을 짐작해 볼 수 있다.

하나님보다 이방나라를 더 의지한 것을 의미한다. 이방나라를 의지하는 것은 터진 웅덩이가 물을 담고 있지 못하는 것과 같다.

14-19절. 하나님은 두 번째 죄를 먼저 구체적으로 따져 물으신다. 언약백성인 이스라엘이 종의 지위를 받은 것이 아님에도 불구하고 스스로 포로의 신분을 자처한 것을 수사적 질문으로 따지신다(14절). 이스라엘은 종도 아니었고 종의 신분("씨종")으로 태어난 것도 아닌데 왜 스스로 포로가 됐냐는 질타다. 힘을 갖춘 나라들("어린 사자들"; 앗시리아)이 틈을 엿보고 있다가 유다를 황폐하게 만들고 살육을 행한 것과 이집트("놉과 다바네스의 자손"; cf. 43:7; 44:1)가 유다의 지도자("네 정수리")를 죽인 것은 유다백성이 하나님이 인도하신 길에 서 있지 않고 곁길로 가서 스스로 자처한 것이라고 말씀하신다(15-17절).[10] 이는 하나님이 보여주신 "길"(דֶּרֶךְ 데레크)로 가지 않고 이집트와 앗시리아의 "길"(דֶּרֶךְ 데레크)로 간 결과다(17-18절). 그럼에도 불구하고 왜 여전히 이집트로 가서 나일("시홀")의 물을 마시고 싶어 하고 앗시리아로 가서 유브라데("그 강물")의 물을 마시고 싶어 하는지를 다시 따져 물으신다(18절).[11] 결국 유다백성은 이런 악한 행위("네 악"; רָעָתֵךְ 라아태크)와 여호와께 등을 돌리는 행위("네 반역"/"네 돌아섬"; מְשֻׁבוֹתַיִךְ 메슈보타이크)로 인해 징계와 책망을 받는 지경에 이르게 된다(19절상).[12] 하나님은 그들이 언약의

---

10) 17절은 하나님의 말씀을 직접화법으로 인용하고 있음에도 불구하고 하나님이 자신을 1인칭("내가"/"나를")으로 표현하지 않고 "네 하나님 여호와"와 "그를"이라는 3인칭화법으로 표현한다. 이는 여호와가 자신을 객관화해서 표현하는 용법이다. 그 의도는 언약의 하나님 여호와가 언약백성을 그들이 가야할 길로 인도했음에도 불구하고 언약의 여호와를 거부하고 곁길로 가서 언약백성의 지위를 상실하고 스스로 포로가 된 것을 객관적 사실로 강조하려는 것으로 보인다. 3인칭사용에 따른 객관화용법에 관한 논의를 보려면, 조휘, "선지서의 신적 신탁에 등장하는 '여호와께서'와 '여호와가'의 한글번역에 관한 제언-개역개정을 중심으로," 9-39를 참조하라.

11) 이집트의 나일 물을 마시고 앗시리아의 강물을 마시려고 한다는 것은 군사적 원조와 도움을 구하는 것을 의미한다. 유다백성은 하나님을 의지하기 보다는 힘이 있는 이방나라를 추종함으로 자신들의 문제를 해결하고자 했다. 앗시리아가 군사적 힘을 가지고 있는 것으로 묘사되는 것을 고려하면 이 신탁이 주어진 것은 앗시리아가 몰락하기 전, 즉 주전 612년 이전으로 보인다.

12) 예레미야서에 사용된 מְשׁוּבָה 메슈바의 용례에 관한 설명을 보려면, 서론의 주요단어 단락(9번)을 참조하라.

하나님보다 이방나라를 더 즐거워하고 의지한 것을 "네 하나님 여호와를 버림"과 "네 속에 나를 경외함이 없는 것"으로 규정하신다. 후자는 여호와에 대한 두려움이 없는 것을 가리킨다. 그 결과가 "악"(רַע 라)이고 "고통"(מָר 마르; "쓴맛")뿐이라는 사실을 깨달아 알게 될 것이라고 엄중히 선언하신다(19절하). 유다백성이 "악"(רָעָתֵךְ 라아태크)을 추구했기 때문에 당연히 그들에게 주어지는 결말은 "악"(רַע 라)이 될 수밖에 없다. 하나님의 엄중한 이름인 "주 만군의 여호와"(אֲדֹנָי יְהוִה צְבָאוֹת 아도나이 엘로힘 쩨바오트)의 이름으로 이것을 확언하는 것은 유다백성에게 여호와에 대한 경외함이 전혀 없었기 때문이다. 이 이름의 선언으로 경외를 받으셔야 했던 여호와의 심판을 보게 한다.

20-25절. 하나님이 지적하신 유다백성의 첫 번째 죄("생수의 근원되는 나를 버린 것")를 다루신다. 유다백성은 하나님과의 유일한 언약관계를 "멍에"와 "결박," 즉 하나의 속박으로 간주한 것으로 보인다(20절). 그래서 그들은 여호와가 그들의 유일한 하나님이 되시는 언약관계를 "나는 순종하지 않겠다"는 말과 함께 오래전에 거부했다.[13] 그리고 모든 가능한 장소에서 하나님 대신 우상을 숭배했다. 결과적으로 유다백성은 언약관계를 통해 얻게 된 "순전한 참 종자" 곧 "귀한 포도나무"의 위상을 잃고 "이방 포도나무의 악한 가지"가 되고 만다(21절).[14] 즉 이방인과 다를 바가 없게 됐다. 하나님은 이것을 잿물이나 비누 등의 어떤 방법으로도 지울 수 없는 "죄악"(עָוֹן 아본)이라고 말씀하신다(22절). 이 죄악이 제거할 수 없는 얼룩

---

13) 개역개정에서 2인칭동사("네가 꺾고… 네가 끊으며")로 번역하고 있는 20절의 שָׁבַרְתִּי 샤바르티와 נִתַּקְתִּי 닐타크티를 1인칭동사로 해석하기도 한다. 왜냐하면 어미형태가 1인칭어미(תִּי 티)와 동일하기 때문이다. 따라서 KJV은 1인칭동사로 간주하여 "For of old time I have broken thy yoke, and burst thy bands"라고 번역한다(cf. NASB). 하지만 Carroll은 이 형태가 여성 2인칭동사의 고어라고 설명한다(Carroll, *Jeremiah 1-25*, 130). 이는 "네 멍에"(עֻלֵּךְ 울래크)의 2인칭여성어미(%) 그리고 2인칭여성동사 תֹּאמְרִי 토메리("네가 말하기를")와 자연스럽게 연결된다. 따라서 고어형태의 2인칭동사로 번역하는 것이 가능하다. 고대 역본인 칠십인경은 2인칭동사(συνέτριψας; διέσπασας)로 번역한다.

14) Cf. 사 5:1-7. "이방 포도나무의 악한 가지"로 번역한 히브리어 표현 סוּרֵי הַגֶּפֶן נָכְרִיָּה 쑤래 학게펜 노크리이야는 "질이 낮은 낯선 포도나무"라는 의미다. 이것은 "진짜 종자의 포도나무"(כֻּלֹּה זֶרַע אֱמֶת 쿨로 제라 에메트)가 질이 낮은 이질적인(foreign) 포도나무가 된 것을 가리킨다.

처럼 하나님 앞에 분명하게 남아있기 때문에 말로 부인한다고 부인될 수 있는 상황이 아니다. 더욱이 이들이 간 "길"(דֶּרֶךְ 데레크)과 행한 행적이 골짜기마다 그대로 남아있기 때문에 결코 부인할 수 없다(23절상). 하나님은 우상숭배에 대한 자신들의 욕구를 해소하려고 하는 유다백성의 모습을 "발이 빠른 암낙타"가 짝을 찾아 이리저리 빠르게 달리는 모습과 "광야에 익숙한 들암나귀"가 어디로 가야 할지를 알고 짝을 향해 헐떡거리는 모습에 비유하신다(23절하-24절). 억누를 수 없이 달아오른 욕구에 따라 상대를 찾고 있기 때문에 누구든 마음만 먹으면 손쉽게 그것들을 취할 수 있다. 따라서 그렇게 하면 발이 닳게 되고 목이 타게 되니 멈추라고 말씀하신다. 하지만 유다백성은 하나님이 어떤 말을 하셔도 "소용이 없다"(נוֹאָשׁ 노아쉬)고 답변한다.[15] 어떤 기대도 하시지 말라는 답변이다. 왜냐하면 "내가 이방인들(이방신들)을 사랑하기 때문에 그들을 따라가겠다"는 확고한 의지를 갖고 있기 때문이다(25절). 이는 하나님의 명령을 소홀히 여기고 자신들이 원하는 바대로 하겠다는 태도다. 달리 말하면, 그들이 사랑하는 대상은 언약의 하나님이 아니라 이방인이며 이방신이다.

26-29절. 언약백성의 우상숭배를 부추긴 정치와 종교 지도자들이 도둑에 비유된다. 도둑이 붙잡히면 수치를 당하는 것처럼 그들이 수치를 당했다고 말씀하신다(26절). 왜냐하면 그들이 우상이 환난에서 구해 줄 것이라는 말로 백성을 부추겨서 여호와께 등을 돌리고 나무와 돌로 만든 우상을 아버지로 받들어 섬기게 했지만 실제로 환난을 당하면 여호와에게 와서 "우리를 구원하소서"라는 말을 하기 때문이다(27절). 그들의 이런 태도가 우상이 거짓됨을 보여주는 것임에도 불구하고 우상을 버리지 못하는 유다백성을 향해 하나님은 "과연 그 신들이 어디 있는지"를 물으실 뿐만 아니라 "환난을 당할 때 내가 아닌 우상에게 일어나 구해달라고 간청해 보라"고 조롱하듯 말씀하신다(28절). 이어서 "유다여 너의 신들이 너의 성읍 수와 같도다"라는 말을 덧붙이신다. 이것은 "너희가 거하는 성읍마다 우상이 있으니 기대해 볼만 하지 않겠느냐"는 조롱의 느낌을 전달한다.

유다백성이 환난에서 구원을 얻지 못하는 것은 우상을 섬기려고 그들의 등을

15) 예레미야서에 사용된 נוֹאָשׁ 노아쉬의 용례를 보려면 서론의 주요단어 단락(5번)을 참조하라.

여호와께로 돌리고 그들의 얼굴을 그에게 향하지 않았기 때문이다. 하나님은 이런 백성을 환난에서 구해주지 않으셨다. 실상이 그럼에도 불구하고 환난을 당하면 "왜 나에게 따지느냐"고 하나님이 물으신다(29절). 개역개정이 "너희가 나에게 대항함은 어찌 됨이냐"로 번역한 히브리어 문장(לָמָּה תָרִיבוּ אֵלָי 람마 타리부 앨라이)은 하나님이 유다백성에게 따져 물으시는 것처럼 그들이 하나님께 따져 묻는 것을 의미한다.[16] 9절에 사용했던 동사 רִיב 리브("따지다")가 여기에 사용된다(תָּרִיבוּ 타리부). 엉뚱하게도 유다백성은 그 책임을 하나님께 묻는 어리석은 태도를 보인다. 그래서 "너희 모두가 나를 반역한 것"(כֻּלְּכֶם פְּשַׁעְתֶּם בִּי 쿨레켐 페샤으템 비)이 환난의 원인이라고 확언해 주신다(29절).[17] 이 표현은 유다백성이 모두 그들의 등을 여호와께로 돌리고 그들의 얼굴을 그에게로 향하지 않은 모습을 연상하게 한다(cf. 27절).

30-34절. 징계를 하고 선지자를 보내도 아무런 소용이 없는 상황에 대한 하나님의 탄식이 들린다(30절). 징계가 소용이 없는 것은 그들이 받아들이지 않기 때문이다. 선지자들을 보내서 그들에게 경고하고 돌이킬 것을 명령했지만 그것도 소용이 없다. 왜냐하면 사나운 사자처럼 그들이 칼로 선지자들을 죽이고 하나님의 말씀을 거부하기 때문이다. 31절의 "너희 이 세대여"라는 표현은 조상들의 죄가 유다백성에게 있는지를 따져 묻는 어조를 이어준다. 1인칭화법의 서술에서 "나의 말"이라고 하지 않고 "여호와의 말을 들어보라"고 말하는 것은 언약의 하나님 여호와가 하시는 말이라는 사실을 상기시킨다. 따라서 언약관계를 상기시키는 "이스라엘"과 "내 백성"이라는 표현이 사용된다. 이스라엘을 언약관계로 부르신 언약의 하나님 여호와는 "내가 그들에게 어떤 도움도 얻을 수 없고 그저 막막한 광야나 어둠의 땅이 됐느냐"고 되물으신다. 그렇지 않음에도 불구하고 도대체 왜 언약백성인 유다백성이 "우리가 자유롭게 다닐 수 있게 됐으니 다시 당신께로 가지 않겠다"고 말하는지에 대한 강한 의문을 제기하신다(31절). 이 의문은 2장 5절에

---

16) 공동번역은 극적인 번역이지만 29절의 어감을 잘 전달한다: "하나같이 나를 거역만 하다가 이제 와서 나에게 무슨 따질 것이 있느냐? 나의 말이 들리느냐?"

17) 예레미야서에 사용된 동사 פָּשַׁע 파샤의 용례를 보려면 서론의 주요단어 단락(9번)을 참조하라.

서 "내가 네게 무슨 불의한 일을 했느냐"고 물으신 것과 같은 맥락이다. 있을 수 없는 유다백성의 행동에 대한 하나님의 답답한 심정이 이어지는 수사적 질문들로 강조된다(32절). 처녀가 패물을 잊고 신부가 예복을 잊는다는 것은 있을 수 없는 일이다. 마찬가지로 언약백성이 그들의 하나님 여호와를 잊는다는 것은 상상할 수 없는 일이다. 그렇지만 언약백성이 그를 잊은 날수는 셀 수 없을 정도라고 말씀하신다. 잊은 정도가 아니라 여기서 더 나아가 이방나라와 우상의 사랑을 얻으려고 행위를 꾸밀 뿐만 아니라 같은 성향을 가진 다른 나라들("악한 여자들")에게 그 행위를 가르치는 적극적인 모습도 보인다(33절). 유다백성이 여호와께 구원을 간청할 때 그가 광야와 같이 되셨기 때문에 그의 구원을 경험하지 못한 것이 아니라 그들이 그를 거부하고 잊고 있다가 환난의 때에만 그를 찾기 때문에 구원을 얻지 못한 것이 실상이다.

불행하게도 하나님이 지적하시는 유다백성의 죄는 단지 종교적인 영역에만 제한되지 않는다(34절).[18] 그들은 사회적 범죄도 서슴지 않는다. 무고하고 가난한 자들의 피를 흘리는 폭력과 압제를 행했다. 이것은 가난한 자들이 도둑질을 하려고 구멍을 뚫고 들어온 것에 대한 정당방위가 아닌 자신들의 욕심을 채우기 위해 무고한 피를 흘린 행위를 가리킨다. 그럼에도 불구하고 말로는 자신들이 무고하다고 주장하지만 옷단에 묻은 피가 그들의 범죄를 증명한다. 이는 우상숭배의 증거가 골짜기의 길마다 새겨져 있는 것과 같다(cf. 28절). 치즘(R. Chisholm)이 지적하는 바와 같이, 유다백성은 하나님을 사랑하는 것과 이웃을 사랑하는 것에 모두 실패했다.[19]

더욱 심각한 문제는 죄를 죄로 여기지 않는 "영적 불감증"과 근거가 없는 "안일함"이다(35절상). 유다백성은 정당한 이유 없이 무고한 피를 흘리고도 죄가 없

---

18) 개역개정의 34절 번역은 의미전달에 어려움이 있다. 새번역의 34절이 의미를 잘 반영한다: "너의 치맛자락에는 가난한 사람들의 죄 없는 피가 묻어 있다. 그들이 담을 뚫고 들어오다가 너에게 붙잡힌 것도 아닌데, 너는 그들을 죽이고서도"(2:34). "도둑질하다가 들킨 것도 아닌데, 가난하다고 해서 죄 없는 사람을 죽여 그 피가 너희 옷자락에 묻었다. 이런 짓을 다 하고서도"(공동번역). 34절의 마지막 문장 "오직 이모든 일 때문이라"(개역개정)는 35절에 이어지는 문장으로 분석하는 것이 적절하다. 즉 "이 모든 일을 하고도(34절), 너는 말하기를 나는 무죄하니. . .(35절)"가 된다.

19) Cf. Chisholm, *Handbook*, 158.

다고 말하는 뻔뻔함, 즉 화인 맞은 양심을 보인다.[20)] 이런 뻔뻔함은 하나님의 공의를 가볍게 여기고 심판을 안일하게 대하는 태도에서 기인한다.[21)] "영적 불감증"과 "안일함"으로 인해 유다백성이 하나님의 심판선언을 듣는 것은 자연스러운 결과다. 따라서 심판선언이 이어진다.

35절하-37절. 하나님은 "보라"는 표현으로 청자의 주의를 환기시면서 선언단락을 시작하신다(35절하).[22)] "내가 너를 심판하리라"는 선언과 함께 그 이유를 "나는 죄를 범하지 않았다"고 하는 "네 말" 때문이라고 말씀하신다. 고소단락에서 지적한 문제들이 "나는 죄를 범하지 않았다"고 말하는 유다백성의 뻔뻔함으로 요약됐다. 이어서 심판이 선언된다. 하나님이 보여주신 길(דֶּרֶךְ 데레크, 17절)이 아닌 자신들이 보기에 도움이 될 것 같은 "길"(דֶּרֶךְ 데레크)을 선택해서 이 길과 저 길로 부지런히 다니지만 결국 수치를 피할 수 없게 된다(36절). 또한 수치로 얼굴을 가리고 그 길에서 나오게 된다(37절). 왜냐하면 유다백성이 의지하는 길(나라)을 여호와가 모두 버리셨기 때문이다. 개역개정에는 "나 여호와가"로 번역하면서 히브리어 원문에 없는 "나"를 추가하는데, 하나님은 자신을 "여호와"로 언급하신다. 이는 언약관계를 거부하고 "여호와"를 버린 그들이 원하는 바를 언약의 하나님 "여호와"가 결코 허락하지 않으신다는 것을 강조한다. 그러므로 유다백성은 자신의 고집대로 선택해서 이루려고 했던 것을 이루지 못할 뿐만 아니라 원하는 바를 얻지 못한다. 실제로 유다말기의 치열한 국제정세에서 유다 왕들이 자신들의 정치적 전략에 따라 이방나라에 도움을 구했지만 결국 그 어떤 도움도 얻지 못하고 오히려 침략과 파괴의 빌미를 제공했다(여호야김과 시드기야의 정치적 행보: cf. 겔 17장).

---

20) "자기 양심이 화인을 맞아서 외식함으로 거짓말 하는 자들이라"(딤전 4:2).

21) "그의 진노가 참으로 내게서 떠났다"는 말은 하나님의 심판에 대한 유다백성의 안일함을 보여준다.

22) 개역개정의 번역은 35절에서 "보라"를 "네 말이 나는 죄를 범하지 아니하였다"의 문장 앞에 놓고 있는데, 히브리어 원문에서는 "보라"가 "내가 너를 심판하리라"는 문장과 구문론적으로 분리되지 않는다: הִנְנִי נִשְׁפָּט אוֹתָךְ 힌니 니쉬파트 오타크("보라. 내가 너를 심판하리라"). 이 문장과 함께 선언단락이 시작되는 것으로 분석하는 것이 적절하다. 히브리어 구문을 반영해서 35절하를 번역하면, "보라. 내가 너를 심판하리라. 이는 '나는 죄를 범하지 않았다'는 네 말 때문이다."

현재적 적용 | 묵상

1. 영광스러운 하나님을 세상의 무익한 것들로 바꾸는 어리석은 선택을 하는 것은 아닌가?
2. 내가 그럴듯하게 판 웅덩이가 물을 가두지 못하는 터진 웅덩이는 아닌가?
3. 자유롭게 된 성도의 고귀한 지위를 버리고 스스로 돈의 노예, 권력의 노예, 위선의 노예, 사치와 인기의 노예가 된 것은 아닌가? 과연 누구를 주(主)로 섬기고 있는가?
4. 하나님이 인도하신 길로 걸어가고 있는가, 아니면 내 눈과 마음을 만족시키고 즐겁게 하는 길로 걸어가고 있는가? 지금 길을 바꾸면 원하는 바를 얻을 것 같은 망상을 하는 것은 아닌가?
5. 지금 겪고 있는 어려움과 고난은 하나님의 길이 아닌 나의 길을 선택했기 때문에 스스로 초래한 것은 아닌가? 내가 고집한 길로 가다가 그 길 끝에서 수치를 당하게 된다는 것을 알고 있는가?
6. 여호와를 버리는 것과 여호와를 경외하는 마음이 없는 것이 악이고 고통인 것을 분명히 기억하고 있는가?
7. 성도가 된 것을 멍에와 결박으로 느끼고 벗어버리고 싶은 유혹에 귀를 기울이고 있는 것은 아닌가?
8. 하나님의 경고에 귀를 기울이고 있는가, 아니면 그러실 필요 없다고 말하면서 하고 싶은 대로 하겠다고 고집을 피우고 있는가?
9. 하나님을 잊고 있다가 힘든 일만 생기면 그를 찾고 도움을 구하는 것은 아닌가? 그러면서 문제가 해결되지 않으면 하나님을 원망하고 왜 도와주지 않으셨냐고 따지지 않는가?
10. 죄에 대한 불감증과 막연히 하나님의 심판이 임하지 않는다는 안일함에 사로잡혀 죄를 인정하지 않고 심판의 심각성을 소홀히 생각하는 것은 아닌가? 그 결과가 무엇인지 알고 있는가?
11. 하나님에 대한 사랑과 이웃에 대한 사랑이 균형을 이루고 있는가? 손을 들고 찬양하는 나의 옷소매에 이웃에게 행한 험담의 피, 증오의 피, 무자비의 피, 착취의 피, 거절의 피가 묻어 있는 것은 아닌가?

12. 교회와 성도가 세상에 선한 모범이 되고 있는가? 혹시 악의 모범이 되어 배금주의, 성공주의, 물량주의, 편법을 부추기고 있는 것은 아닌가?

---

(3) 재앙만 피하자는 속셈, 3:1-5

이혼에 관한 율법규정을 언급하시면서 하나님은 그의 논쟁을 이어가신다. 하나님이 내리시는 재앙으로 인해 유다백성은 다시 하나님께 돌아오겠다는 말을 할 수 있다. 그런데 하나님은 그들의 악한 행위를 멈추지 않은 채 말로만 돌아오겠다고 하면서 하나님의 보호를 구하는 것은 단지 재앙만 피해보자는 뻔뻔한 속셈이라고 말씀하신다.

여호와께 돌아오겠다는 유다백성(1절)
하나님은 이혼한 여인에 관한 율법규정을 언급하시면서 우상숭배에 빠진 유다백성이 여호와께 돌아오려고 하는지를 물으신다.

단지 재앙 때문에 (2-3절)
온갖 우상숭배를 행한 일로 인해 하나님의 심판이 임해서 기근의 재앙을 경험하지만 유다백성은 자신들의 죄 때문에 하나님의 저주가 임한 것을 인정하지 않는 뻔뻔한 모습을 보인다. 단지 재앙을 피하고자 하나님께 돌아오겠다고 말한다.

그럴 듯한 말뿐(4-5절)
재앙이 임하면 그 고통 때문에 유다백성은 하나님을 아버지라 부르고 그의 도움을 청한다. 하지만 실제로는 말뿐이고 자신들의 악에서 돌이킬 생각은 없다. 왜냐하면 여전히 할 수 있는 악을 행하기 때문이다. 하나님은 단지 재앙만 피하고 보자는 그들의 이기적인 속셈을 지적하신다.

주해

1절. 신명기 24장 1-4절이 1절의 배경이다. 이 율법규정에 따르면 이혼한 여인이 다른 남자의 아내가 됐다가 다시 이혼을 하면 첫 번째 남편은 이 여인을 다시 아내로 취할 수 없다. 왜냐하면 이 일이 여호와께 가증한 일이며 약속의 땅을 더럽히는 것이기 때문이다. 이 규정처럼 하나님을 버리고 우상을 따라가 섬기다가 그에게 다시 돌아오는 것은 땅을 더럽히는 것이다. 그런데 우상을 숭배하면서도 하나님께 돌아오려는 의향을 유다백성이 보이자 하나님은 그렇게 하려고 하는지를 물으신다.

2-3절. 유다백성이 하나님께 돌아오겠다고 하는 이유는 단지 재앙의 고통 때문이다. 유다백성은 모든 헐벗은 산에서 우상을 숭배하고 악을 행함으로 온 땅을 더럽혔다(2절). 길가에 앉아 숭배할 대상을 찾는 그들의 모습이 광야에서 약탈을 하기 위해 간절히 사람을 만나길 바라는 아라바 사람(도적떼)에 비유될 정도다. 그러므로 하나님은 기근의 재앙으로 그들을 심판하셨다. 기근의 재앙이 임한 것은 그들의 범한 우상숭배의 죄 때문인 것이 분명함에도 불구하고 유다백성은 음란한 여인의 뻔뻔스러운 낯을 하고 부끄러워하지 않는다. 단지 재앙을 피하고자 하는 마음에 하나님을 다시 찾는다.

4-5절. 이 상황에서 유다백성이 하나님을 다시 찾는 것은 2장 27절에 언급한 것과 같은 맥락이다. 기근의 재앙이 그들이 범한 우상숭배 때문이라는 생각은 하지 않은 채 하나님께 그럴듯한 말로 도움을 구하면 된다고 생각한다. 그래서 하나님을 "나의 아버지"(אָבִי 아비)로 부르면서 친근감을 나타내고 "청년 시절부터 단짝"(אלּוּף נְעֻרַי 알루프 네우라이)이었다고 말하며 애정을 표현한다(4절).[23] 뿐만 아니라 끝까지 화를 내시겠냐고 묻는다(5절). 이런 말을 하지만 실제는 할 수 있는 모든 악을 행하고 있다.[24] 이런 행동과 함께 "아버지"라고 부르고 "단짝"이라고 하

---

23) אַלּוּף 알루프는 믿을 만하거나 친근한 대상을 가리킨다. 잠언 2장 17절에서는 유사한 표현이 사용되면서 젊은 시절의 "남편" 또는 "짝"을 의미한다: "그는 젊은 시절의 짝을 버리며 그의 하나님의 언약을 잊어버린 자라." 예레미야 11장 19절에 אַלּוּף 알루프가 사용되는데, 여기서는 양을 꾸미면서 "순한"이라는 의미를 갖는다: "순한 어린 양"(כֶּבֶשׂ אַלּוּף 케베스 알루프).

24) 3장 5절의 וַתַּעֲשִׂי הָרָעוֹת וַתּוּכָל 밭타아시 하라오트 밭투칼은 "네가 악[들]을 행할 뿐만 아니라 거리낌 없이 행한다" 또는 "네가 할 수 있는 악은 다 행한다"로 번역할 수 있다. "이런 말을 하면서 못하는 짓이 없었다"(공동번역); "온갖 악행을 마음껏 저질렀다"(새번역).

는 말을 들으시는 하나님의 심정은 과연 어떠했을까? 하나님은 유다백성이 이런 식으로 말해온 것을 지적하시면서 악을 포기하기는 싫고 단지 심판의 고통만 당장 벗어나려고 하는 속셈일 뿐이라고 평가하신다. 실제적인 삶의 변화가 수반되지 않은 말로만의 돌아옴은 하나님의 마음을 결코 움직일 수 없다. 오히려 자신의 추악한 속셈만을 드러낼 뿐이다. 유다백성의 이런 말과 태도에서 하나님의 진노를 가볍게 생각하는 안일함과 영적 불감증, 그리고 그럴 듯한 말과 함께 돌아온다고만 하면 된다는 이기적 판단을 보게 된다.

현재적 적용 | 묵상

1. 죄로 인해 하나님의 심판이 임했을 때 단지 심판의 고통을 벗어나려고 말로만 하나님께 애정을 표현하고 도움을 구하는 것은 아닌가? 그 고통의 원인이 죄 때문인 것에 대한 심각한 고민과 반성이 있는가?
2. 진정한 회개는 말로만 하는 것이 아니라 악한 행위와 길에서의 돌이킴이 반드시 있어야 한다는 사실을 기억하고 있는가?
3. 악과 죄에 너무 익숙해져서 죄를 짓고도 무죄한 척 뻔뻔한 낯으로 하나님을 찾고 찬양하는 것은 아닌가?
4. 말과 행동을 모두 주목하고 계시는 하나님을 기억하고 있는가?

2. 회개촉구와 확정된 심판, 3:6-6:30 [요시야 왕 때]

앞 단락(2:4-3:5)의 논쟁을 통해 유다백성이 하나님의 심판을 받을 수밖에 없는 문제가 확인된 후, 구체적인 내용이 이어지는 신탁들을 통해 서술된다. 3장 6절에 "요시야 왕"이 언급되면서 신탁이 주어진 역사적 정황이 제시된다. 하지만 이 정황이 3장 이후 20장까지 이어지는 지는 분명하지 않다. 20장을 언급하는 이유는 21장 1절에 시드기야 왕이 언급되면서 3장 이후 처음으로 새로운 역사적 정황이 제시되기 때문이다. 따라서 명시적으로 제시된 역사정보에만 근거하면 3장 6절부터 20장 18절까지 함께 분류할 수 있다. 그러나 이 범위(3:6-20:18) 안에 요시야 왕 시대에 받은 신탁만 기록됐다는 확정적인 결론을 내릴 수는 없다. 시대가 언급되지는 않았지만 여호야김 시대를 배경으로 하는 것으로 보이는 본문들이 있기 때문이다.[25]

3장 6절부터 20장 안의 세부 단락을 나누는 기준은 7장 1절을 시작으로 등장하는 "여호와께로부터 예레미야에게 말씀이 임하니라 [이르시되]"라는 도입형식이다.[26] 이 형식은 신탁의 시작을 알려줄 뿐만 아니라 단락을 열어주는 역할도 한다.[27] 일정 분량의 신탁들이 주어진 후에 이 도입형식이 사용된다. 3장 6절에서 6장까지 사용된 신탁도입형식은 1인칭화법의 "여호와의 말씀이 내게 임하니라"다.[28] 이와는 달리 7장부터는 3인칭화법의 도입형식("예레미야에게")이 지속적으로 사용된다.[29] 이 도입형식에 주목하면 3:6-6:30을 하나의 단락으로 분류하는 것이 가능하다. 이 단락(3:6-6:30)의 주제는 심판과 회개다. 유다백성에게 하나님의 심판 선고가 내려졌지만 여전히 심판을 피할 길은 있었다. 바로 회개다. 그런데 하나님이 회개를 촉구하실 때 유다백성은 그렇게 하기를 거부하고 하나님의 심판을 자처한다. 따라서 하나님의 심판이 확정된 선언이 주어지고 하나님의 심판을 수행할 북방에서 오는 한 민족이 언급된다.

---

25) 11-17장은 여호야김 시대에 주어진 신탁으로 분류되기도 한다(cf. Harrison, *Jeremiah & Lamentations*, 33). 7장의 성전설교 사건이 26장의 사건(여호야김 원년)과 동일한 것이라면 7장은 여호야김 시대에 받은 신탁이 된다. 하지만 유사한 사건이 반복됐을 가능성이 배제되는 것은 아니다.

26) 7:1; 11:1; 14:1; 18:1; 21:1; [26:1]; 27:1; 30:1; 32:1; 34:8, 12; 35:1; 36:1; 40:1.

27) 32장 1절, 34장 8절, 40장 1절에 유사한 도입형식이 사용되는데, 신탁이 바로 이어지는 것이 아니라 사건이 서술된다. 히브리어 원문에는 개역개정과는 달리 "말씀이 여호와께로부터 예레미야에게 임하니라"는 문장이 먼저 등장한다.

28) 1:4, 11, 13; 2:1, 5; 3:6. 3장에서 6장 안에서는 전형적인 신탁도입형식인 "여호와께서 내게 말씀하시니라"(וַיֹּאמֶר יְהוָה אֵלַי 바이요메르 아도나이 앨라이)가 3:11, 4:27, 5:14, 6:6, 9, 16, 22에 등장하면서 신적 신탁을 열어준다.

29) 이 도입형식을 기준으로 20장까지의 세부 단락을 구분하면 다음과 같다: (1) 3:6-6:30; (2) 7:1-10:25; (3) 11:1-13:27; (4) 14:1-17:27; (5) 18:1-20:18. 본서의 주해는 이 구분을 따른다.

(1) 이스라엘의 멸망에서 교훈을 얻지 못한 유다, 3:6-10

앞의 단락(3:1-5)에서 다룬 "돌아옴"(שׁוּב 슈브)의 주제가 이어진다. 북이스라엘이 우상을 숭배하다가 결국에는 여호와께로 돌아올 것이라는 기대가 있었지만 그들은 돌아오지 않았고 결국 멸망을 당했다. 이 모든 것을 목격한 유다는 교훈을 얻지 못하고 돌아오는 흉내만 낼뿐 진심으로 여호와께로 돌아오지 않는다.

북이스라엘의 배반: 여호와께로 돌아오지 않음(6-7절)
우상숭배에 빠진 이스라엘이 나중에는 하나님께로 돌아오리라는 기대가 있었지만 돌아오지 않았다. 이 모든 일에 유다가 증인이다. 왜냐하면 유다가 다 목격했기 때문이다.

북이스라엘의 멸망(8-9절)
결국 북이스라엘은 우상숭배의 간음으로 인해 이혼을 당하고 약속의 땅에서 쫓겨나게 된다. 언약관계가 파기된 것이다. 이 일을 목격하고도 유다는 교훈을 얻지 못하고 우상숭배로 약속의 땅을 더럽히는 것을 멈추지 않는다.

흉내만 내는 유다의 돌아옴(10절)
북이스라엘의 모든 일을 목격한 유다가 여호와께로 돌아오기는 하는데, 흉내만 낼뿐 진심으로 우상숭배를 포기하고 그에게 돌아오는 것은 아니다.

주해

6-7절. "요시야 왕 때"라는 언급만 있을 뿐 특정 시기가 언급되지 않는다. 따라서 특정 시기에 대한 여러 추측이 있을 수 있지만 본문의 의미를 파악하는 것에는 큰 의미가 없다. 예레미야는 자신이 받은 신탁을 1인칭관점에서 소개한다. "내게 이르시되." 따라서 6절의 "너"는 예레미야를 가리킨다. 하나님이 예레미야에게 북이스라엘이 행한 일을 보았느냐고 물으시는 것은 유다가 북이스라엘의 일을 목격한 것을 확인하는 질문이다. 이어서 하나님은 예레미야에게 배역한 북이스라엘이 행한 일에 대해 말씀하신다. 북이스라엘이 행한 "배역"(מְשׁוּבָה 메슈바)은

높은 산과 푸른 나무만 보면 그곳에 우상을 세우고 숭배한 것이다(6절).[30] 따라서 이 "배역"은 "돌아섬"을 의미한다. 북이스라엘이 그의 하나님 여호와께는 등을 돌리고 얼굴은 우상에게로 향했다. 달리 말하면 언약관계에 대한 "배신"이다. 남편과 아내의 관계가 음행으로 파괴되는 것과 동일하게 북이스라엘은 언약의 하나님을 거부하고 우상을 숭배함으로 그를 배신했다. 이와 같이 언약백성이 신의를 지키지 않았음에도 불구하고 하나님은 북이스라엘이 결국에는 그에게로 돌아오리라는 기대를 가지고 계셨다(7절). 할 만큼 다하고 나면 그들의 본 남편인 여호와를 기억하고 돌아오지 않겠냐는 기대다. 하지만 북이스라엘은 그에게로 돌아오지 않았다. 하나님은 유다가 이것을 다 목격했음을 지적하신다. "그의 반역한 자매 유다는 그것을 보았느니라"(7절).

다른 선지자서에서 볼 수 있는 것처럼 예레미야는 하나님과 언약백성의 관계를 지속적으로 남편과 아내의 관계유비를 사용해서 묘사한다. 따라서 언약백성이 언약의 하나님 여호와를 버리고 이방신을 따라가 섬긴 것을 "행음"(זָנָה 자나) 또는 "간음"(נָאַף 나아프)으로 묘사한다. 또한 우상숭배 행위를 "배역"(מְשׁוּבָה 메슈바)과 "반역"(בָּגוֹד 바고드; פָּשַׁע 파샤)으로 표현한다.

8-9절. 배신에서 돌아서지 않은 북이스라엘은 결국 내쫓김을 당할 뿐만 아니라 하나님과의 언약관계도 파기된다(8절상). 이를 결혼유비를 사용해서 이혼증서를 받게 된 것으로 묘사한다. 북이스라엘은 앗시리아에 의해 주전 722년에 멸망을 당하고 사방으로 흩어졌다. "배역한 이스라엘"(מְשֻׁבָה יִשְׂרָאֵל 메슈바 이스라엘)에 짝을 이루어 "그의 반역한 자매 유다"(בְּגוֹדָה אֲחוֹתָהּ יְהוּדָה 바고다 아호타흐 예후다)가 반복해서 언급된다. 동의어가 사용되는 것은 북이스라엘과 유다가 우상숭배로 여호와께 등을 돌린 면에서 속성상 차이가 없음을 보여준다. 유다가 "반역한 자매"로 표현되는 것은 그들이 북이스라엘과 동일한 죄를 범하고 있는 것을 지적할 뿐만 아니라 자매이기 때문에 누구보다도 북이스라엘이 행한 일을 알 수 있었음을 암시한다. 따라서 자신과 다를 바 없었던 북이스라엘이 멸망하는 것을 목격한 유다는 자신의 결말을 짐작해 볼 수 있어야 했고 교훈을 얻었어야만 했다. 그런데

30) 예레미야서에 사용된 מְשׁוּבָה 메슈바의 용례와 유의어에 대한 설명을 보려면, 서론의 주요 단어 단락(9번)을 참조하라.

유다는 그 결말에 대해 전혀 두려워하지 않고 행음(우상숭배)을 멈추지 않는다(8절 하). 더 나아가 우상숭배가 언약관계를 파괴하는 "행음"(זְנוּת 제누트; "간음")인 것을 신중하게 생각하지 않고 돌과 나무로 만든 우상을 숭배하는 것을 멈추지 않을 뿐만 아니라 약속의 땅을 더럽히는 일에 주저함이 없다(9절). 하나님은 유다 역시 "간음"(우상숭배)을 행한 것을 주목하셨다고 분명히 언급하신다. "그[유다] 역시 간음했다"(וַתִּזֶן גַּם־הִיא 밭티젠 감-히, 8절). 그렇다면 그 결말이 북이스라엘의 결말과 다를 바가 없다는 것을 짐작할 수 있다.

10절. 유다는 북이스라엘이 하나님을 버리고 우상을 섬기는 영적 간음으로 인해 멸망당한 것을 목격했음에도 불구하고 하나님께 돌아오는 흉내만 낼 뿐 진심으로 돌아오지 않는다. 북이스라엘의 결말을 본 유다는 여호와께 돌아오는 모습을 보였던 것으로 보인다. 그런데 하나님은 유다의 돌아옴이 "진심"("[그의] 온 마음"; כָּל־לִבָּהּ 콜-립바)이 아닌 "거짓"(שֶׁקֶר 쉐케르)이라고 확고하게 말씀하신다. 이는 마음이 담기진 않은 형식적이고 말뿐인 돌아옴을 가리킨다(cf. 12:2). 이런 돌아옴은 3장 1-5절에서 보인 심판의 재앙만 피하려는 속셈과 맥을 같이 한다. 또한 이것은 요시야 왕의 종교개혁에 참여한 유다백성의 태도에 대한 하나님의 평가다. 유다백성의 이런 태도가 요시야 왕이 죽은 후 신속히 우상숭배의 행위로 되돌아간 이유이기도 하다.

현재적 적용 | 묵상

1. 북이스라엘의 멸망과 유다의 멸망에서 한국교회와 국가는 교훈을 얻고 있는가? 하나님께 돌아오긴 하는데, 유다가 했던 것처럼 흉내만 내고 있는 것은 아닌가?
2. 하나님이 내가 행하고 있는 모든 죄악을 주목하고 계시는 것을 알고 있는가?
3. 북이스라엘과 유다에 빗대어 하나님이 나를 묘사하신다면 혹시 "배역한" 또는 "반역한"이라는 수식어를 사용하시지는 않을까? 또한 한국교회를 묘사하신다면?
4. 하나님을 버리고 세상이 보여주는 우상들을 따르는 것을 별거 아닌 일로 가볍

게 여기는 것은 아닌가? 그 결말이 심판인 것에 대한 두려움이 있는가?

5. 죄로 인해 닥친 어려움과 고통을 피하고 보자는 속셈으로 예배와 십일조, 교회생활에 열심을 내는 것은 아닌가? 거짓이 아닌 마음이 담긴 돌아옴인가?

---

(2) 이스라엘을 향한 돌아오라는 촉구와 회복약속, 3:11-22

앞 단락에 이어서 여호와의 말씀이 예레미야에게 임한다. 이 신탁의 대상과 내용은 북이스라엘로 시작하지만 회복의 약속을 구체적으로 언급할 때는 유다가 포함된다. 이는 "배역한 이스라엘"이 심판으로 멸망한 것과 동일하게 "그의 반역한 자매 유다" 역시 심판으로 멸망을 당하게 되는 결말을 전제로 한다. 심판을 받고 쫓겨난 북이스라엘에게 돌아오라고 명하는 것은 하나님의 긍휼과 언약관계("남편")에 근거한다. 하나님이 약속하는 회복은 새롭게 된 예루살렘과 약속의 땅으로 귀환과 돌봄 및 "배역함"의 치유다. 따라서 회복된 백성은 "그들의 악한 마음의 완악함"에 따라 행동하지 않을 것이다. 하나님과 언약백성의 관계를 서술할 때 두 가지 유비가 혼용된다. 하나는 아버지와 자녀의 유비이고 다른 하나는 남편과 아내의 유비다. 하나님은 등을 돌린 아내를 포기하지 않는 남편의 모습과 자녀를 치료하길 원하는 아버지의 모습으로 회복을 약속하신다.

북이스라엘의 상대적 의로움(11-12절)

하나님의 눈에 북이스라엘이 상대적으로 유다보다 의롭다. 그 만큼 유다의 죄가 심각하다는 것이다. 따라서 예레미야는 심판을 받고 흩어진 북이스라엘에게 돌아오라는 말을 전하라는 명령을 받는다.

죄를 인정하라(13절)

진정한 돌아옴은 죄를 인정하는 것이다.

회복에 대한 하나님의 약속: 귀환과 돌봄(14-15절)

떠나간 아내가 돌아오길 바라는 남편의 모습으로 하나님은 자신의 백성을 다시 데려와서 돌볼 것을 약속하신다. 그러나 쫓겨난 백성 모두는 아니다.

여호와의 보좌가 될 예루살렘과 남북의 귀환(16-18절)

회복이 이루어질 때 하나님의 임재는 언약궤에만 제한되지 않는다. 예루살렘 전체가 여호와의 보좌, 즉 그의 임재의 자리가 된다. 또한 북이스라엘과 유다는 한 나라를 이루어 약속의 땅에 거하게 된다. 이 때 열방도 함께 이 회복을 누리게 된다.

간곡한 부탁을 외면하고 하나님을 속인 북이스라엘(19-20절)

하나님은 북이스라엘을 그의 자녀로 삼고 약속의 땅을 주어야겠다고 생각하실 때 언약백성인 북이스라엘이 그를 아버지라 부르고 떠나지 않을 거라는 기대를 하셨다. 그런데 북이스라엘은 아내가 남편을 버리듯 그를 속이고 배반했다.

돌아오라(21-22절상)

그릇된 길로 간 죄로 인해서 겪는 심판의 고통 중에 북이스라엘이 눈물로 간구하는 소리를 들으신 하나님은 북이스라엘에게 배역함을 치료해 주실 것을 약속하시면서 돌아오라고 말씀하신다.

주해

11-12절. "배역"(מְשֻׁבָה 메슈바)과 "반역"(בֹּגֵדָה 보개다)은 다른 단어이지만 동일한 속성을 나타낸다.[31] 그럼에도 불구하고 하나님은 "배역한" 이스라엘이 "반역한" 유다보다 자신이 더 의롭다는 것을 보여주었다고 말씀하신다(11절). 왜냐하면 유다의 배교는 더 악하고 여전히 진행 중이기 때문이다. 특히 하나님의 임재가 있는 성전에서의 우상숭배는 유다가 범한 죄의 심각성을 더 가중시킨다(7:30; 32:34-35; cf. 겔 8장). 동시대의 에스겔 선지자는 북이스라엘과 유다를 자매로 표현하면서 유다의 죄가 북이스라엘을 상대적으로 의롭게 했다고 평가한다(겔 16:44-52; cf.

31) 10절에서는 בָּגוֹד 바고드의 여성형 형용사를 사용해서 "그의 반역한 자매 유다"(בָּגוֹדָה אֲחוֹתָהּ יְהוּדָה 바고다 아호타흐 예후다)라고 묘사한 반면에 12절에서는 동사 בגד의 여성형 분사를 사용해서 "반역한 유다"(בֹּגֵדָה יְהוּדָה 보개다 예후다)라고 묘사한다. 12절의 분사는 거짓으로 돌아오는 척하면서 지속적으로 우상숭배를 하고 있는 유다의 배반을 묘사하는 것으로 보인다.

겔 23장). “사마리아는 네 죄의 절반도 범하지 아니하였느니라 네가 그들보다 가증한 일을 심히 행하였으므로 네 모든 가증한 행위로 네 형[사마리아]과 아우[소돔]를 의롭게 하였느니라”(겔 16:51). 유다가 북이스라엘의 모든 것을 지켜보고도 교훈을 얻지 못하고 우상숭배를 멈추지 못한 것 또한 북이스라엘이 자신이 상대적으로 더 의롭다고 말할 수 있게 한다.

예레미야는 북을 향하여, 즉 북이스라엘을 향해서 이 말을 하라는 명령을 받는데, 그가 선포해야 할 말은 “돌아오라”(שׁוּבָה 슈바)는 것이다(12절). 하나님께 등을 돌리고 돌아섰던 북이스라엘(מְשֻׁבָה יִשְׂרָאֵל 메슈바 이스라엘)에게 그를 향해 다시 돌아서라는 명령이다. 왜냐하면 하나님이 더 이상 화로 북이스라엘을 대하지 않으실 것이기 때문이다. 하나님은 그의 언약에 따른 신실함(חָסִיד 하씨드)이 북이스라엘을 향한 그의 진노를 영원히 품지 않게 한다고 말씀하신다. 개역개정에서 “긍휼”로 번역한 חָסִיד 하씨드는 언약에 대한 신실함과 헌신을 의미하는 “חֶסֶד 헤쎄드를 지키는 이”를 가리킨다.[32] 따라서 “나는 긍휼이 있는 자라”(חָסִיד אָנִי 하씨드 아니)는 말은 “나는 북이스라엘과 맺은 언약에 대해 신실하다”는 의미를 전달한다. 이는 언약 관계에 신실하지 못했던 북이스라엘과는 대조적인 모습이다. 하나님은 언약에 대한 그의 신실함과 헌신 때문에 북이스라엘에게 돌아오라고 말하신다.

13절. 북이스라엘이 하나님께 돌아오는 것은 범한 죄를 인정하는 것을 의미한다. 왜냐하면 진정한 돌아옴은 죄를 인정하는 것으로 시작되기 때문이다. 이것은 유다백성이 실패한 것이다. 그들은 온 마음으로 돌아온 것이 아니라 거짓으로 돌아오는 흉내만 냈다(cf. 10절). 북이스라엘이 인정해야 하는 세 가지 죄가 서술된다. 첫째, 유일한 언약의 하나님 여호와를 배반한 것이다. 동사 פָּשַׁע 파샤가 사용되는데, 이는 넘지 말아야할 선을 넘은 행위를 의미한다. 그래서 반항적인 태도를 가리킨다. 명사형 פֶּשַׁע 페샤는 “범죄”를 의미한다. 둘째, 여호와가 인도하신 길(דֶּרֶךְ 데레크)로 가지 않고 자신의 길(“너의 길들”; דְּרָכַיִךְ 데라카이크)을 이리저리 선택해서 화려하고 울창한 나무 아래에 있는 이방인들에게로 간 것이다(cf. 2:17). “푸른 나무”(עֵץ רַעֲנָן 애쯔 라아난)는 가나안의 우상숭배가 행해지는 자리다(17:2; cf. 2:20;

32) 같은 맥락에서 하나님에 대한 언약적 사랑을 지키는 신실한 자들, 곧 “성도”를 가리킬 때 חָסִיד 하씨드가 사용된다(cf. 시 4:4; 18:26; 132:9).

3:6; 겔 6:13).[33] 따라서 이들이 이곳의 이방인들에게로 가는 길을 따라가 간 것은 우상숭배 행위를 의미한다. 셋째, 여호와의 목소리를 듣지 않은 것이다.

14-15절. 하나님은 자신을 배반하고 떠난 "배역한 자식들"(בָּנִים שׁוֹבָבִים 바님 쇼바빔)을 향해 돌아오라고 말하신다. 왜냐하면 하나님이 그들이 찾아야 할 "남편"이기 때문이다(14절상). 언약백성이 언약관계를 거부하고 이방신을 찾아 갔지만 하나님은 그들을 여전히 "자식들"(בָּנִים 바님; "아들들")이라고 부르시면서 그들에 대한 그의 애정을 드러내신다. 호세아 선지자가 전한 하나님의 심정을 여전히 느낄 수 있다: "에브라임이여 내가 어찌 너를 놓겠느냐 이스라엘이여 내가 어찌 너를 버리겠느냐"(호 11:8).[34] 흥미로운 것은 그들이 하나님에게로 돌아와야 할 이유다. 하나님이 남편이기 때문에 돌아오라고 하신다. "나는 너희 남편임이라"로 번역한 히브리어 문장은 אָנֹכִי בָּעַלְתִּי בָכֶם 아노키 바알티 바켐이다. 이를 문자적으로 "내가 너에게 '바알'(בַּעַל 바알)이다"로 번역할 수 있다. בַּעַל 바알은 "주인," "남편," 또는 가나안의 풍요의 신 "바알"을 의미한다(cf. 2:23). 이 문장에서 "바알"은 중의적 역할을 한다. 하나는 언약백성이 돌아와야 할 대상은 그들의 "남편/주인"(바알)이신 여호와라는 것이다. 다른 하나는 그들의 따라야 할 "바알"은 가나안의 신 "바알"이 아니라 언약의 여호와 "바알"("주")이라는 것이다.[35] 후자의 사실을 확인해 주기 위해 돌아와야 하는 북이스라엘을 "자식들"로 표현하면서도 그들이 따라야 할 대상은 "남편"("바알")으로 표현한다. 이는 아버지와 자녀의 유비와 남편과 아내의 유비가 여기서 혼용되는 이유다.

돌아온 이들에게 하나님이 약속하시는 회복은 다음과 같다. 첫째, 흩어진 그곳에서 하나님이 남은 자들을 취하여 시온으로 데리고 오신다(14절하). "성읍에서

---

33) "그들의 자녀가 높은 언덕 위 푸른 나무(עֵץ רַעֲנָן 애쯔 라아난) 곁에 있는 그 제단들과 아세라들을 생각하도다"(17:2).

34) 호세아 11장 1절에서 하나님은 이스라엘을 그가 사랑하는 "내 아들"이라고 부르신다.

35) 호세아 2장에서 בַּעַל 바알의 유사한 용례를 볼 수 있다(cf. 호 2:7, 16). 북이스라엘 백성이 여호와를 그들이 섬길 수 있는 여러 바알들 중의 한 바알("내 바알")이라고 부를 때 하나님은 그가 "바알"이 아니라 "남편"(אִישׁ 이쉬)이라고 말씀하신다(호 2:16). 뿐만 아니라 바알들의 이름을 북이스라엘의 입에서 제거하시겠다는 약속을 하신다(호 2:17).

하나와 족속[가족] 중에서 둘"이라는 표현은 흩어진 모든 백성이 회복을 누리는 것은 아님을 보여준다. 자신들의 죄를 인정하고 돌아오기를 결정한 남은 자들이 그 대상이 된다. 왜냐하면 "돌아오라"는 명령, 즉 죄를 인정하라는 명령과 함께 "데리고 오겠다"는 약속이 함께 언급되기 때문이다. 회복을 누리게 되는 것은 전적으로 하나님의 사역이고 은혜다. 그런데 이 사역과 은혜에 참여할 수 있는 이들은 죄를 인정하고 그에게 돌아오는 이들이다. 이 회복은 약속의 땅에서의 추방을 되돌려 놓는다.

둘째, 하나님의 마음에 합한 목자들(지도자들)을 세워 돌아온 이들을 지혜와 명철로 돌보게 하신다(15절). 이 회복은 지도자들의 실패를 역전시킨다. 언약백성의 실패에는 지도자들의 실패와 타락이 뿌리 깊게 자리를 차지하고 있다(cf. 2:8). 그들은 하나님의 마음이 아닌 자신들의 욕심과 유익을 따랐을 뿐만 아니라 이방신의 마음에 맞게 행했다(cf. 6:13; 7:9). 하지만 회복의 때가 되면 하나님이 그의 마음에 합한 지도자들을 세워 그들이 지혜와 명철로 목자가 양을 돌보듯 돌아온 백성을 돌보게 하신다.

16-18절. 하나님이 약속하신 회복의 내용이 이어서 서술된다. 셋째, 하나님의 임재가 여호와의 언약궤에만 제한되지 않고 예루살렘이 여호와의 임재가 임하는 "여호와의 보좌"(כִּסֵּא יְהוָה 킷쎄 아도나이)로 불리며 모든 백성이 여호와의 이름으로 모이는 자리가 된다(16-17절상). 이때 열방이 구원과 회복에 포함된다. 하지만 열방 중에 "여호와의 이름으로 모이는" 이들로 그 대상이 제한된다. 하나님의 임재의 자리로 나아올 수 있는 이들이 대제사장에게 제한됐던 것과는 달리 여호와의 이름을 따르는 자는 누구나 그 임재의 자리로 올 수 있도록 예루살렘 성 전체가 열려 있게 된다. 언약궤로 하나님의 임재의 가시적 상징이 제한되지 않는다. 이는 스가랴가 "예루살렘과 유다의 모든 솥이 만군의 여호와의 성물이 될 것이라"(슥 14:21)고 선포한 것과 같은 맥락이다. 즉 하나님의 거룩한 임재의 편재성(遍在性)이다.

언약궤는 옛 언약을 의미하는 환유다. 따라서 새 언약의 회복이 임하게 되면 새 언약이 옛 언약의 의도와 목적을 완성한다. 따라서 새 언약을 보면 옛 언약은 다시 말하지 않고, 기억하지 않고, 찾지 않을 것이다. 언약궤를 다시 만들지 않는다는 것은 옛 언약으로 다시 돌아가지 않는다는 것을 의미한다.

넷째, 돌아온 이들은 "자신들의 악한 마음의 완악함" (שְׁרִרוּת לִבָּם הָרָע 쉐리루트 립밤 하라)에 따라 행동하지 않는다(17절하). 언약의 하나님을 버리고 이방우상을 따라가게 만든 근본적인 원인이었던 악한 마음의 완악함이 해결된다. 같은 맥락에서 마음의 할례, 여호와를 아는 마음, 한 마음, 율법이 새기어진 마음 등으로 표현되기도 한다(cf. 4:4; 24:7; 31:33; 32:39-40).[36]

다섯째, 북이스라엘과 유다가 함께 북쪽으로부터 와서 한 나라를 이루어 약속의 땅을 다시 유업으로 얻게 된다(18절; cf. 31:31; 33:7). 북쪽은 심판의 재앙이 오는 방향이며 쫓겨난 방향이다(16:15; 23:8). 뿐만 아니라 북쪽은 회복과 구원이 오는 자리이기도 하다. 회복이 임하게 되면 하나님의 심판으로 흩어진 백성이 한 민족으로 약속의 땅으로 돌아와서 조상들에게 약속한 땅을 유업으로 얻는다. 이는 아브라함 언약의 완성을 의미할 뿐만 아니라 12지파가 두 개의 왕국으로 나뉘게 된 심판을 되돌리는 것이다.

19-20절. 하나님이 이스라엘과 언약을 맺으셨을 때 그가 가지고 계셨던 본래 계획과 기대가 서술된다(19절). "내가 친히 말했다" (אָנֹכִי אָמַרְתִּי 아노키 아므르티)는 강조용법의 표현으로 하나님의 계획과 기대를 강조한다. 하나님의 계획은 이스라엘을 그의 자녀로 삼고 열국 중에 가장 매력적이고 아름다운 유업, 즉 약속의 땅을 주는 것이다. 이 계획과 함께 하나님이 기대했던 것은 이스라엘이 자신을 "나의 아버지"라고 부르고 그를 떠나지 않는 것이다. 아버지와 아들의 친밀한 관계를 계획하셨고 또한 기대하셨다. 그런데 하나님은 이스라엘 족속이 그를 배신했다고 말씀하신다(20절). 동사 בָּגַד 바가드는 신의를 저버리는 행위를 가리키는 것으로 배신을 의미한다. 이것을 아내가 남편에 대한 신의를 버리고 배신한 것에 비유하신다. 이 배신의 결과가 21절에 서술된다.

21-22절상. 하나님의 계획과 기대를 거부하고 배신한 이스라엘은 "헐벗은 산"

---

36) 신약에서 바울은 할례를 육의 몸을 벗는 것으로 설명한다: "또 그[그리스도 예수] 안에서 너희가 손으로 하지 아니한 할례를 받았으니 곧 육의 몸을 벗는 것이요 그리스도의 할례니라" (골 2:11).

위에서 애곡을 하게 되고 도움을 간청하게 된다(21절). "헐벗은 산"(שְׁפָיִים 쉐파임)은 이스라엘이 우상숭배를 행한 자리다(cf. 3:2). 그곳에서 애곡을 한다는 것은 그들이 섬긴 우상이 아무런 유익을 주지 못하는 헛된 것(הֶבֶל 헤벨)임을 확인해 준다. 배신의 내용이 다시 서술된다. 그들의 길을 어지럽히고 그들의 하나님 여호와를 잊은 것이다.

자신의 자녀가 되길 기대했지만 그를 잊어버리고 "돌아선 자식들"(בָּנִים שׁוֹבָבִים 바님 쇼바빔)에게 하나님은 "돌아오라"(שׁוּבוּ 슈부)고 말하실 뿐만 아니라 그들의 "돌아섬"("너희의 돌아섬"; מְשׁוּבֹתֵיכֶם 메슈보태켐)을 고쳐주시겠다고 약속하신다(22절 상). 하나님의 회복은 피상적인 관계의 회복이 아니라 근본적인 변화이고 원인의 해결이다.

현재적 적용 | 묵상

1. 하나님이 베푸시는 구원과 회복을 소망하며 죄를 인정하고 죄의 길에서 돌아서서 하나님께로 향하고 있는가?
2. 하나님이 성도들에게 약속하신 회복의 구체적인 내용을 알고 있고 또한 기대하고 있는가?
3. 하나님이 인도하신 그 길에 여전히 서 있는가, 아니면 화려해 보이는 길들을 어지럽게 따라가고 있는가? 그 길들의 끝에는 애곡과 통곡이 있다는 것을 기억하고 있는가? 좁은 길과 넓은 길, 과연 하나님을 사랑하는 성도로서 어느 길을 택할 것인가?
4. 내가 사모하고 따라가는 "바알"(주인/남편)은 누구인가? 남편(바알)이신 여호와인가, 아니면 세상의 바알들인가? 세상의 바알을 따라가면서도 여호와 바알을 따라가고 있다고 변명하거나 스스로 속고 있는 것은 아닌가?
5. 하나님의 길과 내 길이 충돌할 때 어떻게 할 것인가? 돌아오라는 하나님의 애절한 음성에 귀를 막고 내 길을 고집할 것인가?
6. 예레미야처럼 회복의 복된 소식을 외치고 있는가?

(3) 진정한 돌아옴(회개)의 필수요소, 3:22하-25

"돌아오라"(שׁוּבוּ 슈부)는 하나님의 명령에 대한 올바른 반응은 "진정한 돌아옴" 즉 "진실한 회개"다. 이 단락에 기록된 기도는 진정한 돌아옴의 필수요소를 보여준다. 온 마음으로 하는 진실한 회개의 필수요소는 첫째, 하나님의 하나님 되심과 구원이 하나님께만 있는 것을 인정하는 것이며 둘째, 부끄러움과 죄를 인정하는 것이다. 하나님을 인정하는 것과 부끄러움과 죄를 인정하는 것은 동전의 양면과 같다.

하나님을 인정함(22상-23절)
진정한 돌아옴은 하나님이 구원을 베푸시는 참 신이신 여호와인 것을 인정할 때 가능하다.

죄를 인정함(24-25절)
부끄러움과 수치를 인지할 때 죄를 보게 되고 인정하게 된다.

주해

22상-23절. 참 신이신 여호와 하나님을 인정하고 주목하게 될 때 여호와께로 오게 된다. 하나님을 인정하는 것은 구체적으로 작은 산과 높은 산에서 요란스럽게 우상을 숭배한 것이 "헛된 것"(שֶׁקֶר 쉐케르; "거짓"), 즉 "속임"인 것과 구원이 오직 여호와 하나님에게만 있음을 고백하는 것을 의미한다. 우상이 속임인 것을 인정하는 것은 우상을 숭배했던 자신이 어리석었음을 인정하는 것이다(cf. 10:14; 51:17). 하나님께 주목하게 되면서 자신의 실체를 보게 된다. 우상숭배가 속이는 것이라는 인식은 구원을 베푸시는 여호와께 돌아오게 한다.

24-25절. 우상숭배의 거짓됨을 깨닫고 구원의 하나님을 주목하게 되면 부끄러움과 죄를 인정하지 않을 수 없다. 우상을 숭배했던 것을 생각하면 "부끄러움"과 "수치"를 떠올릴 수밖에 없다. 왜냐하면 "부끄러운 그것"(הַבֹּשֶׁת 합보쉐트) 곧 부끄러움 그 자체인 우상을 섬긴다고 수많은 양과 소를 바치고 심지어는 자녀도 바친

어리석음 때문이다(24절; cf. 호 9:10). 따라서 수치와 치욕을 당하는 것이 당연하다고 인정하게 된다. 이것은 우리로 "우리의 부끄러움" (בָּשְׁתֵּנוּ 보쉬태누) 중에 눕게 하시고 "우리의 치욕" (כְּלִמָּתֵנוּ 켈림마태누)으로 덮이게 하시라는 고백으로 이어진다 (25절).[37] 이는 "부끄러움" (הַבֹּשֶׁת 함보쉐트)을 따라가다 "부끄럽게 된 것" (בָּשְׁתֵּנוּ 보쉬태누)을 인정하는 것이다. 2장 5절의 "헛된 것을 따라가서 결국 헛되게 됐다"는 하나님의 지적에 대한 인정이다. "[우리의] 청년의 때로부터" (מִנְּעוּרֵינוּ 민네우래누)가 거듭 언급되는 것은 뿌리 깊게 자리하고 있던 고질적인 죄에 대한 인식을 반영한다. "우리와 우리 조상들"이라는 표현 역시 같은 의미를 전달한다(cf. "청년의 때로부터 오늘까지"). 부끄러움과 수치의 실체는 단지 헛된 우상을 숭배한 사실이 아니다. 바로 하나님 여호와께 죄를 범하고 그의 목소리에 귀를 기울이지 않고 순종하지 않은 것이다. 그러므로 죄의 본질을 깨닫고 고백하는 것이 진정한 회개다.

현재적 적용 | 묵상

1. 세상이 세운 우상을 따르고 섬기는 것이 속임이고 부끄러움 그 자체라는 것을 인정하는가?
2. 부끄러운 것을 추구하고 따르다가 결국 부끄러움을 당하게 된다는 것을 알고 있는가? 결국 부끄러움과 수치를 안겨줄 뿐인데, 여전히 찾고 있는 작은 산과 큰 산이 있는 것은 아닌가?
3. 주변 사람들이나 교회의 눈과 평가가 아닌 하나님의 눈과 평가로 내 자신의 실체를 보고 있는가?
4. 죄에 대한 부끄러움과 수치가 있는가? 죄가 고질적인 질병처럼 삶에 깊숙이 자리를 잡고 있는 것은 아닌가?
5. 나의 회개에는 하나님을 인정하는 것과 죄를 인정하는 것이 있는가?

---

37) 개역개정은 "우리는 수치 중에 눕겠고 우리의 치욕이 우리를 덮을 것이니"라는 평서문으로 번역하는데, 이와는 달리 동사 נִשְׁכְּבָה 니쉬케바를 1인칭 청유형으로, 그리고 동사 תְּכַסֵּנוּ 테캈쌔누를 3인칭 간접명령형(jussive)로 분석할 수 있다: "Let us lie down in our shame, and let our disgrace cover us"(NIV; cf. KJV).

(4) 돌아옴(회개)의 방향과 모습, 그리고 본질적인 의미, 4:1-4

본 단락은 앞 단락(3:22상-25)에서 언급한 진정한 돌아옴이 어디로 향해야 하는지, 그 모습은 어떠한지, 그리고 본질적인 의미가 무엇인지를 서술한다. 또한 여호와를 인정하고 부끄러움과 죄를 인정하는 진정한 돌아옴이 어떤 결과로 인도하는지를 알려준다.

누구에게 그리고 어떤 모습으로 돌아가야 하는가?(1-2절)

돌아옴의 방향은 언약의 하나님 여호와이며 그 모습은 가증한 것을 버리고 흔들림이 없어야 한다. 또한 돌아옴의 모습에는 진실과 정의와 공의가 있어야 한다. 그렇게 할 때 축복을 기대할 수 있고 여호와가 자랑이 된다.

돌아옴의 본질적인 의미(3-4절)

돌아옴의 본질적인 의미는 뿌리를 내리고 자랄 수 있도록 묵은 땅을 가는 것과 마음의 할례를 행하는 것이다.

주해

1-2절. 앞 단락(3:22상-25)에서 돌아옴의 필수요소를 서술한 것에 이어서 여기서는 돌아옴의 방향과 모습이 서술된다. "네가 돌아오려거든 내게로 돌아오라"는 말은 진정한 돌아옴에 대한 하나님의 기대를 담고 있다(1절상). 언약백성이 돌아와야 할 방향은 바로 언약의 하나님 여호와다. 왜냐하면 여호와가 돌아와야 할 유일한 방향이기 때문이다. 진정한 돌아옴의 모습은 단지 돌아온다고 말만 하는 것이 아니라 여호와가 가증하게 여기는 우상을 실제로 제거하는 것이다(1절하).[38] 그러면 길을 잃고 방황하지 않게 된다. 개역개정은 1절의 마지막 문장 לֹא תָנוּד로 타누드를 앞에 서술된 조건절에 이어지는 것으로 번역한다. "네가 만일 나의 목전

38) "가증한 것"으로 번역한 שִׁקּוּץ쉭쿠쯔는 이방의 "가증스러운 우상"(7:30; 16:18; cf. 왕하 23:24; 겔 5:11; 11:18; 37:23) 또는 이방제의와 관계된 "가증스러운 행위"(13:27; 사 66:3)를 가리킨다.

에서 가증한 것을 버리면 [그리고] *네가 흔들리지 아니하면*(לֹא תָנוּד로 타누드)" (cf. 현대인의 성경; NIV). 이와는 달리 이 문장을 결과절로 번역할 수 있다: "네가 만일 나의 목전에서 가증한 것을 버리면 [그 결과로] *너는 흔들리지 않게 될 것이다*" (cf. KJV). "흔들리다"로 번역한 동사 נוּד누드는 창세기 4장 12절을 떠올리게 한다. 창세기 4장 12절은 동일한 동사 נוּד누드를 사용해서 동생 아벨을 살해한 죄를 범한 가인이 땅에서 "유리하는 자"(נָד나드)가 된 것을 묘사한다.[39] 따라서 "네가 흔들리지 않게 된다"는 표현은 "방향을 잃고 헤매지 않게 된다"는 의미를 담고 있다. 왜냐하면 여호와께로 방향이 확정됐기 때문이다. 돌아옴의 방향이 하나님께로 정해져 있고 그 돌아옴에 가증한 것을 버리는 모습, 즉 죄에서 돌이키는 모습을 담으면 방향을 잃고 헤매지 않게 된다.

또한 진정한 돌아옴에는 "진실"(אֱמֶת에메트)과 "정의"(מִשְׁפָּט미쉬파트)와 "공의"(צְדָקָה쩨다카)를 행할 것을 여호와의 사심을 두고 맹세하는 모습이 있다. 이 세 단어는 하나님의 속성을 나타낸다. 따라서 이 모습은 하나님의 속성을 따르는 삶을 살겠다는 결단이다. 그러면 열방이 여호와로 인하여 복을 받을 뿐만 아니라 자랑하게 된다. 달리 표현하면, 진정으로 돌아온 언약백성의 삶을 통해 열방이 참 신이신 여호와를 경험하게 되고 그것을 자랑으로 여기게 된다. 결과적으로 진정한 돌아옴은 언약백성이 열방을 위한 축복의 통로가 되게 한다(cf. 창 12:3).

3-4절. 여호와께로 돌아오라는 명령이 이스라엘에게 주어진 것과 같은 맥락에서, 돌아옴에 대한 권면이 유다와 예루살렘 주민에게 주어진다. 이는 돌아옴이 언약백성에게 요구되는 것이기 때문이다. 하나님은 두 가지로 돌아옴의 본질적 의미를 설명하신다. 첫째, 묵은 땅을 갈아엎고 가시덤불을 제거한 후에 씨를 뿌리는 것이다(3절). 이것은 돌아옴이 실제로 뿌리를 내리고 자라게 하기 위한 것이다. 피상적인 돌아옴이 아니라 실체가 있는 돌아옴을 의미한다. 두 번째 의미가 실체가 있는 돌아옴의 의미를 설명한다(4절). 즉, 여호와께 마음의 가죽을 베어내는 할례를 행하는 것이다. 이는 마음의 할례를 의미한다. 할례를 행할 때 그 대상은 분명

39) "네가 밭을 갈아도 땅이 다시는 그 효력을 네게 주지 아니할 것이요 너는 땅에서 피하여 유리하는 자가 되리라"(창 4:12); "When you work the ground, it will no longer yield its crops for you. You will be a restless wanderer on the earth"(NIV).

하다. 바로 여호와다. 4장 14절은 마음의 할례를 "마음의 악을 씻어 버리는 것"으로 설명한다. 반대로 마음의 할례를 행하지 않은 상태는 "사악한 생각들을 마음에 담아두는 것"이다(4:14). 그렇다면 여호와께 할례를 행한다는 것은 마음을 여호와에 대한 생각으로 채우는 것을 의미한다. 따라서 사악한 생각을 마음에서 씻어내고 그 마음을 여호와에 대한 생각으로 채우는 할례를 행하는 것이 진정한 돌아옴의 의미다. 이런 돌아옴("회개")이 없으면 악행에 대한 진노로 하나님이 행하시는 심판을 어느 누구도 감당할 수 없는 게 된다(cf. 9:25-26). "스스로"(לָכֶם 라켐)라는 표현은 돌아옴에 대한 의지적 결단의 중요성을 보게 한다.

현재적 적용 묵상

1. 돌아가야 할 방향을 분명히 알고 신앙생활을 하고 있는가? 하나님께로 돌아갈 방향이 확정됐는가?
2. "나에게로 돌아오라"는 하나님의 부르심과 기대에 귀를 기울이고 있는가? "돌아오라"는 하나님의 음성을 듣고 진정으로 그렇게 하겠다는 의지적 결단이 있는가?
3. 하나님께 드리는 회개에 하나님이 가증하게 여기시는 것을 제거하는 노력과 하나님을 본받아 살겠다는 결단이 있는가? 회개의 모습에 단지 눈물만 담는 것이 아니라 공의롭고 정의로운 삶과 진실한 삶을 담고 있는가?
4. 주변 사람들이 하나님을 경험하고 그의 축복을 누리게 하는 통로인가, 아니면 가로막는 걸림돌인가?
5. 악한 생각을 마음에서 씻어내고 하나님에 대한 생각으로 마음을 채우는 것으로 그에게 돌아오고 있는가? "옷을 찢지 말고 마음을 찢고 너희 하나님 여호와께로 돌아오라"는 요엘 선지자의 말처럼 마음의 할례를 행한 후 하나님을 예배하고 찬양하고 있는가? 하나님이 원하시는 것은 찢어진 옷이 아니라 상한 심령이라는 것을 알고 있는가? ("하나님께서 구하시는 제사는 상한 심령이라 하나님이여 상하고 통회하는 마음을 주께서 멸시하지 아니하시리이다," 시 51:17).

(5) 유다에 임할 임박한 파괴에 대한 경고, 4:5-18

본 단락은 3-4절을 이어서 하나님이 유다와 예루살렘 사람들에게 하신 말씀을 서술한다. 심판에 대한 하나님의 말씀과 이에 대한 선지자 예레미야의 반응이 번갈아가며 등장한다. 주요주제는 하나님이 기대하시는 진정한 돌아옴이 없을 때 겪게 되는 심판이다. 하나님이 행하실 심판이 곧 임하게 될 것이며 유다백성의 악행이 심판을 초래했다고 말씀하신다. 이에 대한 예레미야의 반응은 낙담과 탄식이다.

a. 하나님의 말씀: 임박한 심판에 대한 경고(5-7절)
　　b. 예레미야의 권고: 애곡하라(8절)
a'. 하나님의 말씀: 당혹스러워하는 지도자들(9절)
　　b'. 예레미야의 탄식: "확실히 속이셨나이다" (10절)
a". 하나님의 말씀: 예루살렘을 향한 심판의 바람(11-12절)
　　b". 예레미야의 탄식(13절)
a'". 하나님의 말씀: 스스로 초래한 심판(14-18절)

하나님의 말씀: 임박한 심판에 대한 경고(5-7절)

"돌아오라"는 하나님의 명령을 듣지 않고 있는 유다는 하나님의 임박한 심판에 직면하게 된다. 사자처럼 나라를 파멸하는 자가 이미 자신의 처소를 떠났다는 표현은 심판이 임박했음을 보여준다. 하나님이 행하실 심판이 곧 임할 것이기에 속히 시온으로 대피할 것을 선포하라는 명령이 주어진다.

예레미야의 권고: "애곡하십시오" (8절)

하나님의 진노가 여전히 거두어진 것이 아니기에 예레미야는 예루살렘 거민들에게 애곡하라고 말한다.

하나님의 말씀: 당혹스러워하는 지도자들(9절)

하나님은 그의 심판이 임하게 되면 정치와 종교 지도자들이 놀라고 당혹스러워할 것이라고 말씀하신다.

예레미야의 탄식: "확실히 속이셨습니다" (10절)

예레미야는 하나님이 평강을 말씀하셨지만 심판의 칼이 임하게 됨을 보고 하나님이 확실히 속이셨다고 말한다.

하나님의 말씀: 예루살렘을 향한 심판의 바람(11-12절)
하나님은 그가 계획하신 심판의 바람이 예루살렘을 향해 불어온다고 말씀하신다.

예레미야의 탄식: "우리는 멸망하게 됐습니다"(13절)
예레미야는 하나님의 심판으로 인해 유다가 이제 망하게 됐다고 탄식한다.

하나님의 말씀: 스스로 초래한 심판(14-18절)
하나님이 심판을 계획하셨지만 마음의 악을 씻어버리면 구원을 얻을 수 있다고 말씀하신다. 하지만 결국 심판이 임하는 것은 유다백성이 행한 일들이 자초한 것임을 지적하신다.

주해

5-7절. 유다백성과 예루살렘 거민을 향한 하나님의 말씀을 이어간다. 예레미야가 전하는 신탁을 듣는 이들("너희")에게 유다와 예루살렘이 분명히 들을 수 있도록 선포하라는 명령이 주어진다. 경고나팔을 크게 불며 선포해야 할 말은 지체하지 말고 속히 견고한 성읍이 있는 시온으로 대피하라는 것이다(5절). 시온을 향해 깃발을 세우고, 도피하고, 지체하지 말라는 명령이 나열되면서 상황의 위급함과 긴장감을 느끼게 한다(6절). 하나님이 친히 북쪽에서 "재앙"(רָעָה 라아)을 몰고 올 것이며 그것이 "큰 파괴"(שֶׁבֶר גָּדוֹל 쉐베르 가돌)라는 선언이 상황을 더욱 위협적으로 만든다(cf. 6:1). 유다와 예루살렘을 "멸하는 자"(מַשְׁחִית 마쉬히트)를 사자에 비유하면서 포악성과 위협을 그대로 느낄 수 있게 한다(7절). מַשְׁחִית 마쉬히트는 완전히 쓸어버리는 파괴를 의미할 뿐만 아니라 살육을 행하는 것을 가리킨다. 흥미롭게도 2장 30절에서 유다백성이 하나님의 말씀과 경고를 선포하는 선지자들을 무참히 죽인 사실을 사자비유와 함께 동일한 동사 שָׁחַת 샤하트를 사용해서 서술한다: "너희 칼이 사나운 사자같이 너희 선지자들을 *삼켰느니라*(מַשְׁחִית 마쉬히트)" (2:30). 사자같이 선지자들을 살육했던 유다백성이 이제 사자와 같은 난폭한 침략자에 의해

살육을 당할 위기에 처한 것이다. 이는 그들이 행한 대로 되갚으시는 심판이다. "멸하는 자"의 정체가 분명하게 언급되지 않는다. "나라들을 멸하는 자"(מַשְׁחִית גּוֹיִם 마쉬히트 고임)가 열방을 심판하시는 하나님 또는 하나님의 심판의 도구로 사용되는 이방나라를 가리킬 수도 있다. 이 모호성은 독자의 긴장감을 위해 의도된 것일 수 있다. 왜냐하면 20장까지 심판을 행하는 자의 정체를 지속적으로 분명하게 밝히지 않고 있기 때문이다. 멸하는 자가 유다의 땅과 성읍들을 폐허로 만들려고 이미 자신의 처소를 떠나 출발했다는 사실은 이 위기가 임박했음을 보여준다. 파괴자가 임하면 성읍들은 황폐하게 되어 사람이 살 수 없는 곳이 된다.

8절. 하나님이 행하실 심판의 임박함과 위협을 알게 된 예레미야는 유다백성과 예루살렘 거민에게 굵은 베를 두르고 가슴을 치며 통곡하라고 권고한다. 왜냐하면 여호와의 맹렬한 진노가 여전히 유다와 예루살렘을 향하고 있기 때문이다. 임박한 멸망의 위기 앞에서 유다백성은 무기력하게 통곡하는 것 외에는 달리 할게 없다. 개역개정은 "너희에게서"로 번역하고 있는데, 히브리어 원문의 표현은 מִמֶּנּוּ 밈멘누("우리에게서")이다. 원문의 표현을 그대로 수용하면 8절의 말은 화자를 포함한 1인칭화법("우리")이 된다.[40] 따라서 8절을 하나님의 말씀이 아닌 예레미야의 말로 간주할 수 있다.[41] 예레미야는 자신을 포함한 "우리에게서" 하나님의 맹렬한 진노가 돌이키지 않았다고 말한다. 그러니 애곡하라는 것이다.

9절. 예레미야의 말에 이어 하나님의 말씀이 서술된다. 하나님의 심판이 예루살렘에 임하는 날에 정치와 종교 지도자들은 무용지물에 불과하다. 유다백성과 예루살렘을 위해 어떤 것도 하지 못할 뿐만 아니라 오히려 그들이 낙심하고 당혹감과 두려움에 사로잡히게 된다(cf. 겔 7:25-27). 왜냐하면 정치 지도자들은 이방 강

---

40) מִמֶּנּוּ 밈멘누는 방향을 나타내는 전치사 מִן 민과 대명사어미 נוּ 누가 결합된 부사구다. 대명사어미는 3인칭 남성단수("그" 또는 "그것") 또는 1인칭복수("우리")로 해석할 수 있는데, 이 문맥에서는 3인칭남성단수로 대체할 적절한 선행사가 없기 때문에 1인칭복수로 간주하는 것이 타당하다.

41) 4장과 5장에 하나님의 말씀과 예레미야의 말이 번갈아 혼용되는 점도 이런 분석을 가능하게 한다.

대국을 통해 국가의 안전과 번영을 도모했고 종교 지도자들은 우상숭배와 거짓예언으로 유다와 예루살렘의 안위를 약속했는데 모든 것을 파괴하는 하나님의 심판을 피할 수 없기 때문이다(cf. 2:8; 6:14; 8:1-2, 11; 14:13-15; 겔 13장). 지도자들이 특별히 언급되는 것은 유다의 멸망에 그들의 책임이 크다는 것을 보여준다.

10절. 지도자들에 대한 절망적인 말을 들은 예레미야는 그의 심정을 표현한다. 예레미야는 하나님이 정말로 이 백성과 예루살렘을 확실히 속이셨다고 말한다.[42] 왜냐하면 하나님이 "너희에게 '평안' (שָׁלוֹם 샬롬)이 있을 것"이라고 말하셨지만 칼이 목을 겨누고 있기 때문이다. 예레미야는 평안을 말씀하신 하나님이 참혹한 파멸과 파괴를 선언하신 것에 마음이 무너지는 심정을 표현한다. 마틴즈(Martens)가 추론하는 바와 같이 하나님이 이전의 선지자들을 통해 예루살렘의 안전을 선포하셨는데, 지금은 마음을 바꾸시고 파멸을 선언하시는 것에 대해 예레미야가 느끼는 감정을 표현한 것일 수 있다: "대저 내가 나를 위하며 내 종 다윗을 위하여 이 성을 보호하며 구원하리라 하셨나이다 하니라" (사 37:35).[43]

11-12절. 하나님은 심판이 임하는 때가 되면 유다백성과 예루살렘 거민이 듣게 되는 말이 있다고 말씀하신다. 11절과 12절이 그들이 듣게 될 말을 서술한다. 뜨거운 바람이 광야에 있는 헐벗은 산에서 예루살렘에 불어오는데, 어떤 유익을 주는 바람이 아니라 하나님의 심판을 수행하는 파괴의 "뜨거운 바람" (רוּחַ צַח 루아흐 짜흐)이라는 말이다. 바람을 이용해서 알곡과 쭉정이를 골라내기도 하고 바람이 먼지를 제거하는 등 유익을 줄 수 있는데, 하나님을 위해("나를 위하여") 광야에서 불어오는 바람은 그의 심판을 행하는 강한 바람이다. 따라서 이 바람과 함께 하나님은 친히 유다를 향해 선고를 내리신다(12절).[44] "이제 내가 친히 그들에게 판결

---

42) 예레미야의 이 말은 부사("정말로"; אָכֵן 아캔) 뿐만 아니라 주동사와 동일한 동사를 사용한 부정사(הַשֵּׁא 하쉐)를 주동사(הִשֵּׁאתָ 힛쉐타) 앞에 사용하는 용법(prepositional infinitive)으로 강조된다.

43) Martens, *Jeremiah*, 61.

44) 복수형 מִשְׁפָּטִים 미쉬파팀은 "심판" 보다는 "선고" 또는 "판결"로 번역하는 것이 적절해 보인다. 이 번역이 동사 אֲדַבֵּר 아답배르("내가 말하다")와도 자연스럽다: "내가 친히 판결을

을 선고한다." 이 바람이 우상숭배의 자리로 표현되는 "헐벗은 산"(שְׁפָיִים 쉐파임)에서 불어온다는 것은 심판의 원인이 유다백성이 헐벗은 산에서 행한 우상숭배인 것을 짐작할 수 있게 한다(cf. 3:2). 이것은 개역개정이 "이보다 더 강한 바람"으로 번역한 רוּחַ מָלֵא מֵאֵלֶּה 루아흐 말래 매앨레에서도 확인된다. 왜냐하면 개역개정의 번역과는 달리 이 표현을 "이곳들('헐벗은 산들')으로부터 꽉 차게 불어오는 바람"으로 번역할 수 있기 때문이다.[45] 이 번역은 우상숭배의 자리 중 한 곳도 빠짐없이 심판원인을 제공했다는 의미를 전달하다. 또한 이 표현에는 우상숭배에 대한 하나님의 철저한 심판의 의미도 함께 담긴다. "내 딸 백성"("내 백성의 딸"; בַּת־עַמִּי 바트-암미)은 예루살렘을 가리킨다.[46] 예루살렘을 이렇게 부르는 것은 하나님이 여전히 언약관계 속에서 예루살렘에 심판을 행하고 계심을 보여준다. 유다백성은 여전히 "내 백성"으로 불리지만 하나님의 심판을 피할 수가 없다.

13절. 예레미야는 하나님의 심판을 수행하는 침략자의 규모와 군사적 능력을 보고는 절망의 심정을 드러내면서 유다백성의 멸망에 탄식한다. 간단히 말하면 "침략자('뜨거운 바람')가 엄청나서 이제 우린 망했다"는 탄식이다. 규모는 구름같이 땅을 뒤덮을 정도이고 병거는 회오리바람처럼 순식간에 이동해서 공격을 한다. 공격을 위해 달리는 말은 독수리보다 빠르게 돌진을 한다. 최상의 규모와 전투력을 갖춘 공격에 유다와 예루살렘은 멸망을 피할 수 없음을 충분히 짐작할 수 있다. 예레미야는 그의 말에서도 하나님의 심판을 수행하는 이의 정체를 밝히지 않고 3인칭의 "그"로 제시하면서 20장까지 그 정체를 밝히지 않는 의도를 유지한다.

내린다." 히브리어 원전 12절의 אֲנִי אֲדַבֵּר 아니 아답배르("내가 친히 말한다")는 주어 강조 용법이다. 이것은 심판을 선고한 이가 다름 아닌 여호와 자신이라는 사실을 분명하게 강조한다.

45) מֵאֵלֶּה 매앨레의 전치사 מִן 민을 비교("더")가 아닌 출처("부터")를 나타내는 것으로 해석하는 것이 가능하다. 또한 복수 지시대명사 אֵלֶּה 앨레가 지시하는 대상은 복수이어야 하는데, 11절의 "바람"(רוּחַ 루아흐)은 단수다. 따라서 복수형 선행사로 "헐벗은 산들"(שְׁפָיִים 쉐파임)을 고려할 수 있다.

46) בַּת־עַמִּי 바트-암미를 "딸 내 백성," "내 딸 백성"(개역개정), "내 딸 내 백성"(새번역)으로 번역해서 유다백성을 가리키는 것으로 해석하는 것도 가능하다. "내 백성의 딸"로 번역하고 예루살렘을 가리키는 것으로 해석을 해도 의미에 있어서 차이는 없다. 왜냐하면 예루살렘이 유다를 가리키는 환유의 역할을 하기 때문이다.

14-18절. 예레미야의 탄식에 하나님은 희망적인 메시지를 주신다. 바로 마음의 악을 씻어 버리면 구원을 얻을 수 있다는 것이다(14절; cf. 4:4). 이 메시지와 함께 하나님은 "언제까지 악한 생각에 사로잡혀 살려고 하느냐" 고 물으시며 안타까운 심정을 표현하신다. 왜냐하면 이미 북쪽에 위치한 단과 에브라임 산에서 재앙을 선포하는 목소리가 들리기 때문이다(15절). 이 목소리가 "열방에 알리고 예루살렘이 듣게 하라" 고 명령하는데, 그들이 알고 들어야 하는 것은 에워싸고 치는 자들이 먼 곳에서 와서 유다 성읍들을 향해 전쟁의 함성을 지른다는 것이다(16절). 그들은 밭을 지키는 자같이 예루살렘을 에워싸고 파괴하는 자들이다(17절).[47] 예루살렘이 이런 공격을 받는 것은 예루살렘이 여호와를 거역했기 때문이다. 하나님의 심판은 단순히 감정적 반응에 따른 것이 아니다. 왜냐하면 유다백성이 범한 행위에 대한 공의의 심판이기 때문이다. 그래서 하나님은 그들의 악한 길과 행위가 그의 심판을 자초했다고 말씀하신다(18절). 심판을 스스로 초래한 것이 그들의 재앙이다: "이것이 너의 재앙(רָעָתֵךְ 라아태크)이다" (cf. 2:19). 스스로 자처했기에 "고통" (מָר 마르)이고 마음에 사무칠 수밖에 없다.

현재적 적용 **묵상**

1. 하나님의 심판에 대한 위기감이 삶과 태도를 바꾸게 하는가?
2. 하나님의 심판을 알리는 경고소리에 민감한가, 아니면 늘 있는 일이라고 외면하는가?
3. 악한 생각을 마음에 담아두고 사는 것의 결말이 피할 수 없는 하나님의 심판인 것을 기억하고 있는가?
4. 죄를 범하고 있는 자리들로부터 꽉 차게 불어오는 심판의 바람소리가 들리는가?
5. 지금 겪고 있는 어려움이 혹시 저지른 죄로 자초한 것은 아닌가? 이것이 고통

47) Jones는 "밭을 지키는 자" 의 비유가 맹수로부터 밭을 지키기 위해 촘촘히 서있는 모습을 연상시키는 것을 언급하면서 이 비유를 북쪽에서 오는 공격자가 빈틈없이 공격하는 것과 연결시킨다(Jones, *Jeremiah*, 114).

이 되어 마음에 사무치기 전에 경고의 나팔소리를 듣고 올바른 선택을 하는 지혜가 있는가? 하나님의 심판이 임하고 "이젠 망했다"는 탄식을 하기 전에 기회가 있을 때 마음의 악을 씻어 버리고 구원을 얻는 것이 참된 지혜다.

---

(6) 유다의 확정된 멸망을 바라보는 슬픔과 탄식, 4:19-31

예레미야는 환상으로 유다의 멸망을 확인하고 그 모습의 처참함에 처절한 슬픔을 표현한다. 하나님은 유다의 멸망이 유다백성의 어리석음과 미련함에서 비롯된 것을 알려주신다. 유다가 완전히 멸망을 당하지는 않지만 혹독한 심판을 피할 수 없다는 사실을 거듭 확인해 주신다. 심판은 작정됐고 긍휼히 여기거나 돌이키지도 않겠다는 하나님의 말씀이 유다멸망의 심각성을 보여준다. 본 단락의 구조는 다음과 같다.

a. 유다의 멸망을 바라보는 고통과 탄식(19-21절)
    b. 탄식에 대한 하나님의 답변(22절)
a'. 예레미야의 환상(23-26절)
    b'. 하나님의 심판확인(27-31절)

유다의 멸망을 바라보는 고통과 탄식(19-21절)

지속적으로 들려오는 유다의 멸망에 대한 경고로 인해 창자가 뒤틀리는 듯한 고통과 슬픔이 서술된다. 멸망의 장면을 생생하게 떠올리며 괴로워할 뿐만 아니라 얼마나 더 경고를 들어야 하는지 탄식하기도 한다.

탄식에 대한 하나님의 답변(22절)

유다백성에 대한 하나님의 평가가 서술된다. 첫째, 그들은 하나님을 알지 못하는 어리석은 백성이다. 분별력도 없고 미련하다는 것이다. 둘째, 악을 행하는 일에는 지혜롭지만 선을 행하는 일에는 미련한 백성이다.

예레미야의 환상(23-26절)

예레미야는 진노의 심판을 받은 유다의 참혹한 모습을 환상에서 본 그대로 생생하게 묘사한다. 이를 보면 예레미야의 고통과 탄식을 충분히 짐작해 볼 수 있다.

하나님의 심판확언(27-31절)

하나님은 유다의 멸망에 대해 다시 분명하게 선언하신다. 유다를 완전히 멸하지는 않으시지만 유다가 하나님의 심판을 수행하는 군대로 인해 파괴와 살육을 피할 수 없게 될 것임을 확언하신다. 그 때에는 유다백성이 따랐던 이방나라도 아무 소용이 없고 고통의 탄식만 토할 뿐이다. 하나님이 유다를 긍휼히 여기시지 않음을 처절하게 경험하게 된다.

주해

19-21절. 1인칭화법으로 서술된 19-21절은 두 가지 해석이 가능하다. 첫째, 예레미야의 말로 해석하는 것이다. 1인칭의 "나"는 예레미야를 가리킨다. 둘째, 1인칭의 "나"를 하나님으로 간주하여 하나님의 말씀으로 해석하는 것이다. 첫 번째 해석을 따르면, 공격을 알리는 나팔소리와 진격하는 군사들의 함성소리는 예레미야에게 몸부림칠 수밖에 없는 고통으로 다가온다. 예레미야의 말에서 배를 움켜쥐고 가슴을 치며 괴로움을 토로하는 모습을 연상해 볼 수 있다(19절). 연이어 벌어지는 파멸과 파괴가 순식간에 자신의 장막과 휘장에 들이닥치게 된다(20절). 예레미야는 언제까지 그 고통이 계속돼야 할지를 반문하면서 탄식한다(21절). 예레미야가 온몸으로 유다의 멸망을 담아내고 있는 것처럼 느껴진다. 또한 예레미야의 탄식은 유다백성이 앞으로 하게 될 탄식의 전조이기도 하다. 이 해석에서는 예레미야의 탄식(19-21절)에 이어 하나님의 말씀이 22절에 서술되는 흐름이 된다.

두 번째 해석을 따르면, 19절부터 22절을 함께 연결해서 보게 된다.[48] 유다의 멸망을 바라보시는 하나님의 슬픔과 고통이 인간의 모습에 빗대어 생생하게 시로 표현된다(19절). 하나님이 유다의 멸망을 작정하셨지만(cf. 28절), 참혹한 멸망과

48) 첫 번째 해석의 경우에서도 22절을 포함할 수 있다. 이 경우, 22절은 하나님이 보내신 선지자를 ("나를") 알아보지 못하는 어리석음을 지적하는 것으로 해석이 된다. 22절의 화자가 모호할 수 있지만 22절이 전달하려는 의미는 동일하다.

파괴가 유다를 휩쓸고 지나가는 장면은 하나님에게도 고통으로 다가온다(20절). 심지어는 예루살렘 성전("나의 장막과 휘장")이 순식간에 파괴되는 것도 보게 된다. 그래서 언제까지 그의 백성이 이런 처참한 상황을 맞이해야 하는지에 대한 탄식도 나오게 된다(21절). 탄식에 이어서 하나님은 유다백성의 어리석음과 미련함을 지적하신다(22절). 언약백성("내 백성)이면서도 언약의 하나님을 알지 못하는 것이 그들의 어리석음이다. 또한 악을 행하는 지혜는 있지만 선을 행할 줄 모르는 것이 그들의 미련함이다. 22절은 바로 이 어리석음과 미련함이 파멸을 불러온 것임을 확인해 준다.

신중한 독자는 이 본문을 읽으면서 누구의 말인지에 대한 의문을 갖게 되고 본문을 반복적으로 읽으며 답을 찾으려고 할 것이다. 19-21절은 예레미야가 토로한 심정일 가능성이 높다. 하지만 하나님의 심정이 표현된 가능성 역시 배제되지 않는다. 오히려 이 본문은 예레미야와 하나님이 중첩되는 것처럼 보인다. 이는 의도된 것일 수 있다. 본문의 서술형식이 이 두 가지 해석을 가능하게 하면서 예레미야가 하나님의 심정을 담아내는 인상을 주기 때문이다. 선지자가 하나님을 대변하는 사역자라는 점을 고려하면 예레미야의 심정이 하나님의 심정을 대변하는 것일 수 있다.

22절. 앞의 19-21절에서 예레미야의 심정이 토로되고 하나님의 말씀이 이어진다. 유다백성에 대한 하나님의 평가다. 하나님은 유다백성의 어리석음과 미련함을 지적하신다. 언약백성이 언약의 하나님 여호와를 알아보지 못하는 어리석음이다. 유다백성이 "미련한 자식"(בָּנִים סְכָלִים 바님 세칼림)으로 표현되면서 자녀가 아버지를 알아보지 못하는 것에 비교해서 이 어리석음을 이해하게 한다. 이것은 유다백성이 상상할 수 없는 잘못을 행한 것에 대한 지적이다.[49] 이 어리석음이 분별력이 없는 미련함으로 이어지는데, "악을 행하는 것"(לְהָרַע 레하라)에는 지혜로운 반면에 "선을 행하는 것"(לְהֵיטִיב 레해티브)에는 무지하다.[50] 이는 선한 일과 악한 일

---

49) 이사야서는 하나님에 대한 이런 태도를 "이스라엘의 거룩하신 이를 만홀히 여긴 것"으로 묘사한다(사 1:4).

50) 악과 선을 언급할 때 각각 부정사 הָרַע 하라와 הֵיטִיב 해티브를 사용하는 것은 단지 인지적 차원의 악과 선을 말하는 것이 아니라 실제적 행위와 관련된 악과 선을 가리킨다.

을 구분하지 못하는 미련함이다.[51] 단지 하나님을 알지 못하는 문제뿐만 아니라 실제적인 삶의 문제 역시 심판의 원인으로 지적된다.

23-26절. 예레미야가 환상 중에 본 유다의 멸망모습이 생생하게 서술된다. 각 절이 "내가 보았다"(רָאִיתִי 라이티)로 시작되면서 그가 보았다는 사실이 강조된다. 이것은 심판의 확실성을 의미한다. "내가 보았다"는 서술과 함께 그가 본 것이 열거된다. 첫째, 폐허가 된 땅과 빛이 없는 하늘이다(23절). 하나님의 심판을 받은 땅은 혼돈하고 공허하다. "혼돈"(תֹהוּ 토후)과 "공허"(בֹהוּ 보후)는 창조질서가 세워지기 전 땅의 모습을 묘사하는 단어들이다(cf. 창 1:2). 따라서 창조질서가 완전히 망가져서 어느 누구도 살 수 없는 폐허가 된 땅을 목격했다고 서술하는 것이다(cf. 사 45:18).[52] 이와 더불어 하늘에는 빛이 없고 어둠이 있을 뿐이다. 이 표현 역시 창조질서가 파괴된 상태를 묘사한다. 둘째, 흔들리고 요동치는 산들과 언덕들이다(24절). 하나님이 행하시는 진노의 심판은 견고해 보이는 크고 작은 산들을 모두 흔들어 버릴 정도로 파괴적이다. 셋째, 사람이 없는 것과 공중의 새가 날아서 도망가는 것이다(25절). 땅에는 사람이 없고 하늘에는 새가 날아가서 없다는 것은 땅과 하늘을 아우르는 총체적인 하나님의 심판을 가리킨다. 하나님의 심판은 결국 아무것도 남겨두지 않는다. 넷째, 좋은 땅이 황무지가 된 것과 무너진 성읍들이다(26절). "좋은 땅"(비옥한 땅)으로 번역한 히브리어는 הַכַּרְמֶל 학카르멜이다. 이 단어는 울창함과 풍요로움을 상징하는 갈멜산을 의미하기도 한다(50:19; 사 35:2). "내가 보니 보라 갈멜산이 황무지다"(사역). 이와 더불어 좋은 땅의 모든 성읍이 파괴된다. 이 모든 것이 "여호와 앞에서"(מִפְּנֵי יְהוָה 밒페네 아도나이) 벌어지는데, 여호와의 모습은 맹렬한 진노를 품으신 모습(מִפְּנֵי חֲרוֹן אַפּוֹ 밒페네 하론 앞포)이다. 예레미야가 본 환상을 머릿속에 그려보면 19-21절에 표현한 예레미야의 슬픔과 고통을 충분히 상상할 수 있다. 이 모든 일을 언약의 하나님이 언약백성에게 행하신 것이라는 사실이 그를 더 슬프고 고통스럽게 했을 것이다.

---

51) 하와가 에덴동산에서 선과 악을 구분하지 못하고 선악과를 취한 모습을 떠올리게 된다(창 3장).

52) 창세기 1:1-2:3의 창조는 안식으로 마무리되지만 창조의 질서를 뒤엎는 하나님의 심판은 고통으로 마무리된다(31절).

27-31절. 예레미야가 본 환상기록에 이어서 하나님의 말씀이 직접 인용되는 신적 신탁이 서술된다. 히브리어 원문에 따르면 인용된 신탁에 처음 등장하는 단어는 앞의 내용을 그대로 반영하는 "황폐함" (שְׁמָמָה 쉐마마)이다. 예레미야가 환상에서 본 것처럼 하나님은 "황폐함이다, 온 땅이" 라는 말로 신탁을 시작하신다(27절).[53] 하지만 완전히 멸하지는 않겠다는 말로 여운을 남기신다. 그렇다고 심판의 강도가 약화되는 것은 아니다. 심판으로 말미암아 땅은 슬퍼하게 되고 하늘은 어둡게 된다(28절). 이것이 확실한 것은 하나님이 심판을 작정하셨을 뿐만 아니라 이에 대한 후회나 돌이킬 마음이 없으시기 때문이다. 하나님의 심판을 행하는 기병과 궁수들의 사기가 충천한 함성에 사람들은 목숨을 구하기 위해 성읍을 버려두고 숲과 바위를 찾아 도망간다(29절). 그러면 성읍은 텅 비어져 버려지게 된다. 이런 상황을 맞이하게 된 이들에게 하나님이 물으신다: "너 '파괴된 자여' (שָׁדוּד 샤두드), 네가 무엇을 하겠느냐?" (30절). 이어서 이방나라들의 환심을 사고 도움을 얻기 위해 화려하게 단장을 하지만 헛수고일 뿐이라는 말씀을 덧붙이신다.[54] 왜냐하면 바로 그 나라들이 화려하게 꾸민 유다를 멸시하고 죽이려고 할 것이기 때문이다. 자신이 판단한 최상의 어떤 방법으로도 하나님의 심판을 피할 수 없다. 하나님의 심판으로 결국 화려하게 치장한 여인의 실체가 드러난다. "파괴된 자" (שָׁדוּד 샤두드)다. "내 백성" (עַמִּי 암미)이 "파괴된 자" 로 불린다. 간신히 목숨을 구한 "딸 시온" (בַּת־צִיּוֹן 바트 찌이온)이 손을 뻗고 기대서 숨을 몰아쉬며 "내게 화가 미쳤다. 내가 살육하는 자들 앞에서 실신할 지경이다" 라고 말하는 소리가 하나님에게 들려온다(31절). 하나님은 이 소리가 초산하는 여인이 울부짖는 고통의 소리 같다고 말씀하신다. 시온이 언급되는 것은 시온에 대한 유다백성의 왜곡된 이해와 신념 때문인 것으로 보인다.[55] 그들은 시온에만 거하면 어떻게 살던 간에 하나님

---

53) שְׁמָמָה תִהְיֶה כָּל־הָאָרֶץ 쉐마마 티흐예 콜-하아레쯔("황폐함이다, 온 땅이").

54) 이 비유에서 남편이 아닌 연인의 사랑을 얻기 위해 온갖 값비싼 것들로 꾸미고 화장을 한 아내의 모습을 연상할 수 있다.

55) Cf. John H. Hayes, "The Tradition of Zion's Inviolability," *JBL* 82 (1963): 419-26. 시온신학은 예루살렘이 있는 시온은 하나님의 자리이며 용사이신 하나님이 그 자리를 지키시기 때문에 결코 함락되거나 파괴될 수 없다는 신학적 이해를 가리킨다. 시온은 예루살렘을 의미하기도 한다.

의 보호를 받을 수 있다고 생각했다. 왜냐하면 하나님이 시온(예루살렘)의 안전을 약속하셨기 때문이다(cf. 시 2, 46, 48; 사 24:21-23; 33:5-6, 17-24). 같은 맥락에서 심판이 닥쳤을 때 시온으로 피하자는 말을 하게 된다(6절). 하지만 하나님의 보호가 약속된 그곳에서 그의 심판을 겪게 되는 불행을 맞이하게 된다. 그 시온이 고통스러운 신음을 토하게 될 것이기 때문이다.

이 단락은 예레미야의 탄식과 환상 그리로 하나님의 답변과 신탁을 통해 심판의 정황과 고통스러운 결과를 생생하게 묘사한다. 이를 통해 유다백성이 어리석음과 미련함에 따라 스스로 초래한 심판이 얼마나 참혹하고 고통스러운 것이 될지를 미리 느껴보게 한다.

현재적 적용 묵상

1. 하나님을 알지 못하는 어리석음 그리고 선한 일과 악한 일을 구별하지 못하는 미련함 때문에 결국 파멸과 죽음을 맞이하게 되는 길로 가고 있는 이들에 대한 애통과 애곡이 있는가? 이 애통과 애곡이 온 마음을 담는 전도와 선교의 동기이고 동력인 것을 기억할 필요가 있다.
2. 하나님은 안다고 말하면서 어리석지 않은 척 하지만 선한 일과 악한 일을 구별하지 못하는 미련함이 있는 것은 아닌가? 입술의 고백과 더불어 행동과 태도를 담고 있는 삶이 성도인 것을 보여주고 있는가?
3. 악과 선을 지식적으로만 알고 있는가. 아니면 악과 선이 실행되는 실제적인 현상을 분별하고 악을 행하는 일에 무지하고 선을 행하는 일에 지혜로운가?
4. 하나님의 심판을 막연히 피상적으로만 생각하는 것은 아닌가? 작정된 하나님의 심판의 참혹함을 생생하게 그려보고 두려움을 갖고 있는가?
5. 나의 실체는 "성도"("내 백성")인가, 아니면 "파괴된 자"인가?
6. 세상이 제시하는 그 어떤 방법으로도 하나님의 심판을 피할 수 없다는 것을 알고 있을 뿐만 아니라 확신하고 있는가? 그래서 죄를 짓는 것을 두려워하고 고민하는가?

(7) 유다의 허물과 반역, 그리고 여호와의 보복, 5:1-9

이 단락은 하나님의 말씀(1-2절; 7-9절)과 예레미야의 말(2-6절)이 함께 서술된다. 먼저 하나님이 유다의 문제를 지적하신다. 이를 받아서 예레미야가 3-5절에서 유다의 문제에 대한 자신의 경험을 서술한 후, 6절에서 심판을 선언한다. 그러자 하나님이 다시 유다백성의 죄를 언급하시고 보복의 심판을 행할 수밖에 없는 그의 심정을 토로하신다(7-9절). 하나님의 말씀에서 진노의 심정이 묻어난다. 이 흐름을 화자에 따라 구분하면 아래와 같은 구조를 취한다.

A. 하나님의 말씀: 심판원인(1-2절)
B. 예레미야의 말: 심판원인(3-5절)
B'. 예레미야의 말: 심판선언(6절)
A'. 하나님의 말씀: 심판원인과 선언(7-9절)

또는 이와는 달리 신탁의 형식과 구성을 중심으로 신적 신탁(1-2절), 선지자 신탁(3-6절), 신적 신탁(7-9절)으로 구분할 수도 있다. 이 경우, 아래와 같은 구조로 분석할 수 있다. 대문자 A와 B는 화자의 구분이고 소문자 a와 b는 각각 고소단락과 선언단락을 가리킨다.

A/a. 신적 신탁; 심판원인[고소단락](1-2절)
B/a. 선지자 신탁: 심판원인[고소단락](3-5절)
B'/b. 선지자 신탁: 심판선언[선언단락](6절)
A'/a. 신적 신탁: 심판원인[고소단락](7-8절)
A'/b. 신적 신탁: 심판선언[선언단락](9절)

어떤 구조분석을 따르던 간에 하나님의 말씀과 예레미야의 말이 어떻게 조응을 이루면서 심판의 문제를 다루고 있는지를 확인하고 원인과 결과의 흐름에 주목하는 것이 중요하다. 본 단락의 개관은 전자의 구조분석을 따라 서술할 것이며 후자의 구조분석에 따라 세부단락을 구분해서 주해할 것이다.

하나님의 말씀: 심판원인(1-2절)

하나님이 지적하시는 심판원인은 사회적 실패와 종교적 실패다. 공의와 신의를 지키지 않고 오히려 종교를 팔아 거짓을 행한 것으로 인해 예루살렘이 하나님의 용서를 받지 못한다.

예레미야의 말: 심판원인(3-5절)

예레미야는 자신의 경험을 언급하면서 유다백성과 지도자들의 문제를 지적한다. 유다백성은 하나님의 징계를 거부했을 뿐만 아니라 뻔뻔한 얼굴을 하고 돌아오길 거절했다. 하나님의 규례를 알고 있는 지도자들 역시 하나님을 거부했다. 예레미야의 경험은 1-2절에서 하나님이 지적하신 심판원인의 구체적인 예다.

예레미야의 말: 심판선언(6절)

예레미야는 앞서 언급한 유다백성과 지도자들의 문제에 근거해서 사나운 짐승 비유로 심판을 선언한다.

하나님의 말씀: 심판원인과 선언(7-9절)

하나님이 지적하시는 심판원인은 유다가 우상을 숭배하면서 종교적으로 실패한 것이며 언약백성이 경건한 삶을 살지 못한 것이다. 따라서 이런 나라를 징계할 수밖에 없지 않겠느냐는 수사적 질문으로 심판을 선언하신다. 7-9절은 본 단락을 정리한다.

주해

1-2절. 하나님이 화자로 등장한다. 2인칭의 "너희"는 예루살렘 거민을 가리키는 것으로 보인다. 예루살렘이 유다 전체에 대한 환유의 역할을 하는 것과 동일하게 예루살렘 거민은 유다백성 전체를 의미한다. 하나님은 예루살렘 거민에게 예루살렘의 거리와 광장을 두루 다니며 알아보고 찾아보라고 명하신다(1절).[56] "정의/

56) 거리는 거민들이 사는 사적인 지역이고 광장은 거민들이 모여 활동하는 공적인 장소를 가리킨다. 따라서 사적인 영역과 공적인 영역에 정의와 신의를 행하는 사람이 없다는 것은 총체적 타락을 의미한다(cf. Harrison, *Jeremiah & Lamentations*, 74; Martens, *Jeremiah*, 63).

공의"(מִשְׁפָּט 미쉬파트)를 행하고 "진리"(אֱמוּנָה 에무나; "신의")를 지키는 자를 한 사람이라도 찾는다면 예루살렘을 용서하시겠다고 말하신다. 이는 용서를 받을 수 없을 정도의 총체적 타락을 의미한다. 에스겔 22장 23-31절을 보면, 하나님은 정치와 종교 지도자들 및 유다백성의 타락을 지적하신 후, 본 단락의 1절과 동일한 상황을 다음과 같이 언급하신다.

> 이 땅을 위하여 성을 쌓으며 성 무너진 데를 막아서서 나로 하여금 멸하지 못하게 할 사람을 내가 그 가운데에서 찾다가 찾지 못하였으므로 내가 내 분노를 그들 위에 쏟으며 내 진노의 불로 멸하여 그들 행위대로 그들 머리에 보응하였느니라 주 여호와의 말씀이니라(겔 22:30-31).

"공의"와 "신의"의 부재는 사회적 타락을 가리킨다. 특히 אֱמוּנָה 에무나가 율법을 지키는 성실함을 가리킬 때 사용되는 단어인 것을 고려하면 אֱמוּנָה 에무나를 지키는 사람이 없다는 것은 율법의 해이에 대한 지적일 수 있다.[57] 이런 문제와 더불어 하나님은 유다백성의 종교적 타락도 지적하신다(2절). 유다백성이 "여호와의 살아계심을 두고"라고 말하면서 진실한 듯 행동하지만 실상은 "거짓"(שֶׁקֶר 쉐케르)으로 하는 맹세라고 말씀하신다.[58] 이는 형식적인 종교행위의 문제다. 입으로는 경건하지만 삶은 그렇지 못한 모습이다. 유다백성이 언약의 하나님, 곧 "여호와의 사심을 두고" 맹세할 때 하나님이 원하시는 것은 "거짓"이 아니라 "신의"(진실)이다. 그가 진실하신 것처럼 그의 백성도 진실하기를 기대하시는데, 유다백성은 이 기대를 저버렸다.

---

57) 동시대 선지자 하박국이 אֱמוּנָה 에무나를 사용한다: "보라 그의 마음은 교만하여 그 속에서 정직하지 못하나 의인은 그의 믿음(אֱמוּנָתוֹ 에무나토)으로 말미암아 살리라"(합 2:4). 하박국서의 문맥에서 אֱמוּנָה 에무나는 단지 고백적인 "믿음"을 의미하는 것이 아니라 율법을 지키는 "성실함" 또는 "신의"를 가리킨다. 왜냐하면 אֱמוּנָה 에무나가 율법을 지키는 것을 무익한 것으로 여기는 율법의 해이와 대조를 이루기 때문이다.

58) 이런 모습을 예레미야는 12장 2절에서 "그들의 입은 주께 가까우나 그들의 마음은 머니이다"라고 묘사한다. 개역개정이 "실상은 거짓 맹세니라"로 번역한 לָכֵן לַשֶּׁקֶר יִשָּׁבֵעוּ 라캔 랏쉐케르 잇샤배우를 "여호와께서 사심을 두고"하는 맹세와 대조를 이루는 것으로 분석하면 "실상은 [그들이] 거짓(우상)으로 맹세를 한다"로 번역할 수 있다.

3-5절. 예레미야가 화자로 등장한다. 마치 하나님의 말을 듣고 답변하는 것처럼 보인다. 이 흐름에 따라 3-5절을 간단하게 정리하면 "찾아보았는데 한 명도 없었음"이라는 답변이다. 앞서 하나님이 언급하신 "신의"(אמוּנָה 에무나)를 받아서 예레미야는 하나님이 원하시는 것은 "거짓"이 아니라 "신의"라는 사실을 수사적 질문으로 확인한다. "여호와여, 당신의 눈이 '신의'(אֱמוּנָה 에무나)를 찾고 계시지 않으십니까?"(3절상; 사역). 이 질문에 이어서 유다백성이 하나님의 심판을 받을 수밖에 없는 이유를 자신의 경험에 비추어 지적한다. 하나님은 "신의"에 대한 기대를 저버린 유다백성을 때리시기도 하고 혹독하게 다루시기도 했다(3절중). 하지만 그들은 아파하지 않았을 뿐만 아니라 "훈육"(מוּסָר 무싸르)을 받으려고 하지 않았다. 오히려 바위보다 더 뻔뻔한 얼굴을 하고는 뉘우치고 돌아오는 것을 거부했다(3절하). 이런 모습을 목격한 예레미야는 그의 생각을 4-5절상에 서술한다. 이 단락의 문맥 안에서 그의 생각을 의역해서 서술하면 다음과 같다.[59]

---

59) 이와 같이 의역을 하는 것은 4-5절의 아래와 같은 평행구조에 근거한다. 특히 דַּלִּים 달림을 "힘이 없는"으로 해석하는 이유는 이 단어가 הַגְּדֹלִים 학게돌림("큰 자들"/"지도자들")과 평행을 이루기 때문이다. הַגְּדֹלִים 학게돌림은 지도자를 가리키는 일반적인 단어가 아니다. 하지만 이 단어가 사용된 것은 דַּלִּים 달림과의 대조를 위한 것으로 보인다. דַּלִּים 달림이 "지도자들"과 대조를 이루는 것은 힘 또는 지위 여부가 대조되는 것으로 해석할 수 있다. 이는 공동체 차원에서 유다의 문제를 해결할 힘과 지위의 문제로도 연결이 된다. 즉 힘이 없는 백성은 유다 공동체의 문제를 해결할 수 없지만 "큰 자들"은 그들이 가지고 있는 힘으로 유다 공동체의 문제를 해결할 수 있다. דַּלִּים 달림과 הַגְּדֹלִים 학게돌림에는 음성적 유희도 있다. 단지 힘/지위의 여부만 대조되는 것이 아니다. 지도자들과 연계해서 백성의 어리석음과 대조되는 명시적 표현은 없지만 어리석음과 지혜(지식)의 대조도 고려할 수 있다. 왜냐하면 하나님의 법도를 알지 못하는 것(백성)과 아는 것(지도자들)이 대조를 이루기 때문이다.

내가 말하기를[생각하기를],

"참으로(אַךְ 아크) 그들은 '힘이 없고'(דַּלִּים 달림) 어리석다.

왜냐하면(כִּי 키) 그들은 여호와의 길, 곧 그들의 하나님의 법도를 알지 못하기 때문이다.

[내가 '힘 있는 이들'(הַגְּדֹלִים 학게돌림)에게 직접 가서 그들에게 말해야겠다]

왜냐하면(כִּי 키) 그들은 여호와의 길, 곧 그들의 하나님의 법도를 알기 때문이다."

그러나(אַךְ 아크) 그들은 일제히 멍에를 꺾고 결박을 끊었다.

하나님이 바로잡기 위해 치시고 혹독하게 다루셨지만 그에 합당한 반응을 하지 못하는 것은 백성은 실제 "힘이 없고"(דַּלִּים 달림) 어리석기 때문이다. 이는 그들이 자신들의 하나님 여호와가 알려주신 길과 법도를 모르기 때문이다. 그렇다면 "여호와의 길, 자기 하나님의 법"을 알고 있는 "힘이 있는 이들"(הַגְּדֹלִים 학게돌림)에게 반드시 가서 "하나님이 원하시는 것은 신의"라는 말을 꼭 전해야겠다(4-5절상).

예레미야의 생각에 따르면 백성은 하나님의 규례를 알지 못하는 어리석은 자들이기에 하나님의 훈육을 깨닫고 제대로 반응하지 못했다. 또한 유다의 전체적인 흐름을 바꿀 힘도 없는 이들이다. 하지만 하나님의 규례를 알고 있을 뿐만 아니라 공동체의 문제를 바꿀 힘과 지위에 있는 자들은 하나님의 징벌의 의미를 깨닫고 올바로 반응하고 문제를 해결해 줄 수도 있다. 그래서 예레미야는 그가 생각하고 결심한대로 힘이 있는 "지도자들"(הַגְּדֹלִים 학게돌림)에게 가서 "하나님이 원하시는 것은 신의"라는 말을 전한 것으로 보인다. 왜냐하면 그들의 반응이 기록되고 있기 때문이다(5절하). 하지만 예레미야의 판단과 기대와는 달리 힘이 있는 자들도 "멍에"(עֹל 올)를 꺾고 "결박"(מוֹסֵרוֹת 모쎄로트)을 끊었다. 언약관계가 요구하는 의무, 즉 "여호와의 길"과 "하나님의 법"에 따라 하나님만 섬기라는 것을 자신들의 삶을 속박하는 멍에와 결박으로 판단한 것으로 보인다(cf. 2:20-25). 입으로 하나님의 법을 말하지만 삶은 그 법을 멍에와 결박으로 취급한다. 그래서 벗어나려고 하는 어리석은 모습을 보인다. 이와는 달리 하나님의 법이 하나님과 인간을 향한 죄의 속성을 통제한다는 의미에서 멍에와 결박을 긍정적으로 고려할 수도 있다.[60] 멍에와 결박에 대해 어떤 해석을 따르던 지도자들은 이를 거부하고 죄악의 본성에 따르길 선택한다.[61] 3절의 "징계"(מוּסָר 무싸르; "훈육")와 5절의 마지막 문장에 서술된 "결박"(מוֹסֵרוֹת 모쎄로트)에는 음성적 유희가 있다.[62] 이는 하나님이 돌이킬

60) Cf. "수고하고 무거운 짐 진 자들아 다 내게로 오라 내가 너희를 쉬게 하리라 나는 마음이 온유하고 겸손하니 나의 멍에를 메고 내게 배우라 그리하면 너희 마음이 쉼을 얻으리니 이는 내 멍에는 쉽고 내 짐은 가벼움이라 하시니라"(마 11:28-30).

61) 아마도 이것이 요시야의 종교개혁의 결과가 지속되거나 실제적이지 못했던 이유일 것이다. 지도자들의 진정성이 있는 지지를 받지 못하고 단지 왕의 권력에 눌려 형식적인 반응을 보였던 것으로 보인다.

것을 기대하고 "훈육"(מוּסָר 무싸르)으로 개입하시자 백성과 지도자들은 "결박"(מוֹסֵרוֹת 모쌔로트)을 끊어 버리는 것으로 정면으로 그를 거부하고 거역한 것을 보여준다. 이 문제는, 앞서 인용한 에스겔 22:30-31에서 언급한 유다의 문제를 바로잡아서 하나님의 진노를 막아 줄 사람을 찾다가 찾지 못하셨다는 말과 연결된다. 즉 일반백성 중에도 또한 지도자들 중에도 없었다는 것이다. 이는 유다의 총체적 타락을 의미한다.

6절. 신탁의 구성적 측면에서 보면 6절은 선언단락이다. 예레미야는 자신이 경험한 유다백성과 지도자들의 문제에 근거해서 사나운 짐승비유를 사용해서 시각적으로 심판을 선언한다. 당시의 사람들은 사자, 이리, 표범의 공격을 경험하거나 목격했을 것이기에 선언의 내용이 더 시각적이고 실제적으로 다가왔을 것이다. 사나운 짐승들과 함께 "죽이다," "멸하다," "찢다"라는 동사들이 열거되면서 심판의 파괴력이 강조된다. 특히 표범이 성읍들을 엿보고 있기 때문에 다행히 성읍에서 몸을 피해 도망하더라도 죽음을 면치 못한다는 것은 심판의 철저함을 의미한다. 예레미야는 고소단락(3-5절)에서 서술한 유다백성의 문제를 무수한 "허물"(פֶּשַׁע 페샤)과 "반역"(מְשׁוּבָה 메슈바; "돌아섬")으로 다시 정리하면서 심판선언의 정당성을 확인해 준다(6절). 유다백성의 문제를 "허물"과 "반역"으로 규정하는 것은 그들이 언약관계가 요구하는 의무를 지키지 않았고 하나님께로부터 돌아섰기 때문이다.[63]

7-8절. 하나님이 다시 화자로 등장한다. 1절에서 정의를 행하고 진리를 구하는 자를 한 명이라도 예루살렘에서 찾으면 "용서하시겠다"(אֶסְלַח 에쓸라흐)고 말씀하셨는데, 예레미야의 경험에 따르면 결국 한 명도 찾을 수 없는 상황이다. 따라서 "내가 어찌 너를 '용서하겠느냐'(אֶסְלוֹחַ 에쓸라브)"고 반문하신다(7절). 하나님은

---

62) 음성적 유희를 고려하는 것은 이 단락이 시문이기 때문이다.

63) 아모스 선지자는 유다가 여호와의 율법을 멸시하고 그의 율례를 지키지 않는 문제를 지적할 때 פֶּשַׁע 페샤를 사용한다(암 2:4-5). 이어서 북이스라엘의 사회적, 종교적 문제를 지적할 때에도 פֶּשַׁע 페샤를 사용한다(암 2:6-12). 뿐만 아니라 이방나라가 하나님의 창조질서(인간존중 등)를 파괴한 행위를 서술할 때에도 פֶּשַׁע 페샤를 거듭해서 사용한다(암 1:3-2:3).

수사적 질문으로 용서할 수 없는 상황에 대한 독자(청자)의 동의를 유도한다. 이어서 결코 용서할 수 없는 이유가 구체적으로 서술된다. 이것은 정의를 행하지 않고 진리를 구하지 않는 모습에 대한 구체적인 묘사다. 첫째, 우상숭배다(7절). "네 자녀"는 예루살렘 거민을 가리킬 뿐만 아니라 환유로 유다백성 전체를 가리키기도 한다. 유다백성이 하나님을 버리고 신이 아닌 우상으로 맹세를 하는 것은 이방 우상을 따른 것을 의미하는 종교적 타락이다. 그렇다고 여호와의 이름으로 맹세를 하지 않는 것은 아니다. 유다백성은 우상과 여호와를 자신들의 유익을 위해 이용하는 혼합종교의 행태를 취했다(3:10; 6:20; 7:21-26; 11:15; 12:1-2). 우상숭배를 간음과 행음에 비유하는 것과 같은 맥락에서 우상숭배의 문제를 "간음"(נאף)과 "창기의 집"(בֵּית זוֹנָה 배트 조나)이라는 표현으로 지적한다. 그들이 섬겼던 바알이 그들을 배불리 먹인 것이 아니라 실상은 하나님이 그렇게 하셨음에도 불구하고 그들은 성전이 아닌 바알의 신전("창기의 집")으로 몰려가서 바알을 숭배했다.[64] 둘째, 경건한 삶의 상실이다(8절). 2장 23-24절은 우상숭배에 대한 유다백성의 열정을 발정이 난 암낙타와 들암나귀 비유로 묘사했는데, 본 절은 유다백성을 "살진 수말"에 비유하면서 자신들의 욕정을 채우기 위해 이웃의 아내를 탐하는 모습을 지적한다. 달리 말하면 십계명의 마지막 계명을 범하는 모습이다. 경건한 삶이 상실된 유다백성의 사회적 실패를 가리키는 것으로 볼 수 있다. 수말을 꾸며주는 두 개의 분사가 사용되는데, 이 분사들은 개역개정의 번역("두루 다니는 살진")과는 달리 성적 어조가 강하다. 하나는 מְיֻזָּנִים 메윳자님인데, 이것은 푸알분사로 "발정이 난 상태"를 의미한다. 다른 하나는 מַשְׁכִּים 마쉬킴인데, 이것은 히필분사로 "고환을 드러낸 상태"를 가리킨다. 이 표현들은 주체할 수 없는 욕정으로 상대를 찾아 말울음 소리를 내는 수말의 모습을 연상시킨다. 분사가 사용되면서 더 생동감 있게 장면이 묘사된다. 이와는 달리 개역개정의 번역처럼, מְיֻזָּנִים 메윳자님을 배가 부른 상태를 가리키는 것으로 해석을 하면 배가 부른 수말이 이제 욕정이 동해서 상대를 찾아다니는 모습을 연상할 수 있다. 어떤 해석을 따르던 간에 욕정을 풀려는 수말

64) 시대정황은 다르지만 호세아 선지자는 북이스라엘 역시 동일한 죄를 범한 것을 지적한다(호 2:2-13). 이는 북이스라엘의 종교적 실패가 유다에도 뿌리 깊게 자리를 잡은 것을 짐작하게 한다. 호세아와 동시대 선지자 미가는 북이스라엘의 죄가 유다와 예루살렘에 미친 것을 보고 처절하게 애통하고 애곡한다(미 1:2-9).

의 적극적인 행동에 주목하게 된다. "이웃의 아내"(אֵשֶׁת רֵעֵהוּ 애쉐트 래애후)라는 표현은 십계명의 마지막 계명을 연상시킨다. 열 번째 계명에 유사한 표현이 서술되기 때문이다: "네 이웃의 아내"(אֵשֶׁת רֵעֶךָ 애쉐트 래에카). 특히 동사는 복수형(הָיוּ 하유)이지만 사용된 주어가 3인칭, 남성, 단수인 "각기"(אִישׁ 이쉬)에 주목하면, 유다 백성의 총체적 타락을 짐작해 볼 수 있다. "각기"(אִישׁ 이쉬) 그렇게 행동하고 있다면 하나님이 "한 사람"(אִישׁ 이쉬)이라도 찾으면 용서하시겠다고 하신 말(1절)을 이해할 수 있다.

종교적 타락의 문제인 우상숭배는 십계명의 첫 계명을 범하는 것이며 이웃의 아내를 탐하는 것은 열 번째 계명을 범하는 것이다. 따라서 십계명의 시작과 끝을 언급하면서 십계명 전체를 범한 죄를 의미하게 된다. 더 나아가 십계명은 율법 전체를 반영한다. 그렇다면 하나님은 유다백성이 율법이 요구하는 수직적 관계(1-4계명)와 수평적 관계(5-10 계명)에 있어서 모두 실패한 것을 지적하시는 것이다. 언약관계가 요구하는 의무를 외면한 유다백성은 결국 언약백성의 정체성을 포기하고 이방신을 숭배하는 이방인의 정체성을 자처한 것이 된다.[65] 그렇다면 9절에 표현되고 있는 하나님의 분노를 충분히 공감할 수 있게 된다.

9절. 앞의 고소단락(7-8절)에서 하나님이 지적하신 유다백성의 문제를 정확하게 이해하다면 9절의 수사적 질문에 배어나는 하나님의 진노를 충분히 상상할 수 있을 뿐만 아니라 수사적 질문에 "예"라는 대답을 할 수밖에 없다. 이 수사적 질문들은 심판을 하겠다고 선언하는 평서문보다 더 강력하게 심판의 선언과 정당성을 전달한다. 유다가 언약관계를 거부하고 이방나라처럼 되어버린 것에 대해 하나님은 그 죄과를 반드시 물을 것이며 보복하실 것이다. "보복"이라고 표현하는 것은 하나님의 심판이 단순한 앙갚음이 아니라 그들의 배신행위에 대한 정당한 되갚음이라는 의미를 전달한다.

---

65) 유다백성은 언약관계가 요구하는 수직적 관계와 수평적 관계에서의 조화(שָׁלוֹם 샬롬)을 파괴한 것이다.

현재적 적용 | 묵상

1. "공의와 신의를 지키는 사람, 한 명이라도 찾으면 내가 용서하겠다"는 하나님의 말씀이 곧 한국교회와 사회를 향해 들려올 것 같은 위기감을 느끼지 않는가?
2. 자신의 이기적인 욕심을 채우기 위해 성도인척 행동하며 하나님을 이용하지는 않는가?
3. 입술로 드리는 찬양과 고백이 진실한가, 아니면 거짓인가? 진실인지 아니면 거짓인지는 발걸음이 어디로 향하는 지를 보면 알 수 있다. 세상이 세운 화려한 물질과 성공, 출세의 집으로 향하고 있는가, 아니면 섬김과 돌봄, 헌신과 희생. 회복과 상생의 집으로 향하고 있는가?
4. 죄에서 돌이키길 기대하시며 하나님이 내시는 징계에 대해 어떤 얼굴을 취하는가? 바위보다 더 굳은 뻔뻔한 얼굴인가, 아니면 부끄러워 붉어진 얼굴인가?
5. 죄의 본성을 통제하는 하나님의 멍에와 결박을 기꺼이 매고 있는가, 아니면 속박이라 생각하고 끊거나 꺾으려고 하지는 않는가? 세상의 멍에와 짐을 벗고 그리스도의 멍에와 짐을 지기를 원하고 있는가? (cf. 마 11:28-30)
6. 심판은 하나님이 원하시는 것이 아니다. 하지만 죄가 지나쳐서 더 이상 다른 방법이 없을 때는 하나님의 심판이 불가피하게 된다. 내 삶과 내가 속한 신앙 공동체에서 죄가 지나치게 자행되고 있는 상황은 아닌가?
7. 하나님이 성도에게 요구하시는 하나님과의 화평 그리고 이웃과의 화평을 지키기에 힘쓰고 있는가?

(8) 언약백성의 배교와 심판을 행할 "한 나라," 5:10-19

본 단락은 앞 단락(5:1-9)에서 언급한 하나님의 보복을 실행할 나라와 보복의 원인에 대한 추가적인 설명을 서술한다. 하나님이 화자로 등장하는 신적 신탁의 형식을 취한다. 따라서 고소단락과 선언단락으로 구분해서 분석할 필요가 있다. 내용으로는 심판신탁이며 신탁의 대상은 "이스라엘의 집과 유다의 집"이다(11절). 하지만 신탁을 듣는 실제 대상은 유다백성이다.

고소단락: 심판원인(10-13절)

하나님이 심판원인으로 지적하시는 문제는 배신이다. 유다백성의 말을 인용해서 그들의 실상에 대한 무지함을 보여주신다. 바로 심판의 하나님을 부정하고 심판에 대해 안일하게 생각하는 것이다.

선언단락: 심판선언(14-19절)

유다백성의 문제로 인해 하나님은 그가 불러온 "한 나라"가 그의 심판을 이스라엘 집에 행할 것이라고 선언하신다. 그 나라에 의한 참혹한 파멸이 어떠할지를 구체적으로 묘사하시지만 완전한 파멸은 아니라는 말을 덧붙이신다. 뿐만 아니라 심판 후에 있을 수 있는 질문에 대한 답변을 제시하신다.

주해

10-11절. 유다가 하나님의 보복의 심판을 받게 되는 원인을 지적하는 고소단락이 정체를 알 수 없는 무리에게 명령을 내리는 것으로 시작된다. 하나님은 그 무리에게 "예루살렘의 포도밭으로 올라가서 파괴하라"는 명령을 내리신다(10절). 이어서 "완전히 끝내지는 말고 가지들만 제거하라"는 명령이 추가된다. 이유는 그 가지들이 여호와의 것이 아니기 때문이다. 이 말은 뿌리나 줄기는 여호와의 것이라는 의미를 수반한다(cf. 사 6:13). 가지는 당시의 유다를 가리키는 것으로 보인다. 따라서 당시의 유다는 언약의 하나님을 거부하면서 언약관계를 스스로 파기했기 때문에 여호와께 속하지 않은 것을 의미한다. 그러므로 가지만 대적에 의해 제거되고 하나님이 맺으신 언약관계가 완전히 종식되는 것은 아니다. 이것은 18절의 완전히 멸하지는 않는다는 하나님의 말씀과 연결된다(cf. 4:27). "포도밭" (שָׁרָה샤라)은 하나님이 심고 가꾸신 유다백성에 대한 은유다(cf. 사 5:1-7). 하나님이 그가 심고 가꾼 백성을 멸하라는 명령을 내리시게 된 이유가 11절에 서술된다. "이스라엘의 집과 유다의 집이 언약의 하나님 여호와를 확실하게 배신했기" 때문이다. 이스라엘의 집과 유다의 집이 함께 언급되는 것은 언약관계를 강조한다. 하나님이 그들과 언약을 맺으셨지만 언약백성인 그들이 철저하게 그 관계를 배신했기 때문에 하나님의 심판을 피할 수 없게 된다. 동사 בָּגַד바가드는 그들이 언약관계의 신의를 지키지 않은 행위를 가리킨다. 뿐만 아니라 בָּגוֹד בָּגְדוּ바고드 바게두(동족 부정

사+주동사)는 배신의 실제성이 강조된다: "그들이 확실히 배신했다"(사역).

12-13절. 하나님은 유다백성이 하는 말을 인용해서 실상에 대한 그들의 안일함을 보여주신다. 유다백성은 심판의 하나님을 부정하며 심판을 대수롭지 않게 생각한다(12절). 개역개정이 "여호와께서는 계시지 아니하니"로 번역한 히브리어 문장(לֹא־הוּא로-후)은 부정어 לֹא로와 3인칭 주어 הוּא후("그" 또는 "그것")로 구성된 명사절로 다양한 해석이 가능하다.[66] 문맥을 고려할 때, 심판을 선언하신 하나님 또는 심판 자체에 대한 부정으로 보인다. 하나님이 심판을 행하시겠다고 선언하지만 유다백성은 "그가 그런 분이 아니다" 또는 "그런 일은 없을 거다"라고 말하는 것으로 해석된다. 그들은 자신들에게 그 어떤 재앙도 임하지 않을 것이며 하나님이 언약적 저주로 선포한 칼과 기근도 보지 않을 거라고 말한다. 이는 그들의 배신에 따른 하나님의 언약적 저주를 안일하게 대하는 태도다(cf. 2:35). 이런 태도는 자연스럽게 선지자에 대한 조롱으로 이어진다(13절).[67] 그들은 선지자는 "바람"(רוּחַ루아흐)에 불과하다고 말한다. 즉 "비어있고 덧없는 자"로 평가한다. 그냥 지껄일 뿐 하나님의 말씀이 없고 그들이 말하는 것은 자신들이나 당하게 된다고 비웃는다. 이는 예레미야와 같은 참선지자들에 대한 유다백성의 생각과 태도를 보여준다.

---

66) "그가 없다" 즉 존재하지 않는다는 해석; "야훼는 그럴 분이 아니다"(공동번역); "그는 아무것도 아니다"(새번역); "여호와는 아무것도 아니다"(현대인의 성경); "He will do nothing"(NIV); "It is not he"(KJV).

67) 13절을 유다백성의 말이 아닌 여호와의 말로 간주하면 13절의 의미가 달라진다. 후자의 경우, 13절은 거짓선지자들에 대한 심판선언이다. 거짓선지자들에게는 하나님의 말씀이 없기 때문에 단지 바람에 불과하고 재앙과 칼과 기근의 심판을 당하게 된다는 의미를 전달한다. 세 가지 이유에 근거해서 13절을 백성의 말로 간주하는 것이 적절해 보인다. 첫째, 13절은 12절의 근거가 된다. 유다백성의 안일한 태도는 참선지자의 신탁을 거부하고 무시한 것에서 비롯됐다. 예레미야에 대한 유다백성의 태도가 이를 잘 보여준다. 둘째, 고소단락에서 선언단락으로의 전환이 14절에 "그러므로"(לָכֵן라캔)와 신탁도입공식("만군의 하나님 여호와께서 이와 같이 말씀하시니라")으로 명시되고 있다. 따라서 13절은 선언의 내용을 전달하기보다는 심판원인을 지적하는 것으로 분석하는 것이 적절하다. 셋째, 14절에 예레미야를 가리키는 것으로 보이는 2인칭 대명사 "네"의 등장이다. 이에 대한 구체적인 설명은 14절의 주해를 참조하라. 개역개정과 공동번역은 13절을 백성의 말로 번역하는 반면에 새번역은 하나님의 말씀으로 번역한다.

14절. "그러므로"(לָכֵן라캔)는 선언단락으로의 전환을 보여준다. 이어서 선언단락을 열어주는 도입형식이 서술된다. "만군의 여호와께서 이와 같이 말씀하시니라." 하나님은 유다백성이 한 말에 주목해서 심판을 선언하신다. "네 입"(פִּיךָ피카)에 표기된 2인칭 남성 단수 대명사어미(ךָ카)의 선행사는 신탁을 받고 있는 예레미야로 보인다. 이는 13절을 배경으로 한다. 13절에 따르면 유다백성("너희")은 예레미야와 같은 참선지자를 바람이라고 조롱하면서 그들에게는 "그 말씀"(הַדִּבֵּר한딥배르; "하나님의 말씀")이 없다고 비웃었다. 이 말을 들으신 하나님이 예레미야의 입에 그의 말씀(דְּבָרַי데바라이; "내 말들")을 두어 불이 되게 하여 이런 말을 하는 백성("이 백성")을 나무처럼 태워버리게 하시겠다고 선언하신다.

15-17절. "이스라엘 집"이 하나님의 심판을 당하는 대상으로 언급된다. "이스라엘 집"은 앞에서 언급한 "이스라엘의 집"(북이스라엘)과 "유다의 집"(남유다)을 다 포괄한다. 그런데 실제 그 대상은 신탁을 듣는 유다로 제한된다. "보라"(הִנֵּה힌네)라는 표현과 함께 하나님이 곧 행하실 일에 주목하게 한다. 그가 먼 곳에서 "한 나라"(גּוֹי고이)를 유다로 불러오실 것이다. "여호와의 말[씀]이니라"는 그의 선언을 확언하는 역할을 한다.[68] 이 나라의 정체가 직접적으로 언급되지 않지만 이 나라에 대한 구체적인 설명은 주어진다(15절). 지속적으로 흐르는 시내처럼 멈춤(אֵיתָן애탄)이 없었고 오래전부터 있었던 나라다. 언어를 알아듣지 못한다는 것을 특히 언급하는 것은, 알아들을 수 있었던 참선지자들의 말을 외면하고 못 알아들은 척 했던 유다백성이 실제 말을 알아들을 수 없는 상황에 직면하게 되는 것을 가리키는 것으로 보인다.[69] 즉 하나님이 그들이 행동한 것에 적합한 심판을 행하시는 것을 의미한다. 이 나라의 군사들은 모두 죽음을 확실히 보장하는 용사들이다(16절). 따라서 죽음의 재앙을 피할 수 없게 된다. 또한 이 용사들이 모든 양식을 탈취할 것이기 때문에 기근을 보지 않을 것이라고 말했던 백성이 기근을

---

68) 본 문맥은 하나님이 화자로 등장하는 1인칭화법이다. 따라서 한글어법은 화자가 자신에게 존대법을 쓰지 않기 때문에 "여호와의 말"이 더 적절하다. "여호와의 말씀"이라는 존대표현은 어색하다(cf. 조휘, "선지서의 신적 신탁에 등장하는 '여호와께서'와 '여호와가'의 한글번역," 9-39).

69) 알아듣지 못한다는 사실이 반복되는 것이 이방민족에 의한 심판이라는 것을 강조할 수도 있다.

경험하게 되고 칼을 보지 않을 것이라고 말했던 백성이 그들이 믿었던 견고한 성읍이 칼로 파괴되는 경험하게 된다(17절; cf. 12절).[70] 이는 유다백성이 한 말에 주목하신 하나님(14절)이 그에 상응한 심판을 내리시는 것이다. 하지만 이것은 언약백성의 완전한 파멸을 의미하지 않는다. 왜냐하면 18절의 선언 때문이다.

18절. 하나님이 보복의 심판을 행하시지만 그 때에도 유다를 완전히 멸하지는 않겠다고 선언하신다(cf. 4:27). 그 확실성을 "여호와의 말이니라"는 표현으로 보장하신다. 이 선언은 10절에서 가지만 꺾어 버리라는 명령과 연결된다. 뿌리와 줄기는 남게 된다. 더 나아가 이 선언은 회복신탁이 주어지는 근간이 된다.

19절. 하나님은 심판 이후의 상황을 상정하신다. 심판으로 인한 파괴와 멸망의 고통 중에 생존한 이들이 "무슨 이유로 이런 일들을 겪어야 하느냐"는 질문을 하면 다음과 같이 대언하라고 예레미야에게 명하신다. "너희들이 나를 버리고 너희 땅에서 이방신들을 섬긴 것처럼 너희 것이 아닌 땅에서 이방인들을 섬기게 하려는 이유다." 간단히 말하는 "그토록 원하는 바를 이루어주려는 것"이라는 답변이다. 유다백성이 언약백성의 정체성을 버리고 심지어 약속의 땅에서 이방신을 섬기면서 이방인처럼 되고 싶어 했기 때문에 그들이 원하는 바대로 실제 이방인의 땅으로 보내서 이방인이 될 기회를 주신다는 것이다. 하나님이 그들이 원하는 바를 이루어주시는데, 불행하게도 축복이 아니라 저주다.

현재적 적용 | 묵상

1. 처한 실상에 대해 올바로 인식하고 있는가? 막연히 안일하게 생각하는 것은 아닌가?
2. 입술로 내뱉은 말과 마음에 품은 생각을 하나님이 들으시고 살피시면 과연 어떤 말씀을 하시고 어떤 반응을 보이실까?
3. 선지자들이 기록한 하나님의 말씀, 성경을 대하는 생각과 태도는 어떠한가?

70) 17절에 "한 나라"가 먹어치우고 파괴할 대상으로 추수곡물과 양식, 양떼와 소떼, 포도나무와 무화과나무, 성읍이 언급되는 것은 생존수단을 모두 잃는 전면적 파괴를 의미한다.

하나님의 말씀이라 확신하고 생명과 죽음의 문제로 심각하게 받아들이고 있는가, 아니면 그저 "바람"이라고 취급하는가? 성경을 읽을 때 축복의 말씀만 취하는 편식을 하고 있는 것은 아닌가? 심판의 말씀에도 귀를 기울이고 그 말씀에 비추어 신중하게 삶을 돌아보고 살피고 있는가?

4. 간절히 바라고 소원하는 바를 하나님이 그대로 이루어주시면 축복일까, 아니면 저주일까?
5. 바로잡고 훈육하시기 위해 내리신 하나님의 징계를 받고 죄를 뉘우치고 회개하는가. 아니면 "왜 그러셨냐"고 따지고 불평하는가?
6. 지은 죄의 대가를 정확하게 계산하시고 지불하게 하시는 하나님을 기억하고 있는가?
7. 하나님이 그의 백성, 성도로 불러주셨는데, 여전히 배신하는 습관에서 벗어나지 못한 것은 아닌가?

---

(9) 유다의 배반과 반역, 그리고 여호와의 보복, 5:20-31

본 단락은 신적 신탁의 형식을 취하고 있다. 따라서 유다백성의 문제를 지적하는 고소단락과 이에 따른 선언을 서술하는 선언단락으로 구분해서 분석해야 한다. 신탁의 대상은 "야곱 집"과 "유다"이다. 앞의 신탁들에서 본 것처럼 실제 대상은 "유다"이다. 선언의 내용은 심판이다. 따라서 심판신탁으로 분류된다. 이 신탁은 유다가 하나님께 죄를 범했기 때문에 하나님이 유다에 보복을 행하실 수밖에 없다는 사실을 전달한다. 선언단락의 29절이 5장 9절의 선언단락과 동일한 것을 고려하면 본 단락(5:20-31)이 5장 1-9절의 신탁을 확언하는 것으로 보인다.[71] 따라서 이 신탁들이 어떤 조응을 이루는 지에 주목하면서 본 단락을 분석할 필요가 있다. 5장 1-9절의 신탁에서와 같이 본 신탁의 고소단락 역시 유다의 종교적, 사회적 타락을 지적한다.

---

71) 동일한 표현이 5:9, 29과 9:9에 등장한다.

고소단락: 심판원인(20-28절)

야곱 집과 유다에 선포하라는 하나님의 명령으로 신탁이 시작된 후 유다가 하나님의 보복을 받을 수밖에 없는 이유가 서술된다.

선언단락: 심판선언(29-31절)

고소단락에 비해 선언단락은 간명하다. 하지만 그 강도는 약하지 않다. 수사적 질문으로 심판의 정당성이 분명하게 전달된다. 유다의 상황에 대한 하나님의 염려로 신탁이 마무리된다.

주해

20절. 신탁을 열어주는 도입형식이 서술되지 않고 바로 위임명령이 등장한다.[72] 신탁을 들어야 하는 대상으로 "야곱의 집"과 "유다"가 언급된다. "야곱의 집"은 앞의 신탁에 서술된 "이스라엘의 집"과 "유다의 집"을 포괄하는 표현이며 동일하게 하나님과 유다의 언약관계를 연상시킨다.

21-28절. 신탁을 들어야 하는 유다백성에 대한 묘사가 서술되는데, 그들은 어리석고 지식이 없다. 왜냐하면 그들의 눈과 귀가 기능을 제대로 하지 못하기 때문이다. 하지만 이들은 하나님이 선포하시는 말씀을 들어야만 한다(21절). 상황의 절박성을 느낄 수 있다. 유다백성은 자신들이 범한 죄가 무엇인지 듣고 반드시 알아야 한다는 것이다. 하나님이 지적하시는 유다백성의 죄는 크게 세 가지다. 첫째, 우주적 주권을 가지신 창조주 하나님을 두려워하지 않은 것이다(22절). 즉 여호와

---

72) 심판신탁은 일반적으로 다음과 같은 구성요소를 갖고 있다. 이 요소들이 모든 심판신탁에 항상 동일하게 등장하는 것은 아니다(조휘, 『사자가 부르짖은 즉』, 34-35).

1. 도입형식(כה אמר): "여호와께서 말씀하시되"
2. 사자 위임: 전달자를 부르심(commissioning of the messenger)
3. 상황에 대한 언급/고소 또는 비난(diatribe/criticism): יען
4. 전환: "그러므로"(לכן: 도입형식[כה אמר])
5. 재앙과 심판에 관한 하나님의 선언(divine prediction/statement)
6. 결언(the concluding remark)

를 창조주 하나님으로 존중(경외)하지 않았다. 수사적 질문으로 그들이 마땅히 하나님을 두려워해야한다는 사실을 강조한다. 당연한 이유는 그들과 언약을 맺으신 하나님이 우주를 창조하시고 질서를 세우셨을 뿐만 아니라 여전히 주관하고 계시는 분이기 때문이다. 그런데 유다백성은 창조주 하나님을 인정하지도 않았고 존중하지도 않았다. 둘째, 자신들의 반항적이고 완고한 마음에 따라 하나님에게서 돌아서고 자신들의 길로 간 것이다(23절). 이것은 하나님을 두려워하지 않은 태도에 따른 자연스러운 행보다.[73] 여호와를 두려워하지 않는 백성에게 반항적이고 완고한 마음이 있어서 결국 돌아서서 가버렸다는 것이다. 셋째, 하나님이 시기에 따라 베푸신 축복을 누리면서도 그 하나님을 경외할 마음조차 먹지 않은 것이다(24-25절). 결국 그들의 허물과 죄로 인해 하나님이 베푸시는 축복과 좋은 것들을 스스로 걷어 차버리는 상황에 처하게 된다. 하나님을 경외할 마음조차 없었기에 하나님의 징계가 있었어도 이에 관심을 두고 반성을 하기보다는 바위보다 더 뻔뻔한 얼굴을 한 그들의 모습을 충분히 짐작할 수 있다(cf. 3절).

그렇다면 왜 유다백성이 이런 지경에 이르게 된 것인가? 이에 대한 하나님의 답변이 26절에 제시된다. 바로 "내 백성" 중에 있는 "악인들"(רְשָׁעִים 레샤임) 때문이라고 말씀하신다(26절). 악인들은 엎드려 기다리다가 새를 잡는 사냥꾼처럼 숨어 있다가 덫을 놓아 사람들을 사로잡는 이들이다. 이 "악인들"은 31절에서 언급하고 있는 선지자들과 제사장들을 포함한 지도자들과 사회기득권층을 가리킨다. 이들은 이런 속임수로 얻은 것들로 자신들의 집을 가득 채워서 권력과 부를 누렸다(27절). 뿐만 아니라 살찌고 윤택한 삶을 영위했다(28절상). 이런 사리사욕을 더 채우기 위해 그들은 악한 행위의 도를 넘어섰고 사회적 약자들(고아와 빈민)의 송사를 변호하거나 공정하게 판결해 주지 않았다(28절하). 유다백성이 여호와를 경외할 마음조차 갖지 않은 이유가 여기에 있다. 타락한 지도자들은 수단과 방법을 가리지 않고 권력과 번영을 추구하도록 유다백성을 부추겼다. 또한 유다백성은 그것을 동경했다(cf. 31절). 따라서 유다백성의 마음에 하나님이 들어설 자리가 없었

---

73) 23절에 유다백성이 지시대명사와 함께 הָעָם הַזֶּה 하암 핫제로 묘사되는데, 그 의미는 문맥상 "이런 백성"이다. 즉 22절에서 말하고 있는 모습을 가지고 있는 백성을 가리킨다. 여호와를 두려워하지 않는 백성이라는 의미다. 개역개정의 "너희 백성"이라는 번역보다는 "이런 백성"이 더 적절한 번역이다.

던 것이다. 하나님의 법을 알고 있는 지도자들이 모범을 보이지 못하고 타락한 상황에서 유다백성의 타락은 자연스러운 결과다(cf. 5절). 상황이 이러하다면 29절과 같이 하나님이 그의 심정을 토로하는 것을 충분히 상상할 수 있다.

29절. 하나님은 그가 그들의 죄과를 물어야 하고 그들의 행위대로 되갚으시는 보복해야 하지 않겠느냐고 다그쳐 물으신다. 독자는 이 질문에 대한 긍정적인 답을 할 수밖에 없다. 하나님은 수사적 질문으로 그의 심판이 정당하다는 것에 독자도 동의하게 하신다(cf. 9절). 뿐만 아니라 "어찌 용서하겠느냐"는 하나님의 탄식도 충분히 이해할 수 있다(cf. 7절). 하나님이 지적한 유다백성의 문제에는 종교적 타락과 사회적 타락이 서로 엮어있는 것을 보게 된다. 하나님의 보복의 구체적인 내용은 이미 6절과 15-17절에서 이미 언급됐다.

30-31절. 신탁을 마무리하면서 하나님은 이 땅에 "무섭고 끔찍한 일"(שַׁמָּה וְשַׁעֲרוּרָה 샴마 베샤아루라)이 벌어지고 있다고 말씀하신다(30절). 그 무섭고 끔찍한 일이 31절에 서술된다. 바로 지도자들은 타락했고 유다백성은 그들의 타락에 동조하고 동경한 것이다. 이는 유다의 총체적 타락에 대한 하나님의 탄식이다. 선지자들은 거짓예언으로 백성의 타락을 부추겼고, 제사장들은 여호와의 권위가 아닌 자신들의 권위에 따라 다스렸고, 언약백성("내 백성")은 그런 것을 동경했다. 하나님의 탄식이 "결국에는 너희가 무엇을 하려고 하느냐"는 질문으로 절정에 이른다. 언약백성이 여기서 얼마나 더 나갈지에 대한 하나님의 염려다.

현재적 적용 **묵상**

1. 하나님의 말씀을 보고 들어도 보지 못하고 듣지 못하는 영적 장애가 있는 것은 아닌가? 이 장애가 탐욕과 향락을 따르는 마음에서 온다는 것을 기억하고 있는가? 영적 장애를 극복하지 못한 결과가 얼마나 끔찍한지 알고 있는가?
2. 창조주 하나님이 여전히 우주를 주관하시고 개인의 삶을 섭리에 따라 통치하는 것에 대한 경외함이 있는가? 하나님은 이용의 대상이 아니라 경외의 대상인 것을 마음 깊이 새기고 있는가? 하나님 경외는 매일의 시작과 마침이 하나님의 섭리와 통치에 따른 것임을 잊지 않는 것에서 시작된다.

3. 어떤 방법으로든 권력과 부를 누리고 있는 이들을 동경의 눈으로 바라고 부러워하고 있는 것은 아닌가? 우리 눈에 "축복받은 자"로 보이는 그들이 하나님의 눈에는 "악한 자"로 보이는 것을 알고 있는가?
4. 성도가 교회지도자들의 타락에 동조하고 동경하는 것을 하나님이 무섭고 끔찍한 일이라고 말씀하시는 것이 들리는가?
5. 한국교회의 타락이 한국사회의 타락으로 연결된 것에 대한 성도로서의 책임감을 느끼는가? 한국교회 안에 하나님의 말씀을 듣고 보는 영적 민감함이 회복되길 기도하는가?
6. "결국에는 교회가 무엇을 하려고 하느냐"는 하나님의 안타까운 탄식을 들을 수도 있는 상황에 대한 위기감이 있는가?

---

(10) 예루살렘을 향해 북방에서 오는 큰 파멸, 6:1-8

앞의 신탁들을 통해 심판의 정당성을 충분히 확보한 후, 6장은 심판의 경고가 선지자를 통해 유다백성에게 전달됐지만 그들이 이 경고를 무시하고 거부했기 때문에 심판을 당할 수밖에 없음을 분명하게 지적한다. 6장은 대략 네 개의 신탁으로 구분될 수 있다. 구분의 기준은 9절, 16절, 22절에 표기된 신탁도입형식("여호와께서 이와 같이 말씀하시되")이다. 이에 따라 구분하면 (1) 1-8절; (2) 9-15절; (3) 16-21절; (4) 22-30절로 네 단락이 된다.[74] 이 단락들은 구분이 되면서도 하나의 논리적 흐름을 가지고 있다. 첫 번째 단락은 심판의 장면을 미리 보여주고 예루살렘에게 훈계를 받으라는 명령을 한다. 즉 경고가 주어진다. 두 번째 단락은 하나님의 진노에 대한 경고를 전달하기에 예레미야가 겪는 고충을 서술한다. 세 번째 단락은 하나님의 명령과 경고를 거부한 유다백성의 태도에 대한 하나님의 확언과 심판의 확정을 언급한다. 네 번째 단락은 첫 단락에서 서술한 한 민족의 공격을

74) 6장 6절, 15절, 21절에도 "여호와께서 말씀하시다"(אָמַר יְהוָה 아마르 아도나이)가 등장한다. 하지만 6절의 경우, 접속사 כִּי 키가 함께 등장하면서 6-8절을 앞 절들과 연결시킨다. 15절에서는 9절부터 시작된 신탁을 마무리하는 역할을 한다. 21절의 경우, 유다백성의 거절에 따른 선언단락을 유도한다. 따라서 9절, 16절, 22절에서 단락을 열어주는 것과는 차이가 있다.

다시 묘사하고 심판의 확정과 심판의 결과에 대해 말하면서 이 흐름을 마무리하고 결론을 내리는 역할을 한다. 6장은 3장 6절부터 시작된 단락을 정리하는 역할을 하기도 한다. 6장의 구조는 다음과 같다.

a. 예루살렘을 향해 북방에서 오는 큰 파멸(1-8절)
  b. 쏟아부을 수밖에 없는 여호와의 진노(9-15절)
    c. 유다백성의 완강한 거부가 초래한 하나님의 심판(16-21절)
      d. 북방의 "한 민족"과 "버려진 은," 유다(22-30절)

본 단락(6:1-8)은 심판장면을 생생하게 전달한다. 북방에서 온 목자들이 예루살렘을 공격하는 모습, 공격자들에게 주어진 명령, 공격자들의 말이 서술되면서 생동감이 더해진다. 유다백성의 죄에 대한 지적과 하나님의 경고로 단락이 마무리된다. 이 단락에 등장하는 인물은 하나님, 그의 심판을 수행하는 목자들, 그리고 심판의 대상인 예루살렘이다.

큰 파멸, 곧 하나님의 심판(1-2절)

북방에서 큰 파멸이 예루살렘을 향해 오는 것은 하나님이 시온을 멸하기로 작정하셨기 때문이다. 피난을 알리는 나팔과 신호가 예루살렘을 시작으로 남쪽으로 이동한다. 왜냐하면 공격자가 북에서부터 오기 때문이다.

하나님의 심판을 행하는 목자들(3-5절)

예루살렘에 큰 파멸을 행하는 자들이 목자로 비유된다. 하나님의 명령을 받고 자신들의 계획에 따라 공격을 실행한다.

예루살렘 파괴의 정당성과 피할 수 있는 기회(6-8절)

하나님은 목자들에게 예루살렘 공략을 명령하신 후 예루살렘이 파괴를 당할 수밖에 없는 이유를 설명하신다. 예루살렘 성에서 발견되는 악한 행위들은 심판을 받기에 합당하다는 것이다. 그러나 하나님은 심판을 피할 수 있는 기회를 주신다. 바로 "훈계를 받는 것"이다.

주해

1-3절. 하나님이 선언하신 심판이 예루살렘에 임한다. 신탁이나 환상으로 전달되는 장면인 것으로 보인다. 예루살렘을 향한 공격이 임박한 상황이기 때문에 예루살렘 안에서 피하라는 명령이 주어진다(1절). 이 명령에 베냐민자손이 특정되어 언급된다. 그 이유는 분명하지 않다. 이스라엘의 초대 왕 사울이 베냐민지파였던 것을 고려하면 예루살렘에서 베냐민지파가 도망을 가게 됨으로 사울로 시작된 왕정의 종식을 의미할 수도 있다. 같은 맥락에서 유다의 멸망은 결국 12지파를 포함하는 이스라엘의 멸망을 의미하기 때문이다. 그 이유는 분명하지 않지만 베냐민지파가 특정되면서 심판의 실제성을 실감하게 된다. 예루살렘 거민에게 피난하라는 명령이 주어진 후, 이어서 드고아에서 나팔을 불고 벧학게렘에서 깃발을 들라는 명령과 함께 신속한 피신의 장면이 연출된다. 왜냐하면 북쪽으로부터 "재앙" (רָעָה 라아)이 드리워져 있기 때문이다. 더 심각한 것은 이 재앙이 "큰 파멸" (שֶׁבֶר גָּדוֹל 쉐베르 가돌)이라는 사실이다(cf. 4:6).[75] 개역개정에서 "재앙과 큰 파멸"로 번역된 히브리어 표현을 구문의 특징을 반영하면 "재앙이 북쪽에서부터 엿보고 있다. 곧 큰 파멸이다"로 번역할 수 있다. 히브리어 구문에 따르면 재앙이 오는데, 그 재앙이 큰 파멸이라는 것이 확연히 강조된다. 또한 "엿보고 있다"로 번역한 히브리어 동사 שָׁקַף 샤카프는, 니팔형일 경우, 위에서부터 내려다보고 있는 모습을 연상시킨다. 이것은 1장 13절에서 서술한 끓는 가마의 윗면이 북쪽에서부터 기울어져 있는 장면과 연결된다. 이 재앙은 단순한 사건이 아니라 엄청난 파괴라는 것이 강조된다. 그렇기 때문에 신속한 피난을 명령한다. 드고아는 선지자 아모스의 고향으로 언급된 지역이며 예루살렘의 남쪽 지역에 위치하고 있다(cf. 암 1:1). 예루살렘과 드고아 사이에 베들레헴이 있는데 드고아는 베들레헴에서 볼 수

75) 4장 6절에 유사한 문장이 사용되는데, 피난의 방향이 다르다. 4장 6절에서는 시온을 향해 피난하라고 하는 반면에 6장 1절에서는 예루살렘으로부터 피신을 하라고 한다. 수사적 의미가 있는 것으로 보인다. 4장의 문맥에서 6절은 하나님의 심판을 피할 수 있는 길은 오직 하나님의 자리 외에는 없다는 사실을 전달한다. 4장 1절에서 "돌아오려거든 나에게로 돌아오라"는 명령이 있고 9절에서는 지도자들 중 어느 누구도 도움을 주지 못한다는 사실이 언급된다. 반면에 6장 1절의 경우에는 유다백성이 예루살렘에 거하고 있기 때문에 멸망하지 않을 것이라고 확신하고 하나님께 불의하게 행동한 것에 대한 심판으로 그 자리가 재앙의 자리가 될 것임을 선언한다.

있는 거리에 있다. 벧학게렘의 위치를 특정할 수는 없지만 문맥을 고려할 때 남쪽 지역에 위치한 것으로 고려할 수 있다.[76] 예루살렘 남쪽으로 피난의 신호가 세워지는 것은 북쪽으로부터 오는 공격을 피하는 적절한 방향이기 때문이다.

2절은 예루살렘이 멸망의 위협에 놓이게 된 이유를 설명한다. 하나님이 "시온의 딸"(בַּת־צִיּוֹן 바트-찌이온; "딸 시온")을 멸하기로 작정하셨기 때문이다. 시온과 예루살렘은 같은 대상이다. 얄궂게도 하나님은 심판을 받는 시온을 "아름답고 우아하다"(הַנָּוָה וְהַמְּעֻנָּגָה 한나바 베함메운나가)고 표현한다. 이 표현이 담긴 히브리어 문장은 "아름답고 우아한데, 내가 시온을 멸한다"이다. 하나님이 그의 언약백성으로 허락하신 아름다움과 우아함을 충분히 유지할 수 있었음에도 불구하고 "딸 시온"은 이기적인 욕심 때문에 스스로 거부하고 심판을 자처한다. 시온이 멸망의 대상으로 언급되는 것은 당시의 유다백성 안에 만연했던 시온에 대한 오염된 신념을 하나님이 결코 용납하지 않으심을 보여준다.

"시온의 딸"(예루살렘)을 파괴하기 위해 북쪽에서 오는 공격자를 목자에 비유한다(3절). 목자들과 그들의 양떼가 예루살렘으로 와서 그 사방에 각기 장막을 치고 자기 양떼를 먹인다. 이 장면은 1장 15절을 떠올리게 한다. "내가 북방 왕국들의 모든 족속들을 부를 것인즉 그들이 와서 예루살렘 성문 어귀에 각기 자리를 정하고 그 사방 모든 성벽과 유다 모든 성읍들을 치리라 여호와의 말이니라"(1:15). 목자들과 양떼는 이방 왕들과 그들의 군대를 가리키는 은유다. 자기 양떼를 먹이는 것은 약탈품을 나누는 장면을 연상하게 한다.

4-5절. 예루살렘을 공격하는 목자들의 목소리가 생생하게 들려온다. 목자들은 양떼에게 전투를 준비하고 공격하라는 명령을 내리고 돌격한다.[77] 하지만 저녁이 되면서 전투를 멈춰야 할 안타까운 상황이 된다. 그렇지만 전투를 멈추지 말고 밤

76) 이 지역은 구약성경에 두 번 서술되는데, 하나는 예레미야 6장 1절이고 다른 하나는 느헤미야 3장 14절이다. 후자에서는 레갑의 아들 말기야가 다스리는 지역으로 언급된다. 드고아와 베들레헴 사이에 위치한 지역으로 추정하기도 한다.

77) 4절에서 개역개정이 "너희는 그를 칠 준비를 하라"로 번역한 히브리어 문장에 사용된 동사는 קַדְּשׁוּ 칸데슈다. 이 동사는 "거룩케 하다" 또는 "성별하다"라는 의미를 갖는다. 이 의미에 따라 문장을 번역하면, "그것[예루살렘]을 향한 전투를 거룩케 하라"이다. 따라서 목자들이 행하는 전쟁은 여호와의 전쟁인 것을 보여준다.

에 올라가서 요새들을 헐자는 말을 할 정도로 함락에 적극적인 모습을 보인다. 목자들의 모습이 적극적인 만큼 예루살렘의 멸망은 분명할 수밖에 없다.

6-8절. 신탁도입형식("만군의 여호와께서 이와 같이 말하노라")와 함께 하나님의 말씀이 인용된다. 예루살렘을 공략하는 전술에 대한 하나님의 명령은 목자들의 공격을 부추길 뿐만 아니라 멸망의 확실성을 강조된다(6절상). 이와 더불어 예루살렘 안에서 자행된 온갖 악행에 대한 지적은 목자들의 공격의 근거를 제공할 뿐만 아니라 심판의 정당성을 확보한다(6절하-7절). 하나님의 지적은 예루살렘은 벌을 받아 마땅한 성읍이라는 선언으로 시작된다(6절하). 그 이유는 예루살렘에는 오직 "포학한 것" (עֹשֶׁק 오쉐크)뿐이기 때문이다. עֹשֶׁק 오쉐크는 "압제," "강탈," "착취" 등을 의미한다. 하나님은 עֹשֶׁק 오쉐크를 우물이 물을 끊임없이 쏟아내는 것처럼 예루살렘이 꾸준히 행하는 "악" (רָעָה 라아)으로 규정하신다(7절상). 따라서 예루살렘에 임하는 "재앙" (רָעָה 라아, 1절)은 "악" (רָעָה 라아)에 대한 당연한 되갚음이다. 이 "악"의 구체적인 행위는 예루살렘에서 들려오는 "폭력과 탈취" (חָמָס וָשֹׁד 하마쓰 바쇼드)다(7절). 이 행위들은 선지자들이 사회적 악과 범죄를 지적할 때 주로 언급된다(cf. 사 59:6-7; 겔 7:23; 8:17; 암 3:10; 미 6:12; 합 1:2; 습 1:9; 말 2:16). 이 행위들에 따른 결과로 일반백성이 겪는 "질병과 상처" (חֳלִי וּמַכָּה 홀리 우막카)가 여호와 앞에서 끊이지 않는다. 사회적 악에 집중하는 것은 공격과 파괴의 근거 및 정당성을 확인하는 대상이 이방나라들("목자들")이기 때문인 것으로 보인다.

하나님의 정당한 심판이 임박한 상황에서 예루살렘 거민과 유다백성이 무엇을 해야 하는지에 대한 권면이 주어진다(8절). 바로 "훈육을 위한 체벌을 받아들이라"는 명령이다. 그렇게 하지 않으면 하나님이 친히 돌아서실 것이며 예루살렘은 황폐하게 되어 사람이 살지 않은 땅이 될 것이라는 경고를 덧붙이신다. 이 명령과 경고가 주어진 것은 아직 심판을 피할 수 있는 기회가 있다는 것을 의미한다. 이어지는 단락(9-15절)은 유다백성이 하나님의 명령과 경고에 어떤 반응을 보였는지를 서술한다.

현재적 적용 **묵상**

1. 하나님은 심판을 행하시기 전에 충분히 경고를 하시는데(cf. 암 3:6-7), 과연 이 경고에 귀를 기울이고 있는가? 또한 임박한 심판에 대한 위기감이 있는가? 경고의 메시지가 들려오고 있다는 것은 아직 기회가 있다는 것을 기억하고 있는가?
2. 성도의 아름다움과 우아함을 탐욕을 채우기 위한 사악함으로 잃고 있는 것은 아닌가?
3. 한국교회에 이기적인 욕심 때문에 오염된 신학이 있는 것은 아닌가? 한국교회와 신앙공동체 안에 가득 찬 것들을 하나님이 하나하나 들추시면서 부르시면 어떤 단어들이 열거되리라 생각하는가? 사랑, 회복, 위로, 축복, 돌봄일까? 아니면 거짓, 위선, 교만, 상처, 탈취, 욕심일까?
4. 신앙공동체 안에 경건과 신앙훈련으로 위장한 폭력과 착취로 인한 질병과 상처가 있는 것은 아닌가? 진정한 위로와 돌봄으로 인한 회복과 치유가 있는가?
5. 죄의 문제를 다루시기 위해 고난으로 훈육하시는 하나님의 체벌을 받아들이고 자신을 새롭게 할 의향이 있는가?

(11) 쏟아부을 수밖에 없는 여호와의 진노, 6:9-15

이 단락에 등장하는 인물은 하나님, 공격자, 그리고 예레미야다. 앞 단락에서 목자로 비유됐던 공격자가 여기서는 "포도 따는 자"에 비유된다. 앞 단락에는 공격자의 말이 인용되지만 여기서는 명령만 듣는다. 주요 내용은 하나님과 예레미야의 말이다. 마치 대화를 하는 것처럼 하나님의 말씀이 인용되고 이어서 예레미야의 말이 서술된 후 이에 대한 하나님의 말씀으로 단락이 마무리된다. 하나님의 말씀에 앞 단락의 공격자를 가리키는 "그들"이 언급되면서 앞 단락과의 연결성을 나타낸다. 귀를 막고 하나님의 경고를 듣지 않는 유다백성을 경험한 예레미야는 하나님의 진노를 실감하게 되면서 견딜 수 없는 심정을 토로한다. 따라서 하나님은 그의 진노를 그들에게 쏟아부으라고 명령하신다.

6장 11절하-15절은 심판을 선언하는 부분과 심판의 원인을 지적하는 부분으로 구분된다. 그 구성은 다음과 같다.

a. 심판선언, 11절하-12절
  b. 심판원인, 13-15절상
a'. 심판선언, 15절하

하나님의 말씀: 공격자에게 내리는 명령(9절)
목자들이 "포로 따는 자"에 비유된다. 예루살렘의 파괴는 덩굴을 뒤져서 남은 포도까지 다 줍는 것처럼 철저하게 이루어질 것이다. 하나님은 공격자에게 손을 광주리에 자주자주 놀리라고 명하신다.

예레미야의 심정토로(10-11절상)
철저하게 이루어질 심판에 대한 경고를 들었음에도 불구하고 유다백성은 전혀 관심을 기울이지 않고 오히려 하나님의 말씀을 욕으로 여긴다. 이 모습을 경험한 예레미야는 하나님의 진노를 실감하게 되고 견딜 수 없는 그의 심정을 토로한다.

하나님의 명령: 예레미야에게 내리는 명령(11절하-15절)
예레미야의 탄식을 들으신 하나님은 그의 진노를 쏟아부으라고 명령하신다(11절하). 진노를 쏟아부으라는 것은 심판을 선언하라는 것이다. 따라서 하나님은 심판을 행하실 수밖에 없는 원인을 언급하시고 심판을 선언하신다.

주해

9절. 신탁도입형식("만군의 여호와께서 이와 같이 이르시되")과 함께 하나님의 말씀이 인용된다. 포로를 따는 비유를 사용해서 앞 단락에서 언급한 "그들"("목자들")이 "이스라엘의 남은 자"(예루살렘/유다)를 철저하게 파괴할 것이라고 말하신다. 완전한 파멸에 대한 선언이다(cf. 5:10). 문제는 이어지는 명령이다. "너는 포도 따는 자처럼 네 손을 광주리에 자주자주 놀리라." 2인칭 대상("너")에게 "포도 따는 자" (בּוֹצֵר 보쩨르) 처럼 덩굴을 뒤져서 모조리 주어 담으라는 명령이다. 앞 문장과 포도 이미지로 연결되는데, 문제는 인칭의 충돌이다. 앞 문장은 3인칭을 언급하는 반면에 이어지는 명령의 대상은 2인칭이다. 또한 복수("그들")와 단수("너")의 충돌이 있다. 따라서 명령을 받은 2인칭("너")의 정체에 대한 논란이 있다. "너"를 선지자 예레미야로 간주하고 이 명령을 그가 받은 것으로 보는 견해가 있는 반면에 인칭과 수의 변화는 있지만 동일하게 "목자들"이 명령을 받은 것으로 보는 견해가 있다. 전자의 경우, 예레미야에게 "신실한 남은 자를 찾아 구원하라"는 의미의 명령이 주어진 것이 된다.[78] 따라서 완전한 멸망을 예견하는 11절(예레미야의 말)은 아무도 찾을 수 없다는 답변이 된다. 후자의 경우, 공격자에게 "남겨진 것까지 모조리 제거하라"는 명령이 주어진 것이고 이 명령은 철저한 심판의 의미를 전달한다. 앞 단락의 서술흐름을 고려하면 후자의 해석이 선호될 수 있다. 하나님은 3절에 목자들의 공격행위를 묘사하신 후, 6절에서 이들에게 성읍 공략을 위한 전략을 명령하신다. 3인칭("목자들이") 서술에 이어 2인칭("너희는") 서술이 등장한다. 이와 유사하게 9절에서도 하나님이 "포도 따는 자"의 비유로 목자들의 공격행위(9절상)를 서술하신 후 마지막까지 어떻게 해야 하는지에 대한 전략(9절하)을 명령하신다. 여기서도 3인칭("그들이") 서술에 이어 2인칭("너는") 서술이 등장한다. 따라서 9절에 3인칭 서술과 2인칭 명령의 조합이 가능하다. 9절의 명령에 단수형 "너"가 등장하는 것은 이미 3절에서 "각기"(단수형)라는 개별성이 언급되었기에 가능할 수 있다. 그렇다면 9절은 3-6절의 흐름을 취하면서 북방에서 오는 목자들을 통한 하나님의 심판선언을 포도 따는 자의 비유로 요약해서 다시 서술하는 것이 된다. 9절에 이어서 10-11절상은 이 심판선언(9절)을 전달해야 하는 예레미야의 고충을 서술한다.

10-11절상. 하나님의 말씀에 이어서 예레미야가 화자로 등장한다. 도대체 누구에게 하나님의 심판을 선포해야하고 또한 경고를 한다고 해도 과연 누가 듣겠냐는 탄식으로 예레미야는 자신의 답답하고 난감한 심정을 표현한다(10절상). 아무도 듣지 않는다는 사실을 수사적 물음으로 강하게 호소한다. 이어서 예레미야는

---

78) Cf. Jones, *Jeremiah*, 134.

두 가지 상황을 토로한다. 첫째, 유다백성의 귀가 할례를 받지 않아 전혀 주의를 기울일 수가 없는 상황이다(10절중). 할례는 언약의 상징이고 언약백성의 표식이다(cf. 창 17:9-14). 할례를 받지 않은 것은 언약을 파기한 것을 의미한다(창 17:14). 따라서 할례를 받지 않아 귀에 표피가 덮여있다는 것은 육체의 할례로 언약백성의 이면적 표식을 가지고는 있지만 하나님의 말씀을 듣고 순종하는 내면적 표식은 없다는 것이다. 하나님의 말씀에 전혀 귀 기울이지 않는 바위보다 더 굳게 한 뻔뻔한 모습이 그들의 내면적 실체다(5:3). 둘째, 유다백성이 여호와의 말씀을 "욕"(חֶרְפָּה 헤르파)으로 취급할 뿐만 아니라 그 말씀을 즐기지 않는 상황이다(10절하). חֶרְפָּה 헤르파는 "욕설," "치욕," "웃음거리" 등을 의미한다. 유다백성은 언약백성임에도 불구하고 언약의 하나님 여호와의 말씀을 기쁨으로 받기보다는 수치거리 내지는 웃음거리로 간주하면서 경멸한다. 이런 태도가 하나님의 말씀을 대언하는 선지자를 조롱하는 모습으로 나타났다(5:13).

하나님이 주신 말씀을 선포하면서 유다백성의 이런 모습을 경험한 예레미야는 왜 하나님이 그토록 진노하시는 지를 충분히 실감하게 됐기 때문에 가만히 갖고 있기에 지쳐있다고 말한다(11절상; cf. 20:7-9). 이는 그들이 듣지 않아도 하나님의 진노를 선포하지 않고는 참을 수 없다는 심정의 표현이기도 하다. 유다백성의 부정적인 모습은 이미 소명사건에서 예기된 바이지만 예레미야를 지치게 했다.

11절하-15절. 11절의 히브리어 문장, שְׁפֹךְ עַל־עוֹלָל בַּחוּץ וְעַל סוֹד בַּחוּרִים יַחְדָּו 쉐포크 알-올랄 바후쯔 베알 쏘드 바후림 야흐다브가 누구의 말인지에 대한 논란이 있다.[79)]

---

79) 문법적으로 שְׁפֹךְ 쉐포크는 명령형 또는 부정사로 분석할 수 있다. 전자의 경우, 하나님의 명령으로 해석하는 것이 가능하고 후자의 경우, 예레미야가 자신의 말을 이어가는 것으로 해석하는 것이 가능하다. 해석자의 선택에 따라 누구의 말인지를 결정하게 된다. 하지만 다른 동사형태를 사용할 수도 있는데, 이 두 가지 해석이 가능한 שְׁפֹךְ 쉐포크를 선택한 것은 예레미야가 하나님의 말씀을 대언하는 자라는 것을 의도적으로 암시하는 것으로 볼 수 있다. 어떤 선택을 하던 크게 의미변화가 있는 것은 아니다. 개역개정은 예레미야의 말로 해석한다(cf. KJV; 칠십인경). 반면에 공동번역, 새번역, 현대인의 성경은 하나님의 명령으로 해석한다(cf. NIV; NASB); "그들을 향하신 주님의 진노가 제 속에서도 부글부글 끓고 있어서, 제가 더 이상 주님의 진노를 품고 있을 수도 없습니다. "그러면 나의 분노를 길거리의 아이들에게 쏟아라. 젊은이들이 모인 곳에다가 쏟아라. 결혼한 남자들과 결혼한 여자들이 잡혀 갈 것이다. 청년이 잡혀 가고, 죽을 날을 기다리는 노인도 잡혀 갈 것이다" (새번역).

שְׁפֹךְ 쉐포크를 명령형("쏟아부으라")으로 분석하고 예레미야의 탄식에 대한 하나님의 답변으로 간주하는 것이 적절해 보인다. 하나님은 예레미야에게 그가 느끼는 여호와의 진노를 남녀노소를 막론하고 모두에게 쏟아부으라고 명령하신다(11절). 아이들, 청년, 남편과 아내, 중년, 노인을 포함하는 전 세대가 대상이다. 이는 총체적으로 여호와의 말씀을 비웃고 원하지 않은 상황을 전제로 한다. 따라서 예외 없이 모두 이 진노에 사로잡히게 된다(11절하). 진노를 쏟아부으라는 것은 심판을 선언하라는 것이다. 포도를 따는 것과 같은 공격이 임하게 되면 집과 밭과 아내가 타인의 소유가 되는 약탈을 피할 수 없게 된다(12절). 왜냐하면 돌보고 자비를 베푸는 손이 아니라 파괴하는 손을 그를 조롱하는 백성에게 펼치시겠다고 하나님이 선언하시기 때문이다. 하나님이 이렇게 하실 수밖에 없는 이유가 세 가지로 제시된다. 첫째, 온 백성이 불의한 이득을 탐한 것이다(13절상). "가장 작은 자로부터 큰 자까지"라는 표현은 총체적 타락을 강조한다. 따라서 11절에 언급한 바와 같이 전 세대가 심판의 대상이 된다. 둘째, 영적 지도자들이 "거짓"(שֶׁקֶר 쉐케르)을 행했을 뿐만 아니라 상황의 심각성을 가볍게 여기고 근거 없는 "평강"(שָׁלוֹם 샬롬)을 외친 것이다(13절하-14절; cf. 8:11). "거짓"은 거짓예언과 우상숭배를 포괄한다. 이 당시 영적 지도자들의 특징은 진실과 진리가 아니라 거짓과 사기다. 영적 지도자들이 "평강"이 없음에도 불구하고 백성의 귀를 즐겁게 하는 "평강"만을 외친 것은 "'괜찮아' 신학"("It's ok Theology")으로 백성을 미혹한 것이다. 따라서 백성의 타락은 당연한 결과다. 제사장들과 선지자들은 "'괜찮아' 신학"으로 자신들의 탐욕을 채웠을 뿐만 아니라 유다백성의 탐욕을 부추겼다. 에스겔 선지자는 영적 지도자들의 이런 모습을 "어떤 사람이 담을 쌓을 때에 그들이 회칠을 하는 것"으로 표현한다(겔 13:10). 이 모든 문제의 시작은 그들이 언약백성의 "상처"(שֶׁבֶר 쉐베르)를 가볍게 취급한 것이다. 즉 백성의 "어그러진 것"을 안일하게 처리했다. 셋째, 하나님이 가증이 여기는 일을 행하고도 부끄러워하는 것도 얼굴이 붉어지는 것도 모르는 것이다(15절상). 이런 모습을 앞서 3장 3절에서는 수치를 알지 못하는 창녀의 낯을 가진 것으로 표현했다. 이것은 죄를 죄로 여기지 않는 영적 불감증과 뻔뻔함을 의미한다(cf. 2:35). "가증한 일"(תּוֹעֵבָה 토애바)은 하나님의 뜻을 거스른 모든 행위 및 우상숭배를 가리킨다(7:9-10; cf. 2:26-27; 3:23-24; 7:18; 8:19; 10:1-16; 13:27; 32:34-35).[80] 하나님은 하늘의 여왕에게 분향하고 전제를 드리

는 것을 가증한 일이라고 말씀하실 뿐만 아니라 심판의 결정적인 원인으로 언급하신다(cf. 44:17-18, 22).

유다백성의 문제를 명확하게 지적하신 후 하나님은 심판을 선언하신다(15절 하). "엎드러지는 자와 함께 엎드러질 것이라"는 말은 당연한 심판을 받게 된다는 의미다. 하나님이 언약백성의 정체성을 거부한 자들의 죄과를 물으시는 그 때에 그들은 거꾸러뜨림(내던짐)을 당하게 된다. 이는 "훈계를 받으라"는 명령을 거부하면 황폐하게 만들겠다고 하신 경고의 실행이다(cf. 8절).

현재적 적용 **묵상**

1. 죄에 대해 진노하시는 하나님의 심정에 공감하는가? 그래서 같이 진노하고 있는가? 그래서 진노를 쏟아부으라는 하나님의 음성이 들리는가?
2. 주일성수, 교회봉사, 십일조와 같은 외면적 표식만 갖추고 성도인척 하는가, 아니면 하나님의 말씀을 존중하고 그 말씀에 따라 살려고 갈등하고 고민하는 내면적 표식이 있는가?
3. 하나님의 말씀인 성경이 아니라 거짓목회자들이 외치는 "괜찮다"는 거짓말에 마음을 두고 귀를 기울이는 것은 아닌가? 귀를 즐겁게 하는 설교는 듣지만 마음에 찔림을 주는 설교는 외면하지 않는가?
4. 하나님의 말씀(성경)에 대해 어떤 태도를 가지고 있는가? 자랑스러움인가 아니면 부끄러움인가?
5. 이기적인 욕심을 채우려는 마음이 귀를 막고 있어서 하나님의 말씀과 경고를 듣지 못하는 것은 아닌가?
6. " '괜찮아' 신학"에 한국교회와 성도가 사로잡혀서 자신들의 심각한 상처를 보지 못하고 있는 것은 아닌가? 상처를 보기는 하는데 안일하게 취급하거나 가볍게 여기는 것은 아닌가? 그 끝이 내던짐을 당하는 것임을 기억하는가?

---

80) "너희가 도둑질하며 살인하며 간음하며 거짓 맹세하며 바알에게 분향하며 너희가 알지 못하는 다른 신들을 따르면서 내 이름으로 일컬음을 받는 이 집에 들어와서 내 앞에 서서 말하기를 우리가 구원을 얻었나이다 하느냐 이는 *이 모든 가증한 일*(הַתּוֹעֵבוֹת הָאֵלֶּה 할토애보트 하앨레)을 행하려 함이로다" (7:9-10).

(12) 유다백성의 완강한 거부가 초래한 하나님의 심판, 6:16-21

신탁도입형식("여호와께서 이와 같이 말씀하시되")이 단락을 열어주면서 하나님의 말씀이 인용된다. 원인을 지적하는 고소단락과 이에 따른 선언단락이 번갈아 서술되면서 다음과 같은 구조를 취한다.[81)]

a. 고소단락: 심판원인(16-17절)
  b. 선언단락: 심판선언(18-19절상)
a'. 고소단락: 심판원인(19절하-20절)
  b'. 선언단락: 심판선언(21절)

본 단락을 분석할 때는 이 구조를 따라 고소단락에서 심판의 원인을 확인하고 선언단락에서 그 결과를 살피는 것이 중요하다. 더불어 평행을 이루는 단락 간의 주제적 연결을 파악할 때 이 단락이 전달하려는 의미를 정확하게 확인할 수 있다. 신탁의 형식으로는 하나님의 말씀을 직접 인용하는 신적 신탁이다. 내용으로는 심판선언이다. 신탁의 대상은 "너희"와 "이 백성"으로 표기되고 있는 유다백성이다. 18절과 19절에 언급되고 있는 나라들과 무리들, 땅은 선언의 증인으로 소환된 대상이다.

본 단락의 핵심 주제는 유다백성이 하나님의 경고를 완강하게 거부했기 때문에 하나님의 심판을 스스로 초래했다는 것이다. 그러므로 그들은 재앙 곧 멸망을 피할 수가 없다.

고소단락: 심판원인(16-17절)

하나님이 유다백성에게 평강을 얻을 수 있는 길을 알려 주셨고 경고의 나팔소리도 듣게 하셨지만 그들은 가지도 듣지도 않겠다는 완강한 태도를 보인다.

선언단락: 심판선언(18-19절)

유다백성의 완강한 태도를 보신 하나님은 증인들을 세우고 그들에게 재앙을 내리시겠다고 선언하신다. 유다백성 스스로 재앙을 초래한 것임을 확언하시고 심판원인을 재확인해 주신다.

고소단락: 심판원인(20절)
하나님의 말씀이 다시 유다백성의 문제로 돌아와 그가 기뻐하지 않는 형식적인 종교를 지적하신다.

선언단락: 심판선언(21절)
형식적인 종교는 하나님이 받지 않으실 뿐만 아니라 철저하게 멸망시키는 심판을 불러온다.

주해

16-17절. 하나님은 심판을 선언하시기 전에 돌이킬 수 있는 기회를 주신다. 심판을 피하기 위해 구체적으로 어떻게 해야 하는지를 알려주시는 세심한 배려를 베푸신다. 유다백성의 경우, 하나님의 세심한 배려가 두 가지로 나타난다. 첫째, "선한 길"로 돌아갈 기회를 주신다(16절). 유다백성이 가고 있는 길에서 멈춰 서서 이전에 걷던 "선한 길"(또는 "선으로 인도하는 길"; דֶּרֶךְ הַטּוֹב 데레크 할토브)이 어디인지 묻고 살펴서 다시 그 길로 돌아가서 "[너희] 마음의 쉼[터]"(מַרְגּוֹעַ לְנַפְשְׁכֶם 마르고아 레나프쉐켐)을 얻으라고 말씀하신다.[82] "선한 길"은 하나님이 인도하신 길인데(cf. 1:17), 그 길은 선으로 그리고 하나님께로 인도한다. 유다백성은 여호와를 버리고 잘못된 길을 선택함으로 스스로 쉼이 없는 고통과 어려움을 자취했다. 하나님은 그의 심판을 실행하시기 전에 잘못 선택한 길에서 돌이킬 수 있는 기회를 주셨다. 둘째, 경고의 나팔소리로 심판에 대한 경각심을 갖게 하신다(17절). 하나님은 심판을 행하시기 전에 파수꾼을 세워 경각의 나팔을 불게 하심으로 그 소리를 듣고 주의를 기울일 기회를 주셨다(cf. 암 3:6-7). 하지만 하나님이 선한 길로

---

81) 18절과 21절의 "그러므로"(לָכֵן 라캔)는 고소단락에 따른 결과를 서술하는 선언단락으로의 전환을 분명하게 보여준다.

82) 명령형 לְכוּ 레쿠("가라")에 이어서 접속사와 함께 명령형 וּמִצְאוּ 우미쯔우("그리고 찾으라")이 서술된다. 이 구문을 두 개의 명령이 나열되는 것, "가라 그리고 찾으라"로 해석하거나 두 번째 명령을 첫 번째 명령의 결과로 간주해서 "가라 그러면 찾을 것이다"로 해석할 수 있다. RSV와 JPSV는 전자의 해석을 따르는 반면에 한글번역본들은 후자의 해석을 취한다(cf. NIV; KJV; NASB).

돌아와서 평강을 얻으라고 했을 때 유다백성은 "우리는 가지 않겠다"는 말로 거부했다. 또한 "나팔소리를 들으라"고 말씀하셨을 때 그들은 "우리는 듣지 않겠다"는 말로 거부했다. 유다백성의 말이 인용되면서 사실성이 확보된다. 하나님은 유다백성이 이러한 배려를 의지적으로 거부한 것을 심판의 원인으로 지적하신다. 따라서 스스로 심판을 초래했다는 하나님의 말씀에 동의하게 된다. 하나님의 심판은 유다백성의 태도에 따른 자연스러운 결과다.

18-19절. 유다백성의 강팍한 태도 때문에 하나님이 심판을 선언하시게 되는데, 심판을 선언하시기 전에 증인들을 불러 모으신다(18절). 이방나라들과 무리들이 증인으로 소환된다. 이는 언약백성이 이방나라보다 더 타락했다는 의미를 간접적으로 보여준다(cf. 암 3:9). 땅도 역시 증인으로 소환되면서 그의 심판이 공개적이고 공식적인 사건이 된다. 증인들은 유다백성이 당할 일과 심판원인을 확인하게 된다. 따라서 하나님은 증인들을 불러 모으신 후, 유다백성("이 백성")에게 "재앙"(רָעָה라아)을 내리실 것이라고 선언하시고 그 원인을 정확하게 지적하신다(19절).[83] 먼저 심판이 임하는 것은 "그들의 생각," 즉 그들이 도모한 것의 결과(פְּרִי페리; "열매")라고 말씀하신다. 즉 스스로 초래한 것이다. 구체적인 원인은 하나님의 말씀에 주의를 기울이지 않은 것과 하나님의 율법, 바로 그것을 거부한 것이다.[84] 율법을 거부한 것은 언약관계를 거부한 것으로 언약적 저주를 초래한다. 19절하는 고소단락에서 지적한 문제의 속성을 정리해서 원인을 다시 확언할 뿐만 아니라 다음에 이어지는 고소단락으로 연결되기도 한다.

20절. 하나님은 수사적 질문으로 유다백성의 문제를 고소하신다. 수고로이 먼 곳에 가서 제사를 위한 유향과 향품을 가져와 하나님께 번제와 희생제물을 드리지만 하나님이 받지도 않으실 뿐만 아니라 기뻐하시지도 않으신다.[85] 왜냐하면

---

83) 19절의 히브리어 문장, אָנֹכִי מֵבִיא רָעָה אֶל־הָעָם הַזֶּה아노키 매비 라아 엘-하암 핱제에서 주어(אָנֹכִי아노키; "내가")와 분사(מֵבִיא매비; "임하게 하다")의 사용은 재앙의 임박성을 의미한다. "내가 재앙을 이 백성 위에 곧 임하게 할 것이다"(사역).

84) 히브리어 문장, וְתוֹרָתִי וַיִּמְאֲסוּ־בָהּ베토라티 바이임아쑤-바는 "나의 율법"이 강조되는 형식을 취한다. "그리고 내 율법에 대하여 그들이 그것을 거부했기 때문이다"(사역).

하나님이 인도하신 선한 길이 아닌 자신들이 선택한 패역한 길에서 얻은 것으로 번제와 희생제물을 드리기 때문이다. 이는 실제 삶에서는 언약이 요구하는 의무를 감당하지 않으면서도 단지 모양을 갖추기 위한 형식적인 종교행위에 대한 거부다. 실상은 선한 길을 거부할 뿐만 아니라 경고의 나팔소리를 무시하면서도 단지 형식만 갖춘 종교행위는 심판의 원인이 된다. 하나님의 환심을 얻길 기대하지만 실상은 심판만 초래할 뿐이다.

21절. 선언단락으로의 전환을 보여주는 불변화사 "그러므로"(לָכֵן 라캔)와 함께 신탁도입형식("여호와께서 이와 같이 말씀하시니라")이 서술된다. 신탁도입형식이 서술되면서 선언의 엄중성이 강화된다. 하나님은 유다백성("이 백성") 앞에 "장애물"(מִכְשֹׁלִים 미크숄림; "걸려 넘어지게 하는 것들")을 두시겠다고 선언하신다. 이 선언은 15절의 "그들이 엎드러지는 자와 함께 엎드러질 것이라... 그들이 거꾸러지리라"는 심판선언을 떠올리게 한다. 이 심판은 총체적이고 철저하다. 왜냐하면 수직세대("아버지와 아들들")와 수평세대("이웃과 그 친구")가 모두 장애물에 걸려 넘어지고 멸망할 것이기 때문이다(cf. 15절). 이 선언은 19절에서 선언한 "재앙"의 구체적인 내용이다.

이 단락은 16-19절과 20-21절로 분리해서 두 개의 신탁을 제시한다. 서로 주제적 연관성이 분명하다. 이와 같이 두 개로 신탁을 제시하는 의도는 반복과 구체화를 통해 의미를 강화하려는 것으로 보인다. 16-17절의 고소단락에서 지적하는 유다백성의 실체(의도적 배반)와 20절의 고소단락에서 지적하는 유다백성의 허구(형식적 종교)가 대비되면서 심판의 정당성이 확보된다. 19절의 선언단락은 이 사실의 확언과 함께 재앙을 선포하고 21절의 선언단락은 재앙을 구체화하고 시각화한다.

---

85) 시바는 아라비아의 남서부에 위치한 지역으로 고대에 향품으로 유명했다(Harrison, *Jeremiah & Lamentations*, 83). Martens는 "먼 곳"이 인도를 가리키는 것으로 설명한다(Martens, *Jeremiah*, 68).

현재적 적용 **묵상**

1. 지금 걸어가고 있는 길에서 멈춰 서서 하나님이 인도하신 선한 길에서 얼마나 멀리 왔는지 신중하게 살펴보아야 하는 상황은 아닌가? 그 길이 어디에 있는지 조차 모르고 있는 것은 아닌가?
2. 지금 걸어가고 있는 길에서 참된 평강과 쉼을 누리고 있는가, 아니면 하나님이 놓으신 장애물이 보이는 것은 아닌가?
3. 내가 선택한 길이 아니라 오직 하나님이 인도하신 그 길에서만 진정한 "마음의 쉼터"를 발견할 수 있고 쉼을 얻을 수 있다는 진리를 마음에 품고 그분의 길을 사모하는가?
4. 내 생각의 열매는 축복인가 아니면 재앙인가?
5. 나름대로 수고로이 예배와 찬양을 드리기 때문에 하나님이 받으시고 기뻐하신다고 스스로 속고 있는 것은 아닌가? 예배와 찬양, 헌금의 분량이나 수고가 아니라 진정한 성도의 삶이 담긴 예배와 찬양, 헌금이 하나님을 기쁘시게 한다는 것을 기억하고 있는가?
6. 종교적인 행위와 열정으로 죄를 만회해 보려는 것은 단지 죄를 짓는 것에 불과하다는 것을 알고 있는가? (cf. 암 4:4-5).

(13) 북방의 "한 민족"과 "버려진 은," 유다, 6:22-30

본 단락은 앞 단락들의 주제를 모두 언급하면서 앞 단락들의 내용을 정리하고 결론을 내리는 역할을 한다. 따라서 본 단락을 분석할 때 앞 단락들과의 주제적 연관성과 이 흐름을 고려할 필요가 있다. 하나님, 유다백성, 예레미야가 등장하는데, 하나님이 말씀하신 후 예레미야가 말을 하고 이어서 하나님의 말씀이 주어지는 흐름을 취한다. 이에 따라 본 단락의 장면을 그려보면, 하나님과 예레미야는 말을 하고 유다백성은 자신들에게 하는 말을 듣고 있는 모습을 상상해 볼 수 있다. 본 단락의 핵심 주제는 스스로 초래한 심판으로 인해 언약백성의 고귀한 위상은 파괴되고 "내버린 은"이라는 불명예를 얻게 된다는 것이다.

하나님의 말씀(22-23절)

하나님은 그의 심판을 수행할 북방의 "한 민족" 곧 "큰 나라"에 대해 구체적으로 묘사하신 후, 잔인하고 자비가 없는 이 나라가 "시온의 딸인 너를" 치려고 한다고 유다백성에게 말씀하신다.

예레미야의 말(24-26절)

예레미야는 심판의 소문에 대한 두려움을 표현할 뿐만 아니라 유다백성에게 죽임을 당할 수 있는 자리에 가지 말라고 경고한다. 이어서 유다백성에게 갑자기 닥칠 심판으로 인해 애곡할 것을 명하다. 이 명령은 심판을 피할 수 없음을 의미한다.

하나님의 말씀(27-30절)[86]

유다백성의 상태를 살펴보게 하기 위해 하나님은 예레미야를 선지자로 그들 중에 세우셨다. 하나님은 예레미야가 살핀 바를 자신의 말로 확인해 주신다. 유다백성은 심히 부패해서 하나님의 말씀과 경고로도 해결되지 않는 상태에 있다. 그러므로 그들은 하나님의 버림을 받고 "내버린 은"이라는 소리를 듣는다.

주해

22-23절. 하나님의 심판을 수행할 "한 민족"(עַם 암)이 북쪽에서부터 온다. 이 민족은 땅 끝에서부터 오는 "큰 나라"(גּוֹי גָּדוֹל 고이 가돌)다(22절). 히브리어 문장에서 주어("한 민족")와 분사(בָּא 바; "온다")로 표기한 구문형식은 임박성을 보여준다. 즉 "한 민족이 곧 온다" 또는 "한 민족이 오고 있다"는 의미를 전달한다. 이

---

86) 28-30절을 예레미야의 말로 분석하기도 한다. 27절에 유다백성의 상태를 조사하라는 하나님의 명령이 예레미야에게 주어졌고 이 명령에 따라 그가 조사한 바가 28-30절에 그의 말로 서술됐다고 보는 견해다(cf. Martens, *Jeremiah*, 68). Martens는 명시적으로 지적하지 않지만, 30절의 "여호와"라는 표현이 여호와를 화자로 보지 않는 근거가 될 수도 있다. 왜냐하면 여호와가 화자이면 자신을 여호와로 표현하는 것이 되기 때문이다. 따라서 예레미야가 여호와에 대해 말하는 것이 자연스러울 수 있다. 하지만 여호와가 화자이지만 "여호와"의 속성 및 언약관계를 강조하기 위해 자신을 객관화해서 여호와로 표기할 수 있기 때문에 28-30절을 예레미야의 말로 간주하는 중요한 근거가 되지 않는다.

는 19절에서 언급한 재앙의 임박성과 연결된다. "보라"(הִנֵּה 힌내)는 이 민족이 오는 것에 집중하게 할 뿐만 아니라 임박성의 의미를 강조한다. "한 민족"에 이어서 "큰 나라"를 언급하는 것은 1절에서 "재앙"에 이어서 "큰 파멸"을 언급한 것을 연상시킨다. 따라서 이 큰 나라가 재앙을 가져올 것이며 그 재앙은 큰 파멸이라는 이해가 가능하다.

23절은 이 민족의 잔인함과 강력한 군사력을 생생하게 묘사한다. 이 나라의 군사들은 무기를 갖추었고 난폭하고 자비가 없을 뿐만 아니라 사기가 충천하고 위협적이다. 하나님은 이 군사들이 이제 "시온의 딸"(בַּת־צִיּוֹן 바트 찌이온; 유다백성)을 치려고 말을 타고 전투대열을 갖춘 상태라고 유다백성에게 직접 말씀하신다.[87] 2절에 서술된 "시온의 딸"이 여기서 다시 언급되면서, "내가 재앙으로 시온의 딸을 멸하겠다고 선언했는데(1-2절), 바로 북쪽에서 오는 한 민족이 '너 시온의 딸'을 치려고 한다"는 의미가 전달된다. 하나님의 심판을 수행하는 공격자에 대한 정체는 명시되지 않지만 묘사는 하나님의 심판수행자의 전형적인 요소와 형식을 따른다. 유사한 표현으로 바벨론에게 하나님의 심판을 수행할 공격자를 묘사하는 것을 50장 41-42절에서 볼 수 있다. 그렇다면 공격자의 정체가 주요관심이 아니라 그 공격자가 하나님의 심판을 수행하는 자라는 것에 주목하게 하려는 것으로 보인다.

24-26절. 잔인하고 자비가 없는 강력한 군대의 공격위기 앞에 처한 반응이 예레미야의 말로 표현된다. 24절에 1인칭 복수형("우리")으로 서술한 예레미야의 말은 유다백성의 말을 반영한다. 4-5절에 공격하는 이들의 말과 짝을 이루어 여기서는 공격을 받는 이들의 말이 서술된다. 공격소문으로 인해 기력을 잃고 해산하는 것과 같은 고통을 느끼고 있음을 토로한다. 이 반응 역시 하나님이 사용하시는 심판도구의 공격을 받았을 때 보이는 전형적인 반응이다(cf. 50:43). 대상만 바뀔 뿐 표현되는 내용은 동일하다. 24절은 4장 31절을 연상시킨다. "내가 소리를 들은즉 여인의 해산하는 소리 같고 초산하는 자의 고통하는 소리 같으니 이는 시온의 딸의 소리라 그가 헐떡이며 그의 손을 펴고 이르기를 내게 화가 있도다 죽이는 자

87) 시온의 딸"(בַּת־צִיּוֹן 바트 찌이온)이 예루살렘을 가리키는 것으로 볼 수도 있다.

로 말미암아 나의 심령이 피곤하도다 하는도다"(4:31) 통곡하라는 명령은 간접적으로 심판을 피할 수 없음을 의미한다. 뿐만 아니라 하나님의 심판을 받는 이들이 할 수 있는 것은 단지 통곡하는 것 외에는 없다는 의미도 전달된다. 따라서 예레미야는 생명을 위협하는 대적의 칼날의 두려움이 사방에 있기 때문에 죽음의 위협이 있는 밭이나 거리로 나가지 말라고 유다백성에게 경고한다(25절). 앞 단락에서 서술한 심판의 상황이 더욱 실제적으로 다가온다. 26절은 유다백성을 향한 예레미야의 호소다. 예레미야는 하나님의 마음을 담아 유다백성을 "딸 내 백성"이라고 부르면서 독자를 잃음 같은 애절한 슬픔을 베옷을 입고 재에 구르면서 통곡으로 표현하라고 명한다. 왜냐하면 "파괴하는 자"(הַשֹּׁדֵד 핫쇼대드)가 갑자기 임할 것이기 때문이다. 이 "파괴하는 자"는 3절의 "목자들"이다. "파괴하는 자"(הַשֹּׁדֵד 핫쇼대드)가 임하면 유다백성은 4장 30절에 언급된 바와 같이 "파괴된 자"(שָׁדוּד 샤두드)가 된다. 따라서 유다백성의 통곡은 하나님의 부름을 받은 "파괴하는 자"에 의한 "파괴된 자"의 통곡이다.

27-30절. 예레미야의 말에 이어서 하나님이 화자로 등장해서 예레미야에게 그를 선지자로 부르신 것에 대해 말씀하신다. 27절의 첫 문장(בָּחוֹן נְתַתִּיךָ בְעַמִּי מִבְצָר 바혼 네탈티카 베암미 미브짜르)의 בָּחוֹן 바혼과 מִבְצָר 미브짜르에 대한 해석에 차이가 있다. בָּחוֹן 바혼은 동사에 표기된 목적어("너를"; נְתַתִּיךָ 네탈티카의 ךָ 카)의 보어인데, 문장 앞에 놓이면서 강조된다. בָּחוֹן 바혼은 구약에 1회 사용된 단어로 그 의미에 대한 이견이 있다. בָּחוֹן 바혼을 "망대"로 번역하거나(개역개정; KJV) 금속을 분석하는 "시금자"(試金者) 또는 이와 유사한 의미로 번역한다(공동번역; 현대인의 성경; NIV; NASB). 전자의 번역에 대한 근거는 이어지는 문장과 מִבְצָר 미브짜르다. 이어지는 문장은 그들의 길을 알아보고 살피는 것에 대해 말한다. 따라서 길과 관련된 "망대"의 의미를 취하게 된다. 또한 מִבְצָר 미브짜르는 1장 18절에서 예레미야를 백성 앞에 "견고한 성읍"(עִיר מִבְצָר 이르 미브짜르)이 되게 하시겠다는 하나님의 말씀에 언급된 바가 있다. 따라서 자연스럽게 מִבְצָר 미브짜르는 "요새"를 의미하게 되고 이와 연계해서 בָּחוֹן 바혼은 "망대"로 번역한다. 이와는 달리 28-30절에 유다와 연관해서 언급되는 용어들(놋과 철, 납, 은)과 서술내용(제련)에 근거해서 בָּחוֹן 바혼을 "시금자"로 번역하고 מִבְצָר 미브짜르는 백성을 가리키는 "광석/금석"(ore; NIV)으

로 번역한다. 또는 מִבְצָר 미브짜르를 "시금자"를 의미하는 בָּחוֹן 바혼과 동격으로 간주해서 "제련공"으로 번역한다(JPSV).[88] 어떤 번역을 따르던 주목하게 되는 것은 예레미야의 역할이다. 하나님은 예레미야에게 백성 중에 있으면서 그들의 길을 알고 살피는 역할을 부여하셨다. 이는 18-19절에서 이방나라들과 무리들을 증인으로 부르시는 것과 같은 맥락이다. 유다백성의 모습을 하나님의 관점에서 살피고 조사하는 것이다. 그래서 그들이 어떤지를 확인하는 것이 예레미야에게 주어진 역할이다.

28-29절은 예레미야가 확인해야 할 유다백성의 모습에 대한 하나님의 평가다. 하나님의 평가에 따르면 유다백성은 모두 "고집스런 반역자들"(현대인의 성경)이며 비방하며 돌아다니는 자들이다(28절). 뿐만 아니라 놋과 철이며 하나같이 모두 부패한 자들이다. 놋과 철은 그들의 완강하고 고집스러운 모습에 대한 은유다. 유다백성의 이러한 문제를 해결하기 위해 하나님이 선지자를 부지런히 보내 경고를 하시거나 재난이 임하게 하시는 등 온갖 수고를 하셨지만 모두 헛수고다(29절). 왜냐하면 제련공이 불순물을 제거하려고 풀무를 더 강하게 하지만 불순물이 여전히 남아있는 것처럼 그들의 "불순물"(רָעִים 라임; "악인들")이 제거되지 않기 때문이다.[89] 따라서 이들에게 주어진 결과가 30절에 서술된다. 여호와가 그들을 *버리셨기*(מָאַס 마아쓰) 때문에 그들은 "*버려진 은*"(כֶּסֶף נִמְאָס 케쎄프 님아쓰)으로 불리게 된다.[90] 즉 언약의 하나님 여호와를 버린 자들이 여호와의 버림을 받고 버려진

---

88) MT의 מִבְצָר 미브짜르를 "제련공"으로 번역하려면 모음을 수정해서 מְבַצֵּר 메밧째르로 읽어야한다(Carroll, *Jeremiah 1-25*, 204). 단순히 모음의 수정만 필요하기 때문에 "시금자"를 의미하는 בָּחוֹן 바혼과 함께 이 독법이 선호될 수 있다. 이 경우 מְבַצֵּר 메밧째르는 בָּחוֹן 바혼과 동격으로 예레미야와 연결된다. 이 단락의 문맥에서는 이 해석이 적절해 보인다. BHS는 מִבְצָר 미브짜르를 בָּחוֹן 바혼에 추가된 해설로 간주하여 삭제할 것을 제안한다.

89) 강렬한 불에 납이 살라진다는 것은, 불순물을 흡착하기 위해 납을 사용하는데 불순물은 제거되지 않고 납만 불에 타서 없어지는 것을 가리킨다. 이것은 선지자를 보내서 유다백성의 죄를 지적하고 회개를 촉구하지만 오히려 선지자가 그들의 핍박과 죽임을 당하는 것에 대한 은유적 표현일 수 있다. 이와는 달리 28-29절과 관련해서 Longman은 납에 은이 있는지를 확인하기 위해 제련을 하는데, 은은 나오지 않고 납이 소멸되고 결국 철이나 놋만 남게 되는 이미지로 설명한다(Longman, *Jeremiah/Lamentations*, 70).

90) 27-30절의 화자를 하나님으로 간주할 때 개역개정의 "여호와께서 그들을 버렸음이라"(30절)는 한글의 존대법에 어울리지 않는다. "여호와가"로 번역하는 것이 적절하다. "여호와

처지에 처하게 된다. "버려진 은"으로 불리는 것은 가치가 있지만 제거되지 않은 온갖 불순물로 인해 쓸모가 없는 상태를 은유적으로 표현한다. 6장 2절에서 시온이 "아름답고 우아하다"고 표현될 정도로 유다백성은 언약백성의 고귀한 위상을 가지고 있었지만 하나님의 말씀을 거부하고 고집스럽게 곁길로 가서 언약백성의 정체성을 스스로 포기했기 때문에 하나님의 버림을 받고 결국 버려진 신세에 처하게 된다.

현재적 적용 | 묵상

1. 하나님의 심판이 임하고 통곡 외에는 할 수 있는 것이 없는 상황이 오기 전에 할 수 있는 회개를 기억하고 있는가?
2. 하나님의 마음으로 교회와 성도를 보고 있는가?
3. 한국교회를 하나님의 관점으로 살필 때 과연 어떤 평가를 하게 되는가? 혹시 아름답고 우아한 모습이었는데, 지금은 "버려진 은"이라고 불리고 있지는 않는가?
4. 세상 속에 사는 성도와 교회가 망대가 되어 세상을 살피고 세상이 잘못된 길을 가고 있음을 경고하고 있는가?
5. 복음과 함께 죄로 인한 파괴적인 심판을 전하는가?

3. 예레미야의 성전설교와 탄식, 심판, 그리고 유일한 신, 7:1-10:25

주로 시문의 신탁으로 구성된 3-6장은 유다를 향한 하나님의 심판계획에 대해 경고하고 회개를 촉구한다. 하나님의 경고를 외면한 유다백성의 문제를 지적하고 북방의 한 민족을 통한 하나님의 심판이 선언된다. 7장 이후에도 동일한 주제가

가 그들을 버렸음이라." 여호와가 화자이지만 자신을 "나"로 표현하지 않고 "여호와"로 표현하면서 언약의 하나님 여호와의 버림을 받은 사실을 강조하는 것으로 보인다. 이는 선지서에 흔히 등장하는 객관화기법이다.

반복되는데, 더 구체적으로 이 주제들을 다루는 것을 볼 수 있다. 7장부터 10장 25절을 하나의 단락을 구분하는 이유는 7장 1절에 "여호와께로부터 예레미야에게 말씀이 임하니라"는 신탁도입형식이 등장하고 이 형식이 11장 1절에 다시 등장하기 때문이다. 이 범위(7:1-10:25) 안에 있는 본문들이 서로 연결되지만 형식과 내용, 주제에 따라 구분된 단락을 형성한다. 따라서 구분된 단락에 집중해서 분석하는 작업과 더불어 앞과 뒤의 본문들과의 연관성, 주제 및 논리의 흐름을 고려할 필요가 있다. 뿐만 아니라 6장까지 다루어진 주제들이 7:1-10:25에서 어떻게 구체화되고 진전되고 있는지에 관심을 두어야한다. 달리 말하면 3-6장의 이해는 7장 이후 이어지는 장들의 해석발판이 된다.

(1) 여호와의 전이라는 거짓말과 추방선언, 7:1-15

산문형식을 취하고 있는 본 단락은 주로 "예레미야의 성전설교"로 불린다. 유사한 내용의 본문이 26장에도 있는데, 26장 1절은 요시야의 아들 여호야김이 다스리기 시작한 해, 즉 주전 609년을 언급한다. 동일한 사건을 기술하는 것이라면 7장의 정황은 같은 시기가 된다. 하지만 한 사건에 대한 기록인지 아니면 반복된 사건인지는 확정할 수 없다. 7장은 특정 시기를 제시하지 않기 때문에 역사적 정황에 대한 질문보다는 본문의 내용에 집중하는 것이 필요하다. 본 단락(7:1-15)은 6장 16절에서 언급한 바에 대한 구체적이고 실제적인 예를 제시하는 것으로 고려할 수 있다.[91] 6장 16절은 당시 유다백성이 가고 있는 길에서 잠시 멈추고 옛적 길 곧 선한 길이 어디인지 살피고 그리로 가서 쉼을 얻으라는 말이 주어졌을 때 그들이 그리로 가지 않겠다고 말하면서 완고한 태도를 보인 것을 지적한다. 본 단락에 따르면 하나님은 예레미야를 보내 유다백성에게 선한 길로 돌아가 약속의 땅에서 쉼을 얻을 수 있는 구체적인 방법을 제시하신다. 하지만 유다백성은 무익한 거짓말에 의존해서 온갖 악행을 저지르면서 하나님의 권고를 거부한다. 그 결과로 실로와 같이 예루살렘 성전이 파괴되고 북이스라엘과 동일하게 추방을 당하

91) 예레미야서에서 산문형식의 신탁과 사건기록은 주로 시문형식의 신탁을 구체화하거나 진실성을 증명하는 역할을 한다. 본서의 서론 중 "3. 예레미야서에 사용된 문학형식"을 참조하라.

게 된다는 선언을 듣게 된다.

본 단락이 신탁형식을 취하고 있는 것에 근거해서 고소단락과 선언단락을 구분하고 각 단락의 내용을 살펴야 한다. 신탁의 형식은 신적 신탁이다. 내용으로는 심판신탁으로 분류된다. 신탁의 대상은 성전 문으로 들어가는 유다 사람들이다.

신탁도입과 위임명령(1-2절)

신탁의 시작을 보여주는 도입에 이어서 예레미야가 할 일에 대한 명령이 주어진다. 여호와의 집, 곧 예루살렘 성전 문에 서서 하나님이 주시는 말씀을 선포하라는 것이다.

고소단락: 심판원인(3-13절)

심판의 원인으로 제시된 문제는 크게 세 가지다. 첫째, 악한 길과 행위를 바르게 하라는 명령이 있었지만 성전에 대한 무익한 거짓말을 의존해서 온갖 가증한 일을 멈추지 않은 것이다. 둘째, 실로의 사건에서 교훈을 얻지 못한 것이다. 셋째, 하나님의 지속적인 경고를 무시한 것이다.

선언단락: 심판선언(14-15절)

유다백성이 범한 죄에 따른 심판선언은 두 가지다. 하나는 예루살렘 성전의 파괴이며 다른 하나는 약속의 땅에서의 추방이다.

주해

1-2절. "여호와께로부터 예레미야에게 말씀이 임하니라 이르시되"는 7:1-10:25을 시작할 뿐만 아니라 7장의 신탁을 열어주는 역할을 한다. 신적 신탁, 즉 하나님의 말씀이 인용되는 것을 알려준다. 이 도입형식에 이어 예레미야에게 위임명령이 주어진다. "여호와의 집"(בֵּית יְהוָה 배트 아도나이; "성전")의 문에 서서 여호와께 예배하러 문으로 들어오는 모든 유다백성에게 하나님이 주시는 말씀을 선포하라는 명령이다. 그가 선포해야 할 하나님의 말씀이 3-15절에 서술된다.

3-7절. 하나님은 유다백성에게 "이 곳"("약속의 땅"; cf. 7절)에 살게 하시겠다고 말씀하시면서 그 조건을 제시하신다. 그들의 길과 행위를 바르게 하는 것이다(3

절). “길”(דֶּרֶךְ 데레크)은 삶의 방식을 의미하며 “행위”(מַעֲלָל 마알랄)는 삶의 방식에 따른 구체적인 행동을 가리킨다. “바르게 하라”(הֵיטִיבוּ 해티부)는 선하게 만드는 것을 의미한다. 이는 그들의 길을 선한 길, 즉 하나님이 인도하신 길로 돌아와서 그 길에 맞은 행동을 하라는 명령이다.

이 명령과 약속에 이어서 “이것이 여호와의 성전이라”고 말하는 “거짓말”(דִּבְרֵי הַשָּׁקֶר 디브래 핫샤케르)을 믿지 말라고 명하신다(4절).[92] 이 말이 거짓말(속이는 말)인 이유는 그들의 길과 행위를 바르게 하지 않은 상태에서 아무리 입으로 여호와의 전이라고 말해도 여호와의 전이 아니기 때문이다. 따라서 하나님은 그들이 따라야 할 선한 길과 행위에 대해 설명하신다(5-6절). 첫째, 이웃 간에 정의를 확실히 행하는 것이며, 둘째, 사회적 약자(이방인, 고아, 과부)를 압제하지 않는 것이며, 셋째, 무죄한 자의 피를 약속의 땅(“이 곳”)에서 흘리지 않는 것이며, 넷째, 이방신을 섬기지 않는 것이다. 이는 언약백성에 요구되는 수평적 관계와 수직적 관계이다. 달리 말하면 길과 행동은 사회적 영역과 종교적 영역을 포괄한다. 이런 선한 길과 행위를 따르면 조상들에게 약속한 땅에서 영원히 살 수 있는 특권을 누리게 된다. 하나님은 예레미야에게 성전 문에 서서 무엇보다 먼저 그들의 길과 행위를 바르게 하고 성전에 대한 거짓말을 믿지 말라는 명령과 약속의 땅에 영원히 살 수 있다는 약속을 선포해서 알게 하라고 명하신다. 하지만 유다백성은 이 명령을 따르지 않았고 그 결과 이 약속을 누리지 못하게 된 것에 대해 말씀하신다(8-15절).

8-11절. 하나님은 유다백성이 “무익한 거짓말”(דִּבְרֵי הַשָּׁקֶר 디브래 핫샤케르)을 믿고 있는 것에 주목하신다(8절). 즉 그들이 무익한 거짓말을 믿고 있는 것을 알게 하라는 것이다. 무익한 거짓말은 4절에 언급한 “이것이 여호와의 집이라”는 말을 가리킨다. 9-10절은 이 거짓말을 믿고 유다백성이 행한 구체적인 일을 서술한다. 또한 이것은 그 말이 거짓말인 이유이기도 하다. 도둑질, 살인, 간음, 거짓 맹세, 우상숭배 등의 악을 행하면서도 여호와의 전에 와서 제의를 행하면 이런 가증한 일을 하기에 안전하다고 말하는 것이다(9-10절).[93] 이에 대해 하나님은 그의

92) Harrison은 이 표현을 거짓선지자들의 “성전신학”(the Temple theology)라고 부른다 (Harrison, *Jeremiah & Lamentations*, 85).

이름을 두신 성전이 그들의 눈에는 “도둑의 소굴”(מְעָרַת פָּרִצִים 메아라트 파리찜)로 밖에 보이지 않느냐고 따져 물으시고 그가 친히 보고 있었다고 엄중히 말씀하신다(11절).[94] 아무리 말로는 여호와의 전이라고 해도 그들의 가증한 행위로 인해 성전이 여호와가 계시는 자리가 될 수 없기 때문에 거짓말이 된다.[95] 단순히 성전에서 행하는 종교행위로 온갖 가증한 행위가 초래하는 심판을 피할 수 없다(cf. 6:20-21). 악한 길과 행위를 바르게 하라는 명령이 있었지만 성전에 대한 무익한 거짓말을 믿고 온갖 가증한 일을 멈추지 않는다. 이것이 심판의 첫 번째 원인이다.

12절. 심판의 두 번째 원인은 실로의 사건에서 교훈을 얻지 못한 것이다. 하나님은 이전에 그의 이름을 두었던 그의 처소, 실로에서 이스라엘이 행한 악행으로 인해 이스라엘을 심판하셨고 실로를 파괴하셨다.[96] 그런데 유다백성은 그 사건을 통해 충분히 교훈을 얻지 못하고 하나님의 이름을 두신 예루살렘 성전에서 동일한 악행을 범했다.

13절. 심판의 세 번째 원인은 하나님이 선지자들을 부지런히 보내셔서 경고를 하셨지만 무시한 것이다. 실로 사건을 통해 유다백성은 하나님의 이름을 둔 곳에서 예배를 드리지만 악행으로 인해 심판을 피할 수 없음을 알 수 있음에도 불구하고 여전히 가증한 일을 멈추지 않는다. 그래서 하나님이 선지자들을 끊임없이 보내어 부지런히 경고하시지만 그들은 그 경고에 응답하지 않는다.[97] 6장 17절은

---

93) 열거된 악행은 대부분의 십계명을 범한 것이다. 이것을 달리 말하면 삶을 통한 언약백성의 정체성을 보이지 못한 것이다.

94) 11절의 마지막 히브리어문장은 1인칭 주어(אָנֹכִי 아노키)와 감탄사 הִנֵּה 힌네를 사용해서 하나님이 친히 보고 있었다는 것을 강조한다: גַּם אָנֹכִי הִנֵּה רָאִיתִי 감 아노키 힌네 라이티. 이어서 서술된 “여호와의 말이니라”(נְאֻם־יְהוָה 네움 아도나이)는 하나님이 앞서 하신 말씀의 엄중함을 강조하는 표현이다.

95) 에스겔 선지자는 유다백성이 성전에서 행하는 가증한 일로 인해 여호와가 성전을 떠나는 장면을 에스겔 8-11장에 서술한다.

96) 실로는 가나안 정착 초기에 성막과 언약궤가 있었던 성읍이다. 엘리가 제사장이었던 때 블레셋에 의해 언약궤를 빼앗기고 실로가 파괴된 것으로 추정한다(Longman, *Jeremiah/Lamentations*, 73).

97) 예레미야서에 사용된 “새벽부터 부지런히 보내다”의 용례에 대해서는 서론의 주요단어

그들이 자신들의 의지에 따라 경고를 무시한 것을 서술한다: "내가 또 너희 위에 파수꾼을 세웠으니 나팔 소리를 들으라 하나 그들의 대답이 우리는 듣지 않겠노라 하였도다"(cf. 25-26절).

14-15절. 고소단락에서 지적한 세 가지 문제로 인해 하나님의 심판이 선언된다. "그러므로"는 선언단락으로 전환을 보여준다.[98] 하나님이 선언하시는 심판은 두 가지다. 첫째, 실로가 파괴된 것처럼 유다백성이 믿고 있는 예루살렘 성전이 파괴된다. 성전은 더 이상 그들에게 안전을 보장해 주지 못하게 된다. 둘째, 북이스라엘 백성("에브라임 온 자손")이 쫓겨난 것처럼 유다백성이 약속의 땅에서 쫓겨나게 된다.

예레미야는 성전에 들어오는 유다백성에게 그들의 문제와 그에 따른 하나님의 심판을 하나님의 대언자로 선언한다.

현재적 적용 | 묵상

1. 하나님이 보여주신 선한 길과 내 눈에 선하게 보이는 길 사이에서 방황하고 있는 것은 아닌가? 신앙공동체 안에서의 길과 행위가 사회공동체 안에서의 길과 행위와 동일한가?

2. 온갖 불법으로 물질을 모으고 권력과 사회적 지위를 얻더라도 교회생활과 십일조, 교회봉사를 열심히 하면 아무 문제가 없고 축복을 받을 수 있다는 설교자의 거짓말에 속고 있는 것은 아닌가? 혹시 거짓말인지 알면서도 물질, 권력, 지위를 포기하고 싶지 않아서 모른 척하는 것은 아닌가?

3. 목회자는 죄인을 불러 모아 진심으로 회개하게 하는가? 혹시, 죄인을 불러 모아 더 악하고 뻔뻔한 죄인이 되게 하는 것은 아닌가?

4. 악한 길에서 확실히 돌아서지 않고 그 길에서 행하는 악의 결과를 단지 종교

단락(7번)을 참조하라.

98) 히브리어 원문에는 불변화사 לָכֵן 라캔("그러므로")이 등장하지 않고 바브(ו)-완료연계형 וְעָשִׂיתִי 베아시티로 선언단락이 시작된다. 여기서 접속사 ו 바브는 논리적 전환, 즉 "그러므로"의 의미를 갖는다.

적 열심과 행위로 대체하려고 하는 것은 아닌가? 평일에는 전혀 성도의 경건하고 도덕적인 삶을 살지 않으면서 주일이면 교회에 와서 예배를 드릴 때 마음이 차분해 지고 평안을 얻는 기분 때문에 "괜찮아. 아무 문제없어" 라고 생각하며 스스로 속고 있는 것은 아닌가?

5. 하나님의 눈이 나의 모든 행동과 생각을 주목하고 계시고 또한 한국교회의 모든 행위를 주목하고 계시는 것을 기억하고 있는가? 이 사실이 내 삶과 한국교회를 바꾸고 있는가?
6. 하나님의 거처였던 실로가 파괴되고 예루살렘이 파괴된 사건을 잊고 한국교회는 결코 망하지 않을 것이라는 착각에 사로잡혀 있는 것은 아닌가?
7. 지난 사건들에서 교훈을 얻고 길과 행위를 바르게 하고 있는가? 애써 외면하면서 이기적인 욕심을 따르는 것은 아닌가?
8. 성도의 바른 길과 행위를 성경을 통해 배우고 훈련하고 있는가?

---

(2) 중보가 금지된 심판선언과 고질적인 반역, 7:16-29

본 단락은 앞 단락에 근거해서 주어지는 신탁이다. 16절을 시작하는 표현(וְאַתָּה베알타)이 이를 보여준다. וְאַתָּה베알타는 접속사 ו바브와 2인칭 남성 단수 대명사 אַתָּה알타("너")가 결합된 형태인데, 접속사 ו바브는 앞 단락과의 연결을 보여준다. 접속사 ו바브는 문맥에 따라 "그리고," "그러나," "그러므로" 등의 의미를 갖는데, 7장의 문맥에서는 "그러므로"의 의미가 적절하다. 따라서 앞 단락과 논리적 연결성을 갖는다. 유다백성의 배교와 패역으로 인해 그의 심판이 선언됐기 때문에 하나님은 예레미야에게 그들을 위해 기도하지 말라고 명령하신다. 이어서 예레미야에게 이 명령의 정당성을 설득시키고 동의를 얻기 위해 유다백성의 타락한 모습을 구체적으로 설명하신다. 또한 악한 마음의 완악함에 따라 행동하는 유다백성이 예레미야가 선포하는 말을 듣지 않을 것이라는 현실을 상기시키신 후, 언약의 하나님 여호와께 순종하지 않는 그들의 실체와 그 결말이 심판이라는 사실을 알려 주라는 명령을 내리신다. 본 단락은 신적 신탁의 전형적인 형식을 따르지 않지만 대략적인 고소단락과 선언단락의 구성을 갖추고 있다. 본 단락에 서술된 고소단락의 특징은 명령으로 시작해서 그 명령을 준 이유가 논증형식으로 제시되는 것이다. 이 내용이 선언이 주어지는 근거가 된다. 선언단락의 경우, 첫 번째 선언단락(20절)은 심판을 선언하는 반면에 두 번째 선언단락(27-29절)은 신탁에 대한 유다백성의 예상되는 반응과 예레미야가 할 바에 대한 명령이 서술된다. 따라서 21-29절을 분석할 때 원인과 결과의 흐름에 주목하는 것이 중요하다. 신탁의 대상은 예레미야와 유다백성이다. 내용으로는 심판신탁이다. 구조는 다음과 같다.

a. 고소단락: 심판원인(16-19절)
  b. 선언단락: 심판선언(20절)
a'. 고소단락: 유다백성의 완악함(21-27절)
  b'. 선언단락: 두 개의 명령(28-29절)

고소단락: 심판원인(16-19절)

유다백성을 위해 기도를 하지 말라는 명령이 예레미야에게 주어진다. 이는 하나님의 심판이 확정된 것을 의미한다. 유다백성의 문제는 온 가족이 모두 적극적으로 우상숭배에 참여하면서 스스로 부끄러움을 당할 상황을 만든 것이다.

선언단락: 심판선언(20절)

유다백성의 우상숭배는 하나님의 진노를 자극하기에 충분했다. 따라서 그의 진노를 부어서 사람과 짐승 및 식물을 모두 사르시겠다고 선언하신다.

고소단락: 유다백성의 완악함(21-27절)

희생제물과 번제물을 쌓아놓고 그 고기를 먹으라는 명령이 유다백성에게 주어진다. 그런데 문제는 하나님의 목소리를 듣지 않고 그가 명하는 길로 가지 않으면서 희생제와 번제를 드리는 것이다. 이와 같이 하나님의 뜻은 거부한 채 행하는 종교행위의 문제를 지적하신다. 뿐만 아니라 유다백성은 조상들보다 더 악하게 행동하는 문제를 가지고 있다. 유다백성이 악한 마음의 완악함을 따르고 있기 때문에 예레미야의 선포에도 귀를 기울이지 않을 것이라는 하나님의 말씀이 주어진다.

선언단락: 두 개의 명령(28-29절)

두 개의 명령이 서술된다. 하나는 예레미야에게 주어진 것으로 자신들의 신인 하나님을 버린 민족이라는 실체를 유다백성에게 알게 하라는 명령이다. 다른 하나는 예루살렘/유다에게 주어진 것으로, 머리를 밀고 벗은 산 위에서 애가를 부르라는 명령이다.

주해

16-19절. 하나님은 예레미야에게 유다백성을 위한 그 어떤 기도나 호소, 내지는 간청을 하지 말라고 엄중히 명하신다(16절). 왜냐하면 그가 예레미야의 기도를 듣지 않으실 것이기 때문이다. 하나님이 상황이 이렇게 된 이유를 질문과 함께 설명하시는 것은 예레미야를 설득시켜서 동의하게 하시는 것처럼 보인다. 예레미야도 유다백성이 자신들의 거주지와 예루살렘에서 한 일을 보지 않았느냐는 질문이다(17절). 이이서 유다의 가정에서 행하고 있는 우상숭배의 모습을 설명해 주신다(18절). 하늘의 여왕과 이방신을 섬기기 위해 온 가족이 각자 맡은 일을 하는 모습이다.[99] 이러한 총체적 타락은 하나님의 진노를 자극한다. 그런데 이것은 단지 하나님을 화나게 하는 것에서 멈추는 것이 아니라 실제로는 그들 스스로 부끄러움을 초래하는 것이라는 사실을 수사적 질문으로 지적하신다. 이 질문을 들은 예레미야뿐만 아니라 읽는 독자도 긍정적인 답변을 하게 된다. 유다백성의 총체적 타락은 하나님의 진노를 자극하기에 충분하다. 그래서 이에 따른 하나님의 대처가 선언단락에 서술된다.

20절. "그러므로" (לָכֵן 라캔)와 함께 신탁도입형식("주 여호와께서 이와 같이 말씀하시니라")은 선언단락으로의 전환을 보여준다. 하나님은 그의 진노와 분노를 예루살렘("이 곳"), 사람과 짐승, 그리고 들판의 나무와 땅의 소산 위에 쏟아 부으시겠

99) 하늘의 여왕을 섬기는 행위는 유다와 예루살렘이 멸망한 후에도 유다백성이 포기하지 않는 우상숭배다(cf. 44:17-18). "하늘의 여왕"이 정확히 어떤 신을 가리키는 것인지에 대해 다양한 의견이 있다. 메소포타미아의 사랑과 다산의 여신 이스타르(Ishtar), 아낫, 또는 달로 보기도 한다. 므낫세 왕이 일월성신을 섬기는 우상숭배를 시작했는데(왕하 21:1-9), 요시야 왕의 전사 이후에 다시 행해진 것으로 보인다(cf. Jones, *Jeremiah*, 151).

다고 선언하신다. 하나님의 진노가 부어지면 다 불타버리게 되고 완전히 소멸될 때까지 그 진노가 멈추지 않는다. 이는 철저하고 확실한 심판을 의미한다.

21-27절. 하나님은 유다백성에게 희생제물에 더해서 번제물의 고기도 함께 먹으라고 명하신다(21절). 본래 번제물은 온전히 하나님께 드려진 것으로 먹을 수 없는 것임(레 1장)에도 불구하고 먹을 수 있는 희생제물과 함께 번제물도 먹으라고 명령하는 것은 이제 온전히 드려지는 번제물이 아무 의미가 없기 때문에 먹고 싶으면 마음대로 먹으라는 것이다. 또는 삶에서는 언약백성의 모습을 보이지 않으면서도 성전에 와서는 수많은 제물의 고기를 먹는 것을 좋아하면 그렇게 하라는 것으로 보인다. 하나님이 그런 제물을 받지 않으심에도 불구하고 자신들이 좋아하기 때문에 수많은 제물을 드리고 그 고기를 먹는 행위를 멈추지 않는 유다백성의 모습을 연상할 수 있다(cf. 6:20). 이스라엘 백성을 이집트에서 데리고 나오실 때 하나님은 분명히 번제와 희생제를 명하셨다. 레위기 1-7장이 이 사실을 보여준다. 그런데 여기서 하나님이 말하시는 것은 당시 유다백성이 행하고 있던 그러한 번제나 희생에 대해 말하거나 명하지 않으셨다는 사실을 상기시키신다(22절).[100] 사실 희생제와 번제 자체가 중요한 것은 아니다. 왜냐하면 번제와 희생제를 드리는 것은 그들이 여호와의 목소리를 듣고 여호와가 그들의 하나님이 되고 그들이 여호와의 백성이라는 사실을 확인하는 것이기 때문이다(23절; 호 6:6; 암 5:21-27). 이집트에서 이스라엘 백성을 데리고 나오시면서 하나님이 실제로 원하셨던 것은 단지 희생제물이나 번제가 아니라 다음의 두 가지다. 하나는 그의 목소리를 듣는 것이며 다른 하나는 그가 명하시는 모든 길로 걸어가는 것이다. 하지만 유다백성은 하나님의 목소리가 아닌 자신들의 악한 마음의 계획과 완악함의 소리를 들었고 하나님이 명하신 길이 아닌 자신들의 길로 걸어갔다(24절). 결과적으로 그들은 등을 하나님께 돌리고 얼굴을 그에게 향하지 않았다. 달리 말하면 하나님 앞으로 나아오는 것이 아니라 뒤로 물러가 버렸다. 뿐만 아니라 하나님은 이집트에서 그들

100) Martens는 22-23절을 설명함에 있어서 덜 중요한 것과 가장 중요한 것을 비교해서 직설적으로 요점을 도출하는 히브리인의 어투를 언급한다(Martens, *Jeremiah*, 75). 즉 희생제물과 번제물에 대해서 명령하셨지만 더 중요한 명령은 하나님의 목소리를 청종하고 그가 명령한 길로 가는 것임을 강조하기 위한 어투라고 설명한다.

을 데리고 나온 이후로 그 당시까지 쉼 없이 부지런히 선지자들을 보내시어 그의 목소리와 길을 알려 주셨다(25절). 하지만 유다백성은 전혀 관심을 두지 않았고 오히려 목을 곧게 하고 조상들보다 더 악을 행했다. 하나님께 등을 돌린 것과 목을 곧게 한 것은 하나님을 배신한 유다백성의 모습을 시각화한다. 따라서 하나님은 예레미야가 상대해야 할 유다백성의 모습이 이러하기에 그가 무엇을 해야 하는지에 대해 이어지는 선언단락에 제시하신다.

28-29절. 선언단락에 두 개의 명령이 서술된다. 첫째, 유다백성이 자신들의 신이신 언약의 하나님 여호와의 목소리를 듣지 않을 뿐만 아니라 "훈육"(מוּסָר무싸르)도 받지 않는 "신의"(הָאֱמוּנָה하에무나)가 없는 민족이라는 그들의 실체를 알게 하라는 명령이 예레미야에게 주어진다(28절). "신의"("진실")는 사라졌고 그들의 입에서 끊어졌다. 달리 말하면 그들에게는 하나님을 향한 진심이 더 이상 없으며 유다는 하나님께 등을 돌리고 배신한 나라다(cf. 2:30; 5:3; 17:23; 32:33).[101] 중보기도가 금지된 상황에서 예레미야는 심판을 받을 수밖에 없는 유다의 실체에 대해 알려야 한다. 둘째, 머리털을 베어버리고 우상을 숭배하던 "벗은 산"(שְׁפָיִם쉐파임) 위에서 통곡하라는 명령이 예루살렘/유다에게 주어진다(29절).[102] 통곡하라는 것은 회개를 촉구하는 것이 아니라 심판의 참혹함에 대한 슬픔과 괴로움을 표현하는 것이다. 특히 "너의 머리털을 베어 버리라"는 히브리어 표현은 "너의 성별(거룩한 구별)을 베어 버리라"는 의미를 갖는다. "너의 머리털"(נִזְרֵךְ니즈래크)로 번역된 단어는 "성별을 위한 나실인의 서원"(נֶדֶר נָזִיר לְהַזִּיר네데르 나지르 레핫지르, 민 6:2-8)과 관계가 있는 표현이다.[103] 나실인은 "그[의] 서원(נִזְרוֹ니즈로)을 하고 구별하는 모든 날 동안은 삭도를 절대로 그의 머리에 대지 말 것이라 자기 몸을 구

---

101) הָאֱמוּנָה하에무나를 "거짓"(שֶׁקֶר쉐케르)과 대조를 이루는 것으로 해석하면 הָאֱמוּנָה하에무나는 "진실"을 의미하며 참 신이신 하나님을 가리킨다. 따라서 29절의 마지막 두 문장은 하나님을 버리고 우상(거짓)을 따른 것을 의미할 수도 있다. 즉 유다백성에게서 하나님은 사라졌고 그들의 입에도 언급되지 않는다는 의미가 된다.

102) "너의 머리털"의 2인칭 "너"는 여성형 단수로 예루살렘 또는 유다를 가리킨다. "베어 버리고"(גָּזִּי갖지)와 "통곡할지어다"(שְׂאִי세이; "들어 올려라") 모두 2인칭 단수 여성 명령형이다.

103) Longman, *Jeremiah/Lamentations*, 77.

별하여 여호와께 드리는 날이 차기까지 그는 거룩한 즉 그의 머리털을 길게 자라게 하라"는 명령을 받았다(민 6:5). 따라서 머리털을 베어 버리라는 명령은 유다백성에게서 하나님과의 구별된 관계가 단절된 것을 의미한다. "벗은 산"(שְׁפָיִם 쉐파임)은 유다백성이 우상숭배를 행한 산이다(cf. 3:2, 21). 따라서 그곳에서 통곡을 한다는 것은 그 자리에서 행한 우상숭배가 심판의 원인인 것을 지적할 뿐만 아니라 우상을 숭배하며 안전과 번영을 기대했던 그 자리가 심판의 자리가 될 것임을 보여준다(cf. 12:12). 출애굽 1세대가 광야에서 불평과 불신으로 하나님의 진노를 자극해서 심판을 받았던 것처럼 조상들의 잘못을 답습하는 세대 역시 하나님의 진노 아래 놓이게 되고 결국 심판을 피할 수 없게 된다. 그러므로 심판은 악한 마음의 완악함에 따라 살면서 하나님의 경고를 무시하고 그에게 등을 돌린 배신에 대한 당연한 결과다. 여호와께서 진노하심으로 이 세대를 끊어 버리셨다.

현재적 적용 | 묵상

1. 중보기도와 간청을 금지되는 때가 이르기 전에 돌아서는 깨달음이 필요한 현실은 아닌가?
2. 성도가 더 이상 성도가 아니고 교회가 더 이상 교회가 아니면서도 더 많은 예배와 찬양을 드리고 더 많은 헌금과 십일조를 드리겠다고 할 때 "그렇게 하고 싶으면 마음대로 그렇게 하라"는 하나님의 실망스러운 말을 듣는 것은 아닌가? 지금 행하고 이는 일들이 하나님의 진노를 자극할 뿐만 아니라 스스로 부끄러움을 초래할 수 있다는 것을 알고 있는가?
3. 예배와 찬양, 교회생활의 열심과 봉사에는 하나님의 음성을 듣고 그가 원하시는 길이 담겨져 있는가? 순종은 거부하고 예배행위에만 열심인 것은 아닌가? 하나님이 원하시는 예배는 상한 심령의 예배(시 51:16-17)와 삶을 드리는 산 예배(롬 12:1-2)인 것을 기억하고 있는가?
4. 바라보고 있는 방향이 하나님의 얼굴인가 아니면 세상의 화려함인가?
5. 성경을 통해 지속적으로 경고하시는 하나님의 말씀에 귀를 기울이고 있는가? 성경에 귀를 기울일 뿐만 아니라 실제로 하나님이 원하시는 일을 행하고 있는가? 단지 읽고 듣는 것만으로 만족하고 있지는 않는가?

6. 입술로 하나님께 고백하는 신의와 믿음이 진실임을 실제 삶으로도 보여주고 있는가?
7. 크고 웅장하게 지은 교회건물 위에 서서 "머리털을 베어 버리고 통곡하라"는 예레미야의 외침이 들리는 것은 아닌가?

---

(3) 하나님의 눈앞에서 행한 우상숭배에 대한 참혹한 심판선언, 7:30-8:3

본 단락에서는 유다백성에게 임할 심판선언에 주목하게 된다. 왜냐하면 그들에게 임할 심판의 참혹함 때문이다.[104] 그들이 이런 참혹한 심판을 당하게 되는 이유가 고소단락(7:30-31)에서 지적된다. "여호와의 말이니라" (נְאֻם־יְהוָה 네움 아도나이)의 반복(7:30, 32; 8:1, 3)은 이 신탁의 엄중성을 강조한다. 본 단락은 하나님의 말씀이 직접 인용되는 신적 신탁이며 대상은 유다백성이다. 내용으로는 심판신탁이다. 따라서 본문을 분석할 때 고소단락과 선언단락에 따른 원인과 결과의 흐름에 주목해야 한다. 선언단락은 "날"과 "때"에 대한 언급과 함께 "여호와의 말이니라"는 신적 선언이 서술되는 것에 따라 두 개의 세부 단락으로 구분된다. 이 표현들이 7장 32절과 8장 1절에 등장한다. 따라서 선언단락은 7:32-34과 8:1-3로 구분된다.

a. 고소단락: 심판원인, 7:30-31
    b. 선언단락: 심판선언, 7:32-8:3
        (1) "날들이 임할 것이다," 7:32-34
        (2) "그 때에," 8:1-3

고소단락: 심판원인(7:30-31)

유다백성이 참혹한 심판을 피할 수 없는 이유는 두 가지다. 하나는 그들이 하나님의 눈앞에서 악을 행한 것인데, 바로 그들의 가증한 것들로 성전을 더럽힌

---

104) 하나님의 말씀의 엄중성을 강조하는 "여호와의 말이니라"는 표현이 선언단락에 세 번 등장하는 것 역시 선언단락에 집중하게 한다.

것이다. 다른 하나는 힌놈의 아들 골짜기에 도벳 산당을 지어 하나님이 생각도 하지 않으신 인신제사를 행한 것이다.

선언단락: 심판선언(7:32-8:3)

첫 번째 선언단락(7:32-34)은 자녀를 태워서라도 생명을 얻길 원해서 인신제사를 행한 힌놈의 아들의 골짜기는 "살육의 골짜기," 곧 그들의 무덤이 되고, 또한 가증한 것으로 더럽혔던 예루살렘은 황폐하게 되어 어떤 즐거움이나 기쁨도 남지 않게 된다고 선언한다. 이어서 두 번째 단락(8:1-3)은 백성의 모범이 되고 잘못을 바로 잡아 주어야 했던 지도자들은 죽어서 더 모욕을 당하게 되고 하나님의 심판에서 다행히 살아남아 유배지에 끌려 간 사람들은 죽음보다 더 비참한 유배생활을 할 것이라고 선언한다.

주해

30-31절. "나의 눈앞에"(בְּעֵינַי 베애나이)라는 표현과 함께 하나님이 심판의 원인을 확실히 주목하고 계심을 보여준다.[105] 심판원인으로 지적되는 문제는 예루살렘 성전 안과 밖에서 행해지고 있는 우상숭배의 문제다. 성전 안의 문제는 하나님의 이름을 두신 예루살렘 성전이 거룩함을 요구함에도 불구하고 유다백성이 "그들의 가증한 것"(שִׁקּוּצֵיהֶם 쉭쿠째헴), 즉 우상을 두어 그곳을 더럽힌 것이다(30절; 32:34).[106] 구체적으로 어떤 우상을 세워 그곳을 더럽혔는지는 에스겔의 환상을 통해 구체적으로 알 수 있다(겔 8장).

성전 밖의 문제는 힌놈의 아들의 골짜기에 세운 도벳 사당이 특정된다(31절).[107] 왜냐하면 이곳에서 아들과 딸을 제물로 불에 살라 드린 인신제사가 가장 극악하기 때문이다. 하나님은 인신제사에 대해 그가 명령하지도 않았고 그의 마음

105) 히브리어 원문의 30절은 접속사 כִּי 키로 시작되는데, 이 접속사는 강조를 위한 "정말로"의 의미를 갖는다.

106) 13:27; 16:18; 32:34에서 שִׁקּוּץ 쉭쿠쯔는 예루살렘 성전 안과 밖에 행한 우상숭배를 가리킬 때 사용된다. 북이스라엘 백성이 하나님 앞에 행한 우상숭배를 가리킬 때에도 같은 단어가 사용된다(4:1).

107) 19장은 힌놈의 아들의 골짜기와 도벳의 우상숭배를 집중적으로 다룬다.

에 떠올리지도 않은 것이라고 말하시면서 강한 거부감을 표시하신다. 성전 안과 밖에서 행한 우상숭배가 자초한 결과가 선언단락에 서술된다.

32-34절. 불변화 부사 לָכֵן 라캔("그러므로")은 선언단락으로의 전환을 보여주면서 선언의 첫 번째 단락(32-34절)을 소개한다. 히브리어 원문에는 לָכֵן 라캔에 이어 감탄사 "보라"(הִנֵּה 힌네)가 서술되면서 "날이 이르는 것"에 주목하게 한다. "그러므로 보라. 날들이 임할 것이다"(לָכֵן הִנֵּה־יָמִים בָּאִים 라캔 힌네-야밈 바임).[108] 이 날들은 심판의 날을 가리킨다. "여호와의 말이니라"(נְאֻם־יְהוָה 네움 아도나이)는 이 선언의 엄중성을 강조한다. 이는 심판원인이 심각한 만큼 심판선언의 엄중성을 강조하려는 것으로 보인다. 첫 번째 선언은 예루살렘 성전 밖의 우상숭배에 대한 선언이다. 인신제사를 행했던 자리가 도벳이나 힌놈의 아들의 골짜기로 불리지 않고 "살육의 골짜기"(גֵּיא הַהֲרֵגָה 개 하하래가)로 불리게 된다.[109] 왜냐하면 이곳이 시체를 매장할 자리가 없을 정도로 시체로 가득 찰 것이기 때문이다. 그곳에서 매장되지 않은 유다백성의 시체는 공중의 새와 땅의 짐승의 먹이가 되는 비참한 처지에 놓이게 된다. 이는 아들과 딸을 제물로 드리면서 생명과 안전을 얻고자 했던 것에 대한 죽음의 보응이다.

두 번째 선언은 예루살렘 성전 안과 성읍의 우상숭배에 대한 선언이다. 온갖 가증한 우상을 숭배하면서 유다백성이 얻고 싶었던 기쁨과 행복을 결코 누리지 못하게 된다. 왜냐하면 하나님의 심판으로 온 땅이 황폐하게 될 것이기 때문이다. 즐거움과 기쁨의 상징인 신랑과 신부의 소리를 듣지 못한다는 것은 어떤 미래도 기대할 수 없는 절망적인 상황을 가리킨다. 예루살렘과 성읍들이 언급되는 것은 유다 전 지역에 미칠 하나님의 심판을 의미한다. 하나님은 그의 눈으로 주목하신 죄를 결코 간과하지 않으시고 그에 합당한 결과를 반드시 허락하신다.

---

108) לָכֵן הִנֵּה־יָמִים בָּאִים 라캔 힌네-야밈 바임은 선지서에서 심판의 날이나 회복의 날을 선포할 때 사용하는 전형적인 표현이다(cf. 16:14; 암 8:11; 9:13).

109) 도벳은 예루살렘 남쪽의 힌놈의 아들의 골짜기에 위치한 지역이다. 힌놈의 아들의 골짜기는 성읍의 쓰레기 등을 내다버린 장소였는데, 이곳에서 몰렉(Molech) 신상을 세우고 자녀를 불에 태워 제물로 받쳤다(32:35; cf. 왕하 23:10; 대하 28:3; 33:6). 요시야 왕이 도벳을 더럽게 하고 인신제사를 금했다. 하지만 요시야 왕의 죽음 이후 다시 이곳에서 인신제사를 드린 것으로 보인다.

8장 1-3절. 선언의 두 번째 단락은 시간을 나타내는 부사구, "그 때에"(בָּעֵת הַהִיא 바에트 하히)와 선언의 엄중성을 강조하는 "여호와의 말이니라"(נְאֻם־יְהוָה 네움 아도나이)는 표현으로 시작된다. "그 때"는 앞서 7장 32절에 언급된 하나님의 심판이 임하는 날들을 가리킨다. 두 번째 선언단락에서도 두 가지가 선언된다. 첫째, 우상숭배로 하나님을 거부했던 지도자들과 이들을 따랐던 백성이 죽음 후에도 가장 치욕적인 상황에 처하게 될 것이다(1-2절). 백성의 모범이어야 했고 그들의 잘못을 바로 잡아 주어야 했던 정치와 종교 지도자들의 뼈와 그들의 부추김을 받고 그들을 따랐던 예루살렘 거민의 뼈가 무덤에서 파헤쳐져서 그들이 그토록 섬기던 해와 달과 하늘의 뭇 별 아래에 펼쳐지게 되고 매장되지 않은 채 땅 위에 "분뇨"(דֹּמֶן 도멘)처럼 뒹굴게 된다.[110] 우상숭배에 대한 그들의 태도와 열정을 표현할 때 "사랑하다"(אָהֵב 아하브), "섬기다"(עָבַד 아바드), "따라가다"(הָלַךְ אַחַר 할라크 아하르), "구하다"(דָּרַשׁ 다라쉬), "경배하다"(חוה)라는 동사들을 사용하는 것은 언약의 하나님 여호와께 온전히 드려져야 할 마음과 정성이 모두 우상에게 빼앗겨 버린 것을 강조한다. 이 심판을 통해 그들이 그토록 신뢰하며 섬겼던 우상이 하나님의 심판 앞에서 아무런 유익을 주지 못한다는 사실을 확인하게 된다.

둘째, 이 악한 백성 중에 하나님의 심판에서 다행히 목숨을 부지해서 이방인의 땅에 포로로 잡혀간 이들은 그곳에서 사는 것보다 죽는 것을 더 원할 정도로 비참하게 살게 될 것이다(3절). 달리 말하면 그나마 목숨을 부지했다고 안심할 수 있는 유배지에서 악의 처참한 결과를 처절하게 경험하게 된다. "만군의 여호와의 말이니라"는 표현으로 그 비참함을 결코 피할 수 없음을 확언한다.

현재적 적용 **묵상**

1. 지금은 심판이 올 것 같지 않고 모든 것이 잘 되는 것 같지만 하나님이 심판의 날을 정확히 계산하시고 있다는 사실을 기억하고 있는가? 죄악을 심판하는 날과 때가 반드시 하나님의 계획에 따라 온다는 것은 성경이 선포하는 진

110) 고대 근동의 신앙에 따르면 무덤에서 뼈를 파헤쳐 꺼내는 것은 죽은 자의 부활을 막거나 죽음 후의 안식을 파괴한다는 극단적인 모욕과 저주를 의미한다.

리다.

2. 도벳에서 유다백성이 평안하고 안정된 삶을 위해 자녀를 제물로 바친 것을 보면서 어떻게 그렇게 할 수 있는지 묻고 분노하게 된다. 하지만 오늘날 이루어지고 있는 도벳의 행위를 보고 분노하고 있는가? 이기적 욕심을 위해 행해지는 낙태, 돈을 얻기 위한 아동유괴, 성적 욕구를 채우기 위한 아동성폭행, 장애를 가진 자녀에 대한 학대와 유기, 자녀를 동반한 자살 등은 도벳의 행위와 다를 바가 없다고 생각하지 않는가? 과연 성도와 신앙공동체는 유다백성의 모습과 그 결과에서 교훈을 얻고 있는가?
3. 하나님의 뜻과 전혀 관계가 없이 만들어진 성공의 골짜기, 부의 골짜기, 명예와 권력의 골짜기가 실상은 하나님의 심판의 자리인 "살육의 골짜기" 인 것을 알고 있는가? 인간적인 수단과 방법으로 이룬 크고 화려한 교회가 하나님이 보시기에는 생명과 회복의 자리가 아닌 죽음과 파멸의 자리인 것을 알고 있는가?

---

(4) 여호와의 규례를 모르는 유다백성에 대한 심판선언, 8:4-12

8장 4절이 ו바브 완료연계형, וְאָמַרְתָּ베아마르타("그리고 너는 말하라")로 시작되면서 본 단락이 앞 단락에 이어지고 있음을 보여준다.[111]

예레미야가 전하는 하나님의 말씀을 들어야 하는 대상은 앞 단락에서 언급한 "이 악한 세대"(הַמִּשְׁפָּחָה הָרָעָה הַזֹּאת함미쉬파하 하라아 핫쪼트), 즉 유다백성이다. 본 단락은 신적 신탁이다. 선언된 내용이 심판이기에 심판신탁으로 분류된다. 본 단락은 고소단락과 선언단락이 교체되는 구조를 취한다.

a. 고소단락: 심판원인(4-9절)
　　b. 선언단락: 심판선언(10절상)
a'. 고소단락: 심판원인(10절하-12절상)
　　b'. 선언단락: 심판선언(12절하)

---

111) 본 문맥에서 וְאָמַרְתָּ베아마르타는 "그러므로 너는 말하라" 라는 명령의 의미를 갖는다.

유다백성의 문제를 지적하는 고소단락(4-9절)은 유다백성의 문제를 논증하는 어투로 서술된다. 10-12절은 6:12-15을 반복하면서 심판선언과 심판원인을 동일하게 제시한다. 6장12-15절의 경우, 12절의 선언은 6장 10-11절상에서 언급한 예레미야의 탄식에 근거해서 여호와의 진노를 쏟아부으라는 명령과 함께 유다의 모든 백성이 모두 진노의 대상이 될 것이라는 선언(11절하)을 이어간다. 반면에 본 단락의 10절상(선언단락)은 4-9절의 고소에 근거한 선언이다. 그렇다면 4-9절의 고소는 6:10-11절에 서술된 예레미야의 탄식과 평행을 이룬다. 예레미야는 "내가 누구에게 말하며 누구에게 경책하여 듣게 할꼬 보라 그 귀가 할례를 받지 못하였으므로 듣지 못하는도다 보라 여호와의 말씀을 그들이 자신들에게 욕으로 여기고 이를 즐겨 하지 아니하니"(6:10)라고 탄식한다. 의미적 연관성을 보면, 4-9절은 이 탄식의 배경으로 보인다. 따라서 동일한 선언과 심판원인의 지적이 10절-12절에 서술된다.

추가적으로 8:4-12의 단락구분에 있어서, 13절이 선언을 서술하고 있기 때문에 선언단락(10-12절)에 포함시킬 수도 있다. 하지만 세 가지 사실에 근거해서 다음 단락의 시작으로 간주하는 것이 적절해 보인다. 첫째, 8장 10-12절은 6장 12-15절과 거의 동일한 표현과 단어로 평행을 이룬다. 그런데 후자의 경우, 8장 13절의 내용을 포함하지 않는다. 둘째, 12절의 마지막 문장(אָמַר יְהוָה 아마르 아도나이; "여호와가 말한다")은 선언단락(10-12절)을 마무리하는 동시에 4절부터 시작된 신탁을 닫아주는 역할을 한다. 셋째, 다음 단락의 주해에서 언급하는 바와 같이 13절은 17절과 평행을 이루면서 유다백성이 반응(14-16절)을 보이는 근거의 역할을 한다. 즉 14-16절은 13절의 선언에 대한 유다백성의 반응이다. 따라서 13절은 14-16절과 함께 분류될 수 있다.[112)]

고소단락: 심판원인(4-9절)

하나님이 지적하시는 유다백성의 문제는 세 가지다. 첫째, 거짓을 붙들고 돌아

---

112) Longman은 13절과 14절에 같은 동사가 핵심단어로 사용되면서 연결된다는 견해를 견지한다(Longman, *Jeremiah/Lamentations*, 83). 13절의 "거두어들이다/모으다"(אָסַף 아쏘프)와 14절의 "모일지어다"(הֵאָסְפוּ 해아쎄푸)가 같은 동사의 칼형(13절)과 히필형(14절)이라는 것이다. 하지만 13절의 אָסַף 아쏘프와 관련해서 여러 논란이 있다. 견해에 따라 같은 단어로 간주되지 않을 수도 있다.

오기를 거부하는 "지속적인 돌아섬"이다. 둘째, 악을 뉘우치지 않는 것이다. 셋째, 지혜가 없어 여호와의 규례를 알지 못하는 것이다. 이에 따른 하나님의 심판이 이어지는 선언단락에 서술된다.

심판선언과 심판원인(10-12절)

앞서 6장 12-15절에 선언된 심판과 원인지적이 반복된다. 약탈자에 의해 약탈을 당하게 되고 내던짐을 당하게 된다. 이는 거짓 평안을 따르고 가증한 일을 행하고도 부끄러움을 모른 유다백성의 죄과에 따른 당연한 결과다.

주해

4-6절. 수사적 질문들은 유다백성에 대한 하나님의 답답한 심정을 그대로 담아내면서 유다백성의 문제를 논증한다. 심판을 피할 수 없는 유다백성의 첫 번째 문제는 "지속적인 돌아섬"(מְשֻׁבָה נִצַּחַת 메슈바 닟짜하트)이다. 넘어지면 다시 일어나고 길을 잘못 들어서면 되돌아오는 것이 당연한 기대다. 하지만 유다백성은 이런 기대에 따른 행동을 보이지 않는다(4절). 오히려 유다백성과 예루살렘은 계속해서 돌아설 뿐 돌아오지 않는다. 이는 "지속적인 돌아섬," 곧 의도적인 배반을 의미한다. 그 구체적인 모습은 "거짓"(תַּרְמִית 다르미트)을 붙들고 돌아오기를 거절하는 것이다(5절). 유다말기의 역사를 보면 이방나라에 의한 어려운 일들, 즉 넘어지는 일들이 있었기 때문에 유다백성이 하나님에 대한 관심이 조금이라도 있었다면 그 일들이 무엇을 의미하는지 알 수 있었을 것이다. 하지만 그들은 그런 일들을 겪으면서도 자신들의 거짓을 붙들고 전혀 하나님께 관심을 보이지 않았다. 첫 번째 문제는 자연스럽게 두 번째 문제로 연결된다. 악에 대한 뉘우침이 없는 것이다(6절). 돌아오길 바라는 하나님의 징벌이 있었을 때 유다백성은 "내가 무엇을 한 것인가"라는 말과 함께 자신의 악한 행위를 돌아보고 뉘우치지 않았다. 오히려 전투로 내달리는 말과 같이 더 적극적으로 자신들이 달려가던 길로 가버렸다. 징벌을 행하실 때 하나님은 조심스럽게 귀를 기울이시고 자신들의 죄를 인정하는 정직한 말과 뉘우치는 회개의 말을 유다백성의 입에서 듣기를 원하셨다. 하지만 그의 기대와는 달리 그들은 죄를 인정하는 말도 회개의 말도 하지 않고 가던 길을 전혀 멈추지 않았다.

7-9절. 세 번째 문제는 악에 대해 심판하시고 돌아오기를 바라시는 "여호와의 규례"(מִשְׁפַּט יְהוָה 미쉬파트 아도나이)를 당연히 알아야 함에도 불구하고 알지 못한 것이다(7절).[113] 심지어 짐승들도 하나님이 세우신 "돌아올"(이주할) 때를 아는데, 언약백성("내 백성")은 "하나님의 방식과 질서"를 알지 못한다. 그러면서도 지혜가 있고 "여호와의 율법"(תּוֹרַת יְהוָה 토라트 아도나이)을 가지고 있다고 말할 수 있는지에 대해 책망하신다(8절). 지혜가 있고 그의 율법을 가지고 있다면 당연히 그의 방식과 질서를 알았을 것이라는 말이다. 그들이 가지고 있었던 율법은 서기관들의 거짓된 붓이 속이기 위해 왜곡한 율법이었다.[114] 이와 같이 여호와의 말씀을 거절했기 때문에 실상은 지혜가 없는 것이다(9절). 따라서 지혜가 있다고 하는 자들은 부끄러움을 당하고 두려움에 떨며 사로잡히게 된다.

6장 10절에 서술된 예레미야의 탄식은 유다백성의 귀가 할례를 받지 못해서 듣지 못하는 것과 여호와의 말씀을 웃음거리로 조롱하고 즐겨하지 않은 문제를 지적한다. 이를 4-9절의 고소단락과 연관해서 볼 때 유다백성의 문제(6:10)에 서기관과 지혜자의 타락이 부정적인 영향을 미친 것을 알 수 있다. 즉 종교지도자들의 타락이 백성의 타락으로 이어졌다는 것이다. 이러한 사실이 10절하-11절을 통해 확인된다.

10-12절. 10절의 "그러므로"(לָכֵן 라캔)는 선언단락으로의 전환을 보여준다. 앞서 지적한 문제들에 근거해서 선언이 10절상에 서술된다. 10절하-12절상은 고소단락이며 12절하는 선언단락이다. 내용과 흐름이 6장 12-15절과 동일하다. 6장 11절하는 그의 진노를 모든 이에게 쏟아 부으시는 것에 대해 언급한 후 12-15절에서 심판선언을 이어간다. 본 선언단락에는 이 부분이 없지만 고소단락의 논쟁적

113) 본 문맥에서 "여호와의 규례"(מִשְׁפַּט יְהוָה 미쉬파트 아도나이)는 하나님의 방식과 질서를 의미한다.

114) "서기관"(סֹפְרִים 쏘페림)은 제사장들 중에 율법을 가르치고, 해석하고, 구체적인 적용을 제시했던 이들로 보인다(cf. 대하 34:13). 이와는 달리 이 단락에서 지혜와 연관해서 서기관이 언급되는 것을 볼 때 서기관이 "지혜자"(חָכָם 하캄)와 연결되는 것으로 볼 수도 있다(18:18; cf. 잠 25:1). 어떤 견해를 따르던 분명한 것은 서기관이 거짓으로 여호와의 말씀을 왜곡한 것이다. 그 결과는 유다백성이 여호와의 규례에 무지한 것이다.

어투를 고려하면 충분히 하나님의 진노를 짐작할 수 있다. 10-12절의 분석은 6장 12-15절의 주해를 참조하라.

현재적 적용 **묵상**

1. 마음을 속이는 것들을 붙들고 거짓을 고집하고 있기 때문에 돌아오라는 하나님의 음성을 외면한 채 계속해서 돌아오길 거절하는 것은 아닌가?
2. 넘어지고도 일어 날 줄 모르고 곁길로 가고 있으면서도 벗어난 것을 모르고 있는 것은 하나님의 말씀에 대한 정확한 이해가 없기 때문은 아닌가? 혹시 넘어진 것과 곁길로 가고 있다는 것 자체에 대한 인식이 없는 것은 아닌가?
3. 그리스도의 보혈로 어찌됐던 죄는 용서받는다고 말하며 죄에 대해 반성하거나 심각하게 생각하지 않기 때문에 죄에 대해 뉘우치고 반성할 줄 아는 불신자들보다 못한 뻔뻔한 성도가 된 것은 아닌가?
4. 강단에서 들려오는 설교가 거짓된 말로 왜곡된 설교일 때 그것에 대한 분별력이 있는가? 진리를 아는 체하지만 실상은 지혜가 없고 어리석은 것은 아닌가?
5. 진리와 거짓을 분별하기 위해서 성도 스스로 성경을 읽고 묵상하고 연구하는 노력과 열정이 있는가? 혹시 왜곡될 수 있는 설교에만 의존해서 성도의 삶을 살고 있는 것은 아닌가? 인터넷을 뒤져서 설교방송을 듣는 것에 열정을 내는 정도로 스스로 성경을 읽고 진리를 찾으려는 열정을 갖고 있는가?
6. 성경교사로서 목사는 하나님의 진리의 말씀을 연구하고 옳게 분변하여 선포하고 있는가? (cf. 스 7:10; 딤후 2:15).

(5) 하나님의 심판에 대한 유다백성의 반응과 예레미야의 반응, 8:13-22

본 단락은 하나님의 심판선언에 대한 유다백성의 반응과 예레미야의 반응을 서술하는 두 개의 세부 단락으로 구분할 수 있다. 이 단락들은 아래와 같은 평행구조를 취한다.

a. 하나님의 심판선언(13절)

b. 유다백성의 반응(14-16절)

a'. 하나님의 심판선언(17절)

b'. 예레미야의 반응(18-22절)

13절과 14절은 주요 단어인 אָסַף 아싸프("모으다")로 연결되면서 하나님의 진멸하심에 대해 모이자는 유다백성의 반응이 나타난다. 17절은 죽음을 상징하는 뱀과 독사를 보내심의 선언이 주어지고 이에 대해 눈물로 애통하는 예레미야의 반응이 이어서 서술된다. 하나님의 심판이 선언되고 있는 13절과 17절은 통합해서 그 의미를 살필 필요가 있다. 같은 맥락에서 유다백성의 반응과 예레미야의 반응에 어떤 차이가 있는지를 살피는 것도 중요한다.

하나님의 심판선언(13절)

하나님은 유다백성이 경작한 모든 것을 다 모아들이겠다고 선언하신다. 그러면 그가 그들에게 주신 모든 것이 사라지게 된다. 이 선언에 대한 유다백성의 반응이 이어진다.

유다백성의 반응(14-16절)

하나님이 주신 모든 것이 사라지게 된다는 선언은 전쟁을 의미한다. 공격하는 말과 준마의 함성에 위협을 느끼고 파괴를 경험하는 유다백성은 모이라고 말한다. 죽더라도 견고한 성읍으로 피해서 거기서 멸망하자는 것이다. 자신들이 죄를 지었다고 하나님이 죽이시려고 한다고 불평하는 것으로 보인다.

하나님의 심판선언(17절)

하나님은 유다를 파괴하는 침략자를 어떤 술법으로도 제어할 수 없는 뱀과 독사에 비유하면서 유다의 멸망을 선언하신다. 이는 어떤 방법으로도 그의 심판을 해결할 수 없다는 선언이다. 이에 대한 예레미야의 반응이 이어진다.

예레미야의 반응(8:18-22)

앞서 선언된 하나님의 심판에 대한 예레미야의 반응은 유다백성을 위한 눈물이다. 유다백성의 슬픔과 상처가 그의 슬픔과 상처로 다가왔다.

주해

13절. 본 절을 시작하는 히브리어 문장(אָסֹף אֲסִיפֵם 아쏘프 아씨팸)에 대한 논의가 있다. 같은 어근의 부정사와 동사가 사용되지 않은 것뿐만 아니라 의미가 다른 칼형 부정사 אָסֹף 아쏘프(원형, אָסַף 아싸프; "모으다")와 히필형의 주동사 אָסִיף 아씨프(원형, סוּף; "끝장내다/치워버리다")가 함께 등장하는 것이 문법과 의미에 있어서 어색하다. 따라서 다양한 분석과 해석이 제시된다. 개역개정의 번역("내가 그들을 진멸하리니")는 칼형 부정사 אָסֹף 아쏘프("모으는 것")를 반영하지 않은 번역이다(cf. NASB). 하지만 이 부정사에 주목해서 אֲסִיפֵם 아씨팸("내가 그들을 진멸하다")을 אֹסְפֵּם 오쎄팸("그들의 수확물")으로 수정하고, "내가 그들의 수확물을 치워버릴 것이다[모을 것이다]"로 번역하기도 한다(cf. 새번역; 현대인의 성경; NIV). 이 경우 부정사 אָסֹף 아쏘프를 미완료형 1인칭 동사 אֶאֱסֹף 에에쏘프("내가 모을 것이다")로 함께 수정하게 된다: אֶאֱסֹף אֹסְפֵּם 에에쏘프 오쎄팸. 13절의 다른 문장들이 수확물과 관계된 것이기 때문에 이러한 분석을 하게 된다. 하지만 스바냐 1장 2절에 유사한 표현이 사용된 것에 주목할 필요가 있다: אָסֹף אָסֵף 아쏘프 아쎄프("내가... 진멸하리라"[개역개정]).[115] 스바냐 1장 2-3절에서는 진멸의 대상이 수확물이 아니라 사람과 동물이다. 따라서 그렇다면 칼형 부정사 אָסֹף 아쏘프와 히필형 אָסֵף 아쎄프가 함께 사용되는 것은 숙어적 표현인 것으로 보인다(8장 13절의 경우, 3인칭대명사어미가 첨가된 것임; אֲסִיפֵם 아씨팸). 따라서 אֲסִיפֵם 아씨팸을 אֹסְפֵּם 오쎄팸("그들의 수확물")으로 수정할 필요가 없다. סוּף의 히필형을 유지하고 그 의미로 번역하는 것이 적절해 보인다. 문제는 칼형 부정사 אָסֹף 아쏘프다. 동사 סוּף 쑤프의 의미를 강조하기 위해서는 구문론적으로 동족의 히필형 부정사 הָסִיף 하씨프가 요구된다. 하지만 본 단락의 13절과 스바냐 1장 2절에는 칼형 부정사 אָסֹף 아쏘프가 동일하게 등장한다. 이는 아마도 시문의 음성적 효과를 위한 것으로 보인다. הָסִיף 아씨프가 요구되지만 1인칭형의 אָסֵף 아쎄프와 음성적 효과를 위해 אָסֹף 아쏘프가 사용된다. 이것은 히필형 부정사

---

115) אָסֵף 아쎄프는 אָסִיף 아씨프의 축약형(appocopated form)이다.

הָסִיף아씨프가 구문론적으로 동사의 의미를 강화하는 것만큼이나 אסף아쏘프는 음성적으로 또한 시각적으로 동사 אָסֵף아쌔프를 강화하는 효과가 있다. 따라서 이 강조의 의미를 반영해서 "내가 확실히 그들을 치워버릴 것이다/진멸할 것이다"로 번역하는 것이 적절하다(cf. KJV). 또한 אָסֹף아쏘프의 의미를 담으면 "모아서 치워버리겠다"는 의미가 된다. 여기서 "그들"은 유다백성 또는 이어지는 문장에 언급되는 농작물을 가리킨다. 13절의 마지막 문장은 하나님의 심판을 요약적으로 서술한다. "내가 그들에게 준 것이 그들에게서 사라져버릴 것이다."

14-16절. 유다백성의 반응은 하나님에 대해 상당히 공격적이고 반항적이다. 먼저 그들은 가만히 앉아있지 말고 "모이자"(הֵאָסְפוּ 헤아쎄푸)고 말한다(14절). 하나님이 모으시면(אָסֹף아쏘프), 자신들도 "모으겠다"(הֵאָסְפוּ 헤아쎄푸)는 식의 말투다. 그리고 견고한 성읍들로 가는데, 그곳에서 망하자는 것이다. 이어서 그 이유가 서술된다. 의역을 하면 다음과 같다. "우리가 여호와께 죄를 범한 것 때문에 우리 하나님 여호와가 우리를 망하게 해서 독한 물을 마시게 하는 것이라면 견고한 성읍으로 가서 [그가 원하는 바대로] 거기서 망하자." 4장 5-6절은 멸망의 심판이 임할 때 시온에 있는 견고한 성으로 가라는 명령을 서술한다. 시온은 심판을 피하는 장소가 될 수 있다. 그런데 유다백성은 자신들의 죄를 뉘우치기 보다는 자신들의 하나님이 죄를 범한 것 때문에 그렇게 하시는 것이라면 그가 원하는 대로 다 해주자는 식의 말을 하는 것으로 보인다. 예레미야서에 서술된 유다백성의 뻔뻔함과 부끄러워할 줄 모르는 모습을 고려하면 이런 태도가 불가능해 보이지 않는다. 15절은 이런 태도가 불평으로 이어지는 것처럼 보인다. 평강을 기대하지만 좋은 일은 일어나지 않고 치료의 때를 기대하지만 두려움뿐이라는 불평이다. 하나님의 심판이 북쪽에서부터 오기 때문에 자연스럽게 북쪽의 단이 언급된다. 침략자의 군대가 다가오는 소리가 온 땅에 진동하자 유다백성은 그들의 성읍과 자신들이 멸망의 위협에 처한 것을 토로한다(16절). 그런데 유다백성의 반응에는 자신들의 잘못에 대한 성찰이나 반성이 없다. 6절에서 하나님이 주의를 기울이고 들어보려고 하지만 회개의 울음소리를 듣지 못한다고 하신 말씀이 유다백성의 반응에서 확인된다. 유다백성의 반응은 짝을 이루고 있는 예레미야의 반응과 대조적이다.

17절. 앞서 13절의 심판선언이 수확물 모티브를 사용한 반면에 17절의 심판 선언은 뱀과 독사 모티브를 사용한다. 하나님은 뱀을 너희 가운데 보낼 것이라고 선언하시면서 그 뱀은 어떤 술법으로도 제어되지 않는 독사들이고 그 독사들이 너희를 물 것이라고 말씀하신다. 어떤 방법으로도 심판을 제어할 수 없고 물리면 죽음을 피할 수 없다는 의미가 전달된다. 하나님이 그들에게 "독한 물"(מֵי־רֹאשׁ 매-로쉬, 14절)을 마시게 했다는 유다백성의 표현과도 연관된다.

18-20절. 죽음의 심판을 피할 수 없는 상황에 대한 예레미야의 반응이 서술된다. 슬픔 중에 위로를 구하지만 오히려 그의 마음이 쇠약해지는 것을 토로한다(18절). 유다백성의 패역 에 따른 결과가 하나님의 심판이라는 사실이 예레미야에게 슬픔으로 다가왔고 결국 마음의 병이 된다(cf. 4:18). 예레미야에게 마음의 병이 된 상황을 유다백성의 말과 하나님의 말을 인용해서 서술된다(19-20절). 먼저 먼 이방 땅으로 추방당한 백성이 눈물로 부르짖는 말이다. 여호와가 시온에 계시고 시온(예루살렘)의 왕이 거기에 있는데 왜 도움을 받지 못했는지에 대한 탄식이다. 이어서 유다백성에 대한 실망감을 담고 있는 하나님의 말이 인용된다. 어찌하여 유다백성이 자신들이 만든 우상과 이방신을 숭배해서 자신을 진노하게 했느냐는 질문이다. 이것은 그들이 추방을 당한 것은 하나님이 돕지 않았기 때문이 아니라 그들이 범한 우상숭배의 결과라는 것을 지적한다. 20절에 인용된 백성의 말은 충분히 하나님이 마음을 돌이키시고 구원을 베푸실 때가 지났음에 불구하고 여전히 구원을 얻지 못하는 상황에 대한 절망감을 표현한다. 이방 땅에서 들려오는 백성의 절규와 그들에 대한 하나님의 실망감, 백성의 절망감이 예레미야의 가슴속 깊이 아픔으로 다가온 것이다.

21-22절. 예레미야는 백성의 슬픔과 상처를 자신의 슬픔과 상처로 받아낸다. 그래서 자신도 상하여 슬퍼하고 놀라움에 잡혀있다고 말한다(21절). 유다백성을 "딸 내 백성"으로 표현하면서 하나님의 심정도 그의 슬픔에 담고 있음을 볼 수 있다. 육체의 질병을 위해서는 길르앗에서 약도 얻을 수 있고 의사의 도움을 받을 수 있는데, 유다백성의 질병은 치료를 받지 못한다는 예레미야의 탄식이 처절하게 느껴진다(22절).[116] 하지만 실상은 치료를 받을 수 있는 도움이 없었던 것이 아니

라 그들이 의도적으로 거부한 것이 예레미야의 마음을 더욱 아프게 했을 것이다(cf. 13:15-17). 예레미야는 수사적 질문으로 그의 말을 마무리하면서 그의 슬픔과 탄식을 극적으로 전달한다.

앞서 심판에 대한 유다백성의 반응이 공격적이고 불평이었던 것과는 달리 예레미야의 반응은 하나님의 심판을 신중하고 진실한 마음으로 받아내고 있다. 심판의 때에 애곡하라는 하나님의 명령을 스스로 실천하며 그 모습을 백성에게 보여준다(cf. 4:8; 9:17-22).

현재적 적용 **묵상**

1. 주변 사람들의 죄로 인한 상처가 내게 슬픔으로 다가오는가? 그래서 하나님 앞에 무릎을 꿇고 눈물을 흘리고 있는가? 하지만 이 슬픔과 눈물은 죄를 용인하거나 외면하는 것을 의미하지 않는다.
2. 동족에 대한 애절함과 사랑 때문에 예레미야처럼 눈물을 흘린 바울(롬 9:1-5)과 파괴될 예루살렘을 바라보시며 눈물을 흘리신 예수님(마 23:37)을 기억하고 있는가? 그렇다면 한국교회와 신앙공동체를 위해, 이 민족과 나라를 위해 우리가 눈물을 흘릴 차례는 아닌가?
3. 죄로 인해 겪게 되는 어려움과 고통 속에서 흘리는 눈물에는 반성과 뉘우침이 담겨 있는가, 아니면 하나님에 대한 반항과 불평이 담겨 있는가?
4. 치유될 수 있는 기회를 거부하고 회복될 수 없는 상황에서 후회의 눈물을 흘리기 전에 하나님께로 돌아서는 지혜로운 선택을 하고 있는가?

(6) 유다의 거짓과 율법을 버린 것에 대한 하나님의 보복선언, 9:1-16

대부분의 경우, 9장 1절은 앞 단락(8:13-22)에 포함해서 분석한다.[117] 이는 개

116) "길르앗"은 요단 동편에 있는 모압 북쪽의 산악지대에 위치한 지역으로 치료에 사용되는 유향으로 유명한 곳이었다(cf. 46:11; 51:8; 창 37:25; 겔 27:17).

117) Cf. Carroll, Fretheim, Harrison, Jones, Longman,

신교성경이 9장 1절로 표기한 절이 맛소라 사본(MT)에는 8장 23절로 표기되기 때문이다. 하지만 장과 절의 구분은 후대의 전통이기 때문에 결정적인 근거가 될 수 없다. 롱맨(Longman)은 9장 1절과 2절에 어조의 차이를 지적하면서 2절은 앞 단락에서 분리돼야 한다는 견해를 제시한다. 1절은 유다백성의 운명에 대한 예레미야의 감정적 비애가 담긴 반면에 2절의 화자는 유다백성에 대한 경멸을 표현한다는 것이다. 하지만 1절과 2절은 이율배반적인 심정을 담고 있을 수 있다. 1절에서 예레미야가 죽임을 당한 딸 유다백성을 위해 눈물을 한없이 흘릴 수 있는 심정을 토로한다. 반면에 2절과 같이 그들이 모두 우상숭배의 간음과 반역을 행했기 때문에 그들을 떠나고 싶은 심정도 함께 표현할 수 있다. 따라서 어조의 차이가 반드시 단락 구분의 근거가 되지 않을 수 있다.

9장 2절 역시 예레미야가 1인칭의 화자로 등장하기 때문에 1절과 함께 앞 단락에 포함시키기도 한다.[118] 하지만 본서에서는 9장 1절(또는 2절 포함)을 앞 단락에 포함시키지 않고 새로운 단락의 시작으로 분석한다. 이 분석의 근거는 다음과 같다. 첫째, 8장 22절의 수사적 질문은 예레미야의 슬픔과 탄식을 극대화하면서 극적인 마무리를 제시한다. 둘째, 9장 1절과 2절은 평형구문에 의해 함께 분류될 수 있다.

וְאֶבְכֶּה	. . .	רֹאשִׁי	מִי־יִתֵּן	9:1
[접속사+1인칭 미완료 청유형]		[목적어:1인칭]	[의문사+3인칭동사(נָתַן)]	
וְאֶעֶזְבָה	. . .		מִי־יִתְּנֵנִי	9:2
[접속사+1인칭 미완료 청유형]			[의문사+3인칭동사(נָתַן)+목적어:1인칭]	

이 평행구조뿐만 아니라 1절과 2절이 동일하게 1인칭화법인 것과 "내 백성"이 사용되는 것도 1절과 2절을 함께 묶을 수 있게 한다. 셋째, 앞 단락(8:13-22)과 본 단락의 구성이다. 앞 단락(8:13-22)이 하나님의 심판선언(13절과 17절)이 서술되고 유다백성의 반응(14-16절)과 예레미야의 반응(8:18-9:1)이 각각 서술된 반면에 본

118) Cf. Chisholm, Martens.

단락은 예레미야의 말(2절과 12절)이 서술되고 이에 대한 하나님의 반응이 신적 신탁 형식으로 3-11절과 13-16절에 각기 서술되면서 1-16절의 연결성을 나타낸다. 본 단락은 다음과 같은 구조를 취한다.

A. 예레미야의 말(1-2절)
  B. 하나님의 반응: 신적 신탁(3-11절)
    a. 고소단락: 심판원인(3-6절)
      b. 선언단락: 심판선언(7-11절)
A'. 예레미야의 질문(12절)
  B'. 하나님의 반응: 신적 신탁(13-16절)
    a'. 고소단락: 심판원인(13-14절)
      b'. 선언단락: 심판선언(15-16절)

신적 신탁의 대상은 유다백성이며 내용으로는 심판신탁으로 분류된다. 신탁의 구성요소인 고소단락과 선언단락을 구분해서 분석하고 짝을 이루는 단락 간의 주제적 연결성을 고려하는 것이 필요하다.

예레미야의 말(1-2절)

예레미야는 죽임을 당한 이들을 위해 밤낮으로 눈물을 멈추지 않겠다는 그의 애절한 마음을 토로한다. 하지만 우상숭배와 반역을 범하는 그들을 떠날 수만 있으면 떠나고 싶은 심정도 가지고 있다.

하나님의 반응: 고소단락(3-6절)

예레미야의 반응에 이어서 유다백성의 문제에 대한 하나님의 지적이 서술되는데, 거짓의 문제에 집중한다. 이 문제가 수직적 관계와 수평적 관계에 어떤 결과를 야기하는 지가 설명된다.

하나님의 반응: 선언단락(7-11절)

독이 묻은 화살처럼 유다백성의 혀가 이웃을 속이고 죽이기 때문에 하나님은 보복의 심판이 불가피하다고 선언하신다. 이 심판으로 인해 파괴된 유다는 하나님에게도 슬픔이다. 하지만 그의 보복은 취소될 수 없음을 확언하신다.

예레미야의 질문(12절)
질문은 세 가지다. 첫째, 상황을 제대로 인식하는 지혜가 없는 이유를 묻는다. 둘째, 여호와의 입에서 나오는 말씀을 받아 선포하는 선지자는 과연 누구인가를 묻는다. 셋째, 약속의 땅이 파괴되고 광야같이 황폐하게 되는 이유를 묻는다.

하나님의 반응: 고소단락(13-14절)
이유를 묻는 예레미야의 질문에 대한 답변이 두 가지로 주어진다. 하나는 율법을 받았지만 율법을 버렸고 하나님의 목소리에 순종하지 않았기 때문이다. 다른 하나는 악한 마음의 완악함을 따라 조상이 가르쳐준 바알을 섬겼기 때문이다.

하나님의 반응: 선언단락(15-16절)
지적된 두 가지 이유는 두 가지 결과로 이어진다. 하나는 죽음을 상징하는 쑥을 먹고 독한 물을 마시게 되는 것이고 다른 하나는 추방당한 곳에서도 죽음을 피하지 못하는 것이다.

주해

1-2절. 유다백성을 바라보는 예레미야의 심정은 이중적이다. 한편으로는 죽임을 당한 그의 동족을 위해 기꺼이 눈물을 한없이 흘릴 수 있는 심정을 토로한다(1절). 다른 한편으로는 우상숭배의 간음과 반역을 행한 그들을 떠날 수 있다면 떠나고 싶은 심정을 가지고 있다(2절). 유다백성과 분리되고 싶은 예레미야의 심정이 강한 어조로 표현된다. 개역개정이 "내 백성을 떠나 가리니"로 번역한 히브리어 표현(וְאֶעֶזְבָה אֶת־עַמִּי וְאֵלְכָה מֵאִתָּם 베에에즈바 에트-암미 베엘레카 매일타임)에 사용된 첫 번째 동사 עָזַב 아자브는 "떠나다," "버리다," "포기하다"를 의미한다. 이 동사는 유다백성이 여호와 또는 율법을 버린 것을 표현하거나(cf. 1:16; 2:17, 19; 5:7, 19; 9:13[MT, 9:12]; 16:11) 우상 등을 버리는 것(cf. 겔 20:8)을 표현할 때 사용된 동사다. 따라서 단순히 "떠나다"의 의미라기보다는 "버리다"의 의미가 더 적절해 보인다. 1인칭의 동사가 모두 화자의 의지를 강조하는 청유형인 것 역시 분리에 대한 예레미야의 의지를 표현한다. 뿐만 아니라 첫 번째 동사의 목적어 "내 백성"

(עַמִּי 암미)과 두 번째 동사를 꾸미는 부사구 "그들에게서" (מֵאִתָּם 매일타임)가 사용되면서 유다백성으로부터 분리가 강조된다. 이 어조를 반영하면, [어디든 머물 곳만 있으면 그곳이 광야라도, 1절] "내가 내 백성을 버리고 그들에게서 사라지고 싶다"로 번역할 수 있다. 이는 그의 백성을 버리시는 하나님의 심정과 같은 맥락이다. "내가 내 집을 *버리며*(עָזַבְתִּי אֶת־בֵּיתִי 아자브티 에트-배티)" (12:7). 이런 심정을 갖게 된 원인은 "내 백성"에 대한 예레미야의 이해 때문이다. 그들은 모두 "간음하는 자들" (מְנָאֲפִים 메나아핌), 곧 "반역하는 자들의 무리" (עֲצֶרֶת בֹּגְדִים 아쩨레트 보게딤)다. 언약의 하나님 여호와를 버리고 우상을 따르면서 언약관계의 신의를 저버린 집단이라는 평가다. 따라서 2절은 그들과 함께 있으면서 그들의 행위에 동조할 수 없음을 의미하는 것으로 보인다. 43장 6-7절에 따르면 여호와의 목소리를 듣지 않고 이집트로 가서 우상을 숭배하겠다고 하는 유다의 남은 자들에 의해 예레미야가 억지로 이집트로 끌려간다. 그는 원치 않았던 것으로 보인다.

3절. 고소단락은 "거짓" (שֶׁקֶר 쉐케르)의 문제에 집중한다. 화살을 쏘려고 하는 것처럼 유다백성은 혀를 놀려 거짓을 말할 준비를 하고 있다. 그들이 땅 위에서 살면서 이루어가는 것은 "진실/신의" (אֱמוּנָה 에무나)가 아니라 거짓뿐이다(cf. 5:1; 7:28): "진실(הָאֱמוּנָה 하에무나)이 없어져 너희 입에서 끊어졌다 할지니라" (7:28). 이처럼 거짓을 추구하기 때문에 악에 악을 더할 뿐이고 하나님을 알 수가 없다. 거짓은 활과 같이 파괴적인 결과를 수반한다.

4-5절. 거짓은 수평적 관계를 파괴한다. 친구(이웃) 간에도 조심하게 되고 어느 형제도 신뢰할 수 없게 된다(4절). 형제가 모두 철저하게 속이려고 하고 친구가 예외 없이 비방하고 다닐 수 있기 때문이다. 달리 말하면 5절이 의미하는 바와 같이 언제 어디서 거짓의 화살이 날아올지 모르기 때문에 조심해야 하는 상황이다. 이는 유다백성 중에 만연한 거짓을 가리킨다. 즉, 형제에 의한 속임과 친구에 의한 배신이다. 친구가 친구를 속이고 "사실" (אֱמֶת 에메트; "진실")을 말하는 이가 없다. 오히려 거짓을 말하는 것을 가르치고 죄를 짓기에 지칠 정도다(5절). 이는 극단적인 타락을 의미할 뿐만 아니라 4장 22절의 말과 맥을 같이 한다. "내 백성은 나를 알지 못하는 어리석은 자요 지각이 없는 미련한 자식이라 악을 행하기에는

지각이 있으나 선을 행하기에는 무지하도다"(4:22). 거짓은 단지 수평적 관계의 문제에서 멈추지 않는다. 결국 수직적 관계, 즉 하나님과 언약백성 사이의 문제로 연결된다.

6절. 거짓은 수직적 관계를 파괴한다. "속이는 일"(מִרְמָה 미르마)로 삶의 터전을 마련하고 보니 당연히 그 속이는 일로 인해 하나님 알기를 원치 않게 된다. 거짓은 하나님의 속성이 아니기 때문에 거짓을 따르는 것은 하나님 알기를 거절하는 것으로 자연스럽게 연결된다. 이는 거짓을 행하기 위한 의도적인 거절이다. 이 모습은 반역하는 자의 무리가 된 유다백성의 실상이다. 그들은 이웃과의 관계와 언약의 하나님과의 관계에서 실패했다.

7-9절. "그러므로"(לָכֵן 라켄)와 신탁도입형식("만군의 여호와께서 이와 같이 말씀하시되")은 선언단락으로의 전환을 보여준다. 선언단락에는 언약백성의 실상에 대한 하나님의 심정이 표현된다. 먼저는 그의 애정이 여전히 있는 유다백성("내 딸 백성")이 범한 죄의 문제를 다루기 위해 단련하고 시험해 보는 것 외에 무엇을 더 어찌해야 할지에 대한 난감한 심정을 표현하신다(7절). 하지만 그의 심정은 여기서 멈추지 않고 행한 바에 따라 되갚아 줄 수밖에 없는 심정으로 나아간다. 왜냐하면 그들이 말을 하면 죽이는 일이거나 속인 것뿐이기 때문이다(8절). 겉으로는 평안을 말하지만 속으로는 어떻게 해코지할지를 도모한다. 이런 일들에 대해 벌을 내리고 보복하는 것이 당연하지 않겠냐는 하나님의 항변이 들려온다(9절). 하나님은 유다백성의 죄에 대해 단호한 태도를 취하신다. 하지만 이것이 하나님의 심정의 전부가 아니다. 이어지는 절들은 하나님의 다른 심정을 서술한다.

10절. 1인칭화법으로 서술된 10절이 누구의 말인지에 대한 논의가 있다. 화자가 모호하다. 문맥을 고려하면 선언단락을 이어가고 있기 때문에 하나님을 화자로 볼 수 있는 반면에 내용으로는 예레미야를 화자로 볼 수도 있다. 후자의 경우, 9절에서 하나님의 보복이 수사적 질문으로 선언이 되고 그 보복에 따른 파괴적인 상황을 예레미야가 보고 탄식하는 것으로 이해하게 된다. 이어서 11절은 심판을 확언하는 하나님의 말이 된다. 반면에 7-11절이 1인칭화법을 유지하는 점을 고려하면 하나님을 10절의 화자로 보는 것이 적절해 보인다. 하지만 이 모호성을 통해 두 목소리가 중첩되는 것으로 보는 것도 가능하다. 산과 광야, 사람과 가축, 공중의 새와 땅 위의 짐승이 짝을 이루는 양극대칭기법으로 총체적 파괴와 황폐함을 강조한다. 이로 인해 "애곡"(בְּכִי 베키)과 "통곡"(נְהִי 네히)을 하고 "애가"(קִינָה 키나)를 부르는 슬픔을 표현하는데, 앞서 보복의 심정을 표현한 것과 달리 언약백성의 파괴에 대한 하나님의 안타까운 심정이 드러나는 것으로 보인다.

11절. 유다의 멸망을 바라보시고 흘린 하나님의 눈물은 죄를 간과거나 용인하는 눈물이 아니다. 왜냐하면 유다의 죄에 따른 결과를 선언하시기 때문이다. 거짓과 속임, 우상숭배의 자리인 예루살렘은 파괴되어 들짐승의 거처가 될 것이며 성읍들은 사람이 살 수 없을 정도로 황폐하게 될 것이다. 이 일을 행하시는 분은 언약의 하나님 여호와시다.

예레미야의 말(1-2절)에 대한 하나님의 반응 역시 이중적이다. 예레미야가 유다백성의 우상숭배와 반역으로 인해 그들을 떠나가고 싶은 심정과 같은 맥락에서 거짓이 습관이 된 그들을 보복하실 수밖에 없는 하나님의 심정이 나타난다. 또한 예레미야가 유다백성을 위해 한없이 눈물을 흘리는 심정과 같은 맥락에서 유다의 멸망을 바라보시며 울며 부르짖는 하나님의 심정이 표현된다. 하나님의 대언자인 예레미야는 그의 말씀뿐만 아니라 그의 심정도 자신 안에 담아낸다.

12절. 예레미야가 12절의 화자로 등장해서 세 가지 질문을 제기한다. 첫째, 유다에서 벌어지고 있는 일을 깨닫는 지혜가 왜 없는지에 대해 묻는다. 이것은 유다백성이 상황을 제대로 인식하지 못하는 이유를 묻는 것이다. 둘째, 하나님의 입에서 나오는 말씀을 받아 선포해야 하는 이가 누구인지에 대해 묻는다. 이 질문은 반어적으로 하나님의 말씀을 그대로 선포하는 선지자가 아무도 없는 것에 대한 탄식이다. 셋째, 약속의 땅이 파괴되고 광야같이 황폐하게 된 원인에 대해 묻는다. 유다에 지혜가 없고 하나님의 말씀을 선포하는 선지자가 없기 때문에 결국 유다가 멸망하게 되는 것인지에 대한 질문으로 보인다. 이에 대한 답변이 이어지는 신적 신탁을 통해 주어진다.

13-14절. 다시 하나님이 화자로 등장하면서 예레미야의 질문에 대한 답변으로

신탁을 전하신다. 유다백성은 선택의 문제에 있어서 어리석은 행동을 했다. 13절은 그들이 선택하지 않은 것을 나열한다. 바로, 여호와의 율법과 그의 목소리다. 율법이 그들 앞에 놓여있었지만 그것을 버렸고 선지자들을 통해 끊임없이 전달한 그의 목소리를 듣지 않았다. 결국 하나님이 요구하시는 언약백성의 삶을 살지 않았다. 거짓과 속이는 일에 마음을 빼앗긴 것은 그들에게 율법이 없었기 때문이 아니라 그 율법을 버렸기 때문이다. 앞서 9장 3절과 6절의 고소단락에서는 이것을 하나님을 알지 못하는 것과 싫어하는 것으로 표현했다. 하나님의 율법과 말씀을 버린 백성에게서 하나님이 개입하시는 상황을 파악하고 깨닫는 지혜를 기대할 수 없다는 답변이다. 이와 대조적으로 14절은 그들이 선택한 것을 나열한다. 바로 악한 마음의 완악함의 목소리와 조상들이 가르쳐준 전통과 관습이다. 그들 스스로 "마음의 완악함"(שְׁרִרוּת לִבָּם 쉐리루트 립밤)을 따르기로 선택했기 때문에 하나님의 목소리에 귀를 기울이지 않았다. 여호와의 율법보다 조상들이 전수해준 전통을 더 존중했기 때문에 바알을 따랐다. 모두가 악한 마음의 완악함에 사로잡혀 있기 때문에 어느 누구도 하나님의 말씀을 받아 선포하려하지 않는다는 답변이다. 유다백성의 잘못된 선택이 약속의 땅이 파괴되고 황폐하게 되는 원인이다. 그들의 잘못된 선택의 결과가 선언단락에서 서술된다.

15-16절. "그러므로"(לָכֵן 라캔)와 선언도입형식("만군의 여호와 이스라엘의 하나님께서 이와 같이 말씀하시니라")이 선언단락으로의 전환을 보여준다. 선언도입형식이 사용되면서 선언의 엄중성이 강화된다. 앞의 신탁들과는 달리 "이스라엘의 하나님"이 언급되는 것은 "그들의 조상들"(אֲבוֹתָם 아보탐)이 언급됐기 때문인 것으로 보인다(14절; 16절). 선언내용은 두 가지다. 첫째, 하나님이 "이 백성"(הָעָם הַזֶּה 하암 핫제), 즉 고소단락에 언급한 문제를 갖고 있는 백성에게 쑥을 먹이고 독한 물을 마시게 하겠다는 것이다(15절). 쑥과 독한 물은 죽음을 상징한다. 둘째, 여러 이방나라들로 추방시키고 끝까지 따라가서 칼로 완전히 멸하겠다는 선언이다(16절). 결국 어디에서도 죽음을 피할 수 없다는 선언이다. 이것은 유다백성이 언약을 파기한 것에 따른 언약적 저주다. 추방당하는 곳은 그들과 그들의 조상들이 알지 못하는 이방나라들이다.

현재적 적용 **묵상**

1. 신앙공동체 안에서 지체 간에 서로 조심하는 것이 존중하기 때문인가, 아니면 불신하기 때문인가?
2. 거짓이 일상이 되고 습관이 된 것은 아닌가? 거짓은 이웃과의 관계뿐만 아니라 하나님과의 관계를 파괴하는 치명적인 독이라는 것을 알고 있는가? 그래서 거짓의 문제를 경계하는가?
3. 하나님을 향한 진실이 이웃에게도 그대로 전달되고 있는가? 하나님께 진실하면 된다는 잘못된 생각을 갖고 있는 것은 아닌가? 이웃에게 진실하지 않으면서 하나님께 진실할 수 있다는 것이 착각이라는 것을 알고 있는가?
4. 죄에 대한 보응으로 임하게 되는 심판이 완전한 죽음과 파멸인 것을 성경에서 반복해서 선언하고 있는 것을 어떻게 생각하는가? 심판을 너무 피상적으로 생각하기 때문에 반복해서 말해서 그 실체를 보라고 하는 것은 아닌가?
5. 하나님의 요구와 세상의 요구 중에서 지혜로운 선택을 하고 있는가? 또한 각각의 선택에 따른 결과가 무엇인지도 분명히 인식하고 있는가?
6. 하나님의 목소리에 귀를 기울이고 있는가? 그 목소리를 구분할 수 있는 분별력이 있는가? 악한 마음의 완악함의 소리에 귀를 기울고 있는 것은 아닌가? 빛이 있으면 자연스럽게 어둠이 물러가는 것처럼 마음을 하나님의 말씀으로 채울 때 마음의 악함과 완악함은 물러가게 된다.
7. 예레미야처럼 하나님께 묻고 그에게서 답을 얻고자 하는 시도와 노력이 있는가?

(7) 허울뿐인 애곡과 참된 자랑, 9:17-26

본 단락은 17절과 23절의 신탁도입형식("[만군의] 여호와께서 이와 같이 말씀하시되")에 근거해서 두 개의 세부 단락으로 구분된다: (1) 17-22절; (2) 23-26절.[119]

119) 8장 13절부터 9장 16절은 아래와 같은 구성을 보인다. 8:13-9:16의 단락에서 하나님과 유다백성, 그리고 예레미야의 반응이 전반적으로 서술된 후, 9장 17-26절은 심판에 직면

각 단락은 심판선언(22절; 25-26절)으로 마무리된다. 두 단락 모두 형식에 있어서 신적 신탁이다. 따라서 고소단락과 선언단락으로 구분해서 구조를 분석하면 아래와 같다.

a. 고소단락(17-21절)
  b. 심판선언(22절)
a'. 고소단락(23-24절)
  b'. 심판선언(25-26절)

고소단락(a와 a')은 문제를 지적하거나 논증하는 서술형식을 취하지 않고 명령에 집중하는 특징을 가지고 있다. 그러나 명령이 반어적으로 고소가 될 수 있다. 왜냐하면 그렇게 행하고 있지 않는 상황을 전제로 그렇게 하라고 명령을 하기 때문이다.

고소단락 a(17-21절)의 경우 다양한 목소리가 등장한다. 따라서 고소단락의 의미를 파악하기 위해서는 이 목소리들을 구분하는 것이 중요하다. 화자와 명령을 듣는 대상에 따라 아래와 같이 분석할 수 있다.

해 있는 유다백성이 해야 할 바에 대한 명령과 선언으로 8:13-9:16을 마무리한다. 넓게는 7:1-9:16로 볼 수도 있다. 하지만 구성적 평행을 고려해서 8:13-9:26의 흐름을 정리하면 다음과 같다.

A. 하나님의 심판선언(8:13)
  B. 유다백성의 반응(8: 14-16)
A'. 하나님의 심판선언(8:17)
  B'. 예레미야의 반응(8:18-22)
A''. 예레미야의 말(9:1-2)
  B''. 하나님의 반응: 신적 신탁(9:3-11)
A'''. 예레미야의 질문(9:12)
  B'''. 하나님의 반응: 신적 신탁(9:13-16)
    C. 하나님의 명령과 심판선언(9:17-26)

17절의 화자: 여호와
명령을 듣는 대상: "너희"
명령의 내용: 곡에 능한 여인에게 사람을 보내 불러와라
18절의 화자: "너희"(17절의 여호와의 명령을 들은 이들)
명령을 듣는 대상: 곡하는 여인을 부르러 가는 이
명령의 내용: 그들[여인들]을 빨리 데리고 와서 우리를 위해 곡하게 하라
19절의 화자: 여호와
화자가 여인들과 함께 곡을 하는 "너희"의 애곡내용을 인용함
인용의 내용: 우리가 아주 망했다
20-21절의 화자: 예레미야
명령을 듣는 대상: 부녀들
명령의 내용: 여호와의 말씀을 듣고 딸들에게 애곡을 가르치라
명령의 이유: 사망이 온 사방에 있기 때문(21절)
22절의 화자: 여호와
명령을 듣는 대상: "너"(예레미야)
명령의 내용: 이같이 말하라

화자와 내용을 중심으로 보면 다음과 같은 흐름이 나타난다. 예레미야의 명령(20-21절)은 "너희"의 명령(18절)과 대조적으로 짝을 이룬다. 전자는 진정성이 있지만 후자는 진정성이 결여된 것으로 보이기 때문이다.[120)]

a. 여호와의 명령(17절)
b. "너희"의 명령(18절)
c. 여호와의 인용(19절)
b'. 예레미야의 명령(20-21절)
a'. 여호와의 명령(22절)

고소단락 a'(23-24절)의 경우, 대조적 명령에 주목하게 된다. 23절은 자랑하지

120) 이에 대한 구체적인 설명은 주해를 참조하라.

말라는 명령이고 24절은 자랑하라는 명령이다. 이 대조적 명령과 함께 자랑하지 말 것과 자랑할 것이 열거된다.

선언단락 b(22절)과 b'(25-26절)은 간단히 심판선언으로 정리할 수 있다. 22절은 고소단락에서 죽음을 전제하는 애곡(장송곡)이 언급된 것과 짝을 이루어 시체 모티브를 사용해서 심판을 선언한다. 25-26절의 선언은 고소단락에 대조적 명령이 제시된 것과 짝을 이루어 이방나라와 이스라엘이 대조되고 육체의 할례와 마음의 할례가 대조된다.

고소단락: 명령(17-21절)

하나님과 하나님의 명령을 받은 "너희"가 화자로 등장해서 상황을 점진적으로 전개한다. 하나님이 "너희"에게 애곡하는 여인을 불러오라는 명령을 한다. 그러자 "너희"는 애곡하는 여인을 속히 불러오라는 명령을 하고 여인들은 와서 시온에서 애곡을 한다. 이 애곡이 인용되고 애곡하는 여인들에게 "너희"가 딸들에게 애곡을 가르치라는 명령을 한다. 애곡하는 여인을 불러와서 애곡하게 해달라는 것은 "너희"의 무리가 애곡해야 할 상황에서 애곡하지 않고 있음을 반어적으로 지적한다.

심판선언(22절)

"이같이 말하라"는 명령이 예레미야에게 주어진다. 이 명령에 따라 예레미야가 선포해야 하는 내용은 하나님의 심판이다. 시체가 버려져서 들에 놓여있게 된다.

고소단락: 명령(23-24절)

하나님 앞에서 자랑하지 말 것과 자랑해야 하는 것이 분명하게 제시된다. 자랑하지 말 것은 자신의 지혜와 용맹 그리고 부(富)다. 반면에 자랑할 것은 여호와를 아는 것, 즉 여호와가 사랑, 정의, 공의를 땅에 행하시는 분이라는 것에 대한 깨달음이다.

심판선언(25-26절)

하나님은 할례 모티브를 사용해서 심판을 선언하신다. 육체적 할례만 받은 자들은 모두 심판의 대상이다.

주해

17절. 신탁도입형식("만군의 여호와께서 이와 같이 말씀하시되")은 새로운 신탁의 시작을 보여준다. 하나님이 화자로 등장해서 "너희"에게 애곡에 능숙한 여인을 불러오라고 명령하신다. 이 명령을 듣는 "너희"는 유다백성이다. 이 문맥에서 "지혜로운 부녀들"(הַחֲכָמוֹת 하하카모트)은 애곡에 능숙한 여인들을 가리킨다.

18절. 화자가 모호한데, 하나님의 명령을 받은 "너희"가 애곡하는 여인들을 부르러 가는 이에게 명령하는 것으로 보인다. 애곡하는 여인을 서둘러 불러와서 자신들의 눈에 "눈물"(דִּמְעָה 딤아)이 가득 차게 해서 눈물을 흘릴 수 있도록 자신들을 위해 애곡(נְהִי 네히)하게 하라는 명령이다. 여인들을 서둘러 오게 하라는 것은 상황의 긴박성을 보여준다. 그러나 부정적으로 보면, 마치 자신들은 애곡할 필요나 준비가 돼있지 않지만 하나님의 명령을 받은 후 그가 원하는 대로 해주겠다는 의미로 이해할 수도 있다. 진정성의 문제가 제기될 수 있다.

19절. 하나님이 다시 화자로 등장해서 시온에서 "애곡의 소리"(קוֹל נְהִי 콜 네히)가 들려온다고 말하신 후, 그 애곡의 내용을 인용하신다.[121] "우리"라는 표현을 보면 이 애곡이 "너희"의 애곡으로 보인다. "그들"(침략자)이 거처를 파괴해서 땅에서 떠난 것으로 인해 자신들이 망하게 된 것과 부끄러움을 당하게 된 것을 애곡한다. 이렇게 이들이 흘리는 "눈물"과 이들의 "애곡"이 과연 하나님의 눈물을 담아낸 예레미야의 눈물(דִּמְעָה 딤아, 1절)과 파괴된 약속의 땅을 보시며 하나님이 하신 "애곡"(נְהִי 네히, 10절)과 같은 의미인지 질문을 하게 된다. 왜냐하면 하나님의 심판으로 인한 것이 분명함에도 불구하고 자신들의 죄를 고백하고 용서를 구하는 내용을 담고 있지 않기 때문이다(cf. 3:3; 5:3; 8:6). 특히 8장 6절의 "그들의 악을 뉘우쳐서 내가 행한 것이 무엇인고 말하는 자가 없고"라는 말을 떠올리게 된다. 그래서인지 20-21절에 예레미야가 등장해서 다시 애곡하는 여인들에게 명령한다.

---

121) 개역개정의 번역과는 달리 19절을 시작하는 접속사 כִּי 키는 이유를 나타내는 כִּי 키(이는. . . 때문에)가 아니라 확언을 위한 כִּי 키("참으로")로 해석하는 것이 적절해 보인다.

20-21절. 예레미야가 화자로 등장해서 "부녀들"(נָשִׁים나쉼; "여인들")에게 여호와의 말씀을 들으라고 명령한다(20절). 더 구체적으로 "너희 귀에 그가 하시는 말씀을 받으라"고 명한다. 여인들이 다시 명령을 듣게 되는 것은 허울뿐인 애곡이 아니라 하나님의 말씀에 따른 진정성이 있는 애곡을 하라는 의미다. 죄에 대한 뉘우침과 함께 하나님의 "애곡"을 담아내는 애곡을 딸들에게 가르치고 각기 이웃에게 가르치라는 명령은 이 의미를 확인해 준다. 이런 애곡을 해야 하는 이유가 21절에 서술된다.[122] 그 이유는 "사망"(מָוֶת마베트)이 창문을 통해 넘어들어 오고 궁실(요새)에 들어 와서 집과 궁실도 안전하지 않고 밖과 거리도 안전하지 않아 자녀들과 청년들이 죽임을 당하기 때문이다. 죽음의 심판이 휩쓸고 가면 어느 누구도 또한 어디에서도 죽음을 피할 수 없다. 앞의 신탁에서 언급한 "거꾸러짐"(8:12), "독한 물"(8:14), "뱀과 독사"(8:17), "보복"(9:9), "쑥과 독한 물"(9:15)이 의미하는 바가 직설적으로 표현된다. 바로 "사망"이다.

22절. 하나님이 다시 화자로 등장해서 예레미야에게 "이같이 말하라"고 명령하신 후, 그 내용을 전달하신다. 그가 말해야 할 내용은 심판이다. 이 심판이 시체 모티브를 사용해서 선언된다. 시체가 언급되는 것은 앞서 사망이 도처에 있는 것(21절)과 연결된다. 심판이 임하게 되면 살육을 당한 시체가 들판에 쓰레기(דֹּמֶן도멘; 분뇨)나 추수 뒤에 버려진 볏단처럼 매장지를 찾지 못하고 나뒹굴게 된다(cf. 8:2).

이 같은 심판을 선언하게 된 원인을 서술한 고소단락(17-21절)을 간략히 요약하면, 유다의 멸망에 대해 경고하시고 애곡하시는 하나님의 심정에 공감하지 못하고 죄의 고백과 뉘우침이 없는 허울뿐인 애곡이 심판원인이다.

23-24절. 신탁도입형식("여호와께서 이와 같이 말씀하시되")과 함께 고소단락이 서술된다. 하나님은 자랑하지 말 것과 자랑할 것을 명령하신다. 먼저 자랑하지 말 것에 대해 열거하신다(23절). 지혜로운 자(지혜롭다고 생각하는 자)의 지혜, 용사의 용맹함(힘), 부자의 부요함이다. 각기 자신이 갖추고 있거나 이룬 것을 자랑하지

---

122) 개역개정이 "무릇"으로 번역한 접속사 כִּי키를 강조보다는 이유를 나타내는 כִּי키(이는; because)로 보는 것이 가능하다.

말라는 것이다. 반면 자랑하는 자는 이것으로 자랑하라고 명하신 후 그 내용을 열거하신다(24절).[123] 한 가지다. 바로 명철함으로 여호와를 아는 것이다. 이는 곧 여호와가 "사랑" (חֶסֶד 헤세드), "정의" (מִשְׁפָּט 미쉬파트), "공의" (צְדָקָה 쩨다카)를 땅에 행하는 자인 줄을 깨닫는 것이다. 하나님은 창조 후에 피조물을 떠나 계시는 이신론의 하나님이 아니라 여전히 그의 속성에 따라 땅에 있는 피조물을 통치하시는 분이다. 또한 하나님은 자신의 이러한 통치를 즐기신다(24절). 여호와를 아는 것의 구체적인 내용으로 종교행위가 언급되지 않는 것에 주목할 필요가 있다. 이는 하나님이 원하시는 것은 단지 형식적인 종교행위가 아니라 그의 목소리를 듣고 그가 명령하는 모든 길로 가는 것이라고 말씀하신 것과 같은 맥락이다(cf. 7:22-23). 이 명령들이 주어진 것은 유다백성이 자신들이 이룬 것을 자랑할 뿐 여호와를 아는 것을 자랑하지 않는 상황을 전제로 한다. 이것이 바로 심판의 원인이다. 하나님의 속성을 알지 못하기 때문에 사랑, 정의, 공의를 행하지 않는다.

25-26절. "보라" (הִנֵּה 힌네)는 청자의 주의를 요구하는 것으로 선언단락으로 전환을 보여준다.[124] 앞으로 임하게 될 날에 대한 언급과 함께 선언이 서술된다. "보라. 날들이 임할 것이다" (הִנֵּה יָמִים בָּאִים 힌네 야밈 바임). 심판의 날이 임하게 되면 몸에만 할례를 받은 자들은 모두 하나님의 징벌을 받게 된다(25절).

히브리어 문장, פָקַדְתִּי עַל־כָּל־מוּל בְּעָרְלָה 파카드티 알-콜-물 베오를라는 두 가지 번역이 가능하다. (1) "내가 표피에[만] 할례를 받은 자를 다 징벌하겠다." 또는 (2) "내가 모든 할례 받은 자와 함께 할례 받지 않은 자를 징벌하겠다." 이런 번역의 차이는 부사구 בְּעָרְלָה 베오를라의 분석에 따른 것이다. (1)의 경우, עָרְלָה 오를라를 "표피"로 해석하고 전치사 בְּ 베는 위치를 나타내는 것으로 분석하면 "표피에" 또는 "표피만"으로 번역이 된다. 하지만 (2)의 경우, בְּעָרְלָה 베오를라가 표피가 있기 때문에 할례 받지 않은 상태를 가리키는 것으로 보면 "할례 받지 않은 자"로 이해하게 되고 전치사 בְּ 베는 "함께" 또는 "더불어"의 의미를 갖게 된다. 이에 따르면 "할례 받지 않은 자와 함께"로 번역이 된다. 부사구의 분석차이는 문장의미의 차이로 연결된다. (1)은 할례를 받았지만 단지 몸의 할례를 갖고 있는 이들,

---

123) 24절을 시작하는 כִּי אִם 키 임("그러나"/"오히려")은 23절과의 대조를 분명히 나타낸다.

124) 히브리어 원문의 25절은 הִנֵּה 힌네로 시작한다.

즉 26절에서 언급하는 마음의 할례가 없이 육체적 할례만 가지고 이들을 대상으로 한다. 그들이 하나님의 징벌을 받는다는 선언이다. 이와는 달리 (2)는 할례 받은 자와 할례 받지 않은 자가 모두 징벌의 대상이 된다는 선언이다.[125] 26절의 선언을 함께 고려하면 (1)의 해석이 더 적절해 보인다. 26절이 이스라엘을 심판의 대상으로 언급하면서 육체적 할례는 있지만 마음의 할례가 없는 것을 지적하고 있기 때문이다. 이방나라의 경우, 할례를 받지 못했다는 것은 육체적 할례가 있지만 그 할례는 언약의 상징이 아니라는 의미로 이해할 수 있다.[126] 그렇다면 진정한 할례(언약의 상징과 마음의 할례)가 없이 단지 육체적 할례를 가지고 있는 자들이 모두 하나님의 징계의 대상이라는 의미다. 이방인들은 육체의 할례가 있지만 언약의 상징인 할례를 받지 못한 것이고 이스라엘은 언약의 상징인 육체적 할례를 가지고 있지만 내면적 할례인 마음의 할례가 없기 때문에 육체적 할례를 검증하지 못한 것이다. 그렇다면 육체의 할례만 가지고 있는 이방인과 이스라엘 간에는 차이가 없이 모두 심판의 대상이 된다. 또한 26절에 이방나라들 중에 유다가 언급되는 점도 그들 간에 차이가 없음을 보여준다.[127] 예레미야 당시 유다백성을 포함한 소위 언약백성인 "이스라엘"은 몸의 할례와 성전에서 제의를 행하는 것으로 자신들이 이방나라들과 구분된다고 생각했다. 하지만 언약백성의 정체성, 즉 여호와를 아는 것을 자랑하고 그가 행하시는 사랑, 정의, 공의를 행하는 것을 즐기지 않을 때, 이방인들과 구분되지 않고 단지 심판의 대상이 될 뿐이다. 이런 이유 때문에 하나님이 유다백성에게 "여호와께 할례를 행하여 너희 마음의 가죽을

---

125) 이 경우, 할례 받은 자는 이스라엘을 가리키고 할례 받지 않은 자는 이방나라를 가리키는 것으로 이해하게 되는데, 문제는 26절에 언급된 나라들도 할례관습을 가지고 있다는 것이다.

126) Steiner는 이방의 할례가 이스라엘인들의 할례와 비교할 때 완전하지 않기 때문에 상대적으로 할례를 받지 않은 것으로 간주하는 당시의 유다백성의 사고를 반영하는 것이고 이것을 예레미야가 지적하면서 실제는 불완전한 할례를 한 이방나라와 육체적 할례만 가지고 있는 이스라엘 사이에 차이가 없다는 것을 제기하는 것으로 해석한다(R. C. Steiner, "Incomplete Circumcision in Egypt and Edom: Jeremiah [9:24-25] in Light of Josephus and Jonckheere," *JBL* 118 [1999]: 497-526).

127) "광야에 살면서 살쩍을 깎은 자들"(כָּל־קְצוּצֵי פֵאָה הַיֹּשְׁבִים בַּמִּדְבָּר 콜-케쭈째 패아 하이요쉐빔 밤미드바르)은 "머리를 짧게 깎은 모든 사람"을 의미할 수도 있으며 아라비아 사막에서 유목생활을 하는 베두인들을 가리키는 것으로 보인다(cf. 25:23; 49:32).

베라"(4:4, 사역)고 명령하시는 것이다. 단지 육체적 할례를 가지고 있는 것으로는 하나님의 심판과 진노로부터 안전을 보장받지 못한다. 하나님이 그의 속성에 따라 온 땅을 통치하시는 분이시기 때문에 그의 속성을 따르지 않는 이방나라(몸의 할례가 있더라도)가 심판의 대상으로 언급되는 것은 자연스럽다.

유다백성은 육체의 할례에 주목하는 반면에 하나님은 마음의 할례에 주목하신다. 유다백성은 자신들이 이룬 지혜, 용맹(힘), 부를 기뻐하고 자랑하는 반면에 하나님은 그가 땅에 행하시는 사랑, 공의, 정의를 기뻐하시고 자부심을 가지고 계신다.

현재적 적용 | 묵상

1. 하나님의 심정을 담은 죄와 심판에 대한 진정한 눈물과 애곡이 있는가? 하나님이 원하시는 것이 상한 마음인 것을 기억하고 있는가?
2. 죄로 인한 하나님의 징계가 임했을 때 겪는 어려움과 수치에만 주목해서 눈물을 흘리는가, 아니면 죄에 대한 뉘우침의 눈물을 흘리는가?
3. 진정성이 없고 허울뿐인 회개와 애가의 결과가 들판에 뒹구는 쓰레기처럼 된다는 것을 알고 있는가?
4. 자랑할 것과 자랑하지 말 것을 세상의 눈이 아닌 하나님의 눈으로 보고 분별하는가? 인간의 지혜, 힘과 능력, 부를 자랑할 수 없는 이유는 그것들이 죽음의 심판에서 인간을 구해주지 못하기 때문이다.
5. 하나님을 아는 것이 단지 지식적인 앎이 아니라 실제적인 삶 속에서 하나님의 속성을 따라 사랑, 공의, 정의를 행하는 것임을 마음에 새기고 살고 있는가?
6. 하나님이 그러시는 것처럼 마음의 할례에 주목하고 있는가? 마음의 할례는 하나님의 성품과 원리원칙에 따라 바뀐 가치관과 성향을 갖추는 것을 의미한다.
7. 육체의 할례와 같이 보이는 종교행위에 열정을 다하기 때문에 아무런 문제가 없을 거라고 안심하고 있는 것은 아닌가? 그 열정에 하나님이 기뻐하시는 사랑, 공의, 정의를 행하는 삶이 담겨 있는가?
8. 하나님이 기뻐하시고 즐기시는 것을 나도 기뻐하고 즐기고 있는가? 성경을 읽고 묵상하면서 하나님이 기뻐하시고 즐기시는 것을 확인한 후 삶에 적용하고 훈련하는가?

(8) 헛된 우상과 참 하나님, 영원한 왕, 창조주이신 여호와, 10:1-16

본 단락은 유다백성이 하나님께 등을 돌리고 떠난 실제적인 원인을 지적한다. 바로 우상숭배다. 따라서 우상의 헛됨과 하나님의 하나님 되심을 설득시키기 위해 논쟁적 어투를 유지한다. 우상숭배는 창조주와 피조물이 역전된 상황을 의미한다. 이를 바로 잡기위해 우상의 헛됨을 논증하는 것에 집중한다. 1절에 이스라엘이 언급되고 16절에 다시 이스라엘이 등장하면서 수미쌍관을 이루는 것에 근거해서 1-16절을 하나의 단락으로 구분할 수 있다. 이 단락 안에는 두 가지 대조가 등장한다. 하나는 우상과 하나님의 명시적 대조다. 다른 하나는 소위 말하는 "이스라엘"(언약백성)과 우상숭배자의 암시적 대조다. 이스라엘과 대조를 이루는 우상숭배자가 이방인에게만 제한되는 것이 아니라 불행히도 유다백성도 포함한다. 이 대조를 중심으로 본 단락은 다음과 같은 평행구조를 취한다. c'(14-15절)과 c"(16절)은 의미대조로 짝을 이루고 이방신에 대한 심판선언(11절)과 연결된다.

a. 우상의 헛됨(1-5절)
　b. 유일하신 열방의 왕 여호와(6-7절)
a'. 우상의 헛됨(8-9절)
　b'. 참 하나님 여호와(10절)
　　c. 이방신에 대한 심판선언(11절)
　b". 창조주 하나님(12-13절)
　　c'. 우상으로 인한 수치와 우상의 멸망(14-15절)
　　c". 야곱의 분깃: 만물의 조성자 여호와(16절)

따라서 평행을 이루는 단락 간의 주제적 연관성을 파악하면서 단락의 의미를 확인해야 한다. 본 단락은 선지자 신탁이다. 예레미야는 하나님의 말씀을 직접 인용하는 것(2-5절)으로 설교를 시작한 후 자신의 말로 우상의 헛됨과 여호와의 유일한 하나님 되심을 논증한다. 신탁의 대상은 "이스라엘의 집"이다. 이스라엘이 언급되는 이유는 언약백성과 이방민족을 구분하고 언약의 하나님과 이방신이 대조를 다루고 있기 때문이다(cf. 9:15, 26). "야곱의 분깃"이라는 표현도 같은 맥락이다. 심판의 대상은 이방우상이다. 이는 마치 하나님과 이방신 사이의 싸움으로 보인다. 이 단락을 분석할 때에는 대조에 주목할 필요가 있다.

신탁이 고소단락과 선언단락으로 구성된 점을 고려해서 본 단락의 구조를 분석하면 다음과 같다. 심판원인은 우상이 여호와와 달리 참 신이 아니고 단지 인간이 만든 조각에 불과하다는 것이며 심판선언은 이방신의 멸망에 집중한다.

A. 고소단락: 심판원인(1-10절)
B. 선언단락: 심판선언(11절)
A'. 고소단락: 심판원인(12-13절)
B'. 선언단락: 심판선언(14-16절)

우상의 헛됨(1-5절)

하늘의 징조로 인한 두려움을 해결하기 위해 우상을 섬기는 열방의 관습을 배우지 말라는 명령이 서술된 후, 그 관습과 우상의 헛됨을 논증한다. 두 개의 근거를 제시한다. 첫째, 우상은 손으로 만든 것에 불과하다. 둘째, 우상은 스스로 어떤 일도 할 수 없어 사람의 도움을 필요로 한다. 따라서 재앙과 복에 관여할 수 없기 때문에 두려워할 필요가 없다.

열방의 왕이신 여호와(6-7절)

아무 것도 할 수 없는 조각된 우상과는 달리 여호와는 위대하시고 권능이 있으시기 때문에 그 누구도 그와 같을 수 없다. 무엇보다도 그가 열방의 왕이시기에 그를 두려워하고 존경하는 것은 마땅한 일이다.

우상의 헛됨(8-9절)

어리석은 사람들은 우상에게 가르침을 받고 싶어 하지만 우상은 단지 기술자들의 정교한 작업에 불과하다.

참 하나님 여호와(10절)

단지 나무에 불과한 우상과는 달리 여호와는 참 신(하나님)이실 뿐만 아니라 살아계셔서 영원히 통치하시는 왕이시다. 따라서 그가 진노하시면 땅과 열방이 그의 진노를 감당할 수 없다.

이방신에 대한 심판선언(11절)

예레미야는 "너희"에게 명령을 하는데, 우상을 숭배하는 "그들"에게 "천지를 짓지 않은 헛된 우상은 망하게 된다"는 사실을 알리라는 것이다.

창조주 하나님(12-13절)

천지를 짓지 않은 우상과는 달리 여호와는 그의 능력과 지혜로 땅과 세계를 만드시고 주관하시는 창조주시다.

우상으로 인한 수치와 우상의 멸망(14-15절)

헛된 우상을 섬긴 이들은 수치를 당하게 되고 우상들은 징벌의 때에 멸망하게 된다.

야곱의 분깃: 만물의 조성자 여호와(16절)

야곱을 선택하신 언약의 하나님 여호와는 우상과 다르다. 그는 만물의 조성자이시고 이스라엘을 그의 백성으로 삼으신 만군의 여호와시다.

주해

1절. 도입형식(שִׁמְעוּ 쉼우; "들으라")은 선지자 신탁, 즉 선지자 설교의 시작을 보여준다.[128] 예레미야가 화자로 등장해서 "이스라엘 집"을 향해 이 말을 들으라고 명한 후에 그들이 들어야 할 말을 하나님의 말씀을 직접 인용해서 전달한다.

2-5절. "여호와께서 이와 같이 말씀하시되"는 하나님의 말씀이 인용되는 것을 표기한다. 하나님의 말씀은 우상의 헛됨을 논증하기 위해 논쟁적 어투를 취한다. 이 논증을 "[이방]나라들의 길"(דֶּרֶךְ הַגּוֹיִם 데레크 학고임; "나라들의 방식")을 배우지 말라는 명령과 이방인들처럼 하늘의 징조를 무서워하지 말라는 명령으로 시작하신다(2절). 이 명령을 준 이유는 이방민족의 관습은 "헛된 것"(הֶבֶל 헤벨)이며 하늘

128) 히브리어 원전에는 히브리어 구문에 따라 명령형 동사 "들으라"가 먼저 서술된다.

의 징조로 인한 공포를 해결하기 위해 섬기는 우상은 숲에서 벤 나무로 기술공이 도끼로 만든 것에 불과하기 때문이다(3절). 우상이 손으로 만든 것에 불과하다는 사실이 우상이 헛된 첫 번째 근거다. 나무에 은과 금으로 장식을 했기 때문에 화려해 보이는 것이고 기구를 가지고 고정시켜 놓아서 견고해 보일 뿐 우상은 말도 못하고 사람의 도움을 받지 않으면 움직일 수도 없다(4-5절). 이런 우상은 참외밭의 "허수아비"(תֹּמֶר 토메르)와 다를 바가 없다고 말씀하신다.[129] 우상은 스스로 어떤 일도 할 수 없기에 사람의 도움을 절대적으로 필요로 한다는 사실이 우상이 헛된 두 번째 근거다. 따라서 우상이 화나 복을 주지 못하기 때문에 우상으로 인해 두려워하지 말라고 명하신다. 이방나라들의 "길"은 하나님이 인도하신 "길"이 아니다(cf. 2:17; 3:13; 7:3). 하늘의 징조로 인해 갖게 되는 공포를 나무로 만든 우상을 숭배하는 것으로 해결하려는 것은 하나님의 길, 곧 하나님의 방식이 아니다. 따라서 우상을 숭배하지 않으면 그 공포를 해결하지 못하게 될지도 모른다는 생각에 두려워하지 말라는 것이다.

6-10절. 우상의 헛됨을 논하신 하나님의 말씀을 이어받아서 예레미야가 우상과 비교될 수 없는 여호와에 관한 세 가지 사실을 고백하고 선언한다. 첫째, 여호와는 그 누구와도 비교될 수 없는 유일하신 하나님이라는 사실이다(6절). 예레미야는 "여호와여, 당신과 같은 이가 없습니다"라는 고백으로 하나님이 유일하신 분임을 선포한다. 그 유일함은 그의 위대함이며 그의 이름은 권능에 있어서 위대하시다. 즉 그의 이름이 큰 권능을 행하신다. 이것은 우상의 위대함이나 권위가 우상을 만드는 사람의 기술과 재료에 의해 부여되는 것과는 분명히 다르다. 여호와는 스스로 그의 위대함을 나타내신다.

둘째, 여호와는 "이방사람들의 왕"(מֶלֶךְ הַגּוֹיִם 멜레크 학고임)이라는 사실이다(7절). 예레미야는 여러 나라들과 민족들의 그 어떤 지혜로운 자도 감히 여호와와 비교될 수 없기에 모든 열방이 그를 경외하는 것이 당연하다고 말한다. 이어서 그

129) 개역개정이 "둥근 기둥"으로 번역한 히브리어 표현, תֹּמֶר 토메르는 구약성경에 두 번 등장한다. 사사기 4장 5절에서는 "종려나무"로 번역이 된다. 예레미야 10장 5절의 경우, "허수아비"(공동번역; 새번역; 현대인의 성경; NIV; NSAB), "종려나무"(KJV) "기둥"(개역개정)으로 번역한다.

지혜자들의 문제를 지적한다(8-9절). 사실 그들은 하나같이 무지하고 어리석을 뿐이다. 왜냐하면 그들의 지혜는 겨우 나무에 불과한 우상들(הֲבָלִים 하발림; "허망한 것들")의 가르침이기 때문이다. 그렇다면 나무에게서 지혜를 얻어 지혜롭다고 하는 이들은 감히 여호와와 비교될 수가 없다는 것이 예레미야의 논증이다. 나무에게서 가르침을 받는다는 것 자체가 그들의 무지와 어리석음을 드러낸다.

셋째, 여호와가 참 신(하나님)이실 뿐만 아니라 살아계셔서 영원히 통치하시는 왕이라는 사실이다(10절). 예레미야는 이 사실을 말하기 전에 우상의 실상에 대해 설명한다(9절). 우상은 기술공과 은장색이 조각해서 외국에서 수입한 질이 좋은 은박과 금으로 꾸미고 온갖 실로 옷을 만들어 입힌 것이다(9절). 우상은 정교한 솜씨의 작품일 뿐이다. 그러나 여호와는 "진짜 신"(אֱלֹהִים אֱמֶת 엘로힘 에메트)이시다. 또한 "살아계신 신"(אֱלֹהִים חַיִּים 엘로힘 하이임)이시다. 이 하나님이 "영원한 왕"(מֶלֶךְ עוֹלָם 멜레크 올람)이시다. 그러므로 여호와가 진노하시면 땅은 진동할 수밖에 없고 나라들은 그의 분노를 감당할 수 없다.

예레미야의 선언에는 여호와 하나님에 관한 신앙고백의 핵심이 담겨있다. "참"(אֱמֶת 에메트), "살아계신"(חַיִּים 하이임), "영원한"(עוֹלָם 올람)은 여호와의 속성을 나타낸다. 이 속성을 가진 여호와는 "신"(אֱלֹהִים 엘로힘)이시며 "왕"(מֶלֶךְ 멜레크)이시다. 이 속성은 여호와가 우상과 분리되는 결정적 요소다. 우상은 "참"이 아니라 "거짓"(שֶׁקֶר 쉐케르)이며 "허망한 것"(הֶבֶל 헤벨)이다. 우상은 생명력(חַיִּים 하이임)이 없기 때문에 스스로 움직이지 못한다. 우상은 영원(עוֹלָם 올람)하지 못하고 시간이 지나면 마모되고 낡고 쇠하게 된다. 뿐만 아니라 하나님의 징벌이 임하게 되면 소멸된다. 이는 14-15절에서 논증하는 바다. 여호와 하나님과 우상의 결정적 차이는 창조주와 작품의 차이다. 인간의 작품인 우상은 결코 창조주 하나님과 비교될 수 없다.

11절. 예레미야는 그의 청중("너희")이 우상을 숭배하는 이들("그들")에게 할 말을 전하는데, 이 말이 심판 선언역할을 한다. 11절은 아람어로 기록됐다. 이는 청중이 아람어를 사용하는 이방인들에게 해야 할 말이기 때문인 것으로 보인다. 그 당시 아람어는 국제어였다. 예레미야는 청중에게 "하늘과 땅을 만들지 않은 신들은 사라지게 될 것이다. 땅에서 그리고 이 하늘들 아래에서 이 신들이 사라지게 될 것이다"라고 말하라고 명령한다.[130] 우상은 단지 하나님의 피조물 앞에서 소멸될 것에 불과하다.[131] 앞서 제시한 하나님의 말씀(2-5절)과 예레미야의 논증(6-10절)을 충분히 이해한 청중("너희")은 예레미야가 명하는 말을 하게 된다. 하지만 역설적인 것인 이 말을 이방인들에게 선포하라는 명령을 들은 유다백성이 실제로는 자신들에게 해야 할 말이라는 것이다. 왜냐하면 그들이 참 신이신 여호와를 버리고 우상을 숭배하고 있기 때문이다.

12-13절. 앞 절에서 하늘과 땅을 만들지 않은 신(우상)은 사라지게 될 것이라는 선언에 이어서 예레미야는 창조주 하나님에 대해 언급한다. 창조주를 설명하는데 예레미야는 처음부터 그의 이름을 말하지 않고 주어를 취하지 않는 분사를 사용하면서 창조자를 묘사한다.[132] 이 창조자의 이름은 16절의 마지막 문장에서 밝

---

130) 아람어 표현,

אֱלָהַיָּא דִּי־שְׁמַיָּא וְאַרְקָא לָא עֲבַדוּ יֵאבַדוּ מֵאַרְעָא וּמִן־תְּחוֹת שְׁמַיָּא אֵלֶּה는 마지막에 서술된 지시대명사 אֵלֶּה 앨레의 구문분석에 따라 세 가지로 번역된다. 첫째, 이 지시대명사가 앞에 서술된 "하늘들"(שְׁמַיָּא 쉐마이야)을 수식하는 것으로 분석하면 "이 하늘들 아래에서"로 번역된다. 하지만 땅에는 수식어가 없고 왜 하늘만 수식어를 취하는 지에 대한 의문을 갖게 된다. 둘째, 지시대명사가 맨 앞에 있는 אֱלָהַיָּא 엘라하이야("신들")을 수식하는 것으로 분석하면 "이 신들"로 번역된다. 문제는 지시대명사가 꾸미는 "신들"과 거리가 너무 멀다는 것이다. 셋째, 이 표현에 두 개의 문장이 있는 것으로 분석하면 지시대명사가 두 번째 문장의 주어가 되며 이 문장에는 동사가 표기되지 않지만 앞 문장의 동사 יֵאבַדוּ 애바두("사라지다")가 생략된 것으로 본다. 또는 양쪽 문장의 동사로 기능을 하는 중심축 기법(pivot device)로 볼 수 있다. 이 경우, 동사 יֵאבַדוּ 애바두를 중심으로 교차평행구조를 이루면서 의미가 강화되는 효과가 있다. 이는 시에서 가능한 분석이기도 한다. 우상의 헛됨을 논증하는 문맥에서 우상의 파멸을 강조하는 세 번째 견해가 적절해 보인다.

יֵאבַדוּ	דִּי־שְׁמַיָּא וְאַרְקָא לָא עֲבַדוּ	אֱלָהַיָּא
c [주동사: "사라질 것이다"] -	b [형용사절: "하늘과 땅을 만들지 않은"] -	a [주어: 신들은]
אֵלֶּה	מֵאַרְעָא וּמִן־תְּחוֹת שְׁמַיָּא	
a' [주어: "이들"] -	b' [부사구: "땅에서 또한 하늘들 아래에서] -	(c': 생략)

131) Fretheim은 11절이 이 단락은 근본적인 주장을 강조한다고 설명한다: "우상은 피조물이지 창조주가 아니다"("Idols are creatures, not the Creator")(Fretheim, *Jeremiah*, 170).

혀진다. “그 이름은 만군의 여호와시니라.” 하지만 이 이름을 언급하지 않는 12절과 13절은 창조자가 있다는 사실에 집중하게 하는 수사적 기법으로 보인다. 과연 이 창조자가 누구인지에 대한 질문을 유도한다. 이 창조자는 그의 능력과 지혜로 땅을 만들고 세계를 세우셨고 그의 명철로 하늘을 펴셨다(12절). 땅과 세계 그리고 하늘은 창조주의 능력과 지혜, 명철을 보여준다. 이 창조자는 하늘의 물과 땅의 안개를 조성하고 비를 내리시고 바람을 주관한다(13절). 주어가 특정되지 않은 상황에서 이 설명이 유다백성에게는 그들이 섬기는 폭풍의 신 바알 또는 하늘의 여왕을 연상하게 할 수 있다(cf. 44:17-18). 그들은 바알과 하늘의 여왕이 이런 일을 하고 있다고 확신했기에 풍성한 수확을 위해 이들을 섬기기에 열심이었다. 청중들의 생각이 여기까지 다가갔을 때 공격적인 예레미야의 말이 14-15절에 전개된다.

14-15절. 예레미야는 이런 생각으로 우상을 섬기는 이들은 예외 없이 모두 어리석고 무식하다고 말한다(14절상). 왜냐하면 그들이 섬기는 우상은 10절에서 예레미야가 진술하고 있는 참 신이신 여호와의 속성인 “참,” “생명력,” “영원”을 가지고 있지 않기 때문이다. 우상은 은장이의 “조각한 신상”(פֶּסֶל 페셀)이기에 낡고 쇠하게 되어 “영원”(עוֹלָם 올람)하지 않으며, “부어 만든 우상”(נֶסֶךְ 네쎄크)은 “참”(אֱמֶת 에메트)이 아닌 “거짓”(שֶׁקֶר 쉐케르)이며, 그 속에는 “호흡”(רוּחַ 루아흐)이 없기에 “생명력”(חַיִּים 하이임)이 없다(14절하). 참 신이신 여호와를 버리고 이런 우상을 섬기는 것은 어리석고 무식한 일이다. 우상은 단지 “허망한 것”(הֶבֶל 헤벨)이고 “비웃음거리”(מַעֲשֵׂה תַּעְתֻּעִים 마아새 타이투임)일 뿐이다(15절). 그러므로 신상을 만든 은장이들은 모두 수치를 당하게 되고 우상들은 징벌의 때가 되면 “사라지게 될 것”(יֹאבֵדוּ 요배두)이다(cf. 11절).

16절. 언약을 통해 본래 야곱이 소유하게 된 몫(חֵלֶק יַעֲקֹב 해켈 야아코브; “야곱의 분깃”)은 이런 우상들과 다르다(16절). 그는 13절이 서술하고 있는 바로 그 “만물

132) 12절에 개역개정과 현대인의 성경은 주어로 “여호와”를 표기하는데, 히브리어 원전에는 서술되지 않는다. 공동번역은 “당신”이라는 주어를 사용한다. 새번역은 12절 끝에 “주님이시다”를 추가한다.

의 창조자"(יוֹצֵר הַכֹּל 요쩨르 학콜)다. 언약백성인 이스라엘은 이 창조자가 소유하고 있는 기업의 지파다. 즉 이 창조자의 소유물이라는 것이다(cf. "내 소유"[לִי סְגֻלָּה 리 쎄굴라], 출 19:5). 예레미야는 이 창조자의 이름이 언약의 하나님 "만군의 여호와"(יְהוָה צְבָאוֹת 아도나이 쩨바오트)라고 밝혀준다. 유다백성은 이스라엘의 한 부분으로 하나님의 소유다. 하지만 그들은 스스로 그를 버리고 우상을 섬기는 어리석고 무식한 행보를 멈추지 못한다.

현재적 적용 | 묵상

1. 인생의 두려움을 해결하기 위해 누구를 그리고 무엇을 찾고 있는가? 하나님이 인도하신 길과 방식이 아니라 세상이 제시하는 길과 방식을 따라 해결하는 것은 아닌가?

2. 눈을 사로잡는 화려하고 웅장한 것들 때문에 눈에 보이지 않지만 실제로 웅장하시고 권능이 있으신 하나님을 놓치고 있는 것은 아닌가?

3. 세상이 제시하는 성공, 부, 권력, 향락이 속이는 것임을 분명히 알면서도 그 화려함과 정교함 때문에 매혹되어 따라가는 것은 아닌가?

4. 내 삶의 의미와 목적을 주관하시고 통치하시는 왕은 누구인가?

5. 삶과 열정을 바쳐 따르고 추구하고 있는 것에 참, 생명력, 영원함이 있는가? 하나님 외에 그 어디에서도 참, 생명력과 영원함을 얻을 수 없음을 고백하는가?

6. 소유하도록 주어진 내 몫인 하나님을 허망한 것과 바꾸는 어리석고 무식한 선택을 하고 있는 것은 아닌가? 또한 내가 그의 소유이고 몫인 것을 마음에 새기고 그에 걸맞게 살고 있는가?

7. 성도의 분깃은 세상이 제시하는 분깃과 확실히 다르다는 것을 확신하고 있는가?

8. 헛되고 영원하지 않을 것을 숭배하고 추구하는 이들에게 그것들이 모두 사라지게 될 것이라고 담대히 외치고 있는가? 여호와를 경외하는 참 신앙의 삶을 통해 헛된 것을 추구하는 이들에게 진리를 보게 하고 관심을 갖게 하는가?

(9) 하나님의 내던지심 그리고 예레미야의 탄식과 기도, 10:17-25

본 단락은 유다백성을 향한 예레미야의 명령(17절)으로 시작해서 그들을 위한 그의 기도(23-25절)로 마무리된다. 그 중간에 하나님의 심판선언과 백성의 탄식, 그리고 심판을 확언하는 북쪽에서 들리는 소리가 서술된다. 주제적 연관성을 고려하면 아래와 같은 교차평행구조를 취한다.

a. 예레미야의 명령: "짐을 꾸리라" (17절)
  b. 하나님의 말씀: 내던짐(18절)
    c. 유다백성의 탄식: 중상을 입음(19-21절)
  b'. 북쪽에서 들려오는 소리: "황폐하게 하리라" (22절)
a'. 예레미야의 기도: "없어지지 않게 하소서" (23-25절)

예레미야의 명령을 서술하고 있는 17절은 18절과 구문론적으로 연결된다. 18절이 17절의 명령을 하는 이유를 제시하기 때문이다. 하지만 심판의 주제를 다루고 있는 면에서 18절은 22절과 짝을 이룬다. 19-21절은 짐을 꾸려 피난을 가는 이들이 자신들이 처한 상황에 대해 토로한 탄식이다. 23-25절에 서술된 예레미야의 기도는 17절의 명령을 듣고 피난을 가는 이들을 위한 기도로 보인다. 앞 단락(10:1-16)에서 언급한 것처럼 유다백성의 몫은 살아계신 여호와임에도 불구하고 그들은 약속의 땅에서 쫓겨나 피난을 가야하는 처지에 놓이게 된다. 그 이유를 목자들의 어리석음과 그로 인해 여호와를 찾지 않은 것으로 고백한다(21절).

예레미야의 명령: 짐을 꾸리라(17절)
예레미야는 포위당한 자들에게 짐을 꾸리라고 명한다. 피난을 준비하라는 것이다. 이어서 18절에 그 이유가 서술된다.

하나님의 말씀: 깨달음을 위한 내던짐(18절)
짐을 꾸려 피난을 준비하라고 하는 이유는 하나님이 이번에는 확실히 유다백성을 약속의 땅에서 내던져서 괴롭게 하실 것이기 때문이다. 심판을 겪은 이들은 하나님의 괴롭게 하심에 대해 다양한 반응을 보일 수 있다.

유다백성의 탄식: 중상을 입음(19-21절)

하나님의 내던지심으로 괴롭게 된 백성이 그들이 깨달은 바를 탄식으로 담아낸다. 상처가 중하고 장막이 무너진 것은 목자들이 여호와를 찾지 않았기 때문인 것을 고백한다. 결국 하나님의 심판으로 완전히 파멸을 당하고 나서야 자신들의 상황을 인식하게 된다.

북쪽에서 들려오는 소리: 폐허로 만들 것이다(22절)

유다 성읍들을 황폐하게 하여 짐승의 거처로 만들겠다는 소리가 북방에서부터 들려온다. 이는 심판의 임박성과 확실성을 보여준다.

예레미야의 기도: 바로잡아 주십시오(23-25절)

예레미야는 임박한 심판에 직면해 있는 백성을 대표해서 그들을 위한 기도를 드린다. 하나님의 주권을 인정하고 그의 백성이 없어지지 않기를 간청한다. 뿐만 아니라 언약에 대한 하나님의 신실하심에 호소하면서 언약백성을 파괴한 이들에 대한 보복을 간구한다.

주해

17절. 예레미야는 포위당한 자들에게 짐을 꾸리라고 명한다. 피난을 준비하라는 것이다. 특정한 역사정보를 주지 않기 때문에 이 명령을 하는 정황이 실제 상황인지 아니면 환상인지는 불분명하다. "땅"에서 피난의 짐을 꾸리는 것은 약속의 땅에서의 추방을 의미한다(cf. 7:15; 9:16).

18절. 예레미야는 이 명령을 한 이유를 설명하기 위해 하나님의 말씀을 직접 인용한다. 하나님은 "땅"을 다시 언급하시면서 약속의 땅에 사는 자들을 이번에는 내던져서 괴롭게 하시겠다고 선언하신다. "이번에는"이라는 표현에서 하나님의 결연한 결정을 느낄 수 있다. 이렇게 하시는 목적 또는 결과를 서술하는 마지막 문장, לְמַעַן יִמְצָאוּ 레마안 임짜우와 관련해서 다양한 해석과 번역이 제시된다.[133] 문제가 되는 것은 동사 יִמְצָאוּ 임짜우("그들이 찾다"; 칼형)가 주로 타동사로 사용되

133) 접속사 לְמַעַן 레마안은 목적 또는 결과를 나타내는데, 문맥에 따라 결정된다. 문장을 어떻

는데, 목적어가 없다는 것이다. 동사 מָצָא 마짜가 칼형으로 쓰일 때, "닿다/미치다," "우연히 만나다," "찾다," "얻다"의 의미를 갖는다. 다양한 분석과 번역은 크게 두 가지로 묶을 수 있다. 하나는 목적어가 없기 때문에 동사 מָצָא 마짜를 자동사로 번역하는 것이며 다른 하나는 동사를 타동사로 유지하면서 목적어를 추론해서 제시하는 것이다. 전자의 예를 보면, NIV와 NASB는 수동태의 자동사로 간주하여 "그들이 사로잡히게 된다/발견된다"로 번역한다("so that they may be captured"[NIV]; "That they may be found"[NASB]). 이와는 달리 개역개정은 "깨닫게 하리라"로 번역하면서 괴로움을 겪는 것을 통해 깨닫게 되는 의미로 해석한다(cf. "깨닫게 하겠다"[현대인의 성경]). 후자의 예를 보면, RSV, JPSV, 우리말성경은 목적어를 앞에 언급된 "괴롭게 하는 것"으로 추론해서, "그들이 그것을 느끼다/그것을 그렇게 알다"로 번역한다("that they may feel it"[RSV; JPSV]; "that they may find *it so*"[KJV]; "그들이 고통을 겪게 할 것이다"[우리말성경]). 또는 화자인 여호와를 목적어로 추정해서, NJB는 "그들이 나를 찾는다"로 번역한다("so that they may find me"[NJB]). 목적어를 "죄"로 간주해서 새번역은 "그들이 자신의 죄를 깨달아 알도록"으로 번역한다. 하나의 해석과 번역으로 확정할 수 없을 정도로 이 문장은 모호하다. 이러한 해석들과는 달리 혹시 이 모호성이 의도된 것은 아닐까? 왜냐하면 이 문장이 의미하는 바가 고통을 확실히 실감하게 되는 것인지, 고통을 통해 깨달음을 얻게 되는 것인지, 또는 고통을 통해 여호와를 찾게 되는지는 이 고통을 겪는 이들의 반응에 따라 달라질 수 있기 때문이다. 그 의미를 이들의 몫으로 남겨두는 것처럼 보인다. 9장 19절과 같이 망하게 된 것에만 주목하고 탄식하는 이들은 고통을 확실히 실감하게 될 것이며 21절의 예레미야처럼 망하게 된 것이 여호와를 찾지 않았기 때문이라고 탄식하는 이들은 고통을 통해 여호와를 찾거나 자신들의 죄를 반성하는 깨달음을 갖게 될 것이다.

19-21절. 유다백성이 약속의 땅에서 내던짐을 당하고 괴로움을 겪게 된다는 하나님의 말씀으로 인한 탄식이 이어진다. 이 탄식이 1인칭화법으로 서술되고 있는 것에 근거해서 예레미야를 화자로 볼 수 있다. 그런데 예레미야의 목소리는 유다

게 해석하느냐에 따라 접속사 לְמַעַן 레마안의 용법을 결정하게 된다. 이는 영어의 "so that"이 목적 또는 결과를 나타내는 것과 같다.

백성의 목소리를 대변하거나 그들이 해야 할 올바른 탄식을 제시하는 것일 수도 있다. 후자의 견해가 타당해 보인다. 왜냐하면 유다백성이 9장 19절처럼 바르지 못한 탄식을 할 수 있기 때문이다. 예레미야는 그의 탄식에서 먼저 상황의 심각성을 인지한다. 단지 "질병"(חֳלִי 홀리) 정도여서 참으면 된다고 생각했는데 "상처"(שֶׁבֶר 쉐베르)가 깊어 치유될 수 없을 정도의 "중상"(מַכָּה 막카)이라고 말한다(19절).[134] 이것은 하나님의 최종적인 심판("이번에는," 18절)이 임하기 전에 계속된 하나님의 경고를 가볍게 여긴 유다백성의 태도를 반영하는 것으로 보인다. 가볍게 여기고 무시했는데, 실제 최종적인 심판이 임해서 피난을 가야할 정도의 파멸에 직면하고서 비로소 상황의 심각성을 확인한 것이다. 상황의 심각성을 판단하게 되는 이유가 20절에 서술된다. 바로 파멸의 참혹함이다. 거처도 후손도 모두 잃고 회복을 기대할 수 없을 정도다. 예레미야는 이런 파멸에 직면하게 된 원인을 고백한다(21절). "목자들"(지도자들)이 어리석어 여호와를 찾지 않았다. "어리석어"(נִבְעֲרוּ 니브아루)라는 표현은 앞서 우상에게서 가르침을 얻는 이들의 어리석음(יִבְעֲרוּ 이브아루, 8절)과 인간이 만든 우상을 숭배하는 이들의 어리석음(נִבְעַר 니브아르, 14절)을 지적할 때 사용한 표현이다. 같은 맥락에서 "목자들"은 우상을 따르고 숭배하는 어리석음으로 여호와를 찾지 않았다. 그 결과로 형통할 수 없었고 "양떼"(유다백성)는 거처를 잃고 흩어지게 된 것이다. 9장 19절의 탄식에서 유다백성은 그들이 약속의 땅을 떠난 이유를 "그들이 우리 거처를 헐었기" 때문이라고 말하는 반면에 예레미야는 목자들이 어리석어 여호와를 찾지 않아서 양떼가 흩어진 것이라고 탄식한다. 즉 여호와를 버린 죄에 대한 심판인 것을 분명하게 언급한다.

22절. "소문의 소리다"(קוֹל שְׁמוּעָה 콜 쉐무아)라는 외침으로 22절이 시작된다.[135] 이 외침으로 청자의 주의를 끌고 과연 무슨 소문인지에 대한 관심을 갖게

---

134) 개역개정은 חֳלִי 홀리를 "고난"으로 번역하는데, 이 문맥에서는 "질병"이 더 적절해 보인다.

135) 개역개정처럼 קוֹל 콜을 "들으라"는 명령으로 해석할 수도 있는데, 들려오는 소문에 주목하도록 "소리다"라고 외치는 것으로 보는 것이 적절해 보인다. 이와 같은 강조기법을 암 3:11("적이다. 땅 사면에 있다"[사역]), 겔 7:2("끝이다. 그 끝이 땅 사면에 임한다"[사역]), 겔 7:5("재앙이다. 보라 그것이 다가온다"[사역]), 겔 7:10("보라. 그날이다. 그날이

한다. 이와 더불어 현장에 서있는 것 같은 생동감을 느끼게 된다. 이를 반영해서 22절을 "소문의 소리다. 보라. 그 소문이 다가오고 있다. 북쪽 땅에서부터 들려오는 큰 소동이다. 유다의 성읍들을 승냥이의 굴처럼 폐허로 만들 것이다"로 번역할 수 있다. 이것은 하나님의 심판이 임하는 것을 확언해 준다. 왜냐하면 그가 북쪽으로부터 심판이 임할 것이라고 지속적으로 경고하셨기 때문이다. 앞의 신탁들과 연계해서 보면, 북쪽 땅에서부터 들려오는 소동은 "끓는 가마"(1:13), "재앙"과 "큰 파멸"(6:1), "한 민족"과 "큰 나라"(6:22) 등과 연결된다.

23-25절. 중보기도가 금지됐지만 예레미야는 유다백성을 위해 기도한다. 이는 심판 이후의 상황에 대한 간구이기 때문인 것으로 보인다. 이 기도는 심판을 당한 유다백성이 드려야 하는 기도의 모범이다. 예레미야는 하나님의 주권을 인정하는 고백으로 그의 기도를 시작한다(23절). 사람의 길이 자신에게 있지 않다는 것, 곧 사람이 걸어갈 때 자신의 발걸음을 자신이 정할 수 없다. 피난을 떠나는 생존자들의 안위가 여호와께 있음을 인정하는 고백이다. 한편으로는 불안한 미래에 대한 탄식일 수도 있다. 이어서 예레미야는 유다백성을 대표해서 "나를 바로잡아 주십시오"라고 간청한다(24절상, "나를 징계하옵시되" [개역개정]). 이는 하나님의 심판을 인정하고 그의 징계(바로잡음)를 수용하는 고백이다. 유다 지도자들과 백성의 모습과 대조된다. 그들은 하나님의 징계(바로잡음/훈육)를 거부했다(cf. 2:30; 5:3; 6:8; 7:28). 이들과는 달리 예레미야는 하나님의 정당한 징계를 수용하지만 진노가 아닌 "오직 공의로" (בְּמִשְׁפָּט 베미쉬파트) 해 주시길 간청한다(24절하).[136] 왜냐하면 진노로 하시면 유다가 완전히 사라질 수도 있기 때문이다. 뻔뻔한 얼굴로 그를 거부하고 죄를 짓고도 얼굴을 붉히지 않은 유다백성을 향한 여호와의 진노가 어느 정

온다" [사역]) 등에서 볼 수 있다.

136) 개역개정은 בְּמִשְׁפָּט 베미쉬파트를 "너그러이"로 번역한다. 이와는 달리 24절을 다음과 같이 번역할 수 있다. "여호와여, '당신의 진노' (אַפְּךָ 앞페카)가 아닌 오직 '공의' (מִשְׁפָּט 미쉬파트)로만 '나를 바로잡아 주소서' (יַסְּרֵנִי 야쎄래니). 그렇게 하지 않으시면 당신이 나를 사라지게 하실 수도 있습니다" (사역). Fretheim은 מִשְׁפָּט 미쉬파트를 "적정한 정도" (just measure)로 번역하고 이 기도에 하나님이 긍정적으로 응답하신 것을 30장 11절을 통해 알 수 있다고 설명한다(Fretheim, *Jeremiah*, 174). "그러나 내가 '법에 따라' (לַמִּשְׁפָּט 람미쉬파트) 너를 징계할 것이요 결코 무죄한 자로만 여기지는 아니하리라" (30:11).

도인지를 예레미야가 잘 알고 있을 뿐만 아니라 그도 그들의 패역을 보면서 여호와의 진노를 품고 있기에 힘들었던 경험(6:11)이 있었기 때문에 이런 간청을 하는 것으로 보인다. 18절의 "봐라. 내가 내던질 것이다"(הִנְנִי קוֹלֵעַ 히네니 콜래아)라는 표현에서 하나님의 진노가 담긴 거친 동작(내던짐)을 직감할 수 있다.[137] 하지만 예레미야는 유다백성을 향한 그의 자비를 구한다.

예레미야는 언약에 대한 하나님의 신실하심에 호소하는 것으로 그의 기도를 마무리한다(25절). "야곱"을 언급하는 것은 16절에 언급된 "야곱의 분깃"을 떠올리게 한다. 유다백성이 죄를 짓고 심판을 받지만 여전히 그의 백성임을 하나님이 기억해 주시길 바라는 것처럼 보인다. 그래서 "야곱"(언약백성)을 씹어 삼켜 멸하고 그의 거처(목장)를 황폐하게 만든 이방사람들과 족속에게 그의 진노를 부으시길 간청한다. 그들은 "주(당신)을 인정하지 않고 주(당신)의 이름을 부르지 않기 때문에 언약백성이 아니라는 것이다.[138]

예레미야의 기도는 피난을 가야 할 상황에 직면한 유다백성의 미래를 여호와께 온전히 맡기는 기도다. 여호와의 주권과 언약에 대한 신실하심에 따라 언약백성을 지키시고 생존하게 하시길 바라는 마음이 이 기도에 담겨있다.

현재적 적용 | 묵상

1. 짐을 꾸리라는 소리를 들어야 할 정도로 하나님의 징벌이 임계점에 닿은 상황에 있는 것은 아닌가? 이 상황에서 어떤 기도를 드릴 것인가? 상황에 대한 불평의 기도인가, 아니면 상황의 원인을 살피고 뉘우치며 하나님께 돌아오는 기도인가?

2. 질병인 상황에서 돌아설 것인가. 아니면 고칠 수 없는 중상이 된 후에야 현실을 인식할 것인가?

3. 성도가 흩어지고 고통을 겪는 것이 신앙공동체의 지도자들이 어리석어 세상 우상을 따라 가다가 결국 여호와를 잃어버렸기 때문은 아닌가? 가정이 파괴

137) Cf. Longman, *Jeremiah/Lamentations*, 97.

138) 히브리어 동사 יָדַע 야다는 단지 인지적/정보적 앎을 의미하는 것이 아니라 관계적/경험적 앎을 의미하는 것으로 앎의 대상을 인정하는 것을 가리킨다.

되고 흩어지는 것은 부모가 여호와를 찾지 않기 때문은 아닌가? 죄와 문제를 덮으려고만 하는가, 아니면 죄를 인정하고 하나님의 용서와 자비를 구하는가?

4. 흩어지고 찢긴 교회와 가정을 위해 어떤 기도를 드리고 있는가? 그의 성도에게 신실하신 하나님께 회복을 간청하고 있는가? 상처받은 이들을 대신해서 하나님 앞에 무릎을 꿇는가?
5. 하나님이 교회의 주인이시고 내 삶의 주인이심을 인정하고 그 모든 길을 그에게 맡기는가? 목회자가 교회의 주인이 된 것은 아닌가? 또는 성도가 교회의 주인이 된 것은 아닌가?

---

4. 언약파기, 예레미야의 탄식, 상징적 행위, 11:1-13:27

예레미야서의 특징적인 신탁도입형식("여호와께로부터 예레미야에게 임한 말씀이라")이 11장에 1절에 서술되면서 새로운 범위의 시작을 보여준다. 이와 유사한 도입형식이 14장 1절에 등장하는 것에 따라 11:1-13:27을 함께 묶어 하나의 범위로 구분할 수 있다. 역사정보가 제시되지 않기 때문에 이 범위에 있는 신탁들이 주어진 역사적 정황을 확정하기는 어렵다. 동일한 설명이 이어지는 범위들(14:1-17:27; 18:1-20:18)에도 적용된다. 대략적으로는 3장 6절에서 언급한 "요시야 왕 때"에 근거해서 요시야 왕의 시대를 역사적 배경으로 볼 수 있다. 하지만 역사적 배경이 본문해석에 결정적 요인으로 작용하지 않기 때문에 본문의 이해와 분석에 문제가 되는 것은 아니다. 11:1-13:27에는 유다백성이 하나님과의 언약을 파기한 사실과 예레미야의 탄식, 상징적 행위가 서술된다. 여전히 유다와 예루살렘에 관한 신탁을 이어가고 있기 때문에 3-10장의 내용을 기억하면서 11:1-13:27을 분석할 필요가 있다.

(1) 언약파기에 따른 재앙선언, 11:1-17

본 단락은 유다가 심판을 받을 수밖에 없는 이유를 구체적으로 설명하고 이에 따른 재앙을 선언한다. 이 주제는 이미 3-10장에서 반복적으로 다룬 주제인데, 본 단락의 특징은 "언약"(בְּרִית 베리트)이라는 단어를 명시적으로 언급하면서 언약파기를 심판의 핵심원인으로 제시하는 것이다. "언약"이 반복적으로 언급된다(2, 3, 4, 5, 6, 8, 10절). 본 단락은 크게 두 개의 소단락으로 구분된다: (1) 11:1-8; (2) 11:9-17. 첫 번째 소단락은 하나님과 예레미야가 나눈 대화를 기록하는 것처럼 보인다. 왜냐하면 1-5절에서 하나님이 말씀하시고 5절의 마지막 문장에 예레미야의 답변을 볼 수 있기 때문이다. 이 대화는 유다백성의 실제 상황에 대한 사실을 확인하는 것으로 이어지는 두 번째 단락의 신탁에 배경을 제공한다. 간단히 표현하면 독자에게 대화기록을 통해 유다백성이 갖고 있는 문제의 사실성을 확인하게 한다. 그런 후 이어지는 신탁(11:9-17)을 읽게 하면서 근거에 기초한 신탁의 진정성을 보게 한다. 따라서 이 단락을 분석할 때에는 이 흐름을 고려해서 하나님과 예레미야의 대화(주로 하나님의 말씀)에 언급된 내용(1-8절)이 이어지는 신탁(9-17절)에 어떻게 반영되는지 살피는 것이 중요하다. 두 번째 소단락(9-17절)에 기록된 신탁은 신적 신탁이며 대상은 유다백성과 예루살렘 주민이다. 내용으로는 심판신탁이다. 9-17절은 고소단락과 선언단락을 갖춘 두 개의 신탁으로 구분된다. 본 단락의 구조는 다음과 같다.

소단락(1): 하나님과 예레미야의 대화: 사실 확인: 1-8절
- a. 하나님의 말씀(1-5절상중)
  - b. 예레미야의 말(5절하)
- a'. 하나님의 말씀(6-8절)

소단락(2): 신적 신탁: 9-17절
- a. 고소단락: 심판원인(9-10절)
  - b. 선언단락: 심판선언(11-12절)
- a'. 고소단락: 심판원인(13절)
  - b'. 선언단락: 심판선언(14-17절)

본 단락이 서술하고 있는 심판원인과 심판선언을 요약하는 두 개의 표현은 "언약파기"(심판원인)와 "재앙"(심판선언)이다. 언약파기에 결정적인 요인은 "그[들의]의 악한 마음의 완악함"이다. 재앙은 언약파기에 따른 언약적 저주를 상징한다.

유다가 하나님의 심판을 피할 수 없는 이유는 여호와가 아닌 다른 신들을 섬긴 우상숭배다. 하나님은 이것을 "반역(음모)"으로 규정하시며 그의 백성과의 단절을 선언하신다. 왜냐하면 우상숭배는 언약파기이기 때문이다. 유다백성은 조상들로부터 내려오는 우상숭배의 죄악을 끊어버리지 못한 심각한 죄악에 빠져있었다. 자신들의 안전과 번영을 위해 할 수 있을 만큼 최선을 다해 많은 우상을 만들고 섬겼지만 이것은 하나님의 무서운 재앙을 피할 수 없는 악한 음모였다. 유다백성은 하나님이 그들에게 원하신 것이 그에 대한 "음모"(반역)가 아닌 "흠모"였음을 깨닫지 못했다.

하나님의 말씀(1-5절상중)

하나님이 세우신 "언약의 말들"을 따르지 않는 자들에게 임하게 될 결과는 저주다. 왜냐하면 이 언약은 신적 권위를 담고 있기 때문이다. 유다백성이 지키지 않은 언약은 하나님이 이스라엘을 이집트의 노예생활에서 인도하여 내셨을 때 맺은 "시내산 언약"이다(cf. 출 19장). 이 언약의 핵심내용은 이스라엘이 하나님께 순종하고 그의 뜻을 행하면 여호와가 이스라엘의 하나님이 되시며 이스라엘은 그의 백성이 되는 것이다. 또한 이 언약에는 약속의 땅도 포함되어 있다.

예레미야의 말(5절하)

예레미야는 하나님이 하신 말씀이 사실임을 "아멘"으로 확인해 드린다.

하나님의 말씀(6-8절)

유다백성이 하나님과의 언약을 지키지 않는 근본적인 요인은 하나님의 백성이 행할 구체적인 행동지침이 전달되지 않았기 때문이 아니라 "악한 마음의 완악함" 때문이다. 하나님이 이집트에서 인도하여 낸 때로부터 현재까지 거듭해서 언약을 지키라고 경고했지만 그들은 자신들의 악한 고집에 따라 살면서 언약을 완전히 무시했다. 따라서 그들은 언약관계를 파기했을 때 받게 되는 저주를 피할 수 없게 된다.

고소단락: 심판원인(9-10절)

하나님의 말씀듣기를 거부하고 다른 신을 섬긴 조상들의 죄악에서 벗어나지 못한 문제가 심판원인으로 지적된다. 이것은 하나님께 대한 반역(음모)이며 언약파기다.

선언단락: 심판선언(11-12절)

언약파기의 결과는 하나님이 내리시는 재앙이다. 이와 더불어 하나님은 유다백성과의 단절을 선언하신다. 그들이 섬기는 신들은 결코 그들을 하나님의 재앙에서 구원해 줄 수 없는 헛된 것임을 확인하게 된다.

고소단락: 심판원인(13절)

유다백성은 가능한 많은 신들의 제단을 곳곳에 만들어 놓고 안녕과 번영을 얻고자 했다. 하지만 그러한 것들은 구원을 베풀 수 없는 "수치스러운 물건의 제단"에 불과하며 하나님의 노여움과 재앙의 원인이 될 뿐이다.

선언단락: 심판선언(14-17절)

우상숭배로 유다백성이 하나님께 범한 반역(음모)의 결과는 이들을 위한 중보기도의 금지와 확정된 심판이다. 그의 백성과 언약을 세우신 구원의 하나님이 이제 재앙을 내리시는 심판자의 모습으로 그들에게 임하실 것이다.

주해

1절. 신탁도입형식("여호와께로부터 예레미야에게 임한 말씀")은 예레미야가 선포하고 있는 메시지가 신적 권위를 가진 여호와의 말씀임을 보여준다. 예레미야가 이 신탁을 받은 역사적 정황에 대해 두 가지 견해가 제안된다. 하나는 유다가 모세의 율법을 지키지 않은 것을 지적하고 있는 것에 근거하여 요시야 왕의 종교개혁 이후에 다시 패역의 길로 들어선 여호야김 왕의 정황으로 보는 견해다. 다른 하나는 요시야 왕의 개혁시기로 보는 견해다. 후자의 경우, 개혁이 피상적인 수준에 머무른 상태에서 예레미야가 요시야의 개혁을 도와 하나님의 신탁을 전하는 것으로 이해할 수 있다. 두 번째 견해가 일반적으로 수용되는 견해다.[139] 하지만 역사적 정황을 규정하는 것이 본문해석에 결정적 역할을 하는 것은 아니다.

139) Harrison, *Jeremiah & Lamentations*, 94.

2-3절. 신탁을 전달하라는 명령과 함께 신탁을 들어야 할 자들에 대한 언급이 서술된다. 신탁을 받은 선지자는 예레미야이지만 이 신탁을 전달하라는 명령은 예레미야에게만 제한되지 않는다. 왜냐하면 사용된 명령형이 2인칭 복수("너희")이기 때문이다. 명령의 대상은 백성이나 제사장들이 아니라 예레미야를 비롯하여 그 당시의 다른 선지자들인 것을 볼 수 있다. 또는 여러 증인들을 소환해서 사실을 확인하는 것과 같은 수사적 표현으로 고려할 수도 있다. 이들이 신탁을 선포해서 듣게 하여야 할 대상은 "유다사람"(אִישׁ יְהוּדָה 이쉬 예후다)과 예루살렘 거민이다.[140] 전달하게 될 내용이 "이 언약의 말"(דִּבְרֵי הַבְּרִית הַזֹּאת 디드래 합베리트 핫쪼트)로 표현된다. "이 언약의 말"을 대제사장 힐기야가 성전에서 발견해서 요시야 왕에게 전달한 "율법책"으로 이해하기도 한다(왕하 22:8-13; cf. 신 31:26).[141] 이와는 달리 "언약"을 요시야 왕이 하나님의 율법을 지키라고 공포한 "언약"으로 해석하기도 한다(cf. 왕하 23:3). 하지만, 본문의 정황을 고려할 때 시내산 언약을 가리키는 것으로 볼 수 있다. 왜냐하면 4-5절이 이 언약에 대한 보다 구체적인 설명을 서술하고 있기 때문이다.[142] "이 언약의 말"은 고대 근동의 종주봉신 계약에 담겨진 것처럼 하나님(종주)과 백성(봉신) 간의 관계를 명시하고 언약관계가 요구하는 법에 대한 순종 여부에 따른 축복과 저주를 포함하고 있다. 따라서 언약관계에 있는 "이스라엘의 하나님"이 선지자들을 통해 유다백성에게 분명하게 언급하고자 하시는 것은 이 언약을 파기했을 때 받게 되는 저주다. 이 저주의 내용은 피할 수 없는 재앙이다(cf. 11절). "따르지 않는 자"라는 표현의 문자적 의미는 "듣지 않는 자"(לֹא יִשְׁמַע 로 이쉬마)다. 이것은 하나님의 언약에 전혀 관심을 기울이지 않는 태도를 암시하는 면에서 단순히 지키지 않는 태도보다는 훨씬 더 부정적인 의미를 전달한다. 특히 동일한 동사 שָׁמַע 샤마("듣다")가 2, 3, 4, 6, 7, 8, 10, 11, 14절에 반복적으로 등장하는 것에 주목할 필요가 있다.

---

140) אִישׁ יְהוּדָה 이쉬 예후다에는 단수형 명사 אִישׁ 이쉬("남자"/"사람")가 사용되는데, 이는 개별성을 강조하기 위한 것으로 보인다. 즉 유다 사람들이 빠짐없이 모두가 다 이 말을 들어야 한다.

141) Cf. Jones, *Jeremiah*, 181.

142) 이 견해는 "언약의 말들"을 단지 신명기에만 제한하지 않는다.

4-5절. 유다백성이 어떤 언약을 파기했는지를 설명할 뿐만 아니라 그 언약의 내용이 무엇인지를 구체적으로 서술한다. 출애굽의 정황에 대한 언급은 이 언약이 시내산 언약인 것을 알려준다. 애굽을 "쇠풀무"(כּוּר הַבַּרְזֶל 쿠르 합바르젤)에 비유하는 것은 이스라엘이 이집트에서 겪은 고난을 극적으로 묘사한다(cf. 신 4:20). 하나님은 쇠를 녹이는 것과 같은 극심한 고난에서 이스라엘을 건져 내신 후 언약을 체결하셨고, 이 언약을 통해 중요한 두 가지를 약속하셨다. 첫째, 하나님과의 언약관계다. 즉 하나님이 그들의 하나님이 되시며 그들은 그의 백성이 되는 것이다. 둘째, 그의 백성이 거할 젖과 꿀이 흐르는 풍요로운 땅이다. 이 약속들과 함께 하나님께서 그의 백성에게 요구하신 것은 그들이 그의 목소리를 듣고(관심을 기울이고/순종하고) 그의 모든 명령(율법과 규례)을 그대로 행하는 것이다. 이것은 선택사항이 아니라 하나님의 명령이다. 하나님은 그의 백성이 언약관계를 기뻐하고 그와 함께 행할 것을 원하셨다. 또한 실제로 이스라엘 백성을 약속의 땅, 가나안에 거하게 하시면서 그가 맹세하고 약속하신 것을 신실하게 지키신다는 것을 확인해 주셨다. 이것은 현재 유다가 약속의 땅에 거하는 것으로 증명된 사실이다. 따라서 예레미야는 "아멘(אָמֵן 아멘), 여호와여" 라는 말로 동의한다. 예레미야의 답변은 "맞습니다" 라는 의미다.

6-8절. 예레미야의 동의가 이루어지자 하나님은 예레미야에게 그가 전달받은 모든 말을 유다 전 지역("유다 성읍들과 예루살렘 거리")에 선포하라고 명령하신다.[143)] 선포하게 될 내용의 핵심은 세 가지다. 첫째, 하나님께서 명하신 언약의 말을 듣고 행하라는 것이다(6절). 이것은 조상들에게 주었던 것과 동일한 명령이다. 언약에 관심을 두고 언약이 요구하는 삶을 살 것을 요구하는 명령이다. 시내산 언약과 함께 주어진 모세의 율법은 하나님의 백성이 거룩한 속성과 제사장의 나라로서의 기능을 다 할 수 있는 분명하고 구체적인 지침을 담고 있다. 따라서 지침의 부재가 아니라 마음의 부재가 불순종의 근본적인 원인임이 8절에서 지적된다.

둘째, 조상 때로부터 당시까지 하나님의 명령을 지키라는 경고가 끊임없이 주어졌지만 전혀 관심을 기울이지 않고 자신들의 고집대로 강퍅하게 행한 잘못을

---

143) 2절에서는 "너희" (복수)에게 명령이 주어지지만 6절에서는 "너" (단수)가 사용된다. 전자는 예레미야를 포함한 다수 또는 수사적 표현인 반면에 후자는 예레미야를 가리킨다.

지적하는 것이다(7절). 하나님은 백성이 그의 명령을 외면하는 근본적인 요인을 언급하신다. "악한 마음의 완악함" (שְׁרִירוּת לִבָּם הָרָע 쉐리루트 립밤 하라)이다. 하나님께로 향한 마음이 아닌 자신들의 악함과 완악함이 다스리는 마음, 즉 그릇된 고집으로 인해 하나님과의 언약관계에 관심을 두지 않을 뿐만 아니라 귀를 막고 완강히 거부했다. 하지만 하나님은 포기하지 않으시고 간절히(엄하게) 경고하셨을 뿐만 아니라 "끊임없이" 경고하셨다.[144] 조상들로부터 시작된 고질적인 문제에서 그의 백성이 벗어나길 원하시는 하나님의 애절한 심정이 적나라하게 표현된다. 하나님은 언약적 약속을 지키시는 신실함을 보이셨을 뿐만 아니라 언약관계를 유지하는 데에 있어서도 그의 신실하심을 보이셨다. 그러나 유다는 언약관계에 전혀 신실하지 못했다. 그들은 오히려 조상들과 동일하게 하나님의 경고를 무시하고 하나님과의 언약관계를 거부하는 패역을 범했다. 듣지도 귀를 기울이지도 않았다. 이것이 심판의 결정적인 원인이 된다.

셋째, 유다가 불순종의 당연한 결과인 저주를 경험해 왔다는 것이다(8절). 이 저주는 언약을 파기한 것에 따른 언약적 저주다(cf. 신 28:5-19). 하나님께 패역했던 북이스라엘은 이미 이 저주를 경험하고 앗시리아에 의해 패망했다. 역사 속에 확실한 증거가 있음에도 불구하고 유다는 전혀 교훈을 얻지 못하고 하나님의 피할 수 없는 심판의 대상이 된다.

9-10절. 앞 단락의 신탁을 이어서 다시 여호와의 말씀이 예레미야에게 임한다. 신탁도입형식("여호와께서 내게 이르시되")으로 신적 신탁이 시작된다. 신탁을 받고 전달하는 예레미야의 서술기법은 1인칭 서술형식("내게")을 취하여 하나님의 신탁에 적극적으로 개입하는 자신의 심정과 모습을 보여준다. 이러한 개입을 11-20장에서 보다 구체적으로 확인할 수 있다. 앞 단락(11:1-8)에서 언급한 언약파기의 구체적인 내용이 서술되면서 하나님이 심판을 행하시는 원인이 지적된다. 9-17절은 심판의 원인에 대한 고소단락(9-10절 & 13절)과 심판선언단락(11-12절 & 14-17절)이 평행을 이루면서 반복되는 네 개의 세부 단락으로 구분할 수 있다. 이 단락들의 반복은 단순한 반복이 아니라 신탁의 내용을 구체화하며 보완한다. 9-10절이

144) 예레미야서에 사용된 "끊임없이 경고하셨다" (הַשְׁכֵּם וְהָעֵד 하쉬캠 베하애드)의 용례에 대해서는 서론의 주요단어 단락(7번)을 참조하라.

서술하는 심판원인은 하나님의 말씀 듣기를 거부한 조상들의 죄악을 답습한 것이다. 이 죄악의 내용은 언약의 하나님(אֱלֹהִים 엘로힘)이 아닌 "다른 신들"(אֱלֹהִים אֲחֵרִים 엘로힘 아해림)을 섬기는 우상숭배다(10절). 우상숭배에 대한 전형적인 표현, 즉 "섬기기 위하여 뒤따라가다"라는 표현이 사용된다. 이것은 다른 신들을 섬기기 위하여 하나님께 등을 돌리고 그들을 따라가는 장면을 연상시킨다. 이 행위는 여호와가 조상들과 맺은 시내산 언약을 파기하는 핵심적인 행위다. 즉 언약의 하나님 여호와를 거부한 것이다. 북이스라엘의 멸망의 원인이 이러한 언약파기였음에도 불구하고 유다는 이스라엘과 동일하게 여전히 그 죄악에서 벗어나지 못하는 모습을 나타내고 있다.

하나님은 이것을 유다백성 중에 있는 "반역"(קֶשֶׁר 케쉐르)이라고 규정하신다(9절). "반역이 있도다"라는 표현은 문자적으로는 "반역이 발견됐다"(נִמְצָא־קֶשֶׁר 님짜-케쉐르)는 의미다. 이것은 유다백성의 문제가 분명하게 드러났음을 보여준다. 따라서 하나님이 행하실 심판의 충분한 근거가 된다. קֶשֶׁר 케쉐르를 "음모"나 "반항"으로 번역하기도 하는데, 이 단어는 백성 안에 있었던 의도적인 담합과 모의를 연상시킨다. 하지만 조직적인 반역(담합)이 백성 가운데 있었다기보다는 백성의 전반적인 동의에 근거하여 언약적 의무를 거부한 것을 가리키는 것으로 보인다. 달리 말하면 rv,q,케쉐르는 유다백성의 우상숭배가 즉흥적인 행동의 결과가 아니라 숙고되고 의도된 행위였음을 의미한다(cf. 시 83:5; 겔 22:25). 신탁이 주어진 시기를 요시야 왕의 종교개혁시기로 본다면, 백성이 요시야의 개혁에 전반적으로 동조하지 않고 거부한 움직임을 묘사하는 것으로 이해할 수도 있다. "옛 조상들"(문자적으로는 "첫 조상들")을 광야방황기와 사사시대의 조상들로 보기도 하는데 이들에게만 반드시 제한될 필요는 없다. 왜냐하면 이 표현은 하나님께 대한 반역이 오래된 고질적인 문제임을 지적하는 것이기 때문이다.

11-12절. "그러므로"(לָכֵן 라캔)와 신탁도입형식("여호와가 이와 같이 말하노라")은 선언단락으로의 전환을 보여준다. 유다백성의 반역에 대한 심판의 내용이 세 가지로 언급된다. 첫째, 하나님의 피할 수 없는 "재앙"(רָעָה 라아)이다(11절상). 이것이 바로 3절에서 말한 저주의 내용이다. "보라"는 표현은 청자의 주위를 환기시켜서 선포되는 심판선언에 집중하게 할 뿐만 아니라 심판의 임박성을 암시하기

도 한다.

둘째, 심판이 임했을 때 백성이 부르짖는 간절한 호소를 듣지 않으실 것이다(11절하). 하나님은 이들의 구원요청을 거부하시겠다고 선언하신다. 이 거부에는 더 이상 이들의 죄악을 용서하지 않으시겠다는 그의 결단이 담겨있다.

셋째, 그들이 섬기던 우상이 아무 소용이 없음을 선언하신다(12절). 하나님께 도움을 구하지만 자신들이 원하는 것을 얻지 못하자 백성은 하나님께 "부르짖었던 것"과 동일하게 그들이 섬기던 우상들에게 나아가서 "부르짖을" 것이다. 그러나 하나님은 이 우상들이 유다가 멸망할 때에 그 어떤 구원의 능력도 발휘할 수 없게 될 것임을 선언하신다. 이는 참 구원의 신이신 하나님 한 분외에는 우상들이 결코 구원의 신이 될 수 없음을 확언하는 것이다. 재앙을 경험하면서도 여전히 참 신이신 하나님과 우상들을 구분하지 못하는 백성의 어리석은 모습이 드러난다. 또한 우상들의 능력이 그들의 숫자와 관계가 없다는 사실이 13절의 고소를 통해 분명히 언급된다.

13절. "유다야"라는 호격을 사용하여 유다백성이 직접 자신들의 문제, 즉 심판원인에 눈을 돌리게 한다. 그들은 가능한 한 최선을 다해 많은 숫자의 우상들을 섬기기 위해 곳곳에 제단을 두고 자신들의 안전과 번영을 보장받고 싶어 했다. 그들의 눈에는 이러한 것들이 존경과 예배의 대상이었지만 실제로는 "수치스러운 물건의 제단"(מִזְבְּחוֹת לַבֹּשֶׁת 미즈베호트 랍보쉐트; "수치를 위한 제단"), 즉 수치를 안겨주는 제단에 불과하다. "수치를 위한 제단"과 "바알에게 분향을 드리기 위한 제단"이 동격으로 서술되면서 수치와 바알에게 분향을 드리는 행위가 대비되거나 수치와 바알이 대비되는 것을 볼 수 있다(cf. 호 9:10). 따라서 바알은 수치스러운 것에 불과하다는 해석 내지는 바알에게 분향하는 것은 수치스러운 행위라는 해석이 가능하다. 유다백성의 생각과는 달리 하나님의 평가에 따르면 바알과 우상숭배는 수치스러운 것에 불과할 뿐만 아니라 심판원인이다.

14-17절. 앞의 고소에 따른 심판선언이 주어진다. 심판의 내용은 세 가지다. 첫째, 앞의 심판선언(11-12절)에서는 백성의 부르짖음을 듣지 않겠다고 하셨는데, 여기서는 예레미야에게 백성을 대신하여 중보하지 말라고 명하신다(14절). 왜냐하면

하나님의 심판이 이미 확정되었기에 그들의 기도를 듣지 않으실 것이기 때문이다.

둘째, 제의를 더 이상 허용하지 않으실 것이다(15절). 하나님과의 언약관계가 요구하는 삶을 살지 않으면서도 하나님의 환심을 얻으려고 성전에서 드리는 백성의 제사를 거부하신다. 왜냐하면 죄악으로부터의 진정한 돌이킴이 없이 드리는 형식적이고 위선적인 행위이기 때문이다(cf. 렘 7:10-11). 이는 "거룩한 제물 고기" 자체가 하나님의 심판을 돌이키지 못할 것임을 선언하는 것이다. 자신들의 망상 속에 사로잡혀 우상을 섬기듯 드리는 제사를 하나님은 결코 용납하지 않으신다. 이 선언에서 한 가지 주목하게 되는 것은 "나의 사랑하는 자"(יְדִידִי 예디디)라는 표현이다. 제의를 드리는 백성이 그 제의에 그들의 사랑을 담아주길 바랐던 하나님의 심정, 그리고 그들에게 여전히 애정을 갖고 계시는 하나님의 모습을 보게 된다. 유다백성은 이런 하나님을 배신했다. 셋째, 하나님께서 유다를 "열매 맺는 아름다운 푸른 감람나무"(זַיִת רַעֲנָן יְפֵה פְרִי־תֹאַר 자이트 라아난 야패 페리-토아르)로 세우셨고 그렇게 되기를 바라셨지만 이제 유다를 맹렬히 파괴하고 파멸시키실 것이다(16절; cf. 6:2). 자신의 백성을 약속의 땅에 아름다운 나무로 심으신 언약의 하나님이 백성의 배교로 인하여 진노하시며 재앙을 선포하시는 심판주로 그들에게 다가오신다(17절). 유다는 하나님의 "사랑하는 자"였으나 이제 심판의 대상이 되는 운명에 놓이게 된다. 심판의 결정적인 원인은 사랑을 베푸신 하나님이 그의 백성에게서 "흠모"를 기대했지만 오히려 그들이 하나님을 버리고 배교하는 "음모"("악한 짓")를 되돌려 드린 것이다. 하나님의 "재앙"(רָעָה 라아)은 이스라엘 집과 유다 집이 그에게 범한 "악"(רָעָה 라아)에 대한 되갚으심이다. 그들이 범한 "악"(רָעָה 라아) 그대로 "재앙"(רָעָה 라아)으로 되돌려주신다.

현재적 적용 | 묵상

1. 성도에게 신실하신 하나님이 지속적인 경고로 때론 징벌을 행하심으로 다가오시는데, 악한 마음의 완악함에 따라 듣지 않고 외면하는 것은 아닌가? 내가 범한 악에 따라 재앙으로 갚으시는 하나님의 공의를 기억하는가?
2. 신의를 지키는 하나님이 성도에게서 신의를 기대하신다는 것을 기억하고 신의를 지키려는 노력을 하는가?

3. 하나님은 그에 대한 "흠모"을 원하고 기대하시는데, "흠모"가 아닌 "음모"를 꾸미는 것은 아닌가? 도모하고 있는 음모가 지금은 통하는 것 같고 원하는 것을 얻게 하는 것 같지만 결국 음모가 드러나게 되면 하나님의 도움을 구하는 그 어떤 기도도 소용이 없다는 것을 알고 있는가?
4. 신앙공동체가 범하고 있는 불순종, 하나님을 세상 우상과 바꾸는 반역과 음모를 보면서 어떤 태도를 취하고 있는가? 외면하고 있는가. 아니면 하나님의 말씀인 성경의 가르침에 따라 잘못을 지적하고 하나님의 심정을 전하는가?
5. 지금 세상의 원리와 유혹에 따라 화려하게 쌓아올린 제단이 결국 수치를 안겨주는 제단인 것을 알고 있는가?
6. 중보기도가 금지되기 전에 한국교회가 죄를 회개하고 돌아서야 할 시기는 아닌가?
7. 교회의 숫자, 예배와 집회의 숫자, 교인의 숫자로 하나님의 환심을 얻을 수 있다고 착각하고 있는 것은 아닌가? 한국교회의 관심은 어디에 있는가? 교세확장인가, 아니면 말씀실천을 통해 빛과 소금의 역할을 감당하는 것인가?
8. 하나님이 약속하시는 성도의 특혜와 축복에만 집중하고 있는가, 아니면 하나님이 기대하시는 성도의 의무와 역할에도 관심을 갖고 있는가?

---

(3) 아나돗 사람들의 위협과 예레미야의 간청(주의 보복과 재앙), 11:18-23

본 단락은 예레미야와 하나님과의 대화를 기록한다. 앞 단락(11:1-17)이 사건기록(대화)에 이어서 신탁이 주어지는 것과 유사한 흐름을 본 단락도 나타낸다. 예레미야가 사건에 대해 언급하고(18-20절), 이어서 이에 근거한 하나님의 신탁(21-23절)이 서술된다. 이 흐름에 주목하면 11:1-23은 하나의 단락을 이룰 수 있다. 특히 23절의 선언에서 "재앙"(רָעָה 라아)이 언급되는 것은 11절과 17절의 "재앙"과 연결된다. 그렇다면 11:1-17에 서술된 신탁을 예레미야가 유다백성에게 선포했는데 그들이 그 신탁을 받지 않은 것에 대한 구체적인 예로 아나돗 사람들 이야기(18-20절)가 제시되는 것으로 볼 수 있다. 아나돗 사람들은 악한 마음의 완악함에 따라 반역하는 유다백성의 구체적인 예다. 같은 맥락에서 그들에게 임할 심판(21-23절)은 유다백성에게 선언된 심판을 확언하는 것이 된다. 이 분석에 따른 17:1-23의 전체 구조를 살피면 다음과 같다.

A. 하나님과 예레미야의 대화: 사실 확인(1-8절)
　B. 심판선언(재앙)(9-17절)
A'. 예레미야의 말: 사실 확인(18-20절)
　B'. 심판선언(재앙)(21-23절)

본 단락으로 돌아와 그 구조를 보면, 18-20절에 기록된 예레미야의 말은 고소단락의 역할을 하고 21-23절에 인용된 하나님의 말씀은 선언단락의 역할을 한다. 따라서 18-23절은 고소단락과 선언단락의 흐름으로 분석해야 한다. 자신들이 듣고 싶지 않은 말을 전하는 예레미야를 죽이려는 아나돗 사람들의 계획을 하나님께서 예레미야에게 알려 주시자 예레미야는 하나님의 보복을 간구한다. 그의 간구를 들으신 하나님은 아나돗 사람들을 향한 재앙을 선언하신다. 예레미야는 직접화법을 사용해서 상황을 생생하게 전하며 긴장감을 더한다: 아나돗 사람들의 말(19절), 예레미야의 호소(20절), 여호와의 답변(21-23절).

고소단락: 예레미야를 해하려는 아나돗 사람들의 계획(18-20절)
예레미야는 그가 선포하는 심판신탁으로 인해 고향 사람들의 표적이 된다. 이들의 계획을 하나님이 예레미야에게 알려주시자 예레미야는 하나님의 공정한 심판과 변호를 간절히 호소한다.

선언단락: 아나돗 사람들을 향한 하나님의 심판선언(21-23절)
예레미야의 호소를 들으신 하나님은 때가 이르면 예레미야의 목숨을 위협하며 예언을 하지 못하게 하는 아나돗 사람들을 철저한 죽음으로 벌하시겠다고 선언하신다.

주해

18-20절. 예레미야는 자신이 몰랐던 사실을 하나님이 알려 주시자 아마도 충격

과 함께 그에게 그의 심정을 쏟아놓는 것으로 보인다. 예레미야가 말하는 "그들"이 아나돗 사람들인 것을 21절을 통해 알 수 있다. 예레미야의 말에 아나돗 사람이 직접적으로 언급되지 않는 것도 예레미야의 충격과 상심을 반영하는 듯하다. 아나돗은 베냐민 지파의 땅에 위치한 지역이며 예루살렘의 북쪽으로 약 5km 떨어진 곳이다. 이 지역은 아론의 자녀들에게 주어진 성(수 21:13-19; 대상 6:54-60)으로 예레미야의 고향이다(cf. 1:1). 그렇다면 예레미야의 고향 사람들이 그를 죽이려는 음모를 은밀히 도모했던 것이다. 일반적으로 예레미야가 성전 문 앞에서 하나님의 심판신탁을 선포한 이후(7장)에 이 음모가 시작된 것으로 추정한다. 성전 예배를 직접적으로 거부한 예레미야의 신탁은 제사장 가계에 속한 이들에게 심각한 위협이었고 용납하기 힘들었을 것이다. 또는 예레미야가 요시야 왕의 성전을 중심으로 제의를 재정비한 것을 지지한 것에 대해 지역 제의를 감당하던 아나돗 사람들이 음모를 계획한 것으로 보기도 한다.[145)] 어떤 정황이었던 그들의 음모가 있었고 그 음모가 은밀히 도모된 것이었지만 하나님이 그들의 계획을 예레미야에게 알려주신다(18절). 그가 알려주셨기 때문에 예레미야는 하나님이 이 문제를 반드시 해결하셔야만 한다고 간구하는 듯하다. 예레미야는 자신의 처지를 도살장으로 끌려가는 온순한 양에 비유하며 자신이 해결할 수 없는 상황임을 절감하고 있다(19절). 아나돗 사람들의 결의는 확고하다. 그 만큼 예레미야는 무서운 위협을 느꼈을 것이다. 이 위협을 생생하게 그리기 위해 예레미야는 하나님이 알려 주신 그들의 말을 직접 인용하고 있다. 아나돗 사람들은 예레미야를 나무에 비유하면서 나무("예레미야")뿐만 아니라 그 열매("그의 사역")를 못 쓰게 만들어 그의 생명과 그의 사역을 완전히 소멸시키자는 음모를 꾸몄다. 이것은 하나님께서 유다를 나무에 비유하며 심판을 선언하는 장면을 연상케 한다(cf. 11:16). 마치 하나님의 신탁을 전하는 예레미야에 대한 음모로 하나님을 정면으로 거부하는 것과 같은 모습을 암시한다. 이 위협 속에서 예레미야가 취한 행동은 하나님께 그의 사정을 아뢰고 하나님의 보복을 간구하는 것이었다(20절).[146)] 예레미야의 간구에서 그가 아나돗 사람들의 결연한 의지만큼이나 확실한 심판을 기대하고 있음을 짐작할 수 있다. 왜냐하면 예레미야가 하나님의 보복을 친히 보기를 원하고 있기 때문이다. 이

145) Cf. Longman, *Jeremiah/Lamentations,* 103.

146) "나의 원통함"(רִיבִי 리비)은 "나의 사정"을 의미한다.

것은 자신의 대적이 곧 하나님의 대적이라는 확신에 근거한 간청이다. 그가 보복을 언급할 수 있는 것은 공의로 판단하시고 마음을 감찰하시는 하나님이 그가 무고하다는 것과 그의 마음에서부터 어긋나 있지 않음을 분명히 알고 계신다는 확신에 근거한다. 이 사실을 12장 3절에서 예레미야 자신이 언급한다. 더 나아가 예레미야가 보복을 간구하는 것은 하나님이 그의 권위를 나타내 주시길 간청하는 것이다. 왜냐하면 예레미야가 하나님의 권위에 따라 신탁을 선포하는 것을 그들이 거부했기 때문이다.

21절. "그러므로 여호와가 이와 같이 말한다" (לָכֵן כֹּה־אָמַר יְהוָה 라캔 코-아마르 아도나이)는 선언단락으로의 전환을 보여준다(21절).[147] 하나님이 아나돗 사람들의 말을 직접 인용하시는 것은 그가 문제의 핵심을 분명히 알고 계심을 보여준다. 문제의 핵심은 하나님의 신탁("예언")을 전하지 말라는 것이다. 즉 하나님의 신탁을 거부하는 것이며 예레미야에게 선지자사역을 그만 둘 것을 요구하는 것이다. 이것은 아나돗 사람들을 향한 하나님의 심판의 결정적 원인이다. 따라서 그들의 도모가 확고하고 결연한 만큼 하나님의 결연하고 철저한 심판선언이 뒤이어 선언된다.

22-23절. 하나님의 심판은 아나돗 사람들이 예레미야에게 행하려던 계획을 오히려 그들에게 되돌려 주는 것, 즉 보복하는 것이다. 하나님이 그들에게 벌을 내리시겠다고 선언하시는데, 두 가지 내용에 주목할 필요가 있다. 첫째, 아나돗 사람들의 완전한 멸망이다(22절). 이들의 완전한 멸망이 젊은이들과 자녀들의 죽음에 대한 선언으로 확언된다. 싸울 수 있는 젊은이들은 전쟁에서 칼에 죽을 것이며 나머지는 기근으로 죽음을 맞이하게 될 것이다. "남는 자가 없으리라"는 표현은 하나님의 심판의 결과가 전멸임을 의미한다. 하지만 이 심판은 음모를 꾸민 아나돗 사람들에게만 제한된 것으로 보인다. 왜냐하면 에스라 2장 23절이 아나돗 사람들의 일부가 바벨론 포로에서 돌아온 것을 기록하고 있기 때문이다. 분명한 것은 하나님의 선지자를 대적한 자들은 하나님의 철저한 심판을 피할 수 없다는 것이다. 둘째, 징벌의 해다(23절). 아나돗 사람들에게 하나님의 심판이 이루어지는 때가 임

147) 동일한 표현이 22절에 반복되면서 심판선언의 엄중성이 강조된다.

하게 될 것이다. 실제로 이때가 바벨론 왕 느부갓네살에 의해 임하게 된다. 아나돗은 예루살렘을 포위하고 있는 바벨론 군대에 의해 예루살렘보다 더 혹독한 살육의 위협을 당했을 것이다. 히브리어 원문에는 22절의 "보라. 내가 그들에게 벌을 내릴 것이다"(הִנְנִי פֹקֵד עֲלֵיהֶם 힌네니 포캐드 알래헴)와 23절의 "그들의 징벌의 해"(שְׁנַת פְּקֻדָּתָם 쉐나트 페굳다캄)가 심판선언의 시작과 끝이 되면서 아나돗 사람들의 죄를 하나님이 간과하지 않으시고 반드시 그 죄과를 물으신다는 사실이 강조된다.

현재적 적용 | 묵상

1. 하나님의 일을 감당할 때 나에게 고통과 어려움을 주는 이들이 곧 하나님의 대적이라고 말하면서 하나님의 공의로운 판단을 구할 정도로 당당할 수 있는가? 또한 신앙공동체를 파괴하려는 세상의 도모와 음모에 대해 한국교회는 하나님의 보복을 간청할 수 있을 정도로 당당할 수 있는가?
2. 하나님이 맡겨 주신 사명을 신실하게 감당하려고 할 때 겪게 되는 어려움의 실체와 그 모든 것을 세밀하게 주시하고 계시는 하나님이 함께 하신다는 사실에 감사하며 용기를 얻는가?
3. 하나님이 "흠모"를 원하시는 것을 알면서도 악한 욕심 때문에 "음모"로 답을 할 때 그 결과에 대해서도 생각하는가?
4. 성도의 고통과 고난을 신원하시는 하나님의 징벌의 때가 반드시 온다는 사실이 위로가 되고 희망이 되는가?
5. 교회사역이나 선교사역을 하면서 자신의 잘못과 죄로 인해 겪는 어려움과 거부를 자신의 과오를 덮기 위해 하나님의 일을 하기 때문에 겪는 것이라고 착각하거나 왜곡시키지는 않는가?

(4) 공의에 대한 예레미야의 갈등과 하나님의 공의확언, 12:1-17

앞 단락(11:18-23)에서 하나님은 아나돗 사람들과 같이 패역을 행하는 자들에게 심판을 선언하셨고 심판의 때에 대해 말하셨지만 현실은 그 선언과는 아무 상관없이 흘러가고 오히려 악인들이 더 형통하는 상황이었던 것으로 보인다. 이 상황에서 예레미야는 그의 고민과 갈등을 하나님께 토로한다. 예레미야의 공의에 대한 갈등은 그가 11장 20절에서 고백한 "공의로 판단하시는"(שֹׁפֵט צֶדֶק 쇼패트 쩨데크; "의로운 재판장") 하나님의 속성에 근거하고 있다. 본 단락은 현실에서 느끼는 하나님의 공의에 대해 따져 묻는 예레미야의 말과 하나님의 답변으로 구성되어 있다. 이 흐름은 11:18-23의 구성과 짝을 이룬다. 따라서 개별 단락으로만 구분해서 분석하기보다는 단락들의 연결성과 흐름을 충분히 고려하는 분석이 요구된다. 본 단락에 서술된 하나님의 답변(5-17절)은 세 개의 세부 단락으로 구분된다. 첫 번째(5-6절)는 예레미야에 대한 권면이다. 두 번째(7-13절)는 유다에 대한 그의 공의를 확언하는 것이고 세 번째(14-17절)는 열방에 대한 그의 공의를 확언하는 것이다. 따라서 본 단락은 다음과 같은 구조를 취한다.

a. 예레미야의 반박(1-4절)
 b. 하나님의 답변(5-17절)
  (1) 예레미야에 대한 권면(5-6절)
  (2) 유다에 대한 공의확언(7-13절)
  (3) 열방에 대한 공의확언(14-17절)

7-17절은 예레미야가 제기한 공의에 대한 하나님의 답변인데, 그의 공의가 언약백성과 이방나라에 어떻게 적용되는 지를 보여준다. 언약백성과 열방 간에 구분이 없이 죄에 대해서는 "황폐함"을 선언하시고 순종에 대해서는 "세움"을 선언하시는 것으로 그의 우주적 공의를 확언하신다.

유다에 대한 공의를 확언하는 단락(7-13절)에는 자신의 백성을 "내 소유"라고 부르시는 하나님의 애처로운 사랑과 더불어 하나님의 불타는 진노의 결과가 서술된다. 자신의 소유로 택한 사랑하는 백성이지만 그들이 반항하고 그를 거부한 것에 근거해서 그들을 포기하시고 결국 원수들의 손에 넘겨주시는 것은 하나님의 공의에 따른 것이다. 반복과 비유를 통해 심판원인과 방법 및 결과를 간략하지만 명확하게 전달한다. 따라서 사용된 문학적 기법에 주목하여 본문을 해석하는 것이 중요하다.

열방에 대한 공의를 확언하는 단락(14-17절)에는 심판의 도구로 사용된 이방 나라들을 향한 하나님의 심판이 선언되는데, 그들은 그들이 행한 악에 따라 심판을 받는다. 이는 하나님의 공의의 실행이 우주적인 것을 보여준다. 이와 더불어 그의 공의는 언약에 대한 신실함과 그를 찾는 이들이 세움을 입는 것으로 나타난다.

예레미야의 반박: 공의에 대한 갈등과 탄식(1-4절)

예레미야는 하나님이 공의롭게 악인과 의인을 판단하시는 의로운 분이라는 것에 확신을 가지고 있다. 하지만 악인이 번성하며 의인이 고통을 받는 현실에 대한 갈등과 괴로운 심정을 하나님께 토로한다.

하나님의 답변: 인내와 신뢰를 권고(5-6절)

예레미야에 대한 하나님의 답변의 핵심은 인내와 그에 신뢰다. 앞으로 다가올 더 큰 시련을 인내함으로 대비하고 하나님만을 신뢰하라고 명하신다. 유다와 열방에 관한 답변에 공의에 대한 논의가 서술된다.

유다: "내 소유"에 대한 심판선언과 미움(7-8절)

"내 소유"라는 표현의 지속적인 반복은 유다를 향한 하나님의 애처로운 사랑을 드러낸다(7, 8, 9절). 유다는 하나님이 택하신 "내 집"이며 "내 소유"이지만 하나님에 대한 반항으로 인해 심판과 미움의 대상이 된다. 유다에 대한 하나님의 사랑은 결코 유다의 죄를 묵인하지 않는다. 이는 그의 공의의 속성 때문이다.

유다: 파괴자들을 통한 황폐하게 하는 심판(9-12절)

하나님의 심판은 이방 원수들을 통하여 임하게 된다. 하나님의 심판의 도구가 "매들," "들짐승," "많은 목자," "파괴하는 자들"에 비유된다. 심판의 결과는 황폐함과 애통이다. 결국 어느 누구도 온 땅에 미칠 여호와의 칼을 피하여 평안을 누리지 못한다. 왜냐하면 유다의 죄에 대한 하나님의 공의가 실행될 것이기 때문이다.

유다: 돌이킬 수 없는 심판(13절)

인간의 어떠한 노력으로도 심판을 결코 돌이킬 수 없다. 이는 하나님의 불타는 분노의 결과이기 때문이다. 단지 부끄러움만이 당연한 소득이 된다. 하나님의 진노는 유다의 죄에 대한 공의의 표현이다.

이방나라: 심판선언(14절)

유다를 심판하기 위해 이방 나라들이 사용되지만 이들은 하나님이 주신 이스라엘의 유산에 손을 댄 것과 자신들의 악함으로 인하여 뿌리째 뽑힘을 당하는 심판을 겪게 된다. 이는 열방의 죄에 대한 하나님의 공의 실현이다.

이방 나라: 회복선언(15-17절)

하나님은 이방 나라들이 그의 심판의 대상이기도 하지만 긍휼과 회복의 대상이 될 수 있음을 선언하신다. 그러나 이 회복은 하나님의 뜻을 배우고 그의 이름을 부르는 자들에 한하여 가능한 것이다.

주해

1-3절. 예레미야는 자신의 답답한 심정을 토로하기에 앞서 "내가 주님(당신)과 옳고 그름을 따질 때 항상 주님(당신)이 옳습니다(צַדִּיק אַתָּה 짜디크 알타)" 라고 말한다(cf. 11:20). 이와 같이 항상 하나님이 옳으시다는 것을 인정하지만 자신이 경험하고 있는 상황에서 갖게 된 한 가지 의문을 고백한다(1절). 바로 "공의"(מִשְׁפָּטִים 미쉬파팀)의 문제다.[148] 공의란 "의"((צֶדֶק 쩨데크)의 공평한 실행과 적용을 의미한다. 즉 하나님의 옳음이 치우침이 없이 공정하게 실행되는 것을 가리켜 공의라고 말한다. 따라서 예레미야는 악인이 형통하고 반역하는 자가 평안한 것에 대한 책임을 하나님께 묻는다. 하나님이 그렇게 하신 것이 아니냐는 반론이다(2절). 하나님의 의로우심에 대해 원론적인 측면에서는 의심하지 않는다. 하지만 악인의 번영이 여전히 공의로우신 하나님의 주권 하에 있다는 사실이 예레미야에게 현실적인 괴로움이다. 악인들은 마음을 드리지 않고 입술로만 고백하는 진정성이 없는 위선

---

148) 개역개정의 "내가 주께 질문하옵나니"의 히브리어 원문은 אַךְ מִשְׁפָּטִים אֲדַבֵּר אוֹתָךְ 아크 미쉬파팀 아답배르 오타크다. 이 문장은 "사실 당신께 공의에 대해 말하고 싶습니다"(사역) 또는 "그러므로 주님께 공정성 문제 한 가지를 여쭙겠습니다"(새번역)으로 번역된다.

적인 모습을 가지고 있다. 그럼에도 불구하고 하나님이 그들의 삶을 가능하게 하시고("심으심"), 유지하시며("뿌리를 내리게 하심"), 더 나아가 풍성한 결과를 낳게("열매를 맺게 하심") 하신다는 것이다. 반면에 마음이 주를 향하고 전적으로 헌신하고 있는 자신과 같은 의인들은 고통과 괴로움을 겪게 하시는 현실이 예레미야가 토로하는 고통의 중심에 있다(3절). 따라서 예레미야는 실제로 공의로우신 하나님께서 하셔야 할 일은 악인들을 의인에게서 구별하시고 그들을 도살하는 양과 같이 다루시는 것을 간청한다.

4절. 예레미야는 악인들의 번영으로 인해 온 땅이 고통을 당해야 하는 것이 언제까지 지속되어야 하는지에 대한 질문으로 그의 고민과 괴로움을 이어간다. 하나님이 기근과 같은 심판을 내리시지만 오히려 악인들은 쉽게 그 어려움에서 벗어나는 듯 보이고 의인들이 더 고통당하는 것이 예레미야가 겪는 현실이다. "언제까지"라는 질문 속에는 예레미야의 조급함이 담겨져 있다. 구약의 다른 인물들의 공의에 대한 탄식에서 볼 수 있는 것처럼 예레미야의 탄식에서도 공의로우신 하나님의 주권과 현실 사이의 괴리를 쉽게 이해할 수 없는 갈등이 그대로 그려지고 있다(cf. 시 73; 합 1-2장). 악인들이 말하는 "그가 우리의 나중 일을 보지 못하리라"와 관련해서 두 가지 해석이 가능하다. 첫째, 3인칭 대명사 주어인 "그"를 하나님으로 해석하여 하나님이 악인들의 죄와 그 결과에 대해 상관하지 않으신다는 고백으로 이해하는 것이다. 이것은 하나님의 존재와 그의 공의를 무시하는 무신론적 고백이다(cf. 5:12). 둘째, "그"를 예레미야로 해석하여 혹시 예레미야의 신탁이 성취된다고 하더라도 최소한 그가 죽임을 당해서 자신들의 결말을 볼 수 없다는 음모에 대한 결연한 의지를 반영하는 것으로 해석할 수도 있다. 어떤 해석을 따르던 이 말이 악인들의 사악한 마음을 그대로 반영하고 있음을 알 수 있다. 11장 18-23절과 연계해서 이 악인들이 아나돗 사람들을 가리키는 것으로 이해하는데, 유다의 모든 악한 자들이 의도된 것으로 볼 수도 있다.

5-6절. 하나님의 질문은 예레미야의 조급함에 대한 지적이다. 예레미야가 겪고 있는 현재의 상황이 "보행자와 함께 달리는 것"과 "평안한 땅"으로 묘사되고 있으며 앞으로 예루살렘에서 겪게 될 상황은 "말과 경주하는 것"과 "요단 강 물

이 넘치는 것"에 비교된다(5절).[149] 즉 걸어가는 것과 같은 현재의 위협과 갈등 속에서 괴로워하고 피곤해 한다면 앞으로 닥칠 더 큰 어려움을 어떻게 이겨낼 수 있겠냐는 질책이다. 현실은 친 형제와 친족들도 조차도 예레미야에게 전혀 도움을 주지 않는 상황이다(6절). 오히려 그들도 아나돗 사람들과 한가지로 그를 대적하고 있다. 그런데 예레미야는 앞으로 더욱 힘든 상황을 겪게 될 것이다. 따라서 하나님이 예레미야에게 요구하시는 것은 더 큰 용기와 인내, 그리고 하나님만을 전적으로 신뢰하고 의지하는 것이다. 하나님의 예언자로 부름을 받고 그 길을 가겠다는 예레미야의 선택은 결코 쉬운 일이 아니었다. 목숨의 위협을 느끼고 배척을 당해야만 했다. 이때 예레미야에게 필요한 것은 자신의 심정을 하나님께 아뢰는 것뿐만 아니라 하나님의 말씀에 귀를 기울이는 것이었다.

7-8절. 유다에 대해 하나님의 공의가 어떻게 실행되고 있는지에 대한 변론이다. 하나님이 유다를 선택하셨을 때 그들의 정체성은 하나님의 집("내 집," בֵּיתִי 배티)이었고 하나님의 소유("내 소유," נַחֲלָתִי 나할라티)이었다(7절). 하나님의 진정한 사랑의 대상(יְדִדוּת נַפְשִׁי 예디두트 나프쉬; "내 마음으로 사랑하는 것")이었다. 하지만 그들을 원수들의 손에 넘겨주겠다고 말씀하신다.[150] 그 이유가 분명하게 서술된다. 하나님의 소유('내 소유")가 숲 속의 사자와 같이 하나님을 향하여 사납게 으르렁거리며 소리를 발하고 있기 때문이다(8절). 이것은 유다의 거침없는 반항과 그 정도를 비유적으로 묘사한다. 하나님에 대한 유다의 반항은 소극적인 것이 아니라 적극적이며 공격적이다. 예레미야가 형제와 친족, 고향사람들에 의해 배반을 당하는 심정을 하나님도 충분히 이해하시고 계심을 짐작해 볼 수 있다. "내 소유"

---

149) "요단 강 물이 넘칠 때"로 번역한 히브리어 표현 גְאוֹן הַיַּרְדֵּן 게온 하이야르댄은 "요단의 자랑" 또는 "요단의 (높이) 솟음"을 의미한다. 따라서 "요단의 숲"(공동번역; 현대인의 성경; NIV; NASB) 또는 "요단의 물이 솟아오름"(개역개정; 새번역; KJV)으로 번역한다.

150) 개역개정은 7절의 동사를 과거형으로 번역한다: "내가 내던졌다"(עָזַבְתִּי 아자브티)와 "내가 넘겼다"(נָטַשְׁתִּי 나타쉬티). 완료형 동사를 과거형으로 해석한 것인데, 히브리어의 경우 특히 선지서의 신탁선언에서 완료형은 "예언적 완료"로 역할을 하면서 미래적 사건을 서술하기도 한다. 따라서 이 완료형 동사를 미래시제, 즉 앞으로 일어날 일로 해석하는 것도 가능하다(cf. NIV).

라는 표현은 언약관계를 배경으로 한다. 따라서 반항의 내용은 언약파기이며 반항의 결과는 하나님의 미움이다. 맹렬한 반항으로 인하여 유다는 하나님의 미움의 대상이 되었기에 원수들에 의한 그의 심판을 면할 수가 없게 된다. "내 소유"의 반복적인 표현에서 그의 백성에 대한 하나님의 애처로운 사랑과 괴로움을 느낄 수 있다.

9절. 유다를 "무늬 있는 매"(얼룩진 매)에 비유하는데, 이것은 두 가지 해석이 가능하다. 첫째, 이방 우상들로 얼룩진 유다의 상태에 대한 비유로 보는 것이다. 하나님께 대한 순수성을 잃은 모습으로 이방 민족들과 구분되지 않고 그들 가운데 머물러 있는 것으로 해석한다. 둘째, "무늬 있는 매"를 쉽게 눈에 띄는 먹잇감에 대한 비유로 해석하는 것이다.[151] 즉 유다는 더 이상 하나님의 보호의 대상이 아니라 공격에 노출된 대상이 된 것을 의미하게 된다. 잡색의 새가 쉽게 새들을 자극하여 공격의 대상이 되는 것과 유다를 원수에게 내어주었다는 7절의 내용을 고려한 해석이다. 하지만 첫 번째 해석이 적절해 보인다. 왜냐하면 8절과 9절이 의미적 평행을 이루고 있기 때문이다.

a. 내 소유가 내게 숲의 사자같이 되어 목소리를 높임(8절)
  b. 내 소유를 미워함(8절)
a'. 내 소유가 내게 무늬 있는 매가 되어 매들 중에 있음(9절)
  b'. 짐승을 모아 잡아먹게 함(9절)

사자의 비유로 유다가 언약을 파기하고 열방처럼 우상숭배를 행하는 것을 묘사하는 8절의 a와 짝을 이루어 9절의 a'은 매의 비유로 열방처럼 되어 그들 중에 있는 모습을 묘사한다. 9절의 b'은 8절의 b가 언급한 미워함의 구체적인 실행으로 볼 수 있다.

9절의 처음 두 문장을 개역개정처럼 의문문으로 번역하거나(cf. NIV), 또는 서술문으로 번역하기도 한다("내 소유로 택한 내 백성은 사나운 매들에게 둘러싸인 새와 같다," 새번역; cf. 공동번역; 현대인의 성경; KJV). 전자의 경우 긍정적인 답변을 요구

151) Cf. Harrison, *Jeremiah & Lamentations,* 98.

하는 수사적 질문으로 서술문보다 의미가 강조된다. 후자의 경우 하나님의 직접적인 선언으로 이해할 수 있다. 어떤 번역을 따르던 전달하려는 의미에는 차이가 없다.

들짐승들을 모아다가 유다("무늬 있는 매")를 삼키게 하라는 명령과 연관해서 일반적으로 열왕기하 24장 1-2절의 사건을 언급한다.[152)] 여호야김이 바벨론 왕 느부갓네살을 3년 동안 섬기다가 배반하게 되는데, 이때 느부갓네살이 갈대아, 아람, 모압, 암몬 자손들의 군대를 동원하여 유다를 공격한다. 이 사건을 이 신탁의 성취로 본다면, 유다를 삼켜버릴 "들짐승들"은 바벨론을 비롯한 이방 나라들이 된다. 들짐승들을 모아 유다를 삼켜버리라는 명령은 유다를 향한 심판의 주체가 우주적 주권을 가지신 하나님이심을 분명히 보여준다.

10-12절. 비유적 표현들로 이방나라들에 의한 심판이 구체적으로 묘사된다. 유다를 "내 포도원"(כַּרְמִי 카르미), "내 몫"(חֶלְקָתִי 헬카티; "내 밭"), "내가 기뻐하는 땅"(חֶלְקַת חֶמְדָּתִי 헬카트 헴다티)으로 표현하면서 자기 백성을 향한 하나님의 사랑을 여전히 드러내고 있는 것에 주목하게 된다(10절). 유다가 사납게 덤벼드는 사자와 같이 하나님께 반항을 하기 때문에 심판을 선언하시지만 유다에 대한 하나님의 안타까움과 놓을 수 없는 사랑을 느낄 수 있다. "많은 목자"는 6장 3절과 동일하게 하나님의 심판의 도구로 사용될 이방 통치자들을 의미한다. 목자의 의무는 돌보는 것이다. 하지만 하나님의 심판의 도구로 사용되는 목자는 파괴하고 짓밟아 황무지로 만든다. 여기서 목자들은 "들짐승"(כָּל־חַיַּת הַשָּׂדֶה 콜-하이야트 핫사데, 9절)의 속성을 갖는다. 이는 유다백성의 일반적인 기대를 역전시킨다. 사랑과 보호를 베푸시는 하나님의 속성이 이제 심판자의 속성으로 변화되는 것과 맥을 같이 한다. 목자이신 하나님을 거부한 유다백성은 이제 돌보는 목자가 아닌 그들의 태도에 어울리는 파괴하는 목자들을 맞이하게 된다. 이 목자들을 통한 심판의 결과는 "황폐함"(שְׁמָמָה 쉐마마)과 "애통함"(אָבַל 아벨)이다(11절). 유다를 향한 하나님의 사랑이 반복적으로 서술된 것과 짝을 이루어 "황폐함"이 반복적으로 언급되면서 심판의 참혹함이 표현된다. 목자들에 의한 황폐함이 밀어 닫치자 "황무지"로 묘사된 유다가 그 고통을 하나님께 눈물로 호소한다. 하지만 애통하며 눈물을 흘릴 뿐

152) Cf. J. A. Thompson, *The Book of Jeremiah*, NICOT (Grand Rapids: Eerdmans, 1979), 357; Martens, *Jeremiah*, 99.

이 일을 마음에 두는 자가 없다. 물리적인 황폐함과 더불어 더욱 심각하게 언급되는 것은 하나님의 심판이 임하지만 이것을 마음에 두는 자가 없는 영적 황폐함이다.[153]

영적 황폐함을 극복하지 못한 눈물의 호소는 결코 하나님의 심판을 멈출 수가 없다. 따라서 12절에 "파괴자들"(שֹׁדְדִים 쇼데딤)이 다시 등장한다(cf. הַשֹּׁדֵד 핫쇼대드; "파괴자"[6:26]; 15:8). "파괴자들"은 심판을 행하는 "여호와의 칼"이다. 그들의 임무는 파괴하는 것이다. "광야의 모든 벗은 산"(כָּל־שְׁפָיִם בַּמִּדְבָּר 콜-쉐파임 밤미드바르)이 유다가 우상을 숭배하면서 하나님을 거절했던 자리를 가리키는 것으로 보면 우상숭배의 자리가 심판의 자리가 됨을 의미한다(cf. 3:2; 7:29). 또는 "광야의 모든 벗은 산"은 파괴자들의 주요 공격대상이 될 만한 장소가 아니지만 이 장소에도 파괴자들이 임할 것임을 선포하면서 모든 지역에 임하게 될 하나님의 철저한 심판을 의미할 수도 있다. 철저한 심판의 속성이 다음 문장으로 더욱 강조된다. 파괴자들은 모든 생명을 삼켜버리고 어느 육체(사람과 동물)에게도 "평안"(שָׁלוֹם 샬롬)을 허락하지 않을 것이다. 유다백성은 숲의 사자처럼 하나님께 맹렬히 반항한 것에 상응하는 들짐승과 같은 파괴자들의 맹렬한 공격으로 완전한 황폐함을 맞이하게 된다.

13절. 하나님의 심판의 결과인 황폐함을 면하려는 인간적인 어떠한 노력도 소용이 없다. 유다의 노력은 "밀"(חִטִּים 힡팀)을 심는 것이지만 기대와는 달리 "가시"(קֹצִים 코찜)를 거두는 것에 불과하다.[154] 어떤 수고도 그 결과를 보장할 수 없다. 이 비유를 심판이 임하게 되었을 때 이집트와 같은 주변 나라들의 도움을 구하는 모습에 대한 묘사로 설명하기도 한다(cf. 칼빈). 유다가 자신의 지혜에 따라 심판을

153) 개역개정은 11절의 마지막 문장에 표기된 접속사 כִּי 키를 이유를 나타내는 것으로 간주해서 "이를 마음에 두는 자가 없다"는 표현을 황폐함의 이유로 번역한다(우리말성경; NIV; KJV; NASB). 하지만 이와는 달리 이 접속사를 반의접속사로 보면 "온 땅이 황폐하게 되었지만 그것을 마음에 두는 자가 없다"는 의미로 번역할 수도 있다(공동번역; 새번역; 현대인의 성경). 후자의 번역은 하나님의 철저한 심판이 임했음에도 불구하고 그 원인에 대해 무관심한 영적 황폐함이 강조된다. 12절과의 흐름을 고려할 때 후자의 번역이 적절해 보인다.

154) 이 표현은 2장 13절의 "스스로 웅덩이를 판 것인데 그것은 그 물을 가두지 못할 터진 웅덩이들"이라고 지적하신 것과 같은 맥락이다.

면하려는 온갖 노력을 하지만 오히려 아무런 도움을 얻지 못하는 결과로 인해 수치를 당하게 될 것이다. 왜냐하면 하나님이 그의 불타는 진노로 행하신 철저한 심판이기 때문이다.

14절. 신탁도입형식("여호와께서 이와 같이 말씀하시니라")은 열방에 대한 신탁의 시작을 보여준다. 히브리어 원문에는 이 표현이 14절의 첫 문장으로 등장한다. 하나님은 공의의 논의를 열방으로 확대하시면서 그의 우주적 공의를 말씀하신다. 하나님의 심판의 도구로 사용된 이방나라들이 심판의 대상이 되는 것은 두 가지 이유다. 첫째, 하나님이 그의 백성에게 준 "유산"(נַחֲלָה 나할라)에 손을 대었기 때문이다. 자신의 백성에게 심판을 선언하셨지만 여전히 그들을 향한 하나님의 사랑이 유효하다는 것이다. 둘째 이방나라들이 악하기 때문이다(cf. כָּל־שְׁכֵנַי הָרָעִים 콜-쉐캐나이 하라임; "나의 모든 악한 이웃"). 이방나라들을 심판의 도구로 사용하시는 하나님의 주권에 따른 상황이지만 이들은 자신들의 악함에 따라 유다를 대적하고 파괴한 것이다. 하나님은 이 파괴자들을 "*내* 모든 악한 이웃들"이라고 부르시며 자신을 유다와 동일시하신다. 즉 유다의 대적은 하나님의 대적이 된다. 따라서 이방나라들은 자신들의 땅에서부터 뿌리째 뽑힘을 당하는 심판을 겪게 된다. 이들에 대한 심판은 결과적으로 유다의 회복을 의미한다. 왜냐하면 이들을 심판하시는 것을 통해 유다를 다시 그들 가운데서 뽑아내실 것이기 때문이다. 이것은 받을 만한 자격이 없는 자에게 주어지는 하나님의 은혜다.

15-16절. 하나님의 심판이 이방나라들에게도 최후 결말은 아니다. 뿌리째 뽑아버리는 심판을 행하신 후에 하나님의 긍휼하심은 이들의 회복을 계획하신다(15절). 각기 자신의 본토에 다시 심으실 것이다. 하나님의 긍휼하심은 그의 소유인 유다뿐만 아니라 이방나라에도 적용된다. 이 회복이 이루어지는 때는 마지막 때다(cf. 48:47; 49:6). 중요한 것은 이들의 회복이 회개와 믿음을 전제로 한다는 것이다. 즉 정체성의 변화다. 이방나라들이지만 바알을 섬기던 모습에서 돌이켜 하나님 백성의 도(דַּרְכֵי עַמִּי 다르캐 암미; "내 백성의 길들")를 부지런히 배우며 살아계신 여호와의 이름으로 맹세할 때 하나님의 백성 중에서 그들의 자리를 얻게 된다. 자신들이 가던 길에서 돌아서서 하나님이 그의 백성에게 인도하신 선한 길을 선택

하는 회개가 요구된다. 살아계신 여호와의 이름으로 맹세한다는 것은 창조주이시며 참 신이신 하나님에 대한 믿음을 고백하는 것을 의미한다(cf. 10:16). 현재는 하나님의 백성이 이방민족들 가운데 있게 되지만 미래에는 이방민족들이 하나님의 백성("내 백성") 가운데에서 "세움"(בָּנָה 바나; "지어짐")을 입게 된다(cf. 암 9:11-12; 슥 14:16).

17절. 그러나 이방나라들이 "순종하지 않으면"(לֹא יִשְׁמָעוּ로 이쉬마우; "듣지 않으면") 하나님이 그들을 뿌리째 뽑아서 멸하실 것이다. 즉 자신들의 정체성을 하나님의 백성의 정체성으로 바꾸지 않으면 그들은 하나님의 철저한 심판의 대상으로 남게 된다. "순종하지 않는다"는 문자적으로 "듣지 않는다"는 의미로 11장에서 하나님의 목소리를 "듣지 않는" 유다의 모습을 묘사할 때 반복적으로 사용한 표현과 동일하다(cf. 13:11). 즉 하나님의 목소리를 듣지 않는 자는 누구든 뿌리째 뽑혀 반드시 멸망하게 된다. 유다와 열방을 뽑고 세우는 것은 예레미야의 소명기사에서 이미 예견된 주제다(1:10[לִנְתוֹשׁ 린토쉬; "뽑고"/לִבְנוֹת 리브노트; "세우고"]; 12:14, 15[נָתַשׁ 나타쉬; "뽑다"]/16[נִבְנוּ 니드누; "그들이 세워질 것이다"]). 하나님의 철저한 공의는 그의 사랑과 긍휼을 부정하지 않는다.

현재적 적용 | 묵상

1. 악인의 번영과 성공, 외식하는 교인들의 평안과 그들이 누리는 행복을 바라보면서 어떤 생각을 하는가? 그들의 번영과 성공의 끝이 무엇이라고 예레미야는 말하는가?

2. 악인의 평안과 번영이 하나님의 공의의 부재를 의미하지 않는다. 단지 공의의 실현이 그가 정하신 때를 기다리고 있음을 의미한다. 하지만 여전히 공의의 문제로 갈등하고 있다면, 그 갈등이 없는 것처럼 행동하기 보다는 하나님께 나아가 괴로운 심정을 토로하고 때론 불평하는 것이 성도에게 가능하다. 이것은 믿음의 부재를 의미하는 것이 아니라 믿음에 따른 고민을 의미한다. 그런데 한편으로는 너무 쉽게 지쳐하는 것은 아닌가? 걸어가는 이와 함께 걸어가면서 힘들어하고 있는 것은 아닌가? 달려가야 할 상황이 오면 과연 믿음으로 견디며 달려갈 수 있겠는가?

3. 하나님이 인도하신 길에서 벗어나 내 길로 가고 있음에도 여전히 나를 향해 내 백성, 내 딸과 아들이라고 부르시는 하나님의 목소리가 들리는가? 하나님의 애정이 분노로 바뀌기 전에 악한 길에서 돌아서는 지혜가 있는가?
4. 잘못을 바로잡기 위해 하나님이 행하시는 일을 겪을 때 그 일을 마음에 두고 있는가? 혹시 영적 황폐함 때문에 외면하고 그를 멀리하는 것은 아닌가?
5. "밀"을 심는 노력과 수고가 있는데, 혹시 "가시"를 거두고 있는 것은 아닌가? 그 이유를 영의 눈으로 살피고 있는가?
6. 세움을 얻을 수 있는 길과 뿌리째 뽑힘을 당하는 길이 있는데, 과연 어느 길 걸어가고 있는가? 영원한 죽음에서 영원한 생명으로 인도함을 받기 위한 회개와 믿음이 있는가?
7. 하나님의 목소리를 듣지 않는 것, 즉 그의 뜻을 행하지 않는 삶의 결과가 들짐승과 같은 파괴자를 만나 완전히 뿌리째 뽑히는 황폐함과 애통인 것을 기억하는가?

---

(4) 베띠와 포도주 가죽부대, 그리고 섞고 취하게 될 유다, 13:1-14

본 단락은 하나의 사건을 기록하는데, 그 안에 신탁이 등장한다. 이 사건기록과 신탁은 14절에서 마무리되는 것으로 보인다. 본 단락은 산문인 반면에 이어지는 단락들은 시문이다. 하지만 이 단락의 핵심 주제인 "교만"의 문제가 이어지는 단락에서도 등장하는 것을 고려하면 넓게는 1-27절을 하나의 단락으로 구분할 수 있다. 그런데 15-27절은 1-14절의 사건 이후의 정황을 배경으로 하는 것으로 보인다. 베띠사건을 통해 하나님의 신탁을 받은 예레미야가 유다백성을 향해 전한 설교가 15-17절에 기록되고 이와 관련해서 하나님의 추가적인 신탁이 18-27절에 기록된다. 이 흐름을 반영해서 13장 1-27절의 구조를 분석하면 다음과 같다.

A. 베띠 사건, 1-14절
  a. 사건의 진행(1-7절)
  b. 신적 신탁(8-14절)
B. 예레미야의 설교, 15-17절
C. 하나님의 신탁, 18-27절

따라서 13장을 주해함에 있어서 먼저 베띠사건 단락(1-14절)을 다룬 후, 예레미야의 설교와 하나님의 신탁을 다루고자 한다. 여전히 교만의 주제적 연관성을 중심으로 13장 전체를 주해할 필요가 있다.

본 단락의 핵심은 8-14절에 등장하는 신탁에 있다. 표면적인 문학형식은 서사다. 등장인물은 예레미야와 하나님이다. 하나님의 명령에 따라 예레미야가 행동을 한 후 하나님의 신탁이 주어진다. 베띠사건은 예레미야서에 기록된 첫 번째 상징적 행위다. 이 상징적 행위는 신탁의 의미를 효율적으로 전달하기 위한 시각적 효과를 갖는다. 이 서사는 사건진행(1-7절)과 신탁(8-14절)으로 구분할 수 있다. 이를 세부적으로 분석하면 다음과 같다.

하나님의 명령: "베띠를 사서 허리에 띠고 물에 적시지 마라" (1절)
　예레미야의 명령수행: 베띠를 사서 허리에 띰(2절)
하나님의 명령: "허리에 띤 베띠를 유브라데로 가서 바위틈에 감추라" (3-4절)
　예레미야의 명령수행: 유브라데 물가에 감춤(5절)
하나님의 명령: "유브라데로 가서 감춘 띠를 가져오라" (6절)
　예레미야의 명령수행: 썩어버린 띠를 가져옴(7절)
하나님의 신탁(8-14절)

신탁도입, 8절
a. 선언단락: 심판원인과 선언, 9-10절
　b. 고소단락: 심판원인, 11절
a'. 선언단락: 심판선언, 12-14절

1-7절의 사건은 신속히 진행된다. 따라서 이 사건기록의 핵심이 하나님의 신탁을 서술하고 있는 8-14절에 있는 것을 알 수 있다. 하나님의 신탁은 선언단락-고소단락-선언단락의 흐름을 취하고 있는데, 고소단락과 선언단락을 구분해서 원인을 살피고 그에 따른 결과를 확인할 필요가 있다.

앞 단락(12:1-17)에서 하나님은 열국도 그의 구원의 대상이 될 수 있음을 선언하셨다. 우주적 주권을 가지신 하나님은 그의 사랑과 구원을 유다백성에게만 제한

하지 않으신다. 열국도 하나님의 구원의 대상이 된다. 하지만 이들의 정체성이 하나님의 백성의 정체성으로 바꾸지 않으면 불가능하다. 마찬가지로 하나님의 백성으로 부르심을 받은 유다백성이지만 그들이 하나님의 백성으로서의 정체성을 포기할 때는 썩은 베띠와 같이 쓸모없는 존재가 될 수 있음을 알려준다. 이와 같이 앞 단락(12:14-17)과 본 단락(13:1-11)은 정체성의 문제로 연결될 수 있다.

베띠사건(1-7절)
구체적인 시기는 알 수 없지만 베띠를 사서 허리에 띠라는 하나님의 명령이 예레미야에게 주어진다. 이 명령에 따라 베띠를 사서 허리에 띠자 유브라데로 가서 그 베띠를 바위틈에 감추라는 명령이 다시 주어진다. 이 명령을 수행하자 그 베띠를 가져오라는 명령이 주어진다. 예레미야가 베띠를 가져오는데, 그 베띠는 썩어서 쓸 수 없게 된 상태다.

유다의 미래에 대한 상징적 비유(8-11절)
썩어 쓸모없게 된 베띠는 유다의 미래를 보여주는 시각적 도구다. 이 베띠와 관련해서 하나님은 유다의 미래에 대해 두 가지를 선언하신다. 첫째, 유다의 교만과 예루살렘의 큰 교만이 베띠처럼 썩게 될 것이다. 이는 유다백성이 악한 마음의 완악함에 따라 우상을 숭배했기 때문이다. 둘째, 유다는 더 이상 하나님의 백성으로서 그의 명예와 자랑이 될 수 없다.

자비를 전혀 기대할 수 없는 확정된 심판(12-14절)
모든 가죽부대가 포도주로 가득 채워지는 것처럼 유다의 모든 자들이 예외 없이 술 취함으로 가득 채워져서 비틀거리며 서로 부딪혀 깨지는 심판을 겪게 될 것이다. 이것은 동정도, 긍휼도, 불쌍하게 여김도 기대할 수 없는 하나님의 확정된 심판이다.

주해

1-7절. 베띠와 관련하여 예레미야가 받은 명령과 그의 행동에 대해 세 가지 해석이 제안되고 있다. 첫째, 문자적 의미에 따라 실제 일어난 사건으로 보는 해석

이다. 하나님의 명령과 예레미야의 행위가 생생하게 묘사되고 있으며 직접 실물을 통해 전할 때 실제적이고 극적인 효과가 가능하다는 것이 이 해석의 주요근거다.[155] 단순히 환상을 통한 선언으로는 이런 효과를 기대할 수 없다는 것이다. 그러나 문자적 해석의 가장 큰 문제점은 유브라데까지의 거리다. 단기간 안에 왕래할 수 없는 거리이기 때문이다. 따라서 4절에 언급된 지명 פְּרָת 페라트를 유브라데로 보지 않고 예루살렘에서 멀지 않은 베들레헴의 옛 이름 에브라다(אֶפְרָתָה 에프라타)의 약어로 해석하거나 아나돗의 북동쪽으로 약 6km 떨어진 "바라" (פָּרָה 파라, cf. 수 18:23)로 해석하여 문자적 의미의 가능성을 제기한다. 둘째, 유브라데까지의 여행이 현실적이지 않은 것에 근거하여 환상에서 행한 상징적 행위로 해석하는 것이다(cf. 칼빈).[156] 이 해석은 פְּרָת 페라트를 유브라데로 이해하는 전통적인 견해를 유지한다. 환상에서는 거리가 문제되지 않기 때문이다. 셋째, פְּרָת 페라트가 아나돗의 북동쪽에 위치한 פָּרָה 파라를 가리키는 것으로 간주하고 실제적 사건으로 해석하는데, פְּרָת 페라트가 음성적으로 유브라데를 연상시킨다는 견해를 견지한다.[157] 어떤 해석을 따르던 간에 본문이 전달하려고 하는 메시지는 분명하다. 베띠를 사용하게 하신 것은 베가 쉽게 썩기 때문인 것으로 보인다. 또한 제사장들이 베옷만 입는 것과 연관하여 베띠가 이스라엘의 제사장적 역할을 상징하는 의도로 볼 수도 있다. 따라서 예레미야의 허리에 둘린 베띠는 하나님께 속한(붙어있는) 제사장 나라, 그의 백성을 의미한다(cf. 11절). "물에 적시지 말라"는 것은 세탁하지 않고 더러운 것을 그대로 방치하는 것으로 백성의 더러움을 상징적으로 나타낸다.[158] 이 더러움과 함께 베띠가 유브라데 강가의 바위틈에 놓여 습기에 노출되었을 때 썩어버려 쓸모가 없게 된다. 유브라데 강가가 언급되는 것은 두 가지 의미를 갖는다. 메소포타미아의 영향으로 인한 유다의 종교적 타락에 대한 상징 또는 바벨론 포로에 대한 상징이다. 이 두 상징을 포함하는 이중적 의미를 가질 수 있다. 베띠사건이 의미하는 바가 다음 단락에서 분명하게 설명된다.

---

155) Martens, *Jeremiah*, 103.

156) Carroll, *Jeremiah 1-25*, 295.

157) Longman, *Jeremiah/Lamentations*, 110.

158) Cf. Longman, *Jeremiah/Lamentations*, 109.

8-11절. 베띠에 관한 사건이 서술된 후 하나님의 말씀이 이어진다(8절). 8절의 신탁도입형식과 함께 하나님의 말씀이 직접 서술되는 신적 신탁의 형식을 취하는데, 선언(9절)이 먼저 주어지고, 이 선언이 주어진 이유(10절)가 이어진다. 이 신탁은 썩어버린 베띠를 가져오게 하신 이유를 설명한다. 하나님은 유다의 교만과 예루살렘의 큰 교만을 베띠처럼 썩게 하시겠다고 선언하신다(9절). "교만"으로 번역한 히브리어 גְּאוֹן 게온은 "영광," "위엄," "교만," "수도(首都)"의 의미를 갖는다. "교만"은 부정적 어감을 담고 있다. 따라서 이 경우 하나님을 거부하고 자신을 높이는 유다의 부정적 태도를 심판하실 것을 의미하게 된다. 이와는 달리 "위엄/영광"으로 해석하면 "썩어버린 베띠처럼 된다"는 것은 하나님의 백성으로서의 지위와 존귀함이 상실되거나 파괴되는 것을 의미한다. 이 본문에서 גְּאוֹן 게온이 이 두 의미를 모두 담고 있는 것으로 볼 수 있다. "교만/영광"(גְּאוֹן 게온)에 이어서 "[예루살렘의] 큰 교만/영광"(גְּאוֹן יְרוּשָׁלַםִ הָרָב 게온 예루살라임 하라브)을 언급하는 것은 그 "교만"이 얼마나 극심한지 또는 그 "영광"이 얼마나 영광스러운지를 강조하는 기법이다. 이는 6장 1절에서 "재앙"(רָעָה 라아)에 이어서 "큰 파멸"(שֶׁבֶר גָּדוֹל 쉐베르 가돌)이 언급된 것과 6장 23절에서 "한 민족"(עַם 암)에 이어서 "큰 나라"(גוֹי גָּדוֹל 고이 가돌)가 언급된 것과 유사한 기법이다.

하나님이 이렇게 하시는 이유는 분명하다(10절). 첫째, 하나님의 말 듣기를 거절한 것이며, 둘째, "자신들의 마음의 완악함"(שְׁרִרוּת לִבָּם 쉐리루트 립밤)에 따라 우상을 섬긴 것이다. 이 행위들은 하나님의 백성으로서의 성별된(구별된) 정체성을 포기하는 것이다. 즉 교만한 행위일 뿐만 아니라 구별된 존귀함을 포기하는 행위다. 12장 14절에서 이방나라를 "[나의] 악한 이웃"(שְׁכֵנַי הָרָעִי 쉐캐나이 하라이)으로 표현한 것과 마찬가지로 유다를 "악한 백성"([הָעָם הַזֶּה הָרָ 하암 핳쩨 하라)으로 표현한 것이 이러한 사실을 분명하게 보여준다. 하나님 백성의 정체성을 포기한 유다백성은 열방과 다름없는 "악한 백성"(הָעָם הָרָע 하암 하라)에 불과하다.

하나님이 이스라엘 백성을 선택하여 그의 허리에 두르시며 원하셨던 것은 그들이 그의 백성이 되어 그의 이름을 드러내고 그의 명예와 영광이 되는 것이다(11절). 하지만 언약백성이 듣지 않으며 그에게 속하는 것(붙어있는 것; 존귀함)을 거절했기 때문에 썩어서 쓸모없게 된 베띠와 같은 존재가 된다는 선언을 듣게 된다. 예레미야가 하나님의 신탁을 선포하면서 썩어버린 베띠를 보여줄 때 유다백성은 자신들의 미래에 대한 분명한 그림을 볼 수 있었을 것이다. 하지만 그들은 이 교훈을 받아들이지 않고 멸망의 길을 선택한다. 유다의 역사가 그들의 어리석은 선택을 보여준다.

12-14절. 마음의 완악함에 따라 듣지 않고 불순종한 결과를 유다백성에게 선포하라는 명령이 예레미야에게 주어지는데, 베띠가 아닌 가죽부대 비유를 사용한다. 하나님은 예레미야에게 모든 가죽부대가 포도주로 차게 된다는 말을 유다백성에게 전하면 그들은 당연한 듯 "그것을 어찌 우리가 모르겠느냐"는 반문을 듣게 된다고 말씀하신다(12절).[159] 가죽부대가 포도주로 차게 되는 것을 당연하게 받아들이는 유다백성의 모습을 지적하신다.[160] 자신들이 우상을 섬기며 품고 있는 수확에 대한 기대를 반영하는 모습일 수 있다(cf. 44:17-18). 그런데 가죽부대의 비유는 백성의 기대를 반전시킨다. 포도주로 가득 채워질 가죽부대는 그들에게 지속되는 번영을 상징한다. 가죽부대가 포도주로 가득 채워지는 것이 당연하지 않느냐는 백성의 말은 하나님의 심판신탁이 선지자들을 통해 선포되었음에도 불구하고 여전히 번영을 누리는 것을 당연한 듯 받아들이고 있는 태도를 보여준다. 하지만 하나님은 백성이 당연하게 기대하고 있는 번영을 뒤집어 그들에게 "당연한" 심판을 선포한다. 그들이 마시게 될 포도주는 번영이 아니라 하나님의 진노다. 이 심판의 대상은 문자 그대로 유다의 모든 백성이다(13절). 모든 백성은 왕들과 제사장들과 선지자들과 예루살렘의 모든 주민을 다 포함한다. 이는 교만의 문제가 유다 공동체의 총체적인 문제임을 보여준다. 그러나 한편으로는 정치와 종교 지도자들의 실패가 백성의 실패에 자리하고 있음을 지적한다. 거부되고 무시된 하나님의 권위와 위엄을 회복하는 심판이 임할 때 지도자들은 어떤 도움도 되지 못하고 단지 심판의 대상에 포함될 뿐이다. 왕들을 "다윗의 왕위에 앉은" 자들로 표현하는 것은 다윗왕조가 본래 감당해야할 의무에서 벗어난 것을 지적한다. 지도자들의 실패가 결국 백성의 실패로 이어졌다. 18절에서 특히 왕과 왕후에 대해 언급하는 것을 고려

---

159) 주석가들은 "모든 가죽부대가 포도주로 차리라"는 말을 하나의 속담으로 간주하여 본문의 의미를 설명하는데, 이 속담에 대한 정확한 근거가 없을 뿐만 아니라 이런 이해와 함께 제시된 본문의 설명은 모호하다.

160) Cf. Jones, *Jeremiah*, 197-98.

할 때 다윗왕조의 실패가 주요 요인인 것으로 보인다.

가죽부대의 비유는 심판으로 유다백성을 가득 채우시는 하나님의 모습을 상징적으로 묘사한다. "가죽부대"로 번역한 히브리어 נֵבֶל 내벨은 "병"이나 "항아리"를 의미하기도 한다. 따라서 "(술)병"이나 "술독"으로 번역된다(공동번역; 새번역: 우리말). 서로 충돌하여 깨지는 장면을 연상케 하는 13절의 표현을 고려할 때 병이나 독으로 번역하는 것이 적절해 보인다. 중요한 것은 가득 채워짐에 대한 묘사다. 13절에 언급된 "잔뜩 취하게 하고"의 문자적 의미는 "술 취함으로 가득 채울 것이다"(מְמַלֵּא. . .שִׁכָּרוֹן 메말래...쉮카론)이다. 이것은 가죽부대(또는 술독)가 술로 가득 채워지는 것(12절)과 짝을 이루는 표현이다.[161] 즉 백성이 가죽부대가 되고 이들을 가득 채우는 술 취함은 무력함과 혼란을 상징적으로 나타낸다.[162] 이들이 즐기며 취해 있는 것이 결국 이들에게 죽음의 독이 된다. 하나님 앞에서 교만한 백성은 그의 파괴하는 진노를 담는 그릇에 불과하다. 따라서 술 취함으로 가득 채워지는 것은 하나님의 진노를 수행하는 적들의 침략을 대항해서 싸워야 하는 이들이 무기력하게 되고 서로 간에 혼란과 당황함에 빠지게 되는 것을 암시한다(cf. 25:15-28). 서로 충돌하는 것은 서로 부딪혀 산산이 깨어지는 파괴를 의미할 뿐만 아니라(cf. 시 2:9) 이들 안에 일어날 목숨을 부지하기 위한 반목과 해악을 의미한다.[163]

14절에서 하나님은 유사한 표현을 세 번 반복하면서 자비가 전혀 없는 혹독한 파괴를 선언하신다("불쌍히 여기지 아니하며 사랑하지 아니하며 아끼지 아니하고"). 여기서 주목하게 되는 것은 유사한 표현의 반복과 더불어 사용된 부사구 מֵהַשְׁחִיתָם 매하쉬히탐이다. 이 부사구는 문자적으로 "그들을 파괴하는 것으로부터"를 의미한다. 유다백성을 파괴하는 것으로부터 하나님 자신을 멈추게 할 어떤 동정도, 긍휼도, 불쌍히 여김도 전혀 남아있지 않다는 것이다. 이는 확정된 심판에 대한 결정적 표현이다. NJB의 번역은 이 문장의 어감을 적극적으로 담아낸다: "무정하고

---

161) כָל־נֵבֶל יִמָּלֵא יָיִן 콜-내벨 임말래 야인(12절).

162) 이 표현은 진노의 잔을 마시는 것과 연관해서 하나님의 진노로 채워지는 것을 의미할 수도 있다(25:15-38).

163) Cf. Carroll, *Jeremiah* 1-25, 299.

가차 없이 무자비하게 내가 그들을 파괴하고 말겠다" ("Mercilessly, relentlessly, pitilessly, I shall destroy them"). 부사구 מֵהַשְׁחִיתָם 매하쉬히탐에 사용된 부정사 הַשְׁחִית 하쉬히트는 앞서 베띠사건에서 사용된 נִשְׁחַת 니쉬하트("썩어서," 7절)/ אַשְׁחִית 아쉬히트("내가 썩게 하리라," 9절)와 같은 동사다.[164] 이는 베띠사건과 포도주 가죽부대가 같은 주제를 다루고 있음을 보여준다. 자신들의 악한 완악함에 사로잡힌 유다와 예루살렘의 교만의 결과는 썩음과 파괴다.

현재적 적용 **묵상**

1. 하나님이 주신 성도의 존귀함과 영광을 세상의 헛된 우상과 바꾸고 썩고 파괴될 존재가 되는 것을 자처하는 것은 아닌가? 성도의 존귀한 삶을 살지 못하는 것은 아직도 포기하지 못하고 고집하는 것이 있기 때문은 아닌가?
2. 나의 삶과 가족 그리고 내가 속한 신앙공동체는 하나님이 기대하시는 명예와 영광을 지키고 있는가?
3. 하나님의 목소리가 아닌 악한 마음의 완악함에 귀를 기울이는 것의 결과가 썩어짐과 파괴라는 것을 강단에서 선포하라는 하나님의 명령이 들리지 않는가? 여전히 악한 마음의 완악함을 부추기며 "괜찮다. 별 문제없다"는 설교가 일상이 된 것은 아닌가? 성도로서 마음에 찔림을 주는 하나님의 말씀을 기꺼이 들으려고 하는가 아니면 외면하는가?
4. "당연하지"라고 말하며 기대하는 것이 역전돼서 "당연한" 심판이 될 수도 있다는 생각을 하고 있는가?
5. 교만이 치사율 100%의 심각한 영적 질병인 것을 항상 기억하고 행동하는가?
6. 허리띠처럼 바짝 붙어있는 친밀감을 하나님이 원하시는 것을 알고 있는가? 그 친밀감을 느끼고 있는가?
7. 신앙공동체 안에서 맡고 있는 지위나 사역이 경건이 아니라 교만을 살찌운다면 과감히 내려놓을 생각이 있는가?

---

164) מֵהַשְׁחִיתָם 매하쉬히탐은 전치사 מִן 민, 히필부정사 הַשְׁחִית 하쉬히트, 3인칭 남성 복수 대명사어미 ָם 이 결합한 형태다.

8. 사랑과 은혜를 말씀하시는 하나님이 "가차 없이 무자비하게 파괴하고 말겠다"는 말을 하실 수 있는 분임을 알고 있는가?

---

(5) 예레미야의 설교: 교만하지 말고 여호와께 영광을 돌리라, 13:15-17

앞서 언급한 바와 같이 본 단락은 주제적으로 앞 단락과 연결되지만 앞의 사건의 한 부분으로 연결되는 것으로 보이지 않는다. 오히려 베띠사건 이후에 자신의 경험과 하나님의 신탁에 근거해서 예레미야가 유다백성에게 설교하는 장면으로 고려할 수 있다.[165] 앞 단락(13:1-14)은 심판을 나타내는 이지미로 베띠와 포도주 가죽부대를 사용한 반면에 본 단락은 어둠의 이미지로 심판의 의미를 명확하게 전달한다. 예레미야는 어둠, 곧 하나님의 심판이 임하기 전에 교만하지 말고 여호와께 영광을 돌리라고 설교한다. 즉 죄를 인정하는 회개와 함께 겸손히 그에게 나아가라는 것이다.

심판이 임하기 전에 해야 할 것(15-17절)

예레미야는 심판이 임하기 전에 심판의 원인인 교만을 버리고 하나님께 돌아와 그에게 영광을 돌리라고 설교한다. 그렇지 않으면 유다의 멸망이 자신에게 큰 슬픔이 될 것임을 전한다.

주해

15-17절. 베띠사건과 심판신탁으로 유다백성의 미래를 확인한 후에 선포하는 예레미야의 설교에서 다급함이 느껴진다. 또한 이 설교를 통해 선지자로서의 자신의 간절한 심정을 토로한다. 앞서 하나님이 그의 심판에 자비가 없다는 사실을 유

---

165) 이와는 달리 하나님을 화자로 볼 수도 있다. 하나님이 1인칭의 화자이면서 자신을 "여호와"로 표현하는 것은 유다백성이 찾아야 할 대상이 여호와임을 강조하는 것으로 볼 수 있다. 선지자가 여호와를 대변하는 점에서 특별히 구별할 필요가 없을 수도 있다. 예레미야의 심정과 눈물은 하나님의 심정과 눈물을 반영한다.

사한 표현의 반복으로 강조하신 것(14절)과 짝을 이루어 예레미야의 간절한 마음과 다급함이 반복적인 표현을 통해 나타난다. "너희는 들을지어다, 귀를 기울일지어다, 교만하지 말지어다"(15절). 이 세 가지 명령은 유다백성이 하지 않는 특징적인 행위들을 지적한다. 그들은 듣지 않았고, 귀를 기울이지 않았고, 교만하여 무례했다. 따라서 예레미야는 그의 명령이 하나님의 권위를 담은 말씀임을 분명히 언급하면서 백성이 반드시 들어야만 함을 선언한다. "왜냐하면 여호와께서 말씀하셨기 때문이다."

하나님의 선택을 받은 지위만을 자랑하며 실제적으로는 하나님을 거부한 백성의 교만은 심판의 결정적인 원인이다. 따라서 이 교만을 버리지 않으면 하나님의 확정된 심판에서 살아남을 길이 없다. 언덕에 땅거미가 드리워진 저녁에 지친 여행자의 모습을 16절의 배경으로 그려볼 수 있다.[166] 이 여행자에게 필요한 것은 어둠이 지기 전에 안식처를 찾는 것이다. 왜냐하면 그 어둠이 사망의 음침한 어둠(צַלְמָוֶת 짤마베트; עֲרָפֶל 아라펠)이 될 수 있기 때문이다(cf. 시 23:4; 욜 2:2; 암 5:8; 습 1:15). 어둠이 오기 전의 상황이 세 번 반복적으로 언급되는 것은 상황의 시급성을 보여준다. 예레미야는 어둠의 주체를 "그가"로 표현하면서 하나님이 심판의 주체임을 밝힌다. 사역형 히필동사 יַחְשִׁךְ 야흐쉬크("어둡게 하다")가 사용된 점도 이 사실을 보여준다. 따라서 하나님이 내리시는 어둠을 피하려면 때를 놓치지 말고 "너희 하나님 여호와께 영광을 돌리라"(תְּנוּ לַיהוָה אֱלֹהֵיכֶם כָּבוֹד 테누 라도나이 엘로해캠 카보드)고 권면한다. 이 문맥에서 "영광을 돌리라"는 것은 단순히 제의를 드리고 절기를 지키는 것을 의미하는 것이 아니라 사실을 고백하고 죄를 뉘우치는 회개를 의미한다(cf. 수 7:19).[167] 더 나아가 전적인 겸손과 순종(청종)을 통하여 하나님을 하나님으로 인정하며 존중하는 태도를 가리킨다. 이것이 바로 왕과 왕후에게 "낮은 곳에 앉으라"는 명령이 요구하는 태도다(cf. 18절). 그렇지 않으면 그들이 기대하는 빛이 아닌 사망의 어두운 그림자를 맞이하게 된다. 이는 가죽부대가 포도주로 가득 채워지는 것을 당연하게 생각하고 평안과 번영을 기대하지만 이와

---

166) Cf. Harrison, *Jeremiah & Lamentations*, 100.

167) "그러므로 여호수아가 아간에게 이르되 내 아들아 청하노니 *이스라엘의 하나님 여호와께 영광을 돌려 그 앞에 자복하고 네가 행한 일을 내게 알게 하라 그 일을 내게 숨기지 말라* 하니"(수 7:19). Cf. Chisholm, *Handbook*, 171.

는 달리 하나님의 진노를 마시고 멸절되는 것과 같은 맥락이다(cf. 12-14절).

예레미야는 유다백성의 멸망을 결코 원치 않는다. 하나님의 양떼인 유다백성을 바로 잡아주어야 할 선지자의 사명에 따라 그 사명을 감당했지만 그들이 교만함으로 그의 경고를 거부하고 결국 포로로 끌려가는 것을 보는 것은 그에게 큰 슬픔이 된다고 말한다(17절). "너희가 이를 듣지 않으면"(אִם לֹא תִשְׁמָעוּהָ 임 로 티쉬마우하)은 경고의 말을 듣고 행하지 않는 것을 의미한다. 그의 명령에 따라 행하지 않아서 결국 하나님의 심판이 임하게 되면 예레미야가 할 수 있는 일은 은밀한 곳에 가서 통곡하는 것뿐이다. 왜냐하면 그들의 불순종은 곧 그들의 교만을 의미하기 때문이다("교만으로 말미암아," מִפְּנֵי גֵוָה 밒페내 개바). 이 교만은 앞 단락에서 지적한 바와 같이 반드시 썩고 파괴될 것이다. 예레미야의 설교를 통해 하나님의 심판이 멸망, 죽음, 추방을 확연히 예고하고 있음을 알 수 있다.

현재적 적용 | 묵상

1. 내 눈에 하나님이 보이고 또한 주위 사람들이 보이는가, 아니면 나만 보이는가? 나만 보인다면 그것이 바로 교만인 것을 알고 있는가? 교만은 하나님의 목소리를 듣지 않을 뿐만 아니라 나 외에는 아무도 필요 없고 나만 할 수 있다는 생각에 사로잡히게 한다.
2. 사망의 어둠을 피하기 위해 하나님께 영광을 드리는 것은 많은 예배와 교회봉사가 아니라 하나님을 인정하고 진정으로 죄를 뉘우치는 회개인 것을 알고 그렇게 하는가?
3. 지금이 어둠이 임하기 전에 하나님께 겸손함으로 나아가 악한 길에서 돌이킬 때는 아닌가?
4. 신앙공동체의 타락과 실패, 그리고 그로 인한 비난 등을 생각하며 눈물의 기도를 하나님께 드리는가, 아니면 비판하고 무시하는가?
5. 성도의 지위만 자랑하고 성도의 경건은 외면하는 것은 아닌가?

(6) 하나님의 신탁: 예루살렘 멸망의 정당성, 13:18-27

본 단락은 신탁의 대상에 따라 두 개의 소단락으로 구분할 수 있다: (1) 왕과 왕후(18-19절); (2) 예루살렘(20-27절). 대상은 달리하지만 각 대상에 대한 명령과 명령이 주어진 정황이 제시되는 것이 구성적 평행을 이루는 것을 고려해서 한 단락으로 구분할 수 있다. 두 번째 소단락에서 명령의 대상이 여성단수의 "너"로 서술되면서 정체가 명시적으로 제시되지 않다가 27절에 예루살렘이 언급된다. 첫 번째 소단락에서 왕과 왕후가 성읍들 및 유다와 연계되는 것과 두 번째 단락에서 예루살렘이 양 떼와 연계되는 것이 짝을 이룬다. 또한 이 두 단락은 교만의 주제로 연결성을 나타낸다. 18절이 "너희의 영광의 면류관"(עֲטֶרֶת תִּפְאַרְתְּכֶם 아테레트 티프아르테켐)이 내려졌음을 언급하는 것과 짝을 이루어 20절은 "너의 아름다운 양 떼"(צֹאן תִּפְאַרְתֵּךְ 쫀 티프아르태크)가 사라진 것을 언급한다.

A. 왕과 왕후를 향한 명령: "겸손 하라"(18절상)
　B. 정황(18절하-19절)
A'. 예루살렘을 향한 명령: "북방에서 오는 자들을 보라"(20절상)
　B'. 정황(20절하-27절)

본 단락의 전반적인 어투는 논쟁적이다. 원인을 지적하면서 이에 따른 결과를 논증하는 흐름을 취한다. 따라서 수사적 질문들과 함께 논쟁적 어투를 따라 본문을 분석해야 한다. 뿐만 아니라 앞의 단락들(13:1-14; 15-17)과의 주제적 연결성과 발전에 주목할 필요가 있다. 즉 교만, 추방, 심판의 주제다. 본 단락의 핵심 메시지는 유다의 배교와 패역에 대한 심판의 정당성 변론이다.

두 번째 소단락(20-27절)이 서술하고 있는 신탁의 대상은 예루살렘이다. 예루살렘은 왕의 보좌가 있고 그의 통치가 행해지는 장소로 앞 단락의 왕과 연결된다. 또한 예루살렘은 유다에 대한 환유로 유다 전체를 상징한다. 예상치 못한 심판에 대해 의문을 제기하는 예루살렘에게 하나님은 심판의 원인을 지적하시면서 심판의 정당성을 변론하신다. 선을 행하는 것이 불가능할 정도로 타락한 예루살렘에게 심판은 정당한 것이며 책망을 받을 수밖에 없다. 이 단락의 핵심 메시지가 수사적 질문들을 통해 정확하게 전달되고 강조된다. 20-21절의 질문들은 확정된 심판과 그 결과를 그려주고 있으며, 22-23절의 질문들은 심판의 정당성에 대한 논증이며, 27절의 질문은 유다의 죄악에 대한 하나님의 책망을 나타낸다.

왕과 왕후에게 주어진 "겸비하라"는 명령(18-19절)

왕과 왕후에게 "낮추어 앉으라"는 명령이 예레미야를 통해 전달된다. 하나님은 그들에게 겸허한 태도를 요구하신다. 하나님 앞에서의 교만은 유다백성의 총체적인 문제지만, 그 중심에는 정치와 종교 지도자들의 실패가 자리하고 있다. 왕과 왕후가 영광을 자랑할 수 없는 상황은 두 가지다. 하나는 영광의 면류관이 내려진 것이고 다른 하나는 유다의 추방이다.

예상하지 못한 심판과 극심한 고통(20-21절)

"너"는 예루살렘을 가리킨다. 예루살렘은 "북방에서 오는 자들을 보라"는 명령을 듣는다. 예루살렘의 소중한 양떼가 심판의 고통에 사로잡히게 될 것을 수사적 질문을 통해 강조한다. 전혀 예상하지 않은 상황에서 심판의 상황을 맞이하게 되자 해산하는 여인과 같은 극심한 고통에 사로잡히게 된다.

심판의 정당성에 대한 변론(22-23절)

예상치 못한 심판을 의아해 하는 질문에 대해 그 원인이 분명하게 제시된다. 그 원인은 예루살렘의 많은 죄악인데, 고질적이고 체질화 되어 결코 바꿀 수가 없다. 따라서 하나님의 심판이 정당하다는 변론이다.

당연한 몫으로서의 심판과 수치(24-26절)

심판은 하나님을 떠나 거짓을 신뢰하는 자들에게 당연한 몫이며 적정한 대가다. 심판의 결과는 흩어짐을 당하고 수치가 드러나는 것이다.

죄악에 대한 책망(27절)

하나님을 버리고 거짓을 따른 예루살렘의 죄악은 화를 피할 수 없는 가증스러운 음행이다. 하나님은 예루살렘이 언제까지 이런 불결함 가운데 있을지에 대해 책망하신다.

주해

18-19절. 완료형 동사 יָרַד 야라드("내려가다/오다")는 이미 일어난 일을 가리키는 과거시제 또는 현재완료시제로 해석하거나 예언적 완료로 간주해서 미래의 일을 가리키는 미래시제로 해석할 수 있다. 아직 일어난 일은 아니지만 신탁의 정황에서 미리 일어난 것으로 간주하면 과거시제나 현재완료시제로 번역하는 것이 문제가 되는 것은 아니다. 과거사건을 서술하는 과거시제로 해석하는 경우, 주전 597년에 여호야긴 왕이 바벨론에 포로로 잡혀간 사건(왕하 24:8-17)을 배경으로 언급한다.[168] 예언적 완료로 해석을 하는 경우에도 이 선언이 여호야긴 왕의 사건으로 성취된 것으로 볼 때 동일한 배경을 고려할 수 있다. "왕후"로 번역하고 있는 히브리어 גְּבִירָה 게비라는 왕의 어머니를 지칭하는 "황태후"를 의미하기도 한다. 여호야긴 왕의 사건과 연관해서 분석을 하면 "왕과 황태후"로 번역하는 것이 적절하다. 왜냐하면 22장 26절이 여호야긴 왕과 그의 모친이 바벨론으로 사로잡혀간 것을 구체적으로 언급하고 있기 때문이다(cf. 29:2). 또한 열왕기하 24장 8, 12, 15절은 여호야긴 왕과 그의 모친 느후스다가 바벨론으로 끌려간 것을 기록하고 있다. 그렇다면 여호야긴 왕과 느후스다가 이 명령의 배후에 있게 된다.

하나님은 예레미야를 통해 왕과 황태후에게 "낮추어 앉으라"(הַשְׁפִּילוּ שֵׁבוּ 하쉬필루 쉐브; "겸비하라")고 명령하시면서 그들에게 겸손을 요구하신다(18절상). 이는 그들의 지위나 영광을 자랑하며 교만할 수 없는 상황이기 때문이다. 첫째, 왕의 지위를 상징하는 "영광의 면류관"(עֲטֶרֶת תִּפְאַרְתְּכֶם 아테레트 티프아르테켐)을 박탈당했다(18절하). 이는 더 이상 왕권과 지위를 요구할 수 없는 상황을 의미한다. 따라서 몸을 낮추어 앉을 수밖에 없다. 둘째, 통치 대상을 상실했다(19절). 유다남부의 성읍들이 완전히 포위되어 그 상황을 해결할 수 없는 지경에 처해있을 뿐만 아니라 유다가 모두 사로잡혀 갔기 때문에 왕권을 행사할 대상이 없는 상황이다. 이 표현에서 사용된 완료형 동사 סֻגְּרוּ 쑥게루("봉쇄되다")와 הָגְלָת 호글라트("포로로 끌려가다")는 יָרַד 야라드와 마찬가지로 이미 벌어진 사건 또는 미래적 사건(예언적 완료)으로 해석할 수 있다. 이미 벌어진 사건으로 간주하면 18절과 동일하게 주전 597년에 느부갓네살의 침공으로 여호야긴과 더불어 그의 모친, 백성, 방백들, 기술자

168) Cf. 클레멘츠, 『예레미야』, 141-42.

들이 사로잡혀간 사건을 이 단락의 배경으로 고려할 수 있다(cf. 왕하 24:8-17). 이 사건은 유다의 완전한 멸망(주전 586년)에 대한 전조다. 앞서 13절에 지적된 무리들 중에 언급된 왕을 구별해서 겸비한 태도를 취하라고 명령하는 것은 왕의 중요성을 의미한다. 다윗의 왕위에 앉은 왕들은 선지자들을 통해 전달된 하나님의 말씀에 귀를 기울이지 않는 교만한 태도로 일관하여 결국 그의 백성을 멸망의 길로 인도한 책임이 있다. 불행하게도 이들이 초래한 유다의 멸망은 완전한 파멸이다. 이 파멸이 철저하고 완전한 것임이 반복적인 표현을 통해 강조된다. "유다가 다(כֻּלָּה 쿨라; '그것의 전부') 잡혀가되 온전히(שְׁלוֹמִים 셸로밈; '완벽하게'), 잡혀가도다." 이 표현은 앞서 9절에서 "유다의 교만과 예루살렘의 큰 교만"이라는 표현으로 심각한 교만을 강조한 것과 같이 철저한 사로잡힘을 강조한다(cf. 재앙과 큰 파멸[6:1]; 한 민족과 큰 나라[6:22]).

앞 단락들(13:1-14; 15-17)의 주요 주제가 여기서도 반복된다. 바로 교만의 문제와 추방이다. 9절과 15절에서 교만의 문제를 지적한 것과 같은 맥락에서 왕족들에게 겸손을 명령한다. 유브라데에서 썩은 베띠(7절)가 바벨론으로의 추방을 상징하는 것으로 보면 동일한 추방의 주제가 17절에서 "양 떼의 사로잡힘"(נִשְׁבָּה 니쉬바)과 19절의 "사로잡혀감"(הָגְלַת 호글라트)으로 반복된다. 17절과 19절의 경우 추방당해 가는 지역이 언급되지 않지만 7절에 근거해서 바벨론으로의 추방을 유추할 수 있다. 실제 역사적 사건이 이 해석을 지지한다.

20-21절. 하나님은 심판을 행할 자들, 곧 "북방에서 오는 자들"(הַבָּאִים מִצָּפוֹן 합바임 밋짜폰)을 주목하라고 명하신다(20절). "북방"이란 하나님의 심판을 행하는 적들이 오는 전형적인 장소이며 이들은 바벨론 군대를 의미하는데, 여기서는 정체를 밝히지 않는다(cf. 1:14; 6:22). 이 명령을 받은 대상("너는")은 예루살렘이다. 예루살렘이 자신의 양 떼를 버린 목자에 비유되어 언급되고 있다. 왕의 보좌가 있는 예루살렘은 나라를 보호하고 인도할 의무가 있지만 자신에게 맡겨진 양 떼를 돌보는 의무를 소홀히 했고 양 떼를 그릇된 길로 인도했다. 그 결과는 "아름다운(영광스러운) 양 떼"를 잃게 되는 아픔이다. 하나님은 예루살렘이 유다를 다스리고 문제를 해결하기 위해 도움을 얻으려고 했던 그 권력("너의 친구 삼았던 자")에게 종속될 것임을 선포하신다(21절).[169] 유다는 이집트와 바벨론의 권력사이에서 유리

한 권력을 의지해서 도움을 얻으려고 했다(cf. 2:18, 36). 특히 이집트에 종속됐을 때 하나님의 도움이 아닌 바벨론의 도움으로 이집트의 지배로부터 벗어나려고 했다. 하지만 예루살렘이 이들의 지배 아래 놓이게 된다는 것이다. 예레미야 4장 30절의 표현처럼 바벨론의 환심을 사고자 화려하게 단장을 하고 꾸며 보지만 모두 헛수고가 된다. 오히려 예루살렘의 양 떼는 바벨론에 의해 해산하는 여인과 같은 고통을 겪게 된다. 이것은 의무를 다하지 못한 목자로 인한 당연한 결과다. 따라서 목자로서의 의무를 다하지 못한 잘못을 물으실 때 예루살렘은 어떤 변명도 할 수 없다. 하나님의 심판을 행하는 자들은 예루살렘이 전혀 예상치 못한 그의 친구다. 하나님이 제기하시는 수사적 질문들은 목자로서의 의무를 성실히 수행하지 않은 예루살렘에 대한 책망과 그 결과를 강조한다.

22-23절. 해산하는 여인과 같은 고통을 겪게 되면서 왜 이러한 고통이 임하게 됐는지에 대해 예루살렘은 의아해 하는 반응을 보인다(22절). "어찌하여 이런 일이 내게 닥쳤는고" 이것은 전혀 예상하지 못한 일이 벌어져서 당황해 하는 모습이며, 더 나아가 죄악에 대해 민감하지 못한 태도를 그대로 반영한다. 자신의 잘못을 보지 못하는 모습이다. 이에 대해 하나님은 고통의 원인이 "너의 많은 죄악"(רֹב עֲוֹנֵךְ 로브 아보내크)임을 분명히 지적하신다.[170] 이 죄악이 음행을 하는 것과 같은 우상숭배이기에 심판이 음탕한 여인에 대한 처벌로 서술된다(cf. 3:2). 심판을 행하는 자들이 치마를 들어 올려서 은밀한 부위를 드러내어 부끄러움을 당하게 할 것이다. 뒤이어 서술되는 "발뒤꿈치가 상함이니라"는 표현은 폭행이나 강간을 당하는 것을 의미한다.[171] 사용된 표현은 완곡하지만 처참한 심판의 형태를 의미

---

169) 21절의 화자는 하나님인데, 3인칭의 "그"가 "세우는" 행위의 주어로 서술된다. 3인칭의 "그"는 하나님을 의미한다. 자신을 3인칭으로 표현하는 것은 "그가 너에게 이렇게 하면 너는 무슨 말을 하겠냐?"는 식의 객관적 질문을 제시하는 것으로 보인다. 이것은 24절에 2인칭의 "너희를" 또는 "너를"로 표현돼야 할 문장의 목적어가 3인칭의 "그들"로 표기되는 것과 짝을 이룬다. 24절 역시 객관적 사실을 적시하는 것으로 보인다.

170) 이 표현(רֹב עֲוֹנֵךְ 로브 아보내크)은 9절의 "예루살렘의 큰 교만"(גְּאוֹן יְרוּשָׁלַםִ הָרָב 게온 예루살라임 하라브)과 연결된다.

171) 공동번역은 이 표현을 "강간을 당한 것"으로 번역한다. Harrison은 "발뒤꿈치가 상함"을 강간당함을 완곡하게 표현한 것으로 설명한다(Harrison, *Jeremiah & Lamentations*,

한다. 하나님은 이러한 심판이 정당한 것임을 변론하시기 위해 속담을 사용한 수사적 질문을 던지신다. 구스인(에디오피아 사람)이 검은 피부를 바꾸고 표범이 반점을 바꿀 수 있다면 예루살렘(유다)도 선을 행할 수 있다는 말은 유다가 선을 행하는 것이 전혀 불가능하다는 것을 반어적으로 강조한다.[172] "악에 익숙하다" (לִמֻּדֵי הָרֵעַ 림무대 하래아)는 것은 검은 피부나 반점처럼 악이 습득되어(교육되어) 체질화된 것을 의미한다.[173] 이는 의지적이고 의도적인 악을 의미한다. 앞서 지적한 유다와 예루살렘의 교만과 연결된다(9절). 따라서 악이 천성처럼 된 유다에 대한 심판은 정당하고 불가피하다.

24-26절. "그러므로"는 원인에 근거한 결과로의 전환을 표기한다.[174] 예루살렘(유다백성)이 체질화된 죄악에 빠져 있는 것에 따른 심판이 선언된다. 하나님은 그들을 사막의 바람에 날리는 검불처럼 흩어버리시겠다고 선언하신다(24절). 말라버린 풀이 바람에 달리는 것과 마찬가지로 악에 의해 생명력을 잃고 말라버린 백성이 흩날리는 것은 당연하다. 흩어짐을 당하는 것은 포로로 사로잡혀 추방당하는 것을 말한다. 따라서 약속의 땅에 영원히 거할 수 있다는 예루살렘의 생각은 헛된 확신에 불과하다. 하나님의 심판은 예루살렘의 죄악에 대한 응당한 대가다. 즉 예루살렘의 "몫"(גּוֹרָלֵךְ 고랄래크)이며 "분깃"(מְנָת 메나트)이다(25절). "내가 헤아려 정하여 네게 준 분깃"(מְנָת־מִדַּיִךְ מֵאִתִּי 메나트-믿다이크 매일티)은 하나님이 죄악에 맞게 계산하여 정한 분량이라는 의미다. 이렇게 하시는 이유가 다시 정확하게 서술된다. 예루살렘이 하나님을 잊어버리고 "거짓"(שֶּׁקֶר 쉐케르)을 신뢰했기 때문이다.[175] 일반적으로 이 표현이 우상숭배를 지적하는 것으로 해석해서 שֶּׁקֶר 쉐케르를

101; cf. Martens, *Jeremiah,* 105).

172) 여성단수 2인칭 대명사("너")가 사용되는 정황에서 23절은 "너희"(2인칭 남성복수 대명사)를 사용한다. 이는 예루살렘의 거민 또는 유다백성을 가리키는 것으로 보인다.

173) לִמֻּדֵי 림무대는 "가르치다" 또는 "배우다"를 의미하는 동사 לָמַד 라마드에서 파생된 형용사다. 따라서 습득한 또는 배운 상태를 가리킨다.

174) 히브리어 원문에는 접속사 w바브가 사용된다: וַאֲפִיצֵם 바아피쳄("그러므로 내가 그들을 흩을 것이다"). 이 접속사는 논리적 연결에 따른 "그러므로"의 의미를 갖는다.

175) 2장 19절은 여호와를 잊어버리고 거짓을 신뢰하는 것을 "여호와를 버림"과 "여호와를 경외함이 없는 것"으로 표현하면서 이것이 악이고 고통이라고 말한다.

"거짓된 신들"로 번역하기도 한다(현대인의 성경; 우리말성경; NIV). 히브리어 원문에서는 명사 "거짓"과 정관사를 사용하여, 특정한 거짓("그 거짓," הַשָּׁקֶר 핫쉐케르)을 가리킨다.[176] 따라서 바알을 지칭하는 표현으로 특정해서 해석하거나 또는 하나님이 아닌 이방나라를 신뢰하는 예루살렘의 모습을 서술하는 21절에 근거해서 "그 거짓"이 바벨론을 신뢰한 것을 지칭하는 것으로 볼 수도 있다. 하지만 우상숭배를 묘사하는 27절과 예레미야서에서 "거짓"(שֶׁקֶר 쉐케르)이 우상을 지칭할 때 사용된 것(10:14; 16:19; 51:17)을 고려할 때 우상숭배를 암시하는 것으로 보는 것이 적절하다. 이러한 죄악의 결과는 벌거벗김을 당하는 수치다. 11절에서 하나님은 언약백성이 하나님의 명예와 영광이라고 말씀하셨는데, 악에 익숙한 백성이 되어 그 명예와 영광이 수치로 대체된다. 26절은 22절의 표현을 반복한다. 이 일을 행하는 주체에 주목할 필요가 있다. 22절은 수동태 문장을 사용하는데, 문맥상 행위의 주체는 "북방에서 오는 자들"이다. 반면에 26절에서는 행위의 주체가 심판을 선언하시는 하나님("내가")이다. 이것은 심판의 궁극적인 주체가 하나님이시며 "북방에서 오는 자들"은 그의 심판을 수행하는 자임을 드러내 준다. 하나님이 심판의 궁극적인 주체가 되는 것은 예루살렘의 죄악이 하나님께 범한 죄이기 때문이다.

27절. 앞서 22절에 언급한 "너의 많은 죄악"(רֹב עֲוֺנֵךְ 로브 아보내크)이 "간음"(נְאֻפִים 니우핌), "사악한 소리"(מִצְהֲלוֹת 미쯔할로트), 들의 작은 산 위에서 행하는 "음란"(זִמָּה 짐마), "음행"(זְנוּת 제누트), "가증한 것"(שִׁקּוּץ 쉭쿠쯔)으로 구체화된다. 우상숭배와 관련된 표현들을 집중적으로 사용해서 예루살렘의 온갖 우상숭배 행위를 다 묘사하려는 것처럼 보인다. "사악한 소리"(מִצְהֲלוֹת 미쯔할로트)는 정욕에 이끌리어 내는 "음탕한 울음소리"를 의미한다. 앞서 8장 16절에 사용된 단어다: "[준마들이] 우는 소리"(מִצְהֲלוֹת 미쯔할로트; cf. 5:8). 하나님을 버리고 우상을 숭배하는 것은 간음이며 음란한 매춘이다. 하나님은 이것을 "가증한 것"으로 여기신다. 하나님은 이 모든 것을 보셨다고 말씀하신다("내가 보았다," רָאִיתִי 라이티). 하

176) 정관사와 함께 쓰인 הַשָּׁקֶר 쉐케르는 특정의 거짓을 지칭하는 것이 아니라 거짓에 속한 모든 것, 즉 거짓말, 거짓된 우상, 거짓 예언 등을 모두 포함하는 표현일 수 있다. 하지만 문맥을 고려할 때 우상을 가리키는 것으로 보인다.

나님이 이 모든 가증한 행위를 친히 주목하셨기에 "화"(אוֹי 오이)는 당연한 결과다. 어떤 변명도 불가능하다. 마지막에 언급된 수사적 질문은 예루살렘이 정결하게 되기까지 얼마나 걸리겠냐는 하나님의 탄식과 책망을 나타낸다. 다른 한편으로는 예루살렘의 회개에 대한 하나님의 기대도 반영한다. "네가 언제까지 정결하지 않은 채로 지내려고 하느냐?"[177] 그의 백성에 대해 여전히 기대를 나타내시는 하나님의 안타까운 심정이 담겨져 있다. 예루살렘이 스스로 정결하게 되는 것이 피부색이나 반점을 바꿀 수 없는 것처럼 불가능한 것이지만 하나님이 개입하시면 가능한 것일 수 있음을 이 질문을 통해 간접적으로 보여준다.

현재적 적용 | 묵상

1. 하나님의 심판이 임해서 낮추어 앉게 되기 전에 먼저 낮추어 앉아 하나님의 자비를 구하는 것이 지혜인 것을 잊지 않고 있는가?
2. 신앙공동체와 사회공동체의 지도자, 가정의 부모가 공동체구성원과 가족의 안위에 책임이 있음을 기억하고 하나님 앞에서 그 역할을 그의 뜻에 따라 감당하고 있는가? 혹시 지도자의 실패로 구성원이 흩어지고 상처를 입고 있는 것은 아닌가?
3. 선을 생각하거나 행하기가 불가능할 정도로 한국교회에 악이 체질화된 것은 아닌가? 나도 모르는 사이에 악에 너무 익숙해 있기 때문에 하나님의 경고가 들리지 않는 것은 아닌가?
4. 우리는 한국교회를 아름다운 공동체라고 부르는데, 하나님은 음란하고 부정한 공동체라고 부르시지는 않을까?
5. 하나님이 내 삶을 헤아리고 계산해서 그 분깃을 정하신다면 과연 어떤 분깃을 받게 될 것인가?
6. 지금 처한 상황이 "언제까지 그렇게 살 건데?"라는 하나님의 질문을 받는 상

177) 히브리어 원전은 부정어(al{로)와 "정결하다"를 의미하는 동사 טָהֵר 타헤르가 사용되면서 예루살렘이 정결해지길 바라는 하나님의 심정을 전달하는 것처럼 보인다: לֹא תִטְהֲרִי אַחֲרֵי מָתַי עֹד 로 티트하리 아하래 마타이 오드("네가 언제까지 정결하지 않은 채로 지내려고 하느냐?").

황은 아닌가? 이 질문이 들려온다면 지금 바로 낮추어 앉아 하나님의 용서와 자비를 구할 때다. 그렇지 않으면 치마가 벗겨지고 수치가 드러나는 결말을 맞게 된다.

7. 죄가 내 눈에는 화려하고 매력적인 것으로 보이는데, 하나님의 눈에는 가증스럽고 역겨운 것으로 보이는 것을 기억하고 있는가?

---

5. 심판에 대한 하나님의 단호함과 예레미야의 탄식과 간청, 14:1-17:27

예레미야서의 특징적인 신탁도입형식("예레미야에게 임한 여호와의 말씀이라")이 새로운 범위의 시작을 보여주며 이 범위는 17장 27절까지 이어진다. 왜냐하면 18장 1절에 이 도입형식이 다시 등장하기 때문이다. 14:1-17:27은 느슨하지만 하나의 흐름을 보인다. 앞 단락에서 예루살렘에 집중한 관심이 유다 전체로 확장된다. 14장에서 예레미야는 하나님의 심판 앞에 놓인 유다를 위해 하나님의 구원과 자비를 간청한다. 하지만 하나님은 유다의 죄에 대한 단호한 태도를 보이신다. 15장은 하나님의 단호한 태도를 이어간다. 어떤 중보자의 기도도 그의 마음을 돌이킬 수 없다. 따라서 유다는 하나님이 예비하신 심판에 따라 그대로 멸망할 것이다. 상황이 그러하기에 예레미야는 신실하게 사역을 하면서 고통을 겪는 자신의 처지를 불평하며 자신을 저주하고 핍박하는 자들에게 하나님의 보복이 있기를 간청한다. 이는 그 당시 고통당하는 "신실한 자들"을 대변하는 듯하다. 이에 대해 하나님은 인내할 것을 명하시고 보호와 구원을 약속하신다. 16장은 예레미야가 처한 상황에서 해야 할 일을 알려 주신다. 독신을 유지하고 초상집과 잔칫집에 출입하지 않는 것은 하나님의 정당한 심판을 인정하는 태도를 상징적으로 보여준다. 예레미야와 같은 행동이 요구되는 것은 아니지만 심판의 정당성을 받아들이는 것은 예레미야와 같이 신실한 이들에게 요구되는 태도다.[178] 16장의 후반부에서 하나

---

178) 이 태도는 바벨론을 통한 하나님의 심판을 인정하라는 의미에서 바벨론에게 항복하라는 명령과 같은 맥락이다.

님은 유다를 향한 심판이 확정됐지만 유다와 열방의 회복을 약속하시면서 심판이 끝이 아님을 알려주신다. 17장에서 하나님은 유다백성의 죄가 지울 수 없는 것임을 확인해 주시면서 그렇게 된 근본적인 원인이 마음의 문제인 것을 지적하신다. 마음에 새겨진 성향 때문에 유다는 하나님을 선택하지 않는다. 하지만 유다백성과는 달리 하나님을 선택한 예레미야는 자신을 핍박하는 자들에 대한 하나님의 보복을 간청한다. 심판이 확정된 상황에서 안식일 규정을 상기시키는 것은 여전히 기회가 있음을 알려 주시는 것처럼 보인다. 이 흐름을 염두에 두고 14:1-17:27을 분석할 필요가 있다.

14:1-17:27의 구조를 세밀하게 살피면 하나님의 말씀과 예레미야의 말이 번갈아가면서 서술되는 특징을 볼 수 있다. 이 특징은 이 범위의 연결성을 보여준다. 하지만 14-15장과 16-17장은 구분되기도 한다. 왜냐하면 14-15장은 하나님과 예레미야가 마치 대화를 하는 것처럼 서술되는 반면에 16-17장은 하나님의 말씀이 중심을 이루면서 예레미야의 반응이 서술되기 때문이다. 또한 16-17장에 서술된 하나님의 말씀은 고소단락과 선언단락을 갖춘 신탁형식으로 등장한다. 14:1-17:27의 각 단락에서 각각의 구조를 제시하겠지만 전체 흐름을 보기 위해 이 범위의 구조를 표기하면 아래와 같다.

I. 14-15장

A. 하나님의 말씀: 가뭄의 고통(14:1-6)
    B. 예레미야의 간청: "주의 이름을 위하여"(14:7-9)
A'. 하나님의 말씀: 심판선언과 중보금지 명령(14:10-12)
    B'. 예레미야의 말: 선지자들의 문제 지적(14:13)
A". 하나님의 말씀: 선지자들에 대한 심판선언(14:14-18)
    B". 예레미야의 간청: "주의 이름을 위하여"(14:19-22)
A'''. 하나님의 말씀: 심판확언과 네 가지 벌(15:1-9)
    B'''. 예레미야의 탄식: "내게 화로다"(15:10)
A"". 하나님의 말씀: 예레미야를 위한 약속과 심판선언(15:11-14)
    B"". 예레미야의 간청: "보복해주십시오"(15:15-18)
A"'''. 하나님의 말씀: 예레미야를 위한 구원약속(15:19-21)

II. 16-17장

A. 하나님의 말씀: 심판선언(16:1-18), 고소 & 선언

B. 예레미야의 말: 열방의 고백(16:19-20)

A'. 하나님의 말씀: "내 이름은 여호와"(16:21) 선언

A". 하나님의 말씀: 심판선언(17:1-11) 고소 & 선언

B'. 예레미야의 간청; "고치시고 구원해 주소서"(17:12-18)

A"'. 하나님의 말씀: 안식일 권면(17:19-27)

14-15장의 구성적 특징은 하나님의 말씀과 예레미야의 말이 번갈아 서술되는 것이며 16-17장의 경우, 16장과 17장에서 각각 예레미야의 말이 하나님의 말씀 사이에 위치하는 것이다. 이 흐름을 고려하면서 주해단락에서는 밀접하게 연결되는 단락별로 묶어서 분석할 것이다.

(1) 가뭄고통, 심판선언, 중보금지명령, 14:1-12

앞 단락에서 예루살렘에 집중했던 신탁이 유다 전체를 대상으로 하는 신탁으로 전환되면서 유다에 임한 가뭄심판을 다룬다. 본 단락을 분석하는 중요 관점은 유다의 문제에 대한 하나님과 예레미야의 대화에 주목하는 것이다. 이 대화에는 유다의 상황에 대해 느끼는 하나님의 심정과 예레미야의 심정이 담겨있다. 예레미야는 유다와 하나님 사이에서 중재를 하는 선지자의 모습을 보이는 반면에 하나님은 유다의 죄악에 대해 단호한 태도를 보이신다. 하나님은 확정된 심판을 선언하시면서 예레미야에게 중보하지 말라고 명하신다. 하나님을 거부한 죄의 당연한 결과는 하나님의 심판이다. 진정한 회개가 아니라 단순히 하나님의 환심을 얻기 위한 외적 행위는 결코 하나님의 구원과 자비를 기대할 수가 없다.

본 단락의 구조는 다음과 같다. 예레미야의 간청의 핵심은 "주의 이름을 위하여 우리를 버리지 마시라"는 것이다.

A. 하나님의 말씀: 가뭄의 고통(1-6절)

B. 예레미야의 간청: "주의 이름을 위하여"(7-9절)

A'. 하나님의 말씀: 심판선언과 중보금지 명령(10-12절)

가뭄 심판의 고통(1-6절)

언약적 저주인 가뭄의 혹독한 고통이 생생하게 묘사된다. 인간과 자연 모두 그 고통을 겪게 된다. 유다백성이 범한 언약관계의 실패는 온 땅에 고통을 초래한다.

백성을 위한 예레미야의 탄식과 호소(7-9절)

가뭄의 고통은 예레미야가 백성을 대신해서 하나님께 도움을 호소하게 한다. 여전히 하나님이 이스라엘의 소망이며 구원자이심을 상기시키면서 그의 이름을 위하여 유다백성을 버리지 마시길 간청한다.

탄식과 호소에 대한 하나님의 답변(10-12절)

죄를 억제하지 못하는 유다백성은 심판의 대상이 될 수밖에 없다. 그들을 향한 하나님의 심판은 확정적이며 돌이킬 수 없다. 진정성을 담지 않은 어떤 기도나 제의도 소용이 없으며 오히려 가혹한 하나님의 심판을 임하게 할 뿐이다.

주해

1절. 가뭄에 관한 하나님의 신탁이 예레미야에게 주어진다. 히브리어 원어에는 복수형(בַּצָּרוֹת 밧짜로트; "가뭄들")을 사용하고 있는데, 이것은 강조를 위한 복수형이거나 가뭄이 이어지는 상황을 묘사한다. 실제로 언제 일어난 가뭄인지에 대해 정확하게 제시할 수는 없지만 이 가뭄에 대한 책임이 유다에게 있음을 알 수 있다. 가뭄은 하나님의 언약적 요구를 파기했을 때 임하는 언약적 저주들 중의 하나이다(cf. 신 28:23-24). 따라서 유다백성에게 가뭄은 단순한 자연현상으로 지나칠 수 없다. 가뭄이 임하게 될 때는 하나님과의 관계를 점검할 필요가 있다. 하나님은 언약적 저주를 통해 회개를 요구하신다. 따라서 언약적 저주에 대한 올바른 반응은 단순히 애통하는 것이 아니라 죄에서 돌이키는 회개라는 사실이 이 신탁에는 전제된다. 가뭄의 재앙은 결국 바벨론에 의한 유다의 멸망에 대한 전조다.

2-4절. 가뭄으로 인한 실제적인 고통이 생생하게 묘사된다. 이 고통은 사람을 비롯하여 모든 생명체에 미치게 된다. "성문의 무리가 피곤하여"로 번역하고 있는 히브리어 원문(שְׁעָרֶיהָ אֻמְלְלוּ 쉐아레하 움렐루)의 문자적 의미는 "그[유다]의 성

문들이 시들해진다"이다(2절). 사람들이 주로 성문에 모여 여러 가지 일들을 하는데, 가뭄이 임하게 되면 성문 앞이 한적해 지는 것을 묘사한다. 사람들은 일상적인 일들을 할 수 없을 뿐만 아니라 슬픔에 잠기게 된다. "땅 위에서 애통한다"(קָדְרוּ לָאָרֶץ 카데루 라아레쯔)는 표현은 문자적으로 "그들이 땅을 위하여 검게 되다"는 의미로 애곡의복을 입고 있거나 슬픔으로 단정하지 못한 상태를 묘사한다.[179] 슬픔을 상징적으로 나타내는 표현이다. 8장 21절에서 "딸 내 백성이 상하였으므로 나도 상하여 슬퍼하며(קָדַרְתִּי 카다르티) 놀라움에 잡혔도다"라는 예레미야의 탄식에 동일한 동사가 사용된다. 유다가 가뭄으로 인해 고통과 슬픔을 당하게 되자 수도인 예루살렘이 그의 부르짖음을 드높이게 된다. 성읍의 귀인들도 이 가뭄을 피할 수가 없다(3절). 그렇다면 일반백성의 고통을 충분히 짐작할 수 있다. 힘과 지위, 부를 가진 귀인들이 자기 사환들을 보내어 물을 얻고자 하지만 물을 얻지 못한다. 빈 그릇을 가지고 돌아오는 사환들은 부끄러움에 그들의 머리를 가리게 된다. 머리를 가리는 것은 주로 부끄러움과 슬픔을 나타내는데(cf. 삼하 15:30), 마치 얼굴을 가려서 참혹한 현실을 보지 않기 위한 것처럼 보이기도 한다. 비가 내리지 않아 밭이 갈라지는 가뭄은 농부들에게 가장 큰 고통이다(4절). 그들도 부끄러움에 얼굴을 가릴 수밖에 없다. 사환이나 농부는 자신들에게 주어진 의무를 다하지 못하는 것에 대한 부끄러움을 당하게 된다.

5-6절. 가뭄의 고통에서 동물들도 예외는 아니다. 자기 새끼를 정성껏 돌보는 동물로 잘 알려진 암사슴도 본성을 잊고 갓 낳은 새끼를 내버리게 되는 참담한 상황에 처하게 된다(5절). 또한 혹독한 상황 속에서도 생존능력이 강한 들나귀들조차도 가뭄의 피해로 인해 통행이 용이한 벗은 산에서도 숨을 몰아쉬게 되고 먹이를 찾는데 발달된 시력마저 흐려지게 된다(6절). 가뭄의 고통에 대한 묘사가 성읍(2-3절)에서, 농경지(4절)로 그리고 들판(5-6절)으로 점진적으로 확대되면서 총체적 재난임을 보여준다. 하나님의 백성이 범한 언약관계에서의 실패가 온 땅이 고통을 받는 결과를 낳게 된 것이다.

179) 4장 28절의 "위의 하늘이 어두울 것이라(וְקָדְרוּ הַשָּׁמַיִם מִמָּעַל 베카데루 핫샤마임 밈마알)"는 표현에 동일한 동사가 사용된다.

7절. 가뭄의 참혹한 고통에 대한 서술에 뒤이어 죄를 인정하고 하나님의 도움을 구하는 호소가 이어지는데, 이 호소를 누가 드리는 지에 대한 논의가 있다. 죄의 문제에 따른 하나님의 개입에 전혀 민감하지 못한 유다백성의 태도를 고려하여 일반적으로 예레미야가 이 호소를 고백하고 있는 것으로 본다.[180] 하지만 예레미야가 중보를 할 때 주로 복수형("우리")을 사용하지 않고 단수형("내가")을 사용하는 점이 이 견해에 어려움을 준다. 따라서 백성의 호소로 간주하기도 한다.[181] 이 경우, 유다백성이 자신들의 죄의 심각성을 진솔하게 고백하며 하나님의 도움을 호소하는 것이 아니라 자신들을 위해 하나님이 전혀 개입하지 않으심에 대한 이기적인 관심을 드러내고 있는 것으로 해석하게 된다. 하지만 호소의 내용을 고려할 때 백성을 대신해서 하나님께 죄를 고백하며 구원을 간청하는 예레미야의 기도로 분석하는 것이 적절해 보인다. 예레미야는 백성이 행한 죄악이 심판의 정당성을 증명한다고 고백한다. 따라서 유다백성의 수많은 배교("돌아섬," מְשׁוּבָה 메슈바)와 하나님께 범한 죄를 감안하면 감히 이들을 위해 구원을 베풀어 달라고 간청할 수 없다. 하지만 그들의 죄악보다는 그의 명성("주[당신]의 이름을 위하여," לְמַעַן שְׁמֶךָ 레마안 쉐메카)을 고려해서 하나님이 개입해 주실 것을 구한다.

8-9절. 탄식의 질문들은 하나님의 심판을 겪게 되자 예전과는 달리 낯설게 느껴지는 하나님의 모습을 묘사한다. 하나님이 세우신 언약관계에 근거하면 하나님만이 이스라엘의 소망이시며 구원자이신 것이 확실한데, 이제는 마치 그가 "이방인"(גֵּר 개르)이나 잠시 머물다가 떠나는 "나그네"(אֹרֵחַ 오래아흐; "방랑자")처럼 그의 백성에 대해 전혀 관심이 없는 듯 행동하시는 것에 대해 탄식한다(8절). 더 나아가 하나님이 구원의 능력이 없는 분인 것처럼 행동하시는 것이 당혹스러움을 가중시킨다(9절). 하지만 하나님의 임재에 대한 확신을 고백하면서 하나님의 관심을 얻고자 한다. "주"로 번역된 히브리어 단어는 2인칭 단수형("당신")이다. "여호와

---

180) 3장 3절은 하나님의 가뭄심판이 임한 상황에 대한 유다백성의 태도를 서술한다: "그러므로 단비가 그쳤고 늦은 비가 없어졌느니라 그럴지라도 네가 창녀의 낯을 가졌으므로 수치를 알지 못하느니라"(3:3).

181) Martens는 이 기도를 유다백성의 기도로 분석하지만 부정적으로 해석하지는 않는다(Martens, *Jeremiah*, 109). 하지만 예레미야서에 기록된 유다백성의 태도를 고려할 때 과연 이런 진정성이 담긴 기도를 그들이 드렸는지에 대한 의구심을 갖게 된다.

여, 당신이 그래도 우리 가운데 계시고 우리는 당신의 이름으로 일컬음을 받는 자이오니." 예레미야는 하나님과의 친밀한 관계를 강조하면서 하나님이 그의 백성을 버리시지 않기를 간구한다. 유다백성이 주의 이름으로 불리는 백성이라는 사실에 마지막 희망을 걸고 백성의 태도의 변화가 아닌 하나님의 이름과 언약에 호소하며 그의 자비를 구한다.

10절. 하나님의 도움을 구하는 간절한 호소에 대한 하나님의 태도는 냉정하다. 예레미야의 호소에도 불구하고 유다백성에 대한 하나님의 심판이 선언된다. 하나님의 심판은 그들이 범한 죄악에 대한 당연한 결과다. 하나님이 지적하시는 심판원인은 두 가지다. 첫째, 유다백성이 하나님께 붙어있기보다는 그를 떠나 돌아다니길 사랑하기 때문이다. "그들이 어그러진 길을 사랑하여"로 번역한 히브리어 원문(אָהֲבוּ לָנוּעַ 아하부 라누아)은 "그들이 돌아다니기를 사랑한다"는 의미다. 부정사 לָנוּעַ 라누아("돌아다니길")가 8절의 "나그네"("방랑자")와 같은 어근을 사용하지 않지만 의미상 연결된다. 따라서 하나님이 나그네와 같다는 예레미야의 탄식에 답변을 주는 듯하다. 하나님이 그들에게 나그네처럼 행동하시는 것은 그들이 하나님을 떠나 방랑하기를 좋아하기 때문이라는 것이다. 둘째, 선지자들을 통해서 하나님이 그들의 잘못을 지적하셔도 그들이 자신들의 행보("그들의 발")를 결코 멈추지 않기 때문이다(cf. 2:25). 이에 따른 결과도 두 가지다. 첫째, "여호와"가 그들을 기뻐하지 않으신다(יְהוָה לֹא רָצָם 아도나이 로 라짬).[182] 둘째, "여호와"가 그들의 죄를 기억하시고 그들의 죄악을 징벌하신다. 이는 그들의 죄에 따라 심판하실 수밖에 없다는 선언이다. 이 선언에서 주목하게 되는 것은 "여호와"가 직접 표현된다는 것이다. 10절의 화자는 하나님이다. 그런데 자신의 말에 "내가"라는 표현을 사용하지 않으시고 "여호와가"라는 개관적 표현을 사용하신다.[183] 이는 "이 백성" 즉 언약백성이 언약의 하나님 여호와를 버리고 떠나서 그의 훈육도 받지 않기 때문에 언약의 하나님 바로 그 "여호와"가 그들을 기뻐하지 않으시고 죄에 따

---

182) 개역개정은 יְהוָה לֹא רָצָם 아도나이 로 라짬을 "여호와께서 그들을 받지 아니하고"로 번역한다.

183) 여호와가 1인칭의 화자로 등장하는 경우, "여호와가"로 번역하는 것이 한글존대법에 더 적절하다. 한글 존대법은 화자가 자신에 "께서"라는 존대조사를 사용하지 않기 때문이다.

라 심판하신다는 선언을 강조한다.

11-12절. 유다백성에 대한 그의 결정을 선언하신 후, 하나님이 예레미야에게 말씀하신다. 하나님이 기뻐하지 않는 자들은 복의 대상이 아니라 심판의 대상이다. 따라서 예레미야에게 "이 백성"을 위해 "복"(**טוֹבָה**토바)을 간구하지 말라고 명하신다(cf. 7:16; 11:14). 오히려 전형적인 언약적 저주("칼과 기근과 전염병")가 언급되면서 가뭄보다 더 가혹하고 철저한 심판이 임하게 될 것임을 선언하신다. 금식하며 간청을 하더라도 그 부르짖음을 듣지 않으실 뿐만 아니라 번제와 소제를 드려서 그의 마음을 돌이키려고 하더라도 그것을 기뻐하지 않으신다(**אֵינֶנִּי רֹצָם**애넨니 로짬). 하나님이 기뻐하지 않는 백성(**יְהוָה לֹא רָצָם**아도나이 로 라짬, 10절)이 드리는 그 어떤 제의(예배)도 그를 기쁘게 할 수 없다. 내면적 변화가 없이 형식적인 행위로 하나님의 환심을 얻으려는 유다백성에게 심판은 확정된 것이며 돌이킬 수 없는 것이다.

현재적 적용 **묵상**

1. 죄에 대한 하나님의 심판이 고통과 수치를 준다는 사실을 기억한다면 개인의 삶과 한국교회의 모습이 어떻게 달라질 것이라고 생각하는가?
2. 죄를 인정하고 참된 소망이시고 구원자이신 하나님께 구원을 호소하는 진정한 회개의 기도가 있는가? 범한 죄를 생각하면 감히 하나님의 자비를 구할 수 없지만 그의 이름을 위하여 버리시지 않기를 간청할 수 있음을 알고 있는가?
3. 그릇된 모습으로 일관하는 신앙공동체를 위한 간절한 간청이 개인의 기도에 담겨 있는가?
4. 하나님이 기뻐하지 않는 삶을 살면서도 열심히 드리는 기도와 찬양, 예배가 하나님을 기쁘시게 할 것이라고 착각하고 있는 것은 아닌가? 진정한 돌이킴이 없는 간구와 예배가 하나님의 마음을 얻을 수 없다는 사실을 알고 있는가? 오히려 더 가혹한 심판이 기다리고 있는 것은 아닌가? 중보기도가 금지될 정도로 패역한 모습은 아닌가?
5. 하나님이 죄를 기억하고 죄악을 징벌하시겠다는 말씀에 두려움이 있는가? 심

판의 심각성을 단순히 그리스도의 십자가로 덮은 채 죄의 문제를 소홀히 생각하는 것은 아닌가?

---

(2) 거짓 선지자들에 대한 심판선언과 예레미야의 간청, 14:13-22

본 단락은 앞의 대화를 이어간다. 14:10-12에 서술된 하나님의 심판선언에 대한 예레미야의 답변으로 시작한다. 유다백성의 죄악에 근거한 하나님의 확정된 심판이 선포되자 예레미야는 백성의 입장에서 그들을 변호하며 그들이 그렇게 된 원인으로 거짓 선지자들의 문제를 제기한다. 이에 대해 하나님은 거짓 선지자들의 문제를 지적하시고 그들을 심판하겠다는 선언을 하신다. 하나님의 뜻을 왜곡한 거짓 선지자들이 심판의 대상이 되는 것은 당연하다. 그렇다고 그들의 거짓 예언에 미혹된 백성이 책임을 면하는 것은 아니다. 따라서 하나님은 이들의 속임을 분별하지 못한 백성도 그 심판에서 예외가 될 수 없음을 선언하신다. 이 심판의 결과는 죽음이다. 그러나 여전히 예레미야는 백성을 위한 중보를 포기하지 않는다. 유일하신 하나님의 언약에 호소하며 이것이 유다의 최후가 되지 않기를 간청한다. 예레미야의 간청의 핵심은 앞에서와 동일하게 하나님의 이름을 위하여 언약을 기억하시고 폐하지 마시라는 것이다. 하나님의 답변(14-18절)은 거짓 선지자들의 문제를 지적하는 고소단락(14절)과 이에 따른 선언단락(15-16절), 그리고 유다의 심판에 대한 하나님의 슬픈 심정을 토로하는 단락(17-18절)으로 구성돼 있기에 원인과 결과의 흐름에 주목할 필요가 있다.

앞 단락의 10-12절을 이어가는 본 단락의 전체 흐름은 다음과 같다.

[A'. 하나님의 말씀: 심판선언과 중보금지 명령(10-12절)]

B'. 예레미야의 말: 선지자들의 문제 지적(13절)

A''. 하나님의 말씀: 선지자들에 대한 심판선언(14-18절)

a. 고소단락: 심판원인, 14절

b. 선언단락: 심판선언, 15-16절

c. 하나님의 심정, 17-18절

B''. 예레미야의 간청: “주의 이름을 위하여”(19-22절)

거짓 선지자들의 문제에 대한 예레미야의 지적(13절)

예레미야는 유다백성의 타락이 심판을 부인하고 평안을 선포한 거짓 선지자들의 미혹 때문인 것을 지적하면서 하나님이 이 문제를 주목해 주시길 호소한다.

하나님의 말씀: 고소단락, 거짓 선지자들의 문제(14절)

하나님은 선지자들이 그의 이름으로 거짓 예언을 한 것을 지적하신다. 거짓의 증거는 두 가지다. 하나는 그의 보내심과 명령, 그의 말을 받지 않았다는 것이며 다른 하나는 그들의 예언은 거짓 이상과 점술, 헛된 것과 마음의 거짓에 따라 예언했다는 것이다.

하나님의 말씀: 선언단락, 거짓 선지자들과 유다백성을 향한 심판선언(15-16절)

거짓 선지자들은 그들이 "이 땅"에 임하지 않는다고 말했던 칼과 기근에 의해 멸망하게 된다는 선언을 듣는다. 뿐만 아니라 그들의 거짓 예언에 미혹된 백성도 동일한 심판을 받게 되어 죽음을 맞이한다.

하나님의 슬픈 심정(17-18절)

하나님은 심판을 즐기시지 않는다. 그의 언약백성이 큰 파멸과 중한 상처로 멸망을 당하는 것을 진심으로 슬퍼하신다.

예레미야의 간청(19-22절)

하나님이 중보기도를 금하셨음에도 불구하고 예레미야는 하나님이 그의 이름을 위하여 확정된 심판을 돌이켜 백성에게 구원의 은혜를 베풀어 주실 것을 탄원한다. 열방의 우상과 비교될 수 없는 유일하신 창조주 여호와가 언약의 하나님이시라는 사실에 호소하며 자비를 간청한다.

주해

13절. 예레미야는 유다의 멸망에 대한 슬픔을 토로한다. 그러나 유다의 타락에는 거짓 평안을 선포한 선지자들의 미혹이 있음을 지적하면서 하나님이 이 문제를 분명히 주목해 주시길 호소한다. 선지자들이 유다가 인위적인 재앙인 전쟁("칼")을 겪지 않을 뿐만 아니라 자연적 재앙("기근")도 겪지 않을 것이라고 선포했다는 것이다. 그 어떤 재앙도 없고 오히려 약속의 땅("이 곳")에서 자신들이 "확실한 평강"(שְׁלוֹם אֱמֶת 샬롬 에메트; "참된 평안")을 주겠다는 확언으로 백성을 미혹했다. 특히 그들은 선지자라는 자신들의 지위를 이용했을 뿐만 아니라 하나님의 신탁이 직접 주어진 것처럼 "*내가* 이 곳에서 너희에게 확실한 평강을 주리라"와 같은 표현을 사용하여 백성을 현혹시켰다. 따라서 예레미야의 견해에 따르면 유다의 타락에 대한 전적인 책임이 선지자들에게 있다는 것이다.

14절. 선지자들의 문제에 있어서 하나님도 예레미야의 견해에 동의하시지만 백성의 책임여부에 관해서는 다른 견해를 제시하신다. 하나님은 그의 뜻을 왜곡하는 선지자들을 "나의 이름으로 거짓을 예언하는 선지자"(שֶׁקֶר הַנְּבִאִים נִבְּאִים בִּשְׁמִי 쉐케르 한네비임 닙베임 비쉬미), 곧 거짓말 하는 선지자로 규정하시면서 그들의 문제를 분명하게 지적하신다. 그들이 하나님의 이름으로 예언하지만 그것은 거짓이다. 그 증거는 두 가지다. 첫째, 하나님이 그들을 보내지 않으셨으며 그들에게 명령하거나 그의 뜻을 보이지 않으셨다. 그들의 예언은 신적 권위가 전혀 없다. 둘째, 그들의 예언은 "거짓 계시"(חֲזוֹן שֶׁקֶר 하존 쉐케르)와 "점술"(קֶסֶם 케셈), "헛된 것"(אֱלִיל 엘릴)과 "자신들의 마음의 거짓"(תַּרְמוּת לִבָּם 타르무트 립밤)이다.[184] 즉 신명기 18장 22절이 지적하는 바와 같이 그들이 전한 것은 "제 마음대로"(בְּזָדוֹן דִּבְּרוֹ 베자돈 딥베로)한 예언이다. 거짓 선지자들이 선포한 예언의 핵심내용은 "칼과 기근"이 약속의 땅에서는 결코 일어나지 않는다는 것이다(cf. 6:14; 8:11; 23:17). 그들은 백성이 듣기 원하는 거짓된 축복을 선포하며 그들의 귀를 즐겁게 했다. 거짓 선지자들의 특징은 잘못된 방법을 사용하는 것뿐만 아니라 백성에게 필요한 말이 아니라 그들이 원하는 말을 전하는 것이다. 따라서 하나님의 뜻을 왜곡시키고 백성을 미혹한 거짓 선지자들에게 심판이 선언되는 것은 당연하다.

15-16절. "그러므로"(לָכֵן 라캔)와 신탁도입형식("여호와께서 이와 같이 말씀하셨노라")은 선언단락으로의 전환을 보여준다. 앞서 지적한 거짓 선지자들의 문제에 근거해서 하나님의 선언이 서술된다. 거짓 선지자들은 그들이 임하지 않을 것이라고

---

184) תַּרְמוּת לִבָּם 타르무트 립밤은 자신들 스스로 속은 것이지만 이에 대한 확신이 있기 때문에 속은 줄을 모르고 선포하는 예언을 가리킬 수 있다(cf. 9:5; 23:25).

말한 바로 그 "칼과 기근"으로 멸망을 당하는 심판을 겪게 된다(15절). 그렇다고 이들의 미혹을 받은 백성이 책임을 면하거나 그들의 죄과가 감소되는 것은 결코 아니다. 분별력을 잃고 속임 당하기를 기꺼이 선택한 백성은 자신들의 그릇된 선택 때문에 그들 역시 심판의 대상이 된다. 거짓 선지자들과 동일하게 백성도 그들이 듣고 싶지 않았던 "기근과 칼"의 재앙을 피할 수가 없다(16절). 동일한 심판의 내용("기근과 칼")이 반복적으로 언급되는 것은 속이는 자나 속임을 받은 자가 모두 동일하게 심판의 대상이 된다는 사실을 보여준다. 심판의 결과는 죽음이다. 예루살렘의 거리마다 기근과 칼로 인해 죽임을 당한 시체들로 가득하게 될 것이다. 부모와 자식이 모두 죽임을 당하는 참혹한 상황이다. 왜냐하면 이들이 모두 죄악에 관여했기 때문이다(cf. 7:17-18). 이것은 백성이 행한 악을 그대로 그들에게 부으시는 하나님의 공의롭고 합당한 심판이다. 2장 19절에서 말씀하신 바와 같이 "네 악이 너를 징계하는 것"이다. 하나님이 무고한 자들에게 연단을 위한 시련을 허락하시기는 하지만 결코 그들을 심판으로 징벌하지는 않으신다. 반면에 하나님이 징벌로서의 심판을 내리실 때에는 반드시 정당한 이유에 근거하여 행하신다. 따라서 유다백성은 어떤 핑계로도 그들의 책임을 결코 회피할 수 없다.

17-18절. 하나님의 심판이 정당하지만 그는 심판을 즐기는 분이 아니다. 하나님은 유다의 파멸과 고통에 대한 자신의 슬픈 심정을 백성에게 전하라고 예레미야에게 명하신다(17절).[185] 심판을 당하는 유다백성이지만 여전히 그에게는 "내 백성"(עַמִּי 암미)이다. "내 백성"을 "처녀 딸"에 비유하는 것은 유다가 다른 이방신을 섬기지 않고 그의 순결을 유지했어야 함을 보여준다. 하지만 유다가 하나님과의 순결을 지키지 못하고 우상들을 따라가 섬겼으므로 "큰 파멸"(שֶׁבֶר גָּדוֹל 쉐베르 가돌; cf. 6:1), 곧 "중한 상처"를 피할 수 없게 된다.[186] 이에 대해 하나님은 밤낮으로 눈물을 흘리실 정도로 슬퍼하신다. 18절은 칼과 기근의 심판이 임하고 난

185) Jones는 1인칭화법의 서술을 유다백성을 대변하는 예레미야의 말로 분석한다(Jones, *Jeremiah*, 211). 하나님이 표현하시는 자신의 감정을 유다백성에게 전하라는 명령으로 간주하는 것이 적절해 보인다.

186) 6장 1절은 "큰 파멸"(שֶׁבֶר גָּדוֹל 쉐베르 가돌)을 북방에서 오는 재앙으로 설명한다. 따라서 칼에 의한 큰 파멸은 북방에서 오는 "큰 나라"와도 연결된다(6:23).

후의 유다의 모습을 묘사한다. "들"과 "성읍"은 유다의 전 지역을 의미한다. 유다의 온 땅이 전쟁으로 인해 죽은 시체들과 기근으로 인한 피해로 가득하게 될 것이다. 유다의 멸망을 막지 않고 오히려 부추긴 선지자들과 제사장들은 알지 못하는 땅, 곧 이방인의 땅으로 끌려가 배회하는 신세가 된다. 이는 포로에 대한 암시다. 유다의 멸망에 대한 그의 슬픔을 공개적으로 백성에게 전하라는 명령은 하나님의 심판이 확정된 것을 의미하기도 한다.

19-22절. 하나님의 심정이 서술된 후 예레미야가 화자로 등장한다. 하나님이 예레미야에게 중보를 금하셨음에도 불구하고 유다의 멸망을 예고하는 하나님의 확정된 신탁을 들은 예레미야는 그의 탄식과 함께 유다백성을 위한 하나님의 도움을 구하는 간청을 쏟아 놓는다(19절). 19절에 나열된 질문들은 하나님이 그의 백성을 향한 마음을 완전히 정리하셨는지를 묻는 탄식이다(cf. 8절). 더 나아가 회복이 불가능해 보이는 심판의 처참한 결과에 대한 절망감과 두려움을 토로하는 것이기도 하다. 예레미야는 당시 유다의 악뿐만 아니라 조상들의 죄악을 인정하며 심판의 당위성을 받아들인다(20절). 그러나 하나님의 도움을 기대할 수 있는 근거들을 열거하면서 여전히 구원의 은혜를 호소한다. 첫째, 하나님의 이름("당신의 이름," שְׁמֶךָ 쉼카)이다(21절). 유다백성의 멸망은 곧 하나님의 명예와 직접적으로 연결되어 있다는 것이다. 둘째, "주[당신]의 영광의 보좌"(כִּסֵּא כְבוֹדֶךָ 키쌔 케보데카)다(21절). 이 보좌는 시온을 의미하며 더 구체적으로는 성전을 가리킨다. 19절의 처음 두 질문에 언급된 "유다"와 "시온"은 21절의 "주의 영광의 보좌"와 "우리"에 짝을 이룬다. 따라서 하나님이 그의 보좌인 시온을 거부하시고 파괴하시는 것은 결국 하나님 자신의 문제가 될 수 있다는 사실에 호소한다. 셋째, 하나님이 친히 유다백성과 맺으신 "[당신의] 언약"(בְּרִיתְךָ 베리테카)이다(21절). 언약을 파기하는 죄를 범한 백성의 입장을 고려할 때 어떠한 자비나 구원도 결코 기대할 수 없다. 하지만 하나님의 언약이 여전히 유효하다면 언약에 신실하신 하나님의 자비를 기대할 수 있다는 것이다. 따라서 하나님이 그의 언약을 기억하시고 폐하지 마시길 간구한다. 예레미야는 지속적으로 "당신의"를 강조한다. "당신의 이름"이고, "당신의 영광의 보좌"이고, "당신의 언약"이다. 이 표현으로 예레미야는 언약백성인 유다의 운명이 결코 언약의 하나님과 분리될 수 없다는 사실을 하나님께 상기시킨다. 넷째,

무엇보다 중요한 것은 심판의 주체가 여전히 "우리 하나님 여호와"(יְהוָה אֱלֹהֵינוּ 아도나이 엘로해누)라는 사실이다(22절). 유다백성에게 임한 기근은 단순한 자연현상이 아닌 창조주이신 하나님의 심판이다. 따라서 하나님 외에 열방의 어떤 우상(הַבְלֵי הַגּוֹיִם 하블레 학고임)이나 하늘조차도 이 심판을 해결할 수 없다.[187] 오직 하나님만이 유일한 해결책이 된다. 이방인의 헛된 우상들을 의지하여 자신들의 번영과 안정에 대한 보증을 받고 싶어 했던 백성과는 달리 예레미야는 참 신이시며 창조주이신 하나님께만 그의 기대를 두고 하나님의 도움을 호소한다.[188] 마치 "우리 하나님이 우리를 버리시면 우리는 어떻게 합니까?"라고 말하는 듯하다. 예레미야의 기도는 14장 1-6절의 기근신탁과 연결되면서 14장을 함께 묶어준다. 심판을 해결하는 실마리가 심판의 주체이신 여호와 하나님께만 있기에 예레미야는 유다백성의 구원을 위하여 하나님께만 소망을 두고 있다.

"당신이 바로 여호와 우리 하나님이시지 않습니까? 그래서 우리가 당신을 기다립니다"(הֲלֹא אַתָּה־הוּא יְהוָה אֱלֹהֵינוּ וּנְקַוֶּה־לָּךְ 할로 앝타-후 아도나이 엘로해누 우네캅베-라크). 우상에게 소망을 두었던 유다백성과는 달리 예레미야는 하나님께 그의 소망을 끝까지 놓지 않고 있다. 이 기도는 하나님의 심판을 경험하고 포로지에 있으면서 회복을 기대했던 이들이 읽을 때 더 의미 있게 다가왔을 것이다.

현재적 적용 묵상

1. 거짓 평안과 번영을 약속하는 거짓 말씀사역자와 그들의 거짓 계시, 점술과 거짓말을 분별하는 지혜가 있는가? 성경이 그 지혜를 갖게 하는 것을 알면서도 혹시 성경을 읽고 묵상하는 것을 게을리 하지는 않는가?

2. 말씀사역자로서 성도의 귀를 즐겁게 하는 설교가 아니라 그들의 마음에 찔림을 주는 설교를 하겠다는 결단이 있는가?

---

187) הַבְלֵי הַגּוֹיִם 하블래 학고임은 열방을 따라 유다백성이 섬기고 있는 우상들, 즉 창조주가 아닌 인간의 조각품에 불과해서 기근의 문제를 해결할 수 없는 "헛된 것들"("아무것도 아닌 것들")을 가리킨다.

188) 예레미야의 이 기도는 10장의 논쟁을 연상시킨다. 참 신이시며 창조주이신 여호와가 야곱의 분깃이라는 사실에 근거한 기도이다.

3. 거짓 설교를 하는 설교자들과 더불어 그들의 말에 미혹된 이들도 심판을 피할 수 없다는 사실을 알고 있는가? 결국 범한 죄에 따라 그대로 그 죄를 부으시는 하나님의 원리로 인해 어떤 핑계도 댈 수 없다는 것을 인식하고 있는가?
4. 공의로 죄를 심판하시는 하나님이 진정 원하시는 것은 죄인이 돌이켜 생명을 얻는 것이라는 사실에 돌이킬 마음을 가질 용기가 생기는가? 혹시 사탄이 주는 죄책감에 쌓여 주저하고 있는 것은 아닌가? 그렇다면 하나님이 나의 하나님 여호와시라는 진리를 붙들 필요가 있다. 그가 그의 이름을 위하여 행하실 것이다. 범한 죄로 인해 하나님께 나아가 자신감을 잃을 때 "주님의 이름을 위하여"를 고백하며 그에게 나아갈 용기를 얻어야 한다.
5. 하나님의 심판을 뼈저리게 경험하면서도 여전히 세상의 우상에 소망을 두는 어리석은 행동을 하는 것은 아닌가?
6. 하나님의 자비와 구원을 간청하는 기도가 분명한 근거에 기초하고 있는가? 이 간청을 들어 주실 지는 하나님의 결정이지만 이런 기도를 드릴 때 최소한 하나님과 그와의 관계에 대한 분명한 이해 속에서 그의 도움을 구하고 있는가? 혹시 천우신조에게 복을 비는 것처럼 중언부언하거나 많은 말을 해야 한다고 생각하는 것은 아닌가? (cf. 마 6:7).
7. 아무리 중보기도를 드려도 문제가 해결되지 않는 것은 중보기도의 능력이 없기 때문이 아니라 하나님의 심판이 확정됐기 때문은 아닌가?
8. 신앙공동체를 위해 하나님께 드리는 중보기도에 그가 멈추라는 답변을 주시더라도 중보기도를 포기하지 않는 신앙공동체를 향한 사랑과 애정이 있는가?
9. 교회의 현실 그리고 나 자신의 현실은 전혀 소망이 없지만 그래도 "당신이 바로 여호와 우리 하나님이시지 않습니까? 그래서 우리가 당신을 기다립니다"라는 예레미야의 고백을 붙들고 하나님의 자비를 간청하는 기도를 드릴 마음이 있는가?

---

(3) 중보가 효력이 없는 확정된 심판과 예레미야를 위한 구원약속, 15:1-14

본 단락은 14장의 하나님과 예레미야의 대화를 이어간다. 그 흐름을 나타내면 다음과 같다.

[B". 예레미야의 간청: "주의 이름을 위하여"(4:19-22)]

A"'. 하나님의 말씀: 심판확언과 네 가지 벌(1-9절)
B"'. 예레미야의 탄식: "내게 화로다"(10절)
A"". 하나님의 말씀: 예레미야를 위한 약속과 심판선언(11-14절)

앞 단락의 마지막 부분에 서술된 예레미야의 중보기도(14:19-22)에 대해 하나님은 뜻밖의 답변을 주신다. 어떤 중보자의 기도도 하나님의 마음을 돌이킬 수 없다는 것이다. 이는 하나님이 예레미야의 간절한 중보기도를 거절하신 것을 의미한다. 따라서 유다는 하나님이 계획하신 심판에 따라 그대로 멸망하게 된다. 유다를 위한 중보가 결코 소용이 없음을 강조하기 위해 모세와 사무엘이 구체적으로 언급되는 것과 같은 방법으로 심판을 분명하게 전달하기 위해 심판의 네 가지 형태(죽음, 칼, 기근, 포로)가 구체적으로 전달된다. 이에 맞추어 네 가지 방법의 벌(칼, 개, 새, 들짐승)이 열거되면서 강조된다. 같은 맥락에서 심판원인을 명확하게 지적하기 위해 므낫세라는 특정인물이 언급된다. 유다백성에 대한 하나님의 심판이 확정된 것은 그들이 그를 버리고 그에게 여전히 등을 돌리고 있기 때문이다. 8-9절에서 여인과 관련된 표현들을 나열하는 것 역시 동일한 구체화 기법으로 유다의 대를 끊는 참혹한 심판을 강조한다. 여인에 대한 하나님의 말씀을 이어가는 듯 예레미야는 자신을 낳은 어머니에 대한 불평으로 자신이 겪고 있는 고통을 하나님께 토로한다. 그러자 하나님은 예레미야에게 좋은 결과로 구원하실 것을 약속하신다.

중보가 효력이 없는 확정된 심판(1절)

모세와 사무엘이 중보기도를 드린다고 하더라도 하나님은 그들을 거부하실 것이다. 왜냐하면 하나님의 마음이 이미 떠났기 때문이다. 오히려 유다백성을 보내서 나가게 하라는 명령을 하신다.

정해진 형태에 따라 임하게 될 심판(2-4절)

확정된 하나님의 심판은 그가 정하신 대로 임하게 된다. 네 가지 형태의 심판이 언급된다. 죽음, 칼, 기근, 포로다. 이 심판을 이룰 네 가지 재앙은 칼과 개 그리고 새와 짐승이다. 유다의 멸망에 결정적인 원인을 제공한 히스기야의 아들 므낫세가 언급된다.

배신에 따른 돌이킬 수 없는 심판선언(5-9절)

하나님께 등을 돌리는 예루살렘의 지속적인 배신은 더 이상 은혜를 베풀 수 없을 정도로 그를 지치게 했다. 따라서 유다백성은 파괴자를 통해서 대가 끊기는 파멸을 맞이하게 되며 극심한 괴로움과 공포에 사로잡히게 된다. 여인들이 집중적으로 언급되면서 대가 끊기는 철저한 멸망이 강조된다.

핍박하는 자들로 인한 예레미야의 탄식(10절)

하나님의 심판을 선포하다 보니 예레미야는 패역한 백성의 배척과 저주를 받게 된다. 이에 예레미야는 그의 고통을 하나님께 호소한다.

하나님의 보호에 대한 약속(11-14절)

예레미야의 탄식에 대한 하나님의 답변이 주어진다. 예레미야를 좋은 결과로 구원하실 뿐만 아니라 그를 강하게 하시겠다고 약속하신다. 또한 예레미야의 대적들을 향해 직접적으로 심판을 선언하시면서 구원약속을 확증하신다.

주해

1절. 예레미야의 중보기도에 이어서 하나님이 화자로 등장하신다. 어떤 중보자의 기도도 그의 뜻을 돌이킬 수 없다고 선언하신다. 이 사실을 강조하기 위해 모세와 사무엘이 구체적으로 언급된다(cf. 시 99:6). 이들의 중보기도로 이스라엘 백성은 하나님의 긍휼을 경험한 적이 있다. 모세가 시내산에서 내려오지 않자 마음이 급해진 이스라엘 백성은 금송아지를 만들어 하나님의 뜻을 거역했다. 이때 하나님이 이스라엘 백성을 멸하시려고 했는데, 하나님의 명성과 언약에 호소하는 모세의 기도로 멸망을 면했다(출 32:7-14; cf. 민 14:13-24). 삼상 7:1-14은 사무엘의 기도가 이스라엘 백성으로 하여금 하나님만을 섬기게 했을 뿐만 아니라 블레셋을 물리치는데 중요한 역할을 했다고 기록하고 있다. 삼상 12장 23절에서 사무엘은 이스라엘 백성을 위해 기도하기를 쉬는 죄를 여호와 앞에서 범하지 않겠다고 말한다. 하지만 이들이 지금 하나님 앞에 서서 중보기도를 드리며 간청하더라도 하나님의 은혜를 결코 기대할 수 없다. 왜냐하면 하나님의 마음이 이미 그의 백성에게서 떠나셨기 때문이다. 하나님은 "내 마음이 이 백성에게 향하지 않고 있다" (אֵין נַפְשִׁי אֶל־הָעָם הַזֶּה 앤 나프쉬 엘-하암 핫쩨)고 말씀하신다. 오히려 하나님은 그의 면전으로부터 백성을 보내서 나가게 하라고 명령하신다. "그들을 내 앞에서 쫓아 내보내라."

2-3절. 유다백성이 어디로 가야할 지를 물을 때 단지 쫓겨나는 것이라고 생각하는 것은 오해다. 왜냐하면 유다백성이 내쫓기는 것은 하나님이 정하신 형태에 따른 심판을 맞이하는 것이기 때문이다(2절). 죽음이 정해진 이는 죽음으로, 칼이 정해진 이는 칼로, 기근이 정해진 이는 기근으로, 포로가 정해진 이는 포로로 나가게 된다. 죽음, 칼, 기근, 포로는 철저한 파멸을 위해 하나님이 정하신 심판의 형태이며 언약적 저주다. 하나님이 정하신 바대로 질병으로 죽는 자가 있을 것이며, 전쟁에서 칼에 죽는 자가 있고, 기근으로 굶어 죽는 자가 있을 것이다. 다행히 살아남는 다해도 결국 포로로 사로잡혀가게 된다. 확실한 죽음과 파멸을 강조하기 위해 하나님은 "네 가지 부류" (אַרְבַּע מִשְׁפָּחוֹת 아르바 미쉬파호트)를 유다백성 위에 지명하신다(3절).[189] 칼과 개, 새와 들짐승이다. 칼은 죽음을 불러올 것이며 개는 죽은 시체들을 거리와 들로 끌어내고, 새와 들짐승은 시체들을 먹어치울 것이다. 이는 죽어서도 수치를 당하게 되는 철저하고 참혹한 심판이 작정됐음을 의미한다.

4절. 결국 하나님은 참혹한 심판을 당한 유다를 땅의 모든 왕국에게 공포의 대상이 되게 하시겠다고 선언하시고 그 이유를 설명하신다. 바로 히스기야의 아들 므낫세가 예루살렘에서 행한 것 때문이다. 히브리어 원문에 따른 4절의 어순은 선언을 먼저 서술하고 그 이유로 므낫세를 언급한다. 이에 따라 번역하면, "내가 그들을 땅의 모든 왕국들에게 공포의 대상이 되게 만들 것이다. 이는 유다 왕 히스기야의 아들 므낫세, 곧 그가 예루살렘에서 행한 것 때문이다"(사역). 땅의 모든

---

189) "벌하다"로 번역하고 있는 히브리어 동사 פָּקַד 파카드는 이 문맥에서 "지명하다" 또는 "부르다"의 의미로 번역하는 것이 적절해 보인다. 왜냐하면 2절이 하나님의 작정을 강조하고 있기 때문이다.

왕국들에게 공포의 대상으로 만드시겠다는 선언은 2-3절이 서술하고 있는 작정된 심판이 가져오는 최종적인 결과다. 따라서 이 어순을 유지하는 것이 적절하다. 주전 698년에서 644년까지 유다를 통치한 므낫세를 특정해서 언급하는 것은 두 가지를 의도한 것으로 보인다. 첫째, 심판원인이 되는 유다의 죄를 생생하게 그려볼 수 있게 한다. 중보자로 확연히 연상할 수 있는 모세와 사무엘이 중보자의 모델로 제시된 것과 짝을 이루어 므낫세는 행악자의 모델로 제시된다. 히스기야는 선한 왕이었지만 므낫세는 정반대로 악한 왕이었다(cf. 왕하 21:1-18; 대하 33:1-20). 므낫세는 유다백성이 열방보다 더 심각한 우상숭배를 행하게 한 장본인이다. 이로 인해 왕하 24장 2-4절은 유다가 멸망하게 되는 직접적인 원인으로 므낫세의 죄를 지적한다.[190] 므낫세는 우상숭배를 조장했을 뿐만 아니라 무고한 자들의 피를 흘려 예루살렘에 가득하게 했다. 므낫세의 범죄는 당시 유다백성이 범하고 있는 죄의 전형이다. 둘째, 오랜 기간 조상들의 죄악을 답습해온 유다백성을 참고 인내해 오신 하나님을 보게 한다. 므낫세의 악행은 하나님의 심판을 받기에 충분했지만 하나님은 당시까지 심판을 행하지 않으셨다. 유다백성이 죄에서 돌아서길 기다리셨는데, 하나님이 결국 중보자를 거부하시고 확정된 심판을 선언하시는 지경에 이르게 된다.

5-6절. 하나님의 심판이 임하면 예루살렘(유다)을 위해 위로하거나 슬퍼하거나 안부를 물을 자가 없을 것이다(5절). 왜냐하면 유다의 멸망은 하나님을 버린 것에 따른 정당한 심판이기 때문이다(6절). 하나님을 버린 것은 그에게 등을 돌리고 가버린 것(אָחוֹר תֵּלֵכִי 아호르 텔레키)을 의미한다. 이는 우상숭배에 대한 표현이다. 따라서 유다의 대적을 멸하던 하나님의 손을 이제는 유다를 향해 펴서 멸하시겠다고 선언하신다.[191] 뿐만 아니라 그를 버리고 등을 돌린 유다를 측은히 여기는 것

---

190) "여호와께서 그의 종 선지자들을 통하여 하신 말씀과 같이 갈대아의 부대와 아람의 부대와 모압의 부대와 암몬 자손의 부대를 여호야김에게로 보내 유다를 쳐 멸하려 하시니 이 일이 유다에 임함은 곧 여호와의 말씀대로 그들을 자기 앞에서 물리치고자 하심이니 이는 므낫세의 지은 모든 죄 때문이며 또 그가 무죄한 자의 피를 흘려 그의 피가 예루살렘에 가득하게 하였음이라 여호와께서 사하시기를 즐겨하지 아니하시니라"(왕하 24:2-4).

191) 개역개정은 וָאַט 바아트와 וָאַשְׁחִיתֵךְ 바아쉬히태크가 ו 바브 미완료 연계형인 것에 주목해서 과거시제인 "네게로 내 손을 펴서 너를 멸하였노니"로 번역한다. 하지만 다가올 심판을

도 지치셨다고 말씀하신다.[192] 따라서 더 이상 하나님의 자비나 긍휼을 기대할 수 없다. 결국 하나님을 버린 유다는 사람들만이 아니라 하나님에게도 버림을 받게 된다.

7-9절. 개역개정은 7-9절(6절 포함)의 동사들이 과거사건을 서술하는 형태인 ו바브 미완료 연계형과 완료형인 것을 고려하여 이미 이루어진 심판행위를 묘사하는 과거시제로 번역한다(cf. NJB; RSV). 이 경우, 7-9절은 6절의 "내가 뜻을 돌이키기에 지쳤다"는 서술에 대한 증거를 제시하는 것으로 해석할 수 있다. 7-9절이 서술하는 바와 같이 혹독한 심판으로 유다를 다루시면서 돌아오길 기대하셨지만 그들은 돌아오지 않았다. 그럼에도 불구하고 완전히 멸하는 뜻을 돌이키기를 반복하셨다. 하지만 이제는 그렇게 하시기에 지치셨다는 의미가 된다. 그래서 이제까지 있었던 심판에서 살아남은 자들을 대적의 칼에 붙이시겠다는 선언을 하시게 된다. 이 선언은 바벨론에 의한 유다의 최종적인 멸망에 대한 예고가 된다.

그러나 이와는 달리 7-9절의 동사들을 미래시제로 번역하여 앞으로 일어날 심판의 행위들에 대한 언급으로 해석하기도 한다(cf. 공동번역; 새번역; 현대인의 성경; 우리말성경; NIV; KJV). 이 경우 7-9절은 하나님이 손을 펴서 유다를 멸하시겠다는 6절의 선언이 예고하는 심판을 구체적으로 설명하면서 강조하는 것이 된다. 확정된 심판을 강조하는 문맥(1-4절)과 7-9절의 내용이 최종적인 심판을 의미하는 것으로 보이는 점을 고려할 때 앞으로 임하게 될 심판으로 이해하는 것이 적절해 보인다. 어찌하든 중요한 것은 대를 끊어 완전히 멸하는 심판을 강조하는 것이다. 지속적으로 하나님께 등을 돌린 행위의 결과는 전멸이다. 성문은 백성 간에 일어난 문제를 재판하는 장소다(7절). 이곳에서 유다백성이 하나님의 재판을 받게 된다. "그 땅의 성문들"은 전 지역을 의미하며 온 유다에 임할 심판을 암시한다. 농부가 키질을 해서 쭉정이를 날려 버리는 것처럼 하나님이 친히 성문에서 그의 백성을 키질하여 흩어버리실 것이다. 그 결과는 대가 끊기고 언약백성이 소멸되는 것이다. 이렇게 되는 이유는 유다백성이 자신들의 길(삶의 방식)을 고집하고 하나

선언하고 있는 문맥을 고려하면 이 동사들을 미래시제로 번역할 수 있다.

192) 니팔 부정사 הִנָּחֵם 힌나햄은 "뜻을 돌이킴" 또는 "측은히 여김"을 의미하는데, 어떤 의미로 해석을 하던 유다에게서 마음이 떠난 하나님의 모습을 묘사하는 표현이다.

님께로 돌아오지 않기 때문이다. 여인을 묘사하는 표현들이 반복되면서 대를 끊는 심판이 강조된다. 전쟁 때문에 남편을 잃은 "과부"에게서 자녀출생을 기대할 수 없다(8절). 하나님의 심판은 이러한 과부들을 바다의 모래보다 많게 할 것이다. 이와 같이 대를 끊어 완전히 멸하시는 하나님의 심판이 강조된다. "청년들의 어미"(אֵם בָּחוּר 앰 바후르)는 전쟁에 능한 용사들의 어미를 의미한다.[193] 하나님의 부르심을 받은 "파괴시킬 자"(שֹׁדֵד 쇼대드)가 대낮(בַּצָּהֳרָיִם 밫쪼호라임; "정오에")에 공격을 해도 용사들의 어미가 보호를 받지 못하고 불시에 놀람과 두려움에 휩싸이게 된다. 용사인 아들도 어미에게 도움이 되지 못한다. "어미"를 예루살렘 성에 대한 은유로 볼 수 있다. 이 경우, 용사들을 갖춘 성읍이지만 대적의 공격을 막아내지 못하고 놀람과 두려움에 사로잡히는 장면으로 이해하게 된다. 많은 자녀("일곱")는 어미에게 축복의 상징이다. 하지만 하나님의 심판은 이 축복의 기쁨을 어미에게서 빼앗아 간다. "일곱을 낳은 여인"은 많은 자녀들의 공양을 기대할 수 있는 여인이지만 자녀를 잃고 쇠약하게 되고 기절하게 되어 결국 수치를 당하게 된다. "대낮에"(בְּעֹד יוֹמָם 베오드 요맘; "아직 낮인데") 해가 떨어진다는 것은 그렇게 될 상황이 아님에도 불구하고 여인이 자녀 또는 축복을 잃는 것을 의미한다. 예루살렘에 대한 어미의 은유가 "일곱을 낳은 여인"으로 이어지는 것으로 볼 수도 있다. 즉 많은 사람들로 가득했던 성읍이 이제 황폐하게 되어 수치와 부끄러움에 사로잡히게 된다는 의미다. 더욱 불행한 것은 성읍이 멸망할 때 살아남은 자들도 결코 죽음을 피할 수가 없다는 것이다. 그들 역시 대적의 칼에 죽음을 맞이하게 된다. "대낮"이라는 표현이 반복되면서 갑작스럽고 기대하지 않은 하나님의 심판이 비유적으로 묘사된다. 지속적인 배교에서 벗어나지 못한 유다는 대낮에도 죽음의 어두운 그림자를 결코 피할 수가 없게 된다.

6절과 7절에 서술된 유다(예루살렘)의 심판원인을 정리하면 첫째, 유다가 스스로 하나님을 버린 것이다(6절). 둘째, 유다가 여전히 하나님께 등을 돌리고 가버린 것이다(6절). 셋째, 유다가 자신의 길에서 돌아서지 않은 것이다(7절). 그 결과는 파괴자에 의해 대가 끊기고 완전히 파멸되는 것이다(8-9절).

---

193) "청년들의 어미"(אֵם בָּחוּר 앰 바후르)가 생산력이 있고 어미를 가리키는 것으로 풍요로운 상태를 의미하는 은유일 수 있다. 그렇다면 8절하는 파괴자로 인해 풍요로움을 탈취당하고 기력을 잃고 수치에 휩싸인 상태를 의미한다.

10절. 앞서 유다의 멸망에 대한 슬픈 감정을 적나라하게 드러낸 예레미야는 자신의 고통에 대한 감정도 여과 없이 드러낸다. 아마도 여호야김 시대에 극도의 저항과 배척을 당하면서 고백한 탄식으로 보여 진다. 한편으론 하나님의 심판이 확정된 상황이라면 심판을 경고하고 회개를 촉구하면서 자신이 겪은 고통과 고난에 대한 회의가 들었을 수도 있다. 앞 절의 어미에 대한 언급에 이어서 예레미야는 자신의 어머니에 대한 불평으로 그가 당하고 있는 고통을 토로한다. 다투는 자와 싸우는 자를 만나게 될 자식을 어머니가 낳았다는 불평이다. 달리 말하면 어머니가 자신을 낳지 않았다면 고통을 당하지 않을 것이라는 불평이다. 따라서 예레미야의 불평을 의역하면, "어머니가 저를 낳은 것이 제게 화입니다"라는 표현이 된다. 이것은 심판신탁을 듣고 싶지 않은 백성과 다투고 싸워야 하는 그의 사역과 처지에 대해 탄식이다. 중보자가 소용이 없는 확정된 심판을 선포해야 하는 예레미야가 겪는 고통의 내용은 백성의 배척과 저주다. 모든 백성이 그를 배척할 뿐만 아니라 저주한다. 이것은 자신들이 기대하지도 원치도 않는 심판을 선포하는 예레미야를 향한 패역한 백성의 당연한 반응이다. 그러나 하나님의 명령을 감당하는 예레미야의 입장에서는 무고히 당하는 고통이다. "빌려주지도 꾸지도 않았는데"라는 표현은 그의 무고함을 의미한다.

11절. 본 절의 화자에 대한 논란이 있다. 화자가 누구인지에 따라 11절의 의미도 달라진다. 화자를 예레미야로 보는 경우, 히브리어 원문의 אָמַר 아마르("그가 말하다")를 칠십인경의 번역(ένοιτο)처럼, אָמֵן 아맨("그렇게 하십시오")으로 수정하고 יְהוָה 아도나이를 호격("여호와여")으로 간주한다.[194] "그렇게 하십시오, 여호와여." 이어지는 문장의 1인칭 주어는 자연스럽게 예레미야가 된다. 따라서 11절의 의미는 공동번역처럼 된다: "야훼여, 이 백성이 복 받도록 제가 주님을 진심으로 섬기지 않았습니까? 이 백성이 원수를 만났을 때나 재앙을 만나 고생할 때, 대신 기도를 드리지 않았습니까? 그러지 않았다면, 저주를 받아도 좋습니다"(공동번역; cf. RSV; NJB). 이 번역은 자신이 사역을 충실히 감당했음에도 불구하고 사람들의 저주대상이 되는 것에 대한 예레미야의 탄식이다. 이와는 달리 하나님을 화자로 보면 11절은 예레미야의 탄식에 대한 하나님의 답변이다. 이 견해는 히브리어 원문

194) BHS가 이 수정독법(אָמֵן 아맨)을 제안한다.

에 있는 אָמַר יְהוָה아마르 아도나이("여호와께서 이르시되")를 그대로 수용하고 이 표현이 하나님이 하신 말씀을 소개하는 것으로 분석한다. 히브리어 사본들이 다른 독법을 제시하지 않기 때문에 이 독법을 그대로 유지할 필요가 있다.[195]

11절에서 하나님은 복을 위해 예레미야를 강하게 하시겠다고 약속하신다.[196] "복"으로 번역하고 있는 히브리어 טוֹבָה토바는 물질적 복의 개념이 아니라 하나님이 강하게 하심으로 감당하는 사역과 관련된 "좋은 것"을 의미하는 복이다. 이 약속에 이어서 "좋은 것"의 내용이 구체적으로 서술된다. 바로 재앙과 환난이 임하게 될 때 그를 배척하고 저주하던 원수들이 그에게 중보해 줄 것을 간청하는 것이다(cf. 21:1-6; 37:3; 42:1-6). 이는 그가 참 선지자로 인정을 받는 것을 가리킨다. 이와는 달리 "네게 간구하게 하리라"로 번역한 히브리어 표현 הִפְגַּעְתִּי בְךָ히프가이티 베카를 "너를 잘 대우하게 하리라"로 번역하면 느부갓네살 왕이 사령관 느부사라단을 통해서 예레미야를 선대한 것을 이 약속의 성취로 볼 수 있다(cf. 39:11-14). 어떤 해석을 따르던 중요한 것은 예레미야가 사역을 감당할 수 있도록 힘을 주시는 분도 하나님이시며 "좋은 것"을 허락하시는 분도 하나님이시라는 사실이다. 하나님은 그가 예레미야를 부르실 때 약속하신 것처럼 결코 예레미야를 홀로 두지 않으신다(cf. 1:8).

12-14절. 하나님은 예레미야를 배척하며 저주하는 자들을 2인칭의 "네"와 "네가"로 부르시면서 그들에게 직접 심판을 선언하신다.[197] 이 선언은 예레미야를

---

195) 아람어 예레미야(Targum Jeremiah) 역시 같은 독법을 유지한다: אֲמַר ייי 아마르 아도나이.

196) 개역개정이 "너를 강하게 할 것이요"로 번역한 히브리어 원문의 표현 שֵׁרִותִךָ쉐리브티카에 대한 이견이 있다. 이 표현의 낭독형(Qere)은 שֵׁרִיתִךָ쉐리티카다. 기록형(Ketiv) שרותך를 동사 שָׁרַר샤라르("강하게 하다")의 칼, 완료, 1인칭 단수형에 2인칭 남성 단수 대명사어미가 결합된 שָׁרוֹתִךָ샤로티카로 보면, "내가 너를 강하게 하다"라는 의미를 갖는다. 반면에 낭독형 שֵׁרִיתִךָ쉐리티카는 동사 שָׁרָה샤라("풀어주다")의 피엘, 완료, 1인칭 단수형에 2인칭 남성 단수 대명사어미가 결합된 형태로 "내가 너를 자유롭게 할 것이다"라는 의미다. BHS는 שֵׁרַתִּיךָ쉐라티카("내가 당신을 섬겼다")로 읽을 것을 제안한다. 이는 11절의 화자를 예레미야로 보는 견해에 따른 것이다(cf. 공동번역 11절). 11절의 화자를 하나님으로 볼 경우, 낭독형 또는 기록형의 의미를 취할 수 있다.

197) Longman은 2인칭이 예레미야를 가리키는 것이며 예레미야는 유다 공동체를 대표하는 것으로 간주한다(Longman, *Jeremiah/Lamentations*, 125).

위한 하나님의 보호와 신원을 확언하는 역할을 한다. 즉 예레미야의 대적을 제거하시는 것이다. 12절은 사람이 철(일반적인 철)을 깨뜨릴 수 없고 더욱이 더 강한 "북방의 철과 놋"을 깨뜨린다는 것이 불가능한 것처럼 유다가 북방에서 오는 대적(바벨론)을 결코 막아내지 못할 것임을 선언하는 수사적 질문이다. 개정개역의 번역과는 달리 "철이 능히 북방의 철과 놋을 깨뜨릴 수 있느냐?"로 번역하기도 하는데(cf. 쉬운성경; KJV; NJB), 전달하는 의미는 동일하다. 즉 철이 유다를 의미하고 북방의 철과 놋은 북방의 대적(바벨론)을 의미하는 것으로 간주하는 것이다. 철과 놋과 같이 강한 대적은 그 어떤 대가도 치르지 않고 자유롭게 모든 지역에서 유다의 재산과 보물을 다 탈취해 갈 것이다(13절). 뿐만 아니라 유다백성은 대적의 손아귀에 잡혀 포로가 되어 이방인의 땅("네가 알지 못하는 땅")으로 끌려가게 된다(14절; cf. 14:18). 하나님의 진노로 불이 일어나서 유다를 태운다는 말씀을 덧붙이시면서 심판을 확언하신다. 이는 그의 진노의 심판으로 유다가 범한 "모든 죄"(כָל־חַטֹּאותֶיךָ 콜-핱토브테카, 13절)의 대가를 치르게 하시겠다는 선언이다.

현재적 적용 묵상

1. 혹시 므낫세처럼 한 사람이 또는 한 지도자가 가정 안에서, 신앙공동체 안에서, 지역공동체 안에서 죄의 수렁을 파고 있는 것은 아닌가?

2. 사회나 교회의 전통과 관습이 만든 죄악에서 벗어나지 못하고 여전히 답습하면서 하나님께 등을 돌리는 어리석은 행동을 하고 있는 것은 아닌가?

3. 하나님도 지치실 때가 있다는 것을 알고 있는가? 재앙과 재난을 통한 하나님의 무수한 경고와 개입에도 불구하고 반복해서 거부하고 패역에서 벗어나지 않는 인간을 계속해서 동정하는 것은 그를 지치게 한다. 혹시 내 삶이 또는 소위 말하는 "신앙공동체"가 하나님을 지치게 하는 것은 아닌가? 하나님을 지치게 할 때 심판을 위해 펼치신 그의 손이 보이는가?

4. 성도로 살려고 할 때 겪게 되는 어려움으로 인해 절망과 외로움을 느끼고 때로는 심각한 회의에 빠지기도 하는데, 이 모든 감정을 솔직하게 하나님 앞에 표현하고 있는가? 인간은 연약한 존재이기 때문에 이러한 감정을 갖는 것 자체가 죄가 되는 것은 아니다. 하지만 이러한 감정들을 어떻게 다루는지는 중요하다. 예레미야가 하나님께 그의 감정을 고백했을 때 하나님이 책망하시고,

위로하시고, 약속을 주시며 예레미야의 감정을 다루어주신 것을 기억할 필요가 있다.

5. 사역으로 부르신 하나님이 강하게 하시고 좋은 것을 약속하시는 위로의 음성이 들리는가?

---

(4) 예레미야의 탄식과 하나님의 보호확언, 15:15-21

본 단락에 서술된 하나님과 예레미야의 대화는 예레미야가 겪고 있는 고통과 갈등의 본질에 접근한다. 하나님이 주신 소명을 감당할 때 겪는 지속적인 박해와 외로움은 예레미야가 하나님을 속이는 분이 되시려고 하느냐고 물을 정도의 극단으로 몰아갔다. 그에게 남은 간청은 자신이 어떻게 사역해 왔는지를 아뢰고 그를 박해하는 자들을 보복해달라는 것이다. 예레미야의 탄식을 들으신 후 하나님은 소명을 확인해 주시고 그와 함께 하시면서 구원하시겠다는 약속을 주신다. 앞 단락에 서술된 하나님의 말씀과 연관해서 보면, 자신을 배척하고 저주하는 자들에 대한 하나님의 심판선언을 들은 예레미야는 자신의 문제에 더 집중하면서 그들에 대한 보복을 간청한다.

[A"". 하나님의 말씀: 예레미야를 위한 약속과 심판선언(11-14절)]

B"". 예레미야의 간청: "보복해주십시오"(15-18절)
A"''. 하나님의 말씀: 예레미야를 위한 구원약속(19-21절)

예레미야의 개인적인 탄식(10절; 15-18절)과 하나님의 답변(11-14절; 19-21절)이 짝을 이루면서 반복해서 서술된다. 이것은 단순한 반복이 아니다. 대화의 내용이 심화되고 강조된다. 예레미야의 입장에서 고통과 절망의 심각성이 고조되는 만큼 하나님의 약속도 구체화되고 강화된다.

계속되는 예레미야의 탄식(15-18절)

하나님의 보호와 구원에 대한 약속이 주어졌음에도 불구하고 예레미야는 하나님이 그의 수고를 기억하시고 그를 핍박하는 자들을 보복해주심으로 속히 고통에서 건져 주실 것을 간구한다.

하나님의 세우심과 구원에 대한 확언(19-21절)
하나님의 보호하심을 의심하는 예레미야에게 하나님은 그의 마음을 돌이켜 그에게로 향하게 하라고 말씀하신다. 그러면 그를 세워주실 뿐만 아니라 함께 하시면서 건져주실 것을 확언해 주신다.

주해

15절. 예레미야는 하나님의 부르심에 대한 자신의 충성과 헌신에 근거해서 그의 구원을 또다시 간청한다. 예레미야의 말은 하나님이 자신을 아신다면 당연히 그를 기억하고 돌봐 달라는 간청이다. 더 나아가 자신을 핍박하는 자에게 보복하여 주실 것을 호소한다. 하나님의 구원과 신원에 대한 확언이 주어졌지만 그의 오래 참으심이 그에게는 조급함으로 다가온 것으로 보인다. 따라서 자신이 멸망을 당하기 전에 하나님이 속히 그를 핍박하는 자를 보복해주시길 간청한다. 예레미야가 하나님의 보복을 간구할 수 있는 것은 그가 겪는 고통이 하나님을 위한 것이라는 사실에 근거한다. 따라서 예레미야는 하나님의 사역을 감당할 때 당하는 조롱을 하나님이 알아주시길 바란다.

16-18절. 예레미야는 하나님의 관심을 얻기 위해 그가 어떻게 선지자의 사역을 감당했는지를 언급한다. 패역한 유다백성과는 달리 자신이 하나님의 이름으로 일컬음을 받은 자이기 때문에 하나님의 말씀이 주어졌을 때 기쁨과 마음의 즐거움으로 받아먹었다고 말한다(16절). 그는 하나님을 떠난 무리들과 어울리며 즐기지도 않았다(17절).[198] 모든 면에서 그는 철저하게 하나님의 선지자로 행동했다. 하지만 하나님의 강권적인 역사에 이끌리는 것("주의 손에 붙들려")이 자신에게 공동

198) 예레미야가 이런 행동을 한 것은 16장 1-9절에 서술된 하나님의 명령 때문인 것으로 보인다. 그렇다면 15장과 16장은 연대기적 배열이 아니라는 것이다. 이는 예레미야서 전체를 분석할 때 연대기적 흐름보다는 주제적 흐름에 주목해야 할 필요를 보여준다.

체와 분리되는 외로움의 고통이 됐음을 탄식한다. 하나님이 그를 유다백성을 향한 분노로 채우셨기 때문에 예레미야는 그것을 자신 안에 담아 두지 못하고 전할 수 밖에 없었다. 그러나 그 결과는 그가 고백하고 있는 외로움이다. 그 만큼 그의 고통은 실제적이다. 그러하기에 예레미야는 그의 절망스러운 심정을 거침없이 하나님께 쏟아 놓는다(18절). 선지자로서의 강인한 모습과는 대조적으로, 하나님이 물을 얻을 수 없는 말라버린 시내처럼 되시려고 하느냐고 물으며 자신의 갈등과 고통에 탄식하는 인간적인 모습을 보인다. 18절은 하나님이 그를 버리신 것은 아닌지 또는 하나님이 신뢰할 수 없는 분은 아닌지를 확인하고 싶어 하는 예레미야의 흔들리는 마음을 그대로 묘사한다.

19-21절. 예레미야의 두 번째 탄식에 대한 하나님의 답변이 주어진다. "그러므로"(לָכֵן 라캔)와 신탁도입형식(여호와께서 이와 같이 말씀하시되")은 곧 서술될 하나님의 말씀이 앞에 제시된 예레미야의 탄식에 따른 것임을 분명하게 보여준다.[199] 하나님은 그의 약속으로 예레미야의 흔들리는 마음을 다시 잡아주신다. 하지만 그의 약속을 확언하시기에 앞서 예레미야의 흔들리는 마음을 책망하신다(19절). 무엇보다 먼저 하나님은 예레미야에게 그에게로 돌아오라고 명하신다. 즉, 그의 의심을 버리라는 것이다. 예레미야가 마음을 추스르고 돌아오면 하나님이 다시 그를 자신 앞에 서게 하겠다고 말씀하신다. 이는 선지자의 사역을 감당할 수 있게 하시겠다는 약속이다. 더 나아가 예레미야에게 조급함과 의심의 말들(זוֹלֵל 졸랠; "헛된 것")을 버리고 하나님의 신탁과 약속(יָקָר 야카르; "귀한 것")을 말할 것을 요구하신다. 이것은 예레미야 스스로 "헛된 것"에서 "귀한 것"을 구별해 내는 작업을 해야 함을 의미한다. 그렇다면 예레미야의 의지적 결단도 필요하게 된다. 그러면 하나님이 그가 선지자 사역("나의 입")을 감당할 수 있게 하신다. 하나님이 원하시는 것은 예레미야가 백성의 수준으로 내려가는 것이 아니라 백성이 예레미야의 수준으로 올라서는 것이다. 이것을 위하여 하나님은 예레미야를 "견고한 놋 성벽"(חוֹמַת נְחֹשֶׁת 호마트 네호쉐트)처럼 백성 앞에 굳건히 세우실 것이다(20절). 흔들림이 없이 굳건히 서 있는 예레미야는 백성에게 필요한 모범이다. 예레미야가 유다백성

199) 개역개정은 "그러므로"(לָכֵן 라캔)를 번역에 포함시키지 않았다.

과의 갈등을 피할 수는 없지만 그 싸움에서 이길 수 있다. 왜냐하면 하나님이 구출하고 건지시기 위한 그의 임재를 약속하시기 때문이다. 이 약속의 진실성과 확실성이 신적 선언("여호와의 말씀이니라")으로 확인된다.

20절은 가깝게는 18절에 서술된 예레미야의 절망적인 의심을 뒤집는 답변이며 멀게는 예레미야가 처음 소명을 받을 때 들었던 약속에 대한 확인이다(cf. 1:18-19). 하나님의 구원이 신속하게 임하지 않자 흔들리는 예레미야를 하나님이 친히 그의 약속으로 붙들어 주시며 그를 다시 선지자의 사명으로 부르시는 것을 볼 수 있다. 하나님은 예레미야를 배척하고 대적하는 자들을 "악한 자[들]"(רָעִים 라임)과 "무서운 자[들]"(עָרִצִים 아리찜)로 규정하시면서 그들에게서 예레미야를 구출해내고 되찾아오겠다고 약속하신다(21절). 21절의 두 문장은 의미적, 구문적 평행을 이루면서 이 약속을 강조한다.

21a　　וְהִצַּלְתִּיךָ　　מִיַּד רָעִי

a[ו 바브+1인칭동사+2인칭 대명사어미] - b[מִן 민 부사구]

"내가 너를 건지며"　　"악한 자의 손에서"

21b　　וּפְדִתִיךָ　　מִכַּף עָרִצִי

a'[ו 바브+1인칭동사+2인칭 대명사어미] - b'[מִן 민 부사구]

"내가 너를 구원하리라"　　"무서운 자의 손[아귀]에서"

구해주는 것과 관련된 동사들의 반복은 예레미야를 위한 하나님의 구원이 확실하다는 것을 강조한다: (1) "[너를] 구원하여"(הוֹשִׁיעֲךָ 레호쉬아카, 20절); (2) "[너를] 건짐이라"(לְהַצִּילֶךָ 레핫찔레카, 20절); (3) "[너를] 건지며"(הִצַּלְתִּיךָ 힛짤티카, 21절); (4) "[너를] 구원하리라"(פְּדִתִיךָ 페디티카, 21절). 마지막 동사 פָּדָה 파다는 값을 치르고 되찾아오는 "구속"(redeem)을 의미한다.

이 동사들의 목적어로 2인칭대명사 어미("너를")가 반복되는 것은 이 모든 구원의 행위가 예레미야에게 집중하고 있음을 보여준다. 또한 1인칭 동사가 반복적으로 사용되면서 이 약속을 주시는 하나님("내가")이 구원의 주체이심을 분명하게 전달한다.

현재적 적용 **묵상**

1. 하나님의 뜻에 따라 살려고 하기 때문에 하나님을 위해 부끄러움이나 어려움을 당하고 있다고 당당하게 말할 수 있는가? 혹시 성도의 양심을 속이기 때문에 부끄러움이나 어려움을 당하는 것은 아닌가?
2. 마음의 동기까지도 감찰하시는 하나님 앞에서 주의 이름으로 일컬음을 받는 자라고 말할 수 있을 정도의 자부심과 당당함이 있는가?
3. 때론 하나님이 속이시는 분처럼 느껴질 때 그 심정을 하나님께 그대로 아뢰며 그와 대화하는가, 아니면 그렇지 않은 것처럼 감추고 죄책감에 있는 것은 아닌가?
4. 사역에 지쳐서 절망 중에 있을 때 "내게로 다시 돌아와 흔들리는 마음을 다잡으라"는 하나님의 음성을 듣고 있는가? 또한 함께 하시면서 도우시고 건져주시겠다는 약속의 말씀이 들리는가?
5. 성도가 불신자들의 수준으로 내려가는 것이 아니라 그들을 성도의 수준으로 끌어올려야 하는 사명을 기억하고 감당하고 있는가? 혹시 사회공동체보다 도덕적, 상식적 수준이 낮은 교회가 된 것은 아닌가?
6. "헛된 것"과 "귀한 것"을 구별해 내는 분별력이 있는가? 그 분별력을 얻기 위해 스스로 성경을 읽고 묵상하는가? 목회자의 설교에만 의존하고 있는 것은 아닌가?
7. 하나님의 말씀에 따라 살 때 겪게 되는 외로움과 소외감이 낙담과 좌절로 이어지는 것은 아닌가? 그렇다면 예레미야처럼 솔직하게 하나님 앞에 나아가 마음을 토로하는 것이 중요하다.
8. 하나님의 뜻을 따라가기 때문에 외로워도 하나님의 임재와 신원을 확신하고 하나님 편에 설 결단을 하고 있는가?
9. 악한 자들과 무서운 자들의 손아귀에서 구원해주시고 건져주시겠다는 하나님의 약속이 위로가 되고 힘이 되는가?
10. 하나님이 구원과 도움을 약속하실 때 그 약속이 공허한 울림이 아니라 나에게 집중된 약속인 것을 붙들고 경험하고 있는가?

(5) 삶을 통한 예레미야의 사역, 심판선언과 유다와 열방의 회복, 16:1-21

본 단락은 14-15장의 구성적 특징을 이어간다. 따라서 하나님의 말씀과 예레미야의 말이 함께 등장한다. 이에 따라 분석하면 아래와 같다.

A. 하나님의 말씀: 명령과 심판신탁(1-18절),
  B. 예레미야의 말: 열방의 고백(19-20절)
A'. 하나님의 말씀(선언): "내 이름은 여호와"(21절)

본 단락에 하나님의 말씀과 예레미야의 말이 등장하지만 14-15장의 경우와 같이 대화형식은 아니다. 본 단락은 하나님의 말씀에 중점을 두고 있다. 첫 번째 하나님의 말씀(A, 1-18절)은 크게 두 개의 소단락으로 구분된다: (1) 1-9절; (2) 10-18절. 첫 번째 소단락(1-9절)은 두 번째 소단락(10-18절)이 등장하는 배경을 제공한다. 이 배경을 바탕으로 두 번째 소단락에서 신적 신탁이 주어진다. 이 신탁은 고소단락(10-12절)과 선언단락(13-18절)의 구성을 취한다. 첫 번째 소단락(1-10절)은 명령과 명령이 주어진 근거를 중심으로 더 세분화된다. 이 흐름을 반영해서 첫 번째 하나님의 말씀(1-18절)의 구조를 분석하면 아래와 같다.

1) 명령과 근거, 1-9절 [배경 제공]
  a. 첫 번째 명령(2절): 결혼
    b. 근거(3-4절)
  a'. 두 번째 명령(5절): 초상집
    b'. 근거(6-7절)
  a''. 세 번째 명령(8절): 잔칫집
    b''. 근거(9절)
2) 신적 신탁. 10-18절
  a. 고소단락: 심판원인(10-12절)
    b. 선언단락: 심판선언(13-18절)

19-20절에 서술된 예레미야의 말(B)은 열방의 고백을 인용하는데, 이 인용이 21절에 서술된 하나님의 말씀(선언)(A')이 주어지는 근거역할을 한다. 따라서 19-20절과 21절은 원인과 결과의 논리적 흐름을 갖는다. 이는 신적 신탁의 고소단락과 선언단락의 구성과 유사한 형식이다.

[원인]: 예레미야의 말: 열방의 고백(19-20절)
[결과]: 하나님의 말씀(선언)(21절)

본 단락은 하나님의 말씀과 예레미야의 말을 중심으로 위에 제시한 바와 같이 A, B, A'의 삼중구조로 구분될 수도 있지만 내용과 구성을 중심으로 살피면 이중구조를 나타낸다.

(1) 배경과 신적 신탁, 1-18절
a. 배경(1-10절)
b. 신적 신탁(11-18절)
(2) 신적 선언, 19-21절
a. 원인(열방의 고백)(19-20절)
b. 결과(하나님의 선언)(21절)

하나님은 유다를 향한 그의 확정된 심판을 확언하기 위해 예레미야에게 세 가지 금지명령을 내리신다. 첫째, 결혼해서 자녀를 갖지 말라(1-2절). 둘째, 초상집에 가서 곡을 하거나 위로하지 말라(5절). 셋째, 잔칫집에 가서 흥에 젖지 말라(8절). 예레미야에게 준 하나님의 세 가지 명령은 심판의 세 가지 특징을 보여준다. 첫째, 하나님의 심판에는 희망적인 미래가 없다. 둘째, 애도의 감정도 표현할 수 없는 참혹한 심판이다. 또는 심판이 정당하다는 것이다. 셋째, 어떤 즐거움이나 기쁨을 기대할 수 없다. 이 금지명령들은 예레미야가 삶을 통해 하나님의 말씀을 전달하는 상징적 행위다. 예레미야가 그에게 주어진 금지명령에 따라 생활할 때 주변 사람들이 이유를 묻게 되면 전달해야 할 하나님의 답변이 서술된다. 심판의 정당성을 제시하시면서 확정된 심판을 선언하시지만 한편으로는 이스라엘뿐만 아니라 열방의 구원에 대한 암시를 주신다. 조상들의 역사로부터 교훈을 얻지 못하고 오히려 더욱 악을 행한 유다백성이 심판의 대상이 되는 것은 정당하다. 하지만 언약에 신실하신 하나님이 그의 백성을 회복시키실 것이다. 이 회복은 죄의 대가를 지불하는 심판이 반드시 있은 후 임할 것이며 회심한 열방을 포함하는 우주적 회복이다.

첫 번째 명령: 결혼해서 자녀를 두지 말라(1-4절)

결혼해서 자녀를 두지 말라는 첫 번째 명령이 예레미야에게 주어진다. 그 근거는 심판이 약속의 땅에 임하게 되면 태어나게 될 자녀들이 혹독한 죽임을 당할 것이기 때문이다.

두 번째 명령: 초상집에 가서 곡하지 말라(5-7절)

하나님은 예레미야에게 두 번째 명령을 주신다. 초상집에 가서 곡하지 말라는 명령이다. 그 근거는 유다의 죄악으로 인해 하나님이 그의 평강과 인자와 사랑을 거두어 가셨기 때문이다. 모든 사람들이 예외 없이 혹독한 죽임을 당하게 되지만 시체들을 매장하고 위로를 하거나 곡을 해 줄 자가 없게 된다.

세 번째 명령: 잔칫집에 가서 흥에 젖지 말라(8-9절)

하나님이 예레미야에게 주신 세 번째 명령은 잔칫집에 가서 흥에 젖지 말라는 것이다. 그 근거는 하나님의 임박한 심판은 어떤 형태의 기쁨이나 즐거움을 약속의 땅에 허락하지 않을 것이기 때문이다.

고소단락: 심판원인(10-12절)

예레미야는 하나님의 명령에 따라 행동하면서 심판에 대한 하나님의 계획을 전하게 되는 것으로 보인다. 하나님은 예레미야를 본 이들이 그렇게 행동하는 이유를 묻을 때 전할 답변을 알려주신다. 먼저 유다백성이 범한 죄를 지적하는 것이다. 심판의 원인으로 언급된 고소는 세 가지다. 첫째, 우상을 따라가 섬겼다. 둘째, 하나님의 율법을 지키지 않았다. 셋째, 유다백성이 조상들보다 더 악을 행했다. 그들은 악한 마음의 완악함에 따라 하고 싶은 대로 살았다.

선언단락: 심판과 회복 선언(13-18절)

유다는 범한 죄로 인해 추방을 당한 곳에서 이방신을 섬길 것이라는 선언이 선포된다. 하지만 심판이 유다의 최후는 아니다. 심판 후에 그의 백성을 약속의 땅으로 회복시키신 하나님을 고백하며 기념하게 될 날이 올 것이다. 하지만 이 회복약속이 심판을 취소하지는 않는다. 왜냐하면 유다의 죄를 되갚는 심판이 확정됐기 때문이다. 심판은 죄의 대가다.

예레미야의 말: 열방의 고백(19-20절)

우상의 헛됨을 인정하는 열방의 고백이 인용된다. 하나님의 심판은 언약백성뿐만 아니라 열방이 우상의 헛됨을 확인하고 참 신을 발견하는 계기가 된다.

하나님의 선언: 내 이름은 여호와(21절)

열방의 고백을 들으신 하나님은 심판을 통해 그의 힘과 능력을 열방에게 알리시고 결국 그의 이름이 여호와라는 사실을 알게 하시겠다고 선언하신다.

주해

1-4절. 전형적인 신탁도입 형식("여호와의 말씀이 [또] 내게 임하여 이르시되")으로 단락이 시작되면서 하나님의 말씀이 인용된다(1절). 하나님은 그의 확정된 심판을 유다백성에게 명확하게 전달하기 위해 예레미야에게 세 가지 금지명령을 내리신다. 이 명령들은 심판의 특징을 간접적으로 보여준다. 첫 번째 금지명령은 약속의 땅에서 결혼을 해서("아내를 맞이하여") 자녀를 두지 말라는 것이다. 결혼은 축복의 상징이다. 왜냐하면 생육하고 번성하라는 하나님의 축복을 기대할 수 있기 때문이다(cf. 창 1:28; 9:1, 7). 특별히 약속의 땅에 거하면서 결혼을 하는 것은 더 특별한 의미를 갖는다. 하지만 하나님은 예레미야에게 "이 땅에서" 결혼을 하여 자녀를 두지 말라고 명하신다. 2절은 명령을 서술하고 3-4절은 이 명령이 주어진 근거를 제시한다. 이 명령이 주어진 근거는 약속의 땅("이 곳"/"이 땅")에서 태어날 자녀와 그 부모들이 처참한 운명을 맞이하게 될 것이기 때문이다. 약속의 땅에서 태어난 것 자체가 생명과 축복을 보장하지 않는다. 범죄로 인하여 하나님의 심판이 임하게 되면 이들은 죽음이 만연한 처참한 처지에 놓이게 된다. 자녀는 미래에 대한 희망을 기대하게 하는데, 이 자녀들이 하나님의 심판으로 죽임을 당하게 된다. 죽임을 당한 무수한 시체로 인해 통곡할 겨를도 없으며 제대로 매장을 하지도 못한

다. 뿐만 아니라 시체들은 거리에 나뒹굴게 되어 새와 짐승의 밥이 되는 참혹한 상황에 처한다. 시체가 "지면의 분토와 같이 된다"는 표현은 "땅에 널린 쓰레기(분뇨, דֹּמֶן 도멘)와 같이 된다"는 것을 의미하는 자극적인 표현이다(cf. 8:2; 9:21; 25:33). 그러므로 결혼해서 자녀를 낳는 것은 고통이 될 뿐이다. 그렇다면 차라리 홀로 있는 것이 현명한 것이며 시기적절한 처사다. 따라서 결혼하여 자녀를 두지 말라는 명령을 내리신다. "독한 병"[치명적인 질병]과 "칼과 기근"이 심판의 방편들로 언급되는데, 이것은 하나님이 정하신 심판의 방편들을 구체적으로 서술하면서 죽음을 선포한 15장 2절을 상기시킨다. 하나님의 정해진 계획에 따라 임하게 되는 심판이 부모들뿐만 아니라 자녀들의 죽음을 초래하는 전멸이므로 하나님의 심판에서 어떤 희망적인 미래를 기대할 수가 없다. 약속의 땅을 가리키는 표현인 "이 땅"과 "이 곳"이 반복되면서 강조되는데(2, 3절; cf. 6, 9절), 이는 약속의 땅이 더 이상 생육과 번성을 기대할 수 있는 축복의 땅이 아니라 심판의 저주 아래 놓인 죽음의 땅이 된다는 사실을 강조한다. 이 사실이 예레미야가 독신으로 사는 것을 통해 선포된다.

5절. 하나님의 두 번째 금지명령이 주어진다. "초상집"(בֵּית מַרְזֵחַ 배트 마르재아흐)에 들어가서 죽은 자들을 위해 통곡하거나 애곡하지 말라는 것이다. 죽은 자를 위해 통곡하며 애통하는 것은 지극히 자연스러운 모습이다. 하지만 이것을 금하는 근거는 하나님이 그가 내리실 "평강"(שְׁלוֹמִי 쉘로미)과 "인자"(הַחֶסֶד 하헤쎄드; "[언약적] 사랑")와 "사랑"(הָרַחֲמִים 하라하밈; "자비")을 거두셨기 때문이다. 따라서 유다 백성은 예외 없이 모두 죽음을 피할 수 없게 된다. 유다백성이 맞이하게 될 죽음은 하나님이 행하시는 정당한 심판의 결과다. 이 금지명령은 정당한 심판으로 인한 유다의 멸망을 상징적으로 보여주기 위해 하나님이 에스겔의 아내를 죽게 하셨을 때 에스겔에게 애곡을 금하신 것과 같은 맥락에서 이해할 수 있다(cf. 겔 15-25). 두 번째 금지명령을 행하는 예레미야는 에스겔처럼 유다백성에게 표징(sign)이 된다. 애곡하지 않는 것은 정당한 심판을 인정하는 상징적 행위다. 선언공식("여호와의 말씀이니라")은 이 명령이 신적 권위가 있는 것임을 확언해 준다.

6-7절. 두 번째 금지명령이 주어지게 되는 근거가 보다 구체적으로 서술된다.

약속의 땅에 거하는 자들이 지위고하를 막론하고("큰 자든지 작은 자든지" 또는 "높은 사람이나 낮은 사람이나") 모두 죽임을 당하고 그들의 무수한 시체가 매장되지도 않을 것이다(6절). 따라서 특별히 장례식을 준비하고 애곡하는 것이 불가능할 뿐만 아니라 무의미하다. "자기 몸을 베거나 머리털을 미는" 등의 이방인의 애도행위를 행할 여유도 없게 된다. 이러한 애도행위에 대한 언급이 이러한 행위들을 승인하는 것은 결코 아니다. 왜냐하면 율법이 이러한 행위들을 분명히 금하고 있기 때문이다(cf. 레 19:28; 신 14:1). 하지만 이것을 언급하는 이유는 유다백성이 일상적으로 애도를 표현하기 위해 취한 어떤 행위들도 할 수 없는 상황이 된다는 것을 강조하기 위한 것이다. 애곡하는 사람들이 있을지라도 그들에게 빵을 주어 힘을 돋우고 위로할 자가 없다(7절). 또한 자식을 잃은 슬픈 마음을 잊게 하고 달래줄 위로의 잔을 권하는 자가 없다. 그 만큼 죄악에 대한 하나님의 심판은 타인의 죽음, 심지어 가족의 죽음에 대한 애도나 위로도 기대할 수 없을 정도로 가혹하다. 더 나아가 애곡을 금하는 명령은 심판을 받아 죽은 자들이 정당한 애곡과 애도를 받을 만한 자격이 없음을 의미한다. 생육과 번성을 기대해야 할 약속의 땅이 하나님의 심판이 임하면 시체로 뒤덮이는 죽음의 장소가 된다. "약속의 땅"이라고 하더라도 하나님의 평강과 인자와 사랑이 제거되면 죽은 자에 대한 슬픔의 감정도 표현할 수 없을 정도의 처참함만 남게 된다. 그 자리가 약속의 땅을 만들어주는 것이 아니라 하나님이 그곳을 약속의 땅으로 만드신다.

8-9절. 예레미야에게 주어진 세 번째 금지명령이 서술된다. "잔칫집"(בֵּית־מִשְׁתֶּה 배트-미쉬테)에 가서 먹고 마시는 유흥을 즐기지 말라는 것이다(8절). 금지명령이 대조를 이루는 초상집과 잔칫집을 언급하는 것은 하나님의 심판이 임하게 되면 유다백성에게 슬픔과 기쁨이 아무런 의미가 없게 된다는 사실을 보여준다. 그들은 그저 그들이 처한 참혹한 상황을 담담히 맞이하게 될 뿐이다. 세 번째 금지명령이 주어진 근거는 하나님이 어떤 형태의 기쁨이나 즐거움도 곧 제거할 것이기 때문이다(9절). 이 일은 당시 세대가 직접 겪게 될 일이다: "너희 시대에"(בִימֵיכֶם 비매켐). 하나님의 행위를 묘사하는 히브리어 구문 **הִנְנִי מַשְׁבִּית** 히네니 마쉬비트는 심판의 임박성을 강조한다. 대명사어미가 붙은 הִנֵּה 힌네("보라")에 분사가 이어지는 구문은 가까운 미래에 행할 일을 묘사할 때 사용된다. **הִנְנִי מַשְׁבִּית** 히네니 마쉬비트는

הִנֵּה 힌네에 1인칭대명사어미(נִי 니)와 분사(מַשְׁבִּית 마쉬비트)가 결합된 형태다. 이러한 의도를 반영하여 "보라. 내가 곧…을 사라지게 할 것이다"로 번역하거나 또는 이미 진행되고 있는 것처럼 임박성을 강조하면, "보라. 내가…을 사라지게 하고 있다"로 번역할 수 있다. 어찌하든 9절의 중요한 의미는 유다백성이 그들의 시대에 그들의 눈으로 직접 하나님의 심판이 임하는 것을 보게 될 것이기 때문에 현재의 즐거움과 결혼의 기쁨이 아무런 의미가 없다는 의미를 전달한다. 심판으로 인한 죽음이 아직 임하지 않아 현재는 살아있는 것 같지만 실상은 죽음을 맞이한 것과 다를 바가 없다. 모든 기쁨과 즐거움을 곧 제거할 심판을 생각하면 현재의 기쁨은 순간적인 것에 불과하고 궁극적으로는 실제적인 의미가 없다. 더욱이 신랑과 신부의 기쁨이 사라진다는 것은 심판이 최종적인 것이며 긍정적인 미래가 없다는 의미를 전달한다. "이스라엘의 하나님 만군의 여호와"라는 표현은 언약백성인 이스라엘(유다백성)에게는 자신들을 돌보아 주실 뿐만 아니라 대적에게서 구원하시고 보호하시는 권능의 하나님을 상기시킨다. 하지만 이제 이 표현이 그의 백성을 향해 그의 권능으로 심판을 행하시는 하나님을 묘사하는 것으로 서술된다. 바로 언약의 하나님 여호와가 친히 그의 언약백성에게 참혹한 심판을 곧 행하실 것이다. 유다에 임하게 될 심판은 삶의 의미를 부여하는 일반적인 행위들, 곧 결혼, 슬픔, 기쁨 등을 모두 제거하는 참혹한 심판이라는 사실이 예레미야에게 주어진 세 가지 금지명령을 통해 분명히 전달된다.

10-12절. 예레미야가 그에게 주어진 명령에 따라 행동할 때 백성이 의문을 갖는 것은 당연하다. 왜냐하면 일반적이거나 상식적인 행동이 아니기 때문이다. 예레미야의 삶 자체가 하나님의 신탁을 선언하고 나누는 좋은 계기를 제공해 주었을 것이다.

달리 말하면 예레미야는 그의 삶으로 하나님이 선포하시는 말씀을 담아내고 있다. 이것이 선지자들의 상징행위(prophetic sign-act)의 의미다.[200] 백성이 쏟아놓는 질문들은 하나님이 선포하신 "이 모든 큰 재앙"(כָּל־הָרָעָה הַגְּדוֹלָה הַזֹּאת 콜-하라아 학게돌라 핫조트)의 이유를 묻는다(10절). 유다백성은 이 질문들을 통해 심판

200) Cf. Longman, *Jeremiah/Lamentations*, 127.

의 정당성을 확인하고자 한다. 한편 이 질문들은 이들의 당황스러움을 반영하기도 한다. 하지만 "죄 때문인가? 죄가 있다면 과연 무슨 죄인가?"라고 묻는 것은 근본적으로 자신들의 잘못을 돌아보지 못하는 뻔뻔함과 패역을 보여준다(2:35; 3:3; 5:3; 6:15). 하나님은 예상되는 질문에 대한 답변을 예레미야에게 전하신다(11절). 하나님이 심판원인을 제시하시는데, 조상들의 문제로 시작하신다. 하나님이 제시하는 심판원인은 세 가지다. 첫째, 유다백성의 조상들이 하나님을 버리고 우상을 따라가서 우상을 섬기고 예배한 것이다(11절). 따라가고 섬기고 예배했다는 것은 온 마음으로 우상을 숭배한 것을 의미한다.

둘째, 조상들이 하나님을 버리고 그의 율법을 지키지 않은 것이다(11절). 율법을 지키지 않은 것은 우상숭배를 포함해서 사회적 불의를 포함한다. 즉 율법이 요구하는 수직적 관계와 수평적 관계의 질서를 파괴한 것이다. 셋째, 유다백성 각자가 "자신의 악한 마음의 완악함" (שְׁרִרוּת לִבּוֹ־הָרָע 쉐리루트 립보-하라)에 따라 행함으로 조상들 보다 더 악을 행한 것이다(12절). 그들은 조상들의 죄악을 답습하는 것에서 더 나아가 조상들보다 더 심각하고 더 많은 죄를 범했다. 우상을 섬긴 것과 율법을 지키지 않은 것은 단지 조상들만의 문제가 아니라 당시 유다백성의 실제적인 문제였다. 그들은 하나님의 음성을 듣기보다는 자신들의 악한 마음의 완악함에 귀를 기울이고 그에 따라 행동했다. 이 세 가지 문제는 전적으로 언약의 하나님을 거부하는 행위다. 따라서 "나를 버리고" (עָזְבוּ ...אוֹתִי 아제부... 오티; אֹתִי עָזָבוּ 오티 아자부)라는 표현이 반복된다. 하나님을 버렸다는 것은 그에게 순종하지 않은 것, 즉 그를 듣지 않은 것(לְבִלְתִּי שְׁמֹעַ אֵלָי 레빌티 쉐모아 앨라이, 12절)을 의미한다.

하나님의 답변은 심판의 정당성에 대한 변론이다. 조상들은 하나님의 심판을 통해 이미 죄의 대가를 지불했다. 솔로몬 이후에 분열된 왕국이 그 증거이며 무수한 대적의 침입과 약탈, 기근과 가뭄 등의 자연재해가 입증해 주는 바다. 결정적으로는 북이스라엘의 멸망이 거부할 수 없는 증거다. 하지만 유다백성은 조상들의 역사를 타산지적으로 삼지 못하고 오히려 각자 자신의 악한 마음의 고집에 따라 조상들보다 더 악하게 행동했다. 그렇다면 유다에 임할 심판은 정당하다. 유다백성이 과거역사에 눈을 돌리고 자신들을 돌아봤다면 하나님의 심판이 선포됐을 때 10절에서처럼 "죄 때문인가? 죄가 있다면 과연 무슨 죄인가?"라고 뻔뻔하게 묻지 못했을 것이다.

13절. 하나님은 고소단락(10-12절)에서 심판의 근거를 충분히 논증하신 후, 심판을 선언하신다(13절). 이는 앞서 유다백성이 예레미야의 행동에서 읽어냈던 심판을 확인하는 것이다. 선언은 조상들과 유다백성이 기업으로 받은 약속의 땅("이 땅")에서의 추방에 집중한다. 그들이 알지 못하는 땅으로 내던져버림을 당한다. 동사 טוּל 툴은 단순히 쫓아내는 것 이상의 의미를 갖고 있다. "내던진다"는 강한 의미다. 요나가 하나님의 명령을 듣지 않고 다시스로 가려고 배에 타고 있을 때 하나님은 그를 막기 위해 큰 바람을 바다에 던지셨다(הֵטִיל 해틸, 1:4). 이 때 사용된 단어가 טוּל 툴이다. 따라서 히브리어 원문의 표현 הֵטַלְתִּי 해탈티를 동사의 어감을 반영해서 번역하면 "내가 내던져버릴 것이다"가 된다. 이 어감은 10장 18절의 "이 땅에 사는 자를 이번에는 내던질 것"이라는 선언에 사용된 동사 קוֹלֵעַ 콜래아와 같은 맥락이다. 내던져버림을 당하는 것과 더불어 더 불행한 것은 하나님의 은혜가 단절되는 것이다. 유다백성이 추방된 곳에서 그들이 그토록 원하던 다른 신들(우상들)을 섬기는 것은 하나님의 은혜의 단절을 의미한다. 이는 그들이 더 이상 하나님의 백성이 아니고 여호와는 그들의 하나님이 아니라는 의미다. 하지만 이것은 언약관계의 최종적인 파기를 의미하지 않는다. 당시 유다백성은 언약파기의 책임에 따라 심판을 받아 약속의 땅에서 추방을 당하게 되지만 하나님은 그의 언약을 여전히 기억하시고 언약관계의 회복을 선언하신다. 이것이 바로 14-15절의 선언이다.

14-15절. 유다에 임할 참혹한 심판이 유다의 결말은 아니다. 언약에 신실하신 하나님의 구원을 고백하게 될 날이 올 것이다. "보라. 날들이 임할 것이다"(הִנֵּה־יָמִים בָּאִים 힌네-야밈 바임). 구원의 날에 대한 선지서의 전형적인 표현이다.[201] 하나님은 그의 백성이 추방당해서 거하게 된 땅에서 다시 불러 모으실 것이다. 이는 하나님과 백성 사이에 단절됐던 관계의 회복을 의미한다. 즉 하나님이 다시 그의 은혜를 베푸시는 것을 의미한다. "북방 땅"은 북방 대적의 땅을 가리키는 것으로 바벨론을 의미한다. 바벨론뿐만 아니라 유다백성이 흩어진 모든 땅에서 인도하여 내시는 하나님의 회복과 구원을 경험하게 된다. 그러면 약속의 땅으로

201) 물론 동일한 표현으로 심판의 날이 선언되기도 한다(cf. 7:32; 9:24; 19:6; 암 8:11).

돌아온 백성이 출애굽의 구원을 베푸신 하나님이 아니라 포로에서의 회복을 베푸신 하나님을 기념하고 고백할 것이다(cf. 23:7-8). 출애굽의 구원이 포로에서의 구원에 비해 상대적으로 작아 보인다. 이는 후자의 구원이 범위에 있어서 더 광범위할 뿐 아니라 열방을 포함한 구원을 암시하고 있기 때문이다(cf. 19-21절). 옛 언약(출애굽)에 따른 새 언약(포로귀환)의 그림이 제시된다. 14-15절의 회복선언은 3장 14-18절의 회복선언과 맥을 같이 하는데, 후자의 경우, “여호와의 언약궤를 다시는 말하지 아니할 것”이라는 표현으로 옛 언약을 암시하고 “예루살렘이 여호와의 보좌”라는 표현으로 새 언약의 그림을 담는다. 조상들에게 준 땅으로 다시 이끌어 들이시는 것은 파기된 언약의 갱신을 의미한다. 유다백성은 하나님과의 언약을 파기했지만 하나님은 그 파기된 언약을 다시 회복시키심으로 그의 신실하심을 나타내신다.

16-18절. 구원의 날에 대한 선언은 결코 확정된 심판의 취소를 의미하지 않는다. 따라서 하나님은 확정된 심판이 철저하게 이루어질 것임을 분명하게 전달하신다. 이는 심판이 죄의 대가를 지불하는 필연적 과정이기 때문이다. 하나님이 그의 심판을 철저히 행하시는 것이 “어부”와 “포수”의 비유를 통해 생생하게 묘사된다(16절). 이들은 하나님의 심판의 도구로 사용될 이방 대적들을 가리킨다. 어부가 물고기를 낚아 올리듯 심판을 받아야 하는 자들을 낚아 올릴 것이다. 그래도 그물에서 빠져나와 산으로 피해 도망가면 이번에는 포수를 불러다가 그들이 숨은 곳을 샅샅이 뒤져 사냥하게 하신다. 이것은 하나님의 심판이 두 단계로 이루어질 것을 의미하는 것이 아니라 결코 피할 수 없는 철저한 심판을 묘사한다. 바다와 산의 이미지 역시 온 땅에 임할 철저한 심판을 상징적으로 나타낸다. 뿐만 아니라 “많은 어부들”(לְדַוָּגִים רַבִּים 레답바김 랍빔)과 “많은 포수들”(רַבִּים צַיָּדִים 랍빔 짜이야딤)라는 표현에서 “많은”(רַבִּים 랍빔)이 반복되는 것과 이 두 표현 자체가 “많은 어부들//포수들 많은”의 교차평행을 이루는 것 또한 철저한 심판을 나타낸다. 이를 통해 하나님의 심판은 결코 피할 수 없다는 사실이 강조된다. 따라서 하나님의 심판을 피하려는 노력은 무의미하다. 하나님이 친히 모든 길을 살펴서 심판을 받아야만 하는 자들을 찾아내시기 때문에 더욱 심판을 피할 수가 없다(17절). 하나님의 철저한 심판은 숨길 수 없는 죄악에 근거한 정당한 결과다. “그들의 죄악이 내

목전에서 숨겨지지 못함이라." 이는 하나님의 공의가 결코 죄를 간과할 수 없기 때문이다. 유다백성이 숨길 수 없는 죄악은 약속의 땅을 불결하게 만들어 마치 이방인의 땅과 같이 만든 것이다. 그러므로 하나님은 무엇보다 먼저(רִאשֹׁנָה 리숀나) 그들의 악과 죄를 배로 갚겠다고 선언하신다(18절).[202] "내 땅"은 "내 기업"과 짝을 이루고 마찬가지로 "그 미운 물건의 시체"("가증스러운 것들의 시체")는 "가증한 것"("혐오스러운 것")과 짝을 이루면서 의미가 강조된다. "그 미운 물건"과 "가증한 것"은 우상들을 가리킨다. 하나님의 임재로만 가득해야 할 약속의 땅("내 땅"과 "내 기업")을 온갖 혐오스럽고 가증한 우상들로 가득 채웠기 때문에 유다백성은 하나님의 심판을 결코 면할 수가 없다. 악과 죄를 배나 갚겠다는 갑절의 심판은 죄과에 비해 과도한 심판을 의미하는 것이 아니라 죄과를 다 지불하게 하는 완전한 심판을 의미한다(cf. 사 40:2).[203]

13-18절이 선언단락을 이루는데, 심판선언(13절) – 회복선언(14-15절) – 심판선언(16-18절)의 흐름을 보인다. 이 흐름은 유다의 끝이 심판이 아니라 회복이라는 것을 보여줄 뿐만 아니라 그 회복이 유다가 범한 죄를 간과하는 것이 아님을 보게 한다. 이는 회복이 없는 심판에 집중할 때 갖게 되는 절망을 막고 또한 죄에 따른 심판의 의미를 외면하고 회복에만 집중할 때 갖게 되는 값싼 구원의 문제를 견제한다.

19-20절. 하나님의 심판과 구원은 소위 말하는 "언약백성"인 이스라엘뿐만 아니라 열방("민족들이 땅 끝에서")도 자신들의 죄에서 돌이켜 그에게로 나아오게 하는 계기가 된다.회복의 선언에 대해 예레미야가 하나님을 찬양한다(19절). 하지만 이 찬양이 자신에게만 제한되지 않는다는 사실을 열방의 고백을 인용하는 것으로 전달한다. 열방의 회복이 적극적으로 선포되는 것은 아니지만 충분히 암시되고 있다. 자신의 백성에 대한 하나님의 구원이 이루어질 때 이를 목도한 열방이 하나님

---

202) 무엇보다 먼저 악과 죄를 갚겠다는 표현은 구원에 앞서 죄의 문제를 해결하는 심판이 임하게 됨을 확인해 준다. 천국으로의 회복에 앞서 죄의 문제를 해결하는 그리스도의 십자가 죽음이 요구되는 것과 같은 의미다.

203) Cf. Chisholm, *Handbook*, 175. Longman은 이 표현이 죄의 심각성과 하나님의 진노를 강조하는 것으로 설명한다(Longman, *Jeremiah/Lamentations*, 130).

께 관심을 보이며 그에게 나아온다는 정도이다. 그러나 이 표현에는 열방의 회복에 대한 충분한 암시가 담겨져 있다. 왜냐하면 열방이 자신들이 조상들을 따라 섬기는 신들의 거짓됨을 고백하며 우상과 전통을 거부하고 하나님을 참 신으로 인정할 뿐만 아니라 그를 섬길 의향을 나타내고 있기 때문이다(cf. 사 2:1-4; 45:14; 슥 8:20-23). 열방이 조상들의 죄로부터의 단절을 고백하고 신앙정체성의 변화를 고백한다. 이는 하나님의 구원이 소위 말하는 혈통적인 아브라함의 후손들에게만 제한되는 것이 아니라는 사실을 보여준다. 신앙정체성을 하나님께 맞추는 자는 누구나 하나님의 백성 안에서 자신의 자리를 찾을 수 있다. 20절에 서술된 열방의 고백은 10절에 서술된 유다백성의 질문과 극적인 대조를 이룬다. 열방의 말을 더 들어볼 수 있다면 아마도 예레미야가 여호와에 대해 "나의 힘, 나의 요새, 환난 날의 피난처시여"라고 고백한 것처럼 동일한 고백을 하는 것을 들을 수 있을 것 같다. 왜냐하면 그들이 참 신을 찾았기 때문이다. 열방의 고백에 대한 하나님의 답변이 21절에 선언형식으로 주어진다. 간단히 말하면 그들이 찾은 참 신의 이름이 여호와라는 것을 분명히 알게 하시겠다는 선언이다. 이 이름은 불행하게도 그의 언약백성인 유다가 거부하고 있는 이름이다.

21절. 하나님은 유다의 심판과 구원을 열방에 자신을 확실히 알리는 계기로 삼겠다고 선언하신다. 그의 백성에게 행하시는 심판과 구원의 능력을 통해 열방이 이스라엘의 하나님이 "여호와" 곧 사람이 만들 수 없는 "스스로 계시는 참 신"(יהוה)이신 것을 알게 될 것이다.

현재적 적용 **묵상**

1. 유다백성이 약속의 땅에서 태어났지만 하나님 백성의 정체성을 잃었을 때 심판을 피할 수 없었던 것처럼 신앙공동체에 속해 있다는 것 자체가 구원을 보장하지 않는다는 것을 인식하고 있는가? 신앙의 가정에서 태어나고 자란 것 자체로 성도가 되는 것이 아니라 성도의 정체성에 따라 살면서 그 정체성을 확인했을 때에 비로소 성도인 것을 마음에 새기고 있는가?
2. 하나님의 명령에 따라 사는 예레미야의 삶이 하나님의 말씀을 나누는 좋은 시각적 자료였던 것처럼 내 삶이 성도의 모습을 생생하게 볼 수 있는 시각적 자

료로 활용되고 있는가? 내 말과 태도, 눈빛과 행동이 하나님의 말씀과 그의 성품을 담아내고 있는가?

3. 하나님이 주의를 환기시키기 위해 지속적으로 보이시는 상징적 행위들에 관심을 두고 그가 하시는 말씀을 세밀하게 살피고 있는가?

4. "신앙공동체"인 교회에서 하나님이 그의 평안, 사랑, 자비를 제거하시면 교회는 생명과 회복의 자리가 아니라 죽음과 파괴의 자리가 된다는 하나님의 음성이 들리는가? 신앙공동체의 구성원인 성도가 더 이상 성도가 아닐 때 그 음성을 들을 수밖에 없다는 것을 알고 있는가?

5. 범한 죄의 문제를 돌아볼 수 있을 정도의 분명한 하나님의 징계를 받으면서도 "죄 때문인가? 죄 때문이면 무슨 죄 때문인가?"라고 따지듯 물으며 뻔뻔한 태도로 하나님께 나아가는 것은 아닌가?

6. 유다백성은 조상들에게서 잘못된 유산을 물려받아서 죄의 수렁에 빠지게 됐는데, 자녀들과 다음 교회세대에 물려줄 유산이 하나님을 경험하게 하는 것인가, 아니면 그들의 삶을 편하게는 하겠지만 하나님을 잊고 세상이 세운 우상을 따르게 하는 것인가? 어떤 유산을 물려주길 원하는가?

7. 악한 마음의 고집에 따라 원하는 것을 다 하며 사는 것이 축복이 아니라 하나님의 은혜가 단절된 불행이라는 것을 알고 있는가? 그것을 세상은 축복이라 부르고 성도는 불행이라 부른다.

8. "하늘이 무너져도 솟아날 구멍이 있다"는 말에 젖어 어부를 보내고 포수를 보내어 죄의 문제를 철저하게 다루시는 하나님의 심판을 안일하게 생각하는 것은 아닌가?

9. 하나님이 내가 범한 죄를 주목하고 계심에도 불구하고 그 죄를 감추고 그의 눈을 피해 몸을 숨길 수 있다고 착각하고 있는 것은 아닌가?

10. 열방에 자신의 이름이 여호와인 것을 알리시길 원하시는 하나님의 심정을 담아서 선교를 하고 선교사역에 동참하고 있는가? 또한 선교를 통해 누구의 이름이 알려지고 있는가? 여호와라는 이름인가, 아니면 교회나 단체, 또는 개인의 이름인가?

11. 신앙의 정체성을 바꾸고 하나님의 백성 안에서 내 자리를 찾고 있는가? 자리를 찾았다면 그 자리에서 하나님의 백성, 즉 성도로 살고 있는가, 아니면 단지

교인으로 살고 있는가?

12. 하나님께로 향해야 할 온 마음이 세상의 유혹에 나뉘는 것은 아닌가?

---

(6) 지울 수 없는 유다의 죄와 예레미야의 간청, 17:1-18

예레미야 17장은 앞서 14-16장에서 살핀 흐름을 유지한다. 즉 하나님의 말씀과 예레미야의 말이 주제적 연관성을 가지고 함께 서술된다. 16장과 동일하게 하나님의 말씀이 서술된 후 예레미야의 말이 등장하고 하나님의 말씀으로 단락이 마무리된다. 17장의 구조는 아래와 같다.

A". 하나님의 말씀: 심판선언(1-11절) 고소 & 선언
　　B'. 예레미야의 간청; "고치시고 구원해 주소서"(12-18절)
A'''. 하나님의 말씀: 안식일 권면(19-27절)

17장의 서술적 특징은 대조다. 첫 번째 하나님의 말씀(A", 1-11절)에는 사람을 의지하고 육신으로 자신의 힘을 삼는 사람과 여호와를 의지하고 그 의지하는 바가 여호와인 사람의 대조가 나타난다. 예레미야의 말(12-18절)에는 예레미야 자신과 그를 핍박하는 자들의 대조가 있다. 두 번째 하나님의 말씀(A''', 19-27절)은 안식일을 율법의 규정대로 지키는 것과 지키지 않는 것 그리고 그에 따른 결과가 대조를 이룬다. 첫 번째 하나님의 말씀에서 대조된 두 부류의 사람의 행동이 두 번째 하나님의 말씀에서 안식일을 지키는 것과 지키지 않는 것으로 구체화된다. 따라서 이 대조에 주목해서 17장을 분석하는 것이 요구된다. 주해를 함에 있어서 첫 번째 하나님의 말씀(1-11절)과 예레미야의 간청(12-18절)을 함께 묶어서 분석을 하고 두 번째 하나님의 말씀(19-27절)은 단락을 구분해서 분석하고자 한다.

본 단락(1-18절)은 하나님의 말씀과 예레미야의 간청을 함께 묶고 있다. 하나님의 말씀(1-11절)은 신탁도입형식으로 시작되지 않지만 하나님의 말씀이 직접 인용되고 있는 것에 근거해서 신적 신탁으로 간주할 수 있다. 고소단락과 선언단락이 교체되는 구성을 취하고 있으며 그 대상은 유다백성이다. 선언의 내용에 따라 심

판신탁으로 분류된다. 하나님의 말씀(1-11절)의 세부적인 구조는 다음과 같다.

a. 고소단락: 심판원인(1-2절)
  b. 선언단락: 심판선언(3-4절)
a'. 고소단락: 판결기준, 마음의 선택(5-9절)
  b'. 선언단락: 마음과 행위에 따른 결과(10-11절)

마음에 깊이 새겨져서 지워지지 않는 유다의 죄로 인하여 하나님은 약탈과 포로의 심판을 선언하신다. 뒤이어 두 종류의 사람들을 언급하시면서 유다가 범하는 죄의 근본적인 원인이 어디에 있는지를 분명히 보게 하신다. 무엇보다도 마음이 모든 문제의 근원에 있음을 지적하신다. 유다가 하나님을 버리고 우상숭배의 죄를 범한 것은 결국 타락한 마음의 성향에 따른 것이다. 그들의 마음이 하나님을 떠나 사람과 우상에게 맞추어져 있었기에 실패할 수밖에 없었다. 그 결과는 어리석음이 드러나는 것이며 심판을 받게 되는 것이다.

하나님의 말씀에 이어서 예레미야의 간청이 서술된다. 예레미야는 하나님의 말씀(1-11절)에 언급된 여호와를 의지하는 자와 그를 버리는 자의 모습을 자신의 상황에 적용한다. 이들에게 정해진 결과에 대한 하나님의 선언에 의지하여 자신은 구원하시고 자신을 핍박하는 대적들에게는 하나님의 보복이 있기를 간구한다. 예레미야는 하나님을 의지하는 자가 시냇가에 심은 나무처럼 생명력을 가질 수 있다는 하나님의 약속이 자신에게 성취되기를 간구한다. 또한 이것이 하나님이 원하시면 가능한 일임을 확신한다. 이것은 자신의 구원을 통해 하나님의 말씀의 진실성을 입증해 달라는 간구다. 더 나아가 하나님에 대한 자신의 확신을 확인하려는 것으로 보인다.

고소단락: 지워지지 않는 유다의 죄(1-2절)

유다의 죄는 마음속에 철필로 새긴 듯 자리하고 있기 때문에 결코 지워버릴 수가 없다. 따라서 대를 이어 우상숭배의 죄에서 벗어나지 못한다.

선언단락: 우상숭배의 죄에 따른 심판(3-4절)

유다의 온 땅에서 행한 우상숭배의 죄로 인하여 약탈과 포로의 심판이 선언된다. 이는 유다가 하나님의 진노에 영원한 불을 지폈기 때문이다.

고소단락: 사람을 의지하는 자와 여호와를 의지하는 자(5-9절)

여호와에게서 돌아서서 마음을 사람에게 향하게 하고 육체를 의지하는 자는 저주의 대상이다. 반면에 의지하는 바가 확실히 여호와인 자는 물가에 심겨진 나무처럼 어떤 상황에서도 생명력을 유지하는 축복을 받는다. 마음이 무엇보다도 거짓되고 부패한 것이기 때문에 좋은 것을 알고도 선택하지 않는다.

선언단락: 마음과 행위에 따른 결과(10-11절)

하나님은 마음과 생각을 살피시고 행위의 열매에 따라 합당한 결말을 허락하신다. 현재는 불의한 마음과 행위에 따른 불행한 결말이 없는 것 같지만 결국 그 결말이 임하게 되면 모든 것을 잃고 어리석음이 드러나게 된다.

여호와를 버린 자들의 결말에 대한 예레미야의 확신(12-13절)

예레미야는 이스라엘의 유일한 소망인 여호와를 찬양하면서 자신이 여호와를 의지하고 있음을 암시적으로 드러낸다. 반면에 여호와를 버린 자들은 생명수를 버렸기 때문에 생명력을 잃고 수치를 당한다는 확신을 고백한다.

자신의 구원에 대한 예레미야의 간청(14-16절)

예레미야는 조롱을 당하는 자신의 처지를 질병에 걸린 것에 비유하며 하나님이 자신을 치료해 주시고 구원해 주실 것을 간청한다.

대적의 보복에 대한 예레미야의 간청(17-18절)

예레미야는 하나님이 자신과 자신을 박해하는 자들을 명확하게 구분하셔서 박해자들을 재앙으로 보복하여 주실 것을 간청한다.

주해

1-2절. 신탁도입형식 없이 새로운 신탁이 시작되면서 유다의 죄가 서술된다. 유다의 죄가 "금강석 끝 철필"로 새기어졌다는 것은 그 죄가 결코 지워질 수 없는 것임을 강조한다(1절). "그들의 마음 판"(לוּחַ לִבָּם 루아흐 립밤)과 "그들[너희]의

제단 뿔"(קַרְנוֹת מִזְבְּחוֹתֵיכֶם 카르노트 미즈베호태켐)이 언급되는 것은 조상들의 마음에 깊숙이 자리하고 있었던 우상숭배의 성향이 당시 유다백성에게로 이어져 현실화된 것을 가리킨다.[204] 이와는 달리 이 표현이 내면과 외면에 반영된 우상숭배의 경향을 가리키는 것으로 해석할 수도 있다. 하지만 전자의 해석이 선호된다(앞의 각주에 서술된 설명참조). 어떤 해석을 따르던 주요 의미는 분명하다. 유다의 마음에 지워지지 않는 죄의 성향이 새기어져 있기 때문에 우상숭배는 삶의 한 부분이 됐을 뿐만 아니라 대를 이어 우상숭배에서 벗어날 수 없었다(cf. 13:23). 마치

---

204) לוּחַ לִבָּם 루아흐 립밤과 קַרְנוֹת מִזְבְּחוֹתֵיכֶם 카르노트 미즈베호태켐의 표현에서 흥미로운 것은 대명사어미의 차이다. 전자의 경우, 3인칭 복수 대명사어미(ָם)를 사용하기에 "그들의 마음 판"으로 해석이 되는 반면에 후자의 경우, 2인칭 복수 대명사어미(כֶם 켐)에 따라 "너희 재단들의 뿔들"로 해석이 된다. 2인칭 복수 대명사어미(כֶם 켐)가 3인칭 복수 대명사어미(הֶם 헴)과 유사하기 때문에 필사자의 오류일 수 있다. 따라서 BHS는 많은 히브리어 사본들과 역본이 הֶם 헴을 유지하고 있는 것에 근거해서 מִזְבְּחוֹתֵיהֶם 미즈베호태헴 또는 מִזְבְּחוֹתָם 미즈베호탐으로 읽을 것을 제안한다. 개역개정의 번역은 이 제안을 반영한 번역이다. 라틴어 번역본 Vulgate는 3인칭 복수 대명사어미로 번역하지만 아람어 번역본 Targum은 2인칭 복수 대명사어미를 유지한다. 칠십인경 예레미야서에는 17장 1절이 없기 때문에 참조할 수 없다. 하지만 MT의 독법을 따라 2인칭 복수 대명사어미를 유지할 경우, 흥미로운 해석이 가능하다. 이 해석을 고려할 경우, 이 두 표현에서 단수와 복수의 차이도 주목할 필요가 있다. "그들의 마음(단수)의 판(단수)"인 반면에 "너희의 제단들(복수)의 뿔들(복수)"이다. 3인칭 복수 대명사어미를 사용한 לוּחַ לִבָּם 루아흐 립밤("그들 마음의 판")은 조상들의 마음 판을 의미할 수 있다. 왜냐하면 이 신탁을 듣는 청자는 당시의 유다백성이기에 조상들이 그들로 표기되기 때문이다. 단수(마음; 판)가 사용된 것은 그들의 일관된 성향을 가리킨다. 이와 더불어 קַרְנוֹת מִזְבְּחוֹתֵיכֶם 카르노트 미즈베호태켐("너희 제단들의 뿔들")의 "너희"는 이 신탁을 듣고 있는 청자인 유다백성을 가리킨다. 즉, 유다의 죄는 근본적으로 조상들의 마음 판에 새기어져 있었고 또한 당시 유다백성에게서도 확인된다는 것이다. 따라서 조상들의 우상숭배의 죄가 후손인 유다백성("너희")에게로 그대로 전달돼서 당시 유다백성이 행하고 있는 온갖 우상숭배의 자리(복수형의 제단들의 뿔들이 가리키는 것)에 그대로 새겨져 있다는 의미가 된다. 당시 유다백성이 조상들의 마음에 새겨진 죄를 그대로 자신들의 마음에도 새기고 밖으로 드러내는 것이 2절이 서술하는 바이다. 2절의 "그들의 자녀"는 바로 청자인 유다백성을 가리킨다. 당시 유다백성이 행하는 바가 이 사실을 증명한다. 곧 마음에 새겨진 성향에 따라 푸른 나무 곁에 있는 제단들과 그 옆에 세워진 아세라를 기억하는 것이다. 이 분석에 따르면 마음의 판과 제단들의 뿔들이 언급되는 것은 단지 내면과 외면의 문제를 가리키는 것을 넘어서서 과거와 현재의 문제, 즉 조상들의 죄가 그대로 당시 유다백성에게 이어지고 현실화된 것을 가리키게 된다.

부모의 유전자가 자녀에게 전달되는 것처럼 자녀들도 마음에 새기어진 성향에 따라 우상숭배가 가능한 곳("울창한 나무"와 "높은 언덕")이라면 어디에나 제단을 쌓고 아세라를 숭배했다(2절). 이것이 3절에서는 "온 영토의 죄"로 표현된다. 아세라는 가나안의 제의에 사용된 제단 옆에 세우는 기둥과 가나안의 여신을 가리키는데, 모세는 율법에서 제단 곁에 아세라 기둥을 세우는 것을 엄히 금하고 있다(신 16:21). 따라서 이 본문에서 아세라가 언급되는 것은 조상 때로부터 지속되어 온 우상숭배의 문제를 지적하기 위한 것으로 보인다. 즉 우상숭배는 유다백성의 마음에 새기어진 뿌리 깊은 성향이다.

3-4절. 개역개정에서 "들에 있는 나의 산아"로 번역하고 있는 3절의 첫 번째 구(הֲרָרִי בַּשָּׂדֶה 하라리 밧사데)의 해석과 번역에 있어서 다양한 의견이 제시되고 있다. 첫째, 개역개정의 번역처럼 이 구를 3절을 시작하는 호격으로 번역하는 것이다(cf. 현대인의 성경; 우리말; KJV; NASB). 이 경우 우상숭배가 이루어지는 산을 의인화하여 산에 대한 심판을 서술하는 것으로 해석된다. "나의 산"(시온 또는 예루살렘)은 우상숭배를 위해 세워 놓은 산당을 비롯하여 쌓아 놓은 재산과 보물을 모두 약탈당하게 된다. 둘째, הֲרָרִי בַּשָּׂדֶה 하라리 밧사데("들에 있는 나의 산")를 동사의 목적어로 간주하여 번역하는 것이다(cf. NIV; NAS). "네 온 지경에서 행한 네 모든 죄로 인하여 내가 *들판에 있는 내 산과 네 재산과 보화를 네 산당들과 더불어* 약탈품으로 넘겨 줄 것이다." 이 경우 "나의 산"이 재산, 보물, 산당들과 더불어 약탈목록의 하나로 해석된다. 셋째, הֲרָרִי בַּשָּׂדֶה 하라리 밧사데를 3절의 문장에서 분리시켜 2절의 마지막 문장에 연결시키는 것이다(cf. 새번역; RSV).[205] "그들의 자녀들은 *울창한 나무 옆과 언덕 위와 '들에 있는 나의 산'* 에 있는 그들의 제단과 그들의 아세라를 기억한다"(2절). 이 경우, "들에 있는 나의 산"이 우상숭배가 이루어지고 있는 장소들 중의 하나로 해석된다. 이와 같이 다양한 구문해석에 따른 번역들이 제시되지만 3절의 기본적인 의미에는 차이가 없다. 첫째, 심판의 원인이 명확하게 언급된다("네 온 영토의 죄로 말미암아"). 이 죄는 바로 온 땅의 울창한 나무 옆과 높은 언덕들에서 행한 우상숭배다(2절, cf. 겔 20:28). 시온("나의 산")

---

205) Cf. Martens, *Jeremiah*, 121.

도 이 장소에 포함된다. 둘째, 이러한 죄의 결과는 하나님의 심판이라는 사실이 분명하게 선언된다. 우상숭배의 죄로 인하여 유다는 대적("원수")에 의해 약탈을 당하고, 약속의 땅을 잃게 되고("네 기업에서 네 손을 뗄 것이며"), 결국 포로가 되어 이방인의 땅("너의 알지 못하는 땅")에서의 원수를 섬기게 된다. 심판은, 철필로 새기어져서 지워지지 않는 죄 만큼이나 확실하다. 왜냐하면 유다가 여호와의 진노("내 노")를 자극하여 영원히 타는 불을 일으켰기 때문이다.

5-9절. 두 부류의 사람이 언급되는데, 하나님은 이것을 통해서 유다가 우상숭배의 성향을 갖게 된 근본적인 이유를 지적하신다. 첫 번째 부류는 사람을 의지하고 육신으로 자신의 힘을 삼는 자다(5절). 일반적으로 유다가 이집트, 앗수르, 바벨론 등 이방나라들을 의지한 것을 이 서술의 배경으로 설명하는데, 이 서술이 의미하는 바가 뒤이어 나오는 표현을 통해 분명히 제시되고 있으므로 특정한 배경을 고려할 필요는 없다.[206] 사람을 의지하는 것은 그의 마음이 여호와에게서 "돌아선 것"(יָסוּר야쑤르)을 의미한다. 따라서 하나님의 저주의 대상이 된다. 여호와에게서 마음이 돌아선 자를 사막의 떨기나무에 비유한다(6절). 좋은 것이 오더라도 보지 못하고 광야의 메마른 곳과 같은 척박한 환경 속에서 살게 된다. 즉 지속적인 생명력을 얻지 못하는 상황에 처하게 된다. 따라서 하나님의 저주는 곧 죽음을 의미한다.

두 번째 부류는 의지하는 바가 확실히 여호와인 자다(7절). 이것은 그의 마음을 전적으로 여호와께 두고 있는 것을 의미한다. 따라서 복의 대상이 된다. 이러한 사람은 물가에 심겨진 나무와 같아서 어떤 상황에서도 생명력을 유지할 수 있기에 잎사귀가 울창하고 끊임없이 열매를 맺는다(8절). 여호와를 의지하는 사람에게 고난과 어려움이 닥치지 않는 것은 아니다. 하지만 더위가 닥치기나 기근이 와도 두려워하지 않는다. 왜냐하면 그 뿌리를 언제나 생수를 공급하는 시내에 두고 있기 때문이다. 이는 생명을 주시는 여호와를 의지하는 자에게 당연한 결과다. 따라서 하나님이 허락하시는 복은 곧 생명이다.

이 두 부류의 특징과 결말이 분명하게 차이가 있음에도 불구하고 유다백성은 왜 여호와를 의지하지 않고 죽음의 길로 가고 있는가? 9절은 이에 대한 답변을

---

206) Cf. Harrison, *Jeremiah & Lamentations*, 106.

준다. 마음이 그 어떤 것보다도 거짓되고 부패했기 때문이다. 부패했다는 것(אָנֻשׁ 아누쉬)은 마음이 병든 것을 의미한다(cf. 30:12). 거짓되고 병든 마음은 눈을 하나님이 아닌 사람에게 돌리게 한다. 이는 마음에 새겨진 죄의 성향을 거부하지 못하는 것이며 악한 마음의 완악함에 귀를 기울이는 것이다. 이런 마음을 누구도 이해할 수 없다. 생명과 죽음을 판결하는 하나님의 기준은 분명하다. 생명 또는 죽음을 얻게 될지는 마음의 선택에 달려있다. 하지만 마음이 가장 거짓되고 병들었기에 올바른 선택을 하지 않고도 사람들은 올바른 선택을 했다고 스스로 속고 있다.

10-11절. 이 속임에 사로잡힌 유다백성은 자신들의 거짓되고 병든 마음에 따라 행동하면서도 그것이 문제인 줄을 알지 못한다(cf. 2:30, 35; 3:3; 5:3; 6:15; 8:6; 16:10). 하지만 하나님은 "심장"(לֵב 래브; "마음")을 들추어 살피시고 "폐부"(כְּלָיוֹת 켈라요트; "생각")를 따져보시고 그 마음에 따른 "각자의 행보"(דְּרָכוֹ 다르코)와 "행위의 결실"(פְּרִי מַעֲלָלָיו 페리 마알랄라이브)에 따라 갚으시는 여호와이심을 분명하게 선언하신다.[207] 유다백성은 마음을 감추고 다른 사람을 속이거나 또는 자신들도 자신들의 마음에 속을 수 있지만 하나님께는 감추거나 그를 속일 수 없다. 따라서 마음에 따른 행보와 행동은 하나님의 판결에 따른 생명 또는 죽음을 불러오게 된다.

유다백성이 범한 죄의 근본적인 원인은 그들의 마음에 자리하고 있다. 즉 그들의 마음을 전적으로 여호와께 두지 않고 자신들의 악한 마음의 고집대로 행한 것이다. 이러한 마음의 성향이 우상과 재물을 숭배하는 행위로 드러났다. 여호와가 아닌 사람의 힘이 모든 것을 해결해 줄 것이라는 마음의 속임에 따라 불의한 방

207) כְּלָיוֹת 켈라요트는 문자적으로 콩팥을 의미하는데, 본 절에서는 "마음"을 의미하는 לֵב 래브와 함께 사용되면서 사람의 "가장 깊숙한 내면" 또는 "생각"을 의미한다. כְּלָיוֹת 켈라요트가 לֵב 래브와 함께 사용되는 경우, 감정을 의미할 수도 있다(11:20; 시 73:21). 따라서 כְּלָיוֹת 켈라요트와 לֵב 래브는 인간 내면의 모든 부분을 가리킨다. 렘 12:2에서 כְּלָיוֹת 켈라요트는 입술(פֶּה 페)과 대조를 이루는 "내면"(마음)을 의미한다. "살피며"로 번역한 히브리어 동사 חָקַר 호캐르는 정탐꾼이 성을 살피는 행위를 가리킬 때 사용하는 동사다. 따라서 면밀히 살피는 것을 의미한다(cf. 삼하 10:3). "시험하고"로 번역한 히브리어 동사 בָּחַן 보핸은 사실 여부를 확인하기 위해 따지고 검증하는 행위를 가리킨다(cf. 창 42;15). 따라서 10절은 겉으로는 알 수 없고 눈으로는 확인할 수 없는 인간 내면의 모든 것을 면밀히 들추어서 살피고 따져서 확인하시는 여호와라는 의미를 전달한다. 그렇다면 행동의 진정성 여부가 확인되기 때문에 행동에 따른 정당한 보응을 결정하실 수 있다.

법으로 부를 이루는데, 이는 자고새가 낳지 않은 알을 품는 것과 같다고 말씀하신다(11절). 알이 부화하면 결국 날아가 버려 수고해서 품은 새를 잃는 것처럼 결국에는 모든 것을 잃게 되는 어리석은 자다.

12-13절. 예레미야는 앞서 언급된 사람을 의지하는 자와 하나님을 의지하는 자에 대한 하나님의 말씀을 실제로 자신의 상황에 적용하면서 하나님이 그 말씀의 진실성을 입증해 주시길 간청한다. 이를 위해 먼저 예레미야는 이스라엘의 유일한 소망인 여호와를 찬양하는 것으로 시작한다. 마음에 새겨진 죄의 성향에 따라 시온(예루살렘)을 우상숭배의 자리로 만든 유다백성과는 달리 예레미야는 시온(예루살렘)이 태초부터 높임을 받은 여호와의 영광스러운 보좌이며 그를 섬기는 거룩한 장소인 것을 고백하며 찬양한다(12절). 이것은 불의로 얻은 부가 일시적인 것이라면(cf. 11절), 영원한 것은 하나님께만 있음을 고백하는 것과 같다. 여기서 더 나아가 사람이나 사람의 힘이 아닌 여호와만이 이스라엘의 유일한 소망이심을 고백하는 것을 잊지 않는다(13절). 이러한 고백과 찬양은 예레미야 자신이 여호와만을 의지하며 예배하고 있음을 나타낸다. 예레미야는 자신의 신앙고백을 통해 유다백성과 구별되는 모습을 분명히 드러내면서 여호와께 자신을 변호해 주시고 구원해 주시길 호소한다. 뿐만 아니라 하나님을 버린 자들의 결말은 저주라는 하나님의 선언(5-6절)을 자신의 말로 표현하면서 하나님의 선언을 다시 확인한다. 즉 여호와를 버리고 떠난 자들이 생수의 근원을 버린 것이기에 생명력을 잃고 수치를 당하게 된다는 것이다. "수치를 당한다"는 표현이 "흙(אֶרֶץ 에레쯔; '땅')에 기록이 된다"는 말로 다시 설명된다. 이것은 죽음을 의미하거나 다시 존귀한 자리에 서지 못하게 되는 것을 의미한다. 달리 말하면 그들의 자리가 하늘에 있는 것이 아니라 땅에 있는 것을 의미한다(cf. 출 32:32). 한편 흙에 기록된 것이 바람이 불면 쉽게 지워지는 것처럼 그들이 영구적이지 못한 것을 지적하는 것이기도 한다.[208] 철필로 마음 판에 기록된 유다의 죄와는 대조적이다. 따라서 확실히 새겨진 (영구적인) 죄가 결국 가치 없고 덧없는 존재로 만든다는 의미가 전달된다. 수치와 죽음을 맞이하게 되는 이유는 분명하다. "생수의 원천"(מְקוֹר מַיִם חַיִּים 메코르 마

208) Cf. Longman, *Jeremiah/Lamentations*, 136.

임-하이임)이신 여호와를 버리고 떠났기 때문이다. 예레미야 2장 13절은 이것을 하나님의 백성이 행한 심각한 두 가지 악 중의 하나로 서술한다: (1) "생수의 근원"(מְקוֹר מַיִם חַיִּים 메코르 마임-하이임)이신 하나님을 버린 것; (2) 물을 가두지 못할 터진 웅덩이를 스스로 판 것.

14-16절. 하나님을 버리고 떠난 자들이 생수의 원천을 버렸기 때문에 수치를 당하는 것이 당연하지만 예레미야 자신은, 여호와를 자신의 찬양으로 고백하고 있기 때문에 치료와 구원을 기대할 수 있다고 표현한다(14절). 따라서 "주는 나의 찬송이시오니"라는 고백을 통해 하나님을 의지하지 않는 자들과 자신을 확연히 구분한다. 이것이 하나님의 치료와 구원을 호소할 수 있는 근거가 된다. 자신을 고쳐달라는 호소가 실제로 그가 앓고 있었던 질병을 치료해 달라는 것인지는 확실하지 않다. 왜냐하면 조롱과 핍박을 당하는 자신의 처지를 질병에 비유한 것일 수도 있기 때문이다. 하나님이 원하시면 치료하실 수 있으며 또한 구원하실 수 있다는 고백은 하나님만이 하실 수 있다는 것에 대한 예레미야의 전적인 신뢰를 나타낸다. 예레미야가 기대하는 치료와 구원은 하나님이 그를 대적자의 핍박과 조롱에서 구해 주시는 것뿐만 아니라 그가 전한 신탁을 성취시켜 주실 것을 포함한다(15절). 왜냐하면 15절에 하나님의 심판이 성취되지 않자 예레미야의 신뢰성을 조롱하는 백성의 말을 그대로 인용하고 있기 때문이다. 더 나아가 16절에서 그가 사역을 회피하지 않고 주를 따랐다고 분명히 언급하고 있기 때문이다. 이는 그가 하나님의 신탁을 받아 선포하는 참 선지자임을 증명해 달라는 것이다(cf. 신 18:21-22).

예레미야는 이 간청의 정당성을 세 가지 사실에 근거하여 제시한다(16절). 첫째, 그는 목자의 직분, 즉 선지자의 직분을 회피하지 않고 순종했다. 하나님의 부르심이 있을 때 주저한 것은 사실이지만 하나님의 부르심을 거부하지는 않았다. 선지자의 사역을 감당하면서 갈등이나 좌절이 없었던 것은 아니지만 그는 부르심에 최선을 다했다. 목자는 주로 왕에 대한 비유인데, 여기서는 백성의 지도자역할을 감당하는 선지자를 가리키는 것으로 사용된다. 둘째, 유다백성에게 임할 "재앙의 날"(יוֹם אָנוּשׁ 욤 아누쉬)을 그는 바라지 않았다.[209] 유다백성은 재앙의 날을 선포하는 예레미야에게 그가 자신들의 재앙을 원한다고 비난했고 그를 해하려고 했다. 하지만 예레미야는 선지자의 주요 임무 중의 하나인 중보를 하려고 했다. 그가 백성을 위해 기꺼이 중보를 하려고 했는데, 하나님이 그의 중보를 금하셨다. 따라서 그들의 비난이 사실과 다르다는 것이다. 셋째, 예레미야의 입에서 나온 말이 누구의 말인지 하나님이 아시며 증인이 되신다. 예레미야는 하나님이 그의 입에 두신 말씀 외에는 다른 말이 없을 뿐만 아니라 이 모든 말이 하나님의 면전에 있다. 예레미야는 하나님이 10절에서 친히 선언하신 것처럼 자신의 심장을 살피며 폐부를 시험하시고 자신의 행위와 행실에 따라 정당하게 보응하여 주시길 바라는 듯하다.

17-18절. 예레미야가 우려하는 두려움은 자신을 핍박하는 자에게서 구원을 얻지 못하는 것에 대한 두려움일 뿐만 아니라 그가 선포한 신탁이 성취되지 않아 거짓 선지자로 인식되는 것에 대한 두려움이다. 이는 하나님께 대한 충성이 자신이 멸망하게 되는 이유가 되지 않기를 바라는 것이다. 따라서 예레미야는 재앙의 날에 하나님이 그의 피난처이심을 확신하며 그의 구원을 호소한다(17절). 더욱이 하나님이 자신과 자신을 박해하는 자들을 명확하게 구분하셔서 박해자들을 재앙으로 보복하여 주실 것을 간청한다(18절). 치욕을 당하며 놀라야 할 자는 하나님을 의지한 자신이 아니라 하나님을 거부한 자들이라고 말한다. 마치 자신의 구원을 통해 하나님의 말씀이 진실임을 입증해 주시길 바라는 듯하다. 더 나아가 하나님이 자신을 박해하는 자들에게 재앙의 날을 임하게 하셔서 갑절의 멸망을 내리시길 간구한다. 달리 말하면 하나님이 더 적극적으로 그들을 다루고 보복해 주시길 원한다. 왜냐하면 이것이 하나님의 원리이기 때문이다(cf. 5-8절). 갑절의 멸망은 16장 18절에서와 같이 완전하고 철저한 멸망을 의미한다. 16절("재앙의 날도 내가 원하지 아니하였음")과 18절에 서술된 예레미야의 간청이 모순이 되는 것은 아니다. 왜냐하면 16절에서는 일반적인 유다와 백성을 염두에 두고 있지만 18절에서는 자신을 조롱하는 자들, 곧 결과적으로 하나님을 조롱하는 자들을 재앙의 대상으로 보고 있기 때문이다.

---

209) "재앙의 날"(יוֹם אָנוּשׁ 욤 아누쉬)에서 "재앙"(אָנוּשׁ 아누스)은 부상 등으로 치유될 수 없게 된 상태를 가리킨다. 따라서 "재앙의 날"은 예레미야가 선포한 심판신탁이 성취되어서 예루살렘이 파괴되고 돌이킬 수 없는 치명적인 상태에 놓이게 되는 날을 가리킨다.

현재적 적용 묵상

1. 죄가 마음에 새겨진 성향이 된 것은 아닌가? 이 성향이 주변에 함께 있는 이들에게도 전염될 수 있다는 것을 알고 있는가? 부모의 죄가 마음의 성향으로 새기어지면 자녀들도 그 성향을 마음에 새기고 뒤따르는 불행이 있는데, 이 불행을 끊을 마음은 없는가? 지금 나의 자녀들과 한국교회의 다음세대가 향하고 있는 곳은 어디인가? 세상의 화려하고 울창한 나무와 높은 언덕인가, 아니면 험난하고 굴곡이 있지만 생명을 약속하는 좁은 길과 좁은 문인가?

2. 범한 죄는 지워지지 않지만 그 죄가 용서받을 수 있다는 것을 알고 있는가?

3. 사람을 의지하고 육적인 것들을 힘으로 삼고 하나님에게서 마음을 돌린 부류인가, 아니면 하나님을 의지하며 의지하는 바가 오직 여호와께만 있는 부류인가? 내 입술이 말하는 부류가 아니라 내 삶의 방식과 행위의 열매는 어떤 부류에 속해 있다고 말하고 있는가? 입술의 고백과 행위의 고백이 다를 수 있다는 것을 알고 있는가? 입술의 고백에 내 자신이 속을 수도 있다는 것 역시 알고 있는가?

4. 악한 마음의 속임에 속아서 죄를 죄로 인식하지 못하고 하나님의 징계도 외면하고 있는 것은 아닌가?

5. 마음이 내 자신을 속이고 있는 문제 그리고 마음이 병든 문제를 어떻게 해결하고 있는가? 그저 속고 있는가 아니면 이를 치유하실 수 있는 하나님께 나아가고 있는가?(렘 31:33)

6. 예레미야가 자신의 모든 것을 살펴서 정당한 보응을 해달라고 간청한 것처럼 삶과 사역에 자신이 있는가? 이것은 자만이나 교만이 아니라 다섯 달란트를 받은 종이 "주인이여 내게 다섯 달란트를 주셨는데 보소서 내가 또 다섯 달란트를 남겼나이다"라고 말할 수 있는 것과 같은 자부심과 당당함이다(마 25:20, 22). 또한 느헤미야가 그의 사역을 하나님이 기억하시고 은혜를 베풀어 달라고 간청할 수 있는 것과 같은 건강한 자랑이다(느 5:19; 13:14, 22, 31).

7. 하나님의 진노와 심판을 받게 될 이들과 확연하게 구분된 삶을 살고 있는가? 그래서 그들이 당해야 할 치욕을 당하지 않게 해달라고 간청할 수 있는가?

8. 주일날 교회에서 드리는 예배나 찬양만이 아니라 내 마음과 생각, 감정도 하

나님이 보시고 살펴주시길 바랄 수 있는가, 아니면 절대 보시지 않기를 바라는가?

9. 내가 붙들고 있는 것이 생수의 근원이신 여호와인가, 아니면 내가 스스로 판 물을 담을 수 없는 웅덩이인가?

10. 여호와를 의지하는 사람에게 절대 고난과 어려움이 닥치지 않는다는 생각에 사로잡혀 고민하는 것은 아닌가? 하나님을 의지할 때 하나님이 약속하신 것은 고난의 부재가 아니라 고난 가운데 그의 임재다. 더위나 기근과 같은 시련과 어려움이 와도 두려워하지 않는다. 왜냐하면 그의 임재와 함께 언제나 고난을 이길 힘과 지혜를 얻기 때문이다(시 23편; 사 26:3).

---

(7) 영적 상태의 시금석, 안식일 준수, 17:19-27

본 단락의 서술형식은 산문이다. 하나님의 신탁이 산문으로 서술되는데, 고소단락과 선언단락의 구성이 아닌 예레미야에게 주신 명령과 안식일 준수여부에 따른 결과를 설명하는 구성을 취한다. 따라서 본 단락은 두 개의 소단락으로 구분된다.

a. 안식일을 지키라는 말을 전달하라는 명령이 예레미야에게 임함(19-23절)
 b. 안식일 준수 여부에 따른 대조적 결과에 대한 설명(24-27절)

하나님은 예레미야에게 평민의 문과 예루살렘의 모든 문에 서서 "율법의 규정대로 안식일을 거룩하게 지키라"는 말을 선포하라고 명령하신다. 조상들은 이 명령에 순종하지도 관심을 두지도 않았지만 유다백성이 그들과는 달리 순종하기를 기대하신다. 유다백성의 순종을 독려하시기 위해 안식일을 지키는 경우와 지키지 않은 경우에 따른 각각의 결과를 자세하게 설명하신다. 이렇게 하시는 것은 그들에게 다시 기회를 주시는 것처럼 보인다. 14-17장의 중심 내용은 유다를 향한 확정된 심판이다. 이 흐름의 끝에 안식일 준수여부에 따른 상반된 결과를 자세히 설명하는 것은 확정된 심판을 선포하신 후에도 여전히 유다백성이 마음을 돌이키고 자신에게 돌아오기를 간절히 바라셨던 하나님의 심정을 포로기에 예레미야서를 읽는 독자들에게 전달하려는 것으로 보인다.

안식일은 유다백성의 영적 상태를 점검하는 시금석과 같다. 안식일을 거룩하게 지키면 하나님의 축복을 기대할 수 있지만 지키지 않으면 하나님의 저주를 피할 수가 없다. 왜냐하면 안식일을 범하는 것이 하나님을 거부하는 불순종의 근본적인 태도를 반영하기 때문이다.

안식일에 관한 여호와의 명령이 전달됨(19-23절)

예레미야는 유다의 모든 사람들을 접촉할 수 있는 장소에서 안식일을 거룩하게 지키라는 여호와의 말씀을 전하라는 명령을 받는다. 말 그대로 왕을 비롯한 유다의 모든 백성이 들어야할 말씀을 선포하라는 명령이다. 과거에 이 명령을 들은 조상들은 이 명령을 거부했고 그들의 교만한 태도로 일관했다. 과거의 실패를 언급하시는 것은 유다백성이 조상들과는 다른 태도를 취하길 바라는 하나님의 기대를 보여준다.

안식일 준수여부에 따른 결과(24-27절)

하나님은 안식일 명령에 대한 순종과 불순종의 두 가지 경우를 제시하시면서 이에 따른 결과를 명확하게 설명하신다. 순종의 결과는 하나님과의 관계의 회복과 유지이지만 불순종의 결과는 멸망이다.

주해

19-20절. 예레미야는 율법이 명하는 대로 안식일을 거룩하게 지키라는 하나님의 말씀을 전하라는 명령을 받는다(19절). 언뜻 보기에는 안식일에 관한 신탁이 앞 단락들의 주제와 직접적인 연관이 없는 듯하다. 일반적으로 17장 전체를 묶어주는 핵심주제가 없고 단지 삶의 중요한 문제들에 관한 교훈적인 메시지가 나열되는 것으로 이해한다.[210] 하지만 안식일은 앞 단락들(17:1-11과 12-18절)에서 다

---

210) 클레멘츠는 17장의 구성에 대해 다음과 같이 설명한다: "이 장은 그것이 예레미야의 편집자들이 예레미야의 짧은 단편적인 예언들을 채집하여 편찬하고, 이 위에 추가적인 성찰로 증보(增補)하여 만들어진 장(章)임을 가리키는 모든 개별적인 표지들을 보여준다"

루고 있는 주제, 즉 두 부류의 사람과 완전히 무관할 수 없다. 17장 1-11절이 두 부류의 사람에 대한 하나님의 선언을 제시하고, 12-18절은 이 선언을 예레미야 자신에게 적용하고 있다. 더 나아가 19-27절은 이 선언을 안식일 규례를 매개로 해서 국가적 차원의 모든 유다백성에게 적용한다. 즉, 실제적인 삶 속에서 하나님 중심의 삶을 살고 있는지 아니며 사람 중심의 삶을 살고 있는지를 확인해 볼 수 있게 한다. 안식일이라는 하나의 규례를 다루고 있지만 안식일은 신앙의 전반적인 상태를 점검해 볼 수 있는 시금석이다(cf. 출 31:12-17). 이 규례는 언약공동체에 속한 유다의 모든 백성에게 적용되고 요구된다. 따라서 예레미야는 유다의 왕을 비롯한 모든 사람들을 접촉할 수 있는 "평민의 문"과 "예루살렘 모든 문"에서 하나님의 신탁을 전하라는 명령을 받는다. 이 신탁의 대상은 "이 문[들]"을 통해 성읍 안으로 들어오는 모든 자다. 즉 소위 말해 하나님께 속했다고 생각하는 사람들이 이 신탁의 대상이다. 이들이 실제적으로 하나님께 속했는지 의 여부 곧 그를 의지하는지의 여부는 안식일의 준수여부를 통해 알 수 있다. 우상숭배가 백성의 마음에 새겨진 죄악의 외적 표현이라면(cf. 1-2절), 안식일은 마음에 새겨진 신앙과 경건의 외적 표현이다.

21-23절. 안식일을 거룩하게 지키는 것의 의미가 금지명령들을 통해 반어적으로 전달된다(21-22절). 첫째, 스스로 조심하여 안식일에 짐을 지고 예루살렘 문으로 들어오지 말라. 둘째, 안식일에 각자의 집에서 짐을 내지 말라. 셋째, 안식일에는 어떤 일도 하지 말라. 모세의 율법은 안식일에 일하는 것을 철저하게 금하고 있다(cf. 출 20:8-11; 신 5:12-15). 안식일은 창조주이시며 구원자이신 하나님께만 집중하는 날이다. 따라서 안식일을 다른 날과 구별하여 모든 일을 멈추는 것은 전적으로 하나님께만 집중하고 있음을 보여 주는 것이다. 특별히 "짐을 지고 들어오거나 나오다"의 표현이 반복되는 것을 볼 수 있는데(21, 22, 24, 27절), 이 표현은 안식일에 물건을 교환하며 경제적 이익을 추구하는 상업행위를 가리킨다. 즉 안식일에 하나님께 집중하는 것이 아니라 자신들의 이윤과 소득에 관심을 기울이는 것에 대한 지적이다. 하나님께만 집중하는 훈련이 없는 백성의 삶이 자연스럽게 탐

(클레멘츠,『예레미야』, 167). 복음주의 주석가들은 17장에 등장하는 단락들의 연관성보다는 개별 단락의 의미 분석에 집중한다.

욕과 사회적 불의, 우상숭배 등으로 이어진 것을 이스라엘의 역사를 통해 알 수 있다. 아모스는 북이스라엘의 이러한 실패와 타락을 분명하게 지적하며 심판을 선포하고 있다. 특히 아모스 8장 4-6절이 물질적 탐욕으로 인해 안식일을 거룩하게 지키지 못한 범죄를 기록하고 있음을 주목해 볼 필요가 있다.

하나님은 조상들에게 안식일에 대한 규정을 명확하게 전달하셨다(22절). 그러나 그들은 이 규정을 지키지 않았을 뿐만 아니라 관심도 기울이지 않았다(23절). 오히려 목을 곧게 하여 듣지 않았을 뿐만 아니라 하나님이 징벌로 바로 잡으려는 "교훈"(מוּסָר 무싸르; "훈계")도 받아들이려고 하지 않았다. 그들은 의도적으로 거부했다. 그 결말이 어떠했는지는 유다백성이 분명히 알고 있는 바다. 조상들의 불순종의 태도를 묘사하는 "듣지 않고 귀를 기울이지 않았다"는 표현은 예레미야서에서 지속적으로 당시 유다백성의 불순종을 묘사할 때 사용된 전형적인 표현이다(cf. 7:24, 26; 11:8). 이것은 조상들의 교만과 완악함을 그대로 이어가고 있는 유다백성이 안식일을 범하는 죄에서 결코 자유로울 수가 없음을 보여준다.[211] 율법을 받은 것 자체가 자동적으로 율법을 지키게 하지 않는다. 율법을 지키겠다는 의지적 동의와 결단이 필요하다. 21절에서 "너희는 스스로 삼가서"(הִשָּׁמְרוּ בְּנַפְשׁוֹתֵיכֶם 힛샤메루 베나프쇼태켐)라는 표현이 이 사실을 확인해 준다.[212] 그러므로 안식일 준수 여부에 따른 축복과 저주를 설명하시면서 유다백성을 도전하시는 하나님의 말씀이 이어진다.

24-26절. 앞 단락(1-11절)에서 사람을 의지하는 자와 하나님을 의지하는 자의 대조적인 모습을 제시한 것처럼 안식일 규정에 대한 순종과 불순종의 두 가지 경우를 언급하고 이에 따른 대조적인 결과가 명확하게 선언된다. 먼저 순종의 경우가 서술된다(24절). "삼가 나를 순종하여"라고 말하면서 안식일을 지키는 태도에

---

211) 7장 26절은 유다백성이 조상들보다 더 악을 행한 것을 동일한 표현으로 지적한다: "너희가 나에게 순종하지 아니하며 귀를 기울이지 아니하고 목을 곧게 하여 너희 조상들보다 악을 더 행하였느니라."

212) 신명기 4장 15절에서 유사한 표현 "너희는 깊이 삼가라"(נִשְׁמַרְתֶּם מְאֹד לְנַפְשֹׁתֵיכֶם 니쉬마르템 메오드 레나프쇼태켐)이 사용된 후, 이어서 어떤 형상으로도 우상을 만들지 말라는 명령들이 나열된다(신 4:15-19).

대한 암시를 준다. 히브리어 문장은 동일한 어근의 부정사(שָׁמֹעַ 샤모아)가 본동사(תִּשְׁמְעוּן 티슈메운) 앞에 위치한 전형적인 강조용법이다: שָׁמֹעַ תִּשְׁמְעוּן אֵלַי 샤모아 티슈메운 앨라이. 이 문장을 문자적으로 해석하면 "진정으로(확실히) 내게 듣고"이다. 의역하면 "확실히 내 말을 듣고" 또는 "확실히 나를 순종하여"가 된다. 따라서 이것은 자신의 해석과 편의에 따라 안식일을 지키는 태도가 아닌 전적으로 하나님의 말씀과 요구 및 기대에 따라 안식일을 지키는 태도를 의미한다. 달리 말하면 안식일 준수는 곧 하나님께 대한 순종을 의미한다. 안식일을 하나님의 규정대로 준수하면 왕과 백성이 현재와 같이 예루살렘 성문("이 문")으로 출입을 할 수 있는데, 단순히 일시적으로가 아니라 영원히 그렇게 할 수 있음을 약속하신다(25절). 뿐만 아니라 유다 전역이 여호와의 성전에서 진정한 제의(예배)를 드릴 수 있는 축복을 누리게 된다(26절). 이것은 하나님과의 단절된 관계 및 제의가 회복되는 것을 의미한다. "다윗의 위에 앉아 있는 왕들"이라는 표현은 다윗언약에 따른 왕국의 회복과 유지를 암시한다. 따라서 안식일을 하나님의 명령에 따라 준수하면 다윗왕국 및 언약관계의 회복과 유지가 약속된다. 근본적으로 안식일은 언약관계의 표징이다(cf. 출 31:16-17). 따라서 안식일을 준수하는 것은 언약백성의 정체성을 나타내는 것이다.

27절. 안식일을 거룩하게 지키라는 하나님의 명령을 듣지 않고 안식일을 범하면 "불"(אֵשׁ 애쉬)의 심판을 면할 수가 없다(cf. 52:13). 불의 심판은 하나님의 진노에 대한 전형적인 표현이다(11:16; 15:14; 17:4; 21:14; cf. 암 1:2-2:5). 안식일을 준수했을 때와는 달리 백성이 출입하는 성문들, 곧 성읍이 불에 타서 파괴된다. 예루살렘의 "요새들"(אַרְמְנוֹת 아르메노트) 안으로 피해서 불을 면해 보려고 하겠지만 소용이 없다.[213] 왜냐하면 파괴하는 불이 예루살렘의 요새들을 모두 삼켜버릴 때까지 결코 꺼지지 않을 것이기 때문이다. 예루살렘을 다 태워버릴 불은 4절의 "영원히 타는 불"과 짝을 이루면서 17장 전체를 묶어주는 역할을 한다.

---

213) אַרְמְנוֹת 아르메노트가 "궁정" 또는 "요새"를 의미하는데, 이 문맥에서는 "요새" 또는 "요새화된 궁"으로 이해하는 것이 적절해 보인다(cf. 암 1:3-2:5).

현재적 적용 **묵상**

1. 마음에 새겨진 하나님에 대한 신앙과 경건을 나타내는 외적 표징들이 있는가? 단지 형식적인 종교행위가 아닌 온 마음을 담아서 신앙을 표현하는 사랑, 섬김, 경건하고 진실한 예배와 찬양, 감사가 담긴 헌금이 있는가? 과연 하나님의 백성, 즉 성도인 것을 보여줄 수 있는 표징을 성경은 무엇이라고 말하는가?
2. 나의 영적 상태를 확인해 주는 시금석은 무엇인가?
3. 탐욕과 불의, 세상에 대한 열정, 교만, 사치와 향락 등이 삶에 슬며시 자리를 잡을 수 없도록 하나님께만 집중하는 경건의 훈련이 있는가?
4. 특별히 하루(주일)를 구별해서 지킬 때 하나님께만 집중하는 일을 하는가?
5. 하나님의 말씀에 따른 신앙생활을 하고 있는가? 교회전통과 관습에 따른 신앙생활을 하고 있는 것은 아닌가? 하나님의 뜻을 바로 알기 위해 성경을 읽고 묵상하는 훈련을 하는가?
6. 목을 곧게 하고 하나님을 거부한 결과로 멸망을 당한 북이스라엘의 역사에서 어떤 교훈도 얻지 않고 유다백성 역시 멸망했는데, 과연 한국교회는 이들의 역사에서 교훈을 얻고 있는가?
7. 성도로서 하나님의 뜻에 따라 살겠다는 의지적 결단이 있는가?

6. 상징적 사건들과 예레미야의 간청과 탄식, 18:1-20:18

예레미야서의 특징적인 도입형식이 18장 1절에 등장한 후, 21장 1절에 다시 등장하는 것에 근거해서 18:1-20:18을 하나의 범위로 함께 묶을 수 있다. 이 범위의 특징은 산문의 사건기록이 나열되는 것이며 각 기록에는 상징적 행위가 나타난다. 이와 더불어 예레미야의 간청과 탄식이 서술된다. 18장은 토기장이의 집에 가는 사건으로 시작되는데, 토기장이의 행위는 하나님의 주권을 상징적으로 전달한다(18:1-17). 이어서 예레미야의 생명을 위협하는 백성의 도모가 서술되고 이들에 대한 하나님의 보복을 간구하는 예레미야의 간청이 이어진다(8:18-23). 19장에는 깨어진 옹기와 관련된 사건을 통해 심판신탁을 듣고도 재앙을 피상적으로 생각하는 유다백성에게 예루살렘에 임할 재앙을 시각적으로 보게 한다. 깨어진 옹기가 다시 완전하게 복구될 수 없는 것처럼 하나님의 심판은 가혹하다는 사실을 전달한다. 20장은 두 개의 단락으로 구분된다. 하나는 바스훌의 사건을 기록하는 단락(20:1-6)이고 다른 하나는 예레미야의 탄식을 기록하는 단락(20:7-18)이다. 바스훌의 행동은 심판선고를 듣고도 돌아설 줄 모르는 유다백성의 태도를 상징적으로 보여준다. 이런 태도의 결과는 바스훌의 새 이름("마골 밋사빕")이 의미하는 바와 같이 "사방의 두려움"이다. 하나님의 심판을 수행할 민족인 바벨론이 비로소 명시적으로 언급된다. 소명을 감당하면서 겪게 되는 고통과 갈등, 감정을 솔직하게 드러내는 예레미야의 모습이 이어진다. 예레미야의 모습은 하나님의 소명을 받고 사역을 감당하는 이들의 실제적인 모습을 상징적으로 보여주는 듯하다. 이 사건들과 예레미야의 말들은 마틴즈(Martens)가 적절하게 지적하는 것처럼 서로 짝을 이루고 있다.[214] 18장 1-17절과 19장 1-15절은 토기장이를 중심으로 연결되고 백성이 예레미야를 죽이려는 도모(18:18)는 예레미야를 박해하는 바스훌의 사건(20:1-6)과 연결된다. 생명의 위협을 느낀 예레미야가 하나님의 보복을 간청하는 것(18:18-23)은 마지막 단락인 예레미야의 탄식(20:7-18)과 짝을 이룬다. 따라서 아래와 같은 평행구조를 나타낸다.

A. 토기장이의 행위: 여호와의 절대적 주권(18:1-17)
　B. 백성이 예레미야를 거부함(18:18)
　　C. 예레미야의 간청: 하나님의 보복(18:19-23)
A'. 토기장이의 옹기: 예루살렘의 멸망(19:1-15)
　B'. 바스훌이 예레미야를 박해함(20:1-6)
　　C'. 예레미야의 탄식: 개인적 갈등(20:7-18)

이 평행구조에서 주목하게 되는 것은 주제가 강화되고 구체화되는 것이다. 18장의 심판선언(13-17절)은 심판의 정당성을 논하는 것에 집중하고 심판을 하나님이 등을 보이고 얼굴을 보이지 않는 것으로 정리하는 반면에 19장의 심판선언(6-13절)은 하나님의 등 돌리심을 참혹한 죽음으로 구체화하고 깨어진 옹기로 가시화

214) Martens, *Jeremiah,* 128-29.

한다. 18장 18절에서 백성의 위협은 계획으로 서술되지만 바스훌의 사건(20:1-6)에서는 실제로 이 도모가 바스훌에 의해 실행되는 것을 보여준다. 18장 19-23절에 서술된 예레미야의 간청은 대적에 대한 보복을 간구하는 것이지만 20장 7-18절에 기록된 예레미야의 탄식은 보복을 간구할 뿐만 아니라 자신의 생일을 저주할 정도로 극단적인 감정을 보인다. 그러므로 18-20장을 분석할 때에는 이 구성적 특징을 고려할 필요가 있다. 평행을 이루는 단락 간의 주제적 연결성을 살피고 강화와 구체화의 흐름에 주목해야 한다. 이와 더불어 사건을 기록하는 단락을 분석할 때에는 상징적 내용과 이어지는 하나님의 설명을 면밀히 살펴야 한다.

(1) 토기장이의 행위와 여호와의 절대적 주권, 18:1-17

본 단락의 사건기록은 복잡한 구상(plot)이 없는 단순한 보고형식이다. 1-17절은 토기장이의 집을 중심으로 사건을 서술하는데, 이 서술에 18절이 연결된다. 왜냐하면 18절이 사건을 순차적으로 연결해서 서술하는 ו바브 미완료 연계형(וַיֹּאמְרוּ 바이요메루; "그리고 그들이 말했다")으로 시작되기 때문이다. 18장 18절에 정체가 명확하지 않은 "그들"이 등장하는데 정황을 고려할 때 예레미야가 토기장이의 집에서 받은 하나님의 신탁을 들은 유다백성으로 보인다. 따라서 17절과 18절 사이에는 명시적으로 언급되지는 않지만 시간적 차이를 고려할 필요가 있다. 19-23절은 18절과의 구문적 연결성을 보이지 않지만 "그들"의 계획을 알게 된 예레미야의 반응을 기록하는 것이기 때문에 연결된다. 따라서 사건기록의 범위를 18장 전체로 볼 수 있다. 하지만 앞서 제시한 18-20장의 평행구조에 따라 단락을 세분화해서 주해를 하고자 한다.

먼저 1-17절을 살피면, 토기장이의 집으로 가라는 명령을 받은 예레미야는 그곳에서 진흙으로 그릇을 만들고 있는 토기장이의 모습을 보게 된다. 이 때 하나님의 말씀이 신탁형식으로 예레미야에게 전달된다. 1-4절의 기록은 5-17절에 기록된 신탁을 전달하기 위한 정황을 제시하는 역할을 하기 때문에 본 단락의 핵심은 신탁에 있다. 이 신탁은 형식에 있어서 신적 신탁이며 내용에 있어서 심판을 선언하는 심판신탁이다. 그 대상은 "이스라엘 족속"이며 구체적으로는 "유다 사람들과 예루살렘 주민"이다. 신탁의 구성요소인 고소단락과 선언단락으로 구분해서 그 내용을 살피는 것이 중요하다. 이러한 구성을 반영해서 본 단락의 구조를 다음과 같이 분석하게 된다.

a. 토기장이의 집으로 가라는 명령이 주어짐(1-2절)
b. 예레미야가 명령을 수행함(3-4절)
c. 하나님의 말씀: 신적 신탁(5-17절)
(1) 고소단락: 심판원인(5-12절)
(2) 선언단락: 심판선언(13-17절)

심판원인을 서술하고 있는 고소단락(5-12절)은 두 개의 세부 단락으로 구분될 수 있다: (1) 5-10절; (2) 11-12절. 5-10절은 토기장이의 행위에 빗대어 하나님의 주권을 설명한다. 이스라엘 족속은 토기장이의 손에 있는 진흙과 같다. 재앙과 복이 선포됐지만 이에 어떻게 반응하는지에 따라 재앙을 복으로 또한 복을 재앙으로 바꾸실 수 있는 주권이 하나님께 있음을 언급한다. 이 주권에 근거해서 11-12절이 주어진다. 11-12절에서 하나님은 그의 주권에 따라 유다와 예루살렘에게 재앙을 피할 수 있는 기회를 주셨지만 그들이 악한 마음의 완악함에 따라 계획한 바대로 행하겠다고 말하면서 그의 촉구를 거부한 죄를 지적하신다. 이것이 심판원인이다. 이에 따라 심판선언이 13-17절에 선포된다.

토기장이의 이야기로 하나님은 그의 주권을 명확하게 설명하신다. 유다백성의 반응에 따라 그들의 미래를 바꿀 수 있는 주권이다. 이에 근거하여 유다백성에게 악에서 돌이키고 돌아올 것을 촉구하지만 그들은 완강히 거부한다. 하나님은 절대적 주권을 가지고 계시며 그의 계획에 따라 역사하신다. 하지만 이것이 사람들의 반응과 전혀 무관한 것이 아니다. 재앙을 계획하셨더라도 회개하고 죄에서 돌이키면 충분히 복을 계획하실 수 있다. 이러한 기회가 유다백성에게 주어졌는데, 그들은 이 기회를 완강히 거부했을 뿐만 아니라 자신들의 완악함을 다시 확인해 주었다. 그 결과는 하나님의 얼굴이 아니라 등을 보게 되는 것이다.

토기장이의 집으로 가라는 명령(1-2절)

토기장이의 집에서 신탁을 전달할 것이므로 그곳으로 가라는 하나님의 명령이 예레미야에게 주어진다. 실물을 통하여 정확한 의미를 전달하시려는 것이다.

예레미야가 명령을 수행함(3-4절)

하나님의 명령을 받은 예레미야는 즉시 토기장이의 집으로 향한다. 그곳에서 토기장이가 진흙을 가지고 그가 원하는 대로 작업을 하고 있는 것을 본다.

하나님의 주권선언(5-10절)

토기장이의 행위는 하나님의 주권에 대한 예시다. 하나님은 뜻하는 대로 작업을 하실 수 있는 토기장이며 이스라엘은 그의 손 안에 있는 진흙이다. 하나님은 그의 기준에 따라 사용할 것과 폐기할 것을 결정하실 수 있다.

회개촉구와 유다백성의 거부(11-12절)

하나님은 유다백성에게 임할 재앙을 예비하고 계심을 언급하시면서 회개할 것을 촉구하신다. 하지만 그들은 악한 마음에 따라 계획한 대로 살겠다고 말하며 거부한다.

유다백성이 행한 "가증한 일"(13-15절)

하나님은 심판을 선언하시기에 앞서 그들이 악한 마음에 따라 계획하고 실행한 것이 무엇인지를 분명하게 밝혀주시면서 심판선언의 신중함을 보여주신다. 하나님은 언약백성이 그를 잊어버리고 헛된 우상들을 섬기는 것을 "가증한 일"로 규정하신다. 또한 언약관계에서 결코 있을 수 없는 일임을 지적하신다. 우상숭배로 인해 그들은 옛길에서 벗어나 곁길로 가게 되는 결과를 스스로 초래했다.

"가증한 일"로 인한 심판(16절-17절)

유다백성의 우상숭배로 인해 선언된 심판은 세 가지다. 첫째, 그들의 땅이 황폐하게 되고 영원한 웃음거리가 되는데, 지나는 자마다 놀라고 머리를 흔들 정도가 될 것이다. 둘째, 원수 앞에서 흩어버리실 것이다. 셋째, 하나님이 재난의 날에 얼굴이 아니라 등을 보이실 것이다.

주해

1-2절. 메시지를 효과적으로 전달하고 이해를 돕기 위해 하나님은 실제적인 사물과 행동을 효율적으로 사용하신다. 썩은 베띠를 통해 유다의 상태를 적나라하게

보게 하신 것처럼 본 단락에서는 토기장이의 모습을 통해 그의 주권을 명확히 알게 하신다. 하나님의 주권이 유다의 미래와 어떤 관계가 있는지를 보이시기 위해 예레미야에게 "토기장이"(הַיּוֹצֵר 하이요쩨르)의 집으로 가라는 명령을 내리신다(2절). 그곳에서 그의 말을 알려 주겠다고 하신다.

3-4절. 하나님의 명령이 주어지자 예레미야는 즉시 토기장이의 집으로 간다(3절). 그곳에서 예레미야는 토기장이가 녹로(물레)를 돌려 진흙으로 그릇을 만드는 작업을 하고 있는 것을 본다. 그가 본 것에 대한 구체적인 서술이 이어진다(4절). 토기장이가 진흙을 가지고 그릇을 만들고 있었는데, 그 그릇이 터져버리고 말았다. 그렇게 되자 그는 "자기 의견에 좋은 대로" 그 터진 그릇을 다른 그릇으로 만들었다. "자기 의견에 좋은 대로"라는 표현이 주권의 핵심이다. 히브리어 원문의 표현은 כַּאֲשֶׁר יָשַׁר בְּעֵינֵי הַיּוֹצֵר לַעֲשׂוֹת 카아쉐르 야샤르 베애내 하이요쩨르 라아소트다. 이를 번역하면 "토기장이의 눈[들]에 만들기 좋은 대로"다. "좋은 대로"로 번역한 동사 יָשַׁר 야샤르는 "옳은 대로" 또는 "적절한 대로"라는 의미를 갖기도 한다.[215] 따라서 빚어지는 그릇은 전적으로 토기장이의 판단에게 달려있다. 사건 속에서 토기장이의 녹로행위는 예레미야에게 하나님의 주권을 이해할 수 있는 분명한 그림을 보여주었을 것이다. 또한 이것은 서술된 본문, 즉 18장을 읽는 독자에게도 하나님의 주권의 의미를 시각적으로 전달한다.

5-6절. 예레미야가 토기장이의 작업을 보고 있을 때 하나님의 신탁이 임한다. 이 신탁을 들어야 하는 대상이 "이스라엘 족속"(בֵּית יִשְׂרָאֵל 배트 이스라엘)으로 표현되고 있지만 실제적인 대상은 유다백성이다. "이스라엘 족속"이 언급되는 것은 언약백성과 언약관계를 강조하기 위한 것으로 보인다. 이 표현은 13-14절에 서술된 언약백성의 행위로는 도저히 상상할 수 없는 일에 대한 하나님의 당혹스러움의 배경을 제공한다. 토기장이의 행위는 하나님의 주권을 설명하는 효과적인 예시다. 토기장이가 그의 계획과 판단에 따라 그릇을 빚을 수 있는 것처럼 하나님도 언약백성에 대해 그의 뜻대로 행하실 수 있는 절대적 주권을 가지고 계신다. 하나

215) "such as the potter saw fit to make"(JPSV); "as he thought fit"(NJB).

님은 수사적 질문으로 이 사실을 확언하신다(6절). "이 토기장이가 하는 것 같이 내가 능히 너희에게 행하지 못하겠느냐." 이 사실을 더욱 강조하시기 위해 이스라엘 족속이 토기장이의 진흙과 같이 그의 손 안에 있음을 선언하신다(cf. 사 29:16; 64:8; 롬 9:20-21).

7-10절. 하나님은 그의 주권이 실제로 어떻게 적용되는지를 두 가지 가정된 상황으로 설명하신다. 첫째, 어떤 나라가 죄를 범한 것으로 인해 하나님이 그 나라에 "재앙"(רָעָה 라아)을 선언하신 상황이다(7절). 뿌리째 뽑아버리고 무너뜨리고 멸망시키는 철저한 심판이 계획됐다. 그러나 그 나라가 그의 악에서 돌이키면, 즉 악한 행위를 멈추면 계획하셨던 재앙에 대한 마음을 바꾸실 있다고 말씀하신다(8절).[216] 둘째, 어떤 나라에 대해 하나님이 그 나라를 세우고 심으려고 계획하신 상황이다(9절). 그런데 그 나라가 하나님이 보시기에 악을 행하고 그의 목소리를 듣지 않으면 그 나라를 이롭게 하시겠다고 말하신 "복"(הַטּוֹבָה 핱토바)에 대한 그의 뜻을 바꾸실 수 있다(10절).[217]

이것은 결코 하나님의 변덕스러움을 의미하지 않는다. 하나님은 그의 결정에 신실하시다(cf. 민 23:19). 반면에 그의 결정에 완전히 묶이시지도 않는다. 이것이 하나님의 주권이다. 그런데 하나님의 주권과 공의가 함께 작동한다. 하나님의 공의는 결코 죄를 묵인하지 않으신다. 죄의 결과는 반드시 심판이다. 에스겔 18장은 인간은 각자 자신의 죄 때문에 죽음의 심판을 받게 된다는 사실을 강조한다. "범죄하는 그 영혼은 죽을지라 아들은 아버지의 죄를 담당하지 아니할 것이요 아버지는 아들의 죄악을 담당하지 아니하리니 의인의 공의도 자기에게로 돌아가고 악인의 악도 자기에게로 돌아가리라"(겔 18:20). 즉 심판은 각자의 행위가 초래한 결과다. 하지만 하나님이 원하시는 것은 죄에서 돌이켜 생명을 얻는 것이다. "주 여호와의 말씀이니라 죽을 자가 죽는 것도 내가 기뻐하지 아니하노니 너희는 스스로 돌이키고 살지니라"(겔 18:32; cf. 딤전 2:14). 그러므로 죄를 인정하고 그 죄에서 돌이키면 하나님은 그가 작정하신 심판에 대한 뜻을 바꾸실 수 있다. 따라서 하나님이 그의 뜻을 돌이키시는 것은 그의 변덕스러움이 아니라 진정한 회개(죄를

216) "재앙"은 뽑거나 부수거나 멸하는 것, 나라의 파멸과 소멸을 의미한다.

217) "복"은 세우고 심는 것, 즉 나라의 건설과 유지를 의미한다.

인정하고 죄에서 돌이킴)에 근거한 용서다. 달리 말하면 하나님의 은혜에 근거한 용서가 생명을 허락한다. 이 두 정황에서 주목해야 하는 것은 재앙과 복에 대한 하나님의 계획을 돌이킬 수 있는 인간의 태도다. 하나님은 재앙을 복으로 바꾸실 수 있으며 또한 복을 재앙으로 바꾸실 수 있는 권한을 가지고 계신다. 그런데 이것은 인간의 태도와 연계되어 있다. 이에 근거해서 악한 길에서 돌이켜 재앙을 면하라는 촉구가 유다백성에게 주어진다.

11-12절. "이제"(עַתָּה 알타)라는 표현은, 앞서 언급한 인간의 반응에 따라 하나님이 그의 계획을 바꾸실 수 있는 주권을 가지고 계시다는 사실에 근거하여 유다백성에게 전할 말을 예레미야에게 명하고 있음을 보여준다(11절). 유다백성에 대한 하나님의 계획은 복이 아닌 "재앙"(רָעָה 라아)이다. "보라 내가 너희에게 재앙을 내리며 계책을 세워 너희를 치려하노니"로 번역된 히브리어 표현에 한 가지 흥미로운 것이 있다. "내리다"로 번역한 히브리어 동사는 יוֹצֵר 요쩨르다. 이 동사는 "토기장이"(הַיּוֹצֵר 하이요쩨르)를 연상시키면서 하나님의 주권을 기억나게 한다. 특히 1인칭 주어(אָנֹכִי 아노키)와 분사형(יוֹצֵר 요쩨르)으로 표현하면서 하나님이 재앙을 빚고 계심 또는 재앙이 임박했음을 보게 한다.[218] 한편으론 여전히 유다백성에게 기회가 있음을 암시하기도 한다. 따라서 하나님은 예레미야를 통해 악한 길에서 돌이키고 그들의 길을 아름답게 하라는 명령을 유다백성에게 전달하신다. 재앙에 대한 그의 "계획"(מַחֲשָׁבָה 마하샤바; "계책")을 바꿀 수 있는 진정한 회개를 유다백성 각자("너희는 각기")에게 요구하신다.

진정한 회개에는 두 가지 요구가 있다. 첫째, "각자의 악한 길"(דַּרְכּוֹ הָרָעָה 다르코 하라아)에서 돌이키는 것이다. "악한 길"은 하나님이 인도하신 길이 아닌 자신들의 악한 마음의 완악함(고집)에 따라 들어선 길이다(cf. 2:17). 이 길은 율법을 범하는 길이며 하나님을 버리고 거짓된 우상들을 섬기는 길이다(cf. 1:16; 16:11-12). 따라서 진정한 회개는 이러한 길에서 돌아서서 하나님의 길("내가 명한 모든 길,"

---

218) 히브리어 표현은 הִנֵּה אָנֹכִי יוֹצֵר עֲלֵיכֶם רָעָה וְחֹשֵׁב עֲלֵיכֶם מַחֲשָׁבָה 힌네 아노키 요쩨르 알래켐 라아 베호쉐브 알래켐 마하샤바다. 이를 "보라 내가 너희에 대해 재앙을 빚고 있고 너희에 대해 계획을 짜고 있다"(사역)로 번역할 수 있다. 동사를 현재진행형이 아닌 가까운 미래에 일어날 일을 가리키는 미래형으로 번역할 수도 있다.

7:23)로 들어서는 것을 요구한다. 둘째, "길"(דֶּרֶךְ 데레크)과 "행위"(מַעֲלָל 마알랄)를 아름답게 하는 것이다. "아름답게 하라"(הֵיטִיבוּ 해티부)는 "바르게 하라" 또는 "선하게 하라"를 의미한다(cf. 7:3, "너희 길과 행위를 바르게 하라"). 따라서 진정한 회개는 걸어가야 할 길을 바로 정하고 그 길에서 행하는 행동을 바르게 하는 것을 요구한다.

유다백성의 회개여부에 따라 하나님의 주권으로 그들에 대해 계획된 미래가 바뀔 수 있었다. 하지만 그들은 하나님에게 "헛되다"(נוֹאָשׁ 노아쉬)라는 말로 반응한다(12절). נוֹאָשׁ 노아쉬는 "소용없다"는 말이며 하나님께 "어떤 기대도 하지 마십시오"라고 말하는 것과 같다. 그 이유는 그들이 자신들의 계획에 따라 살고 "각기 악한 마음의 완악한 대로"(שְׁרִרוּת לִבּוֹ־הָרָע 쉐리루트 립보-하라) 행하겠다고 다짐을 하고 있기 때문이다. 하나님이 재앙에 대한 "계획"(מַחֲשָׁבָה 마하샤바, 11절)이 있다면 자신들은 "자신들의 계획"(מַחְשְׁבוֹתֵינוּ 마흐쉐보테누)에 따라 해보겠다는 것이다. 이는 우상을 섬기는 자신들의 계획이 하나님의 계획을 해결해 줄 수 있다고 생각했기 때문인 것으로 보인다.[219] 유다백성은 그들에게 주어진 기회를 잃었을 뿐만 아니라 자신들의 완악함을 다시 확인해 주었다. 이것은 자연스럽게 하나님의 심판 선언으로 이어진다(13-17절).

13-15절. "그러므로"(לָכֵן 라캔)와 신탁도입형식("여호와께서 이와 같이 말씀하시니라")은 선언단락으로의 전환을 보여준다. 따라서 13절부터 선언단락이 시작하는데, 13-17절은 두 개의 세부단락으로 구분된다: (1) 13-16절상; (2) 16절하-17절. 13-16절상에서 하나님은 심판을 선언하시기 전에 먼저 심판의 정당성에 대한 논쟁을 하시고 유다백성이 악한 마음에 따라 계획하고 실행한 것이 무엇인지를 분명하게 제시하시면서 심판의 근거를 확보하신다. 그런 후 16절하-17절에서 심판을 선언하신다. 이 구성은 심판을 선언하심에 있어서 하나님의 신중함을 보게 한다. 즉, 하나님이 그의 주권에 따라 마음대로 변덕스럽게 재앙과 복을 정하시는 것이 아니라 백성의 태도에 따라 정당하고 공정하게 그의 주권을 행하고 있다는 것이다.

---

219) 이 추론은, 우상들이 유다백성을 그릇된 길로 인도했고 결국에는 그들의 땅을 두려움과 영원한 웃음거리가 되게 했다는 하나님의 말(15-16절)을 고려할 때 가능해 보인다.

하나님은 심판의 정당성을 논하기 위해 일반적인 관행과 자연의 상태에 호소하신다. 먼저 "누가 이러한 일에 대해 들어보았는지 열방 중에 물어보라"고 명하신다(13절; 2:10). "이러한 일"(כָּאֵלֶּה 카앨레)은 앞서 12절에 서술한 유다백성의 태도를 가리키거나 15절에 서술한 하나님을 잊고 허무한 것에 분향한 것을 가리킬 수 있다. 이 명령에는 열방도 유다의 패역한 태도에 동의할 것이라는 전제가 있다. 어느 나라도 자신의 신을 배신하지 않는 것이 일반적인 관행임에도 불구하고 유다백성은 자신의 신을 거부했다. 더 심각한 것은, 헛된 우상을 섬기는 이방인들도 자신들의 헛된 신을 배신하지 않는데 유다는 참 신이신 언약의 하나님 여호와를 배신했다는 사실이다. 따라서 하나님은 언약백성인 이스라엘이 "심히 가증한 일을 행했다"(שַׁעֲרֻרִת עָשְׂתָה מְאֹד 샤아루리트 아스타 메오드)고 탄식하신다. שַׁעֲרֻרִת 샤아루리트는 "가증스럽거나 혐오스러운 일" 또는 "[놀랄 정도로] 끔찍한 일"을 가리킨다. 하나님은 유다의 반역적인 태도를 가증스럽고 끔찍한 일로 규정하신다. 이 표현은 유다의 배신에 대한 하나님의 감정을 반영한다. 이런 감정이 표현되는 것은 언약관계가 전적으로 하나님의 은혜와 사랑에 근거한 것이기 때문이다. 하나님이 이스라엘을 그의 백성으로 삼으신 것은 이스라엘의 장점 때문이 아니었다(cf. 출 19:5-6). "처녀 이스라엘"(בְּתוּלַת יִשְׂרָאֵל 베툴라트 이스라앨)이라는 표현은 이스라엘이 특별히 하나님께 대한 충성과 순결을 가져야만 함을 암시한다. 하지만 언약백성인 유다는 그 충성과 순결을 거부했다.

14절에서 하나님은 변하지 않는 자연의 상태에 호소하며 심판의 정당성을 논증하신다. "레바논 산 위의 눈이 녹아 기슭의 바위가 드러나거나 그곳에서 흘러내리는 찬물이 마르겠느냐?"는 질문이다. 답변은 "그럴 수 없다"이다. 눈이 녹아 바위가 드러나거나 물이 마르는 현상은 전혀 기대할 수 없는 것이라는 점이 강조된다. 이 수사적 질문들은 실제적으로는 "하나님이 선택하신 그의 백성이 어떻게 그를 섬기는 것을 멈추거나 포기할 수 있겠느냐"는 책망이다. 하나님의 백성이 그를 섬기는 것은 당연한 일이며, 그들이 그를 버리고 다른 신을 섬기는 것은 상상할 수도 없는 일이다. 그러나 유다백성은 이 당연한 일을 거부했고 상상할 수 없는 일을 범했다. 언약관계를 통해 하나님께 속하게 된 "내 백성"(עַמִּי 암미)이 언약의 하나님을 잊어버리고 "헛된 우상"(הַשָּׁוְא 핫샤베)에게 분향하며 자신들의 고집에 따라 떠나갔다(15절상). 따라서 하나님은 그들의 고집대로 선택한 일의 결과를 서술하신다(15절하). 그들이 섬긴 우상은 그들이 가야할 그들의 길, 곧 옛길에서 넘어지게 했으며 그들을 곁길로 가게 했다. 이는 그들 스스로 초래한 결과다. 하나님이 유다백성에게 그의 특별한 사랑을 베푸셨음에도 불구하고 그들은 그를 배반하고 그의 사랑을 헛된 우상과 바꾸어 버렸다. 돌이킬 수 있는 기회가 있었지만 그 기회마저도 스스로 거부했다. 그러므로 이에 대한 하나님의 진노와 심판은 정당하다.

16절-17절. 심판의 정당성을 논증한 후, 하나님은 본격적으로 심판을 선언하신다. 유다백성에게 선언된 심판은 세 가지다.[220] 첫째, 그들의 땅이 황폐하게 되고 영원한 웃음거리가 되는데, 지나는 자마다 놀라고 머리를 흔들 정도가 될 것이다(16절). 언약의 상징인 약속의 땅이 "두려움"(שַׁמָּה 샴마)과 "영원한 웃음거리"(שְׁרוּקֹת עוֹלָם 쉐리브코트 올람)가 되는 것은 언약의 하나님을 버리고 우상을 섬기는 것으로 언약을 파기한 것에 따른 당연한 결과다.[221] 하나님의 임재 및 축복과 번

---

220) 16절을 시작하는 부정사구 לָשׂוּם 라숨("만들다")을 어떻게 분석하느냐에 따라 두 가지 해석이 가능하다. 하나는 15절의 부정사구 לָלֶכֶת 라레케트("걸어가게 하다")와 연결되는 것으로 간주해서 우상이 곁길로 가게 한 것에 이어서 "그들의 땅을 두려움과 영원한 웃음거리로 만든 것"으로 해석하는 것이다(공동번역; 새번역; RSV). 다른 하나는 부정사가 문장을 시작할 경우 정동사를 대체해서 미래시제를 취할 수 있는 것에 근거해서 심판선언의 시작으로 해석하는 것이다(개역개정; 현대인의 성경; 우리말성경; NIV). 후자의 해석이 선호된다. 왜냐하면 "두려움/놀람"을 의미하는 שַׁמָּה 샴마와 이어지는 문장의 동사 יִשֹּׁם 잇숌([지나는 자마다] "놀라서")이 연결되기 때문이다. 즉 그들의 땅이 *놀람이 될 것이며* 지나는 자마다 그것으로 인해 *놀랄* 것이다. 이 경우 16절상은 심판선언이 된다. 첫 번째 해석은 15절의 부정사구와 16절의 부정사구가 접속사에 의해 연결되지 않는 문제점이 있다. 물론 시문이기 때문에 접속사가 생략될 수 있다. 하지만 שַׁמָּה 샴마가 예레미야서에서 심판의 결과로 서술되는 경우들을 고려하면(cf. 2:15; 4:7; 19:8), 심판선언으로 분석할 수 있다. 특히 8장의 선언단락과 평행을 이루는 19장 8절의 선언에서 하나님이 주어("내가")로 등장하면서 같은 동사 שַׂמְתִּי 삼티와 שַׁמָּה 샴마를 사용해서 예루살렘을 황폐하게 하겠다는 선언(וְשַׂמְתִּי אֶת־הָעִיר הַזֹּאת לְשַׁמָּה 베삼티 에드-하이르 핫조트 레샴마)이 주어지는 것에 주목하면 16절상을 심판선언으로 간주할 수 있다. 심판선언이 부정사로 시작되는 것은 흔한 형식은 아니다. 그러나 여기에 부정사가 사용되는 것은 결과를 나타내는 부정사의 용법을 고려한 것으로 볼 수 있다. 즉 우상숭배의 결과로 땅이 황폐하게 되는 것을 반영해서 선언하는 형식이다.

221) שַׁמָּה 샴마는 "황폐함"을 의미하기도 한다.

영을 상징하던 약속의 땅의 황폐함을 본 사람들은 그 처참함에 놀라며 유다의 이해할 수 없는 어리석음에 머리를 흔들게 될 것이다. 둘째, 유다백성을 원수 앞에서 흩어버리실 것이다(17절상). 회개의 기회를 걷어차 버린 유다백성에게 하나님은 모든 것을 흩어버리는 "동풍"(רוּחַ־קָדִים루아흐-카딤)처럼 되신다.[222] 따라서 유다백성은 목자 잃은 양처럼 흩어짐을 면치 못한다. 셋째, 재난의 날에 하나님이 얼굴이 아니라 등을 보이실 것이다(17절하). 하나님의 얼굴은 그의 은혜를 가리킨다(cf. 민 6:24-26). 따라서 등을 보이신다는 것은 재난의 때에 어떤 도움도 주지 않고 외면하시겠다는 의미다. 그의 백성이 등을 돌렸기 때문에 "이스라엘의 소망이시며 고통의 때에 이스라엘을 구원하시는 자"(14:8)가 등을 돌리고 그들을 대면하지 않으신다. 2장 27절이 서술하는 바와 같이 유다백성이 등을 돌리고 있다가 환난을 당할 때에 "일어나 우리를 구원하소서"라고 부르짖지만 하나님은 그들의 간구에 관심을 두지 않으실 것이다. 하나님이 등을 돌리신 모습은 13장 14절의 서술처럼 하나님이 심판을 행하실 때에 "그들을 불쌍히 여기지 아니하며 사랑하지 아니하며 아끼지 아니하고 멸하리라"는 표현을 시각적으로 담아낸다.

현재적 적용 | 묵상

1. 하나님이 재앙을 계획하셨더라도 회개하고 죄에서 돌이키면 충분히 회복될 수 있고 복을 누릴 수 있는 기회가 주어진 상황에서 악한 마음의 완악함에 귀를 기울이고 있는가, 아니면 악에서 돌아서길 바라는 눈길을 보내고 계시는 하나님의 음성에 귀를 기울이고 있는가? 기회가 지나가고 난 후 후회의 눈물을 흘리길 원하는가?

2. 하나님은 삶을 새롭게 빚으실 수 있는 토기장이와 같은 분이신데, 악한 길에서 돌이켜서 그 하나님께 삶을 온전히 맡겨드릴 의향이 있는가? 하나님과 함께 모든 것을 새롭게 할 수 있음을 신뢰하고 그에게 나아가는가?

3. 하나님이 그의 주권에 따라 계획하시는 것처럼 인간도 자신의 자유의지에 따라 계획할 수 있는데, 그 계획이 악한 마음의 완악함에 맞춘 것인가, 아니면

222) רוּחַ־קָדִים루아흐-카딤은 하나님의 심판에 대한 상징적인 표현으로 사용된다(cf. 시 48:8 [MT]; 사 27:8; 겔 17:10; 19:12)

하나님의 눈으로 보시기에 옳고 바른 것에 맞춘 것인가? 이것을 구분하는 지혜를 가지고 있거나 조언을 구하는가? 또한 그 지혜와 조언을 어디서 구하고 있는가? 성경인가 아니면 세상의 지식인가?

4. 계속해서 하나님에게서 돌아섬을 고집하면 결국 하나님이 돌아서실 수 있다는 것을 신중하게 생각하고 있는가? 하나님도 돌아서실 수 있다는 사실을 알고 있는가?

5. 회개를 할 때, 걸어가야 할 길을 바로 정하고 그 길에서 행동, 생각, 태도를 바르고 선하게 하겠다는 결단이 있는가? 진정한 회개는 공동체에 휩쓸려 어정쩡하게 하는 것이 아니라 각자가 하나님 앞에서 나아가 깊은 숙고와 반성 속에서 각자 범한 죄를 살피고 죄의 길에서 돌이키는 것이다.

6. 내 계획을 고집할 때 하나님의 무서운 심판이 임하는 것을 알고도 여전히 내 계획을 고집할 자신이 있는가? 악한 마음의 고집 때문에 하나님께 "어떤 기대도 하지 마십시오"라는 어리석은 답변을 하는 것은 아닌가?

7. 하나님을 버리고 세상의 허무하고 헛된 것을 따르는 것의 결과를 알고 있는가? 하나님의 등을 보기 전에 그의 얼굴 앞으로 나아가는 것이 생명을 얻을 수 있는 선택인 것을 잊지 않고 있는가?

---

(2) 예레미야를 해하려는 음모와 심판 간청, 18:18-23

사건의 순차적 진행을 서술하는 w바브 미완료 연계형(וַיֹּאמְרוּ바이요메루; "그리고 그들이 말했다")으로 18절이 시작되기 때문에 18절은 토기장이의 집에서 받은 신탁을 기록하고 있는 앞 단락(1-17절)에 자연스럽게 연결된다. 하지만 17절과 18절 사이에는 시간과 사건의 간극을 고려하게 된다. 즉, 토기장이의 집에서 받은 신탁을 예레미야가 유다백성에게 선포했고 이에 따른 반응이 18절에 기록된 것으로 보인다. 이 반응은 12절에서 악한 마음의 완악함에 따라 행하겠다는 유다백성의 태도에 대한 실제적인 예다. 하나님께 등을 돌린 백성이 그의 신탁을 전하는 선지자에게 등을 돌리고 공격적인 태도를 취하는 것은 당연해 보인다. 하나님의 명령에 따라 신탁을 선포했을 때 생명의 위협을 느낀 예레미야는 그들에게 혹독한 심판을 행해 주실 것을 하나님께 간청한다. 예레미야의 간청을 기록하고 있는 19-23

절은 18절과 구문적 연결성을 보이지 않지만 의미적으로 연결된다. 따라서 본 단락은 예레미야를 거부하자는 백성의 도모(18절)와 이에 대한 예레미야의 간청(19-23절)으로 구분해서 살피게 된다.

백성이 예레미야에 대해 계획을 도모함(18절)

하나님에 대한 거부는 자연스럽게 예레미야에 대한 적대감으로 이어졌다. 유다 백성은 예레미야를 대신할 제사장, 지혜로운 자, 선지자들이 있음을 언급하며 그를 말로 공격하고 완전히 무시할 계획을 도모한다.

예레미야가 자신의 대적에 대한 심판을 호소함(19-23절)

예레미야는 자신의 목숨을 노리는 사람들을 "다투는 자"("대적")로 표현하면서 그들에게 하나님의 철저한 심판이 임하길 간청한다.

주해

18절. "그들"이 화자로 등장한다. 문맥을 고려하면 "그들"이 11절의 "유다 사람들과 예루살렘 주민"인 것으로 보인다. 달리 예레미야의 신탁을 들은 사람들로 고려할 수도 있다. 어떤 경우이던 "그들"의 반응은 하나님의 심판선언에 대한 유다백성의 반응을 보여준다. 하나님에 대한 거부는 그의 신탁을 전하는 예레미야에게 직접적으로 이어진다. "그들"이 예레미야에 대해 계획을 도모한다. 이것은 정면으로 하나님께 도전하는 것이다. 왜냐하면 11절에서 하나님이 유다백성에 대해 "너희에 대해 [재앙의] 계획을 짜고 있다"(חֹשֵׁב עֲלֵיכֶם מַחֲשָׁבָה 호쉐브 알래켐 마하샤바)고 말씀하신 것과 동일하게 유다백성은 그의 계획을 선포하고 회개를 촉구하는 예레미야에 대해 "우리가 예레미야에 대해 계획을 짜자"(נַחְשְׁבָה עַל־יִרְמְיָהוּ מַחֲשָׁבוֹת 나흐쉐바 알-이르메야후 마하샤보트)고 말하고 있기 때문이다. 동일한 표현이 사용되는 것에 주목하게 된다. "그들"이 예레미야에게 적대적인 이유는 그가 그들에게 필요 없는 존재이기 때문이다. 그들에게 예레미야 외에도 율법을 가르칠 제사장과 책략을 알려줄 지혜로운 자와 하나님의 말씀을 전해 줄 선지자가 있다는 것이다. 달리 말하면 "너만 선지자가 아니다"라는 비난이다.

"그들"이 예레미야에 대해 짠 계획은 두 가지다. 첫째, 혀로 예레미야를 치는 것이다. 예레미야가 하나님의 심판신탁을 선포하며 그들을 비난하고 말로 공격한다고 생각하기에 그들 역시 말로 그를 공격하자는 것이다. 그들과 함께 하는 제사장의 율법으로, 지혜자의 책략으로, 선지자의 예언으로 예레미야의 신탁을 따져서 그 신탁의 문제점을 들추어내겠다는 것으로 보인다. 둘째, 예레미야의 어떤 말에도 주의를 기울이지 않는 것이다. 이는 그의 말을 완전히 무시하는 것을 의미한다. 이런 계획들이 18절에서는 명시적으로 예레미야의 생명을 위협하는 것을 의미하지 않지만 예레미야가 신탁을 선포하는 것을 막기 위해 생명을 위협할 정도로 발전된 것으로 보인다. 왜냐하면 20절과 22절에서 예레미야가 백성의 반응을 자신의 생명을 위협하는 것으로 표현하고 있기 때문이다. 예레미야에 대한 "그들"의 적대감은 곧 하나님께 대한 적대감을 의미한다. 그러므로 백성이 자신을 대적하고 급기야 죽이려고 하는 계획을 알게 된 예레미야는 하나님의 심판을 호소하게 된다(19-23절).

19-23절. 예레미야는 먼저 하나님이 자신에게 주의를 기울이시기를 간구한 후 18절의 "그들"을 "나와 다투는 자들"(יְרִיבָי 예리바이; "나의 대적들")로 표현하며 하나님이 그들의 말에 주목해 주시길 요구한다(19절). 그런 후 그들에게 하나님의 철저한 심판이 임하길 간청하는데, 예레미야는 세 가지 사실에 근거하여 하나님의 심판을 간청한다. 첫째, 하나님의 공의다(20절상). 선의 결과는 결코 악이 될 수 없다는 것이다. 반대로 악의 결과는 반드시 재앙이 되어야만 한다는 것이다. 이것이 하나님의 공의의 원리다. 하나님의 신탁을 선포하는 선이 자신의 죽음, 곧 악으로 되갚음을 받을 수 없음에 호소한다. 둘째, 예레미야는 자신의 무고함을 항변한다(20절하). 결코 그가 백성의 재앙을 원치 않았고 오히려 그들을 위해 중보기도를 드렸음을 하나님이 기억해 주시기를 바란다(cf. 14:15, 19-22; 17:16). 이는 자신이 백성의 멸망을 원치 않았음을 하나님이 분명히 알고 계시기 때문이다. 셋째, 하나님이 이미 예레미야를 죽이려는 자들의 계략을 다 알고 계시다는 것이다(23절). 그들이 어떤 악을 행하고 있는지 하나님이 다 알고 계시기에 그 행위대로 심판을 행해 주시길 간청한다(cf. 17:10).

이 세 가지 사실에 근거해서 예레미야가 하나님께 간구하는 심판은 언약백성이 언약적 의무를 어겼을 때 하나님이 내리시겠다고 선언하신 저주들이다("기근," "칼," "전염병"). 이것은 백성의 적대감이 단순히 자신에 대한 적대감이 아니라 하나님께 대한 적대감이며 또한 하나님의 신탁을 거부하고 언약을 파기하는 것이기에 언약적 저주를 받는 것이 당연하다는 항변이다. 또한 기근, 칼, 전염병은 철저한 심판을 의미한다. 뿐만 아니라 예레미야를 죽일 음모를 꾸미는 자들, 그들의 자손들, 아내들, 장정, 청년이 언급되는 것 역시 철저한 심판을 강조한다. 또한 이러한 철저한 심판이 전쟁터뿐만 아니라 그들이 안전하다고 생각하는 집에도 임하게 하시길 간청한다(22절). 여기서 더 나아가 예레미야는 하나님이 결코 그들의 죄를 용서하시거나 지우지 마시길 간청하는데, 이는 자신을 죽이려고 하는 "그들의 모든 계략" (כָּל-עֲצָתָם 콜-아짜탐)이 하나님께 범한 죄이기 때문이다(23절). 결국 심판이 이들의 죄에 대한 하나님의 다루심이 되길 간청하는 것이다("그들을 주 앞에서 넘어지게 하시되"). 자신의 생명을 해하려고 구덩이를 파고 계략을 꾸미는 이들에 대해 예레미야가 심판을 간청하는 것은 단순한 앙갚음이나 피의 보복을 호소하는 것이 아니라 하나님의 신탁과 그 신탁을 전하는 선지자의 권위를 지켜주시기를 요구하는 것이다.

현재적 적용 묵상

1. 마음에 찔림을 주는 하나님의 말씀을 선포하는 설교자에 대해 어떤 생각을 하고 어떤 태도를 보이는가? 듣고 싶은 말을 해주는 설교자는 얼마든지 있으니 그런 설교자는 필요 없다고 생각하지는 않는가?

2. 심판에 대한 경고를 은혜라는 말로 무시하고 더 이상 의미가 없다고 말하며 죄의 심각성을 외면하는 것은 아닌가? 혹시 거짓된 평안을 선포하는 것을 거부하고 하나님의 심판을 선포하며 회개를 촉구하는 목회자에게 "너만 목사냐?" 라는 말을 하지는 않는가?

3. 하나님이 함께 신앙훈련을 할 수 있는 지체와 신앙공동체를 주셨는데 나 혼자로 충분하다고 생각하며 거부하지는 않는가? 또한 하나님이 삶의 진리와 지혜를 알 수 있는 성경을 주셨는데, 내 지식과 지혜, 내 판단과 경험으로 충분하다고 확신하며 성경을 거부하지는 않는가? 신실한 설교자의 말씀선포가 있는데, 내가 이해한 성경으로 충분하다고 생각하고 어떤 말에도 주의를 기울이지 않는 것은 아닌가?

4. 예레미야가 자신을 대적하는 이들에 대한 하나님의 심판을 간청할 때 자신의

사역을 당당하게 말한 것처럼 나의 삶과 사역을 하나님 앞에서 당당하게 말하면서 나에게 걸림돌이 되는 것들을 치워달라고 말할 수 있는가? 하나님의 공의에 따른 정당한 판결이 있을 것이라고 확신하는가?

5. 나를 괴롭게 하는 이들에 대한 하나님의 다루심을 간구할 때, 그 간구가 앙갚음을 요구하는 것인가, 아니면 하나님의 공의로운 심판을 요구하는 것인가? 공의로운 심판이 되기 위해서는 "하나님, 어찌 선이 악으로 보답을 받아야 합니까?" 라고 자신 있게 말할 수 있어야 한다는 것을 기억하고 있는가?
6. 유다백성을 위한 예레미야의 중보기도가 저주를 구하는 기도로 바뀐 것처럼 나의 죄와 잘못된 삶을 위한 중보기도가 나의 적대감으로 인해 심판을 구하는 기도로 바뀔 수 있다는 생각을 해본 적이 있는가? 한국교회를 위한 중보기도가 한국교회에 하나님의 심판이 임하길 간구하는 기도로 바뀌는 불행이 오기 전에 회개하고 돌아서야 하지 않겠는가?
7. 무고히 나를 해하려는 이들이 구덩이를 파고 덫을 놓는 일을 당할 때, 그 문제를 알고 계시는 하나님 앞에 가져가는가? 궁극적으로는 하나님의 공의를 신뢰하는가?

---

(3) 깨진 옹기와 예루살렘의 멸망, 19:1-15

본 단락의 서술형식은 하나의 사건을 기록하는 서사다. 이 서사는 18장의 사건기록과 유사하게 사건을 보고하는 단순한 형식을 취한다. 앞서 언급한 바와 같이 본 단락은 토기장이의 모티브로 18장과 짝을 이룬다. 18장이 토기장이의 행위에 빗대어 여호와의 절대적 주권을 선포하는 반면 본 단락은 토기장이의 깨어진 옹기를 통해 유다와 예루살렘에 임하게 될 파괴적인 심판을 시각화한다. 이와 더불어 18장의 심판원인과 심판선언을 다루는 신탁 역시 19장의 심판원인과 심판선언과 주제적 연관성을 나타낸다. 후자에서 이 주제가 강화되고 구체화된다. 본 단락의 사건서술은 (1) 하나님의 명령을 받는 장면(1-3절)과 (2) 이 명령을 수행한 후 예레미야가 성전 뜰에서 그가 힌놈의 아들의 골짜기에서 선포한 신탁을 요약적으로 유다백성에게 선포하는 장면(14-15절)으로 구분된다. 서술된 사건의 내용은 행동보다는 하나님의 말씀, 즉 예레미야에게 임한 신탁에 집중한다.

a. 하나님의 명령이 예레미야에게 임함(1-13절)
　b. 명령을 수행한 후 성전 뜰에서 유다백성에게 신탁을 선포함(14-15절)

예레미야에게 임한 하나님의 명령을 서술하고 있는 1-13절은 다시 두 개의 세부단락으로 구분된다. 하나는 증인으로 일부 어른들과 제사장들을 힌놈의 아들의 골짜기로 데리고 가서 전해야 할 신탁에 집중하는 단락(1-9절)이고 다른 하나는 토기장이의 옹기를 깨뜨린 후 전해야 할 신탁을 서술하는 단락(10-13절)이다. 이 신탁들의 대상은 "유다 왕들과 예루살렘 주민"이지만 실제 이 신탁을 듣는 이들은 힌놈의 아들의 골짜기에 증인으로 데리고 간 이들이다. 내용으로는 심판신탁이다.

1-9절의 신탁은 전형적인 신적 신탁의 형식을 취하고 있다. 고소단락은 3-5절인데, 3절에서 미리 심판선언의 내용을 요약해서 "재앙"으로 심판을 선언한 후 구체적인 심판원인을 서술한다. 이 요약적 선언이 선언단락(6-9절)에서 구체적으로 제시된다. 이를 반영하여 1-13절의 구조를 구체적으로 분석하면 다음과 같다.

1. 신탁도입, 1절상
   "여호와께서 이와 같이 말씀하시되" (כֹּה אָמַר יְהוָה 코 아마르 아도나이)
2. 위임명령, 1절하-2절
   "증인들을 데리고 힌놈의 아들의 골짜기로 데리고 가서 이른 말을 선포하라"
3. 고소단락, 3-5절
   a. 신탁대상: "유다의 왕들과 예루살렘 주민" (3절상)
   　b. 요약적 심판선언: "재앙을 내릴 것이다" (3절하)
   　　c. 심판원인: "이는" (יַעַן 야안) (4-5절)
4. 전환("그러므로," לָכֵן 라캔), 6절
5. 선언단락, 6-9절

10-13절의 신탁은 신탁도입형식 없이 위임명령으로 시작한 후 선언단락에 집중한다. 13절에서 "모든 집들" (כֹּל הַבָּתִּים 콜 합발팀)을 묘사하는 문장들이 심판원

인을 지적하는 역할을 하지만 고소단락으로 구분되지는 않는다.[223)]

1. 위임명령, 10절
2. 선언단락, 11-13절

하나님은, 심판이 반복해서 선포되지만 그 심판을 피상적으로만 받아들이는 유다백성에게 깨어진 옹기를 통해 심판에 대한 실제적인 그림을 갖게 하신다. 힌놈의 아들의 골짜기(도벳)에 선포된 재앙은 유다와 예루살렘에 임하게 될 재앙에 대한 예시다. 이 재앙은 옹기가 깨어져서 다시 복구될 수 없는 것처럼 유다와 예루살렘을 깨뜨려서 다시 회복되지 못하게 할 만큼 무서운 심판이다. 다시 빛는 하나님의 주권적인 개입이 없으면 회복은 불가능하다.

신탁도입과 위임명령(1-2절)

하나님은 예레미야에게 토기장이의 옹기를 산 후, 원로 지도자들 중 일부를 데리고 힌놈의 아들의 골짜기로 가서 그의 신탁을 선포하라고 명령하신다.

---

223) 이는 히브리어 원전 13절의 중간에 등장하는 לְכֹל הַבָּתִּים 레콜 합받팀("모든 집들에" 또는 "모든 집들로 인해")의 해석에 따라 차이가 있다. KJV은 이 표현에서부터 예루살렘의 집들과 유다 왕들의 집들이 도벳 땅처럼 되는 이유를 서술하는 것으로 번역한다: "And the houses of Jerusalem, and the houses of the kings of Judah, shall be defiled as the place of Tophet, *because of all the houses* upon whose roofs they have burned incense unto all the host of heaven, and have poured out drink offerings unto other gods." 개역개정과 새번역의 번역이 이와 유사한다. 이와는 달리 NIV와 JPSV는 이 표현이 도벳 땅처럼 되는 대상인 예루살렘의 집들과 유다 왕들의 집들을 요약하는 것으로 번역한다: "The houses in Jerusalem and those of the kings of Judah will be defiled like this place, Topheth-*all the houses* where they burned incense on the roofs to all the starry hosts and poured out drink offerings to other gods" (cf. 공동번역). 또는 NJB는 도벳 땅처럼 되는 대상을 이어서 서술하는 것으로 번역하기도 한다: "*The houses of Jerusalem and those of the kings of Judah, all the houses* on the roofs of which they offered incense to the whole array of heaven and poured libations to other gods, will be unclean, like this place Topheth"; "예루살렘의 집들과 유다 왕들의 궁전과 그리고 지붕 위에서 별에게 분향하고 다른 신들에게 술을 따라 부은 모든 집들이 도벳처럼 더러워질 것이다"(현대인의 성경).

신탁대상과 재앙 선언(3절)
하나님은 심판신탁을 들어야 하는 실제 대상들을 간략히 호명한 후 듣는 모든 자의 귀가 떨릴 만큼 무서운 재앙이 힌놈의 아들의 골짜기에 임할 것임을 선포하신다.

고소단락: 심판원인(4-5절)
듣는 이가 모두 무서워 할 재앙이 임하게 되는 이유가 구체적으로 열거된다. (1) 하나님을 거부한 배신; (2) 배교(우상숭배); (3) 무고한 피를 흘린 것; (4) 바알의 산당을 세워 자녀를 번제물로 받친 것이다.

선언단락: 심판선언(6-9절)
하나님은 죄를 범한 유다 백성을 향하여 무서운 재앙을 선포하시는데, 재앙이 임하는 날에 힌놈의 아들의 골짜기를 "죽음(살육)의 골짜기"라고 부르게 된다. 하나님이 내리시는 재앙을 결코 방어할 수 없는 것, 성읍이 황폐하게 되어 조롱거리가 되는 것, 자녀들의 살을 먹게 되는 것은 재앙의 무서움을 그대로 반영해 준다. 선언단락에 근거해서 "재앙"을 묘사하면 끔찍한 "살육"이다. 이 재앙으로 인해 유다와 예루살렘은 자신들이 도모하는 바를 이루지 못한다.

위임명령과 선언단락: 깨어진 옹기와 같이 파괴될 유다와 예루살렘(10-13절)
토기장이의 옹기를 사람들이 보는 앞에서 깨뜨리라는 명령이 예레미야에게 주어지는데, 깨어진 옹기는 하나님의 재앙으로 파괴될 유다백성과 예루살렘을 상징적으로 나타낸다. 재앙의 대상은 우상숭배의 자리인 예루살렘의 집들과 유다 왕들의 집들과 유다의 모든 집이다.

성전 뜰에서 예루살렘에 임할 재앙을 선포함(14-15절)
예레미야는 도벳에서 돌아와 성전 뜰에 서서 예루살렘과 성읍들에 임하게 될 재앙을 선포한다. 더불어 이것이 유다 백성의 교만과 불순종으로 인한 것임을 지적한다.

주해

1-2절. 일반적으로 확정된 심판을 본격적으로 선포하기 시작한 여호야김 통치

초기를 이 사건서술의 역사적 배경으로 간주하는데, 역사적 배경이 본 단락을 해석하는데 결정적인 역할을 하는 것은 아니다. 예레미야는 토기장이의 "옹기"(בַּקְבֻּק 바크부크)를 산 후 지도자들 중 일부(장로들과 원로 제사장들)를 데리고 힌놈의 아들의 골짜기로 가서 하나님의 신탁을 전하라는 명령을 받는다(1절).[224] 예레미야와 함께 간 지도자들은 신탁의 증인역할을 하게 된다(cf. 사 8:1-2). 특히 이들이 노령인 것을 감안할 때 요시야의 종교개혁에 참여했을 가능성이 높다.[225] 달리 말하면 백성은 계속해서 그들의 목을 곧게 하고 하나님의 말씀을 거절하지만(cf. 7:26; 17:23; 19:15), 이들은 예레미야가 전달하는 하나님의 신탁을 누구보다도 잘 이해할 수 있을 거라는 기대를 갖게 한다. "하시드"(הַחַרְסוּת 하하르씨브트)는 문자적으로 "질그릇 조각"을 의미한다(2절). 따라서 부서진 질그릇이나 조각들, 토기장의 쓰레기를 버리는 곳으로 나가는 문을 "하시드 문"이라고 부른 것으로 보인다. 탈굼에는 이 문을 "배설물의 문"(the Dung Gate)으로 부르기도 한다. 이 문을 통해서 힌놈의 아들의 골짜기로 가게 되는데, 이 골짜기는 예루살렘 남쪽에 위치하고 있으며 도벳이라고 불리기도 했다(cf. 6절; 7:32). 힌놈의 아들의 골짜기에서 자녀를 제물로 바치는 행위가 이루어졌기 때문에 요시야 왕이 종교개혁을 할 때 예루살렘 성의 쓰레기를 버리는 곳으로 만들었다(cf. 왕하 23:10). 이곳에서 예레미야는 하나님이 그에게 주시는 "말들"(הַדְּבָרִים 한데바림)을 선포하라는 명령을 받았다. 따라서 예레미야가 선포하는 말은 신적 권위를 갖는다.

3절. 예레미야가 힌놈의 아들의 골짜기에서 하나님의 신탁을 전달할 때 우선적으로 그 신탁을 듣는 사람들은 그가 데리고 간 지도자들이다. 하지만 신탁의 실제 대상은 호격으로 서술되고 있는 "유다 왕들과 예루살렘 주민"이다.[226] 즉 이들이

---

224) "옹기"로 번역한 히브리어 בַּקְבֻּק 바크부크는 물을 담는 용기(容器)를 가리킨다. 18장 4절에는 토기장이가 "그릇"(כְּלִי 켈리)을 만들고 있는 것을 묘사하는데, 이 단어는 토기장이가 만드는 일반적인 용기를 가리킨다. 흙으로 된 용기가 깨지면 다시 복구될 수 없다는 일반적인 사실을 언급할 때 19장 11절에 이 단어(כְּלִי 켈리)가 사용된다. בַּקְבֻּק 바크부크가 특정된 이유는 7절에서 발견할 수 있다. 7절의 주해를 참조하라.

225) 히브리어 표현, מִזִּקְנֵי הָעָם וּמִזִּקְנֵי הַכֹּהֲנִים 밎지크내 하암 우밎지크내 학코하님은 "백성의 연장자들(장로들)의 일부와 제사장들의 연장자들의 일부"를 가리킨다.

226) 유다 왕이 언급되는 이유는 요시야 왕처럼 유다의 왕들은 힌놈의 아들의 골짜기에서 행

실제적으로 여호와의 말씀을 들어야 하는 자들이다. 신탁의 주체는 "이스라엘의 하나님 만군의 여호와"다. 이 표현은 심판을 행하실 수 있는 하나님의 권위와 능력을 분명하게 보여준다. 다른 한편으로는 신탁의 성취를 확언해 주는 표현이기도 하다. 왜냐하면 이 신탁이 여호와의 신적 권위를 갖고 있기 때문이다. 하나님의 심판의 재앙이 임하는 장소가 직접적으로는 힌놈의 아들의 골짜기("이 곳")로 언급이 되는데, "이 곳"에 선언된 재앙은 예루살렘 성과 유다 전체에 임하게 될 재앙에 대한 예시다(cf. 8, 11, 13, 15절). 하나님의 재앙은 듣기만 해도 귀가 고통스러울 만큼 무서운 재앙이 될 것이다. "그것을 듣는 모든 자의 귀가 떨리니"라는 표현은 하나님의 경고에 귀를 기울이지 않고 "귀가 할례를 받지 못한" 유다백성을 향하고 있는 듯하다(cf. 5:21; 6:10; 7:24, 26; 11:8; 17:23).

4-5절. 불변화 부사 יַעַן야안("이는"/"왜냐하면")은 본격적인 고소단락의 시작을 보여준다. 무서운 재앙을 불러온 네 가지 죄가 구체적으로 열거된다.

첫째, 하나님을 버리고 배신한 죄다(4절상). 유다백성은 "이스라엘의 하나님 만군의 여호와"를 스스로 버림으로 하나님과의 언약관계를 파기했다. 둘째, "이 곳(힌놈의 아들의 골짜기)을 우상숭배로 불결하게 만든 죄다(4절중). "이 곳을 불결하게 하다"(וַיְנַכְּרוּ אֶת־הַמָּקוֹם הַזֶּה바이낙케루 에트-함마콤 핫제)는 "이 곳을 낯선 곳(알아볼 수 없는 곳)으로 만들다"를 의미한다(cf. 공동번역; 새번역; NJB). 즉 하나님을 자기와 자기 조상들과 유다 왕들이 전혀 알지 못하던 이방신들로 대체하면서 "이 곳"을 "낯선 곳"으로 만들었다. "이 곳"이 더 이상 하나님의 임재가 있는 장소가 아니라 낯설고 불결한 곳, 다시 말해 "이방의 장소"가 됐기 때문에 재앙이 임하는 것은 문제가 되지 않는다. 셋째, "이 곳"을 무죄한 자의 피로 가득채운 죄다. 일반적으로 "무죄한 자의 피"가 번제의 제물로 바친 자녀들의 피를 가리키는 것으로 해석한다. 사회적 불의에 의한 무죄한 자의 피를 의미할 수도 있다.[227] 넷째, 바

해지는 바알숭배와 자녀를 제물로 바치는 행위를 금지해야 했지만 그렇게 하지 못했기 때문이다. 따라서 그들의 책임을 묻는 측면이 있다.

227) Cf. Harrison, *Jeremiah & Lamentations*, 111. "무죄한 자의 피로 이 곳에 채웠다"는 표현은 므낫세 왕의 범죄를 연상시킨다: "무죄한 자의 피를 심히 많이 흘려 예루살렘 이 끝에서 저 끝까지 가득하게 하였더라"(왕하 21:16). 므낫세 왕의 범죄가 특정된 것도 이런 연상을 가능하게 한다(15:4). 그렇다면 "무죄한 자의 피"는 사회적 불의에 의한 피를

알의 산당을 짓고 자녀들을 번제로 불살라 드린 죄다(5절; cf. 7:31; 32:34-35). 이것은 우상숭배의 문제 중 가장 하나님의 진노를 자극한 행위다. 왜냐하면 자녀를 번제로 불사르는 것은 하나님이 명령하시거나 말하시거나 뜻하신 바가 전혀 없는 것이기 때문이다. "뜻한 바가 전혀 없다"(לֹא עָלְתָה עַל־לִבִּי로 알레타 알-립비)는 것은 "마음에 떠올리지도 않았다"는 의미다. 오히려 모세율법은 자녀를 제물로 삼는 것을 엄중히 금하고 있다. "너는 결단코 자녀를 몰렉에게 주어 불로 통과하게 함으로 네 하나님의 이름을 욕되게 하지 말라 나는 *여호와이니라*"(레 18:21). 모세율법에 따르면 자녀를 불살라 제물로 바치는 것은 이 행위를 금하신 여호와를 범하는 죄다. 그만큼 유다백성은 하나님이 전혀 원하시지도 상상하지도 않은 극악한 범죄를 저질렀다. 이것은 하나님을 버리고 마음의 완악함에 따라 행하겠다고 다짐한 유다백성의 패역을 가장 잘 드러내는 범죄다.

6-9절. "그러므로"(לָכֵן라캔)는 선언단락으로의 전환을 보여준다. 하나님은, 3절에서 선언한 "듣는 모든 자의 귀가 떨리게 되는" 무서운 재앙이 임하는 날을 선언하신다. "보라. 날들이 임할 것이다"(הִנֵּה־יָמִים בָּאִים힌네-야밈 바임). 6절의 히브리어 원문은 이 표현으로 시작되면서 재앙이 임하는 날에 주목하게 한다. 또한 그 확실성을 신적 선언("여호와의 말이니라")로 확언하신다. 이 재앙의 무서움이 네 가지로 선언된다. 첫째, 도벳 또는 힌놈의 아들의 골짜기로 불리던 곳이 재앙의 날이 임하면 "죽음의 골짜기"(גֵּיא הַהֲרֵגָה개 하하래가; "살육의 골짜기")로 불리게 된다(6절). 왜냐하면 이 골짜기가 하나님의 심판으로 죽은 시체들로 가득 채워질 것이기 때문이다(cf. 11절; 7:31-33). 힌놈의 아들의 골짜기에는 물이 있었다. 따라서 예루살렘을 함락시키려는 침략자들은 이곳을 우선 점령하려고 시도할 것이므로 이곳을 지키려는 군사들과 치열한 전투를 벌이게 된다. 따라서 전투에서 죽게 될 많은 시체들을 상상해 볼 수 있다. 뿐만 아니라 성에서 죽었지만 매장지를 얻지 못

가리킬 수도 있다. 또한 "이 곳"이 "예루살렘"에 연결되는 것을 고려할 때 "무죄한 자의 피로 이 곳에 채웠다"는 표현은 예루살렘의 사회적 불의로 연결될 수 있다. 므낫세의 죄는 예루살렘 멸망을 확정짓게 되는 결정적인 역할을 했다(cf. 왕하 24:1-4). 왕의 실패는 백성의 실패로 이어졌다. 율법에 따라 성전에서 종교의식들은 행했지만 무고한 자의 피를 흘리는 사회적 불의와 악이 유다에 만연했다(cf. 5:1; 6:6-7; 7:9).

한 시체들이 버려져서 가득 채워지는 장면도 연상해 볼 수 있다. 힌놈의 아들의 골짜기에 가득 채워진 시체들은 끔직한 심판의 그림을 명확하게 전달해 줄 것이다. 유다백성은 힌놈의 아들의 골짜기에서 이방신을 섬기고 자녀들을 번제물로 바치면서 그들의 생명과 번영을 보장받으려고 했다. 하지만 하나님은 바로 그곳을 죽음과 살육의 장소로 만드시면서 유다백성의 잘못된 신앙을 정면으로 거부하신다.

둘째, 하나님의 재앙을 수행하는 대적의 공격을 결코 방어할 수가 없다(7절). 왜냐하면 유다와 예루살렘이 세운 "계획" (עֵצָה 애짜; "책략") 을 마치 물을 땅에 쏟아버리듯 하나님이 쏟아버리실 것이기 때문이다.[228] 즉 유다의 모든 계획을 쓸모없게 만드셔서 대적의 공격을 방어할 수 없게 하신다. "이 곳"의 방어선이 무너지는 것은 예루살렘 멸망의 시작을 의미한다. "유다와 예루살렘의 책략을 무너뜨리다"는 표현에서 "무너뜨리다"로 번역한 히브리어 동사 בָּקַק 바카크는 토기장이의 "옹기" (בַּקְבֻּק 바크부크)와 음성적 효과가 있다. 이 동사는 물 등을 "쏟아 버리다," 땅이나 단지 등을 "비워 버리다" 또는 "파괴하다" 등의 의미를 갖는다. 따라서 깨어진 옹기의 물이 다 쏟아져버리는 것은 쏟아져서 쓸모없게 된 유다와 예루살렘의 "책략"을 상징적으로 보여준다(cf. 10절). 유다백성은 회개의 기회가 주어졌을 때 "우리는 우리의 계획대로 행하며 우리는 각기 악한 마음이 완악한 대로 행하리라"라고 답변을 하며 교만함을 드러내었다(18:12). 그러나 하나님을 거부하는 교만에서 나온 어떤 책략도 하나님의 재앙을 수행하는 대적의 공격 앞에서는 무용지물이 될 수밖에 없다. 자신들의 계획이 지혜로운 것처럼 보일지 모르지만 하나님이 내리시는 재앙 앞에서는 어리석은 것에 불과하다. 실제 시드기야 왕의 경우 애굽의 도움을 얻어 바벨론의 통치에서 벗어나려는 책략을 세우고 시도했지만 실패하고 말았다. 결국 이 실패는 바벨론 왕 느부갓네살에 의한 예루살렘의 멸망으로 연결됐다(cf. 겔 17장; 왕하 25:1-7). 또한 유다백성은 하나님과 더불어 우상들을 섬기면서 안전과 번영을 보장받고자 하는 나름대로의 "지혜로운 책략"을 가지고 있었지만 하나님의 재앙 앞에서 이 책략은 헛되고 어리석은 선택일 뿐이다. 책략이 무용지물이 되면서 대적의 칼에 죽임을 당할 뿐만 아니라 더 비참한 결과가

228) 18장 18절의 지혜로운 자에게서 나오는 "책략" (עֵצָה 애짜)과 동일한 단어다.

이어진다. 하나님의 재앙으로 인해 죽임을 당한 시체들은 매장되지 못하고 짐승들의 먹이가 된다(cf. 7:33; 16:4; 34:20). 이것은 죽은 자들에 대한 모욕과 그들에게 어떤 회복의 여지도 남기지 않는 것을 의미한다.

셋째, 예루살렘이 "놀람"(שַׁמָּה 삼마)과 "조롱거리"(שְׁרֵקָה 쉐래카)가 된다(8절). 힌놈의 아들의 골짜기의 무너짐으로 인해 대적의 공격을 전혀 방어할 수 없는 예루살렘은 당연히 파괴를 당하고 폐허가 될 것이다. "성읍의 모든 상처 또는 타격"(כָּל־מַכֹּתֶהָ 콜-막코테하)으로 인한 놀람과 조롱이 이어지는 문장으로 강조된다. "성읍을 지나는 자마다 놀라며(יִשֹּׁם 잇솜) 조롱할 것(יִשְׁרֹק 이쉬로크)이다." 하나님의 재앙을 받은 대상의 상태에 대한 전형적인 반응은 "놀람"과 "조롱"이다(cf. 18:16; 25:9, 18; 29:18; 44:12, 22).[229)]

넷째, 예루살렘이 포위되어 적의 공격을 받을 때 유다백성은 극심한 식량부족으로 인해 굶주림을 면하고 목숨을 부지하고자 자신의 자녀들의 살을 먹을 뿐만 아니라 친구들(서로)의 살을 먹게 되는 참혹한 상황에 처하게 된다(9절; cf. 애 4:10). 예루살렘에 임할 재앙은 유다백성에게 인간의 기본적인 도리도 지키지 못하게 하는 처참한 고통을 안겨 줄 것이다. 이것은 그들이 하나님을 거부하고 우상을 선택하면서 그의 백성으로서의 기본적인 도리를 지키지 않은 것과 자녀들을 제물로 바침으로 하나님께 안겨 준 고통에 대한 보응처럼 보인다. 이 참혹한 재앙이 주전 586년에 바벨론 왕 느부갓네살이 예루살렘을 포위하여 파괴할 때와 주후 70년에 로마가 성전과 예루살렘을 파괴할 때에 실제적으로 임했다. "그들의 원수와 그들의 생명을 찾는 자"가 유다백성에게 이러한 고통을 안겨주는 것이지만 이 참혹한 상황의 실제적인 주체는 하나님이다("내가 그들이 ... 먹게 하리라"). 대적은 단지 하나님의 심판의 도구에 불과하다.

10-13절. 예루살렘에 임하게 될 재앙의 무서움이 자세히 서술된 후, 원로 지도자들이 보는 앞에서 가지고 간 옹기를 깨뜨리고 신탁을 전하라는 하나님의 명령이 예레미야에게 임한다(10절). 옹기를 깨뜨리는 장면은 하나님이 유다와 예루살

229) 이 단어들과 더불어 "비웃음거리"(חָרְבָּה 호르바), "저주거리"(קְלָלָה 케랄라), "치욕거리"(חֶרְפָּה 헤르파) 등이 함께 사용된다. 이 표현들은 하나님이 내리시는 심판과 재앙의 결과이기 때문에 언약백성과 이방백성 사이에 구분 없이 사용된다(cf. 49:17).

렘의 책략을 깨뜨리시는 것을 상징적으로 보여준다(cf. 7절). 따라서 옹기를 깨뜨리는 것은 하나님의 심판이 확정됐을 뿐만 아니라 마치 이미 실행되기 시작했음을 보여주는 듯하다. 또한 깨어진 옹기는 신탁성취의 확실성을 확언해 주는 역할을 한다. 옹기를 깨뜨리라는 명령에 뒤이어 서술되고 있는 신탁은 깨어진 옹기의 의미를 설명한다(11절). 이 상징적 행위는 온전히 다시 회복될 수 없는 예루살렘의 멸망을 생생하게 보여 준다. 토기장이의 옹기가 깨어지면 다시 본래대로 복구될 수 없고 단지 버려질 뿐인 것처럼 예루살렘도 역시 하나님의 심판으로 깨어지게 되면 온전히 회복될 수 없고 결국 버려지는 신세가 될 것이다. 유다백성은 예루살렘을 함락될 수 없는 요새로 보지만 하나님께는 예루살렘이 단지 범죄로 가득 찬 진흙 단지에 불과하다. 깨어진 예루살렘을 온전히 회복시켜 보려는 인간적인 어떤 노력도 하나님이 주권적으로 관여하시지 않는 한 헛수고일 뿐이다. 18장에 서술된 토기장이 비유의 신탁에서는 회복의 여지가 암시되고 있다. 왜냐하면 토기장이의 손에서 터진 그릇은 다른 그릇으로 다시 빚어질 수 있기 때문이다. 따라서 회개를 촉구하는 신탁이 토기장이 비유(18:1-6)에 이어서 서술된다(18:7-10). 반면에 19장의 깨어진 옹기의 비유는 회복의 여지를 남겨 두지 않는다. 예루살렘은 하나님의 심판으로 인해 산산이 깨어져서(파괴되어) 온전한(또는 본래대로의) 회복이 불가능한 처지에 놓인다.

회복이 불가능한 예루살렘의 깨어짐이 두 가지로 나타난다. 첫째, 무수한 시체들이다. 즉, 죽음이다. 대적에 의한 칼과 하나님이 내리시는 기근과 전염병으로 인해 죽임을 당한 무수한 시체들이 쌓일 것이다(cf. 14:12). 도벳에 시체를 매장할 자리가 없을 정도로 많은 사람들이 죽임을 당하게 될 것이므로 결국 예루살렘이 도벳과 같이 시체들로 가득 차게 된다. 달리 말하면 예루살렘 자체가 "죽음의 골짜기"가 된다는 것이다(12절; cf. 6절). 유다백성이 바알을 섬기기 위해 자녀들의 시체로 도벳을 채운 것과 마찬가지로 하나님이 그의 심판으로 인해 죽임을 당한 시체들로 예루살렘을 가득 채우신다. 둘째, 예루살렘의 모든 집들이 도벳 땅처럼 불결하게 된다(13절). 이것은 왕을 비롯한 예루살렘의 모든 거민들이 자신들의 집 지붕에서 메소포타미아에서 유입된 해, 달, 별을 숭배하는 이방의 제의행위로 예루살렘을 불결하게 만든 것에 상응하는 깨어짐이다(cf. 7:17-18; 16:18; 32:29; 왕하 23:12; 겔 8:3-18; 습 1:5). 예루살렘의 모든 집들은 도벳이 죽은 시체들로 인해 불결한 것처럼 시체들로 가득 차서 불결하게 된다. 이것은 궁극적으로 예루살렘이 더 이상 하나님의 임재가 가능한 거룩한 장소가 되지 못할 것임을 선언하는 것과 같다.

14-15절. 사건서술의 정황이 바뀐다. 하나님의 명령에 따라 도벳(힌놈의 아들의 골짜기)에서 예루살렘에 임하게 될 심판신탁을 원로 지도자들에게 전한 후, 예레미야는 예루살렘으로 돌아온다. 이제 그는 성전 뜰에 서서 모든 백성을 대상으로 예루살렘과 주변 성읍들의 멸망에 관한 신탁을 선포한다(14절). 앞서 도벳에서 선포한 신탁을 요약적으로 서술하지만 실제로는 자세한 신탁을 선포했을 것으로 보인다(15절). 20장 1-6절의 바스훌의 반응이 이를 짐작하게 한다. 이 성읍에 대하여 선언한 "모든 재앙" (כָּל־הָרָעָה 콜-하라아)은 6-9절과 11-13절에 서술된 심판선언의 내용을 요약한다. 이 심판의 주체는 여전히 하나님이다("내가…재앙을 내릴 것이다"). 이 재앙이 임하는 범위는 예루살렘을 시작으로 유다 전역을 포함한다. 재앙이 임하는 이유는 유다백성이 교만하게 행하며("목을 곧게 하여") 하나님의 말("내 말")을 거부한 것이다. 앞서 고소단락(4-5절)에서 지적한 유다백성의 죄는 결국 교만과 불순종으로 규정된다. 예레미야는 이러한 유다백성의 반항적인 태도가 심판의 원인임을 반복해서 전했다(cf. 7:26; 11:8, 10; 13:10, 15; 17:23). 하나님께 대한 범죄는 반드시 그의 심판을 자초한다.

현재적 적용 **묵상**

1. 설교자는 하나님의 말씀인 성경을 선포하는가, 아니면 자신의 말을 선포하는가? 또는 듣는 이의 귀를 즐겁게 하는 설교인가 아니면 듣는 이의 귀가 떨리는 설교인가?
2. 세속주의, 배금주의, 성공주의가 한국교회를 하나님이 보시기에 낯선 곳, 알아볼 수 없는 곳으로 만들고 있는 것은 아닌가? 나의 가정은 하나님이 보시기에 친숙한가 아니면 낯선가? 하나님께 낯설다면 그의 재앙이 임하는 것이 당연하지 않은가?
3. 인간적인 책략과 도모를 쏟아 버리시는 하나님을 기억하고 그의 뜻에 따른 계

획을 마련하는 지혜가 있는가?

4. 유다백성이 예루살렘을 함락될 수 없는 요새로 보았을 때 하나님은 예루살렘을 단지 범죄로 가득 찬 진흙 단지로 보신 것처럼 우리가 화려하고 아름답다고 바라보는 한국교회가 깨버려야 하는 진흙 단지는 아닌가? 우리가 "생명의 자리"라고 부르는 교회 또는 신앙공동체가 하나님이 부르실 때는 "죽음의 자리"인 것은 아닌가? 참된 생명의 자리가 되기 위해 곧은 목을 회개하고 하나님의 음성에 따라 교회와 신앙공동체를 세우고 있는가?

5. 하나님이 사랑과 은혜의 주체이신 것처럼 죄에 대한 심판과 재앙의 주체이신 것도 기억하고 있는가? 죄를 더 즐기고 싶은 생각에 애써 이 사실을 외면하고 잊으려고 하는 것은 아닌가? 좀 더 세상과 죄를 즐기려는 생각의 결과가 "놀람"과 "조롱"인 것을 아는가?

6. 해와 달과 별을 숭배하지는 않지만 하나님께로 향할 시선과 관심이 세상의 우상들로 향하고 있는 것은 아닌가? 하나님보다 더 가치를 두는 모든 것이 우상이 될 수 있다.

7. 하나님의 뜻을 분별해서 알려주는 영적 연장자의 역할을 하고 있는가?

---

(4) 제사장 바스훌의 핍박과 심판선언, 20:1-6

본 단락은 예레미야가 성전 뜰에 서서 예루살렘의 멸망에 관한 심판신탁을 선포한 후(19:14-15), 벌어진 사건을 기록한다.[230] 앞서 언급한 바와 같이 바스훌의 사건은 18장 18절에 서술된 예레미야를 거부하자는 백성의 계획과 짝을 이룬다. 18장 18절의 경우 단지 계획만을 서술하지만 본 단락은 이 계획이 구체적으로 실행된 것을 보여준다. 특히 성전의 총감독인 바스훌에 의한 것임에 주목하게 된다. 이는 19장 1-2절이 백성과 종교지도자들의 원로들의 온전하지 못한 모습을 암시적으로 보여준 것의 구체적인 예이기도 하다. 유다백성의 실패원인으로 지도자들의 실패가 지적되는데, 바스훌은 제사장의 실패에 대한 구체적인 예를 제공한다.

230) 20장 1절을 시작하는 표현 וַיִּשְׁמַע 바이이쉬마는 ו바브 미완료 연계형으로 본 단락의 사건이 앞의 사건과 연계된 것을 보여준다.

또한 바스훌의 태도는 심판선고를 듣고도 회개할 줄 모르는 백성의 패역한 태도를 대변한다.

이 사건의 등장인물은 제사장 바스훌과 선지자 예레미야다. 거짓 제사장과 참 선지자의 싸움이다. 바스훌과 예레미야를 각각 "제사장" (הַכֹּהֵן 학코핸)과 "선지자" (הַנָּבִיא 한나비)로 표기하면서 이 싸움을 명확히 보게 한다. 이 싸움에서 예레미야가 고초를 당하지만 결국 하나님은 참 선지자 예레미야의 손을 들어 주신다. 18장에서 토기장이의 행위가 신탁을 선포하는 정황을 제공한 것과 유사하게 바스훌의 행위는 하나님의 선언이 주어지는 정황을 제공한다. 바스훌의 행위는 심판이 주어진 원인을 서술하는 고소단락의 역할을 한다. 이에 따라 본 단락의 구조를 분석하면 다음과 같다.

A. 바스훌과 예레미야의 사건(1-2절) [심판원인]
  B. 하나님의 심판선언(3절-6절)
    a. 개인을 향한 심판선언, 3절
      b. 공동체를 향한 심판선언, 4-5절
    a'. 개인을 향한 심판선언, 6절

바스훌의 태도가 백성의 태도를 반영하는 것과 같은 맥락에서 그에게 임할 심판은 하나님의 말씀을 거부한 백성에게 임할 심판을 상징적으로 보여준다. 따라서 바스훌이 얻게 된 새 이름("마골 밋사빕")은 유다에 임할 두려움을 의미한다. 뿐만 아니라 유다에 임하게 될 심판도 선언된다. 특히 하나님의 심판을 행할 도구인 바벨론이 비로소 명시적으로 언급되면서 사건을 중심으로 신탁을 서술하는 21-29장을 준비한다.

예레미야의 신탁을 거부하는 바스훌(1-2절)

예레미야가 전한 심판신탁은 성전의 총감독인 바스훌의 주목을 끌기에 충분했다. 바스훌은 그가 심판을 선포하는 것을 그대로 용납할 수가 없었다. 따라서 예레미야를 때리고 나무고랑으로 채워 감금했다.

개인을 향한 심판선언, 바스훌의 새 이름: "마골 밋사빕"(3절)

다음 날 감금에서 풀려났을 때 예레미야는 하나님이 앞으로 바스훌을 "마골 밋사빕" 으로 부르실 것이라는 신탁을 전한다.

공동체를 향한 심판선언(4-5절)

새로운 이름을 받은 바스훌은 심판의 상징으로 주변 사람들에게 두려움이 될 것이며 그가 거부한 심판신탁이 유다와 예루살렘에 성취되는 것을 직접 그의 눈으로 보게 될 것이다. 그가 목격하게 될 심판은 바벨론의 칼에 의한 죽음, 포로, 약탈이다.

개인을 향한 심판선언, 바스훌의 몰락(6절)

결국 바스훌과 그의 집에 사는 모든 이들이 포로가 되어 바벨론 끌려가서 죽게 된다는 선언이 주어진다. 또한 그의 말에 현혹된 친구들도 동일한 심판을 받게 된다.

주해

1-2절. 깨어진 옹기를 통한 하나님의 신탁이 일부 원로 지도자들이나 도벳에 제한되지 않고 성전 뜰에서 모든 백성에게 전달됐다(cf. 19:14-15). 예레미야가 성전 뜰에서 선포한 심판신탁을 듣는 사람들 중에 제사장이며 성전의 총감독인 바스훌이 있었다(1절). 29장 25-26절에 언급된 바와 같이 성전의 총감독은 "미친 자나 선지자 노릇을 하는 자들" 에게 목에 씌우는 나무고랑을 채워서 성전에서 이러한 자들의 행위를 금하는 책임이 있다. 곧 성전의 질서를 감독하는 책임이다. 따라서 바스훌이 예레미야를 때리고 목에 씌우는 나무고랑으로 채웠다는 것은 그를 미친 자나 거짓 선지자로 간주했다는 것을 의미한다. 하지만 본문은 바스훌이 "선지자 예레미야" (יִרְמְיָהוּ הַנָּבִיא 이르미야후 한나비)를 때렸다고 기록하면서 그가 "하나님의 선지자" 인 예레미야에게 대적했음을 보여준다. 하나님의 부르심을 받고 성실하게 자신의 임무를 행한 예레미야에게 주어진 결과는 불행하게도 같은 지파 사람이며 동료인 바스훌에게 얻어맞고 감금되는 육체적 고통이었다. 바스훌의 이러한 행동은 하나님의 선지자를 모욕한 것일 뿐만 아니라 예레미야의 신탁, 곧 하나님의 신탁을 거부하고 무시한 것이다. 여기서 더 나아가 그의 행동은 자신의 어

리석음을 드러낸 것이며 백성에게는 하나님의 신탁에 대한 부정적이고 반항적인 태도를 조장한 것이다. 바스훌은 당시 유다백성의 타락의 원인인 제사장의 실패를 구체적으로 보여주는 예다. 따라서 바스훌에 대한 직접적인 심판신탁이 이어진다.

3절. 예레미야를 때리고 감금한 후 다음 날 그를 풀어주면서 바스훌은 과연 이러한 고통과 위협을 당하고 난 후에도 여전히 그가 동일한 신탁을 전할 수 있는지 보고 싶었던 것처럼 보인다. 하지만 이러한 박해를 받은 후에도 참 선지자인 예레미야는 변함없이 심판을 선포한다. 그가 처음 선포한 심판신탁은 제사장 바스훌 개인을 향한 것이다. 바스훌은 하나님께로부터 "마골 밋사빕"(מָגוֹר מִסָּבִיב 마고르 밌싸비브)이라는 새로운 이름을 얻게 된다. "마골 밋사빕"은 문자적으로 "사방에서 오는 두려움"을 의미하며 바스훌이 맞이하게 될 앞날에 대한 축약적인 표현이다. 이 표현은 다음의 내용을 암시한다. 첫째, 유다에 임하게 될 심판이다. 바스훌이 예레미야의 신탁을 거부한 행위는 자신들의 악한 마음의 완악함을 따라 하나님의 신탁을 무시하고 거부하는 유다백성의 행위를 대변한다. 이 단락과 짝을 이루는 18장 18절에는 "예레미야의 어떤 말에도 주의하지 말자"는 백성의 계획이 서술된다. "마골 밋사빕"("사방에서 오는 두려움")이라는 표현이 6:25과 20:10에서 유다에 임할 심판을 서술하는데 사용된다.[231] 따라서 바스훌에게 임하게 될 심판은 유다와 예루살렘에 임하게 될 심판의 전조다. 깨어진 옹기가 예루살렘의 멸망을 생생하게 보게 하는 비유라고 하면 바스훌은 예루살렘의 멸망에 대한 걸어 다니는 상징이다. 둘째, 심판의 무서움을 암시한다. 19장 3절은 "그것[재앙]을 듣는 모든 자의 귀가 떨리니"라고 표현하면서 귀가 울릴 정도의 확실하고 무서운 재앙을 서술하고 있다. 이 무서움이 "마골 밋사빕"이라는 표현에 그대로 담겨진다. 하나님의 재앙은 사방에 두려움을 자아낼 것이다. 예루살렘의 멸망은 이를 목도한 사람들이 놀라며 머리를 흔들게 될 정도의 무서움(두려움)을 담고 있다(cf. 19:8). 셋째, 피할 수 없는 심판을 암시한다. 사방에 두려움이 있다는 것은 이 두려움을 피할 수 있는 길이 없다는 것을 의미한다. 대적의 칼과 기근과 전염병으로 하나님

231) 동일한 표현이 이집트에 임할 심판의 두려움(46:5)과 게달과 하솔에 임할 두려움(49:29)에 사용된다. מָגוֹר מִסָּבִיב 마고르 밌싸비브는 하나님의 심판이 야기하는 두려움에 대한 전형적인 표현이다.

의 심판이 행해질 때 유다백성은 죽음을 면치 못한다(cf. 14:12, 15; 15:2-3; 16:4; 27:8; 32:36). 다행이 살아남는다고 해도 바벨론으로 포로가 되어 끌려가는 신세가 된다(cf. 4절).

4-5절. 바스훌에게 임할 심판은 유다백성에게 임할 심판의 예시다. 따라서 바스훌, 곧 "마골 밋사빕"은 자신뿐만 아니라 그의 모든 동료에게 "두려움"(מָגוֹר 마고르)이 된다(4절). 그는 "그의 모든 친구들"(כָל־אֹהֲבֶיךָ 콜-오하베카)에게 임하는 하나님의 심판을 목격하면서 예레미야가 참 선지자임을 확인하게 될 뿐만 아니라 하나님의 신탁의 진정성을 깨닫게 될 것이다. כָל־אֹהֲבֶיךָ 콜-오하베카는 "너[바스훌]를 사랑하는 모든 이들"을 의미하며 6절에서 서술하고 있는 바스훌의 거짓 예언을 듣고 따른 자들을 가리킨다. 그가 목격할 게 될 심판은 첫째, 그의 모든 친구들이 대적("바벨론")의 칼에 죽임을 당하는 것이다(4절; 5:17; 14:12, 15; 19:7). 둘째, 온 유다가 바벨론 왕의 손에 넘겨지는 것이다. 바벨론 왕의 손에 넘겨진 이들은 바벨론에 포로로 잡혀가거나 죽임을 당한다. 예레미야서에서 처음으로 하나님의 심판의 도구로 사용될 바벨론이 분명하게 언급되면서 심판의 확실성이 확보되고 강조된다. 셋째, 성읍과 백성과 왕의 재물이 모두 약탈을 당해서 바벨론으로 옮겨질 것이다(5절). "모든"이 반복적으로 표현되면서 철저한 약탈이 강조된다. 예루살렘에 남겨지는 것은 지나는 사람들에게 놀람과 조롱거리가 될 폐허뿐이다. 이 심판은 불의로 모은 재물을 중년에 잃어버리는 어리석음을 지적하고 있는 17장 11절을 상기시켜 준다. 유다에 임할 심판은 죽음, 포로, 약탈로 표현된다. 이 심판을 경험한 후 유다백성은 자신들의 어리석음을 깨닫게 될 것이다.

6절. 유다 공동체가 겪게 될 하나님의 심판에 이어서 다시 바스훌 개인을 향한 심판이 선언된다. 3절과 6절이 개인을 향한 심판을 서술하고 중간에 공동체에 임할 심판을 서술하는 것은 공동체에 속한 개인의 책임에 주목하게 한다. 하나님이 바스훌을 공동체뿐만 아니라 그 자신에게도 두려움이 되게 하시겠다는 4절의 선언도 같은 맥락이다.

바스훌과 더불어 그의 집에 있는 모든 사람들이 동일한 심판을 겪게 된다. 바스훌은 생명을 부지하지만 바벨론에 포로로 끌려가서 결국 그곳에서 죽음을 맞이하게 된다. 바벨론이 언급된 후 이곳을 가리키는 "거기"가 두 번 반복되면서 바스훌의 심판이 이루어질 장소가 강조된다. "네가 *바벨론*으로 가서 *거기서* 죽게 될 것이며 거기 묻히게 될 것이다." 이는 약속의 땅에서 불결한 땅으로의 완전한 추방을 의미한다. 바스훌은 제사장으로서 하나님의 임재에 누구보다도 가까이 접근할 수 있는 특권을 가지고 있었지만 불행하게도 하나님의 임재로부터의 영원히 추방당하게 된다. 이는 성전 뜰(하나님의 임재의 장소)에서 하나님의 신탁을 전하는 참선지자 예레미야를 때리고 감금하고 하나님을 거부한 죄에 상응하는 심판이다. 바스훌은 단지 예레미야를 박해하면서 하나님의 신탁을 거부한 것이 아니라 거짓 예언으로 주위 사람들을 미혹하면서 적극적으로 하나님의 신탁을 따르지 못하게 했던 것으로 보인다. 그러므로 바스훌이 하나님의 심판을 당하는 것은 당연한데, 그의 거짓 예언에 미혹된 자들도 역시 심판을 면할 수가 없다(cf. 14:15-16). 일반적으로 여호야긴이 바벨론으로 끌려 간 주전 597년에 바스훌에게 선포된 심판신탁이 성취된 것으로 설명한다. 왜냐하면 예레미야 29장 25절이 마아세야의 아들 스바냐가 바스훌의 직무를 행하고 있는 것으로 기록하고 있기 때문이다.

현재적 적용 묵상

1. 하나님의 말씀을 선포하거나 그의 말씀에 따라 살기 때문에 고난과 핍박을 당한 적이 있는가? 혹시 내 어리석음이나 미성숙한 인격 때문에 주위의 눈길과 비난을 받고 있으면서 하나님의 말씀에 따라 성도로 살기 때문에 그런 어려움을 당하고 있다고 착각하는 것은 아닌가?
2. 잘못된 죄의 길에 들어선 자들에게 하나님의 말씀을 전하는 용기와 확신이 있는가?
3. 하나님이 내게 새로운 이름을 주신다면 과연 어떤 이름일까? 내 가정은 그리고 내가 속한 신앙공동체는 과연 어떤 이름으로 불리게 될까?
4. 한국교회와 나는 주위 지역공동체와 사람들에게 두려움과 좌절의 대상인가, 아니면 위로와 소망의 대상인가?
5. 하나님의 임재 앞에 나아가 찬양과 예배를 드릴 수 있는 성도의 특권을 잘 지키고 있는가, 아니면 거짓에 미혹되어 그 자리에서 쫓겨날 처지에 있는 것은

아닌가?

6. 거짓 말씀사역자의 말에 미혹되었기 때문에 잘못된 길로 갔다고 핑계할 수 없다는 것을 알고 있는가? 미혹한 자와 미혹된 자 모두 죄를 범하고 있기 때문이다. 그렇다면 미혹되지 않기 위해 거짓과 진리를 구별하는 분별력을 성경연구와 묵상을 통해 얻으려는 노력을 하고 있는가?

7. 영적 지도자들을 통해 죄의 문제가 지적되고 죄가 들추어질 때 어떤 태도와 반응을 보이는가? 하나님이 영적 성장을 위해 원하거나 듣고 싶은 말씀이 아니라 불편하지만 필요한 말씀을 주실 때 귀와 마음을 열고 받고 있는가? 귀를 즐겁게 하는 말과 마음을 아프게 하는 말 중에 어느 말에 관심을 보이고 있는가?

---

(5) 예레미야의 탄식과 생일저주, 20:7-18

본 단락에서는 바스훌의 핍박을 겪으면서도 당당하게 하나님의 심판신탁을 선포하던 예레미야의 모습이 보이지 않는다. 바스훌에게 당한 어려움과 모욕이 예레미야가 자신의 심정을 하나님께 토로하는 계기가 된 것으로 보인다. 예레미야는 사역으로 인한 갈등과 탄식을 여과 없이 서술한다. 심지어는 자신이 태어난 날을 저주하는 극단적인 감정에까지 이르게 된다. 본 단락은 18장 19-23절과 예레미야의 감정표현이라는 점에서 짝을 이룬다. 18:19-23에서는 하나님이 자신의 상황을 살펴보시고 그의 생명을 해하려고 하는 이들을 보복해 주실 것을 간청한 반면에 본 단락에서는 자신의 감정을 표현하는 것에 중점을 두면서 18:19-23을 구체화하고 강조한다.

본 단락은 예레미야의 복잡한 감정을 드러내는데, 교차평행구조를 취한다.[232)]

---

232) 교차평행은 시문에서 흔히 볼 수 있는 구조다. 이 구조분석이 타당하다면 7-18절은 순차적으로 갖게 된 감정의 기복을 그대로 반영하는 것이 아니라 복잡했지만 정리된 그의 감정을 서술하는 것으로 보인다. 즉, 사역의 어려움 때문에 그의 감정이 절망적인 상태에까지 이르렀지만 여호와에 대한 기대로 소명과 사역에 대한 책임감을 다시 추스른 것을 보여준다. 그를 박해하는 자들을 보복해 달라는 간구는 그가 더 이상 흔들리지 않고 사역을 감당할 수 있는 환경을 마련해 달라는 간청으로 보인다. 그러나 여전히 7-18절을 통해 그의 감정의 기복과 고통을 충분히 그려볼 수 있다.

a. 사역으로 인해 당하는 비웃음과 조롱(7-8절)
  b. 여호와를 선포하는 것을 멈출 수 없는 심정(9절)
    c. 박해하는 자들에 대한 하나님의 보복을 간구(10-12절)
  b'. 여호와를 찬양하고 노래하라는 권면(13절)
a'. 태어난 것에 대한 저주 및 고생과 슬픔과 부끄러움으로 인한 탄식(14-18절)

예레미야의 표현에 따르면 태어나서 당하는 일은 온종일 비웃음거리와 조롱거리가 되는 것이다(7-8절, a). 이 심정은 그가 태어난 날을 저주하고 태어나서 겪는 것은 고생과 슬픔이라고 표현하는 14-18절(a')과 짝을 이룬다. 여호와를 선포하는 사역을 멈추고 싶지만 그렇게 하지 못하는 심정을 표현하는 9절(b)은 행악자의 손에서 구원하시는 여호와를 찬양하라고 권고하는 13절(b')과 연결된다. 갈등이 있지만 여호와에 대한 확신은 그의 사역을 멈출 수 없게 한다. 그렇다면 그가 처한 상황에서 그에게 가장 절실한 것은 하나님이 그를 박해하는 자들에게 보복을 행하심으로 자신을 구원해 주시길 바라는 것(10-12절, c)이다. 하나님의 부르심을 받고 주어진 임무를 수행하는 것이 항상 형통함이나 성공적인 결과를 보장하지 않는다. 왜냐하면 사역의 환경과 대상의 패역함 때문이다. 이러한 상황에 처하게 된 예레미야는 자신의 복잡한 감정을 솔직하게 하나님께 아뢰며 그의 감정뿐만 아니라 그가 처한 상황을 하나님 앞에서 해결하려고 한다.

사역으로 인해 당하는 비웃음과 조롱(7-8절)

하나님의 신탁을 선포할 때마다 유다백성의 잘못을 지적하고 파멸과 멸망을 선포하는 것으로 인해 수치와 모욕을 당하게 되면서 예레미야는 하나님에 대한 원망과 불평을 토로한다.

여호와를 선포하는 것을 멈출 수 없는 심정(9절)

사역을 감당할 때 겪게 되는 어려움 때문에 사역을 포기하고 싶어도 그렇게 하지 못하는 자신의 갈등을 그대로 서술한다.

박해하는 자들에 대한 하나님의 보복을 간구(10-12절)

예레미야는 강한 용사와 같이 자신과 함께 하시는 하나님께 자신의 고통스러운 사정을 아뢰고 자신을 박해하는 자들에 대한 보복을 간청한다.

여호와를 찬양하고 노래하라는 권면(13절)

탄식과 갈등이 예레미야를 사로잡기도 하지만 하나님께 대한 확신과 신뢰가 완전히 배제된 것은 아니다. 예레미야는 여전히 구원의 여호와에 대한 소망을 놓지 않고 있다.

태어난 것에 대한 저주 및 고생과 슬픔과 부끄러움으로 인한 탄식(14-18절)

예레미야가 겪는 고통의 정도는 태어난 것을 저주할 정도다. 더 나아가 그의 삶을 고생과 슬픔으로 규정하고 자신의 생애를 부끄러움으로 보내야 하는지를 하나님께 묻는다.

주해

7-8절. 하나님의 부르심을 받고 사역을 감당하던 중 수치와 모욕을 당하게 된 예레미야는 불평과 원망에 사로잡히게 된다. 예레미야는 자신이 결코 하나님의 부르심을 피할 수 없었기 때문에 그가 처한 고통스러운 상황이 모두 하나님께 책임이 있다고 불평하는 것으로 보인다(7절). "권유하시므로... 그 권유를 받았사오며"라는 표현은 하나님이 문장의 주어이기 때문에 히브리어 동사 פִּתָּה 파타를 긍정적인 의미로 번역한 것이지만, 이 동사는 "꾀다," "유혹하다," "속이다"의 부정적인 의미를 가지고 있다(cf. אוּלַי יְפֻתֶּה 울라이 예풑테; "그가 혹시 유혹을 받게 되면," 10절). 그러므로 "속이셨으므로... 속았사오며"로 번역하는 것이 가능하다(cf. 새번역; 현대인의 성경; 쉬운성경; 우리말; NIV; KJV). 이 번역은 예레미야의 불평과 원망의 감정을 그대로 반영한다. 공동번역은 예레미야의 감정을 그대로 담아 더 적나라하게 번역한다: "야훼여, 저는 어수룩하게도 주님의 꾐에 넘어갔습니다. 주님의 억지에 말려들고 말았습니다." "하나님이 속이셨다"는 것은 하나님이 예레미야에게 거짓말을 하셨다는 의미가 아니다. 하나님이 그를 부르셨을 때 예레미야는 정중히 사양했다(cf. 1:4-6). 하지만 하나님이 그에게 확신을 주시고 그를 달래시면서 그의 부름에 응하게 하셨다(cf. 1:7-19). 따라서 예레미야의 입장에서는 하나님이 "유혹하셨기" 때문에 자신이 그의 부르심에 응했다고 말하는 것이다. 또는 하나님이 예

레미야를 "견고한 성읍, 쇠기둥, 놋성벽"이 되게 하겠다는 말씀을 하셨는데(1:18), 실상 자신은 그렇게 느끼지 못하는 상황이기에 "속이셨고 속았다"는 자신의 감정을 표현하는 것일 수 있다. 달리 말하면 이것은 하나님의 강권적인 부르심을 강조하는 표현이다. 이 사실이 이어지는 문장에서 충분히 설명된다("주께서 나보다 강하사 이기셨으므로"). 하나님이 그를 유혹하셨기 때문에 유혹을 당했고 하나님이 그를 강권적으로 인도하셨기 때문에 소명을 거부할 수 없었다는 것이다. 결국 하나님 때문에 자신이 조롱거리가 되고 종일 사람의 조롱을 받고 있다는 항변이다.

예레미야는 하나님의 신탁을 선포하면서 비웃음거리가 된 이유를 두 가지로 제시한다(8절). 첫째, 신탁의 내용이다. 당시 거짓 선지자들이 선포하는 평강과 번영의 거짓 예언에 사로잡혀 있던 유다백성에게 "파멸과 멸망"(חָמָס וָשֹׁד하마쓰 바쇼드)을 선포하는 예레미야의 신탁은 웃음거리에 불과했다(cf. 6:10). 둘째, 성취의 지연이다. 예레미야가 하나님의 명령에 따라 선포한 "여호와의 말씀"(דְּבַר־יְהוָה데바르-아도나이)은 유다와 예루살렘의 임박한 파멸과 멸망이다. 하지만 이 신탁이 즉시 성취되지 않자 예레미야는 백성의 조롱에서 벗어날 수가 없었다. 왜냐하면 선포한 신탁이 성취되지 않는 것은 신명기 18장 22절에 따르면 그가 거짓 선지자라는 의미이기 때문이다. 유다백성의 판단이 이러했다면 그가 조롱을 받는 것은 당연했을 것이다. 히브리어 원문의 표현은 "여호와의 말씀이 내게 치욕과 모욕거리가 됐다"는 의미다.[233] 따라서 자신이 치욕과 모욕을 당하는 것은 하나님의 말씀 때문이라는 원망이다(cf. 15:15). 이 원망과 함께 예레미야는 자신이 "종일토록"(כָּל־הַיּוֹם콜-하이욤) 사람들의 조롱을 듣고 "종일토록" 치욕과 모욕거리가 된다고 탄식한다(11절하; 12절하). 이런 이유로 18절에서 예레미야는 자신의 삶을 "고생"과 "슬픔"으로 표현한다. 하나님의 말씀을 선포할 때마다 부르짖으며 최선을 다했던 예레미야에게 주어진 결과가 "조롱거리"(שְׂחוֹק세호크), "치욕"(חֶרְפָּה헤르파), "모욕거리"(קֶלֶס켈레쓰)가 되는 것이라면 그의 탄식과 불평을 충분히 공감할 수 있다.

9절. 예레미야는 자신이 처한 상황이 그러하다 보니 여호와를 언급하지도 않을 뿐만 아니라 다시는 여호와의 이름으로 말하지 않겠다는 생각, 곧 사역을 포기하

233) הָיָה דְבַר־יְהוָה לִי לְחֶרְפָּה וּלְקֶלֶס כָּל־הַיּוֹם하야 데바르-아도나이 리 레헤르파 울레케레쓰 콜-하이욤(8절).

고 싶은 생각이 들기도 했다고 고백한다.[234] 하지만 그럴 때면 "여호와의 말씀"이 뼈에 사무쳐서 타오르는 불처럼 그의 마음에 있기 때문에 담고만 있는 것이 힘들어 결국 선포하는 것을 포기할 수도 없다고 말한다(cf. 암 3:8). 이러한 표현들이 하나님께 대한 원망과 불평을 나타내는 것이기도 하지만 무엇보다도 그가 처한 상황이 하나님께 책임이 있음을 확언하는 것이다. 그렇다면 여호와가 그를 위해 개입하시는 것이 당연하다는 결론을 갖게 된다(cf. 12절).

10절. 앞서 언급한 백성의 조롱이 구체적으로 인용된다. "나는 무리의 비방과 사방이 두려워함을 들었나이다"라고 번역한 히브리어 문장의 **מָגוֹר מִסָּבִיב**마고르 밌싸비브("사방에서 오는 두려움"; "마골 밋사빕")와 관련해서 다양한 구문해석과 번역이 제시되고 있다. 첫째, 개역개정의 번역과 같이 예레미야가 사람들의 비방 및 사방이 두려워한다는 말을 들었다는 의미로 번역하는 것이다. 둘째, 쉬운성경처럼 "수많은 사람들이 저에 관해 수군거리는 소리를 들었습니다. 사방에 두려움뿐입니다(**מָגוֹר מִסָּבִיב**마고르 밌싸비브)"로 번역하는 것이다(cf. KJV; RSV). 이 번역은 예레미야가 사람들의 비방하는 말을 들었고 그것으로 인해 자신이 사방으로 위협(두려움)을 당하고 있다는 의미가 된다. 셋째, **מָגוֹר מִסָּבִיב**마고르 밌싸비브라는 표현을 사람들의 비방을 인용하는 문장들과 함께 번역하는 것이다: "사방에 공포가 있다! 그를 고발하라! 우리도 고발하도록 하자!"(우리말). 이 경우, "사방에 공포가 있다"는 표현은 고발하자고 말하는 이들이 두려움을 느끼고 있다는 의미가 된다. 넷째, **מָגוֹר מִסָּבִיב**마고르 밌싸비브를 사람들의 말에 포함시키지만 예레미야를 가리키는 표현으로 해석하는 것이다. 즉 "'마골 밋사빕'이다. [너희가] 고발해라. [그러면] 우리도 그를 고발할 것이다"로 번역한다. 공동번역이 유사한 구문해석을 반영하고 있다: "'저자야말로 사면초가다. 고발하자, 고발하자." 예레미야가 바스훌에게 새로운 이름("마골 밋사빕")을 알려주면서 유다에 임하게 될 심판을 선포했는데(cf. 3절), 백성은 예레미야를 "마골 밋사빕"이라고 부르면서 자신들이 아닌 그에게 진짜 "사방의 두려움"을 안기겠다고 말하는 듯하다. 이는 예레미야가 선포한 심

---

234) "내가 [다시는] 여호와를 선포하지 아니하며"로 번역한 히브리어 문장(לֹא־אֶזְכְּרֶנּוּ로-에즈케렌누)은 "내가 그를[여호와를] 기억하지 않겠다" 또는 "내가 그를 언급하지 않겠다"는 의미다.

판신탁을 되받아 말하면서 정면으로 조롱하는 태도를 반영한다. 새번역은 מָגוֹר מִסָּבִיב마고르 밌싸비브를 백성의 비방에 담긴 예레미야에 대한 표현으로 해석하면서 네 번째 구문해석과 유사한 분석을 반영하지만 다른 의미를 전달한다. "예레미야가 겁에 질려 있다. 너희는 그를 고발하여라. 우리도 그를 고발하겠다." 이 경우, "마골 밋사빕"은 예레미야가 두려움에 쌓여 있다는 의미다. 백성의 반항적 태도나 조롱의 정도를 고려할 때 예레미야를 "마골 밋사빕"이라고 부르며 그를 조롱한 것으로 해석하는 것이 적절해 보인다.[235] 하나님의 말씀 때문에 그가 받는 조롱이다.

예레미야가 유다와 예루살렘의 "파멸과 멸망"을 선포한 것에 근거하여 "반역"의 죄목으로 그를 고소하려는 것으로 보인다. 심지어 그의 가까운 친구들조차도 예레미야가 넘어지기를 지켜보고 있는 상황이다. 그가 선포한 신탁이 실패하기를 기다리는 모습이다.[236] 특히 그들이 한 말의 표현에 주목하게 된다. 왜냐하면 예레미야가 7절에서 하나님께 토로한 불평의 표현을 그대로 사용하고 있기 때문이다. 7절에서 예레미야는 그가 하나님의 "유혹을 받아"(פִּתִּיתַנִי필티타니) 유혹됐고, 그가 "이기셨다"(תּוּכָל투칼)고 표현했다. 친한 벗들이 그의 말을 들었는지 그들도 이와 유사한 표현을 사용한다. "혹시 그가 '유혹을 받게' (יְפֻתֶּה예풀테) 되면 우리가 '그를 이기어' (נוּכְלָה לוֹ누켈라 로) 그에게 우리의 보복을 행할 수 있을 것이다"라고 말한다. 그들은 예레미야가 하나님의 "유혹을 받아" 사역을 시작한 것처럼 그들이 핍박과 죽음의 위협으로 그를 유혹해서 사역을 포기하게 하면 그에게 보복을 행하는 것으로 생각했다. 마치 하나님이 예레미야를 사역으로 부르셨다면 자신들이 예레미야를 사역에서 물러나게 하겠다는 말로 이해할 수 있다. 이는 그들에 대한 하나님의 보복을 간청하는 충분한 근거가 된다.

11-12절. 예레미야가 하나님께 불평하고 원망하는 감정을 드러내기도 하지만

---

235) "고소하라"로 번역한 히브리어 동사 הַגִּידוּ학기두가 "보고하라" 또는 "알리라"는 의미를 갖고 있는 것에 근거해서 예레미야를 그를 가둘 수 있는 권력을 가진 이들에게 "알리라"는 의미로 해석하기도 한다(Longman, *Jeremiah/Lamentations*, 148). 어떤 해석을 따르던 간에 "너희"(הַגִּידוּ학기두)와 "우리"(נַגִּידֶנּוּ낙기덴누)의 조합은 백성의 총체적이고 적극적인 적대감을 그대로 반영한다.

236) Cf. Chisholm, *Handbook*, 178.

그에 대한 확신은 분명하다(cf. 14:8; 16:19). 하나님은 여전히 예레미야에게 강한 용사이시며 그와 함께 하시는 분이시다(11절). 따라서 하나님이 자신을 박해하는 자들이 넘어지고 이기지 못하게 하실 것이며 결국 그들이 성공하지 못할 것이기 때문에 영원한 치욕과 수치를 당할 것이라는 확신을 고백한다.[237] 더 나아가 예레미야는 의인을 시험하시고 "폐부와 심장"(כְּלָיוֹת וָלֵב 켈라요트 바래브)을 감찰하시는 여호와께 호소한다(12절; 17:10). 자신의 의도와 마음을 분명히 알고 계시는 하나님께 자신의 사정을 아뢰고 자신을 박해하는 자들에게 "당신의 보복"(נִקְמָתְךָ 니크마테카)을 행하심을 보게 해달라고 간청한다(cf. 11:20). "당신의 보복"이라는 표현은 자신에 대한 적대와 박해가 곧 하나님께 향한 것이라는 이해를 반영한다. 예레미야는 자신을 "의인"(צַדִּיק 짜디크)으로 표현하면서 자신의 무고함과 순수한 의도를 하나님이 알고 계신다는 확신을 보인다. 여기서 "의인"은 본질적인 의를 가진 자신을 말하는 것이 아니라 하나님의 사역을 성실히 감당한 자신에 대한 표현이다(cf. 12:3). 예레미야는 자신의 힘든 감정을 하나님께 토로할 뿐만 아니라 그가 처한 상황을 그가 실제로 해결해 주시길 간청한다. 박해하는 자들에게 임하게 될 하나님의 보복은 그가 참 선지자인 것과 하나님의 말씀의 권위를 확증하는 것이 되기 때문에 그것을 그의 눈으로 보기를 원하는 간절함을 나타낸다.

13절. 예레미야는 마치 그의 승리와 하나님의 보복을 이미 눈으로 확인한 듯 악을 행하는 자의 손에서 가난한 자를 보호하시고 구원하시는 하나님을 찬양하라고 권고한다. 조롱과 치욕을 당하는 자신을 "가난한 자"(נֶפֶשׁ אֶבְיוֹן 네페쉬 에브욘; "가난한 자의 목숨")에 빗대고 자신을 박해하는 자들을 "악을 행하는 자"(מְרֵעִים 메래임)로 표현한다. 하나님의 자비는 가난하고 압제당하는 이들에게 머문다(cf. 시 40:17). 이 확신이 있기 때문에 여호와를 언급하지도 기억하지 않겠다는 생각이 들기도 하지만 그렇게 할 수 없다(cf. 8절).

14-18절. 앞 절에 이어서 14-18절을 읽으면 하나님의 보호와 구원에 대한 확

237) 개역개정이 "그들은 지혜롭게 행하지 못하므로"로 번역한 문장(לֹא הִשְׂכִּילוּ 로 히스킬루)은 "그들이 성공하지 못할 것이기 때문에"로 번역하는 것이 적절하다(cf. 공동번역; 새번역; 현대인의 성경; NIV; KJV).

신에 찬 고백이 무색할 정도로 예레미야의 감정은 다시 내리막길을 달려 내려간다. 이 감정은 오히려 7-9절의 감정보다 더 암울하고 침체된 상태다. 예레미야는 자신이 태어난 날을 저주하며 태어난 것을 후회하는 극단적인 심정을 토로한다(14절; cf. 15:10). 심지어는 자신의 출생을 아버지에게 알려 준 사람에게도 저주가 있기를 바랄 정도다(15-16절). 저주가 있기를 바라는 이유는 그가 자신을 어머니의 태에 있을 때 죽이지 않았기 때문이라고 말한다(17절). 이것은 이 사람에 대한 실제적인 적의를 나타내는 것이 아니라 그 만큼 자신의 현재 상태가 안겨다준 고통을 수사적으로 표현하는 것이다. 자신의 삶에 대한 예레미야의 평가는 "고생"(עָמָל 아말)과 "슬픔"(יָגוֹן 야곤)이다(18절). 그래서 자신의 생애를 왜 부끄러움으로 보내야 하는지를 묻는다. 여기에 드러나고 있는 예레미야의 감정은 11-13절에서 언급한 확신이 단지 이성적이고 원론적인 입술의 고백뿐인 것은 아닌지 생각하게 할 정도의 급작스러운 변화다. 예레미야 안에서 일어난 이러한 극단적인 변화는 해석의 어려움을 갖게 한다. 따라서 14-18절을 예레미야의 개인적인 탄식이 아니라 끔찍한 재난에 대한 전형적인 탄식으로 해석하기도 한다.[238] 또는 긍정적인 색채를 갖는 11-13절이 절망을 나타내는 절들과 어울리지 않는 것에 주목해서 다른 전승들이 모아졌다는 견해로 이 단락 안의 급격한 변화를 설명하기도 한다.[239] 클레멘츠(Clements)는 13절을 예레미야의 용기와 업적에 대한 찬사를 표기하려는 후대 서기관의 추가 작업으로 보는 것이 최선의 이해라고 말하면서 급격한 감정의 변화가 없는 것으로 이해한다.[240] 존스(Jones)는 14-18절이 하나의 탄식형식을 갖추고 있는 것에 근거해서 편집자에 의해 이 단락에 추가된 것으로 설명한다.[241] 캐롤(Carroll)의 경우, 이 탄식이 일반적인 탄식의 형식을 따르고 있기 때문에 그 의미를 예레미야의 삶에 특정해서 적용하는 것 자체를 거부한다.[242] 하지만 예레

---

238) Cf. Martens, *Jeremiah*, 138.

239) 절망적 탄식뿐만 아니라 확신과 희망이 함께 서술되는 것이 시편의 애가에 나타나는 특징 중의 하나이기 때문에 7-18절에 이런 조합이 나타나는 것 자체가 문제가 되는 것은 아니다(시 22, 32, 44, 60, 79, 130).

240) 클레멘츠,『예레미야』, 189.

241) Jones, *Jeremiah*, 275. Jones의 견해에 따르면, 편집자가 1:4-6:30의 단락을 마무리하면서 6:27-30을 마지막에 위치하게 한 것과 상응하게 7:1-20:18의 단락을 마무리하면서 20:14-18을 삽입했다는 것이다.

미야가 그의 감정의 변화를 그대로 표현하는 다른 본문들을 감안할 때 반드시 이러한 해석들을 따를 필요는 없다(cf. 12:1-6). 예레미야는 선지자로서의 부르심을 받고 그 사역을 감당했지만 상황에 따른 극단적인 감정의 변화를 부인할 수는 없었다. 20장 7-18절이 순차적인 감정의 기복을 나타내는 것일 수도 있겠지만 하나님께 대한 확신을 고백하면서도 실제 상황으로 돌아와서 겪는 어려움을 그대로 반영하고 있는 것으로 볼 수도 있다. 예레미야가 자신의 처지에서 느끼는 감정은 14-18절의 감정이 지배적일 것이다. 하지만 그는 하나님에 대한 기대와 확신을 붙들고 이 감정을 다스리면서 소명과 사역을 감당하는 모습을 보인다. 예레미야는 그의 변하는 감정을 그대로 가지고 하나님께 나아가 아뢴다. 하나님이 생각과 마음을 살펴보시기 때문에 그 앞에서 속일 수 있는 감정은 없다(cf. 12절; 17:10). 그에게 있어서 중요한 것은 극단적인 감정의 변화로 인해 하나님을 떠나간 것이 아니라 하나님께로 더 가까이 나아갔다는 것이다.

현재적 적용 | 묵상

1. 성도로 살려고 할 때 겪게 되는 어려움과 고난으로 인해 감정의 기복이 있고 믿음이 흔들리는 순간들도 있는데, 이 모든 것을 하나님 앞에 솔직히 고백하고 그의 위로와 도우심을 구하는가? 여전히 하나님에 대한 기대를 놓고 싶지 않은 마음, 바로 그것 때문에 불평하고 탄식하는가? 감정의 기복에 따라 하나님께 고백하며 불평할 때 묵묵히 들으시면서 고개를 끄떡이시고 공감해 주시는 하나님의 모습이 보이는가?

2. 하나님의 부르심을 받고 주어진 임무를 수행하는 것이 항상 형통함이나 성공적인 결과를 보장하지 않는다는 사실이 나를 좌절하게 만드는가, 아니면 하나님을 더욱 의지하고 기대하게 하는가?

3. "여호와의 말씀"이 뼈에 사무쳐서 타오르는 불처럼 마음에 있기 때문에 담고만 있는 것이 힘들어 결국 선포하는 것을 포기할 수 없다는 고백은 단지 예레미야만의 고백인가?

4. 절망과 좌절 속에서도 하나님께 대한 확신과 찬양을 잃지 않은 예레미야처럼

---

242) Carroll, *Jeremiah 1-25*, 401, 403.

사역을 감당하거나 성도로 살려는 의지와 각오가 있는가?

5. "성도로 신실하게 살아가는 삶이 왜 부끄러움으로 채워져야 합니까?" 라고 수없이 하나님께 물으면서도 이 탄식에 귀를 기울이시고 내 마음과 생각을 아시는 하나님이 함께 하심을 확신하기 때문에 성도의 삶을 결코 포기할 수 없다고 고백하는가?
6. 하나님이 주신 소명을 감당하는 내 삶이 "고생" 과 "슬픔" 으로 표현되지만 그래도 예레미야처럼 그 소명을 붙들고 있는가?

제5장

유다와 예루살렘에 관한 사건기록 I (21:1-29:32)

유다와 예루살렘에 주요관심을 두고 있는 면에서 2:4-20:18과 21:1-29:32은 동일하지만 크게 두 가지 차이점이 있다. 첫째, 후자의 경우, 신탁과 함께 신탁이 주어진 역사정보와 사건을 제공하는 것이다. 하지만 연대기적 흐름에 따라 배열된 것은 아니다. 이 범위(21:1-29:32)에 표기된 역사정보는 아래와 같다.[1] 시드기야 왕과 여호야김 왕의 시대에 집중한다.

21:1, 시드기야 (연도가 특정되지 않음, 9-10년[주전 588-587년])
24:1, 바벨론 느부갓네살 8년 (주전 597년, 시드기야 1년)
25:1, 여호야김 4년 (주전 605년)
26:1, 여호야김 1년 (주전 609년)
27:1, 시드기야 4년 (주전 594년)[2]
28:1, 시드기야 4년 (주전 594년)

---

1) 유다말기의 왕들은 요시야(주전 640-609년), 여호아하스(609년, 3개월), 여호야김(609-597년), 여호야긴(597년, 3개월), 시드기야(597-586년)다.

2) 27장 1절은 여호야김을 언급하지만 3절은 시드기야를 언급하고 그와 관련된 사건을 기록한다. 구체적인 설명은 해당주해를 참조하라.

21장 1절은 유다의 마지막 왕인 시드기야를 먼저 언급하면서 이 범위(21:1-29:32)를 시작한다. 연도가 특정되지 않지만 일반적으로 바벨론에 의한 예루살렘의 포위가 시작된 그의 통치 9년(주전 588년)으로 추정한다. 역사정보만 중심으로 보면 이 범위는 시드기야, 여호야김, 시드기야의 흐름을 취한다. 각 왕과 관련해서도 연대기적 흐름은 아니다. 그렇다면 이 범위를 분석할 때 연대기적 흐름보다는 각 단락의 주제적 배열과 흐름에 주목할 필요가 있다. 둘째, 2:4-20:18은 유다와 예루살렘이 상징하는 정치와 종교 지도자들을 포함하는 유다백성에 집중하면서 보편적 관점을 취하는 반면에 21:1-29:32은 유다의 정치와 종교 지도자들인 왕과 선지자, 제사장에 집중한다: 유다의 왕들(21:1-23:8) – 선지자들(23:9-40) – 유다의 왕/관료들/예루살렘의 남은 자(24:1-10) – 유다의 모든 백성(25:1-38) – 관료들/제사장들/선지자들(26:1-24) – 왕들과 제사장들(27:1-22) – 선지자들(28:1-29:32).

21장 1절부터 29장 32절을 두 가지 사실에 근거하여 하나의 범위(21:1-29:32)로 간주할 수 있다. 첫째, 21장 1절의 역사정보다. 3장 6절에 요시야 왕이 언급된 후 21장 1절에 처음으로 시드기야 왕이 언급되면서 역사정보가 제시된다. 이에 근거하면 20장 18절로 앞의 범위(2:4-20:18)가 마무리되고 21장 1절에서 새로운 범위가 시작된다. 이 범위의 끝을 29장 32절로 볼 수 있는데, 이는 30:1-33:26은 소위 말하는 "위로의 책"이라는 단락으로 구분되기 때문이다. 뿐만 아니라 21:1-29:32은 심판의 주제에 집중하고 "위로의 책"은 회복의 주제에 집중하기 때문에 주제의 차이에 따라 21:1-29:32과 30:1-33:26은 구분된다. 둘째, 21:1-29:32에 서술된 신탁들의 주요대상이다. 앞서 언급한 것처럼 이 장들은 종교와 정치 지도자들을 특정하고 있는 신탁들을 담고 있기 때문에 함께 구분될 수 있다. 셋째, 이 범위 안에서 언급된 왕들의 흐름을 보면 교차평행구조를 이룬다. 시드기야로 시작해서 중간에 여호야김이 등장하고 시드기야에 대한 언급으로 마무리된다. 즉 시드기야, 여호야김. 시드기야의 흐름이다.

위에 제시한 사실에 근거해 21:1-29:32이 하나의 범위를 이루는데, 이 범위는 예레미야서의 특징적인 신탁도입형식("여호와께로부터 말씀이 예레미야에게 임하여[이르시되]")과 역사정보를 기준으로 다시 작은 단락들로 구분될 수 있다. 먼저 이 신탁도입형식이 21:1; 25:1("여호와께로부터"는 없음), 26:1("예레미야에게"는 없음), 27:1에 서술되는 것을 기준으로 하면 네 개의 작은 단락들로 구분된다: (1) 21:1-

24:10; (2) 25:1-38; (3) 26:1-24; (4) 27:1-29:32.[3] 이 단락들 안에 역사정보가 제공되는 것을 고려하면 세부적으로는 일곱 개의 작은 단락들이 된다: (1) 21:1-23:40; (2) 24:1-10; (3) 25:1-38; (4) 26:1-24; (5) 27:1-22; (6) 28:1-17; (7) 29:1-32.

24장 1절이 바벨론의 느부갓네살 왕이 여호야긴과 유다의 고관들과 백성을 포로로 사로잡아간 정황을 서술하고 있기 때문에 24:1-10을 21:1-23:40과 구분된 단락으로 간주하지만 21:1-23:40과 동일한 역사정황을 공유하는 면에서 완전히 분리되지는 않는다. 27:1-29:32은 27장 1절과 28장 1절이 시드기야 통치 4년을 언급한 것과 29:1-32은 포로지에 보내는 예레미야의 편지라는 점에서 27:1-22, 28:1-17, 29:1-32로 세분화된다. 따라서 본서는 21:1-29:32을 일곱 개의 세부 단락으로 구분해서 주해한다.

내용적으로 21:1-29:32은 왕과 선지자에 대한 신탁들을 담고 있으며 설교와 상징적 행위들이 서술된다. 또한 심판의 정당성을 증명하려고 하기 때문에 논쟁적 어투를 유지한다.

1. 유다 왕들과 선지자들에 대한 신탁, 21:1-23:40

예레미야서의 특징적인 신탁도입형식("여호와께로부터 예레미야에게 말씀이 임하니라")이 21장 1절에 등장하면서 새로운 단락의 시작을 보여준다. 이 신탁도입형식이 25장 1절에 다시 등장하기 때문에 21:1-24:10을 하나의 범위로 구분할 수 있는데, 24:1-10은 앞서 언급한 바와 같이 24장 1절에 역사정보(주전 597년 이후)가 서술되는 것에 근거해서 21:1-23:40(주전 588년경)과 구분해서 다룰 수 있다. 21-23장은 유다말기의 왕들에 집중하고 있는 예레미야의 신탁모음이다. 연대적으로는 여호아하스(609년), 여호야김(609-598년), 여호야긴(597년), 시드기야(597-587년)의 순서를 갖지만 신탁은 시드기야에 관한 것(21:1-14)으로 시작해서 여호아하스("살룸," 22:10-12), 여호야김(22:13-23), 여호야긴("고니야," 22:24-30)의 순으로 이어

---

3) 이 도입형식(또는 변형)은 30:1; 32:1; 34:1, 8, 12; 35:1; 36:1; 40:1에 서술된다. 40장 이후에는 나타나지 않는다. 21장 이전에는 7:1; 11:1; 18:1에 나타난다.

진다.

이 범위(21:1-23:40)의 구조와 흐름은 다음과 같다.

A. 바벨론에 의한 멸망확언, 21:1-14
B. "유다 왕의 집"에 대한 심판신탁, 22:1-30
B'. 다윗에게서 올 "한 의로운 가지," 23:1-8
C. 선지자들에 대한 심판신탁, 23:9-40

이 흐름은 유다의 멸망에 왕들과 선지자들의 실패가 중요한 역할을 했고 그들에게 책임이 있는 것을 지적하는 것으로 보인다. 다윗에게서 올 "한 의로운 가지"(B'. 23:1-8)는 다윗의 보좌에 앉아서 통치를 했던 유다 왕들의 실패를 역전시킨다는 면에서 "유다 왕의 집"에 대한 심판신탁(B, 21:11-22:30)과 대조적 평행을 이룬다.

(1) 바벨론에 의한 멸망확언, 21:1-14

본 단락은 사건기록이며 서술형식은 산문이다. 주전 588년경에 바벨론의 공격이 임한 상황에서 시드기야 왕이 그의 관료들을 예레미야에게 보내 하나님의 기적을 통한 구원을 기대하며 하나님께 기도해 줄 것을 요청한다. 이에 대한 예레미야의 답변이 주어지는데, 이 답변이 본 단락의 주요내용이다.[4] 본 단락의 구조는

4) Chisholm은 Thompson의 견해를 따라 21:11-14이 유다 왕의 집을 다루는 22:1-23:8의 서론역할을 하는 것으로 간주하여 예레미야의 답변에 포함시키지 않는다(Chisholm, *Handbook*, 180). 21:1-10은 확정된 심판을 선언하는 반면에 21:11-14은 다윗왕조에 대한 멸망이 조건적인 것을 지적한다. 하지만 22장 1절이 새로운 위임명령과 함께 유다 왕의 집에 관한 신탁에 집중하는 것을 고려하면 22장과 구분해서 21:11-14을 예레미야의 답변에 포함시키는 것이 가능하다. 또한 21:11-14은 예루살렘 거민들에 관계된 신탁을 포함하고 있다. 따라서 21:3-14의 구조분석에서 제시하는 바와 같이 고소단락과 선언단락이 각각 평행을 이루는 것을 고려하면 상당한 가능성이 있다. 또한 다윗왕조의 유지를 위한 조건적 명령을 제시하고 있는 22:2-5이 이어지는 본문들의 서론역할을 하는 것으로 볼 수 있다. 한편으로는 21:11-14이 이중적 역할을 하는 것으로 간주할 수도 있다. 즉 예레미야의 답변을 마무리하면서 확정된 유다멸망에 다윗왕조가 주요 책임이 있음을 지적하고 이어지는 22장에서는 이 기준에 따라 유다 왕들이 평가되는 것이다.

다음과 같다.

A. 시드기야가 예레미야에게 도움을 청함(1-2절)
B. 예레미야의 답변(3-14)
a. 시드기야에게 전할 확정된 심판, 3-7
b. 예루살렘 거민들에 전할 신탁, 8-10
a'. "유다 왕의 집"에 관한 심판신탁, 11-12
b'. 예루살렘 거민들에 관한 심판신탁, 13-14

예레미야의 답변(3-14절)은 신탁의 대상에 따라 다시 네 개의 소단락으로 나뉜다. 첫 번째 소단락(a, 3-7절; "시드기야에게")은 시드기야의 요청에 대한 직접적인 답변이다. 신적 신탁의 형식을 취하는데, 고소단락은 서술되지 않고 느부갓네살의 무자비한 심판이 확정됐다는 선언만 서술된다. 두 번째 소단락(b, 8-10절; "이 성읍에 사는 자")은 바벨론에 의한 예루살렘의 포위가 이루어진 상황에서 예루살렘 성에 사는 사람들에게 전할 신탁이다. 이 신탁은 그들이 선택할 수 있는 생명의 길과 죽음의 길을 제시하고 그 결과를 설명한다. 세 번째 소단락(a', 11-12절; "유다 왕의 집에 대한")은 "유다 왕의 집," 곧 다윗왕조에 대한 심판을 선언하는 신적 신탁이다. 심판의 원인은 다윗왕조의 왕들이 정의로운 판결을 행하라는 하나님의 요구를 따르지 않은 것이다. 네 번째 소단락(b', 13-14절; "골짜기와 평원바위의 주민아")은 예루살렘 거민들에 대한 하나님의 진노의 심판을 선언하는 신적 신탁이다. 이들이 심판을 받는 원인은 교만이다. 예루살렘 거민은 유다백성 전체를 암시적으로 담고 있다.

예레미야의 입장에서 보면, 본 단락은 15장 11절에 언급된 선언("내가 진실로 네 원수로 재앙과 환난의 때에 네게 간구하게 하리라")이 성취된 사건에 대한 기록이기도 하다. 여호야김 왕과는 달리 시드기야 왕은 예레미야를 하나님의 선지자로 존중하여 그에게 하나님의 구원을 위해 기도해 주길 요청한다. 하지만 하나님의 구원을 경험하는 은혜를 누리지는 못한다. 오히려 하나님의 불타는 진노에 의한 철저한 심판선언이 전달된다.

시드기야가 예레미야에게 도움을 청함(1-2절)

바벨론 왕 느부갓네살과 전쟁을 하는 상황에서 다급해진 시드기야는 예레미야의 도움을 얻고자 한다. 시드기야가 청한 도움은 예레미야의 중보기도다. 하나님이 기적을 행하셔서 그의 적들이 떠나가게 하시길 기대하며 기도해 달라고 부탁한다.

예레미야의 답변: 시드기야에게 전할 확정된 심판신탁(3-7절)

시드기야의 요청에 대한 예레미야의 답변이 서술된다. 예레미야는 시드기야에게 전달할 신탁을 말한다. 이 신탁을 통해 하나님은 두 가지 사실을 확언하신다. 첫째, 시드기야가 직면하고 있는 실제적인 대적은 바벨론 왕 느부갓네살이 아니라 하나님이다. 바벨론 왕 느부갓네살은 하나님의 심판의 도구일 뿐이며 실제 심판을 주관하는 주체는 하나님이라는 사실이 강조된다("내가 친히"). 둘째, 하나님의 심판이 이미 확정됐기 때문에 심판을 수행하는 자에게서 어떤 자비나 동정의 여지를 결코 기대할 수 없다.

예레미야의 답변: 예루살렘 거민들에게 전할 신탁(8-10절)

예레미야가 예루살렘 거민들에게 선포해야 할 신탁이 이어진다. 바벨론을 통한 하나님의 확정된 심판에서 목숨을 구할 수 있는 유일한 길이 제시된다. 바로 예루살렘 성 밖으로 나가 갈대아인에게 항복하는 것이다. 성에 머무는 것은 곧 죽음을 선택하는 것이다.

예레미야의 답변: "유다 왕의 집"에 관한 심판신탁(11-12절)

예루살렘 거민들에게 전달할 신탁에 이어서 "유다 왕의 집"에 대한 여호와의 말씀이 선포된다. 다윗왕조의 통치자들이 사회적 정의와 공의를 행하라는 명령을 주어지는데, 이는 그들이 이 명령을 수행하지 않고 있음을 전제로 한다. 따라서 그들이 행한 악행으로 인해 하나님의 진노가 선언된다.

예레미야의 답변: 예루살렘 거민들에 관한 심판신탁(13-14절)

유다 왕들에 관한 신탁에 이어 유다 왕의 보좌가 있는 예루살렘 거민들에 관한 심판신탁이 서술된다. 그들이 갖고 있는 교만의 문제를 지적하시면서 그들의 행위의 열매에 따라 심판을 행하시는 하나님의 공의가 선언된다.

주해

1-2절. 일반적으로 바벨론 군대가 예루살렘을 공격하기 시작한 시드기야 통치 9-10년(주전 588-587년)을 21장의 시대적 배경으로 간주한다(cf. 52:1-11; 왕하 25:1-7; 대하 36:13-21). 느부갓네살이 예루살렘을 공격하는 결정적인 이유는 시드기야가 이집트의 도움을 받아 바벨론의 종속에서 벗어나려고 느부갓네살을 배반한 것이다(cf. 52:3; 겔 17:1-21). 바벨론의 공격이 있게 되자 시드기야는 "말기야의 아들 바스훌"과 "마아세야의 아들 스바냐"를 예레미야에게 보내어 도움을 청한다.[5] 말기야의 아들 바스훌은 20장의 "임멜의 아들 바스훌"과는 다른 인물이다(cf. 38:1). 마아세야의 아들 스바냐는 부제사장으로 임멜의 아들 바스훌에 뒤를 이어 성전 총감독의 직무를 맡았던 것으로 보인다(cf. 29:25-26; 37:3; 52:24). 시드기야가 요청한 도움은 유다백성("우리")을 위해 하나님께 중보기도를 해 달라는 것이다. 기도 요청과 함께 시드기야는 하나님이 혹시 그의 기적을 통해 도우신다면 대적이 떠나갈 수도 있다는 기대가 담긴 말을 덧붙인다. 아마도 하나님이 기적적으로 산헤립의 손에서 히스기야를 구원하신 사건을 염두에 두었을 수 있다(cf. 왕하 19:1-37). 히스기야가 그의 관료들을 이사야에게 보내어 하나님의 도움을 구한 것처럼 시드기야도 유사한 방법을 사용한다. 하지만 태도에 있어서 시드기야는 현저한 차이를 보인다. 히스기야는 참회하며 하나님의 도움을 구한 반면에 시드기야에게는 그런 태도가 보이지 않는다. "혹시"로 번역한 히브리어 אוּלַי 울라이는 긍정적인 결과에 대한 가능성과 기대감을 나타내는 표현이다(cf. 암 5:15; 습 2:3). 그러나 하나님의 말씀을 전적으로 신뢰하고 따르지 않는 시드기야의 태도를 고려할 때(cf. 37:2), 그가 말하는 "혹시"는 희망의 표현이라기보다는 하나님의 도움을 그가 처한 상황에서 시도해 볼 만한 여러 방편들 중의 하나 정도로 고려한 듯한 느낌을 전달한다. 아니면 위기상황으로 인한 절박함의 표현일 수도 있다.

3-7절. 시드기야의 기대에 어긋난 하나님의 분명한 심판선언이 예레미야를 통해 전달된다(3절). 이때 시드기야에게 전할 심판신탁과 더불어 예루살렘 거민들에게 전할 신탁(8-10절; 13-14) 및 다윗왕조에 관한 신탁(11-12절)이 함께 전달된다.

---

5) 시드기야와 예레미야가 관련된 사건의 기록이 37:3-10과 38:14-28에도 나타난다.

시드기야에게 전할 심판신탁의 내용이 4-7절에 구체적으로 서술된다. 이 신탁으로 하나님은 시드기야에게 두 가지 사실을 분명하게 알려주신다. 첫째, 시드기야가 직면한 실제적인 대적은 바벨론 왕 느부갓네살이 아니라 하나님이라는 사실이다. 시드기야는 그의 눈으로 보는 바벨론 왕 느부갓네살을 대적으로 간주하고 하나님의 도움을 구한다. 하지만 그의 판단과는 달리 바로 하나님이 그의 대적이심을 선언하신다. 하나님이 친히 시드기야와 유다군대가 바벨론과의 전쟁에 사용하고 있는 무기들을 성읍 안으로 모아들일 것이다(4절). 즉 하나님이 바벨론의 공격에 대처하고 있는 유다군대를 무력하게 만드시고 결국 그들을 성읍 안에 가두어 버릴 것이라고 말씀하신다. 뿐만 아니라 그의 펼친 손과 강한 팔을 가지고 그의 진노로 하나님이 친히 시드기야의 군대와 싸우시겠다고 선언하신다(5절). 따라서 시드기야와 그의 군대가 대면하고 있는 실제 대적은 하나님이다. "내가 친히" (נִלְחַמְתִּי אֲנִי 닐함티 아니; 주동사+1인칭 대명사 주어)라는 강조용법을 사용해서 하나님의 적극적인 개입을 확연하게 전달한다. 과거에는 하나님의 "든 손과 강한 팔"이 그의 백성을 대적의 손에서 구원하시는 능력을 나타냈지만 이제는 그 손과 팔이 유다를 파괴하는 능력을 발휘하게 된다(cf. 출 6:6). 따라서 하나님의 도움을 기대하는 것은 전혀 불가능하다. 하나님의 노여움에 대한 표현이 반복되면서 강조되는데("진노와 분노와 대노"), 이것은 진노의 정도를 짐작해 볼 수 있게 한다. 그 진노의 정도가 6-7절에 구체적으로 서술된다. 예루살렘 성 안에 있는 사람을 포함한 모든 생명체가 하나님이 행하시는 심판, 곧 칼과 기근과 무서운 전염병(דֶּבֶר גָּדוֹל 데베르 가돌; "큰 전염병")으로 죽임을 당하게 된다(6절).[6] 심판의 도구로 사용되는 바벨론의 파괴적인 공격뿐만 아니라 하나님의 직접적인 개입을 통한 기근과 전염병이 예루살렘을 철저한 파멸로 인도할 것이다. 다행이 살아남아도 결국 죽음을 피하지는 못한다(7절). 왜냐하면 하나님이 살아남은 자들을 모두 그들의 목숨을 찾는 자들의 손에 넘겨주실 것이기 때문이다. 왕을 비롯하여 어느 누구도 이 심판을 피할 수 없다. 바벨론은 단순히 유다와 예루살렘을 점령하여 약탈하려는 것이 아니라 그들의 생명을 빼앗아 멸하는 하나님의 심판을 수행하는 자들("그들의 생

---

6) 칼과 기근과 전염병에 의한 심판은 언약적 저주를 의미한다(cf. 신 32:24-27). 따라서 예루살렘에 임하는 심판은 유다의 왕과 백성이 언약관계와 의무를 거부한 것, 즉 언약파기에 따른 결과다.

명을 찾는 자들")이다(cf. 사 13:17). 하나님은 예레미야를 통해 심판이 임하는 원인이 그에게 범한 죄 때문인 것을 지속적으로 지적하고 심판을 경고했다. 따라서 죄에 대한 회개가 없이 하나님께 도움을 구하는 것은 여전히 그를 무시하고 거부하는 반항적인 태도를 의미한다(cf. 37:2). 그러므로 4-7절은 반복해서 심판의 주체가 하나님("내가")이심을 강조한다. 하나님은 그가 "이스라엘의 하나님"이심을 분명하게 언급하시는데(4절), 이것은 하나님이 시드기야의 말처럼 "그의 모든 기적으로"(כָל־נִפְלְאֹתָיו 콜-니프레오타브) 그의 백성 "이스라엘"을 구원하실 수 있는 언약의 하나님이심을 의미한다. 시드기야도 이 사실을 고려해서 하나님께 혹시나 하는 도움을 요청한 것이다. 그러나 바로 이 하나님이 심판의 주체이신 것을 시드기야에게 선언하신다(cf. 13절).

둘째, 하나님의 심판이 이미 확정됐기 때문에 심판을 행하는 자에게서 어떤 자비나 동정을 결코 기대할 수 없는 상황인 것을 알려 주신다(7절). 확정된 심판으로 인해 예레미야에게 중보기도를 요청하는 것 자체가 소용이 없는 일이다(cf. 7:16; 15:1-2). 13장 14절의 "내가 그들을 불쌍히 여기지 아니하며(לֹא־אֶחְמוֹל 로-에흐몰), 사랑하지 아니하며(לֹא־אָחוּס 로-아후쓰), 아끼지 아니하고(לֹא אֲרַחֵם 로 아라헴) 멸하리라"는 표현이 그대로 바벨론 왕 느부갓네살에게 사용되면서 그가 자비나 동정을 베풀지 않는 참혹한 심판을 행할 것이라고 선언하신다. "그가 칼날로 그들을 치되 측은히 여기지 아니하며(לֹא־יָחוּס 로-야후쓰), 긍휼히 여기지 아니하며(לֹא יַחְמֹל 로 야흐몰), 불쌍히 여기지 아니하리라(לֹא יְרַחֵם 로 예라헴)"(7절). 13장 14절에 사용된 동사들이 7절에 그대로 반복된다. 이것은 느부갓네살이 하나님의 심판의 도구임을 분명하게 확언할 뿐만 아니라 심판의 주체가 하나님이심을 명확하게 전달한다.[7] 하나님의 심판이 임하면 완전한 멸망 외에는 어떤 여지도 기대할 수 없다. 주전 586년에 하나님의 확정된 심판이 바벨론 왕을 통해서 시행된다. 2년간의 포위공격 끝에 느부갓네살은 예루살렘 성을 함락하고 신탁의 내용대로 행한다. 이 신탁의 성취를 확언하기 위해 52장 3-11절과 24-27절에 이 사건을 자세

---

7) 같은 맥락에서 하나님이 "든 손과 강한 팔"로 예루살렘을 치시겠다고 말씀하신 것과 짝을 이루어 시드기야와 그의 신하들과 백성 및 성읍에 살아남은 자들을 모두 느부갓네살 왕의 "손"에 넘기시겠다고 선언하시는 것은 느부갓네살이 하나님의 심판을 수행하고 있음을 보여준다.

하게 기록한다(cf. 왕하 25:1-21; 대하 36:13-21). 예루살렘을 완전히 점령한 후 느부갓네살은 립나에서 시드기야의 아들들을 그가 보는 앞에서 모두 죽였을 뿐만 아니라 유다의 모든 관료들도 처형했다. 시드기야는 다행히 목숨을 부지하지만 두 눈이 뽑히고 바벨론에 포로로 잡혀가 죽는 날까지 옥에 갇히게 된다(cf. 34:4-5; 겔 12:13).

8-10절. 시드기야가 처한 상황은 곧 예루살렘 거민들의 상황이다. 따라서 예레미야에게 그들에 대한 하나님의 신탁이 주어진다. 바벨론 왕 느부갓네살을 통한 하나님의 심판은 생명과 사망을 가르는 길이다. 예루살렘 거민들(유다백성)은 이 둘 중에 한 길을 선택해야하는 기로에 서있다(8-9절). 예루살렘 거민들은 예루살렘의 모든 집에서 우상숭배를 행하면서 예루살렘을 하나님의 임재가 불가능한 불결한 장소로 만들어버렸다(cf. 19:13). 이에 대한 하나님의 결정은 분명하다. "복" (טוֹבָה 토바)이 아닌 "재앙" (רָעָה 라아)을 위해 그의 얼굴을 예루살렘으로 향하게 하신다(10절). 바벨론의 공격을 받고 시드기야가 하나님의 얼굴을 구할 때 하나님은 그의 얼굴을 보여주신다. 그런데 불행하게도 그의 얼굴은 복을 위한 것이 아니라 재앙을 위한 것이다. 구체적으로는 예루살렘 성읍을 불살라 버리고 바벨론 왕의 손에 넘겨주시기로 이미 작정하셨음을 선포하신다. 따라서 예루살렘에 머무는 것 자체가 더 이상 하나님의 보호와 구원을 보장해 주지 않는다. 예루살렘에 남아 있고자 하는 자들은 칼과 기근과 전염병으로 인한 죽음을 피할 수가 없다(9절). 즉 사망의 길을 선택하는 것이다. 이 사망의 길에서 벗어나는 유일한 생명의 길은 예루살렘 성읍에서 나와서 갈대아인들에게 항복을 하는 것뿐이다(cf. 38:17-18). 그렇게 하면 최소한 자신의 목숨만은 구할 수 있다. 이렇게 목숨을 구하는 것을 "그의 목숨은 전리품 같이 되리라"는 말로 표현한다. 이것은 대적이 재물을 탈취하여 전리품으로 취해 가는 것처럼 항복하는 자들의 목숨을 취해 갈 것을 의미하며 포로에 대한 암시다(cf. 38:2; 39:18; 45:5). 바벨론 왕에게 항복을 하는 것은 자신들이 범한 죄를 인정하고 하나님의 징계와 심판이 정당함을 겸허히 수용하는 태도를 의미한다. 실제로 예레미야의 신탁을 듣고 항복한 자들이 있었다(cf. 39:9; 52:15). 바벨론 왕에게 항복한 자들은 목숨만이라도 건질 수 있는 반면에 배교와 반역 및 무죄한 자의 피를 흘리는 범죄로 가득 찬 예루살렘에 머무는 자들은 느부갓네살에 의해

불태움을 당하고 완전히 멸망하게 된다. 바벨론 왕에게 항복하라는 신탁이 유다 왕과 백성에게는 예레미야를 반역자로 규정하고 핍박할 수 있는 근거가 됐다. 심판과 항복을 선포하는 예레미야가 백성에게는 호감을 주는 선지자가 될 수 없었지만 하나님께는 그의 호감을 얻는 신실한 선지자였다.

11-12절. 하나님의 신탁이 "유다 왕의 집," 곧 다윗왕조("다윗의 집")에 관한 것으로 이어진다(11절). 먼저 다윗의 보좌에 앉은 왕들에게 요구되는 의무가 서술된다. "유다 왕의 집"을 다시 "다윗의 집"으로 표현하는 것은 유다 왕들이 다윗 언약을 이어가고 있음을 지적하는 것이다. 하나님이 다윗과 언약을 맺을 때 다윗의 영원한 보좌를 약속하셨지만, 모든 범죄에서 면죄부를 받은 것은 아니다(cf. 삼하 7:11-16). 다윗의 뒤를 이어 왕위에 오르는 왕들이 죄를 범하면 "사람의 매와 인생의 채찍"으로 징계하신다는 것을 분명하게 전달하셨다. 이것은 유다 왕들이 신명기 17장 14-20절에 서술된 왕의 의무를 성실히 수행해야 하는 것을 요구한다. 12절에 "아침마다 정의롭게 판결하여"(דִּינוּ לַבֹּקֶר מִשְׁפָּט 디누 랍보케르 미쉬파트) 압박자의 손에서 탈취 당한 자를 보호하라는 명령을 특정해서 언급하는 것은 유다백성이 같은 민족을 노비로 삼아 압제하는 사회적 문제 때문인 것으로 보인다. 34장 8-16절은 이 문제를 구체적으로 다루면서 시드기야와 유다백성의 범죄를 다루고 있다. 유다 왕들에게 사회적 공의와 정의를 성실하게 실현하라고 명하는 것은 다윗왕조가 하나님의 말씀에 따른 통치를 실체화하라는 요구다. "아침마다"(לַבֹּקֶר 랍보케르)라는 표현은 이 의무를 부지런히 행할 뿐만 아니라 꾸준히 행하는 것을 의미한다(cf. 시 101:8). 한편으로는 공의의 즉각적이고 신속한 처리를 의미하기도 한다(cf. 시 90:14; 143:8). 하나님은 이러한 의무를 수행하지 못하는 것을 "악행"(רֹעַ מַעַלְלֵיהֶם 로아 마알렐래헴; "그들의 행위의 악함")으로 규정하신다.[8] 이것은 심판의 원인이며 하나님의 분노를 자극한다. 따라서 하나님의 공의와 정의를 백성

---

8) 기록형 רֹעַ מַעַלְלֵיהֶם 로아 마알렐래헴은 3인칭 복수 남성 대명사어미(הֶם 헴; "그들의")를 취하는데, 낭독형 רֹעַ מַעַלְלֵיכֶם 로아 마알렐래켐은 2인칭 복수 남성 대명사어미(כֶם 켐; "너희의")를 제시한다. 탈굼, 벌게이트는 낭독형의 독법을 따른다(cf. 개역개정; 현대인의 성경; NIV; KJV; RSV). 공동번역과 새번역은 기록형의 독법을 따른다. הֶם 헴과 כֶם 켐의 형태가 유사하기 때문에 기록형이 필사자의 오류를 반영한 것으로 보인다.

에게 실현하지 않은 다윗왕조는 하나님의 심판을 피할 수가 없다. 하나님의 진노의 불이 다윗왕조를 불살라 버릴 것이며 이 불의 심판에서 구해줄 자가 없을 것이다. 그러나 이 심판은 다윗언약의 폐기를 의미하지 않는다. 영원한 보좌에 대한 약속은 여전히 유효하지만, 다윗왕조에게 공의를 요구하시는 하나님이 그의 공의를 드러내지 않고 악을 행하는 다윗왕조에게 징벌을 행하심으로 그의 공의를 보여주시는 것이다. 예루살렘의 함락을 목전에 둔 상황에서 이 명령이 다윗의 집에 주어지는 것은 유다의 운명을 바꿀 수 있는 마지막 기회가 주어진 것처럼 보인다. 하지만 유다의 역사는 그 기회를 놓친 것을 말해준다. 또한 이 명령이 주어지는 것은 유다말기의 다윗왕조가 이 명령을 행하지 않고 있다는 사실을 보여준다.

13-14절. 이 신탁의 대상으로 언급되고 있는 호격의 "골짜기와 평원 바위의 주민"은 예루살렘에 사는 거민들을 가리킨다. "골짜기와 평원 바위"는 힌놈의 아들의 골짜기와 여호사밧 골짜기(또는 기드론 골짜기) 사이에 위치한 예루살렘에 대한 비유적 표현이다. "평원 바위"는 시온을 가리킨다. 신탁의 대상이 다윗왕조에서 예루살렘과 그 주민들로 전환되지만 주제적으로 연결된다. 왜냐하면 예루살렘은 다윗왕조와 관련하여 핵심적이고 중요한 장소이기 때문이다. 따라서 이 신탁이 다윗왕조의 신탁 안에 이어서 서술된다. 유다보다 많은 영토와 백성을 가지고 있었던 북이스라엘은 앗시리아에 의하여 이미 오래 전에 멸망을 당하여 사라졌다(주전 722년). 하지만 예루살렘은 다윗 이래로 대적들의 모진 공격에도 여전히 건재했다. 그러므로 하나님께 무수한 죄를 범하면서도 유다백성은 예루살렘에 대한 특별한 확신과 자부심을 가지고 있었다. 이러한 자부심이 이들의 교만으로 드러나고 있음을 볼 수 있다. 이들은 자신들이 점령할 수 없는 요새에 살고 있는 것으로 표현한다. 어느 누구도 그들을 공격할 수 없고 그들의 은신처(מְעוֹנוֹתֵינוּ 메오노태누; "우리의 은신처")에 들어올 수 없다고 당당하게 확언한다(13절).[9] 하지만 이것은 예루살렘과 시온이 하나님의 거처이기에 어느 누구도 점령할 수 없다는 시온신학에 대

9) מְעֹנָה 메오나는 사자 등의 짐승들이 숨어서 거하는 굴을 가리킨다(cf. 암 3:4). 시편 76편 3절(MT, 76:3)은 여호와의 처소(מְעוֹנָתוֹ 메오나토; "그의 처소")가 시온에 있다고 말한다. 이어서 4절(MT, 76:4)은 "거기에서 그가[여호와가] 화살과 방패와 칼과 전쟁을 없이하셨도다(셀라)"라고 노래한다.

한 착각이고 오용이다. 왜냐하면 하나님이 친히 이들을 대적하시기 때문이다. "보라 나는 네 대적이라"(הִנְנִי אֵלַיִךְ 힌니 앨라이크).[10] 하나님을 이기지 않는 한 생명을 보장할 수가 없다. 따라서 이 은신처가 바로 죽음의 자리가 된다(cf. 6절). 유다 백성의 눈에는 예루살렘이 목숨을 구하기에 충분한 은신처로 보였다. 이것은 그동안 예루살렘의 역사가 증명해 주었던 사실이다. 하지만 하나님은, 범죄로 인하여 불결하게 된 예루살렘이 충분히 심판의 자리가 될 수 있음을 명확하게 선언하신다. 이는 행위에 따라 상과 벌을 주시는 하나님의 공의 때문이다. "너희 행위대로"의 문자적 표현은 "너희 행위의 열매에 따라"(כִּפְרִי מַעַלְלֵיכֶם 키프리 마알렐래켐)이다. 예루살렘 거민들에게 임하는 심판은 행위의 결과에 따른 하나님의 공의의 적용이다. 악행에 대한 하나님의 징벌은 불로 태워 모두 삼켜버리는 것과 같은 완전한 멸망이다(14절). "수풀"(יַעְרָהּ 야아라; "그의 수풀")은 백향목으로 아름답게 지어진 왕궁(cf. 왕상 7:2: 10:21)이나 집들로 가득 찬 예루살렘(cf. 22:8)에 대한 비유로 해석할 수 있다. 따라서 "수풀"에서 시작된 불이 그 주변을 모두 태우는 것은 왕궁을 시작으로 예루살렘 성 전체에 이르는 멸망을 의미한다(cf. 52:13; 왕하 25:9), 또는 예루살렘의 멸망을 시작으로 주변의 모든 성읍들이 파괴되는 것에 대한 비유적 표현으로 볼 수도 있다. 결국 "누가 내려와서 우리를 치리요 누가 우리의 거처에 들어오리요"라고 자만하게 말하고 있는 백성에게 하나님은 "내가 내려와서 너희를 치고 내가 너희 거처에 들어갈 것이다"라고 선언하신다.

현재적 적용 **묵상**

1. "하나님이 친히 '내가 네 대적이다' 라고 말씀하신다면. . ." 이런 상황에 대해 상상해 본 적이 있는가?
2. 하나님이 그의 펼친 손과 능력의 팔로 심판을 확정하시면 그 심판에는 어떤 자비나 긍휼, 동정도 기대할 수 없다는 것을 확실히 알고 있는가? 심판의 무

10) 히브리어 원문의 13절은 הִנְנִי אֵלַיִךְ 힌니 앨라이크("보라. 내가 네 대적이다")라는 선언으로 시작한다. 이 표현은 하나님이 너를 마주대하고 있다는 의미다(cf. 겔 21:3[MT, 21:8]; 29:10; 35:3; 나 2:13[MT, 2:14]; 3:5). 즉 그가 얼굴을 너에게 향하고 있는데, 복이 아니라 재앙이라고 말하신 것을 시각화한다(cf. 10절).

서움을 인식하고 그 심판이 임하기 전에 죄를 회개하고 그에게 피난처를 구할 마음이 있는가? (cf. 나 1:7).

3. 어려움이 닥쳤을 때 하나님이 나에게 얼굴을 향해 주시길 간청하는데, 그가 얼굴을 내게 향하시기는 하는데, 만약 그 얼굴이 복이나 구원이 아닌 재앙이라면 무엇을 해야 하는가? 이 상황에서 하나님이 요구하시는 것은 죄를 인정하고 그 결과를 수용하는 것이다. 왜냐하면 그 결과가 참회하는 이에게는 완전한 단절이 아닌 회복의 기회로 인도하기 때문이다. 유다가 70년의 포로생활을 해야 했던 것처럼 일정기간 포로기와 같은 시간을 보낼 수 있지만 그곳에서부터 하나님의 회복이 시작된다는 사실을 기억해야 한다(cf. 29:10-11).
4. 예레미야처럼 하나님의 말씀을 선포하는 말씀사역자는 누구의 호감을 얻는 설교자가 될 것인가? 듣는 이들인가 아니면 진리를 선포하라고 명하신 하나님인가?
5. 하나님은 성도를 왕과 같은 제사장으로 부르시고 그의 공의와 정의와 사랑을 세상에 보여주시길 원하시고 요구하시는데, 이 사명을 기쁨으로 감당하며 보람을 느끼고 있는가?
6. 현재 이루어 놓은 교세와 교인의 수를 말하면서 "누가 우리를 치고 누가 우리 교회에 들어 오리요?"라고 말하는 한국교회를 향해 하나님이 "내가 치고 내가 들어갈 것이다"라는 말씀을 하시지는 않을까 두렵지 않은가?
7. 심은 대로 거두게 하시는 하나님의 정확한 공의를 신뢰하고 의와 자비와 사랑을 심고 있는가?
8. 위기상황에 있을 때 하나님 앞에 나아가고 또한 간절함도 잊지 않는데, 죄를 회개하고 구원의 은혜를 구하는 것이 아니라 마치 내게 권리가 있는 듯 하나님의 기적만 요청하는 것은 아닌가? 상황의 위급함이나 고통 때문에 하나님께 나아가는 것과 그러한 상황 속에서 회개하며 하나님의 은혜를 구하는 것에는 차이가 있다. 하나님을 움직일 수 있는 것은 오만하고 뻔뻔한 권리주장이 아니라 상한 심령과 겸손한 회개다.

---

(2) "유다 왕의 집"과 예루살렘에 관한 심판신탁, 22:1-30

본 단락의 서술형식은 산문과 시문을 혼용하고 있다. 신탁들은 신적 신탁의 형식을 취하고 있으며 그 대상은 유다 왕의 집과 유다 왕들(살룸, 여호야김, 여호야긴) 및 예루살렘이다. "유다 왕의 집"이 집중적으로 들어야 할 대상이지만 왕들의 통치대상인 유다백성을 또한 겨냥하고 있다(cf. 2절). 신탁을 구성하는 고소단락과 선언단락이 등장하는데, 살룸과 여호야긴에 관한 신탁에서는 선언단락만 서술되고 여호야김에 관한 신탁의 경우 고소단락과 선언단락이 모두 등장한다. 이를 고려하면 세 명의 왕들 중에서 통치기간이 제일 긴 여호야김에 집중하는 것을 볼 수 있다. 사실 여호야김은 유다의 확정된 심판이 선언되는 결정적 역할을 했다(cf. 36:20-32). 본 단락은 유다 왕의 집과 예루살렘 거민을 대상으로 하는 21:11-14의 신탁을 구체화하는 신탁들이다.

본 단락을 열어주는 도입과 위임명령이 1-2절에 서술된다. 3-9절은 신적 신탁으로 산문의 고소단락과 시문의 선언단락의 구성된 신적 신탁이 3-9절에 등장한다. 이 신탁(3-9절)은 이어지는 22:10-23:8의 서론역할을 한다. 유다 왕들에게 정의와 공의에 따른 통치를 요구하는 명령이 고소단락의 역할을 한다. 왜냐하면 이 명령이 주어진 것은 실제 상황에서 왕들이 그렇게 하지 않는 것을 전제하기 때문이다. 그 결과는 선언단락에 선언된 바와 같이 다윗왕조가 파멸할 자를 만나게 되는 것이다. 이 서론을 적용해서 다윗의 왕위에 앉은 유다말기의 왕들, 곧 요시야의 두 아들, 살룸과 여호야긴, 그리고 여호야긴의 아들 여호야김이 평가되고 그들에 대한 심판이 선언된다.

유다 왕들을 향한 심판선언이 전개되는 중에 예루살렘에 관한 심판신탁(22:20-23)이 등장하는 것은 21장에서 시드기야와 유다 왕의 집에 관한 심판신탁과 연계해서 예루살렘과 예루살렘 거민에 관한 심판신탁이 등장하는 것과 같은 맥락이다. 이는 다윗왕조의 보좌가 있는 예루살렘이 다윗왕조와 운명을 같이 하기 때문이다. 유다 왕들의 실패로 인해 예루살렘은 통치자들을 모두 잃게 되는 수치와 멸시를 당한다. 마지막 신탁(22:24-30)에서 하나님의 인장반지와 같은 "고니야"(여호야긴)를 빼서 느부갓네살 왕에게 준다는 것은 사라지게 될 다윗왕조에 대한 결정적인 예표다.

이러한 이해를 반영하여 본 단락의 구조를 분석하면 아래와 같다.

A. 도입과 위임명령(1-2절) [산문]
B. 유다 왕의 집에 대한 신탁의 서론(3-9절)
a. 고소단락: 정의와 공의에 대한 명령, 3-5절 [산문]
b. 선언단락: 심판선언, 6-9절 [시문]
C. 유다 왕들과 예루살렘을 향한 심판선언(10-30절)[11)]
(1) 살룸, 10-12절 [심판선언] [시문/산문]
(2) 여호야김, 13-23절
a. 고소단락, 13-17절 [시문]
b. 선언단락, 18-19절 [시문]
(3) 예루살렘, 20-23절
a'. 고소단락, 20-21절 [시문]
b'. 선언단락, 22-23절 [시문]
(4) 여호야긴, 24-30 [심판선언] [산문]

하나님은 그의 백성에게 약속의 땅을 허락하시면서 특별히 예루살렘을 그의 임재의 장소로 삼으셨다(cf. 신 11-12장). 그곳에 그의 통치를 실현할 다윗왕조를 세우시고 온전한 신정통치가 이루어지길 기대하셨다. 따라서 하나님은 다윗의 왕위에 앉는 왕들에게 공의와 정의를 행하는 언약적 의무를 주셨다. 언약공동체의 왕에게 이와 같은 중요한 의무가 있었기 때문에 유다말기의 왕들에 관한 신탁은 왕을 중심으로 한 지도자의 중요성을 다룬다. 불행히도 유다의 왕들은 유다의 영적 실패뿐만 아니라 사회적, 정치적 실패에 주도적인 역할을 했다. 따라서 그들에 대한 하나님의 철저한 심판이 선언된다. 하나님의 심판은 이러한 왕을 약속의 땅

11) 유다 왕들과 예루살렘을 향한 심판선언(C, 10-30절)에는 신탁의 구성형식에 따른 교차평행이 나타난다. 이 교차평행은 이 단락이 여호야김에 관한 신탁(b)와 예루살렘에 관한 신탁(b')에 집중하게 한다.

a. 살룸(10-12절): 선언단락
b. 여호야김(13-23절): 고소단락+선언단락
b'. 예루살렘(20-23절): 고소단락+선언단락
a'. 여호야긴(24-30절): 선언단락

에서 추방하시는 것이며 비정한 죽음이다. 결국 다윗왕조의 타락이 예루살렘의 멸망을 초래했고 그 타락의 기저에는 언약관계의 파기와 우상숭배가 자리하고 있다.

도입과 위임명령(1-2절)

하나님은 예레미야에게 "유다 왕의 집"에 관한 신탁을 전하라고 명령하신다. 이 신탁은 왕뿐만 아니라 신하들과 모든 백성이 들어야할 하나님의 말씀이다.

서론: 유다 왕의 순종과 불순종에 따른 결과(3-9절)

하나님은 다윗의 왕위에 앉은 왕들에게 주어진 언약적 의무의 이행여부에 따른 결과들을 제시하시면서 순종을 요구하신다. 그런데 하나님이 친히 대적을 일으키셔서 다윗왕조와 예루살렘을 파괴하시겠다고 선언하시는 것을 보면 유다의 왕들이 언약 의무를 수행하지 않은 것을 짐작할 수 있다. 명령이 주어진 것 자체가 이 의무가 실행되지 않는 상황을 전제한다. 결국 "파멸할 자들"에 의해 다윗왕조와 예루살렘이 누렸던 영광이 제거되는 운명에 처하게 된다. 이 심판은 이방나라들의 객관적 관점에서 여호와와의 언약을 파기하고 다른 신들을 섬긴 결과로 평가된다.

살룸에 관한 신탁(10-12절)

요시야의 갑작스러운 죽음으로 인해 다윗의 왕위에 오른 살룸(여호아하스)은 포로로 잡혀가서 영영 돌아올 수 없다는 선언을 듣게 된다. 죽음보다 더 비참한 신세가 될 것이기에 죽은 자(요시야)를 위해 울지 말고 오히려 사로잡혀가는 살룸을 위해 애곡하라는 명령이 주어진다.

여호야김에 관한 심판신탁(13-19절)

심판원인이 서술되지 않은 살룸의 경우와는 달리 여호야김에 관한 신탁은 심판원인이 구체적으로 서술된다(13-17절). 심판원인은 불의로 치장한 왕궁, 부정한 소득, 무고한 피를 흘리는 것, 압제와 폭력이다. 이러한 죄악에 대한 하나님의 심판은 그가 아무도 애곡하지 않는 매정한 죽음을 맞이하는 것이며 그의 시체가 나귀처럼 성문 밖에 버려져 모욕을 당하는 것이다.

예루살렘에 관한 심판신탁(20-23절)

유다의 수도인 예루살렘이 의인화되어 서술된다. 하나님은 예루살렘에게 통곡하라고 명하신다. 예루살렘이 하나님의 심판으로 통치자들을 잃는 부끄러움과 치욕을 당하게 되기 때문이다. 예루살렘이 이런 처지에 놓이게 되는 이유는 하나님에 대한 고의적이고 습관적인 반항 때문이다.

고니야(여호야긴)에 관한 심판신탁(24-30절)

유다 왕들에 관한 심판신탁이 다시 시작되면서 여호야김의 아들 고니야에 관한 신탁이 서술된다. 이 신탁은 고소단락이 없고 심판선언에 집중한다. 하나님의 오른손의 인장반지와 같은 고니야(여호야긴)를 빼어 대적의 손에 넘겨주겠다고 선언하신다. 고니야는 바벨론에 포로로 잡혀가 결국 그곳에서 죽고 약속의 땅으로 다시는 돌아오지 못하는 신세가 된다. 하나님의 버림을 받고 천하고 깨진 그릇처럼 된 고니야의 신세는 다윗왕조의 운명을 보여준다. 결국 고니야는 멸망의 상징으로 남는다.

주해

1-2절. 신탁도입형식("여호와께서 이와 같이 말씀하시되")과 위임명령은 이어지는 신탁(3-9절)을 소개할 뿐만 아니라 유다 왕들과 선지자들에 관한 신탁을 담고 있는 22-23장의 시작을 보여준다. 위임명령에는 신탁을 전달하는 장소와 신탁을 들어야 할 대상들이 구체적으로 언급된다(1절). 예레미야는 "유다 왕의 집"(בֵּית־מֶלֶךְ יְהוּדָה 배트-멜레크 예후다), 곧 왕궁으로 가라는 명령을 받는다. 예레미야가 선포할 신탁의 우선적인 대상은 "다윗의 왕위에 앉은 유다 왕"이지만 신탁을 들어야 할 대상은 왕궁으로 들어와 왕과 접촉하는 그의 신하들과 백성이다. 이들은 소위 말하는 왕의 권력에 접근할 수 있는 "특권"을 누리는 자들이다. 유다 왕에 대해 "다윗의 왕위에 앉은"이라는 수식어를 사용하는 것은 유다 왕은 다윗언약을 이어가는 자라는 사실을 분명하게 전달한다. 따라서 유다 왕은 언약적 의무의 대상이라는 의미다. 예레미야가 유다 왕과 특권을 누리는 자들에게 선포해야 할 신탁이 이어서 서술된다.

3-5절. 신탁도입형식("여호와께서 이와 같이 말씀하시되")과 함께 유다 왕을 비롯

한 권력을 가진 자들이 지켜야 할 언약적 의무에 대한 명령이 서술된다. 다윗의 왕위에 앉은 왕에게 요구되는 언약적 의무의 핵심은 "공의와 정의"를 행하는 것이다(עֲשׂוּ מִשְׁפָּט וּצְדָקָה 아수 미쉬파트 우쩨다카, 3절).[12] "공의"(מִשְׁפָּט 미쉬파트)와 "정의"(צְדָקָה 쩨다카)는 언약관계가 다윗의 왕위에 앉은 왕에게 요구하는 의무를 대변하는 전형인 표현이다(cf. 9:24; 22:15; 23:5; 33:15).[13] 이 의무는 왕뿐만 아니라 언약관계에 있는 언약백성 모두에게 요구되는 의무다(cf. 창 15:6; 사 5:7; 겔 18:5; 암 5:15, 24). 유다 왕은 공의와 정의를 행함으로 땅 위에 하나님의 통치를 실현해야 하는 언약적 책임을 가지고 있다. 이를 위해 왕이 수행해야 할 의무가 구체적으로 서술된다. 첫째, 탈취 당한 자를 압박하는 자의 손에서 건져내는 것이다(3절상). 왕은 힘과 권력을 가진 자들이 부당한 방법과 불의로 부를 축적하는 문제를 해결할 의무가 있다. 이것이 왕에게 왕의 지위와 권위가 주어진 이유다. 따라서 왕은 그의 권위를 가지고 탈취와 압제로 인해 고통당하며 신음하는 자들의 사정을 살피고 해결해 주어야 한다. 이것은 이방 왕에게 바칠 조공을 지불하기 위한 과도한 세금징수에 대한 문제도 포함한다(cf. 왕하 23:35). 둘째, 사회적 약자들을 보호할 의무가 있다(3절중). 이방인과 고아와 과부들은 사회 안에서 쉽게 압제와 학대의 대상이 될 수 있다. 그러므로 왕은 그의 권력과 권위를 발휘해서 이들을 보호하여야만 한다. 이것은 단지 왕에게만 요구되는 의무가 아니라 하나님이 그의 언약백성에게 지속적으로 요구하시는 언약적 의무다. 셋째, 예루살렘에서 무죄한 자의 죽음을 방지해야 하는 의무가 있다(3절하). "무죄한 피"(דָם נָקִי 담 나키)는 본질적

---

12) 1-2절에서 왕은 단수형으로 등장하는데, 2인칭 남성 복수 명령형 עֲשׂוּ 아수("행하라")가 사용되는 것은 이 명령의 대상으로 왕을 비롯한 그의 신하와 백성을 포함하고 있음을 전달한다. 또는 다윗의 왕위에 앉을 왕들을 염두에 둔 것일 수 있다.

13) 9장 24절에 따르면 "공의"와 "정의"는 피조물에 대한 하나님의 속성에 따른 통치를 의미한다. "정의"(צְדָקָה 쩨다카)는 "옳음/올바름" 또는 옳음에 따른 "바른 행위"나 "삐뚤어짐이 없는 행위"를 가리킨다. "공의"(מִשְׁפָּט 미쉬파트)는 "정의"의 적용이나 "정의"에 따른 판단과 판결을 가리킨다. 정의와 공의는 "선하다"(טוֹב 토브; "보기에 좋다")고 표현된 창조의 "조화"(שָׁלוֹם 샬롬)를 하나님과의 수직적 관계와 피조물 간의 수평적 관계에서 실제적으로 유지하고 실현하는 것을 의미한다. 이 조화가 파괴된 상태가 "큰 혼란"(מְהוּמֹת רַבּוֹת 메후모트 랍보트; disorder)과 "압제"(עֲשׁוּקִים 아슈킴)이며, 공의와 정의를 정면으로 거부하는 것이 "폭력과 착취"(חָמָס וָשֹׁד 하마스 바쇼드)다(cf. 암 3:9; 5:14-15; 조휘,『사자가 부르짖은즉』, 146-50, 256-60).

인 의로움을 의미하는 것이 아니라 법정적 의미에서의 무고함을 가리킨다(cf. 7:6; 26:15). 따라서 왕은 공의로운 재판을 통해 불의가 감추어지거나 정당한 이유 없이 죽임을 당하는 일을 통제해야 한다. 이런 의무들을 수행하는 것은 왕이 그의 통치를 통하여 하나님의 공의와 정의를 사회적 정황에서 실제적으로 실현하는 것을 의미한다. 왜냐하면 언약관계에 근거해서 언약공동체의 지도자로 세움을 받은 유다 왕은 하나님의 통치를 전적으로 위임을 받은 자이기 때문이다.

이 의무(הַדְּבָרִים הָאֵלֶּה 한다바림 하앨레; "이 말들")를 준행하면 왕은 그를 따르는 무리와 함께 왕궁으로 당당하게 왕래할 수 있으며 지속적인 번영과 평안을 기대할 수 있다(4절). 즉, 다윗왕조가 보존된다. 그러나 준행하지 않으면 왕궁을 폐허로 만드시는 하나님의 심판을 결코 면할 수가 없다(5절). 이것은 여호와가 자신을 두고 맹세하신 바이며 여호와의 말씀이 확언하는 바다("여호와의 말이니라").

3-5절은 유다 왕에게 명확하게 언약적 의무를 수행할 것을 명령했고 그에 따른 결과도 충분히 설명이 됐는데 이 명령을 실행하지 않은 것을 암시적으로 지적하는 면에서 고소단락의 역할을 한다. 유다말기의 왕들이 이 명령을 성실히 수행했다면 이 명령이 주어질 이유가 없기 때문이다. 이어지는 선언단락에서 "유다 왕의 집"에 대한 심판이 선언되는 것이 이런 추론을 가능하게 한다.

6-7절. 새로운 도입형식("여호와께서 이와 같이 말씀하시니라")으로 6절이 시작되면서 3-5절에 서술된 조건적 명령에 따른 유다 왕의 집에 대한 선언이 서술된다. 선언의 내용은 5절에서 언급한 황폐함이다. 이는 다윗의 왕위에 앉은 유다 왕이 자신의 의무를 다하지 못한 결과다. "유다 왕의 집"(בֵּית־מֶלֶךְ יְהוּדָה 배트-멜레크 예후다)이 1절에서는 왕궁을 의미하는 것이 분명해 보인다. 왜냐하면 유다 왕의 집으로 가라는 명령이 주어졌고 2절은 "이 문들"로 들어오는 백성에 대해 말하고 있기 때문이다. 하지만 본 절에서는 "유다 왕의 집"(בֵּית־מֶלֶךְ יְהוּדָה 배트-멜레크 예후다)이 왕궁 또는 유다왕조를 의미할 수 있다. "집"(בֵּית 배트)을 왕궁에 대한 직접적인 표현으로 해석할 경우, 길르앗의 나무와 레바논의 백향목으로 화려하게 지어진 왕궁에 대한 파괴를 선언하는 신탁이 된다. 길르앗과 레바논은 울창한 살림과 나무로 유명한 지역으로 왕궁건축에 중요한 목재를 공급해 주었다. 유다 왕들이 지은 왕궁이 하나님이 보시기에 풍요롭고 화려하게 보이지만 왕궁을 아무도 살수

없는 광야와 같이 황폐하게 만들겠다는 선언이다. 이 신탁에서 예루살렘 성읍과 함께 파괴되는 왕궁을 그려볼 수 있다. 이 해석이 왕조에 대한 암시를 완전히 배제하는 것은 아니다. 왜냐하면 왕궁을 왕조에 대한 환유로 볼 수 있기 때문이다. 반면에 "집"을 왕조에 대한 표현으로 해석하면, "길르앗과 레바논의 머리"는 풍요롭고 영광스러운 지위를 갖춘 왕조에 대한 비유적 표현이 된다. 레바논은 유다에서 가장 높은 산이다. 따라서 왕의 높은 지위를 암시한다. 이 경우 6절은 하나님이 다윗왕조를 영화롭게 만드셨지만 이제는 다윗왕조가 황폐케 되는 심판의 대상에 불과하다는 의미를 전달한다. 칼빈은 길르앗이 하나님의 심판으로 이미 파괴된 북이스라엘을 가리키는 것으로 해석한다. 이것은 길르앗이 열 지파의 중심 도시였다는 것에 근거한 해석이다. 칼빈의 해석을 따르면 6절은, 범죄로 인해 파괴되어 사라져 버린 북이스라엘처럼 유다도 역시 하나님에 의해 파괴되어 사라지게 될 대상에 불과하다는 의미를 전달한다. 어떤 해석을 따르던 유다 왕들의 실패와 이에 대한 하나님의 심판은 분명하게 드러난다. 하나님의 심판을 받기 전의 모습은 "길르앗" 또는 "레바논의 정상"과 같지만 심판 후의 모습은 "광야"(מִדְבָּר 미드바르)다. 이는 "아름답고 우아한 시온"(6:2)이 하나님의 심판으로 "황폐하게 되어 주민이 없는 땅"(6:8)이 되는 것과 같다. 또한 "내 소유," "내 마음으로 사랑하는 것", "내가 기뻐하는 땅"이 황폐하게 되는 것과 동일하다(12:7, 10, 11). 하나님의 심판은 존귀함을 잃고 황폐하고 비천하게 만든다. 다윗왕조의 멸망은 하나님이 친히 준비하신 "파멸할 자들"(מַשְׁחִתִים 마쉬히팀)에 의해 이루어진다(7절).[14] 파멸할 자들이 전쟁으로 백향목을 찍어 불에 던져버리듯 다윗왕조("아름다운 백향목")를 제거할 것이다.[15] "파멸하는 자들"은 갈대아인들을 의미하며 이들은 하나님의 심판의 도구로 사용된다.

---

14) מַשְׁחִתִים 마쉬히팀은 "파괴하다"를 의미하는 동사 שָׁחַת 사하트의 히필 남성 복수 분사인데, 동일한 동사가 13장 7절에서 베띠가 "썩은 것"(נִשְׁחַת 니쉬하트)과 13장 9절에서 하나님이 유다의 교만을 "썩게 하시겠다"(אַשְׁחִית 아쉬히트)고 하실 때 사용되고 또한 18장 4절에서 옹기가 "터진 것"(נִשְׁחַת 니쉬하트)을 묘사할 때 사용된다. 이 단어의 사용에 주목하면 "파멸할 자들"은 하나님이 파괴하는 심판을 수행하는 자들이라는 사실을 알 수 있다.

15) 백향목(אֶרֶז 에레즈)은 다윗왕조에 대한 은유다(cf. 겔 17:3, 22-23).

8-9절. 다윗왕조의 멸망은 곧 예루살렘의 멸망을 의미한다. 다윗왕조와 예루살렘이 멸망하게 되는 근본적인 원인이 이방인들("여러 민족들")의 입을 통해 지적된다. 예루살렘이 파괴된 것을 본 이방인들이 서로 멸망의 원인에 대해 묻고 답을 한다(8절). 이들이 지적하는 멸망의 원인은 언약파기이며 우상숭배다(9절). 유다 지도자들과 백성은 "여호와와의 언약"(בְּרִית יְהוָה 베리트 아도나이)을 버림으로 파기했다. 언약을 존중하지 않는 것은 여호와 대신에 다른 신들을 예배하고 섬기는 우상숭배로 이어졌다. 심판원인이 이방인들의 입을 통해 지적되는 것은 심판의 정당성을 대변한다. 예루살렘의 파괴는 "자기 하나님 여호와의 언약"을 버린 것에 대한 정당한 대가라는 것이다. 여기에 언급된 언약은 이중적이다. 다윗언약과 시내산 언약을 다 포함한다. 유다 왕들이 다윗언약이 요구하는 의무를 행하는 것은 곧 시내산 언약을 준수하고 옹호하는 것을 의미한다. 왕들이 언약공동체의 지도자로서 그들에게 주어진 의무를 다하지 않았기 때문에 언약공동체는 궁극적으로 시내산 언약을 파기하는 지경에까지 이르게 됐다. 결과적으로 하나님의 심판이 임한 책임이 왕들에게 있음을 의미한다. 따라서 유다말기의 왕들의 실패에 대한 지적이 이어진다.

10-12절. 살룸에 대한 신탁이 짧게 서술되는데, 이 신탁은 그가 맞이하게 될 운명에 무게를 두고 있다. "여호아하스"로 불리기도 하는 살룸은 요시야의 아들이다. 살룸은 요시야가 이집트 왕 바로 느고와 므깃도에서 전투를 벌이다가 전사했을 때 요시야의 뒤를 이어 왕위에 오르게 된다(cf. 왕하 23:31-35; 대하 36:2-4). 살룸은 3개월의 짧은 기간 동안 통치를 하다가 이집트 왕 바로 느고에 의해 애굽에 포로로 잡혀가서 결국 그곳에서 죽음을 맞이하게 된다. 이 신탁에서 하나님은 백성에게 죽은 자를 위하여 울지 말고 사로잡혀가는 살룸을 위해 슬피 울라고 명하신다(10절). 여기서 "죽은 자"는 살룸의 아버지 요시야를 가리킨다. 백성은 요시야가 므깃도 전투에서 전사하자 그의 비극적인 죽음을 깊이 애도했다(cf. 대하 35:20-27). 역대하의 본문은 예레미야가 그의 죽음을 위해 애가를 지은 것으로 기록한다(대하 35:25). 예레미야를 비롯하여 백성이 그의 죽음을 깊이 애도한 것은 요시야가 유다의 영적, 사회적 회복을 위해 최선의 노력을 했던 선한 왕이었기 때문이다(cf. 왕하 22:1-23;30; 대하 34:1-36:1). 살룸을 위한 애곡을 명하는 이유는 살

룸이 다시 돌아오지 못하고 약속의 땅("고국")을 다시 볼 수 없기 때문이다. 이것은 약속의 땅에서의 영원한 추방을 의미한다. 그는 이집트에 사로잡혀가서 결국 그곳에서 죽는다. 죽은 자가 아니라 산 자를 위해 애곡하라는 것은 죽은 자의 신세가 하나님의 심판을 감당해야 하는 삶보다 더 낫다는 의미이기도 하다. 살룸에 대해 반복되는 표현들을 하나로 정리하면 그는 "떠나가서 다시는 돌아오지 못하고 죽는 자"다. 이 신탁은 살룸이 왜 이러한 운명을 맞이하게 되는지에 대한 이유를 설명하지 않는다. 그러나 왕하 23장 32절은 그의 문제를 "여호아하스가 그의 조상들의 모든 행위대로 여호와 보시기에 악을 행하였더니"라고 간략히 기록하고 있다. 간략한 기록이지만 살룸이 신정통치를 위한 왕의 의무를 행하지 못한 것을 정확히 지적한다. 11절의 "그의 아버지 요시야를 이어 왕이 되었다가"라는 표현이 이를 암시하는 듯하다. 즉 살룸이 아버지의 왕위를 이어 받기는 했지만 영적 유산을 지키지는 못한 것이다. 이와 같이 언약적 의무를 거부한 왕의 결말은 약속의 땅에서의 영원한 추방이다. 약속의 땅을 가리키는 표현이 반복되고 있음에 주목할 필요가 있다: "고국"(10절), "이 곳에서," "이 곳으로"(11절), "이 땅"(12절). 이러한 반복을 통하여 약속의 땅이 그에게 맞지 않는 땅임이 강조된다. 그에게 맞는 땅은 "잡혀 간 곳"("거기서"), 곧 이방인의 땅이다(12절). 왜냐하면 언약공동체의 왕으로서의 정체성을 스스로 포기했기 때문이다.

13-17절. 살룸에 대한 신탁에 이어서 여호야김에 대한 신탁이 서술된다. 이 신탁은 심판원인을 서술하는 고소단락과 심판을 선언하는 선언단락으로 구분된다. 13-17절은 고소단락이고 18-19절은 여호야김에게 임할 심판을 선언하는 선언단락이다. 여호야김은 살룸의 이복형제로 살룸이 바로 느고에 의해 사로잡혀 간 후 바로 느고가 세운 왕이다(cf. 왕하 23:34-36; 대하 36:5-8). 바로 느고가 그의 이름을 엘리아김에서 여호야김으로 바꾸었고 여호야김이라는 이름으로 유다를 11년간 통치했다(주전 609-598년). 심판의 원인으로 서술되고 있는 여호야김의 죄는 다음과 같다. 첫째, 불의로 치부하여 화려한 왕궁을 짓는 이기적인 탐욕이다(13절). 자신의 왕궁을 더 크고 화려하게 짓고자 하는 이기적 탐욕은 그로 하여금 불의와 부정을 서슴지 않게 했다. 심지어는 노동의 대가인 품삯도 주지 않았다. 이러한 행위는 모세율법이 엄히 금하고 있는 것이다(cf. 레 19:13; 신 24:14-15). 그러나 여

호야김은 자신의 이기적 탐욕을 통제하지 못했다. 14절은 그의 말을 인용하는데, 왕으로서 그의 관심이 어디에 있는지를 알게 하는 "나를 위하여"라는 표현에 주목하게 된다. 둘째, 과시적인 방법으로 자신의 왕권을 확인하려는 죄다(14절). 여호야김은 창문들을 만들고, 백향목으로 입히고 붉은 칠을 하여 그의 왕궁을 화려하게 치장하길 원했다. 왜냐하면 이러한 화려함이 자신의 왕권을 의미하는 것으로 생각했기 때문이다. 여호야김은 더 크고 더 화려한 왕궁을 지어 그의 아버지 요시야를 넘어서 보려고 했던 것 같다. 15절의 "네가 백향목을 많이 사용하여 왕이 될 수 있겠느냐"라는 질문이 이러한 의도를 보여준다. 더 정확히는 그의 아버지 요시야보다 더 왕다운 모습을 보이겠다고 백향목을 가지고 경쟁한 것을 의미한다. "네가 백향목을 많이 사용하여"로 번역한 히브리어 원문은 אַתָּה מְתַחֲרֶה בָאָרֶז 알타 메타하레 바아레즈다. 이 문장에 사용된 동사 מתַחֲרֶה 메타하레는 חָרָה 하라의 분사인데, 동일한 동사가 "어찌 능히 말과 *경주하겠느냐*(תְּתַחֲרֶה 테타하레)"고 예레미야를 책망하는 말에 사용된다. 경쟁의 의미를 반영해서 새번역은 "네가 남보다 백향목을 더 많이 써서, 집짓기를 경쟁한다고 해서, 네가 더 좋은 왕이 될 수 있겠느냐?"로 번역한다.[16)]

간단히 말하면 "네가 백향목으로 경쟁을 한다고 해서 왕이 될 수 있겠느냐"는 책망이다. 하나님은 여호야김을 그의 아버지 요시야와 비교하면서 정확하게 그의 문제를 드러내신다. 15절에 요시야에 대한 표현을 "네 아버지 요시야는 탐욕을 부리지 않고 주어진 것을 먹고 마시며 공의와 정의를 행하면서 아무 문제없이 잘 통치하지 않았느냐"로 의역해서 그 의미를 고려할 수 있다. 요시야는 사회적 약자들("가난한 자와 궁핍한 자")을 보호하고 변호하는 것으로 사회적 공의와 정의를 실현했다(16절). 이는 요시야가 22장 3절에서 서술하고 있는 왕의 언약적 의무를 수행한 것을 의미한다. 하나님은 이것을 진정으로 그를 아는 것으로 말씀하신다("이것이 나를 앎이 아니냐"). 여기서 말하는 앎이란 단지 인지적 차원에서의 앎을 의미하는 것이 아니라 실제 삶과 행동 속에서 하나님의 권위를 인정하고 그의 뜻을 따르는 것을 의미한다(cf. 9:24; 호 4:1, 6; 6:6; 8:1-3). 즉 자신의 온 마음을 하나님

---

16) 공동번역의 번역은 극적이지만 이 문장이 담고 있는 의미를 적절하게 전달한다: "누구에게 질세라 송백나무를 쓰면 그것으로 왕노릇 다 하는 것 같으냐?"

께 맞추어 놓은 것이다. 이와 상반되게 여호야김은 그의 관심("네 두 눈")과 의도("마음")를 오직 "탐욕과 무죄한 피를 흘림과 압박과 포악"에만 두었다(17절). 이것이 여호야김이 범한 세 번째 죄다. 정의와 공의와는 정반대로 이기적인 욕심을 위해 왕권을 사용한 것이다.

18-19절. "그러므로"(לָכֵן 라캔)와 신탁도입형식("여호와께서 이와 같이 말씀하시니라")은 선언단락으로의 전환을 보여준다. 이 선언은 "유다의 왕 요시야의 아들"이라는 표현과 함께 여호야김에게 집중된다. 이 표현은, 여호야김은 하나님이 요구하시는 언약적 의무를 감당하는 왕의 좋은 모범(그의 아버지 요시야)을 가지고 있었음에도 불구하고 실패한 왕이라는 의미를 전달하는 것으로 보인다. 고소단락(13-17절)에서 지적한 여호야김의 죄에 근거하여 하나님의 가혹한 심판이 두 가지로 서술된다. 첫째, 아무도 슬퍼하지 않는 매정한 죽음이다(18절). 그의 죽음을 애도하는 친족들의 통곡도 없을 뿐만 아니라 왕의 죽음을 애도하는 신하들이나 백성의 통곡도 없을 것이다. 이것은 여호야김의 불의와 압제에 따른 당연한 결과다. 왜냐하면 그로 인하여 고통을 당한 자들이 결코 그의 죽음을 슬퍼하지 않을 것이기 때문이다. 깊은 애곡을 표현한 요시야의 죽음과는 정반대의 모습이다. 여호야김은 죽어서도 결코 그의 아버지 요시야를 넘어설 수 없다. 둘째, 시체가 매장되지 않고 버려지는 모욕이다(19절). 여호야김에게는 왕의 품위에 맞는 애곡뿐만 아니라 장례식도 허락되지 않는다(cf. 36:30). 그의 시체는 자신의 자리라고 생각했던 예루살렘 성문 밖으로 끌어냄을 당하여 짐승의 시체처럼 버려진다. 그의 죽음에 대한 극단적인 모욕이다. 이것은 그가 다윗의 왕위에서 내던짐을 당하여 짐승의 자리에 놓이게 되는 것을 의미한다. 하나님은 여호야김에게 영화로운 자리를 허락하셨지만 그는 죄를 범함으로 스스로 짐승의 자리를 선택했다.

20-23절. 이 신탁의 대상에 대한 상이한 견해가 있다. 첫째, 예루살렘을 신탁의 대상으로 보는 견해다. 예루살렘을 의인화하여 2인칭("너는")으로 표현하면서 예루살렘에 관한 하나님의 신탁을 서술한 것으로 해석한다. 둘째, 명령을 받는 대상을 예루살렘이 아닌 예레미야의 신탁을 듣고 있는 백성으로 보는 견해다. 이 경우 20-23절을 앞의 신탁(여호야김)과 연계하여 그의 어리석은 외교정책으로 인한 심

판의 결과에 대한 슬픔을 표현하는 신탁으로 해석한다. 2인칭 여성 단수 대명사와 동사들이 지속적으로 사용되면서 신탁의 대상을 가리키고 있다. 단수형을 개별성이 강조된 것으로 간주하여 백성을 신탁의 대상으로 볼 수도 있지만 예루살렘을 지칭할 수 있는 여성형이라는 점과 신탁의 내용을 고려할 때 첫 번째 견해가 적절하다. 유다 왕들에 대한 신탁들 중에 예루살렘을 향한 신탁이 등장하는 것은 유다 왕들의 보좌가 있는 예루살렘은 그들과 운명을 같이하기 때문이다.[17]

하나님은 예루살렘에게 레바논에 올라가서 통곡하고 바산과 아바림에서 통곡하라고 명하신다(20절). 레바논, 바산, 아바림이 언급되는 것은 유다의 전 지역을 의미한다.[18] 즉, 온 유다로 가서 예루살렘이 당한 슬픔을 전하라는 명령이다. 통곡해야하는 이유는 예루살렘("너를 사랑하는 자[들]")이 모두 파멸됐기 때문이다. "너를 사랑하는 자[들]"(מְאַהֲבָיִךְ 메아하바이크)라는 표현은 "사랑하다"를 의미하는 동사 אָהַב 아하브의 분사형에 2인칭 대명사어미(ךְ)가 결합된 표현이다. 2인칭 대명사어미는 분사의 목적격("너를") 또는 주격("네가")이 될 수 있다. 목적격으로 해석하면 "너를 사랑하는 자들"이라는 의미가 된다. 반면에 주격으로 해석하면 "네가 사랑하는 자들"이 된다. 2인칭 대명사어미를 어떻게 해석하느냐에 따라 이 표현이 가리키는 대상이 다를 수 있다. "너를 사랑하는 자들"로 해석하면 그 대상은 예루살렘 거민이 될 수 있다. 22절에서 지도자들을 가리키는 "네 목자들"과 이어지는 문장의 "너를 사랑하는 자들"(מְאַהֲבָיִךְ 메아하바이크)이 평행을 이루는 것을 고려하면 이 대상이 가능하다. 이와는 달리 "네가 사랑하는 자들"로 해석을 하면 그 대상은 협약을 맺은 동맹국이 될 수 있다.[19] "사랑하는 자"는 "친구" 또는 "연

17) Chisholm은 다윗왕조의 몰락과 예루살렘의 멸망을 동전의 양면과 같다고 설명한다 (Chisholm, *Handbook*, 182).

18) "레바논"은 이스라엘 북부에 위치하고 있으며 백향목으로 유명하다. "바산"은 과일이 많은 땅이라는 의미를 가지고 있으며 갈릴리 호수 동편에 위치하고 있다. 남으로는 길르앗이 있고 북으로 헬몬산이 있다. "아바림"은 건너편 지방이라는 의미를 가지고 있고 사해 북동쪽에 있는 지역이다. 느보산 주변의 산악지대를 가리킨다.

19) 새번역과 공동번역은 20절과 22절의 מְאַהֲבָיִךְ 메아하바이크를 모두 "동맹국들"로 번역하는 반면에 현대인의 성경은 22절의 מְאַהֲבָיִךְ 메아하바이크만 "너희 동맹국들"로 번역한다. 21절에 서술된 예루살렘의 적극적인 반항을 고려해서 2인칭 대명사어미를 주격으로 해석할 경우, 이 표현은 예루살렘이 하나님을 버리고 이방나라들을 따르며 의지한 것을 의미하게

인" 의 의미로 동맹국에 대한 은유적 표현이 된다. 예루살렘의 멸망을 선언하는 신탁의 정황에서는 목적격의 해석("너를 사랑하는 자")가 적절해 보인다. 그렇다면 예루살렘이 유다 온 지역에서 통곡해야 하는 이유는 예루살렘에 거하던 유다백성이 모두 멸망했기 때문이다.

21절은 "사랑하는 자들"이 다 멸망하게 된 이유를 서술한다. 평안할 때에 하나님이 예루살렘에게 그의 말을 듣고 순종할 것을 원하셨다. 하지만 예루살렘은 의도적으로 단호히 거절했다. "나는 듣지 아니하리라." 하나님은 예루살렘의 이러한 반항적인 태도가 어려서부터 갖게 된 고질적인 "습관"(דַּרְכֵּךְ 다르캐크)이라고 지적하신다.[20] 또한 예루살렘의 이러한 태도를 "악"(כֹּל רָעָתֵךְ 콜 라아태크; "네 모든 악")으로 규정하신다(22절). 하나님은 예루살렘이 이러한 습관을 갖게 된 궁극적인 원인을 예루살렘의 왕과 지도자들("목자들")에게서 찾으신다. 따라서 목자들이 하나님의 심판의 주요 대상이다. 대적("바람")이 예루살렘의 모든 통치자들을 제거할 것이며 예루살렘 거민들("너를 사랑하는 자들")은 포로로 잡혀가는 신세에 처하게 된다. 그러면 결국 예루살렘은 범한 모든 죄악으로 인해 부끄러움과 수치를 당한다.

예루살렘이 심판을 받게 되는 원인이 23절에 비유적 표현으로 다시 언급된다. 바로 교만이다. 레바논과 백향목은 하나님의 목소리를 듣지 않는 예루살렘의 교만을 상징적으로 나타낸다. 자신이 레바논의 백향목 꼭대기에 둥지를 틀고 안전하다고 하나님 앞에서 교만하게 행하던 예루살렘은 결국 해산하는 고통과 같은 고통스러운 하나님의 심판을 겪게 된다. 그때에는 예루살렘이 레바논이나 백향목과 같은 화려함이 아닌 심판의 가련함과 비참함에 사로잡히게 된다. 하나님의 말씀을 거부하는 고질적인 습관의 기저에는 교만이 자리하고 있는 것을 볼 수 있다.

된다. 그렇다면 하나님이 예루살렘이 의지하고 따르던 모든 이방나라들을 모두 제거하셨기 때문에 예루살렘은 그가 기대하는 어떤 도움도 받을 수 없는 상황에 처하게 된다. 이것이 애통의 원인이다. 이 경우, 21절은 하나님이 예루살렘의 모든 동맹국들을 제거하신 이유를 서술하는 것으로 해석하게 된다. 22절은 예루살렘의 지도자들("목자들")이 제거되고 동맹국(מְאַהֲבָיִךְ 메아하바이크)이 사로잡혀가게 된다는 선언이 된다.

20) "습관"으로 번역한 דַּרְכֵּךְ 다르캐크는 문자적으로는 "네 길"을 의미하는데, "네 방식" 또는 "네 태도"라는 의미다. 공동번역과 새번역은 "버릇"으로 번역한다.

24-27절. 예루살렘의 멸망에 대한 선언에 이어서 고니야에 관한 신탁이 서술된다. 이 신탁은 살룸에 관한 신탁에서와 같이 심판원인보다는 심판선언에 집중한다. 고니야는 여호야김의 아들이며 그의 다른 이름은 여호야긴(또는 여고니야[28:4])이다. 여호야김이 바벨론 왕 느부갓네살을 배반하면서 폐위되고 느부갓네살은 그를 대신해서 고니야를 왕으로 세운다(cf. 왕하 24:1-17; 대하 36:9-10). 고니야는 예루살렘에서 3개월을 통치하다가 결국 바벨론에 포로로 잡혀가게 된다(주전 597년). 이 신탁에서는 고니야의 범죄가 언급되지 않지만 왕하 24장 9절은 그가 하나님의 심판을 받을 만한 충분한 이유가 있음을 보여준다. "여호야긴이 그의 아버지의 모든 행위를 따라서 여호와께서 보시기에 악을 행하였더라"(왕하 24:9; cf. 대하 36:9). 고니야를 하나님의 오른 손에 있는 "인장반지"(חוֹתָם 호탐)에 비유하면서 그가 하나님의 통치를 수행해야 하는 왕임을 암시적으로 제시한다(24절). 하지만 하나님이 이 인장반지를 빼버리시겠다고 선언하신다. 즉 고니야를 하나님의 권위를 위임받아 통치를 행하는 왕으로 더 이상 인정하지 않고 제거하시겠다는 선언이다. 그를 제거하시는 방법이 25절에 서술된다. 고니야는 그의 대적, 곧 바벨론 왕과 그의 군대의 손에 넘겨질 것이다. 뿐만 아니라 그의 어머니도 함께 "다른 지방"(바벨론)으로 쫓겨나서 결국 그곳에서 죽게 되고 다시는 고국으로 돌아오지 못하게 된다. "쫓아내리니"로 번역된 동사 הֵטַלְתִּי 해탈티는 "내던져버리다"의 강한 의미를 갖는다.[21] 고니야가 그의 대적을 피할 수 없다는 사실이 "생명을 찾는 자의 손," "두려워하는 자의 손" 등의 반복을 통해 강조된다.

고니야에 대한 심판신탁의 내용을 정리하면 고니야는 빼어냄을 당하고(24절), 목숨을 찾는 자들에게 넘겨짐을 당하고(25절), 고국에서 쫓겨남을 당하고(26절), 결국 죽임을 당한다(26절). 고니야에 대한 하나님의 심판은 확고하다. 왜냐하면 그가 심판을 그의 삶을 두고 맹세하셨기 때문이다(24절).

28-29절. 고니야에 대한 심판신탁에 삽입된 이 두 절의 화자에 대한 논의가 있다. 하나는 28절을 백성의 질문으로, 그리고 29절은 이에 대한 예레미야의 답변으

---

21) 16장 13절에 동일한 단어가 사용되면서 하나님의 선언이 주어졌다: "내가 너희를 이 땅에서 쫓아내어(הֵטַלְתִּי 해탈티; '내던져버려')." 동일한 단어가 28절에 고니야와 그의 자손이 "내던져짐"(הוּטְלוּ 후탈루)을 당한다는 선언에도 사용된다.

로 해석하는 것이고 다른 하나는 두 절 모두 예레미야의 탄식으로 해석하는 것이다.[22] 어떤 해석을 따르던 다윗의 왕위에 앉은 왕이 하나님의 심판으로 처하게 된 처지의 비참함은 분명하게 전달된다(28절). 하나님의 심판을 받는 고니야는 왕도 아니고 단지 심판을 받는 "이 사람"(הָאִישׁ הַזֶּה 하이쉬 핫제)에 불과하다. 본래 고니야는 심판선언이 언급하고 있는 비참한 신세에 처할 위치에 있지 않았다. 그는 하나님의 오른 손의 인장반지와 같은 존귀한 자리에 있었지만 그의 범죄로 인하여 천하고 깨진 그릇이나 아무도 원하지 않는 그릇과 같은 비참하고 초라한 자리를 자처했다. 다윗왕조의 몰락은 곧 유다의 멸망을 의미한다. 따라서 여호와의 말씀을 듣지 않겠다고 고집하는 유다("땅")에 대한 안타까움이 표현된다(29절). "땅이여, 땅이여, 땅이여." 예레미야는 그들의 못된 버릇을 버리고 "여호와의 말씀을 들으라"고 탄식한다.

30절. 신탁은 다시 여호와의 말씀으로 이어진다. 고니야에 대한 하나님의 최종적인 평가가 주어진다. 고니야는 "자식이 없겠고 그의 평생 동안 형통하지 못할 자"라는 평가다. 이 평가를 기록으로 남기라고 명령하신다. 이 평가의 근거는 그의 자손 중 형통해서 다윗의 왕위에 앉아 유다를 다스릴 사람이 다시는 없다는 것이다. 즉 고니야를 다윗왕조의 멸망에 대한 영원한 상징으로 남기라는 것이다. 하지만 예레미야 52장 31-34절이 고니야가 바벨론에서 37년간 감옥에 있다가 석방되는 것을 기록하면서 다윗언약의 회복에 대한 미세한 희망을 남긴다. 이 미세한 희망이 더 구체화되는 것이 포로후기에 스룹바벨에게 다시 이 인장반지를 끼워주는 학개 2장 23절이다.

다윗의 왕위에 앉은 왕이 하나님의 통치를 나타내는 의무를 잘 감당하면 다윗왕조의 번영과 유지가 약속됐다(22:1, 4-5). 그런데 불행하게도 유다말기 왕들이 이 의무를 거부함으로 인해 결국 다윗왕조는 불행하게도 다윗의 왕위에 앉아 유다를 다스릴 사람이 다시는 없을 것이라는 선언이 확언된다(22:30).[23]

---

22) Jones에 따르면, 28절은 고니야에 대한 신탁을 듣고 충격을 받은 이들의 말을 예레미야가 인용한 것이다(Jones, *Jeremiah*, 295).

23) 에스겔 역시 고니야(여호야긴)를 다윗왕조의 종말로 보고 있다. 에스겔은 그가 사역할 당시에 예루살렘에서 유다를 통치했던 시드기야를 한 번도 언급하지 않을 뿐만 아니라 연도

현재적 적용 **묵상**

1. 성도의 특권과 축복만 누리려고 할뿐 성도의 의무는 외면하는 이기적인 신앙 생활을 하는 것은 아닌가?

2. 공의와 정의는 단지 사회적 이슈인가 아니면 신앙의 본질을 나타내는 것인가? 신앙공동체와 지역공동체 안에서 창조주 하나님이 세우신 평화와 조화, 즉 샬롬을 공의와 정의를 행하는 것을 통해 이루어가고 있는가? 교회가 불법과 불의로 샬롬을 파괴해서 큰 혼란을 야기하고 하나님을 욕되게 하는 것은 아닌가? 교회가 세상이 따를 공의와 정의의 모델이 되고 있는가?

3. 나의 행위와 태도, 그리고 생각은 하나님의 임재가 있는 신앙공동체에 적합한가 아니면 세상에 적합한가? 세상에 적합한 모습을 신앙공동체 안으로 가져와서 하나님의 진노를 자극하는 것은 아닌가?

4. 더 큰 교회당을 지어 화려하게 꾸미고 더 많은 "교인"을 모으면 그것으로 더 나은 목회자가 된다고 착각하는 것은 아닌가? 교회건물이나 재정이 아니라 복음과 회복의 역사가 교회를 교회로 그리고 목회자를 목회자로 만든다는 사실을 붙들고 있는가?

5. 눈과 마음을 두는 것에 따라 행동을 하게 되는데, 눈과 마음이 하나님의 뜻을 이루는 공의와 정의를 향하고 있는가, 아니면 이기적인 욕심과 향락을 채우기 위해 불의한 이득, 힘없는 자를 억누르고 압제하는 것에 향하고 있는가?

6. 성도가 성도의 삶을 살지 못하는 것과 목회자가 목회자의 사역을 하지 못하는 것은 배울 수 있는 좋은 모범이나 예가 없기 때문이 아니라 자신의 이기적인 욕심과 죄 때문인 것은 아닌가?

7. 하나님이 성도에게 고귀한 자리와 위엄을 주셨는데, 스스로 죄를 지음으로 짐승의 자리로 내려앉는 것은 아닌가?

8. 하나님을 안다고 할 때 이 말이 입술의 고백인가 아니면 인애, 공의, 정의, 진

를 나타낼 때에도 시드기야을 언급하지 않고 여호야긴이 사로잡혀간 연수를 계산해서 표기한다. 같은 맥락에서 하나님이 인장반지인 고니야를 빼어내는 것으로 다윗왕조의 종식을 선언한 것에 역으로 학개 선지자는 다윗왕조의 회복에 대한 신탁을 전할 때 하나님이 스룹바벨을 "인장"(חוֹתָם 호탐)으로 삼으신다는 선언을 전한다(학 2:23).

실을 나타내는 삶의 고백인가?

9. 하나님이 말씀할 때, "아직요. 나중에" 또는 "그 말 말고 다른 말이요" 라고 말하면서 그의 말씀을 듣지 않는 것이 습관이 되고 버릇이 된 것은 아닌가? 이 습관을 하나님은 악으로 규정하신다는 것을 아는가?
10. 하나님이 그 자신을 두고 "나에게" 심판을 행하겠다고 맹세하실 수도 있다는 것을 상상해 보았는가? 죄가 고질적인 습관이 된 자가 그 대상이 된다는 것을 기억하는가?
11. 내가 살아온 삶에 대해 하나님의 평가를 기록하라고 하신다면 과연 어떤 문장으로 표현될까?

---

(3) 다윗에게 일으킬 "한 의로운 가지," 23:1-8

본 단락이 21:1-23:40의 범위 안에 어디에 위치하고 있고 어느 단락과 짝을 이루는지 보기 위해 앞서 제시한 구조분석을 다시 참조하면 아래와 같다.

A. 바벨론에 의한 멸망확언, 21:1-14
  B. "유다 왕의 집" 에 대한 심판신탁, 22:1-30
  B'. 다윗에게 일으킬 "한 의로운 가지," 23:1-8
    C. 선지자들에 대한 심판신탁, 23:9-40

21:1-14(A)에서 시드기야의 기도요청에 대한 답변으로 예레미야는 유다와 예루살렘이 바벨론에 의해 멸망하게 될 것이라고 확언한다. 이어서 이 멸망에 중요한 책임이 있는 다윗왕조의 왕들, 즉 유다말기의 살룸, 여호야김, 여호야긴 왕에 대한 신탁이 22:1-30(B)에 서술된다. 본 단락인 23:1-8(B')은 이 왕들이 언약적 의무를 감당하지 못한 문제를 해결하기 위해 하나님이 직접 그의 언약백성("양떼")을 다시 모으시고 다윗에게 "한 의로운 가지"를 일으키셔서 그가 세상에 공의와 정의를 행할 것임을 선포하신다. 따라서 본 단락은 과거 왕들의 실패를 역전시킬 미래의 왕에 대한 신탁을 선포하는 면에서 22:1-30(B)와 대조적인 짝을 이룬다.

본 단락은 네 개의 소단락으로 구분되면서 다음과 같은 구조를 이룬다.

a. 패역한 목자들에 대한 심판선언(1-2절)
a'. 패역한 목자들을 대체할 목자들(3-4절)
b. 회복의 날과 정의와 공의의 실현(5-6절)
b'. 회복의 날과 새 언약의 성취(7-8절)

첫 번째 소단락(a, 1-2절)은 "화" 신탁의 형태로 22:1-30(유다말기 왕들의 문제에 대한 지적과 심판선언)을 요약하면서 본 단락을 열어줄 뿐만 아니라 이어지는 선언들의 근간을 제시한다. 두 번째 소단락(a', 3-4절)은 하나님이 친히 목자들이 돌보지 않아 흩어진 양떼를 모으실 것과 그들을 돌볼 목자들을 세우시겠다는 선언을 서술한다. 과거의 문제를 해결하는 면에서 첫 번째 소단락과 대조적인 평행을 이룬다. 세 번째(b, 5-6절)와 네 번째 소단락(b', 7-8절)은 각각 "보라. 날이 이르리니"로 시작하면서 회복의 날의 두 측면을 서술한다.[24] 세 번째 소단락이 첫 번째 측면을 서술하는데, 다윗언약의 성취다. 다윗에게 일으킬 "한 의로운 가지"에 의한 공의와 정의가 실현된다. 그 결과는 구원과 평안이다. 네 번째 소단락이 두 번째 측면을 제시한다. 두 번째 측면은 첫 번째 측면에 따른 결과인데, 바로 새 언약의 성취다. 이 성취의 결과는 언약백성이 약속의 땅에 거하는 것이다. 본 단락은 현재의 문제를 다루고 미래의 소망을 제시하는 면에서 22:1-30의 결론 역할을 한다. 이는 다윗의 왕위에 앉은 왕들이 실패했음에도 불구하고 하나님은 여전히 다윗언약과 언약백성에 대해 신실하시다는 사실을 보여준다. 즉, 인간의 실패가 언약에 대한 하나님의 실패를 의미하지 않는다는 것이다.

---

24) 개역개정은 세 번째 소단락을 시작하는 5절의 도입을 "여호와의 말씀이니라 보라 때가 이르리니"로 번역하는데, 히브리어 원문은 הִנֵּה יָמִים בָּאִים נְאֻם־יְהוָה 힌네 야밈 바임 네움-아도나이다. 이를 그대로 번역하면, "보라. 날들이 임할 것이다. 여호와의 말이다"가 된다. 이와 짝을 이루면서 네 번째 소단락을 시작하는 7절의 히브리어 원문은, לָכֵן הִנֵּה־יָמִים בָּאִים נְאֻם־יְהוָה 라캔 힌네-야밈 바임 네움-아도나이다. 이를 번역하면, "그러므로 보라. 날들이 올 것이다. 여호와의 말이다"가 된다. 동일한 도입으로 회복의 날에 대한 선언을 소개하면서 회복의 날이 갖고 있는 두 측면을 서술한다. 특히 7절이 "그러므로"로 시작하면서 두 번째 측면(7-8절)이 첫 번째 측면(5-6절)에 따른 결과임을 보여준다.

패역한 목자들에 대한 심판선언(1-2절)

하나님의 초장의 양떼를 죽이고 흩어버린 목자들의 패역한 행위에 따른 하나님의 "화"와 보응이 선포된다.

패역한 목자들을 대체할 목자들(3-4절)

하나님은 패역한 목자들을 대신하여 그가 친히 그의 양떼를 모으고 돌보실 것을 약속하신다. 양떼의 안전과 평안은 이러한 하나님의 사역을 수행할 목자들을 통해서 기대할 수 있게 된다.

회복의 날과 정의와 공의의 실현(5-6절)

날들이 임할 것이라는 표현과 함께 하나님은 회복의 날을 선언하신다. 회복의 날에 다윗에게 "한 의로운 가지"를 일으키시고 그를 통해 세상에 정의와 공의를 이루시겠다는 선언이다. 그 결과는 유다의 구원과 이스라엘의 평안이 될 것이라고 말씀하신다.

회복의 날과 새 언약의 성취(7-8절)

다시 날들이 임할 것이라는 표현이 등장하면서 회복의 날의 다른 측면이 선언된다. 바로 새 언약의 성취다. 직접적으로 새 언약이 언급되지 않지만 출애굽의 여호와의 사심이 아니라 북쪽 땅과 쫓겨났던 나라에서 인도하신 여호와의 사심으로 맹세한다는 것은 새 언약의 성취를 의미한다. 새 언약이 성취되면 언약백성은 약속의 땅("자기 땅")에 거하는 특권을 누리게 된다.

주해

1-2절. 앞서 언급한 바와 같이 1-2절은 "화"(הוֹי 호이)신탁의 형태로 22:1-30을 요약하면서 그 단락과의 연관성을 보여줄 뿐만 아니라 이어지는 선언들의 근간을 제시한다.[25] 목자 비유로 유다의 왕들에 관한 신탁을 이어간다. "목자들"(רֹעִים 로

25) הוֹי 호이는 "화로다"("화 있으리라") 또는 슬픔을 나타내는 "아아"를 의미하는 감탄사로 선지서에서는 주로 화가 선언되는 신탁도입으로 사용된다. 따라서 이 신탁을 "화"(הוֹי 호이)신탁이라고 칭한다. 화신탁은 심판신탁의 한 형태로 "화"에 대한 선언으로 시작하는 특징을 가지고 있다(cf. 22:13-19). 화신탁은 역시 고소단락과 선언단락을 취한다. 화신탁

임)이 왕뿐만 아니라 정치와 종교 지도자들을 모두 포함할 수 있기 때문에 왕에게만 이 비유를 제한할 수 없지만 본 단락에서는 우선적으로 왕에 대한 비유로 간주할 수 있다. 하나님은, 공의와 정의를 실현해야 하는 언약적 의무를 외면한 왕들을 그의 소유인 약속의 땅("내 초장")에 거하는 언약백성("양떼")을 죽이고 흩어버린 목자들로 규정하시고 그들에게 "화"(הוֹי 호이)를 선포하신다(1절). "이스라엘의 하나님 여호와"라는 표현은 이스라엘은 언약백성이고 여호와는 그들의 언약의 하나님이라는 사실을 전달한다. 이 언약관계에 근거해서 다윗의 왕위에 앉은 왕들은 하나님의 언약백성("내 백성")을 돌보고 먹이는 책임이 부여된 "목자들"이다(2절). 그런데 이 책임을 맡은 목자들에게 하나님이 보응을 선언하신다. 그 이유는 두 가지다. 하나는 하나님의 언약백성("내 양떼")을 약속의 땅에서 흩어버리고 몰아낸 것이며 다른 하나는 그들을 돌보지 않은 것이다. 하나님은 왕들의 행위를 "악행"(רֹעַ מַעַלְלֵיכֶם 로아 마알렐래켐; "너희의 악한 행위들")으로 규정하시고 보응을 선언하신다.

목자들의 행위와 하나님의 행위를 묘사할 때 동일한 동사 פָּקַד 파카드가 사용되는 것이 흥미롭다. 이 동사는 문맥에 따라 긍정적인 의미("돌보다")와 부정적인 의미("보응하다"/"징벌하다")를 가질 수 있다. 목자들의 경우, 부정어(לֹא 로)와 함께 그들이 긍정적인 의미의 פָּקַד 파카드를 양떼들에게 하지 않은 것을 묘사한다. 즉, 목자들은 양떼를 "돌보지 않았다"(לֹא פְקַדְתֶּם 로 페카드템). 반면에 하나님의 경우, 그가 부정적인 의미의 פָּקַד 파카드를 목자들에게 하실 것을 묘사한다. 하나님은 그들을 "보응하신다"(פֹּקֵד 포캐드). 동일한 동사의 사용은 그들의 악한 행위를 그대로 되갚으시는 심판을 의미한다. 뿐만 아니라 당시 유다 왕들에 대한 하나님의 거부를 의미하기도 한다. 이 심판이 신적 선언("여호와의 말이니라")로 확언되면서 심판

은 주로 감탄사("화")에 이어서 "화"가 임하게 될 대상이 서술되고 그 대상을 묘사하는 분사(分詞)가 이어진다. 이 대상에 대한 묘사가 죄를 지적하는 고소단락의 역할을 한다. 1절의 경우, 대상은 "목자들"이며 목자들에 대한 묘사는 "내 목장의 양 떼를 멸하며 흩어지게 하는"이다. 1절의 히브리어 원문은 הוֹי רֹעִים מְאַבְּדִים וּמְפִצִים אֶת־צֹאן מַרְעִיתִי 호이 로임 메압베딤 우메피찜 에트-쫀 마르이티다. 이 문장을 화선언의 형식에 따라 구분하면, הוֹי 호이("화로다") רֹעִים 로임(대상) מְאַבְּדִים וּמְפִצִים אֶת־צֹאן מַרְעִיתִי 메압베딤 우메피찜 에트-쫀 마르이티(대상을 묘사하는 분사). 마지막에 신적 선언, נְאֻם־יְהוָה 네움-아도나이("여호와의 말이다")가 등장한다.

의 엄중성이 강조된다.

3-4절. 하나님의 인장반지였던 고니야를 빼어서 느부갓네살 왕의 손에 주는 것(cf. 24절)은 다윗언약의 영원한 파기를 의미하지 않는다. 왜냐하면 하나님이 언약적 의무를 외면한 목자들로 인해 흩어진 양떼 중에서 여전히 그에게 속한 남은 양떼(**שְׁאֵרִית צֹאנִי**. 쉐애리트 쪼니; "내 양떼의 남은 것")를 친히 다시 모아 그들의 초장으로 데리고 오시겠다는 선언 때문이다(3절). 약속의 땅으로 돌아온 양떼는 다시 다산의 축복을 누리게 된다. 또한 하나님은 그의 돌보심을 실현하시기 위해 그들을 돌보는 목자들을 세우시겠다고 선언하신다(4절; cf. 미 5:5). 3장 15절에서는 이 목자들을 "내 마음에 합한 목자들"로 표현하면서 그들이 지식과 명철로 언약백성을 양육할 것이라고 말한다. 이 목자들을 통하여 양떼는 안전과 평안을 기대할 수 있고 흩어짐을 면하게 된다. 달리 말하면 당시 유다 왕들로 인해 처하게 된 상황이 다시는 반복되지 않는다는 것이다. 2절에서 신적 선언으로 심판을 엄중히 확언하신 것처럼 회복도 신적 선언("여호와의 말이니라")으로 엄중히 확언하신다. 회복을 선언하실 때마다 신적 선언으로 그 회복을 강조하는 것이 주의를 끌기에 충분하다(4, 5, 7절).

5-6절. 하나님은 회복의 날을 선포하신다. "보라. 날들이 올 것이다"(**הִנֵּה יָמִים בָּאִים** 힌네 야밈 바임). 이 선포와 함께 회복의 날의 두 가지 측면 중 하나를 설명하신다. 다윗언약의 성취다. 회복의 날에 하나님은 "다윗"("다윗왕조")에게 "한 의로운 가지"(**צֶמַח צַדִּיק** 쩨마흐 짜디크)를 세우시겠다고 선언하신다(cf. 33:15-16).[26] 이 표현이 의미하는 바와 같이 "의로운 가지"는 하나님의 공의로운 통치를 실현할 지혜로운 왕이다.[27] 그러므로 이 "의로운 가지"가 이전 유다 왕들이 행하지 않은 언

---

26) 예레미야뿐만 아니라 이사야도 유사한 표현("한 싹" [**חֹטֶר** 호테르], "한 가지" [**נֵצֶר** 네쩨르])으로 앞으로 오실 다윗의 후손을 예언했다(cf. 사 11:1-5; 4:2). 스가랴 선지자는 "내 종"이라는 표현과 함께 "가지"(**צֶמַח** 쩨마흐)(3:8)을 언급할 뿐만 아니라 이 **צֶמַח** 쩨마흐가 성전을 건축할 것을 예언한다(슥 6:12). 에스겔 선지자는 하나님이 이스라엘의 높은 산에 심으실 다윗후손을 "연한 가지"(**רַךְ** 라크)로 표현한다(겔 17:22). 이 표현들은 모두 메시아 왕을 가리킨다. 신약의 저자들은 나사렛의 예수가 이 메시아 왕의 성취라고 선포한다(cf. 요 10장).

약적 의무, 곧 공의와 정의를 약속의 땅에서 행한다(5절). 하나님은 "의로운 가지"의 공의로운 통치를 통하여 유다가 구원을 얻고 이스라엘이 안전하게 될 것을 약속하신다(6절). 바벨론 왕 느부갓네살이 하나님의 심판의 도구라면 "의로운 가지"는 회복의 도구다. "의로운 가지"는 하나님의 통치를 대변하는 자가 되기에 "여호와 우리의 공의"(יְהוָה צִדְקֵנוּ 아도나이 찌드캐누)라는 이름을 얻게 된다. 이 이름은 "의로운 가지"가 하나님의 의를 대변하는 특징과 사역을 나타낸다. 결국 "의로운 가지"는 여호와가 사랑과 공의와 정의를 행하는 분이시며 이 일들을 기뻐하시는 분이라는 사실을 드러낸다(cf. 9:24). 또한 이 이름은 언어유희를 통해 시드기야 왕에 대한 거부를 나타내기도 한다. 시드기야의 히브리어 표기는 צִדְקִיָּהוּ 찌드키이야후다. צִדְקִיָּהוּ 찌드키이야후라는 이름의 의미는 "나의 의는 여호와"이다. 시드기야의 이름은 여호와가 자신의 의이신 것을 말하지만 시드기야는 그의 이름과는 달리 하나님의 의로운 통치를 행하지 않았다(cf. 34:8-22; 52:2; 왕하 24:19; 대하 36:12-13). 따라서 하나님은 실패한 시드기야를 대체할 "의로운 가지"를 다윗왕조를 위해 세워서 그의 공의와 정의를 드러내시겠다고 선언하신다. 하나님이 세우실 왕의 이름이 "여호와 우리의 공의"(יְהוָה צִדְקֵנוּ 아도나이 찌드캐누)라는 것은 시드기야(צִדְקִיָּהוּ 찌드키이야후)의 실패를 지적하는 것이며 하나님이 세우시는 "의로운 가지"가 그의 실패를 회복시킬 것을 기대하게 한다. 이 "의로운 가지"를 하나님이 친히 일으키실 것이기 때문에 다윗언약의 성취는 전적으로 하나님의 역사다.

7-8절. "보라. 날이 올 것이다"라는 선언과 함께 회복의 날의 또 다른 측면이 서술된다. 이 측면은 다윗언약의 성취에 따른 것이다.[28] 바로 새 언약의 성취다. 달리 말하면 새 언약은 다윗언약의 성취를 통해서 이루어진다는 것이다. 하나님이 다윗언약을 위해 세우시는 "의로운 가지"를 통한 회복이 이루어지는 날이 오면 출애굽의 은혜와 구원을 베푸신 여호와가 아니라 흩어진 "이스라엘 집의 후손"

---

27) 10장 21절에 따르면 실패한 유다 왕들을 가리키는 "목자들"의 특징은 무감각한 어리석음이고 여호와를 찾지 않는 것이다. 그 결과 그들은 "형통하지 못해서"(לֹא הִשְׂכִּילוּ 로 히스킬루; "지혜롭지 못해서") 양떼가 흩어지는 것이다. 이들과는 반대로 "의로운 가지"는 "지혜롭게 행하기"(הִשְׂכִּיל 히스킬) 때문에 하나님의 통치를 나타내는 공의와 정의를 행한다.

28) 7절에서 회복의 날의 도래에 대해 선언할 때 "그러므로"(לָכֵן 라캔)라는 표현을 사용한다. 이는 다윗언약의 성취에 따른 회복의 날을 의미한다.

(זֶרַע בֵּית יִשְׂרָאֵל 재라 배트 이스라엘)을 다시 모으시면서 더 큰 구원을 이루신 여호와를 기억하고 기념하게 된다(cf. 3:14-18; 16:14-15). 이는 옛 언약을 넘어서는 새 언약의 성취를 의미한다. 하나님이 그의 흩어진 모든 백성(유다와 이스라엘, 6절)을 바벨론("북쪽 땅")과 그들이 쫓겨 간 모든 땅에서부터 모아서 분단된 왕국의 실패를 되돌리시는 완전한 회복을 이루신다. 그 결과는 약속의 땅에 다시 거주하는 것이다. 1-8절의 패역한 목자들에 대한 책망, 하나님의 적극적인 개입에 대한 선언, 하나님의 통치를 실현할 그의 목자에 대한 신탁을 선언하는 흐름이 에스겔 34장에도 나타난다: 패역한 목자들에 대한 책망(1-6절); 하나님의 개입(7-16절); 다윗의 후손을 세움(20-24절). 이는 동시대의 선지자들이 회복의 미래를 동일한 관점으로 바라보고 있는 것을 보여준다.

현재적 적용 | 묵상

1. 하나님이 맡기신 성도를 돌보는 목회자/지도자인가 아니면 죽이고 흩어버리는 목회자/지도자인가?
2. 성도에게 맡겨진 의무는 혜택과 축복을 누리는 것이 아니라 혜택과 축복을 나누는 것이라는 사실을 기억하고 있는가?
3. 내가 행한 바에 따라 하나님이 되갚으신다면 "축복"일까 아니면 "보응"일까?
4. 믿음 안에서 하나님께 속함으로 그가 친히 이루시는 회복을 경험하고 있는가? 또한 그의 회복을 경험하게 하는 통로의 역할을 하고 있는가? 달리 말하면 나는 "누리는 자인가" 아니면 "나누는 자인가"?
5. 온전한 회복을 위해 하나님이 다윗에게 세우시는 "한 의로운 가지"가 다윗의 후손으로 오신 예수 그리스도인 것을 아는데, 그리스도를 구주로 영접한 후 그를 통해 하나님이 베푸시는 회복과 하나님을 경험하는 은총을 누리고 있는가?
6. 다시 오실 그리스도가 이루실 완전한 회복의 완성을 소망하면서 현재의 고난을 이겨내고 있는가?
7. 하나님이 성도의 참된 목자이심을 진심으로 고백한다면 시편 23편으로 그를 찬양하고 그의 인도를 기대할 마음이 들지 않는가? 나를 통해서 하나님의 목자되심과 그의 은혜를 누려야 할 주위의 사람들이 보이는가?

(4) 선지자들에 대한 심판신탁, 23:9-32

본 단락에서 신탁의 대상이 유다 왕들에게서 선지자들로 전환된다. 이는 선지자들이 왕들 못지않게 언약공동체의 중요한 지도자들이기 때문이다. 본 단락에는 고소단락과 선언단락으로 구성된 네 개의 신탁이 있다: (1) 9절-12절; (2) 13-15절; (3) 16-20절; (4) 21-32절상. 네 개의 신탁 모두 선지자들을 향한 하나님의 고소와 선언에 집중한다. 9절상이 "선지자들에 대한 말씀이라" 고 서술하면서 선지자들에 대한 신탁의 등장을 예고하고 신탁들이 이어진다. 신탁의 구성에 따라 본 단락을 다음과 같은 구조로 분석할 수 있다.

도입: "선지자들에 대한 말씀이라" (9절상)
I. 첫 번째 신탁(9절하-12절)
    a. 고소단락: 심판원인(9절하-11절)
        b. 선언단락: 심판선언(12절)
II. 두 번째 신탁(13-15절)
    a'. 고소단락: 심판원인(13-14절)
        b'. 선언단락: 심판선언(15절)
III. 세 번째 신탁(16-20절)
    a''. 고소단락: 심판원인(16-18절)
        b''. 선언단락: 심판선언(19-20절)
IV. 네 번째 신탁(21-32절상)
    a'''. 고소단락: 심판원인(21-29절)
        b'''. 선언단락: 심판선언(30-32절)

신탁의 대상으로 북이스라엘의 선지자들("사마리아의 선지자들," 13절)도 언급되지만 핵심 대상은 유다의 선지자들("예루살렘의 선지자들")이다. 신탁의 형식은 신적 신탁인데, 첫 번째 신탁의 고소단락(9절하-11절)은 유다의 패역한 상황에 대한 예레미야의 말과 그 상황의 책임이 선지자와 제사장에게 있음을 지적하는 하나님의 말씀이 함께 서술하는 특징을 가지고 있다. 두 번째 신탁의 고소단락(13-

14절)은 이스라엘 백성을 그릇된 길로 인도한 사마리아 선지자들의 문제와 함께 예루살렘의 선지자들의 문제가 언급된다. 그들은 모두 언약백성을 타락의 길로 인도한 거짓 선지자들이다. 세 번째 신탁의 고소단락(16-18절)은 유다백성이 외면해야 했던 거짓선지자의 예언을 지적한다. 네 번째 신탁의 고소단락(21-29절)은 논쟁적 어투로 거짓선지자들의 특징을 규정한다. 거짓선지자들의 주요 특징은 하나님과 전혀 상관이 없다는 것이다. 그들은 자의적이며 진실을 말하기 보다는 대중의 인기에 관심을 두는 자들이다. 신적 선언("여호와의 말이니라")의 반복은 거짓선지자들의 행위와 이에 따른 하나님의 엄중한 심판을 강조하고 확언한다. 본 단락은 네 번째 신탁에서 절정을 이루면서 주요주제를 전달한다. 본 단락을 분석할 때 신탁들의 흐름과 주제의 발전을 살피는 것이 중요하다.

도입(9절상): "선지자들에 대한 말씀이라"

다윗의 보좌에 앉을 후손이 영원히 있지 않게 될 것이라는 하나님의 선언이 고니야에 관한 신탁을 통하여 선포됐다. 하지만 이것은 하나님이 그의 언약을 포기하신 것을 의미하지 않는다. 하나님은 친히 유다의 문제에 개입하셔서 그의 언약을 지키시겠다고 선언하셨다. 그렇다고 하나님의 뜻을 거부하고 왜곡한 선지자들이 하나님의 심판을 면하는 것은 아니다. 따라서 이들에 집중한 신탁들이 주어진다.

첫 번째 신탁, 고소단락: 심판원인(9절하-11절)

예레미야가 하나님의 거룩한 말씀으로 인해 마음의 절망과 두려움을 표현하고 유다 땅에 가득 찬 간음과 저주와 악한 행위에 대해 탄식하자 하나님은 그것이 단지 백성의 문제만이 아니라 선지자와 제사장의 문제이고 더욱 심각한 것은 성전에서도 그들의 악이 발견되는 사실을 지적하신다.

첫 번째 신탁, 선언단락: 심판선언(12절)

유다백성과 선지자들에게 재앙이 임하는 보응의 해가 되면 그들은 내던짐을 당하고 넘어지게 될 것이라는 선언이 주어진다.

두 번째 신탁, 고소단락: 심판원인(13-14절)

하나님은 바알을 의지하여 예언하는 사마리아 선지자들의 우매함과 간음을 행하고 거짓을 말하는 예루살렘 선지자들의 가증한 일을 지적하신다. 이는 언약 백성을 그릇된 길로 가게 해서 결국 소돔과 고모라처럼 만든 죄에 대한 지적이다.

두 번째 신탁, 선언단락: 심판선언(15절)

예루살렘의 선지자들로부터 경건하지 못한 것이 나와서 온 땅에 미치게 되었기에 그들은 결국 죽음에 대한 선언을 듣는다.

세 번째 신탁. 고소단락: 심판원인(16-18절)

헛되게 만드는 거짓선지자들의 예언을 듣지 말라는 명령과 함께 그들의 특징이 지적된다. 첫째, 헛된 것을 가르친다. 이는 여호와의 말씀이 아닌 자신들의 마음에서 나오는 이상을 예언하는 것이다. 둘째, 거짓 평안을 예언하고 죄의 문제를 소홀히 다루는 것이다.

세 번째 신탁, 선언단락: 심판선언(19-20절)

하나님은 앞서 지적한 특징을 가지고 있는 거짓선지자들을 사악한 자들로 규정하시고 그들에게 강풍과 같은 심판이 임할 것이며 완전히 멸망할 때까지 그의 진노를 결코 멈추지 않을 것이라고 선언하신다.

네 번째 신탁. 고소단락: 심판원인(21-29절)

거짓선지자들의 특징에 대한 지적을 이어간다. 세 번째 특징은 하나님의 보내심을 받지 않았기 때문에 유다백성을 악한 길에서 돌아서게 하는 일에 관심을 두지 않는다. 하나님은 그가 온 땅에 충만하시기 때문에 분명히 그들의 행위를 보고 계시며 거짓 예언을 듣고 계심을 알려 주신다. 이어서 거짓선지자들의 실체를 지적한다. 그들은 자신들의 마음의 속임을 따르는 자들이다. 또한 하나님의 이름을 잊게 하려고 궁리하는 자들이다. 하나님이 선지자들에게 요구하시는 것은 하나님이 꿈을 주시면 꿈을 이야기하고 말씀을 주시면 그 말씀을 진실하게 말하는 것이다. 예레미야가 하나님의 말씀을 자신 속에 담고만 있을 수 없어서 선포하는 것과 같은 기대다.

네 번째 신탁, 선언단락: 심판선언(30-32절상)

하나님은 거짓선지자들을 세 부류로 구분하시고 그들을 치시겠다고 선언하신다. 첫째, 하나님의 말을 도둑질하는 선지자다. 둘째, 자신들의 혀를 놀려 여호와가 말씀하셨다고 말하는 선지자다. 셋째, 거짓 꿈으로 백성을 미혹하는 선지자다. 이런 선지자들은 하나님의 보내심이나 명령을 받은 자들이 아니며 언약 백성에게 아무 유익이 없는 자들이다.

주해

9절상. "선지자들에 대한 말씀이라"로 번역한 히브리어 원문의 표현, **לַנְּבִאִים** 란네비임은 "그 선지자들에게," "그 선지자들을 위하여," "그 선지자들에 대해서," 또는 "그 선지자들 때문에" 등으로 번역될 수 있다. KJV과 현대인의 성경은 이 표현을 "선지자들 때문에"로 번역하고 "내 마음이 상하게 된" 이유로 해석한다: "Mine heart within me is broken *because of the prophets*"(KJV); "*거짓예언자들 때문에* 내 마음이 상하고"(현대인의 성경). 공동번역과 새번역은 "예언자들아 들어라"로 번역한다. 이와는 달리 이 표현을 "그 선지자들에 관하여"로 번역하면서 선지자들에 대한 신탁의 도입으로 해석하기도 한다(cf. 개역개정; NIV; NASB; NJB; JPSV). 이 표현은 전형적인 신탁도입형식이 아니다. 하지만 21장 11절에서 "유다 왕의 집에 대하여"(לְבֵית מֶלֶךְ יְהוּדָה 레배트 멜레크 예후다)라는 표현에 이어서 유다 왕에 관한 신탁이 서술된 것과 유사하게 **לַנְּבִאִים** 란네비임이 신탁의 주제를 유다 왕에서 선지자들로 전환시키는 역할을 하는 것으로 고려할 수 있다.

9절하-11절. 신탁의 대상이 유다 왕들에게서 선지자들로 전환되는데, 그 이유는 선지자들은 왕들 못지않게 언약공동체의 중요한 지도자들이기 때문이다. 선지자의 주된 의무는 하나님의 뜻을 백성에게 전하며 그들을 하나님의 길에 서 있게 하는 것이다. 하지만 이들이 이 의무를 성실히 행하지 않아서 유다가 죄악에 빠지는 지경에 이르게 된다. 이러한 상황을 목도한 예레미야는 하나님의 심판의 말씀("여호와"와 "그 거룩한 말씀")이 확실하기에 그의 마음이 무너지는 절망("내 마음이 상하여")과 두려움으로 인한 고통("내 모든 뼈가 떨리며")을 토로한다(9절).[29] 예레

29) 9절의 화자가 여호와일 가능성이 배제되는 것은 아니다. 하나님이 자신을 객관화해서 여호와로 표기할 수 있다. 또한 여호와가 술 취한 자에 비유되는 것은 시편 78편 65절에서

미야는 이러한 고통으로 괴로워하는 자신을 술 취한 자에 비유한다. 유사한 의미의 문장이 반복되는 것은 그의 고통의 정도를 강조할 뿐만 아니라 그의 고통을 짐작할 수 있게 한다. 예레미야를 절망과 고통으로 몰아간 상황은 첫째, 땅에 가득 찬 간음이다(10절). 이것은 우상숭배를 가리키는 은유적 표현일 수 있으나 실제적인 성적, 윤리적 타락을 가리키는 것일 수도 있다. 둘째, 저주로 인하여 땅이 통곡하고 광야의 초장들이 말라버린 것이다. 땅이 생명력을 잃고 황폐한 상태에 놓인 것을 본 예레미야는 더 이상 이곳에서 하나님의 축복을 기대할 수 없기에 괴로움에 빠지게 된다. 셋째, 백성들의 행위가 악하고 힘을 모아 행하는 일들이 모두 정직하지 못한 것이다. 이것은 자신들의 의지에 따른 완전한 타락을 의미한다(cf. 암 3:10).

하나님은 예레미야가 지적한 유다백성의 타락에 동의하시는 것에서 멈추지 않고 그 타락의 원인을 영적 지도자들에게서 찾으신다(11절). 선지자도 제사장도 모두 "사악하다"는 지적이다. "사악하다"(חָנֵפוּ 하내푸)는 것은 "오염되다" 또는 "경건하지 못하다"라는 의미다. 하나님은 10절에서 예레미야가 "그들의 행위가 악하고 힘쓰는 것이 정직하지 못함이로다"라고 한 말을 "오염된 것" 또는 "경건하지 못한 것"으로 규정하신다. 더욱 참담한 것은 이들이 여호와의 전("내 집")에서도 "그들의 악"(רָעָתָם 라아탐)을 행하고 있다는 것이다. 에스겔은 이들이 성전에서 행한 역겨운 행위들을 자세하게 기록하고 있다(겔 8-11장). 선지자들과 제사장들은 백성의 타락을 바로 잡아주지 않고 오히려 죄악에 동참했을 뿐만 아니라 백성을 그릇된 길로 인도하는데 주도적인 역할을 했다(cf. 14절).

12절. "그러므로"(לָכֵן 라캔)는 선언단락으로의 전환을 나타낸다. 고소단락에서 지적한 문제에 근거해서 선지자와 제사장들에 대한 심판이 선언된다. 선언의 핵심은 그들이 선택한 길이 곧 멸망의 길이라는 것이다. 온전히 서있을 수 있다고 믿었던 길이 미끄러운 길이 될 것이며 빛이 있는 길이라고 믿었던 길에서 어둠을 만나게 된다(cf. 13:16). 결국 타락한 영적 지도자들은 그들이 선택한 길에서 어둠 속으로 떠밀려 넘어지게 된다.30) 이들의 길이 미끄러운 곳이 되고 이들이 떠밀려

도 언급된 바가 있기 때문이다(cf. Longman, *Jeremiah/Lamentations*, 166).

30) 개역개정은 부사구 "어두운 가운데"(בָּאֲפֵלָה 바아펠라)를 첫 번째 문장과 연결해서 "그들

넘어지는 것은 하나님이 그들을 "벌하는 해"(שְׁנַת פְּקֻדָּתָם 쉐나트 페쿳다탐; "보응의 해")가 오면 "재앙"(רָעָה 라아)을 내리실 것이기 때문이다. 이 "재앙"(רָעָה 라아)은 그들이 성전에서 행한 "그들의 악"(רָעָתָם 라아탐, 12절)을 그대로 되갚으시는 심판이다. 신적 선언("여호와의 말이니라")으로 이 "되갚음"이 확언된다.

13-15절. 현재 유다의 선지자들("예루살렘의 선지자들")의 문제를 다룸에 있어서 과거 북이스라엘의 선지자들("사마리아의 선지자들")로 시작한다(13절). 이것은 두 가지 의미를 갖는다. 첫째, 사마리아의 거짓선지자들은 예루살렘의 선지자들의 멸망을 보증해 준다. 왜냐하면 사마리아의 거짓선지자들은 이미 하나님의 심판을 받았기 때문이다. 둘째, 예루살렘의 거짓선지자들이 타락이 더 극심한 것을 지적한다. 예루살렘의 거짓선지자들은 역사를 통하여 교훈을 얻지 못하고 더 큰 타락을 행했다(cf. 3:11). 사마리아의 선지자들이 바알을 숭배하고 이스라엘을 그릇된 길로 인도한 것을 "우매함"(תִּפְלָה 티플라; "부적절한 것")으로 표현한다. 반면에 예루살렘의 선지자들의 행위는 "가증한 일"(שַׁעֲרוּרָה 샤아루라; "끔직한 일")로 표현한다(14절).[31] 이것은 예루살렘의 선지자들의 타락이 더 심각했던 것을 의미한다. 그

의 길이 그들에게 어두운 가운데 미끄러운 곳과 같이 되고"로 번역한다(cf. 공동번역; 새번역; 현대인의 성경; KJV). 이와는 달리 부사구 בָּאֲפֵלָה 바아펠라는 두 번째 문장에 포함시키는 것이 적절하다(cf. NIV; NJB; JSPTNK). 왜냐하면 이어지는 세 번째 문장과 구문론적 교차평행을 이루기 때문이다.

יִדַּחוּ	בָּאֲפֵלָה	두 번째 문장
b[동사] -	a[부사구]	
בָהּ	וְנָפְלוּ	세 번째 문장
a'[부사구] -	b'[동사]	

이를 반영해서 번역하면, "어둠으로 그들이 떠밀린다. 그리고 넘어지게 된다, 그곳에서"가 된다. 즉 "어둠으로 떠밀려서 넘어지게 된다"는 의미다. 개역개정은 세 번째 문장의 부사구 בָהּ 바의 대명사어미 הּ 가 "길"을 가리키는 것으로 해석해서 "그 길에 엎드러질 것이라"로 번역한다. 그러나 이 대명사어미는 3인칭 여성 단수이기 때문에 남성 단수 명사인 "길"(דֶּרֶךְ 데레크)이 아니라 여성 단수 명사인 "그 어둠"(הָאֲפֵלָה 하아펠라)을 가리키는 것으로 보는 것이 적절하다.

31) שַׁעֲרוּרָה 샤아루라는 5장 30절에서 선지자들의 거짓 예언과 제사장의 권력 오용 및 백성의 동조를 가리킬 때 사용한 단어다. 개역개정은 שַׁעֲרוּרָה 샤아루라를 "놀라운 일"로 번역한다.

들이 행한 "가증한 일"은 (1) 간음(נָאוֹף 나오프), (2) 거짓으로 행동하는 것, (3) 악을 행하는 손에 힘을 실어주어 그의 악에서 돌아서지 않게 한 것이다(cf. 7:9). 간음(נָאוֹף 나오프)은 성적 타락과 우상을 숭배하는 영적 타락을 모두 의미할 수 있다(cf. 3:9). 마찬가지로 "거짓"(שֶׁקֶר 쉐케르)으로 행동한 것 역시 비윤리적인 거짓과 속임 또는 거짓 예언과 우상을 의미할 수 있다(cf. 7:4; 9:2; 13:25). 예루살렘의 거짓선지자들은 영적, 윤리적 타락을 부추기면서 백성이 악한 길에서 돌이켜 회개하는 것을 막았다. 결과적으로 거짓선지자들은 자신들뿐만 아니라 예루살렘 거민들과 유다백성을 하나님 앞에 소돔과 고모라로 만들어 버렸다. 달리 말하면 언약백성의 정체성을 상실하고 소돔과 고모라처럼 되게 하여 하나님의 심판의 대상으로 만든 것이다. 이에 따른 결과가 이어지는 선언단락에 서술된다.

15절. "그러므로"(לָכֵן 라캔)와 신탁도입형식("만군의 여호와께서 선지자에 대하여 이와 같이 말씀하시니라")은 선언단락으로의 전환과 선언을 듣는 대상을 명확하게 제시한다. 이 선언을 듣는 대상은 예루살렘의 선지자들이다. 하나님은 죽음으로 이들을 제거하시겠다고 선언하신다. 쑥을 먹이고 독한 물을 마시게 한다는 것은 죽음을 의미한다. 이들이 이 심판을 피할 수 없는 이유는 유다의 온 땅에서 퍼진 "사악"(חֲנֻפָּה 하누파; "경건하지 못함")이 예루살렘의 선지자들에게서 비롯됐기 때문이다. 11절에서 하나님은 선지자도 제사장도 모두 다 "사악하다"(חָנֵפוּ 하내푸)고 말씀하셨는데, 바로 이들의 "사악"(חֲנֻפָּה 하누파)이 유다의 온 땅에 퍼져 유다백성을 "사악"의 길로 인도했다는 것이다. 따라서 9장 15절에서 "쑥을 먹이고 독한 물을 마시게 한다"는 동일한 표현으로 하나님의 율법을 버리고 그의 목소리를 듣지 않고 바알을 숭배한 유다백성에게 임할 심판이 서술된다. 이는 유다백성의 타락에 결정적인 원인이 선지자들에게 있다는 것을 의미한다.

16-18절. 신탁도입형식("만군의 여호와께서 이와 같이 말씀하시되")이 등장하면서 세 번째 신탁의 고소단락이 시작되는 것을 알 수 있다. 신탁의 대상은 유다백성을 가리키는 "너희"다. 신탁의 내용은 예루살렘의 선지자들에 관한 것이다. 예루살렘의 선지자들이 가증한 일을 조장하는 거짓선지자들이기에 그들의 말을 듣지 말라는 경고가 주어진다(16절). 하나님은 거짓선지자들의 특징을 다음과 같이 지적하

시면서 경고의 이유를 설명하신다. 첫째, 거짓선지자들은 헛된 것을 가르치기 때문이다. "헛된 것을 가르친다"(מַהְבִּלִים 마흐빌림)는 것은 "헛되게 만들다," "망상을 갖게 하다," "헛된 희망을 갖게 하다"를 의미한다.[32] 거짓선지자들의 말이 헛된 것 또는 망상을 갖게 하는 이유는 그들이 전하는 "묵시"(חֲזוֹן 하존; "이상" 또는 "신탁")이 여호와의 입에서 나온 것이 아니라 자신들의 마음에서 나온 것이기 때문이다.[33] 신적 권위가 없는 자의적인 신탁이라는 의미다. 둘째, 거짓 평안을 예언하고 죄의 문제를 소홀히 다루기 때문이다(17절). 거짓선지자들은 하나님의 편에 서는 것이 아니라 하나님을 멸시하는 자들과 악을 행하는 자들의 편에 서서 그들이 듣기 원하는 예언을 여호와의 이름으로 선포하면서 하나님의 말씀인 것처럼 선포한다. 하나님을 멸시하는 이들에게 평안을 약속하는 것을 주저하지 않는다. "항상"이라는 번역은 히브리어 표현, אֹמְרִים אָמוֹר 오메림 아모르에 근거한 것이다. 이 표현은 동일한 동사 אָמַר 아마르("말하다")를 사용한 분사 אֹמְרִים 오메림과 부정사 אָמוֹר 아모르가 결합된 형태다. 부정사가 분사 뒤에 위치하면서 분사의 행위가 지속적으로 일어나는 것을 묘사한다. 따라서 거짓선지자들이 거짓 평안을 약속하는 것은 언제나 있었던 일이라는 것이다. 뿐만 아니라 자신의 완악함에 따라 죄를 범하는 자들의 잘못을 지적하지 않고 오히려 그들에게 재앙이 없을 것이라는 거짓 확신을 준다. 이는 죄의 문제를 소홀히 다루는 태도다. 거짓선지자들의 이러한 태도는 그들이 거짓선지자임을 스스로 증명하는 것이다. 왜냐하면 확실하게 하나님의 뜻을 보고 듣고 주의를 기울였다면 결코 이런 태도를 취할 수 없기 때문이다(18절). 18절의 수사적 질문들은 그들이 전혀 하나님과 관계가 없이 행동하고 있는 것을 책망한다. 이러한 책망의 어조를 담아 18절을 번역하면 다음과 같다. "도대체(כִּי 키) 어느 누가 여호와의 회의에 참석해서 그의 말을 보고 들었느냐 어느 누가 내 말에 주의를 기울이고 들었느냐"(사역). 이 질문에 대한 답변은 거짓

32) 2장 5절은 동일한 동사를 사용해서 북이스라엘이 하나님을 버리고 "헛된 것"(הַהֶבֶל 하헤벨; "우상")을 따라가서 "헛된 것"(יֶהְבָּלוּ 예흐발루)을 지적한다.

33) 신명기 18장 22절은 선지자가 전하는 이상/신탁이 여호와로 말미암은 것인지를 확인하기 위해 그 신탁이 성취되는지를 확인하라고 말한다. 28장 9절에서 예레미야가 동일한 말을 한다. "평화를 예언하는 선지자는 그 예언자의 말이 응한 후에야 그가 진실로 여호와께서 보내신 선지자로 인정받게 되리라"(28:9).

선지자들 중에는 아무도 없다는 것이다. 여호와의 회의에 참석한다는 것은 하나님과의 친밀한 관계 속에서 하나님이 그의 뜻을 선지자에게 전달하는 장면을 연상케 한다.

19-20절. "보라"(הִנֵּה 힌네)는 청자의 주의를 환기시키면서 선언단락으로의 전환을 보게 한다.[34] 거짓선지자들이 "악인들"(רְשָׁעִים 레샤임)로 규정되고 그들에게 임할 하나님의 심판이 선언된다(19절). 거짓선지자들이 말하는 거짓 평안이 아니라 자신의 죄의 문제를 해결하지 못한 "악인들"에게 하나님의 강력한 심판이 임한다. 심판선언의 서술기법과 구문은 앞으로 임하게 될 "심판"에 먼저 집중하게 한 후, "심판의 속성"에 대해 설명하고 심판의 대상을 명확히 언급한다. 이러한 기법과 구문을 반영하여 19절을 다음과 같이 번역할 수 있다. "보라. 여호와의 강풍이다(심판). 진노가 몰아칠 것이다. 휘몰아치는 강풍이다(심판의 속성). 악인들의 머리 위에 소용돌이칠 것이다(심판의 대상)." 강풍이 갑자기 불어오는 것을 보게 되고, 그 강풍이 휘몰아치는 강력한 것임을 알게 되는 순간에 그 강풍이 곧 악인들의 머리에 임하여 소용돌이치는 것을 보게 되는 것처럼 심판의 장면을 생생하게 그려준다. 20절은 하나님의 심판이 악인을 모두 소멸하고 하나님의 뜻을 분명히 이룰 것임을 확언한다. 왜냐하면 그가 작정한 바를 다 이루기까지는 그 진노의 강풍이 멈추지 않을 것이기 때문이다. 완전히 소멸하는 하나님의 심판이 거짓선지자들에게 임하는 것을 보게 되는 날, 즉 "마지막 날"에 거짓선지자들의 미혹에 빠져 그들을 따랐던 이들("너희")은 그들의 행위가 거짓된 것이었음을 분명히 깨닫게 될 것이다. 하나님의 심판은 16절에서 하나님이 지적하신 거짓선지자들의 문제를 분명하게 확인시켜 준다.

21-22절. 신탁도입형식이 서술되지 않고 1인칭 화법으로 하나님이 화자로 등장하시면서 거짓선지자들에 대한 고소를 이어가신다.[35] 거짓선지자들의 세 번째

34) 19-20절에 "여호와"가 서술되기 때문에 화자를 여호와가 아닌 예레미야로 볼 수도 있는데, 18절에서 "여호와의 회의"에 참석하지 않은 거짓선지자들에게 바로 그 여호와가 심판을 선언하고 있다는 사실을 강조하기 위해 화자인 하나님이 자신을 객관화해서 "여호와"로 표기한 것으로 볼 수 있다.

35) 신탁도입형식이 서술되지 않는 것은 거짓선지자들의 특징을 지적하는 16-18절의 고소단락을 이어가고 있기 때문인 것으로 보인다.

특징이 서술된다. 거짓선지자들은 하나님의 보내심을 받지 않았다는 것이다. 신명기 18장 17-18절은 선지자들과 관련된 하나님의 원칙을 분명하게 기록하고 있다. 하나님이 친히 그의 선지자를 세우시고 그의 신탁을 선지자의 입에 두어 선포하게 하신다. 하지만 거짓선지자들은 보내심을 받지 않았을 뿐만 아니라 하나님의 신탁이 주어지지도 않았음에도 불구하고 마치 그러한 듯 예언을 하는 자들이다(21절). "보내지 않았는데도 달음질 한다"는 것은 하나님의 말씀이 아니라 자신들의 말로 백성을 미혹하는 일에 열정과 열심을 다한 것을 묘사한다. 거짓선지자들은 백성을 악한 길과 악한 행위에서 돌이키는 일에 관심을 두지 않을 뿐만 아니라 백성이 듣기 원하는 말에 초점을 맞춘다(22절). 실제로 선지자들이 하나님과의 친밀한 관계 속에서 그의 뜻을 들었다면("그들이 만일 나의 회의에 참여하였더라면") 이러한 일들을 행할 수가 없다고 말씀하신다. 단지 열정과 열심이 사역의 진실성을 보증하지 않는다. 하나님의 보내심을 받은 참선지자와 자의적인 거짓선지자를 구분하는 방법은 선한 길과 악한 길 중 어떤 길로 인도하는 가를 살피는 것이다.

23-25절. 거짓선지자들의 문제에 대한 지적이 이어진다. 동의할 수밖에 없는 수사적 질문들을 통하여 하나님은 거짓선지자들이 간과한 중요한 사실을 알려 주신다. 하나님은 온 땅에 충만하여 모든 것을 보고 들으시면서 낱낱이 살피시는 분이라는 것이다. 거짓선지자들은 마치 하나님이 아무것도 보지 않으시고 듣지 않으신다고 확신을 한 듯 온갖 불의와 죄악을 서슴지 않았으며 백성을 그릇된 길로 가도록 부추겼다. 그러나 하나님은 자신이 자신의 주변에만 제한된 신이 아니라고 말씀하신다(23절). "가까운데" (מִקָּרֹב 밐카로브)는 "성전" 또는 그가 계시는 곳이라고 생각하는 "하늘"을 가리킨다. "먼 데" (מֵרָחֹק 매하로크)는 상대적으로 "성전 밖" 또는 "땅"을 의미한다. 뿐만 아니라 수사적 질문으로 그가 하늘과 땅에 충만하시기 때문에 그의 눈을 피해 그 어디에도 숨을 수 없음을 확언하시면서 거짓선지자들의 자기기만을 책망하신다(24절). 천지에 충만하신 하나님을 피해 숨을 수 있는 "은밀한 곳" (מִסְתָּרִים 미스타림)은 어디에도 없다. 수사적 질문들과 함께 신적 선언("여호와의 말이니라")이 반복되는 것은 책망의 어조를 분명하게 전달한다. 거짓선지자들이 "내가 꿈을 꾸었다 꿈을 꾸었다"는 말로 확신을 주고 여호와의 이름으로 예언을 해서 백성은 속일 수 있지만 결코 그들의 거짓은 하나님을 속일 수가

없다(25절). 왜냐하면 하나님이 그들의 거짓 예언을 다 듣고 계시기 때문이다.

26-27절. 하나님은 거짓선지자들이 언제까지 속임으로 예언을 할 것이지를 책망하신다(**26절**). 이어서 그들의 근본적인 문제점을 지적하신다. 첫째, 자신들의 거짓에 속아 그것을 사실로 확신하는 문제다. 그들은 하나님이 아니라 자신들의 "마음의 간교한 것"(תַּרְמִת לִבָּם 타르미트 립밤; "마음의 속임")에 집중한다. 그래서 스스로 속고 거짓을 사실로 확신한다. 여기에서 그들의 열심과 담대함이 나온다. 둘째, 자신들이 이야기하는 꿈으로 인해 백성이 하나님의 이름을 잊고 자신들의 말을 믿을 수밖에 없다고 생각하는 것이다. 거짓선지자들은 조상들이 바알을 섬기게 해서 하나님의 이름을 잊게 한 것처럼 그렇게 할 수 있다고 생각한다. 이는 그렇게 하면 자신들의 거짓이 드러나지 않을 것이라는 생각이다. 결국 거짓선지자들이 궁리하는 것은 백성의 관심을 하나님에게서 돌이켜 자신들의 거짓 꿈과 신탁에게 두게 하는 것이다. 현실에서 거짓선지자들은 성공했다. 유다백성이 그들을 따랐고 그들에게서 하나님의 말씀이 선포된다고 믿었다(cf. 18:18). 하나님의 말씀을 받아 그대로 선포한 참선지자는 배척과 핍박을 당했다. 따라서 하나님은 참선지자를 위로하고 격려하는 말을 하신다(28-29절).

28-29절. 여호와의 이름으로 신탁을 전달하는 형식이 동일하기 때문에 겉으로 보기에는 거짓 선지자와 참선지자가 전혀 구분되지 않는 것처럼 보인다. 따라서 백성은 자신들이 듣기 원하는 평안과 축복을 선포하는 거짓선지자들을 추종하며 그들에게 관심을 보이게 된다. 아무도 자신의 신탁에 관심을 기울이지 않으며 오히려 핍박을 당하게 되면 참선지자는 오히려 위축되고 낙담할 수 있다. 이것은 예레미야가 토로하고 있는 불평에서 충분히 드러났던 모습이다. 그러나 하나님은, 꿈과 말씀을 통해 그의 신탁을 분명히 받았다면 그 신탁을 선포하는 것을 주저할 필요가 없다고 권고하신다(28절). 선지자는 하나님의 신탁을 "성실하게"(אֱמֶת 에메트; "진실하게") 선포하기만 하면 된다(cf. 암 3:7-8). 또한 듣는 이들은 보기에 유사한 선지자들의 신탁으로 혼란스러울 필요가 없다. 왜냐하면 겨와 알곡이 분명하게 구분되는 것처럼 하나님의 신탁 자체의 능력이 거짓 신탁과 참 신탁을 분명하게 구분해 줄 것이기 때문이다. 거짓선지자들의 신탁은 바람에 날아가 버리는 겨와

같지만 참선지자의 신탁은 알곡과 같이 영혼에 영양분을 공급한다. 또한 하나님의 말씀은 죄를 태워 소멸시키고 정결케 하는 불과 같은 능력이 있으며, 바위를 부수는 망치와 같이 죄를 부수고 파괴하는 능력을 가지고 있기 때문에 구분할 수 있다(29절). 거짓선지자들이 신탁을 전달하는 방법을 모방하여 사람들을 속일 수는 있다. 하지만 말씀의 능력까지는 모방할 수 없다. 하나님의 참된 말씀은 거짓으로 귀를 즐겁게 하는 것이 아니라 죄를 지적하고 마음을 깨뜨려 회개하게 한다. 불의한 삶을 격려하고 부추기는 신탁이 아니라 태우고 부스러뜨리는 신탁이 하나님의 입에서 나온 신탁이다.

30-32절. "그러므로"(לָכֵן 라캔)와 "보라 내가"(הִנְנִי 힌니)는 선언단락으로의 전환을 표기한다. 하나님은 세 부류의 거짓선지자들을 열거하시면서 그들을 대적할 수밖에 없음을 분명하게 선언하신다. "보라. 선지자들을 내가 치리라"(הִנְנִי עַל־הַנְּבִאִים 힌니 알-한네비임; "보라. 선지자들을 내가 마주대하고 있다")는 선언이 반복되면서 하나님의 확고한 태도가 확언된다. 뿐만 아니라 신적 선언("여호와의 말이니라")가 함께 반복되면서 확실성이 강조된다. 이 반복은 마치 선언에 도장을 찍어 변개치 않음을 봉인하는 것과 같다. 또한 "보라"가 반복되면서 각기 다른 형태의 거짓선지자들을 주목하게 한다. 따라서 히브리어 원문의 어순에 따라 30-32절을 살피면 다음과 같은 흐름을 볼 수 있다. "보라" + "내가 대적한다" + [대상] + "여호와의 말이다" + [거짓선지자들의 행위]. 이러한 흐름에 따라 번역하면 다음과 같다.

30절. 그러므로 보라. 내가 대적한다. [선지자들을]. 여호와의 말이다.
　　[그들이 서로에게서 내 말을 도둑질 한다]
31절. 보라. 내가 대적한다. [선지자들을]. 여호와의 말이다.
　　[그들이 자신들의 혀를 놀려 '말씀하시기를' 이라고 말한다]
32절. 보라. 내가 대적한다. [거짓 꿈의 선지자들을]. 여호와의 말이다.
　　[그들이 거짓된 꿈을 이야기하며 자신들의 거짓과 무모함으로 내 백성을 미혹한다]

하나님이 대적하시는 세 부류의 거짓선지자들은 다음과 같다. 첫째, 하나님의 말을 도둑질 하는 선지자다(30절). 다른 선지자들에게 전달된 신탁을 마치 자신의 것처럼 도용할 뿐만 아니라 왜곡하는 거짓선지자들이다. 28장에 언급된 하나냐가 이 부류의 선지자의 예다. 하나님의 신탁을 받은 예레미야는 "바벨론 왕의 멍에"를 언급하며 하나님의 심판을 선언했다(27:8, 11, 12). 하나냐는 동일한 표현 "바벨론 왕의 멍에"를 사용하면서 하나님의 심판이 길지 않을 것이라고 예레미야의 신탁을 왜곡하고 정반대의 신탁을 선포한다(28:2, 4). 예레미야 28장 17절은 결국 이 하나냐가 하나님의 심판으로 죽음을 맞이하게 된 것을 기록하고 있다. 둘째, 혀로 사람들을 속이는 선지자다(31절). 개역개정은 "보라 그들이 혀를 놀려 여호와가 말씀하셨다 하는 선지자들"이라고 번역하고 있는데, 히브리어 원문의 표현은 전형적인 신탁형식인 "여호와가 말씀하셨다"(נְאֻם־יְהוָה 네움-아도나이; "여호와의 말이니라")가 아니라 단지 "말씀하셨다"(נְאֻם 네움; "말이니라")로 출처가 정확하게 표기되어 있지 않다. 즉 이것은 이 부류의 거짓선지자들이 하나님이 주시지 않은(근거가 없는) 자신들의 말을 마치 신적 권위가 있는 것처럼 예언을 하지만, 실제 그것은 혀 놀림으로 만들어 낸 말이라는 것이다. 셋째, 거짓된 꿈을 떠들어대며 "[자신들의] 거짓들"(שִׁקְרֵיהֶם 쉬크래헴)과 "[자신들의] 헛된 자만"(פַּחֲזוּתָם 파하주탐)으로 백성을 그릇된 길로 인도하는 거짓 꿈의 선지자다(32절상). 선지자들이 자신들의 꿈을 이야기하며 사람들을 믿게 하고 따르게 하지만 하나님은 이들을 "거짓된 꿈의 선지자"로 부르신다. 왜냐하면 이들의 꿈은 백성을 올바른 길에서 벗어나게 하는 "거짓"("속임")과 "헛된 자만"에 불과하기 때문이다. "헛된 자만"(פַּחֲזוּת 파하주트)이란 "헛된 자랑," "무모한 자랑" 또는 "경솔함"을 의미한다.[36] 거짓선지자들은 확신을 가지고 자신들이 꾼 꿈을 이야기하지만 그것은 헛된 확신이며 무모하고 경솔한 자랑에 지나지 않는다. 하나님은 거짓선지자들의 이러한 행위들이 결코 그와 상관이 없음을 분명하게 밝히신다(32절). 하나님이 그들을 보내지 않으셨으며 또한 명령하지도 않으셨다. 결국 거짓선지자들은 백성에게 "전혀 유익을 주지 못하는"(הוֹעֵיל לֹא־יוֹעִילוּ 호앨 로-요일루) 자들이기 때문에 언약공동체에 무가치한 존

---

36) 스바냐 3장 4절은 동일한 어근의 분사를 사용하여 거짓선지자들의 경솔함을 지적한다("그의 선지자들은 경솔하고"). 공동번역과 새번역은 פַּחֲזוּת 파하주트를 "허풍"으로 번역한다.

재들이다.[37]

현재적 적용 **묵상**

1. "이번 한 주간 경건하지 못했다" 라는 말을 할 때 예배에 참석하지 못한 것, 성경을 읽지 못한 것, 기도하지 못한 것 등의 종교행위를 떠올리는가, 아니면 악한 일을 도모하고 옳지 않은 일에 힘을 쓰거나 정직하지 못한 것을 떠올리는가? 단지 종교행위로만 경건이 규정되는 것이 아니라 그 행위들과 함께 삶의 모습과 삶이 추구하는 바가 경건을 규정한다.
2. 미끄러지거나 넘어질 일이 없다고 확신하고 선택한 길에서 하나님이 보이지 않는다면 그 길이 결국 내던짐을 당하고 넘어지게 되는 길이라는 것을 알고 있는가?
3. 교회의 강대상에서 선포되는 설교가 혹시 여호와의 입에서 나온 말씀이 아니라 설교자의 마음에서 나온 말씀은 아닌가? 이것을 구분하는 분별력이 있는가? 선포되는 설교를 맹목적으로 믿고 따르는 것이 과연 성경적인가? 바울의 설교를 한 마음으로 받고 이것이 그러한가 하여 날마다 성경을 상고한 베뢰아 사람들에게서 배울 교훈은 없는가? (행 17:10-11)
4. 설교자는 성경을 올바로 해석하고 설교하기 위해 성경연구에 최선을 다하고 있는가? 또한 설교할 때마다 하나님이 의도하신 바를 전달하기 위한 부담감과 두렵고 떨림이 있는가?
5. 거짓 이상과 왜곡된 진리를 선포하는 이들은 그들의 열심을 다하는데, 진리를 붙들고 진리를 선포하는 이들이 그들보다 더 열심을 내고 있는가?
6. 사역에 대한 열정과 부지런함으로 목회의 진실성을 확인해 주려고 하는가? 아니면 악한 길과 선한 길을 분명히 구분해서 제시하는 엄중한 말씀사역으로 목회의 진실성을 확인해 주려고 하는가?
7. 하나님이 설교를 모두 듣고 계신다는 확신이 실제적으로 설교준비와 설교태도에 영향을 주고 있는가?

---

37) הוֹעֵיל לֹא־יוֹעִילוּ 호앨 로-요일루는 동일한 어근으로 부정사와 주동사가 서술된 강조용법이다.

8. 설교가 듣는 이들에게 감동을 주기 때문에 설교자를 칭찬하는가. 아니면 도전을 주고 거짓된 삶을 부스러뜨리기 때문에 하나님을 찬양하는가?
9. 환상을 보거나 꿈을 꾸었을 때 하나님의 말씀인 성경에 비추어 해석하는 신중함이 있는가? 또한 설교자를 포함해서 누군가 하나님이 주신 것이라고 말하면서 꿈과 환상을 이야기할 때도 그렇게 하고 있는가?
10. 왜곡되고 자신의 상상력에 따른 설교를 하나님이 듣고 계시는 것이 분명한데, 이런 설교를 할 자신감이 있는가?
11. 성경에 근거한 하나님의 말씀을 선포하지 않는 거짓 설교자를 구분하는 기준은 첫째, 하나님의 말씀을 도둑질해서 자신의 말로 전하면서 하나님이 아닌 설교자 자신에게 집중하고 의존하게 하는 것이다. 둘째, 출처가 분명하지 않지만(성경에 근거하지 않지만) 마치 성경의 말씀인 것처럼 모양을 내서 현란한 말로 현혹하는 것이다. 셋째, 거짓 꿈과 무용담 등으로 속이는 것이다. 진리와 거짓이 알곡과 쭉정이가 구분되는 것처럼 구분됨에도 불구하고 왜 진리가 아닌 거짓을 따르는가? 구분하지 못해서가 아니라 이기적인 욕심을 위해 거짓을 묵인하고 선택하기 때문은 아닌가?
12. 하나님의 말씀인 성경을 선포하는 진지한 설교는 지루해 하지만 환상과 이상, 과장되고 각색된 신앙의 무용담을 듣는 것은 즐거워하는 것은 않는가?

---

(5) 여호와의 엄중한 말씀과 연관된 문제, 23:33-40

하나님의 관심이 선지자에게서 유다백성과 제사장에게로 전환된다. 본 단락은 선지자, 제사장, 유다백성으로 구성된 언약공동체가 하나님의 말씀을 대하는 태도를 다룬다. 본 단락의 의미를 분명하게 이해하기 위해서는 반복되고 있는 히브리어 단어 מַשָּׂא 맛사의 언어유희에 주목할 필요가 있다. מַשָּׂא 맛사는 "들어 올리다" 또는 "나르다"를 의미하는 동사 נָשָׂא 나사에서 파생된 명사다. 이와 연관하여 מַשָּׂא 맛사는 물리적 의미에서 "짐," "운반," 또는 어려움을 담아내는 추상적 의미에서 "부담"을 의미한다(cf. 46:1). 17장에서 예레미야가 안식일에 나르는 물리적 "짐"에 대해 말하고 있는데, 이때 사용된 단어가 מַשָּׂא 맛사다(cf. 17:21, 22, 24, 27). 동일한 단어 מַשָּׂא 맛사가 하나님이 선지자들에게 주신 말씀을 가리키는 경우, 선언 또는 발화의 측면에서 "신탁"의 의미를 갖는다. מַשָּׂא 맛사가 신탁을 의미할 때는 이스라엘과 유다를 포함하기도 하지만 주로 이방나라를 향한 심판을 선언하는 신탁을 가리킨다. 개역개정은 מַשָּׂא 맛사를 "경고"로 번역한다(cf. 사 13:1; 14:28; 15:1; 17:1; 19:1; 나 1:1; 합 1:1; 슥 9:1; 12:1; 말 1:1). 본 단락에서 이 단어가 문맥에 따라 "짐"과 엄중한 "신탁"의 이중적 의미를 가지면서 주요 주제를 형성한다. 이 단어를 중심으로 본 단락의 구조를 살피면 다음과 같다.[38]

a. מַשָּׂא 맛사라고 말하는 것에 대한 심판선언(33-34절)
  b. מַשָּׂא 맛사에 대한 언급금지: כֹּה תֹאמְרוּ אִישׁ 코 토메루 이쉬(35-36절)
  b'. מַשָּׂא 맛사에 대한 지속적인 언급: כֹּה תֹאמַר 코 토마르(37-38절)
a' מַשָּׂא 맛사라고 말하는 것에 대한 심판선언(39-40절)

유다백성에 주어진 명령은 실행명령과 금지명령이다. 실행명령은 "여호와께서 무엇이라 응답하셨는가 그리고 여호와께서 무엇이라 말씀하셨느냐"라고 묻는 것이다(35절; 37절). 금지명령은 "여호와의 엄중한 신탁(말씀)"(מַשָּׂא יְהוָה 맛사 아도나이)을 언급하지 않는 것이다(36절; 38절). 이를 지키지 않은 것에 근거해서 하나님의 심판이 선언된다(33-34절; 39-40절). 이 흐름과 함께 주제 단어인 מַשָּׂא 맛사가 가지고 있는 이중적 의미의 활용을 파악하는 것이 본 단락을 해석하는 열쇠다.

מַשָּׂא 맛사를 중심으로 전달하는 핵심 주제는 입으로는 "여호와의 엄중한 신탁"(מַשָּׂא יְהוָה 맛사 아도나이)말하지만 실제적인 삶에서 이를 거부하는 유다백성이 하나님에게 "짐"(מַשָּׂא 맛사)이기 때문에 이들을 버리시겠다는 선언이다. 하나님의 말씀을 진심으로 존중하지 않는 결과는 그와의 단절이며 영원한 치욕과 수치를 당하는 것이다.

מַשָּׂא 맛사라고 말하는 것에 대한 심판선언(33-34절)

하나님은 그의 엄중한 말씀(מַשָּׂא 맛사)이 무엇인지 물으며 신탁을 조롱하고 거

---

38) 35절은 부사 כֹּה 코("그러므로")와 함께 2인칭 복수형 동사 תֹאמְרוּ 토메루("너희는 말하라")로 시작한다. 반면에 37절은 부사 כֹּה 코("그러므로")와 함께 단수형 동사 תֹאמַר 토마르("너는 말하라")로 시작하는데, 전자의 경우 복수형 동사 תֹאמְרוּ 토메루와 함께 주어로 단수형 אִישׁ 이쉬("각기")가 서술되면서 37절의 단수형 동사와 짝을 이룬다.

부하는 언약백성이 "짐"과 같기 때문에 버리시고 벌하실 것을 선언하신다.

מַשָּׂא 맛사에 대한 언급금지(35-36절)

유다백성과 종교 지도자들에게 מַשָּׂא 맛사를 언급하지 말라고 명하시는 것은 그들이 그 말을 입에 담을 만한 자격이 없다는 것을 의미한다. 왜냐하면 그들이 하나님의 말씀을 잘못 사용하고 있기 때문이다.

מַשָּׂא 맛사에 대한 지속적인 언급(37-38절)

선지자에게 가서 "여호와께서 무엇이라 대답하셨고 말씀하셨냐"고 물으라는 명령을 지키지 않고 여전히 "여호와의 신탁"이라는 말로 하나님의 말씀을 말하는 문제가 지적된다.

מַשָּׂא 맛사라고 말하는 것에 대한 심판선언(39-40절)

하나님은 그의 명령을 거부하고 aF'm;맛사를 언급하는 유다백성에게 그들과 관계를 끊고 멸망시키겠다고 선언하신다. 결국 그들이 얻게 되는 것은 지워지지 않는 치욕과 수치다.

주해

33-34절. 신탁도입형식 없이 하나님이 화자로 등장하는 신적 신탁이 서술되는데, 선언단락으로 시작한다. 신탁의 대상은 유다백성("이 백성"), 선지자, 그리고 제사장이다. 하나님의 명령이 예레미야에게 주어진다. 백성이나 선지자나 제사장이 예레미야에게 "여호와의 엄중한 말씀"(מַשָּׂא יְהוָה 맛사-아도나이; "여호와의 신탁")이 무엇이냐고 물을 때 대답할 말을 알려주신다(33절). 이 질문은, 하나님의 "신탁"(מַשָּׂא 맛사)을 엄중한 말씀으로 받아들이고 그대로 순종하지 않고 단지 벗어버려야 하는 무거운 "짐"(מַשָּׂא 맛사)으로 생각하고 거부하면서도 선지자에게 와서는 하나님의 신탁(מַשָּׂא 맛사)을 묻는 가식적인 태도를 담고 있다.[39] 이와 같이 하나님의 מַשָּׂא 맛사를 가식적으로 묻는 사람들에게 전달할 첫 번째 답변은 "מַשָּׂא 맛사가

---

39) 이런 태도를 추정할 수 있는 근거는 36절에 서술된 하나님의 말씀을 망령되이 사용하는 유다백성의 모습이다.

무엇이냐고?" 라는 반문이다.[40] 동일한 발음과 철자의 단어를 사용하지만 하나님이 제시하는 답변의 מַשָּׂא 맛사는 "신탁"을 의미하는 מַשָּׂא 맛사가 아니라 "짐"을 가리키는 מַשָּׂא 맛사의 의미로 반문하시는 듯하다. 즉 질문하는 이의 가식적인 태도를 조롱하는 어투로 " '짐' (מַשָּׂא 맛사)이 무엇이냐고?" 되묻는 반문이다. 사람들이 "신탁" (מַשָּׂא 맛사)이라고 말한 것을 하나님은 "짐" (מַשָּׂא 맛사)이라는 의미로 되받으시면서 그들의 질문을 조롱하신다. 두 번째 답변은 "내가 너희를 버리리라"는 선언이다. 그러므로 33절의 의미는 다음과 같다. 사람들이 하나님의 신탁(מַשָּׂא 맛사)을 조롱하는 태도를 보이자 하나님은 반문을 통해 "짐" (מַשָּׂא 맛사)이란 바로 그들임을 암시하신 후, 자신에게 짐이 되어버린 그들을 내버리실 것을 선언하신다. 하나님의 말씀이 그들에게 מַשָּׂא 맛사("짐")가 아니라 그들이 하나님께 מַשָּׂא 맛사("짐")라는 것이다. 그러므로 "신탁" (מַשָּׂא 맛사)을 묻는 백성과 제사장들과 선지자들을 하나님이 무거운 짐을 벗어버리듯 버리시겠다고 선언하신다. 이것은 하나님의 신탁을 거부하면서도 신탁을 듣고 싶어 하는 듯 위선적인 태도를 보이는 자들에 대한 하나님의 거부를 선언하는 것이다. 그러므로 מַשָּׂא 맛사("엄중한 말씀")를 거부하면서도 מַשָּׂא 맛사를 입에 담는 "그 사람과 그의 집안"에 벌을 내리시겠다고 말씀하신다 (34절).

35-36절. 하나님은 "신탁" (מַשָּׂא 맛사)이라는 표현을 사용해서 하나님의 말씀을 묻는 것을 금하신다. 왜냐하면 종교지도자들을 비롯하여 유다백성이 하나님의 "신탁" (מַשָּׂא 맛사)을 물으면서도 מַשָּׂא 맛사를 반드시 듣고 따라야 할 "신탁"이 아니라 "짐"으로 생각하고 모두 거부하고 있기 때문이다. 언약백성이 하나님의 "신

---

40) MT의 독법은 אֶת־מַה־מַשָּׂא 에트-마-맛사("מַשָּׂא 맛사가 무엇이냐고?"; 직접목적어표기 אֶת 에트+ 의문사 מַה 마 + 명사 מַשָּׂא 맛사)인데, BHS는 칠십인경과 벌게이트의 번역에 근거해서 אַתֶּם הַמַּשָּׂא 알템 함맛사("너희가 מַשָּׂא 맛사다"; 2인칭 남성복수대명사 אַתֶּם 알템 + 명사 הַמַּשָּׂא 함맛사)로 수정해서 읽을 것을 제안한다. BHS가 제안하는 수정독법은 "너희가 짐이다"라고 직접적으로 서술하는 답변이다. 이 수정독법은 MT독법의 철자를 달리 분절하고 모음을 수정한 독법이기에 가능할 수 있다. 하지만 히브리어 필사본들이 MT독법을 유지하고 있는 것과 더 어려운 독법이 우선되는 본문비평 원리에 따르면 MT독법을 유지하는 것이 적절해 보인다. 또한 34절의 문맥에서는 백성의 질문에 담긴 가식적인 태도를 조롱하는 어투의 반문이 적절해 보인다.

탁"(מַשָּׂא 맛사)이 무엇인지에 대해 물어야 하지만 하나님의 "신탁"(מַשָּׂא 맛사)을 대하는 백성의 부정적인 태도는 거부하신다. 따라서 하나님의 신탁을 물으려면 מַשָּׂא 맛사라는 단어를 사용하는 대신에 "여호와께서 무엇이라 응답하셨느냐 또는 말씀하셨느냐"는 질문을 사용하라고 명하신다(35절). 이어서 "여호와의 신탁"(מַשָּׂא יְהוָה 맛사-아도나이)이라는 표현을 사용하지 말라는 명령이 주어지고 그 이유가 언급된다(36절).[41] 첫째, 각자의 말이 자기에게 "중벌"(מַשָּׂא 맛사; "짐")이 되기 때문이다. 하나님의 "신탁"(מַשָּׂא 맛사)을 "짐"(מַשָּׂא 맛사)으로 생각하고 거부하면서도 함부로 언급한 "신탁"(מַשָּׂא 맛사)이 결국 자신을 짓누르는 "짐"(מַשָּׂא 맛사)이 된다. 그러므로 하나님의 신탁을 물을 때 מַשָּׂא 맛사를 언급조차 하지 말라는 것이다. 둘째, 만군의 여호와 하나님의 말씀을 "엄중한 말"(מַשָּׂא 맛사)로 받지 않고 망령되이 사용했기 때문이다.[42] "망령되이 사용했다"로 번역한 히브리어 동사 הָפַךְ 하파크는 "뒤엎어버리다," "바꾸어버리다," 또는 "왜곡하다"의 의미를 갖는다. 즉, 입으로는 여호와의 מַשָּׂא 맛사를 말하면서도 행위와 마음에서는 여호와의 מַשָּׂא 맛사("신탁")를 여호와가 지운 무거운 "짐"(מַשָּׂא 맛사)으로 바꾸어버리는 모습을 지적한다. 따라서 여호와의 신탁을 여호와의 신탁으로 받지 않는다면 이 표현을 언급하지 말라는 것이다.

"여호와의 엄중한 말씀이라 말하지 말라"는 명령은 백성과 제사장들과 선지자들이 하나님의 "신탁"(מַשָּׂא 맛사)을 받을 만한 자격이 없음을 선포하는 것이기도 하다. 백성과 제사장들과 선지자들이 반복해서 언급되는 것은 유다의 총체적 타락을 의미한다(cf. 33. 34절). 일반백성뿐만 아니라 종교적 지도자들이 살아계신 하나님의 엄중한 말씀을 "무거운 짐"으로 취급했다는 것이다. 그러므로 하나님은 백성에게 정지되어 있는 것과 같은 여호와의 מַשָּׂא 맛사("짐")를 묻지 말고, "살아계신" 하나님과의 역동적 관계 속에서 그의 응답과 말씀을 물으라고 명하시는 듯하

41) 개역개정의 번역은 이유를 나타내는 "이는"이라는 표현을 세 번째 문장 앞에 표기하고 있는데, 히브리어 원문에서는 이유를 나타내는 접속사 כִּי 키가 두 번째 문장("각 사람의 말이 자기에게 중벌이 되리니") 앞에 있다. 따라서 두 번째 문장과 세 번째 문장이 금지명령(첫 번째 문장)에 대한 이유다.

42) 예레미야서에서 예레미야는 그가 전달하는 신탁을 מַשָּׂא 맛사로 표현하지 않는다. 이것은 거짓선지자들이 이 단어를 사용해서 선포한 신탁과 자신의 신탁을 구분하려는 것으로 보인다.

다. 이 질문을 물어야 할 자들로 이웃, 형제, 선지자가 언급되는데, 이것은 유다백성 전체를 고려하는 것이다.

37-38절. 하나님의 신탁을 묻는 것 자체가 문제가 되는 것은 아니다. 오히려 더 적극적으로 하나님의 신탁을 구해야 한다.[43] 그렇다면 선지자는 하나님의 신탁을 듣기 위해 당연히 물어야 할 대상이다. 하지만 선지자에게 하나님의 신탁을 물을 때에도 "여호와께서 네게 무엇이라 대답하셨으며 여호와께서 무엇이라 말씀하셨느냐"라고 물어야 한다(37절).[44] 그런데 하나님이 예레미야를 보내서 "여호와의 신탁"(מַשָּׂא יְהוָה 맛사-아도나이)이라고 말하지 말라고 했음에도 불구하고 여전히 "여호와의 신탁이다. 그러므로 여호와께서 이와 같이 말씀하신다"라는 말로 "여호와의 신탁"을 언급하고 있는 문제를 지적하신다(38절).

39-40절. 선지자를 통하여 하나님의 금지명령이 분명히 주어졌음에도 불구하고 지속적으로 מַשָּׂא 맛사를 언급하며 불순종하는 것에 대한 하나님의 심판이 선언된다. "그러므로"(לָכֵן 라캔)와 "보라 내가"(הִנְנִי 힌니)라는 표현이 선언단락으로의 전환을 표기한다. 심판의 내용은 세 가지다. 첫째, 하나님이 유다백성을 온전히(반드시) 잊어버리신다(39절).[45] 거짓선지자들의 궁리는 자신들의 거짓 꿈과 신탁으로 백성이 하나님의 이름을 잊어버리게 하는 것이었다(cf. 27절). 하지만 백성이 지속적으로 하나님의 신탁을 경솔히 다루며 거부하면 결국 하나님이 그들을 그의

43) 35절과 37절에서 질문의 대상만 차이가 나고 동일한 질문이 반복되는 것은 이러한 적극적인 태도를 암시하는 것으로 보인다.

44) 37절의 2인칭 단수 "너"는 개별성이 강조된 표현으로 35절의 "너희가 각기"와 짝을 이룬다. 각주 37번을 참조하라.

45) "내가 잊어버릴 것이다"로 번역한 히브리어 원문은 נָשִׁיתִי 나쉬티다. BHS는 일부 히브리어 사본과 고대역본에 근거해서 נָשִׂיתִי 나시티[נָשָׂאתִי 나사티]("내가 들어 올리다")로 읽을 것을 제안한다. 단지 히브리어 철자 שׁ 쉰과 שׂ 신의 차이다. BHS가 제안한 동사 נָשִׂיתִי 나시티는 같은 어근(נָשָׂא 나사)에서 파생된 מַשָּׂא 맛사와 언어유희가 있다. 이 경우, 유다백성이 מַשָּׂא 맛사를 언급하지 말라는 명령에 순종하지 않았기 때문에 "들어 올림"(נָשָׂא 나사)을 당하는 것이 된다. 이 수정독법에 따라 공동번역은 "나는 너희를 번쩍 들어 내던지리라"로 번역한다. 새번역은 "내가 그들을 뽑아서, 멀리 던져 버리겠다 하더라고 전하여라"로 번역한다. 어떤 독법을 따르던 유다백성이 행한 것에 따른 심판이라는 의미는 분명하다.

기억에서 지워버리신다. 이는 하나님과의 관계가 완전히 단절되는 것을 의미한다. 둘째, 백성뿐만 아니라 예루살렘 성읍을 버리신다(39절). 이는 죄를 범하는 백성과 더불어 우상숭배 등의 온갖 범죄로 더렵혀진 예루살렘이 하나님께 "무거운 짐" (מַשָּׂא 맛사)이기 때문이다. 33절의 "내가 버릴 것이다" (נָטַשְׁתִּי 나타쉬티)와 동일한 동사가 39절에 사용된다. 하나님이 예루살렘을 버리시는 것은 그의 임재가 더 이상 예루살렘에 있지 않음에 대한 선언이다. 셋째, 하나님의 מַשָּׂא 맛사를 조롱하고 거부한 유다백성은 영원한 치욕과 잊을 수 없는 수치를 당한다(40절). 하나님은 그의 신탁을 짐으로 여기며 벗어버린 자들에게 영원한 치욕과 수치를 지게 하신다. 그들이 비웃은 심판신탁이 실제로 임하면 그들은 영원히 비웃음을 당한다.

현재적 적용 | 묵상

1. 하나님의 뜻을 구할 때 그 뜻을 따르겠다는 결단과 함께 구하는가? 하나님의 뜻을 구하지만 그 뜻이 내 뜻과 맞지 않으면 그것을 짐으로 여겨 벗어버리고 싶은 것은 아닌가?

2. 실제는 하나님의 뜻을 따를 마음은 없는데 형식적으로 또는 다른 사람의 눈 때문에 구하는 것은 아닌가?

3. 마치 하나님이 계시지 않거나 멀리 계신 것처럼 평일을 살다가 주일이면 어김없이 교회에 나와서 "하나님, 오늘 내게 주실 하나님의 '말씀' (מַשָּׂא 맛사)이 무엇입니까?" 하고 물으면 하나님이 "네가 바로 '짐' (מַשָּׂא 맛사)이다" 라고 말씀하실 것 같지 않은가? 이 말씀이 들리면 그 다음 말은 "내가 너를 버릴 것이다" 라는 말인 것을 아는가?

4. 하나님의 "말씀" (מַשָּׂא 맛사)를 내 마음대로 해석하고 왜곡하면 하나님이 그 מַשָּׂא 맛사("말씀")가 내게 실제로 מַשָּׂא 맛사("짐")가 되게 하신다는 것을 아는가?

5. "말씀" (מַשָּׂא 맛사) 묵상과 연구가 벗어버리고 싶은 "짐" (מַשָּׂא 맛사)으로 느끼는 것은 아닌가?

6. 내가 하나님을 기억하지 않고 악한 마음의 완악함에 따라 그의 말씀을 짐으로 여길 때 하나님의 기억 속에서 영원히 지워질 수 있다는 것을 아는가?

7. 하나님의 "말씀"(מַשָּׂא 맛사)이 내게 "짐"이 되는 것은 그 말씀이 내게 필요가 없다고 생각하거나 내 뜻에 맞지 않고 원하는 것이 아니라고 생각할 때다. 하지만 내 생각과 뜻을 하나님께 맞출 때 그 מַשָּׂא 맛사는 "짐"이 아니라 생명을 주는 권위의 "말씀"이 된다.

---

2. 두 무화과 광주리 환상, 24:1-10 [주전 597년]

본 단락은 예레미야가 본 환상에 대한 기록이다. 선지서의 일반적인 환상형식은 먼저 환상에 대해 서술한 후 환상의 의미에 대한 질의와 답변이 이어진다(cf. 암 7:1-9; 8:1-3). 이 형식에 따라 예레미야가 본 환상을 언급하고 이에 대한 하나님의 질문이 주어진다. 이어서 예레미야가 답변을 하고 환상에 대한 하나님의 설명이 서술된다. 이 흐름에 따라 본 단락의 구조를 분석하면 다음과 같다.

a. 정황설명과 환상기록(1-2절)
 b. 환상에 대한 하나님의 질문과 예레미야의 답변(3절)
  c. 환상에 대한 하나님의 설명(4-10절)
   (1) 좋은 무화과와 회복선언(4-7절)
   (2) 나쁜 무화과와 심판선언(8-10절)

이 환상이 주어진 정황은 바벨론 왕 느부갓네살 왕에 의해 여호야김의 아들 여고냐(여호야긴)와 고관들과 목공들과 철공들이 바벨론으로 포로로 끌려간 주전 597년의 사건 이후다. 예레미야가 선포했던 하나님의 심판이 실제적으로 다가오고 있음을 충분히 인식할 수 있는 상황에서 예레미야는 두 개의 무화과 광주리 환상을 본다. 이 환상을 통해서 하나님은 바벨론에 포로로 잡혀간 자들과 예루살렘에 남아있는 자들이 맞이하게 될 대조적인 미래에 대해 말씀하신다. 포로로 잡혀간 자들("좋은 무화과")에게 선언된 회복은 두 가지 복을 약속한다. 하나는 약속의 땅으로의 귀환이고 다른 하나는 여호와를 아는 마음의 회복이다. 이는 언약관계의 회복을 의미한다. 달리 말하면 유다백성이 파기한 언약의 갱신이다. 반면에 여전히 "약속의 땅"에 거하며 자신들의 미래에 대해 안일하게 생각하는 자들("나쁜 무화과")에게는 심판이 선언된다. 심판은 세 가지 상황을 야기한다. 첫째, 열국으로 흩어져 환난을 당한다. 둘째, 그들이 쫓겨난 곳에서 부끄러움과 말거리 그리고 수치와 조롱의 대상이 된다. 셋째, 약속의 땅에서 칼과 기근과 전염병으로 완전히 멸망한다. 이는 약속의 땅이 심판의 자리가 된 것을 의미한다. 이 환상에서는 회복과 심판의 원인이 언급되지 않는다. 하지만 앞서 서술한 신탁들(2-23장)을 통해 심판의 원인을 확인할 수 있다. 회복의 원인은 하나님의 "긍휼하심"(רַחֵם 라헴)이다(cf. 30:18; 31:20; 33:26).

정황설명과 환상(1-2절)

예레미야에게 환상이 임한 정황과 그가 본 환상의 내용이 서술된다. 한 광주리에는 제철에 익은 좋은 무화과가 담겨 있고 다른 한 광주리에는 먹을 수 없을 정도의 나쁜 무화과가 담겨 있다. 이 환상의 정황은 유다 왕 여호야긴과 고관들과 목공과 철공 기술자들이 느부갓네살 왕에 의해 바벨론으로 포로로 잡혀간 주전 597년의 사건 이후다. 즉 시드기야 왕의 통치기간이다.

환상에 대한 질문과 답변(3절)

하나님이 예레미야에게 그가 본 것이 무엇인지에 대해 묻자 예레미야는 그가 본 것을 그대로 하나님께 답변하면서 환상의 내용을 확인한다.

좋은 무화과와 회복선언(4-7절)

좋은 무화과는 바벨론으로 사로잡혀간 유다 포로들을 상징적으로 가리킨다. 하나님이 그들을 다시 약속의 땅으로 데리고 오시고 그들과의 언약관계를 회복하실 것을 선언하신다.

나쁜 무화과와 심판선언(8-10절)

나쁜 무화과는 시드기야 왕과 유다에 남은 자들에 대한 상징이다. 먹을 수 없는 무화과처럼 그들이 철저히 멸망하게 될 것이라고 선언하신다.

주해

1-2절. 예레미야는 하나님이 그에게 보이신 환상을 1인칭 관점에 서술한다(1절; cf. 단 7:2; 암 7:1, 4, 7; 8:1). 무화과 환상이 예레미야에게 임한 정황은 시드기야 왕(주전 597-586년)의 초기 통치기간이다. 주전 597년에서 오래 지나지 않은 정황이다. 바벨론 왕 느부갓네살이 여고냐(여호야긴)와 함께 고관들과 목공들과 철공들을 바벨론에 포로로 잡아간 것은 주전 597년의 일이다. 느부갓네살은 여고냐의 뒤를 이어 시드기야(맛다니야)를 왕으로 세우고 유다를 통치하게 한다(cf. 왕하 24:17). 느부갓네살이 여러 기술자들을 포로로 잡아간 것은 자신의 건축사업에 그들을 활용하기 위한 것이기도 하며 예루살렘이 더 이상 저항하거나 방어할 수 없도록 무력화하는 것이기도 하다. 여고냐가 포로로 잡혀간 후 하나님은 예레미야에게 성전 앞에 놓인 무화과의 환상을 보이신다. 2절은 환상의 내용을 구체적으로 설명한다. 대조적인 상태의 무화과가 각각 두 개의 광주리에 담겨져 있는 환상이다. 극히 좋은 무화과는 시기에 맞게 잘 익은 것으로 묘사되고 극히 나쁜 무화과는 먹을 수 없을 정도로 나쁜 것으로 묘사된다.

3절. 하나님의 질문과 예레미야의 답변은 환상의 내용을 다시 정확하게 확인해 준다. 하나님이 예레미야에게 무엇을 보느냐고 묻자 예레미야는 대조적인 두 무화과의 상태를 언급한다. 좋은 무화과는 "극히 좋고"(טֹבוֹת מְאֹד 토보트 메오드), 나쁜 무화과는 "극히 나빠서"(רָעוֹת מְאֹד 라오트 메오드) 먹을 수 없다고 말한다. 나쁜 무화과에 대해서는 "나쁜"(רָעוֹת 라오트; רַע 로아)이라는 표현이 반복되면서 나쁜 상태가 강조된다.

4-7절. 예레미야의 답변으로 환상의 내용을 확인하신 후 환상의 의미를 설명하시는 하나님의 말씀이 주어진다(4절). "이스라엘의 하나님 여호와"로 표현되는 것은 여호와가 이스라엘과 언약을 맺으신 "언약의 하나님"이라는 사실을 강조한다(5절). 좋은 무화과는 주전 597년에 예루살렘("이 곳")에서 바벨론으로 포로로 사로잡혀간 사람들을 상징적으로 가리킨다. 이것은 그들의 상태가 본질적으로 "좋다"(טוֹב 토브)는 것을 의미하지는 않는다. 왜냐하면 포로로 사로잡혀간 것이 예루살렘에서 범한 죄의 결과이기 때문이다. 하지만 바벨론에 포로로 사로잡혀간 자들

이 좋은 무화과에 비유되는 것은 그들의 상황이 유다에 남아있는 자들의 상황보다 상대적으로 낫다는 의미다. 왜냐하면 하나님의 회복의 계획이 그들에게 있기 때문이다(cf. 겔 11:14-21). "좋은 무화과 같이 '잘 돌볼 것이라' (אַכִּיר ... לְטוֹבָה 압키르 . . . 레토바)"는 것은 하나님이 그들을 좋은 무화과처럼 "좋은 것으로 여기시는 것," 또는 "간주하시는 것"을 의미한다. 따라서 그들이 회복을 기대할 수 있는 것은 자신들의 "좋은" 상태 때문이 아니라 하나님의 좋게 여기심에 근거한 것이다. 마치 사람들이 좋은 무화과를 소중히 여기고 다루듯 하나님이 바벨론에 포로로 사로잡혀간 자들을 좋은 열매로 간주하시고 소중히 다루실 것을 의미한다. 이것은 받을 만한 자격이 없는 자들에게 베푸시는 하나님의 은혜다. "내가 그들을 돌아보아 좋게 하여"(שַׂמְתִּי עֵינִי עֲלֵיהֶם לְטוֹבָה 삼티 애니 알래헴 레토바)라는 표현은 문자적으로 "내가 복('좋은 것,' טוֹבָה 토바)을 위해 내 눈을 그들에게 두어"를 의미한다(6절). 21장 10절에서 하나님은 "복"(טוֹבָה 토바)이 아닌 "화"(רָעָה 라아)를 위해 그의 얼굴을 예루살렘으로 향하게 할 것이라고 말하면서 심판을 선언하셨다. 하지만 이제 심판이 점진적으로 성취되면서 회복에 대한 확실한 근거가 제시된다. 하나님이 "좋은 것"을 위해 포로로 잡혀간 자들에게 관심을 두고 돌보실 것이기 때문에 회복을 기대할 수 있다. 하나님이 약속하시는 회복의 내용은 두 가지다. 첫째, 약속의 땅으로 다시 인도하여 견고하게 세우실 것이다. "세우고(회복), 헐지 아니하며(심판), 심고(회복), 뽑지 아니하겠고(심판)"라는 표현은 죄로 인한 심판을 완전히 역전시키는 회복을 의미한다. 심판으로 인해 흩어진 자들을 다시 모아 약속의 땅으로 인도하실 뿐만 아니라 그곳에 견고하게 세우고 심어 다시는 뽑히지 않게 하시겠다고 선언하신다.[46)]

둘째, 하나님과의 언약관계가 회복될 것이다(7절). 첫 번째 회복이 외면적 측면에 관계된 것이라면 두 번째 회복은 내면적 측면을 담고 있다. 즉 마음의 변화다. 유다백성의 배교와 패역은 그들의 마음에 있었다(cf. 7:24; 9:13; 18:12). "그들이 순종하지 아니하며 귀를 기울이지도 아니하고 자신들의 악한 마음의 꾀와 완악한 대로 행하여 그 등을 내게로 돌리고 그 얼굴을 향하지 아니하였으며"(7:24). 그러므로 하나님이, 그를 거부하고 우상을 자신들의 신으로 믿고 따르던 백성의 악한

---

46) 이 환상에서는 이러한 회복의 구체적인 방편이 제시되지 않지만 아모스 선지자는 "다윗의 무너진 장막"을 다시 세우는 것을 통해 이 회복이 이루어질 것임을 선언한다(암 9:11-15).

마음을 "여호와를 아는 마음"(לֵב לָדַעַת אֹתִי 래브 라다아트 오티; "나를 아는 마음"), 곧 그가 여호와인 것을 아는 마음으로 바꾸어 주신다. 하나님이 여호와인 것을 안다는 것은 그가 언약을 맺으신 그들의 하나님 여호와인 것을 인정하는 것을 의미한다. 이 변화의 결과는 언약관계의 회복이다. 즉 그들은 하나님의 백성이 되며 하나님은 그들의 하나님이 되시는 것이다. 왜냐하면 마음의 변화로 인해 유다백성이 "전심"(כָל־לִבָּם 콜-립밤; "그들의 온 마음")으로 하나님께 돌아올 것이기 때문이다. 이러한 회복의 약속이 여호야긴과 함께 사로잡혀간 자들에게 주어지지만 실제로 이 회복을 경험하는 이들은 그들의 후손이다. 예레미야는 바벨론에 잡혀간 포로들에게 보낸 편지에서 바벨론 땅에 정착하고 거하면서 70년 후에 있게 될 하나님의 회복을 기다리라고 권면한다(cf. 29:4-10).

8-10절. 이제 하나님은 나쁜 무화과가 상징적으로 가리키는 바가 무엇인지를 예레미야에게 설명하신다. 나쁜 무화과는 약속의 땅에 남아있는 자들을 가리킨다(8절). 유다 왕 시드기야와 그의 고관들과 예루살렘에 남은 자들이며 또한 이집트 땅에 살고 있는 자들이다.[47] 하나님은 약속의 땅을 그의 특별한 임재가 가능한 정결한 땅으로 만드시면서 열방의 땅과 구분해서 그의 언약백성에게 주셨다. 하지만 유다백성은 우상숭배와 온갖 죄악으로 약속의 땅을 열방의 땅과 같이 불결하게 만들어 이러한 구분을 지키지 못했다. 그러므로 그들은 하나님의 심판의 대상이 된다. 하나님의 심판은 그들이 세 가지 상황에 직면하게 하신다. 첫째, 열방으로 흩어져 환난을 당하는 상황이다(9절상; cf, 신 28:34).[48] 이는 약속의 땅에 거할

---

47) 실제 유다백성이 이집트 땅으로 가서 거하게 되는 사건은 예루살렘과 유다가 멸망한 주전 586년 이후다. 그런데 이들에 대한 언급이 주전 597년에 전달된 하나님의 신탁에 등장하는 것은 이 신탁이 미래적 사건을 선언하는 것이기 때문에 가능하다. 597년에 여호야긴과 기술자들이 포로로 잡혀간 사건은 586년의 포로사건에 대한 전조이기 때문에 이 환상신탁은 이 사건을 모두 포함하고 있다.

48) 9절상의 히브리어 원문, נְתַתִּים לְזַוְעָה לְרָעָה 네탈팀 레즈바아 레라아는 번역본에 따라 다르게 번역된다(cf. 15:4; 29:18; 34:17). 이는 "두려움" 또는 "앞뒤로 흔들림"을 의미하는 זַוְעָה 제바아가 동사 נָתַן 나탄("주다")과 함께 서술되면서 "두려움으로 만들다" 또는 "흩어버리다"는 의미를 갖기 때문이다. 개역개정은 "[내가] 세상 모든 나라 가운데 흩어서 그들에게 환난을 당하게 할 것이며"로 번역한다(cf. KJV). 이와는 달리 NIV, NASB, JPSV는 "내가 그들을 세상의 모든 나라들에게 공포의 대상 곧 재앙으로 만들 것이며"로

수 있는 구별됨을 거부하고 열방처럼 되고 싶었던 자들이 스스로 초래한 상황이다.

둘째, 하나님이 쫓아 보내는 모든 곳에서 "웃음거리"(חֶרְפָּה 헤르파)와 "말거리"(מָשָׁל 마샬) 그리고 "조롱거리"(שְׁנִינָה 쉐니나)와 "저주의 대상"(קְלָלָה 케랄라)이 되는 상황이다(9절하; cf. 23:40; 29:18). 자신들의 "신"(하나님)이 허락한 땅에서 그 신의 심판을 받고 쫓겨난 자들이 이러한 취급을 받는 것은 당연하다. 하나님의 명령을 거부하고 이집트로 피신하여 자신들의 안전을 보장받고자 했던 자들도 역시 그들이 간 곳에서 동일한 상황을 직면하게 된다(cf. 42:18). 이것은 하나님의 언약을 파기한 자들에게 임하는 언약적 저주다. "여호와께서 너를 끌어가시는 모든 민족 중에서 네가 '놀람'(שַׁמָּה 샴마)과 '속담'(מָשָׁל 마샬)과 '비방거리'(שְׁנִינָה 쉐니나)가 될 것이라"(신 28:37). 따라서 이들이 먹을 수 없는 나쁜 무화과에 비유되는 것은 적절하다.

셋째, 안전과 번영을 허락한 "약속의 땅"에서 완전히 멸망할 때까지 칼과 기근과 전염병이 멈추지 않는 상황이다(10절; cf. 14:12; 15:2; 21:9). 이는 약속의 땅이 심판의 자리가 된 것을 의미한다. 특히 이것은 하나님의 심판이 곧 임하게 될 것임에도 불구하고 단지 현재 예루살렘에 남아있다는 사실만으로 자신들이 거하고 있는 곳을 축복과 안전이 보장된 땅으로 믿고 안일하게 생각했던 유다백성에 대한 책망이다. 남아있는 자들은 포로로 끌려가지 않은 것이 은혜이고 축복이라고 생각했지만 하나님은 그것이 곧 재앙의 자리가 될 것임을 선언하신다. 29장 19절은 예루살렘에 남아있는 자들이 이러한 심판을 겪게 되는 이유가 여호와의 말씀을 듣지 않은 불순종임을 지적한다. 따라서 하나님은 무화과 환상을 통해서 단지 약속의 땅을 차지하고 있다는 것 자체가 축복과 생명을 보장하지 않음을 분명히 선언하신다. 왜냐하면 약속의 땅이 유다백성의 배교와 패역으로 열방의 불결한 땅과 구분되지 않기 때문이다.

번역한다. "내가 그들을 세상의 모든 나라들에게 두려움과 모욕의 대상이 되게 하고"(우리말 성경). 공동번역과 현대인의 성경은 비슷한 어감으로 번역한다. 이 번역을 따르면, 첫 번째 상황은 열방에게 공포의 대상이 되는 것이다. 이는 유다백성이 겪은 심판의 참혹함으로 인해 열방이 공포를 느끼는 것을 의미한다.

현재적 적용 **묵상**

1. 심판의 자리가 하나님의 회복을 기대할 수 있는 자리가 될 수 있고 또한 당장은 축복과 번영의 자리인 것 같은데 그 자리가 심판의 자리가 될 수 있다는 것을 알고 현재 있는 자리가 어떤 자리인지 분별하고 있는가?
2. 하나님이 이루시는 회복은 단지 종교행위의 회복이 아니라 마음의 변화에서 시작해서 온 마음으로 하나님께 돌아오는 것임을 알고 있는가?
3. 하나님께 관심을 두고 그를 알아가고자 하는 마음을 갖게 된 것은 하나님의 은혜이며 회복의 시작인 것을 감사하는가? 먼저 불러주신 하나님께 어떤 모습으로 나아가고 있는가?
4. 자녀들이 하나님의 회복과 축복을 경험할 수 있도록 그 환경과 상황을 만들어 주고 있는가? 한국교회의 복된 미래를 위해 성도들이 하나님의 뜻에 맞게 현재를 잘 감당하고 있는가?
5. 세상과 구분되지 않는 교회와 신앙공동체 안에 머물러 있으면서 축복을 기대할 수 있다고 착각하는 것은 아닌가? 축복이 아니라 심판이라고 말씀하시는 하나님의 음성이 들리지 않는가?
6. 완전히 멸망할 때까지 칼과 기근과 전염병을 멈추지 않겠다는 하나님의 단호한 선언이 두려움으로 다가오기 전에 삶의 모습과 태도를 신중하게 돌아보는가?

3. 유다와 열방에 대한 심판선언, 25:1-38 [여호야김 4년, 605년]

하나님의 심판이 유다백성뿐만 아니라 열방을 대상으로 선언된다. 25장 1절에 여호야김 통치 4년(주전 605년)이라는 역사정보가 서술되면서 새로운 범위의 시작을 보여준다. 이 범위의 끝은 25장 38절이다. 왜냐하면 26장 1절에 다른 역사정보(여호야김 1년, 주전 609년)가 언급되기 때문이다. 25:1-38은 크게 고소단락과 선언단락으로 구성된 신탁과 환상신탁으로 구분된다. 신탁과 환상은 사건서술 형식을 취한다.[49] 이 신탁들은 심판의 주제 그리고 동일한 대상을 다루는 면에서 서로 연결된다. 환상신탁(15-38절)은 앞서 선언되는 신탁(3-14절)을 확언하는 역할을 한다. 심판의 대상은 유다와 주변 나라들과 바벨론이다. 이를 반영하여 25:1-38의 구조를 분석하면 다음과 같다.

도입(1-2절)

- A. 심판신탁(3-14절)
  - a. 고소단락: 심판원인(3-7절)
  - b. 선언단락: 심판선언(8-14절)
    - (1) 유다와 주변 나라들, 8-11절
    - (2) 바벨론, 12-14절
- B. 환상신탁(15-38절)
  - a. 도입선언(15-16절)
  - b. 진노의 술잔을 마시게 함(17-26절)
    - (1) 유다, 18절
    - (2) 주변 나라들, 19-26절상
    - (3) 바벨론, 26절하
  - c. 진노의 술잔을 마실 수밖에 없는 이유(27-31절)
  - d. 하나님의 심판확언(32-33절)
  - e. 예레미야의 탄식(34-38절)

---

49) 1-30절은 산문이고 31-38절은 시문이다. ו바브 미완료 연계형과 ו바브 완료 연계형의 사용이 사건서술 형식을 나타낸다. 3절의 완료형 הָיָה하야("[하나님의 말씀이] 있었다") 이후에 사건의 전개를 서술하는 완료형 동사들과 ו바브 미완료 연계형이 7절까지 이어진다. 15절의 완료형 동사 אָמַר아마르 이후에 ו바브 미완료 연계형이 이어진다. אָמַר아마르("그가 이르되," 15절), וָאֶקַּח바엑카흐("내가 받아서," 17절), וָאַשְׁקֶה바아쉬케("마시게 하고," 17절)가 15-26절중을 함께 연결한다. 26절하의 미완료형 "יִשְׁתֶּה이쉬테([세삭 왕은] 마시리라") 이후에는 ו바브 완료 연계형이 이어진다. "יִשְׁתֶּה이쉬테([세삭 왕은] 마시리라," 26절하)-וְהָיָה베하야("[이런 일이] 있으면," 28절상)-("[너는] 말하라," 28절하)-וְאַתָּה תִּנָּבֵא베 알타 틴나배("너는 예언하라," 30절: 연계형의 마무리). 미완료와 완료 연계형에 의해 15-31절이 함께 연결된다. 32절의 완료형 אָמַר아마르("그가 이르되")로 신적 신탁의 도입이

심판신탁의 선언단락(8-14절)에서는 단순히 "사방의 모든 나라"라고만 언급하는데, 이 나라들이 19-26절상에 구체적으로 나열된다. 27-31절(c)에 심판선언도 서술되지만 유다를 포함한 모든 나라들이 하나님의 진노의 잔을 마실 수밖에 없는 이유가 주요 주제다. 그 이유는 악을 행하는 모든 육체에 대한 심판을 하나님이 확정하셨기 때문이다. 32-33절에 심판에 대한 하나님의 확언이 서술된 후 예레미야의 탄식(35-38절)이 이어진다. 예레미야의 탄식은 심판원인에 대한 하나님의 논증과 심판확언에 동의하는 역할을 하며 환상신탁을 마무리한다. 심판신탁(1-14절)과 환상신탁(15-38절)의 핵심주제는 모든 육체의 죄를 심판으로 다루시는 하나님의 우주적 공의와 주권이다.

(1) 유다와 주변 나라들, 바벨론에 대한 심판신탁, 25:1-14

본 단락의 1-2절은 신탁(3-14절)과 환상신탁(15-38절)이 주어진 역사정보와 신탁을 듣는 대상을 소개하면서 3-38절을 열어주는 역할을 한다. 제시된 역사정보는 여호야김 통치 4년(주전 605년)이다. 24장의 역사정보가 제시한 시드기야 시대, 즉 주전 597년 이후의 정황에서 다시 이전의 시대로 되돌아가서 605년의 정황이 제시된다. 이 신탁과 환상신탁을 듣는 대상은 "유다의 모든 백성"(כָּל־עַם יְהוּדָה 콜-암 예후다)과 예루살렘 거민들이다. 고소단락의 역할을 하는 3-7절은 예레미야가 신탁을 선포했을 때 유다백성이 거부한 사실을 서술한다. 하나님이 지난 23년간 선지자들을 통하여 끊임없이 경고를 전하셨지만 불순종으로 일관한 유다백성의 죄에 대한 고소다. 이에 따른 선언단락(8-14절)은 하나님의 말씀을 직접 인용하면서 유다와 주변 나라들, 그리고 바벨론에 대한 심판을 선언한다. 8-11절에 유다와 주변 나라들이 함께 언급되면서 심판의 대상으로 제시된 후, 12-14절에 심판의 도구로 사용된 바벨론이 유다의 포로생활 70년이 마무리 됐을 때 심판을 받게 되는 대상으로 언급된다. 따라서 본 단락의 구조는 앞서 본 바와 같이 구성된다.

서술된 후, 32절의 분사 יֹצֵאת 요쩨트("[재앙이] 나서")와 미완료형 יֵעוֹר 예오르("[큰 바람이] 일어날 것이다")에 이어서 ו바브 완료 연계형과 ו바브 미완료 연계형이 구문에 맞게 번갈아 사용된다.

도입(1-2절)

A. 심판신탁(3-14절)

a. 고소단락: 심판원인(3-7절)

b. 선언단락: 심판선언(8-14절)

(1) 유다와 주변 나라들, 8-11절

(2) 바벨론, 12-14절

예레미야는 유다백성이 지난 23년간 범한 불순종의 패역을 고소하고 그들로 하여금 이에 따른 하나님의 심판에 주목하게 한다. 유다백성은 하나님이 선지자들을 통해서 보내신 경고의 메시지를 듣고 그에게로 돌아올 수 있는 기회가 지속적으로 있었다. 하지만 끝내 거부했다. 특히 예레미야의 경험에 따른 고소는 유다백성으로 핑계할 수 없게 한다. 따라서 그들은 바벨론 왕 느부갓네살을 통한 하나님의 철저한 심판을 피할 수 없게 된다. 이때 주변 나라들도 심판의 대상에 포함되고 결국 심판의 도구로 사용된 바벨론도 심판을 받게 된다.[50] 이는 유다백성의 죄악뿐만 아니라 열방의 죄악도 심판으로 벌하시는 하나님의 우주적 공의와 주권을 의미한다.

신탁도입(1-2절)

여호야김 4년(주전 605년)이 예레미야에게 주어진 신탁의 역사정황이다. 신탁은 유다의 모든 백성에 관한 것이며 이들이 신탁을 들어야 하는 대상으로 언급된다.

고소단락: 심판원인(3-7절)

하나님이 지난 23년간(주전 627-605년) 선지자들을 통하여 유다백성의 죄를 지적하며 끊임없이 경고의 메시지를 전하셨지만 그들은 일관되게 듣지 않았을 뿐만 아니라 관심조차도 기울이지 않았다. 예레미야는 그가 경험한 이 불순종의 죄를 심판의 원인으로 고소한다.

50) 본 단락에서 다루고 있는 주제들은 이미 앞의 단락들에서 다룬 내용들과 동일한데, 본 단락에서 처음으로 제시하는 두 가지 새로운 사실이 있다. 하나는 70년의 포로기간이며 다른 하나는 심판의 도구인 바벨론에 대한 심판선언이다.

선언단락: 심판선언, 유다와 주변 나라들(8-11절)

유다백성의 불순종에 대한 하나님의 심판이 선언된다. 바벨론 왕 느부갓네살을 심판의 도구로 사용하셔서 유다와 그 주변 나라들을 전멸시켜 영원한 폐허로 만드실 것이다. 이어서 70년 동안 바벨론의 포로가 되어 바벨론 왕을 섬길 것이라는 선언이 주어진다.

선언단락: 심판선언, 심판의 도구 바벨론(12-14절)

유다가 바벨론에서 70년간의 포로생활을 마치게 되면 심판의 도구로 사용됐던 바벨론 역시 하나님의 심판을 겪게 된다. 이는 예레미야의 예언이 책에 기록된 대로 성취되는 것이며 바벨론이 저지른 죄에 대한 하나님의 공의를 드러내는 것이다.

주해

1-2절. 예레미야에게 신탁이 주어진 여호야김 4년, 즉 주전 605년의 역사정황은 다음과 같다. 주전 609년에 유다 왕 요시야가 므깃도 전투에서 전사하자 그의 아들 여호아하스가 유다의 왕이 됐는데, 이집트 왕 바로 느고가 그를 폐위시키고 대신 여호야김을 왕으로 세우면서 유다에 대한 그의 통치권을 확립한다(cf. 왕하 23:31-35). 하지만 605년에 바벨론 군대가 갈그미스 전투에서 이집트 군대를 파멸시킨 후 바벨론 왕 느부갓네살이 유다를 장악하게 된다. 이것은 예레미야의 사역에 있어서 중요한 사건이다. 왜나하면 바벨론을 통한 하나님의 심판의 가능성이 구체화됐기 때문이다.[51] 이러한 정황 속에서 여호야김 4년에 예레미야에게 임한 신탁은 유다의 모든 백성에 관한 것이며 2절은 이 신탁을 들어야 할 대상을 "유다의 모든 백성과 " 예루살렘의 모든 주민" 으로 제시한다.[52] 이 도입과 관련해서

51) 다니엘 1장 1절은 느부갓네살이 예루살렘을 점령하고 성전 기구와 함께 유다의 왕족과 귀족들을 잡아간 사건을 기록하고 있다. 이 기록에는 여호야김 3년으로 적고 있는데, 이것은 즉위년을 계산하지 않는 바벨론의 연도측정법을 따른 것으로 보인다.

52) 역사정황을 고려할 때 25장은 35장("유다의 요시야 왕의 아들 여호야김 때")과 36장("유다의 요시야 왕의 아들 여호야김 제사년") 사이 또는 36장 이후에 위치할 수 있다. 하지만 현재 예레미야서의 구성 안에서 25장을 살필 필요가 있다. 또한 시대에 따른 예레미야

흥미로운 것은 예레미야에 대한 3인칭 서술이다. 예레미야가 "선지자 예레미야"(יִרְמְיָהוּ הַנָּבִיא 이르메야후 한나비)로 소개된다.[53] 선지자 예레미야가 유다의 모든 백성과 예루살렘의 모든 거민들에 관해서 말했다는 표현과 함께 고소단락이 이어진다. 이것은 제3자에 의해 본 단락이 서술된 것을 의미할 수 있지만 예레미야에 의한 기록의 가능성을 배제하지 않는다. 예레미야의 기록일 경우, 이는 객관화 기법에 의한 것이다. 고소의 내용에는 하나님이 보내신 선지자들의 사역이 언급된다. 이를 고려하면 예레미야 역시 그 선지자들 중의 한 명이라는 사실을 "선지자 예레미야"라는 표현으로 전달하는 것으로 보인다. 3인칭 관점 서술은 두 가지 사실을 객관적 관점으로 전달하기 위해 의도된 것일 수 있다. 하나는 하나님이 보내신 선지자로서 예레미야 자신이 사역을 한 사실이며 다른 하나는 유다백성이 예레미야의 신탁을 포함한 선지자들의 경고를 거부한 사실이다. 결과적으로 고소단락의 객관화는 심판선언의 정당성을 확보한다. 객관화의 작업 중 하나는 여호야김 4년을 "바벨론의 왕 느부갓네살 원년"으로 다시 표기하는 것이다.

3-4절. 예레미야가 유다백성의 죄를 고소하는 내용이 그의 경험에 기초해서 서술된다. 유다 왕 요시야 13년(주전 627년)부터 "오늘까지"(주전 605년) 23년간 "여호와의 말씀"이 예레미야에게 임했고(cf. 1:1-3), 그는 여호와의 말씀을 유다백성에게 끊임없이 전했지만 그들은 전혀 듣지 않았다(3절). 예레미야는 자신의 사역을 "내가 너희에게 꾸준히 일렀으나"(אֲדַבֵּר אֲלֵיכֶם אַשְׁכֵּים וְדַבֵּר 아답배르 알래켐 아쉬켐 베답배르)로 표현한다. 이 표현은 4절에서 "여호와께서 그의 모든 종 선지자를

의 사역과 유다백성의 반응을 고려하려면 35장과 36장의 흐름에서 25장을 고려하는 것도 의미가 있다.

53) 예레미야가 언급될 때 주로 예레미야로만 서술되는데, 선지자라는 표현과 함께 서술된 경우에는 그의 선지자 직분이 강조되고 해당 단락에서 의미하는 바가 있다. 예를 들면, 20장의 바스훌과의 충돌은 참선지자와 거짓제사장의 충돌이다. 이 단락에서 예레미야는 "선지자 예레미야"로 바스훌은 "제사장 바스훌"로 소개된다. 같은 맥락에서 예레미야와 하나냐의 충돌을 기록하는 28장에 예레미야는 "선지자 예레미야"로 하나냐는 "선지자 하나냐"로 소개된다. 이는 참선지자와 거짓선지자의 충돌을 의미한다. 본 단락에서 예레미야를 선지자로 소개하는 것은 유다와 열방의 선지자로 부름을 받은 그의 소명과 연관된다. 열방을 향한 선지자로 부름을 받았기 때문에 열방에 대한 신탁을 전하는 것은 자연스럽다. 또한 예레미야가 하나님이 끊임없이 보낸 선지자들 중의 한 명인 것을 강조한다.

너희에게 끊임없이 보내셨다"(הַשְׁכֵּם וְשָׁלֹחַ 하쉬캠 베샬로아흐)는 표현과 짝을 이룬다. 직접적으로는 하나님이 "내가 너희에게 말하되 새벽부터 부지런히 말하여도"(אֲדַבֵּר אֲלֵיכֶם הַשְׁכֵּם וְדַבֵּר 아답배르 알래캠 하쉬캠 베답배르)라고 표현한 것과 동일한 구문이다(cf. 7:13; 25:3; 35:14). 동일한 구문이 반복된다. 따라서 예레미야는 하나님의 보내심을 받고 그가 하신 그대로 자신이 신탁을 전하는 사역을 감당했음을 말하는 것이다. 달리 말하면 예레미야 자신이 하나님이 선지자들을 보내어 끊임없이 말씀하신 사실에 대한 산 증인이라는 의미다.[54] 또한 유다백성이 "순종하지 않은 것"(לֹא שְׁמַעְתֶּם 로 쉐마이템; "듣지 않은 것")에 대한 산 증인이기도 하다. 그들이 선지자 예레미야가 선포한 하나님의 경고를 듣지 않은 것은 단지 당시만의 문제가 아니다. 이전에도 하나님이 선지자들을 통해서 부지런히 그의 말씀을 선포했지만 유다백성은 듣지 않았고 들으려는 관심조차도 보이지 않았다(4절). 이는 유다백성의 일관된 고질적인 불순종을 고소하는 것이다.

5-7절. 하나님이 선지자들을 통하여 유다백성에게 전하신 신탁의 내용이 서술된다. 신탁의 내용은 회개촉구와 그에 따른 약속이다. 하나님은 그들이 각자 자신의 악한 길과 악한 행실에서 돌이킬 것을 촉구하셨다(5절). 그러면 조상들에게 준 약속의 땅에서 영원히 거할 수 있다는 약속을 주셨다. "너희는 각자의"라는 표현은 회개의 총체성 및 개별성을 나타낸다.[55] 즉 신탁을 듣는 사람들이 모두 회개촉구의 대상이 되며 그들은 개별적으로 자신의 죄를 철저하게 회개해야 함을 의미한다. 6절은 5절이 의미하는 바를 더 구체적으로 설명한다. "악한 길"과 "악행"은 각각 이방 신을 따라가 섬긴 것과 자신들이 스스로 만든 우상으로 하나님의 노여움을 일으킨 것을 가리킨다. 즉 유다백성의 범죄는 하나님을 거부하고 우상숭배에 빠진 것이다. 이러한 우상숭배에서 돌이키면 어떤 해도 받지 않고 약속의 땅에 영

---

54) 이 선지자들은 유다의 역사에서 하나님이 보내신 모든 선지자들을 포함한다. 우리야, 스바냐, 하박국, 나훔, 에스겔은 예레미야와 같은 시대에 하나님의 말씀을 유다백성에게 선포했던 선지자들이다. 하나님은 선지자들을 "나의 종들"(עֲבָדָיו 아바다브)이라고 부르시면서 그들이 하나님의 명령에 따라 그의 일을 감당하고 대행하는 이들임을 강조하신다.

55) 히브리이어 원문의 표현은 אִישׁ מִדַּרְכּוֹ הָרָעָה וּמֵרֹעַ מַעַלְלֵיכֶם 이쉬 믿다르코 하라아 우매로아 마알랄래켐("각기 자신의 악한 길에서 그리고 너희의 악한 행실에서")이다.

원히 거할 수 있음을 약속하셨다.[56] 이러한 경고가 끊임없이 전달됐지만 유다백성은 하나님의 말을 듣지 않았고 오히려 우상숭배에 더 전념함으로 여호와의 진노를 자극하여 스스로 "해"(רַע 라)를 초래했다(7절). 이것은 심판의 정당성을 의미한다. 재앙이 이미 임한 것으로 표현하는 것은 주전 605년(여호야김 4년)에 바벨론 왕 느부갓네살이 예루살렘을 장악하고 일부 유다백성을 포로로 사로잡아 간 것을 가리킨다. 이때 다니엘과 그의 친구들도 함께 포로로 끌려갔다(cf. 단 1장). 궁극적으로 우상숭배로 인해 받게 되는 "해"는 약속의 땅에 거할 수 있는 특권과 축복을 박탈당하는 것이다. 따라서 심판선언에 약속의 땅이 폐허가 되는 것뿐만 아니라 약속의 땅에서의 추방이 언급된다.

8-11절. "그러므로"(לָכֵן 라캔)와 신탁도입형식("만군의 여호와께서 이와 같이 말씀하시니라")은 선언단락으로의 전환을 표기한다. 고소단락에서 서술한 유다백성의 문제가 8절에서 한 문장으로 간략하지만 정확하게 서술된다. "내 말을 듣지 않았다"(לֹא־שְׁמַעְתֶּם אֶת־דְּבָרָי 로-쉐마이템 에트-데바라이)는 것이다. 그러므로 유다가 지난 23년간 지속적으로 일관되게 드러낸 불순종에 근거하여 하나님의 심판이 선언된다. 하나님의 심판선언은 먼저 심판의 도구에 주목하게 한다("보라")(9절). "불러다가"(שֹׁלֵחַ 숄래아흐)라는 표현은 하나님이 바벨론 왕 느부갓네살과 그에게 속한 족속들("북쪽 모든 종족")을 유다를 심판하는 도구로 사용하신다는 것을 의미한다. 다른 심판신탁과 동일하게 심판이 오는 방향이 "북쪽"(צָפוֹן 짜폰)으로 언급된다. 하나님은 심판의 도구로 사용하시는 느부갓네살을 "내 종"(עַבְדִּי 아브디)으로 부르신다(cf. 27:6; 43:10). 이 표현은 느부갓네살에 대한 하나님의 호의를 의미하는 것이 아니라 단지 맡겨진 임무를 정확히 수행할 확실한 심판의 도구임을 확언하는 것이다. 신적 선언("여호와의 말이니라")으로 이 사실을 강조하신다. 그런데 하나님의 심판은 유다에만 제한되지 않는다. 유다 주변의 모든 나라들도 심판의 대상이다. 주변 나라들도 하나님의 심판의 대상이 되는 것은 유다가 도움을 기대할 수 있는 나라들을 완전히 제거하심으로 유다의 확실한 멸망을 선언하는 것과 같다.[57]

---

56) "내가 너희를 해하지 아니하리라"(לֹא אָרַע לָכֶם 로 아라 라켐)는 "악한"(רָעָה 라아) 길과 "악한"(רֹעַ 로아) 행실에서 돌이킨 것에 대한 반응으로 하나님이 "해"(רָעָה 라아, "재앙"/"악")를 내리지 않는 것을 의미한다.

심판의 주체는 유다백성이 거부한 하나님이다("내가"). 하나님이 친히 느부갓네살과 그의 군대를 사용해서 유다와 주변 나라들을 완전히 멸하시면 그들은 "놀램"(שַׁמָּה 삼마)과 "비웃음"(שְׁרֵקָה 쉐래카)의 대상이 되고 "영원한 폐허"(חָרְבוֹת עוֹלָם 호르보트 올람)로 남게 된다. "이 땅"(הָאָרֶץ הַזֹּאת 하아레쯔 핫조트)은 하나님께 순종했다면 조상들과의 언약에 따라 영원부터 영원까지 거할 수 있었던 땅이다(cf. 5절).

10절은 여전히 하나님을 심판의 적극적인 주체로 묘사하면서("내가...을 제거할 것이다"), 심판에 대한 서술을 이어간다. 하나님의 심판은 심판의 대상들에게 어떤 기쁨이나 즐거움도 허락하지 않을 뿐만 아니라 음식을 준비하고 불을 밝히는 등의 일상적인 집안일도 기대할 수 없게 한다(cf. 7:34; 16:9). 이것은 일상적인 삶이 완전히 중단되고 파괴되는 것을 의미할 뿐만 아니라 그 땅에 거주민이 없게 되는 것을 암시한다. 10절은 심판이 이루어진 후 모든 소리와 움직임이 멈추어버린 정적을 연상하게 한다. 따라서 10절의 내용을 달리 표현하면 11절의 선언과 같다. 땅 전체가 "폐허"(חָרְבָּה 호르바)가 되고 "황량"(שַׁמָּה 삼마; "놀람")하게 되는 것이다(11절). 뿐만 아니라 유다와 주변 나라들이 70년 동안 바벨론의 왕을 섬기게 된다. 이 선언이 유다에게는 약속의 땅에서 추방을 당하여 바벨론에서 70년 동안 겪게 될 포로의 삶을 의미한다(cf. 29:10). 유다와 관련해서 "70년"(שִׁבְעִים שָׁנָה 쉬브임 샤나)에 대한 해석이 세 가지로 제시된다. 첫째, 70년을 어림수로 해석하는 것이다. 이것은 인생의 연한을 70년으로 어림잡아 표현하는 것과 유사한 맥락이다(cf. 시 90:10; 사 23:15). 이 경우, 주전 605년에 포로를 잡아가는 사건에서 고레스의 칙령이 선포된 538년까지의 약 66년 또는 67년을 이 어림수가 적용되는 기간으로 본다.[58] 이 기간의 근거는 여호야김 4년, 즉 605년에 70년을 언급하는 것과 포로기간이 마무리되는 시점에서 70년을 언급하는 다니엘 9장 2절이다. 또는 597년 이후에 이미 포로지에 가 있는 유다 포로들에게 보내는 편지인 29장 10절이 70년을 언급하고 있는 것을 고려하면 주전 597년에서 538년의 기간인 60년을 70년의 어림수로 고려하게 된다. 또는 실제로 11절의 선언처럼 유다 땅이 황폐하게 되고 포로가 시작된 586년에서 538년까지의 48년이 어림수에 해당한다. 60년과

---

57) 환상신탁에 지적된 바와 같이 주변 나라들이 심판을 받는 것은 하나님이 악을 행한 모든 육체를 벌하시기 때문이다(cf. 31절).

58) Harrison, *Jeremiah & Lamentations*, 126.

48년은 70년의 어림수로 보기에는 무리가 있다. 따라서 상징적 해석이 제안된다. 둘째, 70년을 상징적인 숫자로 해석하는 것이다.[59] 70년이 상징적으로 대적의 땅에 거하는 동안 땅이 누리게 되는 안식을 의미하거나(cf. 레 26:34-35), 또는 7이라는 숫자와 관련하여 하나님의 완전한 심판을 만족시키는 오랜 기간을 의미하는 것으로 해석한다. 이 경우, 70년이 문자적으로 70년일 필요는 없다. 셋째, 70년을 문자적으로 해석하는 것이다.[60] 586년에 예루살렘 성전이 파괴된 때로부터 성전이 다시 세워진 516년까지의 기간으로 계산하는 것이다.[61] 이 견해의 근거는 다리오 왕 2년, 즉 주전 520년을 여호와가 노하신지 70년이 되는 때로 언급하고 있는 스가랴 1장 12절이다. 문맥이 상징적 의미를 제시하지 않을 경우, 미래에 일어날 실제적인 일을 예언하는 신탁의 속성에 근거하여 문자적 해석이 선호된다.

12-14절. 바벨론 왕과 갈대아인들이 유다를 벌하기 위한 하나님의 심판의 도구로 사용되지만 자신들이 범한 죄에 대한 심판에서 면제되는 것은 결코 아니다. 유다가 바벨론에서 포로로 지내는 70년의 시간이 차게 되면 그들도 하나님의 심판의 대상이 된다(12절). 바벨론이 하나님의 심판을 겪게 되는 것은 세 가지 측면에서 볼 수 있다. 첫째, 하나님의 공의의 측면이다. 바벨론이 심판의 대상이 되는 것은 죄를 벌하시는 하나님의 공의에 근거한다. 하나님이 유다를 향하여 심판을 선언하실 때 유다의 범죄에 주목하신 것과 같은 동일한 원리가 바벨론에도 적용된다. 따라서 바벨론 왕과 갈대아인들이 범한 죄가 심판의 원인이 된다. 하나님은 "그[들의] 죄악"(עֲוֹנָם 아보남)이라는 표현으로 이 사실을 분명하게 전달하신다.[62]

---

59) Chisholm은 70년이 하나님의 심판이 완결되는 긴 기간에 대한 숙어적 표현으로 간주한다(Chisholm, *Handbook*, 185).

60) 주전 597년 이후에 기록된 29장 10절 역시 70년을 언급하는데, 이 70년은 597년의 사건을 기준으로 문자적 70년이 아니라 이미 605년에 선포한 70년을 다시 언급하는 것으로 간주할 수 있다.

61) 586년을 고려하는 것은 25장 9-11절에 유다의 땅이 황폐하게 되는 것을 언급하기 때문이다. 유다와 예루살렘이 실제적으로 황폐하게 되는 것은 예루살렘을 함락시키는 바벨론의 공격이 있었던 주전 586년의 일이다. 70년에 대한 선언은 605년의 일이지만 이 선언이 성취되는 것은 586년으로 볼 수 있기 때문이다.

62) 12절의 히브리어 원문의 표현은 하나님이 그들의 죄를 물어 영원한 폐허로 만든다는 의미

50장 14절은 "그가 여호와께 범죄하였음이라(לַיהוָה חָטָאָה 라도나이 하타아)"는 표현으로 바벨론의 심판원인을 지적한다(cf. 슥 1:15). 하나님의 공의는 결코 바벨론의 범죄를 묵과하지 않으신다. 50장 29-32절은 바벨론이 하나님의 심판을 받게 되는 원인으로 "교만"(זָדוֹן 자돈)을 반복해서 언급한다. 따라서 바벨론의 왕과 그의 나라와 갈대아인의 땅이 영원히 폐허가 되는 것은 우주적 주권을 가지신 공의의 하나님께 범한 죄와 교만에 따른 당연한 결과다.

둘째, 예언의 성취적 측면이다(13절). 하나님은 유다를 향한 심판신탁뿐만 아니라 바벨론을 비롯한 열방을 향한 그의 심판신탁을 예레미야를 통하여 이미 선포하셨고 기록으로 남겨서 분명히 알려 주셨다. 따라서 그가 이미 선포한 신탁("나의 모든 말")에 따라 심판이 바벨론 땅에 임한다. 하나님은 "이 책"(הַסֵּפֶר הַזֶּה 핫쌔페르 핫제)을 언급하시면서 열방에 대한 심판신탁이 예레미야를 통해 예언됐고 책으로 이미 기록됐다고 말씀하신다.[63] "이 책"은 최종형태의 예레미야서가 아니라 예레미야의 사역 기간 중 작성된 책을 가리키는 것으로 보인다.[64] 이 책이 여호야김이 불태워버린 책일 수도 있다(cf. 36장). 같은 맥락에서 18절의 "오늘"은 신탁을 선포하는 때가 아닌 기록당시를 가리키는 것으로 이해할 수 있다.

셋째, 행한 대로 갚으시는 하나님의 보복적 측면이다(14절). "나는 그들의 행위와 그들의 손이 행한 대로 갚으리라." 이 표현은 그들이 행한 대로 되갚으시는 심판을 의미한다. 51장 6절은 바벨론의 심판을 "[바로] 여호와의 보복의 때"(עֵת נְקָמָה הִיא לַיהוָה 애트 네카마 히 라도나이)로 표현한다. 바벨론이 하나님의 심판의 도구로 사용되지만 유다를 침략해서 파괴하는 것은 자신의 결정과 의도에 의한 것이다. 이는 "그들의 행위와 그의 손이 행한 대로"라는 표현이 의미하는 바다. 갈대아인들은 유다를 파괴하면서 자신들의 난폭함과 잔인함을 여실히 드러낸다(cf. 51:35). 그들은 전쟁과 탈취로 여러 민족들과 왕들을 압제하고 자신들의 종

를 전달한다.

63) "이 책"의 내용을 보여주려는 듯 칠십인경에는 13절상 다음에 열방을 향한 심판신탁을 기록하고 있는 46-51장이 등장한다. 50-51장은 바벨론을 향한 심판신탁을 자세히 기록하고 있다.

64) 최종형태의 예레미야서를 가리키는 것으로 보는 경우, 13절은 최종형태의 예레미야서를 작성한 후 이 신탁의 이해를 돕기 위해 나중에 삽입된 것으로 설명하기도 한다.

으로 삼았다. 따라서 하나님은 그의 백성에게 폭력과 탈취를 행하고 포로로 사로잡아가 종살이를 시킨 바벨론의 행위에 대해 그대로 보복하신다. 하나님의 백성의 대적은 하나님의 대적이 되기 때문에 하나님의 보복의 대상이 되기도 한다(cf. "나는 네 원수라," 51:25). 그러므로 유다를 향한 하나님의 심판기간이 차면 바벨론 역시 하나님의 심판으로 인해 멸망하게 되고 다른 민족을 섬기게 된다. 바벨론이 섬기게 될 "여러 민족과 큰 왕들"은 고레스 정권 하의 메대와 바사 제국 및 그에게 속한 왕들을 가리킨다.[65] 하나님의 보복이 주전 539년에 바사 왕 고레스에 의해 실제로 바벨론에 성취된다. 바벨론의 멸망에 대한 선언은 열방을 향한 하나님의 심판에 대한 환상신탁으로 넘어가는 전환역할을 한다.

현재적 적용 | 묵상

1. 하나님이 끊임없이 선지자들을 보내셔서 그의 말씀과 경고를 보냈는데도 듣지도 않고 관심조차 보이지 않은 유다백성의 모습을 보면 "희대의 벽창호"라는 표현이 연상되지 않는가? 그런데 한국교회와 소위 말하는 "성도"인 나를 돌아보면 동일한 표현이 연상되는 것은 아닌가?
2. 하나님이 "그럼에도 불구하고"의 사랑을 베푸시는데, 이 사랑은 하나님께 회개하고 은혜를 구할 때 내가 죄인임에도 "불구하고" 그의 사랑을 경험할 수 있다는 것이다. 하나님의 말씀을 듣지 않겠다고 말하면서 "그럼에도 불구하고" 사랑과 축복을 구할 때 하나님이 "네가 내 말을 듣지 않기 '때문에' 라고 답하시며 심판을 선언하시는 것이 들리지 않는가?
3. 예레미야처럼 하나님이 일하시는 모습을 그대로 담아내는 사역을 하고 있는가?
4. 악한 길과 행실로 하나님의 진노를 자극하기 때문에 하나님이 약속하시는 영원한 삶과 축복을 스스로 잃어버리고 있는 것은 아닌가?
5. 하나님의 부르심을 받은 성도라는 것과 그의 소명에 따른 사역자라는 것을 누

65) 예레미야 51장 27-28절에 바벨론을 멸망시킬 나라들이 구체적으로 열거된다: "아라랏과 민니와 아스그나스 나라," "메대 사람의 왕들과 그 도백들과 그 모든 태수와 그 관할하는 모든 땅."

구나 인정할 수 있는 객관적 사실로 말할 수 있는가?

6. 유다백성은 23년 동안 예레미야를 통해 하나님의 말씀을 들었던 소위 말하는 "연륜"이 있었는데, 이 연륜은 "신앙의 연륜"이 아닌 단지 23년이라는 "시간의 연륜"이었다. 교회생활을 해온 지난 기간이 "신앙의 연륜"인가 아니면 "시간의 연륜"인가? 우리가 신앙의 연륜을 말할 때 하나님이 보시는 것은 "몇 년"이 아니라 "어떤 모습"과 "어떤 태도"인 것을 알고 있는가?

---

(2) 열방이 마시는 진노의 술잔에 대한 환상신탁, 25:15-38

"내가 보니"(cf. 겔 40:5; 단 7:9; 슥 1:8, 18; 2:1; 5:1) 또는 "여호와께서 내게 보이신 것이 이러하니라"(cf. 24:1; 암 7:1, 4, 7; 슥 3:1) 등의 환상도입형식으로 시작되는 것은 아니지만 본 단락은 환상에 대한 기록일 가능성이 높다.[66] 왜냐하면 예레미야가 하나님의 명령을 듣고 모든 나라로 진노의 잔을 마시게 했다(17절)는 표현은 그가 실제적으로 행한 일에 대한 서술이기보다는 환상 중에 행한 일에 대한 기록으로 보이기 때문이다. 앞 단락의 신탁은 예레미야가 3인칭으로 서술되지만 본 단락에서는 1인칭("내게")으로 등장하면서 그가 본 환상을 전달한다. 이미 앞 단락에서 그가 선지자라는 사실에 대한 객관적 언급이 있었기 때문에 1인칭 관점의 환상기록 역시 선지자의 권위에 기초한다. 앞 단락의 신탁에서 하나님의 공의에 따라 죄를 범한 민족들에 대해 선언한 심판이 본 단락의 환상기록을 통해 논증되고 확언된다.[67] 본 단락의 구조는 앞서 제시한 바와 같다.

a. 도입선언(15-16절)
　b. 진노의 술잔을 마시게 함(17-26절)

---

66) Longman은 실제적 사건이 아니라 중요한 문학적 주제에 대한 극적 묘사로 간주한다 (Longman, *Jeremiah/Lamentations*, 174).

67) 18절이 예루살렘과 유다 성읍들과 왕들과 고관들이 멸망과 저주를 당한 것으로 기록하고 있는 것으로 간주하면 이 환상은 하나님의 심판이 일부 유다에 임한 상황에서 주어진 것으로 보인다.

(1) 유다, 18절
(2) 주변 나라들, 19-26절상
(3) 바벨론, 26절하

c. 진노의 술잔을 마실 수밖에 없는 이유(27-31절)

d. 하나님의 심판확언(32-33절)

e. 예레미야의 탄식(34-38절)

하나님의 진노의 술잔을 마시게 되는 대상은 유다, 주변 나라들과 바벨론이다. 이 나라들의 목록이 제시된다(19-26절). 이 목록은 지역적으로 남쪽에서 북쪽으로 그리고 이집트에서 페르시아로 이동한다. 이 목록은 세삭 왕(바벨론 왕)으로 마무리된다. 이 목록에 이어서 하나님이 진노의 잔을 거부하는 나라에게 그 잔을 마실 수밖에 없는 이유를 논증하는 내용이 서술된다(27-31절). 그 이유는 하나님의 우주적 주권과 그의 공의가 열방의 범죄를 묵과하지 않으시고 마치 맹렬히 포효하는 사자처럼 그리고 포도를 밟는 자와 같이 철저하게 심판하실 것이기 때문이다. 그러면 그 어느 나라도 그의 백성으로부터 시작된 우주적 심판을 피할 수 없게 된다. 32-34절에서 하나님은 온 땅에 미치게 될 재앙을 선언하시고 통치자들의 몰락을 선언하시는 것으로 그의 진노의 잔을 마시는 심판을 확언하신다. 이는 죄를 범한 나라가 공의의 하나님 앞에 결코 설 수 없음을 선언하는 것이다(cf. 암 9:8). 예레미야가 목자와 사자 모티브를 사용해서 하나님의 심판으로 인한 처참한 상황에 대해 탄식하는 34-38절로 환상신탁을 마무리한다. 예레미야의 탄식은 심판원인에 대한 하나님의 논증과 심판확언에 대한 동의를 의미한다.

도입선언(15-16절)

예레미야는 그가 받은 환상을 1인칭관점에서 서술한다. 진노의 술잔을 하나님의 손에서 받아서 그가 보내는 모든 나라가 마시게 하라는 명령을 받는다. 술잔을 마신 나라는 하나님이 보내신 칼에 대항할 수 없는 무기력한 상태에 처하게 된다.

진노의 술잔을 마시게 함(17-26절)

유다로 시작된 진노의 술잔을 마셔야하는 나라들의 목록이 제시된다. 이집트가 유다의 뒤를 이어 서술된 후 점진적으로 페르시아 지역으로 이동하고 세삭 왕(바벨론 왕)으로 이 목록이 마무리된다.

진노의 술잔을 마실 수밖에 없는 이유(27-31절)

앞의 목록에 언급된 나라들의 운명은 진노의 술잔을 받아 마시고 취한 상태에서 하나님의 심판을 당하는 것이다. 하지만 이 술잔을 거절하는 나라들에게 심판의 필연성을 전하라는 명령이 주어진다. 하나님은 근거를 제시하면서 심판의 필연성을 논증하신다. 그 근거는 두 가지다. 첫째, 하나님의 우주적 심판이 예루살렘에서부터 시작됐다. 둘째, 죄를 범한 나라에 대한 하나님의 심판이 이미 확정됐다. 심판의 이러한 가능성은 하나님의 속성이 보증한다. 첫째, 그의 우주적 주권(30절), 둘째, 그의 심판의 능력(30절), 셋째, 그의 공의(31절)다.

하나님의 심판확언(32-33절)

하나님은 그의 심판을 온 땅에 처참한 죽음을 가져올 재앙으로 묘사하시면서 심판을 확언하신다.

예레미야의 탄식(34-38절)

예레미야는 두 가지 사실로 인해 탄식한다. 하나는 하나님의 심판을 어떤 통치자도 대적할 수 없다는 사실이며 다른 하나는 이 심판이 그의 무서운 진노에 의한 것이라는 사실이다. 예레미야의 탄식은 하나님의 심판확언에 대한 동의를 의미한다.

주해

15-16절. 환상 중에 예레미야는 하나님의 손에서 진노의 술잔을 받아서 그가 보내시는 모든 나라로 하여금 마시게 하라는 명령을 받는다(15절). 예레미야가 사역하는 주요 대상은 유다백성이지만 그의 소명에서 제시된 바와 같이 그의 메시지는 단지 유다에만 제한되지 않는다. "이스라엘의 하나님"은 이스라엘과 언약을 맺으신 언약의 하나님을 가리키지만 그의 주권은 이스라엘에만 제한되지 않는다. 예레미야를 다른 민족에게 보내시는 것은 하나님의 우주적 주권을 보여준다. "술

잔"(כּוֹס הַיַּיִן 코쓰 하이야인)은 하나님의 심판을 표현하는 은유다(cf. 49:12; 사 51:17; 겔 23:31-33). 진노의 술잔을 마신 나라들은 취하여 비틀거리게 된다(16절). 즉, 하나님의 심판이 임하면 스스로 몸을 추슬러서 방어할 수 있는 태세를 갖추지 못하게 된다. 더 나아가 하나님의 심판을 수행하는 "칼"로 인해 미친 듯이 행동하게 된다. 미친 듯이 행동한다는 것은 전쟁의 두려움으로 인하여 사람들이 정신을 잃고 소동과 혼란에 빠지게 되는 것을 묘사하는 듯하다. 앞 단락의 신탁에 빗대어 보면 이 "칼"이 바벨론을 의미하는 것을 알 수 있다.[68] 하나님의 심판으로 인해 멸망하기 전까지 바벨론은 열방을 향한 하나님의 심판을 수행하는 도구로 사용된다. 하나님은 예레미야를 통해 모든 나라에 심판을 선포할 것이며("진노의 술잔을 마시게 할 것이며"), 바벨론은 심판을 위해 보냄을 받은 "칼"의 역할을 그들 중에 감당하게 된다.

17절. 예레미야는 하나님의 명령대로 진노의 술잔을 취하여 여호와가 보내신 모든 나라들로 마시게 했다고 말한다(17절). 17절에 서술된 동사들은 "내가 받았다"(וָאֶקַּח 바엑카흐) 그리고 "마시게 했다"(וָאַשְׁקֶה 바아쉬케)는 흐름을 갖는다. 이 두 동사는 ו 바브 미완료 연계형으로 15절에 서술된 완료형 אָמַר 아마르("그[여호와]가 말했다")를 이어서 사건의 진행을 나타낸다. 즉 하나님이 말씀하셨고(15-16절), 예레미야는 그의 명령에 따라 진노의 술잔을 받아서(취해서)(17절상) 모든 나라로 마시게 했다(17절하)는 의미가 전달된다. 실제 역사적 사건이 아닌 환상에서의 사건을 서술하는 것으로 보인다.

27장에 따르면 실제 상황에서는 예레미야가 시드기야 왕을 보기 위해 온 주변 나라들의 사신들에게 바벨론 왕의 멍에를 메고 그를 섬기라는 신탁을 전달한 것을 볼 수 있다. 역사적으로는 바벨론을 통하여 나라들이 하나님의 진노의 술잔(하나님의 심판)을 마시게 되고 바벨론의 멍에를 메게 된다. 17절의 서술에 이어서 18절부터 예레미야가 하나님의 명령에 따라 진노의 술잔을 마시게 한 나라들의 목록이 시작된다. 전체 목록은 18-26절에 제시된다.

---

68) 51장 7절에 바벨론이 여호와의 손 안에 있는 온 세계로 취하게 하는 "금잔"(כּוֹס־זָהָב 코쓰-자하브)으로 묘사된다.

18절. 예레미야가 진노의 술잔을 마시게 한 나라들의 목록에 예루살렘과 유다 성읍들과 그 왕들과 관료들이 제일 먼저 언급된다. 유다와 관련해서 주목하게 되는 사항이 있다. 첫째, 목록의 제일 먼저 언급되는 것이다. 이는 유다와 언약을 맺으신 "이스라엘의 하나님"이 심판의 주체이시기 때문에 당연해 보인다. 둘째, 목록에 언급된 다른 나라들과는 달리 진노의 술잔을 마시게 한 목적이 구체적으로 서술되는 것이다.[69] 바로 "그들이 '멸망/폐허' (חָרְבָּה 호르바)과 '놀램' (שַׁמָּה 샴마)과 '비웃음' (שְׁרֵקָה 쉐래카)과 '저주' (קְלָלָה 케랄라)가 되게 하려는" 목적이다. 이 단어들은 앞 단락의 신탁(1-14절)에서 하나님의 경고를 지속적으로 거부하고 관심도 보이지 않고 우상을 숭배했던 유다백성에 대한 심판을 선언할 때 사용된 단어들이다(cf. 9, 10, 11절). 이를 고려하면 예레미야가 진노의 술잔을 마시게 한 것은 이 선언을 실행하기 위한 것임을 알 수 있다. 셋째, "오늘과 같이" (כַּיּוֹם הַזֶּה 카이욤 핮제)라는 표현으로 목적의 성취를 확언하는 것이다. "오늘과 같이"라는 표현에 대해 두 가지 해석이 가능하다. 첫째, 이 표현이 예레미야가 이 환상을 받고 선포한 여호야김 4년을 가리키는 것으로 보는 견해다. 이 경우, 이 때 이미 하나님의 심판이 유다에 임한 것으로 서술하는 것이 된다. 그 당시는 하나님의 심판이 완전하게 이루어진 것은 아니지만 심판이 도래하고 있음을 확신하기에 충분한 정황이었다. 유다는 독립적인 통치권을 행사하지 못하고 강대국들의 권력싸움에 약탈과 탈취의 대상으로 전락해서 멸망만을 기다리고 있을 뿐이었다. 이러한 정황은 조소와 비웃음거리가 되기에 충분했을 것이다. 둘째, "오늘"을 신탁을 받고 선포한 시기가 아닌 시드기야 시대 이후에 신탁의 성취를 확인하고 최종적으로 이 환상을 기

69) 개역개정이 "그들이 멸망과 놀램과 비웃음과 저주를 당함이"로 번역하고 있는 히브리어 구문은 לָתֵת אֹתָם לְחָרְבָּה לְשַׁמָּה לִשְׁרֵקָה וְלִקְלָלָה 라테트 오탐 레호르바 레샴마 리쉬래카 베리크랄라다. 이 구문을 시작하는 부정사구 לָתֵת 라테트는 전치사 לְ 레와 נָתַן 나탄("주다"/"만들다")의 칼형 부정사 תֵּת 테트가 결합된 형태로 주동사 행위(וָאַשְׁקֶה 바아쉬케; "마시게 했다")에 따른 목적 또는 결과를 나타낸다. 이 문맥에서는 לָתֵת 라테트가 목적을 나타내는 것으로 분석하는 것이 적절해 보인다. 왜냐하면 "오늘과 같이"라는 표현이 이 목적이 성취됐음을 확언해 주기 때문이다. 또한 부정사구 לָתֵת 라테트의 의미상 주어는 주동사의 주어("나")다. 따라서 "내가 만들다"라는 의미를 전달한다. 그렇다면 이 구문의 의미는 "[내가] 그들을 멸망과 놀램과 비웃음과 저주로 만들기 위해"가 된다. 이 목적을 위해 예레미야가 예루살렘과 성읍들과 왕들과 고관들로 하여금 진노의 술잔을 마시게 했다는 것이다.

록으로 남기는 단계에서 첨가한 표현으로 보는 견해다.[70] 이 견해를 따르면 환상은 여호야김 4년에 보고 전달했지만 현재의 최종기록은 시드기야 이후 시대가 된다. 그렇다면 하나님의 진노의 술잔을 마시게 되는 유다 왕들로 여호야김을 비롯하여 여호야긴과 시드기야를 고려하게 된다. 유다와 예루살렘이 완전히 멸망한 시드기야 시대 이후의 역사정황은 이 신탁의 성취를 더욱 분명하게 드러낸다. 어떤 견해를 따르던 "오늘과 같이"가 진노의 술잔을 마시게 한 목적의 성취를 확인하는 기능을 하는 면에서는 동일하다.

다른 나라들과는 달리 유다와 관련해서 이런 내용이 추가적으로 서술되는 것은 이 환상신탁을 듣는 실제 대상이 유다백성이기 때문이다. 달리 말하면 이 환상신탁이 다른 나라들을 언급하지만 이 환상신탁의 메시지를 들어야 하는 주요 대상은 유다백성이다. 따라서 이 환상신탁은, 자신들은 언약백성으로 특별하다고 생각하는 유다백성이 죄를 범하고 하나님 백성의 정체성을 스스로 거부할 때에는 심판을 받는 이방나라들과 다를 바가 없다는 메시지를 전달한다(cf. 9:25-26). 특히 이 환상신탁을 읽는 포로기 및 후대의 독자들에게는 유다와 예루살렘에 선포된 심판신탁의 성취와 확실성을 전달하면서 예레미야가 선포한 회복의 신탁에 더욱 관심을 갖게 한다.

19-20절. 유다 이후에 언급되는 나라들은 앞서 언급한 바와 같이 남쪽에서 북쪽으로 그리고 이집트에서 페르시아로 옮겨가는 흐름을 취한다. 유다에 이어 이집트가 하나님의 진노의 술잔을 마시게 될 나라로 언급된다. 이집트가 유다에 이어 언급되는 것은 유다가 바벨론의 통치를 벗어나기 위해 가장 의지했던 나라가 이집트였다는 점에서 의미가 있다. 유다의 패역은 하나님을 의지하지 않고 자신들의 우상이나 주변 나라들을 의지한 것이다. 달리 말하면 이집트는 유다백성이 하나님께로 가지 못하게 하는 장애물 중의 하나였다. 결국 시드기야는 이 장애물에 걸려 유다의 최종적인 멸망을 자초했다(cf. 겔 17장). 따라서 이집트가 진노의 술잔을 마시게 하는 것은 이러한 장애물을 제거하는 것이다. 20절의 "모든 섞여 사는 민족들"도 역시 19절에 열거된 집단들과 함께 이집트와 연관된 부류로 볼 수 있는데,

---

70) 이 단계의 첨가작업에서 예레미야가 배제되는 것은 아니다. 왜냐하면 시드기야 시대에 유다의 완전한 멸망을 예레미야도 목격했기 때문이다.

이에 대한 해석은 명확하지 않다. "모든 섞여 사는 민족들"이 이집트 군대에 용병으로 고용된 외국인들 또는 이집트에 살던 일반적인 외국인들을 가리키는 것으로 보기도 한다. 구약에 언급된 우스 땅은 에돔의 북동쪽에 위치한 지역이다(cf. 욥 1:1). 하지만 목록의 지역적인 정황(이집트와 블레셋 지역의 사이)을 고려할 때 욥기 1장 1절에 언급된 우스로 보기는 어렵다. 창세기 36장 28절은 에돔 땅과 연관이 있는 디산의 자녀 우스를 언급하고 있다. 가드를 제외한 블레셋의 주요 도시들이 언급되는데(아스글론, 가사, 에그론 및 아스돗), 가드가 언급되지 않은 것은 주로 그 당시 가드의 중요성이 약화됐기 때문인 것으로 설명한다. "아스돗의 나머지 사람들"로 표현하는 것은 아스돗(지중해 연안의 도시)이 대적의 침략으로 거의 폐허가 된 상태에 있었던 것으로 보인다(cf. 사 20:1). 이집트를 시작으로 유다의 남서쪽에 위치한 나라들(우스와 블레셋)이 열거된 후 목록은 유다로 더 가깝게 접근한다.

21-22절. 목록은 이제 지역적인 면에서 남서쪽에서 유다의 남쪽으로 가깝게 다가왔을 뿐만 아니라 혈통적인 면에서도 유다에 가까운 에돔과 모압과 암몬 자손들을 열거한다. 암몬을 표기할 때 항상 "암몬 자손들"로 표기하는 것은 암몬이 조직적인 형태를 갖춘 강력한 나라를 형성하지 못했기 때문인 것으로 본다. 유다의 남동쪽에서 북서쪽으로 이동하여 페니키아의 중요 도시인 두로와 시돈이 하나님의 진노의 술잔을 마시게 될 나라들로 언급된다. 이 나라들과 함께 열거되고 있는 "바다 건너 쪽 섬"은 페니키아의 식민지였던 지중해 건너편의 나라를 가리키는 것으로 보인다. 키프로스(Cyprus)와 크레타(Crete)를 지목하기도 한다.

23-25절. 목록은 북서쪽의 나라들에서 유다에서 더 먼 남동쪽 지역으로 이동한다. 23절에는 에돔의 남동쪽에 위치했던 아라비아 북쪽의 족속들이 나열된다. 드단은 아브라함과 그두라 사이에서 낳은 아들이다(cf. 창 25:3). 아브라함은 드단과 같은 서자들을 이삭을 떠나 동방에 정착하게 했다(cf. 창 25:6). 창세기 25장 13-15절에는 데마가 이스마엘의 아들로 언급된다. 부스 역시 아라비아 북부에 거주했던 아브라함의 형제 나홀의 아들 부스의 후손들을 가리키는 것으로 보인다(cf. 창 22:21). 23절의 "살쩍을 깎은 모든 자"(또는 "머리를 짧게 깎은 모든 사람")는 아라비아 사막에서 유목 생활을 하는 베두인들을 가리킨다(cf. 9:25; 49:32). 24절은 계속

해서 아라비아 지역의 나라들과 사람들을 열거한다. “광야에 섞여 사는 민족들”을 정확하게 규정할 수는 없지만 아라비아 반도에 함께 어울려 사는 여러 이방종족을 가리키는 것으로 보인다. 25절의 시므리 역시 정확하게 규정할 수는 없지만 목록의 지역적 흐름을 고려하여 아라비아와 페르시아 사이에 살았던 시므란(아브라함과 그두라 사이에서 얻은 아들)과 연결하여 해석하기도 한다. 엘람과 메대가 언급되는데, 엘람은 페르시아만 북동쪽에 위치한 지역으로 전체 페르시아(바사)를 대표한다. 메대는 페르시아의 북쪽에 위치한 지역이다. 목록에 나타난 지역적 흐름이 특별한 의미를 가지고 있는 것으로 보이지는 않는다. 하지만 분명한 것은 유다를 중심으로 주변의 모든 나라들이 하나님의 심판의 대상으로 언급되고 있으며 이 나라들은 바벨론을 통하여 진노의 술잔을 마시고 취하게 된다는 것이다. 이 목록은 25장 9절의 “이 땅과 그 주민과 사방 모든 나라를 쳐서 진멸하리라”는 심판 선언을 구체화한다. 심판대상 목록에 언급된 나라들이 다메섹만 제외하고 모두 예레미야 46-51장에 다시 언급된다.

26절. 하나님의 진노의 술잔을 마시게 될 나라들의 목록이 26절에서 마무리된다. 이름이 명기되지는 않지만 지역적 흐름을 볼 때 바벨론의 북쪽 원근의 나라들이 하나님의 심판에 포함되는 것으로 보인다. 이 목록에 있는 나라들은 하나님이 정하신 차례에 따라 하나님의 진노의 술잔을 마시게 된다.[71] 달리 말하면 지면에 있는 모든 나라들이 심판의 도구인 바벨론의 칼에 멸망을 당하게 된다. 하지만 진노의 술잔의 행진은 여기서 멈추지 않는다. 최종적으로 이 술잔을 마시게 되는 왕은 “세삭 왕”(מֶלֶךְ שֵׁשַׁךְ 멜레크 세샤크)이다. 세삭에 대한 객관적 자료가 있는 것은 아니다. 이 이름은 예레미야서에만 언급된다. 일반적으로 따르고 있는 해석은 제롬의 견해를 따라 “세삭”을 바벨론을 의미하기 위해 치환기법(atbash)을 사용해서 만든 암호로 보는 것이다. 치환기법이란 히브리어 알파벳의 마지막 자를 첫 번째 글자로 대치하고 뒤에서 두 번째 글자는 처음에서 두 번째 글자로 대치하는 등, 알파벳 전체를 이와 같은 방식으로 치환해서 비밀스러운 내용을 전달하는 암호를

71) 목록의 순서가 심판이 임하는 순서를 의미하는 것으로 보이지 않는다. 목록의 흐름은 유다를 중심으로 주변 나라들 중 빠지는 나라가 없이 모두 심판의 대상이 된다는 사실을 전달하는 것으로 보인다.

만드는 기법이다. "세삭"은 세 개의 히브리어 자음, שׁ쉰+שׁ쉰+כ카프로 표기된다. 이것이 치환기법으로 표기된 암호로 보아 그 암호를 풀면 히브리어 알파벳의 뒤에서 두 번째 철자인 שׁ쉰은 앞에서 두 번째에 해당하는 ב배트(B)로 대치되고 열한 번째 철자인 כ카프는 알파벳의 뒤에서부터 읽어서 열한 번째에 해당하는 ל라메드(L)로 대치된다. 따라서 "세삭"(שׁ쉰+שׁ쉰+כ카프)의 암호를 풀면 ב배트+ב배트+ל라메드(BBL[ㅂㅂㄹ])가 되어 "바벨론"(בָּבֶל바벨)을 의미하는 철자를 구성한다. 예레미야 51장 41절에 세삭과 바벨론이 평행을 이루며 언급되는 것도 이러한 해석을 가능하게 한다. 이 신탁이 선포된 당시(여호야김 4년)에는 세삭이라는 암호를 사용해 바벨론의 멸망을 선포한 것으로 보인다. 이 암호해독이 맞는다면 26절은 주변 모든 나라들을 심판하는 하나님의 도구로 사용된 바벨론이 그의 일을 다 마친 후("그 후에"), 결국에는 바벨론 자신도 하나님의 진노의 술잔을 마셔야 함을 선언하는 것이다.[72]

27-29절. 본 절에서 예레미야가 하나님의 명령에 따라 진노의 술잔을 모든 나라들로 마시게 하는 장면을 연상할 수 있다. 진노의 술잔을 주며 27절에 인용된 하나님의 심판을 선포한다. 하나님의 심판은, 바벨론("칼")에 의해 하나님의 심판이 임하면 진노의 술잔을 마신 나라는 술에 취한 자처럼 기력을 잃고 멸망을 당하게 되는 것이다. 이와 같이 진노의 술잔을 마시게 하면서 심판을 선언하는데, 이 술잔을 거부하는 나라가 있게 된다. 그 나라를 향해 심판의 필연성을 선포하라고 명하신다(28절). 이어서 심판의 필연성을 논증하신다(29절). 즉 그들이 반드시 진노의 술잔을 마셔야만 하는 근거를 언급한다. 두 가지 근거가 심판의 필연성을 나타낸다. 첫 번째 근거는 언약의 하나님 여호와가 그의 우주적 "재앙"(הָרָע하라)을 그의 이름을 둔 성읍, 즉 예루살렘에서부터 이미 시작하셨다는 것이다(29절). 유다로 시작된 나라들의 목록(18-26절)이 보여주는 바와 같이 하나님은 유다의 범죄에 대한 그의 심판을 선포하셨을 뿐만 아니라 바벨론을 통하여 심판을 이미 시작하셨다. 따라서 하나님이 죄를 범한 자신의 백성에게 그와 같이 하셔야만 했다면 다른 나라들에 대한 그의 심판은 불가피하다는 것이다(cf. 옵 1:16). "너희가 어

72) "그 후에"로 번역한 히브리어 표현 אַחֲרֵיהֶם아하래헴은 "그들 이후에" 또는 "그들 중 마지막으로"라는 의미로 번역될 수 있다.

찌 능히 형벌을 면할 수 있느냐 면하지 못하리니."[73] 두 번째 근거는 죄를 범한 나라에 대한 하나님의 공의의 심판이 이미 확정됐다는 것이다. 하나님이 바벨론을 그의 심판의 칼로 세우셨고 그 칼이 모든 나라들에게 정해진 심판을 행할 것이다. 그러므로 어느 누구도 능히 하나님의 형벌을 면할 수 없다. 이 논증은 하나님의 심판의 도구로 사용되고 있는 바벨론의 공격에서 벗어나고자 하는 어떤 노력도 허사가 될 것임을 선포하는 것이다.

30-31절. 예레미야를 통해 하나님의 우주적 심판과 확정된 심판이 전달돼도 열방은 이 심판이 가능한 지에 대한 의문을 가질 수 있다. 30-31절은 이 의문에 대한 답변이다. 하나님은 그의 속성을 말하시면서 그가 행하시는 우주적 심판의 가능성을 보게 하신다. 하나님은 예레미야가 전달해야 할 신탁을 알려 주시는데, 이 신탁(30-31절)은 하나님의 말씀을 직접 인용하는 신적 신탁이다. 주목하게 되는 것은 하나님이 화자가 되는 직접인용임에도 불구하고 주어나 소유격이 "내가" 또는 "나의"로 표기되지 않고 3인칭의 "여호와"와 "그의"로 표기되는 것이다. 이것은 여호와가 자신을 "여호와"로 표현하며 그의 속성을 객관적으로 선언하시는 형식이 된다("[내] 여호와가"). 이 형식은 심판을 행하시는 하나님이 이스라엘의 언약의 하나님 여호와라는 사실을 강조한다. 이 여호와의 속성이 우주적 심판을 가능하게 한다. 세 가지 속성이 제시된다. 첫째, 그의 우주적 주권이다(30절). 하나님의 초월성과 임재성이 서술되면서 하나님의 우주적 주권이 드러난다. "높은 데"로 번역된 히브리어 מָרוֹם 마롬은 하늘의 높은 곳을 가리킨다(cf. 17:12; 사 24:18, 21; 38:14; 삼하 22:17). 하늘은 하나님의 우주적 통치권을 행사하시는 자리이며 그의 초월성을 상징적으로 나타낸다. 예를 들어, 다니엘서는 땅에 있는 인간과 같지 않은 하나님의 신적 속성과 초월성을 강조하기 위해 "하늘의 하나님"(또는 "하늘에 계시는 하나님")을 반복해서 사용한다(cf. 단 2:18, 19, 28, 37, 44). 또한 하나님은 세

73) 29절에 "너희가 어찌 능히 형벌을 면할 수 있느냐 면하지 못하리니"로 번역한 히브리어 표현, אַתֶּם הִנָּקֵה תִנָּקוּ לֹא תִנָּקוּ 알템 힌나캐 틴나쿠 로 틴나쿠는 죄를 짓고도 벌을 받지 않고 마치 무고한 듯 죄가 간과되는 일이 없을 것이라는 의미를 전달할 때 사용되는 표현이다(cf. 30:11; 46:28; 49:12). 이 표현의 사용에는 죄를 짓은 것에 대한 전제가 있다. 따라서 열방이 진노의 술잔을 피할 수 없다는 것은 그들이 범한 죄가 있다는 것을 전제로 한다.

상에서 떠나 계신 것이 아니라 이 세상 가운데 거하시는 임재성을 가지고 계신다. 예루살렘에 있는 성전을 "그의 거룩한 처소"로 삼으시고 이 땅에 거하심을 상징적으로 나타내신다. 이 땅에 임재하시는 하나님은 이 땅의 일에 주목하시고 그의 관심을 보이신다(cf. 9:24). 하나님은 그의 초월성과 임재성을 통해서 그의 우주적 주권을 행하시고 모든 나라들은 그의 주권 아래 다스림을 받게 된다(cf. 사 66:1). 그러므로 하나님은 그의 우주적 주권으로 언약백성뿐만 아니라 "세상의 모든 주민"(כָּל־יֹשְׁבֵי הָאָרֶץ 콜-요쉐배 하아레쯔)을 상대하신다.

둘째, 하나님의 심판의 능력이다(30절). 우주적 주권을 가지신 하나님은 또한 심판의 능력을 가지신 분이다. 맹렬히 포효하는 사자와 포도를 밟는 자의 비유를 통해 하나님의 심판의 능력을 명확하게 연상할 수 있게 한다. 사자비유는 선지서에서 하나님의 심판의 능력을 묘사하기 위해 종종 사용된다(cf. 암 1:2; 욜 1:6; 3:16). 포도를 밟는 자들의 소리는 주로 기쁨의 소리다. 하지만 나라들을 밟으시며 발하시는 하나님의 소리는 피를 짜는 전쟁과 파괴의 소리다(cf. 사 63:3). 하나님은 먼저 그의 심판의 능력을 "그의 초장"(נָוֵהוּ 나배후; 유다)에 행하신다(30절). 하나님의 심판은 여기서 멈추지 않고 땅 끝까지 이르러 세상 모든 주민에게 미치게 된다(cf. 31절, 18-26절).

셋째, 하나님의 공의의 속성이다(31절). 하나님의 공의는 그의 거룩함에 근거한다. 31절의 용어들은 법정의 모습을 연상케 한다(cf. 미 6:2). "여호와께서 뭇 민족과 다투시며(רִיב 리브; '논쟁하시며') 모든 육체를 심판하시며(נִשְׁפָּט 니쉬파트; '판결을 내리시며')"라는 표현은 마치 검사나 판사가 피고인의 죄를 지적하고 고소하면서 죄를 묻고 판결을 내리는 장면과 같다. "악인[들](הָרְשָׁעִים 하레샤임)을 칼에 내어 주셨음이라"는 표현은 죄에 근거하여 죽음의 판결을 선고하는 것이다. 거룩하신 하나님이 열국의 죄를 물으며 다투시는 "요란한 소리"가 땅 끝까지 미치게 된다. 그가 그의 거룩한 처소를 더럽힌 그의 백성의 죄를 물으신 것처럼 죄를 범한 나라들의 죄를 물으시고 심판하신다. 하나님의 공의는 "악인들"을 심판의 칼에 넘겨주는 것이다.

이 신탁에 언급된 하나님의 속성은 심판의 가능성뿐만 아니라 필연성을 확인해 준다. 이러한 하나님의 속성을 고려할 때 어느 나라 또는 어느 누구도 하나님의 심판에 대해 이의를 제기할 수 없고 반드시 진노의 술잔을 마실 수밖에 없기 때문이다(cf. 28절). 달리 말하면 열방을 향한 하나님의 심판은 정당하다.

32-33절. 심판의 가능성과 정당성에 대한 논의를 마치신 후 하나님은 심판의 성격을 서술하심으로 심판선언을 확인하신다. 하나님의 심판은 온 땅에 죽음을 가져올 재앙이다. "재앙" (רָעָה 라아)이 땅 끝에서 불어오는 "큰 바람" (סַעַר גָּדוֹל 싸아르 가돌; "강풍")과 같이 나라에서 나라를 휩쓸고 갈 것이다(32절; cf. 23:19). 이 강풍이 지나간 자리에는 죽임을 당한 시체들만 남게 된다. 무수한 시체로 인해 애곡하는 자나 시신을 거두어 매장하는 자가 없어 시체들이 땅위의 쓰레기처럼 버려지게 된다(33절). 같은 맥락에서 34절은 재앙이 임하는 때를 "도살을 당할 날"로 표현한다. "여호와에게 죽임을 당한 자"라는 표현은 여호와가 심판의 주체이심을 분명하게 전달한다. 땅 끝에서 일어나는 강풍은 심판의 도구로 사용되는 바벨론을 가리킨다. 따라서 이 선언은 바벨론의 칼에 나라들이 순차적으로 정복을 당하고 멸망하게 될 것을 암시한다. 그 결과는 처참한 죽음이며 죽은 후에도 모욕적인 처지에 처하게 되는 것이다. 32-33절은 하나님의 심판선언을 마무리하는 결론역할을 한다. 하나님의 심판은 곧 처참한 죽음이라는 결론을 제시한다.

34-38절. 예레미야가 화자로 등장해서 그의 탄식으로 환상신탁을 마무리한다.[74] 예레미야는 두 가지로 사실로 인해 탄식한다. 첫째, 하나님의 심판은 어떤

---

74) 34-38절의 화자에 대한 상이한 견해가 제시된다. Martens는 예레미야를 34-38절의 화자로 분석한다: "The prophet echoes and expands several themes (vv. 33-38)"(Martens, *Jeremiah*, 166). Chisholm은 34-38절을 여호와의 말로 간주하는 것으로 보인다(Chisholm, *Handbook*, 186-87). 이 견해를 따르면 여호와가 32-38절의 화자가 된다. 여호와가 화자이면서도 자신을 "여호와"로 표기하는 것은 언약의 하나님 여호와 또는 우주적 주권을 가지신 여호와를 객관적으로 제시하려는 것으로 보인다. 이 경우, 32-38절은 하나님이 심판의 세 가지 성격을 제시하면서 심판선언(30-31)을 확인하는 것으로 분석할 수 있다. 세 가지 속성은 다음과 같이 정리된다. 첫째, 하나님의 심판은 온 땅에 죽음을 가져올 재앙이다(32-33절). 둘째, 하나님의 심판은 어떤 통치자나 지도자도 대적할 수 없을 뿐만 아니라 피할 수도 없는 처참한 파괴다(34-36절). 셋째, 하나님의 심판은 그의 진노의 결과다(37-38절). 본서는 예레미야를 34-38절의 화자로 간주하고 예레미야가 심판의 상황에 대한 탄식으로 환상신탁을 마무리하는 것으로 분석한다. 이 환상신탁을 예레미야의 1인칭 관점("내게 이르시되," 15절)으로 서술하고 있기 때문에 예레미야가 화자로 등장하는 것이 문제가 되지 않는다. 여호와를 34-38절의 화자로 간주하는 경우, 34-38절

통치자나 지도자("목자들"과 "양 떼의 인도자들")도 하나님께 대적해서 그의 심판을 피할 수 없다는 사실이다(34-36절). 34-38절을 유다에 대한 신탁으로 제한하여 해석하기도 하는데 이 환상신탁의 문맥에서는 유다에만 제한되지 않는다. "목자들"과 "인도자들"은 각 나라의 통치자들과 지도자들에 대한 비유다. 목자의 임무는 양떼를 돌보고 초장을 지키는 것이다. 그러나 도살하는 하나님의 재앙이 임하게 되면 목자들은 귀한 그릇이 땅에 떨어져서 흩어지게 되는 것처럼 깨어지고 흩어져서 애통하고 애곡하는 처지에 놓이게 된다. 그들로서는 하나님의 심판의 도구로 사용되는 바벨론을 막을 수 없기 때문이다. 뿐만 아니라 하나님의 심판을 피하여 도망갈 곳도 찾지 못한다(35절). 그들이 피할 수 없음이 동일한 의미를 전달하는 문장의 반복을 통해 강조된다. 하나님의 심판이 임한 나라에서는 통치자들의 통곡소리만 들리게 된다. 왜냐하면 하나님의 심판 앞에서 인간 통치자는 무기력한 존재에 불과하기 때문이다. 인간의 어떤 권력과 지위도 하나님의 심판을 방어하거나 피할 수 없다.

둘째, 하나님의 심판은 그의 진노의 결과다(37-38절). 34-36절의 핵심 단어가 "애곡"이라면 37-38절의 핵심 단어는 "진노"다. 죄는 하나님의 진노를 자극한다(cf. 21:12). 양떼가 거하기에 적절해 보이는 평화로운 목장들이 하나님의 진노의 열기에 적막하게 된다(37절). "적막하게 된다"(נָדַמּוּ 나담무)는 것은 양 떼가 죽임을 당했기 때문에 움직임이나 소리가 없는 상태 또는 황폐하게 된 상태를 가리킨다.[75] 사자가 자기 굴을 버리고 떠난 것처럼 이미 하나님이 그의 처소를 버리고 불타는 진노를 발하셨기 때문에 모든 나라들의 땅이 폐허가 된다(38절). "그 호통치시는 분의 분노"로 번역된 히브리어 표현 חֲרוֹן הַיּוֹנָה 하론 하이요나는 "압제자의 분노" 또는 "무자비한 분노"로 번역될 수 있는데(cf. 습 3:1), 이것을 심판을 행하시는 하나님의 분노를 가리키는 것으로 해석하거나 파멸을 행하는 대적의 분노를 가리키는 것으로 해석하기도 한다. 하지만 이것을 반드시 구분할 필요는 없다. 왜냐하면 대적은 하나님의 심판을 행하는 도구이기 때문이다. 어찌하든 이러한 분노가 표출되는 심판을 겪게 되는 나라는 결코 온전할 수 없고 적막하게 되고 폐허

이 여호와의 탄식으로 환상신탁을 마무리하는 것으로 분석하는 것이 가능하다.

75) "평화롭던 초장들이 황무지가 되었다"(새번역; cf. 현대인의 성경; NIV; JPSV).

로 남게 될 뿐이다. 하나님의 재앙으로 나라의 지도자들이 애곡할 수밖에 없는 상황과 하나님의 진노를 담아내는 심판의 무서움에 대한 예레미야의 탄식은 하나님의 심판확언에 대한 동의를 의미한다.

현재적 적용 **묵상**

1. 예레미야가 환상으로 죄를 범한 열방에 대한 하나님의 심판이 확실하다는 것을 전달하는데, 예레미야처럼 탄식하며 심판의 심각성과 그 결과를 인식하고 있는가? 단지 성경에 있는 이야기로 치부하고 심판에 대해 무감각하거나 외면하는 것은 아닌가?
2. 하나님이 현재 심판을 받게 되는 나라들을 열거하신다면 과연 한국은? 그리고 내가 속한 신앙공동체는? 그리고 나는? 이 목록에 없다고 말할 수 있는가? 내가 마셔야 할 진노의 술잔을 예수님이 십자가에서 대신 마셔 주셨기 때문에 심판을 받아야 할 이들의 목록에서 내 이름이 지워지고 생명책에 새롭게 기록됐는데, 생명을 얻은 하나님의 자녀의 삶을 살겠다는 결단과 함께 그 은혜에 감사하고 찬양을 드리는가?
3. "내가 너희 가운데 보내는 칼 앞에서 마시며 취하여 토하고 엎드러져 다시는 일어나지 말아라"라는 하나님의 냉정한 말씀을 듣지 않으려면 예레미야는 무엇을 하라고 하는가? (cf. 26장)
4. 지금 불어오는 바람이 미풍이지만 죽음의 심판이 임하는 날에는 강풍이 된다는 것을 망각하고 현재에 안주하고 안일하게 생각하는 것은 아닌가?
5. 성경을 통해 말씀하시는 죄에 대한 하나님의 심판을 선포하는가?
6. 하나님의 우주적 주권을 인정하는 마음을 담아 선교에 참여하는가? 선교가 단지 교회가 하는 사역들 중의 하나는 아닌가?

4. 예레미야의 성전설교, 26:1-24 [여호야김 원년, 609년]

1절의 역사정보(여호야김 통치 초기)와 예레미야서의 특징적인 신탁도입형식("여호와께로부터 이 말씀이 임하여")은 새로운 단락의 시작을 보여준다. 이 단락의 끝은 26장 24절이다. 왜냐하면 27장 1절에 새로운 역사정보와 함께 신탁도입형식이 서술되기 때문이다. 따라서 26:1-24이 하나의 단락을 이룬다. 본 단락은 산문의 사건기록이다. 예레미야의 성전설교라는 면에서 7장과 연결되지만 7장이 역사정보를 제공하지 않기 때문에 본 단락이 동일한 사건을 서술하는 것인지는 명확하지 않다. 7장은 악한 길과 행위 및 성전에 대해 오해하고 오용하는 문제에 집중하는 반면에 본 단락은 예레미야가 성전에서 전한 설교에 대한 논쟁에 집중한다. 등장인물은 예레미야, 제사장들, 선지자들, 고관들과 모든 백성이다. 유다 구성원 중에서 사반의 아들 아히감이 특정되어 등장한다.[76] 본 단락에 서술된 사건의 핵심은 예레미야의 성전설교이고 이에 대한 유다 구성원들의 반응이다. 사건의 흐름에 따라 본 단락의 구조를 분석하면 다음과 같다.

a. 성전 뜰에서 신탁을 선포하라는 명령이 예레미야에게 임함(1-6절)
- (1) 하나님의 엄중한 명령, 2절
- (2) 회개와 그 결과, 3절
- (3) 거부와 그 결과, 4-6절

b. 사형이 합당하다는 제사장들과 선지자들과 모든 백성의 반응(7-9절)

c. 관료들의 등장, 종교지도자들의 사형요청, 예레미야의 변론(10-15절)
- (1) 제사장들과 선지자들의 적대적인 말, 11절
- (2) 예레미야의 변론, 12-15절

d. 관료들과 백성의 판단과 장로 몇 사람의 동의(16-23절)
- (1) 관료들과 백성의 판단, 16절
- (2) 장로 몇 사람의 변호, 17-23절
  - 1) 미가의 예, 18-19절
  - 2) 우리야의 예, 20-23절

e. 사반의 아들 아히감의 도움: 예레미야의 위기모면(24절)

예레미야는 하나님의 신탁을 정확히 전하라는 명령에 따라 성전 뜰에서 종교

76) 2-6절에 인용된 신탁 안에 하나님이 등장하시지만 사건에 관여하시지는 않으신다.

지도자들과 유다의 모든 백성에게 신탁을 듣고 회개하면 하나님이 재앙에 대한 뜻을 돌이키시지만 듣지 않고 거부하면 실로와 같이 멸망하게 된다고 선포한다(1-6절). 이어서 예레미야에 대한 제사장들과 선지자들과 모든 백성의 질책(7-9절)이 서술된다. 관료들이 등장하자 제사장들과 선지자들은 관료들과 백성에게 예레미야는 죽는 것이 마땅하다는 말을 한다(11절). 이 상황에서 예레미야는 성실하게 하나님의 신탁을 전달한다(12-15절). 예레미야의 태도를 본 관료들과 백성은 제사장들과 선지자들에게 동조하지 않는다(16절). 이 때 장로 몇 사람이 미가와 우리야의 예를 언급하면서 백성의 의견에 동조한다(17-23절). 결국 아히감의 도움으로 예레미야가 위기를 모면하는 것으로 사건이 마무리된다(24절). 본 단락은 등장인물들의 고소, 변론, 판단, 변호 등의 말로 구성돼 있기 때문에 분석할 때 이 논쟁의 흐름에 집중할 필요가 있다.

단순히 성전예배를 지속하는 것 자체로 하나님의 보호와 축복을 확신하고 있었던 종교지도자들과 백성에게 예레미야의 심판신탁은 충격적인 것이었다. 따라서 그들은 의도적으로 예레미야의 신탁을 거부하면서 그를 죽일 것을 결의한다. 이것은 곧 하나님에 대한 거부이며 하나님의 심판이 정당한 것임을 보여주는 증거가 된다. 예레미야를 고소하고 사형을 선고하는 법정에서 종교 지도자들은 오히려 정치 지도자들과 백성보다 더 패역한 모습을 드러낸다. 하나님의 말씀에 더 민감해야 할 위치에 있는 종교지도자들의 실패가 결국 백성의 실패에 어떤 영향을 미쳤는지를 유다말기의 역사를 통해 확인할 수 있다.

신탁을 받은 정황과 하나님의 엄중한 명령(1-2절)

여호야김의 통치 초기에 하나님의 말씀이 예레미야에게 임한다. 하나님은 성전으로 와서 예배하는 모든 자들에게 빠짐없이 그의 신탁을 정확하게 전하라고 명하신다.

회개 또는 거부, 그리고 그에 따른 결과(3-6절)

예레미야는 신탁을 듣고 회개하면 재앙에 대한 하나님의 계획이 철회될 수 있음을 선포한다. 또한 백성이 하나님이 꾸준히 보낸 선지자들의 경고의 말을 듣지 않고 거부하면 성전과 예루살렘이 멸망하게 되어 저주의 대상이 될 것임을 선포한다.

사형이 합당하다는 제사장들과 선지자들과 모든 백성의 반응(7-9절)
종교 지도자들과 백성은 예레미야의 신탁을 거부하면서 성전과 예루살렘의 멸망을 선포하는 예레미야를 죽이기로 결의한다.

관료들의 등장과 종교지도자들의 사형요청(11절)
결국 예레미야의 사건이 유다의 고관들에게 상정되고 종교 지도자들은 예레미야에 대한 사형선고를 요청한다.

예레미야의 변론(10-15절)
신변의 위협을 받고 있는 상황에서도 예레미야는 당당하게 그의 사명을 변론하면서 신탁의 진실성을 선포한다.

고관들과 백성의 판단(16절)
종교 지도자들은 고관들과 백성에게서 예레미야의 사형선고에 대한 동의를 얻지 못한다. 예레미야의 확실한 변론에 고관들과 백성은 사형선고가 합당하지 않다는 판단을 한다.

장로 몇 사람의 변호: 미가와 우리야의 예(17-23절)
일부 장로들이 히스기야의 시대에 사역했던 미가의 예를 들면서 고관들과 백성의 판단을 변호한다. 미가의 신탁을 진지하게 받아들인 히스기야의 경우를 고려하여 예레미야를 죽이는 일에 신중할 것을 충고한다. 또한 우리야의 예로 예레미야에 대한 사형선고가 부당함을 변호한다. 우리야는 하나님의 신탁을 전하고도 죽음 앞에서 두려워하다 결국 죽임을 당했지만 예레미야의 당당함은 그가 참 선지자임을 고려하게 한다는 것이다.

사반의 아들 아히감의 도움: 예레미야의 위기모면(24절)
장로들의 변호에도 불구하고 상황이 나아진 것으로 보이지 않는다. 결국 예레미야는 사반의 아들 아히감의 도움으로 죽음의 위협에서 벗어난다.

주해

1-2절. 하나님의 신탁이 예레미야에게 임한 정황에 대한 서술로 단락이 시작

된다. 여호야김의 통치 초기다(1절, 주전 609년 또는 608년). 애굽 왕 바로 느고는 요시야의 뒤를 이어 왕이 된 여호아하스를 폐위한 후 여호야김(주전 608-597년)을 유다의 왕으로 세운다. 여호야김의 통치 초기는 25장에서 말하는 통치 4년보다 앞선 시기로 그가 즉위한 해나 그 다음 해에 신탁이 임한 것으로 볼 수 있다. 이 때는 이집트에 의해 왕이 세워지면서 긍정적인 변화에 대한 소망을 가질 만한 시기다. 바로 이 시기에 하나님이 예레미야에게 주시는 말씀을 전하라는 명령이 주어진다. 그가 전하게 될 신탁의 내용이 구체적으로 서술되지 않지만 세 가지 사실에 근거해서 이 시기에 유다백성이 기대하지 않고 있었던 심판신탁이었을 것으로 유추할 수 있다. 첫째, 3절의 "그들에게 재앙을 내리려 하던 뜻"이라는 표현이다. 이는 신탁이 재앙에 대한 선언을 담고 있음을 보여준다. 둘째, 13절에 서술된 예레미야의 말이다. 13절에서 예레미야는 유다백성이 길과 행위를 고치면 그들에게 선언하신 하나님의 재앙이 취소될 수 있다고 말한다. 셋째, 7장에 기록된 성전설교의 내용이다. 이 기록에 따르면 성전에 대한 왜곡된 확신과 불의한 삶에 대한 질책과 함께 심판이 선언된다.

하나님은 예레미야에게 어디에서 누구에게 어떻게 그의 신탁을 전해야 하는지에 대한 분명한 정보를 알려 주신다(3절). 신탁을 선포해야하는 장소는 많은 사람들이 모이는 "여호와의 성전 뜰"이다. 신탁을 들어야 하는 이들은 유다의 모든 성읍에서 예루살렘 성전으로 올라와 소위 "여호와를 예배하려는" 모든 유다백성이다. 즉 형식적인 제사에만 관심을 가지고 있는 백성이 실제로 그들에게 필요한 것이 무엇인지를 들어야 하는 대상이다. 예레미야는 하나님이 이르신 모든 말씀을 전하되 한마디도 감할 수 없고 그대로 정확하게 전달해야만 한다. 듣는 자들이 원하는 신탁이나 자신의 생각과 판단에 따른 신탁이 아니라 하나님이 명하시는 모든 말을 그대로 전하라는 명령이다. 이와 같이 엄중한 명령이 주어지는 것은 신탁에 대한 반응이 어떠할 것인지를 미리 암시하는 듯하다.

3-6절. 하나님은 예레미야가 선포하는 신탁에 대한 두 가지 반응과 그에 따른 각각의 결과를 설명하신다. 첫째, 신탁을 듣고 회개로 반응하는 것이다. 그 결과는 재앙의 철회다. 유다백성이 하나님의 말씀을 듣고 "각기 자신의 악한 길"에서 돌이키면, 곧 회개하면 하나님이 "재앙"(הָרָעָה 하라아)으로 심판하려고 한 그의 계획

을 철회할 수 있음을 약속하신다. "돌이키면" 이라는 동사 יָשֻׁבוּ 야슈브는 3인칭 복수형("그들")으로 유다백성 전체를 대상으로 하지만 주어가 "각각"(אִישׁ 이쉬; "각기")로 제시되면서 개별적인 반응이 강조된다. 하나님이 계획하신 재앙이 취소되기 위해서는 언약공동체의 구성원들이 모두 회개하는 것이 요구된다. 따라서 "각기 자신의 악한 길에서"(מִדַּרְכּוֹ הָרָעָה 믿다르코 하라아)라는 표현이 사용된다. 예레미야는 회개를 촉구할 때마다 회개는 각자가 자신의 악한 길에서 돌이키는 실제적이고 개인적인 반응임을 강조한다. 재앙이 계획된 것은 "그들의 악행"(רֹעַ מַעַלְלֵיהֶם 로아 마알렐래헴) 때문이다. 따라서 "[각자의] 악한 길에서"(מִדַּרְכּוֹ הָרָעָה 믿다르코 하라아) 돌이키면 הָרָעָה 하라아("재앙")의 원인인 הָרָעָה 하라아("악한" [길])가 제거되는 것이기 때문에 "재앙"의 취소를 기대할 수 있다. 동일한 단어의 사용에 주목하게 된다. 특히 18장 7-8절은 하나님이 재앙을 결정하셨을지라도 진정으로 회개하는 나라에 대해서는 기꺼이 재앙에 대한 뜻을 돌이킬 수 있는 주권이 하나님께 있음을 말하고 있다.[77)]

둘째, 신탁을 듣지 않고 거부로 반응하는 것이다(4-6절).[78)] 그 결과는 성전이 실로와 같이 파괴되는 것이며 예루살렘 성은 모든 민족의 저주거리가 되는 것이다. 하나님을 순종하지 않고(듣지 않고), 그가 주신 율법을 행하지 않고, 또한 듣지 않음에도 불구하고 끊임없이 선지자들을 보내셨는데, 여전히 그들의 말을 듣지 않고 거부하면 하나님의 심판을 피할 수 없게 된다. 유다백성이 "여호와를 예배한다"고 드나드는 성전은 실로와 같이 폐허가 될 것이며(cf. 7:12, 14), 그들이 자부하는 예루살렘("이 성")은 모든 민족들의 저주의 대상이 된다. 가나안 정착 초기에 실로는 하나님이 언약궤를 두고 그의 처소로 삼으셨던 곳이다(cf. 삼상 4:3-4). 그러나 이스라엘 백성의 패역과 우상숭배로 인해 하나님이 이곳을 버리셨다(cf. 시 78:60). 따라서 실로는 유다백성이 하나님의 심판을 눈으로 확인할 수 있는 확실한 증거다. 만약 실로의 상황과 동일하게 유다백성이 계속해서 하나님의 말에 귀

---

77) 회개 자체가 심판이나 재앙을 취소하는 것이 아니다. 재앙의 취소는 회개에 근거한 하나님의 결정이다. 이에 대한 논의를 보려면, 조휘,『사자가 부르짖은 즉』, 260-64를 참조하라.

78) 개역개정은 4-5절을 상황을 가정하는 조건절의 문장들로 해석하지 않고 평서문의 문장들로 번역한다. 하지만 히브리어 원문은 조건절을 유도하는 접속사 אִם 임("만약")으로 시작한다. 그러므로 "만약"의 문장들로 번역하는 것이 적절하다(cf. 새번역; 현대인의 성경).

를 기울이지 않고 거부로 일관을 한다면 실로를 버리셨던 것처럼 성전을 버리실 수 있음을 선언하는 것이다. 그러나 성전과 예루살렘은 실로보다 더 비극적인 상황에 처하게 된다. 왜냐하면 성전과 예루살렘의 파괴는 하나님의 심판의 본보기가 되어 "세계 모든 민족의 저주거리(קְלָלָה 케랄라)"가 될 것이기 때문이다.

두 가지 반응에 대한 설명을 고려하면 여호야김 통치 초기(주전 609-608년)에는 유다의 멸망이 취소될 수 있는 가능성이 있었고 아직 심판이 확정되지 않은 것을 알 수 있다. 여호야김이 예레미야의 두루마리를 태워버리는 사건(36장, 주전 605년)으로 심판이 확정되기 전까지 하나님은 유다백성의 회개와 그에 따른 심판취소에 대한 기대를 가지고 계셨다.

7-9절. 하나님의 명령에 따라 예레미야가 여호와의 성전에서 하나님이 주신 말씀을 전할 때 제사장들과 선지자들과 그곳에 있던 모든 백성이 듣는다(7절). 예레미야가 설교를 마치자 그들의 공격적인 반응이 이어진다(8절). 그들은 예레미야를 붙잡고 "네가 반드시 죽어야 하리라"고 말하면서 그에 대한 강한 거부감을 표시한다. 또한 예레미야가 여호와의 이름으로 성전과 예루살렘의 멸망을 선포한 것을 따져 물으며 반감을 표현한다(9절). 그들이 이런 반응을 보인 것은 성전이 여호와의 임재의 장소이기 때문에 결코 멸망당하지 않을 것이라는 자신들의 확신("신학")에 예레미야의 심판신탁이 맞지 않기 때문이다.[79] 이런 소동이 벌어지자 성전에 있던 백성이 예레미야에게 몰려든다. 이 상황은 유다의 고관들의 주의를 끌게 됐고 그들이 이 사건에 등장한다.

예레미야가 선포한 신탁의 내용이 그대로 백성의 입으로 다시 서술되는 것은 예레미야가 하나님의 신탁을 정확하게 선포했음을 나타낼 뿐만 아니라 그들이 명확하게 신탁을 듣고 이해하고 있음을 보여준다. 그렇다면 하나님의 심판이 실제로 임할 때 그들은 듣지 못했고 알지 못했다는 핑계를 할 수 없게 된다. 유다백성의 실패는 하나님의 말씀의 부재 때문이 아니라 그들의 거짓 신학과 완악한 마음 때문이다.

10-11절. 예레미야의 신탁으로 인한 소요가 유다의 고관들에게 전달되자 그들

---

79) 예레미야는 유다백성의 이러한 확신을 "거짓말"로 규정한다(7:4).

은 상황을 파악하기 위해서 성전으로 올라와 성전의 새 대문 입구에 자리를 잡는다(10절).[80] 주로 성문 입구는 법정의 역할을 하기 때문에 10절의 장면은 예레미야의 사건에 대한 정식 재판이 열리는 것과 같다. 이 법정에서 예레미야를 적극적으로 고소하는 자들은 성전에서 기득권을 누리고 있는 제사장들과 선지자들이다(11절). 유다백성에게 성전과 예루살렘에 대한 거짓 확신을 심어준 자들도 바로 이들이다. 따라서 그들은 예레미야를 거짓선지자로 고소하고 고관들과 백성으로부터 그에 대한 사형선고 동의를 얻고자 한다. 그들이 예레미야의 신탁을 정확히 알고 있음에도 불구하고(cf. 9절), 고소내용에 예루살렘 성에 관한 부분만 언급하는 것은 정치 지도자들의 동의를 쉽게 얻고자 하는 시도로 보인다. 종교 지도자들은 자신들이 원하지 않는 신탁을 선포한 예레미야를 죽이겠다는 결의를 법적인 절차를 통해 실제적으로 실행하려고 한다.

12-15절. 자신을 죽이려고 모여든 사람들 앞에서 예레미야의 태도는 분명하고 단호하다. 예레미야는 자신의 말이나 권위가 아니라 하나님의 명령과 그의 권위로 성전과 예루살렘에 관한 신탁을 전했음을 말하며 신탁의 진실성과 자신의 정당성을 변론한다(12절). 그런 후 그가 받은 신탁을 다시 정확하게 선포한다(13절). 예레미야는 죽음의 위협 앞에서도 그가 받은 신탁을 전혀 수정하지 않는 담대한 모습을 보여준다. 유다백성의 죄를 구체적으로 지적하지는 않지만, 그들이 악한 길과 행위를 고치고 여호와께 순종하면 재앙을 돌이키시겠다는 하나님의 약속을 확언한다.[81] 이 약속을 확언하는 것은 예레미야의 신탁이 궁극적으로 파괴적이지만은 않다는 것을 보여 준다. 왜냐하면 멸망이 임하기 전에 회개를 하면 재앙을 피할 수 있음을 전하고 있기 때문이다. 하지만 예레미야의 설교를 들은 이들은 자신들에게 절실히 필요한 말씀에 귀를 기울이는 것이 아니라 듣기 싫은 말에 반감을 갖게 되면서 하나님의 심정을 읽어내지 못한다.

예레미야는 자신이 죽음의 위협에 처해있는 것과 그들이 원하면 충분히 그렇게 할 수 있는 상황인 것을 분명하게 인지하고 있다(14절). 만일 자신을 죽인다면

80) 일반적으로 성전의 새 대문은 요담이 건축한 "여호와의 전의 윗문"을 가리키는 것으로 해석한다(cf. 왕하 15:35).

81) 7장에는 유다백성의 죄가 구체적으로 지적된다(7:4-13).

무죄한 자의 피를 흘리게 되는 것일 뿐만 아니라 그 책임을 그 자리에 있는 자신들과 성전과 예루살렘과 그 거민들이 감당하게 될 것이라고 말한다(15절). 그가 이렇게 말할 수 있는 이유는 그가 하나님의 명령을 받고 그의 신탁을 전한 사실 때문이라는 말을 덧붙인다.[82] 결론적으로 예레미야의 답변은 여호와의 권위가 있는 신탁을 선포한 자신을 거부하는 것은 곧 하나님을 거부하는 것임을 지적하는 것이다. 이것은 하나님의 심판이 정당한 이유를 제공한다.

16절. 종교 지도자들의 고소와 예레미야의 변론이 있은 후(11-15절), 고관들과 백성의 판단이 서술된다. 종교 지도자들은 고관들과 백성의 동의를 얻어 내는데 실패한다. 왜냐하면 신탁의 진실성과 자신의 사역의 정당성에 대한 예레미야의 당당한 변론은 고관들과 백성들에게 한 가지 확신을 남겨 주었기 때문이다. 예레미야가 "하나님 여호와의 이름으로" 담대히 신탁을 전하고 있다는 것이다. 따라서 그들은 예레미야에게 사형선고가 합당하지 않다는 판단을 내린다. "죽일 만한 이유가 없느니라." 이 사건에서 유다백성은 상당히 변덕스러운 모습을 보여준다. 예레미야의 심판신탁에 민감하게 반응하면서 종교 지도자들의 부정적인 대응에 바로 동참했지만 죽음의 위협 앞에서도 예레미야가 보인 담대한 모습에 자신들의 생각을 쉽게 바꾼다. 하지만 그들의 변덕스러움은 24절에 다시 나타난다. 24절이 "아히감의 손이 예레미야를 도와주어 그를 백성의 손에 내어주지 않아 죽이지 못하게 했다"고 서술하고 있기 때문이다. 24절의 상황은 백성이 예레미야에게 다시 위협적인 태도를 취한 것으로 보인다.

17-19절. 종교 지도자들의 고소에 반하는 고관들과 백성의 판단에 이어서 일부 장로들이 가세하여 그들의 판단을 변호한다(17절). 장로들은 여호와의 이름으로 신탁을 전했던 두 선지자의 예를 들면서 예레미야에 대한 사형선고가 부당함을 피력한다. 첫 번째 예는 히스기야 시대(주전 716-687년)에 사역했던 미가의 신탁과 이에 대한 히스기야의 반응이다(18-19절). 모레셋 사람 미가는 미가서를 남긴 선

---

82) 예레미야는 하나님이 자신을 선지자로 보내신 것의 사실성을 강조하기 위해 "진실로"(בֶּאֱמֶת 베에메트)라는 표현을 사용한다. 32장 41절에서 회복에 대한 하나님의 진정성을 강조하기 위해 동일한 표현이 사용된다.

지자이며 히스기야의 종교개혁에 참여했을 것으로 보인다. 예레미야의 신탁과 유사하게 선지자 미가도 시온과 예루살렘 및 성전의 멸망에 대해 선포했다. "너희로 말미암아 시온은 갈아엎은 밭이 되고 예루살렘은 무더기가 되고 성전의 산은 수풀의 높은 곳이 되리라"(미 3:12). 미가의 신탁을 들은 히스기야는 그를 죽이려고 하지 않고 그의 신탁을 여호와의 말씀으로 진지하게 받아들였다. 그는 하나님을 두려워하고 재앙에 대한 그의 뜻을 돌이켜 주시길 간구했다. 결국 히스기야의 기도를 들으신 하나님은 그의 뜻을 돌이켜 심판을 행하지 않으셨다. 따라서 만약 예레미야가 미가와 같이 하나님의 신탁을 전하고 있는 것이라면 그를 죽이는 것은 그가 확언하고 있는 것처럼(cf. 13절) 자신들에게 스스로 재앙을 불러오는 일이 된다는 변론이다.

20-23절. 두 번째 예는 우리야의 신탁과 여호야김의 반응이다.[83] 당시에 스마야의 아들 우리야도 예레미야처럼 여호와의 이름으로 예루살렘과 유다 땅에 대한 경고를 전했다(20절). 그러나 우리야는 여호야김 왕과 용사들과 고관들이 그의 말을 듣고 그를 죽이려고 했을 때 두려워하여 이집트로 도망을 치는 나약함을 보였다(21절). 여호야김은 우리야의 이러한 행동이 하나님의 신탁에 대한 확신이 그에게 없다는 것을 보여주는 것으로 판단한 듯 이집트에 엘라단과 사람들을 보내어 그를 잡아와서 죽이고 일반 백성의 장지에 그의 시체를 던져버렸다(22-23절). 여호야김은 우리야의 선지자로서의 권위나 지위를 인정하지 않은 것으로 보인다.

우리야의 사건이 미가의 경우와 상반되는 내용을 소개하고 있기 때문에 이에 대한 다른 해석들이 있다. 첫째, 20-23절의 변론을 장로들의 두 번째 예로 해석하지 않고 이들과 반대의 입장을 가진 사람들(아마도 다른 장로들)의 말로 해석하는 것이다.[84] 히스기야의 반응과 대조적인 여호야김의 반응이 연이어 서술되는 점에 주목한 해석이다. 이 해석에 따르면 20-23절은 우리야와 같이 예레미야가 죽임을 당해야 한다는 주장이 된다. 그렇다면 본문의 흐름은 다음과 같이 설명된다. 히스

83) Longman은 우리야의 이야기가 서술된 이유는 예레미야가 처한 상황의 위험을 알려주기 위한 것으로 설명한다(Longman, *Jeremiah/Lamentations*, 182).

84) Martens는 20-23절이 우리야의 이야기를 추가적인 예를 제시하기 위해 첨가한 것으로 설명한다(Martens, *Jeremiah*, 169-70; Harrison, *Jeremiah & Lamentation*, 128).

기야의 예를 언급한 장로들의 변호가 있었지만 다른 장로들이 제시한 20-23절의 반론에 의해 예레미야가 죽임을 당할 처지에 다시 놓이게 된다. 이때 24절에서 서술하는 것과 같이 아히감의 도움으로 예레미야가 죽음을 면하게 된다. 즉 예레미야에 대한 죽음의 위협이 다시 제기되면서 상황의 긴장감이 고조됐다가 24절에서 해소된다.

둘째, 20-23절을 미가의 예를 언급한 장로들의 계속되는 변론으로 해석하는 것이다. 이 해석을 뒷받침해 주는 요소는 두 가지다. 하나는 20절에 다른 화자에 대한 언급이 없다는 것이며, 다른 하나는 "그리고 또한" (וְגַם 베감) 이라는 표현으로 20절이 시작되는 것이다. 하지만 이 해석을 따를 경우, 우리야의 예를 언급하는 의도에 대한 질문이 남게 된다. 이 변론의 의도에 대해 다음과 같이 설명할 수 있다. 칼빈이 제시하는 바와 같이 여호야김이 우리야를 죽였는데, 또다시 예레미야를 죽인다면 죄에 죄를 더한 대가를 감당하기 힘들 것임을 지적하려는 의도로 볼 수 있다. 따라서 예레미야를 죽이는 것을 신중하게 결정하라고 권면하는 것이 된다. 또는 죽음의 위협에 대한 예레미야와 우리야의 태도를 대조시키면서 예레미야의 당당한 모습에 주목하게 한다는 것이다. 예레미야는 죽음의 위협 앞에서도 당당하게 하나님의 심판을 선포했고 자신의 죽음에 대한 대가가 있을 것을 언급했다(cf. 19절). 예레미야가 스스로 하나님의 선지자임을 증명해 주고 있기 때문에 그를 죽이는 일에 신중해야 한다는 것이다.

동일한 장로들이 우리야의 예를 두 번째 예로 제시한 것으로 해석하는 것이 적절해 보이다. 이 경우 장로들의 변호내용을 다음과 같이 정리할 수 있다. 첫째, 성전과 예루살렘에 임할 심판을 선포하는 신탁 자체가 예레미야에게 사형선고를 내릴 결정적인 이유가 되지 않는다는 것이다. 히스기야 시대에 미가가 예레미야와 동일한 심판신탁을 선포했을 때 실제로 앗시리아 왕 산헤립의 군대가 예루살렘을 포위하여 멸망의 위기에 처한 경우가 있었다. 이것은 성전과 예루살렘에 대한 심판의 가능성 및 미가가 선포한 신탁의 진정성을 분명히 보여준 사건이다. 따라서 주변 강대국의 위협이 언제나 도사리고 있는 당시의 상황도 다를 바가 없었다. 둘째, 선지자 스스로가 신탁의 진정성을 증명해 준다는 것이다. 우리야는 죽음의 위협에 도망치는 나약함을 보였다. 그러므로 여호야김은 그를 주저함 없이 죽일 수 있었다. 하지만 예레미야의 담대한 태도는 사형선고를 주저하게 한다. 셋째, 신탁에 대한 반응을 신중하게 선택하라는 것이다. 히스기야 왕이 하나님을 두려워하고 그에게 간구한 것처럼 재앙의 뜻을 돌이키시길 간구할지 아니면 여호야김 왕이 우리야를 죽인 것처럼 예레미야를 죽일 것인지를 선택해야 한다는 것이다. 이와 같이 일부 장로들은 히스기야 왕처럼 예레미야의 신탁에 반응할 것을 권하면서 예레미야에 대한 사형선고가 불가하다는 것을 변호한 것으로 보인다.

24절. 장로들의 변호가 있었지만 예레미야의 상황이 달리 변하지 않은 것으로 보인다. 왜냐하면 사반의 아들 아히감이 예레미야를 "백성의 손에 내어주지 아니하여 그를 죽이지 못하게" 했다고 기록하고 있기 때문이다. 아마도 종교 지도자들이 백성을 부추겨서 예레미야를 죽이려고 했던 것으로 보인다. 하지만 이때 사반의 아들 아히감의 도움으로 예레미야는 죽음의 위기를 모면한다. 열왕기하 22장의 기록에 따르면 아히김의 아버지 사반은 요시야 왕의 서기관으로 성전 보수공사에 참여했고 제사장 힐기야가 여호와의 전에서 발견한 율법책을 요시야 왕에게 전달한 인물이다. 열왕기하 22장 12절과 14절은 아히감을 요시야의 종교개혁에 참여한 인물들 중의 한 명으로 기록하고 있다. 아히감 뿐만 아니라 그의 가족은 외로운 싸움을 하고 있는 예레미야에게 도움을 주었다. 아히감의 형제 그마랴는 여호야김이 예레미야의 두루마리를 불에 태우려는 것을 만류했다(cf. 36:10, 25). 또한 아히감의 아들 그다랴는 감옥에서 풀려난 예레미야를 자신의 집으로 데려가 돌보아 주었다(cf. 39:14). 그다랴는 예루살렘 성전이 멸망된 후 바벨론 왕 느부갓네살에 의해 유다의 총독이 된 "그달리야"와 동일한 인물이다(cf. 40:6, 11; 41:10; 왕하 25:22).

현재적 적용 **묵상**

1. 예배 중에 선포되는 설교를 나를 향한 하나님의 말씀으로 듣고 반응하는가?
2. 하나님이 징계의 심판을 행하실 때 그 원인이 무엇인지를 명확하게 확인하고 그 원인에서 돌아서고 있는가?
3. 하나님의 말씀에 따라 살고 그 말씀을 나눌 때 무리를 지은 이들의 비난과 반감, (때론 법적인) 공격이 오면 예레미야처럼 담담히 이겨 낼 수 있을까? 여

전히 하나님의 말씀이 진리인 것을 확신하고 선포하는가?

4. 설교를 듣거나 성경을 읽고 묵상할 때 절실히 필요한 말씀에 주의를 기울이는 것이 아니라 듣기 싫은 말에 반감을 갖게 되면서 하나님의 심정을 읽고 느끼는 일에 실패하는 것은 아닌가?
5. 신앙공동체의 지도자로서 구성원의 변덕스러운 마음을 잡아주는 모습을 보이고 있는가? 하나님이 맡기신 사명을 여전히 붙들고 그가 명하시고 요구하시는 대로 성실히 그리고 흔들림 없이 사역을 감당하고 있는가?
6. 아히감이 26장의 사건정황에서 다른 행보를 보일 수 있었던 것은 경건한 신앙의 삶을 살았던 그의 아버지 사반의 영향은 아닐까? 그렇다면 함께 생활하면서 나의 삶을 보고 경험하는 자녀들은 어떤 영향을 받을지에 대해 생각해 볼 필요가 있지 않은가?
7. 어떤 선택이 하나님이 원하시는 것인지 분명하지만 올바른 선택을 외면하는 것은 이기적인 욕심과 안일함을 추구하는 악한 마음의 부추김 때문은 아닌가?
8. 설교자의 당당함과 진실함이 듣는 이들에게 그가 하나님의 말씀을 선포하고 있다는 확신을 주는가?
9. 목회자나 교회 지도자들이 자신이 하는 사역이나 말이 하나님에게서 왔다는 것을 강조하기 위해 "진실로" 또는 "진짜로"라는 말을 할 때, 그것이 진짜로 "진짜로"인지 어떻게 알 수 있는가? "진짜로"라는 말과 함께 행하는 그들의 사역이나 말이 단지 눈과 귀만 즐겁게 하는 것은 아닌지, 아니면 마음의 찔림과 변화를 주는지 확인하고 있는가?
10. 교회의 사역과 성도의 삶이 하나님의 명령에 따른 사역과 삶이기 때문에 적대적인 사회 앞에서 당당한 모습을 보이는가? 위축되거나 도망가서 피하고 싶은 것은 아닌가?

---

5. 주변 나라들과 유다가 바벨론에 의해 매게 될 멍에, 27:1-22 [시드기야 원년, 597년]

역사정보와 예레미야서의 특징적인 신탁도입형식이 1절에 서술되면서 새로운 단락의 시작을 보게 된다. 28장 1절에 다른 시기의 역사정보가 언급되면서 사건을 기록하고 있는 것을 고려할 때 27장 1절에서 시작된 단락이 27장 22절에서 마무리되는 것을 알 수 있다. 따라서 27:1-22이 하나의 단락을 이루면서 하나의 사건을 전달한다. 이 사건을 열어주는 1절의 도입은 예레미야를 "예레미야"로 소개하는 3인칭 관점이지만 사건은 예레미야의 1인칭 관점에서 서술된다(cf. 2절, 12절, 16절).[85] 이러한 도입형식이 주어진 것에 대해 두 가지 가능성을 고려할 수 있다. 하나는 1인칭관점으로 서술된 사건이지만 예레미야서의 전형적인 도입형식을 사용하는 것이며, 다른 하나는 예레미야 개인이 관련된 사건이지만 객관적 관점에서 볼 것을 요구하는 의도다. 시드기야 왕을 보기 위해 주변 나라의 사신들이 왔을 때 줄과 멍에를 만들어 목에 걸라는 명령이 예레미야에게 임한다. 예레미야는 이 상징적 행위와 함께 하나님의 명령에 따라 그에게 주어진 신탁을 전달한다. 예레미야가 전한 하나님의 신탁을 듣는 대상에 따라 본 단락은 세 개의 소단락으로 구분된다. 그 대상은 주변 나라의 왕들, 시드기야 왕, 그리고 제사장과 모든 백성이다. 주변 나라의 왕들은 그들이 보낸 사신들을 통해서 줄과 멍에를 받고 하나님의 신탁을 듣게 된다. 동일한 신탁의 요약된 내용이 시드기야 왕에게 그리고 제사장과 유다백성에게 전달되는데, 시드기야 왕의 경우에는 신탁이 요구하는 바를 따르고 나라를 살리라는 도전이 추가된다. 제사장과 유다백성의 경우에는 바벨론 왕 느부갓네살이 주전 597년에 성읍과 성전에 남겨 놓은 기구에 관한 신탁이 추가된다. 이 신탁은 거짓선지자들이 선포하는 거짓 예언을 분별하는 기준을 제공한다. 이러한 사항들을 반영하여 본 단락의 구조를 다음과 같이 분석할 수 있다.

도입(1절): 시드기야 통치 초기[86]

a. 대상 1: 주변 나라들의 왕들(2-11절)

(1) 주변 나라들에 신탁을 전하라는 명령, 2-4절

(2) 사신들이 전달할 신탁의 내용, 5-11절

1) 바벨론 왕을 섬기라, 5-8절

2) 거짓 예언에 대한 경계 권고, 9-11절

---

85) 18:1-17과 35:1-19에서 유사한 예를 볼 수 있다.

86) 27장 1절에는 시드기야가 아닌 여호야김으로 표기된다. 이에 대한 논의는 주해를 참조하라.

b. 대상 2: 유다 왕 시드기야(12-15절)

(1) 바벨론 왕의 멍에를 메고 살라는 도전과 책망, 12-13절
(2) 거짓선지자에 대한 경계 권고, 14-15절

c. 대상 3: 제사장들과 모든 백성(16-22절)

(1) 거짓선지자에 대한 경계 권고, 16절
(2) 바벨론 왕을 섬기고 살라는 도전과 책망, 17절
(3) 거짓선지자에게 기도 간청을 권고, 18절
(4) 성전과 예루살렘에 남겨진 기구에 관한 신탁, 19-22절

본 단락은 유다에 대한 하나님의 심판이 확정된 것을 전제로 한다. 하나님의 작정은 바벨론 왕에게 유다와 주변 나라들을 모두 넘겨주는 것이다. 따라서 하나님의 뜻에 순종하면 그 나라가 보존되지만 그렇지 않을 경우 멸망을 당한다. 이스라엘의 하나님은 창조주이시며 우주적 주권을 가지신 분이기 때문에 그의 통치는 유다에만 제한되지 않는다. 하나님의 우주적 주권 아래에 있는 나라는 그의 계획을 거부할 수 없다. 오히려 그를 인정하고 그의 뜻에 순종하는 것이 요구된다. 다른 나라들과는 달리 다윗왕조와 유다백성에게는 바벨론의 멍에를 메는 것이 그들의 언약의 하나님이 작정하신 계획이라는 사실이 큰 충격이었을 것이다. 하지만 죄를 인정하고 심판을 수용하는 의미로 바벨론 왕을 섬기면 약속의 땅에서 추방당하는 것만은 면할 수 있는 기회는 여전히 있다. 본 단락은 유다가 영원한 보좌를 약속받은 다윗왕조를 가지고 있고 약속의 땅에 거하는 특별한 나라이지만 다른 나라들과 동일한 운명에서 벗어날 수가 없다는 메시지를 전달한다. 왜냐하면 유다가 하나님께 죄를 범한 나라가 되어서 다른 나라들과 구별되지 않기 때문이다. 본 단락의 주요 주제는 하나님이 작정하신 바에 따라 바벨론의 멍에를 메고 살라는 명령과 거짓선지자를 경계하라는 권고다. 후자의 주제는 28-29장에도 주요 주제로 등장한다.

도입(1절)

신탁이 주어진 정황(시드기야 통치 초기)에 대한 설명과 신탁의 기원(하나님) 및 신탁을 받은 선지자(예레미야)에 대한 언급으로 단락이 시작된다.

주변 나라들에 신탁을 전달하라는 명령(2-4절)

예레미야는 손수 만든 끈과 멍에를 목에 걸고 유다 왕 시드기야에게 온 주변 나라의 사신들에게 각 나라의 왕들이 들어야 할 하나님의 신탁을 전달하라는 명령을 받는다.

대상 1: 주변 나라들의 왕들(5-11절)

주변 나라의 왕들이 들어야 할 신탁은 땅과 땅에 있는 모든 것을 창조하신 이스라엘의 하나님이 바벨론 왕에게 모든 나라를 넘겨주시기로 작정하셨다는 것이다. 바벨론의 차례가 오기까지는 모든 나라들이 그 나라를 섬기게 되지만 그 후에 바벨론 역시 다른 나라들을 섬기게 되는 작정이다. 따라서 하나님의 작정을 인정하고 스스로 바벨론의 멍에를 메지 않으면 하나님이 보내시는 칼과 기근과 전염병의 보응을 피할 수 없게 된다. 하나님의 작정을 따르지 못하게 하는 거짓 예언을 경계하라는 하나님의 권고를 듣고 자발적으로 바벨론의 멍에를 수용하면 나라를 유지할 수 있다.

대상 2: 유다 왕 시드기야(12-15절)

예레미야는 유다 왕 시드기야에게 동일한 신탁을 전한다. 자발적으로 바벨론의 멍에를 메고 살 것을 권고하고 유다의 멸망을 자처하지 말라고 책망한다. 특별히 바벨론 왕을 섬기지 않을 것이라고 예언하는 거짓선지자들을 경계하라고 권고한다.

대상 3: 제사장들과 유다 백성(16-22절)

예레미야는 제사장들과 유다백성에게 동일한 신탁을 전한다. 성전에서 취해간 물건들이 속히 되돌아올 것이라고 예언하는 거짓선지자들을 경계하고 하나님의 작정에 순종하여 바벨론 왕을 섬길 것을 권면한다. 하나님의 말씀을 받은 선지자라면 오히려 남겨진 기구들을 빼앗기지 않게 기도할 것이라는 말을 한다. 이어서 서술되는 성전과 예루살렘에 남겨진 기구들에 대한 신탁은 현재와 미래의 상황에 대한 하나님의 계획을 선언한다. 현재는 남겨진 기구들도 모두 바벨론으로 옮겨져 하나님이 정하신 때까지 그곳에 머물게 된다. 그러나 하나님이 정하신 때가 되면 다시 되돌려 놓으시겠다는 선언이다. 이 신탁은 거짓

신탁을 구분하는 기준을 제공한다.

주해

1절. 하나님의 신탁이 예레미야에게 주어진 정황이 "유다의 왕 요시야의 아들 여호야김이 다스리기 시작할 때"로 표기되고 있다. 하지만 27장의 내용과 28장 1절을 고려할 때 여호야김(주전 608-597년)이 아닌 시드기야(주전 597-586년)로 보는 것이 적절하다.[87] 27장 3절과 12절에 시드기야가 언급되고 있으며 20절은 여호야긴("여고니야," 주전 597년)이 이미 포로로 잡혀간 사건을 기록하고 있다.[88] 특히 내용적으로 28장은 27장을 이어가고 있는데, 28장 1절의 역사정보에 "그 해"(הַשָּׁנָה הַהִיא 핫샤나 하히)라는 표현과 함께 "그 해"가 "유다 왕 시드기야가 다스리기 시작한 지 사 년"이라고 분명하게 설명한다. "그 해"는 27장의 사건이 벌어진 해를 가리키는 것으로 보인다. 이러한 점들을 고려할 때 27장의 신탁이 주어진 정황은 시드기야 왕 통치 4년(주전 594년)으로 간주할 수 있다. 이와는 달리 1절이 표기하고 있는 대로 "여호야김"을 그대로 받아들인다면, 줄과 멍에를 만들어 목에 걸고 그것을 주변 나라들에 보내라는 신탁이 여호야김의 통치 초기에 예레미야에게 임했지만 이 신탁을 간직하고 있다가 이 신탁이 성취될 시기가 임박한 시드기야 왕 때에 선포한 것으로 해석할 수도 있다. 사신들의 방문이 이 신탁의 전달이 가능한 정황을 제공한 것으로 볼 수 있다.

2-4절. 예레미야는 직접 끈과 멍에를 만들어 목에 걸라는 명령을 받는다(2절).

---

87) 칠십인경 예레미야에는 27장 1절이 없기 때문에 비교해서 확인할 수 없다. 탈굼과 벌게이트는 "여호야김"으로 표기한다. Longman은 일부 히브리어 사본들과 시리아역본과 아랍어역본이 시드기야로 표기하고 있는 반면에 사해사본은 "여호야김"을 유지하고 있는 것을 언급한다(Longman, *Jeremiah/Lamentations*, 191). 그렇다면 1절에 "여호야김"이라고 표기된 것은 초기의 필사자가 26장 1절의 표현을 필사한 오류일 수 있다(cf. Harrison, *Jeremiah & Lamentations*, 129). 이것이 오류임에도 불구하고(내용을 읽으면 쉽게 오류를 파악할 수 있기 때문에) "여호야김"이 그대로 등장하는 것은 필사대본을 그대로 유지하려는 후대 필사자들의 의도로 보인다. 고대 번역본에 "여호야김"이 등장하는 것 역시 같은 의도로 보인다.

88) Cf. Chisholm, *Handbook*, 189.

주로 나무로 멍에를 만들고 끈으로 묶는다. 예레미야가 이 끈과 멍에를 목에 메는 것은 앞으로 각 나라들이 바벨론의 통치 하에 처하게 될 운명을 상징적으로 나타낸다.[89] 이것은 예레미야서에 서술된 예레미야의 상징적 행위들 중의 하나다. 끈과 멍에를 예루살렘으로 온 주변 나라의 사신들을 통해 그들의 왕에게 보내고 하나님의 신탁을 그들의 왕에게 전달하라는 명령이 이어진다(3절). 언급되고 있는 주변 나라들은 에돔, 모압, 암몬, 두로, 시돈이다. 이 나라들이 특정되는 것은 이 나라들의 사신들이 예루살렘으로 와서 시드기야와 함께 바벨론 왕 느부갓네살을 대항할 연합군을 형성하려고 했던 것으로 보인다.[90] 이 나라들이 바벨론의 멍에를 막으려고 할 때 하나님은 바벨론의 멍에를 메라는 신탁을 예레미야를 통해 그들에게 전달하신다. 28장 10절을 보면 예레미야가 실제로 멍에를 만들어 그의 목에 걸고 있었던 것으로 보인다.

5-7절. 사신들은 전달자들이고 실제 예레미야가 전하는 하나님의 신탁을 들어야 하는 대상은 주변 나라의 왕들이다. 주변 나라의 왕들에게 전달해야 할 신탁의 내용이 5-11절에 구체적으로 서술된다. 5-7절은 주변 나라들에 대한 하나님의 작정을 서술한다.[91] 하나님은 자신을 모든 것을 창조한 능력을 가진 분으로 제시하시면서 그가 창조한 땅과 그 안에 있는 모든 것(사람과 짐승)을 그가 "보기에 옳은 사람"에게 주겠다는 작정을 선언하신다(5절). 이것은 창조주 하나님의 권한에 따른 작정임을 의미한다. 그러므로 하나님이 작정하신 바벨론의 멍에를 거부하려는

---

89) "멍에" (מוֹטָה 모타/עֹל 올)는 짐을 끌 수 있게 동물들을 함께 묶는 나무틀이나 막대기를 가리키는 것으로 종속이나 속박의 이미지 또는 연합의 이미지를 비유적으로 전달한다(L. Ryken, J. C. Wilhoit, and T. Longman III, eds., *Dictionary of Biblical Imagery*, [Downers Grove: InterVarsity Press, 1998], 3271). 본 단락에서 "멍에"는 정치적 종속을 의미한다(cf. 신 28:48). 긍정적인 의미로 "멍에"가 적절한 훈육을 상징적으로 나타내기도 한다(cf. 애 3:26-27; 마 11:29-30).

90) Cf. Jones, *Jeremiah*, 349; Harrison, *Jeremiah & Lamentations*, 129.

91) 5절의 "내가 친히 주겠다" (אָנֹכִי עָשִׂיתִי 아노키 아시티)는 표현과 "내가 보기에 옳은 사람에게" (לַאֲשֶׁר יָשַׁר בְּעֵינָי 라아쉐르 야샤르 베애나이; "내 눈에 합당한 자에게")라는 표현은 하나님의 주권에 따른 작정을 강조한다. 특히 1인칭 동사 עָשִׂיתִי 아시티와 함께 주격 대명사 אָנֹכִי 아노키의 사용은 이 작정의 주체가 하나님 자신인 것을 분명하게 전달한다.

그 어떤 노력도 허사가 될 것이다. "내가 보기에 옳은 사람"(אֲשֶׁר יָשַׁר בְּעֵינָי아쉐르 야샤르 베애나이)이란 그 사람의 내재적 옳음을 의미하는 것이 아니라 하나님이 보시기에 적절한 사람을 멍에의 도구로 사용하시는 것을 의미한다. 따라서 6절은 이 사람을 "내 종"(עַבְדִּי아브디)으로 부른다. 이어서 이 사람이 바벨론의 느부갓네살 왕임을 알려주신다. 하나님은 모든 땅과 그 안에 있는 것들을 느부갓네살의 손에 넘겨주어 그와 그의 아들 그리고 손자를 섬기게 하겠다고 선언하신다(7절). 하지만 실제 바벨론의 역사는 다소 다르게 나타난다. 바벨론이 멸망할 때까지 느부갓네살의 자손들이 바벨론을 다스리는 것이 아니라 555년경에 왕족이 아닌 나보니두스가 정권을 찬탈하여 그의 아들 벨사살과 함께 통치를 하다가 결국 538년에 멸망을 맞이하게 된다. 따라서 "그와 그의 아들과 손자"라는 표현을 느부갓네살이 세운 왕국을 가리키는 상투적인 표현으로 설명하기도 한다.[92)]

이어지는 문장(7절하)에 대한 개역개정의 번역은 모호하다. "그 자신"이 느부갓네살을 가리키는 것으로 이해하면 많은 나라들과 큰 왕들이 느부갓네살을 섬긴다는 의미로 7절상에 대한 추가적인 설명이 된다. 하지만 7절하의 히브리어 원문의 표현, וְעָבְדוּ בוֹ גּוֹיִם רַבִּים וּמְלָכִים גְּדֹלִים베아베두 보 고임 랍빔 우멜라킴 게돌림에서 동사 עָבְדוּ아베두("그들이 섬기다")가 전치사 בְּ베와 함께 사용된다. 이 경우, 동사의 주어("그들")가 전치사의 목적어로 등장하는 대상(בְּ베+3인칭 남성 단수 대명사어미 וֹ; בוֹ보)에게 일을 시키는 또는 섬기게 하는 의미를 갖는다(cf. 30:8; 출 1:14). 3인칭 남성 단수 대명사어미("그")는 직접적으로 느부갓네살을 가리키며 또한 그의 왕국(바벨론)을 의미한다. 따라서 이 표현은 "많은 나라들과 큰 왕들이 그(느부갓네살/바벨론)에게 일을 시킨다"는 의미를 전달한다. 즉 느부갓네살(바벨론)을 그들의 지배하에 둔다는 의미다. 특히 7절상의 "그 땅의 기한이 이르기까지"로 바벨론을 섬기는 기한이 제한된 것을 볼 수 있다. 이 표현은 "그 땅의 차례가 이르기까지"로 번역이 가능하다(cf. NJB). 이 기한(차례)은 25장 26절에 선언된 "세삭 왕은 *그 후에* [진노의 잔을] 마시게" 되는 때를 가리킨다. 따라서 이런 의

---

92) Cf. Chisholm, *Handbook*, 189. Martens는 이 표현이 문자적 의미로 느부갓네살과 그의 아들 그리고 손자를 가리키는 것이 아니라 단지 세 세대를 의미하는 것으로 설명한다(Martens, *Jeremiah*, 172). Longman은 이 표현이 상당히 긴 기간을 가리키는 것으로 이해한다(Longman, *Jeremiah/Lamentations*, 191).

미를 반영하여 7절을 번역하면, "그의 땅[바벨론]의 차례가 이르기까지는 모든 나라들이 그와 그의 자손과 그의 손자를 섬길 것이다. 그러나 그 때가 되면 많은 나라들과 큰 왕들이 그[바벨론]의 섬김을 받을 것이다"(사역)가 된다(cf. 새번역, 현대인의 성경, 우리말, 쉬운성경; NIV; NASB; NJB; JPSV).[93] 이 예언은 고레스의 주도하에 메대와 페르시아(바사) 연합군이 바벨론을 멸망시킴으로 실제로 성취된다(주전 539년).

5-7절의 신탁은 하나님의 절대적이며 우주적 주권을 분명하게 보여준다. 하나님은 "이스라엘의 하나님"이시지만 "만군의 여호와"로서 모든 나라의 운명을 결정하시고 주관하시는 분이시다. 이 신탁이 주변 나라들을 향한 것이지만 실제적으로는 시드기야와 그 당시 유다백성으로 하여금 바벨론의 멍에를 스스로 벗어날 수 있다는 헛된 자만을 돌아보게 한다.

8절. 자발적으로 바벨론 왕의 멍에를 메려고 하지 않는 나라는 바벨론의 침략과 파괴를 피할 수가 없게 된다. 왜냐하면 하나님이 그의 작정을 거부하는 나라를 심판의 도구인 느부갓네살을 통하여 철저하게 파괴하여 보응하실 것이기 때문이다. 언약적 저주를 나타내는 전형적인 표현인 "칼과 기근과 전염병"이 언급되는 것은 하나님의 작정을 거부하고 따르지 않는 것이 곧 그의 주권을 거부하는 것이기 때문이다. 또는 단순히 전쟁으로 인한 처참한 파괴를 의미하는 것일 수도 있다. 중요한 것은 이 파괴의 궁극적인 주체가 하나님이라는 것이다. "내가 그 민족을 벌하리라(보응할 것이다)."

9-11절. 하나님의 작정(5-7절)과 이를 따르지 않을 때 맞이하게 될 상황(8절)이 분명하게 제시된 후, "바벨론 왕을 섬기지 않을 것"이라는 예언에 귀를 기울이지 말라는 경고가 주변 나라 왕들에게 전달된다(9절). 9절의 경고를 유다백성에게 주어진 것으로 해석하기도 하는데, 1-11절의 흐름과 16-18절에서 유대백성을 향한 유사한 경고가 주어지는 것을 고려할 때 주변 나라의 왕들에게 주어진 경고로 보는 것이 적절하다. 예언, 복술, 꿈, 술수, 또는 요술 등의 방법으로 신탁을 전하는 자들이 "바벨론 왕을 섬기지 않을 것이다"라고 예언을 하겠지만 그들의 예언을 듣지 말라는 경고다.[94] 왜냐하면 그들의 예언은 "거짓"(שֶׁקֶר 쉐케르)이기 때문이다

(10절). 그들의 거짓 예언은 나라들이 자신들의 땅에서 추방을 당하게 할 뿐이다. 이는 하나님이 그의 작정을 거부하는 나라를 친히 몰아내고 멸망하게 하실 것이기 때문이다. 달리 말하면 하나님의 작정은 결코 거부할 수 없다. 반면에 그의 작정을 인정하고 자발적으로 바벨론 왕의 멍에를 메고 느부갓네살을 섬기는 나라는 하나님이 본래 그 나라의 땅에 거하게 하시며 그 나라로 하여금 자기 땅에서 일상적인 삶("밭을 갈며")을 살 수 있게 하시겠다고 약속하신다(11절). 결국 나라의 운명은 하나님의 신탁을 따를 것인가 아니면 거짓 예언을 따를 것인가에 따라 달라 질 수 있다.

12-15절. 주변 나라의 왕들에게 전달될 신탁이 이제 유다 왕 시드기야에게도 동일하게 적용된다. 예레미야는 동일한 신탁을 유다 왕 시드기야에게 전달한다(12절). 바벨론 왕과의 전쟁으로 인한 황폐함을 면하려고 한다면 시드기야는 그의 목을 바벨론 왕의 멍에에 내어놓고 그와 그의 백성을 섬겨야만 한다. 바벨론 왕에게 항복을 하고 그의 통치를 받아들이라는 것이다. 이것은 하나님이 영원한 보좌를 약속한 다윗왕조가 바벨론의 멍에를 메야 하는 다른 나라의 왕조들과 특별히 구분되지 않는 것을 의미한다. 이는 다윗왕조가 이미 하나님의 선택을 받은 왕조로서의 정체성을 상실했기 때문이다. 13절은 하나님의 뜻을 거부하면서 유다의 멸망을 자초하는 시드기야에 대한 책망이다. 시드기야는 바벨론에 대항하려는 나라들에 동조하여 바벨론 왕의 멍에에서 벗어나려고 한다. 하지만 실제는 하나님의 작정을 거부하는 나라, 즉 바벨론의 멍에를 거부하는 나라가 맞이할 처참한 결말("칼과 기근과 전염병")을 자초할 뿐이다. 시드기야에게 전하는 신탁인데, 백성을 가리키는 표현들이 사용된다. 12절의 "바벨론 왕의 멍에를 목에 메고"는 문자적으로 "당신들의 목[들]을 바벨론 왕의 멍에에 내어주고" 라는 의미로 백성을 포함한다. 13절에는 "당신과 당신의 백성" 이라는 표현이 있고 14절에는 "당신들은" 이 있다. 이 표현들은 유다백성의 미래가 그들을 대표하는 시드기야 왕의 결정에 달려 있음을 강조하는 것으로 보인다. 유다를 멸망에서 구하기 위해서 특별히 주의

---

93) "모든 나라들은 바빌로니아가 망할 때까지 그와 그의 아들과 그의 손자를 섬길 것이다. 그의 시대가 끝나게 되면 강대국들과 그 왕들이 바빌로니아를 정복하고 그를 자기들의 종으로 삼을 것이다" (현대인의 성경).

해야 할 경고가 주어진다(14절). 바로 "너희는 바벨론 왕을 섬기지 않을 것"이라고 예언하는 선지자들의 말을 경계하라는 것이다. 왜냐하면 그들의 예언이 "거짓"(שֶׁקֶר 쉐케르)이기 때문이다. 하나님이 그들을 보내지 않으셨음에도 불구하고 그들은 여호와의 이름으로 그럴 듯하게 예언을 한다(15절). 그들의 거짓 예언에 따라 바벨론 왕의 멍에를 메지 않으면 시드기야 왕을 포함한 유다백성은 약속의 땅에서의 추방을 피할 수 없게 된다. 결국 거짓 예언을 경계하지 않은 백성과 더불어 거짓선지자들은 멸망하게 된다. 거짓선지자들의 문제가 언급되지만 실제 추방과 멸망의 주요 대상으로 유다백성("너희")이 제시된다. 이는 미혹하는 선지자들의 문제뿐만 아니라 미혹을 당한 백성의 문제에 주목하게 한다. 심판이 임했을 때 시드기야와 유다백성은 미혹을 당했기 때문이라는 말로 거짓선지자들을 탓하며 핑계할 수 없다.

시드기야가 하나님의 명령을 따라 바벨론 왕의 멍에를 자발적으로 메었다면 시드기야와 유다백성은 약속의 땅에서의 추방을 면할 수 있었다. 그러나 시드기야는 예레미야의 신탁을 듣지 않고 느부갓네살에게 반역하여 결국 유다를 멸망에 이르게 한다(cf. 52:3; 왕하 24:20).

16-18절. 예레미야는 제사장들과 유다백성에게도 동일한 신탁을 전달한다(16절). 거짓선지자들을 경계하라는 경고로 신탁을 시작한다. 거짓선지자들은 바벨론 왕 느부갓네살에 의해 하나님의 심판이 이미 시작됐음에도 불구하고 그 당시 유다가 처한 상황이 오래가지 않을 것이라고 예언했다(cf. 28장). 신속한 회복에 대한 확신을 주려는 듯 자신들의 예언을 구체화해서 바벨론 왕이 가져간 성전 기구들이 속히 되돌아올 것이라고 예언한다. 그들이 말하는 기구들은 여호야김과 여호야긴 때에 바벨론으로 옮겨진 것들을 가리키는 것으로 보인다(cf. 대하 36:5-7, 9-10; 왕하 24:13). 거짓선지자들은 근거가 없는 헛된 소망으로 백성을 미혹했다. 따라서 예레미야는 그들의 거짓예언을 듣지 말고 바벨론 왕을 섬기고 목숨을 구하라고 권면한다(17절). 바벨론 왕을 섬기면 예루살렘이 폐허가 되는 것은 면할 수 있다는 것이다. 이 권면은 유다백성에게 아직 기회가 있음을 보여준다. 그러나 지속적으로 하나님의 신탁을 따르지 않고 스스로 예루살렘의 멸망을 자초하고 있는 백성을 향한 하나님의 책망이 주어진다. "어찌하여 이 성을 황무지가 되게 하려느

냐”(17절). 주변 나라들에 관한 신탁에서와는 달리 시드기야와 백성에게 전하는 신탁에 이 책망이 반복되면서(13절; 17절), 유다백성에 대한 하나님과 예레미야의 안타까운 심정이 드러난다. 그 당시 하나님의 신탁을 받은 선지자들이 해야 할 일은 빼앗긴 기구들이 곧 되돌아온다고 예언하는 것이 아니라 더 이상 빼앗기지 않기를 간구하는 것이다(18절). 왜냐하면 유다가 죄에 대한 대가로 바벨론 왕의 멍에를 메고 최소한 그 당시의 상황을 유지하는 것이 하나님의 기대였기 때문이다. 남아 있는 기구를 바벨론으로 옮겨가지 못하도록 기도하라는 것은 빼앗긴 기구가 곧 되돌아온다고 예언하는 거짓선지자들에 대한 조소이기도 하다. 한편으로는 더 빼앗기고 파괴될 완전한 심판이 아직 임하지 않았다는 것을 의미하기도 한다.

19-22절. 바벨론 왕 느부갓네살이 주전 597년에 예루살렘에서 여호야김의 아들 여고니야(여호야긴)와 함께 귀족들을 사로잡아 갈 때 가져가지 않은 기둥들과 큰 대야와 받침들 및 예루살렘 성에 남아있는 기구들에 대한 하나님의 신탁이 전달된다(19-20절).[95] 거짓선지자들은 바벨론에 빼앗긴 물건들이 속히 돌아올 것이라고 예언했다(cf. 16절). 따라서 그들의 예언이 거짓임을 보이기 위해 하나님의 계획이 선언된다. 하나님은 그 당시 성전과 왕궁과 예루살렘에 남겨진 것들마저 모두 바벨론으로 옮겨질 것이며 그가 그것들을 돌아보게 될 날까지는 그곳에 있게 될 것이라고 선언하신다(21-22절).[96] 하나님이 작정하신 바벨론의 멍에를 유다가 스스로 메지 않고 거부한다면 유다는 처참한 멸망을 피할 수가 없으며 모든 것을 빼앗기고 황폐하게 된다. 하지만 이것은 하나님이 정하신 때까지다. “내가

---

94) Cf. 출 7:11; 8:7; 9:11; 신 18:10-11; 왕하 21:6; 겔 21:21; 단 1:20; 2:2; 미 5:12; 슥 10:2.

95) “기둥들”은 청동으로 만들어진 것으로 성전의 주랑 앞에 세운 우편의 “야긴”과 좌편의 “보아스”를 가리키는 것으로 보인다(cf. 왕상 7:15-22). “큰 대야”는 “바다”라고 불리는 것으로 제사장들이 제의를 수행하면서 씻는데 사용할 물을 담아두는 용기를 말한다(cf. 왕상 7:23-26; 대하 4:6). 이어서 언급되고 있는 “받침들”은 왕상 7:27-37에서 “바다”에 연이어 설명하는 놋으로 만든 수레형태의 받침대를 가리키는 것으로 보인다.

96) 이 신탁은 586년에 느부갓네살에 의해 실제적으로 성취되어 기둥들과 받침들과 놋대야와 더불어 성전에 남아있던 기명들과 왕궁과 예루살렘에 있었던 보물들이 모두 바벨론으로 옮겨진다(cf. 52:17-23; 왕하 25:13-17; 대하 36:18).

이것을 돌보는 날까지 거기에 있을 것이니라" (עַד יוֹם פָּקְדִי אֹתָם 아드 욤 포크디 오탐, 22절). 하나님이 빼앗긴 것들을 돌아보시고 관심을 보이실 날이 임하게 된다. 이것은 회복에 대한 약속이다. 이 날은 7절에서 언급하고 있는 바벨론의 기한("그 땅의 기한")이 이르는 때다. 다른 신탁에서 언급한 것처럼 70년이 지나야 이 회복 신탁의 성취를 경험하게 된다(cf. 25:11, 12; 29:10).[97] 유다는 주변의 나라들과 같은 운명을 맞이하게 되는 것처럼 보이지만 유다의 미래는 하나님의 계획에 따라 회복을 기대할 수 있다. 왜냐하면 그의 백성을 긍휼히 여기심과 언약에 대한 신실하심 때문이다(cf. 30:18; 31:20; 33:26). 유다가 포로지에 사로잡혀있고 성전의 기구들이 바벨론에 옮겨져서 성전예배를 드릴 수 없는 70년의 기간은 죄로 물든 땅의 회복을 위한 안식의 기간이다(cf. 대하 36:21). 그 기한이 차면 하나님이 그의 백성을 "돌아보시고" (פָּקַד 파카드; "방문하시고") 회복을 이루실 것이다.

현재적 적용 **묵상**

1. 하나님의 작정이 분명하게 전달됐을 때 그 작정에 관심을 두고 따르려고 하는가? 여전히 내 마음 속에 미련으로 남아있는 것을 붙들고 고민하고 갈등하는 것은 아닌가? 왜 스스로 더 나쁜 상황을 초래하느냐는 책망이 들리지 않는가?
2. 거짓이 그럴 듯한 예언으로, 점술과 꿈 등의 매혹적인 방법으로 미혹하는 것을 경계하고 있는가?
3. 죄에 따른 하나님의 심판을 별거 아니라고 말하는 거짓에 속아 죄에 대한 심각한 반성이나 회개가 없는 것은 아닌가?
4. 거짓설교자들에게 미혹되어 속았다는 것으로 자신의 책임을 피할 수 없음을 알고 있는가? "하와 때문이고 하와를 주신 하나님 때문"이라고 아담이 핑계할 수 없었다는 것을 기억하는가?
5. 성경의 진리와 설교자의 거짓에 대한 분별력이 있는가?

97) 바벨론으로 옮겨진 물건들이 다시 예루살렘으로 돌아오는 것이 페르시아 왕 고레스에 의해 주전 536년에 성취된다(cf. 스 1:7-11). 또한 주전 458년경에 에스라가 유다로 돌아올 때 아닥사스다가 준 성전 기명을 가지고 왔다(cf. 스 7:19).

6. 가정의 부모로서 또한 신앙공동체의 지도자로서 하나님의 뜻과 계획에 민감해서 가정을 지키고 신앙공동체를 지키고 있는가?
7. 죄를 고백하고 회개하는 성도에 대한 하나님의 계획의 끝은 심판이 아니라 회복인 것을 감사하며 더 겸손히 살면서 그가 정하신 때에 회복이 이루어지길 기다리고 있는가?
8. 기독교의 원리를 말하는 것을 신앙공동체의 구성원들에게만 제한하는가, 아니면 사회의 구성원들에게도 기독교의 원리에 따라 올바른 방향을 제시하는가?

---

6. 선지자 예레미야와 선지자 하나냐의 충돌, 28:1-17 [시드기야 4년, 주전 594년]

본 단락은 예레미야가 손수 만든 멍에를 메고 있는 것과 거짓선지자의 주제로 앞 단락과 긴밀하게 연결된다. 본 단락은, 예레미야가 목에 멍에를 메고 제사장과 유다백성에게 바벨론 왕의 멍에를 메고 완전한 멸망을 피할 것과 성전과 예루살렘에 남겨져 있는 기구들에 관한 신탁을 전한 후에 선지자 하나냐와 충돌한 사건을 3인칭 관점에서 기록한다.[98] 등장인물은 하나냐, 예레미야, 제사장들과 유다백성("모든 백성")이다. 사건이 벌어진 장소는 여호와의 성전이다. 하나님은 그의 말씀으로 사건에 개입하신다. 사건이 벌어진 때는 시드기야 통치 사년 다섯째 달(주전 594년)이다. 달이 언급되는 것은 17절에 하나냐가 죽은 일곱째 달을 언급하기 위한 준비로 보인다. 예레미야를 "선지자 예레미야"(יִרְמְיָה הַנָּבִיא 이르메야 한나비)로 그리고 하나냐를 "선지자 하나냐"(חֲנַנְיָה הַנָּבִיא 하난야 한나비)로 표기하면서 참선지자와 거짓선지자의 충돌사건인 것을 명확하게 전달한다.[99] 본 단락은 유다백

98) 1절의 상황도입에서 예레미야는 1인칭관점 서술형식을 취한다. "내게 말하여 이르되." 그런데 사건이 전개되면서 예레미야는 자신을 "선지자 예레미야"로 표기하면서 3인칭관점 서술을 유지한다. 이는 이 충돌이 단지 개인적인 사건이 아니라 하나님의 신탁을 전하는 참선지자 예레미야와 자신의 임의적인 신탁을 전하는 거짓선지자 하나냐가 충돌한 사건인 것을 전달하려는 것으로 보인다. 즉 객관화 기법이다.

99) 28장은 하나냐와 예레미야를 표기할 때 "선지자"라는 명칭을 붙여서 일관성 있게 표기한

성의 타락과 유다멸망에 결정적인 역할을 한 지도자 무리의 하나인 선지자의 문제에 대한 구체적인 예를 제시한다. 사건이 벌어진 시간적 차이를 고려하면 본 단락은 성전에서의 충돌장면(1-11절)과 그 이후의 장면(12-17절)으로 구분된다. 하지만 예레미야와 하나냐의 충돌을 중심으로 사건의 흐름에 따라 본 단락을 구조를 다음과 같이 분석할 수 있다.

사건정황(1절상)
a. **예레미야**에게 전하는 **하나냐**의 예언(1절하-4절)
a'. **예레미야**의 답변(5-9절)
  b. **하나냐**의 대응과 예언(10-11절상중)
  b'. **예레미야**의 떠남(11절하)
    c. 여호와의 등장과 쇠 멍에에 관한 신탁(12-14절)
      d. 하나냐에게 전하는 **예레미야**의 예언(15-16절)
      d'. **하나냐**의 죽음(17절)

선지자 하나냐의 신탁은 형식적인 면에서는 전형적인 신탁의 모양을 갖추고 있다. 하나냐는 여호와의 이름으로 예언을 선포하고 있으며 "여호와의 말이니라"는 확언도 사용한다. 하지만 하나냐는 예레미야가 경계하라고 말한 거짓선지자의 예가 된다(cf. 27:16). 예레미야의 답변에 하나냐는 그가 메고 있던 멍에를 빼앗아 꺾는 공격적인 대응을 할 뿐만 아니라 시기를 이 년 이내로 확정해서 회복을 선포한다. 하나님이 보내신 것처럼 신탁을 선포하고 행동하여 백성을 거짓으로 미혹한 하나냐는 결국 2개월 후에 하나님의 신탁에 따라 죽는다. 하나냐의 죽음이 예레미야가 참선지자인 것을 확인해 주면서 그가 전하는 신탁의 진정성을 돌아보게 한다. 따라서 예레미야와 하나냐의 충돌사건은 유다백성이 지속적으로 하나님의 신탁을 거부하면 하나냐와 동일한 운명을 맞이하게 된다는 것을 보여준다. 하나냐는 거짓선지자의 구체적인 예일 뿐만 아니라 패역한 백성의 상징이다.

다(12, 13, 15절 제외). 예레미야의 이름이 주로 יִרְמְיָהוּ 이르메야후로 표기되는데, 거짓선지자에 대한 주제를 집중적으로 다루고 있는 27, 29, 28장에서는 축약형인 יִרְמְיָה 이르메야로 표기된다.

사건정황과 선지자 하나냐의 예언(1-4절)

사건이 전개되는 정황은 시드기야의 통치 4년이다. 바벨론의 멍에에 대한 예레미야의 신탁을 들은 후 하나냐는 예레미야의 신탁과 정반대의 예언을 여호와의 이름으로 전한다. 하나냐가 전하는 신탁의 핵심내용은 바벨론 왕의 멸망과 유다의 신속한 회복이다.

선지자 예레미야의 답변(5-9절)

하나냐의 신탁을 들은 예레미야는 조소의 어투로 그의 신탁처럼 회복되길 원한다고 말하면서 이전부터 선지자들이 심판을 예언했는데, 하나냐가 선포한 회복이 진정으로 하나님께로부터 온 신탁이라면 성취가 됐을 때에 확인이 가능하다는 답변을 한다.

선지자 하나냐의 대응과 예언, 예레미야의 떠남(10-11절)

예레미야가 답변을 마치자 하나냐는 예레미야의 목에서 멍에를 벗겨내서 꺾어버린 후 이와 같이 하나님이 2년 안에 모든 나라의 목에서 느부갓네살의 멍에를 부술 것이라는 신탁을 전한다. 이 말을 듣고 예레미야는 그 자리를 떠난다.

하나님의 등장과 쇠 멍에에 관한 신탁(12-14절)

사건은 하나냐가 예레미야의 목에서 멍에를 꺾어버리고 거짓신탁을 선포한 후의 상황으로 이어지면서 하나님이 그의 신탁으로 등장하신다. 하나냐가 부수어버린 나무멍에 대신에 쇠 멍에를 만들어 모든 나라들이 메게 하겠다는 선언을 하나냐에게 전달하라는 명령이 예레미야에게 주어진다.

하나냐에게 전하는 예레미야의 예언과 하나냐의 죽음(15-17절)

예레미야가 하나냐를 만나 하나님의 신탁을 전달한다. 하나냐가 거짓으로 백성을 미혹했기 때문에 그가 땅 위에서 제거되고 그 해에 죽는다는 신탁이다. 하나냐가 그 해 일곱째 달에 죽게 되면서 신탁의 진정성이 확인된다.

주해

1절. 앞 단락(27장)의 내용이 그대로 연결되는 것을 볼 때 본 단락의 정황으로 제시되고 있는 시드기야의 통치 4년 다섯째 달(주전 594년 여름)은 27장의 정황과 동일한 시기다. "그 해"(הַשָּׁנָה הַהִיא 핫샤나 하히)라는 표현 역시 27장과의 연관성을 나타낸다. 통치 4년을 "다스리기 시작한" 시기로 보는 것에 대한 반론이 있지만 전체를 둘로 나누어 처음 절반을 초기로 보고 다음 절반을 후기로 간주하는 히브리인들의 사고에서는 가능하다. 즉 통치 4년은 시드기야의 11년 통치(주전 597-586년) 중 앞의 절반 즉 초기(1-5년)에 해당한다. 예레미야가 목에 멍에를 메고 여호와의 성전에 있을 때 기브온 출신 앗술의 아들 선지자 하나냐가 제사장들과 모든 백성 앞에서 자신의 신탁을 전한다. 예루살렘의 북서쪽으로 약 8km 떨어진 곳에 위치한 기브온은 베냐민 지파에 속한 지역이다(cf. 수 21:17). 하나냐에 대한 언급이 이 본문 외에는 없지만 기브온이 제사장들의 성읍들 중 하나였던 것을 고려하여 예레미야와 같이 제사장 가계의 출신으로 보기도 한다.

2-4절. 하나냐가 선포한 신탁의 내용이 구체적으로 서술된다. 하나냐의 신탁은 여러 가지 면에서 전형적인 신탁의 형식을 취하고 있다. 신탁도입형식인 "만군의 여호와 이스라엘의 하나님이 이같이 말씀하시기를"이라는 표현으로 신탁을 시작하고 있으며 여호와를 1인칭("내가")으로 표기하는 직접화법을 사용한다. 즉 신적 신탁형식으로 예언한다. 또한 동사의 형태도 성취적 측면을 강조하는 예언적 완료(שָׁבַרְתִּי 샤바르티; "내가 꺾을 것이다")를 사용하고 있다.[100] 이와 아울러 신탁을 확언하는 신적 선언(נְאֻם־יְהוָה 네움 아도나이; "여호와의 말이니라")도 나타난다. 따라서 형식적인 면에서는 실제로 하나님께로부터 받은 신탁인지의 진정성 여부를 판단하기는 어렵다. 하나냐가 선포하는 신탁의 내용은 세 가지다. 첫째, 바벨론 왕의 멍에가 꺾이게 된다는 것이다(2절). 이것은 바벨론 왕의 통치로부터 유다가 구원을 받게 된다는 예언이다. 하나냐는, 미래의 일이지만 화자의 관점에서 볼 때 이미 이루어진 개념을 전달하는 예언적 완료형(שָׁבַרְתִּי 샤바르티)을 사용하면서 예언의 확실성을 강조한다. 뿐만 아니라 이 예언이 신탁을 마무리하는 4절에서 다시 반복되면서 강조된다(수미쌍관). "이는 내가 바벨론 왕의 멍에를 꺾을 것임이라"(4절).

100) 개역개정, 새번역, 현대인의 성경은 שָׁבַרְתִּי 샤바르티를 예언적 완료로 간주하여 미래시제로 번역하지 않고 현재완료시제로 번역한다: "내가 꺾었느니라"(cf. KJV; NASB; NJB).

이것은 하나님이 바벨론 왕의 손에 모든 땅과 그 안에 있는 모든 것을 넘겨주었기 때문에 모든 나라가 그를 섬겨야 한다는 예레미야의 신탁(27:5-7)에 정면으로 배치된다. 하나냐의 신탁에 따르면 유다를 포함한 주변의 모든 나라들이 바벨론 왕의 멍에를 자발적으로 수용할 필요가 없다. 바벨론의 연대기는 그 당시 바벨론에 느부갓네살을 대항하는 반란이 있었던 것으로 기록하고 있다. 아마도 바벨론의 이러한 내부 정황이 하나냐로 하여금 바벨론 왕의 멸망을 예견하게 한 것일 수 있다. 둘째, 느부갓네살이 바벨론으로 가져간 성전의 기구들이 모두 2년 안에 다시 되돌아온다는 것이다(3절). 히브리어 원문에는 "2년 안에"라는 표현을 문두에 두어 2년 안에 이루어질 신속한 회복을 강조한다.[101] 이 예언은 그 당시 성전과 예루살렘에 남겨진 것들도 모두 바벨론으로 옮겨져 하나님이 그것들을 돌아보시는 날까지는 그곳에 있게 될 것이라고 선포한 예레미야의 신탁(27:22)을 거부한다. 예레미야는 "여호와의 성전의 기구를 이제 바벨론에서 속히 돌려오리라"고 예언하는 선지자들의 말을 듣지 말라고 금했는데(27:16), 하나냐의 예언이 바로 이 부류에 속한다. 셋째, 바벨론에 포로로 사로잡혀간 여고니야(여호야긴)와 유다 포로들이 예루살렘("이 곳")으로 되돌아온다는 것이다(4절).[102] 예레미야는 여고니야가 바벨론으로 포로로 끌려가 그곳에서 죽고 돌아오지 못할 것이라고 예언했다(cf. 22:24-27). 반면에 하나냐는 2년 안에 여고니야와 포로들의 회복이 이루어질 것이라고 선포한다. 심판의 상징인 여고니야의 포로가 속히 해결된다고 선포하는 것은 완전한 회복을 확증하려는 것으로 보인다. 결론적으로 하나냐는 전형적인 신탁형

---

101) 강조하려는 표현으로 문장을 시작하는 것을 "앞세우기"(fronting) 기법이라고 한다. 3절의 경우, 주어 **אֲנִי** 아니("내가")와 분사 **מֵשִׁיב** 매쉬브("되돌릴 것이다")로 시작하는 것이 정상어순인데, 부사구 **בְּעוֹד שְׁנָתַיִם יָמִים** 베오드 쉐나타임 야밈("2년 안에")로 문장이 시작한다: **בְּעוֹד שְׁנָתַיִם יָמִים אֲנִי מֵשִׁיב**. 예레미야가 27장 22절에서 신적 신탁을 선포할 때 같은 기법을 사용해서 장소를 강조한다. 이를 반영해서 번역하면 다음과 같다. "*바벨론으로* 이것들이 옮겨지고 *거기에* 내가 이것들을 돌보는 날까지 있을 것이다." 따라서 형식적인 면에서 하나냐가 선포한 신탁은 예레미야가 선포한 신탁과 차이가 없다. 하지만 내용은 정반대다.

102) 4절 역시 3절과 동일하게 목적어("유다의 왕 여호야김의 아들 여고니야와 바벨론으로 간 유다 모든 포로를")를 문장 앞에 두는 "앞세우기" 기법을 사용해서 회복의 대상을 강조한다. 이와 더불어 신적 선언("여호와의 말이니라")으로 신탁의 확실성을 강조한다. 이는 선지서에서 신탁이 취하는 일반적인 형식이다.

식을 사용해서 예레미야의 신탁을 정면으로 부인하는 예언을 예레미야와 백성에게 전했다. 하지만 실제 역사는 하나냐의 예언이 거짓임을 분명하게 증명한다. 하나냐의 신탁과는 달리 바벨론 왕 느부갓네살이 유다와 주변 모든 나라들을 정복했을 뿐만 아니라 성전에 남아있었던 것들도 모두 바벨론으로 가지고 갔다(cf. 52:12-23). 52장 34절은 여고니야(여호야긴)가 돌아오지 못하고 바벨론에 죽은 것으로 기록하고 있다.

5-9절. 하나냐의 신탁을 들은 예레미야는 그가 한 것처럼 제사장들과 성전에서 있는 모든 백성 앞에서 하나냐에게 자신의 답변을 전한다(5절). 이는 예레미야와 하나냐의 충돌이 첨예하게 나타나는 것을 보여준다. 먼저 예레미야는 "아멘"(אָמֵן 아멘)이라는 말과 함께 하나냐가 듣기 좋은 말을 한 것을 인정하면서 그의 신탁대로 하나님이 이루어주셨으면 좋겠다는 답변을 한다(6절).[103] 빈정대는 듯한 어투이긴 하지만 예레미야 자신 역시 유다의 멸망보다는 회복을 원하고 있음을 내비친다. 그러나 하나님의 확실한 계획을 알고 있는 예레미야는 회복신탁을 선포한 하나냐와 이것을 들은 백성이 분명히 알아 두어야 할 중요한 사실을 전한다(7절). 예레미야를 포함하여 이전 선지자들이 지속적으로 죄를 범한 나라들에 대하여 전쟁을 통한 철저한 심판("전쟁과 재앙과 전염병")을 예언했다(8절). 그러므로 이들과는 달리 "평화"(שָׁלוֹם 샬롬)를 예언하는 선지자가 있다면 그의 신탁이 성취된 후에야 비로소 그가 참선지자임을 인정받을 수 있다고 말한다(9절). 예레미야의 이 말은 신명기 18장 22절이 제시하고 있는 참선지자의 증거에 호소하는 것이다. "만일 선지자가 있어 여호와의 이름으로 말한 일에 증험도 없고 성취함도 없으면 이는 여호와께서 말씀하신 것이 아니요 그 선지자가 제 마음대로 한 말이니 너는 그를 두려워하지 말지니라"(신 18:22). 하나냐가 유다의 패역한 상태에 주목했다면 결코 무조건적인 회복을 선포할 수 없었을 것이다. 하지만 백성의 귀를 즐겁게 하고 그들의 인기를 얻으려고 했다면 가능했을 것이다. 이것은 전형적인 거짓선지자

103) 예레미야도 회복의 때에 대해 선포했다. 하지만 그가 선포한 시기는 70년 이후다. 따라서 회복의 때가 하나냐가 선포하는 것처럼 2년 이내에 이루어질 것인지 아니면 예레미야가 선포하는 것처럼 70년 후에 이루어질 것인지에 대한 충돌이다. 예레미야의 답변은 70년을 선포했지만 2년이 사실이면 좋겠다는 듯한 생각을 나타낸다. 이 상황에서 유다백성은 누구의 신탁을 따를 것인지에 대한 질문을 갖게 된다.

들의 모습이다.

10-11절. 예레미야의 답변을 들은 하나냐는 폭력적으로 대응한다. 그는 자신의 신탁이 성취될 때까지 기다릴 필요가 없다는 듯 예레미야의 목에서 바벨론 왕의 압제와 통치를 상징하는 멍에를 벗겨내어 꺾어버린다(10절). 그런 후 그가 예레미야의 목에서 멍에를 벗겨내고 꺾어버린 것처럼 여호와가 2년 안에 모든 나라를 바벨론의 압제와 통치에서 벗어나게 하신다는 신탁을 선포한다(11절상중). 그의 신탁에 전형적인 신탁도입형식("여호와께서 이같이 말씀하시니라")을 사용하여 신탁의 진정성과 확실성을 나타내려고 한다. 더 나아가 예레미야가 멍에를 메는 상징적인 행위로 심판의 메시지를 백성에게 시각적으로 보여주고 도전한 것처럼 하나냐도 멍에를 꺾어버리는 상징적인 행위로 바벨론 왕의 멍에가 꺾이는 것을 시각화해서 그의 신탁을 확언한다. 26장의 사건에서 예레미야가 확신과 담대함을 보인 것만큼이나 하나냐는 신탁에 대한 확신과 선포에 있어서 담대한 모습을 보인다. 하지만 실상은 하나님에게 정면으로 도전하는 행위에 불과하다. 앞서 하나냐의 신탁에 즉각적으로 답변했던 것과는 달리 예레미야는 하나냐의 이러한 대응에 아무런 반응을 하지 않고 그 자리를 떠난다(11절하). 아마도 예레미야의 입장에서는 더 이상 하나냐의 신탁에 답변할 이유가 없었을 것이다. 왜냐하면 자신이 말한 것처럼 2년 안에 하나냐의 신탁이 성취되는지를 보면 되기 때문이다.

12-14절. 하나냐가 자신의 목에서 멍에를 벗겨내서 꺾어버리며 거짓신탁을 선포하는 행동에 대해 예레미야는 아무런 반응을 보이지 않고 그 자리를 떠났다. 이 사건이 있은 후 얼마 지나지 않아 하나님의 말씀이 예레미야에게 임한 것으로 보인다(12절). 하나님은 예레미야에게 그의 말씀을 알려주시면서 하나냐에게 전하라고 명하신다(13절).[104] 먼저 하나님은 하나냐가 한 행동이 무엇인지를 지적하신다.

---

104) 13-14절에 서술된 신적 신탁은 고소단락(13절)과 선언단락(14절)의 구성을 취한다. 고소단락(13절)은 하나냐의 행위를 지적하고 선언단락(14절)은 그에 따른 결과가 선언된다. 하나냐가 나무 멍에를 꺾은 것은 결과적으로 철 멍에를 만든 행위다. 이 행위가 철 멍에를 모든 나라들의 목에 메워서 바벨론 왕 느부갓네살을 섬기게 되는 결과를 초래한 것이다.

하나냐가 "나무 멍에"(מוֹטֹת עֵץ 모토트 애쯔)를 꺾어버렸지만 나무 멍에 대신에 "쇠 멍에"(מֹטוֹת בַּרְזֶל 모토트 바르젤)를 만들었다는 것이다.[105] 히브리어 원문의 교차평행구문은 이 대조적 행위를 강조한다.

שָׁבַרְתָּ b(동사: "네가 꺾었다")		מוֹטֹת עֵץ a(목적어: "나무 멍에를")
מֹטוֹת בַּרְזֶל a'(목적어: "쇠 멍에를")	תַחְתֵּיהֶן [부사구: "그 대신"]	וְעָשִׂיתָ b'(동사: "네가 만들었다")

이를 반영하면, "나무 멍에를 네가 꺾어버렸다. 그러나 대신에 네가 만들었다 쇠 멍에를"이 된다.[106] 하나냐가 거짓 신탁을 선포하며 예레미야의 신탁을 거부하고 모욕한 행위는 확실한 심판선언이 확언되는 계기가 된다. 나무로 된 멍에를 하나냐가 꺾을 수 있었다면 이제는 쇠로 된 멍에가 주어지게 되고 이것을 결코 꺾을 수 없는 것처럼 하나님의 심판신탁은 확실하다. 하나냐의 행동은 하나님의 심판을 돌이킨 것이 아니라 상황을 더 악화시켰을 뿐이다. 따라서 14절의 신탁이 주어지면서 심판의 확실성이 확언된다. 심판신탁의 엄중성을 강조하기 위해 전형적인 신탁도입형식과 하나님의 준엄한 이름이 모두 사용된다. "만군의 여호와 이스라엘의 하나님께서 이와 같이 말씀하시니라." 하나님은 나무 멍에 대신에 쇠 멍에를 모든 나라들의 목에 메워서 바벨론 왕 느부갓네살을 섬기게 하시겠다고 선언하신

105) "쇠 멍에"(מֹטוֹת בַּרְזֶל 모토트 바르젤)라는 표현은 언약적 의무를 거부한 것에 따른 언약적 저주를 선언할 때 사용된 표현이다. "네가 주리고 목마르고 헐벗고 모든 것이 부족한 중에서 여호와께서 보내사 너를 치게 하실 적군을 섬기게 될 것이니 그가 '철 멍에'(עֹל בַּרְזֶל 올 바르젤)를 네 목에 메워 마침내 너를 멸할 것이라"(신 28:48). 이는 하나냐의 행위는 언약의 하나님이 요구하시는 것을 거부한 것이기에 언약적 저주의 대상이 된다는 의미를 전달한다. 또는 꺾을 수 있는 "나무 멍에"와 대조를 이루어 꺾을 수 없는 멍에를 의미할 수도 있다.

106) 두 번째 문장의 동사 וְעָשִׂיתָ 베아시타를 ו 바브 완료 연계형으로 간주할 때 이 문장은 "네가 대신에 쇠 멍에를 만들어야만 할 것이다"로 필연성을 나타내는 문장으로 번역하거나(cf. KJV), 또는 미래시제로 번역할 수도 있다("네가 만들 것이다"; cf. NIV). 칠십인경은 이 문장의 동사를 1인칭 동사(ποιήσω; "내가 만들 것이다")로 번역한다. 공동번역이 이 동사형을 취한 번역을 제시한다: "나는 그 대신 쇠 멍에를 만들겠다." 히브리어 사본들의 지지를 받지 않고 있기 때문에 MT독법을 유지할 필요가 있다.

다.107) 이것은 하나님의 심판이 쉽게 꺾을 수 없는 쇠 멍에와 같이 확실하게 성취될 것임을 확언할 뿐만 아니라 느부갓네살이 심판을 행하는 하나님의 확실하고 강력한 도구라는 의미를 전달한다. 더 나아가 더 악화된 압제를 예견하기도 한다. 하나님에 의해 심판신탁이 재확인되면서 예레미야가 선포한 심판신탁의 진정성이 확보된다. 하나님은 쇠 멍에에 대한 언급으로 심판신탁의 진정성과 확실성을 백성의 머릿속에 분명하게 그릴 수 있게 하신다. 그러나 유다백성은 하나님의 말씀에 전혀 민감하지 못한 모습으로 일관하게 되어 결국 유다의 멸망을 불러온다.

15-16절. 하나님의 신탁을 들은 후 예레미야는 하나냐에게 직접 하나님의 신탁을 전달한다(15절). 하나냐에 대한 심판신탁은 고소단락(15절)과 선언단락(16절)으로 구분된다. 15절에서 예레미야는 자신의 말로 하나냐의 범죄를 지적하면서 고소한다. 그가 범한 죄는 두 가지다. 첫째, 하나냐는 자의적으로 신탁을 전하면서 선지자처럼 행동하는 죄를 범했다. 즉 여호와가 그를 보내지 않으셨다는 것이다. 이것은 거짓선지자들의 결함이며 범죄다. 23장 32절에서 하나님은 그가 보내지 않았으며 명하지도 않은 거짓선지자들을 대적한다고 분명하게 선언하신다. 둘째, 하나냐는 백성을 미혹하여 거짓을 믿게 하는 죄를 범했다. "거짓"(שֶׁקֶר 쉐케르)은 거짓선지자의 결정적인 특징이다. 특히 하나냐가 거짓 신탁을 선포한 장소가 하나님의 임재가 있는 성전이라는 것에 주목하게 된다(cf. 1절). 그는 하나님의 임재 앞에서 너무도 당당하게 자신의 말을 마치 하나님의 말씀인 것처럼 선포하며 하나님의 신탁을 정면으로 거부하고 예레미야를 대적했다. 하나냐의 이러한 행동은 하나님을 모욕하고 거짓으로 성전을 더럽힌 것이다. 16절은 예레미야의 고소에 따른 하나님의 심판선언을 서술한다. "그러므로"(לָכֵן 라캔)와 신탁도입형식("여호와께서 이와 같이 말씀하시되")은 선언단락으로의 전환을 보여줄 뿐만 아니라 선언의 엄중성을 강조한다. 하나님은 예레미야의 고소내용을 정리하여 하나냐의 행위를 자신에게 "패역"(סָרָה 싸라)한 말을 한 것으로 규정하신다. "네가 여호와께 패

107) 이 선언에 완료형 동사 נָתַתִּי 나타티와 부정사구 לַעֲבֹד 라아보드가 사용되고 있기 때문에 "내가 메워서 섬기게 했다"로 번역하는데(개역개정; cf. 새번역; 현대인의 성경), 이 동사를 예언적 완료로 보면 미래시제로 해석할 수 있다. "내가 메워서 섬기게 할 것이다"(공동번역; cf. NIV).

역한 말을 하였음이라"(cf. 29:32; 사 1:5). 이 표현(סָרָה דִבַּרְתָּ אֶל־יְהוָה 싸라 딥바르티 엘-아도나이)은 "네가 여호와께로부터 돌아서게 하는 말을 했다" 또는 "네가 여호와를 배반하게 하는 말을 했다"는 의미다. 이 표현은 이적과 기사를 행하면서 백성이 믿게 한 후 여호와가 아닌 다른 신을 섬기자고 유혹한 선지자나 꿈꾸는 자의 행위를 가리키면서 이들을 죽이라고 명령하는 신명기 13장 5절을 연상시킨다.

> 그런 선지자나 꿈꾸는 자는 죽이라 이는 그가 너희에게 너희를 애굽 땅에서 인도하여 내시며 종 되었던 집에서 속량하신 *너희의 하나님 여호와를 배반하게 하려하며*(דִּבֶּר־סָרָה עַל־יְהוָה אֱלֹהֵיכֶם 딥베르-싸라 알-아도나이 엘로해켐) 너희의 하나님 여호와께서 네게 행하라 명령하신 도에서 너를 꾀어내려고 말하였음이라 너는 이같이 하여 너희 중에서 악을 제할지니라(신 13:5).

하나냐는 바로 이런 선지자와 꿈꾸는 자의 죄를 범한 것이다. 하나냐는 자신이 하나님의 선지자라는 확신이 있었겠지만 하나님의 눈에 그는 단지 거짓선지자와 반역자에 불과했다. 따라서 하나님은 그를 지면에서 제하실 것임을 선언하신다. 이 선언의 히브리어 원문에는 언어유희가 나타난다. 하나님이 하나냐를 보내지 않으셨다(לֹא־שְׁלָחֲךָ 로-셸라하카; "그가 너를 보내지 않으셨다", 15절). 그런데도 보내심을 받은 척하면서 거짓예언을 한 하나냐를 하나님이 지면에서 보내실 것이다(הִנְנִי מְשַׁלֵּחֲךָ 힌니 메샬래하카; "보라 내가 너를 보낼 것이다"). 하나냐가 보내심을 받은 척을 하자 하나님은 그를 완전히 보내버리신다. 이것은 그의 죽음에 대한 선고다. "네가 금년에 죽으리라." 결국 거짓선지자를 대적하시는 하나님은 그를 죽음으로 징벌하신다. 고소는 예레미야의 말로 주어진 반면에 선언이 하나님의 말씀으로 주어진 것은 하나님과 예레미야와의 친밀한 관계를 간접적으로 보여준다. 달리 말하면 하나님의 보내심을 받고 선지자의 사역을 감당하는 예레미야에게 하나님의 사자(使者)와 언약기소자로서의 권위가 있다는 것을 의미한다.

17절. 본 절은 28장의 전체 사건을 마무리하는 결언이다. 하나님의 심판선언에 따라 선지자 하나냐는 그 해 일곱째 달에 죽는다. 하나냐는 2년 안에 유다가 회복될 것을 예언했는데, 그 예언을 선포한지 2개월이 다 지나기 전에 오히려 자신의 죽음을 맞이하게 된다(cf. 1절, "다섯째 달"). 하나냐의 죽음은 그가 거짓선지자임을 확인하는 것이며 예레미야와 그의 신탁이 참이라는 것을 증명한다. 하나냐는 선지자라는 직함을 가지고 있었다. 제사장들과 유다백성은 그를 선지자로 불렀다. 하지만 실제로는 그 직함에 합당한 사역을 하지 못했다. 결과적으로 그는 "선지자"가 아니라 하나님이 대적하시는 "거짓선지자"에 불과했다. 이러한 사실을 반영이라도 하는 듯 하나님은 하나냐를 언급하실 때 선지자라는 직함을 사용하지 않는다. "너는 가서 하나냐에게 말하여 이르기를"(13절). 예레미야 역시 직접화법으로 서술되는 15절의 고소부분에서 하나냐에게 선지자라는 직함을 사용하지 않는다. "하나냐여 들으라"(15절). 이것은 성전을 가리켜 "여호와의 전이라"고 아무리 말해도 거짓에 불과하다고 하신 하나님의 말씀(7:4)과 같은 맥락이다. 하나냐는 자신을 아무리 선지자라고 부르고 선지자처럼 행동해도 그것은 거짓에 불과하다.

28장에서 사건을 주도하고 있는 하나냐는 23장 30-32절에서 언급하고 있는 세 부류의 거짓선지자의 전형이다. 첫째, 하나냐는 "서로 내 말을 도둑질하는 선지자"다(30절). 예레미야가 사용한 "바벨론의 멍에"를 사용하면서 정반대의 신탁을 선포했다. 둘째, 하나냐는 "혀를 놀려 '여호와가 말씀하셨다' 하는 선지자"다(31절). 하나님이 말씀하시지 않았음에도 불구하고 하나냐는 여호와의 이름으로 자신의 말을 선포했다. 셋째, 하나냐는 "거짓과 헛된 자만('무모함')으로 내 백성을 미혹하게 하는" "거짓된 꿈의 선지자"다(32절). 하나냐가 선포한 바벨론 왕의 멸망과 유다의 신속한 회복은 거짓과 무모함("경솔함")에 근거한 자신의 거짓된 꿈의 내용이다. 하나냐는 성전에서 거짓 신탁을 선포할 정도의 무모한 확신과 예레미야가 메고 있던 나무 멍에를 꺾어버리는 어리석은 담대함을 가지고 있었다. 결국 하나냐는 백성에게 아무 유익이 없는 거짓선지자에 불과하다(32절). 따라서 하나냐는 하나님의 징벌을 피할 수가 없었다. 하나냐의 죽음을 목격한 백성은 예레미야가 선포한 신탁들이 모두 하나님이 주신 참된 신탁임을 확인할 수 있었을 것이다. 하지만 그들은 예레미야의 신탁에 전혀 귀를 기울이지 않는 패역함을 보인다. 이러한 패역함은 결국 유다를 멸망으로 인도한다.

현재적 적용 | 묵상

1. 교회의 강대상에서 성경을 읽고 하나님을 언급하면서 모든 형식을 갖추고 있

지만 선포되는 설교가 거짓인 것을 구별할 수 있는 분별력이 있는가? 그 설교가 안일함과 축복을 바라는 욕심을 부추기는가, 아니면 하나님을 보게 하고 죄인인 모습을 보게 하는가?

2. 예레미야가 하나님의 심정과 관점으로 상황을 파악하고 판단했던 것처럼 신앙공동체와 사회의 상황을 파악하고 판단해서 문제해결의 대안을 제시하고 진리를 선포하는가?
3. 설교자의 확신과 담대함에 속아서 거짓을 구분하지 못하는 것은 아닌가?
4. 유다백성은 성전에서 예레미야의 신탁과 하나냐의 신탁을 모두 들었는데 그들이 선택한 신탁은 어떤 것인가? 하나냐의 죽음으로 그의 신탁에 의구심을 가질 수 있었음에도 불구하고 왜 그들은 예레미야의 신탁에 귀를 기울이지 않았을까? 하나님이 살아계신 것과 그의 말씀이 진리라는 확실한 증거나 사건이 없기 때문이 아니라 믿고 따르고 싶지 않은 악한 마음 때문에 성도로 살지 않는 것은 아닌가?
5. 설교자는 하나님의 말씀인 성경을 왜곡하지 않고 온전히 그가 뜻하시는 바를 선포하기 위해 두렵고 떨리는 마음으로 설교를 준비하고 선포하는가? 혹시 헛된 확신과 무모한 담대함에 스스로 속아서 거짓을 선포하면서도 인식하지 못하는 것은 아닌가? 목사라는 직함이 목사를 만드는 것이 아니라는 것을 기억하고 있는가? 마찬가지로 단지 성도라는 직함이 성도를 만드는 것이 아님을 기억하고 있는가?
6. 자신과 성도는 목사라고 부르고 따르지만 하나님은 거짓목사 또는 반역하는 목사라고 부르시면서 대적하시겠다고 선언하시는 것은 아닌가?
7. 하나님의 회복이 단지 확신한다고 해서 이루어지는 것이 아니라 진정한 회개와 죄에서의 돌이킴으로 이루어짐에도 불구하고 단지 "아멘" 또는 "주여"라고 크게 외치면서 헛된 기대를 갖고 있는 것은 아닌가?

---

7. 예레미야의 편지와 스마야의 편지, 29:1-32 [597년 이후]

유다에 대한 하나님의 확정된 심판과 거짓선지자에 대한 주제가 29장에도 이어진다. 예레미야는 바벨론 왕의 멍에를 메고 하나님의 심판을 수용하라는 권고와 거짓선지자를 경계하라는 메시지를 이어간다. 앞 단락(27:1-17)의 사건의 정황은 주전 594년인데, 본 단락의 정황은 그 이전 시기인 597년으로 거슬러 올라간다. 이것은 예레미야가 하나냐의 신탁을 들었을 때 그가 이미 유다에 대한 하나님의 확정된 심판을 알고 있었고 그의 신탁이 거짓임을 인지하고 있었음을 알 수 있게 한다. 597년에 여호야긴이 바벨론의 포로로 잡혀간 사건은 유다의 확정된 심판에 대한 전조다. 따라서 예레미야는 이때 포로로 잡혀간 유다백성에게 현재와 미래에 대한 하나님의 계획을 알려주면서 그들이 해야 할 바를 권고한다. 예레미야가 이와 같은 내용의 편지를 포로지로 보내자 느헬람 사람 스마야가 예레미야를 통제하라는 편지를 성전 감독인 제사장 스바냐에게 보낸다. 앞 단락(28:1-17)에는 참선지자와 거짓선지자의 충돌이 있는데, 본 단락에는 하나님의 뜻을 전하는 예레미야의 편지와 이에 대항하여 예레미야를 압제하라는 스마야의 편지가 충돌한다. 스마야에 대한 심판신탁으로 단락이 마무리된다. 본 단락의 구조는 아래와 같다.

I. 예레미야의 편지: 1-23절
  정황설명(1-3절)
  A. 전반부(4-14절)
    (1) 바벨론 땅에 정착하라는 명령, 4-7절
    (2) 거짓예언과 꿈에 미혹되지 말라는 명령, 8-9절
    (3) 70년 후의 회복에 관한 신탁, 10-14절
  B. 후반부(15-23절)
    (1) 유다에 남아있는 자들에게 임할 심판신탁(15-19절)
    (2) 거짓선지자, 아합과 시드기야에게 임할 심판신탁(20-23절)

II. 스마야의 편지: 24-32절
  A. 스마야가 들어야 할 신탁(24-28절)
  B. 모든 포로가 들어야 할 스마야에 관한 심판신탁(29-32절)

예레미야의 편지(1-23절)는 전반부(4-14절)와 후반부(15-23절)로 구분할 수 있다.

전반부는 포로지에 정착하라는 명령(4-7절)과 거짓선지자를 경계하라는 명령(8-9절)을 서술한 후 70년 후에 임하게 될 회복을 선언하는 신탁(10-14절)을 기록한다. 후반부는 거짓선지자 아합과 시드기야로 인해 포로지의 백성이 갖고 있는 예루살렘에 남아있는 이들의 미래에 대한 오해를 바로잡고 아합과 시드기야에게 임할 심판을 서술한다. 예레미야의 편지를 주제의 흐름에 따라 분석하면 다음과 같은 평행구조를 나타낸다. c와 c'은 대조적 평행을 이룬다.

a. 바벨론 땅에 정착하라는 명령(4-7절)
  b. 거짓 예언과 꿈에 미혹되지 말라는 명령(8-9절)
    c. 포로지에 있는 자들에게 임할 70년 후의 회복(10-14절)
    c'. 예루살렘에 남아있는 자들에게 임할 심판(15-19절)
  b'. 거짓선지자, 아합과 시드기야에게 임할 심판(20-23절)

(1) 예레미야의 편지: 전반부, 29:1-14

예레미야가 바벨론에 포로로 잡혀간 이들에게 편지를 보내는 정황에 대한 설명으로 본 단락이 시작된다. 본 단락은 앞의 구조분석에서 제시한 예레미야의 편지 전반부다. 전반부는 다시 세 개의 작은 단락으로 구분된다.

정황설명(1-3절)
A. 전반부(4-14절)
  (1) 바벨론 땅에 정착하라는 명령, 4-7절
  (2) 거짓 예언과 꿈에 미혹되지 말라는 명령, 8-9절
  (3) 70년 후의 회복에 관한 신탁, 10-14절

예레미야는 바벨론에 사로잡혀간 자들에게 그의 신탁을 편지로 전한다. 1-3절은 편지가 전달된 정황과 경위를 상세히 설명한다. 예레미야는 바벨론 왕국이 곧 멸망하고 유다가 속히 회복될 것이라는 포로지의 거짓선지자들이 선포한 예언을 들은 것으로 보인다. 따라서 바벨론 포로에 대한 하나님의 계획을 분명하게 전하면

서 이러한 거짓 예언을 경계하고 그 땅에 정착하여 인내함으로 하나님의 회복의 때를 기다릴 것을 권고한다.

편지가 전달된 정황과 경위(1-3절)

편지가 전달된 정황은 느부갓네살이 여고니야(여호야긴)를 바벨론으로 사로잡아간 597년 이후의 어느 한 시기다. 예레미야는 그의 신탁을 담은 편지를 바벨론에 사신으로 가는 엘라사와 그마랴를 통하여 포로지 사람들에게 전달한다. 편지의 수신자는 포로 중에 남아있는 장로들과 제사장들과 선지자들과 모든 백성이다.

바벨론 땅에 정착하라는 명령(4-7절)

예레미야는, 바벨론에 포로로 잡혀간 자들에게 집을 짓고 경제활동을 하고 결혼을 하는 등 정착에 필요한 일에 집중하면서 그 땅의 평안을 위해 기도하라는 하나님의 명령을 전한다.

거짓 예언과 꿈에 미혹되지 말라는 명령(8-9절)

하나님은 유다의 신속한 회복을 선포하는 자들을 거짓 예언을 전하는 자들로 규정하면서 그들의 신탁을 듣거나 속지 말라는 명령을 전하신다. 왜냐하면 하나님의 신탁이 그들에게 있지 않기 때문이다.

70년 후의 회복에 관한 신탁(10-14절)

거짓선지자들의 예언과는 달리 하나님은 70년이라는 기간을 그의 계획에 두고 있다. 70년이 다 차면 하나님이 약속의 땅으로의 귀환과 단절된 관계의 회복을 이루실 것을 약속하신다.

주해

1-3절. 편지의 발신자와 수신자에 대한 정보가 주어진다(1절). 발신자는 예루살렘에 있는 선지자 예레미야다. 따라서 발신처는 "예루살렘에서"로 표기된다. 수신자는 느부갓네살이 예루살렘에서 바벨론으로 포로로 사로잡아간 사람들이다. 모든 부류의 사람들이 수신자에 포함되고 있다. "장로들과 제사장들과 선지자들

과 모든 백성들에게." "포로 중 남아있는 장로들"(יֶתֶר זִקְנֵי הַגּוֹלָה 예테르 지크내 학골라)은 느부갓네살이 포로들을 사로잡아가는 상황 속에서 죽지 않고 생존한 장로들을 의미하는 것으로 보인다. 2절은 이 편지가 전달된 정황을 설명한다. 바벨론 왕에 의해 여고니야(여호야긴)와 왕후(또는 "그의 어머니")와 관리들 및 기술자들이 포로로 잡혀간 후의 시기다. 아마도 597년이 얼마 지나지 않은 시기로 보인다. "왕후"로 번역하고 있는 히브리어 הַגְּבִירָה 학게비라는 13장 18절에서와 같이 여고니야의 어머니를 가리키는 "황태후" 또는 "그의 어머니"로 번역하는 것이 적절해 보인다. 왜냐하면 22장 26절이 동일한 사건을 서술하는데, 여호야긴과 함께 그의 어머니를 직접적으로 언급하기 때문이다.[108] 3절은 예레미야의 편지가 바벨론의 포로들에게 전달된 경위를 설명한다. 여호야긴의 뒤를 이어 왕위에 오른 시드기야가 바벨론 왕 느부갓네살에게 사반의 아들 엘라사와 힐기야의 아들 그마랴를 사신으로 보내게 되는데, 이들 편에 편지가 전달된다. 사신들이 보내진 이유가 서술되지 않고 있기에 분명히 알 수는 없지만 시드기야가 느부갓네살에게 바치는 조공을 전달하기 위해 보내진 것으로 추정해 볼 수 있다. 사반의 아들 엘라사를 사반의 아들 아히감의 형제로 본다면(cf. 26:24), 이 사람 편에 예레미야가 편지를 보내는 것이 어렵지 않았을 것이다.

4-7절. 예레미야는 편지로 바벨론에 사로잡혀있는 백성에 관한 하나님의 신탁을 전한다. 신탁도입형식("만군의 여호와 이스라엘의 하나님 여호와께서 이와 같이 말씀하시니라")과 함께 신탁서술이 시작된다(4절).[109] 말씀을 듣는 대상은 "모든 포로"

---

108) "여호와의 말씀이니라 나의 삶으로 맹세하노니 유다 왕 여호야김의 아들 고니야[여호야긴]가 나의 오른손의 인장반지라 할지라도 내가 빼어 네 생명을 찾는 자의 손과 네가 두려워하는 자의 손 곧 바벨론의 왕 느부갓네살의 손과 갈대아인의 손에 줄 것이라 내가 너와 *너를 낳은 어머니를* 너희가 나지 아니한 다른 지방으로 쫓아내리니 너희가 거기에서 죽으리라"(22:24-26; cf. 왕하 24:8, 12, 15).

109) 4절의 히브리어 원문에는 "만군의 여호와 이스라엘의 하나님"이 동사 אָמַר 아마르("말하다")의 주어로 등장하는데, "모든 포로들"을 꾸미는 형용사절에서 1인칭 동사 הִגְלֵיתִי 히글래티("내가 사로잡혀가게 한")가 사용된다. 이를 반영하면 4절은 "만군의 여호와 이스라엘의 하나님이 내가 바벨론으로 사로잡혀가게 한 모든 포로에게 이와 같이 말한다"로 번역된다. 3인칭 표현의 "하나님"과 1인칭 표현의 "내가"가 상충된다. 이 문제를 해결하기 위해 공동번역은 "*나 만군의 야훼가 이스라엘의 하느님으로서* 예루살렘에서 바

다. 한 가지 주목해야할 것은 이 포로들에 대한 표현이다. 히브리어 원문의 표현, לְכָל־הַגּוֹלָה אֲשֶׁר־הִגְלֵיתִי מִירוּשָׁלִַם בָּבֶלָה 레콜-학골라 아쉐르-히글래티 미루샬라임 바벨라는 문자적으로 "*내가* 예루살렘에서 바벨론으로 사로잡혀가게 한 모든 포로들에게"로 번역된다(cf. 7절). 이 표현은, 유다백성 중 일부가 이미 바벨론에 포로로 잡혀간 것은 단순한 국가 간의 정치적 사건이 아니라 이스라엘의 하나님 만군의 여호와가 허락하신 일이라는 의미를 전달한다. 느부갓네살은 단지 하나님의 계획을 이루기 위한 도구에 불과하다(cf. 27:5-6). 달리 말하면 하나님의 주권과 계획에 따라 바벨론 포로생활이 시작됐다는 의미다. 따라서 하나님은 바벨론 포로지에 있는 백성에게 그 땅에 정착하라고 명하신다. 거주할 집을 짓고, 경제활동을 통해("텃밭을 만들고" 또는 "과수원을 가꾸고") 식량을 공급하고, 결혼을 해서 자녀를 낳아 종족을 번성시키고 유지하라는 명령이 주어진다(5-6절). 이것은 바벨론에 정착하여 장기간 지낼 일상적인 삶을 준비하라는 명령이다. 뿐만 아니라 평안한 정착과 생활이 유지될 수 있도록 그들이 거하는 성읍을 위해 하나님께 기도하라고 명하신다(7절). 이와 같이 정착에 대해 구체적으로 명령하는 것은 포로생활이 단 시일 안에 끝나지 않는다는 것을 전제한 것이다.

8-9절. 정착에 대한 명령에 이어서 바벨론 포로지에서 활동하고 있는 선지자들과 점쟁이들(복술가들)에게 속지 않도록 경계하라는 하나님의 엄중한 명령이 전달된다(8절). 선지자들과 점쟁이들이 선포하는 속이는 신탁의 내용이 서술되지는 않지만 이들이 거짓 예언으로 신속한 귀환과 회복에 대한 허황된 확신과 소망을 주었던 것으로 보인다. 그들이 "여호와의 이름으로" 예언을 하지만 "거짓으로"

빌론으로 사로잡혀 간 모든 사람에게 말한다"로 번역한다. 이와 유사하게 새번역은 "*나 만군의 주, 이스라엘의 하나님이 말한다: 내가* 예루살렘에서 바빌로니아로 잡혀 가게 한 모든 포로에게 말한다"로 번역한다. 현대인의 성경은 개역개정과 유사한 번역을 제공한다. 4절의 경우와 유사한 예를 아모스 3장 1절에서 볼 수 있다: "이스라엘 백성들아, 들어라. 내가 친히 이집트에서 데려내온 이 백성들아, 너희를 두고 하는 *나 야훼의 말*을 다들 들어라"(공동번역). 아모스 3장 1절에서도 1인칭 동사 הֶעֱלֵיתִי 헤엘래티("*내가* 데리고 온")과 3인칭 표현의 הַדָּבָר הַזֶּה אֲשֶׁר דִּבֶּר יְהוָה עֲלֵיכֶם 한다바르 핮제 아쉐르 딥베르 아도나이 알래켐("여호와가 너희에게 말한 이 말")이 함께 등장한다. 이것은 언약의 하나님 여호와의 개입(3인칭)과 주체로서의 하나님의 개입(1인칭)을 강조하기 위한 관용적인 표현으로 보인다.

(בְּשֶׁקֶר 베쉐케르) 하는 것이다(9절). 왜냐하면 하나님이 그들을 보내시지 않으셨기 때문이다. 21절에 언급되고 있는 골라야의 아들 아합과 마아세야의 아들 시드기야가 이 부류에 속하는 자들이다. "너희가 꾼 꿈"으로 번역한 표현, אַתֶּם מַחְלְמִים 아템 마흐레밈을 "너희가 그들에게 요구하여 그들이 꾼 꿈"(NIV) 또는 단순히 "그들이 꾼 꿈"(NASB; JPSV)으로 번역하기도 하는데, 이 표현이 "너희의 꿈들"을 꾸미고 있기 때문에 "너희가 꾼"으로 해석하는 것이 적절하다. 따라서 "너희가 꾼 너희의 꿈들"이라는 표현에 주목하면 거짓선지자나 점쟁이들의 속임뿐만 아니라 자신을 스스로 속이는 속임도 경계하라는 것이다.

10-14절. 짧은 시일 안에 회복이 이루어질 것이라고 선포하는 거짓선지자들과 점쟁이들에 대한 경계를 명하신 후 하나님은 바벨론 포로기간에 대한 그의 계획을 전달하신다. 하나님은 유다백성의 기대와는 달리 바벨론 포로기간을 70년으로 정하셨다(cf. 25:11). 그들이 원하는 회복은 70년이 다 차고 난 후 하나님이 그의 백성을 돌보실 때에 가능하다(10절상). 개역개정이 "너희를 돌보고"로 번역하고 있는 히브리어 원문의 표현, אֶפְקֹד אֶתְכֶם 에프코드 에트켐은 문자적으로 "내가 너희를 방문할 것이다"를 의미한다. 동사 פָּקַד 파카드는 "하나님이 보응하신다(또는 벌하신다)"를 표현할 때에도 사용되는 동사다. 즉 하나님이 그의 백성을 방문하시는데, 심판을 위해 "재앙"(רָעָה 라아)으로 방문하실 경우에는 "보응하다" 또는 "징벌하다"로 해석하는 반면에 회복을 위해 "선"(טוֹב 토브)으로 방문하실 때는 "돌보시다"로 해석한다. 바벨론 포로의 70년이 다 차게 되면 하나님이 그들을 찾아갈 것인데, 그의 선한 말(דְּבָרִי הַטּוֹב 데바리 할토브; "나의 선한 약속")을 지켜서 "재앙"(רָעָה 라아)이 아닌 "평안의 계획[들]"(מַחְשְׁבוֹת שָׁלוֹם 마흐쉐보트 샬롬)로 방문하실 것이다(11절). 이 "평안의 계획"은 두 가지다. 첫째, 약속의 땅으로의 귀환이다(10절하). 하나님이 그의 백성을 찾아가셔서 그의 "선한 말"("선한 약속")을 이루어 그들을 약속의 땅("이 곳")으로 돌아오게 하시겠다고 선언하신다. 이 회복은 반드시 이루어질 것이다. 왜냐하면 하나님이 그의 백성에 대해 작정하고 있는 계획을 확실히 알고 계시기 때문이다. "너희를 향한 나의 생각을 내가 아나니"(11절).[110] 신적 선언("여호와의 말이니라")가 이어서 서술되면서 이 사실을 강조한다. 하나님의 "평안의 계획"(מַחְשְׁבוֹת שָׁלוֹם 마흐쉐보트 샬롬)은 "재앙"(רָעָה 라아)을 위한 것이 아

니라 "미래와 희망"을 주는 것이기에 포로지에 있는 이들에게 소망을 주기에 충분하다. "미래와 희망"으로 번역한 히브리어 표현, אַחֲרִית וְתִקְוָה아하리트 베티크바의 אַחֲרִית아하리트는 문자적으로 "끝" 또는 "마지막"("나중")이라는 의미인데 여기에서 "미래"라는 의미가 나오게 된다. 이 표현을 두 개의 명사가 접속사 ו바브에 의해 연결된 중언법으로 간주하면 "희망적인 미래" 또는 "희망적인 끝"이라는 의미를 갖게 된다. 또한 תִקְוָה티크바를 "기대"로 해석하면 "기대가 되는 미래" 또는 "기대가 되는 끝/나중"이 된다. 현재에는 포로지에 있지만 언약백성에 대한 하나님의 계획은 재앙이 아닌 "희망적인 미래"를 주시는 것이다.

둘째, 하나님과의 단절된 영적 관계의 회복이다(12-14절). 먼저 단절된 기도가 회복된다(12절). 백성이 하나님께 부르짖으며 와서 기도하면 그가 그들의 기도를 들으시겠다고 약속하신다. 이는 어떤 기도도 듣지 않겠다고 말씀하시면서 예레미야에게 중보하지 말라고 명령하신 것을 되돌려 놓으시는 것이다(cf. 7:16; 11:14; 14:11). 또한 "온 마음"(כָל־לְבַבְכֶם콜-레바브켐; "너희의 온 마음")으로 하나님을 구하면 하나님을 찾을 수 있고 만날 수 있게 된다(13절). 하나님을 버리고 우상을 따랐던 자들의 완악한 마음이 회복의 때가 되면 온전히 하나님께로 향하게 되어 그를 찾고 그를 만나게 된다. 24장 7절에서 약속하신 것과 같은 맥락이다. "내가 여호와인 줄 아는 마음(לֵב래브)을 그들에게 주어서 그들이 전심(כָל־לִבָּם콜 립밤)으로 내게 돌아오게 하리니"(24:7; cf. 31:33; 32:39-40). 이는 여호와를 경외하는 것을 마음으로도 생각하지 않는 태도의 변화를 의미한다(cf. 5:24). 이 변화로 인해 하나님은 그를 찾는 자들에 의해 발견될 것이다(14절상).[111] 이러한 회복에 대한

110) 히브리어 원문의 표현은 אָנֹכִי יָדַעְתִּי אֶת־הַמַּחֲשָׁבֹת אֲשֶׁר אָנֹכִי חֹשֵׁב עֲלֵיכֶם아노키 야다이티 에트-함마하샤보트 아쉐르 아노키 호셰브 알레켐인데, 주동사 יָדַעְתִּי야다이티("내가 안다")와 함께 1인칭 주격대명사 אָנֹכִי아노키("내가")가 추가로 서술되면서 주어가 강조된다. 또한 "계획들"(הַמַּחֲשָׁבֹת함마하샤보트)을 꾸미는 관계사 אֲשֶׁר아쉐르가 유도하는 형용사절에서도 1인칭 주격대명사 אָנֹכִי아노키("내가")와 분사 חֹשֵׁב호셰브("계획하고 있는")이 사용되면서 주어가 강조된다. 따라서 이 표현을 "내가 *친히* 너희를 위해 계획하고 있는 계획들을 *바로* 내가 알고 있다"로 번역하여 강조된 의미를 전달할 수 있다.

111) 개역개정이 "나는 너희들을 만날 것이며"로 번역한 히브리어 문장, וְנִמְצֵאתִי לָכֶם님짜티 라켐은 수동태다. 즉 "내가 너희에 의해 발견될 것이다"로 번역된다. 달리 표현하면 "내가 너희로 나를 발견하게 할 것이다" 또는 "내가 너희를 만나 주겠다"(새번역)는 의미가 된다. 수동태를 사용하는 것은 변화된 백성이 적극적으로 하나님을 찾는 것을 강조하기

확신을 주기 위해 무엇보다 중요한 것은 하나님이 흩으신 그의 백성을 그들의 사로잡힘("포로")에서 벗어나게 하고 다시 약속의 땅으로 돌아오게 하는 것이다. 그러한 이유로 14절에서 하나님은 흩어진 자들의 해방과 귀환을 다시 언급하시면서 확언하신다. 이 회복의 범위는 바벨론 포로에서의 귀환을 넘어서 사로잡혀간 모든 곳에서의 회복으로 확장된다. "내가 쫓아 보내었던 나라들과 모든 곳에서 모아 사로잡혀 떠났던 그 곳으로 돌아오게 하리라 이것은 여호와의 말씀이니라." 이 선언은 3장 14-15절과 6장 14-15절의 회복선언과 맥을 같이 한다.

현재적 적용 **묵상**

1. 잘못한 일에 대한 하나님의 심판이 일정 기간을 요구할 때 겸비함과 속죄하는 마음으로 인내하며 회복의 때를 기다리는가? 혹시 더 이상 회복의 기회가 없다고 생각하고 좌절하고 포기하는 것은 아닌가? 이 기간을 인내하며 회복을 기대하는 것은 죄를 인정하고 진심으로 회개하는 마음을 의미한다. 유다백성의 죄로 인해 주어진 70년의 포로기간은 약속의 땅이 회복되는 시간이었고 백성이 자신들을 겸허하게 돌아보는 시간이었다. 다니엘 9장에 기록된 다니엘의 기도와 태도는 이 시간을 어떤 태도와 기대로 보내야 하는지에 대한 좋은 예를 보여준다.

2. 하나님의 심판이 속히 지나길 바라는 것은 인지상정이기 때문에 하나님의 심판의 기간을 소홀히 판단하게 하고 결과적으로 죄의 문제를 심각하게 생각하지 못하게 하는 말에 현혹되기 쉬울 때 거짓 예언과 자신을 속이는 생각을 경계하라는 하나님의 명령을 되새기는가?

3. 예레미야 29장을 읽을 때, 심판으로 인한 연단과 훈련의 시간인 70년을 이야기하는 10절은 그냥 지나가고 11-14절에 약속하신 축복과 회복에만 집중하는 것은 아닌가? 그 회복이 반드시 죄에 대한 대가를 지불한 후 이루어진다는 사실을 아는가? 동일하게 천국구원도 그리스도가 십자가에서 인간의 죄를 담당하신 후 이루어진 것을 인정하고 그리스도를 통한 회복과 구원을 감사할 때

위한 것으로 보인다. 그들이 그렇게 할 때 하나님은 그를 찾는 것을 허락하신다는 의미다.

반드시 죄인임을 인정하고 십자가의 사건을 묵상해야 한다는 것을 잊지 않고 있는가? 축복과 구원에만 매몰돼서 10절이 말하고 있는 70년을 인정하지 않고 너무 빨리 11-14절로 가는 것은 아닌가? 아니면 10절은 빼고 11-14절만 나를 위한 하나님의 약속과 축복이라고 말하지는 않는가? 또는 다른 이에게 11-14절만 읽어주면서 축복의 대상이라고 말하면서 죄의 문제를 소홀히 보게 하는 것은 아닌가?

4. 죄에 대한 진정한 회개와 죄에서의 돌이킴이 없이 무조건 하나님을 구하면 하나님을 찾을 수 있고 하나님이 만나주실 것이라고 생각하는 것은 착각이라는 것을 아는가? 죄의 문제를 해결하지 않은 마음은 회복된 마음이 아니기 때문에 "온 마음"이 될 수 없다는 것을 아는가?

---

(2) 예레미야의 편지: 후반부, 29:15-23

본 단락은 예레미야 편지의 후반부다. 후반부의 정황에 대한 15절의 설명에 이어서 전반부의 8-9절에서 언급한 거짓선지자에 대한 경계를 구체적으로 다룬다. 본 단락은 앞서 제시한 구조분석과 같이 크게 두 개의 소단락으로 구분될 수 있는데(15-19절; 20-23절), 더 세분화해서 분석하면 이 소단락들은 다음과 같은 평행구조를 이룬다.

정황설명(15절)
(1) 유다에 남아있는 자들에게 임할 심판신탁(16-19절)
　a. 신탁도입: 신탁대상, 16절
　　b. 심판선언, 17-18절
　　　c. 심판원인, 19절
(2) 거짓선지자, 아합과 시드기야에게 임할 심판신탁(20-23절)
　a'. 신탁도입: 신탁대상, 20-21절상
　　b'. 심판선언, 21절하-22절
　　　c'. 심판원인, 23절

거짓선지자들이 아직 유다와 예루살렘에 다윗왕조와 백성이 남아있는 것에 근거해서 신속한 회복을 예언한 것으로 보인다. 또한 15절에 서술된 포로지의 사람들의 말을 고려하면 그들이 이 예언을 신뢰하고 있는 것으로 추정된다. 이런 상황을 알게 된 예레미야는 유다와 예루살렘에 남아있는 이들의 미래에 대한 신탁을 전함으로 그들의 오해를 바로 잡으려고 한다. 유다와 예루살렘에 남아있는 이들의 운명은 전반부의 회복신탁(10-14절)이 선언하고 있는 미래와 대조적으로 암울하다. 포로지의 백성을 미혹하는 거짓선지자를 특정하고 그들에게 심판을 직접적으로 선언함으로써 거짓선지자를 경계하라는 명령을 강화한다.

본 단락에 서술된 두 개의 신탁은 형식면에서는 하나님의 말씀을 직접 인용하는 신적 신탁이며 내용으로는 심판신탁이다. 첫 번째 신탁(16-19절)의 대상은 유다에 남아있는 자들이고 두 번째 신탁(20-23절)의 대상은 선지자 아합과 시드기야다. 이 신탁들은 고소단락에 이어 선언단락이 서술되는 전형적인 구성을 취하는 것이 아니라 각 대상에 대한 심판선언이 주어지고 그 원인이 이어지는 구성을 취하고 있다: 신판선언-심판원인. 이는 선언에 집중하게 하려는 의도로 보인다. 포로지에 있는 사람들은 약속의 땅에서 추방을 당해 이방인의 땅에 살고 있기 때문에 희망이 없다고 생각했을 것이다. 반면에 유다와 예루살렘에 남겨진 사람들은 약속의 땅에 여전히 거하고 있기 때문에 자신들의 운명이 희망적이라고 생각할 수 있다. 하지만 예레미야의 편지는 약속의 땅에 거하는 것 자체가 평안과 안전을 약속하는 것이 아니라는 사실과 약속의 땅이 아닌 곳이 항상 절망의 자리가 아니라는 사실을 동시에 전달한다. 또한 그들이 거하는 땅보다 더 중요한 것은 하나님에 대한 절대적 순종이며 그의 계획을 따르는 것이라는 메시지를 전한다.

정황설명(15절)

포로지에 있는 유다백성이 하나님이 선지자를 자신들에게 보내셨다고 확신하는 것을 들은 예레미야는 그 문제를 편지에서 다룬다.

첫 번째 신탁: 신탁도입, 유다에 남아있는 자들(16절)

하나님이 보내신 선지자가 바벨론에 있다고 말하는 유다포로들에게 다윗왕조와 예루살렘에 남아있는 백성에 대한 하나님의 신탁을 전한다. 포로지의 선지자가 다윗왕조와 남아있는 자들에 대해 긍정적인 미래를 예언을 한 것으로 보인다.

첫 번째 신탁: 심판선언과 원인(17-19절)

예루살렘과 유다에 남아있는 백성의 미래는 희망적이지 않다. 그들은 칼과 기근과 전염병의 심판으로 멸망하고 그들 역시 약속의 땅에 추방을 당하여 열방의 조롱과 웃음거리가 된다. 심판의 원인은 지속적인 불순종이다.

두 번째 신탁: 신탁도입, 아합과 시드기야(20-21절상)

신탁을 듣는 대상은 예루살렘에서 바벨론으로 온 포로들이다. 바벨론에 하나님이 보내신 선지자가 있다고 믿는 이들이다(cf. 15절). 그들에게 거짓을 예언하는 아합과 시드기야에 대한 신탁이 전달된다.

두 번째 신탁: 심판선언과 원인(21절하-23절)

거짓선지자인 아합과 시드기야는 바벨론 왕에 의해 죽임을 당하여 저주의 본보기가 될 것이다. 왜냐하면 그들이 어리석은 짓, 곧 이웃의 아내와 간음을 행하고 여호와의 이름으로 거짓을 예언했기 때문이다.

주해

15절. 예레미야는 그의 편지에 포로지의 백성이 하는 말을 들은 것을 언급한다. 포로지의 백성은 여호와가 그들을 위해 선지자를 일으키셨다고 말한다(15절). 이것은 유다와 예루살렘에 있는 백성의 운명에 대한 신탁을 전하는 계기가 된다. 거짓선지자들은 회복이 신속히 이루어져서 약속의 땅에 있는 백성에게로 돌아갈 것이라고 예언한 것으로 보인다. 21-23절에서 언급하고 있는 아합과 시드기야는 백성이 신뢰하고 있는 선지자의 예다.

16절. 신속한 회복에 대한 오해를 풀기 위해 예레미야는 그 당시 예루살렘("이 성")에 남아있는 왕과 백성에 관한 여호와의 심판신탁을 전달한다. "다윗의 왕좌에 앉은 왕"은 느부갓네살이 여호야긴을 대신해서 세운 시드기야를 가리킨다. 그를 이와 같이 표현하는 것은 표면적으로는 영원한 보좌에 대한 약속을 받은 다윗의 왕좌를 지키고 있지만 내면적으로는 결코 그 약속을 보존할 수 없는 자라는 조소와 같다. 전반부(4-14절)에 이어 등장하는 후반부(15-23절, 또는 15-19절만)를 다른 편지로 보는 견해가 있다.[112] 시드기야가 파송한 사신 편에 보내는 편지에 그에 대한 부정적인 내용을 함께 보내기가 어려웠을 것이라는 이유 때문이다. 포로지의 사람들은 그들 중에 있는 선지자들이 선포한 신속한 회복을 믿고 있는데, 왜 70년의 포로생활을 말하고 있는지에 대해 묻는 서신을 포로지에서 예레미야에게 보냈고(아마도 되돌아오는 사신들을 통해서) 예레미야는 이에 대한 답변을 또 다른 편지(15-23절 또는 15-19절)로 보냈다고 추정한다. 31절은 한 통 이상의 편지가 보내졌을 가능성을 충분히 보여준다. 따라서 바로 이 편지의 내용이 전반부의 편지 내용과 함께 29장에 서술된 것으로 본다. 그러나 29장은 하나의 편지형식을 제시하고 있으며 문제가 되는 것은 시드기야에 대한 부정적인 내용이다. 예레미야는 그의 편지를 사반의 아들 엘라사를 통해 전달한다. 사반의 가족들이 유다와 예루살렘의 멸망을 선포하고 있는 예레미야에 대해 호의적인 것을 볼 때 시드기야에 대한 부정적인 내용을 담은 편지를 전달하는 것이 문제가 되지 않을 수도 있다.[113] 또한 편지에 시드기야가 직접적으로 언급되는 것은 아니다. 유다와 예루살렘에 남아있는 백성을 "너희 형제들"(אֲחֵיכֶם아해켐)이라고 표현하는 것은 그들과 포로지의 백성이 다른 미래를 맞이하게 되지만 서로 다른 민족이 아님을 의미한다. 이 사실은 그들이 처한 상황에 애처로움과 안타까움을 더한다.

17-18절. 신탁도입형식("만군의 여호와께서 이와 같이 말씀하시되")과 함께 선언이 주어진다. 24장의 무화과 환상이 이 선언의 배경이다. 왕과 백성은 예루살렘에 남아있으면서 자신들의 축복과 안전에 대해 긍정적인 희망을 가지고 있지만 그들은 하나님이 행하실 심판의 대상에 불과하다. 하나님이 친히 그들에게 "칼과 기근과 전염병"을 보내서 먹을 수 없을 정도로 상한 무화과처럼 만드시겠다고 선언하신다(17절). 이는 전쟁을 통한 처참한 파괴와 죽음을 의미한다. 전쟁의 심판을 겪은 이들의 상태에 대한 표현은 충격적이다. "상하여 먹을 수 없는 몹쓸 무화과" 처럼

---

112) 칠십인경에는 14[첫 문장 제외], 16-20절이 없다. 클레멘츠는 29장에서 네 통의 편지를 추론한다: "1-15절-예레미야가 포로들에게 보낸 편지; 21-23절-바벨론의 스마야가 예루살렘의 스바냐에게 보낸 편지; 24절-편지의 주요 몸말이 잘려 나가서 흔적만 단편적으로 남아 있는 편지; 31-32절-예레미야가 포로들에게 보낸 또 하나의 추가적인 편지"(클레멘츠,『예레미야』, 261). 클레멘츠는 16-20절은 포로지에 보낸 예레미야의 메시지에 자주 등장하는 용어들을 사용해서 해석을 첨가한 것으로 설명한다.

113) Cf. Longman, *Jeremiah/Lamentations,* 193; Chisholm, *Handbook*, 191.

된다. "상하여"(רַע 로아)라는 표현은 질이 나빠서 먹을 수 없는 상태의 무화과를 의미하는 것이며 "몹쓸"(שֹׁעָר 쇼아르)이라는 표현은 "터져버린," "썩어서 악취가 나는," 또는 "역겨운" 등의 강한 의미를 가지고 있다. 상하여 역겨운 상태가 돼버린 무화과에 어느 누구도 관심을 두지 않고 그것을 취하려고 하지 않는 것처럼 하나님의 심판으로 파괴된 유다와 예루살렘은 비참한 처지에 놓이게 된다. 더 충격적인 사실은 하나님이 친히 그들을 그러한 상태로 만드신다는 것이다. 17절은 심판의 주체를 하나님("내가")으로 표현한다. 동일하게 18절도 심판의 주체가 하나님인 것을 명시하면서 심판의 행위를 반복하는데, 단순히 칼과 기근과 전염병을 보내시는 정도가 아니라 그가 친히 이런 재앙들을 가지고 그들을 "뒤따를 것"이라고 선언하신다. 개역개정의 번역은 "하나님이 칼과 기근과 전염병으로 하여금 그들을 따라가게 하신다"는 의미를 전달하는데, 이와는 달리 히브리어 원문은 "내가 칼과 기근과 전염병을 가지고 그들을 뒤따를 것이다(또는 뒤쫓을 것이다)"라는 의미를 전달한다.[114] "뒤따르다" 또는 "뒤쫓다"로 번역하는 동사 רָדַף 라다프는 전투에서 도망하는 적군을 추격하는 장면을 연상하게 한다. 따라서 18절의 표현은 하나님이 추격자가 돼서 적극적으로 그들을 향한 심판을 수행하실 것을 확언한다. 하나님의 추격에서 목숨을 건지는 자들이 있다면 하나님이 그들을 열방 가운데로 흩으셔서 열방에게 "공포"(זַעֲוָה 자아바)가 되게 하실 뿐만 아니라 하나님이 보내시는 모든 나라에서 "저주"(אָלָה 알라)와 "경악"(שַׁמָּה 샴마)과 "조소"(שְׁרֵקָה 쉐래카)와 "수모의 대상"(חֶרְפָּה 헤르파)으로 만들겠다고 선언하신다(cf. 19:8; 24:9; 25:18; 42:18). 하나님이 심판의 주체가 되어 적극적으로 심판을 행하실 뿐만 아니라 그 심판이 가혹한 이유가 19절에 서술된다.

19절. 하나님이 철저한 심판을 행하시는 원인은 지속적인 불순종이다. "꾸준히"는 두 개의 부정사, הַשְׁכֵּם וְשָׁלֹחַ 하쉬캠 베샬로아흐를 번역한 것인데, 이 구문의 문자적 의미는 "일찍 일어나 보냄"이다(cf. 7:25; 25:4). 따라서 "끊임없이," "꾸준히," 또는 "부지런히"로 번역한다. 주동사가 שָׁלַחְתִּי 샬라흐티("내가 보냈다")이기 때문에 주동사와 함께 이 구문은 "내가 꾸준히(또는 부지런히) 보냈다"는 의미를 전달한다.

114) וְרָדַפְתִּי אַחֲרֵיהֶם בַּחֶרֶב בָּרָעָב וּבַדָּבֶר(18절상).

달한다.[115] 하나님이 "지체하지 않고 부지런히"(또는 "끊임없이") 그의 종 선지자들을 보내어 심판을 선포하고 죄를 지적하면서 회개를 촉구하셨다. 뿐만 아니라 회개의 충분한 기회를 주셨다. 하지만 유다백성은 불순종으로 일관했다. 심판의 원인을 지적하는 19절의 히브리어 원문은 "그들이 내 말을 듣지 않았기 때문이다. 여호와의 말이니라"로 시작하고 "너희는 듣지 않았다. 여호와의 말이니라"로 마무리되면서 유다백성이 선지자들을 통해 전달한 하나님의 말씀을 듣지 않은 사실이 강조된다. 또한 신적 선언("여호와의 말이니라")의 반복 역시 유다백성이 이 사실을 부인할 수 없게 한다. 그런데 19절에서 주목하게 되는 것은 인칭의 변화다. 19절을 개역개정은 "너희들이… 너희들에게… 너희는 그들의 말을 듣지 않았느니라"로 번역하고 있는데, 히브리어 원문의 표현을 그대로 번역하면 다음과 같다. "*그들이* 내 말을 듣지 않았기 때문이다. 여호와의 말이니라. 내가 그들에게 나의 종들 선지자들을 부지런히 보냈음에도 불구하고. 그리고 *너희도* 듣지 않았다. 여호와의 말이니라"(사역). 첫 번째 문장에서는 유다와 예루살렘에 남아있는 백성을 가리키는 3인칭 복수("그들")가 사용되는데, 마지막 문장에서는 편지로 이 신탁을 듣는 포로지의 백성을 가리키는 2인칭 복수("너희")가 사용되면서 서로 짝을 이룬다.[116] 이 중간에 하나님이 끊임없이 선지자를 보내신 사실을 적시한다. 뿐만 아니라 마지막 문장에는 목적어가 표기되지 않지만 짝을 이루는 첫 번째 문장의 목적어(דְּבָרַי 데바라이; "내 말들")가 생략된 것으로 볼 수 있다. 그렇다면 마지막 문장은 "너희도 내 말을 듣지 않았다"는 의미가 된다. 이것은 포로지에 사로잡혀온 백성("너희")도 역시 참혹한 심판을 초래한 유다와 예루살렘에 남아있는 백성의 죄와 무관하지 않음을 지적한다. 이러한 인칭의 변화를 통하여 이들이 포로로 잡혀온 것이 다른 사람들의 죄 때문이 아니라 자신들의 불순종의 결과인 것과 여전히 포로지에서도 이러한 죄 가운데 있음을 상기시킨다. 특히 15절의 "여호와께서 우

---

115) 예레미야서에 사용된 이 구문의 용례에 대해서는 서론의 주요단어 단락(7번)을 참조하라.

116) 19절의 문장구조는 다음과 같다.

a. 19절의 첫 번째 문장: תַּחַת אֲשֶׁר־לֹא־שָׁמְעוּ אֶל־דְּבָרַי נְאֻם־יְהוָה

b. 19절의 중간 문장: אֲשֶׁר שָׁלַחְתִּי אֲלֵיהֶם אֶת־עֲבָדַי הַנְּבִאִים הַשְׁכֵּם וְשָׁלֹחַ

a'. 19절의 마지막 문장: וְלֹא שְׁמַעְתֶּם נְאֻם־יְהוָה

리를 위하여 바벨론에 선지자를 일으키셨다"고 확신하고 있는 "너희"는 실제 하나님이 끊임없이 보내신 선지자들을 듣지 않은 자들이다. 따라서 19절의 표현은 그들이 과연 하나님이 보내신 선지자를 분별하고 있는지에 대한 도전이다. 이어지는 신탁은 이 도전을 실제적으로 적용하고 검토하게 한다.

20-21절상. 하나님이 자신들을 위해 선지자를 보내셨다는 확신과 함께 거짓 예언에 따라 신속한 회복을 기대하고 있는 포로들이 들어야 하는 신탁이 주어진다. 이들은 하나님이 친히 예루살렘에서 바벨론으로 보낸 포로들이다(20절). 여호와의 말을 들으라는 간곡한 명령에 이어서 골라야의 아들 아합과 마아세야의 아들 시드기야에 관한 신탁이 서술된다(21절상). 신탁도입에 아합과 시드기야가 여호와의 이름("내 이름")으로 "거짓"(שֶׁקֶר 쉐케르)을 예언한 자라는 사실을 분명하게 언급하신다. 즉 이 신탁은 거짓선지자에 대한 심판을 선언하는 신탁이라는 것이다. 하나님이 거짓선지자를 특정해서 신탁을 선언하시기 때문에 포로지의 백성은 분명하게 거짓선지자와 참선지자를 분별할 수 있는 기준을 갖게 된다. 앞의 신탁(15-19절)과 동일하게 선언이 먼저 서술되고 이어서 이유가 언급된다.

21절하-23절. 거짓선지자 아합과 시드기야에게 선언된 심판은 두 가지다. 첫째, 아합과 시드기야는 느부갓네살의 손에 넘겨져서 백성이 직접 보는 앞에서 죽임을 당하게 된다(21절하). 22절에 따르면 이들은 화형으로 죽임을 당한다. 이들의 죽음을 목격한 백성은 이 신탁의 성취를 확인하게 되면서 이들이 거짓선지자임을 알 수 있게 된다. 둘째, 아합과 시드기야의 죽음은 여호와의 이름으로 거짓을 예언하고 백성을 미혹한 거짓선지자들에 대한 저주의 표본이 된다(22절). 아합과 시드기야의 사건은 거짓선지자에 대한 속담이 된다. 이는 그들이 최소한 거짓선지자와 참선지자를 분별하는 기준을 확인했다는 것을 의미한다. 물론 그들이 이 기준을 적용해서 실제적으로 분별했느냐는 또 다른 문제다. 아합과 시드기야가 바벨론 왕 느부갓네살의 손에 죽임을 당하는 것은 유다와 예루살렘에 남아있는 자들이 심판의 도구인 느부갓네살에 의해 멸망을 당하고 죽임을 당하게 될 것에 대한 전조와 같다. 따라서 신속한 회복을 거짓으로 선포한 거짓선지자들에 대한 심판선언은 70년의 포로생활을 확언할 뿐만 아니라 포로지에 정착하라는 명령을 다시 강조한다. 그러나 포로지의 백성은 이러한 메시지를 정확하게 인식하지 못한 것으로 보인다. 아마도 실제 상황에서는 아합과 시드기야가 신속한 회복을 선포하면서 백성에게 확신을 준 것이 바벨론 왕에 대한 반역으로 간주되어 죽임을 당했을 것이다.[117] 그렇다면 이들의 죽음을 목격하면서도 백성은 예레미야가 전한 신탁이 성취된 것에 주목하기 보다는 이들의 죽음을 선지자에 대한 정치적 탄압으로 간주하고 여전히 확신을 버리지 않았을 수 있다. 다음 단락(24-32절)의 스마야의 사건이 이러한 추정을 가능하게 한다. 하나님의 분명한 신탁을 듣고 그 신탁이 성취되는 것을 목격했음에도 불구하고 자신들의 악한 마음의 완악함에 따라 하나님의 말씀을 거부하는 모습을 스마야의 사건에서 보게 된다.

23절은 아합과 시드기야가 하나님의 심판을 받게 되는 이유를 서술한다. 하나님은 이들이 행한 것을 "어리석은 일"(נְבָלָה 네발라)로 규정하신다. נְבָלָה 네발라는 하나님의 뜻을 무시하는 것에 따른 "어리석음," "심각한 죄", 또는 "신성모독" 등을 가리킨다.[118] 이들이 행한 "어리석은 일"은 두 부류로 구분된다. 하나는 삶에 있어서 이웃의 아내와 더불어 간음을 행한 것(윤리적 타락)이며, 다른 하나는 사역에 있어서 하나님이 명하지 않으신 자의적인 "거짓말"(שֶׁקֶר 쉐케르)을 여호와의 이름으로 선포한 것(종교적 타락)이다. 아합과 시드기야는 선지자로서 윤리적인 면과 종교적인 면에서 모두 실패한 자들이다. 하나님이 이들의 범죄를 알고 계시는 증인이기 때문에 심판이 선고되고 실행될 때 어떤 핑계도 댈 수 없다. 따라서 하나님의 심판을 피할 수 있다는 기대를 결코 할 수 없게 된다. 바울은 디모데에게 말씀 사역자로 사역할 때 필요한 권면을 주고 있는데, 말씀을 옳게 분변하는 것(진리의 말씀선포)과 부끄러움이 없는 삶(삶의 경건)을 살 것을 언급한 것을 주목해 볼 필요가 있다(딤후 2:15).

---

117) Cf. 클레멘츠,『예레미야』, 264.

118) Cf. "불미스러운 일"(공동번역); 망측한 일"(새번역); "무서운 죄"(현대인의 성경); "극악한 짓"(우리말성경). 이사야 선지자는 어리석은 자의 어리석은 행위를 다음과 같이 설명한다: "이는 '어리석은 자' (נָבָל 나발)는 '어리석은 것' (נְבָלָה 네발라)을 말하며 그 마음에 불의를 품어 간사를 행하며 *패역한 말로 여호와를 거스르며* 주린 자의 속을 비게 하며 목마른 자에게서 마실 것을 없어지게 함이며"(사 32:6).

현재적 적용 묵상

1. 우리가 가지고 있는 확신이 하나님의 말씀인 성경을 통해, 그리고 교회전통과 역사를 통해 검증된 확신인가?

2. 이전 세대가 범한 죄를 여전히 답습하면서도 인식하지 못하기 때문에 거짓 설교와 거짓 축복에 미혹되어 진리를 보지 못하는 것은 아닌가?

3. 거짓설교자들의 문제는 단지 그들이 선포하는 설교에만 있는 것이 아니라 삶에도 있는데, 내가 듣고 싶은 말을 해주고 있기 때문에 삶의 문제는 그냥 덮어주고 아무것도 아니라고 말하지는 않는가?

4. 거짓설교자들에게 미혹되는 이유들 중의 하나는 그들이 말하는 대로 문제가 해결되고 사업이 번창하는 등 실제로 경험할 수 있는 특별한 일들이 있기 때문이다. 그런데 중요한 것은 그 설교자가 나를 하나님께로 인도하는지 아니면 설교자 자신에게로 인도하는지 살펴야만 한다. 왜냐하면 이것이 참설교자와 거짓설교자를 구분하는 기준이 되기 때문이다. 신명기 13장 1-3절이 이 기준을 분명히 제시하고 있다. "너희 중에 선지자나 꿈꾸는 자가 일어나서 이적과 기사를 네게 보이고 그가 네게 말한 그 이적과 기사가 이루어지고 너희가 알지 못하던 다른 신들을 우리가 따라 섬기자고 말할지라도 너는 그 선지자나 꿈꾸는 자의 말을 청종하지 말라 이는 너희의 하나님 여호와께서 너희가 마음을 다하고 뜻을 다하여 너희의 하나님 여호와를 사랑하는 여부를 알려 하사 너희를 시험하심이니라"(신 13:1-3). 때론 하나님이 거짓설교자들이 이적과 기적을 행하도록 허용하시는 것은 하나님을 향한 사랑을 확인하시려는 것이다. 단지 이적과 기적만을 추구하고 따라갈 것인지 아니면 하나님의 말씀을 분별해서 듣고 하나님을 따라갈 것인지를 결정해야 한다.

5. 여호와를 거스르는 어리석은 일을 하면서도 스스로 지혜롭다고 착각하는 것은 아닌가? 진리의 말씀을 분별하고 경건한 삶을 사는 것이 진정한 지혜로운 삶인 것을 인정하고 그 삶을 살려고 노력하는가? 내 스스로 지혜롭다고 판단하고 행한 일이 하나님께 끔직한 죄가 될 수 있고 신성모독이 될 수 있음을 기억하는가?

6. 진리의 말씀을 선포해야하는 설교자의 엄중한 사명과 함께 삶으로 그 진리를 검증해주어야 하는 의무도 기억하는가?

(3) 스마야의 편지와 그에 대한 심판선언, 29:24-32

본 단락은 바벨론에서 보낸 스마야의 편지와 관련된 사건을 서술하면서 스마야에게 선언된 심판신탁을 소개한다. 29장 전체의 문맥에서 보면 스마야의 편지는 예레미야의 편지에 대한 도전과 거부다. 포로지에 정착해서 회복의 때를 기다리는 것이 하나님의 뜻이라고 말하는 예레미야의 편지를 받자 느헬람 사람 스마야가 예레미야를 통제하라는 편지를 성전 감독인 제사장 스바냐에게 보낸다. 흥미로운 것은 이 편지의 내용을 하나님이 알고 계시고 그가 알고 계신 바에 따라 그 내용을 전달하는 것이다. 이는 앞 단락의 23절에서 거짓선지자 아합과 시드기야의 행위를 알고 계시고 그가 증인이라고 말씀하신 것처럼 스마야의 경우에도 그의 일을 알고 계시고 그 일에 증인이심을 확인해 주시는 것처럼 보인다. 하나님의 뜻을 거부하고 그가 보내신 선지자를 압제하는 스마야에게 임할 심판은 포로지에서 거짓 예언에 미혹된 백성이 모두 들어야할 중요한 신탁이다. 따라서 하나님은 포로지의 모든 백성에게 전언하라는 명령과 함께 스마야에게 임할 심판신탁을 선언하신다. 본 단락은 사건서술형식(서사)을 취하지만 실제로는 두 개의 신탁을 서술하는 것에 집중한다. 신탁을 듣는 대상으로 구분하면 첫 번째 신탁(25-28절)은 스마야가 들어야 할 신탁이다. 두 번째 신탁(31-32절)은 포로지의 모든 백성이 들어야 할 신탁이다. 첫 번째 신탁은 두 번째 신탁이 주어지는 배경역할을 한다. 즉 스미야에게 심판을 선언하는 신탁이 주어진 것은 그가 예레미야를 압제하라는 편지를 예루살렘에 보냈기 때문이다. 각 신탁은 신탁이 주어진 정황에 대한 설명으로 시작한 후 신탁의 내용을 서술한다. 이를 반영해서 본 단락을 세부적으로 분석하면 다음과 같은 구조가 된다.

I. 스마야가 들어야 할 신탁(24-28절)
  a. 위임명령과 정황설명, 24-25절
    b. 하나님이 알려주시는 스마야가 보낸 편지의 내용, 26-28절
II. 모든 포로가 들어야 할 스마야에 관한 심판신탁(29-32절)
  a. 정황설명과 위임명령, 29-31절상
    b. 스마야에 관한 신탁, 31절하-32절
      (1) 고소단락: 심판원인, 31절하
      (2) 선언단락: 심판선언, 32절

첫 번째 신탁은 하나님이 스마야가 보낸 편지의 경위와 내용을 알려주는 신적 신탁이다. 단지 사실을 적시한다. 이는 앞서 언급한 바와 같이 하나님이 스마야가 한 일을 알고 계시고 그가 증인이라는 사실을 스마야에게 전달하라는 것이다. 두 번째 신탁은 하나님의 뜻을 거부하고 그가 보낸 선지자를 거부한 자에게 임하는 심판을 모든 포로에게 알리는 것이다. 스마야에게 임할 심판을 선언하는 신탁은 심판신탁의 형식에 따라 고소단락과 선언단락의 구성을 갖춘다. 하나님이 보내신 선지자의 말을 거부하는 것은 곧 하나님의 말씀을 거부하는 것이다. 이것이 예레미야를 거부하고 그를 해하라고 요구한 스마야가 죽음을 면할 수 없는 이유다. 스마야와 같이 바벨론에서의 신속한 회복을 거짓으로 예언하는 이들에 대한 심판신탁은 70년의 바벨론 포로생활이 하나님의 계획임을 분명하게 확언하는 역할을 한다.

위임명령과 정황설명(24-25절)

하나님은 예레미야에게 그의 신탁을 느헬람 사람 스마야에게 전하라고 명하신다. 이는 하나님이 스마야가 어떤 편지를 어떻게 보냈는지를 알고 계신다는 사실을 전달하라는 것이다.

하나님이 알려주시는 스마야가 보낸 편지의 내용(26-28절)

하나님이 직접 스마야의 편지내용을 언급하신다. 스마야는 제사장 스바냐에게 예레미야와 같은 자들을 감금해야 하는 성전 감독자로서 의무를 감당해 줄 것을 요구한다. 이와 함께 스마야는 예레미야가 보낸 편지의 핵심을 요약해서 편지에 담는다.

정황설명과 위임명령(29-31절상)

스바냐가 예레미야에게 스마야의 편지를 읽어줄 때 스마야에 관한 심판신탁을 모든 포로에게 전언하라는 하나님의 명령이 예레미야에게 임한다.

스마야에 관한 신탁: 심판의 원인과 선언(31절하-32절)

하나님은 먼저 스마야의 문제점을 지적하시고 이에 근거하여 심판을 선언하신다. 심판의 원인은 스마야가 거짓 예언을 선포한 것이며 이에 대한 심판은 이스라엘 가운데서 그의 자손이 끊어지는 것이며 하나님이 이루실 회복을 보지 못하게 되는 것이다.

주해

24-25절. 느헬람 사람 스마야에게 하나님의 신탁을 전하라는 위임명령이 예레미야에게 임한다(24절). 이 본문 이외에 스마야에 대한 정보를 얻을 수 있는 본문이 없다. 하지만 그가 바벨론에서 활동하고 있었던 선지자들 중의 한 명이었고 예루살렘에 있는 제사장들에게도 영향력을 미칠 수 있었던 위치와 권위를 가지고 있었음을 편지의 내용을 통해 알 수 있다. 특히 31절에서 스마야에 대해 하나님이 보내지 않았다고 말하시는 것을 고려하면 스마야가 선지자였다는 것을 알 수 있다. 예레미야가 편지로 70년의 바벨론 포로를 선포하고 그곳에 정착할 것을 권한 것이 스마야가 예루살렘으로 편지를 보내게 되는 직접적인 동기다. 예레미야가 편지로 하나님의 뜻을 전하자 스마야도 편지로 예레미야를 압제할 것을 전한다.

이 신탁에서 하나님은 스마야가 예루살렘에 있는 백성과 그 당시 성전 감독이었던 마아세야의 아들 스바냐와 모든 제사장들에게 편지를 보낸 사실을 언급하신다. 이어서 스마야가 보낸 편지의 내용을 직접 말해 주신다(26-28절). 이와 같이 하나님이 편지를 보낸 사실과 편지의 내용을 직접 말하시는 것은 모든 행위의 증인이 되시는 하나님을 다시 확언해 준다. 앞서 23절에서 하나님이 친히 거짓선지자 아합과 시드기야의 행위에 대한 증인이심을 밝히신 것과 같이 스마야의 행위에 대해서도 하나님이 알고 계시고 그 일에 증인이 되심을 스마야에게 전달해서 알게 하라는 것이다. 모든 것을 정확하게 주목하시는 하나님의 심판 앞에서 어느 누구도 변명할 수 없다.

26-28절. 하나님이 알려주시는 스마야의 편지의 내용은 다음과 같이 정리된다. 첫째, 제사장 스바냐에게 성전 감독자의 의무를 수행하여 예레미야를 감금하라는 요구를 전한다(26-27절). 이 요구를 하기에 앞서 스마야는 스바냐에게 "여호와께서" 그를 제사장 여호야다를 대신해서 성전 감독자로 세우셨다는 말을 한다(26절). 그가 요구하는 것은 스바냐가 반드시 행해야 할 하나님의 뜻이라고 주장하는 듯하다. 이와 같이 요구의 정당성을 확보한 후 스마야는 감독자의 의무를 언급한다. 감독자의 의무는 "스스로 선지자처럼 행동하는 미친 자들"을 형틀에 채우고 칼을 씌우는 것이다.[119] 이것이 스바냐를 하나님이 감독자로 세우신 이유인데 이 의무를 소홀히 하여 예레미야를 제재하지 않고 있다고 스마야는 스바냐를 질책한

다(27절). 이 질책에 따르면 스마야가 평가하는 예레미야는 이런 제재를 받아야만 하는 거짓선지자다. 스마야에게 예레미야는 스스로 선지자처럼 행동하고 예언하는 미친 사람에 불과하다. 달리 말하면 스마야는 예레미야의 신탁선포 행위를 미친 행위와 스스로 선지자 노릇하는 것으로 규정한다. 스마야는 거짓 신탁을 마치 여호와의 신탁인 것처럼 선포하여 백성을 미혹했던 것과 유사하게 스바냐에게도 예레미야를 감금하는 것이 마치 하나님의 뜻인 것처럼 그를 미혹하려고 한다. 더욱이 그의 편지의 수신자를 예루살렘에 있는 모든 백성과 제사장들로 언급하면서 스바냐뿐만 아니라 그들도 역시 이 일에 동참하길 원하는 것으로 보인다(cf. 25절). 둘째, 예레미야를 거짓선지자로 간주하는 이유를 설명한다(28절). 신속한 회복을 선포하여 포로지 백성에게 고국으로 속히 돌아갈 소망을 갖게 하는 선지자들과는 달리 예레미야가 오랜 기간의 포로생활을 선포하면서 백성에게 포로지에 정착할 것을 권면한 것이다. 이러한 상반된 신탁은 포로지에 있는 백성에게 혼란을 야기했을 것이며 신속한 회복을 선포하는 거짓선지자들에게는 위협이 되었을 것이다. 따라서 스마야는 예루살렘에 편지를 보내어 이러한 문제를 해결하려고 했던 것으로 보인다.

29-31절상. 스마야의 편지를 받은 스바냐는 그의 요구에 따라 바로 예레미야를 감금하지 않고 대신 그에게 스마야의 편지를 읽어 준다(29절). 예레미야가 어떤 문제를 일으키고 있으며 고소의 내용이 무엇인지 알려 주려는 듯하다. 이때 여호와의 말씀이 예레미야에게 임한다(30절). 스마야에 관한 심판신탁은 스마야 개인을 향한 신탁이지만 포로지에 있는 모든 백성이 들어야할 신탁이다. 따라서 하나님은 예레미야에게 이 신탁을 편지로 포로지에 있는 모든 백성에게 전달하여 알게 하라고 명령하신다. 신탁에 이 신탁을 듣는 대상이 "너희"로 표현되는데, 이 "너희"는 이 신탁을 듣는 포로지의 모든 백성을 가리킨다.

---

119) 개역개정은 히브리어 표현, כָל־אִישׁ מְשֻׁגָּע וּמִתְנַבֵּא 콜-이쉬 메슉가 우미트납배를 "모든 미친 자와 선지자 노릇하는 자들"로 번역하는데, 분사 מְשֻׁגָּע 메슉가와 מִתְנַבֵּא 미트납배가 명사 אִישׁ 이쉬("사람")를 함께 꾸미는 것으로 분석하는 것이 적절해 보인다. 따라서 이 표현은 "스스로 선지자처럼 행동하는 미친 자 모두"로 번역된다(cf. "예언자 행세를 하며 미치광이처럼 구는 자"[공동번역]; "예언자 행세를 하는 미친 자들"[새번역]).

31절하-32절. 스마야에 관한 신탁은 그에게 심판이 선언된 원인을 지적하는 고소단락으로 시작한다(31절하). 하나님이 스마야를 보내지 않으셨음에도 불구하고 그가 포로지 백성에게 거짓을 예언하고 그들을 미혹한 것이 심판의 원인이다. 고소단락은 스마야의 심판원인을 지적할 뿐만 아니라 이 신탁을 듣는 백성, 즉 "너희가" 거짓선지자 스마야에 의해 미혹되고 있다는 사실을 알려 주는 것이다.[120] 더 나아가 거짓선지자들을 경계할 것을 간접적으로 권고하는 의미도 갖는다. 결론적으로 스마야는 거짓선지자이기에 하나님의 심판을 받는다.

32절의 "그러므로"(לָכֵן 라캔)와 신탁도입형식("여호와께서 이와 같이 말씀하시니라")은 선언단락으로의 전환을 보여준다. 선언단락에 스마야의 죄가 다시 지적되는데, 하나님은 스마야의 행위를 "여호와께 패역한 말"(סָרָה 싸라)을 한 것으로 규정하신다. 이것은 거짓선지자 하나냐의 죄목과 동일하다. "네가[하나냐] 여호와께 패역한 말(סָרָה 싸라)을 하였음이라"(28:16). 이 행위는 거짓 예언으로 백성이 하나님에게서 돌아서게 한 것을 가리킨다. 스마야가 예레미야 선지자의 신탁을 거부하고 그를 압제하며 거짓으로 예언하여 백성을 미혹한 것은 하나님의 뜻을 대적하는 것일 뿐만 아니라 백성이 하나님에게서 돌아서게 하는 반역과 같은 행위다. 하나님은 유다의 불순종을 심판하시고 70년 후에 유다의 회복을 이루실 것을 계획하셨다. 하지만 스마야와 같은 거짓선지자들은 백성이 듣기 원하는 신속한 회복을 여호와의 이름으로 선포하면서 백성을 거짓예언으로 미혹했다. 결국 이들의 예언에 미혹된 백성은 바벨론 땅에 정착할 것을 준비하라는 예레미야의 권고에 귀를 기울이지 않았을 것이다. 또한 그들 자신도 신속한 회복을 원했을 것이다. 그러나 이것은 단순히 그들이 원하는 말에 미혹되는 정도의 문제가 아니라 자신들의 불순종에 따른 하나님의 심판 자체를 거부하는 것이기도 하다.

거짓 예언으로 하나님의 뜻에 귀를 기울이지 못하게 한 스마야에게 두 가지 심판이 선고된다. 첫째, 스마야의 자손이 벌을 받아 이스라엘 중에 하나도 남지 않게 된다. 이것은 하나님의 말씀을 순종하지 않을 때 임하게 되는 언약적 저주다

120) 이와 더불어 25-26절에 서술된 편지의 내용에 근거하여 스마야가 예레미야를 거부하며 압제하려고 한 것도 심판의 원인으로 고려할 수 있는데, 이 신탁에는 직접적으로 언급되지 않는다. 이는 스마야가 거짓선지자이고 그에 의해 포로지의 백성이 속고 있다는 사실을 전달하는 것에 집중하려는 것으로 보인다.

(cf. 신 28:18). 둘째, 하나님이 포로지의 백성에게 행하실 "복된 일" (הַטּוֹב 핱토브)을 그가 보지 못한다. 하나님의 회복의 계획을 거부한 스마야와 그의 자손들은 하나님의 회복과 구원을 누릴 특권과 은혜를 박탈당하게 된다. 결과적으로 이 심판선고는 신속한 회복을 기대할 수 없음을 확언한다. 다른 거짓선지자에 대한 심판신탁의 경우와 같이 스마야에 대한 심판신탁은 포로지에서 예레미야의 신탁을 거부하며 거짓선지자들에게 미혹되어 헛된 소망을 가지고 있는 유다백성이 들어야 할 하나님의 말씀이다. 따라서 하나님은 이 신탁의 내용을 편지로 포로지에 있는 모든 백성에게 전달하라고 명하신 것이다(cf. 31절).

현재적 적용 **묵상**

1. 예레미야가 편지로 회복에 대한 하나님의 계획을 전달하고 또한 하나님이 그의 신탁을 예레미야를 통해 전달하신 것처럼 성경을 통해 하나님이 그의 말씀을 남겨주셨는데, 성경을 하나님의 말씀으로 받고 그 말씀에서 나를 향한 하나님의 회복계획과 때론 책망을 읽고 있는가?
2. 예레미야와 같은 설교자의 말에 귀를 기울이는가 아니면 스마야와 같은 설교자의 말에 귀를 기울이는가?
3. 스마야가 스바냐에게 "여호와께서"라는 말로 자신의 욕심을 채우고 도모하는 바를 이루기 위해 여호와의 이름을 이용한 것처럼 이기적인 욕심과 사적인 계획을 위해 "하나님이" 또는 "여호와께서"라는 말을 사용하는 것은 아닌가? 이 말이 하나님께 가까이 가게 하는 일을 이루기 위한 것이 아니라 그에게서 멀어지고 뒤돌아서게 하는 "패역한 말"은 아닌가?
4. 성경의 약속에 따라 하나님이 이루실 "복된 일"을 기대하는데, 거짓 설교와 거짓 복음에 미혹되어 "복된 일"을 보지 못할 것이라는 선언을 듣게 되는 것은 아닌가?
5. 신앙공동체 안에서의 직분과 지위, 권위를 이기적인 욕심과 욕망을 이루기 위해 오용하거나 남용하지는 않는가? 그 결과가 하나님의 참혹한 심판이라는 사실을 피상적으로 생각만 하는 것이 아니라 마음에 새기고 주의하는가?

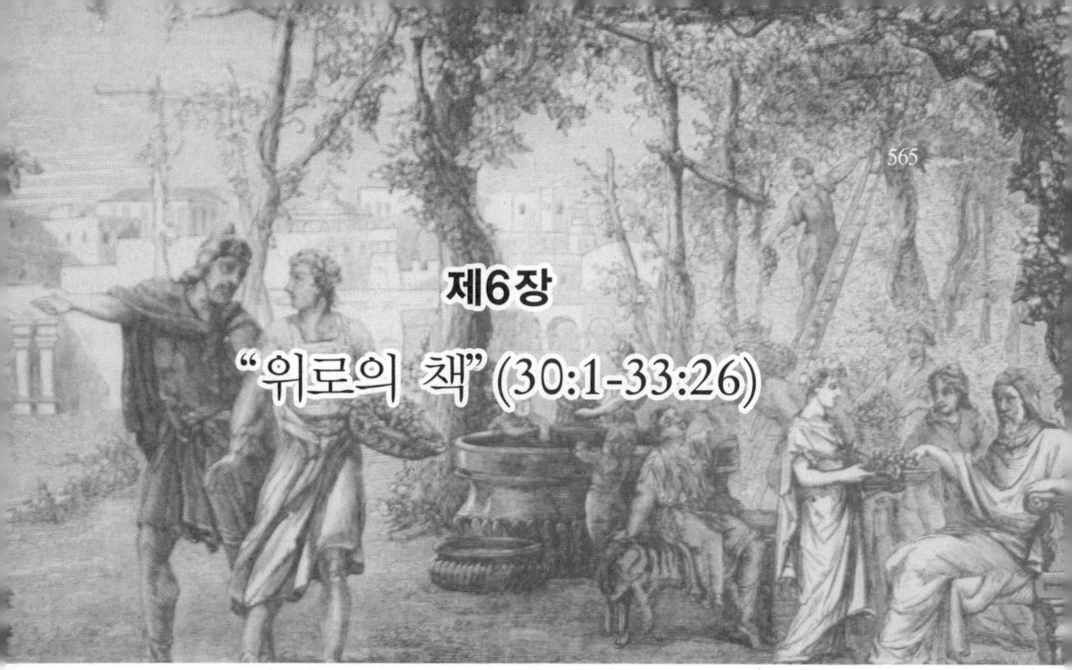

제6장

"위로의 책"(30:1-33:26)

유다와 예루살렘을 향한 심판을 선포한 신탁들과 사건들을 다루고 있는 앞뒤의 장들과는 달리 30-33장은 포로기 이후에 유다에 임할 회복 선언에 집중한다. 따라서 홉스(Hobbs)가 서술하는 바와 같이 일반적으로 예레미야서의 현재 위치에 놓인 30-33장은 이해하기 쉽지 않은 등장 내지는 하나의 방해물과 같이 간주된다.[1] 로페(Rofé)는 26-36장의 구조가 소위 말하는 "위로의 책"(30-33장)에 의해 방해를 받는다고 설명한다.[2] 그러나 이들의 지적과는 달리 현재 위치에서 "위로의 책"(30-33장)의 등장은 의외가 아니다. 2-29장에서 예레미야는 북이스라엘과 유다에 관한 회복의 신탁을 전했다. 소명기사를 마무리하는 2장 1-3절에서 하나님이 예루살렘을 위하여 청년의 때의 "인애"(חֶסֶד 헤쎄드)와 신혼의 때의 "사랑"(אַהֲבָה 아하바)을 기억하고 계심을 언급하면서 언약의 유효성에 대해 말했다.[3] 또한 북이스라엘을 포함하는 회복에 대한 신탁이 3장 14-18절에 이미 언

---

1) "But the reason for the present context of 30-33 still remains something of a mystery" (Hobbs, "Some Remarks," 268).

2) Rofé, "The Arrangement," 395. 30-33장이 25-36장의 구조와 맞지 않는다는 것과 관련해서 Rofé는, 최종형태의 예레미야서를 구성한 편집자보다 후대의 손길에 의해 30-33장이 32장의 이야기에 맞추어 작업이 됐기 때문이라고 설명한다(ibid.).

급된 바가 있다. "위로의 책"에서 다윗왕조의 회복을 다루는 것 역시 유다 왕들의 실패를 되돌리고 하나님의 공의와 정의를 실현할 다윗에게 일으킬 "의로운 가지"(צֶמַח צַדִּיק 쩨마흐 짣디크)에 대한 선언을 전제하고 있다(23:1-8). 그의 이름이 "여호와 우리의 의"(יְהוָה צִדְקֵנוּ 아도나이 찌드캐누)로 소개되는데, 동일한 이름이 33장 16절에 언급된다. 특히 "위로의 책"이 등장하기 바로 전 단락인 29장에서 예레미야는 바벨론 포로들에게 편지를 보내서 그 땅에 정착한 후 70년이 지나면 "나의 선한 말"(דְּבָרִי הַטּוֹב 데바리 할토브)과 미래와 희망을 주는 "하나님의 계획"(מַחְשְׁבוֹת שָׁלוֹם 마흐쉐보트 샬롬)에 따라 회복이 이루어질 것을 선언한다.[4] 29장 32절은 하나님의 심판을 받은 스마야와 그의 자손은 하나님이 언약백성에게 행하려 하시는 "복된 일"(הַטּוֹב 할토브)을 보지 못한다고 선언한다. 따라서 스마야와 달리 하나님께 순종해서 그 복된 일을 보길 원하는 이들은 그 구체적인 내용에 대한 궁금증을 갖게 된다. 이에 대한 답변을 제시하는 것이 30-33장의 "위로의 책"이다. 그렇다면 30-33장이 주변 장들의 흐름을 방해하거나 의외의 등장이라고 설명하는 것은 비평적 관점에 따른 부정적 견해일 수 있다.[5]

"내가 네게 일러준 모든 말을 '책'(סֵפֶר 쌔페르)에 기록하라"는 30장 2절의 명령은 회복의 신탁들이 책의 형태로 기록된 것을 알 수 있게 한다.[6] 따라서 회복의 신탁들이 기록된 책을 "위로의 책"(the Book of Consolation)이라고 부르는데, 이 책의 범위에 대해 두 가지 견해가 있다.[7] 하나는 그 범위를 30-31장에 제한하는 견해이고 다른 하나는 30-33장을 "위로의 책"으로 보는 견해다[8] 전자의 견해

---

3) 이 두 단어는 31장 3절에 다시 등장한다: אַהֲבַת עוֹלָם 아하바트 올람("영원한 사랑"); חָסֶד 하쎄드("인자함"). 32장 18절에는 "주의 은혜"(חֶסֶד 헤쎄드)로 등장한다.

4) 33장 14절은 이스라엘과 유다의 집에 말씀하신 "선한 말"(הַדָּבָר הַטּוֹב 핟다바르 할토브; "선한 약속")을 이루실 날에 대해 선언한다.

5) Jones의 경우, 비평적 견해를 견지하지만 30-33장 안에 추가적인 설명의 범위를 확정하는 것은 어렵지만 26-29장이 설명을 필요로 하기 때문에 30-33장의 등장을 기대할 수 있다고 설명한다(Jones, *Jeremiah*, 370-71).

6) סֵפֶר 쌔페르는 "책" 또는 "두루마리"로 번역될 수 있다.

7) 30-33장은 예레미야의 저작권 및 시기, 해석에 있어서 많은 논란이 있는 부분이다(cf. Thompson, *The Book of Jeremiah*, 551-86; T. M. Ludwig, "The Shape of Hope: Jeremiah's Book of Consolation," *CTM* 39 [1968]: 526-41).

를 제시하는 이유는 서술형식의 차이다.[9] 30-31장은 시문인 반면에 32-33장은 산문이다. 산문형식이 24장부터 29장에 두드러지게 나타나는데, 30-31장은 시문이고 이어지는 32-45장은 모두 산문이다.

따라서 30-31장의 시문은 명확하게 주변 장들과 구분된다. 따라서 30장 2절의 명령을 시문의 30-31장에만 적용되는 것으로 해석한다. 하지만 30-31장과 32-33장의 주제적 연관성은 서술형식의 차이에도 불구하고 후자의 견해를 지지한다. 본서는 30-33장을 "위로의 책"으로 간주한다. 여러 근거들 중에 세 가지를 언급하고자 한다.[10] 첫째, "위로의 책" 안에 30-31장의 시문과 32-33장의 산문이 혼용된다. 시문과 산문의 혼용은 예레미야서 전체의 서술적 특징이다. 본서의 서론에서 구조를 분석할 때 언급한 바와 같이 해당 범위의 주도적인 서술형식에 주목하면 시문과 산문을 혼용하고 있는 "위로의 책" (D. 30-33장)을 중심으로 예레미야서는 다음과 같은 교차평행구조를 이룬다.

---

8) Jones는 30-31장을 하나의 단락으로 간주하고 32-36장을 함께 분류한다(Jones, *Jeremiah,* 370, 405). Harrison은 30-31장을 "위로의 책"으로 보는 반면에 Longman은 30-33장을 하나의 단락으로 묶는다(Harrison, *Jeremiah & Lamentations,* 133; Longman, *Jeremiah/Lamentations*, 198; 클레멘츠, 『예레미야』, 269-72). 맛소라 30-31장과 칠십인경 30-31장의 차이에 대한 논의를 보려면 B. Becking, "Jeremiah's Book of Consolation: a Textual comparison Notes on the Masoretic Text and the Old Greek Version of Jeremiah XXX-XXXI," *VT* 44 (1994): 145-69를 참조하라.

9) Harrison은 산문의 32-33장이 본래 독자적으로 존재했을 것으로 추정되는 세 개의 신탁묶음으로 구성된 것으로 설명한다(Harrison, *Jeremiah & Lamentations*, 134).

10) 30-33장을 하나의 단락으로 구분할 수 있는 그 외의 근거는 다음과 같다: (1) 표현의 반복: הִנֵּה יָמִים בָּאִים נְאֻם־יְהוָה 힌네 야밈 바임 네움-아도나이("보라. 날들이 임할 것이다. 여호와의 말이니라")와 함께 북이스라엘과 유다의 회복을 선언하는 공통점(30:3; 31:27, 31, 38; 33:14); (2) 회복을 이루시는 하나님을 창조주의 관점에서 서술하는 것과 하나님의 우주적 주권의 관점을 유지하는 것(31:22, 35; 32:17, 27; 33:2, 20, 25); (3) 신탁도입형식의 집중적인 사용과 함께 나타나는 신탁들의 나열(각주 12, 13, 14, 15를 참조하라); (4) "다시"(עוֹד 오드)의 반복적 사용. "다시"(עוֹד 오드)가 30장 8절에 부정어 לֹא 로와 함께 1회 사용되고 31장에 집중적으로 나타난다(31:4[x2], 5, 12, 20, 23, 29, 31, 34[x2], 39, 40), 이와 유사하게 32장 15절에 1회 사용되고 33장에는 반복적으로 등장한다(33:10, 12, 24).

A. 1:1-2:3: 예레미야의 소명기사(시문)

B. 2:4-20장: 시문의 심판신탁기록(유다와 예루살렘)

C. 21-29장: 산문의 사건기록(유다와 예루살렘)

D. 30-33장: 회복신탁기록(시문, 30-31장)/사건기록(산문, 32-33장)

C'. 34-45장: 산문의 사건기록(유다와 예루살렘)

B'. 46-51장: 시문의 심판신탁기록(열방)

A'. 52장: 역사적 기록(산문)

산문의 사건기록은 시문의 신탁을 확언하는 역할을 한다. 예를 들면, 52장의 역사기록(A')은 유다를 향한 심판신탁(A)이 성취된 사실을 확인해준다. 마찬가지로 새 언약의 회복이 시문의 신탁들(30-31장)로 전달된 후, 아나돗 밭을 매매하고 증서를 보관한 사건에 대한 기록 및 예레미야의 기도와 이에 대한 하나님의 답변이 산문기록(32-33장)으로 회복 신탁들을 확증한다. 30-31장은 포로기 이후의 회복에 대한 희망적인 메시지를 전한다. 하지만 바벨론에 의해 멸망을 눈앞에 두고 있는 당시의 현실에서는 회복에 대한 하나님의 약속을 확신하는 것이 쉽지 않았을 것이다. 이런 상황에서 예레미야가 하나님의 명령에 따라 아나돗의 밭을 사서 매매증서를 쓰고 보관한 사건을 기록하고 있는 32-33장은 30-31장을 확언할 뿐만 아니라 회복에 대한 약속을 예레미야처럼 신뢰할 것을 도전(32:25)하는 역할을 한다. 또한 포로기에 30-33장을 읽는 독자 역시 회복을 신뢰하고 기대하라는 도전을 받게 된다. 이와 같이 30-31장의 시문과 32-33장의 산문은 하나의 단락으로 회복신탁을 선언하고 확증하는 역할을 한다.

둘째, 주제적 연관성이다. 30-31장의 회복신탁이 땅, 귀환, 통치자, 언약갱신, 통일왕국, 죄의 용서, 예루살렘의 회복에 집중하는데(30:2, 9, 10, 18, 21; 31:1, 5-6, 23, 27, 34, 38), 동일한 주제가 32-33장에 언급된다(32:15, 37-38, 43-44; 33:7, 8, 14-15, 16, 17-18, 20-22, 26). 30장 3절에 선언된 "사로잡힘에서의 돌이킴"이 33장 26절에 "포로된 자를 돌아옴"으로 언급된다. 이는 수미쌍관(*inclusio*)을 이루어 30-33장을 함께 묶어준다.[11] 30장 3절은 약속의 땅으로 귀환과 함께 "조상들"을 언

11) "내가 내 백성 이스라엘과 유다의 포로를 돌아가게 할 날이 오리니" (וְשַׁבְתִּי אֶת־שְׁבוּת עַמִּי יִשְׂרָאֵל וִיהוּדָה 베샤브티 에트-쉐부트 암미 이스라앨 비후다, 30:3)/"내

급하는 반면에 이와 짝을 이루는 33장 26절은 명시적으로 "아브라함과 이삭과 야곱"을 언급한다. 30-31장과 32-33장은 회복을 언약 모티브로 일관되게 묘사한다. 31장 31절에 "새 언약"(בְּרִית חֲדָשָׁה 베리트 하다샤)이 언급되는 것처럼 32장 40절에는 "영원한 언약"(בְּרִית עוֹלָם 베리트 샬롬)이 언급된다. 33장 21절은 다윗왕조의 회복을 선언하면서 "다윗에게 세운 나의 언약"(בְּרִיתִי תֻּפַר אֶת־דָּוִד 베리티 투파르 에트-다비드)이라고 표현한다.[12] "언약"을 의미하는 בְּרִית 베리트가 사용되는 것은 아니지만 33장 26절은 아브라함 언약을 담고 있다. 특히 언약의 불변성을 논할 때 창조질서와 피조물을 언급하는 동일한 어법을 유지한다(31:35-36, 37; 33:20, 22, 25-26). 마틴즈(Martens)는 30장과 31장의 주제를 각각 "약속의 땅으로의 회복"과 "하나님께로의 회복"으로 설명하는데, 이와 동일하게 32장은 30장의 주제를 그리고 33장은 31장의 주제를 반복한다.[13]

셋째, 구성적 특징이다. 30장의 핵심주제(약속의 땅으로의 귀환)가 2-3절에 언급된 후, 이 주제를 구체적으로 다루는 신탁들이 나열된다.[14] 이와 동일하게 31장의 핵심주제(언약관계의 갱신)가 1절에 선언된 후, 이 주제와 관련된 신탁들이 나열된다.[15] 이런 구성적 특징이 32장과 33장에서도 발견된다. 32장의 경우, 바벨론 왕 느부갓네살에 의한 유다와 예루살렘의 패망과 포로에 대한 주제가 시드기야의 말로 3-5절에 소개된 후, 이 상황을 맞이하게 된 원인과 이 상황의 회복에 대한 선언이 서술된다.[16] 33장의 경우에는, 하나님께 부르짖으면 크고 은밀한 일을 알려

가 그 포로된 자를 돌아오게 하고"(אָשׁוּב אֶת־שְׁבוּתָם 아쉬브 에트-쉐부탐, 33:26). 한글 번역에는 다소 차이가 나타나지만 히브리어 원문은 동일한 단어를 사용한다.

12) 33장 21절의 레위의 회복과 관련해서는 בְּרִית 베리트가 사용되지 않지만 언약개념을 충분히 고려할 수 있다.

13) Martens, *Jeremiah*, 185.

14) 30장 4절, 5절, 12절, 18절에 신탁도입형식("여호와께서 이와 같이 말씀하시되")이 등장하고 이어서 신탁이 서술된다.

15) 31장 2절, 3절, 7절, 15절, 16절, 23절, 35절, 37절에는 신탁도입형식("여호와께서 이와 같이 말씀하시니라")과 함께 신탁이 이어지고 27절, 31절, 38절에는 "보라. 날들이 임할 것이다. 여호와의 말이니라"와 함께 신탁이 서술된다.

16) 32장 3-5절의 주제 도입 이후 6절("여호와의 말씀이 내게 임하였느니라"), 14절과 15절("만군의 여호와 이스라엘의 하나님께서 이와 같이 말씀하시길"), 26절("여호와의 말씀이 예레미야에게 임하여 이르시되"), 28절("그러므로 여호와께서 이와 같이

주시겠다는 약속이 2절에 선언된 후, 크고 은밀한 일의 구체적인 내용을 서술한다.[17] 서술형식에 있어서 시문과 산문의 차이가 있지만 이와 같이 동일한 구성형식이 사용되는 것을 볼 때 30-31장과 32-33장이 하나의 단락을 형성하는 것으로 고려할 수 있다. 다양한 신탁도입형식이 집중적으로 사용되면서 신탁들이 나열되는 것 또한 30-33장을 하나의 단락으로 간주하게 요소다. 신탁도입형식의 집중적인 등장과 함께 신탁들이 나열되는 것은 30-33장의 서술적 특징이다.

"위로의 책"(30-33장)은 예레미야서 안에서 세 가지 측면으로 주목을 받는다. 첫째, 주제적 측면이다. 최종형태의 예레미야서가 대상으로 하는 독자는 예루살렘이 멸망한 후의 유다백성과 포로지의 백성이다. 이들은 유다의 멸망과 예루살렘의 파괴를 실제로 경험하면서 예레미야가 전한 신탁의 진정성을 확인했다. 따라서 그들에게 예레미야는 하나님의 신탁을 전한 참선지자라는 사실이 확인됐을 것이다(cf. 신 18:21-22) 그렇다면 이들이 주목하게 되는 바는 회복신탁이다. 다니엘이 예레미야의 신탁에 따라 회복의 때를 위해 기도를 드리는 것은 이에 대한 좋은 예다(단 9:2). 달리 말하면 최종형태의 예레미야서를 읽는 포로기의 독자의 관점에서 보면 회복의 신탁과 사건을 다루는 "위로의 책"은 주제적 우위를 갖는다. 둘째, 구성적 측면이다. 앞서 언급한 바와 같이 시문과 산문을 혼용하는 예레미야서의 구성적 특징이 "위로의 책" 안에 나타나면서 동일하게 시문과 산문이 갖는 관계와 역할을 유지한다. 하나의 단위로 구분될 수 있는 단락에서 시문과 산문의 혼용이 나타나는 것은 "위로의 책"이다. 셋째, 위치적 측면이다. 위에 제시한 구조분석에서 "위로의 책"은 교차평행구조의 중앙에 위치한다. 이 위치는 주로 교차평행구조로 제시되는 내용의 핵심을 담는다. 예레미야서를 읽을 때 서술형식, 즉 시문과 산문의 구분을 감지하게 되는데, 산문이 집중적으로 등장하는 25-29장에 이

말씀하시니라"), 36절("이스라엘의 하나님 여호와께서 이와 같이 말씀하시니라"), 42절("여호와께서 이와 같이 말씀하시니라")의 신탁도입형식에 이어서 신탁들이 나열된다.

17) 33장 4절, 10절(11절), 12절(13절), 17절에 신탁도입형식("여호와께서 이와 같이 말씀하시니라")이 사용된다. 14절("보라. 날들이 임할 것이니라. 여호와의 말이다"), 19절과 23절("여호와의 말씀이 예레미야에게 임하니라")에 이어서 신탁들이 등장한다. 11절과 13절의 "여호와께서 말씀하시니라"는 각각 10절과 12절에서 시작된 신탁을 마무리한다. 20절과 25절의 신탁도입형식("여호와께서 이와 같이 말씀하시니라")은 신탁 중에 서술되는 것으로 신탁의 엄중성을 강조한다.

어서 시문의 30-31장을 접하게 되고 이 시문에 주목하게 된다.[18] 즉 산문의 25-45장에서 시문의 30-31장이 눈에 띄게 된다. 또한 30-31장과 동일한 주제를 다루는 32-33장의 산문기록을 읽으면서 사건기록이 시문의 회복신탁을 확언하는 것을 알게 된다.

"위로의 책"은 앞서 언급한 바와 같이 시문의 30-31장과 산문의 32-33장으로 구분된다.[19] 더 세부적으로는 다음과 같은 구조를 취한다.

I. "위로의 책" 전반부: 시문(30-31장)

도입(30:1)

1) 북이스라엘과 유다에 관한 신탁(30:2-24)

a. 위임명령과 도입주제: 포로에서의 해방과 약속의 땅으로의 귀환, 2-3절

b. 신탁모음, 4-24절

신탁모음도입: 북이스라엘과 유다에 관한 하나님의 말씀들: 4절

신탁 I. 고통의 때와 멍에에서의 구원선언: 5-11절

신탁 II. 시온(예루살렘)의 상처와 치료: 12-17절

신탁 III. 야곱 장막의 회복과 악인에 대한 심판: 18-24절

2) 이스라엘의 모든 족속에 관한 신탁(31:1-40)

a. 도입주제: 언약관계의 회복: 내 백성과 이스라엘 족속의 하나님, 1절

b. 신탁모음, 2-40절

신탁 I. 북이스라엘의 회복, 2-22절

신탁 II. 유다의 회복, 23-25절

전환, 26절

신탁 III. 이스라엘과 유다와 맺을 새 언약, 27-34절

---

18) 회복에 집중하는 주제적 전환도 이 시문에 주목하게 한다.

19) 서술형식에 따라 시문의 30-31장과 산문의 32-33장으로 구분되지만 30장 1절과 32장 1절이 예레미야서의 특징적인 도입형식("여호와께로부터 말씀이 예레미야에게 임하여")으로 시작하면서 두 단락의 구분 및 연결성을 보여준다. 개역개정의 32장 1절 번역은 이 도입형식을 보여주지 않지만 히브리어 원문의 표현은 동일한 도입형식이다:
הַדָּבָר אֲשֶׁר־הָיָה אֶל־יִרְמְיָהוּ מֵאֵת יְהוָה(32:1).

신탁 IV. 나라로 영원히 존재할 이스라엘 자손, 35-37절

신탁 V. 예루살렘의 회복, 38-40절

II. "위로의 책" 후반부: 산문(32-33장) [시드기야 10년, 587년][20]

도입(32:1-2)

1) 아나돗 땅 매매의 상징적 행위를 통한 귀환확언(32:3-44)

도입주제: 예루살렘의 패망과 시드기야의 포로(시드기야 왕의 말), 3-5절

a. 예레미야의 답변, 6-25절[21]

(1) 하나멜의 밭 매매. 7-15절

(2) 예레미야의 기도: 16-25절

b. 하나님의 답변, 32:26-44

(1) 예루살렘에 대한 심판신탁: 26-35절

(2) 예루살렘의 회복과 영원한 언약: 36-41절

(3) 회복을 확증하기 위한 토지거래 선언: 32:42-44

2) 약속의 땅과 신정국가의 회복(33:1-26)

도입주제: 창조주 여호와가 알려줄 크고 은밀한 일, 1-3절

I. 예루살렘과 유다 성읍들에 관한 신탁들

신탁 I. 예루살렘의 회복과 유다와 이스라엘의 포로귀환, 4-9절

신탁 II. 기쁨과 감사제의 회복, 10-11절

신탁 III. 초장과 양떼의 회복, 12-13절

II. 다윗과 레위에 관한 신탁들

신탁 IV. 다윗언약의 회복, 14-16절

신탁 V. 영원한 다윗후손과 레위후손, 17-18절

신탁 VI. 다윗언약과 레위언약의 회복, 19-22절

신탁 VII. 다윗왕조와 나라의 회복, 23-26절

---

20) 동일한 등장인물(예레미야), 동일한 정황(시위대 뜰), 33장 1절의 "두 번째"(שֵׁנִית 세니트)라는 표현에 의해 32장과 33장은 함께 연결된다.

21) 6-25절을 예레미야의 답변으로 제시하는 근거에 대한 설명은 주해에서 32장의 서론부분을 참조하라.

"위로의 책"을 분석할 때, 다음의 사항을 고려할 필요가 있다. 첫째, 이 단락의 구성적 특징인 시문과 산문의 관계에 대한 인식이다. 이는 30-33장의 통합적 이해를 요구한다. 둘째, 각 장을 열어주는 핵심주제를 이해하고 신탁들의 나열에 집중하면서 회복의 요소들을 확인하는 것이다. 셋째, 회복을 북이스라엘과 유다를 포함하는 언약백성의 관점과 창조주 하나님의 우주적 관점으로 읽는 것이다. 넷째, 회복신탁에 제시되는 언약과 연계하여 회복의 내용을 파악하는 것이다. 다섯째, 심판을 표현하는 단어들과 회복을 표현하는 단어들에 주목하면서 심판의 상태가 회복으로 어떻게 변화되는지에 주목할 필요가 있다. 예를 들면, 심판의 상태를 "상처"(30:12)로 표현한 경우, 회복은 "치료"와 "새 살이 돋아남"(30:17)으로 표현된다.

1. "위로의 책" 전반부: 시문(30:1-31:40)

유다와 예루살렘의 멸망을 전제로 하는 상황에서 회복선언에 집중하는 "위로의 책"의 전반부인 30-31장은 시문의 신탁들을 나열하면서 회복의 그림을 전달한다. 유다의 바벨론 포로 70년 후에 이루어질 회복인데, 이 회복은 북이스라엘과 유다를 포함하는 언약백성을 대상으로 한다. 회복의 핵심은 심판의 상태를 돌이키는 약속의 땅으로의 귀환(30:3)이며 이는 언약관계의 갱신과 회복(31:1)을 의미한다. 30장과 31장을 함께 묶어주는 요소는 세 가지다. 첫째, 주제적 연결성이다. 30장과 31장은 회복의 신탁들을 나열하면서 회복의 내용과 요소를 제시한다. 둘째, 서술형식의 연결성이다. 30장과 31장은 주변의 장들과는 달리 시문이다. 셋째, 동일한 시기를 가리키는 부사구에 의한 연결성이다. 30장 24절에 "끝날에"(בְּאַחֲרִית הַיָּמִים 베아하리트 하이야밈)가 언급되는데, 이 날을 받는 부사구 "그 때에"(בָּעֵת הַהִיא 바애트 하히)가 31장 1절에 서술되면서 같은 회복의 시기에 관한 신탁이 이어지고 있음을 보여준다. 넷째, 동일한 회복의 대상에 의한 연결성이다. 30장 3절은 회복의 대상을 "내 백성 이스라엘과 유다"로 제시하고 31장 1절은 이 대상을 이스라엘과 유다를 포괄하는 "이스라엘 모든 종족"으로 표현한다. 다섯째, 동일한 선언양식의 반복에 의한 연결성이다. 30장 3절은 "보라. 날들이 임할 것이다. 여호와의 말이니라"라는 선언형식으로 시작된다. 같은 선언형식이 31장 27,

31, 38절에 반복적으로 등장하면서 30-31장을 마무리한다.

(1) 북이스라엘과 유다에 관한 신탁(30:1-24)

예레미야서의 특징적인 신탁도입형식("여호와께로부터 말씀이 예레미야에게 임하여")이 1절에 서술된다. 이 도입은 30-31장 전체를 열어주면서 새로운 단락의 시작을 보여주는 역할을 한다. 이어서 하나님이 알려주시는 모든 말을 "책"(סֵפֶר 쌔페르)에 기록하라는 위임명령이 예레미야에게 주어진다(30:2). 3절에 회복의 핵심주제가 서술된 후, 이 핵심주제를 구체화하는 신탁들이 나열되면서 회복의 요소들이 전달된다. 30장 5-24절에는 세 개의 신탁이 나열된다.[22] 첫 번째 신탁(5-11절)과 두 번째 신탁(12-17절)은 먼저 유다가 처한 상황에 대해 설명한 후(5-7절중; 12-15절), 이에 대한 해결(구원)을 선언하는(7절하-11절; 16-17절) 동일한 구성형식을 취한다. 세 번째 신탁(18-24절)은 야곱 장막의 구원(18-22절)과 악인에 대한 심판(23-24절)을 선언하는데, 이 선언들은 앞의 두 신탁과 주제적 연결성을 갖는다.[23] 심판의 대상인 악인은 유다와 바벨론을 포함하는 악인으로 볼 수 있다. 이 신탁들의 구성적 특징을 반영한 세부 분석을 앞서 제시한 30장의 구조에 표기하면 다음과 같다.

도입(30:1)

1) 북이스라엘과 유다에 관한 신탁(30:2-24)

  a. 위임명령과 도입주제: 포로에서의 해방과 약속의 땅으로의 귀환, 2-3절

    b. 신탁모음, 4-24절

      신탁모음도입: 북이스라엘과 유다에 관한 하나님의 말씀들, 4절

---

22) 5-24절을 5-11절, 12-17절, 18-24절의 세 개의 신탁으로 구분하는 기준은 5절, 12절, 18절에 신탁도입형식(כֹּה אָמַר יְהוָה 코 아마르 아도나이; "여호와께서 이와 같이 말씀하시되")이 등장하는 것이다.

23) 18-24절을 두 개의 선언으로 구분하는 근거는 두 가지다. 하나는 주제의 차이, 즉 구원과 심판이며 다른 하나는 이 주제의 전환이 23절의 감탄사 "보라"(הִנֵּה 힌네)에 의해 표기되는 것이다.

신탁 I. 고통의 때와 멍에에서의 구원선언, 5-11절
　a. 상황설명: 바벨론 멸망과 야곱의 환난의 때, 5-7절중
　　b. 해결선언: 태평과 안락, 하나님의 임재와 구원, 7절하-11절
신탁 II. 시온(예루살렘)의 상처와 치료, 12-17절
　a'. 상황설명: 징계로 인한 상처와 부상, 12-15절
　　b'. 해결선언: 대적의 제거와 치료, 16-17절
신탁 III. 야곱 장막의 회복과 악인에 대한 심판, 18-24절
　　b''. 선언(1): 야곱 장막의 회복과 언약관계회복, 18-22절
　a''. 선언(2): 악인에게 임하는 심판, 23-24절

신탁의 대상은 북이스라엘과 유다이며, 형식에 있어서 하나님의 말씀이 직접 인용되는 신적 신탁이다. 내용에 있어서 회복을 선언하는 회복신탁으로 분류된다. 31장 26절("내가 깨어 보니 내 잠이 달았더라")을 고려하면 예레미야가 환상 중에 이 신탁들을 받은 것으로 보인다. 3절이 전달하는 30장의 핵심주제는 북이스라엘과 유다가 약속의 땅으로 귀환하는 회복의 날이다. 이어서 나열되는 신탁들은 귀환과 관련된 주요 내용을 전달한다. 구원을 선언하는 신탁들이 악인에 대한 심판선언으로 마무리되는 것은 회복과 구원은 죄의 제거가 선행돼야 한다는 사실을 보여준다. 본 단락은 하나님의 말씀을 거부하고 거짓을 예언하던 스마야가 누리지 못할 70년 후의 "복된 일"(29:32)을 구체적으로 서술한다. 이 서술은 포로지의 백성이 하나님의 모든 계획(심판과 회복)에 그들을 시선을 돌리게 한다. 70년의 바벨론 포로생활을 수용하고 회복을 기대하는 것은 심판원인인 자신들의 죄를 겸허히 인정하는 것을 의미한다.

도입(1절)

신탁도입형식("여호와께로부터 말씀이 예레미야에게 임하여")이 새로운 단락의 시작을 보여준다. 신탁의 주체(여호와)와 전달자(예레미야) 정보를 제공한다.

위임명령과 주제도입: 북이스라엘과 유다의 약속의 땅으로의 귀환(2-3절)

하나님이 알려주시는 모든 말을 책에 기록하라는 위임명령이 예레미야에게 주어진다. 이 명령에 이어서 포로기 이후에 이루어질 회복의 날이 선포된다. "보

라. 날들이 임할 것이다." 회복의 대상은 북이스라엘과 유다의 포로들이다. 이들로 구성된 언약백성("내 백성")이 포로에서 해방되어 약속의 땅으로 돌아오는 것이 30장이 다룰 회복의 핵심이다. 이는 아브라함 언약의 성취를 의미한다.

신탁모음도입(4절)

"여호와께서 말하신 말씀들"이라는 표현은 북이스라엘과 유다에 관한 신탁들의 시작을 보여준다.

고통의 때와 멍에에서의 구원(5-11절)

바벨론이 멸망하는 날은 두려움과 엄청난 고통의 날이다. 이때 유다백성도 고통을 함께 겪게 되기 때문에 "야곱의 환난의 때"로 표현된다 하지만 하나님이 그들을 그 고통에서 구원하실 것을 선언하신다. 야곱은 바벨론의 멍에에서 벗어나서 약속의 땅으로 돌아와 여호와와 다윗을 섬기게 된다. 하나님은 그의 임재와 함께 구원을 분명히 약속하시지만 여전히 죄에 대한 공의로운 징계를 선언하신다.

시온(예루살렘)의 상처와 치료(12-17절)

공의의 하나님은 심판으로 죄에 대한 책임을 물으신다. 따라서 무수한 패역과 배반으로 인해 심판을 받은 시온(예루살렘)의 상태가 치료할 수 없는 "상처"와 "부상"이라는 단어로 묘사된다. 이는 시온의 현재 상황을 가리킨다. 하지만 시온의 미래는 희망적이다. 왜냐하면 하나님이 시온에게 상처와 부상을 입힌 자들을 제거하시고 시온의 상처를 치료하시고 다시 건강하게 하실 것이기 때문이다.

야곱 장막의 회복과 악인에 대한 심판(18-24절)

하나님의 치료가 구체적으로 서술된다. 야곱 장막이 회복되고, 야곱이 유지될 수 있는 모든 요소들(성읍, 요새, 백성, 위엄, 지도자)이 채워질 것이다. 결과적으로 하나님과의 언약관계가 회복된다. 하지만 악인들은 이 회복에서 제외된다. 왜냐하면 하나님의 불타는 진노가 악인의 머리 위에 임하여 그들을 향한 심판을 반드시 이루실 것이기 때문이다.

주해

1절. 예레미야서의 특징적인 신탁도입형식("여호와께로부터 말씀이 예레미야에게 임하여")는 "위로의 책" 전반부(30-31장)를 열어주는 역할을 한다.[24] 신탁의 주체와 전달자에 대한 정보를 제시한다. 신탁의 주체는 여호와시다. 따라서 전달되는 신탁은 신적 권위를 갖는다.

2-3절. 이 신탁의 전달자인 예레미야에게 하나님이 말하시는 "모든 말씀[들]"(כָּל־הַדְּבָרִים 콜-핟데바림)을 책에 기록하라는 위임명령이 주어진다(2절).[25] 책에 기록하는 것은 앞으로 전달된 말씀의 중요성과 확실성을 강조한다. 70년 후에 있게 될 회복을 선포하는 것이기 때문에 이 신탁을 간직하면서 회복을 소망하라는 의미가 담긴 것으로도 볼 수 있다. 이 책의 독자는 예루살렘 멸망 직전의 유다백성과 포로지의 백성이다. 3절의 "보라. 날들이 임할 것이다. 여호와의 말이니라"(הִנֵּה יָמִים בָּאִים נְאֻם־יְהוָה 힌네 야밈 바임 네움-아도나이)라는 관용적인 표현은 앞으로 다가올 날에 주목하도록 주의를 환기시킬 뿐만 아니라 그 날에 대한 신탁에 집중하게 한다.[26] 이 표현 자체는 임하는 날의 성격을 제시하지 않는다. 이어서 서술되는 신탁의 내용에 따라 심판의 날 또는 구원의 날이 된다. 이 표현에 이어서 하나님은 이스라엘과 유다의 포로를 "내 백성"이라고 부르시면서 그들이 포로에서 해방되어 돌아오게 될 것을 선언하신다.[27] 하나님이 친히 그들을 약속의 땅("조상

---

24) 32장 1절에 동일한 신탁도입형식이 서술되면서 "위로의 책" 후반부를 열어준다. 개역개정은 32:1을 이 특징적 도입형식으로 번역하지 않고 "여호와의 말씀이 예레미야에게 임하니라"로 번역하는데, 32:1의 히브리어 원문은 הַדָּבָר אֲשֶׁר־הָיָה אֶל־יִרְמְיָהוּ מֵאֵת יְהוָה 핟다바르 아쉐르-하야 엘-이르메야후 매애트 아도나이로 30장 1절과 동일하다

25) "책"(סֵפֶר 쎄페르; "두루마리")에 기록하는 명령은 예레미야가 그가 받은 신탁들을 글로 남긴 것에 대한 증거일 뿐만 아니라 최종형태의 예레미야서 형성에 관한 복잡한 추론의 근거 역할을 하기도 한다.

26) 동일한 어순의 관용적 표현이 30:3; 31:27, 31, 38; 33:14에 반복되고 있기 때문에 개역개정과는 달리 히브리어 원문의 어순에 따라 관용적 형식을 그대로 유지해서 번역할 필요가 있다. 이 표현과 관련해서 30-33장의 회복에 대해 종말론적 해석을 시도하기도 한다.

27) 개역개정이 사로잡힌 자들의 의미를 갖는 "포로"(captive)로 번역한 히브리어 단어 שְׁבוּת 쉐부트는 억류를 가리키는 "포로"(captivity)를 의미하기도 한다. 후자의 의미는 "운명"의

들에게 준 땅")으로 돌아오게 해서 그 땅을 소유하게 하신다. 따라서 다가올 날들은 구원의 날들이다. 이는 아브라함 언약의 성취를 의미한다. 이 선언과 짝을 이루면서 "위로의 책"을 마무리하는 33장 26절은 포로귀환에 대한 언급과 함께 명시적으로 "아브라함과 이삭과 야곱"을 언급한다.

그 당시 유다에는 바벨론 왕으로 인해 어둠의 그림자가 드리워져 있지만 하나님은 유다백성에게 회복이 임하는 "날"을 주목하라고 명하신다. 그 날은 이스라엘과 유다가 포로에서 풀려나는 날이며 약속의 땅으로 귀환하는 날이다(cf. 29:10). 그들은 돌아와서 조상들에게 준 약속의 땅을 다시 소유하게 된다. 이스라엘과 유다의 회복을 선포하시면서 하나님은 그들을 "내 백성"(עַמִּי 암미)으로 부르신다. 이는 하나님이 그들과 맺은 언약을 여전히 잊지 않고 계심을 보여준다. 이 회복의 그림에 이스라엘과 유다가 모두 언급되는 것에 주목할 필요가 있다. 70년 후에 하나님이 이루실 "복된 일"에는 전체 이스라엘, 즉 12지파가 모두 포함되어 있다. 3절의 회복선언은 앞으로 책에 기록할 신탁의 핵심이다. 3절이 30장의 주제를 제시하기도 하지만 "위로의 책" 전체의 도입으로 간주되기도 한다. 이 단락에서 선포하는 회복의 날은 포로 후의 회복뿐만 아니라 마지막 때에 이루어질 종말론적 회복도 함께 포함한다.

4절. 회복의 핵심주제가 언급된 후 등장하는 4절의 신탁도입은 회복과 관계된 신탁들이 열거되는 것을 기대하게 한다. 신탁의 내용은 북이스라엘과 유다에 관해 여호와께서 하신 "말씀들"(הַדְּבָרִים 한데바림)이다.

5-7절. 5절의 신탁도입형식("여호와께서 이와 같이 말씀하시되")은 첫 번째 신탁

의미로 연결되기도 한다. 이 경우, "돌이키다"라는 동사 שׁוּב 슈브와 함께 쓰이면서 긍정적인 방향으로 "운명이 바뀌다"라는 의미를 전달한다. "포로"(captivity)의 의미로 해석하면 이스라엘과 유다가 포로에서 해방되는 것을 가리킨다(cf. 현대인의 성경; 우리말성경). Longman은 동사 שׁוּב 슈브와 שְׁבוּת 쉐부트가 함께 쓰이는 표현을 "회복공식"(restoration formula)이라고 칭하면서 회복을 선언하는 전형적인 표현으로 간주한다(Longman, *Jeremiah/Lamentations,* 224). Martens는 이 표현이 포로에서 약속의 땅으로 돌아오는 것에 제한되지 않고 운명의 변화에 대한 보편적 선언으로 설명한다(Martens, *Jeremiah,* 187; cf. 클레멘츠, 『예레미야』, 275-76).

의 시작을 보여준다. “두려움이요 평안함이 아니로다”(פַּחַד וְאֵין שָׁלוֹם 파하드 베앤 샬롬; “평안은 없고 공포뿐이다”)는 하나님의 참혹한 심판을 간결하지만 가장 정확하게 묘사하는 표현이다. 하나님의 심판은 극한 두려움에 떠는 신음소리만 자아낸다. 어떤 평안도 기대할 수 없다. 이 심판의 고통을 겪게 되는 대상과 사건에 대해 네 가지 다른 해석이 있다. 첫째, 바벨론에 의한 유다와 예루살렘의 멸망을 가리키는 것으로 보는 해석이다.[28] 참혹한 파괴로 인해 유다백성이 두려움에 사로잡힌 모습을 연상할 수 있다. 둘째, 유다백성이 바벨론에서 겪게 될 70년의 포로생활을 가리키는 것으로 보는 것이다.[29] 이 경우, “무서워 떠는 자”는 포로지의 유다백성을 의미하며 7절의 “야곱의 환난의 때”는 포로생활을 가리킨다. 셋째, 70년 후에 있게 될 페르시아 왕 고레스에 의한 바벨론의 멸망과 관련된 고통에 대한 묘사로 보는 것이다. 이 해석을 따르면 “무서워 떠는 자”는 우선적으로 갈대아인들을 가리키며 또한 바벨론에 포로로 있는 유다백성이 포함된다. 넷째, 이스라엘의 마지막 회복이 있기 전 마지막 때의 대환난이 가져다줄 고통을 가리키는 것으로 보는 것이다. 이것은 바벨론 포로 후에도 이스라엘이 이방인의 권력에서 완전히 해방되지 못한 역사에 근거한 종말론적인 해석이다.

바벨론의 멸망과 관련된 이스라엘의 회복을 선언하고 있는 본문의 정황을 고려할 때 세 번째 견해를 선택할 수 있다. 8절은 회복의 날에(בַּיּוֹם הַהוּא 바이욤 하후; “그 날에”) 바벨론의 멍에(עֻלּוֹ 울로; “그의 멍에”)를 꺾고 “포박”(מוֹסְרוֹתֶיךָ 모쎄로테카; “네 끈들”)을 끊는 것에 대해 선언하는데, 이 “멍에”와 “끈”은 27장 2절에서 예레미야가 자신의 목에 멘 “끈”(מוֹסֵרוֹת 모쌔로트)과 “멍에”(מֹטוֹת 모토트)와 동일하게 바벨론을 상징적으로 나타낸다. 따라서 8절의 선언은 바벨론의 멸망을 의미한다. 이 멸망과 함께 야곱의 구원을 기대하게 된다. 특히 5절의 “우리”가 포로지의 유다백성을 가리키고 그들이 한 말을 인용하는 것이라면 “무서워 떠는 자”는 바벨론 사람들을 가리킬 수 있다.[30] 뿐만 아니라 예레미야가 포로지에 보낸 편지(29장)에서 바벨론 땅에 정착하고 그 땅의 평안을 간구하라고 명령한 것과 실제 포로

28) Cf. Chisholm, *Handbook*, 192; Longman, *Jeremiah/Lamentations*, 199; Jones, *Jeremiah*, 377.

29) Cf. Harrison, *Jeremiah & Lamentations*, 134.

30) Cf. Martens, *Jeremiah*, 187.

기의 상황을 추론해 볼 수 있는 다니엘서와 에스라-느헤미야서를 고려하면 바벨론 포로생활이 5절과 6절이 묘사하는 것처럼 극단적으로 고통스러웠던 것으로 보이지 않는다. 그렇다면 5절이 묘사하고 있는 공포는 바벨론의 멸망에 따른 것으로 볼 수 있다. 하지만 이와는 달리 바벨론에 의한 멸망의 참혹함을 고려하면 유다백성의 고통이 6-7절에 서술된 것처럼 묘사될 수도 있다. 따라서 야곱의 환난의 때로 표현될 수 있다. 그런데 7절은 이 때에 구하여 냄을 얻는다고 서술한다. 그렇다면 포로가 구원을 받는 사건으로 이해를 하게 된다. 이는 포로에서의 해방을 선언하는 3절과 상충된다. 여기에 첫 번째 해석의 어려움이 있다. 반면에 이 신탁이 가리키는 고통을 모두 마지막 때의 사건에만 연결시키는 네 번째 견해에도 역시 무리가 있다. 오히려 바벨론 포로 후의 회복과 마지막 때의 회복이 함께 그려지고 있는 것으로 보는 것이 적절하다.[31] 역사적으로 바벨론 포로에서 귀환하면서 회복의 성취가 시작됐고 완전한 성취는 마지막 때에 이루어지는 것으로 이해하는 것이다. 그렇다면 5-7절이 묘사하고 있는 고통과 두려움은 페르시아 왕 고레스에 의해 바벨론이 멸망하면서 겪게 될 고통과 두려움이다. 25장 26절에 따라 표현하면 모든 나라가 하나님이 주시는 진노의 술잔을 마신 후 세삭 왕이 그 술잔을 마시는 날에 바벨론이 겪게 되는 고통과 두려움이다. 바벨론의 멸망은 그 어떤 멸망과도 비교할 수 없는 극단적인 고통을 안겨준다(6절). 남자가 해산하는 여인처럼 고통에 몸부림친다는 것은 상상할 수 없을 정도의 고통을 겪는 것을 의미하며 이로 인해 모든 얼굴은 창백해 질 수밖에 없다. 이런 고통이 임하는 날이 그 어떤 멸망의 날과 비교할 수 없을 정도로 "엄청나다" (גָּדוֹל 가돌)로 표현되는데, 이

31) 회복의 신탁을 바벨론 멸망 이후의 마지막 때로 연결시키는 것은 실제 포로후기의 역사에서 신탁이 제시하는 회복이 완전히 이루어지지 않았기 때문에 포로후기의 손길에 의해 성취의 시점을 마지막 때로 확장했다는 견해에 근거한다. 하지만 포로기 전 선지자인 예레미야에 의해 선포된 신탁이라면 포로후기의 상황을 뛰어넘어서 바로 마지막 때로 가지 않는다. 다니엘과 학개, 스가랴는 예레미야의 신탁이 성취되는 시점을 포로후기로 제시하고 있다. 따라서 예레미야가 선언하고 있는 회복의 그림은 가까운 미래와 먼 미래를 동시에 겹쳐서 바라보는 원근동시조망(telescoping)의 관점에 따라 제시된 것으로 보인다. 원근동시조망이란 예레미야가 포로후기의 회복(가까운 미래)과 마지막 때의 회복(먼 미래)을 구분하지 않고 동시에 겹쳐서 바라보면서 예언한 것을 의미한다. 그러나 예레미야의 관점과는 달리 포로후기의 역사적 정황에서는 포로후기의 부분적 성취와 마지막 때의 완전한 성취의 시간적 간극을 보게 된다. 이는 예언의 점진적 성취라는 개념과 관련된다.

는 파괴와 고통의 강도를 나타낸다(7절상). 바벨론이 멸망하게 될 때 바벨론에 있는 유다백성도 이 고통을 함께 겪게 된다. 따라서 이 날을 "야곱의 환난의 때" (עֵת־צָרָה הִיא לְיַעֲקֹב 애트-짜라 히 레야아코브; "야곱에게도 고통의 때")라고 표현한다(7절중). 하지만 하나님은 야곱이 그 고통에서 건짐을 받게 될 것이라고 선언하시면서 야곱이 처한 상황의 문제를 해결하신다(7절하). 이는 마치 산통이 있을 때 태어나는 아이도 고통을 겪지만 그 고통 후에 아이가 나오는 것처럼 포로지의 유다백성이 바벨론 멸망으로 인한 고통을 함께 겪은 후에 구원받게 되는 것을 의미한다. "야곱"이 언급되는 것은 하나님이 이루실 구원이 북이스라엘과 유다를 모두 포함하고 있기 때문이다. 이것은 아브라함과 이삭과 야곱에게 준 그의 언약이 여전히 유효함을 의미한다. 더 나아가 이 언약에 대한 하나님의 신실하심이 그의 구원을 통하여 드러나게 된다.

8절-11절. 바벨론의 멸망이 임하는 날에 이루어질 "야곱"의 구원이 구체적으로 서술된다. 바벨론을 통한 심판을 상징적으로 나타내기 위해 멍에와 줄이 언급된 것(27:2)과 동일하게 심판의 도구인 바벨론 왕의 멍에(עֻלּוֹ 울로; "그의 멍에")가 꺾어지고 멍에를 묶는 끈(מוֹסְרוֹתֶיךָ 모쎄로테카; "네 포박")이 끊어지는 것으로 회복이 묘사된다(8절). 이 행위의 주체는 포로귀환을 선언하시는 만군의 여호와("내가")다. 이에 따른 결과는 언약의 자손들이 이방인의 압제에서 벗어나는 것이다. 즉 "다시는 이방인을 섬기지 않는다." 오히려 이방인의 압제에서 벗어난 백성은 그들의 하나님 여호와의 통치와 그들의 왕 다윗의 통치를 받게 된다(9절; cf. 호 3:5). 이는 하나님의 구원으로 바뀌게 될 야곱의 미래다. 여호와의 통치를 받게 된다는 것("그들의 하나님 여호와를 섬기며")은 언약관계의 회복을 의미한다. 회복된 백성은 하나님과의 단절된 관계가 복구되어 다시 언약관계를 유지할 수 있게 된다. "그들의 왕 다윗을 섬긴다"는 것은 통일왕국의 회복과 다윗언약의 성취를 의미한다. 그들이 섬기게 될 다윗은 하나님이 회복된 자들을 위하여 세우실 다윗의 후손을 가리킨다. 따라서 하나님의 공의와 정의를 실현할 의로운 왕의 통치를 받는 신정왕국의 회복을 기대할 수 있다(cf. 23:5-8; 3:15; 30:21; 33:15-24).

회복의 대상은 야곱, 곧 이스라엘이다(10절). 이 표현은 북왕국 이스라엘과 남왕국 유다를 포함하는 이스라엘 전체를 의미한다. 하나님은 야곱(이스라엘)을 친히 부르시면서 두려워하지 말고 당황하지 말라고 위로하신다.[32] 왜냐하면 하나님이 친히 먼 곳에서 야곱을 구원하시고 그의 후손을 그들이 흩어져서 간 땅에서 구원하실 것과 야곱이 다시 평안과 평온을 누릴 것을 약속하시기 때문이다. 하나님이 평안과 평온을 허락하시는 것이기 때문에 그를 두렵게 할 자가 없다. 하나님은 야곱의 구원과 회복을 보증하기 위하여 그의 임재를 약속하신다. "내가 너와 함께 있어" (אִתְּךָ אֲנִי 잍테카 아니, 11절). 더 나아가 그의 백성과 이방나라의 차이를 분명하게 언급하신다. 그의 백성을 심판하기 위한 도구로 사용했던 이방나라들은 하나님이 완전히 멸망시키시지만 그의 백성은 완전히 끝내지는 않으신다(cf. 5:18; 46:28). 한 나라로서의 이스라엘의 생명력이 여전히 하나님의 계획 속에 있음을 볼 수 있다. 그러나 이것은 하나님이 그의 백성이 범한 죄를 묵인하신다는 것을 의미하지 않는다. 왜냐하면 하나님이 그의 공의에 따라(לַמִּשְׁפָּט 람미쉬파트; "법에 따라") 바로잡으실 것이며 결코 벌하지 않은 채 내버려두지 않으실 것이기 때문이다.[33] "결코 무죄한 자로만 여기지는 아니하리라." 하나님이 약속하시는 구원은 죄의 대가가 지불되지 않은 공의에 어긋난 구원이 아니다. 죄에 대한 하나님의 공의의 심판(유다의 멸망과 70년의 포로)이 만족된 후 구원과 회복을 기대할 수 있다. 하나님의 심판을 받은 유다백성의 상황은 바벨론이 멸망을 당한 상황과 동일하게 평안은 없고 두려움뿐인 "환난" (צָרָה 짜라; "고통")으로 표현된다. 반면에 하나님의 구원이 임한 유다백성의 상황을 표현하는 단어는 "평안함" (שָׁקַט 샤카트; "태평")과 "평온함" (שַׁאֲנַן 샤아난; "안락")이다. 또한 두렵게 할 자가 없기 때문에 더 이상 두려워하거나 놀라지 않게 된다.

32) 히브리어 원문에는 2인칭 단수 부정 명령형 אַל־תִּירָא 알-티라("두려워 말라")에 독립대명사 אַתָּה 앝타("너는")가 추가로 표기되면서 주어가 강조한다. אַתָּה 앝타는 이 명령의 근거를 설명하는 문장("내가 너를 먼 곳으로부터 구원하고")의 주어부 הִנְנִי 힌니("보라. 내가"; הִנֵּה 힌네+1인칭 단수대명사어미 נִי 니)와 짝을 이룬다. 따라서 "보라. 나는" 구원할 것이며, 그 구원을 누리는 "너는" 두려워하지 말라는 의미가 강조된다.

33) 개역개정이 "내가 법에 따라 너를 징계할 것이요"로 번역한 히브리어 원문, יִסַּרְתִּיךָ לַמִּשְׁפָּט 있싸르티카 람미쉬파트는 10장 24절에 기록된 예레미야의 간청과 동일하게 "내가 공의로 너를 바로잡을 것이다"로 번역할 수 있다. 예레미야는 유다백성을 대표해서 "여호와여, 오직 법으로만 나를 바로잡아 주십시오"라고 간청한다: יַסְּרֵנִי יְהוָה אַךְ־בְּמִשְׁפָּט 얐쎄래니 아도나이 아크-베미쉬파트(24절상, "나를 징계하옵시되" [개역개정]).

[추가 설명]

8절에서 개역개정이 "다시는 이방인을 섬기지 않으리라"로 번역한 히브리어 원문은 וְלֹא־יַעַבְדוּ־בוֹ עוֹד זָרִים베로-야아브두-보 오드 자림이다. 이 문장은 27장 7절의 마지막 문장과 동일한 숙어적 표현을 사용한다. "섬기다"를 의미하는 동사 יַעַבְדוּ야아브두와 전치사 בְּ베가 함께 쓰이면서 동사의 주어("이방인들")가 전치사의 목적어(3인칭 단수 남성 대명사어미 וֹ, "그")로 하여금 섬기게 하거나 일하게 하다는 의미를 전달한다. 그런데 부정어 לֹא로가 쓰여서 "이방인들(זָרִים자림)이 그로 하여금(בוֹ보) 섬기게 하지(יַעַבְדוּ야아브두) 못한다(לֹא로)"라는 의미가 된다. 부사 עוֹד오드("더 이상")가 함께 쓰이면서 부정의 의미가 강조된다. 이 문장을 "그가 다시는 이방인들을 섬기지 않으리라"로 의역해서 의미전달을 할 수 있다. 그런데 이 문장에서 문제가 되는 것은 3인칭 단수 남성 대명사어미("그")가 가리키는 대상이다. 7절에 "야곱"이 언급된 것에 이어서 8절의 히브리어 원문을 기준으로 사용된 인칭을 살피면, "그의 멍에"의 3인칭 "그"(바벨론), "네 목"의 2인칭 "네"(야곱), "네 포박"의 2인칭 "네"(야곱)이 서술되고 문제의 부사구 בוֹ보("그에게")의 3인칭 "그"가 등장한다. 문맥을 고려하면 "그"가 "야곱"을 가리키는 것으로 보이는데, 2인칭 "네"가 아니라 3인칭 "그"로 표기되는 이유에 대한 질문을 갖게 된다. 또한 9절에 "야곱"을 가리키는 것으로 보이는 3인칭 복수 "그들"이 등장하는 것도 동일한 질문을 갖게 한다. KJV은 히브리어 원문의 인칭을 그대로 반영하는 번역을 제공한다: "For it shall come to pass in that day, saith the LORD of hosts, that I will break *his* yoke from off *thy* neck, and will burst thy bonds, and strangers shall no more serve themselves of *him*." 개역개정은 8절의 마지막 문장을 주어가 없는 "다시는 이방인을 섬기지 않으리라"로 번역해서 이 문제를 해결한다. 새번역은 8절의 2인칭을 모두 3인칭 "그"로 의역해서 이 문제를 해결한다: "나 만군의 주가 하는 말이다. 그 날이 오면, 내가 *그의* 목에서 멍에를 꺾고, 그의 사슬을 끊어서, 이방 사람들이 그를 더 이상 종으로 부리지 못하게 하겠다." 현대인의 성경은 3인칭 복수(그들)을 사용해서 9절과도 자연스럽게 연결되게 한다: "전능하신 여호와께서 다시 말씀하신다. "그 날이 내가 *내 백성*의 목에 있는 멍에를 꺾어 버리고 그들의 쇠사슬을 끊어 버리겠다. 외국인들이 다시는 그들을 종으로 부려먹지 못하고"(cf. NIV; NASB). NJB은 3인칭 "그"를 2인칭 "너"로 바꾸어서 번역한다: "That day, Yahweh Sabaoth declares, I shall break the yoke now on *your* neck and snap your chains; and foreigners will enslave *you* no more." 칠십인경은 2인칭 단수를 모두 3인칭 복수(αὐτῶν)로 번역하고 부사구 בּוֹ의 3인칭 단수도 3인칭 복수(αὐτοὶ)로 번역한다. BHS는 칠십인경에 근거해서 2인칭 단수어미(ךָ)를 3인칭 단수어미(וֹ)로 수정할 것을 제안한다. 하지만 다른 히브리어 필사본들이 MT독법을 유지하고 있는 것을 고려할 때 여전히 3인칭 단수어미가 사용된 것에 대한 답변이 요구된다. MT독법을 필사자의 단순한 오류로 설명할 만한 정황도 아니다. 또한 MT독법이 더 어려운 독법이기 때문에 MT독법을 유지할 필요가 있다.

이 신탁이 시문인 것을 고려하여 표현의 흐름과 인칭의 변화를 살필 필요가 있다. 5-7절에서 하나님이 바벨론의 멸망으로 인한 포로지의 유다백성("야곱")의 고통을 객관적 관점에서 언급하신 후, 8-11절에서는 하나님이 자신을 1인칭으로 표현하면서 야곱의 구원의 주체로 등장한다. 하나님이 직접 야곱에게 구원을 선언하신다. 8-11절의 각 문장에 따른 인칭의 변화를 주목하면 8-11절은 다음과 같은 교차평행을 이루면서 3인칭과 2인칭의 혼용을 가능하게 한다. 히브리어 원문의 인칭을 그대로 반영한 필자의 사역에 따라 각 절의 문장을 분절한 후 야곱을 가리키는 인칭들의 관계를 살피면 다음과 같다.

a. 그날에, 만군의 여호와의 말이니라, 내가 **네** 목에서 그의 멍에를 부수고 **네** 끈을 벗겨낼 것이다. [8절상중]

b. 이방인들이 더 이상 **그의** 섬김을 받지 못할 것이다. [8절하]

c. 오히려 **그들이 그들의** 하나님 여호와와 내가 그들을 위해 세울 그들의 왕 다윗을 섬길 것이다. [9절]

a/b. 그러므로 내 종 **야곱아**, 너는 두려워하지 말라. 여호와의 말이니라. **이스라엘아**, 당황하지 말라. 보라. 내가 **너를** 먼 곳으로부터 구원할 것이다. [10절상]

c'. 그리고 **네 후손을 그들이** 사로잡힌 땅에서 [구원할 것이다] [10절중]

b'. **야곱**이 돌아와서 평안과 평온을 누리고 두렵게 할 자가 없을 것이다. [10절하]

a'. 내가 **너**와 함께하여 **너를** 구원할 것이다. 여호와의 말이니라. 내가 **너를** 흩어 가게 한 모든 나라들을 완전히 끝낼 것이다. 그러나 **너를** 완전히 끝내지는 않을 것이다. 내가 **너를** 공의롭게 징계하고 **너를** 벌하지 않은 채 내버려두지는 않을 것이다.

a(8절상중)과 a'(11절)은 야곱을 2인칭 단수(“네”/“너”/“너를”)로 표현하면서 짝을 이루고 수미쌍관이 된다. b(8절하)와 b'(10절하)는 야곱이 직접 언급되거나 3인칭 단수(“그의”/“그가”)가 사용되면서 짝을 이룬다. c(9절)에는 3인칭 복수(“그들이”/“그들의”/“그들을”/“그들의”)가 등장하고 c'(10절중)에는 “네 후손”과 이를 가리키는 3인칭 복수(“그들”)이 사용된다. c(9절)의 3인칭 복수가 c'(10절중)과 짝을 이루면서 후손을 포함하는 것으로 볼 수 있다. 이 교차평행구조의 중앙에 위치한 a/b(10절상)은 흥미롭게도 “야곱”과 “이스라엘”이 호격으로 직접 언급되고 이들을 가리키는 2인칭 단수(“너는”/“너를”)가 등장하면서 a/a'과 b/b'을 통합한다. 즉, 이 신탁의 핵심을 이룬다. 이런 분석이 가능하다면 2인칭과 3인칭 대명사가 혼용되는 것은 시적 표현으로 간주할 수 있다. 이 교차평행의 의도에 대해 다음과 같은 설명을 제시할 수 있다. 화자인 하나님이 5-7절에서 야곱의 상태와 야곱이 구하여 냄을 얻을 것이라는 사실을 객관적으로 서술하신 후(야곱이 수동태의 주어로 등장), 이 상황에서 하나님이 야곱을 향해 직접 그의 구원을 선언하신다. 따라서 야곱이 2인칭 단수로 언급된다. 이러한 직접적인 선언을 유지하실 뿐만 아니라 야곱이 얻게 될 구원을 3인칭 표현을 통해 객관적 사실로도 전달하신다. 즉 야곱의 고통의 상태에 대한 객관적 서술과 짝을 이루게 하면서 야곱의 구원을 객관화하신다. 야곱의 고통의 상태에서 회복의 상태로의 전환은 그의 후손을 포함한다. 따라서 객관화의 연장선에서 그 후손이 3인칭 복수로 등장한다.

12-15절. 신탁도입형식(“여호와께서 이와 같이 말씀하시니라”)과 함께 두 번째 신탁이 서술된다. 이 신탁의 대상(“네”)은 시온(예루살렘)이다. 시온의 현재와 미래

에 대한 신탁이다. 현재 예루살렘은 "상처"(שִׁבְרֵךְ쉬브래크; "네 상처")가 깊고 "부상"(מַכָּתֵךְ막카태크; "네 부상")이 치명적이어서 치료할 수 없는 상태다(12절). 이는 죄를 벌하시는 하나님의 심판으로 인해 멸망을 당한 상태를 가리킨다(cf. 15절). 14장 17절은 동일한 표현을 사용해서 칼과 기근의 심판이 임한 유다의 상태를 묘사한다.[34] 이 상태에 대해 하나님은 그의 눈물이 밤낮으로 그치지 않는다고 말하시면서 그의 슬픔을 표현하셨다(14:17). 13절은 예루살렘의 상태를 법정 용어로 다시 설명하면서 심각한 정도를 강조한다. 예루살렘의 사정을 변호해 줄 사람이 없다. 왜냐하면 죄로 인한 당연한 결과이기 때문이다. 또한 어떤 희망도 가질 수 없다. 상처와 부상을 치료할 약이 없을 뿐만 아니라 치유될 방법도 없기 때문이다. 즉 죽음을 눈앞에 두고 있는 상황이라는 설명이다. 더욱이 서로 동맹관계를 맺고 도움을 주리라고 약속했던 나라들("너를 사랑하던 자[들]," 이집트와 주변 나라들)이 예루살렘을 잊고 관심을 두지 않는 상황이다(14절상). 이와 같이 예루살렘이 느부갓네살에 의해 치명적인 상처와 부상을 당한 것이지만 이 파멸의 실제적인 주체는 하나님이시다. 하나님이 원수가 치는 것처럼 잔인한 징계로 예루살렘을 치셨다고 말씀하신다("내가," 14절하). 하나님이 이러한 심판을 행하실 수밖에 없는 원인이 서술된다. 바로 예루살렘이 범한 많은 죄악과 수많은 죄 때문이다. 동일한 표현이 14절과 15절에 반복되면서 강조된다. "네 악행이 많고 네 죄가 무수하기 때문에"(עַל רֹב עֲוֹנֵךְ עָצְמוּ חַטֹּאתָיִךְ알 로브 아보내크 아쩨무 할토타이크). 따라서 예루살렘에 대한 하나님의 심판은 정당하다. 공의의 심판이기 때문에 상처로 인해 부르짖으며 불평할 이유가 없다(15절). 마치 원수가 공격하여 파괴하는 것처럼 하나님이 예루살렘을 잔인하게 심판하셨지만 이 심판의 성격은 완전한 파멸을 위한 것이 아니라 "징계"(מוּסַר무싸르; "훈육")를 위한 것이다(14절; cf. 11절). 하나님이 예루살렘에게 무수한 죄의 문제를 가르치시고 바로 잡으셔야 했기에 "잔인한 징계"(מוּסַר אַכְזָרִי무싸르 아크자리; "잔혹한 훈육")를 내리셨던 것이다(cf. 6:23). 이는

34) 12절의 히브리어 원문은 אָנוּשׁ לְשִׁבְרֵךְ נַחְלָה מַכָּתֵךְ아누쉬 레쉬브래크 나흘라 막카태그다. 유사한 표현이 14장 17절에 사용된다: שֶׁבֶר גָּדוֹל נִשְׁבְּרָה בְּתוּלַת בַּת־עַמִּי מַכָּה נַחְלָה מְאֹד쉐베르 가돌 니쉬베라 베틀라트 바트-암미 막카 나흘라 메오드. 개역개정은 17절의 שֶׁבֶר쉐베르와 מַכָּה막카를 각각 "파멸"와 "상처" 로 번역한다. "처녀 딸 내 백성이 큰 *파멸*, 중한 *상처*로 말미암아 망함이라"(17절하, 개역개정).

하나님이 그의 공의에 따라 유다의 죄를 물으시고 결코 벌하지 않은 채 내버려두지 않는다는 11절의 선언과 같은 맥락이다.

16-17절. 하나님이 예루살렘에 행하시는 심판은 완전한 파멸이 아니라 혹독한 훈육이기 때문에 치료를 위한 하나님의 개입에 대한 선언과 함께 예루살렘의 희망적인 미래가 그려진다. 16-17절은 예루살렘의 상처와 부상을 치료하는 방법, 치료자, 치료하는 이유를 설명한다. 첫째, 예루살렘의 상처와 부상을 치료하는 방법은 예루살렘에 상처를 입힌 대적들을 모두 파멸시키는 것이다(16절). 하나님은 예루살렘의 대적들을 그들이 예루살렘에 행한 대로 보응하시겠다고 선언하신다. 즉 삼킨 자들로 삼킴을 당하게 하시고, 탈취한 자들로 탈취를 당하게 하고, 노략질한 자들로 노략물이 되게 하신다. 이 신탁에 따라 유다를 멸망시킨 바벨론이 메대와 바사(페르시아)에 의해 동일하게 멸망을 당한다. 바벨론의 멸망과 함께 유다의 회복이 가능하게 된다(cf. 3-7절). 둘째, 유다를 치료하는 분은 하나님이시다(17절). 예루살렘의 상처와 부상을 치료할 사람이 없고, 약이나 처방도 없다. 하지만 하나님이 친히 예루살렘을 다시 건강하게 하시고 그의 상처를 치료하시겠다고 약속하신다. 셋째, 하나님이 예루살렘을 치료하시는 이유는 모든 대적들이 심판을 받아 파괴된 예루살렘을 "아무도 찾지 않는 시온"이라고 부르고 "쫓겨난 자"라고 조롱하기 때문이다. 예루살렘의 죄에 따라 하나님이 정당하게 심판하셨지만 결과적으로 그의 성읍이 열방의 조롱거리가 되면서 그의 명예가 실추됐다. 또 다른 면에서 열방의 조롱은 언약에 대한 그의 신실하심을 비난하는 것이다. 그러므로 하나님이 예루살렘의 상처를 치유하신다. 같은 맥락에서 에스겔은 하나님이 그의 거룩한 이름을 위하여 언약백성의 구원과 회복을 이루신다는 신탁을 전한다.

> 여러 나라 가운데에서 더럽혀진 이름 곧 너희가 그들 가운데에서 더럽힌 *나의 큰 이름*(שְׁמִי הַגָּדוֹל 쉐미 학가돌)을 내가 거룩하게 할지라 내가 그들의 눈앞에서 너희로 말미암아 나의 거룩함을 나타내리니 내가 여호와인 줄을 여러 나라 사람이 알리라 주 여호와의 말씀이니라(겔 36:23).

18-22절. 신탁도입형식("여호와께서 말씀하시니라")과 함께 세 번째 신탁이 서술된다. 이 신탁은 야곱 장막이 누리게 될 회복(18-22절)과 악인에 대한 심판(23-24

절)을 선언한다. 하나님에 의해 회복될 야곱 장막의 모습이 구체적으로 서술된다. 야곱 장막은 한 나라로 다시 세워지기 위해 필요한 모든 요소들이 채워지는 회복을 누리게 된다. 첫째, 영토를 확보하고 수도를 갖춘다(18절). 야곱의 장막이 포로에서 해방될 뿐만 아니라 그의 거처가 하나님의 긍휼을 입게 된다. 이는 앞서 3절에서 "내 백성 이스라엘과 유다의 포로"(שְׁבוּת עַמִּי יִשְׂרָאֵל וִיהוּדָה 쉐부트 암미 이스라앨 비후다)로 표현된 것이 "야곱의 장막의 포로"(שְׁבוּת אָהֳלֵי יַעֲקוֹב 쉐부트 오홀래 야아코브)로 표기된다. 따라서 야곱의 장막은 북이스라엘과 유다를 포함하는 언약백성으로 구성된 나라를 가리킨다(cf. 겔 37:15-25). 포로에서 해방시켜서 약속의 땅으로 데리고 온 후 긍휼을 베푸시는데, 이는 어떤 자비나 긍휼도 베풀지 않는 심판을 행하신 모습의 반전이다(cf. 13:14). 하나님의 긍휼은 돌아온 백성이 거할 곳을 마련해 주신다. 성읍이 심판의 자리였던 시온("폐허가 된 언덕")에 다시 세워진다. 이것은 예루살렘의 회복을 의미한다. 개역개정이 "그 보루는 규정에 따라 사람이 살게 되리라"로 번역한 히브리어 원문, אַרְמוֹן עַל־מִשְׁפָּטוֹ יֵשֵׁב 아르몬 알-미쉬파토 예셰브는 "궁궐" 또는 "요새"가 적정한 자리에 다시 세워지는 것을 의미한다.[35] 히브리어 אַרְמוֹן 아르몬은 "궁궐" 또는 "요새"로 번역이 가능한데, 후자의 경우 성읍을 방어하기 위한 요새가 필요한 자리에 세워지는 것을 의미한다. 둘째, 삶의 활력을 되찾게 된다(19절상). 심판으로 잃었던 감사와 기쁨의 소리가 다시 흘러나오게 된다. 약속의 땅으로의 귀환과 회복된 예루살렘은 백성에게 감사와 기쁨을 줄 것이다. 상처로 인한 고통의 부르짖음이 더 이상 들리지 않는다(cf. 15절). 셋째, 나라를 이루게 될 백성이 채워진다(19절중). 하나님이 그들의 수가 늘어나고 줄지 않게 하시겠다고 약속하신다. 넷째, 하나님의 백성의 자존감이 회복된다(19절하). 하나님이 그의 백성을 존귀하게 만드시고 비천하게 하지 않으신다. 즉 더 이상 열방의 조롱이나 비웃음의 대상이 되지 않는다(cf. 19:8; 25:9; 29:18; 42:18). 다섯째, 하나님이 대적을 제거하시므로 야곱의 자손들이 예전과 같이 회복되고 백성의 모임("회중")이 하나님 앞에 견고히 세워진다(20절). "예전과 같이"(כְּקֶדֶם 케케뎀)는 이스라엘이 두 왕국으로 분열되기 이전의 통일왕국을 가리키는 것으로 보인다.[36] 포로에서 해방되어 돌아온 북이스라엘 백성과 유다백성이 한 "회중"을 이루게 된

35) "궁궐"(새번역; 현대인의 성경; 우리말성경); "요새"/"보루"(개역개정; NJB; JPSV).

36) Cf. Fretheim, *Jeremiah*, 424.

다. 여섯째, 나라를 통치하고 이끌 영도자와 통치자를 그의 백성 중에서 세우신다(21절). 이것은 이방 왕의 통치에서 벗어나게 되고 왕권과 주권을 회복하게 되는 것을 의미한다. 이 지도자와 관련해서 특별한 것은 제사장이 하나님께 가까이 나아갈 수 있었던 것처럼 하나님께 가까이 나아갈 수 있는 특권을 누린다는 것이다. 하나님께 가까이 나아갈 수 있는 특권은 대제사장과 제사장들에게만 주어진 것이다(cf. 출 19:22). 따라서 이 통치자 안에서 왕과 제사장의 모습이 함께 암시되고 있는 것으로 보기도 한다(cf. 슥 4:14; 6:12-13). 하나님이 이러한 특권을 허락하셨기 때문에 그는 담대한 마음으로 그에게 직접 나아갈 수 있다. 21절의 수사적 질문은 이러한 사실을 강조한다. "참으로 담대한 마음으로 내게 가까이 올 자가 누구냐?" 이에 대한 답변은 하나님이 허락하지 않으면 어느 누구도 그렇게 할 수 없다는 것이다.

하나님이 베푸시는 "치료"(회복)의 결과는 결국 언약관계의 갱신이다(22절). 언약백성이 스스로 파괴한 언약관계를 하나님이 그의 은혜로 갱신하신다. 그러면 야곱의 후손들은 다시 하나님의 백성이 되고 하나님은 그들의 하나님이 되신다. "너희는 내 백성이 되겠고 나는 너희들의 하나님이 되리라." 이는 시내산 언약의 갱신을 의미한다(cf. 출 6:7).

23-24절. 하나님이 회복을 이루시기 전에 죄에 대한 심판을 반드시 행하실 것을 선언하신다. 왜냐하면 하나님의 회복은 죄에 대한 문제를 반드시 다루고 난 후에 이루어질 것이기 때문이다. 또한 하나님의 긍휼은 그의 공의를 부정하지 않기 때문이다. 이것은 죄의 문제에 대한 심각한 반성이나 회개가 없이 갖는 회복에 대한 잘못된 기대를 경계한다. 하나님이 약속하시는 회복은 그에게 신실한 자들을 위한 것이며 회복된 나라는 정결한 공동체다. 따라서 하나님의 진노가 폭풍과 회오리바람처럼 그의 뜻을 거부하고 그에게 불순종하는 자들("악인의 머리")에게 휘몰아쳐서 그들을 제거한다(cf. 23:19-20).[37] 23절의 히브리어 원문의 시적 표현은 긴장감을 갖게 한다.

---

37) Chisholm은 악인에 대한 심판을 악인을 제거함으로 유다공동체를 정화하는 것으로 설명한다(Chisholm, *Handbook*, 192). 23장 19-20절은 동일한 표현으로 거짓선지자들에게 임할 심판을 선언한다.

보라. 여호와의 강풍이다. הִנֵּה סַעֲרַת יְהוָה
진노가 몰아친다. חֵמָה יָצְאָה
휘몰아치는 강풍이다. סַעַר מִתְגּוֹרֵר
악한 자들의 머리에 소용돌이쳐 내린다. עַל רֹאשׁ רְשָׁעִים יָחוּל

하나님의 진노가 강풍처럼 휘몰아쳐 오는데, 결국 악인의 머리에 소용돌이쳐 내려앉는다. 이 악인의 대상이 특정되지 않는데, 이 신탁을 듣는 대상("너희")을 고려하면 유다백성을 가리키는 것으로 볼 수 있다. 하지만 이들에게만 제한되지 않는다.[38] 하나님은 악인에 대한 심판의 확실성을 확언하신다(24절). 그의 진노로 그가 마음에 정하신 바를 다 이루기까지 멈추지 않고 철저한 심판을 행하실 것이다. 하나님이 그의 뜻을 다 이루시는 "끝날"(בְּאַחֲרִית הַיָּמִים 베아하리트 하이야밈; "나중에"), 곧 하나님의 심판이 마무리되는 날에 회복을 누리게 될 백성은 그가 뜻하신 바를 깨달아 알게 된다.[39] 악인에 대한 심판선언은 포로지의 유다백성이 70년 후의 회복에 대한 하나님의 약속을 받지만 그들이 패역과 배반을 일삼는 죄인으로 그 회복을 누릴 수 없음을 의미한다. 오히려 휘몰아치는 강풍과 같은 하나님의 진노를 경험하게 된다.

현재적 적용 **묵상**

1. 구원에 대한 하나님의 분명한 약속을 기록하고 있는 성경을 통해 나를 향한 구원을 확인하고 붙들고 있는가?

---

38) Jones는 심판의 대상, 즉 악인이 유다의 대적들을 가리키는 것으로 간주하면서 이 심판선언이 유다백성에게는 희망적 선언이라고 설명한다(Jones, *Jeremiah*, 383). Martens는 이스라엘의 대적을 가리키는 악인에 대한 심판이 이스라엘의 회복을 보증하는 것으로 해석한다(Martens, *Jeremiah*, 190).

39) "끝날"(בְּאַחֲרִית הַיָּמִים 베아하리트 하이아미; "나중에")을 종말론적 시점으로 해석하기도 하는데, 이 날은 원근동시조망에 따른 포로후기의 회복의 시점에서 종말론적 시점까지 모두 포함하는 것으로 볼 수 있다. 종말론적 시점으로 해석하는 것은 포로후기의 관점에서 보기 때문이다. 포로기 이전과 포로기의 예레미야의 관점에서 보면 이 표현은 종말론적 시점으로만 제한되지 않는다.

2. 하나님이 약속하신 구원과 회복의 내용을 성경을 통해 확인하고 온전히 누리고 있는가?
3. 평안이 없고 두려움뿐인 삶에서 건져내셔서 하나님을 섬기고 그리스도를 만나 그의 다스림을 누리게 하신 하나님의 은혜와 긍휼에 감사하는가?
4. 하나님의 구원과 회복을 의심하고 염려하게 하는 사탄의 공격이 있을 때 "두려워하지 말라. 놀라지 말라"고 말씀하시는 하나님의 음성이 들리는가? 또한 그 음성에 반응하는가? 진실한 성도에게는 두려움이 아니라 평안과 평온뿐이라고 말씀하시는 하나님의 음성에 귀를 기울이는가?
5. 긍휼의 하나님이 죄지은 자를 결코 무죄한 자로 여기시지 않는 공의의 하나님이신 것을 기억하는가? 죄를 놓지 못하는 마음 때문에 애써 공의의 하나님을 외면하지는 않는가? 회복에 필요한 모든 것을 다 베푸시는 긍휼의 하나님이시지만 그가 또한 뜻하신 바를 다 이루기까지 그의 진노를 멈추지 않을 것이라고 선언하시는 분이신 것이 성경이 말하는 진리인 것에 주목하는가?
6. 죄로 인한 치명적인 상처를 치료하는 길이 오직 하나님께만 있음을 확신하고 하나님께 나아가 치료를 받고자 하는 마음이 있는가? 혹시 죄로 인한 상처를 가볍게 생각하고 곧 괜찮아질 거라고 안일하게 생각하는 것은 아닌가? 이 안일한 생각이 휘몰아치는 강풍과 같은 하나님의 진노를 피할 수 없게 만든다는 것을 아는가?
7. 하나님께 담대히 나아갈 수 있는 특권을 얻은 성도로서 감사와 기쁨을 누리고 있는가? 성도의 존귀함에 따라 살고 있는가? 하나님이 허락하신 성도의 고귀한 자존감이 있는가? 이 자존감이 하나님과 세상 앞에 당당한 성도로 서게 하는가? 혹시 스스로 비천하게 되고 비굴한 것은 아닌가?
8. 나는 "하나님이 나의 하나님입니다"라고 고백하는데, 하나님도 "너는 내 백성이다"라고 말씀하실까? "하나님이 이 교회의 하나님입니다"라고 고백하는데, 하나님도 "너희가 나의 교회다"라고 말씀하실까?
9. 하나님의 은혜로 성도가 된 후, 이전과 이후의 삶에 분명한 변화가 있는가?
10. 하나님이 허락하시는 회복은 반드시 죄의 문제를 해결한 후 이루어지는데, 죄에 대한 심판을 말하지 않고 회복과 축복만 선포하는 설교에 현혹되어 들어야 할 말을 듣지 못하고 진리를 보지 못하는 것은 아닌가?

(2) 이스라엘의 모든 족속에 관한 신탁(31:1-40): 1) 31:1-26; 2) 31:27-44

앞 단락의 시작이 "날들이 임할 것이라"는 표현과 함께 시기를 언급하고 핵심 주제를 담고 있는 선언이 서술된 것과 유사하게 본 단락은 "그 때에"(בָּעֵת הַהִיא 바애트 하히)라는 부사구로 시작된 후 회복의 핵심주제를 나타내는 선언이 1절에 서술된다.[40] "내가 이스라엘 모든 종족의 하나님이 되고 그들은 내 백성이 되리라." 1절은 31장 전체의 도입 역할을 한다. 이 주제는 앞 단락에서 하나님이 시온을 치유하신 후 그 결과로 언급된 "언약관계의 갱신"(30:22)을 반영한다. 따라서 31장은 이 주제를 구체적으로 설명하는 것에 집중하면서 30장과의 주제적 연결성을 나타낸다. 1절의 도입주제에 이어서 신탁들이 나열되는 것도 30장과 유사한 구성이다. 간단히 표현하면 30장과 31장은 다음과 같은 구성적 연결성을 나타낸다.

"위로의 책" 전반부 I (30장)
- a. 도입주제: 포로에서의 해방과 약속의 땅으로의 귀환, 2-3절
  - b. 신탁모음, 4-24절

"위로의 책" 전반부 II (31장)
- a'. 도입주제: 언약관계의 회복: 내 백성과 이스라엘 족속의 하나님, 1절
  - b'. 신탁모음, 2-40절

31장 1절에 선언된 회복의 핵심주제를 구체화하는 신탁들이 나열되면서 회복의 주요 요소들을 전달한다. 본 단락의 신탁모음(2-40절)에는 일곱 개의 신탁이 나열된다: (1) 2-22절; (2) 23-26절; (3) 27-30절; (4) 31-34절; (5) 35-36절; (6) 37절; (7) 38-40절. 이 신탁들을 나누는 기준은 신탁의 대상 및 신탁도입형식과 관용적인 선언형식이다. 도입주제 선언(1절)은 신탁의 대상을 북이스라엘과 유다를 포괄하는 "이스라엘의 모든 족속"(כָּל מִשְׁפְּחוֹת יִשְׂרָאֵל 콜 미쉬페호트 이스라앨)으로 제시한다.[41] 따라서 신탁대상에 대한 언급과 함께 "여호와께서 이와 같이 말씀하시니라"의 신탁도입형식이 2절("[북]이스라엘")과 23절("유다")에 등장하면서 각각 2-22절과 23-26절의 신탁을 유도한다. 27절, 31절, 38절의 관용적인 선언형식("보

---

40) בָּעֵת הַהִיא נְאֻם־יְהוָה אֶהְיֶה לֵאלֹהִים לְכֹל מִשְׁפְּחוֹת יִשְׂרָאֵל וְהֵמָּה יִהְיוּ־לִי לְעָם (31:1).

라. 날들이 임할 것이다. 여호와의 말이다")은 역시 신탁의 단락을 구분하는 역할을 하면서 각각 27-30절, 31-34절, 38-40절의 신탁을 소개한다. 특히 26절("내가 깨어 보니 내 잠이 달았더라")을 기준으로 신탁도입형식에 따른 신탁들(2-25절)과 관용적인 선언형식에 따른 신탁들(27-40절)이 구분된다. 신탁도입형식이 7절, 15절, 16절에도 등장하지만 신탁의 대상이 북이스라엘로 동일하기 때문에 북이스라엘에 대한 신탁(2-22절) 안에서 세부 주제를 다루는 작은 단락들을 소개하는 역할을 하는 것으로 분석할 수 있다.[42] 따라서 첫 번째 신탁(2-22절)은 신탁도입형식("여호와께서 이와 같이 말씀하시니라")에 따라 2-6절, 7-9절, 10-14절, 15-22절로 세분화된다. 이러한 요소들을 반영하여 31장의 전체 구조를 분석하면 아래와 같다.

이스라엘의 모든 족속에 관한 신탁(31:1-40)
- a. 도입주제: 언약관계의 회복, 내 백성과 이스라엘 족속의 하나님, 1절
  - b. 신탁모음, 2-40절
    - 신탁 I. 북이스라엘의 회복, 2-22절
      - (1) 처녀 이스라엘이 다시 세움을 입음: 2-6절
      - (2) 이스라엘의 남은 자의 구원: 7-9절
      - (3) 이스라엘을 지키심: 10-14절
      - (4) 통곡을 그치고 돌아오라: 15-22절
    - 신탁 II. 유다의 회복, 23-25절
      - 전환, 26절
    - 신탁 III. 이스라엘 집과 유다 집, 사람과 짐승의 씨, 27-30절
    - 신탁 IV. 이스라엘 집과 유다 집, 새 언약, 31-34절
    - 신탁 V. 이스라엘 자손, 영원한 나라, 35-36절
    - 신탁 VI. 이스라엘의 모든 자손, 버리지 않음, 37절
    - 신탁 VII. 예루살렘, 영원히 존재함, 38-40절

---

41) 북이스라엘과 유다를 신탁의 대상으로 통합하는 "이스라엘 자손"(זֶרַע יִשְׂרָאֵל 제라 이스라앨, 36절)과 "모든 이스라엘 자손"(כָּל־זֶרַע יִשְׂרָאֵל 콜-제라 이스라앨, 37절)이 언급된다.

42) 16절의 신탁도입형식은 15절에 근거한 선언단락의 도입 역할을 한다. 따라서 15-22절은 하나의 신탁으로 묶이게 된다.

31장에 서술된 신탁들의 대상은 북이스라엘과 유다이며, 형식에 있어서 하나님의 말씀이 직접 인용되는 신적 신탁이다. 내용에 있어서 회복을 선언하는 회복신탁으로 분류된다. 31장 26절("내가 깨어 보니 내 잠이 달았더라")을 고려하면 예레미야가 환상 중에 이 신탁들을 받은 것으로 보인다. 31장의 핵심주제는 하나님이 이루실 언약관계의 회복이다. 이 언약관계는 이스라엘의 12지파를 다 포함한다. 따라서 2-22절은 북이스라엘의 회복을 선포하고 있으며 23-25절은 유다의 회복을 선포한다. 그런 후 27-40절에서는 북이스라엘과 유다가 함께 언급되거나 이 둘을 포괄하는 표현("이스라엘의 후손")이 사용되면서 언약관계의 회복 주제를 다룬다. 심판신탁은 유다의 패역과 배교의 문제를 구체적으로 언급하면서 심판의 원인을 제시하는 고소단락을 갖추고 있는 반면에 회복신탁은 대부분의 경우 그 원인이나 근거를 제시하는 구분된 단락을 갖추지 않는다. 주로 선언에 회복의 근거를 포함해서 언급한다. 따라서 회복신탁을 분석할 때 회복의 근거가 되는 표현들을 확인하는 것이 필요하다. "위로의 책"이 언약백성의 회복을 선언하면서 언급하는 회복의 근거는 하나님의 긍휼하심(רַחֵם 라햄, 30:18; 31:20; 33:26), "은혜"(חֵן 핸, 31:2), "영원한 사랑"(אַהֲבַת עוֹלָם 아하바트 올람, 31:3; cf. 2:2), "인자함"(חֶסֶד 헤쎄드, 31:3; 32:18; cf. 2:2; 9:23)이다. "인자함"은 언약백성에 대한 하나님의 언약적 사랑과 신실하심을 의미한다.

"위로의 책"을 통합적으로 고려하면, 30장은 포로에서의 해방과 약속의 땅으로의 귀환에 대한 선언(3절)으로 전체를 열어준 후, 두려움과 멍에에서의 구원(5-11절) 및 상처에서의 치료(12-17절)와 더불어 귀환한 백성이 한 나라로 다시 세워질 것(18-24절)을 선언한다. 결과적으로 이것은 언약관계의 갱신을 의미한다(22절). "너희는 내 백성이 되겠고 나는 너희들의 하나님이 되리라"(30:22). 이 선언에서 "너희"가 가리키는 대상이 구체적으로 누구이며 "너희"가 어떻게 언약백성으로 회복되는지에 대해 구체적으로 설명하는 것이 31장이다. "너희"는 북이스라엘과 유다를 포함하는 "이스라엘의 모든 종족"이다(31:1). 북이스라엘과 유다의 포로들이 약속의 땅으로 돌아와 하나님의 보호를 누리고 생명력을 얻는다(2-25절). 이 회복은 "새 언약"으로 가능하게 된다(27-34절). 따라서 북이스라엘과 유다로 구성된 언약백성은 한 나라로 영원히 존재하게 되고(35-37절), 이 나라의 중심인 예루살렘의 회복에 대한 약속이 주어진다(38-40절). 그런데 과연 바벨론의 공격으로 완전히 멸망하게 될 풍전등화의 상황에 있는 유다백성이 이에 대한 확신을 가질 수 있는가? 어떻게 70년 후의 회복에 대한 확신을 가질 수 있는가? 이러한 질문에 대한 답변을 제시하는 것이 32-33장의 아나돗의 밭을 구매한 사건에 대한 기록과 신탁들이다. 따라서 이러한 흐름과 주제적 연관성을 고려하면서 "위로의 책"을 분석하는 것이 중요하다. 또한 회복과 관련해서 "다시"(עוֹד 오드)라는 부사의 사용에 집중할 필요가 있다. 회복은 하나님이 그의 백성을 이전의 상태로 "다시" 돌이키시는 것이며(31:4[x2], 5, 20, 23, 39; 32:15; 33:10, 12, 24), 그 상태가 더 이상 반복되지 않게 하시는 것이다(עוֹד 오드... לֹא 로, "다시...아니다"; 30:8; 31:12, 29, 34[x2], 40). 31장을 주해할 때, 전달의 편의를 위해 31:1-26(신탁 I, II)과 31:27-44(신탁 III, IV, V)을 구분해서 다루고자 한다.

1) 북이스라엘과 유다의 회복(1-26절)

앞서 언급한 바와 같이 본 단락은 1절의 도입주제에 따른 북이스라엘과 유다의 회복선언에 집중한다. 1절이 제시하는 도입주제는 언약관계의 회복이다. 따라서 북이스라엘과 유다에 대한 회복선언은 자연스럽다. 왜냐하면 하나님이 언약을 그들의 조상, 아브라함과 이삭과 야곱과 맺은 것이기 때문이다. 2-22절은 북이스라엘의 회복을 다루고 23-25절은 유다의 회복을 다룬다. 분량을 볼 때 북이스라엘에 집중하는 것을 볼 수 있는데, 이는 이미 심판으로 파괴된 북이스라엘의 회복을 구체적으로 다루고 확언하는 것을 통해 멸망이 임박한 유다백성에게 회복에 대한 확신을 독려하려는 것으로 보인다. 하나님이 북이스라엘에게 약속하시는 회복은 그의 변함없는 사랑에 근거하고 있다. 자식에 대한 아버지의 사랑이므로 징계를 하시지만 완전히 버리시지는 않는다. 그렇다면 조상들에게 준 언약의 후손인 유다도 회복에 대한 하나님의 회복을 확신할 필요가 있다. 언약에 대한 하나님의 신실하심이 심판을 받아 흩어진 백성을 모으고 약속의 땅에 다시 세우실 것이다. 이것은 아버지가 되시는 하나님의 전적인 은혜다. 따라서 그의 자녀들은 장래에 대한 소망을 가질 수 있다. 그러나 이것은 회개가 부재한 소망이 아니다.

북이스라엘을 대상으로 하는 첫 번째 신탁(2-22절)은 북이스라엘을 가리키는 다양한 표현들이 사용된다: "이스라엘," "처녀 이스라엘," "사마리아," "에브라임," "야곱," "이스라엘의 남은 자," "라헬." 첫 번째 신탁은 세부 신탁들 간의 연결성을 나타내는 흥미로운 구성을 보인다. 2-3절에 영원한 사랑과 인애에 대한 하나님의 말씀을 회고하는 북이스라엘의 모습이 언급되고 이에 대해 4-6절에서 하나님이 북이스라엘을 다시 세우실 것을 선언하신다. 7절에 "이스라엘의 남은 자를 구원하소서"라고 말하라는 명령이 서술되고 8-9절은 구원을 선언한다. 이와 유사하게 10절에 "이스라엘을 흩으신 자가 모으고 지키신다"는 나라들의 말이 서술된 후, 11-14절은 하나님의 구원과 속량에 대해 선언한다. 15절에는 라헬의 통곡소리가 들리고 16-22절은 장래의 소망이 있기 때문에 통곡을 그치고 여호와께 돌아오라는 권고가 주어진다. 이를 반영하여 2-22절의 구조를 표기하면 아래와 같다.

신탁 I. 북이스라엘의 회복, 2-22절

(1) 처녀 이스라엘이 다시 세움을 입음: 2-6절

a. 하나님의 영원한 사랑과 인애에 대한 북이스라엘의 회고, 2-3절

b. 다시 세우실 것을 선언하심. 4-6절

(2) 이스라엘의 남은 자의 구원: 7-9절

a'. "구원하소서"라는 말, 7절

b'. 데리고 와서 모을 것을 선언하심, 8-9절

(3) 이스라엘을 모으고 지키심: 10-14절

a''. "흩으신 자가 모으고 지키신다"는 나라들의 말, 10절

b''. 구원하고 속량하실 것을 선언하심, 11-14절

(4) 통곡을 그치고 돌아오라: 15-22절

a'''. 라마에서 들려오는 라헬의 통곡소리, 15절

b'''. 장래의 소망에 대한 약속과 돌아오라는 권고, 16-22절

도입주제: 언약관계의 회복(1절)

하나님이 이루시는 회복의 결과(또는 목적)은 언약관계의 회복이다. 따라서 언약의 상대인 "이스라엘의 모든 족속"은 하나님의 백성이 되고 하나님은 그들의 하나님이 되신다.

신탁 I: 처녀 이스라엘이 다시 세움을 입음(2-6절)

북이스라엘은 하나님이 허락하시는 안식을 누리는 은혜를 입는다. 이는 북이스라엘을 향한 하나님의 영원한 사랑이 언약에 대한 신실하심으로 드러나기 때문이다. 북이스라엘이 누리게 될 안식은 다시 세움을 입는 것, 기쁨의 회복, 식량의 공급을 포함한다. 안식을 누리게 되는 처녀 이스라엘은 하나님의 영원한 사랑에 대해 그에게 나아가자는 말로 반응한다. 이는 단절된 관계의 회복을 의미한다.

신탁 I: 이스라엘의 남은 자의 구원(7-9절)

대상이 특정되지 않은 "너희"에게 "이스라엘의 남은 자"를 구원하시라는 호소를 여호와께 드리라는 명령이 주어진다. 이에 호소에 반응하여 하나님은 그들을 북쪽 땅에서 데리고 나와 모으실 것을 약속하신다. 이 약속을 주시는 근거는 하나님과 북이스라엘("에브라임") 사이의 끊을 수 없는 아버지와 맏아들의 관계다.

신탁 I: 이스라엘을 모으고 지키심(10-14절)

이스라엘을 흩으신 자가 그를 모으고 보호하신다는 선언을 선포하라는 명령이 이방인들에게 주어진다. 이 선언의 성취는 분명하다. 왜냐하면 하나님이 야곱의 구원과 속량을 약속하시기 때문이다. 따라서 회복된 백성은 시온에서 여호와의 복을 누리며 새 힘과 기쁨을 얻게 될 뿐만 아니라 제사장들과 백성이 여호와의 복으로 만족하게 된다.

신탁 I: 통곡을 그치고 돌아오라(15-22절)

"슬퍼하며 통곡하는 소리"와 "애곡"은 하나님의 심판으로 멸망한 북이스라엘(에브라임)의 비참한 상태를 대변한다. 하지만 더 이상 통곡할 필요가 없다. 왜냐하면 하나님이 약속하시는 에브라임의 장래에 대한 소망, 즉 약속의 땅으로 돌아오는 미래가 있기 때문이다. 에브라임에게 필요한 것은 회개다. 에브라임을 향한 아버지로서의 하나님의 사랑과 그에 대한 그리움은 변함이 없다. 그러므로 하나님은 언약백성이 이정표를 세우고 푯말을 만들어 적극적으로 돌아오길 기대하신다. 하나님이 새 일을 세상에 창조하셨기 때문에 더 이상 지체할 이유가 없다.

신탁 II: 유다의 회복(23-25절)

언약관계의 갱신은 유다를 포함한다. 따라서 북이스라엘의 회복신탁에 이어 유다의 회복신탁이 서술된다. 포로에서 해방된 유다백성은 약속의 땅으로 돌아와서 예루살렘을 위해 여호와의 축복을 구하는 인사를 다시 할 수 있게 된다. 뿐만 아니라 심판으로 파괴된 삶이 다시 정상적으로 회복된다. 이때 기대하게 되는 것은 하나님으로 인해 지친 심령이 상쾌하게 되고 기력을 잃은 심령이 힘을 얻는 것이다.

전환: 예레미야가 꿈에서 깨어남(26절)

신탁들이 서술되는 중에 예레미야가 등장한다. 1인칭 화법으로 예레미야는 "깨어보니 잠이 달았다"고 말한다. 이는 예레미야가 이 신탁들을 환상 중에 받은 것을 짐작하게 한다.

주해

1절. 시간을 나타내는 부사구 "그 때에"(בָּעֵת הַהִיא 바애트 하히)와 함께 신적 선언("여호와의 말이니라")가 서술되면서 단락의 시작을 보여준다. "그 때"는 앞 단락에서 선언한 이스라엘과 유다가 포로에서 해방되어 약속의 땅으로 돌아오는 때(30:3)를 가리킨다. 같은 맥락에서 "이스라엘 모든 족속"(כֹל מִשְׁפְּחוֹת יִשְׂרָאֵל 콜 미쉬페호트 이스라엘)에 대한 선언이 주어진다. "모든 족속"은 북이스라엘의 열 지파와 유다의 두 지파를 가리킨다. 이 선언은 30장 22절의 선언에 언급된 "너희"가 "이스라엘의 모든 족속"이라는 사실을 전달한다. 또한 이 선언은 31장의 신탁들이 선언하고 있는 회복을 총괄한다. 즉 언약관계의 회복이 의미하는 바가 이어지는 신탁들을 통해 구체적으로 제시된다.

2-6절. 신탁도입형식("여호와께서 이와 같이 말씀하시니라")이 첫 번째 신탁의 시작을 보여준다. 이 신탁의 대상은 북이스라엘이다. 앞서 제시한 바와 같이 북이스라엘에 관한 신탁의 범위는 2-22절인데, 세부적으로 네 개의 소단락으로 구분된다. 2-6절은 첫 번째 소단락이다. 2-3절은 북이스라엘의 회고를 통해 북이스라엘

을 향한 하나님의 영원한 사랑과 인애를 상기시킨다. 4-6절은 이 사랑과 인애에 근거해서 북이스라엘이 언약관계의 회복을 누리게 된다는 사실을 전달한다. "칼에서 벗어난 백성"은 앗시리아 군대의 칼날에서 살아남은 북이스라엘 백성을 가리킨다(2절). 이들이 "광야에서" (בַּמִּדְבָּר 밤미드바르) 곧 그들이 쫓겨나서 가게 된 곳에서 "은혜"를 입게 된다는 하나님의 선언이 주어진다(2절).[43] 이어서 이 "은혜" (חֵן 핸)가 구체적으로 서술된다.[44] 바로 하나님이 이스라엘에게 오셔서 안식을 주시는 것이다.[45] 언약관계의 회복을 누리는 언약백성은 이스라엘의 12 지파를 모두 포함하기 때문에 앗시리아 왕 살만에셀에 의해 멸망을 당하여 이미 오래 전에 흩어진 북이스라엘의 열 지파(왕하 17:23)도 남왕국 유다의 두 지파와 더불어 회복을 기대할 수 있다. 3절은 북이스라엘백성의 과거에 대한 회고를 서술한다.[46] 옛적에 곧 하나님이 이스라엘을 이집트에서 인도해 내실을 때 그가 그의 백성에게 나타나셔서 하신 말씀이 북이스라엘의 입으로 인용된다. 하나님은 그의 백성에게 "영원한 사랑" (אַהֲבַת עוֹלָם 아하바트 올람)으로 사랑하시고 이 사랑에 따라 언약에 대한 신실하심(חֶסֶד 헤쎄드; "인자함")으로 그의 백성을 이끄신다고 말씀하셨다. 이스라엘 백성은 하나님의 사랑을 현재에는 느낄 수 없고 단지 오래전의 이야기로만 기억될 뿐인 것처럼 말한다. 그런데 하나님의 이 고백이 북이스라엘을 다시 회복시키시는 이유가 된다. 북이스라엘 백성이 흩어져 지내는 동안 하나님이 그들을 향한 그의 사랑을 결코 잊어버리신 것은 아니다(cf. 20절). 하나님의 구원이 이 사실을 증명해 줄 것이다. 달리 말하면 하나님의 회복을 경험하는 백성은 하나님의 영원한 사랑과 언약에 대한 신실하심을 확인하게 된다. 개정개역의 번역과는

---

43) 북이스라엘의 심판과 회복을 선언한 호세아 역시 하나님의 심판을 받은 이스라엘이 "광야" (הַמִּדְבָּר 함미드바르)에서 그의 위로를 받게 될 것이라는 신탁을 전한다(호 2:14). 개역개정은 호 2:14의 הַמִּדְבָּר 함미드바르를 "거친 들"로 번역한다.

44) 개역개정은 חֵן 핸을 "은혜"로 번역한다. 32장 18절에서 חֶסֶד 헤쎄드도 "은혜"로 번역하는데, חֶסֶד 헤쎄드는 언약관계에서 표현되는 신실함, 사랑, 인자 등의 포괄적인 의미를 갖기 때문에 동일하게 "은혜"로 번역하기 보다는 31장 3절에서 חֶסֶד 헤쎄드를 "인자함"으로 번역한 것처럼 32장 18절에서도 חֶסֶד 헤쎄드를 "인자함"으로 번역해서 단어의 차이를 나타낼 필요가 있다.

45) 추가설명 참조.

46) "나에게" (לִי 리)라는 표현이 북이스라엘을 가리키기 때문에 3절을 북이스라엘의 회고로 볼 수 있다.

달리 3절을 백성의 말의 인용으로 간주하고 이에 대한 하나님의 답변이 주어진 것으로 해석하기도 한다. 이를 반영하여 서술하면 다음과 같다. "[북이스라엘 백성이 말한다] '여호와께서 나에게 나타나신 것은 아주 옛적일입니다.' 그러나 내가 영원한 사랑으로 너를 사랑하기 때문에 계속해서 네게 인애를 베풀었다"(cf. NJB; JPSV). 구문해석의 차이는 나타나지만 3절이 의도하는 바는 크게 다르지 않다. 북이스라엘 백성은 하나님의 사랑과 인자하심이 있었지만 그것은 오래전 일이고 자신들과는 관계가 없다고 생각한다. 하지만 하나님은 그의 구원을 통하여 그들을 향한 그의 사랑이 영원하며 여전히 인애를 가지고 계심을 보여주실 것이다.

4-6절. 하나님은 이스라엘을 "처녀 이스라엘"로 부르시면서 그의 사랑을 다시 확인하시는 것처럼 보인다(4절). 이것은 잃어버린 옛 지위를 되돌려 주시는 표현이다. 따라서 실패한 북이스라엘이지만 하나님의 은혜로 다시 그의 사랑의 대상이 된다(cf. 호 2:23). 중요한 사실은 하나님이 북이스라엘을 다시 세우실 것이기 때문에 북이스라엘이 세움을 입게 된다는 것이다. 동일한 동사 בָּנָה 바나("세우다")를 사용한 능동형(אֶבְנֵךְ 에브내크; "내가 너를 세울 것이다")과 수동형(נִבְנֵית 니브내트; "네가 세워질 것이다")의 표현은 북이스라엘을 다시 세우시는 하나님의 주도적 행위와 이에 따른 성취의 확실성을 명확하게 전달한다. 하나님이 하시면 그렇게 된다는 것이다. 이러한 하나님의 회복을 경험하면서 북이스라엘은 감사과 기쁨으로 반응하며 그의 구원을 노래할 것이다. 심판으로 인해 잃었던 감사와 기쁨을 회복하고 춤을 추는 북이스라엘의 행복한 모습이 그려진다. 북이스라엘의 남은 자들이 사마리아의 산으로 돌아와 다시 경작을 하며 그 소출을 즐기게 된다(5절). 대적에 의해 소출이 노략을 당하지 않고 노력한 만큼의 결과를 누릴 수 있는 상황이 약속된다. 이것은 심판의 상황이 역전된 것을 보여준다. 왜냐하면 하나님의 심판이 포도원을 심지만 그 과실을 먹지 못하는 것으로 나타나기 때문이다(cf. 신 28:30). 회복선언과 관련해서 주목하게 되는 것은 3절에서 북이스라엘 백성이 과거를 회고하면서 영원한 사랑과 인자함에 대한 하나님의 말씀을 인용한 것과 짝을 이루어 6절에서 하나님이 파수꾼의 말을 인용하는 것이다. 하나님이 인용하신 파수꾼의 말에 따르면 회복된 북이스라엘 백성에게 하나님이 계시는 시온으로 올라가서 그들의 하나님께 나아가라고 독려한다. 이 독려는 하나님의 영원한 사랑과 인자함이 이루시는

회복에 대한 북이스라엘 백성의 적극적인 반응이다.[47] 북이스라엘을 멸망으로 이끈 우상숭배의 자리였던 단이나 벧엘이 아닌 성전이 있는 시온이 그들의 예배의 장소가 되고 그곳에 하나님과 단절된 관계와 예배가 다시 회복된다. 4절과 5절에 "다시"라는 표현이 반복되면서 되돌림의 의미를 강조한다. 즉 회복은 언약백성이 스스로 하나님을 버리고 언약관계를 거부했음에도 불구하고 하나님이 약속하신 언약관계로 되돌리시는 것을 의미한다.

추가 설명

2-3절의 히브리어 구문의 해석에 따른 다양한 번역이 제시되고 있다. 이 문제를 다루기에 앞서 2-3절을 가장 작은 단위의 문장을 구성하는 핵문(核文, kernel sentence)으로 구분해서 문장 간의 관계를 살필 필요가 있다. 2절과 3절은 각각 세 개의 핵문을 취한다.

2a	כֹּה אָמַר יְהוָה
2b	מָצָא חֵן בַּמִּדְבָּר עַם .שְׂרִידֵי חָרֶב
2c	הָלוֹךְ לְהַרְגִּיעוֹ יִשְׂרָאֵל
3a	מֵרָחוֹק יְהוָה נִרְאָה לִי
3b	וְאַהֲבַת עוֹלָם אֲהַבְתִּיךְ
3c	עַל־כֵּן מְשַׁכְתִּיךְ חָסֶד

2a("여호와께서 이와 같이 말씀하시니라")는 여호와의 말씀을 유도하는데, 그 말씀의 직접적인 내용이 2b와 2c다. 2b는 "칼에서 살아남은 백성이 광야에서 은혜를 입을 것이다(또는 입었다)"로 번역할 수 있다. 완료형 동사 **מָצָא**마짜를 예언적 완료로 간주하면 미래시제로 번역하게 되는 반면에 일반 동사로 간주하면 과거시제로 번역할 수 있다. 이 동사의 주어는 북이스라엘을 가리키는 "칼에서 살아남은 백성"이다. 2c는 주어를 특정하지 않는 부정사 **הָלוֹךְ**할로크("옴"[to come] 또는 "감"[to

47) 북이스라엘 백성이 시온에서 하나님을 예배하는 것은 북이스라엘과 유다의 통합을 기대하게 한다.

go])로 시작되는데, 이 부정사가 주동사의 역할을 하면서 핵문을 이룬다. 전치사 לְ레와 부정사 הַרְגִּיעוֹ하르기오가 결합된 부정사구 לְהַרְגִּיעוֹ레하르기오는 הָלוֹךְ할로크의 목적 또는 결과를 나타낸다. 부정사 הַרְגִּיעוֹ하르기오는 히필 부정사 הַרְגִּיעַ하르기아와 3인칭 단수 대명사어미 וֹ오("그")가 결합된 형태인데, 이 대명사어미는 부정사 הַרְגִּיעַ하르기아의 주어 또는 목적어 역할을 할 수 있다. 따라서 "그가 안식을 주려고"(주어) 또는 "그에게 안식을 주려고"(목적어)로 번역할 수 있다. 일반적으로 주동사에 주어가 표기되는 경우, 부정사구의 대명사어미는 목적어로 간주한다. 하지만 2c의 경우 주동사 역할을 하는 부정사 הָלוֹךְ할로크가 주어를 특정하지 않기 때문에 대명사어미에 대한 분석에 논의가 있다. 부정사구에 이어서 "이스라엘"(יִשְׂרָאֵל이스라엘)이 등장하는데, "이스라엘"을 부정사 הָלוֹךְ할로크의 의미상 주어로 간주하여 "이스라엘이 온다(또는 간다)"의 의미로 번역한다. 이 경우, "이스라엘이 자신에게 안식을 주려고 온다"는 의미를 전달한다. 즉 이스라엘이 자신의 안식을 찾는 모습이 된다. 이와는 달리 "이스라엘"을 부정사구 הַרְגִּיעוֹ하르기오의 3인칭 대명사어미 וֹ오("그")와 동격으로 간주하면 "그에게 곧 이스라엘에게 안식을 주려고"라는 의미가 된다. 2c의 구문 자체에 대한 분석적 논란이 있는 것과 더불어 2c의 앞 뒤 문장과의 관계도 논란이 된다. 2c가 부정사가 이끄는 문장이기 때문에 시간을 나타내는 부사절로 번역하여 3a와 연결시키거나 또는 2c가 2b를 추가적으로 설명하는 것으로 간주하여 2b와 연결시키기도 한다. 3a에는 1인칭 대명사어미가 사용된 부사구 לִי리("나에게")가 등장하는데, 이 표현에 대한 번역의 차이도 나타난다. 이러한 분석적 차이에 따라 다양한 번역들이 제시되는데, 그 예들을 보면 다음과 같다.

개역개정:

2. 여호와께서 이같이 말씀하시니라 칼에서 벗어난 백성이 광야에서 은혜를 입었나니 곧 *내가* 이스라엘로 안식을 얻게 하러 갈 때에라
3. 옛적에 여호와께서 *나에게* 나타나사 내가 영원한 사랑으로 너를 사랑하기에 인자함으로 너를 이끌었다 하였노라

개역개정은 הָלוֹךְ할로크의 주어를 화자인 여호와를 가리키는 "내가"로 분석한다.

"이스라엘"을 부정사구의 3인칭 대명사어미와 동격으로 간주한다. 3a의 부사구 לִי리("나에게)를 그대로 반영한 번역을 제시한다.

공동번역:

2. 나 야훼가 선언한다. 칼부림에서 빠져 나온 백성이 사막에서 나의 은혜를 입었다. 안식처를 찾아나선 *이스라엘에게*
3. 나 야훼는 멀리서 나타나주었다. 나는 한결같은 사랑으로 너를 사랑하여 너에게 변함없는 자비를 베풀었다

공동번역은 הָלוֹךְ할로크의 주어를 이스라엘로 분석한다. 이 경우, 부정사구의 대명사어미는 주어의 역할을 하게 된다. 또한 2c가 3c에 연계된 것으로 번역한다. 즉 "안식처를 찾아나선 이스라엘에게 나 야훼는 멀리서 나타나주었다." 3a의 부사구 לִי리("나에게)를 "이스라엘에게"로 대체한다.

새번역:

2. 나 주가 말한다. 전쟁에서 죽지 않고 살아남은 백성이, 광야에서 은혜를 입었다. *이스라엘이 자기의 안식처를 찾아 나섰을 때에,*
3. 나 주가 먼 곳으로부터 와서 *이스라엘에게* 나타나 주었다. 나는 영원한 사랑으로 너를 사랑하였고, 한결같은 사랑을 너에게 베푼다.

새번역은 הָלוֹךְ할로크의 주어를 이스라엘로 분석하고 2c가 3a의 행위가 벌어진 때를 서술하는 것으로 번역한다. 3a의 부사구 לִי리("나에게")를 "이스라엘에게"로 의역한다. 원문에 없는 "나"를 추가하여 하나님의 직접적인 선언인 것을 전달하려고 한다.

위의 한글번역들은 모두 완료형 동사 מָצָא마짜를 과거시제로 번역한다.

NIV:

2. This is what the LORD says: "The people who survive the sword *will find* favor in the desert; I will come to give rest to *Israel.*"

3. The LORD appeared *to us* in the past, saying: "I have loved you with an everlasting love; I have drawn you with loving-kindness.

NIV는 완료형 동사 מָצָא마짜를 예언적 완료로 간주하여 미래시제로 번역한다. 부정사 הָלוֹךְ할로크의 주어를 화자인 여호와로 간주하여 "I"로 번역하고 부정사구 הַרְגִּיעוֹ하르기오의 대명사어미 וֹ오는 목적어로 분석하고 이스라엘은 이에 대한 동격으로 분석한다. 3a의 부사구 לִי리를 "to us"로 의역한다.

KJV:

1. Thus saith the LORD, The people which were left of the sword found grace in the wilderness; *even Israel*, when I went to cause *him* to rest.
3. The LORD hath appeared of old *unto me*, saying, Yea, I have loved thee with an everlasting love: therefore with lovingkindness have I drawn thee.

KJV은 부정사 הָלוֹךְ할로크의 주어를 화자인 여호와로 간주하여 "I"로 번역한다. 이스라엘을 칼에서 살아남아서 광야에서 은혜를 입은 여러 나라들 중의 한 나라로 간주하는 해석을 반영한다. 2c의 부정사 הָלוֹךְ할로크가 유도하는 문장이 시간을 나타내는 것으로 분석하지만 2b에 연결된 것으로 번역한다. 이스라엘이 안식할 수 있게 하기 위해 하나님이 다가가셨을 때 이스라엘도 은혜를 입었다는 의미를 전달한다. 3a의 부사구 לִי리를 그대로 반영하여 "unto me"로 번역한다.

먼저 2c의 문장이 주어를 특정하지 않는 부정사 הָלוֹךְ할로크로 시작되는 것에 주목할 필요가 있다. 주동사가 없는 경우 부정사가 주동사의 역할을 하는데, 부정사는 동사의 행위 자체에 집중하게 한다. 가거나 오는 행위에 집중하면서 이 행위의 목적(또는 결과)을 나타내는 부정사구 לְהַרְגִּיעוֹ레하르기오가 등장한다. 그렇다면 안식을 주기위해 오는(또는 가는) 행위에 집중하게 된다. 2c의 마지막에 등장하는 יִשְׂרָאֵל이스라엘("이스라엘")을 부정사 הָלוֹךְ할로크의 주어로 간주하는 것에는 무리가 있다. 왜냐하면 부정사구에서 멀리 떨어져 있기 때문이다. 오히려 거리를 고려하면 부정사구 לְהַרְגִּיעוֹ레하르기오에 등장하는 3인칭 단수 대명사어미 וֹ오("그")는 안식의 수혜자로서 목적어 역할을 하고 이스라엘은 이 목적어와 동격을 이루는 것으로 볼 수 있다. 그렇다면 "그에게, 곧 이스라엘에게 안식을 주려고 옴"(목적) 또는 "와서 그에게, 곧 이스라엘에게 안식을 줌"(결과)으로 번역할 수 있다. 이 경우, 이 문장(2c)이 2b의 칼에서 살아남은 백성이 광야에서 얻은 "은혜"에 대한 구체적인 설명으로 간주할 수 있다. 이 부정사의 의미상의 주어는 화자인 여호와가 된다. 그렇다면 2b와 2c는 "칼에서 살아남은 백성이 광야에서 은혜를 입을 것이다. 곧 [내가] 가서 그에게 곧 이스라엘에게 안식을 주는 것이다." 달리 말하면 2c는 2b의 선언을 구체화하는 역할을 한다. 즉 칼에서 살아남은 백성은 이스라엘로 구체화되고 은혜는 안식을 주는 것으로 구체화된다.

3a의 부사구 לִי 리("나에게)는 히브리어 사본들이 그대로 반영하고 있기 때문에 MT독법을 유지할 필요가 있다. 따라서 이에 주목하면 3절은 북이스라엘이 1인칭관점에서 하는 말로 이해가 된다. 즉 하나님이 은혜를 베풀겠다는 선언(2절)이 전달되자 3절에 북이스라엘의 반응이 서술되는 것이다. 북이스라엘은 오래전에 여호와가 자신에게 나타나서 하신 말씀을 인용한다. 이와 같이 북이스라엘이 하나님의 영원한 사랑과 그에 따른 신실함을 회고하자 4-5절에서 하나님은 더 적극적이고 구체적으로 구원에 대해 약속하신다. 3절에서 북이스라엘이 하나님이 하신 말씀을 회고하고 인용한 것과 짝을 이루어 6절에서 하나님은 북이스라엘("에브라임")의 파수꾼들이 하게 될 말을 인용하신다. 6절의 인용은 회복된 북이스라엘 백성이 3절에서 회고한 하나님의 영원한 사랑과 신실하심에 대해 그에게 돌아가자는 열정으로 반응하는 것을 예견하게 한다. 결과적으로 2-6절은 다음과 같은 흐름과 구조를 이룬다.

a. 하나님의 말씀(2절): 이스라엘이 광야에서 은혜를 입을 것임. 곧 안식을 얻는 것임
  b. 북이스라엘이 회고하는 여호와의 말씀(3절): 영원한 사랑과 인자함
a'. 여호와의 말씀(4-5절): 다시 세움, 기쁨의 회복, 식량공급을 선언하심
  b' 여호와가 인용하는 에브라임 파수꾼의 말(6절): 여호와께 나아가자

7절. 신탁도입형식("여호와께서 이와 같이 말씀하시니")과 함께 두 번째 소단락이 시작된다. 대상을 특정하지 않는 "너희"에게 명령이 주어진다. 이 대상은 하나님의 구원에 대한 약속을 들은 북이스라엘 백성으로 보인다. 하나님은 이들에게 야곱을 위해 기뻐 외치고 전파하며 찬양해야 할 내용을 말씀하신다. 바로 여호와께 "당신의 백성 이스라엘의 남은 자를 구원하소서"라는 간청이다. 이는 구원에 대한 하나님의 약속이 있지만 6절에서 파수꾼이 여호와께 나아가자고 적극적으로 독려한 것처럼 구원을 소망하며 호소하는 태도의 중요성을 지적한다. 특히 여호와께 자신들이 "당신의 백성"(עַמְּךָ 암메카)임을 상기시키는 것은 스스로 언약백성임을 인식하는 것을 의미한다. 개역개정이 רֹאשׁ הַגּוֹיִם 로쉬 학고임을 "여러 민족의 앞"으로 번역한 것과는 달리 이 표현이 야곱의 위상을 가리키는 것으로 해석해서 "세계 만민의 머리"(새번역) 또는 "세계에서 가장 위대한 나라"(현대인의 성경)로 번역하기도 한다.[48] 새번역과 현대인의 성경의 번역은 다른 나라들과 구별되는 언약백성인 야곱의 특별한 위상을 외쳐서 알리라는 의미를 전달한다. 이는 구원호소의 근거이기도 한다. 개역개정의 번역과 같은 맥락에서 JPSV은 "나라들의 교차로에서"("at the crossroads of the nations")로 번역한다. 이 번역의 경우, 여호와의 백성, 이스라엘의 남은 자의 구원을 열방이 들을 수 있는 곳에서 그들이 들을 수 있도록 외치라는 것이다. 이는 자신들이 언약백성("당신의 백성")이라는 인식과 함께 이방 나라들이 누리지 못하는 특별한 은총을 기대하라는 의미다. רֹאשׁ הַגּוֹיִם 로쉬 학고임이 야곱의 특별한 위상을 가리키는 것으로 번역하는 경우, 북이스라엘의 회복은 열방들 중에서 누리게 될 존귀한 지위의 회복을 기대할 수 있게 한다. 즉, 하나님이 이스라엘을 택하실 때 약속하신 지위와 영광의 회복을 의미한다. "그런즉 여호와께서 너를 그 지으신 모든 민족 위에 뛰어나게 하사 찬송과 명예와 영광을 삼으시고 그가 말씀하신 대로 너를 네 하나님의 여호와의 성민이 되게 하시리라"(신 26:19). 언약백성에게 이와 같이 적극적이고 공개적으로 구원을 간구하라고 명령하시는 것은 구원의 확실성을 보장하는 것이다.

8-9절. 언약백성의 구원호소에 대한 하나님의 반응이 선언된다. 하나님은 북이

---

48) רֹאשׁ 로쉬는 "머리," 산의 "정상," 길의 "입구," "우두머리" 등을 의미한다. 공동번역은 בְּרֹאשׁ הַגּוֹיִם 베로쉬 학고임을 "종주산 위에서"로 번역한다.

스라엘을 심판으로 쫓겨난 북쪽 땅에서 이끌어 내시고 그들이 흩어진 땅 끝에서도 모으시겠다고 선언하신다(8절). "땅 끝에서부터 모으시겠다"는 것은 흩어진 모든 곳에서 모으신다는 것을 의미한다. 하나님의 회복에는 장소나 거리가 문제가 되지 않는다. 이것은 심판의 결과(포로와 흩어짐)를 돌이키시는 하나님의 작업이다. 돌아오는 자들의 무리 중에는 정상적으로 여행을 할 수 없는 자들("맹인과 다리 저는 사람과 잉태한 여인과 해산하는 여인")도 모두 포함된다. 즉 하나님이 회복을 가능하게 하신다는 것이다. 따라서 언약백성에 속한 모든 자들이 하나님이 행하시는 회복의 은혜로 인해 큰 무리를 이루어 약속의 땅으로 돌아온다. 하지만 이들은 하나님의 은혜를 뻔뻔하게 누리는 자들이 아니다. 그들은 자신들의 죄를 뉘우치고 애통하며 회개의 눈물을 흘리며 돌아오는 자들이다(9절). 같은 맥락에서 에스겔은 하나님이 그의 백성을 다시 이스라엘 땅으로 인도하여 들일 때 자신들의 죄악을 기억하고 스스로 미워하게 될 것이라고 말한다(겔 20:42-43). 하지만 이 회개의 눈물은 하나님의 구원으로 인해 기쁨과 감사로 바뀌게 된다(cf. 7절). 그들이 하나님께 간구할 때 넘어지지 않고 물이 있는 계곡과 곧은 길을 통과해서 귀환을 무사히 마치게 된다. 물이 있는 계곡에서 갈증을 해소하고 지친 몸이 새로운 힘을 얻게 될 뿐만 아니라 곧은 길로 걸어오면서 넘어지거나 길을 잃지 않게 된다. 하나님의 은혜와 인도하심으로 여행에 어려움을 가진 자들도 그들의 여행을 무사히 마칠 수 있게 된다. 하나님이 이와 같이 북이스라엘을 구원하시는 이유는 분명하다. 하나님이 이스라엘의 아버지이시며 북이스라엘("에브라임")은 그의 장자이기 때문이다. 하나님은 바로에게 이스라엘이 그의 장자임을 분명히 알리시면서 이집트에서 내보내어 그를 섬기게 하라고 말씀하셨다(출 4:22; cf. 호 11:1). 하나님은 이 표현을 북이스라엘을 대표하는 에브라임에 적용하시면서 에브라임과의 끊을 수 없는 관계가 회복의 결정적인 이유임을 밝히신다. 요셉의 아들인 에브라임이 장자로 간주되는 것이 가능하다. 왜냐하면 요셉이 르우벤의 장자권을 얻었기 때문이다(cf. 대상 5:1-2). 9절은 에브라임을 향한 하나님의 애절한 사랑을 표현하고 있는 호세아의 본문을 상기시킨다. "에브라임이여 내가 어찌 너를 놓겠느냐 이스라엘이여 내가 어찌 너를 버리겠느냐 내가 어찌 너를 아드마 같이 놓겠느냐 어찌 너를 스보임 같이 두겠느냐 내 마음이 내 속에서 돌이키며 나의 긍휼이 온전히 불붙듯 하도다"(호 11:8). 하나님이 이스라엘을 그의 장자로 삼으신 것은 그의 전적인 사랑과 은혜이기 때문에 그의 회복과 구원을 누리는 자는 감사와 죄에 대한 애통으로 그에게 나아오는 것이 당연한 모습이다.

10-11절. "여호와의 말씀"을 듣고 그것을 열방 중에 선포하여 알리라는 명령이 이방 나라들("이방들")에게 주어진다. 그들이 선포해야 할 "여호와의 말씀"은 하나님이 죄에 대한 심판으로 이스라엘을 흩으셨지만 이스라엘을 모으고 목자와 같이 지키실 것이라는 선언이다(10절; cf. 겔 34:12-14). 북이스라엘의 회복을 열방에 선포하라는 명령이 이방 나라들에게 주어진 것은 북이스라엘이 누리게 될 회복의 객관성과 확실성을 의미한다. 이 명령에 이어서 11절은 북이스라엘의 회복이 가능한 실제적인 근거를 설명한다. 하나님이 화자로 등장하는 화법에서 자신을 "여호와"로 표현하는 것은 언약의 하나님 여호와가 야곱의 속량과 구원을 이루신다는 사실을 객관적 관점에서 강조한다. 이스라엘보다 "강한 자"(חָזָק 하자크)의 손아귀에서 구원한다는 것은 북이스라엘의 회복이 전적으로 하나님의 역사라는 의미를 전달한다. 언약의 하나님이 그의 언약백성("야곱")을 구원하시기 때문에 어느 누구도 막을 수 없다. 이 선언에 사용된 동사 פָּדָה 파다("구원하다")와 גָּאַל 가알("속량하다")는 대가를 지불하고 되찾는 것을 의미한다. 이는 죄에 대한 대가가 지불된 후에 얻게 되는 회복을 가리킨다. 따라서 회복이 임하기에 앞서 반드시 죄에 대한 심판이 실행돼야 한다. 영원한 생명과 구원을 얻기에 앞서 죄와 이에 따른 심판을 해결하는 십자가 사건이 있어야 하는 것과 같은 맥락이다.

12-14절. 하나님의 구원과 속량을 얻은 이들은 한마디로 "여호와의 복"(טוּב יְהוָה 투브 아도나이)을 기뻐하고 만족해하는 자들이다. 12-14절은 주요 단어를 중심으로 다음과 같은 교차평행을 이루면서 여호와의 복을 누리는 구체적인 모습을 전달하다.

a. 그들이 와서 시온 꼭대기에서 기쁨의 소리를 지르고 여호와의 복(טוּב יְהוָה), 곧 곡식 과 새 포도주와 기름과 양떼와 소 떼의 어린 것들을 크게 즐거워할 것이다(12절상)
b. 그들의 영혼(נַפְשָׁם)이 물 댄 동산과 같을 것이며 결코 다시는 기력을 잃지 않을 것이다(12절하)

c. 그때에 처녀들이 춤을 추며 기뻐하고(תִּשְׂמַח) 젊은이들과 노인들도 함께 [기뻐할 것이다](13절상)

c'. 내가 그들의 애곡을 큰 기쁨으로 바꿀 것이며 그들을 위로하고 그들을 그들 의 슬픔에서 벗어나 기뻐하게 할 것이다(שִׂמַּחְתִּים)(13절하)

b'. 내가 제사장들의 영혼(נֶפֶשׁ הַכֹּהֲנִים)을 기름진 것으로 배부르게 할 것이며(14절상)

a'. 내 백성이 "내 복"(טוּבִי)으로 만족하게 될 것이다(14절하)

12절의 "여호와의 복"(טוּב יְהוָה 투브 아도나이)이 14절의 "나의 복"(טוּבִי 투비)과 짝을 이루면서 여호와의 복을 기뻐하고 만족해하는 모습을 제시한다. 이 복을 기뻐하고 만족해하는 "그들"(12절)은 여호와의 백성("내 백성," 14절)이다. 이들이 "여호와의 복"을 누리는 모습이 구체적으로 서술된다. 첫째, 물질적 필요를 충분히 채워주시는 "여호와의 복"으로 인해 그가 계시는 곳("시온의 높은 곳")에서 기뻐하고 즐거워한다(12절상). 이것은 그의 임재 앞에서 여호와의 복으로 만족해하는 것을 의미한다(14절하). 파괴의 심판을 행했던 "강한 자"가 약탈한 것들("곡식과 새 포도주와 기름과 어린 양의 떼와 소의 떼")이 다시 회복되고 풍요롭게 된다. 세상을 창조하실 때 인간에게 필요한 모든 것을 베풀어주시며 보시기에 "좋았더라"(טוֹב 토브)고 말씀하신 하나님이 그의 백성에게 회복을 이루시면서 다시 "복"(טוֹב 토브)을 누리게 하시고 만족하게 하신다. 둘째, 회복된 자들의 심령은 물이 끊이지 않는 동산과 같이 지속적으로 생명력을 얻기 때문에 다시는 기력을 잃지 않는다(12절하). 히브리어 원문, לֹא־יוֹסִיפוּ לְדַאֲבָה עוֹד 로-요씨푸 레다아바 오드는 "그들이 다시는 근심하지 않을 것이다"(개역개정; NIV; KJV) 또는 "그들이 다시는 기력을 잃지 않을 것이다"(공동번역; 새번역; JPSV)로 번역할 수 있다. 끊임없이 물이 공급되는 상황을 고려할 때 후자의 의미가 적절해 보인다. 하나님의 흩으심으로 인해 포로로 끌려간 곳에서 하나님과의 단절을 경험하면서 기력을 잃었던 이들이 구원을 얻게 될 뿐만 아니라 하나님의 지속적인 공급으로 인해 기력을 잃지 않는다. 즉, 시들지 않는다(cf. 17:7-8). 풍성한 수확과 활력을 되찾은 이들이 제의를 위한 제물을 충분히 드리기 때문에 제사장들도 자신들에게 정해진 분량이 충분히 채워져 흡족해한다(14절). 제사장들의 흡족함은 간접적으로 제의와 영적 회복을 의미한다.

셋째, 슬픔과 근심에서 벗어나서 하나님이 주시는 기쁨과 즐거움을 누린다(13절상). 살아갈 날이 많은 처녀와 젊은이들뿐만 아니라 노인들도 회복의 축복을 기뻐하며 감사하게 된다. 이것이 가능한 이유는 하나님이 친히 애곡을 기쁨으로 바꾸고 슬픔에서 벗어나게 하실 뿐만 아니라 위로하실 것이기 때문이다(13절하). 교차평행의 후반부(c', b', a')가 1인칭 관점으로 서술되면서 회복을 위한 하나님의 적극적인 행위가 강조된다. 하나님은 구원과 속량을 선언하시면서 영과 육의 회복을 기대하게 하신다. 이는 영과 육의 필요가 충분히 채워지고 만족해하는 온전하고 완전한 회복이다.

15절. 회복이 약속하는 기쁨은 심판으로 인한 슬픔과 극명한 대조를 이룬다. 15절은 심판의 슬픔을 서술하면서 하나님의 회복을 더욱 소망하게 한다. 라헬의 통곡은 심판의 슬픔을 생생하게 서술하는 은유다. 라헬은 북이스라엘을 대표하는 에브라임의 할머니이며 또한 남왕국 유다를 이루는 베냐민의 어머니이기도 하다. 라헬의 통곡은 북이스라엘이 주전 722년에 앗시리아에 의해 멸망하면서 사로잡혀간 북이스라엘 백성으로 인한 것이다. 자식을 갈망하던 라헬이 자식을 잃고 통곡하는 모습은 포로의 슬픔을 극적으로 묘사한다. 라마가 언급되는 것은 바벨론 왕 느부갓네살이 유다의 포로들을 바벨론으로 잡아가기 전에 이곳에 집결시켰던 것으로 알려져 있기 때문이다(cf. 40:1).[49] 따라서 라마는 포로로 잡혀가는 것을 연상시키는 이름이기에 사용된 것으로 보인다. 이방 민족들에 의해 자식들을 잃은 라헬은 곡소리와 애절한 통곡소리를 낼 뿐이다. 라헬을 위한 위로도 소용이 없고 미래에 대한 소망도 가질 수 없다. 이와 같이 극심한 슬픔과 절망에 사로잡힌 상태가 심판 후의 모습이다.[50] 이 모습은 이어서 16-22절에 서술된 신탁이 주어지

49) Cf. Chisholm, *Handbook*, 194. 라마가 언급되는 것은 라헬의 무덤이 있는 곳이기 때문인 것으로 설명한다.

50) 마태복음 2장 17-18절에서 마태는 렘 31:15을 인용하면서 헤롯이 영아들을 죽인 사건이 예레미야의 신탁을 성취한 것으로 설명한다. 그런데 15절의 표현은 예언이라기보다는 북이스라엘이 포로로 사로잡혀갈 때의 일에 대한 은유적 묘사다. 따라서 마태가 본 절을 예언으로 이해하고 문자적으로 성취됐다고 설명하는 것이 아니다. 마태는, 헤롯의 영아살해 사건이 앗시리아에 의해 북이스라엘이 죽임을 당하고 포로로 잡혀간 사건을 반복하는 듯 하나님의 백성을 잔인하게 다룬 면에서 성취된 것으로 본 절을 적용하고 있다. 이것을 "모

는 정황을 제공한다.

16-17절. 신탁도입형식("여호와께서 이와 같이 말씀하시니라")은 15절의 상황에 근거한 선언단락의 시작을 나타낸다. 하나님이 라헬에게 통곡소리와 눈물을 멈추라고 명하신다(16절). 왜냐하면 라헬의 통곡에 대한 보답을 베푸실 것이며 자손들을 대적의 땅에서 돌아오게 하실 것이기 때문이다. 신적 선언("여호와의 말이니라")으로 이 약속을 확언하신다. 라헬의 통곡을 "네 일"(פְּעֻלָּתֵךְ 페울라태크; "네 수고")로 표현하고 이에 대한 "삯"(שָׂכָר 사카르; "대가")을 받게 될 것이라고 말씀하신다.[51] 심판으로 인한 통곡은 죄로 인한 심판이 야기하는 결과이기 때문에 당연히 감당해야 할 "몫" 또는 "일"이다. 따라서 이 일에 대한 삯으로 회복이 주어진다. 물론 이것은 심판의 고통과 통곡이 회복이라는 삯을 필연적으로 기대하게 한다는 것을 의미하지 않는다. 왜냐하면 회복은 하나님의 사랑과 은혜에 따른 것이기 때문이다(cf. 3, 9절). 오히려 통곡에 대한 삯을 받게 된다는 것은 하나님이 그의 계획에 따른 죄의 결과를 허락하신 후에 그의 은혜로 이 일이 마무리되는 것을 의미한다. 통곡의 세월이 지난 후에 얻게 될 삯은 쫓겨난 자들이 대적의 땅에서 돌아오는 것이다(16절하). 더 나아가 하나님은 그들에게 장래에 대한 소망을 약속하신다(17절). 이 소망은 자녀들이 자신들의 땅으로 돌아와 새로운 출발을 하는 것이다.

18-19절. 라헬에 이어서 북이스라엘을 상징하는 "에브라임"이 언급된다. 라헬의 탄식은 심판으로 인해 자식을 잃게 된 괴로움과 슬픔의 표현인 반면에 에브라임의 탄식은 뉘우침의 표현이다.[52] 이 뉘우침이 진실하다는 것을 보여주는 몇 가지 요소가 있다. 첫째, 자신들이 범한 죄로 인한 하나님의 징계(훈육)을 인정한다

형론적 성취"(typological fulfillment) 또는 "회상 모형론"(retrospective typology)이라고 부른다(Chisholm, *Handbook*, 193-94, n. 76; Harrison, *Jeremiah & Lamentations*, 136).

51) 공동번역은 히브리어 원문, כִּי יֵשׁ שָׂכָר לִפְעֻלָּתֵךְ 키 예쉬 사카르 리프울라태크를 "애태운 보람이 있어"로 번역하면서 그 의미를 전달한다. Jones는 라헬의 일이 자녀를 양육한 것을 가리키는 것으로 해석한다(Jones, *Jeremiah*, 391).

52) 에브라임의 탄식(18-19절)은 9절의 "그들이 울며 돌아오리니"라는 표현의 구체적인 서술이다. 에브라임의 탄식은 3:22상-25의 회개기도와 같은 태도를 보인다.

(18절상). 멍에를 거부하는 송아지가 채찍을 맞는 것처럼 하나님이 그의 멍에(언약관계)를 거부한 자신들에게 징계를 행하신 것이 당연했다는 고백이다.[53] 이는 자신들의 반항적인 태도에 대한 반성을 의미한다. 둘째, 하나님이 돌아오게 하시면 자신들이 돌아올 수 있다고 확신한다(18절하; 애 5:21). 이 확신은 여호와가 자신들의 언약의 하나님이라는 고백에 근거한다. 이는 그들이 거부했던 멍에(언약관계)를 인정하고 다시 메기를 원하는 모습이다. 더 나아가 회복의 가능성이 자신들에게 있지 않고 여호와께 있다는 고백이다. 셋째, 하나님께로부터 돌아선 후에 후회할 뿐만 아니라 잘못을 알게 된 후에는 자신을 치며 괴로움을 표현한다(19절상). 넷째, 하나님의 징계의 흔적(치욕)에 대한 부끄러움과 수치를 느낀다(19절하). 죄에 대한 인정과 뉘우침이 담긴 탄식은 자신의 죄에 대한 슬픔과 부끄러움을 안다. 따라서 구원과 회복을 하나님의 결정에 맡겨드리는 기도를 드린다(cf. 18절).

20-22절. 진실한 뉘우침이 담긴 에브라임의 탄식과 구원호소에 하나님이 반응하신다.[54] 회개와 함께 구원을 호소하는 에브라임에게 그가 여전히 하나님께 소중하고 기뻐하는 아들임을 알려주신다(20절). 또한 죄에 대해 매번 징계하시지만 결코 그를 잊으신 적이 없다고 말씀하신다.[55] 소중한 아들을 잊지 못하시기 때문

---

53) 히브리어 원문 כְּעֵגֶל לֹא לֻמָּד 케애겔 로 룸마드에는 "멍에" (מוֹטָה 모타 또는 עֹל 올)라는 단어가 서술되지 않는다. 하지만 멍에가 암시된 것으로 고려하여 "멍에에 익숙하지 않은 송아지 같은" 으로 번역할 수 있다.

54) 15-22절은 다음과 같은 구성으로 하나의 단락을 이룬다.

- a. 라헬의 통곡(15절)
  - b. 여호와의 답변(16-17절)
- a'. 에브라임의 탄식(18-19절)
  - b'. 여호와의 답변(20-22절)

라헬의 통곡에 대한 여호와의 답변이 제시하는 핵심은 약속의 땅으로의 귀환에 대한 소망이다. 에브라임의 탄식에 대한 여호와의 답변은 회복을 위해 "새로운 것" 을 창조하셨기 때문에 돌아오라는 명령에 집중한다. 따라서 15-22절은 언약백성을 위한 회복에 대한 약속과 이에 대한 적극적인 반응의 중요성을 전달한다.

55) 히브리어 원문에는 동일한 동사의 부정사 זָכֹר 자코르("기억함")가 주동사 אֶזְכְּרֶנּוּ 에즈케렌누("내가 너를 기억한다") 앞에 서술되는 강조용법이 사용되면서 "*분명히* 기억하고 있다"

에 그를 온 마음으로 그리워하는 자신의 심정을 표현하신다(cf. 호 11:8).[56] 이 그리움은 에브라임을 반드시 긍휼히 여기실 것이라는 약속으로 이어진다. 아들에 대한 아버지의 애정과 그리움 때문에 긍휼을 약속하시는 하나님은 그의 백성이 돌아오길 간절히 기대하신다. 이는 언약관계가 인격적이고 상호적인 관계이기 때문이다. "돌아오라"는 명령의 반복은 그의 간절함을 그대로 담아낸다(21절). 돌아오는 모습과 방향에 대한 구체적인 서술 하나하나에 간절함이 묻어난다. 손수 이정표를 세우고 길 표지판을 놓는 자발적이고 적극적인 모습으로 돌아오길 기대하신다. 뿐만 아니라 이전에 갔던 길, 곧 여호와가 이끄셨던 "큰 길"을 마음에 새길 것을 명하신다(cf. 2:17).[57] 이는 언약관계가 요구했던 길에 대한 인식과 이에 따른 소원을 의미한다. 자신이 거하던 성읍으로 돌아오라는 명령을 받는 대상은 "처녀 이스라엘"(בְּתוּלַת יִשְׂרָאֵל 베퉅라트 이스라엘)이다. 이 표현은 신부가 자신을 사랑하는 신랑에게 돌아오는 그림을 연상시킨다. 또한 이 처녀는 "반역한 딸"(הַבַּת הַשּׁוֹבֵבָה 합바트 핫쇼배바; "돌아선 딸")로 표현된다(22절). 언제까지 등을 돌리고 돌아서서 방황하기만 하려느냐고 책망하시는데, 이 책망 역시 돌아오길 간절히 바라는 심정의 표현이다. 왜냐하면 방황을 멈추고 더 이상 지체하지 말고 속히 돌아오라고 촉구하는 것이기 때문이다. 이어서 돌아선 딸이 돌아와야 하는 이유가 언급된다. 여호와가 "새 일"(חֲדָשָׁה 하다샤; "새로운 것")을 창조하셨기 때문이다. 여호와가 세상에 창조하신 "새 일"("새로운 것")은 "여자가 남자를 둘러싸리라"는 것이다. 이 표현은 여자가 남자를 감싸 안는 장면을 연상시킨다. 하지만 이 표현에 대한 다양한 해석이 제시되는 것은 해석이 쉽지 않음을 보여준다. 첫째, 교부들의 풍유적 해석이다. 어거스틴과 제롬은 이 표현이 처녀 마리아가 그의 몸에 예수를 품고 있는 모습으로 해석한다. "새 일"을 하나님이 이루실 초자연적인 사건

는 강조된 의미가 전달된다. 부사 עוֹד 오드("여전히")가 함께 등장하면서 강조된 의미가 강화된다: זָכֹר אֶזְכְּרֶנּוּ עוֹד.

56) "그를 위하여 내 창자가 들끓는다"는 הָמוּ מֵעַי לוֹ 하무 매아이 로의 문자적 번역이다. 이 문장은 "내 온 심정으로 그를 그리워한다"는 의미를 전달한다.

57) "큰 길"(מְסִלָּה 메씰라)은 돌로 만들어진 길을 가리킨다. 이 길은 2장 17절에 서술된 "[하나님이] 걸어가게 하셨던 길"(מוֹלִיכֵךְ בַּדָּרֶךְ 몰리캐크 받다레크)이다. 또한 31장 9절의 "그들이 넘어지지 않는 곧은 길"(דֶּרֶךְ יָשָׁר לֹא יִכָּשְׁלוּ בָּהּ 데레크 야샤르 로 잌카셸루 바)과도 연결된다.

과 연관시킨다. 이는 신약의 관점에 따른 해석이다. 하지만 "여인"을 의미하는 히브리어 נְקֵבָה 네캐바는 "처녀"(בְּתוּלָה 베툴라)를 의미하기 보다는 힘을 가지고 있는 강한 "남자"(גֶּבֶר 게베르)와 비교되는 "여자"를 의미한다.58) 또한 "둘러싸리라"로 번역한 동사 סָבַב 싸바브가 수태와는 의미가 멀다. 따라서 이 해석을 따르기는 어렵다. 둘째, 이 표현을 은유로 해석하여 여자를 처녀 이스라엘로, 남자를 여호와로 간주하여 처녀 이스라엘이 여호와를 감싸 안는 것으로 해석한다.59) 이 해석은 이스라엘이 적극적으로 여호와를 찾음으로 단절된 관계가 회복된다는 의미를 전달한다. 같은 맥락에서 동사 סָבַב 싸바브를 유사한 동사 שׁוּב 슈브("돌아오다")의 오기로 간주하고 여자가 남자에게 돌아오는 것으로 번역하여 이스라엘("여자")이 하나님("남자")께로 돌아오는 것으로 해석하기도 한다. 셋째, 이 표현에 사용된 히브리어 동사 סָבַב 싸바브는 "둘러싸다" 또는 "에워싸다"를 의미하는데, 여기서 발전된 "보호하다"의 의미를 이끌어낸 해석이다. 따라서 강대국의 압제 하에 있던 이스라엘이 스스로 자신을 지키고 보호할 수 있는 힘을 갖추게 되는데, 이런 일을 하나님이 가능하게 하신다고 설명한다.60) 넷째, 여자를 이스라엘로 보고 남자를 이방나라로 보아 이스라엘이 이방나라(바벨론)의 권력을 정복하는 것으로 해석한다(칼빈). 다섯째, 클레멘츠(Clements)는 이 문장이 "겉으로는 연약해 보이는 여성적인 덕들인 사랑과 돌봄이 남자들의 신체적인 강건함보다 더 많은 것을 이룬다"는 함의를 전달하는 것으로 설명한다.61) 문맥에 대한 고려 없이 문장만을 해석할 때 이런 의미를 제시할 수 있지만 이 문맥 안에서 이 의미가 어떤 역할을 하는지에 대한 의문을 갖게 된다. 이 문장이 죄를 뉘우치고 돌아오길 원하는 에브라임에게 돌아와야 할 이유를 제시하며 격려하는 것을 고려할 때, 여호와께로 돌아와 그를 감싸 안는 것을 하나님이 가능하게 하실 것이라는 선언에 대한 은유적 표현으로 간주

58) 일반적으로 여성(נְקֵבָה 네캐바)과 대비되는 남성을 가리키는 히브리어는 זָכָר 자카르다. 창세기 1장 27절은 하나님이 창조하신 남성과 여성을 זָכָר 자카르와 נְקֵבָה 네캐바로 표현한다: זָכָר וּנְקֵבָה בָּרָא אֹתָם 자카르 우네캐바 바라 오탐. 22절은 זָכָר 자카르를 사용하지 않고 힘과 능력을 갖춘 남자(용사)를 가리키는 גֶּבֶר 게베르를 사용한다.

59) Cf. Martens, *Jeremiah*, 194; Longman, *Jeremiah/Lamentations*, 208.

60) Jones, *Jeremiah*, 394-95.

61) 클레멘츠, 『예레미야』, 286. Harrison은 이 문장을 새 언약 하에서 이룬 그리스도의 성육신과 연결해서 설명한다(Harrison, *Jeremiah & Lamentations*, 136).

하는 것이 적절해 보인다. 이는 악한 마음의 완악함에 따라 여호와를 거부하고 떠난 언약백성에게서 기대할 수 없는 일인데, 하나님이 이것을 가능하게 하신다는 선언이다. 특히 "새 일" (חֲדָשָׁה 하다샤)을 31절의 "새 언약" (בְּרִית חֲדָשָׁה 베리트 하다샤)과 연관하여 고려할 때 "새 일"은 죄로 인해 심판을 당한 자들의 회복을 위한 새로운 질서와 조화를 기대하게 한다.[62]

23-25절. 신탁도입형식("만군의 여호와 이스라엘의 하나님께서 이와 같이 말씀하시니라")과 함께 새로운 신탁이 시작된다(23절). 이 신탁의 대상은 유다백성이다. 내용으로는 회복신탁이다. 유다백성의 회복신탁은 간단하지만 회복에 대한 선언은 분명하게 전달된다. 유다백성이 포로에서 해방되어 유다 땅과 예루살렘으로 돌아오고 이 모든 곳이 본래대로 회복될 때 그들이 입에 올릴 수 없었던 축복의 인사를 다시 하게 된다. 즉 성전과 예루살렘(시온)을 하나님의 임재를 약속하는 "의의 처소"와 "거룩한 산"으로 부르면서 이곳을 여호와가 축복하시길 빌 것이다. 달리 말하면 성전과 예루살렘은 하나님의 축복을 기대하는 장소가 된다는 것이다. 뿐만 아니라 유다와 그 모든 성읍의 농부와 목자들이 예전에 심판으로 잃었던 사업을 회복하고 갈등과 반목이 없이 함께 거하며 서로의 물질적 필요를 채울 수 있게 된다(24절). 심판으로 폐허가 된 지역들이 다시 사람들로 채워지고 정상적인 삶이 회복되는 모습을 연상시킨다. 이러한 회복이 가능한 이유는 하나님이 긴 포로생활로 지치고 기력을 잃은 모든 영혼에게 새 힘을 주시고 만족케 하시는 은혜를 베푸시기 때문이다(25절). 북이스라엘 백성이 활력을 얻고 여호와의 복으로 만족하게 될 것이라는 약속과 동일하게 유다백성도 영과 육의 필요가 채워지는 온전한 회복을 약속받는다(cf. 12-14절).

26절. 선지자들이 하나님의 신탁을 받는 상황을 잠을 잔 상태로 표현하곤 한다(cf. 단 10:9; 슥 4:1). 예레미야도 이 회복의 신탁을 받을 때에 유사한 상태에 있었던 것으로 보인다. 예레미야는 자신의 잠이 "달았다"고 표현한다. "달았다"로

---

62) "창조하다"로 번역한 동사 בָּרָא 바라는 하나님이 천지를 창조하신 것을 묘사할 때 사용된 동사다. 또한 하나님이 주어로만 사용된다. 따라서 "새로운 것"을 창조하신다는 것은 회복을 위한 새로운 질서와 조화를 허락하시는 것을 의미할 수 있다.

번역한 동사 עָרֵב아라브는 "기분이 좋다" 또는 "유쾌하다"의 의미를 갖는다. 즉 회복의 미래를 바라본 예레미야의 반응은 유쾌했다(기뻤다)는 것이다. 지친 심령이 상쾌하게 되고 힘을 얻게 하시겠다는 하나님의 약속을 이미 자신이 경험했다는 듯한 표현이다. 그렇다면 회복에 누리는 백성에 대한 상징적 행위로 볼 수도 있다.

현재적 적용 | 묵상

1. 내 삶과 영혼을 온전하게 회복시키겠다는 하나님의 "다시"라는 음성이 들리는가? 그 음성에 나를 향한 하나님의 영원한 사랑과 인애가 담겨있는 것에 감사하는가? 그 사랑과 인애 때문에 하나님께 나아가 그를 경배하고자 하는 열정이 있는가? 혹시 "예전에는 그러셨지"라고 말하면서 사탄의 속임에 빠져있는 것은 아닌가?

2. 내 자신을 돌아보면 기대할 수 없지만 하나님이 세우시면 세움을 입을 수 있다는 사실을 붙들고 있는가? 자격이 없는 자를 세우시는 하나님의 은혜에 대한 감격과 기쁨이 있는가? 이 감격과 기쁨이 예배시간을 기대하게 하는가?

3. 하나님이 나의 하나님이시고 내가 그의 백성이라는 확신에 따라 그의 구원을 간절히 호소하는가? 이 간청과 함께 진정으로 죄를 뉘우치고 회개하는가?

4. 하나님의 구원과 속량을 얻은 성도로서 그의 임재 안에서 "여호와의 복"을 기뻐하고 누리고 있는가? 영과 육의 기력을 회복했는가? 영과 육이 기력을 잃고 시드는 것은 나와 함께 하시는 하나님께 주목하기보다는 상황과 환경에 주목하기 때문은 아닌가?

5. 죄에 대한 진정한 뉘우침의 탄식은 하나님이 반드시 들으신다는 사실을 기억하고 그의 자비와 긍휼을 기대하고 있는가? 하나님의 자비와 긍휼을 얻지 못함은 그가 듣지 않기 때문이 아니라 진실한 뉘우침과 탄식이 아니기 때문은 아닌가?

6. 구약의 하나님은 심판하시고 진노하시는 무서운 하나님으로 기억하는데, 그 하나님이 또한 그의 백성을 애정이 어린 눈으로 바라보시고, 잊으신 적이 없고, 온 마음으로 그리워하시는 하나님이신 것을 알고 있는가?

7. 하나님께 고백하는 뉘우침에 진실함을 보여주는 요소들이 있는가? 죄에 대한

하나님의 징계가 정당하다고 겸허히 인정하는가? 하나님이 죄를 용서하실 수 있음을 신뢰하는가? 죄에 대한 철저한 반성이 있는가? 죄로 인한 징계에 대한 부끄러움이 있는가?

8. 하나님의 징계를 경험하면서 "하나님이 나를 잊으셨다"고 생각할 때 하나님은 "내가 결코 잊은 적이 없다"고 말씀하시면서 돌아오길 간절히 바라고 계신다는 것을 알고 있는가?

9. 하나님이 약속하시는 "새로운 것"을 기대하며 그에게로 돌아서고 있는가? 영과 육의 온전한 회복에 대한 간절한 기대가 있는가?

---

2) "새 언약," 영원한 나라, 예루살렘의 회복(27-44절)

1인칭 화법의 26절이 전환을 나타낸 이후에 본 단락에는 "보라. 날들이 임할 것이다. 여호와의 말이니라"라는 관용적인 도입형식으로 시작하는 세 개의 신탁(27-30절; 31-34절; 38-40절)과 "여호와께서 이와 같이 말씀하시니라"로 시작하는 두 개의 신탁(35-36절; 37절)이 등장한다. 31장 전체를 보면 세 번째에서 일곱 번째의 신탁으로 회복의 주제를 이어간다. 세 번째 신탁(27-30절)과 네 번째 신탁(31-34절)의 대상은 "이스라엘 집"과 "유다 집"이다. 다섯 번째 신탁(35-36절)과 여섯 번째 신탁(37절)은 "여호와께서 이와 같이 말씀하시니라"라는 도입형식으로 시작하고 대상은 "이스라엘 자손"이다. 마지막 신탁(38-30절)의 대상은 예루살렘("이 성읍")이다. 이 신탁들의 형식은 하나님의 말씀이 직접 인용되는 신적 신탁이다. 세 번째, 네 번째, 일곱 번째 신탁은 모두 특정되지 않는 미래의 "날들"을 언급하면서 하나님이 이루실 회복에 집중한다. 다섯 번째와 여섯 번째 신탁은 하나님이 창조하신 우주질서에 대한 언급과 함께 반어적 표현으로 회복을 선언하는 공통점이 있다. 도입형식과 신탁의 대상에 따라 본 단락의 구조를 세부적으로 분석하면 다음과 같다.

A. 신탁 III. 이스라엘 집과 유다 집(27-30절)

a. 신탁도입: "보라. 날들이 임할 것이니라. 여호와의 말이니라," 27절상

b. 회복선언: "사람의 씨와 짐승의 씨를 뿌릴 것이라," 27절하-30절

A'. 신탁 IV. 이스라엘 집과 유다 집(31-34절)

a'. 신탁도입: "보라. 날들이 임할 것이니라. 여호와의 말이니라," 31절상

b'. 회복선언: "새 언약을 맺으리라," 31절하-34절

B. 신탁 V. 이스라엘 자손(35-36절)

a''. 신탁도입: "여호와께서 이와 같이 말씀하시니라," 35절상

b''. 회복선언: 내 앞에서 영원히 나라로 존재할 것이다, 35절하-36절

B'. 신탁 VI. 이스라엘의 모든 자손(37절)

a'''. 신탁도입: "여호와께서 이와 같이 말씀하시니라," 37절상

b'''. 회복선언: 이스라엘의 모든 자손을 거부하지 않는다, 37절하

C. 신탁 VII. 예루살렘(38-40절)

a''''. 신탁도입: "보라. 날들이 임할 것이니라. 여호와의 말이니라." 38절상

b''''. 회복선언: 예루살렘이 다시 세워져 영원히 존재할 것이다, 38절하-40절

신탁 III(A. 27-30절)은 북이스라엘과 유다의 회복을 선언하면서 이들의 영원한 회복을 확언해 주고 있는 신탁들(31-40절)의 서론 역할을 한다. 하나님이 약속하시는 회복은 미래에 대한 소망을 품게 한다. 왜냐하면 이 회복은 단순히 옛 것을 회복하는 정도가 아니라 그가 이루어 놓으실 "새 일"(חֲדָשָׁה 하다샤)에 대한 기대를 갖게 하기 때문이다. 이 기대의 근거는 하나님이 그의 백성(이스라엘과 유다)과 맺으시는 "새 언약"(בְּרִית חֲדָשָׁה 베리트 하다샤)이다. 새 언약의 선언에 이어서(31절), 새 언약의 속성과 특징(32-34절), 새 언약의 확실성(35-37절), 새 언약에 대한 확증(38-40절)을 차례대로 서술한다. 모세가 신명기 30장 6절에서 새 언약의 그림자("마음의 할례")를 제공했다면(cf. 신 10:16), 예레미야는 31장 31절에서 새 언약을 공식적으로 공표한다.

같은 시대에 에스겔은 이 새 언약의 속성을 담아내는 신탁을 전하면서 새 언약을 통한 회복을 확언한다(겔 36:26-27). 포로기의 다니엘은 새 언약이 성취될 시간의 흐름을 제시한다(단 9:24-27). 결국 새 언약은 때가 찼을 때 그리스도의 사역을 통하여 성취된다(cf. 눅 22:20; 갈 4:1-7). 성령은 그리스도를 통해 성취된 새 언약을 하나님의 성도들에게 적용하시면서 그들로 하여금 새 언약의 축복과 은혜를 실제적으로 누리게 하신다.

신탁 III. 이스라엘 집과 유다 집, 사람과 짐승의 씨(27-30절)

회복의 날에 대한 중요한 세 가지 사실이 선언된다. 첫째, 그 날이 임하면 북이스라엘과 유다가 다시 사람들과 짐승들로 가득 채워질 것이다. 둘째, 심판을 위해 북이스라엘과 유다를 주목하셨던 것처럼 나라의 회복을 위해 새롭게 뿌려진 백성을 주목하실 것이다. 셋째, 회복된 나라의 구성원들 각자가 영적, 윤리적 책임을 감당하는 질서가 세워질 것이다. 새 언약을 통한 영원한 회복을 확언하시기에 앞서 하나님은 죄에 대한 회개가 없이 회복을 누리려는 태도를 경계하신다.

신탁 IV. 이스라엘 집과 유다 집, 새 언약의 속성과 특징(31-34절)

북이스라엘과 유다의 회복은 하나님이 맺으실 "새 언약"으로 가능하다. 하나님은 회복을 이루시는 날에 북이스라엘과 유다와 새 언약을 맺으시겠다고 약속하신다. 새 언약은 조상들이 파기한 언약과 같지 않다. 하나님은 새 언약을 통하여 율법을 마음에 새김으로 회복될 언약관계를 선언하신다. 새 언약을 누리는 백성은 하나님을 아는 지식을 갖추고 죄의 용서함을 받은 백성이다.

신탁 V. 이스라엘 자손, 영원한 나라(35-36절)

우주의 질서가 영원하고 우주의 신비가 끝이 없는 것처럼 새 언약은 결코 변함이 없을 것이다. 왜냐하면 창조주 만군의 여호와가 그의 백성을 위해 맺으신 언약이기 때문이다. 결국 새 언약을 통하여 이스라엘 자손은 영원한 나라로 세움을 얻게 된다.

신탁 VI. 이스라엘의 모든 자손, 버리지 않음(37절)

죄로 인해 심판을 당한 백성에 대해 하나님이 회복을 계획하시는 것은 그의 절대적 주권에 속하는 일이다. 따라서 그의 주권에 따라 세우신 창조질서를 다 설명할 수 있을 때 언약백성의 회복에 대한 그의 결정에 이의를 제기할 수 있다.

신탁 VII. 예루살렘, 다시 세워짐(38-40절)

하나님은 새 언약을 확증하시기 위하여 예루살렘을 견고하게 다시 세우실 뿐만 아니라 거룩하게 하실 것을 선언하신다. 예루살렘의 영원한 존속은 회복의 영원성을 보증한다.

주해

27-30절. "보라. 날들이 임할 것이니라. 여호와의 말이니라" 라는 도입형식과 함께 세 번째 회복신탁이 서술된다. 신탁의 대상은 이스라엘 집과 유다 집이다. 이는 1절에서 언급한 "이스라엘 모든 종족" 을 가리킨다. 26절의 전환 이후 처음 등장하는 이 신탁은 이어지는 신탁들의 서론역할을 한다. 본 신탁은 세 가지 사실을 선언하면서 서론역할을 한다. 첫째, 회복의 날에 심판의 상태가 완전히 역전될 것이다(27절). 하나님의 심판은 이스라엘 집과 유다 집에서 사람과 짐승을 모두 제거하여 황폐하게 만들었다. 하지만 회복의 날이 임하면 하나님이 이스라엘 집과 유다의 집에 사람의 씨와 짐승의 씨를 뿌려 사람과 짐승으로 가득 채우실 것이다. 이는 언약백성을 물리적으로 확보하는 회복이다. 에스겔이 선포하고 있는 회복의 날과 동일한 그림이다(겔 36:10-11; cf. 호 2:23).

> 내가 또 사람을 너희 위에 많게 하리니 이들은 이스라엘 온 족속이라 그들을 성읍들에 거주하게 하며 빈 땅에 건축하게 하리라 내가 너희 위에 사람과 짐승을 많게 하되 그들의 수가 많고 번성하게 할 것이라 너희 전 지위대로 사람이 거주하게 하여 너희를 처음보다 낫게 대우하리니 내가 여호와인 줄을 너희가 알리라 (겔 36:10-11).

더 나아가 에스겔이 본 마른 뼈 환상과도 연결된다(겔 37:1-14). 둘째, 하나님이 철저한 심판을 위해 이스라엘과 유다를 지켜보셨던 것처럼 회복을 위해 새롭게 뿌려진 그의 백성을 지켜보실 것이다(28절).[63] "깨어서" 라는 표현의 반복에 주목할 필요가 있다. "깨어서" 로 번역한 히브리어 동사 שָׁקַד샤카드(שָׁקַדְתִּי샤카드티; אֶשְׁקֹד 에쉬코드)는 1:11-12의 살구나무 환상에서 살구나무(שָׁקֵד샤케드)와 언어유희를 이루면서 하나님이 자신의 말을 분명히 지켜보시고 이루실 것을 확언하실 때 사용한 동사다. "내가 내 말을 지켜(שֹׁקֵד쇼캐드) 그대로 이루려 함이라" (1:12). 즉 "내 말이 이루어지는 지를 내가 지켜보고 있다" 는 의미다. 이것은 하나님이 그의 신탁이 성취될 수 있도록 주시하고 계심을 나타낸다. 이와 유사하게 28절은 동일한 동사 שָׁקַד샤카드를 심판과 회복의 대상을 하나님이 지켜보고 계신다는 사실에 사용한다. 하나님이 이스라엘과 유다를 "지켜보시고" (שָׁקַדְתִּי샤카드티) "뿌리 뽑으며 무너뜨리며 전복하며 멸망시키며 괴롭게 하는" 철저한 심판을 행하신 것처럼 "세우고 심기 위해" 새롭게 뿌려진 그의 백성을 지켜보시겠다는 선언이다. 이는 심판이 성취된 것처럼 회복이 성취될 것이라는 사실을 보증한다. "세우고 심기 위해" (לִבְנוֹת וְלִנְטוֹעַ 리브노트 베린토아)라는 표현은 한 나라를 건설하는 것을 가리킨다(cf. 18:9).[64] 따라서 이 선언은 이스라엘 집과 유다 집을 한 나라로 건설하기 위해 그들을 지켜보고 계신다는 의미를 전달한다. 셋째, 회복의 날에 새 속담이 옛 속담을 대체할 것이다. "아버지가 신 포도를 먹었는데 아들의 이가 시다"는 옛 속담은 옛 언약의 체계를 가리킨다. 옛 언약 하에서는 지도자(왕, 제사장, 선지자)가 언약공동체를 대표하고 언약공동체에 대한 책임을 갖는다. 왕이 죄를 지으면 공동체가 그 죄를 함께 감당하게 된다. 반면에 회복의 날이 임하면 "신 포도를 먹는 자마다 그의 이가 시다"는 새 속담을 말하게 된다. 새 속담은 새 언약의 체계를 가리킨다. 새 언약 하에서는 회복 공동체에 속한 구원들 각자가 중요한 위치와 책임을 갖는다.[65] 이는 하나님을 대변하거나 그를 알려주는 왕, 선지자, 제사장이 필요가 없고 회복 공동체의 모든 구성원이 하나님을 알고 그에게 속하게 되는 것과 같은 맥락이다(cf. 34절). 따라서 새 속담은 회복 공동체의 구성원 각자가 영적, 윤리적 책임을 갖는 질서를 가리킨다. 특히 아브라함의 후손으로 언약공동체에 속해 있다는 것만으로 회복에 참여할 수 있다는 생각을 할 수 없게 된다. 각자가 죄를 뉘우치고(cf. 18-19절), 돌아오라는 하나님의 명령(cf. 21-22절)에 반응하지 않으면 회복을 누릴 수 없고 오히려 지은 죄로 말미암아 죽음을 피할 수 없게 된다. 이 사실

---

63) 28절의 첫 번째 문장의 히브리어 원문, שָׁקַדְתִּי עֲלֵיהֶם 샤카드티 알래헴은 "내가 그들을 지켜보았다"는 의미다. 이 표현에 이어서 목적 또는 결과를 나타내는 부정사구들이 서술된다. 따라서 첫 번째 문장은 "뿌리를 뽑고, 무너뜨리고, 전복시키고, 멸망시키고, 재앙을 내리기 위해 내가 그들을 지켜본 것처럼" (목적) 또는 "내가 그들을 지켜보아서 뿌리를 뽑고, 무너뜨리고, 전복시키고, 멸망시키고, 재앙을 내린 것처럼" (결과)으로 번역하게 된다.

64) 1장 10절에서 나라와 왕국의 파멸을 묘사할 때 לִנְתוֹשׁ וְלִנְתוֹץ וּלְהַאֲבִיד וְלַהֲרוֹס 린토쉬 베린토쯔 울레하아비드 베라하로쓰가 사용되고 나라와 왕국의 건설을 묘사할 때 לִבְנוֹת וְלִנְטוֹעַ 리브노트 베린토아가 사용된다. 동일한 표현이 18장 5-12절에 사용되면서 나라와 왕국의 파멸과 건설을 묘사한다.

65) "In acclaiming this new form of covenantal relationship both Jeremiah and Ezekiel saw that it changed the older concept of a corporate relationship completely by substituting the individual for the nation as a whole" (Harrison, *Jeremiah & Lamentations*, 140).

은, 이스라엘과 유다를 향한 하나님의 변개치 않는 영원한 회복을 약속하는 것(31-40절)에 앞서 죄에 대한 심각한 회개가 없이 이 회복을 누리고자 하는 불의한 태도를 경계한다(29-30절).[66]

31-34절. "보라. 날들이 임할 것이니라. 여호와의 말이니라"라는 도입형식과 함께 네 번째 신탁이 서술된다(31절). 신탁의 대상은 앞 신탁과 동일하게 "이스라엘 집과 유다 집"이다. 하나님은 앞서 이스라엘 집과 유다 집에 선언하신 회복의 약속을 "새 언약"(בְּרִית חֲדָשָׁה 베리트 하다샤)으로 보증하신다. "새 언약"에 대한 선언은 예레미야의 신탁에서 뿐만 아니라 구속사의 흐름에서 획기적인 전환점을 선포하는 면에서 그 중요성을 가지고 있다. 새 언약의 주체는 하나님이시며 언약의 대상은 "이스라엘 집과 유다 집"이다. 이 언약은 하나님이 이스라엘의 조상들(아브라함과 이삭과 야곱)과 맺은 언약을 포괄하는 시내산 언약을 갱신하는 면에서 "새 언약"이라는 이름을 갖는다. 따라서 "새 언약"에 대한 선언과 함께 이전 언약들은 "옛 언약"이 된다(cf. 히 8:13). 그렇다면 "새 언약"은 새로운 변화를 기대하게 한다. 따라서 새 언약이 옛 언약과 비교되면서 새 언약의 속성이 자세하게 서술된다. 새 언약은 하나님이 친히("조상들의 손을 잡고") 그의 백성을 이집트에서 인도하신 후 맺은 시내산 언약(출 19:5-6)과 같지 않다(32절). 남편과 아내의 결혼 서약이 서로에 대한 충성과 신의를 요구하는 것처럼 옛 언약을 받은 이스라엘의 조상들은 율법을 지키는 순종을 통하여 하나님께 대한 충성과 신의를 입증해야 했다.[67] 그러나 그들은 이 언약을 파기했다(cf. 7:21-26).[68] 따라서 옛 언약은 이스

66) 이런 해석과는 달리, 회복의 때가 되면 옛 속담을 말하면서 자신들이 처한 포로의 상황을 조상들의 탓으로 돌리는 태도가 바뀌어 새 속담을 말하면서 자신의 죄를 인정하고 하나님이 정당한 심판을 행하셨다고 수용하는 것으로 해석하기도 한다(Chisholm, *Handbook*, 195).

67) 32절의 "내가 그들의 남편이 되었어도 그들이 내 언약을 깨뜨렸음이라"는 표현에서 "남편이 되었어도"로 번역한 동사 בָּעַלְתִּי 바알티는 흥미롭다. 이 동사는 "내가 '남편'(바알, בַּעַל 바알)이었다"는 의미다. 언약백성이 따라야 할 "바알"(남편)은 여호와였음에도 불구하고 그들은 여호와를 버리고 가나안의 신 "바알"(בַּעַל 바알)을 따라갔다. "내가 그들의 남편이 되었어도"로 번역한 히브리어 원문은 1인칭 완료형 동사 בָּעַלְתִּי 바알티와 함께 1인칭 대명사(אָנֹכִי 아노키)를 추가적으로 서술해서 주어를 강조한다: אָנֹכִי בָּעַלְתִּי בָם 아노키 바알티 밤. 따라서 "바로 내가 그들의 남편이었다"는 강조된 의미를 전달한다.

라엘의 조상들에 의해 파기된 언약이다. 그렇다고 새 언약이 옛 언약의 가치를 거부하는 것은 아니다(cf. 롬 7:12). 오히려 파기된 옛 언약의 가치를 온전히 세워서 하나님이 의도하시는 언약관계를 회복하기 위해 새 언약을 선언하신다. 그러므로 옛 언약과 함께 제시된 율법이 그대로 새 언약에서도 요구되는데, 새 언약은 이 율법을 마음에 두고 새기어 이것을 따를 수 있는 동기와 능력을 갖게 한다(33절). "돌판" (לֻחֹת הָאֶבֶן 루호트 하에벤)이 아니라 내면에 새겨진 율법은 하나님의 백성의 삶의 원리와 본질적 속성이 된다. 같은 맥락에서 에스겔은 성령에 의한 마음의 변화와 성령의 임재가 율법을 준행하는 것을 가능하게 한다고 선포한다.

> 또 "새 영" (רוּחַ חֲדָשָׁה 루아흐 하다사)을 너희 속에 두고 "새 마음" (לֵב חָדָשׁ 래브 하다쉬)을 너희에게 주되 너희 육신에서 "굳은 마음" (לֵב הָאֶבֶן 래브 하에벤)을 제거하고 "부드러운 마음" (לֵב בָּשָׂר 래브 바사르)을 줄 것이며 또 "내 영" (רוּחִי 루히)을 너희 속에 두어 너희로 내 율례를 행하게 하리니 너희가 내 규례를 지켜 행할지라(겔 36:26-27).

율법이 새겨진 "새 마음"과 "부드러운 마음"은; "악한 마음의 완악(頑惡)함" (שְׁרִרוּת הַלֵּב הָרָע 쉐리루트 할래브 하라, 7:24)과 "배반하며 반역하는 마음" (וּמוֹרֶה לֵב סוֹרֵר 래브 쏘래르 우모레, 5:23)의 변화를 가리킨다. 이는 여호와를 경외하는 것을 마음으로도 생각하지 않는 태도(5:24)의 변화다.

내면에 새겨진 율법을 준행하는 동기와 능력을 더 분명하게 하는 것은 하나님에 대한 지식과 속죄에 대한 약속이다(34절). 또한 이 두 가지는 새 언약의 중요한 속성이다. 새 언약은 인간의 가르침이 필요가 없는 하나님에 대한 직접적인 지식을 약속한다(cf. 24:6-7). 마음에 새겨진 율법은 하나님과 그의 뜻을 본능적으로 알게 하고 행하게 한다. 달리 말하면 새 언약 하에서 모든 사람들("작은 자로부터 큰 자까지")이 타인의 가르침을 통해서가 아니라 직접적으로 하나님을 경험하고 그를 알게 된다. 즉 언약의 중재자가 더 이상 필요가 없고 새 언약 공동체에 속한

68) 새 언약이 필요한 것은 옛 언약 자체가 가지고 있는 결함 때문이 아니라 이 언약을 지키지 못한 언약백성의 문제 때문이라는 사실을 분명하게 서술한다. "내가 그들의 남편이 되었어도 그들이 내 언약을 깨뜨렸음이라" (32절). 그러므로 새 언약은 언약을 지킬 수 있도록 백성의 변화를 약속한다.

구성원 각자가 하나님께 나아가 그와 관계할 수 있다(cf. 겔 39:29; 욜 2:28-29). 여기서 "알다"(יָדַע 야다)가 의미하는 바는 단지 인지적이거나 정보적 차원에서의 앎을 가리키는 것이 아니라 실제 삶과 행동 속에서 하나님의 권위를 인정하고 그의 뜻을 따르며 그를 전인격적으로 경험하는 것을 가리킨다(cf. 22:16; 호 4:1, 6). 이는 율법과 규례를 지키며 언약을 존중하는 충분한 동기일 뿐만 아니라 능력이 된다. 더 나아가 새 언약은 죄의 용서를 약속한다. 새 언약은 이 약속에 기초하고 있다. 같은 맥락에서 에스겔은 율법과 규례를 따르는 "새 영"과 "새 마음"을 선포하기에 앞서 정결케 됨을 약속한다(겔 36:25[정결케 됨]-36:26-27[새 언약]). 자신들이 범한 죄가 사함을 받고 하나님이 그 죄를 기억하시지 않는 은혜에 대한 경험은 마음에 새기어진 율법을 따라 하나님께 순종하는 삶으로 인도할 것이다. 새 언약에서는 두려움이 아닌 감사와 은혜가 하나님의 뜻에 순종하는 동기가 된다. 새 언약은 심판의 날들이 지난 후에 체결될 것이며 옛 언약이 의도한 바를 분명하게 이룰 것이다. 즉 언약관계의 회복을 가능하게 한다. "나는 그들의 하나님이 되고 그들은 내 백성이 될 것이라"(33절).

35-36절. 신탁도입형식("여호와께서 이와 같이 말씀하시니라")과 함께 다섯 번째 회복신탁이 서술된다. 이 신탁의 대상은 이스라엘 집과 유다 집을 포괄하는 "이스라엘 자손"(זֶרַע יִשְׂרָאֵל 제라 이스라엘)으로 표현된다. 도입형식과 함께 말씀을 하시는 여호와를 우주를 창조하시고 우주의 모든 질서를 정하시고 주관하시는 분으로 묘사할 뿐만 아니라 그의 이름이 만군의 여호와이신 것을 분명하게 밝힌다(35절).[69] 이는 하나님이 창조주이신 것과 그의 우주적 주권을 강조한다. 바로 이 하나님이 언약을 맺으신 여호와시다. 이 여호와 하나님이 이스라엘 자손에게 새 언약을 맺으시면서 약속하신 나라는 영원하다는 사실을 반어법의 논증을 통해 선언하신다(36절). 우주의 모든 질서("이 법도")가 여호와를 떠나 폐기된다면 비로소 "이스라엘 자손"도 그 앞에서 나라로 존재하는 것이 영원히 멈추게 된다. 이는 우주의 질서가 그의 주권에 따라 유지되는 것처럼 이스라엘 후손으로 이루실 나라

69) "낮"과 "밤," "해"와 "달과 별들," [연상되는] "하늘"과 "바다"는 양극대칭을 언급하면서 전체를 나타내는 기법이다. 따라서 하나님이 창조하신 모든 피조물, 즉 우주 전체를 가리킨다.

도 그의 주권에 따라 영원히 존재할 수 있다는 사실을 반어적으로 확언한다. 이 확언은 새 언약이 변개치 않는 영원한 언약이라는 의미도 담는다(cf. 32:40). 우주의 질서를 보존하시는 것에 신실하신 것처럼 그의 백성을 위한 회복에도 하나님은 신실하시다.

37절. 신탁도입형식("여호와께서 이와 같이 말씀하시니라")과 함께 여섯 번째 회복신탁이 서술되는데, 이 신탁은 앞 신탁의 대상과 어조를 그대로 이어간다. 창조주의 관점을 그대로 유지하면서 "이스라엘의 모든 자손" (כָּל־זֶרַע יִשְׂרָאֵל 콜-제라 이스라엘)이 행한 모든 일에도 불구하고 그들을 결코 버릴 수 없다는 것을 반어적 논증을 통해 제시하신다. 소위 말하는 언약백성인 북이스라엘과 유다가 그들의 언약의 하나님이신 여호와께 행한 일을 고려하면 심판으로 그들의 운명이 마무리되는 것이 당연하다. 하지만 하나님은 그렇게 하지 않으시고 그들의 구원과 회복을 약속하신다. 따라서 왜 이스라엘 자손을 그들의 행위에 따라 영원히 멸하시지 않느냐고 묻는다면 하나님은 하늘의 높이와 땅의 깊이, 즉 우주의 모든 것을 다 측량한 후에 다시 물으라고 하실 것이다. 죄로 인해 심판을 당한 백성에 대해 하나님이 회복을 계획하시는 것은 그의 절대적 주권에 속하는 일이다. 따라서 그의 주권에 따라 세우신 창조질서를 다 설명할 수 있고 그의 뜻을 헤아릴 수 있을 때 비로소 이스라엘의 모든 자손의 회복에 대한 그의 결정에 이의를 제기할 수 있다는 것이다. 인간으로서는 하늘과 땅을 다 측량할 수 없는 것처럼 이스라엘 자손을 향한 하나님의 심오한 뜻과 은혜도 다 헤아릴 수 없다. 이는 하나님이 그의 언약을 완전히 폐기하시거나 이스라엘 자손을 결코 버릴 수 없음을 의미한다. 따라서 "왜"라고 묻는다면, 하나님은 "나의 결정이기 때문에"라는 답변을 주실 것이다. 비록 언약백성이 실패했지만 인간의 논리로 설명할 수 없는 그들에 대한 하나님의 사랑과 애정이 회복선언을 가능하게 한다. 그렇다면 하나님이 변하시지 않는 한 이스라엘을 위한 회복은 확실하고 신뢰할 만하다.

38-40절. 관용적인 도입형식("보라. 날들이 임할 것이니라. 여호와의 말이니라")과 함께 마지막 일곱 번째 신탁이 서술된다(38절). 이스라엘 자손의 회복을 약속하는 새 언약이 체결되는 날에 새 언약의 성취를 확증하기 위해 예루살렘의 회복을 약

속하신다. 그 날이 임하면 여호와를 위하여 예루살렘이 건축된다. 뿐만 아니라 이 성읍의 범위가 확장된다(38-39절; 슥 14:10-11). 38-39절은 다시 세워질 예루살렘의 확장된 범위를 서술한다. 또한 예루살렘의 모든 들판이 여호와께 거룩하게 되면서 그의 임재가 가능한 구별된 장소가 된다(40절). 이 회복은 3장 14-18절에서 "여호와의 언약궤를 다시 말하거나 만들지 않고 예루살렘이 여호와의 보좌라고 일컬음이 될 것이라" 고 선언한 것과 같은 그림이다.[70] 그러므로 하나님은 예루살렘이 영원히 뿌리 채 뽑히거나 허물어지지 않을 것이라고 선언하신다. 하나님께 드려지고 거룩하게 된 예루살렘은 새 언약이 이루어지는 장소이기 때문에 예루살렘의 회복에 대한 선언은 새 언약과 함께 약속된 영원한 나라의 설립과 존속을 확증한다.

현재적 적용 | 묵상

1. 뽑고 무너뜨리고 멸망시키는 시간이 지나 세우고 심는 회복의 시간이 그리스도를 통하여 왔는데, 이 회복으로 나아왔는가? 아직도 심판의 시간에 머물고 있는 것은 아닌가?
2. 죄에 대한 심판을 행하시기 위해 지켜보시는 하나님이 회복을 위해 지켜보신다는 사실이 죄를 회개할 마음과 회복을 위해 그를 찾을 마음을 갖게 하는가? 죄에 대한 심각한 회개가 없이 회복만 누리고자 하는 불의한 심보가 있는 것은 아닌가?
3. 새 언약을 누리는 성도로서 성도 각자에게 주어진 영적, 윤리적 책임을 감당하고 있는가?
4. 성도는 하나님의 율법을 마음에 새기고 있는 이들이라는 사실이 삶의 모습과 태도를 변화시키고 있는가? 하나님의 율법이 마음에 새겨져 있기 때문에 충

---

70) 새 언약의 성취의 시대에 살았던 스가랴 선지자도 동일한 내용의 신탁을 전한다. "그 날에는 말 방울에까지 여호와께 성결이라 기록될 것이라 여호와의 전에 있는 모든 솥이 제단 앞 주발과 다름이 없을 것이니 예루살렘과 유다의 모든 솥이 만군의 여호와의 성물이 될 것인즉 제사 드리는 자가 와서 이 솥을 가져다가 그것으로 고기를 삶으리라 그 날에는 만군의 여호와의 전에 가나안 사람이 다시 있지 아니하리라" (슥 14:20-21).

분히 그의 율법(그의 뜻)에 따라 살 수 있음에도 불구하고 그렇게 하지 않는 것은 아닌가? 하나님이 원하시는 삶이 무엇인지를 분명히 알면서도 그 삶을 부담스러워하게 하고 세상살이에 불리한 것이라고 생각하게 하는 사탄의 속임에 넘어가는 것은 아닌가? 베드로 사도는 "그[하나님]의 신기한 능력으로 생명과 경건에 속한 모든 것을 우리에게 주셨고" 뿐만 아니라 "정욕 때문에 세상에서 썩어질 것을 피하여 신성한 성품에 참여하는 자가 되게 하셨다"고 말하면서 성도에게 경건하게 살 수 있는 능력과 하나님과 같은 성품을 나타낼 수 있는 능력이 있다고 말하고 있는 것을 알고 있는가? 그렇다면 하나님의 율법에 따라 살지 않는 것은 "할 수 없기" 때문이 아니라 "하지 않기" 때문은 아닌가?

5. 죄 사함을 받고 그 죄를 기억하지 않으시는 하나님의 은혜에 대한 경험이 마음에 새겨진 율법에 따라 살게 하는 동기가 되는가?
6. 우주의 질서가 오묘하고 그 끝을 알 수 없는 것처럼 논리로 판단하기에 너무 오묘하고 그 끝을 알 수 없게 다가오는 하나님의 사랑과 애정에 감격해 본 적이 있는가? 하늘의 수많은 별을 볼 때 나를 향한 하나님의 극진한 사랑과 애정이 느껴지는가?
7. 내게서는 그 어떤 이유도 찾을 수 없음에도 불구하고 여전히 "내가 결코 너를 버리지 않겠다"고 말씀하시는 하나님의 자비로운 음성이 들리는가?
8. 새 언약으로 구원과 회복을 확증하는 주님의 몸인 신앙공동체에 속해 있는가? 이 신앙공동체 안에서 하나님의 임재와 회복의 기쁨을 경험하고 있는가?

---

2. "위로의 책" 후반부: 산문(32:1-33:26) [시드기야 10년, 587년]

"위로의 책"의 전반부인 30-31장은 시문인 반면에 후반부인 32-33장은 산문이다. 후반부는 사건서술 형식을 취하지만 사건이 아니라 인용된 신탁들이 주요 내용을 이룬다.[71] 따라서 형식적인 면에서는 서사이지만 내용적인 면에서는 전반부에 선언된 회복의 주제들을 반복한다. 사건서술 형식을 취하는 것은 회복선언을 역사적 정황 안에서 확정하고 확증하려는 것으로 보인다. 이는 예레미야서의 사건 서술들이 신탁을 확정하고 확증하는 역할을 하는 것과 동일하다. 새 언약을 서술한 후 예레미야가 시위대 뜰에 갇혀 있을 때 하나멜의 밭을 산 사건이 기록되는 것은 새 언약의 성취를 확언하고 회복에 대한 확실성을 공적으로 선포하기 위한 것이다. 한편 예레미야의 매매행위는 시드기야와 예루살렘에 임박한 심판의 성취를 간접적으로 확언한다. 유다가 멸망을 목전에 두고 있는 가장 절망적인 순간에 회복 신탁들이 선포되면서 희망적인 미래에 대한 기대를 갖게 한다.

앞서 언급한 바와 같이 32장과 33장은 전반부(30-31장)의 구성적 특징을 공유한다. 각 장의 서두에 핵심주제가 제시되고 이 주제와 관련된 신탁들이 나열되는 특징이다. 32장은 바벨론 왕 느부갓네살에 의해 예루살렘이 포위된 정황에서 예루살렘의 멸망과 시드기야의 포로에 대한 예레미야의 신탁을 시드기야가 인용하는 것으로 시작된다. 이어서 예레미야가 하나멜의 밭을 사는 사건에 대한 서술과 유다와 예루살렘이 멸망의 위기를 맞이하게 된 원인 및 멸망 이후의 회복에 대한 신탁들이 인용된다. 33장은 3절의 선언("크고 은밀한 일을 네게 보이리라")이 서술되고 이 은밀한 일의 구체적인 내용을 전하는 신탁들이 나열된다. 예레미야가 시위대 뜰에 갇힌 상태에서 받은 하나님의 말씀의 첫 번째 모음이 32장에 그리고 두 번째 모음이 33장에 기록된다. 마튼즈(Martens)가 지적하는 바와 같이, 32장은 30장과 동일하게 "약속의 땅으로의 귀환"에 집중하는 반면에 33장은 31장이 집중한 "여호와께로의 귀환"의 주제를 다윗언약과 레위언약의 영원성에 대한 선언으로 반복한다. 따라서 32-33장을 분석할 때, 사용된 단어와 표현에 집중하면서 30-31장과의 주제적 연관성을 살필 필요가 있다.

(1) 아나돗 땅 매매의 상징적 행위를 통한 귀환확언(32:1-44)

역사정보와 함께 신탁도입형식("여호와의 말씀이 예레미야에게 임하니라")이 1-2절에 등장하면서 "위로의 책" 후반부가 시작된다. 32장의 역사적 배경은 시드기

---

71) 신탁도입형식이 지속적으로 반복된다(32:6, 14, 15, 26, 28, 36, 42; 33:1, 4, 10, 12, 14, 17, 19. 23, 25).

야 왕 10년(주전 587년)에 예루살렘이 바벨론 왕 느부갓네살에 의해 포위된 정황이다. 더 구체적으로는 예레미야가 시위대 뜰에 갇혀있던 상황이다. 본 단락은 이 상황(1-2절)에서 예레미야가 하나님의 계시에 따라 하나멜의 밭을 사고 매매증서를 보관한 일(6-15절)과 그 때 그가 하나님께 드린 기도(16-25절)를 서술한다. 이어서 예레미야의 기도에 대한 하나님의 답변(26-44절)이 기록된다. 그런데 예레미야의 말이 서술되기 전에 3-5절은 시드기야가 예레미야를 시위대 뜰에 가둔 이유를 설명해주는 시드기야의 말을 소개한다. 시드기야는 예레미야가 예루살렘의 멸망과 자신의 포로에 대해 선포한 신탁을 인용하면서 그를 책망한다. 그렇다면 예레미야의 말(6-25절)은 심판신탁에 대한 유다백성의 반응을 대변하는 시드기야의 반응과 이 신탁의 성취에 관한 답변을 제공하는 것으로 보인다. 6-25절을 함께 묶어 예레미야의 답변으로 제시하는 근거는 1인칭 표현이다. 32장은 예레미야의 3인칭 관점서술이다. 따라서 1절과 6절에 "예레미야"라는 표현이 등장하고 6절상은 "예레미야가 이르되"로 표현하면서 3인칭 관점을 이어간다. 이 표현 이후에 예레미야의 답변은 1인칭 관점으로 서술된다. 6절하의 "여호와의 말씀이 *내게* 임하였느니라"는 표현과 16절의 "*내가* 매매 증서를 네리야의 아들 바룩에게 넘겨 준 뒤에 여호와께 기도하여 이르되"라는 표현으로 1인칭관점 서술이 6-25절까지 유지된다. 예레미야의 답변에 이어서 26절에 "여호와의 말씀이 예레미야에게 임하여 이르시되"라는 표현과 함께 3인칭관점의 서술이 다시 등장한다.

예레미야의 답변(6-25절)은 앞서 언급한 바와 같이 6절에 예레미야의 답변을 소개하는 도입이 서술된 후, 두 개의 작은 단락으로 구분된다: (1) 하나멜의 밭 매매(7-15절); (2) 예레미야의 기도(16-25절). 하나멜의 밭을 구입한 사건에 대해 말하는 것은 예루살렘의 멸망 이후의 회복에 대한 하나님의 계획을 전달하려는 것으로 보인다. 이 사건에 대한 서술(7-15절)은 하나멜이 와서 밭을 사라고 요구할 것에 대한 하나님의 계시를 서술하는 단락(7절), 이 계시에 따른 하나멜의 방문과 매매행위를 기록하는 단락(8-12절), 매매 이후에 바룩에게 하나님의 말씀을 명하는 단락(13-15절)으로 구분된다. 예레미야가 하나멜의 밭을 산 것은 유다가 약속의 땅을 다시 소유하게 될 것임을 상징적으로 예고한다. 이 사건기록에 덧붙여서 자신이 하나님께 드린 기도의 내용을 서술하는 것은 심판의 상황과 심판 이후의 회복에 대해 어떤 태도를 취해야 하는지에 대한 예를 제시하려는 것으로 보인다.[72] 즉 하나님의 은혜를 거부하고 죄를 범한 것에 따른 심판을 인정하고 회복에 대한 확증을 붙들고 회복을 기다리는 태도다. 예레미야의 기도(16-25절) 역시 세부적인 단락들로 구성되어 있다. 창조주 하나님의 능력과 공의를 찬양하는 단락(17-19절), 출애굽과 약속의 땅으로 인도하신 과거를 언급하는 단락(20-22절), 현재 심판을 행하시는 하나님이 밭을 사고 증인을 세우라고 하신 것을 언급하는 단락(23-25절)이다.

예레미야의 기도에 이어서 서술되는 "여호와의 말씀"(26-44절)은 시드기야의 말과 예레미야의 말에 대한 답변이다. 26절의 신탁도입형식("여호와의 말씀이 예레미야에게 임하여 이르시되")은 하나님의 답변을 소개하는 도입의 역할을 한다. 이어서 서술되는 하나님의 답변(27-44절)은 그의 능력과 주권에 따른 예루살렘의 확정된 멸망에 관한 선언단락(27-29절), 멸망이 확정된 원인을 지적하는 고소단락(30-35절), 예루살렘의 회복에 관한 선언단락(36-41절), 앞의 선언을 정리하면서 답변을 마무리하는 회복 선언단락(42-44절)로 세분화된다. 정리하면, 유다백성이 범한 죄로 인해 심판은 불가피하지만 하나님이 그의 능력으로 그들을 포로에서 해방시키시고 약속의 땅으로 돌아오게 해서 그 땅을 소유하게 하시겠다고 확언하신다. 이와 같은 분석들을 반영하여 32장의 세부 구조를 제시하면 다음과 같다.

I. 시드기야의 말(1-5절)

도입, 1-2절

시드기야가 인용한 신탁, 3-5절

II. 예레미야의 답변(6-25절)

1. 하나멜의 밭 매매, 6-15절

도입: 6절

(1) 하나멜의 요구에 대한 여호와의 계시: 7절

---

72) 예레미야가 하나멜의 밭을 법과 규례에 따라 구입을 했지만 그의 기도가 그의 당혹스러움이나 다시 의심에 빠진 부정적인 태도를 보이고 있는 것으로 해석하기도 한다. 이와는 달리 예레미야의 기도와 이에 대한 하나님의 답변(26-44절)을 함께 고려할 때 예레미야가 유다의 현재와 미래에 대한 하나님의 계획을 다시 확인하고 회복에 대한 확언을 듣고자 하는 것으로 보인다.

(2) 하나멜의 밭 매매와 증서작성: 8-12절
(3) 바룩에게 명한 하나님의 신탁: 13-15절
2. 예레미야의 기도, 16-25절
도입: 16절
(1) 창조주 하나님의 능력과 공의에 대한 찬양, 17-19절
(2) 출애굽과 약속의 땅으로 인도하신 과거사건, 20-22절
(3) 심판이 임한 현재와 밭 매매 명령 확인, 23-25절
II. 하나님의 답변(32:26-44)
도입, 26절
a. 선언단락: 예루살렘의 확정된 멸망, 27-29절
b. 고소단락: 심판원인, 30-35절
c. 선언단락: 예루살렘의 회복과 영원한 언약: 36-41절
c'. 선언단락: 회복을 확증하기 위한 토지거래: 42-44

도입: 사건 정황(1-2절)

32장에 서술된 사건의 정황을 설명하는 도입이 1-2절에 서술된다. 바벨론 왕의 군대에 의해 예루살렘이 포위된 유다 왕 시드기야 10년(주전 587년)이 사건의 정황이다. 이 때 예레미야는 시드기야에 의해 왕궁에 있는 시위대 뜰에 갇혀있었다.

시드기야의 말: 예레미야의 신탁 인용(3-5절)

시드기야는 예루살렘의 멸망과 자신의 포로에 관한 예레미야의 신탁을 인용하면서 그를 책망하고 시위대 뜰에 가두었다.

예레미야의 답변: 하나멜의 요구에 대한 하나님의 계시(6-7절)

예레미야는 하나멜이 와서 밭을 사라고 요구할 것을 하나님이 미리 알려주셨다는 말로 그의 답변을 시작한다. 이는 하나님이 오래전에 심판에 대해 말씀하신 것에 따라 심판이 이루어지고 있는 시점에 하나님이 회복을 보증하는 사건을 계시하셨음을 말하는 것이다.

예레미야의 답변: 하나멜의 밭 매매 그리고 증서작성(8-12절)

하나님이 미리 알려 주신 것처럼 실제로 하나멜이 시위대 뜰에 갇혀 있는 예레미야에게 와서 밭을 사서 기업의 상속권을 가문 안에 유지해 줄 것을 요구한다. 그러자 예레미야는 이것이 하나님이 요구하시는 것임을 알아채고 밭을 사서 증서에 서명을 하고 봉인을 한 후 바룩에게 매매증서를 맡긴다.

예레미야의 답변: 바룩에게 명한 하나님의 신탁(13-15절)

매매증서를 바룩에게 맡기면서 모든 유다백성이 듣도록 예레미야는 봉인된 매매증서와 봉인되지 않은 것을 토기 안에 오랫동안 담아두라는 하나님의 명령과 약속의 땅에서 집과 밭과 포도원을 다시 사게 될 것이라는 하나님의 신탁을 명한다.

예레미야가 기도를 드린 정황(16절)

예레미야는 매매증서를 바룩에게 넘겨준 후 하나님께 기도를 드린다.

예레미야의 기도: 창조주 하나님의 능력과 공의에 대한 찬양(17-19절)

예레미야는 창조주로서의 하나님의 능력을 언급하면서 그에게는 모든 것이 가능하다고 고백할 뿐만 아니라 그의 능력에 따른 공의를 찬양한다. 당시의 상황도 하나님이 공의의 눈으로 지켜보고 행하시는 일임을 고백한다.

예레미야의 기도: 출애굽과 약속의 땅으로 인도하신 과거사건(20-22절)

예레미야는 과거에 하나님이 그의 능력으로 이스라엘을 이집트에서 이끌어내어 약속의 땅으로 인도하신 구원을 언급한다. 하나님이 조상들과 맺은 언약을 지키셨기 때문에 약속의 땅을 얻었다고 고백한다.

예레미야의 기도: 심판이 임한 현재와 밭 매매 명령 확인(23-25절)

하나님의 약속에 따라 유다백성이 약속의 땅을 소유했지만 불순종으로 인하여 현재 파괴와 재앙을 내리시는 하나님의 심판을 겪고 있다고 말한다. 이 상황을 하나님도 분명히 알고 계심에도 불구하고 하나님이 자신에게 밭을 사고 증인을 세우라고 명하신 것을 언급하는 것으로 기도를 마친다.

하나님의 답변도입(26절)
예레미야의 기도에 대한 하나님의 답변이 주어진다. 이 답변은 시드기야가 예레미야의 신탁을 인용해서 한 말에 대한 답변이기도 하다.

하나님의 답변: 선언단락, 예루살렘의 확정된 멸망(27-29절)
하나님은 그의 답변에서 우주적 주권과 무한한 능력을 가지고 계심을 알려 주신다. 이 하나님이 예루살렘은 느부갓네살 왕의 손에 넘겨져서 모두 파괴될 것이라고 선언하신다. 또한 갈대아인들이 와서 우상숭배를 행한 집들을 제거할 것이라고 말씀하신다.

하나님의 답변: 고소단락, 심판원인(30-35절)
하나님이 예루살렘을 심판하실 수밖에 없는 이유가 구체적으로 서술된다. 심판원인은 지속적으로 하나님 앞에서 악을 행하고 우상으로 그의 진노를 자극한 것이다. 심판원인이 자세하고 길게 서술되는 것은 그의 화난 감정을 그대로 반영하는 듯하다. 고소단락은 예루살렘이 칼과 기근과 전염병으로 파괴되는 것에는 충분한 이유가 있다는 것을 지적한다.

하나님의 답변: 선언단락, 예루살렘의 회복과 영원한 언약(36-41절)
죄에 대한 정당한 심판으로 인해 예루살렘이 현재 멸망의 위기에 놓여있지만 예루살렘에 대한 하나님의 계획의 끝은 멸망이 아니다. 왜냐하면 예루살렘의 회복에 대한 신탁이 선언되기 때문이다. 심판을 행하신 후 심판의 결과를 되돌리시고 심판의 근본적인 원인들을 해결하시겠다고 선언하신다. 뿐만 아니라 하나님이 이러한 회복을 기뻐하실 뿐만 아니라 온 마음과 정성으로 이루시겠다고 약속하신다.

하나님의 답변: 선언단락, 회복을 확증하기 위한 토지거래(42-44절)
심판은 확정됐다. 유다백성은 하나님이 내리시는 모든 큰 재앙을 피할 수가 없다. 하지만 하나님은 동일한 열정으로 그들에게 모든 복을 내리실 것을 선언하신다. 이 선언을 확증하시기 위해 유다의 모든 지역에서 밭의 소유권을 확인하는 법과 규례에 따른 정상적인 토지거래가 이루어질 것임을 알려주신다.

주해

1-2절. 산문서술 형식과 역사정보에 대한 언급은 사건도입의 역할을 한다. 1절이 제시하는 역사적 정황은 유다가 멸망을 눈앞에 두고 있는 시드기야 10년 곧 주전 587년이다. 이 때는 느부갓네살 왕이 바벨론을 통치한 지 18년이 되는 해다. 시드기야 9년에 바벨론의 포위가 시작됐기 때문에 이 때는 포위상태가 상당이 지속된 시기다(cf. 39:1). 2절은 이 시기에 예레미야가 처한 정황을 서술한다. 예레미야는 시위대(경호대) 뜰에 있는 옥에 갇혀있었다. 연대기적 흐름에 따르면 32장 2절이 서술하고 있는 예레미야의 정황은 37장에서 서술하고 있는 사건 이후다. 37장을 보면 예루살렘을 포위한 바벨론 군대는 이집트의 군대가 진격한다는 소문을 듣고 예루살렘에서 잠시 떠난다(37:11-12). 이 때 예레미야가 베냐민 땅으로 가는 도중에 문지기 이리야에게 붙잡혀 갈대아인들에게 항복하려고 한다는 누명을 쓰고 서기관 요나단의 집에 있는 토굴 옥에 갇히게 된다(37:13-15). 여러 날이 지난 후 시드기야 왕이 예레미야를 불러내어 하나님의 신탁을 듣고자 할 때 예레미야는 시드기야에게 간청을 하여 시위대 뜰로 옮겨진다. 37장 21절은 예레미야가 예루살렘 성에 떡이 떨어질 때까지 감옥 뜰에 머물렀다고 말한다.[73] 따라서 사건 흐름에 따라 배열을 한다면 32장은 37장과 39장 사이에 위치할 수 있다. 하지만 32장이 31장 다음에 배열되는 것은 30-31장에 선언한 회복신탁을 확증하기 위한 것일 뿐만 아니라 멸망을 목전에 두고 있는 유다백성에게 하나님의 심판을 인정하고 회복에 대한 소망을 가지라고 권면하려는 것으로 보인다.

3-5절. 예레미야가 선포한 심판신탁을 인용하면서 그를 책망하는 시드기야의 말은 예레미야가 왜 시위대 뜰에 갇히게 됐는지에 대한 원인을 설명한다. 뿐만 아니라 32장에 서술된 예레미야와 하나님의 답변을 유도한다. 시드기야가 예레미야를 감옥 뜰에 가둔 것은 바벨론의 군대가 잠시 예루살렘 포위를 멈추고 떠난 때다. 따라서 3-5절은 그 때 예레미야를 가두면서 시드기야가 예레미야가 한 말을 회상하는 것이다. 이는 이전에 예레미야가 예루살렘의 멸망과 시드기야의 포로에

---

73) 38장 28절 역시 예레미야가 예루살렘이 함락되는 날(주전 586년)까지 감옥 뜰에 머물렀다고 말한다.

대해 명확히 선언한 사실과 이 선언이 성취되는 정황이 이른 것을 보여준다. 예레미야가 전한 심판신탁의 내용은 다음과 같다. 첫째, 바벨론에 의한 예루살렘("이 성")의 멸망이다(3절). 하나님이 예루살렘을 바벨론 왕의 손에 넘겨주실 것이기 때문에 그가 예루살렘을 점령할 것이다. 그 당시 상황에서 이 신탁은 시드기야와 예루살렘 거민들에게 더욱 실제적으로 다가왔을 것이다. 둘째, 시드기야가 바벨론 왕의 포로가 되어 그를 마주대하게 될 것이며 하나님이 그를 돌보실 때까지 그곳에 머물게 될 것이다(4-5절상). "입이 입을 대하여 말하고 눈이 서로 볼 것이며"라는 표현은 시드기야가 종의 신분과 같은 처지에 처하게 되는 것을 묘사하는 것으로 해석되기도 한다. "내가 돌볼 때까지"라는 문장의 동사는 "방문하다" 또는 "보응하다"를 의미하는 פָּקַד파카드다. 시드기야에 대한 심판을 선포하는 문맥을 고려할 때 이 동사가 심판의 측면을 담고 있는 것으로 볼 수 있다. 따라서 시드기야의 죽음을 내포하는 "내가 보응할 때까지"로 번역하는 것이 적절해 보인다. 셋째, 바벨론과의 전쟁에서 시드기야는 패하게 될 것이다(5절하). 시드기야와 그의 군대가 예루살렘에서 587년 당시 바벨론의 포위에 대처하면서 버티고 있지만 결국 바벨론 왕 느부갓네살에 의해 멸망을 당하게 된다는 사실을 확언한다. 그런데 이 상황은 이미 예고된 바다. 바벨론이 예루살렘에서 잠시 물러갔을 때에는 이 선언을 무시하고 외면할 수도 있는 상황이었다면, 바벨론이 예루살렘을 상당 기간 동안 포위하고 있는 상황에서는 결코 외면할 수 없는 현실이 됐다. 바벨론이 예루살렘을 포위하고 있는 위기상황에서 시드기야는 예레미야가 자신에 대해 선포한 심판신탁을 더욱 위협적으로 느꼈을 것이며 불안해했을 것이다. 예레미야가 선포한 심판신탁의 성취를 확인하면 그가 참선지자인 것을 인정하게 된다. 그렇다면 그가 선포하고 있는 회복신탁을 신뢰할 수 있다는 의미가 전달된다.

6-7절. 예레미야는 시위대 뜰에 갇혀있는 상황에서 자신에게 임한 하나님의 말씀을 전달한다. 하나님은 신탁을 통해서 그의 사촌 하나멜이 예레미야에게 와서 아나돗에 있는 그의 밭을 사라고 요구할 것이라고 미리 알려 주신다(7절). 하나멜이 예레미야에게 그의 밭을 사라고 요구하는 이유는 그의 밭에 대한 기업을 무를 권리(가문 안에 땅을 유지할 수 있는 우선권)가 예레미야에게 있기 때문이다. 신탁의 내용은 하나멜의 요구를 미리 알려 주시는 것이지만 실제로 하나멜이 요구했을

때 예레미야는 이 신탁을 그의 밭을 사라는 하나님의 명령으로 이해한다.

8-12절. 하나님이 예레미야에게 미리 알려주신 것처럼 실제로 하나멜이 시위대 뜰에 갇혀 있는 예레미야에게 와서 하나님이 신탁을 통해 알려주신 말 그대로 아나돗에 있는 밭을 사라고 요구한다. 예레미야가 시위대 뜰에 갇혀있었지만 친지나 주변사람들의 방문이 자유로웠던 것으로 보인다. 하나님의 신탁이 실제로 확인되자 예레미야는 하나멜의 요구를 들어주는 것이 하나님의 뜻인 것으로 확신한다. "내가 이것이 여호와의 말씀인 줄 알았으므로"(8절). 따라서 소유권과 상속권을 보증하기 위한 적법한 매매절차에 따라 증서를 써서 봉인하고, 증인을 세워 값을 치르고 매매를 마무리한다(9-10절; cf. 레 25:23-28). 그런 후 증인들이 보는 앞에서 봉인한 것과 봉인하지 않은 매매증서를 바룩에게 전달한다(12절).[74] 예루살렘 성을 제외한 모든 지역들이 바벨론의 점령 하에 있다는 것을 고려할 때 예레미야가 아나돗에 있는 밭을 사는 것은 회복신탁에 대한 그의 확신을 공개적으로 보여주는 상징적 행위다. 더 나아가 예레미야가 매매증서에 서명을 하고 봉인을 하는 것은 마치 하나님이 회복신탁에 서명하고 봉인하시는 것을 상징적으로 보여주는 듯하다.

13-15절. 매매를 확인한 증인들뿐만 아니라 모든 유다 사람들 앞에서 예레미야는 그가 받은 하나님의 신탁을 바룩에게 전달한다. 왜냐하면 실제로 이 신탁을 들어야 하는 대상은 모든 유다백성이기 때문이다. 하나님의 이름("만군의 여호와 이스라엘의 하나님")이 14절의 명령과 15절의 선언에 앞서 각각 언급되는 것은 명령과 선언의 엄중성을 보여준다. 첫째, 하나님은 예레미야에게 봉인한 증서와 봉인하지 않은 증서를 모두 토기에 담아 오랫동안 보관하라고 명하신다(14절). 이것은 긴 포로생활에 대한 암시다. 둘째, (오랜 시간이 지난 후에) 사람들이 약속의 땅으로 돌아와서 집과 밭과 포도원을 다시 사게 될 것이라고 선언하신다(15절). 이것은 70년 포로생활 후에 약속의 땅으로 귀환해서 정착할 것에 대한 약속이다. 시위대 뜰에 갇혀 있는 예레미야가 하나멜의 밭을 사서 상속권을 갖는다는 것은 포로생활

74) 봉인된 매매증서의 봉인을 뜯지 않고도 매매증서의 내용을 확인하기 위해 봉인되지 않은 매매증서를 함께 보관했던 관례에 따른 것이다.

후에 약속의 땅으로 돌아와 정착하고 그 땅을 소유하는 회복의 성취를 상징적으로 보여주는 행위다. 뿐만 아니라 포로에서 돌아 온 자들이 정상적으로 부동산을 소유하고 정착하게 될 것을 예견하게 한다. 결과적으로 예레미야가 하나멜의 밭을 산 것은 시드기야와 예루살렘에 임박한 심판을 확언할 뿐만 아니라 70년 후에 있게 될 회복을 보증하는 것이다. 결국 유다는 바벨론의 1년이 넘는 포위공격을 견디다가 586년(느부갓네살 19년 다섯 째달 십일)에 패망하게 된다(cf. 52:12-16; 왕하 25:1-12).

16절. 앞 단락의 사건에 바로 이어지는 정황이다. 예레미야는 하나님의 명령에 따라 하나멜의 밭을 구입하면서 공적인 자리에서 회복에 대한 하나님의 약속을 상징적으로 보여주었고 또한 간결하지만 직접적인 회복신탁을 전했다. 그런 후 하나님과의 개인적인 만남을 통하여 유다의 현재와 미래에 대한 하나님의 계획을 확인하고 회복에 대한 확언을 듣고자 한다. 이와는 달리 예레미야의 기도에 대해 일부 주석가들은 하나님의 명령에 따라 하나멜의 밭을 샀지만 시위대 뜰에 갇혀 있고 예루살렘의 멸망을 눈앞에 둔 상황에서 예레미야가 그의 당혹스러움과 의심을 나타내는 것으로 해석하기도 한다.[75] 하지만 단순히 그의 당혹스러움이나 의심을 나타내는 것으로 보기에는 무리가 있다. 왜냐하면 예레미야는 심판과 회복의 신탁을 전할 때 그리고 하나멜의 밭을 구입할 때 심판의 취소나 신속한 회복을 기대하지 않았기 때문이다. 그는 예루살렘의 멸망과 70년 후의 회복에 대한 신탁을 분명히 알고 있었다. 오히려 현재의 상황에서는 누구도 예레미야의 행동을 쉽게 이해할 수 없지만 예레미야는 하나님의 명령에 따라 매매를 마무리한 후 기도를 통하여 하나님이 유다의 현재와 미래를 다시 확인해 주시길 바라는 것으로 보인다.

17-19절. 예레미야는 현재 유다가 직면하고 있는 상황에 대한 안타까움을 담아내는 탄식으로 그의 기도를 시작한다(אֲהָהּ 아하; "슬프도소이다").[76] 이 탄식에 이어

---

75) Cf. Chisholm, *Handbook*, 197; Martens, *Jeremiah*, 202; Jones, *Jeremiah*, 410-13.

76) אֲהָהּ 아하는 탄식의 감정을 담아내는 감탄사다. "아아!"라는 긴 한숨과 같다.

지는 예레미야의 기도는 하나님이 새 언약의 영원성과 불변성을 논증하면서 친히 언급하신 창조주로서의 그의 속성을 그대로 반영한다(cf 31:27-37). 큰 능력과 펴신 팔로 천지를 지으신 하나님이 모든 것을 행하실 수 있다는 고백(17절)과 은혜와 심판을 베푸시는 하나님의 공의와 주권에 대한 고백(18절)은 창조주로서의 능력과 공의에 따라 유다를 심판하시고 회복을 약속하시는 하나님의 모습을 상기시켜준다(cf. 31:27-30). 창조주 하나님은 그의 능력과 공의 및 주권에 따라 은혜(구원)를 베푸시고 보응(심판)을 행하신다. 하나님의 은혜는 결코 그의 공의를 간과하지 않는다. 예레미야는, 하나님이 창조자 "만군의 여호와"가 자신의 이름이라고 선포한 것(31:35)과 같이 창조의 크신 능력을 가진 하나님의 이름이 "만군의 여호와"라고 고백한다(18절). 그런 후 31장 37절에서 하나님이 그의 뜻의 심오함을 말씀하신 것처럼, 예레미야는 하나님의 책략(הָעֵצָה 하애짜; "계획")과 그에 따른 그의 역사가 위대하고 능력이 있음을 고백한다(19절). 이와 더불어 하나님이 그의 공의로운 눈으로 "인류의 모든 길"과 "행위의 열매"를 지켜보고 계심을 상기시킨다. 이것은 하나님이 인간의 행위를 면밀히 주시하신 후 정하시는 그의 책략은 정확하며 공의롭다는 사실을 고백하는 것이다. 간단히 표현하면 정확하게 판단하신 후 계획하시고 행하시는 하나님에 대한 고백이다. 그렇다면 유다의 모든 길을 주목하고 계시는 하나님이 유다의 길과 행위의 열매에 따라 어떤 책략(계획)을 가지고 계시며 어떻게 하실 지에 대한 질문을 갖게 된다. 따라서 이 17-19절에 서술된 예레미야의 찬양과 고백은 유다의 현재와 미래에 대한 하나님의 계획을 묻고 확인할 수 있는 근거가 된다. 예레미야가 그의 기도에 새 언약 신탁의 내용을 담아내고 있는 것은 새 언약을 약속하신 하나님께 유다의 운명을 다시 확인하고 싶어하는 의도를 반영하는 듯하다.

20-22절. 예레미야는 과거에 구원을 행하신 하나님께로 눈을 돌린다. 이스라엘의 조상들과 맺은 언약을 지키시기 위해 하나님이 표적과 기사를 행하시고 그의 능력으로 이스라엘을 이집트에서 이끌어 내셨다고 말한다(20-21절). 이것은 단지 과거의 사실만이 아니다. 현재에도 여전히 능력으로 구원을 행하시는 그의 이름이 드러나고 있음을 고백한다. 하나님의 이름이 예루살렘에만 제한되는 것이 아니라 "인류 가운데"(בָּאָדָם 바아담; "사람 중에")에도 나타난다. 이는 하나님의 우주적 주

권에 대한 고백이다. 뿐만 아니라 조상들에게 맹세하신 바대로 하나님이 그의 백성에게 약속의 땅을 주셨다고 고백한다(22절). 현재 유다가 조상들에게 약속한 땅, 곧 젖과 꿀이 흐르는 땅을 차지하고 있는 것은 이러한 사실을 확인해 준다. 과거에 행하신 하나님의 구원에 대한 고백을 통하여 예레미야는 하나님이 그의 신실하심과 능력으로 그의 언약을 지키셨음을 상기시킨다. 따라서 유다는 하나님의 크신 은혜를 누려왔음을 결코 부인할 수 없다. 하지만 이것은 과거의 일이다. 그렇다면 현재 유다는 어떠한가? 현재 유다에 대한 하나님의 계획은 무엇인가? 이런 질문들을 갖게 된다. 따라서 예레미야의 기도는 현재의 상황으로 돌아온다(23-25절).

23-25절. 구원을 베푸시는 하나님의 은혜로 약속의 땅을 얻고 그곳에 정착했지만 이스라엘은 하나님의 목소리를 듣지 않고 그의 율법을 따르지 않는 불순종을 행했다(23절). 하나님이 명하신 그 어떤 것도 순종하지 않는 철저한 패역을 드러냈다. 그러므로 죄의 문제를 결코 용납하지 않으시는 하나님은 그의 공의에 따라 모든 재앙을 내리시게 된다. 현재 유다는 하나님의 심판을 혹독하게 경험하고 있다. 하나님이 은혜로 허락하신 젖과 꿀이 흐르는 땅이 유다의 불순종으로 인하여 파괴의 위기 앞에 놓여있다(24절). 예레미야는 "보옵소서"(הִנֵּה 힌네)라는 표현과 함께 현재 상황의 위기감을 전달한다. 포위를 당한 예루살렘은 하나님의 심판을 수행하는 갈대아인의 손에 이미 넘겨진 것이나 다를 바가 없다. 예레미야는 이 모든 것이 하나님의 계획에 따라 성취되고 있는 것이며 그가 지켜보고 계심을 언급한다. 즉 19절에 언급한 "인류의 모든 길을 주목하여 그의 길과 그의 행위의 열매대로 보응하시는" 하나님이 현재 유다의 길과 행위에 따른 공의롭고 정당한 심판을 행하시고 지켜보고 계신다는 고백이다. 그렇다면 유다의 운명은 어떻게 될 것인가? 그의 심판이 분명하게 실행되고 있는 상황을 하나님도 분명히 알고 계심을 언급하면서 예레미야는 하나멜의 밭을 사고 증인을 세우라고 하신 명령을 하나님께 상기시킨다(25절). 25절에 서술된 예레미야의 말은, 하나님의 철저한 심판("칼과 기근과 전염병")이 임하고 있는 상황에서 그의 명령에 따라 하나멜의 밭을 샀는데, 과연 하나님이 말씀하신대로 회복을 기대할 수 있는지를 묻는 듯하다. 예레미야의 고백이 이런 질문을 내포하고 있다면 이것은 회복에 대한 의심을 나타내는

것이 아니라 유다의 회복에 대한 하나님의 확언을 다시 듣고 확인하고 싶어 하는 것으로 보인다. 25절을 "그러나 주 여호와여, 이 성읍이 갈대아인들의 손에 넘겨졌음에도 불구하고 주께서는 은을 주고 밭을 사고 증인을 세우라고 말씀하셨습니다"로 번역하여 이러한 의도를 반영할 수 있다. 특히 예레미야의 이러한 태도를 확인해 주는 것은 그의 기도에 이어서 주어지는 하나님의 답변이다(26-44절). 하나님의 답변은 예레미야가 알기를 원하는 내용을 정확하게 전달한다. 26-35절에서 하나님은 심판을 선언한 후 현재 유다에 심판을 행하실 수밖에 없는 유다의 범죄를 상세하게 서술한다. 이어서 36-44절에서는 현재 심판을 받고 있는 예루살렘의 회복에 대한 하나님의 확언이 서술된다.

26-27절. 예레미야의 기도에 이어 하나님의 답변이 주어진다(26절). 하나님은 예레미야의 고백("주에게는 할 수 없는 일이 없으시니," 17절)을 그대로 받아 수사적 질문("내게 할 수 없는 일이 있겠느냐")으로 다시 언급하시면서, 자신이 모든 육체에게 어떤 것이든 행하실 수 있는 절대적 주권과 능력을 가진 하나님인 것을 상기시켜 주신다. "나는 여호와요 '모든 육체의 하나님' (אֱלֹהֵי כָּל־בָּשָׂר 앨로해 콜-바사르)이라." 이 하나님은 유다백성과 언약관계를 맺으신 "여호와"이시다. 하지만 이 "여호와" 하나님이 지금은 그의 백성 유다를 향해 그의 심판을 선언하신다(28-29절).

28-29절. 하나님은 자신이 모든 것을 행할 수 있는 능력을 가지고 있음을 예레미야에게 분명히 상기시키신 후 유다를 향한 그의 심판을 선언하신다. "그러므로"(לָכֵן 라캔)와 신탁도입형식("여호와께서 이와 같이 말씀하시니라")은 27절에 근거한 심판을 선언하는 단락을 소개한다. 즉, 이방나라 왕을 통해 예루살렘을 심판하는 것도 하나님의 능력에 따라 가능한 일이라는 것이다. 심판의 대상으로 언급되고 있는 "이 성"은 예루살렘을 가리키는 것이며 유다 전체를 상징하는 환유다. 하나님의 심판은 바벨론 왕 느부갓네살을 통하여 이루어질 것이다. 따라서 예루살렘을 바벨론 군대와 느부갓네살의 손에 넘겨주어 점령당하게 하시겠다고 선언하신다. 그러면 그들이 와서 예루살렘 성을 불로 태우고 하나님의 진노를 자극한 바알과 다른 신들을 숭배하던 모든 집들을 불로 태워 제거할 것이다(cf. 19:13). 하나님이 자신의 백성의 거처로 제공하신 성읍과 집들이 우상숭배의 장소가 됐을 때 심

판의 대상이 될 수밖에 없다. 모세의 율법은 이스라엘 중에 우상숭배를 행하는 성읍이 있으면 그 성읍을 불태우고 완전히 파괴하여 다시는 건축되지 못하게 하라고 명하고 있는데, 예루살렘이 바로 이 파괴의 대상이 된 것이다(cf. 신 13:12-16). 유다백성이 예루살렘과 자신들의 집에서 바알을 위한 향을 불태운 것에 상응하게 바벨론 왕 느부갓네살이 예루살렘과 집들을 불로 태워버릴 것이다. 예루살렘의 멸망은 곧 하나님의 임재의 상징인 성전의 파괴와 영원한 보좌를 약속받은 다윗왕조의 멸망을 포함하고 있다. 유다백성이 우상을 숭배하면서도 자신들의 안전과 번영에 대한 근거로 삼았던 성전과 다윗왕조가 하나님의 심판으로 모두 파괴된다.

30절. 예루살렘에 대한 하나님의 심판선언이 주어진 후 심판의 원인을 구체적으로 지적하는 고소단락이 서술된다. 심판원인이 선언보다 더 구체적으로 서술되는 것을 볼 때, 유다의 현재 상황에 대한 하나님의 답변이 심판의 원인에 집중하고 있는 것을 알 수 있다. 30절은 심판원인을 요약적으로 서술하고 이에 대한 구체적인 내용이 31-35절에 주어진다. 30절이 요약해서 제시하고 있는 심판원인은 두 가지다. 첫째, 이스라엘과 유다 자손들이 "예로부터"(מִנְּעֻרֹתֵיהֶם 민네우로태헴; "그들의 청년 때부터") 하나님 앞에서 지속적으로 "악"(הָרַע 하라)을 행한 것이다. 2장 2절에서 예레미야는 동일한 명사(נְעוּרִים 네우림; "청년 때")를 사용하여 광야방황의 시기를 가리킨다. 따라서 "예로부터"는 동일하게 광야방황의 시기를 가리키는 것으로 볼 수 있다. 그렇다면 하나님의 구원의 은혜로 이집트를 나와 광야생활을 하면서부터 그들은 하나님 앞에서 악을 행하는 것을 멈추지 않았다. 강조나 확언을 위한 불변화사 부사 אַךְ 아크("오직" 또는 "... 만")가 30절의 두 문장에 모두 사용되면서 이스라엘과 유다 자손들이 "악을 행하기만" 했고 그래서 하나님을 "화나게만" 했음을 분명하게 지적한다. 이것은 마치 하나님의 진노를 자극하고자 의도적으로 악만 행한 것 같은 모습이다. 둘째, 우상숭배와 불의의 문제다. "그의 손으로 만든 것"(מַעֲשֵׂה יְדֵיהֶם 마아새 예대헴)은 단지 그들이 만든 우상들에만 제한되지 않는다. 그들이 행한 모든 불의한 행위들을 다 포함한다. "이스라엘 자손들"(이스라엘과 유다)은 손수 만든 우상들과 스스로 행한 모든 불의로 하나님의 진노를 격동시켰다. 예루살렘에 대한 심판의 원인을 설명하는데, 이스라엘과 유다가 함께 언급되는 것은 죄의 시작을 광야방황의 시기까지 거슬러 올라가기 때문이다.

31-35절. 예루살렘에 임하게 될 심판원인이 구체적으로 서술된다. 하나님이 예루살렘 성을 그의 면전에서 제거하실 것이다.[77] 왜냐하면 예루살렘 성이 세워진 날로부터 오늘에 이르기까지 하나님의 노여움과 분을 일으켰기 때문이다. 달리 말하면 예루살렘이 하나님의 진노를 유발하는 자극제의 역할을 해왔다는 것이다. 하나님이 유다의 범죄를 언급하실 때 심각하게 지적하시는 것들 중의 하나는 범죄의 지속성이다("예로부터" [30절]; "이 성이 건설된 날부터 오늘까지" [31절]). 즉 만성적이고 상습적인 범죄다. 예루살렘(유다)이 지속적으로 하나님의 진노를 자극한 범죄들이 서술된다. 첫째, 이스라엘 자손과 유다 자손이 총체적으로 하나님께 "온갖 악" (כָּל־רָעַת 콜-라아트)을 행했다(32절; 5:30-31). 정치 지도자들(왕들과 고관들)과 종교 지도자들(제사장들과 선지자들)뿐만 아니라 백성이 모두 예외 없이 악을 행한 주범들이다. 5장 30절은 이러한 총체적 실패를 유다에서 행해지고 있는 "무섭고 놀라운 일"로 표현한다. 왜냐하면 선지자들은 거짓예언을 하고 제사장들은 자기 권력을 다스리는데도 백성이 오히려 그것을 좋게 여기기 때문이다. 이러한 총체적 타락은 하나님의 노여움을 자극하기에 충분했다. 정치 지도자들은 하나님의 통치가 이루어지는 신정국가를 이루는데 실패했고, 종교 지도자들은 온전한 예배공동체를 세우지 못했으며 백성은 그들의 실패에 동조하며 참여한 것은 이스라엘과 유다의 역사가 분명하게 보여주는 사실이다. 둘째, 이스라엘 자손과 유다 자손이 하나님께 등을 돌리고 하나님의 훈육(מוּסָר 무싸르; "교정")을 거부했다(33절). 하나님은 그들을 언약관계로 인도하시고 마주대하기를 원하셨다. 하지만 그들은 하나님과의 그러한 관계를 원치 않았고 오히려 그들의 얼굴이 아닌 등을 하나님께 향하게 했다. 자신에게 등을 돌린 백성에게 하나님이 부지런히 가르치시며 훈육하셨지만 그들은 여전히 그에게 등을 돌리고 그를 거부했다. 셋째, 유다백성은 하나님이 그의 이름을 두신 성전을 "자신들의 가증한 물건" (שִׁקּוּצֵיהֶם 쉭쿠째헴), 즉 우상들로 더럽혔다(34절; cf. 7:30). 에스겔은 이상을 통해 유다백성이 성전에 세운 가증한 물건들을 보고 상세히 기록한다(cf. 겔 8:1-16). 제단 문어귀 북쪽에 질투의 우상(질투를 유발하는 우상)이 세워져 있었으며(겔 8:5), 뜰 문에 접한 방의 사방 벽에 각양 곤충과 가증한 짐승과 이스라엘 족속의 모든 우상들이 그려져 있었으며

77) 개역개정이 "옮기려 하노니"로 번역한 히브리어 동사 סוּר 쑤르는 히필형 부정사(הֲסִירָה 하씨라)으로 서술되면서 "제거하다"라는 강한 의미를 전달한다.

(겔 8:10), 그곳에서 이스라엘의 70장로가 향로를 들고 분향을 드리고 있었다(겔 8:11). 뿐만 아니라 성전 문과 제단 사이에서는 약 25명이 성전을 등지고 동쪽 태양을 예배했다(겔 8:16). 이러한 가증한 우상들과 행위들로 인해 결국 하나님은 성전을 떠나실 수밖에 없었다(겔 11:22-23). 넷째, 하나님이 명하시지도 않았고 생각조차 하시지 않은 "가증한 일"(הַתּוֹעֵבָה הַזֹּאת 할토애바 핮조트; "이 가증한 일")을 힌놈의 아들 골짜기에서 행했다(35절; 7:31, 32; 19:1-5). 유다백성은 힌놈의 아들 골짜기에 바알의 산당을 짓고 그곳에서 자녀들을 몰렉에게 제물로 바치는 죄를 범했다. 이것은 하나님의 이름을 욕되게 하는 것이 때문에 모세의 율법에 엄격히 금하고 있는 범죄다(cf. 레 18:21). 유다의 범죄는 의도적이며 지속적이었다. 우상에 우상을 더했고 끊임이 없었다. 그들을 바로 잡으시려는 하나님의 개입도 거부하며 자신들의 길로 행했다. 따라서 하나님이 그들에 대한 심판을 계획하시는 것은 정당하다. 그러나 이것이 유다에 대한 하나님의 계획의 전부가 아니다. 하나님은 그들을 위한 회복을 계획하신다(36-44절).[78]

36절. 27-35절이 서술하고 있는 바가 당시 유다가 직면하고 있는 현실이다. 유다가 범한 죄로 인해 심판은 확정됐고 피할 수 없다. 시드기야가 행한 것처럼 심판신탁을 거부하고 외면한다고 해서 심판을 피할 수 있는 것이 아니다. 하지만 유다에 대한 하나님의 궁극적인 계획은 하나멜의 밭을 구매하고 매매증서를 보관한 상징적 행위가 제시하는 것처럼 심판이 끝이 아니라 심판 후의 회복이다. 따라서 회복신탁의 도입("그러므로 이제 이스라엘의 하나님 여호와가 이와 같이 말한다")과 함께 회복의 대상이 분명하게 언급된다. 회복의 대상은 유다백성도 인정하는 파괴된 예루살렘(유다)이다.[79] 유다백성은 하나님의 심판선언처럼 예루살렘이 "칼과

---

78) 언약백성의 지속적이고 의도적인 배교와 패역에도 불구하고 심판 후에 회복을 계획하시는 하나님의 뜻을 이해하는 것이 쉽지 않고 이의를 제기할 수 있다. 이에 대해 31장 37절에서 하나님은 우주만물을 다 살피고 그 원리를 이해하고 말할 수 있을 때 이의를 제기하면 언약백성을 그들이 행한 일에 따라 거부하시겠다고 말씀하신다. 회복에 대한 하나님의 뜻은 그의 절대적 주권에 따른 심오한 계획이기에 인간의 논리와 판단으로 설명할 수 없는 신비의 영역에 속한다.

79) "너희가 말하는 바 칼과 기근과 전염병으로 말미암아 바벨론 왕의 손에 넘긴 바 되었다 하는"의 표현에서 "너희"는 유다백성을 가리킨다. 그들의 말이 인용되는 것은 그들도 바벨론에 의한 예루살렘의 멸망을 인지하고 있다는 의미를 전달한다.

기근과 전염병으로 인해 파괴되고 결국 바벨론 왕의 손에 넘어가는 것을 목도하고 있으며 경험하고 있다. 그들은 현재 파괴되고 있는 예루살렘에 주목하며 회복의 여지가 없다고 생각하지만 하나님은 앞으로 회복될 예루살렘으로 그들의 눈을 돌리길 원하신다. 그러므로 파괴된 예루살렘의 미래에 대한 그의 계획을 선언하신다.

37-41절. 죄로 인한 심판은 피할 수 없다. 하나님의 심판은 실행될 것이다. 하지만 거기서부터 예루살렘의 미래에 대한 하나님의 계획은 시작된다. 그의 계획은 회복이다. 하나님이 계획하고 계시는 예루살렘의 회복은 다음과 같다. 첫째, 약속의 땅으로의 귀환이다(37절). 유다백성의 지속적인 우상숭배와 불의는 하나님의 진노를 자극했고 그 결과로 약속의 땅에서 모든 땅("모든 지방")으로 쫓겨나게 된다. 그러나 하나님은 그들을 쫓겨난 모든 곳으로부터 모아서 다시 약속의 땅으로 돌아오게 하여 안전하게 살게 하시겠다고 약속하신다. 그러므로 쫓겨난 자들의 귀환은 회복의 날이 시작됐음을 알려주는 신호가 될 것이다.

둘째, 파기된 언약관계의 갱신이다(38절; 24:7; 30:22; 31:1, 33). 하나님을 거부하고 다른 신을 섬기며 반역을 행한 유다백성을 하나님도 심판으로 그들을 거부하셨다. 하지만 회복의 날이 임하면 파기된 언약관계가 갱신되어 귀환하는 백성은 하나님의 백성이 되고 하나님은 그들의 하나님이 되실 것이다. 언약관계의 갱신은 회복의 근간일 뿐만 아니라 궁극적인 목적이다.

셋째, 하나님과의 단절된 관계의 회복이다(39-40절). 이것을 위하여 두 가지 중요한 일이 이루어질 것이다. 첫째, 하나님이 백성의 마음을 바꾸실 것이다(39절). 이것은 백성의 내적 변화를 통한 단절된 관계의 회복을 의미한다. 유다백성이 실패하게 된 근본적인 원인은 그들의 마음이었다(cf. 17:1, 9). 그들은 자신들의 악한 마음의 고집에 따라 자신들의 마음에서 하나님을 제거하고 다른 신들을 따라갔다(cf. 13:10; 16:12). 선지자들을 통하여 그들의 잘못을 지적하고 회개를 요구했을 때도 그들은 단호히 "우리는 각기 악한 마음이 완악한 대로 행하리라"(18:12)고 말했다. 그러나 하나님이 그들에게 "한 마음과 한 길"(לֵב אֶחָד וְדֶרֶךְ אֶחָד 래브 에하드 베데레크 에하드)을 주어 항상 그들의 생각("마음")과 행동("길")이 하나님께로만 향하게 하여 그를 경외하게 하실 것이다(39절). 즉 "하나님 경외함"(יִרְאָתִי 이르아티;

"나를 경외함")을 그들의 마음과 행동에 두어 그를 떠나지 않게 하시겠다는 것이다(40절). "한 길과 한 마음"을 24장 7절은 여호와를 아는 마음으로 표현하고 31장 33절은 율법이 새기어진 마음으로 설명한다. 하나님이 유다백성에게 마음의 할례를 행하고 그에게 속하라고 명하셨지만 그들은 듣지 않았다(cf. 4:4). 그러므로 하나님이 직접 그들의 마음에 할례를 행하시겠다고 선언하신다. 그러면 그들은 하나님을 거부하는 백성이 아니라 그를 경외하는 백성, 곧 그에게 속한 백성이 된다. 이것은 모세가 신명기에서 언급한 메시지와 동일하다. 신명기 10장 16절에서 모세는 마음의 할례를 행하라는 하나님의 명령을 전달하기도 하지만 하나님이 친히 마음의 할례를 베푸셔서 그의 백성이 전심으로 그를 사랑하게 하실 것이라는 약속도 함께 전한다. "네 하나님 여호와께서 네 마음과 네 자손의 마음에 할례를 베푸사 너로 마음을 다하며 뜻을 다하여 네 하나님 여호와를 사랑하게 하사 너로 생명을 얻게 하실 것이며"(신 30:6). 결국 죄인이 하나님께로 돌아와 그를 경외하며 단절된 관계를 회복하는 것은 전적인 하나님의 사역이다. 둘째, 하나님이 그의 백성과 "영원한 언약"(בְּרִית עוֹלָם 베리트 올람)을 맺으실 것이다(40절). "영원한 언약"은 영원히 변개치 않는 "새 언약"(בְּרִית חֲדָשָׁה 베리트 하다샤, 31:31)을 가리킨다. 이 언약은 복을 주기 위한 하나님의 영원한 임재를 보증하는 역할을 한다. "복을 주기 위하여 그들을 떠나지 아니하리라"(40절). 같은 맥락에서 에스겔은 하나님이 "화평의 언약"(בְּרִית שָׁלוֹם 베리트 샬롬)을 "영원한 언약"(בְּרִית עוֹלָם 베리트 올람)이 되게 하여 그의 성소가 회복된 백성과 영원히 함께 하게 하실 것이라고 선언한다(겔 37:26-28). 정리하면 하나님이 그의 백성에게 변화된 마음 곧 그를 경외하는 마음을 주어 그에게로 돌아와 떠나지 않게 하실 것이다. 또한 하나님은 그들과 영원한 언약을 맺고 그들을 떠나지 않으실 것이다. 회복된 백성은 생각과 행위("한 마음"과 "한 길")에 있어서 일치된 모습으로 하나님을 경외하고 그를 따르게 된다.

41절. 하나님은 예루살렘의 회복에 대한 그의 계획이 그가 기뻐하시는 일일뿐만 아니라 온 마음과 정성을 다하여 확실히 성취하실 일이라고 말씀하신다. 그의 백성을 약속의 땅에 확실히(בֶּאֱמֶת 베에메트; "진실로") 심겠다는 하나님의 의지가 24장 6절에서는 "다시 이 땅으로 인도하여 세우고 헐지 아니하며 심고 뽑지 아니하겠고"로 표현된다(cf. 암 9:15). 이 회복의 동기는 하나님이 그의 백성에게 복을 내리시는 것을 기뻐하시는 것이다(cf. 습 3:17). 이러한 그의 심정을 예레미야를 통하여 예루살렘이 파괴되기 전에 바벨론에 포로로 끌려간 백성들에게 편지로 이미 알려주셨다. "너희를 향한 나의 생각을 내가 아나니 평안이요 재앙이 아니니라 너희에게 미래와 희망을 주는 것이니라"(29:11). 유다의 범죄로 인하여 하나님이 그의 진노로 그들을 심판하시지만 하나님이 진정으로 기뻐하시며 원하시는 것은 그들에게 회복과 생명을 주시는 것이다(cf. 9:24; 겔 18:32).

42-44절. 하나님은 그를 거부하며 우상숭배를 행하고 죄를 범하는 유다백성을 심판하시는데 적극적이셨다. 왜냐하면 그의 거룩함과 공의의 속성이 죄의 문제를 결코 간과할 수 없기 때문이다. 그와 같이 심판에 철저하셨던 하나님이 그의 백성을 위한 회복에 있어서도 적극적이실 것이다(42절). 심판을 위한 "이 모든 큰 재앙"(כָּל־הָרָעָה הַגְּדוֹלָה הַזֹּאת 콜-하라 학게돌라 핫조트)이라는 표현과 회복을 위해 약속한 "모든 복"(כָּל־הַטּוֹבָה 콜-핱토바)이 짝을 이루면서 심판에 대한 공의와 정의를 나타내시는 열정과 회복에 대한 사랑과 은혜를 보이시는 열정이 같은 맥락에서 언급된다. 달리 말하면 현재의 심판을 작정하시고 행하시는 하나님이 미래의 회복을 계획하고 이루실 것임을 선언하는 것이다. 그렇다면 현재의 심판은 미래의 회복에 대한 전조가 된다. 따라서 심판을 행하시는 하나님이 그의 백성에게 약속한("허락한") "모든 복"(כָּל־הַטּוֹבָה 콜-핱토바; "모든 좋은 것")을 그들에게 베푸실 것이다. 그러므로 현재 그의 심판을 받아 폐허가 되어 갈대아인의 손에 넘겨진 바로 그 땅에서 회복의 때가 임하면 토지거래가 다시 이루어질 것이라고 선언하신다(43절). 이는 유다백성도 인정하는 바, 곧 심판으로 인해 황폐하게 되어 사람과 짐승이 거주할 수 없는 땅의 상태가 회복되어 언약백성의 주거지가 되는 것을 의미한다. 이 회복의 증거는 유다의 전 지역에서 나타날 것이다(44절). 유다의 전 지역을 가리키는 표현에 베냐민의 땅이 먼저 언급되는 것은 예레미야가 구입한 밭이 베냐민 땅 아나돗에 있기 때문인 것으로 보인다(cf. 32:8; 17:26). 회복된 백성은 법과 규례에 따라 소유권과 상속권을 보장하는 증서를 기록하여 봉인하고 증인을 세우면서 회복을 확인하게 된다. 이 선언은 예레미야가 하나멜의 밭을 사고 증서를 작성하여 봉인한 사건이 의미하는 바를 설명한다. 달리 말하면 예레미야의 토지구입은 유다의 회복에 대한 증표다. 뿐만 아니라 43-44절의 선언은 15절에 언급된 토

지거래의 회복선언을 재확인하고 강조한다. 이 모든 것을 가능하게 하는 것은 자신의 백성을 약속의 땅으로 다시 돌아오게 하겠다는 하나님의 계획이다. 이 계획에 따라 약속의 땅으로 돌아온 이들은 안전을 누리고 일상적인 삶을 회복한다. 43-44절의 토지거래에 대한 선언은, 6-15절의 예레미야가 하나멜의 밭을 사고 증서를 작성한 사건과 수미쌍관을 이루면서 32장 단락 전체를 마무리한다. 따라서 32장의 핵심 주제는 약속의 땅으로의 귀환과 소유다.

현재적 적용 | 묵상

1. 하나님이 주신 말씀을 그대로 선포하는 것으로 인해 예레미야가 시위대 뜰에 갇힌 것처럼 하나님의 말씀에 따라 살려고 하기 때문에 어려움을 겪은 경험이 있는가? 세상과 부딪힘이 없는 것은 하나님의 말씀에 따라 살지 않고 타협하기 때문은 아닌가? 시위대 뜰에 갇혀있으면서도 하나님의 명령에 순종하고 그의 뜻을 전한 것처럼 어려움을 겪는 상황에서도 여전히 그의 뜻에 따라 살겠다는 다짐이 있는가?

2. 내가 범한 죄에 대한 징계를 예고하는 하나님의 말씀에 대해 어떤 태도를 보이는가? 시드기야처럼 외면하는가? 아니면 마음에 담고 죄를 뉘우치고 회개하는가?

3. 하나님의 계시를 담고 있는 성경을 권위가 있는 하나님의 말씀으로 확신하고 그 말씀에 따라 행동하는가?

4. 바벨론에 의해 유다가 곧 멸망하여 모든 것을 잃게 될 상황임에 불구하고 예레미야가 하나님의 계시에 따라 아나돗의 밭을 산 것처럼 상황에 따른 판단이 아니라 분명하게 전달된 하나님의 계시(말씀)에 따라 결정하고 행동해야 할 일이 있는 것은 아닌가? 물론 하나님의 계시를 확인할 만한 확증을 가지고 있는가?

5. 하나님이 말씀하시는 계획과 약속에 대해 막연한 생각을 가지고 있는가, 아니면 기도를 통해 하나님과의 개인적인 친밀함 속에서 묻고 확인하는가? 계속해서 하나님께 묻기는 하는데, 이것이 의심 때문인가 아니면 신중함 때문인가? 이 신중함이 하나님의 약속을 분명히 이해하고 약속에 대한 그의 말씀을

그대로 언급하는 기도로 확인되는가?

6. 죄를 조목조목 따지신 후 철저한 심판을 행하시는 하나님이 나의 삶과 신앙공동체의 모습을 지켜보시고 살피신다는 사실이 경각심을 갖게 하는가?

7. 하나님의 노여움을 자극하는 행동과 생각, 또는 습관이 있는 것은 아닌가? 당장 그의 노여움에 따른 징계를 받지 않고 있기 때문에 별 문제가 없다고 생각하는 것은 아닌가?

8. 하나님과의 온전한 관계는 전적으로 그의 은혜로 가능하다는 것을 겸허히 인정하고 "한 마음"과 "한 길," 즉 하나님께 향하는 생각을 갖고 하나님께 맞춘 행동을 할 수 있게 해주시길 간구하는가? 하나님이 그를 경외하는 마음을 주실 때 그를 경외할 수 있다는 것을 알고 있는가? 그렇다면 어떻게 이 마음을 받을 수 있는가? (렘 4:1-4) 31장에 기록된 에브라임의 탄식을 기억하는가? (31:18-19)

9. 큰 징계를 행하신 하나님이 큰 복으로 다가오시는 분임을 잊지 않고 상한 심령으로 그에게 나아가는가?

10. 내가 소망이 없다고 한 상황을 회복시키시고 복을 주시기 위해 온 마음과 정성을 다하시는 하나님의 사랑을 느끼고 있는가?

---

(2) 약속의 땅과 신정국가의 회복(33:1-26)

본 단락은 32장과 동일한 정황("시위대 뜰에 갇혀 있을 때")에서 두 번째로 예레미야에게 임한 하나님의 말씀을 산문형식으로 기록한다.[80] 앞서 언급한 바와 같이 구성에 있어서 3절에 크고 은밀한 일을 알려 주시겠다는 약속이 선언되고 그 은밀한 일의 구체적인 내용을 다루는 신탁들이 나열된다. 신탁도입형식이 집중적으로 반복되면서 신탁에 집중하게 한다. 본 단락에서 신탁도입형식의 사용은 다음과 같이 나타난다.

---

80) 첫 번째 임한 말씀의 기록은 32장 26-44절이다.

*1절: 여호와의 말씀이 예레미야에게 두 번째 임하여 말씀하셨습니다.

וַיְהִי דְבַר־יְהוָה אֶל־יִרְמְיָהוּ שֵׁנִית...לֵאמֹר

(1) 4절: 이스라엘의 하나님 여호와께서 이같이 말씀하셨습니다.

כִּי כֹה אָמַר יְהוָה אֱלֹהֵי יִשְׂרָאֵל

(2) 10절: 여호와께서 이와 같이 말씀하셨습니다. כֹּה אָמַר יְהוָה

(11절) 마무리: 여호와가 말한다. אָמַר יְהוָה

(3) 12절: 만군의 여호와께서 이같이 말씀하셨습니다. כֹּה־אָמַר יְהוָה צְבָאוֹת

(13절) 마무리: 여호와가 말한다. אָמַר יְהוָה

(4) 14절: 보라. 날들이 임할 것이니라. 여호와의 말이니라.

הִנֵּה יָמִים בָּאִים נְאֻם־יְהוָה

(5) 17절: 여호와께서 이와 같이 말씀하셨습니다. כִּי־כֹה אָמַר יְהוָה

(6) 19절: 여호와의 말씀이 예레미야에게 임하여 말씀하셨습니다.

וַיְהִי דְּבַר־יְהוָה אֶל־יִרְמְיָהוּ לֵאמוֹר

(20절) 여호와가 이같이 말한다. כֹּה אָמַר יְהוָה

(7) 23절: 여호와의 말씀이 예레미야에게 임하여 말씀하셨습니다.

וַיְהִי דְּבַר־יְהוָה אֶל־יִרְמְיָהוּ לֵאמֹר

(25절) 여호와가 이같이 말한다. כֹּה אָמַר יְהוָה

따라서 4-26절은 신탁도입형식에 따라 일곱 개의 신탁으로 구분된다. 4절, 10절, 12절, 17절의 신탁도입형식("여호와께서 이와 같이 말씀하시니라")에 이어서 신탁이 서술되기 때문에 4-9절, 10-11절, 12-13절, 17-18절이 각각의 신탁을 형성한다. 11절과 13절의 "여호와가 말한다"는 10절과 12절에서 시작된 신탁을 마무리한다. 14절의 "보라. 날들이 임할 것이니라. 여호와의 말이다"라는 관용적인 도입형식과 함께 시작된 신탁은 16절까지 이어진다. 19절과 23절의 "여호와의 말씀이 예레미야에게 임하니라 이르시되"라는 신탁도입형식과 함께 신탁이 서술되는데, 20절과 25절에는 "여호와가 이와 같이 말한다"(כֹּה אָמַר יְהוָה 코 아마르 아도나이)라는 표현이 추가로 서술되면서 신탁이 마무리될 뿐만 아니라 신탁의 엄중성이 강조된다.[81)]

81) 20절과 25절의 כֹּה אָמַר יְהוָה 코 아마르 아도나이를 개역개정은 "여호와께서 이와 같이 말씀하시니라"로 번역하는데, 한글의 존대법에 따르면 이 번역은 예레미야가 이 말을 한 것

다루고 있는 주제와 함께 일곱 개의 신탁을 나타내면 다음과 같다.

신탁 I. 예루살렘의 회복과 유다와 이스라엘의 포로귀환, 4-9절
신탁 II. 기쁨과 감사제의 회복, 10-11절
신탁 III. 초장과 양떼의 회복, 12-13절
신탁 IV. 다윗언약의 회복, 14-18절
신탁 V. 다윗과 레위 후손의 영속성, 17-18절
신탁 VI. 다윗언약과 레위언약의 회복, 19-22절
신탁 VII. 다윗왕조와 나라의 회복, 23-26절

신탁대상을 기준으로 하면 일곱 개의 신탁이 예루살렘과 성읍들에 관한 신탁들과 다윗과 레위에 관한 신탁들로 묶일 수 있다. 첫 번째(4-9절), 두 번째(10-11절), 세 번째 신탁(12-13절)은 예루살렘과 유다의 성읍들을 대상으로 하는 반면에 나머지 신탁들(14-26절)은 다윗과 레위에 집중한다.[82] 유다와 이스라엘의 포로귀환은 공통적으로 다루는 주제다(7절, 11절, 26절).[83] 이를 반영한 본 단락의 구조는 다음과 같다.

으로 이해하게 한다. 즉 존대법에서 화자가 자신을 존대하지 않기 때문에 개역개정의 번역에서 이 말의 화자는 예레미야로 간주된다. 그러나 이미 예레미야에 의한 인용이 19절과 23절에 "여호와께서 이와 같이 말씀하시니라 이르시되"라는 표현으로 예레미야에 의한 인용이 표기된 후 신탁 중에 20절과 25절의 כֹּה אָמַר יְהוָה 코 아마르 아도나이가 서술되고 있기 때문에 이 말의 화자는 여호와로 보는 것이 적절하다. 그렇다면 존대법으로 번역해서 화자의 혼동을 주기보다는 "여호와가 이와 같이 말한다"는 표현으로 여호와가 화자인 것을 나타낼 필요가 있다. 이 표현은 객관적 관점에서 여호와가 자신을 강조하는 기법이다. 이런 해석이 가능한 근거는 2절에서 여호와가 강조되는 것이다. 2절 역시 객관화 기법이다. 이에 대한 구체적인 설명은 2절의 주해를 참조하라.

82) Longman은 1-26절을 두 개의 단락(1-13절과 14-26절)으로 나누고 첫 번째 단락(1-13절)은 백성의 회복을 다루고 두 번째 단락(14-26절)은 지도자의 회복을 다루는 것으로 분석한다(Longman, *Jeremiah/Lamentations*, 221).

83) 7절과 26절의 שְׁבוּת 쉐부트는 "사로잡힘"(captivity) 또는 사로잡힌 자를 가리키는 "포로"의 의미를 갖는다. 이 단어가 שׁוּב 슈브의 히필형("되돌리다")과 함께 쓰일 경우에는 "운명을 바꾸다"를 의미하는 것으로 해석하기도 한다.

도입주제: 창조주 여호와가 알려줄 크고 은밀한 일, 1-3절
I. 예루살렘과 유다 성읍들에 관한 신탁들
신탁 I. 예루살렘의 회복과 유다와 이스라엘의 포로귀환, 4-9절
신탁 II. 기쁨과 감사제의 회복, 10-11절
신탁 III. 초장과 양떼의 회복, 12-13절
II. 다윗과 레위에 관한 신탁들[84)]
신탁 IV. 다윗언약의 회복, 14-16절
신탁 V. 다윗과 레위 후손의 영속성, 17-18절
신탁 VI. 다윗언약과 레위언약의 회복, 19-22절
신탁 VII. 다윗왕조와 나라의 회복, 23-26절

본 단락의 핵심 주제는 예루살렘을 중심으로 하는 약속의 땅의 회복과 다윗언약과 레위언약의 회복이다. 전자는 약속의 땅에서 누릴 참된 평안의 풍성함(6절), 죄의 사함(8절), 모든 복과 평안(9절), 기쁨과 즐거움의 소리와 감사제(11절), 목자들의 초장(12절)을 약속한다. 후자는 공의와 정의를 행하는 정치 지도자(다윗후손)와 제의를 주관하는 영적 지도자(레위후손)을 통한 정치적, 영적 회복을 약속한다. 이는 아브라함과 이삭과 야곱의 후손인 이스라엘 12지파가 통합된 영원한 신정국가에 대한 약속이다. 이 신탁들이 선언하는 회복이 가능한 이유는 "땅을 만든 여호와, 땅을 조성하여 세운 여호와, 여호와가 그의 이름인 이"(2절)가 언약백성을 긍휼히 여기시기(רַחֲמְתִּים 리함팀, 26절) 때문이다. 멸망의 상황에만 주목하고 있는 유다백성의 이해 너머에 있는 하나님의 "크고 은밀한 일"은 심판 이후에 이루어질 언약백성의 온전한 회복이다.

도입주제(1-3절)

예레미야에게 하나님의 말씀이 임한 정황이 서술된다. 32장과 동일하게 예레미

---

84) 다윗과 레위에 관한 신탁들은 다음과 같은 주제적 연관성을 나타난다.

a. 다윗언약의 회복, 14-16절
b. 영원한 다윗후손과 레위후손, 17-18절
b'. 다윗언약과 레위언약의 회복, 19-22절
a'. 다윗왕조와 나라의 회복, 23-26절

야가 시위대 뜰에 갇혀 있는 상황이다. "크고 은밀한 일"을 알려주시겠다는 약속과 함께 하나님은 그에게 부르짖으라고 명하신다.

예루살렘의 회복과 유다와 이스라엘의 포로귀환(4-9절)

"크고 은밀한 일"을 말씀하시기에 앞서 유다백성의 범죄로 인하여 예루살렘과 유다왕조의 멸망이 확정됐다고 선언하신다. 그러나 심판을 받은 예루살렘을 치료하시겠다는 하나님의 약속이 주어진 후 그 결과가 나열된다. 유다백성이 포로에서 귀환할 뿐만 아니라 죄의 사함을 받고 모든 복과 평안을 누리게 된다. 결과적으로 회복된 예루살렘은 하나님의 기쁨과 칭찬과 영광이 된다.

기쁨과 감사제의 회복(10-11절)

황폐하고 황량했던 예루살렘이 다시 사람들의 기뻐하고 즐거워하는 소리와 여호와를 찬양하는 소리로 가득 차게 된다. 이는 하나님이 포로들을 예루살렘으로 돌려보내실 것이기 때문이다.

초장과 양떼의 회복(12-13절)

치유된 예루살렘과 유다의 모든 성읍에 양떼를 눕힐 수 있는 목자들의 초장이 다시 있게 되고 양떼가 목자의 돌봄을 받는다.

다윗언약의 회복(14-16절)

치유된 예루살렘에서 누리게 될 완전한 평안과 안전을 보증하기 위하여 하나님은 "다윗에게서 한 공의로운 가지"를 세우신다. 그가 공의와 정의로 통치하면서 평안과 안전을 베풀 것이다. 그러면 예루살렘은 "여호와는 우리의 의"라는 이름을 얻는다.

다윗과 레위 후손의 영속성(17-18절)

하나님은 왕위에 앉을 다윗후손뿐만 아니라 제사를 주관하는 레위후손도 영원히 끊어지지 않을 것이라고 선언하신다. 이것은 영원한 다윗왕조와 성전예배의 회복을 약속하는 것이다.

다윗언약과 레위언약의 회복(19-22절)

어느 누구도 하나님이 세우신 우주의 질서와 규례를 깨뜨릴 수 없기 때문에 하나님이 마음을 바꾸지 않는 한 다윗언약과 레위언약은 확실한 약속이다.

다윗왕조와 나라의 회복(23-26절)

북이스라엘은 이미 멸망했고 유다는 멸망을 목전에 두고 있는 상황에서 유다 백성은 하나님이 언약백성을 버리셨다고 확신하면서 유다를 나라로도 인정하지 않는다. 그러나 하나님이 천지의 법칙에 신실하신 것처럼 조상들과 맺은 언약과 다윗언약에 신실하시기 때문에 다윗의 통치자가 있는 나라를 세우실 것을 약속하신다. 이는 하나님이 그의 긍휼하심으로 언약백성의 운명을 바꾸실 것이기 때문에 가능하다.

주해

1-3절. 앞 장(32장)과 동일하게 예레미야가 시위대 뜰에 갇혀 있을 때 하나님의 말씀이 다시 그에게 임한다(1절). "두 번째"(שֵׁנִית 세니트)는 32:26-44의 신탁모음이 첫 번째인 것을 전제로 한다. "이르시되"(לֵאמֹר 래모르)라는 표현과 함께 하나님이 하신 말씀이 직접 인용되는데, 화자가 자신에 대해 구체적으로 서술하는 것에 주목하게 된다.[85] 화자인 여호와가 자신을 "내가"로 표현하지 않고 "여호와"로 표현하는 객관화 기법으로 자신의 속성을 객관적 관점에 제시하면서 강조하신다. 2절의 히브리어 원문을 핵문으로 분리해서 그대로 직역하면 다음과 같다.[86]

כֹּה־אָמַר יְהוָה	2a
עֹשָׂהּ	2b
יְהוָה יוֹצֵר אוֹתָהּ לַהֲכִינָהּ	2c
יְהוָה שְׁמוֹ	2d

2a 이와 같이 말한다, 여호와가
2b 그것을 만드는(만든)
2c 그것을 조성해서 세우는(세운) 여호와
2d 그의 이름이 여호와

85) לֵאמֹר 래모르는 직접 인용문을 소개하는 것으로 따옴표와 같은 역할을 한다.

86) 여호와가 화자인 것을 고려하여 한글번역에 존대법을 사용하지 않는다.

2b의 עֹשָׂהּ오사는 연결형 분사(עֹשֵׂה오세; "하다"/"만들다")와 3인칭 여성 단수 대명사어미(הּ, "그것")가 결합된 형태로 2a의 יְהוָה아도나이를 꾸며주는 형용사절의 역할을 한다. 대명사어미는 분사의 목적어다. 따라서 2a와 2b는 "그것을 만든(만드는) 여호와가 이와 같이 말한다"로 번역된다. 2c의 יְהוָה아도나이는 2a의 יְהוָה아도나이와 동격을 이루면서 추가적인 설명을 제공한다. 즉 "그것을 만든 여호와"는 "그것을 조성해서 세운 여호와"라는 의미를 전달한다. 3인칭 여성 단수 대명사어미 הּ가 2c에서도 분사 יוֹצֵר요째르("조성하다")와 부정사 הָכִין하킨("세우다")의 목적어로 등장한다. 2절 안에서는 대명사어미가 가리키는 대상이 분명하지 않기 때문에 그 대상에 대한 논의가 있다. 2d 역시 2a의 יְהוָה아도나이와 동격을 이루면서 "여호와"(יְהוָה아도나이)가 그의 이름인 사실을 전달한다. 간단히 설명하면 2b-d는 2a에서 말하고 있는 여호와 자신이 어떤 존재인지에 대해 설명한다. "그것을 만들었고 그것을 조성해서 그것을 세운 여호와이고 그의 이름이 여호와인 여호와가 말한다"는 의미다. 이와 같이 자신에 대해 구체적으로 설명하는 것은 3절의 명령을 준비하는 것으로 보인다. 그런데 2절에 서술된 3인칭 여성 단수 대명사어미(הּ)가 가리키는 바에 대한 해석에 따라 3절과의 관계에서 2절의 의미가 다를 수 있다. 첫째, 이 대명사어미가 3절의 "크고 은밀한 일"을 가리키는 것으로 보는 경우다. 3절에서 하나님은 자신에게 부르짖으면 응답하겠고 부르짖는 자가 알지 못하는 "크고 은밀한 일"을 보이겠다고 약속하신다. 따라서 하나님은 자신이 이 "크고 은밀한 일"을 충분히 계획하고 이루실 수 있는 여호와라는 사실을 2절에서 미리 알려주면서 부르짖을 동기를 갖게 하신다. 2절의 עֹשָׂהּ오사를 "일을 행하시는 여호와"로 번역하는 개역개정은 이런 의미를 암시한다. 둘째, 3인칭 단수 여성 대명사어미가 여성형 명사인 "땅"(אֶרֶץ에레쯔)을 가리키는 것으로 보는 경우다.[87] "땅"으로 보는 이유는 "크고 은밀한 일[들]"(גְּדֹלוֹת וּבְצֻרוֹת게돌로트 우베쭈로트)이 여성 복수 명사들이어서 단수 대명사어미에 맞지 않기 때문이고 또한 사용된 동사들("만들다"; "조상하다"; "세우다")이 창조와 관련된 동사들이기 때문이다. 그렇다면 화자인 하나님은 자신이 창조주 여호와인 것을 강조한 후 3절의 명령을 제시하시는 것이 된다. 이는 창조주 하나님 여호와가 우주적 주권에 따라 유다의 미래를

---

87) 칠십인경은 대명사어미 대신 "땅"(γῆν)을 명시적으로 표기해서 번역한다.

결정하고 계획하시는 분이라는 사실을 강조한다. 셋째, 대명사어미가 여성 명사인 "예루살렘"을 가리키는 것으로 보는 경우다. 예루살렘이 바벨론에 의해 포위된 상태라는 점을 고려한 견해다. 하나님의 자기소개는 예루살렘에 집중한다는 것이 된다. 즉 2절이 예루살렘을 만드시고 세우신 여호와가 예루살렘의 회복에 관심을 가지고 계심을 암시하는 것으로 이해한다(칼빈). 두 번째 견해가 적절해 보인다. 왜냐하면 20-22절과 25-26절에서 언약백성의 회복에 대한 계획은 창조주 하나님의 계획이고 그가 이루실 것에 대해 반복적으로 언급하고 있기 때문이다. 특히 "위로의 책"에서 하나님이 창조와 우주적 관점에서 언급되는 점을 고려할 필요가 있다(cf. 31:10, 22, 27, 35-37; 32:17; 33:20-22, 25-26).

"은밀한"으로 번역한 בְּצֻרוֹת 베쭈로트(בָּצוּר 바쭈르의 여성 복수형)는 문자적으로 "접근할 수 없는" 또는 "견고한"을 의미한다. 예를 들어, 점령할 수 없는 요새를 묘사할 때 사용하는 형용사다(cf. חוֹמַת נְחֹשֶׁת בְּצוּרָה 호마트 네호쉐트 베쭈라; "견고한 놋 성벽" [15:20]). 따라서 בְּצֻרוֹת 베쭈로트는 "감추어져 있다"는 의미의 "은밀한" 일을 가리키기 보다는 "접근할 수 없다"("헤아릴 수 없다")는 의미의 "은밀한" 일을 가리키는 것으로 볼 수 있다. 하나님이 계획하시고 이루실 일이 "크고 은밀한 일"인 이유는 그의 계획이 인간의 이해 너머에 있기 때문이다(cf. 20, 25절). 따라서 3절의 명령은 사람이 이해하거나 상상할 수 없는 큰일에 대한 기대를 갖게 한다. 한편으로 이 명령과 약속은 그가 계획하신 것을 미리 알아보고 그가 실제로 이루실 수 있는지를 확인해 보라는 권면이다. 달리 말하면 이 명령은 회복의 확실한 성취를 확언한다. 왜냐하면 성취에 대해 하나님이 자신이 있으시기 때문이다. 3절에서 하나님이 약속하시는 "크고 은밀한 일"의 구체적인 내용이 이어지는 신탁들을 통해 전달된다.

4-9절. 신탁도입형식("이스라엘의 하나님 여호와께서 말씀하시니라")과 함께 첫 번째 신탁이 서술된다(4절). "이스라엘의 하나님 여호와"로 신탁의 주체를 소개하면서 앞서 2절에서 소개한 여호와가 이스라엘의 언약의 하나님 여호와라는 사실을 전달한다. 신탁의 대상은 바벨론의 포위공격을 방어하기 위해 유다백성이 스스로 허물어버린 예루살렘의 집들과 왕궁이다. 5절은 4절에 서술된 "이 성읍의 가옥과 유다 왕궁"에 대한 묘사를 이어간다. "무리"(유다 군대와 예루살렘 거민들)가 예루

살렘을 지키기 위해 바벨론 군대와 치열한 전투를 벌인다. 하지만 그들이 하나님께 범한 죄악으로 인해 하나님이 그의 얼굴을 성읍으로부터 감추셨기 때문에 성읍과 왕국은 그의 분노와 진노로 인해 죽게 될 사람들로 가득 채워지게 된다. 이와 같이 예루살렘과 왕궁을 묘사하는 것은 예루살렘과 유다왕조의 멸망이 확정됐음을 선언하는 것과 같다. 왕과 예루살렘 거민들이 자신들의 가옥과 왕궁을 헐면서까지 갈대아 군대의 공격을 방어하려고 모든 노력을 기울이지만 아무런 소용이 없다. 단지 하나님의 진노로 인하여 죽임을 당하는 백성의 시체들로 예루살렘 성이 가득 차게 될 뿐이다. 이것은 그들의 모든 악행에 대한 당연한 결과다. 이 일을 행하시는 주체는 하나님("내가")이다. 그런데 하나님의 진노의 심판으로 파괴되고 시체로 가득 차게 될 성읍에 대한 하나님의 "크고 은밀한 일"이 선언된다.

하나님은 심판으로 파괴된 예루살렘("이 성읍")을 병에 걸린 것에 비유하시면서 예루살렘을 치료하여 "평안과 진실의 풍성함"(עֲתֶרֶת שָׁלוֹם וֶאֱמֶת 아테레트 샬롬 베에메트)을 드러내 보이시겠다고 선언하신다(6절). "평안과 진실"(שָׁלוֹם וֶאֱמֶת 샬롬 베에메트)을 중언법으로 보아 "참된 평안"으로 해석하면 의미가 명확하게 전달된다. 즉 "참된 평안의 풍성함"을 경험하게 된다는 의미다. 바벨론의 공격으로 인한 위협과 정반대의 상태를 약속하시는 것이다. "이 성읍을 치료하며 고쳐 낫게 하고"의 표현에 명사 אֲרֻכָה 아루카가 사용되는데, 이 단어는 상처가 치유되면서 새살이 돋아나는 것을 의미한다. 따라서 하나님의 심판으로 인한 예루살렘의 파괴와 포로생활은 치유의 과정이며 이 심판의 상처에서 새로운 것들이 다시 시작되는 것을 암시한다. 같은 맥락에서 역대기서의 저자는 70년의 포로생활을 "토지가 황폐하여 땅이 안식년을 누림 같이 안식하여"라고 표현한다(대하 36:21). 하나님의 치유가 선포된 후 7-9절은 예루살렘이 치유된 결과를 구체적으로 나열한다. 첫째, 유다와 이스라엘이 포로에서 풀려나서 처음과 같이 세워진다(7절). 남왕국 유다와 북왕국 이스라엘이 하나님의 회복의 대상에 모두 포함된다. 두 왕국이 예전과 같이 하나의 나라를 이루게 된다(cf. 겔 37:15-22). 하나님의 심판으로 이스라엘과 유다의 백성이 열국으로 흩어짐을 당하지만 하나님의 언약의 대상이었던 그 나라가 완전히 지면에서 소멸되는 것은 아니다. 둘째, 죄의 용서함을 받고 정결하게 된다(8절). 심판의 원인이었던 모든 죄악이 하나님의 사하심을 받게 되어 회복된 백성이 정결하게 되는데, 이것은 새 언약의 핵심적 요소들 중의 하나다(cf. 31:11, 34;

50:20; 겔 36:25; 슥 13:1). 즉, 정결과 용서의 약속이다. 이는 회복된 언약백성이 거룩하신 하나님 앞에 서있을 수 있고 그를 예배할 수 있는 상태를 가리킨다. 셋째, 정결하게 된 언약백성으로 가득 찬 예루살렘은 옛 명성과 영광을 다시 얻게 된다(9절). 하나님의 심판으로 인해 열방의 저주와 조소의 대상이 된 언약백성이 하나님이 베푸신 모든 복을 듣게 되는 열방 중에서 그에게 기쁨과 칭찬과 영광의 이름이 된다. 심판을 받아 흩어진 백성을 조롱하고 모욕했던 열방이 예루살렘에 베푸신 하나님의 모든 복과 평안에 대한 소식을 듣고 오히려 두려워하고 떨게 된다. 이는 언약백성의 구별된 지위를 인지하게 되는 것을 의미한다.

10-11절. 신탁도입형식("여호와께서 이와 같이 말씀하시니라")과 함께 두 번째 신탁이 서술되는데, 11절의 마지막에 "여호와가 말한다"("여호와가 하는 말이다")로 신탁이 마무리되면서 선언의 엄중성과 확실성이 강조된다. 앞의 신탁을 이어서 예루살렘이 치유된 후 누리게 될 결과를 서술한다. 넷째, 폐허에서 치유된 예루살렘이 사람들로 가득 채워지고 기쁨의 소리와 감사와 찬양의 소리가 다시 들리게 된다(10절; cf. 30:19; 31:13). 하나님의 심판이 임하면 황폐하여 사람도 없고 짐승도 없는 황량한 유다의 성읍들과 예루살렘 거리에 일상적인 삶이 주는 기쁨과 즐거움의 소리가 다시 들릴 뿐만 아니라 하나님께 감사를 표현하는 감사제와 그를 찬양하는 예배가 성전에서 다시 드려진다. 왜냐하면 그의 백성을 사로잡힘에서 돌이켜서 처음처럼 다시 세우시는 하나님의 선하심과 인자하심을 귀환하는 백성이 충분히 경험할 것이기 때문이다. 성전예배의 회복에 대한 서술은 바벨론 왕 느부갓네살에 의해 파괴될 성전이 다시 세워질 것을 간접적으로 암시한다.

12-13절. 예루살렘의 회복에 대한 선언을 들어도 유다백성은 자신들이 처한 상황에서 회복에 대한 기대를 갖기가 어렵다. 그래서인지 치유된 예루살렘이 누리게 될 복을 이어서 설명하는데, 다시 "만군의 여호와께서 이와 같이 말씀하시니라"는 신탁도입형식을 서술하면서 선언의 확실성을 강조한다. 특히 10절과는 달리 능력을 가지신 하나님을 가리키는 "만군의 여호와" (יְהוָה צְבָאוֹת 아도나이 쩨바오트)라는 표현이 사용되는 것에 주목하게 된다.

다섯째, 혹독하고 철저한 심판으로 인해 짐승조차 거할 수 없을 정도로 황폐하게 된 예루살렘과 주변의 모든 성읍에 하나님의 치료로 새살이 돋게 되면 목자들이 초장에서 양떼를 먹이고 돌보는 평화로운 모습을 보게 된다(12절).[88] 이러한 평안과 회복의 모습은 유다의 전 지역("산지 성읍들과 평지 성읍들과 네겝의 성읍들과 베냐민 땅과 예루살렘 사면과 유다 성읍들")에서 목격될 것이다(13절). 목자들이 자기 양떼를 하나씩 세며 돌보는 장면은 하나님의 치유가 이루어진 약속의 땅에서 누리게 될 완전한 평안과 안전을 상징적으로 나타낸다. 이것은 예루살렘과 약속의 땅에 대한 하나님의 보호하심과 돌보심을 전제로 한다(cf. 30:16-17, 18; 31:11-12). 따라서 자연스럽게 신탁은 이러한 하나님의 보호하심과 돌보심을 실현하기 위한 "다윗에게서 나올 한 의로운 가지"에 대한 약속으로 이어진다(14-16절).

14-16절. 특정되지 않는 회복의 미래를 가리키는 관용적인 표현("보라. 날들이 임하리라. 여호와의 말이니라")으로 회복에 관한 신탁을 이어가는데, 이 표현과 함께 주제의 전환이 나타난다. 앞의 신탁들(4-13절)은 예루살렘과 유다 성읍의 회복에 집중하는 반면에 14-26절의 신탁들은 다윗과 레위에 집중한다. 4-13절의 신탁은 언약백성의 회복과 그들이 거할 땅의 회복, 그 땅에서의 평안과 기쁨, 복을 예견하면서 나라를 이룰 준비를 갖춘다. 이에 이어서 이 백성과 땅을 다스리고 통치할 다윗왕조와 하나님과의 언약관계를 나타내는 제의를 집행하는 레위가계의 회복에 대한 선언은 영원히 존재할 신정국가를 기대하게 한다.[89] 유다백성의 모든 악행에도 불구하고 하나님은 여전히 그의 언약에 신실하시다. 따라서 이스라엘과 유다의 집에 말씀하신 "선한 말"(הַדָּבָר הַטּוֹב 핟다바르 핱토브; "선한 약속")을 이루실 날에 대해 선언하신다(14절).

15절의 초두에 "그 날[들]에 그리고 그 때에"(בַּיָּמִים הָהֵם וּבָעֵת הַהִיא 바이야밈

---

88) 개역개정이 "목자가 살 곳이 있으리니 그의 양떼를 눕게 할 것이라"로 번역한 히브리어 표현, נְוֵה רֹעִים מַרְבִּצִים צֹאן 네배 로임 마르비찜 쫀은 "목자들이 양떼를 눕힐 초장"을 가리킨다.

89) 4-13절의 신탁들에서는 "다시"가 반복되면서 회복이 강조된다: "다시 들리고"(עוֹד יִשָּׁמַע 오드 잇샤마, 10절); "다시 있고"(עוֹד יִהְיֶה 오드 이히예, 12절). 반면에 14-26절의 신탁들에서는 지속적인 존속을 나타내는 "끊어지지 않는다"(לֹא־יִכָּרֵת 로-잌카레트, 17절; 18절)는 표현이 강조된다.

하햄 우바애트 하히)라는 시간을 나타내는 부사구가 반복되면서 강조되는데, 이 표현은 30장 3절에서 "날들"을 언급하고(cf. 31:27, 31, 38), 31장 1절에서 "그 때"(בָּעֵת הַהִיא 바애트 하히)를 언급한 것을 함께 아우르는 것처럼 보인다. 그렇다면 이 부사구에 이어 선언되는 회복은 언약백성의 회복에 결정적인 역할을 하는 것을 볼 수 있다. 하나님이 성취하실 "선한 말"은 약속의 땅에 정의와 공의를 실행할 "다윗에게서 한 공의로운 가지"(לְדָוִד צֶמַח צְדָקָה 레다비드 쩨마흐 쩨다카)를 돋아나게 하는 것이다(15절; cf. 23:5-6). 즉 다윗언약의 회복이다(cf. 삼하 7장). 이 공의로운 가지가 유다를 구원하고 예루살렘을 안전하게 보호한다(16절). 그러면 목자들이 자기 양떼를 먹이고 돌보는 평화로운 모습을 예루살렘과 유다의 전 지역에서 확실히 목격하게 될 것이다(cf. 12-13절). 뿐만 아니라 그를 통하여 예루살렘은 다시 "여호와는 우리의 의"(יְהוָה צִדְקֵנוּ 아도나이 찌드캐누)라는 이름을 얻게 된다. 15-16절의 선언은, 현재 실패하고 있는 다윗의 보좌에 앉은 유다 왕을 대체할 다윗후손의 도래를 선언을 하고 있는 23장 5-6절을 그대로 반복한다. 한 가지 차이는 "여호와는 우리의 의"라는 이름이 이 신탁에서는 예루살렘 성의 이름으로 언급되는 것이다. 16절의 구문에 따라 "여호와는 우리의 의"를 예루살렘의 이름으로 해석하는 것에 이의를 제기하면서 לָהּ 라의 3인칭 여성 단수 대명사어미(הּ)를 3인칭 남성 단수 대명사어미(הוּ)로 수정해서 동사의 목적어로 표기(יִקְרָאוּהוּ 이크레우후)해서 23장의 본문과 일치시키려는 시도가 있지만 그렇게 할 필요는 없다.[90] 오히려 예루살렘에 동일한 이름을 부여하는 것은 다윗후손의 의로운 통치가 이루어지는 장소인 예루살렘이 하나님의 의를 경험하게 되는 장소가 될 것임을 선언하기 위한 것으로 보인다. 또한 31장 23절은 포로에서 돌아오는 자들이 하나님의 임재를 약속하는 성전과 예루살렘을 다시 "의로운 처소"(נְוֵה־צֶדֶק 네배-쩨데크)와 "거룩한 산"(הַר הַקֹּדֶשׁ 하르 학코데쉬)으로 부르게 된다고 선언한다. 이사야 선지자 역시 회복된 예루살렘이 "의의 성읍(עִיר הַצֶּדֶק 이르 핫쩨데크)이라, 신실한 고을(קִרְיָה נֶאֱמָנָה 키르야 네에마나)이라"고 칭하게 될 것이라고 예언했다(사 1:26).

17-18절. 신탁도입형식("여호와께서 이와 같이 말씀하시니라")이 등장하면서 다섯

90) BHS는 일부 히브리어사본과 시리아역본 및 라틴어역본에 근거하여 יִקְרָאוּהוּ 이크레우후 독법을 제안한다.

번째 신탁이 소개되는데, 앞 신탁과 동일한 주제를 이어간다. 포로기 이후에 있게 될 회복의 그림을 온전하게 제시하기 위해서는 다윗왕조와 성전예배에 대한 언급이 중요하다. 왜냐하면 다윗왕조와 성전예배의 부재는 바벨론의 포로생활 중에 있는 유다백성이 하나님의 심판을 절실히 경험하고 느끼게 하는 요소들이기 때문이다. 포로기간 동안 그들은 영원한 보좌를 약속받은 다윗왕조의 통치를 받을 수 없으며 성전에서 제사를 드릴 수 없게 된다. 따라서 온전한 회복은 그들이 잃어버린 다윗왕조와 성전예배의 회복을 요구한다. 다윗왕조의 회복은 다윗에게 준 영원한 언약이 여전히 유효함을 보여줄 뿐만 아니라 전 이스라엘의 회복을 의미한다. 마찬가지로 성전예배의 회복은 약속의 땅에 정착하는 것과 하나님과의 단절된 관계의 회복을 의미한다(cf. 신 12:10-11). 그러므로 하나님은 "이스라엘의 집의 보좌"에 앉을 사람이 다윗에게서 결코 끊어지지 않을 것과 성전예배를 섬길 레위 제사장의 후손이 결코 끊어지지 않을 것이라고 약속하신다(17-18절). 이것은 다윗의 후손과 레위 제사장의 후손이 지속적으로 이어지면서 그들의 직무를 감당하게 될 것이라는 약속으로 해석하기 보다는 다윗왕조와 레위가계가 완전히 제거되지 않을 것이라는 약속으로 해석하는 것이 적절하다.

19-22절. 다윗왕조를 통한 통일왕국의 회복과 성전제의의 회복은 언약백성에게 가장 중요한 회복의 내용이다. 따라서 이 회복의 내용이 이어지는 신탁들을 통해 강조되고 확언된다. 19절은 신탁도입형식("여호와의 말씀이 예레미야에게 임하니라 이르시되")을 사용해서 여섯 번째 신탁의 시작을 소개하고 바로 이어서 "여호와가 이같이 말한다"(20절)는 표현으로 신탁의 엄중성을 강조한다. 20절의 "여호와가 이같이 말한다"는 화자인 여호와가 "내가"라는 표현 대신에 자신을 "여호와"로 표현하면서 2절에 묘사된 여호와를 상기시킨다. 바로 그 여호와가 회복을 선언하고 보증한다는 의미를 전달한다. 다윗의 후손과 레위 제사장의 후손에 대한 약속은 결코 깨질 수 없다는 사실을 반어적 논증으로 확언하신다(20-21절). 하나님이 우주와 맺으신 언약(질서와 법칙)을 성실히 지키시는 것처럼 다윗과 맺은 언약과 레위 제사장들과 맺은 언약을 성실히 지키실 것이다. 우주의 질서가 명확한 것처럼 그의 언약도 역시 명확하다. 다윗의 후손과 레위의 후손이 결코 단절되지 않을 것임을 강조하기 위해 22절은 셀 수 없고 측량할 수 없는 수의 다윗의 후손

과 레위인들에 대해 말한다.[91] 회복된 이스라엘에서 왕과 제사장의 역할이 강조되는 것은 스가랴의 신탁에도 나타난다(cf. 슥 6:9-13). "그['싹이라 이름하는 사람']가 여호와의 전을 건축하고 영광도 얻고 그 자리에 앉아서 다스릴 것이요 또 제사장이 자기 자리에 있으리니 이 둘 사이에 평화의 의논이 있으리라"(슥 6:13). 히브리서의 기자는 예수 그리스도 안에서 왕의 직분과 제사장의 직분이 함께 나타나면서 새 언약이 성취된 것으로 설명한다(히 7-8장; cf. 시 110:1, 4). 이는 이미 사무엘상 2장 35절에서 예언된 바다.

> 내가 나를 위하여 *충실한 제사장*을 일으키리니 그 사람은 내 마음, 내 뜻대로 행할 것이라 내가 그를 위하여 견고한 집을 세우리니 그가 *나의 기름 부음을 받은 자*(מְשִׁיחִי 메쉬히) 앞에서 영구히 행하리라(삼상 2:35).

정의와 공의를 갖춘 다윗왕조와 성전예배를 주관하는 레위 자손들은 하나님의 통치가 실현되는 신정국가의 중요한 요소들이다. 따라서 이에 대한 약속을 전한 후 신탁은 자연스럽게 통일왕국의 회복에 대한 신탁으로 이어진다.

23-26절. 일곱 번째 신탁(23-26절)은 여섯 번째 신탁의 도입(19절)과 동일한 형식을 취한다. 또한 신탁도입형식(23절)에 이어서 화자인 하나님이 자신을 여호와로 표현하면서 신탁의 엄중성을 강조하는 "여호와가 이와 같이 말한다"는 표현이 25절에 등장하는 것은 여섯 번째 신탁과 같은 구성이다. 이는 여섯 번째 신탁(19-22절)과 일곱 번째 신탁(23-26절)의 밀접한 관계를 보여준다. 이 두 신탁은 동일하게 다윗과 레위를 대상으로 할 뿐만 아니라 이들을 통한 신정국가의 형성이라는

---

91) 다윗과 맺은 언약이 사무엘하 7장에 분명하게 언급된 것처럼 레위인들과 맺은 언약이 구약성경에 상세히 언급되지는 않지만 그 증거를 찾아볼 수 있다. 예를 들면, 말라기 2장 4-5절에 "레위와 세운 나의 언약"이라는 표현이 언급되면서 영원한 측면도 함께 지적된다. 느헤미야는 대제사장 엘리아십의 손자 요야다의 아들 하나가 이방인과 통혼을 했기 때문에 그를 내쫓았다고 말하면서 그가 "제사장의 직분과 레위 사람에 대한 언약"을 어긴 것으로 지적한다(느 13:29). 하나님이 레위인들을 선택하여 그를 섬기는 자들로 삼으신 것을 서술하고 있는 민수기 3장 2절을 이 언약의 배경으로 제안하기도 한다(cf. 민 25:12-13). 22절이 "하늘의 만상"과 "바다의 모래"를 언급하면서 수많은 후손을 약속하는 것은 아브라함 언약을 기억나게 한다(창 15:5; 22:17).

주제의 발전을 보인다. 주전 722년에 북이스라엘의 멸망을 목도했을 때 유다백성은 자신들이 멸망하지 않는 것을 확인하게 되면서 자신들을 향한 하나님의 특별한 배려와 관심에 자신감을 가졌을 것이며 조금도 의심하지 않았을 것이다. 하지만 자신들의 멸망을 목전에 둔 상황에서 결국 하나님이 "두 가계"(שְׁתֵּי הַמִּשְׁפָּחוֹת 쉐태 함미쉬파호트; 북왕국과 남왕국)를 모두 버리셨다는 판단을 하게 된다(24절). 심지어 하나님이 세우신 나라에 대한 자존감마저도 상실하게 된다. "그들[유다백성]이 내 백성을 멸시하여 자기들 앞에서 나라로 인정하지 아니하도다."[92] 그러나 백성의 판단과는 달리 하나님은 그들의 조상들("아브라함과 이삭과 야곱")과 맺은 그의 언약이 여전히 유효함을 선언하신다(25-26절). 하나님이 심판으로 그의 백성을 징계하시기는 하지만 그의 언약을 완전히 파기하시는 것은 아니다. 우주와 맺은 언약과 법칙에 하나님의 신실하심이 분명히 새겨져 있는 것처럼 그의 백성과 맺은 언약과 다윗언약은 확실하며 여전히 유효하다.[93]

반어법을 통해 강한 어조로 하나님은 자신이 그의 백성(זֶרַע יַעֲקוֹב 제라 아아코브; "야곱의 자손")과 다윗왕조를 결코 거부할 수 없음을 강조하신다(26절). 하지만 이것은 전적으로 하나님의 은혜에 근거한 것이다. "내가 그 포로된 자를 돌아오게 하고 그들을 불쌍히 여기리라(רִחַמְתִּים 리함팀)." 하나님의 "긍휼히 여기심"(רִחַמְתִּים 리함팀)이 아니면 이와 같은 기대는 불가능하다. 멸망된 두 왕국이 다시 하나가 되어 통일왕국을 이루게 되는 것을 보증하는 것은 하나님의 종 "다윗의 자손"(מִזַּרְעוֹ 밋자르오; "그의 후손 중에서")이다. 같은 맥락에서 에스겔은, 두 개로 나눠진 막대기와 같은 북왕국과 남왕국이 다시 하나님의 손에 안에서 "한 나라"(גוֹי אֶחָד 고이 에하드)가 될 것이며 "다윗"(다윗의 후손)이 "한 왕"(מֶלֶךְ אֶחָד 멜레크 에하드)이 되고 "한 목자"(רוֹעֶה אֶחָד 로에 에하드)가 되어 통일된 왕국의 회복을 보증할 것임을 선언한다(겔 37:15-25).

---

92) 이 문장에서 "그들"은 "여호와께서 자기가 택하신 그들 중에 두 가계를 버리셨다"고 말한 "이 백성" 즉 유다백성을 가리키는 것으로 보인다. Jones는 "그들"이 열방을 가리키는 것으로 해석한다(Jones, *Jeremiah*, 425). 또한 이 해석에 근거해서 "두 가계"가 북왕국과 남왕국을 가리키는 것으로 분석한다.

93) 25절의 "주야와 맺은 언약"이 노아의 언약(창 9장)을 가리키는 것으로 해석한다 (Longman, *Jeremiah/Lamentations*, 223).

> 내가 내 종 야곱에게 준 땅 곧 그의 조상들이 거주하던 땅에 그들이 거주하되 그들과 그들의 자자손손이 영원히 거기에 거주할 것이요 *내 종 다윗이 영원히 그들의 왕이 되리라*"(겔 37:25).

다윗의 후손이 아브라함과 이삭과 야곱의 후손을 다스린다는 것은 다윗언약을 통해 아브라함 언약이 유지되는 것을 의미한다. 결국 "위로의 책"은 새 언약을 통한 옛 언약의 온전한 성취를 기대하게 한다.

"위로의 책"을 시작하는 첫 번째 선언(30:3)은 이스라엘과 유다의 포로를 약속으로 땅으로 돌아오게 해서 그 땅을 차지하게 하는 것이다. 위로의 책의 마지막 선언(33:26)인 "내가 그 포로된 자들을 돌아오게 하고 그[들]을 불쌍히 여기리라"는 30장 3절의 선언은 첫 번째 선언(30:3)과 수미쌍관을 이루면서 "위로의 책"을 마무리한다. 위로의 책을 통해 하나님이 약속하시는 회복은 하나님의 전적인 은혜에 따른 것이다. 따라서 이 은혜를 누리는 이는 에브라임의 탄식(31:18-19)과 동일한 탄식을 하며 여호와께로 돌아오는 이들이다. 이 탄식과 함께 그에게 돌아오면 "에브라임은 나의 사랑하는 아들 기뻐하는 자식이 아니냐 내가 그를 책망하여 말할 때마다 깊이 생각하노라 그러므로 그를 위하여 내 창자가 들끓으니 내가 반드시 그를 불쌍히 여기리라 여호와의 말씀이니라"(31:20)라는 하나님의 음성을 듣게 된다.

현재적 적용 | 묵상

1. 인간의 지식과 판단으로 헤아릴 수 없는 "크고 은밀한 일"을 계획하시고 이루시는 하나님에 대한 기대를 품고 그에게 나아가 부르짖는가? "내게 부르짖으라. 그러면 내가 응답하겠고 네가 알지 못하는 크고 은밀한 일을 네게 보이리라"는 약속의 말씀이 나를 향한 명령이고 약속인 것을 확신하는가?
2. 자신의 힘으로 문제나 어려움을 스스로 해결하려고 하면서 상황이 더 심각해졌을 때 하나님을 기억하고 그에게 돌아와 그가 이루실 회복을 기대하는가?
3. 성도에게 약속된 참된 평안의 풍성함을 누리고 있는가? 이 약속이 있음에도 불구하고 불안과 걱정에 사로잡혀 있는 것은 죄의 용서함을 받지 못했기 때문

은 아닌가? 이 풍성함을 누리기 위해 겸손히 십자가 앞으로 나아와 죄를 고백하고 용서함을 구하는가?

4. 하나님이 약속하시는 회복에는 일상의 기쁨의 회복 그리고 감사하는 입술과 마음의 회복이 있는데, 일상 속에서 하나님이 베푸시는 기쁨과 그로 인한 감사와 찬양이 있는가? 혹시 불만과 불평만 있는 것은 아닌가? 그렇다면 하나님이 약속하신 것을 이루실 능력이 없으시기 때문인가 아니면 하나님이 베푸시는 기쁨과 감사의 내용을 보지 못하기 때문인가?

5. 언약에 신실하신 하나님이 그의 언약을 이루어 다윗의 후손 예수 그리스도를 보내주셔서 회복을 이루셨는데, 그 회복에 참여하고 있는가?

6. 하나님이 이루시는 회복에는 영적 관계의 회복을 포함하고 있음을 기억하고 하나님과의 친밀한 관계를 기대하고 경험하는가?

7. 아침에 해가 뜨고 하루가 시작될 때 나를 향한 하나님의 변함없는 신실하심이 느껴지는가? 바쁜 일상 중에도 태양을 보고 밤의 별을 보며 바람을 느끼면서 하나님의 임재와 신실하심을 확인하고 감사하는가?

제7장

유다와 예루살렘에 관한 사건기록 II (34:1-45:5)

본 범위(34:1-45:5)는 산문형식으로 여호야김과 시드기야 시대의 일부 사건들을 기록하는 면에서 21-29장(유다와 예루살렘에 관한 사건기록 I)과 짝을 이룬다.[1] 21-29장의 사건기록들이 연대기적 배열을 따르지 않은 것과 유사하게 34-45장의 사건기록도 연대기적 배열은 아니다. 여호야김과 시드기야 시대의 사건들을 기록하는 면에서 유사하지만 34-45장은 유다와 예루살렘이 멸망한 이후의 사건기록을 추가한다.[2] 34-45장이 하나의 범위로 구분되는 근거는 두 가지다. 하나는 30-33장은 "위로의 책"으로 자체의 단락을 이루는 것이며 다른 하나는

---

1) Martens는 34-45장이 예레미야에 대한 기록들인 것에 근거해서 바룩이 이 장들의 저자일 가능성을 제기한다(Martens, *Jeremiah*, 210). Clements는 45장에 바룩에 관한 예언이 등장하는 것과 34-44장이 기록하고 있는 사건들에 바룩이 관여된 것에 근거하여 바룩을 34-45장의 저자로 간주한다(클레멘츠, 『예레미야』, 307). 하지만 "예레미야"로 표기되는 3인칭 서술 자체가 예레미야의 저작권을 부인하는 결정적인 요인이 되는 것은 아니다.

2) 21-29장과 34-45장에 언급된 역사정보에 근거하면 기록된 사건 또는 선포된 신탁은 여호야김 1년(주전 609년, 26:1)과 4년(주전 605년, 25:1; 36:1; 45:1) 그리고 시드기야 1년(주전 597년, 24:1), 4년(주전 594년, 27:1; 28:1), 9-11년(주전 588-586년, 34:1, 8; 37:1-21; 39:1-2)에 집중한다. 특정되지 않은 여호야김 시대와 시드기야 시대에 대한 언급을 각각 35:1과 21:1에서 볼 수 있다. 40-44장은 586년 이후에 유다에 남겨진 이들의 사건을 기록한다.

46-51장은 열방에 관한 신탁으로 유다와 예루살렘에 집중하는 34-45장과 주제적인 면에서 구분되는 것이다. 본 범위에 표기된 역사정보를 배열하면 다음과 같다.

34:1, 바벨론 군대가 예루살렘과 그 모든 성읍을 칠 때 [시드기야 9년][3)]
34:8, 시드기야가 남녀노비에 관한 계약을 맺고 자유를 선포한 후[4)]
35:1, 여호야김 시대 (연도가 특정되지 않음)[5)]
36:1, 여호야김 통치 4년 (주전 605년)
[36:9, 여호야김 통치 5년 9월 (주전 604년)][6)]
37:4-5, 시드기야 통치 9/10년 (주전 588/587년)
39:1-2, 시드기야 통치 9년-11년 넷째 달 아홉째 날 (주전 588-586년)
40:1, 예레미야가 라마에서 풀려난 후 (주전 586년)
41:1, 일곱째 달 (주전 586년/또는 581년)
45:1, 여호야김 통치 4년 (주전 605년)

본 범위에 기록된 역사정보에 따른 흐름은 연대기적 배열이 아니다. 그 의도를 규정하기가 쉽지 않다. 따라서 이 범위를 분석할 때에는 주제적 흐름에 주의를 기울일 필요가 있다. 제시된 역사정보를 중심으로 보면 기록된 사건들의 정황은 여호야김과 시드기야 시대, 그리고 유다와 예루살렘이 멸망한 이후의 시기다. 34장 8절의 역사정보는 34장 1절의 역사정보와 연계된 것으로 간주하여 34:1-22을 하나의 단락으로 구분한다. 시드기야가 지속적으로 등장하는 것도 34:1-22을 함께 묶는 근거가 된다. 40-44장은 유다와 예루살렘 멸망 직후의 사건에 대한 기록으로

---

3) 39장 1절과 52장 4절에 따르면, 바벨론 왕 느부갓네살이 예루살렘을 포위해서 공격하기 시작한 것은 시드기야 9년 10월 10일(주전 588년)이다. 포위공격이 마무리되는 것은 시드기야 11년 4월 9일(주전 586년)이다. 이집트 군대의 진격으로 인해 중간에 잠시 포위를 중단한 것을 제외하더라도 거의 1년 8개월의 기간이다.

4) 정확한 시기가 특정되지는 않았지만 588년경으로 추정된다.

5) 레갑 자손이 예루살렘 성 안으로 피신한 것을 고려하면 바벨론의 공격이 있었던 여호야김 4년(주전 605년)경으로 추정된다.

6) 36장 9절이 언급하고 있는 역사정보는 새로운 단락을 구분하지 않고 36장 1절에서 시작된 사건과 연결된다.

함께 단락을 이룬다. 역사정보에 따라 본 범위를 대략 일곱 개의 단락으로 구분할 수 있다: (1) 34:1-22; (2) 35:1-19; (3) 36:1-32; (4) 37:1-38:28; (5) 39:1-18; (6) 40:1-44:30; (7) 45:1-5. 마지막 단락(45:1-5)의 정황이 여호야김 4년이고 바룩 개인에 관한 기록인 점이 특이하다. 이 범위(34-45장)의 특징은 역사정보가 구체적으로 언급되고 사건과 더불어 신탁이 선포되는 것이다. 따라서 역사적 정황에 따른 신탁의 내용과 의도를 함께 살필 필요가 있다.

1. 시드기야와 유다를 향한 심판선언, 34:1-22

역사정보와 함께 예레미야서의 특징적인 도입형식("말씀이 여호와께로부터 예레미야에게 임하여 이르시되")이 1절에 등장하면서 새로운 단락의 시작을 보여준다. 이 도입형식이 8절과 12절에도 등장한다. 본 단락은 다음의 사실에 근거해서 1-7절과 8-22절의 두 개의 소단락으로 구분된다. 첫째, 신탁 대상의 차이이다. 두 단락 모두 심판신탁을 전달하는데, 첫 번째 소단락(1-7절)에 기록된 신탁의 대상은 시드기야 왕인 반면에 두 번째 소단락(8-22절)에 제시된 신탁의 대상은 시드기야를 포함한 예루살렘에 있는 고관들과 모든 백성이다. 둘째, 1절과 8절이 제시하는 역사정보다. 1절은 바벨론의 느부갓네살 왕이 그의 군대를 동원해서 예루살렘과 주변 성읍들을 공격할 때라는 정보를 제시한다. 반면에 8절은 시드기야 왕이 예루살렘의 모든 백성과 계약을 맺고 노비에게 자유를 선포한 후라는 정보를 제시한다. 셋째, 1절과 8절에 등장하는 예레미야서의 특징적인 도입형식이다. 이 도입형식이 역사정보와 함께 서술된다. 앞서 언급한 바와 같이 12절에도 동일한 도입형식이 사용되는데, 이 도입형식은 본격적인 신탁선포를 소개한다. 첫 번째 소단락(1-7절)은 두 번째 소단락(8-22절)이 서술하고 있는 노예해방 계약을 파기한 사건의 정황을 제공하는 면에서 이 두 단락은 함께 다루어질 수 있다.

첫 번째 소단락(1-7절)의 특징은 신탁이 주어진 정황에 대한 서술이 1절에 주어진 후 이 단락을 마무리하는 7절에 동일한 정황이 다시 구체적으로 언급되는 것이다. 즉, 1절과 7절은 수미쌍관을 이루면서 단락을 형성한다. 이는 시드기야가 바벨론을 상대해서 항전할 것인지 아니면 항복할 것인지를 결정해야 하는 급박한 상황에 처한 것을 알려준다. 두 번째 소단락(8-22절)에 서술된 신탁은 고소단락

(12-16절)과 선언단락(17-22절)의 구성을 갖추는 반면에 첫 번째 소단락의 경우, 시드기야의 선택에 따른 결과를 말하는 선언단락(2-5절)만 제시된다. 이 두 단락의 공통적인 특징은 신탁이 전달되거나 선포된 역사적 정황을 분명하고 구체적으로 제시하는 것이다. 이러한 분석을 반영하면 본 단락은 아래와 같은 구조를 이룬다. 본 단락을 주해할 때는 이 두 소단락을 구분해서 다루고자 한다.

I. 바벨론 왕의 공격과 시드기야의 죽음에 관한 신탁(1-7절)
  a. 신탁이 주어진 정황설명(1절)
    b. 선언단락: 시드기야의 선택에 따른 결과(2-5절)
      1) 항전의 경우, 2-3절
      2) 항복의 경우, 4-5절
    c. 예레미야가 시드기야에게 신탁을 전함(6절)
  a'. 정황에 대한 추가적인 설명(7절)
II. 노비해방 계약을 파기한 것에 따른 멸망선언(8-22절)
  a. 신탁이 주어진 정황설명(8-11절)
    b. 고소단락: 심판원인(12-16절)
      c. 선언단락: 심판선언(17-22절)

(1) 바벨론 왕의 공격과 시드기야의 죽음에 관한 신탁, 34:1-7

본 단락은 3인칭 관점의 사건서술 형식을 취하고 있다. 예레미야에게 하나님의 말씀이 임한 구체적인 정황이 언급된 후 신탁도입형식이 서술된다. 시드기야에게 가서 신탁을 말하라는 위임명령과 함께 시드기야에 대한 신탁이 주어진다. 이 신탁이 임한 정황은 바벨론 왕 느부갓네살이 예루살렘과 라기스와 아세가를 공격하고 있던 상황이다. 같은 정황을 다루고 있는 21장 8-10절이 명시적으로 바벨론에게 항복하는 경우와 항전하는 경우에 따른 결과인 생명과 죽음에 대해 말하고 있는 것을 고려할 때, 본 단락의 신탁 역시 두 가지 경우를 제시하는 것으로 볼 수 있다. 2-3절은 항전할 경우의 결과인 예루살렘 성읍의 파괴와 시드기야의 포로를 말하고 있으며 4-5절은 항복할 경우의 결과인 평온한 죽음을 말한다. 이 분명한 메시지가 예레미야를 통해 시드기야에게 전달됐고 시드기야는 결정을 해야 하는 급박한 상황에 처한 상태다.

신탁이 주어진 정황설명(1절)
예레미야가 시드기야와 관련된 신탁을 받은 정황은 바벨론 왕과 그의 연합군이 예루살렘과 전쟁을 하고 있는 상황이다. 8-22절의 사건 이전, 즉 이집트 군대로 인해 바벨론 군대가 떠나가 전에 예루살렘을 공격하던 정황이다.

선언단락: 시드기야의 선택에 따른 결과, 항전의 경우(2-3절)
시드기야가 느부갓네살에게 대항하여 맞서면 예루살렘은 그에게 함락되어 파괴될 것이며 시드기야는 바벨론에 포로로 사로잡혀 가게 된다는 선언이 주어진다.

선언단락: 시드기야의 선택에 따른 결과, 항복의 경우(4-5절)
시드기야가 느부갓네살에게 항복을 하면 평안히 죽음을 맞이하게 되고 백성의 애도를 받을 수 있다는 선언이 서술된다. 명시적으로 언급하지는 않지만 시드기야에게 항전 또는 항복의 선택에 대한 권고다(cf. 21:8-10).

예레미야가 시드기야에게 신탁을 전함(6절)
예레미야는 하나님이 주신 말씀을 그대로 시드기야에게 전한다. 즉, 시드기야에게 예루살렘과 유다백성을 위해 생명의 길과 사망의 길 중에 하나를 선택해야하는 권고가 전달된다.

정황에 대한 추가적인 설명(7절)
예루살렘과 라기스와 아세가를 제외한 모든 성읍들이 바벨론 왕에 의해 점령을 당한 상황이다. 즉 바벨론에 의한 멸망이 확실해진 것으로 보이기 때문에 시드기야는 그의 선택을 결정해야 하는 상황에 처해 있다는 것이다.

주해

1절. 바벨론 왕 느부갓네살이 그의 군대와 연합군을 이끌고 예루살렘으로 와서 전쟁을 하고 있을 때 시드기야에 대한 하나님의 신탁이 예레미야에게 임한다. 바벨론 군대가 예루살렘을 포위하기 시작한 시기인 주전 588년경의 정황이다. 8-22절을 고려하면 이집트 군대가 팔레스타인으로 진격하기 전이다(cf. 21-22절). 예레미야가 선포한 예루살렘의 함락이 현실로 다가온 상황에서 시드기야가 어떤 결정을 해야 할 지에 관한 신탁이 주어진다. 이 신탁을 시드기야에게 전한 후 예레미야가 옥에 갇히게 된 것으로 보인다(cf. 32:1-5; 37:1-21). 신탁의 주체는 여호와이며 신탁의 전달자는 예레미야다.

2-3절. 신탁도입형식("이스라엘의 하나님 여호와께서 이와 같이 말씀하시니라")과 함께 선언단락이 시작된다. 이 도입형식에 이어서 유다 왕 시드기야에게 가서 말하라는 위임명령이 예레미야에게 주어진다. 예레미야가 전달하게 될 신탁은 시드기야가 맞이하게 될 운명만을 선언한다. 그런데 동일한 정황에서 전달된 신탁을 기록하고 있는 21장 1-10절을 고려하면, 2-3절은 시드기야가 바벨론 왕 느부갓네살의 공격에 대항하여 맞서게 될 때 그가 맞이하게 될 운명에 대해 선언하는 것으로 이해할 수 있다(cf. 38:17-23). 즉 시드기야가 하나님의 명을 거역하고 느부갓네살에게 항전하면 예루살렘은 느부갓네살에 의해 함락을 당하고 불에 타게 될 것이다. 예루살렘의 멸망과 더불어 시드기야도 그의 손에서 벗어날 수가 없고 사로잡혀서 그를 마주대하게 된다. "네 눈은 바벨론 왕의 눈을 볼 것이며 그의 입은 네 입을 마주 대하여 말할 것이요"라는 표현은 바벨론 왕이 반항을 한 시드기야를 마주대하고 항전에 대해 문책하는 듯한 장면을 연상케 한다. 결국 시드기야는 바벨론으로 포로로 잡혀가는 신세가 된다. 21장의 표현에 따르면 항전은 죽음의 길을 선택하는 것을 의미한다.

4-5절. 항전의 경우와는 달리, 시드기야가 항복을 할 경우에 따른 결과가 선언된다. 선언을 언급하기 전에 시드기야를 부르며("유다의 시드기야 왕이여") 그의 주의를 끄는 것과 "여호와의 말씀을 들으라"고 명하는 것은 바로 이 선언이 그가 듣고 따라야 할 선언이라는 의미를 전달한다. 즉, 바벨론 왕에게 항복하는 것이 하나님의 뜻임을 명확하게 전달한다. 따라서 하나님은 시드기야가 그의 뜻에 따라 느부갓네살 왕에게 항복하면 그가 칼에 의한 비참한 죽음을 면하고 평안한 죽음

을 맞이할 수 있다고 약속하신다(5절). 뿐만 아니라 백성이 그의 앞에 있던 왕들의 죽음을 애도했던 것처럼 그의 죽음을 애도하며 슬퍼할 것이라고 친히 약속하신다. "내가 말하였음이라"는 단순히 "언급했다"는 의미보다는 "약속했다"는 의미다.[7] 이 약속이 신적 선언("여호와의 말이니라")로 확언되면서 선언이 마무리된다. 느부갓네살에게 항복하는 것과 관련하여 이 약속을 주시는 이유는, 하나님의 심판의 도구인 느부갓네살의 공격을 수용하는 것이 시드기야와 백성이 하나님께 죄를 범한 것을 인정하고 그의 징계를 기꺼이 감당하는 것을 의미하기 때문이다. 달리 말하면 유다의 범죄로 인한 하나님의 심판의 정당성을 인정하는 것이다. 항전할 경우에 따른 예루살렘의 파괴와 시드기야의 처량한 신세에 대한 분명한 신탁이 선언됐기 때문에, 이 결과를 피하기 위한 시드기야에게 필요한 선택은 항복이었다.[8] 그러나 32장 5절을 보면, 시드기야는 예레미야에게 "어찌 이같이 예언하였느냐"고 책망하면서 예루살렘의 멸망과 자신의 운명에 관한 신탁자체에 불만을 가지고 있었다.

6-7절. 시드기야에게 신탁을 전달하라는 명령이 여호와께로부터 예레미야에게 임했고 예레미야는 그 명령에 따라 시드기야에게 그가 받은 말씀을 빠짐없이 전달한다(6절). "선지자 예레미야"(יִרְמְיָהוּ הַנָּבִיא 이르메야후 한나비)라는 표현은 하나님의 신탁이 그의 권위를 위임받은 선지자를 통해 시드기야에게 전달됐다는 사실을 암시한다. 이제 시드기야가 선택해야 할 차례다. 왜냐하면 바벨론 왕 느부갓네살의 군대가 유다의 모든 지역을 다 점령하고 예루살렘과 라기스와 아세가만 남겨둔 상황이기 때문이다(7절). 7절이 1절에서 언급한 정황을 더 구체적으로 서술

---

7) "이는 내가 말하였음이라"로 번역한 히브리어 원문은 כִּי־דָבָר אֲנִי־דִבַּרְתִּי 키 다바르 아니-딥바르티다. 이를 직역하면, "내가 친히 말을 말했기 때문이다"가 된다. 1인칭 대명사 ynIa]아니("내가")가 추가적으로 서술되면서 주어가 강조된다("친히"). 또한 동사 דִבַּרְתִּי 딥바르티와 같은 어근을 갖고 있는 목적어 rb'd"다바르("말")가 사용되면서 앞서 말한 바(4-5절)가 강조되는데, 문맥을 고려할 때 이 표현은 "내가 친히 그것을 약속했기 때문이다"라는 의미를 전달한다.

8) 바벨론 왕의 공격을 받았을 때 시드기야는 예레미야에게 하나님의 뜻이 무엇인지를 물었고 예레미야는 항전하면 죽게 되고 항복하면 살게 된다는 하나님의 말씀을 전했다(21:1-10). 따라서 시드기야는 하나님의 뜻을 분명히 알고 있었다.

하면서 단락을 마무리하는 것은 시드기야가 그의 선택을 결정해야 하는 절박한 상황에 있다는 것을 보여준다. 시드기야의 결정에 따라 자신의 운명뿐만 아니라 예루살렘의 운명이 바뀌게 된다. 이 선택은 단지 개인적인 차원의 문제가 아니다. 그의 선택에 따라 예루살렘 거민과 유다백성의 생명과 죽음이 결정될 수 있는 중요한 의미를 담은 선택이다. 시드기야가 항복을 한다고 해도 예루살렘이 느부갓네살의 손에 넘어가지 않는 것은 아니다. 왜냐하면 이것은 하나님이 이미 결정하셨기 때문이다. 다만 예루살렘이 불에 타서 전소되는 것과 시드기야가 포로로 끌려가 비참한 죽음을 맞이하게 되는 것은 면하게 될 뿐이다. 1-7절은 시드기야가 어떤 결정을 했는지에 대해 언급하지 않지만 예루살렘의 멸망과 시드기야의 비참한 죽음은 그가 이때 어떤 결정을 했는지 충분히 짐작할 수 있게 한다(cf. 52:3-11). 시드기야는 예레미야가 전하는 신탁에 귀를 기울이기 보다는 점령되지 않은 예루살렘과 아직은 "견고한 성읍"으로 표현되고 있는 라기스와 아세가 그리고 자신을 도와줄 수 있는 것으로 판단되는 이집트로 눈을 돌린 것에 따른 비극적인 결말을 맞이한다.[9]

현재적 적용 **묵상**

1. 상황에 맞는 또한 상황에 필요한 하나님의 말씀이 선지자 예레미야를 통해 시드기야와 유다백성에게 전달된 것처럼 내가 처한 상황에 따라 전달되는 하나님의 말씀에 귀를 기울이고 듣고자 하는가?
2. 하나님이 주신 기회를 거부하고 비참한 상황에 처한 시드기야의 뒤를 따르고 있는 것은 아닌가?
3. 예레미야처럼 하나님의 말씀과 뜻을 전달하는 통로의 역할을 하는가? 또한 전해야 할 말씀을 모두 빠짐없이 전하고 있는가?

9) 시드기야는 하나님의 뜻을 따르기보다는 유다가 처한 상황을 이집트의 도움을 받아 해결하려고 한다. 그의 시도는 일시적으로 성공하는 듯 보였다. 이집트 왕 호브라가 유다를 돕기 위해 진격을 했고 바벨론 왕 느부갓네살은 예루살렘 포위를 풀고 퇴각했기 때문이다(37:5, 11). 하지만 이집트의 군대는 실질적인 도움을 주지 못하고 이집트로 돌아갔고 바벨론 군대가 다시 예루살렘을 포위한 후 결국 파괴한다(37:7-9).

4. 하나님의 뜻에 따라 행하지 않으면 실패가 분명함에도 불구하고 내 눈에 견고해 보이는 몇 개 남지 않은 것들을 붙들고 하나님의 뜻을 외면하고 자기의 고집에 따라 행하고 있는 것은 아닌가?
5. 그의 성도가 듣고 따르기를 간절히 원하시기에 하나님이 말씀하시고 또 말씀하신다는 것을 기억하고 있는가?

---

(2) 노비해방 계약을 파기한 것에 따른 멸망선언, 34:8-22

직접적인 언급이 34장에 없지만 앞의 단락(1-7절)은 본 단락의 배경을 제공한다. 바벨론의 위협 앞에 놓인 상황에서 시드기야는 히브리인 남녀 노비들을 해방시키는 계약을 주도하고 고관들과 예루살렘 거민들이 이에 동참한다. 아마도 항복을 하기보다는 하나님의 환심을 얻어 상황을 해결해 보려고 했던 것으로 보인다. 일단 하나님도 이것에 대해서는 긍정적인 평가를 하신다(cf. 15절). 하지만 바벨론 왕 느부갓네살이 이집트의 바로가 진격하는 것에 위협을 느끼고 퇴각하는 상황이 발생한다(cf. 37:5, 11). 37장 3-10절에 따르면, 이 때 시드기야가 예레미야에게 사람을 보내어 중보기도를 간청한다. 이에 대해 예레미야는 바벨론 군대가 다시 와서 예루살렘을 점령할 것이라는 신탁을 전달한다(37:6-10). 시드기야는 여기서 멈추지 않고 요나단의 집에 갇혀 있는 예레미야에게 하나님의 신탁에 대해 다시 묻는다. 이때 예레미야는 시드기야가 바벨론 왕의 손에 넘겨질 것이라는 신탁을 전한다(37:16-17). 이와 같이 시드기야는 유다와 예루살렘에 대한 하나님의 심판이 완전히 마무리된 것이 아닌 것을 알고 있음에도 불구하고 바벨론 군대가 퇴각한 상황에서 종들을 해방시킨 계약을 파기하고 그들을 다시 노비로 삼는다. 고관들과 제사장들, 유다백성은 시드기야와 같은 행보를 취한다. 이 사건이 8-11절에 서술된 후 이 사건에 따른 신탁이 12-22절에 기록된다. 이 신탁은 하나님의 말씀을 직접 인용하는 신적 신탁이며 내용적으로는 바벨론에 의한 죽음과 멸망을 선언하는 심판신탁이다. 신탁의 대상은 노비해방 계약을 파기한 시드기야와 고관들과 유다백성이다. 12-16절은 심판원인을 지적하는 고소단락이다. 17절에 선언단락으로의 전환("그러므로")이 있고 이어서 18-22절은 선언단락을 서술한다. 선언단락의 21-22절에서 하나님이 물러간 바벨론 왕의 군대를 다시 데리고 오겠다고 선언하시는 것을 고려할 때 바벨론의 군대가 퇴각한 후에 노비해방 계약을 파기한 것을 알 수 있다.

파멸의 위기가 눈앞에 닥친 상황에서 시드기야와 유다백성은 율법이 요구하는 바대로 히브리인 노비들을 자유롭게 하는 계약을 맺으며 하나님의 환심을 얻기에 간절했다. 죽음의 두려움은 그들을 간절하게 만들었고 일시적인 행동의 변화를 가져왔다. 하지만 근본적으로 변하지는 않았다. 위기에서 벗어나자 그들은 계약을 파기하면서 계약의 증인이신 하나님의 이름을 더럽힌 것으로 인해 그의 심판을 피할 수 없게 된다.

신탁이 주어진 정황설명(8-11절)

시드기야의 주도로 고관들과 유다백성은 히브리인 노비들을 자유롭게 하는 계약을 맺고 그들을 풀어준다. 하지만 얼마 후 마음을 바꾸어 다시 그들을 노비로 잡아들이는 사건이 벌어진다.

고소단락: 심판원인, 노비해방 계약 파기(12-16절)

7년이 되면 히브리인 노비들을 자유롭게 하는 것은 하나님의 율법이 요구하는 바인데, 유다의 조상들은 이 율법을 지키지 않았을 뿐만 아니라 관심도 기울이지 않았다. 이들과는 달리 고관들과 유다백성이 노비해방 계약을 맺고 그들을 놓아준 것은 하나님께 옳은 일이었고 또한 하나님의 임재 앞에서 맺은 계약이었다. 하지만 마음을 바꾸어 계약을 파기하고 놓아준 이들을 강제로 끌어다가 다시 노비로 삼은 것은 하나님의 이름을 더럽힌 것이라고 말씀하신다. 이것이 심판의 원인이다.

선언단락: 심판선언, 예루살렘과 유다의 멸망(17-22절)

먼저 하나님은 시드기야와 고관들과 유다백성의 행위가 근본적으로 그의 율법을 지키지 않은 것으로 평가하신다. 따라서 그들의 행위에 상응하는 심판을 그들에게 행하시겠다고 선언하신다.

주해

8-11절. 히브리어 원문에 따르면 8절의 신탁도입형식("여호와께로부터 말씀이 예

레미야에게 임하니라")으로 단락이 시작된 후, 하나님의 말씀이 임한 정황에 대한 설명이 11절까지 이어진다. 바벨론 군대에 의해 예루살렘이 포위되고 공격의 위협이 가중되고 있는 상황(1-7절)에서 시드기야는 예루살렘에 있는 유다백성과 계약을 맺고 자신들이 소유하고 있던 히브리인 남녀 노비들을 자유롭게 하여 동족을 노비로 삼지 않겠다는 선언을 한다(8-9절). 이 계약에 동참한 고관들과 백성은 계약에 따라 남녀 노비들을 놓아 준다(10절). 그러나 그 후에 그들은 마음을 바꾸어 계약을 파기하고 자유롭게 한 남녀 노비들을 다시 데려다가 남종과 여종으로 삼는다(11절). 바벨론 왕의 위협을 받고 있는 상황에서 시드기야와 유다백성은 자신들의 잘못을 회개하고 있음을 하나님께 보이기 위해 이러한 계약을 맺은 것으로 보인다(cf. 15절). 또한 조상들과는 달리 율법을 따르는 모습을 보이려고 한 것이기도 하다(cf. 13-14절). 율법은 6년간 섬긴 종들을 7년째에 해방시키는 것을 명하고 있는데, 시드기야와 유다백성은 섬긴 해와 상관없이 모든 남녀 노비들을 해방시키는 계약을 맺으며 더 관대한 자비를 베푸는 듯한 모습을 보인다. 이러한 행위로 하나님의 은혜를 얻으려고 했던 것이다. 하지만 이들의 행위는 단지 눈앞의 위협을 면하려는 진실성이 결여된 형식적인 것이기 때문에 지속될 수 없었다. 바벨론 군대가 이집트 군대의 진격소문을 듣고 예루살렘에서 물러가자 시드기야와 유다백성은 이제 모든 문제가 해결됐다고 판단하고 계약을 어기고 다시 풀어준 이들을 잡아다가 노비로 삼는다(cf. 22절; 37:5).[10] 이것은 동족에 대한 자비나 율법에 대한 순종이 이 계약을 맺게 된 근본적인 동기가 아니었음을 보여준다. 시드기야와 유다백성은 예루살렘이 포위된 절박한 상황에서 하나님의 환심을 얻기 위한 행동을 급조한 것이다. 이와는 달리 다른 설명이 제시되기도 한다. 해방된 노

---

10) 바벨론 군대가 퇴각하자 시드기야가 사람들을 예레미야에게 보냈을 때 그에게 들은 말은 이집트 군대가 돌아가고 바벨론 군대가 다시 와서 예루살렘을 파괴한다는 것이었다(37:3-8). 이 선언과 함께 바벨론 군대가 반드시 떠날 것이라고 스스로 속이지 말라는 명령이 전달된다(37:9). 이집트의 도움을 받는 상황에서 시드기야와 유다백성은 바벨론의 문제가 완전히 해결됐다고 판단한 것으로 보인다. 이 신탁과 명령이 풀어준 노비를 다시 노비로 삼은 사건 이전에 주어진 것이라면 분명한 하나님의 계획을 알고 있음에도 불구하고 자신들의 그릇된 판단에 속아 노비해방 계약을 파기한 것으로 보인다. 이것은 유다백성이 가지고 있었던 악한 마음의 완악함을 그대로 보여주는 사건일 뿐만 아니라 바벨론에 의한 멸망을 확정짓는 사건이다.

비들이 예루살렘 성을 방어하는데 합류하게 될 것이라는 생각에서 계약을 맺은 것으로 설명하거나 예루살렘이 포위된 상황에서 노비들의 식량에 대한 부담을 덜고자 계약을 맺은 것으로 설명하기도 한다.[11] 하지만 이러한 설명들은 적절하지 않다. 첫째, 하나님이 노비를 해방시킨 일을 긍정적으로 평가하시기 때문이다(cf. 15절). 둘째, 하나님이 책망하시는 것은 그들이 풀어준 노비들을 다시 노비로 삼은 일이기 때문이다(cf. 16절). 시드기야와 유다백성이 보여준 행위의 근본적인 문제가 12-16절의 고소단락에서 지적된 후, 이에 따른 하나님의 대처가 12-22절의 선언단락에 서술된다.

추가 설명

여호야김과 시드기야 시대의 역사정보를 명시적으로 언급하는 장들을 연대에 따라 배열하면 대략 아래와 같다.[12]

I. 여호야김 시대

(1) 통치 1년(주전 609년)

- 26:1-24 (예레미야의 성전 설교)

(2) 통치 4년(주전 605년)

- 25:1-38 (유다와 열방이 마시게 될 진노의 술잔)
- 36:1-32 (여호야김이 두루마리 책을 불태움)
- 45:1-5 (바룩의 탄식과 구원 약속)

(3) 연도가 특정되지 않은 여호야김 시대

- 35:1-19 (레갑자손 이야기)

---

11) Cf. Martens, *Jeremiah*, 213. Clements는 노비해방의 동기가 노비들을 먹여 살리고 보호해야 하는 책임을 포기하려는 욕망이라는 냉소적 해석이 가능할 수도 있음을 언급한다(클레멘츠, 『예레미야』, 311).

12) 이 배열은 최종형태의 예레미야서를 연대에 따라 재배열하는 것을 제안하는 것이 아니라 예레미야의 사역 기간에 선포된 신탁과 주요 사건의 흐름을 연대에 따라 이해하기 위한 것이다.

II. 시드기야 시대

(1) 통치 1년(주전 597년)

- 24:1-10 (무화과 광주리 환상)

(2) 통치 4년(주전 594년)

- 27:1-22 (바벨론 왕의 멍에를 메라는 명령)
- 28:1-17 (선지자 하나냐와 선지자 예레미야의 충돌)

(3) 통치 9년(주전 588년)

- 21:1-10 (생명의 길과 죽음의 길에 대한 신탁, 주전 588년경으로 추정)
- 34:1-7 (느부갓네살의 공격; 예루살렘과 라기스와 아세가만 남은 상황)
- 37:1-21 (이집트 바로의 군대의 진격으로 인해 바벨론 느부갓네살의 군대가 예루살렘을 떠남/ 예레미야가 바벨론 군대가 다시 올 것이며 그들을 상대할 수 없음을 시드기야에게 전함/ 예레미야가 시위대 뜰에 갇힘)
- 34:8-22 (노예해방 계약의 파기)

(4) 통치 10년(주전 587년)

- 32:1-33:26 ("위로의 책" 후반부)
- 38:1-13; 14-28 (예레미야가 시위대 뜰에 있다가 말기야의 구덩이에 들어갔다가 다 시 나온 후 시위대 뜰에 머물게 됨)

(5) 통치 11년(주전 586년)

- 39:1-14 (예루살렘의 멸망과 예레미야의 석방)

III. 시드기야 포로 이후(주전 586-585년)

(1) 40:1-44:30 (유다와 예루살렘 멸망 이후 남은 자들)

12-16절. 예레미야서의 특징적인 도입형식("여호와의 말씀이 여호와께로부터 예레미야에게 임하여 이르시되")과 함께 고소단락이 시작된다(12절). 적법한 상황에 따라 히브리인을 종으로 삼는 것은 율법이 정하고 있는 바다(cf. 출 21:1-11; 레 25:39-46; 신 15:12-18). 하지만 히브리인을 종으로 삼았을 때는 6년간 섬기게 하고 7년

째에는 놓아주어야만 한다. 이것은 하나님이 유다의 조상들을 이집트 땅 종의 집에서 인도하여 자유롭게 하시면서 그들과 맺으신 언약이다(13절). 이와 같이 자신들에게 베풀어진 하나님의 은혜를 고려하면 이 언약을 신중하게 지키는 것이 요구됨에도 불구하고 유다의 조상들은 순종하지 않았으며 관심도 두지 않았다(14절). 당시의 유다백성도 조상들과 다를 바가 없었다. 하지만 시드기야와 유다백성은 바벨론 군대로 인한 멸망의 위기에 처하게 되자 이 언약에 순종하는 듯 히브리인 남녀 노비들에게 자유를 선포하는 계약을 하나님의 성전에서 엄중히 체결한다. 송아지를 둘로 쪼개어 그 사이로 지나면서 계약을 어길 때 자신들을 그 송아지와 같이 쪼개도 된다는 결의도 확인한다(cf. 18절). 시드기야와 유다백성이 계약을 맺고 그들이 소유하고 있던 히브리인 노비들에게 자유를 선포한 것은 하나님 앞에 "바른 일"(הַיָּשָׁר 하이야샤르)이었다(15절). 하지만 그들은 마음을 바꾸고("너희가 돌이켜") 풀어준 노비들을 다시 끌어다가 노비로 삼는다. 하나님은 이러한 계약 파기를 그의 이름을 더럽힌 행위로 규정하신다(16절). 왜냐하면 하나님의 이름으로 일컬음을 받는 성전에서 그를 증인으로 세우며 엄중히 맺은 계약을 파기했기 때문이다. 시드기야와 유다백성이 보인 행위의 근본적인 문제는 신성모독이다. 뿐만 아니라 자신들의 위기를 모면하기 위해 노비를 풀어줄 때는 "그들의 원대로"(לְנַפְשָׁם 레나프샴; "그들 자신을 위하여") 해 주면서 그들을 위하는 것처럼 행동했지만 자신들의 문제가 해결되자 다시 강제해서 노비로 삼는 위선을 보였다. 궁극적으로 시드기야와 유다백성이 보인 모습은 하나님의 율법에 대한 헌신이 아니라 자신들의 이기적인 욕심에 따른 것이다. 따라서 환경의 변화에 따라 그들의 마음도 쉽게 변했다.

17-22절. "그러므로"(לָכֵן 라캔)와 신탁도입형식("여호와께서 이와 같이 말씀하시니라")은 선언단락으로의 전환을 보여준다. 심판에 대한 선언이 주어지기 전에 시드기야와 유다백성의 행위에 대한 요약적 언급이 서술된다. 결과적으로 그들은 하나님께 순종하지 않았으며 형제와 이웃에게 자유를 선포하지 않았다(17절상). "남종"(עֶבֶד 에베드) 또는 "여종"(שִׁפְחָה 쉬프하)이 아니라 "형제"(אָח 아흐)와 "이웃"(רֵעַ 래아)이라는 단어가 사용된다. 이는 그들이 동족을 자신들과 동일한 언약백성("히브리인")으로 존중하지 않은 것을 지적한다. 이에 따른 심판이 선언되는데, 심판의

대상은 하나님 앞에서 맺은 엄중한 계약을 어긴 사람들이다(18절). 19절에 이들이 구체적으로 나열된다. "유다 고관들과 예루살렘 고관들과 내시들과 제사장들과 이 땅 모든 백성"이다. 당연히 여기에 시드기야도 함께 포함된다(cf. 21절). 이들을 향해 하나님이 선언하시는 심판은 다음과 같다. 첫째, 그들의 행위에 어울리는 보복을 행하신다(17절중). 그들은 히브리인 노비들에게 "자유"(דְּרוֹר 데로르)를 선포한 것(cf. 8절)에 어울리게 하나님은 그들에게도 "자유"(דְּרוֹר 데로르)를 선포하신다.[13] 그런데 이 자유는 칼과 전염병과 기근에 그들을 풀어 주는 것이다. 이것은 칼과 전염병과 기근으로 죽임을 당하는 것을 의미한다. 유다백성이 노비들에게 "거짓의 자유"를 선포했다면 하나님은 그들에게 "죽음의 자유"를 선포하신다.

둘째, 그들을 세계 여러 나라 가운데에 흩으신다(17절하). 히브리어 원문, נְתַתִּי אֶתְכֶם לְזַעֲוָה 나타티 에트켐 레자바아는 "내가 너희를 흩어버릴 것이다" 또는 "내가 너희를 공포의 대상으로 만들 것이다"라는 의미가 가능한데(cf. 15:4; 24:9; 29:18), 어떤 해석을 따르던 간에 이것은 약속의 땅에서의 추방을 의미한다. 하나님이 이스라엘을 "애굽 땅 종의 집"에서 이끌어 내어 약속의 땅으로 인도하여 자유롭게 하셨음에도 불구하고 동족 히브리인들을 여전히 종의 상태에 머물게 한 자들은 약속의 땅에서 추방되어 열국으로 흩어지게 된다. 이것은 유다 백성이 히브리인 종들을 자유롭게 하지 않고 다시 억압을 하자 하나님은 그들을 약속의 땅에서 자유롭게 하여 열방의 억압으로 보내시는 보복의 의미를 갖는다.

셋째, 하나님 앞에서 맺은 계약을 어긴 자들을, 계약을 맺으며 둘로 쪼갠 송아지처럼 만들어 공중의 새들과 땅의 짐승들의 먹이가 되게 하신다(18-20절). 이것은 계약을 맺을 때 쪼갠 송아지 사이를 걸으며 목숨을 걸고 지킬 것처럼 행동한 것에 상응하는 심판이다. 따라서 그들의 목숨을 요구하신다. 개역개정의 번역과는 달리 18절의 히브리어 구문을 고려하여 " '내 언약'(בְּרִתִי 베리티)을 범한 사람들, 곧 내 앞에서 맺은 '계약의 조항들'(דִּבְרֵי הַבְּרִית 디브래 합베리트)을 지키지 않은

---

13) 개역개정이 "내가 너희를 대적하여 칼과 전염병과 기근에게 자유를 주리라"로 번역하고 있는 히브리어 원문은 자유를 얻는 대상을 칼과 전염병과 기근이 아니라 유다백성("너희")으로 표기한다. 따라서;
הִנְנִי קֹרֵא לָכֶם דְּרוֹר נְאֻם־יְהוָה אֶל־הַחֶרֶב אֶל־הַדֶּבֶר וְאֶל־הָרָעָב 힌니 코래 라켐 데도르 네움-아도나이 엘-하헤레브 엘-핟데베르 베엘-하라아브는 "보라! 여호와의 말이다. 내가 *너희에게 자유를* 선포하여 칼과 전염병과 기근에 놓아줄 것이다"로 번역하는 것이 적절하다.

사람들을 그들이 둘로 쪼개어 그 조각들 사이로 지나간 *송아지처럼 만들 것이다*" 라고 번역하면 이러한 심판의 의미가 전달된다(cf. 새번역; RSV, NJB; JPSV). 그들을 둘로 쪼개진 송아지처럼 만드는 방편은 그들을 그들의 목숨을 찾는 원수들의 손에 넘겨주어 죽임을 당하게 하는 것이다(20절). 그러면 그들의 쪼개진 시체는 공중의 새들과 땅의 짐승들의 먹이가 되는 비참한 처지에 놓이게 된다. 이것은 계약을 체결하는 당사자들이 쪼개진 송아지 사이를 지난 후 그 송아지를 먹는 것처럼 계약을 어긴 자들의 몸이 쪼개어져 짐승들에게 먹힘을 당하는 모습을 떠올리게 한다. 19절에 심판의 대상이 구체적으로 서술되는 것은 계약을 어긴 자는 어느 누구도 하나님의 심판을 피할 수 없다는 사실을 강조한다. 또한 언약공동체의 총체적 타락을 의미한다.

넷째, 유다 왕 시드기야와 그의 고관들을 그들의 목숨을 찾는 자, 곧 바벨론 왕의 군대의 손에 넘기신다(21절). 자신들의 거짓된 행위로 해결했다고 판단한 바벨론 왕의 군대의 위협에 다시 놓이게 된다. 바벨론 군대가 이집트 군대의 진격에 대한 소문을 듣고 예루살렘에서 물러가자(cf. 37:5, 11), 유다백성은 마음을 바꾸고 계약을 파기했다. 자신들이 바벨론의 포위에 있을 때는 남녀 노비들을 풀어 주었지만 자신들의 포위가 풀리게 되자 그들을 다시 종으로 삼았다. 이렇게 상황이 바뀌면서 계약에 참여했던 유다백성이 계약을 파기하고자 할 때 시드기야와 그의 고관들은 그들을 막아야 하는 책임을 감당하지 않고 오히려 동조했다. 그러므로 하나님은 특별히 지도자인 시드기야와 그의 고관들을 언급하시면서 잠시 떠났던 바벨론 왕의 군대의 손에 그들을 넘겨주시겠고 선언하신다. 이는 유다백성의 타락에 대한 그들의 책임을 묻는 것이다.

다섯째, 떠나간 바벨론 군대를 다시 예루살렘으로 데리고 오신다(22절). 하나님의 명령에 따라 그들이 와서 예루살렘을 불태워 파괴하고 유다 성읍들을 아무도 살 수 없는 폐허로 만들 것이다. 시드기야와 유다백성에게 심판을 행하는 주체는 하나님이시다. 바벨론 군대는 그의 명령에 따라 심판을 행하는 도구일 뿐이다. 37장 10절은 돌아온 바벨론 군대가 반드시 예루살렘을 멸망시킬 것임을 분명하게 선언한다. "가령 너희가 너희를 치는 갈대아인의 온 군대를 쳐서 그 중에 부상자만 남긴다 할지라도 그들이 각기 장막에서 일어나 이 성을 불사르리라"(37:10). 실제로 바벨론 군대가 주전 586년에 예루살렘을 파괴하면서 이 심판선언이 성취된다(cf. 52:12-16).

현재적 적용 | 묵상

1. 위기의 상황을 모면하기 위한 간절함이 잠시 태도의 변화만 일으키는 것은 아닌가? 마음의 근본적인 변화에 따른 지속적인 진정성을 유지하는가?
2. 상황이 바뀌면 마음도 바뀌고 행동도 바뀌는 얄팍한 성도는 아닌가?
3. 하나님의 은혜를 누리는 만큼 그 은혜를 나누고 있는가?
4. 당장의 위기를 모면하기 위해 하나님의 환심을 얻으려는 위선적인 행위가 결국 그의 이름을 모독할 수 있다는 것을 알고 있는가?
5. 내게 닥친 문제를 해결하기 위해 다른 사람을 위하는 행동을 하지만 문제가 해결되면 그 행동이 위선으로 드러나는 것은 아닌가? 자기중심적이고 이기적인 욕심을 위해 신의를 저버리지는 않는가?
6. 우리가 "거짓의 자유"를 말하고 행할 때 하나님은 "죽음의 자유"를 말씀하시고 행하신다는 것을 아는가?
7. 내 권위 아래 있는 이들이 하나님의 형상으로 지음을 받은 이들로 또한 성도로 존중하는가?
8. 내가 행하는 종교행위와 선행은 하나님의 뜻에 대한 헌신 때문인가 아니면 이기적인 욕심, 자기만족, 자랑 때문인가? 문제가 생기면 하나님께 대한 헌신을 다짐하지만 문제가 해결되면 그 다짐을 잊고 사는 것은 아닌가?
9. 하나님 앞에서 하는 다짐과 결단이 신중하고 순수한가? 또한 그 다짐과 결단을 지키기에 최선을 다하는가? 혹시 이기적인 욕심을 채우기 위해 하나님의 이름을 말하면서 무엇인가를 하겠다고 말하는 것은 아닌가? 시드기야와 유다 백성이 하나님의 환심을 사기 위해 다른 어떤 것을 하는 것이 아니라 단지 그의 뜻에 따라 항복하는 것이 필요했던 것처럼 지금이 무엇을 하겠다고 다짐할 때가 아니라 그의 뜻이 무엇인지 분별해야 할 때는 아닌가?
10. 신앙공동체의 지도자로서 또한 가정의 부모로서 주어진 책임을 성실히 감당하고 있는가?

2. 레갑 자손 이야기, 35:1-19 [여호야김 시대]

앞서 언급한 바와 같이 34-45장의 배열은 연대기적 흐름을 따르지 않는다. 34장은 시드기야 시대(주전 588-587년경)의 신탁을 다루는 반면 35장은 여호야김 시대의 사건과 신탁을 서술한다. 35장의 신탁은 다시 과거로 거슬러 올라간다. 본 단락은 먼저 레갑 자손과 관련된 하나의 사건(1-11절)을 소개한 후, 두 개의 신탁을 소개한다. 이 사건은 신탁들이 주어지는 정황을 제공한다. 1-11절의 사건은 예레미야의 1인칭 관점에 따른 기록이다("내가," 5절).[14] 하나님의 명령에 따라 예레미야가 레갑 자손을 성전으로 데리고 와서 포도주를 마시라고 권하자 그들은 조상 요나답의 명령을 철저히 순종해 왔음을 언급하면서 단호히 거절한다. 이 때 유다 사람들과 예루살렘 주민에게 임할 재앙을 선언하는 첫 번째 신탁(12-17절)이 예레미야에게 임한다. 이 신탁은 레갑 자손의 태도와 대조를 이루는 유다백성의 지속적인 불순종을 지적하는 고소단락(13절하-16절)과 이에 따른 재앙을 선언하는 선언단락(17절)의 구성을 취한다. 두 번째 신탁(18-19절)은 레갑 자손을 위한 축복을 선언한다. 18절은 축복의 근거를 제시하고 19절은 요나답에게서 하나님 앞에 설 사람이 영원히 끊어지지 않을 것이라는 축복을 선언한다. 이러한 흐름을 반영하여 본 단락의 구조를 분석하면 다음과 같다.

I. 정황설명(1-11절)
- a. 사건정황과 예레미야에게 임한 명령, 1-2절
- b. 레갑 사람들을 성전으로 데려옴, 3-4절
- c. 포도주를 마시라고 권함, 5절
- d. 레갑 사람들의 답변, 6-11절

---

14) 12-19절은 예레미야가 "예레미야"로 서술되는 3인칭 관점의 기록이다("그 때에 여호와의 말씀이 예레미야에게 임하여," 12절; "예레미야가 레갑 사람의 가문에게 이르되," 18절). 1인칭 관점과 3인칭 관점의 서술이 혼용되는 것은 의도적인 것으로 보인다. 즉, 1-11절의 1인칭 관점 서술은 예레미야가 하나님의 명령을 받고 신탁이 임하는 정황을 마련한 것을 보여주고 12-19절의 3인칭 관점 서술을 통해 신탁의 객관성을 전달하는 것으로 보인다. 또한 3인칭 관점의 서술은 하나님이 선지자를 끊임없이 보내어 그의 말씀을 전하신 것(15절)에 대한 직접적인 예가 된다.

II. 유다 사람들과 예루살렘 주민을 향한 심판신탁(12-17절)
  신탁도입과 위임명령, 12-13절상
    a. 고소단락: 심판원인, 13절하-16절
      b. 선언단락: 심판선언, 17절
III. 레갑 사람의 가문을 향한 축복신탁(18-19절)
    a'. 근거 제시, 18절
      b'. 선언단락: 요나답 자손의 존속, 19절

이미 죽은 조상 요나답이 포도주를 마시지 말라고 한 명령을 200년이 넘게 철저히 순종하고 있는 레갑 자손의 모습(a', 18절)은 살아계신 하나님의 말씀을 지속적으로 거부하며 불순종으로 일관하고 있는 유다백성의 모습(a, 13절하-16절)과 명확한 대조를 이룬다. 레갑 자손은 신의와 충성의 예인 반면에 유다백성은 지속적인 불순종의 예가 된다. 불순종의 결과는 재앙(b, 17절)이지만 신의와 충성의 결과는 축복(b', 19절)이다. 유다 왕 여호야김은 하나님께 의지하기 보다는 이집트의 도움을 의지하여 바벨론 왕 느부갓네살에게서 벗어나려고 한다. 하지만 그의 의도는 오히려 유다와 예루살렘을 바벨론 왕과 그의 연합군에 의한 공격의 위기에 처하게 한다. 이 정황에서 유다백성에게 요구되는 것은 자신들의 죄를 회개하고 하나님의 말씀에 절대적으로 순종하는 것이다. 따라서 하나님은 레갑 자손의 모범을 제시하시면서 그들이 그 앞에서 어떤 태도를 취해야 하는지를 도전하신다. 35장에서 시드기야와 유다백성이 노예해방 계약에 대한 신의를 지키지 못한 모습과 요나답의 명령에 신의를 지킨 레갑 자손의 모습은 극적인 대조를 이루면서 주제적 연관성을 나타낸다.

사건정황과 예레미야에게 임한 명령(1-2절)

레갑 자손과 관련된 사건이 벌어진 정황은 여호야김의 시대다. 일반적으로 주전 606년에서 597년 사이의 한 시기를 이 사건의 정황으로 고려한다. 레갑 자손을 여호와의 성전의 한 방으로 데리고 가서 포도주를 권하라는 명령이 예레미야에게 임한다.

레갑 자손을 성전으로 데리고 와서 포도주를 권함(3-5절)

하나님의 명령을 받은 예레미야는 레갑 자손을 모두 모아 하나님의 사람 하난의 아들들의 방에 데리고 가서 그들에게 포도주를 권한다.

레갑 자손의 답변(6-11절)
레갑 자손은 예레미야의 권유를 정중히 거절한다. 그들이 거절하는 이유는 그들의 조상 요나답이 포도주를 마시는 것을 금했고 그 명령을 성실히 따르고 있기 때문이다. 뿐만 아니라 그들의 주거와 생업도 요나답의 명령에 따라 어김없이 행하고 있음을 언급한다. 당시에 그들이 예루살렘에 살고 있는 것은 갈대아인의 군대와 수리아인의 군대를 피해서 단지 피난처로 삼고 있기 때문임을 알려준다.

고소단락: 심판원인, 유다백성의 지속적인 불순종(12-16절)
요나답의 명령을 충성스럽게 순종하고 있는 레갑 자손과는 정반대로 유다백성과 예루살렘 주민은 하나님이 그들에게 끊임없이 말씀하심에도 불구하고 지속적으로 그의 말씀을 듣지 않을 뿐만 아니라 관심조차 기울이지 않는다.

선언단락: 심판선언, 유다와 예루살렘 주민에게 임할 재앙(17절)
하나님의 말씀에 전혀 관심을 기울이지 않고 외면한 유다와 예루살렘 주민을 향해 하나님은 그가 말한 모든 재앙을 임하게 하시겠다고 선언하신다.

레갑 자손의 가문을 향한 축복신탁(18-19절)
하나님은 조상 요나답의 명령을 듣고 성실하게 모든 명령을 지킨 레갑 자손에게 축복을 선언하신다. 하나님을 섬기는 사람이 요나답에게서 영원히 끊어지지 않을 것이라는 약속을 받는다.

주해

1-2절. 사건의 정황을 단순히 "유다 왕 요시야의 아들 여호야김 때"라고만 기록한다. 하지만 11절에서 레갑 자손이 갈대아인의 군대와 수리아인의 군대(아람의 군대)가 유다를 공격하고 있는 사건을 언급하고 있는 것을 고려하면, 여호야김 통치 3년 이후를 이 사건의 정황으로 간주할 수 있다.[15] 열왕기하 24장 1-2절은 여

호야김이 3년을 바벨론 왕 느부갓네살을 섬기다가 반역을 했기 때문에 갈대아인의 군대와 연합군이 유다를 공격한 것으로 기록한다.[16] 따라서 주전 606-605년경이 레갑 자손과 관련된 사건의 구체적인 정황이다. 이때 하나님의 말씀이 예레미야에게 임하여 레갑 자손에게 가서 그들을 여호와의 성전에 있는 한 방으로 데리고 온 후 포도주를 마시게 하라는 명령을 받는다. 이 명령에 대해 제사장들이 성전에서 포도주를 마시는 잘못을 지적하기 위한 것으로 설명하기도 한다(칼빈). 그러나 그들을 성전으로 데리고 오라고 한 것은 레갑 자손의 태도를 종교적 지도자들과 유다백성 앞에서 공개적으로 보여주려는 것으로 보인다. 왜냐하면 그렇게 할 때 12-19절의 고소단락에서 지적하고 있는 지속적인 불순종의 문제가 더 실제적이고 효과적으로 전달될 수 있기 때문이다.

3-5절. 하나님의 명령을 받은 예레미야는 레갑 자손에게 찾아가서 그들을 데리고 여호와의 성전으로 온다(3-4절). 하바시냐의 손자이며 예레미야의 아들인 야아사냐를 특별히 언급하는 것은 그가 레갑 자손의 족장이기 때문인 것으로 보인다. 예레미야는 그와 더불어 그의 형제와 아들들과 모든 레갑 사람들을 여호와의 전으로 데리고 와서 익다랴의 아들 하나님의 사람 하난의 아들들의 방으로 인도한다. 하난에 대한 자세한 정보가 없지만 "하나님의 사람" (אִישׁ הָאֱלֹהִים 이쉬 하엘로힘)으로 불리는 것과 성전에 방을 가지고 있는 것을 고려할 때 그가 영향력 있는 선지자였던 것으로 추측할 수 있다.[17] 그렇다면 예레미야가 그의 방을 선택한 것은 선지자인 그와의 관계를 나타내기도 하지만 사람들의 관심을 끌기 위한 것으로 보인다. 4절에 방의 위치가 구체적으로 언급되는 것은 중요한 사람들("고관들")과 유다백성이 이 사건을 목격할 수 있는 장소라는 의미를 전달한다. 레갑 자손을 하난의 아들들의 방으로 인도한 후 예레미야는 하나님의 명령에 따라 그들에게

15) Longman은 바벨론 군대의 공격이 있었던 597년을 35장의 정황으로 제시한다(Longman, *Jeremiah/Lamentations*, 232).

16) 구체적으로 언급되는 연합군은 "아람의 부대와 모압의 부대와 암몬 자손의 부대" 다(왕하 24:2).

17) 열왕기하 6장 1-7절의 사건에서 선지자 엘리사가 "하나님의 사람" (אִישׁ הָאֱלֹהִים 이쉬 하엘로힘) 으로 표현된다(cf. 왕하 4:7, 9, 16, 22, 25, 27, 40; 5:8, 14).

포도주를 권한다(5절). 특별히 포도주를 권하는 것은 레갑 자손이 조상들로부터 받은 명령 중에 포도주와 관계된 것이 있기 때문이다(cf. 6절).

6-7절. 예레미야의 권유에 대한 레갑 자손의 답변은 단호하다. "우리는 포도주를 마시지 아니하겠노라"(6절). 이어서 요나답의 명령을 그대로 인용해서 예레미야의 권유를 거절하는 이유를 분명하게 제시한다(6-7절). 레갑의 아들 요나답이 영원히 포도주를 마시지 말라고 명령했기 때문이다. 요나답은 포도주를 금하는 명령과 함께 정착하려고 집을 짓는 것과 경작을 하거나 포도원을 소유하는 것을 금했다. 대신 장막에 거하면서 유목민의 삶을 살 것을 명했다. 그렇게 할 때 머무는 땅에서 생명이 길 것이라는 말도 덧붙였다. 장수에 대한 축복이 부모의 말에 순종할 때 누리는 축복(cf. 출 20:12)에 근거한 것으로 해석하기도 하는데, 다음의 정황을 고려하면 하나님께 신실한 삶이 이 축복의 근거인 것으로 추론할 수 있다. 열왕기하 10장 15-23절은 레갑의 아들 요나답(여호나답)을 북왕국 이스라엘의 예후 시대(주전 841-814년)의 사람으로 소개한다. 요나답은 예후와 함께 북이스라엘에서 바알을 섬기는 자들을 바알의 신당으로 부른 후 모두 제거했다. 바알숭배가 음주와 관련된 것을 감안하면 요나답이 포도주를 금한 것은 바알숭배와 관련된 금지 명령으로 짐작해 볼 수 있다.[18] 같은 맥락에서 유목민의 삶을 명한 것 역시 도시와 관련된 우상숭배의 문제를 멀리하게 한 것으로 보인다.[19] 레갑은 야곱의 후손이 아니라 모세의 장인이 속한 겐 족속의 후손이며 모세와 함께 이스라엘 땅으로 온 후로 계속해서 유목민의 생활을 유지했다(cf. 창 15:19; 민 24:21-22; 삿 1:16; 대상 2:55). 그렇다면 요나답은 하나님 앞에 신실한 삶을 가문의 유업으로 명령했고 야곱의 후손인 언약백성과는 대조적으로 그의 후손은 이 유업을 성실하게 이행해 온 것을 알 수 있다. 이것이 19절에서 하나님이 레갑 자손을 위해 선언하신 축복의 배경이다.

8-11절. 요나답이 명한 것을 구체적으로 나열하면서 지켜 행했다고 말하는 것

18) Cf. Martens, *Jeremiah*, 217.

19) Cf. Longman, *Jeremiah/Lamentations*, 235.

은 그들이 얼마나 충실하게 그의 명령을 지켜왔는지를 보여 준다. 레갑 자손은 요나답의 명령을 지키기는 것에 온 가족이 같은 마음을 품었다(8절). 이 모습은 온 가족이 우상숭배에 참여한 유다백성의 모습과 극적인 대조를 이룬다.

> 너는 그들이 유다 성읍들과 예루살렘 거리에서 행하는 일을 보지 못하느냐 자식들은 나무를 줍고 아버지들은 불을 피우며 부녀들은 가루를 반죽하여 하늘의 여왕을 위하여 과자를 만들며 그들이 또 다른 신들에게 전제를 부음으로 나의 노를 일으키느니라(7:17-18).

레갑 자손 모두가("우리와 우리 아내와 자녀가") 요나답이 명한 것은 하나도 빠짐없이 전부 다("요나답이 우리에게 명령한 모든 말") 언제나("평생 동안") 엄격하게 순종했다(9-10절). 이와 같은 모습으로 레갑 자손은 요나답의 명령을 200년이 넘게 철저하게 그대로 순종했다. 그럼에도 불구하고 자신들이 당시 예루살렘에 거하고 있는 이유를 설명한다(11절). 바벨론 왕 느부갓네살의 군대와 수리아인의 군대(아람 군대)를 피해서 예루살렘에 피신하기로 결정하고 예루살렘으로 와서 거하고 있다는 것이다. 달리 말하면 장막이 아닌 예루살렘에 거하고 있는 것이 그들에게 포도주를 마실 수 있는 이유를 제공해 주지 않는다는 답변이다. 그들이 예루살렘에 거하고 있는 것은 요나답의 명령을 거부하는 것이 아니라는 말이다. 예레미야의 권유를 거절하면서 레갑 자손이 강조하는 바는 자신들이 금욕적인 삶을 살았다는 것이 아니라 요나답의 명령을 충성스럽게 순종해 왔다는 것이다. 따라서 레갑 자손의 이야기는 금주(포도주)에 대한 특별한 의미를 부여하는 것이 아니라 조상들의 명령에 충성스럽게 순종하고 있는 이들의 태도에 주목하게 한다. 이것이 하나님의 말씀을 지속적으로 거부하는 유다백성의 불순종과 대조를 이루는 부분이다. 따라서 레갑 자손의 예를 금주에 대한 절대적인 교훈으로 확대해서 해석하는 것은 적절하지 않다. 요나답의 명령에 대한 레갑 자손의 태도는 맹목적이거나 노예적인 순종이 아니라 자발적인 순종이다. 왜냐하면 장막에 거하라는 요나답의 명령을 지켜왔지만 갈대아인의 군대와 수리아인의 군대의 위협을 받게 되자 예루살렘으로 피신하여 거하는 결정을 스스로 했기 때문이다. "바빌로니아 왕 느부갓네살이 이 나라에 쳐들어왔을 때에, 우리는 바빌로니아 군대와 시리아 군대를 피하여 예루살렘으로 들어가야 하겠다고 결정하였습니다. 그래서 우리가 지금 예루살렘에 살고 있는 것입니다" (11절, 새번역). 위협이 제거되면 자유롭게 다시 요나답의 명령에 따라 유목생활을 할 것이 분명하다.

12-16절. 레갑 자손이 포도주를 마시라는 예레미야의 권유를 단호히 거절한 후 하나님의 말씀이 예레미야에게 임한다(12절). 이 신탁을 들어야 하는 대상은 "유다 사람들과 예루살렘 주민"이다. 하나님은, 레갑 자손과 함께 지내면서도 그들의 모습에서 전혀 교훈을 얻지 못하고 있는 유다 사람들과 예루살렘 주민을 책망하시면서 고소단락을 시작하신다(13절). 이 책망에 이어서 레갑 자손과 대조적인 유다백성의 모습을 구체적으로 지적하신다. 첫째, 레갑 자손은 그들의 선조 요나답의 명령을 200년이 넘도록 "오늘까지" 충성스럽게 순종하고 있는 반면에 유다백성은 끊임없이 전달되는 하나님의 말씀을 전혀 순종하지 않고 있다(14절). 둘째, 레갑 자손은 과거에 한번 주어진 명령을 듣고 따른 반면에 유다백성은 하나님이 그의 모든 선지자들을 "보내고 끊임없이 보내며" 그의 명령을 전하고 상기시켰음에도 불구하고 전혀 관심을 기울이지 않고 불순종으로 일관하고 있다(15절). 하나님은 그의 말씀을 과거에만 주신 것이 아니라 선지자들을 통하여 항상 들을 수 있게 하셨다. 또한 그들의 악한 행위와 우상숭배의 죄를 회개하고 돌이킬 수 있는 충분한 기회를 주셨다. 뿐만 아니라 회개할 때 누릴 수 있는 약속의 땅에서의 축복도 약속하셨다. 하지만 그들은 이 모든 것을 철저하게 외면해 왔다. 셋째, 레갑 자손에게 요나답은 이미 죽은 선조이지만 그들은 그를 존중하고 그의 명령에 순종한 반면에 유다백성은 살아 계신 하나님을 거부하며 그에게 순종하지 않고 있다(16절). "이 백성은 내게 순종하지 아니하도다." 이미 죽은 요나답이 그의 후손의 존중을 받은 것에 비교조차 할 수 없을 정도로 살아계신 하나님은 유다백성의 존중을 받지 못하셨다. 레갑 자손의 충성스럽고 신실한 순종은 유다백성이 범한 불순종의 심각성을 더욱 분명하게 드러내 준다. 따라서 유다백성에게 행하실 하나님의 심판에 대한 정당성이 확보된다.

17절. "그러므로" (לָכֵן 라캔)와 신탁도입형식("만군의 여호와 이스라엘의 하나님께서 이와 같이 말씀하시니라")은 선언단락으로의 전환을 보여준다. "만군의 여호와 이스라엘의 하나님"이 언급되는 것은 선언의 엄중함을 더한다. 하나님은 유다와 예루살렘의 주민에게 선포하신 "모든 재앙"(כָּל־הָרָעָה 콜-하라아)을 내리겠다고 선언하신다. 하지만 "모든 재앙"의 구체적인 내용을 언급하지 않으시고 재앙의 심판을 받는 이유를 다시 말씀하신다. 이는 유다백성이 범하고 있는 지속적인 불순종의 문제에 집중하게 하려는 것으로 보인다. 하나님이 그들에게 말하여도 그들은 듣지 않으며 그가 크게 불러도 대답하지 않는다. 이것은 철저한 외면과 불순종을 의미한다. 이와 같이 외면과 불순종으로 일관한 유다백성은 하나님이 선포하신 모든 재앙을 피할 수 없다. 반면에 충성스러운 순종을 보여준 레갑 자손은 하나님의 축복을 약속받는다(18-19절).

18-19절. 유다 사람들과 예루살렘 주민에 대한 심판신탁에 이어서 예레미야는 레갑 자손을 위한 하나님의 축복을 전한다. 18절은 하나님의 축복이 선언되는 근거를 서술한다. 그들이 선조 요나답의 명령에 순종하여 그가 명한 모든 규율(금주[포도주], 정착과 농경을 금한 것, 유목생활)을 성실히 지킨 것이다. 하나님이 축복의 근거로 지적하신 것은 그들의 구체적인 삶의 방식이 결코 아니다. 바로 그들이 요나답의 명령(מִצְוַת 미쯔바트)을 듣고(שְׁמַעְתֶּם 쉐마이템), 그의 모든 명령(כָּל־מִצְוֹתָיו 콜-미쯔보타브)을 지키며(תִּשְׁמְרוּ 티쉬메루), 그들에게 명령한 모든 것(כֹּל אֲשֶׁר־צִוָּה אֶתְכֶם 콜 아쉐르 찝바 에트켐)에 따라 행한(תַּעֲשׂוּ 타아수) 충성스러운 순종이다. 즉 듣고, 지키고, 행한 것이다. 이것은 유다백성에게서 전혀 볼 수 없는 모습이다. 그들은 하나님의 명령을 듣지 않았고, 그의 모든 율법을 지키지 않았으며, 그들에게 명령한 것을 행하지 않았다(cf. 11:1-10). 즉 듣지 않았고 지키지 않았고 행하지 않았다.

19절은 레갑 자손의 순종에 대한 하나님의 축복을 서술한다. 레갑의 아들 요나답의 후손 중에서 하나님을 섬기는 사람("내 앞에 설 사람")이 끊어지지 않고 영원히 나올 것이다. "내 앞에 서다"(עֹמֵד לְפָנָי 오매드 레파나이)는 선지자와 제사장과 왕이 하나님 앞에서 행하는 사역을 서술할 때 사용하는 전형적인 표현이다. 주로 성전과 관련된 사역을 가리킨다. 따라서 레갑 자손이 레위 지파에 어떤 모양으로든 포함됐을 것이라고 제안을 하기도 한다. 하지만 요나답의 후손이 하나님 앞에서 어떤 사역을 감당하는지 또는 이 축복의 성취에 대한 구체적인 기록이 성경에는 없다. 그러나 한 가지 분명한 사실은 이 축복은 하나님이 유다백성을 그 앞에서 추방시켜 바벨론에 포로로 보내시는 것과는 분명한 대조를 이룬다. 그렇다면

"내 앞에서 서다"라는 표현이 하나님 앞에서 감당하는 특정의 사역이 아니라 일반적인 의미로 하나님과 함께 하는 것을 가리키는 것이라면 하나님과 단절되지 않은 관계를 의미하는 것으로 볼 수 있다(cf. 7:10).[20] 요나답이 언급되면서 이 축복이 선언되는 것은 아마도 하나님께 대한 그의 충성 때문인 것으로 보인다. 그는 그의 후손이 하나님 앞에서 온전히 살아갈 수 있도록 금주와 유목생활을 명하고 정착이나 농경을 금했다. 그가 소망한 바와 같이 하나님이 그 앞에 설 사람을 그의 후손 중에 영원히 있게 하시겠다는 약속을 하신다. 레갑 자손에 대한 하나님의 축복선언은 그들의 삶의 방식에 대한 승인이 아니라 그들의 충성스러운 순종과 신의에 대한 축복이다. 따라서 그들의 삶의 방식이 절대적 교훈으로 적용되는 것은 아니다.

앞서 언급한 바와 같이 유다백성을 향한 심판신탁과 레갑 자손을 향한 축복신탁이 동일한 구성을 취한다. 두 신탁 모두 원인단락(13-16절/18절)과 선언단락(17절/19절)을 제시하고 있다. 또한 두 신탁 모두 원인단락과 선언단락에 각각 동일한 하나님의 이름을 사용하여 신탁의 엄중성을 강조한다("이스라엘의 하나님 만군의 여호와께서," 13, 17, 18, 19절). 하지만 신탁의 내용은 정반대다. 불순종으로 일관한 유다백성은 재앙의 대상이 되지만 충성스러운 순종의 모습을 보인 레갑 자손은 축복의 대상이 된다.

현재적 적용 묵상

1. 부모세대로부터 물려받은 신앙의 유업을 성실히 그리고 신실하게 간직하고 있는가? 아름다운 성도의 삶을 가정의 유업으로 남기고 있는가?
2. 요나답이 하나님을 거부하고 우상을 따르게 하는 요소와 환경을 금한 것처럼 오늘날 금지해야 할 요소와 환경은 무엇인가?
3. 하나님의 말씀을 지키고 행하기 위해 듣는 훈련을 하고 있는가? 듣지 않으면서도 지키고 행하겠다고 다짐하는 것은 아닌가? 달리 말하면 성경을 전혀 읽

20) 요나답의 명령은 그의 후손이 우상숭배를 멀리하고 하나님만을 예배하고 따를 것을 명하는 것으로 보인다. 달리 말하면 그의 임재 앞에 살라는 것이다. 그렇다면 이 명령에 충실한 레갑 자손에게 하나님은 그의 임재를 약속하시는 것으로 해석할 수 있다.

지도 않으면서 하나님이 명하시는 성도의 삶을 살 수 있다고 착각하고 있는 것은 아닌가?

4. 언약백성이면서도 레갑 자손보다 못한 모습을 보인 유다백성이 하나님의 책망을 듣고 재앙의 심판을 겪어야 했던 것처럼 사회보다 못한 신앙공동체나 교회는 아닌가? 그래서 하나님의 책망과 심판이 임하게 되는 것은 아닌가? 성도의 가정과 교회가 충성과 신의의 모범이 되고 있는가?

---

3. 여호야김이 두루마리를 불태운 사건, 36:1-32 [여호야김 4년, 605년]

본 단락은 35장에 이어서 여호야김 시대의 사건을 기록한다. 앞 장과는 달리 사건의 정황이 여호야김 4년과 5년으로 특정된다. 본 단락은 전형적인 서사서술 형식(ו[바브] 미완료 연계형)을 사용해서 사건을 서술하는데, 일어난 사건을 보고하는 단순구성을 취한다.[21] 따라서 사건전개에 따라 여섯 개의 장면으로 구분된다. 첫 번째 장면(1-3절)에서 예레미야는 그가 받은 모든 신탁을 두루마리 책에 기록하라는 하나님의 명령을 받는다. 두 번째 장면(4-8절)에서 예레미야는 바룩에게 대필하게 한 후 기록된 두루마리를 성전에서 낭독하라고 명한다. 세 번째(9-13절)와 네 번째 장면(14-19절)은 바룩이 낭독한 것을 들은 미가야가 주요 고관들에게 보고하는 것과 바룩에게 두루마리를 기록하게 된 경위를 묻는 것을 기록한다. 다섯 째 장면(20-26절)은, 이 모든 일이 여호야김 왕에게 보고가 되고 두루마리 책이 그에게 낭독될 때 그가 두루마리 책을 불에 태우는 사건을 기록한다. 결국 이 사건은 마지막 장면(27-32절)에서 여호야김에 대한 신탁이 임하는 계기가 된다. 두루마리에 모든 신탁을 다시 기록하라는 명령과 여호야김에게 그의 문제를 지적하고 재앙을 선언하는 신탁을 전달하라는 명령이 예레미야에게 임한다. 이 신탁은 고소단락(28-29절)과 선언단락(30-32절)의 구성을 갖춘 심판신탁이며 여호야김과 유다백성에게 임할 재앙을 선포한다. 하나님의 명령에 따라 예레미야가 바룩에게 두 번

---

21) 예레미야가 3인칭으로 표현되는 3인칭 관점의 사건서술이다.

째 두루마리 책을 대필하게 하는 것으로 사건은 마무리된다. 본 단락을 분석할 때는 각 장면의 사건과 그 흐름에 따라 사건의 전개를 살피는 것이 중요하다. 본 단락의 핵심은 신탁을 기록하고 있는 마지막 장면이다. 본 단락의 구조를 살피면 다음과 같다.

장면 I. 신탁을 두루마리 책에 기록하라는 명령(1-3절) [여호야김 4년]
 1) 사건정황 및 신탁도입, 1절
 2) 예레미야에게 임한 신탁: 두루마리 책에 기록하라, 2-3절
장면 II. 바룩의 대필과 예레미야의 명령(4-8절)
 1) 바룩이 예레미야의 입에서 신탁을 받아 기록함, 4절
 2) 성전에서 두루마리 책을 낭독하라는 예레미야의 명령, 5-7절
 3) 바룩이 예레미야의 명령에 따라 성전에서 낭독함, 8절
장면 III. 바룩의 낭독과 미가야의 보고(9-13절) [여호야김 5년 9월]
 1) 바룩이 금식일에 성전에서 두루마리 책을 낭독함, 9-10절
 2) 미가야가 바룩이 낭독한 내용을 고관들에게 보고함, 11-13절
장면 IV. 고관들의 경위 확인(14-19절)
 1) 바룩이 소환됨, 14절
 2) 바룩에게 두루마리 책을 낭독할 것을 요구함, 15절
 3) 왕에게 보고할 것을 결정한 후 두루마리 책 기록경위를 확인함, 16-18절
 4) 바룩에게 예레미야와 함께 숨으라고 말함, 19절
장면 V. 여호야김의 두루마리 책 소각(20-26절)
 1) 여호야김이 두루마리 책에 대한 보고를 받음, 20절
 2) 여후디가 두루마리 책을 왕에게 낭독함, 21-22절
 3) 신하들의 만류에도 여호야김이 두루마리 책을 불태워버림, 23-25절
 4) 여호야김이 바룩과 예레미야를 잡으라고 명함, 26절
장면 VI. 여호야김에 대한 신탁과 두 번째 두루마리 책(27-32절)
 1) 두루마리 책을 다시 기록하라는 명령, 27절
 2) 여호야김에게 전달할 신탁, 29-31절

a. 고소단락: 심판원인: 29절
b. 선언단락: 심판선언: 30-31절
3) 두루마리 책을 다시 기록함, 32절

하나님은 그의 말씀을 선지자 예레미야를 통하여 유다백성에게 선포하실 뿐만 아니라 기록으로 남겨 그들로 하여금 읽고 듣게 하여 심판을 계획하신 그의 뜻을 분명히 알게 하신다. 하나님이 기대하신 것은 그들이 그의 뜻을 깨닫고 악한 길에서 돌이켜 회개하는 것이다. 왜냐하면 그들이 회개할 때 하나님이 그의 뜻을 돌이키실 수 있음을 분명히 알려주셨기 때문이다(cf. 18:8; 26:3). 바룩이 낭독한 두루마리 책에 대한 고관들의 반응(장면 IV)과 여호야김과 신하들의 반응(장면 V)은 대조적이다. 고관들은 책의 내용에 대해 두려움을 느끼고 왕에게 그 책을 전달한다. 하지만 여호야김과 신하들은 두려움을 느끼지도 않을 뿐만 아니라 회개에 대한 어떤 반응도 보이지 않는다. 오히려 그들은 하나님이 신탁을 기록으로 전달하시면서 가지셨던 회개에 대한 기대를 완전히 무시하고 그의 말씀을 거부하는 부정적인 반응을 보인다. 여호야김은 두루마리 책을 불태워버렸지만 하나님의 심판신탁은 결코 제거되지 않았다. 예레미야를 통해 첫 번째 두루마리 책의 내용이 그대로 다시 기록됐을 뿐만 아니라 그 외에 유사한 말들이 더 많이 추가된다. 여호야김은 하나님의 심판신탁을 외면하려고 했다. 하지만 결국 심판에 대한 선언을 듣게 되고 확실한 멸망을 확인하게 될 뿐이었다. 여호야김의 태도는 당시 유다백성이 가지고 있었던 보편화된 태도를 반영한다(cf. 31절).

장면 I. 신탁을 두루마리 책에 기록하라는 명령(1-3절) [여호야김 4년]

요시야 왕 13년부터 여호야김 4년, 곧 23년 동안 예레미야에게 임한 하나님의 말씀을 기록으로 남기라는 명령이 주어진다. 이는 기록된 재앙을 듣고 회개할 수 있는 기회를 유다백성에게 주기 위한 것이다.

장면 II. 바룩의 대필과 예레미야의 명령(4-8절)

하나님의 명령을 받은 예레미야는 바룩을 불러 하나님이 그에게 주신 신탁을 모두 두루마리 책에 기록하게 한다. 예레미야는 감금되어 성전에 갈 수 없는 상황이기 때문에 금식일을 지키기 위해 성전에 모인 백성 앞에서 두루마리 책을 낭독하여 듣게 하라고 바룩에게 지시한다.

장면 III. 바룩의 낭독과 미가야의 보고(9-13절) [여호야김 5년 9월]

여호야김 5년 9월에 금식일이 선포되어 유다백성이 성전이 모이자 예레미야의 명령을 받은 바룩은 그들 앞에서 두루마리 책을 낭독하여 유다와 예루살렘에 관한 여호와의 신탁을 듣게 한다. 바룩의 낭독을 들은 미가야가 서기관의 방으로 가서 그가 들은 내용을 고관들에게 보고한다.

장면 IV. 고관들의 경위 확인(14-19절)

미가야를 통하여 바룩의 두루마리 책에 대해 전해들은 고관들은 여후디를 보내어 바룩에게 두루마리 책을 가져오게 하고 낭독하게 한다. 책의 내용을 확인한 고관들은 두려움을 나타내며 왕에게 책의 내용을 전달하기로 결정한다. 책이 기록된 경위를 물은 후 그들은 바룩에게 예레미야와 함께 도망하여 숨으라고 말한다.

장면 V. 여호야김의 두루마리 책 소각(20-26절)

고관들이 두루마리 책에 대해 유다 왕 여호야김에게 전달한다. 그동안 일어난 일을 알게 된 여호야김은 여후디를 보내어 두루마리 책을 가져오게 한다. 여후디가 두루마리 책을 읽어나갈 때 여호야김은 그가 읽은 부분을 차례로 칼로 찢고 화로 불에 던져 결국 모두 태워버린다. 여호야김과 신하들은 두려워하거나 회개하기 보다는 오히려 바룩과 예레미야를 잡으라고 명한다.

장면 VI. 여호야김에 대한 신탁과 두 번째 두루마리 책(27-32절)

여호야김이 두루마리 책을 불태운 후 하나님은 예레미야에게 이전에 기록한 모든 말씀을 다른 두루마리 책을 가져다가 다시 기록하라고 명하신다. 또한 여호야김에게 재앙을 선포하는 심판신탁을 전달하라고 명하신다. 심판원인은 두루마리 책에 담긴 신탁을 거부한 것이다. 그 결과는 네 가지다. 첫째, 여호야김의 뒤를 이어 왕위에 앉을 자손이 끊긴다. 둘째, 여호야김은 비참한 죽음을 맞이한다. 셋째, 여호야김과 그의 후손 및 그의 신하들은 자신들의 죄로 인해 보응을 받는다. 넷째, 듣고도 거부한 예루살렘 주민과 유다백성에게 모든 재앙이 임한다. 하나님의 명령에 따라 예레미야는 바룩에게 두 번째 두루마리를 대필하게 하는데, 여호야김이 불태워버린 첫 번째 두루마리 책의 내용에 덧붙여 다른 유사한 신탁들도 함께 기록된다.

주해

1-3절. 역사정보와 예레미야서의 특징적인 도입형식("여호와께로부터 말씀이 예레미야에게 임하니라 이르시되")으로 사건을 기록하는 단락이 시작된다(1절). 역사정보는 사건의 정황을 제시한다. 여호야김 4년(주전 605년)이다. "요시야의 날부터 오늘까지"는 요시야 왕 13년(주전 627년경)부터 주전 605년까지를 의미한다. 따라서 예레미야가 요시야 왕 13년에 소명을 받은 이후 여호야김 4년까지 지난 23년 간 하나님이 그에게 전하신 "이스라엘과 유다와 모든 나라"에 관한 신탁들을 모두 두루마리 책에 기록하라는 명령이다(2절, cf. 25:1-3). 이것은 예레미야를 통하여 구두로 선포된 말씀이 이제는 기록된 말씀으로 유다백성에게 전달되는 것을 의미한다. 여호야김 4년(주전 605년)은 유다왕국에 중요한 사건이 일어난 해다. 갈그미스 전투에서 이집트의 바로 느고가 바벨론 왕 느부갓네살에게 패하게 되면서 유다는 느부갓네살의 통치권 아래 놓이게 된다. 느부갓네살은 예루살렘을 포위하여 압박한 후 성전 기구 일부와 다니엘 등 왕족과 귀족의 자녀들을 바벨론에 포로로 잡아간다(cf. 단 1:1-4). 이 사건을 통해 유다백성은 예레미야가 선포한 하나님의 심판신탁이 부분적으로 성취되는 것을 경험하게 되면서 유다의 멸망에 대한 전조를 보게 된다. 바로 이때 하나님은 유다백성이 지난 23년 간 지속적으로 거부했던 신탁을 기록으로 전달해서 다시 전체적으로 듣고 읽을 수 있는 기회를 허락하신다.

3절은 하나님이 그의 신탁을 기록으로 전달하는 이유를 서술한다. 유다백성으로 하여금 하나님이 계획하신 "모든 재앙"을 다시 듣게 하여 자신들의 악한 길에서 돌이켜 회개하면 그들의 죄악과 죄를 용서하시려는 것이다. "모든 재앙"(כָּל־הָרָעָה 콜-하라아)을 피하는 방법은 각자가 "자신의 악한 길"(דַּרְכּוֹ הָרָעָה 다르코 하라아)에서 돌이키고 그들이 범한 "악"(עֲוֺנָם 아보남; "그들의 악")과 "죄"(חַטָּאתָם 할타탐; "그들의 죄")를 용서받는 것이다. 왜냐하면 "각자의 악한 길"(דַּרְכּוֹ הָרָעָה 다르코 하라아)이 "재앙"(הָרָעָה 하라아)을 초래했기 때문이다. 개역개정의 번역과는 달리 히브리어 원문의 3절은 "혹시"(אוּלַי 울라이)라는 표현과 함께 회개의 가능성에 대한 하나님의 기대를 나타낸다. "혹시 유다의 집이 내가 그들에게 행하기로 계획했던 모든 재앙을 듣고 각기 자신의 악한 길에서 돌이킬 수도 있다. 그러면 내가 그들의 죄악과 그들의 죄를 용서할 것이다"(사역; cf. 우리말성경; 새번역; 현대인의 성경; NIV; NJB). 따라서 3절은 바벨론을 통하여 심판이 부분적으로 성취되는 것을 경험하면서 심판의 두려움을 갖게 되면 유다백성이 회개할 수도 있다는 가능성에 대한 하나님의 기대를 나타낸다. 하나님은 여전히 유다백성에게 회개의 기회를 주고 계실 뿐만 아니라 그가 원하시는 것은 그들에게 재앙을 내리시는 것이 아님을 분명히 전달하신다(cf. 애 3:32-33). 달리 말하면 하나님이 유다에게 선포하신 심판은 조건적이다. 18장 8절과 26장 3절은 악에서 돌이키면 하나님이 계획하신 심판을 철회하실 수 있음을 분명히 선언하고 있다. 하나님이 유다를 향한 심판을 기록으로 남기라는 것은 유다백성의 죄악과 죄를 용서하실 마음이 있으심을 알리시는 것이다. 반면에 선포된 말씀뿐만 아니라 기록된 말씀을 받고도 회개하지 않는다면 유다백성은 결코 자신들의 죄악으로 인한 하나님의 심판에 대해 핑계할 수 없게 된다.

4-8절. 하나님의 신탁을 기록으로 남기라는 명령을 받은 예레미야는 네리야의 아들 바룩을 불러 그의 입으로 전하는 여호와의 모든 신탁을 두루마리 책에 기록하게 한다(4절). 바룩은 예레미야가 불러 주는 대로 그대로 받아 기록한다.[22] 기록을 마친 후 예레미야는 그가 "붙잡혔으므로" 성전에 들어갈 수 없다는 이유를 언급하면서 바룩에게 자신을 대신하여 두루마리 책을 금식일에 유다백성 앞에서 낭독하라고 명한다(5-6절). 5절의 "붙잡혔다"(עָצוּר 아쭈르)는 표현의 의미가 분명하지 않다. 33장 1절은 동일한 수동형 분사(עָצוּר 아쭈르; "갇혀있다")를 사용하여 예레미야가 시위대 뜰에 갇혀 있는 것을 표현하는데, 여기서는 이 동사가 감금된 상태를 가리키는 것이 아니라 아마도 그가 성전에서 심판을 선포하고 성전예배를 비난했기 때문에 성전에 출입하는 것이 제한된 상태를 표현하는 것으로 보인다(cf.

22) 예레미야가 불러주는 작업에는 성경의 영감을 말할 수 있지만 바룩과 그가 하는 작업에도 성령의 영감이 있었다고 보기는 어렵다. 왜냐하면 바룩은 예레미야가 불러주는 대로 (מִפִּי יִרְמְיָהוּ 밒피 이르메야후; "예레미야의 입에서 받아") 기록을 하고 있기 때문이다.

7:1-15; 26:1-7). 왜냐하면 여호야김 때에 예레미야가 옥에 감금된 것에 대한 다른 기록이 없고 또한 19절에서 고관들이 바룩에게 예레미야와 함께 숨으라는 말을 하고 있기 때문이다(cf. 26절). 예레미야는 금식일을 두루마리 책을 낭독하는 날로 선택한다(6절). 이는 금식일에 더 많은 백성이 성전에 모일 뿐만 아니라 더욱 간절히 하나님의 은혜와 자비를 구할 것이기에 유다에 임하게 될 심판신탁을 더욱 신중하게 고려할 것이라는 기대를 갖게 한다. 두루마리 책을 낭독하는 이유 역시 회개를 촉구하려는 것이다(7절).[23] 이는 유다백성에 대한 하나님의 분노와 진노가 크다는 것을 알게 되면 그들이 그에게 간청을 드리고 회개할 수도 있기 때문이다. 하나님의 뜻을 돌이키기 위한 회개는 두 가지 요소를 요구한다. 첫째, 여호와 앞에 "간청을 드리고"(תִּפֹּל תְּחִנָּתָם 팁폴 테힌나탐), 즉 자비를 구하는 것이다. 둘째, 각기 자신의 악한 길에서 떠나는 것(יָשֻׁבוּ 야슈브; "돌이키는 것")이다. 죄의 용서와 자비를 구하는 간청뿐만 아니라 진정한 후회를 확인해 주는 악한 행위에서 실제적으로 돌이키는 모습이 요구된다. 두루마리 책의 내용이 유다와 예루살렘에 임하게 될 하나님의 심판신탁을 담고 있기 때문에 이 책을 낭독할 때 위험한 상황에 처할 수 있음에도 불구하고 바룩은 예레미야의 명령을 그대로 수행하여 성전에서 두루마리 책을 낭독한다(8절; cf. 19, 26절). 예레미야를 "선지자 예레미야"(הַנָּבִיא יִרְמְיָהוּ 이르메야후 한나비)로 표현하는 것은 바룩이 대필한 두루마리 책이 하나님의 말씀을 받아 전달하는 선지자로서의 그의 권위가 담긴 것임을 나타낸다.

9-10절. 바룩이 두루마리 책을 낭독한 시기와 장소가 구체적으로 서술된다. 바룩이 성전에서 두루마리 책을 낭독한 때는 여호야김 5년 아홉째 달(주전 604년 9월)이다(9절). 기록과 낭독 사이에 일정 기간이 지난 것을 알 수 있다(cf. 1, 9, 22절). 아홉째 달에 예루살렘 거민들과 유다의 모든 성읍의 백성이 여호와 앞에 금식을 선포하고 성전으로 모인다. 아마도 605년에 바벨론 왕 느부갓네살의 공격이 예루살렘에 있었고 604년 9월에는 블레셋의 아스글론이 점령되면서 바벨론의 위협을 느낀 백성이 금식일을 선포하고 모인 것으로 보인다.[24] 이때 바룩은 성전의

23) 7절에서도 "혹시"(אוּלַי 울라이)라는 표현이 사용된다.

24) Cf. Martens, *Jeremiah*, 220: Harrison, *Jeremiah & Lamentations*, 151; Jones, *Jeremiah*, 440.

새 문 어귀 곁에 있는 사반의 아들 서기관 그마랴의 방에서 금식일을 지키기 위해 모인 유다백성에게 두루마리 책에 기록된 예레미야의 말을 낭독하여 듣게 한다(10절). 아마도 바룩이 그마랴의 방문 앞이나 창문을 열고 성전의 새 문 어귀 곁에 모인 (또는 지나가는) 백성을 향해 두루마리 책을 낭독했을 것으로 보인다(cf. 26:10-11). 학자들이 추측하는 것처럼 새 문이 동쪽 문이라면 더 많은 백성의 출입을 상상할 수 있다. 그마랴는 요시야 왕의 종교개혁에 참여했던 서기관 사반의 아들이며 12절에 언급된 고관들 중의 한 명이다. 그가 예레미야에게 호의적이었으므로 바룩에게 그의 방을 사용하도록 허락한 것으로 보인다(cf. 25절). 그마랴의 형제로 보이는 사반의 아들 아히감은 예레미야를 보호하여 죽음의 위협에서 구해 주기도 했다(cf. 26:24). 바룩이 두루마리 책을 낭독한 장소와 상황이 구체적으로 서술되는 것은 사건의 사실성을 더한다.[25)]

11-13절. 바룩이 성전에서 낭독한 두루마리 책의 내용이 고관들에게 전달된 경위가 서술된다. 바룩이 성전에 위치한 서기관 그마랴의 방에서 두루마리 책을 낭독했기 때문에 사반의 손자이며 그마랴의 아들인 미가야가 그의 낭독을 들을 수 있었을 것이다. 그는 두루마리 책에 기록된 유다와 예루살렘에 관한 신탁이 심각한 내용이라고 판단한 것으로 보인다. 따라서 그는 즉시 왕궁으로 내려가서 서기관의 방에 모인 고관들에게 그가 들은 책의 내용을 그대로 전달한다. 11절은 이때 서기관의 방에 있었던 고관들의 이름을 열거한다. 이들에 대한 자세한 정보가 없지만 중요한 고관들이었음을 짐작해 볼 수 있다. 고관들에 대한 구체적인 언급은 10절의 경우와 같이 사건의 사실성을 더한다.

14-19절. 미가야가 바룩이 낭독한 내용을 모두 고관들에게 전달하자 그들은 즉각적으로 반응한다. 책의 내용을 직접 확인하기 위해 여후디를 바룩에게 보내어 책을 가져오게 한다(14절). 여후디의 증조부까지 언급하는 것("구시의 증손, 셀레먀의 손자, 느다냐의 아들")은 그가 중요한 인물임을 보여준다. 따라서 고관들이 여후

---

25) 레갑 자손의 사건에서 구체적이고 세부적인 설명이 사실성을 강조하는 것과 같은 맥락이다(cf. 35:3-5).

디를 보내는 것은 이 문제를 신중하게 다루고 있음을 의미한다. 여후디를 통해 고관들의 요구를 전달받은 바룩은 성전에서 두루마리 책을 낭독했을 때와 같이 주저하지 않고 직접 두루마리 책을 가지고 고관들에게로 온다. 고관들은 바룩에게 책을 낭독할 것을 정중하게 요구한다(15절). 이에 바룩은 그들 앞에서 책을 낭독한다. 책의 내용을 직접 확인한 고관들의 첫 번째 반응은 두려움이다(16절). 그들은 유다와 예루살렘에 임하게 될 심판신탁의 내용으로 인해 두려워하며(פָּחֲדוּ 파하두; "놀라며") 서로 돌아본다.[26] 그러나 고관들의 두려움은 그들을 하나님께로 나아가도록 인도하지 못했다. 대신에 그들은 책의 내용을 왕에게 전달해야만 한다는 결정을 내린다. 그들은 자신들의 문제를 돌아보고 회개하여 하나님의 해결방법을 구하기보다는 왕에게 모든 내용을 전달하고 그의 해결방법을 요구하는 듯하다. 왕에게 전달하기로 결정한 후 그들은 바룩에게 책이 기록된 경위를 묻고 예레미야가 책의 내용을 기록하게 한 것을 알게 된다(17-18절). "그가[예레미야] 그의 입으로 이 모든 말을 내게 불러 주기로 내가 먹으로 책에 기록하였노라"는 바룩의 답변은 두루마리 책에 예레미야가 받은 신탁이 그대로 기록됐음을 고백하는 것이다. 더 나아가 자신은 대필자에 불과하며 두루마리 책은 하나님의 선지자 예레미야가 전달한 신탁에 근거한 신적 권위를 가지고 있음을 밝히는 것이다(cf. 8절). 두루마리 책이 유다와 예루살렘, 그리고 다윗왕조에 대해 심각한 내용을 담고 있는 것을 인지한 고관들은 바룩에게 예레미야와 함께 도망하여 숨으라고 명한다(19절). 바룩과 예레미야의 안전에 대한 고관들의 우려에는 충분한 이유가 있다. 왜냐하면 예레미야가 선포한 심판신탁과 동일한 신탁을 전했던 스마야의 아들 우리야를 여호야김이 이집트까지 사람들을 보내어 끌고 와서 죽였기 때문이다(cf. 26:20-23). 고관들은 유다와 예루살렘을 향한 하나님의 심판신탁을 두려워하고 신탁을 전하는 바룩과 예레미야에게 호의를 보이지만 하나님이 기대하셨던 회개의 반응을 보이지는 않는다. 그러나 그들의 반응은 여호야김과 신하들의 반응과는 대조적이다(cf. 24절).

20-21절. 여호야김이 바룩의 두루마리 책에 대한 정보를 얻게 되는 경위가 서

26) פָּחַד 파하드는 두려움에 떠는 모습을 가리킨다(cf. 신 28:66; 호 3:5).

술된다. 바룩을 통해 두루마리 책의 내용을 직접 확인한 고관들은 두루마리를 서기관 엘리사마의 방에 두고 여호야김에게 가서 그동안의 모든 일을 구두로 전달한다(20절). 두루마리 책을 가지고 가지 않은 것은 아마도 여호야김이 책을 어떻게 할지를 짐작하고 책을 안전하게 보관하기 위한 것으로 보인다(cf. 25절). 두루마리 책에 대해 듣게 된 여호야김은 직접 두루마리 책을 확인하기 원한다. 여후디를 보내어 서기관 엘리사마의 방에 두고 온 두루마리 책을 가져오게 한다(21절). 책을 가져온 후 여후디가 왕과 왕의 고관들 앞에서 두루마리 책을 낭독한다. 아홉째 달(12월)은 겨울이므로 여호야김은 예루살렘 궁궐 안에 있는 겨울궁전에 머물고 있었고 방 안에는 불을 피운 화로가 놓여있었다(22절). 여후디가 두루마리 책을 서너 쪽을 읽으면 여호야김은 이미 낭독한 부분을 차례대로 취하여 "면도칼"("서기관의 칼")로 찢고, 마치 불에 태워버리면 하나님이 계획하신 모든 재앙을 지워버릴 수 있는 듯 자기 앞에 놓인 화로 불에 두루마리 책을 모두 태워버린다.[27)] 이것은 하나님에 대한 적대감과 그의 신탁을 전적으로 무시하는 태도다. 여호야김은, 그의 아버지 요시야가 성전에서 발견한 율법책이 낭독됐을 때 그의 옷을 찢고 회개한 것과는 정반대의 모습을 보인다(cf. 왕하 22:10-11). 여후디가 낭독한 두루마리 책의 내용을 들은 신하들의 반응은 여호야김의 반응과 다를 바가 없다. 24절은 왕과 왕의 신하들이 두루마리에 서술된 심판신탁으로 인해 두려워하거나 자신들의 옷을 찢지 않았다고 기록한다. 이는 3절에 기록된 하나님의 기대를 저버리는 모습이다. 왕의 신하들은 하나님의 심판신탁을 들었을 때 자신들의 옷을 찢고 회개한 것이 아니라 오히려 여호야김이 하나님의 신탁을 담고 있는 두루마리 책을 찢고 불살라 버리는 것을 방관했다. 그러자 12절에 언급된 고관들 중 엘라단과 들라야와 그마랴가 왕에게 두루마리를 불사르지 말라고 간청을 한다(25절). 악볼의 아들 엘라단은 여호야김이 우리야를 죽이려 할 때 그의 명령을 받고 이집트에 있는 우리야를 잡아온 사람이다(cf. 26:22). 하지만 예레미야의 경우에는 다른 모습을 보인다. 고관들의 간청에도 불구하고 여호야김은 두루마리를 불태우는 것을 멈추지 않는다. 결국 여호야김은 하나님이 그의 신탁을 기록으로 전달하면서 가지셨던 회개에 대한 기대를 완전히 저버린다(cf. 3, 7절). 오히려 그는 여라므엘

---

27) תַּעַר הַסֹּפֵר 타아르 핫쏘페르는 면도를 위한 칼이 아닌 서기관들이 사용하는 "서기관의 칼"을 말한다[cf. 우리말성경; 새번역).

과 스라야와 셀레먀에게 바룩과 예레미야를 잡아오라는 명령을 내린다(26절). 하지만 하나님이 이미 바룩과 예레미야를 숨기신 이후였다. 우리야의 경우와는 달리 하나님이 여호야김에게서 바룩과 예레미야를 숨기시고 찾지 못하게 하신다. 이것은 그들을 통해 다시 그의 신탁을 기록으로 남기시기 위한 것으로 보인다(cf. 27-32절). 여호야김은 하나님의 말씀을 거부하는 것에서 더 나아가 그의 신탁을 전달한 바룩과 예레미야에 대한 적대감을 그대로 드러내면서 자신의 죄를 더욱 가중시킨다. 12절에 나열된 고관들은 두루마리 책과 그 책을 기록한 바룩과 예레미야를 보호하려고 한 반면에 여호야김은 두루마리 책뿐만 아니라 바룩과 예레미야를 모두 제거하려는 대조적인 태도를 취한다. 이것은 그에 대한 하나님의 신탁이 임하는 계기가 된다. 여호야김이 서기관 바룩과 선지자 예레미야를 잡으라고 했을 때 하나님은 그의 선지자와 서기관을 숨기셨다. 여호와가 그들을 숨기셨다는 것은 하나님이 이 상황을 주시하시고 관리하고 계심을 의미한다.

27-28절. 여호야김이 바룩이 예레미야의 입에서 받아 기록한 첫 번째 두루마리 책을 불에 태운 후에 그에 대한 하나님의 말씀이 임한다(27절). 왕이 한 행동에 대한 서술에 주목하게 된다. 여호야김은 단지 두루마리를 불에 태운 것이 아니다. 그는 신적 권위에 따라 기록한 하나님의 "말씀"(הַדְּבָרִים 한데바림)을 불에 태워 거부한 것이다. 그가 하나님의 말씀을 제거하고 거부했을 때 하나님의 말씀이 주어진다. 하나님은 예레미야에게 모든 말을 다른 두루마리에 다시 기록하라고 명하신다(28절). 여호야김에 의해 두루마리 책은 사라졌지만 신탁을 선언하신 하나님과 그의 신탁을 선포한 예레미야와 그에게서 신탁을 받아 기록한 바룩은 여전히 남아 있었다. 그러므로 여호야김은 하나님의 신탁을 거부하고 외면할 수는 있었어도 결코 신탁의 한 마디도 제거할 수는 없었다. "유다의 왕 여호야김이 불사른 첫 두루마리의 모든 말을 기록하고" 오히려 심판신탁이 더 추가될 뿐이다(cf. 32절). 하나님은 그의 신탁을 의도적으로 거부한 여호야김에게 그의 신탁이 결코 제거될 수 없음을 두 번째 두루마리를 기록하는 명령으로 분명하게 보여주신다. 이것은 신탁의 성취를 확언하는 것이기도 하다.

29절. 두 번째 두루마리 책을 기록하라는 명령에 이어 여호야김에 대한 하나님의 신탁을 선포하라는 명령이 주어진다. 29절은 여호야김의 말을 그대로 인용하면서 심판신탁이 주어지게 되는 이유를 서술한다. 심판의 이유는 첫째, 여호야김이 두루마리 책을 불태운 것이며 둘째, 예레미야가 선포한 심판신탁을 듣고 자신의 죄악을 돌아보지 않고 오히려 불만을 토로하고 예레미야를 책망한 것이다. 예레미야가 선포한 심판신탁은 결코 여호야김이 듣고 싶어 하는 것은 아니다. 왜냐하면 예레미야가 여호야김과 유다의 대적인 바벨론 왕이 반드시 와서 유다 땅을 파괴하고 유다백성과 짐승들을 죽일 것이라는 신탁을 선포했기 때문이다. 하지만 하나님이 예레미야를 통해 이 심판신탁을 전하시면서 기대하셨던 것은 회개다(cf. 3, 7절). 여호야김이 회개하면 하나님이 심판에 대한 그의 뜻을 돌이키실 수 있었다(cf. 18:7-8). 그러나 여호야김은 회개로 반응한 것이 아니라 예레미야에 대한 불만을 토로했을 뿐만 아니라 사람들을 보내어 그를 체포하라고 명했다.

30-31절. "그러므로"(לָכֵן 라캔)와 신탁도입형식("여호와께서 이와 같이 말씀하시니라")은 선언단락으로의 전환을 보여준다. 여호야김의 패역한 행동으로 인해 하나님이 선포하시는 심판은 네 가지다. 첫째, 그에게 다윗의 왕위에 앉을 자가 없게 된다(30절). 여호야김의 아들 여호야긴이 뒤를 이어 왕위에 오르지만 3개월 후에 바벨론 왕 느부갓네살에 의해 바벨론으로 포로로 잡혀가서 결국 그곳에서 죽는다. 시드기야가 여호야긴을 대신하여 왕위에 오르지만 시드기야는 여호야긴의 숙부이며 요시야의 아들이다. 하나님의 심판신탁에 따라 실제적으로 여호야김의 후손 중에 다윗의 왕위에 앉은 자가 없게 된다. 그러나 이것은 다윗의 영원한 보좌에 대한 언약의 파기를 의미하는 것이 아니라 다윗왕조에 대한 잠정적 심판을 의미한다. 하나님이 정하신 때가 되면 다윗왕조의 회복이 이루어질 것이다(cf. 호 3:5; 암 9:11). 둘째, 여호야김은 처참한 죽음을 맞이한다(30절). 그의 시체는 매장되지 않고 낮의 열기와 밤의 서리에 던져진 채 버림을 받게 된다. 유사한 신탁이 이미 22장 18-19절에 주어졌다. 22장 18절은 여호야김의 죽음을 애도할 자가 아무도 없을 것이라고 선언한다. 이어서 19절은 여호야김이 예루살렘 문밖에 던져져서 나귀와 같이 매장될 것이라고 선언한다. 여호야김은 하나님의 심판이 기록된 두루마리 책은 제거했지만 하나님의 심판은 제거하지 못했다. 오히려 자신이 처참하게 제거되는 운명을 맞이한다. 이것은 하나님의 말씀을 모욕한 자가 받게 되는 당연

한 모욕적인 죽음이다. 사무엘상 2장 30절의 말씀이 그대로 적용되는 것을 볼 수 있다. "나를 존중히 여기는 자를 내가 존중히 여기고 나를 멸시하는 자를 내가 경멸하리라"(삼상 2:30). 구약성경은 이 신탁이 여호야김에게 실제적으로 이루어진 증거를 기록하지는 않는다. 열왕기하 24장 6절은 "여호야김이 그의 조상들과 함께 자매"라고 단순히 그의 죽음만을 기록한다. 따라서 일부 해석자들은 여호야김의 처참한 죽음에 대한 신탁을 상투적이고 과장된 표현으로 해석하기도 한다. 그러나 역대하 36장 6절이 여호야김의 죽음에 대한 신탁의 문자적 성취를 증명해 주지는 않지만 그의 처참한 죽음을 짐작해 볼 수 있는 기록을 전하고 있다. "바벨론 왕 느부갓네살이 올라와서 그를[여호야김] 치고 그를 쇠사슬로 결박하여 바벨론으로 잡아가고"(대하 36:6). 셋째, 여호야김과 그의 자손들과 신하들이 "그들의 죄악"(עֲוֺנָם 아보남)에 따른 보응을 받는다(31절상). 하나님이 예레미야를 통하여 요시야 왕 13년부터 여호야김 4년까지 거의 23년간 "각자의 악한 길과 악행을 버리고 돌아오라"고 끊임없이 회개를 촉구했을 뿐만 아니라(cf. 25:5) 두루마리 책으로도 그의 뜻을 분명히 전했음에도 불구하고 여전히 악한 마음의 고집을 따라 행동하면서 회개하지 않은 여호야김과 그의 신하들은 결코 하나님의 보응을 피할 수가 없게 된다. 넷째, 하나님이 말씀하신 "모든 재앙"이 예루살렘의 거민들과 유다의 모든 백성에게 임한다(31절상).[28] 하나님의 심판의 대상은 여호야김을 포함해서 그의 신탁을 듣지 않고 의도적으로 거부한 예루살렘과 유다의 모든 백성이다. 이 선언은 하나님의 말씀에 대한 패역한 행위가 어떤 결말을 가져오는지를 분명하게 보여준다. 결국 그들이 거부한 심판이 예레미야가 선포한 바대로 바벨론 왕 느부갓네살에 의해 주전 586년에 성취되어 예루살렘과 유다는 멸망한다(cf. 52:12-16).

32절. 예레미야는 하나님의 명령에 즉각적으로 순종하여 두 번째 두루마리를 기록할 준비를 한다. 예레미야는 다른 두루마리를 가져다가 바룩에게 주고 첫 번째 두루마리에 기록했던 모든 말을 그의 입에서 받아 다시 기록하게 한다. 두 번

---

28) 31절: "내가 그들의 죄악을 그와 그의 후손과 그의 신하들에게 보응할 것이다. 그리고 내가 그들에게 말했지만 그들이 듣지 않은 모든 재앙을 그들과 예루살렘의 거민들과 유다의 모든 사람들 위에 임하게 할 것이다"(사역; cf. 공동번역).

째 두루마리에는 첫 번째 두루마리에 기록되지 않은 신탁들이 추가적으로 기록된다. 이 신탁들을 "그 외에도 그 같은 말"(דְּבָרִים רַבִּים כָּהֵמָּה 데바림 랍빔 카햄마; "그것들과 같은 많은 말들")이라고 표현하는 것을 고려할 때 추가된 내용은 유다와 예루살렘에 대한 심판신탁들이었을 것으로 보인다. 여호야김은 스스로 하나님의 심판을 외면하고 선포된 재앙을 제거하려고 했지만 오히려 죄악을 더하고 더 많은 심판신탁을 추가할 뿐이었다.

현재적 적용 **묵상**

1. 성경을 통해 하나님의 말씀을 읽고 묵상할 때 그가 기대하시는 바에 따라 행동하는가? 하나님이 회개를 기대하실 때 회개하는가? 감사와 찬양을 기대하실 때 감사와 찬양을 드리는가?
2. 죄를 지적하고 심판을 선언하실 때 하나님이 진심으로 원하시는 것은 심판이 아니라 회개이고 용서인 것을 기억하고 있는가?
3. 진정한 회개의 모습, 즉 죄에 대한 후회를 나타내는 자비의 간청이 있고 진정한 후회를 확인해 주는 악한 행위에서의 돌이킴이 있는가?
4. 형식적으로는 금식과 예배 등의 종교적 행위를 하고 몸은 교회에 있지만 실제적으로는 하나님의 말씀을 듣지 않고 그의 뜻을 따르지 않는 것은 아닌가? 오히려 위선적인 종교행위로 하나님의 심판과 진노를 초래하는 것은 아닌가?
5. 하나님의 말씀을 들을 때 고관들처럼 두려움을 느끼는 단계에서 멈추는가, 아니면 두려움에서 죄를 고백하고 하나님의 자비를 구하는 단계까지 나아가는가?
6. 죄를 지적하고 심판을 말하는 두루마리 책을 불에 태워서 그 심판을 피하려고 했던 어리석은 여호야김의 모습이 성경이 말하는 죄와 심판을 외면하고 피하려고만 하는 내 모습에서 반복되는 것은 아닌가? 결국 "그 외에도 그 같은 말들"만 더한다는 것을 아는가? 여호야김의 모습에서 머리만 땅 속에 감춘 채 안전하다고 생각하는 타조와 같은 어리석은 모습(장두노미[藏頭露尾])이 보이지 않는가?
7. 기독교 신앙을 조롱하고 거부하는 태도가 보편화된 상황에서도 신앙을 지키고 하나님의 말씀에 따라 살겠다는 결단이 있는가?

4. 시드기야 9-10년의 사건들, 37:1-38:28 [시드기야 9-10년, 588-587년]

여호야김 시대의 사건을 다루고 있는 35장과 36장에 이어서 37, 38, 39장은 시드기야 시대의 사건을 서술한다. 37장에서 44장은 연대기적 배열을 따르고 있는데, 시대별로는 시드기야 시대의 사건(37-39장)과 유다와 예루살렘 멸망 이후의 사건(40-44장)으로 구분된다.[29] 37-38장은 39장과 함께 시드기야 시대의 사건을 서술하지만 39장과는 사건의 주요 등장인물의 차이에 근거해서 구분된다. 37:1-38:28을 하나로 묶어서 고려할 수 있는 근거는 다음과 같다. 첫째, 정황의 차이이다. 앞서 언급한 바와 같이 36장과 39장의 정황은 각각 여호야김 4년과 시드기야 11년인 반면에 37-38장의 사건정황은 시드기야 9-10년이다. 둘째, 37장과 38장의 경우, 사건에 관여하는 주요 등장인물과 사건이 발생하는 장소가 동일하다. 37-38장의 주요 등장인물은 시드기야 왕, 선지자 예레미야, 유다의 관료들, 에벳멜렉과 그 외의 인물들이다. 사건 장소는 예루살렘 성이며 구체적으로는 시위대 뜰이 중심 무대다. 이와 더불어 언급되는 구체적인 장소는 궁궐, 서기관 요나단의 집(감옥), 말기야의 물웅덩이, 베냐민 문, 성전의 셋째 문이다. 39장 역시 시드기야 시대의 사건을 다루기 때문에 시드기야가 여전히 등장하지만 바벨론 왕과 고관 등의 새로운 인물이 등장하면서 사건을 주도한다. 사건의 장소 역시 예루살렘을 중심으로 하지만 정황과 등장인물의 변화에 근거해서 37-38장과 39장은 구분된다. 이러한 구분은 분석과 흐름을 파악하기 위한 것이지 장들 간의 단절을 의미하지 않는다. 왜냐하면 39장 15-18절이 에벳멜렉을 언급하기 때문이다. 따라서 37-44장의 연대기적 흐름에 따라 기록된 사건들을 살피면서 해당 단락을 분석할 필요가 있다.

37장 1-2절은 이어서 기록될 사건들이 다루게 될 주제를 서술하면서 37-38장을 열어주는 역할을 한다. 시드기야와 그의 고관들과 유다백성이 선지자 예레미야를 통해서 전달된 하나님의 말씀을 거부한 것이다. 이어서 기록된 사건들(37:3-38:28)은 이 주제에 대한 구체적인 예들을 제시한다. 37:3-38:28은 사건, 등장인물

---

29) 40장 1절은 역사(정황)정보와 함께 예레미야서의 특징적인 도입형식을 서술하면서 새로운 단락의 시작을 보여준다.

과 장소 등의 변화에 근거해서 여섯 개의 장면으로 구분된다. 이 장면들은 전체적으로 주요 인물인 시드기야와 예레미야를 중심으로 전개된다. 3인칭 관점의 서술이기 때문에 예레미야는 "선지자 예레미야"(37:2, 3, 6, 13; 38:9, 10, 14) 또는 "예레미야"로 서술된다.[30] 여섯 장면의 사건, 등장인물, 장소를 표기하면 아래와 같다. 아래의 각 장면에서 먼저 언급되는 등장인물이 해당 사건을 시작하거나 주도하는 인물이다. 꺾쇠 안에 있는 인물은 등장하지만 다른 등장인물에 비해 역할이나 비중이 낮다.

사건들의 주제(37:1-2)

장면 I (37:3-10) [시드기야 9년, 주전 588년]

- 사건: 시드기야의 기도 요청과 예레미야의 답변(37:3-10)
- 등장인물: 시드기야/ 선지자 예레미야/ [여후갈 & 스바냐]
- 장소: 특정되지 않음
- 특징: 이중 선언신탁(37:6-10)

장면 II (37:11-16)

- 사건: 예레미야의 감금: 요나단의 집, 뚜껑 씌운 웅덩이
- 등장인물: 예레미야/ 이리야/ 관료들
- 장소: 베냐민 문/ 서기관 요나단의 집 [감옥: בֵּית הַכֶּלֶא]

장면 III (37:17-21)

- 사건: 시드기야와 예레미야의 은밀한 만남
- 등장인물: 시드기야/ 예레미야/ [왕의 명령을 수행하는 사람]
- 장소: 궁궐/ 시위대 뜰(הַחֲצַר הַמַּטָּרָה, 21절)

---

30) "선지자 예레미야"로 표현된 것에 주목하면, 하나님의 말씀을 받은 선지자 예레미야(37:2), 시드기야의 기도요청을 받은 선지자 예레미야(37:3), 시드기야에게 전할 신탁을 받은 선지자 예레미야(37:6), 이리야에 의해 체포된 선지자 예레미야(37:13), 에벳멜렉의 도움을 받은 선지자 예레미야(38:9, 10), 하나님의 뜻을 알고 싶어 하는 시드기야와 은밀히 만난 선지자 예레미야(38:14)가 보인다. 37-38장은 선지자를 대하는 왕과 관료들의 태도를 보여준다. 구스인 에벳멜렉의 경우, 유다인 관료들과는 대조적인 태도를 취한다.

장면 IV (38:1-6)

- 사건: 예레미야의 감금: 말기야의 물웅덩이
- 등장인물: 관료들(스바냐/그다랴/유갈/바스훌)/ 왕/ 예레미야
- 장소: 시위대 뜰(הַחֲצַר הַמַּטָּרָה)에 있는 물웅덩이(הַבּוֹר, 6절)
- 특징: 이중 선언신탁(38:2-3)

장면 V (38:7-13)

- 사건: 에벳멜렉의 도움
- 등장인물: 에벳멜렉/ 왕/ 예레미야/ [30명]
- 장소: 물웅덩이/ 베냐민 문/ 시위대 뜰(הַחֲצַר הַמַּטָּרָה, 13절)

장면 VI (38:14-28)

- 사건: 시드기야와 예레미야의 은밀한 만남
- 등장인물: 시드기야/ 예레미야/ 관료들
- 장소: 성전의 셋째 문/ 시위대 뜰(הַחֲצַר הַמַּטָּרָה, 28절)
- 특징: 선언신탁(38:17-18, 20-23)

이 구조분석에서 주목하게 되는 요소가 있다. 첫째, 장면 I(37:3-10)은 장소를 특정하지 않는다. 이 장면은 37-38장의 배경을 제공하는 서론역할을 한다. 둘째, 장면 I(37:3-10)과 장면 IV(38:1-6)는 두 개의 선언이 연이어 서술되는 이중 선언신탁(37:6-10; 38:2-3)이 등장하는 특징을 가지고 있다. 장면 VI(38:14-28)에서도 두 개의 신탁이 등장하는데, 선언이 연이어 서술되는 형식은 아니다(38:17-18, 20-23). 셋째, 장면 III-VI에서 "시위대 뜰"(הַחֲצַר הַמַּטָּרָה 하하짜르 함말타라)이 반복적으로 언급되는데, 각 장면의 마지막 절에 등장한다(37:21; 38:6, 13, 28). 특히 37장 21절과 38장 28절은 시위대 뜰을 언급하는 것과 더불어 예레미야가 시위대 뜰에 "성중에 떡이 떨어질 때까지"(37:21) 또는 "예루살렘이 함락되는 날까지"를 사용하면서 짝을 이룬다. 이는 37장의 세 개의 장면과 38장의 세 개의 장면이 각각 37:21과 38:28로 마무리되는 것처럼 보이는 흐름을 취한다. 넷째, 37장과 38장의 사건들 간의 유사성이 나타난다. 서론역할을 하는 장면 I(37:3-10)에 이어서 서술되는 사건(장면 II, 37:11-16)은 예레미야가 서기관 요나단의 집에 투옥되는 것이다. 이

사건은 예레미야가 말기야의 물웅덩이 갇히는 사건(장면 IV, 38:1-6)과 짝을 이룬다. 시드기야의 명령에 의해 예레미야는 요나단의 집에서 시위대 뜰로 옮겨서 머물게 된다(장면 III, 37:21). 이것은 엘벳멜렉의 도움으로 예레미야가 말기야의 물웅덩이에서 나와서 시위대 뜰에 머물게 된 사건(장면 V, 38:7-14)과 평행을 이룬다. 장소의 차이가 있지만 장면 III(37:17-20)과 장면 VI(38:14-28)은 시드기야가 예레미야를 은밀히 만나는 사건을 다룬다. 따라서 아래와 같은 사건의 연결성을 확인할 수 있다.

사건들의 주제(37:1-2)
장면 I. 시드기야의 기도요청과 예레미야의 답변(37:3-10)

a. 장면 II. 예레미야의 감금: 요나단의 집, 뚜껑 씌운 웅덩이(37:11-16)
b. 장면 III(1). 시드기야와 예레미야의 은밀한 만남(37:17-20)
c. 장면 III(2). 시드기야의 명령/예레미야가 웅덩이에서 시위대 뜰로 옮김(37:21)
a'. 장면 IV. 예레미야의 감금: 말기야의 물웅덩이(38:1-6)
c'. 장면 V. 에벳멜렉의 도움/예레미야가 물웅덩이에서 시위대 뜰로 옮김(38:7-13)
b'. 장면 VI. 시드기야와 예레미야의 은밀한 만남(38:14-28)

37-38장의 사건들은 유다와 예루살렘이 멸망하기 직전에 유다의 지도자들, 즉 왕과 관료들이 취한 하나님의 말씀에 대한 태도를 보여준다. 37장 2절이 지적하는 바와 같이 왕과 신하들, 그리고 유다백성은 하나님이 선지자 예레미야를 통해 전달하신 말씀을 듣지 않았다. 37-38장의 사건들은 왕과 고관들이 하나님의 말씀과 그 말씀을 전달하는 선지자 예레미야를 거부한 구체적인 예다. 시드기야는 예레미야를 통해 하나님의 뜻을 확인하고 싶어 하지만 그를 통해 전달되는 뜻을 따르겠다는 의도는 없었던 것으로 보인다. 왜냐하면 예레미야가 시드기야에게 여호와의 목소리에 순종해서 생명을 보존하라고 권면하지만 그는 따르지 않는다. 고관들은 하나님의 말씀을 선포하는 선지자 예레미야가 사형을 당하는 것이 합당하다고 판결하면서 하나님의 말씀과 선지자에 대한 적대적인 태도를 보인다. 그런데

흥미롭게도 유다의 왕과 고관들은 자신들의 하나님이 전하는 말씀과 그가 보내신 선지자를 거부하지만 구스인 에벳멜렉은 대조적인 태도를 보인다. 이어지는 39장은 왕과 고관들의 태도가 야기한 유다와 예루살렘의 멸망을 서술한다. 39장의 주요 사건은 37-38장에 서술된 심판신탁의 성취적 측면을 나타낸다. 정치와 종교 지도자들은 유다와 예루살렘을 멸망으로부터 구해내지 못했다. 유다의 왕과 관료들과는 달리 이방 왕 느부갓네살과 사령관 느부사라단은 예레미야에게 호의적인 태도를 보이며 그를 석방한다(39:11-14). 하나님에 대한 신뢰에 따른 행보를 보인 에벳멜렉은 유다와 예루살렘에 심판이 임할 때 목숨을 부지하게 된다는 하나님의 약속받는다(39:15-18). 40-44장은 37-38장과 주제적 연관성을 나타낸다. 37-38장은 왕과 고관들의 문제를 다룬 반면에 40-44장은 유다와 예루살렘 멸망 후에 남은 백성의 문제를 다룬다. 그들은 시드기야와 고관들처럼 예레미야에게 하나님의 뜻을 묻지만 그 뜻을 따르지 않는다.

37장의 세 개의 장면과 38장의 세 개의 장면을 분석적 편의를 위해 구분해서 주해하려고 한다. 하지만 37-38장 전체, 더 나아가서 34-45장의 흐름에 대한 고려가 필요하다.

(1) 시드기야의 기도요청, 예레미야의 감금, 은밀한 만남, 37:1-21

앞서 언급한 바와 같이 역사정보를 제공하는 37장 1-2절은 37-38장에 기록된 사건들의 주제를 제공한다.[31] 1-2절은 주전 597년에 시드기야가 고니야(여호야긴)을 대신해서 왕이 된 이후 그와 그의 신하들 및 유다백성이 선지자 예레미야가 전달하는 하나님의 말씀을 듣지 않았다고 말한다. 장면 I(37:3-10)은 이어서 서술되는 사건들의 정황을 제시한다. 갈대아인들(바벨론의 군대)이 바로의 군대가 진격해 오자 예루살렘을 떠난 상황이다. 이 상황에서 그들이 되돌아와서 예루살렘을 파괴할 것이라는 신탁이 전달된다. 즉, 유다와 예루살렘의 멸망이 확정된 상황이다. 예레미야는 아직 감금되지 않은 상태다. 예루살렘의 포위가 제거되자 예레미야는 분깃을 받기 위해 베냐민 땅으로 가려고 한다. 하지만 베냐민 문에서 수문장

31) 초두에 주제가 제시되고 이어지는 단락들이 이 주제를 다루는 구성은 "위로의 책"(30-33장)의 각 장의 구성과 유사하다. "위로의 책" 주해부분을 참조하라.

이리야에 의해 체포되어 고관들에게 끌려간다. 고관들은 예레미야를 때리고 요나단의 집에 감금한다(장면 II, 37:11-16). 예레미야가 요나단의 집에 갇혀 있을 때 시드기야 왕은 그가 하나님에게서 받은 말씀이 있는지 확인하기 위해 그를 왕궁으로 불러 은밀히 만난다(장면 III, 37:17-21). 시드기야는 예레미야에게서 그가 바벨론 왕의 손에 넘겨질 것이라는 부정적인 말을 듣지만 그의 간청에 따라 그를 요나단의 집으로 돌려보내지 않고 시위대 뜰에 머물게 하는 호의를 베푼다. 예레미야는 매를 맞고 감옥에 갇히는 고초를 겪으면서도 자신이 선포한 신탁의 진정성을 굽히지 않지만 고통을 호소하며 시드기야에게 선처를 요구하는 인간적인 모습을 보인다. 각 장면의 구체적인 구성과 흐름을 반영한 구조는 아래와 같다.

사건들의 배경과 주제(37:1-2)

장면 I. 시드기야의 기도 요청과 예레미야의 답변(37:3-10)

1) 시드기야가 예레미야에게 기도를 요청함, 3절
2) 정황설명, 4-5절
3) 여호와의 말씀, 6-10절
    a. 선언단락(심판선언): 6-8절
    a'. 선언단락(심판선언): 9-10절

장면 II. 예레미야의 감금: 요나단의 집, 뚜껑 씌운 웅덩이(37:11-16)

1) 정황설명, 11절
2) 베냐민 문에서 이리야가 예레미야를 체포함, 12-14절
3) 고관들이 예레미야를 때리고 서기관 요나단의 집에 감금함, 15-16절

장면 III. 시드기야와 예레미야의 은밀한 대화(37:17-21)

1) 시드기야가 예레미야를 궁궐로 은밀히 불러서 물음, 17절상
2) 예레미야가 답변함, 17절하
3) 예레미야의 탄원과 요청, 18-20절
4) 시드기야의 명령에 따라 예레미야가 시위대 뜰로 옮김, 21절

사건들의 배경과 주제(1-2절)

시드기야는 바벨론 왕 느부갓네살에 의해 왕위에 올라 유다를 통치했는데, 그

와 그의 신하들과 유다백성은 선지자 예레미야가 선포한 하나님의 말씀을 듣지 않았다. 하나님의 말씀을 거부하는 지도자들과 유다백성의 모습이 이어지는 사건들이 다루는 주제다.

장면 I. 시드기야가 예레미야에게 기도를 요청함(3절)

시드기야는 예레미야가 선포한 신탁을 따르지 않음에도 불구하고 예레미야에게 여후갈과 제사장 스바냐를 보내어 하나님께 기도해 줄 것을 요청한다.

장면 I. 정황설명(4-5절)

예레미야의 근황과 시드기야가 그에게 기도를 요청한 정황에 대해 설명한다. 예레미야는 아직 감옥에 갇히지 않아 자유롭게 다닐 수 있었으며 예루살렘을 포위했던 갈대아인들(바벨론 군대)은 이집트 군대와 전쟁을 하기 위해 예루살렘을 떠난 상태였다.

장면 I. 여호와의 말씀: 선언단락(6-8절)

시드기야의 기도요청에 대해 하나님은 예루살렘의 멸망에 대한 심판신탁으로 답변을 주신다. 바로의 군대가 이집트로 돌아갈 것이며 갈대아인들이 돌아와서 예루살렘을 불태우고 점령할 것이라고 선언하신다.

장면 I. 여호와의 말씀: 선언단락(9-10절)

하나님은 갈대아인들이 물러가지 않을 것이라는 사실에 대한 확언과 함께 그들에 의해 예루살렘이 반드시 파괴될 것이라고 선언하신다. 이 선언은 시드기야와 유다백성에게 어떤 희망도 허락하지 않는다. 왜냐하면 바벨론 군대를 쳐서 부상자들만 남을지라도 그들이 다시 일어나 예루살렘을 불로 태워버릴 것이기 때문이다.

장면 II. 정황설명(11절)

사건의 정황은 바벨론 군대가 바로의 군대로 인하여 예루살렘의 포위를 풀고 물러간 때다. 따라서 예루살렘에 있던 이들은 자유롭게 출입할 수 있는 상황이다.

장면 II. 베냐민 문에서 이리야가 예레미야를 체포함(12-14절)

예레미야는 분깃을 얻기 위해 베냐민 땅으로 가던 중 베냐민 문에서 수문장 이리야에 의해 체포되어 모반죄의 누명을 쓰게 된다. 이리야는 예레미야를 고관들에게 끌고 간다.

장면 II. 고관들이 예레미야를 때리고 요나단의 집에 감금함(15-16절)

예레미야에 대해 반감을 가진 고관들은 예레미야를 때리고 당시 감옥으로 사용하던 서기관 요나단의 집에 예레미야를 투옥시킨다. 예레미야는 웅덩이에 갇혀 여러 날 머물면서 고통을 당한다.

장면 III. 시드기야가 예레미야를 궁궐로 은밀히 불러서 물음(17절상)

시드기야가 사람을 보내서 예레미야를 궁궐로 은밀히 불러서 여호와께로부터 받은 말씀이 있는지를 묻는다.

장면 III. 예레미야의 답변, 탄원과 요청(17절하-20절)

예레미야는 시드기야에게 그가 바벨론 왕의 손에 넘겨질 것이라고 답변한다. 이 답변에 이어서 자신이 선포한 신탁이 확실한 것임에도 불구하고 왜 감옥에 감금하는지에 대해 물으며 자신의 무고함을 탄원한다. 예레미야는 시드기야에게 요나단의 집으로 돌려보내지 말 것을 요청한다.

장면 III. 시드기야의 명령에 따라 예레미야가 시위대 뜰로 옮김(21절)

시드기야는 예레미야에게 예루살렘에서 떡이 떨어질 때까지 날마다 떡 한 개씩 주게 하고 그를 시위대 뜰에 머물게 한다.

주해

1-2절. 바벨론 왕 느부갓네살은 여호야김이 자신을 배반하자 그를 쇠사슬로 결박하여 바벨론으로 데려가고 그의 아들 고니야(여호야긴)를 유다의 왕으로 세운다 (cf. 대하 36:5-10). 하지만 석 달 열흘을 통치한 후 고니야 역시 바벨론에 포로로 잡혀간다. 느부갓네살은 고니야의 뒤를 이어 시드기야를 세워 유다와 예루살렘을 통치하게 한다. 이는 36장 30절에 기록된 여호야김에 대한 심판신탁의 성취다. "그[여호야김]에게 다윗의 왕위에 앉을 자가 없게 될 것이요"(36:30). 시드기야가

왕위에 오른 때가 주전 597년이다. 시드기야는 주전 586년에 예루살렘이 멸망하기까지 11년간 유다를 통치한다. 1절은 시드기야가 왕위에 오르게 된 경위와 그의 통치에 대한 간단한 설명이다. 4-5절이 제시하고 있는 정황은 바벨론 군대가 이집트 바로의 군대와 맞서기 위해 예루살렘을 떠난 588년경이다. 그러므로 2절은 시드기야가 왕위에 오른 때(주전 597년)로부터 588년까지 그와 그의 신하들 및 유다백성이 총체적으로 선지자 예레미야가 선포한 하나님의 말씀을 듣지 않고 지속적으로 거부한 불순종의 태도를 지적한다. 역대기서의 저자는 시드기야와 백성의 태도를 다음과 같이 기록하고 있다.

> 시드기야가 왕위에 오를 때에 나이가 이십일 세라 예루살렘에서 십일 년 동안 다스리며 그의 하나님 여호와 보시기에 악을 행하고 선지자 예레미야가 여호와의 말씀으로 일러도 그 앞에서 겸손하지 아니하였으며…그의 백성이 하나님의 사신들을 비웃고 그의 말씀을 멸시하며 그의 선지자를 욕하여 여호와의 진노를 그의 백성에게 미치게 하여 회복할 수 없게 하였으므로"(대하 36:11-16).

앞서 언급한 바와 같이 37-38장에 기록된 사건들은 시드기야와 유다백성에 대한 2절의 설명을 구체화하고 실제적인 예를 제공한다.

3절. 시드기야와 유다백성은 여호야김에 대한 심판신탁이 성취되는 것을 보면서도 교훈을 얻지 못하고 하나님께 대한 지속적인 불순종으로 일관했다. 하지만 시드기야는 여후갈과 제사장 스바냐를 예레미야에게 보내어 하나님께 그들을 위해 기도해 주길 요청한다. 시드기야가 기도를 요청한 이유가 직접적으로 서술되지는 않지만 4-5절을 고려할 때 바벨론 군대가 철수하는 것을 보게 된 시드기야가 예루살렘의 앞날에 대한 의문을 갖게 된 것으로 보인다.[32)] 특히 바벨론 왕을 배

32) 21장 1-10절은 시드기야가 바스훌과 제사장 스바냐를 예레미야에게 보내어 하나님의 도움을 구해 줄 것을 요청한 사건을 기록한다. 이 사건의 정황은 바벨론 왕 느부갓네살이 예루살렘을 공격하고 포위하기 시작한 때인 것으로 보인다. 이때 예레미야는 시드기야에게 하나님의 확정된 심판을 선언하면서 바벨론 왕에게 항복하고 목숨을 구할 것을 말했다. 37장 3-10절은 21장 이후에 바벨론 군대가 예루살렘에서 물러간 때의 사건이다. 이 상황에서 예레미야에게 하나님의 뜻을 묻은 것은 21장의 정황에서 선언된 확정된 심판에 대한 변화가 있는지를 확인하려는 것으로 보인다.

반하고 이집트를 의지하여 바벨론의 위협에서 벗어나고자 한 자신의 계획이 어찌 될 것인지에 대해 하나님의 뜻을 확인해 보려는 듯하다(cf. 52:3; 왕하 24:20; 겔 17장). 그런데 2절은 시드기야 당시 유다가 직면한 바벨론의 위협은 단순히 정치적인 문제로 인한 것이 아니라 영적인 문제로 인한 것임을 서술한다. 그러나 시드기야는 유다의 위기상황을 단순히 정치적인 문제로 보고 이집트에 도움을 구하는 정치적 전략을 통해 해결하려고 했다(cf. 겔 17:15). 이집트 군대가 진격을 하고 바벨론 군대가 예루살렘을 떠나게 되자 시드기야는 그의 정치적 전략의 성공에 대한 기대감을 갖게 됐지만 여전히 불안한 마음으로 인해 성공여부에 대한 확인이 필요했을 것이다. 예레미야의 두루마리 책을 불에 태우면서 반감을 적극적으로 표현한 여호야김과는 달리 시드기야는 선지자를 통해 하나님의 뜻을 묻곤 했다(cf. 17절; 21:1-2; 38:14). 시드기야가 예레미야에게 기도를 요청한 것이 바벨론 군대가 완전히 철수하여 다시 오지 않기를 구하기 위한 것일 수도 있다.

4-5절. 시드기야가 예레미야에게 기도를 요청한 때의 정황에 대한 두 가지 설명이 서술된다. 하나는 예레미야는 감옥에 갇혀있지 않았기 때문에 자유롭게 다닐 수 있었다는 것이다. 다른 하나는 바벨론 군대가 예루살렘을 포위하여 공격을 하던 중에 바로의 군대가 이집트를 떠나 진격하고 있다는 소문을 듣고 예루살렘을 떠났다는 것이다.

6-10절. 시드기야 왕이 여후갈과 스바냐를 보내 하나님께 기도해 줄 것을 요청했을 때 하나님의 말씀이 선지자 예레미야에게 임한다(6절). 그런데 시드기야에게 전달해야 할 답변은 그가 기대한 희망적인 메시지가 아니라 심판의 메시지다. 그들이 왕에게 전달해야 할 내용이 두 개의 신탁으로 예레미야에게 임한다(7-8절; 9-10절). 이 신탁들은 각각 신탁도입형식(7절; 9절)을 취하는데, 선언단락만 서술한다. 신탁도입형식("이스라엘의 하나님 여호와께서 이와 같이 말씀하시니라")과 함께 첫 번째 신탁이 인용된다(7절상). 하나님이 "너희를 보내어 내게 구하게 한 유다의 왕에게 아뢰라"고 명하시는 것을 고려하면 시드기야가 단순히 기도해 줄 것을 요청한 것이 아니라 하나님의 뜻을 확인하려고 했던 것으로 보인다. 시드기야를 언급하지 않고 "유다의 왕"으로 표현하는 것은 전달하게 될 내용이 개인적인 것이

아니라 국가적 차원의 공적인 것임을 의미한다. 하나님은 바로의 군대가 자기 땅 이집트로 되돌아갈 것이고 갈대아인들이 다시 와서 예루살렘을 점령하고 불로 태워버릴 것이라고 선언하신다(7절하-8절). 즉, 이집트의 도움으로 바벨론의 위협에서 벗어나려고 하는 시드기야의 계획은 이루어지지 않을 것이라는 선언이다. 결국 바벨론에 의해 예루살렘 성이 멸망을 당하게 된다. 시드기야의 요청에 따라 바로의 군대가 출정하지만(cf. 겔 17:15), 결국 다시 이집트로 돌아가게 될 것이며 기대하던 도움을 얻지 못한다. 바벨론 군대가 바로의 군대를 대적하기 위해 예루살렘을 떠나지만 단지 일시적이다. 바로의 군대를 퇴각시킨 후 바벨론 군대가 다시 돌아와서 예루살렘을 점령하고 불태워버릴 것이라는 선언이다. 34장 22절은 바벨론 군대를 다시 오는 것을 하나님이 하시는 일로 서술한다. "보라 내가 그들에게 명령하여 이 성읍에 다시 오게 하리니"(34:22). 에스겔은 이집트 왕의 운명을 다음과 같이 기록한다. "내가 바벨론 왕의 팔을 견고하게 하고 내 칼을 그 손에 넘겨주려니와 내가 바로의 팔을 꺾으리니 그가 바벨론 왕 앞에서 고통하기를 죽게 상한 자의 고통하듯 하리라"(겔 30:24).[33]

신탁도입형식("여호와께서 이와 같이 말씀하시니라")과 함께 두 번째 신탁이 서술된다(9절상). 두 가지 내용이 전달된다. 첫째, 바벨론 군대가 반드시 예루살렘을 떠날 것이라는 생각은 단지 자신을 속이는 것에 불과하다는 것이다(9절하).[34] 자신들이 원하는 바를 확신하는 것이 하나님의 계획을 바꾸지 못한다. 바벨론 군대가 반드시 다시 오기 때문에 바벨론 군대가 떠날 것이라는 생각에 스스로 속지 말라고 명하신다. 둘째, 바벨론 군대에 의한 예루살렘의 멸망은 확정됐다는 것이다(10절). 하나님은 강한 어조로 예루살렘의 멸망을 확언하신다. 설령 유다가 바벨론 군대를 대적하여 부상자만 남긴다 해도 그 부상자들이 다시 일어나 결국 예루살렘을 완전히 점령하고 파괴할 것이라고 선언하신다. 이는 바벨론의 승리가 확정

33) 44장 30절에서 하나님은 바벨론 왕 느부갓네살의 손에 이집트 왕 바로 호브라를 넘겨주실 것이라고 선언하신다.

34) 바벨론 군대가 퇴각한 상황(5절)과 "바벨론의 왕이 와서 왕과 이 땅을 치지 않을 것"이라고 예언한 거짓선지자들(19절)을 고려하면 당시 시드기야와 고관들과 유다백성은 바벨론 군대의 위협이 완전히 제거된 것으로 판단했을 것으로 보인다. 이것은 34장 8-22절에서 노비해방계약을 파기한 배경을 제공한다.

적이라는 선언이다. 더 나아가 이것은 유다와 예루살렘의 멸망이 바벨론의 강한 군대나 강력한 느부갓네살의 통치력으로 인한 것이 아니라 하나님의 심판으로 인한 것임을 의미한다. 그렇다면 유다의 어떤 대항도 소용이 없을 뿐만 아니라 이집트의 도움으로 바벨론의 공격을 막아보려는 시드기야의 정치적 전략도 결코 성공할 수가 없다. 회개와 순종의 진정성이 결여된 시드기야의 기도요청은 하나님의 심판을 확인할 뿐이었다. 죄로부터의 진정한 돌이킴이 없이 단순히 자신의 필요를 채우기 위한 기도는 결코 하나님의 도움을 기대할 수 없고 그의 뜻을 돌이킬 수도 없다.

바벨론에 의한 유다와 예루살렘의 멸망은 확정된 상황이다. 이때 시드기야와 유다백성에게 요구된 행동은 자신들의 죄를 인정하여 심판을 받아들이고 바벨론 왕 느부갓네살에게 항복하고 생명을 얻는 것이었다(cf. 21:8-10). 하지만 그들은 정반대의 행동을 한다(cf. 37:11-38:28).

11-14절. 장면 II(11-16절)에는 선지자 예레미야가 시위대 뜰에 갇히게 되는 경위가 서술된다. 바로의 군대가 진격한다는 소문을 듣고 바벨론 군대가 예루살렘을 떠났을 때 예레미야는 그의 고향인 베냐민 땅으로 가서 분깃을 얻고자 예루살렘을 떠난다(11-12절).[35] 32장에서 예레미야가 그의 사촌 하나멜에게서 구입한 베냐민 땅에 있는 아나돗의 밭을 취하기 위해 예루살렘을 떠난 것으로 보기는 어렵다.[36] 왜냐하면 하나멜의 밭을 구입한 것은 예레미야가 시위대 뜰에 갇혀 있을 때이기 때문이다. 예레미야는 자신에게 할당된 몫을 얻기 위해(또는 "백성 중에 머물고자"로 번역하기도 함) 베냐민 땅으로 가던 중 베냐민의 문을 통과할 때 수문장 이리야에 의해 붙잡히게 되고 갈대아인에게 항복하려고 한다는 누명을 쓰게 된다

35) הֵעָלוֹת חֵיל הַכַּשְׂדִּים מֵעַל יְרוּשָׁלָםִ 해알로트 헬 학카스딤 매알 예루살라임은 문자적으로 "갈대아인들의 군대가 예루살렘 위로부터 올려졌다"는 의미인데, 이것은 바벨론 군대가 예루살렘의 포위를 푼 것을 가리킨다(cf. NJB; JPSV).

36) Harrison은 예레미야가 베냐민 땅으로 가려고 한 목적을 하나멜에게서 구입한 땅을 살피기 위한 것으로 추정한다(Harrison, *Jeremiah & Lamentations*, 153). Longman은, 이 분깃이 하나멜에게서 구입한 밭을 가리키는데, 이 밭을 보기 위해 가려고 했고 실제 구입은 시위대 뜰에 있을 때 이루어진 것으로 설명한다(Longman, *Jeremiah/Lamentations*, 244).

(13절).[37] 예레미야가 이리야에게 해명을 하지만 이리야는 그의 해명을 무시하고 고관들에게로 그를 데리고 간다(14절). 물론 예레미야가 이전에 바벨론에 항복해야 한다는 신탁을 전한 것도 고려할 필요가 있다(cf. 21:9; 38:2). 하지만 그 당시 바벨론 군대가 이미 예루살렘을 떠난 상태이기 때문에 예레미야가 항복하려고 한다는 이리야의 판단은 의도적이며 악의적이다. 만약 "하나냐의 손자요 셀레먀의 아들"인 이리야가 28장에서 예레미야의 신탁에 따라 죽음을 맞이하게 된 거짓선지자 하나냐의 손자라면 이리야의 악의적인 모함을 쉽게 이해할 수 있다.

15-16절. 유다와 예루살렘에 대한 심판신탁을 선포하고 바벨론 왕에게 항복할 것을 권한 예레미야에게 좋지 않은 감정을 가졌을 고관들은 체포되어 끌려온 그에게 크게 노하고 그를 때린 후 당시 감옥으로 사용했던 서기관 요나단의 집에 감금시킨다(15절). 예레미야는 일정 기간("여러 날") 그곳에 머물면서 고통의 시간을 보낸다(16절). "여러 날"(יָמִים רַבִּים야밈 랍빔)은 바벨론 군대가 다시 와서 예루살렘을 포위하는 때까지로 보인다(cf. 17절). 16절을 시작하고 있는 접속사 כִּי키를 시간을 나타내는 의미로 간주하여 예레미야가 토굴 감옥에 여러 날 갇혀 있을 "때에" 17절의 사건(시드기야와의 은밀한 만남)이 진행된 것으로 해석하여 개정개역의 번역과 같이 16절과 17절을 함께 연결시키기도 한다. 그러나 16절의 כִּי키를 지시 불변화사로 해석하여 16절이 예레미야가 이리야에게 체포되고 고관들에 의해 토굴 감옥에 갇혀 여러 날 그곳에 머물게 되는 결과적 상황을 설명하는 것으로 간주할 수 있다. 그러면 16절에서 장면 II(11-16절)가 마무리되고 17절이 장면 III(17-21절)을 시작하는 흐름을 갖게 된다.[38] "뚜껑 씌운 웅덩이에"로 번역한 부사구, אֶל־בֵּית הַבּוֹר엘-배트 합보르(문자적 의미, "웅덩이 집에")는 אֶל־הַחֲנֻיוֹת엘 하하누요트("지하 감옥에")와 접속사 ו바브(설명적 ו바브)에 의해 연결되면서 "토굴 속에, 곧

37) 12절의 לַחֲלִק מִשָּׁם בְּתוֹךְ הָעָם라할리크 밋샴 베토크 하암을 KJV은 "백성 중에 혼자 거하기 위해"로 번역한다: "to separate himself thence in the midst of the people." 칠십인경은 לַחֲלִק라할리크를 "τοῦ ἀγοράσαι" ("to buy")로 번역하는 반면에 벌게이트(et divideret ibi possessionem)와 탈굼은 "재산을 나누려고"로 번역한다.

38) 실제 16절이 장면 II를 마무리하는지 아니면 17절과 연결되어 장면 III에 포함되는지를 확정할 필요는 없다. 왜냐하면 장면 II와 장면 III은 자연스럽게 연결되기 때문이다. 장면을 나누는 것은 분석적 편의를 위한 것이다.

지하 감옥에"라는 의미를 전달한다. 이 표현은 땅을 파고 만든 웅덩이 속에 마련한 지하 감옥을 가리킨다. 따라서 "토굴 속 감옥"(우리말성경) 또는 "토굴 옥 음실"(개역) 등으로 번역한다. 21절에 서술하고 있는 시드기야의 배려를 고려할 때 예레미야가 토굴 감옥에서 굶주림과 암흑의 고통을 겪으면서 죽음의 위협을 느꼈던 것으로 짐작해 볼 수 있다. 장면 II(11-16절)은 예레미야에 대한 고관들의 적대적 태도를 보여준다.

17-21절. 예레미야가 토굴 감옥에 갇혀 고통의 시간을 보내고 있을 때 시드기야는 은밀히 사람을 보내어 예레미야를 왕궁으로 불러와서 "여호와께로부터" 임한 말씀이 있는지를 묻는다(17절). "여호와께로부터"(מֵאֵת יְהוָה 매애트 아도나이)는 예레미야서의 특징적인 신탁도입형식("여호와께로부터 말씀이 예레미야에게 임하니라")을 연상시킨다.[39] 이는 시드기야가 예레미야의 신탁에 익숙했을 수도 있다는 인상을 준다. 시드기야가 예레미야와의 만남을 은밀히 행한 것은 고관들의 예레미야에 대한 반감을 의식한 것으로 보인다(cf. 장면 II). 바로의 군대로 인해 떠났던 바벨론 군대가 다시 와서 예루살렘을 포위하게 된 절박한 상황에서 시드기야는 예레미야를 통해 하나님의 신탁을 구한다. 아마도 예레미야로부터 구원에 대한 신탁을 기대했을 것이다. 하지만 시드기야의 질문에 대해 예레미야는 "있다"(יֵשׁ 예쉬)는 긍정적인 답변과 함께 시드기야가 바벨론 왕 느부갓네살의 손에 넘겨질 것이라는 불편한 사실을 주저하지 않고 전한다. 예레미야는 거짓신탁을 전하면서 자신의 생명을 구걸하기 보다는 시드기야에게 자신의 무고함을 정당하게 변론하면서 자신이 처한 고통스러운 상황에 대해 선처해 줄 것을 정중하게 요구한다(18-19절). 자신은 감옥에 갇힐만한 잘못을 왕과 신하들과 백성에게 행하지 않았다고 변론할 뿐만 아니라 "왕의 선지자들"이 선포한 예언의 진정성에 대한 반론을 제기한다. "왕의 선지자들"로 번역한 히브리어 원문은 נְבִיאֵיכֶם 네비애켐("당신들의 선지자들")이다. 이는 시드기야와 고관들, 그리고 백성이 추종하고 신뢰했던 선지자들

39) 예레미야서의 특징적인 신탁도입형식이 시드기야에게 전달되는 신탁(34:1, 8, 12, 17)에 집중적으로 사용된다. 특히 34:12-22는 고소단락과 선언단락을 갖춘 하나의 신탁인데, 고소단락과 선언단락이 특징적인 신탁도입형식으로 시작되는 특징이 있다. 이것은 예레미야서에서 유일한 경우다.

을 가리킨다. 바벨론 군대에 의해 다시 공격을 받게 되면서 멸망의 위기에 처한 시드기야에게 예레미야의 반론은 설득력이 있었을 것이다. 왜냐하면 시드기야와 고관들 그리고 유다백성이 따랐던 선지자들의 예언("바벨론의 왕이 와서 왕과 이 땅을 치지 아니하리라")이 거짓으로 드러나고 있기 때문이다.

예레미야는 토굴 감옥 속에서 겪는 고통으로 인해 죽을 수도 있다는 두려움을 시드기야에게 토로하며 서기관 요나단의 집으로 돌려보내지 말라고 탄원한다(20절; cf. 38:26). 왕의 노여움을 불러일으킬 수 있음에도 불구하고 하나님의 신탁을 단호하게 전달한 것과는 대조적이며 연약하고 인간적인 모습이다. 예레미야의 탄원을 들은 시드기야는 그를 시위대 뜰에 가두고 예루살렘 성에서 양식이 떨어질 때까지 매일 떡 한 개씩 공급해 줄 것을 명한다(21절). 예레미야의 말에 설득이 된 시드기야가 그를 요나단의 집으로 다시 돌려보내지는 않지만 그를 시위대 뜰에 가두어 두는 것은 고관들의 반감을 여전히 의식하고 있기 때문인 것으로 보인다.

37장과 38장에 등장하는 사건들의 유사성으로 인해 이 두 장의 관계에 대한 두 가지 견해가 있다. 하나는 동일한 사건들에 대한 두 개의 기록으로 간주하는 견해다.[40] 이 경우, 38장이 37장의 사건을 구체적으로 서술하는 것으로 설명한다. 다른 하나는 서로 다른 사건들에 대한 기록으로 보는 견해다. 이 경우, 38장이 37장 이후의 사건들을 기록하는 것으로 설명한다. 후자의 견해가 더 적절해 보인다. 이는 다음의 두 가지 이유에 근거한다. 첫째, 고관들에 의해 예레미야가 갇히게 되는 장소에 차이가 있다. 37장 15-16절은 예레미야가 서기관 요나단의 집에 있는 토굴 감옥에 갇히게 되는 것으로 서술하고 있는 반면에 38장 6절은 예레미야가 시위대 뜰에 있는 왕의 아들 말기야의 구덩이("웅덩이," בַּבּוֹר 합보르)에 갇히는 것으로 기록한다. 둘째, 38장 9절의 "성 중에 떡이 떨어졌거늘"(כִּי אֵין הַלֶּחֶם עוֹד בָּעִיר 키 앤 할레헴 오드 바이르)이라는 표현은 37장 21절의 "성중에 떡이 떨어질 때까지"(עַד־תֹּם כָּל־הַלֶּחֶם מִן־הָעִיר 아드-톰 콜-할레헴 민-하이르) 이후의 상황을 가리킨다.[41]

40) Cf. Fretheim, *Jeremiah*, 519. Jones는 37장과 38장이 같은 사건들을 다루는 다른 전승들에서 기인한 것으로 설명한다(Jones, *Jeremiah*, 454-55). Harrison은 37장과 38장이 다른 사건들을 기록했을 가능성을 배제하지 않지만 38장을 37장의 확장판으로 간주한다(Harrison, *Jeremiah & Lamentations*, 154).

38장이 37장 이후의 사건을 기록하는 것이 아니라는 주장의 핵심적인 이유로 38장 1절과 26절을 제시한다. 38장 1절이 예레미야가 "모든 백성"에게 신탁을 자유롭게 전했던 것처럼 기록하고 있기 때문에 아직 감옥에 갇힌 것으로 볼 수 없다는 것이다. 하지만 예레미야가 어느 정도 사람들과의 만남이 자유로운 시위대 뜰에 감금되어 있었기 때문에 신탁을 백성에게 전달하는 것이 전혀 불가능하지 않았을 것이며 바룩을 통하여 전했을 가능성도 생각해 볼 수 있다.[42] 38장 26절에 요나단의 집이 언급되는 것은 예레미야와의 대화를 은폐하기 위해 시드기야가 예레미야에게 말하라고 알려주는 변명이다. 따라서 고관들이 이미 이전에 예레미야가 시드기야에게 그러한 간청을 했던 것을 알고 있는 것으로 보인다. 이상의 내용을 고려하면 37장과 38장은 유사한 사건들을 시간적 흐름에 따라 기록한 것으로 고려할 수 있다.[43] 유사한 사건들을 선택해서 기록한 것은 그 당시 시드기야와 고관들의 고질적인 패역을 지적하려는 의도로 보인다. 그들의 패역에 따른 선지자 예레미야의 고초도 함께 드러난다.

장면 III(17-22절)에서 시드기야는 고관들보다는 하나님의 말씀에 관심을 보이고 선지자 예레미야의 권위를 인정하는 것처럼 보인다. 하지만 그의 관심과 인정은 형식적인 것이며 자신의 이기적인 욕구에 의한 것이다. 시드기야가 예레미야에게 비교적 호의를 보인 것은 추후에 필요한 경우 그를 다시 부르려고 했던 것으로 보인다(cf. 38:14-28).

현재적 적용 **묵상**

1. 하나님의 뜻을 확인하기가 쉽지 않아서 다른 사람에게 기도부탁을 할 때 전달되는 하나님의 뜻을 기꺼이 따르겠다는 결단이 있는가? 단지 입에 붙은 말은

---

41) כִּי אֵין הַלֶּחֶם עוֹד בָּעִיר 키 앤 할레헴 오드 바이르는 떡이 더 이상 성 안에 없는 상태를 의미한다.

42) 하나멜이 시위대 뜰에 갇혀 있는 예레미야를 만날 수 있었고 예레미야는 매매증서를 작성하면서 다른 사람들을 만날 수 있었던 것을 고려하면 그의 행동이 완전히 억제된 것으로 보이지 않는다(32:6-15).

43) 32, 33, 37, 38, 39장은 예레미야가 시위대 뜰에 갇혀 있을 때의 사건들을 서술한다.

아닌가? 또한 그 부탁에 진정성이 있는가?

2. 원하는 바이기 때문에 얻을 수 있다고 스스로 확신하는 것을 믿음으로 착각하는 것은 아닌가? 이 확신에 스스로 속이고 속는 것일 수 있다는 것을 아는가?
3. 회개와 순종의 진정성이 결여된 시드기야의 기도요청이 하나님의 심판만 확인한 것처럼 내가 하나님께 드리는 기도가 그러한 것은 아닌가?
4. 성경에는 익숙하지만 성경에 따라 사는 것에 낯선 것은 아닌가? 성경에 익숙한 것과 성경을 지키는 것을 구분하고 있는가?
5. 신앙을 지키려고 할 때 처하게 된 어려운 상황에서도 비굴하지 않은 성도의 당당한 모습을 보이는가?
6. 하나님의 뜻을 대하는 나의 태도가 드러나게 공격적인 고관들의 태도는 아니지만 눈치를 보기 때문에 은밀했던 그리고 얻고 싶은 것만 얻으려고 했던 시드기야의 태도에 가까운 것은 아닌가?
7. 하나님의 뜻을 구하는 이유가 단지 내 지략에 따라 내가 결정한 것에 대한 승인이나 동조를 얻으려는 것인가, 아니면 그가 원하시는 바를 확인하고 그대로 행하려는 것인가?
8. 범한 죄에 대한 하나님의 징계로 인해 어려움을 겪는 중에 잠시 숨 돌릴 틈을 얻은 것(바벨론 군대가 잠시 떠난 것처럼)을 모든 문제가 해결된 듯 피상적으로 낙관하면서 정작 하나님이 요구하시는 회개나 죄에서의 돌이킴이 없는 것은 아닌가?

(2) 예레미야의 감금, 에벳멜렉의 구조, 은밀한 만남, 38:1-28

본 단락은 37장의 사건들과 유사한 사건들을 기록한다. 하지만 앞서 언급한 바와 같이 동일한 사건들에 대한 다른 기록이 아니라 38장은 37장 이후의 사건들을 기록하는 것으로 보인다. 유사한 사건들이 반복되는 것은 시드기야가 왕위에 오른 후 "그와 그의 신하와 그의 땅 백성이 여호와께서 선지자 예레미야에게 하신 말씀을 듣지 않았다"는 37장 2절의 평가에 대한 실체를 보여준다. 그들은 지속적으로 또한 반복적으로 선지자 예레미야와 그가 전하는 신탁을 거부했다. 그들은 이 태도를 되풀이했다. 이에 대한 증거가 37장과 38장의 반복적인 사건들이다. 또한 37장보다 38장이 더 구체적인 설명을 제공하는 것은 그들의 태도가 강화되고 악화된 것을 보여준다. 예를 들면, 37장 15절에서 예레미야를 때리고 감금한 이들이 "고관들"(הַשָּׂרִים 핫사림)로만 서술되는데, 38장 1절은 예레미야가 사형을 당하는 것이 마땅하다고 말하는 "고관들"(הַשָּׂרִים 핫사림, 38:4)의 이름을 구체적으로 언급한다.[44] 때리고 감금한 것과 사형을 요구하는 것의 차이는 분명하다. 또한 37장에서는 요나단의 집에 있는 웅덩이에 예레미야를 감금한 반면에 38장에서는 물이 없고 진창뿐인 말기야의 구덩이에 예레미야를 감금한다. 37장 17절에서 시드기야는 예레미야에게 "여호와께로부터 받은 말씀이 있느냐"라고 간명하게 묻지만 38장 14, 16, 24-26절은 시드기야가 예레미야에게 한 말을 구체적으로 서술한다.

시위대 뜰에 감금된 상태에서 많은 제한이 있었지만 예레미야는 하나님의 신탁을 알리는 사역을 멈추지 않았던 것으로 보인다. 예레미야가 전하는 신탁을 들은 고관들의 고소로 인해 예레미야는 말기야의 구덩이에 던져져 극심한 고통을 겪게 된다. 그때 구스 사람 에벳멜렉이 왕에게 탄원하여 왕의 명령에 따라 예레미야를 다시 시위대 뜰에 머물게 한다. 예레미야를 죽이려고 한 고관들의 행위는 예레미야를 구덩이에서 구해낸 구스인 에벳멜렉의 행위와 대조적이다. 하나님의 선지자에 대해 더욱 신중하게 반응했어야 할 소위 말하는 "하나님의 백성"인 고관들은 적대적이고 부정적인 반응을 보인 반면에 "구스인"(에디오피아인) 에벳멜렉은 호의적이고 긍정적인 반응을 보인다. 이것은 언약백성의 타락의 정도를 단적으로 보여주는 사례다.

구스인 에벳멜렉의 도움으로 말기야의 구덩이에서 나온 후 예레미야가 시위대 뜰에 머물고 있을 때 시드기야 왕은 예레미야를 불러와서 하나님의 신탁을 은밀히 묻는다. 시드기야는 예레미야를 만나 하나님의 신탁을 구하지만 그가 전달한 신탁에 따라 행동할 용기를 갖지 못한 지도자였다. 고관들에 의해 이리저리 흔들리는 시드기야가 해결하지 못한 불순종은 결국 유다의 멸망으로 연결된다.

38장에 서술된 사건들을 개별 장면들로 구분하고 그 내용을 살피면 다음과 같다.

---

44) 37장과 38장의 고관들이 동일한 이들일 가능성이 있지만 확실하지는 않다.

장면 IV. 예레미야의 감금: 말기야의 물웅덩이(38:1-6)

1) 일부 고관들이 예레미야의 신탁에 대해 들음, 1-3절
   a. 선언단락(심판선언): 2절
   a'. 선언단락(심판선언): 3절
2) 고관들이 왕에게 예레미야의 사형을 요구함, 4절
3) 왕이 예레미야를 고관들에게 내어줌, 5절
4) 고관들이 예레미야를 시위대 뜰에 있는 말기야의 물웅덩이에 가둠, 6절

장면 V. 에벳멜렉의 도움으로 예레미야가 물웅덩이에서 나와 시위대 뜰에 머물게 됨(38:7-13)

1) 에벳멜렉이 예레미야가 물웅덩이 갇힌 것에 대한 소식을 들음, 7절
2) 에벳멜렉의 간청과 왕의 허락, 8-10절
3) 에벳멜렉이 30명을 데리고 가서 예레미야를 물웅덩이에서 건져냄, 11-13절상
4) 예레미야가 시위대 뜰에 머물게 됨, 13절하

장면 VI. 시드기야와 예레미야의 은밀한 만남(38:14-28)

1) 시드기야가 예레미야를 성전의 셋째 문으로 불러서 물음, 14절
2) 시드기야와 예레미야의 은밀한 대화, 15-16절
3) 예레미야가 전달하는 신탁, 17-18절
   - 항복할 경우: 17절
   - 항복하지 않은 경우: 18절
4) 시드기야의 염려, 19절
5) 예레미야의 권면과 환상서술, 20-23절
6) 신탁에 대해 함구하라는 시드기야의 명령, 24-26절
7) 고관들과 예레미야의 대면, 27절
8) 예레미야가 시위대 뜰에 머물게 됨, 28절

장면 IV. 예레미야에 대한 고관들의 고소(1-4절)

예레미야가 선포한 심판신탁을 들은 고관들은 예레미야에 대한 반감을 갖게

되고 결국 시드기야 왕에게 그를 죽음으로 처벌할 것을 요청한다. 고소의 내용은 예레미야가 백성을 위해 평안이 아닌 재앙을 선포하면서 군사들과 백성의 사기를 떨어뜨리고 있다는 것이다.

장면 IV. 예레미야가 말기야의 구덩이에 감금됨(5-6절)
유약한 시드기야 왕에게 허락을 얻어낸 고관들은 예레미야를 왕의 아들 말기야의 구덩이에 던져 넣어 물이 없고 진창뿐인 그곳에서 굶어 죽게 하려고 한다.

장면 V. 에벳멜렉이 예레미야를 구해줌(7-13절)
예레미야가 구덩이에 던져졌다는 소식을 들은 왕궁 내시 구스인 에벳멜렉이 시드기야 왕에게 고관들의 행위가 악함을 지적하고 예레미야를 위해 탄원한다. 에벳멜렉은 왕의 명령에 따라 예레미야를 구덩이에서 끌어내어 시위대 뜰에 머물게 한다.

장면 VI. 시드기야와 예레미야의 은밀한 대화(14-16절)
바벨론 왕의 공격으로 인해 위기에 처한 시드기야는 예레미야에게서 하나님의 신탁을 듣고자 그를 은밀히 만난다. 하지만 예레미야는 시드기야에게 신탁을 전하는 것을 주저한다. 그러자 시드기야는 죽이지 않겠다는 맹세를 하면서 예레미야에게 신탁을 전할 것을 독려한다.

장면 VI. 예레미야가 전한 신탁(17-18절)
시드기야의 확답을 받은 예레미야는 두 가지 가능성을 제시한다. 만약 시드기야가 바벨론 왕의 고관들에게 항복하면 자신과 가족의 목숨을 건질 수 있을 뿐만 아니라 예루살렘 성읍이 무사할 수 있다. 그러나 만약 그가 그들에게 항복하지 않으면 성읍이 갈대아인의 손에 넘겨지고 불에 파괴될 것이다.

장면 VI. 시드기야의 염려(19절)
예레미야의 신탁을 들은 시드기야 왕은 이미 갈대아인들에게 항복한 자들에게 넘겨져 조롱을 당할지도 모른다는 두려움을 토로한다. 시드기야는 하나님의 신탁에 대한 확신보다는 사람들에게 대한 두려움을 드러낸다.

장면 VI. 예레미야의 권면과 환상서술(20-23절)

두려움을 토로하고 있는 시드기야에게 예레미야는 하나님의 신탁을 신뢰할 것을 권면한다. 이와 더불어 항복하기를 거절할 때 시드기야와 그의 가족들과 예루살렘이 겪게 될 일들을 구체적으로 전달한다.

장면 VI. 신탁에 대해 함구하라는 시드기야의 명령(24-26절)

예레미야의 신탁을 들은 시드기야는 그 신탁을 누구에게도 말하지 말라고 명령한다. 그렇게 할 때 죽음의 위협에 처하지 않을 수 있다는 말을 덧붙인다. 또한 고관들에게 답변할 핑계를 예레미야에게 알려 준다.

장면 VI. 고관들과의 대면과 예레미야가 시위대 뜰에 머물게 됨(27-28절)

시드기야와의 은밀한 만남을 알게 된 고관들이 예레미야에게 대화의 내용을 묻는다. 예레미야는 고관들에게 왕이 알려 준 말로만 답변을 하고 대화의 내용을 밝히지 않는다. 고관들과의 대면을 잘 마무리한 예레미야는 예루살렘이 바벨론에 의해 점령당할 때까지 시위대 뜰에 머물게 된다.

주해

1-4절. 예레미야는 시위대 뜰에 갇혀 있었기 때문에 자유롭게 백성 중에 왕래하며 신탁을 전하지는 못했다. 하지만 사람들의 방문이 가능한 그의 상황(cf. 하나멜과 바룩의 방문; 32:6-15)을 고려할 때 충분히 신탁을 전할 수는 있었던 것으로 보인다.[45] 다시 시작된 바벨론 왕의 포위공격으로 위기에 처한 상황에서 고관들은 예레미야의 신탁에 대해 더욱 반감을 갖게 된다. 고관들의 이름이 1절에 구체적으로 나열된 후, 2-3절에 예레미야가 유다백성에게 전한 신탁의 내용이 인용된다. 네 명의 인물들(스바댜, 그다랴, 유갈, 바스훌)이 언급되는데, 이들은 친-이집트 정책을 고수하고 반-바벨론 정서를 가지고 있었을 것이다. 그다랴는 예레미야를 때리고 목에 씌우는 나무 고랑으로 채운 바스훌의 아들로 보인다(cf. 20:1-6). 셀레마의 아들 유갈과 말기야의 아들 바스훌은 시드기야 왕의 명령을 받고 예레미야에게

45) כָּל־הָעָם 콜-하암은 예레미야가 갇힌 상태에서 상대한 사람들을 가리키거나 그가 "모든 백성"을 대상으로 신탁을 선포한 것을 가리킬 수 있다.

가서 여호와께 기도해 주길 요구했던 인물들이다(cf. 37:3; 21:1-2). 예레미야가 백성에게 전한 신탁은 하나님의 말씀을 직접 인용하는 신적 신탁이며 각각 신탁도입형식을 갖춘 두 개의 선언단락으로 구성되어 있다.[46] 첫 번째 신탁의 선언(2절)은 예루살렘 성읍을 공격하고 있는 갈대아인들에게 항복을 하면 최소한 목숨은 건질 수 있지만 성읍에 머물러 있으면 칼과 기근과 전염병으로 죽게 된다는 것이다. 두 번째 신탁의 선언(3절)은 예루살렘이 반드시 바벨론 왕 느부갓네살의 군대에게 넘어가게 되어 점령된다는 것이다. 이 선언들은 전혀 새로운 것이 아니다. 시드기야 왕이 말기야의 아들 바스훌과 제사장 마아세야의 아들 스바냐를 예레미야에게 보내어 여호와께 기도해 주길 간청했을 때 이미 예레미야가 전해 준 내용이다(cf. 21:3-10). 유다와 예루살렘에 대한 하나님의 심판이 확정된 상황에서 그의 뜻을 따르는 것은 심판을 수용하고 바벨론 왕에게 항복하는 것이다. 따라서 그가 예언한 바대로 바벨론의 포위가 다시 시작된 상황에서 예레미야는 이 신탁을 전한다. 하지만 항복을 촉구하고 멸망을 선언하는 신탁은 예루살렘이 위기에 처한 상황에서 고관들의 반감을 사기에 충분했을 것이다. 따라서 이 신탁을 접한 고관들은 예레미야를 왕에게 고소하고 그를 죽음으로 벌할 것을 강력히 요구한다(4절). 그들이 제기한 고소의 이유는 두 가지다. 첫째, 예레미야가 백성의 "평안"(שָׁלוֹם 샬롬)이 아닌 "재앙"(רָעָה 라아)을 구한다는 것이다. 둘째, 예레미야의 신탁이 군사들과 백성의 사기를 저하시킨다는 것이다. "군사의 손과 모든 백성의 손을 약하게 한다"는 표현은 바벨론 군대를 대항해서 대적할 용기와 의지를 잃게 되는 것을 의미한다. 예레미야가 시위대 뜰에 머물고 있었기 때문에 쉽게 군사들과 접촉하며 그의 신탁을 전할 수 있었을 것이다. 실제로 백성 중에는 바벨론 왕에게 항복한 사람들이 있었다(cf. 19절).

5-6절. 예레미야의 죽음을 요구하는 고관들의 고소에 대해 시드기야는 유약한 모습을 드러낸다. 37장에서 시드기야는 예레미야의 요청에 선처를 베풀어 그를 시위대 뜰에 가두지만 예레미야의 죽음을 강력하게 요구하는 고관들의 요구를 거

46) 신탁(38:2-3)의 이러한 구성적 특징(이중 선언신탁)은 37장 6-10절의 신탁과 동일하다. 이와 함께 예레미야가 고관들에 의해 감금되는 사건(37:15-16; 38:6)을 고려하면 장면 IV(38:1-6)은 신탁구성과 주제에 있어서 장면 I(37:3-10)과 장면 II(37:11-16)을 통합한다.

절하지 못하고 그들이 원하는 대로 처리하도록 허락한다(5절). 왕의 허락을 얻어 낸 고관들은 예레미야를 끌어다가 왕의 아들 말기야의 구덩이에 던져 넣는다(6절). 고관들의 의도는 예레미야를 구덩이 안에서 고통 중에 굶어 죽게 하려는 것으로 보인다. 예레미야를 죽여서 신탁을 선포하지 못하게 하려는 고관들의 행위는 바룩이 예레미야의 입에서 신탁을 받아 기록한 두루마리 책을 칼로 찢고 불태워 버린 여호야김의 행위와 대비를 이룬다(cf. 36:23). 오히려 여호야김의 행위보다 가혹하다. "왕의 아들"(בֶּן־הַמֶּלֶךְ 벤-함멜레크)이란 시드기야의 아들을 의미하는 것이 아니라 그가 왕족임을 나타내는 표현으로 보인다.[47] "구덩이"(בּוֹר 보르)는 물이 말라 버려서 진창뿐인 웅덩이를 가리킨다.[48] 이 웅덩이는 예레미야를 줄로 달아 내려야 할 정도로 깊었다(cf. 6, 11절). 예레미야는 말기야의 구덩이에서 진흙 속에 빠져있으면서 요나단의 집에 있는 지하 감옥에서보다 더 많은 고통을 겪었을 것이다.

7-13절. 예레미야가 구덩이에 던져져 죽음의 위협에 처해 있을 때 뜻밖의 인물이 등장해서 그의 위기상황을 해결한다. 예레미야가 구덩이에 던져진 사실을 알게 된 왕궁 내시 구스인(에디오피아인) 에벳멜렉이, 아마도 백성의 송사 문제들을 판결하기 위해 베냐민 문에 앉아있는 시드기야 왕에게 와서 고관들의 행위가 악함을 지적하면서 예레미야를 위해 탄원한다(7-8절).[49] 고관들이 왕에게 말할 때 예

---

47) 히브리어에서 בֵּן 벤("아들")은 혈통적인 아들을 가리킬 뿐만 아니라 "제자," "손자," "자손" 등 다양한 의미를 갖는다. Longman은 시드기야가 당시 32세 정도의 나이였기 때문에 다른 집에서 살 수 있는 연령의 자녀가 없었을 것이라는 점을 지적하면서 시드기야의 아들이 아닌 친족이거나 단순한 존칭이었을 것으로 간주한다(Longman, *Jeremiah/Lamentations*, 250).

48) 동일한 단어 בּוֹר 보르가 37장 16절에서 요나단의 집에 있는 "웅덩이"를 가리킬 때 사용된다. 그런데 37장 16절은 בַּיִת 바이트("집")이라는 단어와 함께 서술한다: בֵּית הַבּוֹר 배트 합보르. 따라서 개역개정은 בֵּית הַבּוֹר 배트 합보르를 "뚜껑 씌운 웅덩이"로 번역한다: "천장이 둥근 지하실"(공동번역); "지하 감옥"(새번역); "토굴 속 감옥"(우리말성경). 또한 이 웅덩이가 הַחֲנֻיוֹת 하하누오트("지하 감옥" 또는 "토굴")라는 추가 설명이 있다. 반면에 38장 6절의 בּוֹר 보르는 "진흙구덩이"(공동번역), "물웅덩이"(새번역), "웅덩이"(우리말성경)으로 번역한다.

49) 에벳멜렉(עֶבֶד־מֶלֶךְ 에베드-멜레크)은 문자적으로 "왕의 종"을 의미한다.

레미야를 “이 사람”(הָאִישׁ הַזֶּה 하이쉬 핫제, 4절)이라고 칭한 것과는 달리 에벳멜렉은 그를 “선지자 예레미야”(יִרְמְיָהוּ הַנָּבִיא 이르메야후 한나비)라고 표현하는 것에 주목하게 된다. 고관들이 “선지자 예레미야”에게 악한 일을 했다는 말이다. 시드기야는 고관들에게 원하는 대로 행하라고 허락해 주었지만 그들이 예레미야에게 어떻게 했는지에 대해서는 몰랐던 것으로 보인다. 에벳멜렉의 말 중에 “성 중에 떡이 떨어졌다”는 표현은 바벨론 왕에 의한 예루살렘 포위가 이미 상당히 진행된 상황인 것을 의미한다. 에벳멜렉은 왕궁에 거하는 “내시”(סָרִיס 싸리쓰)이며 시드기야에게 영향력을 미칠 수 있는 측근으로 보인다. 에벳멜렉의 탄원을 들은 시드기야 왕은 30명을 데리고 가서 “선지자 예레미야”를 죽기 전에 구덩이에서 끌어내라고 명한다(10절). 왕이 30명을 에벳멜렉과 함께 보내는 것은 예레미야를 구덩이에서 끌어내는 데 그렇게 많은 사람들이 필요하기 때문이 아니라 예레미야를 구덩이에서 꺼낼 때 혹시 있을지 모를 고관들의 위협에서 에벳멜렉과 예레미야를 보호하기 위한 것으로 보인다.[50] 왕의 명령을 받은 에벳멜렉은 예레미야를 구덩이에서 끌어낼 준비를 갖춘 후 구덩이에 헝겊과 낡은 옷으로 만든 밧줄을 내려보내 예레미야를 끌어낸다(11-12절).[51] 구스인 에벳멜렉의 도움으로 예레미야는 고관들이 의도한 죽음의 위기에서 벗어나지만 다시 시위대 뜰에 머물게 된다(13절). 에벳멜렉이 왕에게 예레미야를 위해 탄원한 이유가 기록되지 않지만 39장 18절의 표현(“네가[에벳멜렉] 나[여호와]를 믿었음이라”)을 고려할 때 그가 예레미야를 하나님의 선지자로 인정하고 그의 죽음에 대한 두려움을 갖고 있었던 것으로 보인다. 고관들의 행위와 구스인 에벳멜렉의 행위는 대조적이다. 정작 하나님의 선지자를 존중하고 그의 신탁에 올바른 태도로 반응했어야 할 소위 말하는 “언약백성”인 고관들은 예레미야를 죽이려고 한 반면에 혈통적으로는 아브라함의 후손이 아닌 “구스인”(이방인) 에벳멜렉은 선지자 예레미야의 생명을 존중한다. 12절에 에벳멜렉이 예레미야를 세심하게 배려하는 모습이 구체적으로 기록된 것 역시 이러한 대조를 분명하게 보여준다. “내시”로 번역한 סָרִיס 싸리쓰가 반드시 거세된 사

---

50) BHS는 שְׁלֹשִׁים 셸로쉼(“30”) 대신에 שְׁלֹשָׁה 셸로샤(“3”)으로 수정해서 읽을 것을 제안하는데, 이 수정독법이 히브리어 사본과 고대역본의 지지를 받지 못하기 때문에 MT독법을 유지할 필요가 있다.

51) 예레미야를 건져 올리는 장면이 구체적으로 묘사되는 것은 사건의 사실성을 더한다.

람을 의미하지 않고 넓은 의미에서 "관료"를 가리킬 수도 있다(cf. 왕하 23:11).[52] 하지만 만약 에벳멜렉이 거세를 한 내시(환관)라면 신명기 23장 1절("고환이 상한 자나 음경이 잘린 자는 여호와의 총회에 들어오지 못하리라")을 고려할 때 내시인 에벳멜렉을 통해 예레미야가 죽음의 위기를 모면한 것은 고관들의 부정적인 태도를 더욱 부각시킨다. 백성을 올바른 길로 인도해야 할 고관들의 이러한 타락은 유다의 심각한 영적 상태를 단적으로 보여주는 예다. 시드기야 왕을 비롯하여 고관들의 타락은 백성의 타락으로 이어졌으며 결국 유다는 하나님의 심판을 피할 수 없게 된다. 에스겔은 이 시기의 지도자들과 유다백성의 총체적 타락을 다음과 같이 기록하고 있다.

> 이 땅을 위하여 성을 쌓으며 성 무너진 데를 막아서서 나로 하여금 멸하지 못하게 할 사람을 내가 그 가운데에서 찾다가 찾지 못하였으므로 내가 내 분노를 그들 위에 쏟으며 내 진노의 불로 멸하여 그들 행위대로 그들 머리에 보응하였느니라 주 여호와의 말씀이니라(겔 22:30-31).

14-16절. 뜻하지 않은 구스인 에벳멜렉의 도움으로 죽음의 위기에서 벗어난 예레미야가 시위대 뜰에 머물고 있을 때 시드기야가 사람을 보내어 "선지자 예레미야"를 여호와의 성전 셋째 문으로 오게 한다(14절).[53] 히브리인들은 동쪽을 향한 상태에서 동쪽 문(정면)을 첫 번째 문으로 부르는데, 오른 편으로 돌면서 남쪽 문은 두 번째 문이고 서쪽 문은 셋째 문이 된다. 이 문은 왕궁으로 연결되는 문이다(cf. 왕상 10:5). 24-27절을 고려할 때 이 만남이 고관들이 모르게 은밀하게 이루어진 것을 알 수 있다. 이것은 시드기야와 예레미야의 마지막 은밀한 만남이다.

---

52) Cf. Longman, *Jeremiah/Lamentations*, 250. NIV는 7절의 אִישׁ סָרִיס 이쉬 싸리쓰를 "관료"(official)로 번역한다.

53) 37장과 38장에서 시드기야가 예레미야에게 사람을 보낼 때 "선지자 예레미야에게"라는 표현이 사용된다(37:3; 38:14). 이는 시드기야는 예레미야를 고관들이 평가하는 단지 "이 사람"으로 본 것이 아니라 "선지자"로 대하고 있는 것을 암시적으로 보여주는 듯하다. 그가 하나님의 뜻을 확인하고 싶을 때 예레미야를 찾은 것도 이러한 추측을 가능하게 한다. 예레미야를 대하는 시드기야의 태도는 이중적이다. 한편으로는 그를 선지자로 인정하지만 다른 한편으로는 자신이나 고관들의 판단을 넘어 전적으로 신뢰하고 따르는 대상은 아니다.

바벨론 왕 느부갓네살에 의해 예루살렘이 완전히 포위되어 성읍에 양식이 떨어진 위기상황에서 하나님의 신탁을 듣고자 하는 시드기야의 의지는 확고하다. "한 마디도 내게 숨기지 말라"(14절). 이것은 그 만큼 시드기야가 다급하고 절박한 상황에 처해 있음을 나타낸다. 하나님의 신탁을 듣고자 하는 시드기야의 의지가 확고함에도 불구하고 예레미야는 하나님의 신탁을 전하는 것을 주저한다(15절). 예레미야가 주저하는 이유는 두 가지다. 첫째, 죽임을 당할 수 있는 가능성 때문이다. 예레미야는 그가 전하게 될 신탁의 내용이 시드기야가 원하는 것이 아니어도 자신을 죽이지 않겠느냐는 질문을 한다. 둘째, 시드기야가 신탁의 권고를 따를 것이라는 확신이 없기 때문이다. 예레미야가 여러 번의 만남을 통해 하나님의 신탁을 듣기 원하는 시드기야에게 하나님의 신탁을 그대로 전달했지만 시드기야는 한 번도 그 신탁에 따라 행동하지 않았다. 따라서 예레미야는 시드기야가 신탁을 따를 것이라는 확신을 가질 수 없었다. 예레미야가 답변을 주저한 것은 단순히 자신의 죽음에 대한 두려움 때문이 아니다. 예레미야의 말은 아무런 긍정적인 효과를 얻을 수 없는 일로 자신의 목숨을 위태롭게 하지 않겠다는 것이다. 이러한 이유로 예레미야가 답변을 주저하자 시드기야는 여호와의 사심을 두고 그를 죽이지 않을 뿐만 아니라 그를 그의 생명을 찾는 사람들, 곧 고관들에게 넘겨주지 않겠다고 맹세한다(16절).[54] 시드기야가 "우리에게 이 영혼을 지으신 여호와"를 언급하면서 맹세하는 것은 예레미야를 죽이게 된다면 자신의 생명을 내놓겠다는 확고한 약속을 주는 것이다. 그 만큼 하나님의 신탁을 듣고자 하는 시드기야의 의지는 확고하다. 하지만 예레미야가 표명한 두 번째 우려("가령 내가 왕을 권한다 할지라도 왕이 듣지 아니하시리이다")에 대한 어떤 확언도 주지 않는 것에 주목할 필요가 있다. 하나님의 신탁을 듣고자 하는 시드기야의 의지는 확고할 뿐만 아니라 오직 예레미야를 통해서만 하나님의 신탁을 들을 수 있다는 것도 확신하고 있는 듯 보인다. 하지만 예레미야가 선포하는 하나님의 신탁을 그대로 따를 것에 대한 의지는 결

---

54) 16절은 시드기야가 이 맹세를 "은밀히"(בַּסֵּתֶר 받쌔테르) 했다고 기록한다. 이는 예레미야에게서 하나님의 신탁을 듣고자 하는 의지는 강하지만 공개적으로 하나님의 신탁을 전하는 선지자 예레미야를 보호하고 지키는 것에는 단호하지 않은 그의 태도를 보여준다. 결국 이 태도는 예레미야에게서 하나님의 신탁을 듣지만 그 신탁에 따라 행동하지 않는 모습으로 연결된다.

코 확고하지 않다. 단지 시드기야는 하나님의 신탁을 물으면서 자신이 예레미야에게 베푼 선처에 대한 보상으로 하나님의 은혜를 기대했을 수도 있다. 자신의 생각이나 태도를 바꾸려고 하기보다는 오히려 하나님의 뜻이 바뀌길 기대하는 듯하다. 또한 시드기야는 선지자 예레미야에 대해서도 이중적인 태도를 보인다. 한편으로는 하나님의 신탁을 전달하는 선지자로 예레미야를 인정하면서도 그가 전달하는 신탁에 대해서는 자신이 기준이 되어 수용여부를 판단한다.

17-18절. 죽이지 않겠다는 확고한 맹세를 들은 후 비로소 예레미야는 하나님의 신탁을 시드기야에게 전한다(17절). 예레미야는 신탁도입형식("만군의 하나님이신 이스라엘의 하나님 여호와께서 이와 같이 말씀하시되")을 사용하면서 그가 전하는 신탁이 신적 기원을 가진 하나님의 신탁임을 분명히 제시한다. 예레미야가 백성에게 선포한 신탁(2-3절)과 시드기야 왕에게 전한 신탁(17-18절)은 근본적으로 동일한 내용이다. 하지만 17-18절은 시드기야에게 초점을 맞추어 그의 결단을 촉구한다("네가 만일," 17, 18절). 예레미야는 시드기야에게 두 가지 가능성을 제시한다. 첫 번째 가능성은 만일 시드기야가 바벨론의 왕의 고관들에게 항복하면 자신과 가족의 목숨을 건질 수 있을 뿐만 아니라 예루살렘 성읍이 불에 파괴되지 않게 되는 것이다. 두 번째 가능성은 정반대의 경우다. 만일 시드기야가 바벨론의 왕의 고관들에게 항복하지 않으면 예루살렘 성읍이 갈대아인들에 의해 점령되고 불에 파괴될 뿐만 아니라 그가 그들의 손에서 사로잡히게 되는 것이다. 2절은 항복의 대상을 "갈대아인들에게" 로 표기하는 반면에 17절은 "바벨론 왕의 고관들에게" 라고 서술하는 점에 주목할 필요가 있다. 이때 당시 바벨론 왕 느부갓네살이 립나에 있었으므로 실제로 예루살렘을 포위하고 있는 자들은 바벨론 왕의 고관들이었다. 따라서 "바벨론 왕의 고관들" 이라는 표현이 적절했을 것이다(cf. 39:5; 52:9). 하지만 의도적으로 이 표현을 사용하면서 시드기야가 자신을 맡겨야 할 대상이 그의 고관들(הַשָּׂרִים 핫사림)이 아니라 바벨론 왕의 고관들(שָׂרֵי מֶלֶךְ־בָּבֶל 사래 멜레크-바벨)임을 간접적으로 지적하는 것으로 볼 수도 있다. 시드기야는 유다의 고관들이 예레미야를 사형으로 벌할 것을 요구했을 때 "왕은 조금도 너희를 거스를 수 없느니라" 는 답변을 주며 자신의 결정권을 고관들에게 맡기며 책임을 회피하는 모습을 보였다(cf. 5절). 하지만 이제 그는 자신의 모든 것을 하나님의 심판의 도구로 사

용되고 있는 바벨론 왕의 고관들에게 맡겨야 한다는 것이다.

19절. 예레미야가 전하는 하나님의 신탁에 대한 시드기야의 답변이 서술된다. 시드기야의답변은 바벨론 왕의 고관들에게 항복했을 경우를 전제하고 있다. 시드기야는 바벨론의 고관들이 자신을 바벨론에 항복한 유다인들(הַיְּהוּדִים 하이예후딤)의 손에 넘겨주면 그들이 자신을 조롱할 것이라는 두려움과 염려를 토로한다. "조롱하다"로 번역한 הִתְעַלְּלוּ 히트알렐루는 단순한 언어적 조롱만이 아니라 물리적 힘을 가하는 학대를 내포하기도 한다(cf. 삿 19:25; 출 10:2). 시드기야는 예레미야의 신탁에 따라 즉시 바벨론 왕의 고관들에게 항복하는 것이 왜 어려운지에 대한 그럴 듯한 핑계를 댄다. 예레미야를 죽일 것을 요구한 고관들을 두려워했던 것처럼 여전히 하나님이 아닌 사람들을 두려워하는 모습을 보인다. "나는 갈대아인에게 항복한 유다인을 두려워하노라." 이것이 시드기야의 근본적인 문제다. 만약 시드기야가 사람들보다 하나님을 두려워했다면 전혀 다른 행동과 결단을 보였을 것이다. 또한 이것은 하나님의 신탁에 대한 그의 불신을 그대로 드러내 준다. 하나님이 선지자를 통해 그가 바벨론 왕의 고관들에게 항복을 하면 그의 생명을 보존할 수 있음을 분명히 말씀하셨음에도 불구하고 그는 자신의 죽음을 두려워하고 있기 때문이다.

20-23절. 바벨론 왕의 고관들이 자신을 항복한 유다인들에게 넘겨주면 자신이 조롱을 당할 수도 있다는 두려움을 토로한 시드기야에게 예레미야는 그들이 그렇게 하지 않을 것이라는 확언을 준다(20절). 오히려 그 두려움에서 벗어나 자신이 전한 여호와의 목소리, 즉 항복하라는 명령을 듣고 순종할 것을 권고한다. 시드기야에게 필요한 것은 사람들에 대한 두려움이 아니라 하나님에 대한 신뢰와 순종이다. 그렇게 하면 왕이 무사할 것("왕이 복을 받아")이며 목숨은 건질 수 있다고 말한다. 반면에 하나님의 말씀을 거역하고 항복하기를 거절하면 하나님이 이미 자신에게 보여주신 말씀대로 시드기야가 두려워하는 일들이 이루어질 것이라고 말한다(21절). 예레미야가 18절과는 달리 22-23절에서 시드기야와 그의 가족이 겪게 될 일을 구체적으로 서술하는 것은 시드기야에게 직접적으로 관련된 내용을 전하면서 그가 겪게 될 상황의 심각성을 실제적으로 깨닫게 하려는 것으로 보인다. 또

한 신탁의 진정성을 나타내는 것이기도 하다. 특히 "여호와께서 내게 보이신 말씀대로" 라는 표현은 22-23절에 서술하고 있는 내용을 이미 환상을 통해 확인했기에 확실하다는 의미를 전달한다. 예레미야가 본 환상의 내용은 세 가지다. 첫째, 유다 왕궁의 여인들(시드기야의 후궁들)이 바벨론 왕의 고관들에게 사로잡혀 가면서 시드기야를 조롱하는 것이다(22절). 여인들은, 시드기야가 하나님을 신뢰하기보다는 자신의 친구들(אַנְשֵׁי שְׁלֹמֶךָ 안셰 셸로메카; "당신과 화친을 맺은 자들")의 꾐에 매혹되어 그릇된 결정을 하고 결국 멸망을 맞이하게 된 그의 어리석음을 조롱한다. 시드기야는 이집트를 비롯한 주변 나라들과 화친을 맺으며 그들에게서 도움에 대한 확답을 받고 바벨론에게 항복하기를 거부하지만 그들의 거짓 확답에 그가 결국 속임을 당하게 된다는 것이다. 여인들은 바벨론에 의해 시드기야가 진흙에 빠져 들어가듯 공격을 당하고 있을 때 이를 본 그의 친구들(고관들 또는 동맹국)이 두려움에 물러갔음을 그에게 상기시킨다. 예레미야가 구덩이의 "진창" (טִיט 티트)에 빠져 죽음의 위기에서 있을 때 구스인 에벳멜렉의 도움으로 목숨을 구한 것(cf. 38:6, 11-13)과는 달리 시드기야는 그가 빠진 "진흙" (בֹּץ 보쯔)에서 그를 구해줄 자를 만나지 못한다. 어느 누구의 조롱보다도 왕궁 여인들의 이러한 조롱은 시드기야에게 더욱 굴욕적일 것이다. 시드기야는 항복했을 때 겪을지도 모를 유다인들의 "조롱"과 학대를 하나님께 불순종하면서 피해 보려고 하지만 자신의 후궁들에 의해 더 비참하고 굴욕적인 조롱과 모욕을 당하게 된다(cf. 19절). 둘째, 시드기야와 그의 가족의 운명에 관한 것이다(23절). 시드기야의 아내들과 자녀도 역시 바벨론에 포로로 사로잡혀가게 될 뿐만 아니라 시드기야는 결코 갈대아인의 손아귀에서 벗어나지 못한다. 셋째, 예루살렘의 멸망이다(23절). 시드기야의 불순종으로 인해 예루살렘은 갈대아인에 의해 불사름을 당하여 파괴될 운명을 피할 수가 없게 된다.

24-26절. 예레미야의 말에 대한 시드기야의 반응이 이어진다. 시드기야는 예레미야가 선포한 신탁에 대한 진정성을 의심하지는 않는다. 하지만 그 신탁에 따라 항복하겠다는 의지는 없다. 하나님을 신뢰하고 그의 말씀에 순종하기 보다는 오히려 고관들에 대한 그의 두려움과 염려를 드러낸다. 따라서 시드기야는 예레미야에게 어느 누구에게도 자신과 나눈 대화의 내용을 알리지 말라고 명령하면서 그렇게만 하면 죽음을 면할 수 있다고 말한다(24절). "네가 죽지 아니하리라" 는 말은

고관들이 대화의 내용을 알게 되면 예레미야를 죽일 수도 있는 상황을 전제로 한다. 따라서 대화 중에 나눈 신탁에 대해 함구하는 것이 자신뿐만 아니라 예레미야에게도 유익이 된다는 의미다. 시드기야는 고관들이 대화의 내용을 물을 때 요나단의 집으로 되돌려 보내지 않기를 요구했다는 거짓말로 답변하라고 예레미야에게 지시한다(25-26절). 시드기야는 마치 이 은밀한 만남이 자신에 의해 이루어진 것이 아니라 예레미야의 요구에 의한 것으로 보이게 하려는 듯하다. 하나님만을 전적으로 신뢰하고 순종하라는 예레미야의 권고를 들은 후에도 여전히 사람들에 대한 두려움에 사로잡혀 있는 유약한 시드기야의 모습이다.

27-28절. 시드기야가 염려한 일이 실제로 벌어진다. 시드기야 왕과의 은밀한 만남을 알게 된 고관들이 예레미야에게 와서 대화의 내용을 묻는다(27절). 하지만 예레미야는 왕이 명한 대로만 답변을 하고 대화의 내용을 밝히지 않는다. 예레미야의 답변을 들은 고관들은 더 이상 묻지 않는다. 그 후 예레미야는 예루살렘이 바벨론 왕 느부갓네살에 의해 함락될 때까지(주전 586년) 시위대 뜰에 머물게 된다. 고관들이 예레미야에게 왕과의 대화내용을 물었을 때 예레미야가 그들에게 대화내용을 모두 알려 줄 의무는 없다. 하지만 어떤 이유에서든 예레미야는 시드기야의 거짓말에 동조하여 그 내용만을 고관들에게 전한다. 이와 같이 예레미야가 왕의 명령에 따라 고관들에게 거짓으로 답변한 것에 대한 다양한 해석이 제시되고 있다. 왜냐하면 표면적으로 예레미야가 취한 행동이 윤리적 문제를 드러내기 때문이다. 예레미야가 거짓말에 동조했다는 강한 비판이 있는가하면 하나님의 선지자인 예레미야의 행동에 대해 비판적인 판단을 내리길 주저하면서 예레미야가 시드기야의 말대로 거짓을 고한 이유에 대한 납득할 만한 답변을 찾고자 한다. 예를 들면, 예레미야가 왕을 위해 소위 "선의의 거짓말"을 했다고 해석하면서 부정적인 비판에서 예레미야를 구제하려고 한다. 또는 예레미야가 시드기야의 거짓말로 답변을 했지만 이 거짓말에는 15-16절에서 예레미야가 말한 "결코 나를 죽이지 아니하시리이까"라는 질문이 부분적으로 암시되어 있기 때문에 그가 고관들에게 완전한 거짓말을 한 것은 아니라고 보기도 한다. 이와는 달리 예레미야가 시드기야의 파괴된 도덕성을 분명하게 드러내기 위한 의도에서 그의 거짓말에 동조한 것으로 해석하기도 한다. 하지만 선지자의 행위를 정당화하려고 제시한 이러한 해

석들에는 무리가 있다. 분명한 것은 예레미야가 시드기야의 거짓말을 사용하여 고관들을 속였다는 것이다. 그 어떤 이유로도 거짓에 동조한 예레미야의 부정적인 행동을 정당화할 수는 없다. 아마도 자신의 죽음에 대한 두려움이 이러한 행동을 하게 했을 수도 있다(cf. 37:20). 예레미야는 하나님의 부르심을 받은 선지자로서 담대한 모습을 보이기도 하지만 때론 인간적인 연약함과 갈등을 드러내기도 한다(cf. 8:18-9:2; 12:1-4; 15:17-18; 37:20).

추가 설명

개역개정의 번역과는 달리 히브리어 원문(MT)의 28절에는, וְהָיָה כַּאֲשֶׁר נִלְכְּדָה יְרוּשָׁלָם 베하야 카아쉐르 닐케다 예루샬라임이라는 문장이 덧붙여져 있다.[55] 사건을 기록하는 서사에서 וְהָיָה 베하야는 주로 사건서술을 시작하는 관용적인 표현으로 사용된다. 즉 이 표현으로 "이런 일이 있었다"(또는 "이런 일이 있을 것이다")는 의미를 전달한 후 이어서 사건이 구체적으로 서술된다. 28절에서 וְהָיָה 베하야가 이 용례로 사용된 것이라면 이 문장은 새로운 단락을 시작하는 표현으로 39장 1절에 포함되는 것이 적절하다. 따라서 וְהָיָה כַּאֲשֶׁר נִלְכְּדָה יְרוּשָׁלָם 베하야 카아쉐르 닐케다 예루샬라임은 "예루살렘이 함락될 때 이런 일이 있었다"로 번역이 되고 이어서 39장이 예루살렘의 함락에 대해 구체적으로 서술하는 것이 된다. NIV, NASB, JPSV가 이런 분석을 반영한 번역을 제공한다.

> This is how Jerusalem was taken: In the ninth year of Zedekiah king of Judah, in the tenth month, Nebuchadnezzar king of Babylon marched against Jerusalem with his whole army and laid siege to it (39:1, NIV).

> And it came to pass when Jerusalem was taken, (in the ninth year of Zedekiah king of Judah, in the tenth month, came Nebuchadrezzar king of Babylon and all his army against Jerusalem, and besieged it (39:1, NASB).

개역개정, 공동번역, 새번역도 39장 1절에 이 문장을 포함시키는 분석을 따르는

---

55) 칠십인경과 시리아역에는 이 문장이 없다.

것으로 보이는데, 영어번역본들과는 달리 명시적으로 표기하지는 않는다. 그런데 주로 과거사건을 서술할 때는 미완료형의 וַיְהִי바예히가 사용되기 때문에 וְהָיָה베하야를 과거사건을 서술하고 있는 39장에 연결해서 이 용법으로 간주하는 것에 이의가 있을 수 있다.[56] 28절의 וְהָיָה כַּאֲשֶׁר נִלְכְּדָה יְרוּשָׁלָם베하야 카아쉐르 닐케다 예루샬라임을 바로 앞의 문장("예레미야가 예루살렘이 함락되는 날까지 감옥 뜰에 머물렀더라")에 연결되는 것으로 분석하기도 한다.

이 분석을 따르면 וְהָיָה כַּאֲשֶׁר נִלְכְּדָה יְרוּשָׁלָם베하야 카아쉐르 닐케다 예루샬라임은 새로운 단락을 시작하는 것이 아니라 단락을 마무리하는 역할을 한다.[57] וְהָיָה베하야는 접속사 ו바브와 3인칭 남성 단수 동사 הָיָה하야가 결합된 형태다. הָיָה하야는 "그가 있다/있을 것이다" 또는 "그것이 있다/있을 것이다"를 의미한다. 이 동사의 주어인 "그"가 예레미야를 가리키는 것으로 보면 "그[예레미야]가 예루살렘이 함락될 때 있었다"는 의미가 된다. 우리말성경, KJV, NJB가 이 분석에 따라 번역한다.

> 그리하여 예레미야는 예루살렘이 함락되는 날까지 경호대 뜰에 머물렀다. 예루살렘이 함락될 때 예레미야는 그곳에 있었다(37:28, 우리말성경).
>
> So Jeremiah abode in the court of the prison until the day that Jerusalem was taken: and he was there when Jerusalem was taken (37:28, KJV).

וְהָיָה כַּאֲשֶׁר נִלְכְּדָה יְרוּשָׁלָם베하야 카아쉐르 닐케다 예루샬라임은 예레미야가 시드기야와 고관들의 불순종의 결과 및 그가 선포한 신탁의 성취를 직접 확인하는 것으로 37-38장을 마무리하는 것으로 보인다. 뿐만 아니라 39장의 주요사건으로 안내하는 전환절의 역할을 하는 것으로도 볼 수 있다.

---

56) BHS는 일부 히브리어 사본에 근거해서 וַיְהִי바예히로 수정해서 읽을 것을 제안한다.

57) וְהָיָה כַּאֲשֶׁר נִלְכְּדָה יְרוּשָׁלָם베하야 카아쉐르 닐케다 예루샬라임이 앞의 문장에 연결되는 경우, וְהָיָה베하야보다는 וַיְהִי바예히가 구문론적으로 더 자연스럽다. 완료형 הָיָה하야가 사용돼야 한다면 주어 "예레미야"를 첨언하면 문제가 되지 않는다: וְיִרְמְיָהוּ הָיָה כַּאֲשֶׁר נִלְכְּדָה יְרוּשָׁלָם. וְהָיָה베하야를 사용하는 MT독법이 38장을 마무리하고 39장을 열어주는 이중적 역할을 하는 것은 아닐까?

현재적 적용 **묵상**

1. 신앙공동체의 운명이 지도자에게 있다는 사실을 날마다 새롭게 인식하면서 그 책임을 다하고 있는가? 또한 신앙공동체의 지도자를 위해 기도하는가?
2. 평안이 아니라 죄에 대한 재앙을 선포하는 설교에 어떤 태도를 보이는가? 외면하고 배척하는 적대적인 태도인가 아니면 주의를 기울이는 태도인가?
3. 하나님의 말씀에 대한 확신보다는 사람들에 대한 두려움에 따라 행동했던 시드기야처럼 사람들의 눈초리와 조롱에 위축된 행동이나 결정을 하는 것은 아닌가?
4. 성경을 신적 권위가 있는 하나님의 말씀으로 인정하면서도 그 말씀을 적용할 때는 자신이 기준이 되거나 주위의 환경과 상황이 기준이 되는 것은 아닌가?
5. 은밀히 하나님의 뜻을 구하고 찾는가 아니면 당당히 공개적으로 그의 뜻을 구하고 찾는가? 은밀히 하는 것은 그 뜻을 따르겠다는 결단이나 자신이 없기 때문은 아닌가?
6. 내가 기대하는 것은 아니지만 하나님의 뜻이기에 순종하겠다고 결단하는가? 혹시 여러 가지 계산을 하면서 주저하지는 않는가?
7. 자신의 위치와 환경에서 할 수 있는 것들을 찾아 고난당하는 성도를 돕는 일에 적극적인가?
8. 유다 고관들에게 그들의 혈통과 성전제의에 익숙함이 허울뿐인 자랑이라면 구스인 에벳멜렉의 자랑은 하나님의 뜻을 존중하는 것과 그에게 신실한 것이다. 마찬가지로 주변의 성도가 하나님의 뜻을 따르는 일에 소홀하면서도 교회생활에 익숙함과 교회 안에서 직분을 자랑할 때, 교회생활이 생소하고 기독교 가정의 출신은 아니지만 하나님의 뜻을 따르는 순수함이 자랑이 될 수 있다는 것을 아는가? 달리 물으면, 교회생활의 연륜을 경건한 신앙의 연륜으로 만들어가고 있는가?

5. 시드기야와 예루살렘의 몰락, 예레미야의 석방(39:1-18) [시드기야 11년, 586년]

본 단락은 바벨론 군대에 의한 유다와 예루살렘의 멸망과 그 이후의 사건을 기록한다. 본 단락에 이어서 40-44장 역시 멸망 이후의 사건들을 기록하지만 40장 1절이 역사정보와 함께 예레미야서의 특징적인 도입형식("말씀이 여호와께로부터 예레미야에게 임하니라")을 서술하면서 새로운 단락의 시작을 나타낸다. 따라서 39:1-18은 40-44장과 구분되어 하나의 단락을 이룬다. 본 단락의 정황에 대한 정보가 1-3절에 제공된 후 사건들이 서술되는데, 사건의 핵심대상에 따라 네 개의 장면으로 구분할 수 있다. 각 장면의 핵심대상은 시드기야, 예루살렘, 예레미야, 에벳멜렉이다. 이에 따라 본 단락의 구조와 세부내용을 나타내면 다음과 같다.

정황설명(1-3절)

장면 I. 시드기야의 몰락(4-7절)

1) 시드기야의 도주, 4절
2) 시드기야의 체포, 5절
3) 시드기야의 아들들과 귀족들의 죽음, 6절
4) 시드기야의 추방, 7절

장면 II. 예루살렘의 몰락(8-10절)

1) 예루살렘의 함락, 8절
2) 백성의 포로, 9절
3) 빈민들의 남겨짐, 10절

장면 III. 예레미야의 석방(11-14절)

1) 느부갓네살의 명령, 11-12절
2) 예레미야의 석방, 13-14절

장면 IV. 에벳멜렉에 관한 구원신탁(15-18절)

1) 정황정보와 신탁도입, 15절
2) 위임명령, 16절상
3) 선언단락: 구원선언, 16절하-18절

본 단락은 37-38장과 대비를 이루는 부분들이 있다. 첫째, 유다의 고관들의 행위는 바벨론의 고관들의 행위와 대조적인 대비를 이룬다. 유다의 고관들이 예레미야를 감금하고 죽이려고 한 행위에 상응하는 행위를 바벨론의 고관들이 행하는데, 훨씬 더 치명적이고 파괴적이다. 그들은 실제로 유다백성을 죽이고 예루살렘을 파괴한다. 둘째, 예레미야에 대한 고관들의 대우가 대조적인 대비를 이룬다. 에벳멜렉은 유다의 고관들이 예레미야를 말기야의 구덩이에 감금해서 죽이려고 한 행위가 악하다고 평가한다. "저 사람들[스바냐, 그다랴, 유갈, 바스훌]이 선지자 예레미야에게 행한 모든 일에 '악하니이다' (הֵרֵעוּ 해래우)" (38:9). 반면에 느부갓네살은 사령관 느부사라단에게 "어떤 악한 일도 그에게 하지 말라" (אַל־תַּעַשׂ לוֹ מְאוּמָה רָע 알-타아스 로 메우마 라, 39:12)고 명한다. 유다의 고관들은 예레미야에게 악을 행한 것과는 대조적으로 바벨론의 고관들(느부사라단, 느부사스반, 네르갈사레셀, 모든 장관)은 예레미야에게 그 어떤 악도 행하지 않는다. 뿐만 아니라 유다의 왕과 고관들은 예레미야의 말을 듣지 않고 거부한다(38:1-6, 15). 이와는 대조적으로 느부갓네살은 느부사라단에게 "그가 네게 말하는 대로 행하라"고 명한다(39:12). 셋째, 예레미야가 이방인의 도움을 받는 사건이 대비를 이룬다. 예레미야가 말기야의 구덩이에 있을 때 구스인 에벳멜렉의 도움으로 구덩이에서 나올 수 있었다(38:7-13). 39장에서는 느부갓네살의 명에 의해 예레미야가 시위대 뜰에서 석방된다. 동족인 유다 고관들은 예레미야에게 위협적이고 그를 감금한 반면에 이방 사람인 에벳멜렉과 느부갓네살은 예레미야에게 호의적이고 그를 석방한다. 이러한 대비들은 유다 지도자들의 실패를 부각시킨다. 이 실패의 핵심은 흥미롭게도 이방인 느부사라단이 지적하는 바대로 "여호와께 범죄하고 그의 목소리에 순종하지 않은 것" (40:3)이다. 이로 인해 하나님의 재앙이 유다백성과 예루살렘에 임한 것이다. 이 재앙이 임했을 때 하나님께 신실한 예레미야와 에벳멜렉은 목숨을 부지하는 반면에 패역한 유다백성은 죽임을 당하게 되면서 대조를 이룬다.[58] 이러한 대조와 대비가 의도된 것으로 보이기 때문에 39장을 분석할 때는 37-38장을 함께 고려할 필요가 있다.[59]

58) 선지자 예레미야와 에벳멜렉의 구원은 거짓선지자들과 그들을 추종한 유다백성의 운명과 대조를 이룬다(cf. 14:15-16).

59) 39장의 분석과 해석은 37-38장과의 관계에만 제한되지 않는다. 39장은 좁게는 39장과 대

39장 안에서도 대조가 나타난다. 시드기야는 사슬에 결박되는 반면에 예레미야는 시위대 뜰에서 석방된다(7절; 14절). 예레미야에게 적대적이었던 유다의 귀족들은 죽임을 당하는 반면에 예레미야를 도와준 에벳멜렉은 목숨을 부지할 수 있다는 하나님의 약속을 받는다(6절; 17-18절). 이 대조는 시드기야와 유다의 귀족들이 하나님 앞에서 취했어야 할 행동이 무엇이었는지를 독자들에게 분명하게 전달하면서 하나님의 구원과 회복을 얻기 위한 행동을 도전한다. 예레미야가 시드기야와 유다백성에게 선포한 심판신탁이 성취되면서 하나님의 신탁의 진정성이 확인된다. 하나님의 심판으로 인한 예루살렘의 몰락과 함께 시드기야 왕과 유다백성은 하나님께 불순종한 대가를 치른다.

무엇보다도 39장이 예레미야서 안에서 갖는 중요한 의미는 예레미야가 선포한 신탁이 성취되면서 신탁의 진정성을 확인해 주는 것이다. 더 나아가 이것은 회복 신탁의 성취에 대한 기대를 갖게 한다.

정황설명(1-3절)

시드기야 왕 9년 10월(주전 588년)에 시작된 바벨론 왕 느부갓네살의 포위공격이 11년 4월 9일(주전 586년)에 예루살렘 성의 함락으로 마무리된다. 바벨론 왕의 고관들은 예루살렘 성으로 입성하여 중문에 주둔하고 최종적인 함락을 위한 마무리 작업을 준비한다.

장면 I. 시드기야의 몰락(4-7절)

예루살렘 성이 함락되자 시드기야와 군사들이 밤에 도주를 시도한다. 하지만 갈대아인의 군대에 의해 체포된다. 시드가야가 보는 앞에서 그의 아들들과 유다의 귀족들이 죽임을 당하고 시드기야는 눈이 뽑히고 사슬에 묶여 바벨론으로 사로잡혀간다.

장면 II. 예루살렘의 몰락(8-10절)

바벨론 군대는 왕궁과 집들을 불태우고 예루살렘에 있던 대부분의 사람들을

비를 이루는 37-38장을 시작으로, 39장이 속한 범위(34-45장)로, 그리고 전체 예레미야서로 확장된 문학적 정황(literary context)에서 해석되어야 한다.

바벨론으로 사로잡아간다. 대신 빈민들을 남겨두고 포도원과 밭을 가꾸게 한다.

장면 III. 예레미야의 석방(11-14절)
예레미야를 선대하라는 느부갓네살의 명령에 따라 느부사라단과 장관들이 사람을 보내어 예레미야를 시위대 뜰에서 석방시킨다. 그 후 예레미야는 그다랴의 보호 속에 그의 집에 머물면서 백성 중에 자유롭게 거한다.

장면 IV. 에벳멜렉에 관한 구원신탁(15-18절)
예루살렘이 아직 함락되어 파괴되기 전 예레미야가 시위대 뜰에 있을 때 에벳멜렉의 구원에 관한 신탁이 그에게 임한다. 신탁을 통해 하나님은 에벳멜렉이 칼에 죽지 않고 목숨을 건지는 구원을 얻게 될 것임을 약속하신다. 그를 구원하시는 이유는 그가 하나님을 믿었기 때문이다.

주해

1-3절. 바벨론 왕 느부갓네살이 예루살렘을 함락하게 된 경과가 간략히 서술된다. 느부갓네살은 시드기야 왕 제 9년 10월(주전 587년 1월)에 포위공격을 시작한다. 이집트 군대의 진격으로 인해 중도에 잠시 공격을 중단하고 예루살렘을 떠나기도 하지만(cf. 37:5, 11), 결국 시드기야 11년 4월(주전 586년 7월)에 예루살렘을 함락시키고 약 18개월간의 포위공격을 마무리한다(1-2절). 포위기간과 년도를 주전 589년 12월부터 587년 6월로 간주하여 더 긴 포위기간을 제시하기도 한다. 하지만 일반적으로 약 18개월의 포위기간을 따른다.[60] 52장 4-7절은 예루살렘이 함락되는 상황을 더 구체적으로 서술한다. 예루살렘 성에 기근이 심하여 식량이 떨어지고 유다 군대가 더 이상 저항할 수 없는 상황에서 바벨론 군대가 성벽에 구멍을 뚫고 진입하여 예루살렘을 장악한다. 애가 4장 10절은 성 안에 식량이 떨어지게 되자 부모가 심지어 자녀들을 삶아먹는 처참한 상황이 벌어진 것을 기록하고 있다. 1년 반 이상의 긴 포위공격 끝에 마침내 예루살렘 성이 함락되자 바벨론 왕의 고관들이 성으로 들어와 중문에 주둔한다(3절). 고관들의 이름이 나열되는데,

60) "열째 달" (חֹדֶשׁ הָעֲשִׂרִי 호데쉬 하아시리; טֵבֵת 태배트)은 12월-1월에 해당하며(cf. 에 2:16), 넷째 달(חֹדֶשׁ הָרְבִיעִי 호데쉬 하레비이; תַּמּוּז 탐무즈)은 6월-7월에 해당한다.

실제 몇 명의 이름이 언급되고 있는지는 분명하지 않다. 왜냐하면 직위로 번역한 단어들("내시장"과 "궁중 장관")이 이름이 언급되지 않은 인물을 가리킬 수 있기 때문이다. 또한 개역개정은 נֵרְגַל שַׂר־אֶצֶר רַב־מָג 내르갈 사르-에쩨르 라브-마그를 "네르갈 사레셀은 궁중 장관이며"라고 번역하면서 "궁중 장관"(רַב־מָג 라브-마그)을 "네르갈 사레셀"(נֵרְגַל שַׂר־אֶצֶר 내르갈 사르-에쩨르)에 대한 부연설명으로 간주한다. 하지만 이 표현이 "네르갈사레 [그리고] 궁중장관"을 나열하는 것일 수도 있기 때문이다(cf. KJV; ASV). 고관들의 이름을 나열하면서 구체적으로 언급하는 의도를 확정할 수는 없지만 두 가지 추측이 가능하다. 첫째, 사건의 역사적 사실성을 나타내기 위한 의도일 수 있다. 둘째, 바벨론에 의한 예루살렘의 멸망을 선포한 예레미야를 대적하는 유다의 "고관들"(הַשָּׂרִים 핫사림)의 이름이 구체적으로 나열되는 39장 1절을 연상시키려는 의도일 수 있다. 즉, 유다의 고관들이 하나님의 신탁과 선지자를 거부한 것에 맞추어 하나님도 바벨론의 고관들로 그들에게 되갚아 주신다는 의미를 전달하는 것이다. 그런데 하나님의 행위의 강도가 더 높다. 왜냐하면 "바벨론 왕의 모든 고관들"(כֹּל שָׂרֵי מֶלֶךְ־בָּבֶל 콜 사래 멜레크-바벨)이 언급되기 때문이다. 대조와 대비가 37-39장에 두드러지게 나타나는 특징을 고려하면 후자의 의도에 주목하게 된다.

4-7절. 시드기야의 도주와 체포, 그리고 그에 따른 징벌이 서술된다. 시드기야 11년 4월 9일에 드디어 예루살렘 성벽에 구멍이 뚫리고 성읍이 함락되게 되자 시드기야와 군사들은 밤에 도주한다(4절, cf. 52:6-11; 왕하 25:1-7). 이것은 에스겔이 시드기야에 대해 선포한 예언이 그대로 성취되는 것을 보여준다. "무리가 성벽을 뚫고 행장을 그리로 가지고 나가고 그 중에 왕은 어두울 때에 어깨에 행장을 메고 나가며 눈으로 땅을 보지 아니하려고 자기 얼굴을 가리리라 하고"(겔 12:12). 다행히도 그들은 성을 벗어나 아라바까지 도망하면서 도주에 성공하는 듯 보인다. 하지만 바벨론 군대가 그들을 추격하여 여리고 평원에서 체포한다(5절). 사로잡힌 시드기야는 당시 립나(일반적으로 "시리아의 안디옥"으로 간주함)에 주둔하고 있던 느부갓네살 왕에게로 끌려가 심문을 받는다. 시드기야는 그의 아들들과 유다의 모든 귀족들이 죽임을 당하는 처참한 광경을 직접 목도한 후 두 눈이 뽑히고 사슬에 묶인 채 바벨론에 포로로 잡혀가는 신세가 된다(6-7절). 이것은 예레미야가 시

드기야에게 전한 신탁이 그대로 성취되는 것을 보여준다. 32장 3-4절에서 선포한 바와 같이 시드기야는 바벨론 왕 느부갓네살의 손에 넘겨져서 "입이 입을 대하여 말하고 눈이 서로 보게" 됐을 뿐만 아니라 바벨론에 포로로 잡혀간다. 또한 에스겔이 예언한 바대로 그는 바벨론에 잡혀가지만 눈이 뽑혔기 때문에 그 땅을 보지 못한다. "그가[시드기야] 거기[바벨론]에서 죽으려니와 그 땅을 보지 못하리라"(겔 12:13). 52장 11절은 바벨론으로 잡혀간 시드기야가 옥에 갇혀 있다가 죽게 되는 것으로 기록한다. 시드기야가 사람을 두려워하기 보다는 하나님을 신뢰하고 예레미야의 신탁에 따라 바벨론 왕의 고관들에게 항복을 했다면 그와 그의 가족은 죽임을 당하지 않았을 것이며 또한 유다는 멸망하지 않았을 것이다(cf. 38:17). 하지만 하나님의 신탁에 대한 불순종으로 인해 시드기야는 자신과 유다에 치명적이고 파괴적인 결과를 초래했다.

8-10절. 시드기야가 바벨론에 항복하는 것을 거부하면서 예루살렘은 멸망을 맞이하게 된다. 바벨론 군대("갈대아인들")가 넷째 달에 예루살렘을 함락시켜 장악하고 다섯째 달에는 왕궁과 백성의 집을 불사르고 예루살렘 성벽을 허물어 버린다(8절, cf. 52:12). 바벨론 군대를 이끌던 사령관 느부사라단이 성에 남아 있는 백성과 항복한 자들과 유다의 다른 지역에 남은 자들("그 외의 남은 백성")을 모두 바벨론으로 사로잡아 간다(9절). 그러나 빈민들은 남겨 두어 포도원과 밭을 가꾸게 한다(10절, cf. 2:15-16). 대부분의 백성을 사로잡아가고 빈민들을 남겨두는 것은 유다가 반역을 꾀하지 못하게 하려는 의도로 보인다. 52장 28-30절은 유다백성이 바벨론에 의해 포로로 잡혀간 세 차례의 사건을 기록한다.[61] 첫 번째는 주전 597년(느부갓네살 7년)에 여호야김과 함께 백성을 사로잡아 간 것이다. 586년(느부갓네살 18년)에 예루살렘 성과 집들을 불태우고 백성을 사로잡아 간 것이 두 번째이다. 이것이 8-10절이 서술하고 있는 것과 동일한 사건이다. 세 번째는 581년(느부갓네살 23년)에 느부사라단이 유다인 745명을 포로로 잡아간 것이다. 애가 1장 5절은 유다가 이러한 운명을 맞이하게 된 이유를 죄로 인한 여호와의 곤고케 하심으로 적고 있다. "그[유다]의 대적들이 머리가 되고 그의 원수들이 형통함은 그의 죄가

61) 바벨론에 의해 유다백성이 포로로 잡혀간 사건은 605년에 한 차례 더 있었다(단 1:1-5). 이 때 다니엘과 그의 세 친구가 포로로 잡혀갔다.

많으므로 여호와께서 그를 곤고하게 하셨음이라 어린 자녀들이 대적에게 사로잡혔도다"(애 1:5). 주전 722년에 북이스라엘이 앗시리아에 의해 멸망을 당하지만 유다백성은 유다가 여전히 존속되는 것을 경험하면서 그 이유를 성전제사, 시온, 다윗왕조의 통치에서 찾았을 것이다. 따라서 자신들의 악한 마음의 완고함에 따라 하나님을 버리고 우상숭배에 빠져 살면서도 시온에 거하고, 성전제사를 유지하고, 다윗왕조가 통치하는 것을 보면서 자신들은 결코 멸망하지 않을 것이라는 확신을 가졌을 것이다. 이것이 바로 바벨론 왕의 멍에가 속히 꺾이게 된다고 예언한 하나냐와 같은 거짓선지자들이 보여준 태도의 배경이다(cf. 28:2). 그러나 하나님은 그들이 왜곡된 신학에 따라 신뢰한 성전, 시온, 예루살렘과 다윗왕조를 과감히 거부하시면서 바벨론 왕 느부갓네살을 통하여 그들의 죄를 심판하신다. 따라서 예루살렘 성전이 파괴되고 시온은 적에 의해 점령당하고 다윗왕조의 왕 시드기야는 자신의 생명도 지키지 못하고 몰락하는 운명을 맞이하게 된다. 하나님의 임재의 자리이며 상징인 예루살렘 성전의 파괴가 가능했던 것은 에스겔 선지자가 그의 환상을 통해 본 것과 같이 하나님이 우상숭배의 가증한 것들로 가득 찬 성전을 스스로 버리시고 이미 그곳을 떠나셨기 때문이다(cf. 겔 8-11장).

11-14절. 바벨론 왕 느부갓네살은 예루살렘을 점령한 후 시드기야를 처참하게 처벌한다. 느부갓네살의 입장에서는 시드기야가 이집트와 손을 잡고 자신을 배신한 것에 대한 정치적인 보복이었을 것이다(cf. 겔 17장).[62] 시드기야를 처벌한 것과는 대조적으로 느부갓네살은 사령관 느부사라단에게 예레미야를 데려다가 선대하고 해하지 말라고 명한다. 뿐만 아니라 예레미야가 원하는 대로 해줄 것을 명한다(11-12절). "선대하고"로 번역한 히브리어 원문(עֵינֶיךָ שִׂים עָלָיו 애네카 심 알라브)의 문자적 의미는 "네 눈(들)을 그에게 두라"는 의미로 "잘 보살펴줄 것"을 명하는 것이다. 선대하는 것의 의미가 뒤따르는 표현에 의해 구체적으로 설명된다. "그에게 어떤 악한 일도 행하지 말고 그가 네게 말하는 대로 그에게 해주어라." 이것은 유다의 고관들이 예레미야를 말기야의 구덩이에 던져 넣고 죽이려고 한

62) 예레미야가 이미 신탁을 통해 바벨론 왕 느부갓네살에 의한 시드기야와 예루살렘의 몰락을 선고한 것을 고려하면 느부갓네살이 시드기야를 혹독하게 처벌한 것은 하나님의 심판의 도구인 느부갓네살이 하나님의 신탁을 무시하고 거부한 시드기야에게 하나님의 심판을 행한 것이다.

행위와 대조를 이룬다(cf. 38:6). 특히 에벳멜렉이 고관들이 선지자 예레미야에게 행한 모든 일이 "악하다"고 말하는 것을 주목할 필요가 있다(38:9). 느부갓네살이 예레미야에게 시드기야의 경우와는 극히 대조적인 태도를 보이는 이유가 명시적으로 언급되지 않는다. 하지만 바벨론 군대가 예루살렘을 약 18개월간 포위하고 있는 동안 예레미야가 백성에게 바벨론에 항복할 것을 촉구하는 하나님의 신탁을 전하면서 고초를 당한 것을 바벨론 왕과 고관들이 여러 경로를 통해 충분히 알고 있었기 때문인 것으로 추측해 볼 수 있다(cf. 40:2-3). 느부갓네살의 명령을 받은 느부사라단과 장관들은 사람을 보내어 왕의 명령을 수행한다. 느부사라단과 느부사스반과 네르갈사레셀의 이름이 언급되는 것 역시 예레미야를 죽이려고 했던 유다 고관들의 이름이 열거되는 것을 연상시킨다(cf. 38:1). 바벨론의 고관들은 예레미야에게 호의적인 반면에 유다 고관들을 적대적이다. 분명한 것은 느부갓네살을 비롯하여 바벨론의 고관들과 장관들은 하나님의 신탁을 거역하는 자들에게는 심판의 도구로서의 역할을 하지만 예레미야에게는 구원의 도구로서의 역할을 하는 것이다. 열거된 이름들을 읽으면서 독자는, 예루살렘 성읍을 파괴하고 백성을 죽이고 나머지 살아남은 백성마저도 모두 포로로 사로잡아 간 바로 그 바벨론 고관들과 장관들이 느부갓네살의 명을 받아 예레미야를 석방시키고 선대하는 일을 행하는 것을 보게 된다(cf. 3절).

예레미야를 사반의 손자 아히감의 아들 그다랴에게 넘겨주었다는 것은 예레미야가 그다랴의 보호 아래 있게 된 것을 의미한다(14절). 예레미야는 친-바벨론 성향을 가진 그다랴의 보호 아래 그의 집에 거하면서 백성 중에 머물 수 있게 된다. 예레미야는 백성 중에 자유롭게 왕래할 수 있는 자유의 몸이 되지만 여전히 그다랴의 보호가 필요했던 것으로 보인다. 왜냐하면 바벨론 군대에 의해 예루살렘이 멸망하게 된 상황에서 예레미야에 대한 사람들의 반감이 그를 위협할 수 있었기 때문이다. 그다랴는 바벨론 왕에 의해 총독으로 임명을 받고 시드기야의 뒤를 이어 유다를 통치한다(cf. 40:6-7; 왕하 25:22-23). 그다랴의 아버지 아히감은 제사장들과 선지자들에 의해 예레미야가 죽음의 위기에 처해 있을 때 그의 목숨을 구하는데 적극적인 행동을 보인 인물이다(cf. 26:24). 그다랴의 조부인 사반은 요시야의 종교개혁에 참여했다(cf. 왕하 22:1-20). 사반, 아히감, 그다랴는 3대에 걸쳐 하나님께 충성스러운 모습을 보인 경건한 집안의 인물들이다.

15-18절. "예레미야가 '감옥 뜰에' (בַּחֲצַר הַמַּטָּרָה 바하짜르 함말타라; '시위대 뜰에') 갇혔을 때에"라는 표현을 고려할 때 신탁이 임한 시기가 아직 예루살렘 성읍이 멸망하기 이전인 것을 알 수 있다. 느부갓네살 왕의 명령에 따라 예레미야가 감옥에서 석방되지 않고 시위대 뜰에 갇혀 있을 때 말기야의 구덩이에 던져져서 죽음의 위기에 처한 그를 구해준 구스인(에디오피아인) 에벳멜렉에 관한 하나님의 신탁이 그에게 임한다. 15-18절은 다음과 같은 구조로 분석된다.

정황정보와 신탁도입, 15절
위임명령, 16절상
선언단락, 16절중-18절
- 선언도입: 16절중
- 구원선언: 16절하-18절

신탁의 대상은 에벳멜렉이며, 신탁의 형식은 하나님의 말씀이 직접 인용되는 신적 신탁이다. 내용에 있어서 구원신탁이다. 언약백성인 이스라엘의 하나님 여호와가 이방인 에벳멜렉에 관한 신탁을 예레미야에게 전달하신다. 예레미야가 에벳멜렉에게 전해야 할 신탁의 내용은 두 가지다. 첫째, 에벳멜렉은 예루살렘의 멸망에 대한 하나님의 신탁이 성취되는 것을 직접 목도하게 된다(16절중). "그 날에 '네 눈앞에' (לְפָנֶיךָ 레파네카; '네 면전에서') 이루리라." 바벨론 군대에 의해 예루살렘이 파괴되는 날("그 날")에 에벳멜렉은 하나님이 예레미야를 통하여 선포하신 예루살렘을 향한 재앙의 신탁이 진실하다는 사실을 직접 확인하게 된다.

둘째, 에벳멜렉의 구원에 대한 약속이다(17-18절). 예루살렘을 향한 "재앙"(רָעָה 라아)의 신탁이 성취되는 "그 날"에 하나님이 에벳멜렉을 구원하시고(הִצַּלְתִּיךָ 힛짤티카; "내가 너를 구원할 것이다"), 또한 그가 두려워하는 자들의 손에 그를 넘기지 않으시겠다고 약속하신다(17절). 따라서 에벳멜렉은 시드기야처럼 자신의 목숨을 구하기 위해 도주할 필요가 없다. 이것은 시드기야 왕과 유다의 고관들을 두려워하지 않고 하나님의 선지자 예레미야를 존중한 에벳멜렉의 용기 있는 행동에 대한 하나님의 보상이다. "네가 그 두려워하는 사람들의 손"이 예레미야를 죽이려고 말기야의 구덩이에 던져 넣은 유다의 고관들을 가리키는 것으로 보기도 하는데, 예루살렘 멸망에 대한 선포(16절)에 이어서 구원에 대한 신탁(17-18

절)이 서술되는 흐름을 고려할 때 유다의 고관들보다는 바벨론 왕 느부갓네살을 비롯한 바벨론 군대로 간주하는 것이 더 적절해 보인다.[63] 또한 에벳멜렉이 유다의 고관들에 대한 두려움에 사로잡혀 있었다면 시드기야 왕에게 예레미야를 살려 줄 것을 간청하길 주저했을 것이기 때문이다. 17절의 נָצַל 나짤("구원하다")과 다른 동사 מָלַט 말라트("구하다")가 18절에 사용되지만 구원의 약속은 더 강조된다. "내가 *반드시* 너를 구할 것인즉"(כִּי מַלֵּט אֲמַלֶּטְךָ 키 말래트 아말레트카).[64] 하나님이 에벳멜렉에게 행하실 구원은 그가 갈대아인들의 칼에 죽임을 당하지 않고 그의 목숨을 부지하게 하시는 것이다. "네가 노략물 같이 네 목숨을 얻을 것이니"라는 표현(18절)은 에벳멜렉이 최소한 목숨은 건질 수 있음을 의미한다(cf 38:2; 21:9; 45:5). 바벨론 군대에 의한 예루살렘의 파괴를 경험하지만 그의 생명은 하나님의 보호를 받는다. 하나님이 에벳멜렉에게 이 약속을 주시는 이유가 간략히 서술된다. "이는 네가 나를 믿었음이라"(כִּי־בָטַחְתָּ בִּי 키-바타흐타 비, 18절). 에벳멜렉은 아브라함의 후손이 아닌 구스인(에디오피아인)이다. 하지만 그는 시드기야나 유다의 고관들과는 달리 하나님의 구원을 약속받는다. 왜냐하면 그가 하나님을 믿었기 때문이다. 이것은 하나님에 대한 그의 믿음이 말기야의 구덩이에서 죽음의 위협에 처한 예레미야를 구한 행동의 근본적인 동기였음을 의미한다(cf. 38:7-13). 에벳멜렉은 하나님의 선지자를 무시하고 죽이려고 한 유다의 고관들과는 대조적인 모습을 보였고 결국 대조적인 운명을 맞이한다. 유다의 고관들은 바벨론 왕의 손에 넘겨져서 죽임을 당하는 반면에 에벳멜렉은 그의 손에 넘겨지지 않을 것에 대한 하나님의 약속을 받는다. 신적 선언("여호와의 말이니라")으로 마치 도장을 찍듯 이 구원의 약속을 분명하게 보증하신다(17-18절). 구원의 약속에 대한 진실성을 확인할 수 있는 확실한 증거는 무엇보다도 예루살렘의 멸망이다. 슬픈 일이지만 에벳멜렉은 예루살렘의 멸망을 통해 하나님의 심판신탁의 성취를 직접 목격하면서 자신의 구원을 약속하는 신탁의 진실성과 확실성을 분명히 신뢰할 수 있게 된다. 예

---

63) Harrison은 에벳멜렉이 두려워하는 이들을 유다의 고관들로 설명한다(Harrison, *Jeremiah & Lamentations*, 159).

64) כִּי מַלֵּט אֲמַלֶּטְךָ 키 말래트 아말레트카는 동족 동사의 부정사(מַלֵּט 말래트)를 주동사(אֲמַלֶּטְךָ 아말레트카) 앞에 놓아서 동사의 의미를 강조한다. 즉, "반드시(또는 확실히) 구한다"는 의미를 전달한다.

루살렘의 멸망을 자신의 신탁에 따라 정확하게 이루신 바로 그 하나님이 자신을 믿고 선지자 예레미야를 구해준 에벳멜렉의 구원을 그가 약속하신대로 이루실 것이다. 에벳멜렉의 하나님에 대한 믿음은 피상적이거나 추상적인 것이 아니다. 그의 믿음에는 하나님이 보내신 선지자를 존중하고 그가 선포한 신탁을 따르는 실체가 있었다. 자신들의 혈통을 붙들고 무조건 구원을 얻을 것이라는 안일한 태도를 보인 유다백성은 죽임을 당하는 반면에 구스인 에벳멜렉은 구원을 이루시는 하나님을 붙들고 목숨을 부지한다.

에벳멜렉의 구원은 바벨론 포로 이후에 유다백성이 구원을 얻는 것과 유사하다. 30장 4-7절은 바벨론이 멸망하는 그 날에 유다백성도 고통을 겪지만 그 날에 환난에서 구하여 냄을 얻을 것이라고 선언한다. 이와 유사하게 에벳멜렉은 유다가 멸망하는 그 날에 칼에 죽지 않고 목숨을 얻을 것이라는 약속을 받는다. 흥미롭게도 이방인 에벳멜렉의 구원이 언약백성의 구원에 대한 전조와 같은 역할을 한다.

현재적 적용 | 묵상

1. 약속하시고 선언하신 바에 따라 신실하게 이루시는 하나님에 대한 기대가 있는가? 만약 그 약속과 선언이 복이 아니라 재앙이라면 두려움을 느끼는 진정성이 있는가?
2. 언약백성인 유다의 왕과 고관들과 백성이 이방인들보다 못한 모습을 보인 것처럼 세상보다 못한 교회, 세상 사람보다 못한 성도는 아닌가?
3. 죄에 대한 하나님의 심판을 겪고 경험하면서 그의 심판이 사실이라는 것을 확인하기 전에 하나님의 경고에 귀를 기울이는가?
4. 바벨론 군대에 의해 예루살렘이 파괴되고 유다백성이 죽임을 당할 때 다행히 예레미야는 하나님의 도움으로 시위대 뜰에서 풀려나서 자유롭게 됐는데, 만약 하나님이 그렇게 하지 않으셨다면 과연 예레미야는 그 상황을 어떻게 이해하고 행동했을 것으로 생각이 되는가?
5. 하나님을 믿는다는 고백에 그 진정성을 확인할 수 있는 실체가 있는가? 단지 입술만의 고백인가 아니면 행동이 따르는 실체가 있는 고백인가?

6. 유다멸망 이후의 사건들(40:1-44:30) [586년-?년]

40장 1절에서 44장 30절은 유다와 예루살렘이 바벨론에 의해 멸망한 후에 남아있던 이들과 관련된 사건들을 기록한다. 40:1-44:30은 두 가지 측면에서 하나의 범위를 이룬다. 하나는 주요 등장인물이다. 다른 하나는 연대기적 흐름과 인과관계에 의한 사건들의 연계성이다. 이 범위는 대략 열 개의 장면으로 구분된다. 예레미야의 석방을 다루는 첫 번째 장면(40:1-6)과 남아 있던 유다백성이 미스바로 돌아온 사건을 기록하고 있는 두 번째 장면(40:7-12)은 이후의 사건들이 벌어지는 배경과 정황을 제시한다. 핵심 사건은 세 가지다. 첫째, 바벨론 왕이 총독으로 임명한 그다랴가 느다야의 아들 이스마엘에 의해 암살을 당하는 것, 둘째, 가레아의 아들 요하난을 비롯한 유다백성이 자신들의 행보를 예레미야를 통해 하나님께 묻지만 그의 뜻을 거부하고 이집트로 이주한 것, 셋째, 이들에 대한 하나님의 심판 신탁이 예레미야를 통해 전달되는 것이다. 이 주요 사건들을 중심으로 세부적인 상황들이 벌어지면서 개별 장면들을 이룬다. 40:1-44:30은 열 개의 장면으로 구분된다.

장면 I. 석방된 후 예레미야가 미스바로 돌아옴, 40:1-6
장면 II. 남아있던 유다백성이 미스바로 돌아옴, 40:7-12
장면 III. 요하난의 밀고와 그다랴의 불신, 40:13-16
장면 IV. 그다랴의 암살과 이스마엘의 악행, 41:1-10
장면 V. 요하난이 이스마엘에게서 유다백성을 구출함, 41:11-18
장면 VI. 유다백성의 기도요청과 순종에 대한 약속, 42:1-6
장면 VII. 하나님의 응답과 유다백성의 불순종, 42:7-43:7
장면 VIII. 이집트의 멸망에 대한 선언, 43:8-13
장면 IX. 이집트에 사는 유다백성을 향한 심판선언, 44:1-14
장면 X. 유다백성의 부정적 반응과 예레미야의 책망 및 심판선언, 44:15-30

장면 I-VII(40:1-43:7)은 미스바를 중심으로 벌어진 사건들을 기록하는 반면에 장면 VIII-X(43:8-44:30)은 하나님의 말씀을 거부하고 이집트에 정착한 유다백성에 대한 신탁들에 집중한다. 이 사건들은, 예레미야가 선포한 신탁에 따라 유다가 멸망했을 때 그 신탁의 진정성을 실제로 경험했음에도 불구하고 여전히 하나님께 반역과 패역으로 일관했던 유다백성의 모습을 기록한다. 자신들의 악한 마음의 결정에 따라 생명을 얻을 수 있다고 판단해서 간 곳이 심판의 자리가 된다. 언약백성을 위한 하나님의 회복은 바벨론에 포로로 사로잡혀간 이들과 그곳, 바벨론에서 시작된다. 주해를 할 때 연관된 장면들을 함께 묶어 다룰 것이다.

(1) 예레미야와 남아있던 유다백성이 미스바로 돌아옴, 40:1-12

장면 I(40:1-6)과 장면 II(40:7-12)는 유다의 멸망 이후에 예레미야와 남아 있던 유다백성이 미스바로 돌아오는 사건을 기록하는 면에서 연관성이 있다. 각 장면에서 사건이 전개되는 구체적인 상황은 아래와 같다. 장면 I과 장면 II는 유사한 흐름을 나타낸다.

장면 I. 석방된 후 예레미야가 미스바로 돌아옴(1-6절)
- a. 사령관 느부사라단이 라마에서 예레미야를 만남, 1절
  - b. 느부사라단의 말, 2-5절
    - 유다백성의 불순종으로 인한 하나님의 재앙: 2-3절
    - 석방을 허락하면서 바벨론 또는 원하는 곳으로 가라고 말함, 4-5절
  - c. 예레미야가 미스바의 그다랴에게로 가서 백성 중에 거함, 6절

장면 II. 남아있던 유다백성이 미스바로 돌아옴(7-12절)
- a'. 남아있던 지휘관과 군사들과 백성이 미스바에서 그다랴를 만남, 7-8절
  - b'. 그다랴의 말, 9-10절
    - 바벨론 왕을 섬길 것을 권고함, 9절
    - 재정착을 권고함, 10절
  - c'. 주변 나라들로 쫓겨났던 유다백성이 미스바의 그다랴에게 옴, 11-12절

장면 I(40:1-6)은 예레미야가 바벨론으로 가지 않고 유다에 머물게 된 경위를 설명한다. 장면 II(40:7-12)은 바벨론 왕에 의해 유다의 총독으로 임명된 그다랴가 유다에 남아있던 군대 지휘관들과 백성에게 바벨론의 통치를 받아들일 것을 권고하면서 유다 멸망 이후에 신속한 안정을 꾀한 것을 기록한다. 앞서 언급한 바와 같이 장면 I과 장면 II은 이어서 서술되는 사건들의 배경을 제공한다.

장면 I. 느부사라단과 예레미야의 만남 그리고 느부사라단의 말(1-5절)

예레미야가 유다 포로들과 함께 사슬에 묶여 바벨론으로 끌려가기 전에 라마에 머물고 있을 때 느부사라단이 그를 발견하고 만난다. 느부사라단이 예레미야에게 한 말은 두 가지다. 하나는 당시 유다백성의 상황은 그들이 하나님께 불순종한 결과로 그의 재앙이 임했다는 것이며 다른 하나는 예레미야가 선택하는 곳으로 갈 수 있도록 허락해 준다는 것이다.

장면 I. 예레미야가 미스바에서 백성 중에 거함(6절)

예레미야는 미스바를 선택한다. 유다의 총독으로 임명을 받은 그다랴에게로 가서 그곳에 남아있는 유다백성 중에 거한다.

장면 II. 남아있던 군대 지휘관들과 그다랴의 만남 그리고 그다랴의 말(7-10절)

바벨론 왕 느부갓네살이 아히감의 아들 그다랴를 유다의 총독으로 임명했다는 소식을 들은 유다의 지휘관들과 군사들이 미스바에 있는 그다랴에게 나아와 그를 만난다. 이 만남에서 그다랴는 그들에게 두 가지를 권고한다. 하나는 바벨론의 통치를 받아들이고 바벨론을 섬기라는 것이며 다른 하나는 식량을 준비하고 재정착하라는 것이다.

남아있던 유다백성이 미스바의 그다랴에게 옴(11-12절)

유다의 주변 나라들 중에 흩어져 있던 유다백성도 그다랴가 유다의 총독으로 임명됐다는 소식을 전해들은 후 그다랴에게로 와서 그의 말대로 포도주와 여름 과일을 모으고 재정착을 준비한다.

주해

1절. 예레미야서의 특징적인 도입형식("말씀이 여호와께로부터 예레미야에게 임하니라")이 등장하지만 1절 이후에 실제 서술하는 내용은 예레미야가 라마에서 풀려나게 된 경위를 설명하는 것에 집중한다. 신탁에 대한 기록이 본격적으로 나타나는 것은 42장 7절 이후다. 1-6절의 사건이 앞 장(39:11-14)의 사건과 어떤 연관이 있는지에 대한 논의가 있다. 앞 장(39:11-14)은 예레미야가 바벨론 왕 느부갓네살의 선처로 시위대 뜰에서 석방되어 그다랴의 보호 아래 자유의 몸이 된 것으로 기록하고 있는 반면에 본 장면은 예레미야가 사슬에 묶여 유다 포로들과 함께 라마로 끌려와 바벨론으로 가기 직전에 사령관 느부사라단의 선처로 석방되어 그다랴에게 가게 된 것으로 서술한다. 따라서 두 개의 다른 사건에 대한 기록으로 보는 견해가 있다.[65] 이에 대한 일반적인 설명은 다음과 같다. 예레미야가 시위대 뜰 감옥에서 풀려나서 자유의 몸이 됐지만(39:11-14), 그 후에 포로압송이 이루어지는 과정에서 예레미야가 다시 체포되어 사슬에 묶인 채 유다 포로들과 함께 라마로 압송됐다는 것이다.[66] 그때 그곳에서 사령관 느부사라단을 만나게 되고 그의 선처로 다시 그다랴에게 올 수 있게 된다(40:1-6). 하지만 이 두 기록이 하나의 사건을 기록하는 것으로 보는 경우, 39:11-14은 느부갓네살의 선처에 의한 예레미야의 석방을 간략하게 기록한 반면에 40:1-6은 더 구체적인 기록을 제시하는 것으로 설명할 수 있다. 즉 느부사라단이 왕의 명령을 시행하기 전에 시위대 뜰에 갇혀있던 예레미야가 이미 유다 포로들과 함께 사슬에 묶여 라마로 압송됐거나 또는 느부사라단이 왕의 명령을 받고 사람을 보내어 그를 포로들과 함께 라마로 압송했을 수도 있다. 라마에서 느부사라단은 왕의 명령에 따라 예레미야를 석방하고 그에게 머물 곳을 선택하게 했다는 것이다. 동일한 인물(느부사라단)에 의한 석방, 동일한 인물(그다랴)의 보호 아래 있게 된 것, 및 라마가 예루살렘에서 북쪽으로 약 8km 떨어진 지역이라는 것이 이러한 설명을 가능하게 한다. 두 기록의 차이는 요약적 서술에서 비롯된 것으로 볼 수 있다.

2-3절. 느부사라단이 라마에서 예레미야와 나눈 대화가 서술된다. 느부사라단

---

65) Cf. Martens, *Jeremiah*, 233.
66) Cf. Longman, *Jeremiah/Lamentations*, 255.

은 예레미야에게 유다와 예루살렘의 멸망과 관련하여 두 가지 중요한 사실을 지적한다. 첫째, 하나님이 유다("이곳")에 "재앙"(הָרָעָה 하라아)을 선포하셨고 그가 말씀하신 대로 행하셨다는 것이다(2절하-3절상). 표면적으로는 바벨론 군대에 의해 유다가 멸망한 것이지만 실제적인 멸망의 주체는 하나님이심을 고백하는 듯하다. 둘째, 예루살렘 멸망의 근본적인 원인은 유다백성이 여호와께 범죄하고 그의 목소리에 순종하지 않은 것이다(3절하). 달리 말하면 유다백성이 그러한 행동으로 "재앙"을 자초했음을 지적하는 것이다. 그러나 과연 느부사라단이 유다와 예루살렘의 멸망을 하나님의 역사와 관련하여 분명하게 이해하면서 이러한 말을 했는가에 대한 의구심을 갖게 된다. 따라서 느부사라단이 예루살렘의 멸망에 대한 자신의 신학적 이해를 말하는 것이라기보다는 예레미야가 선포한 신탁을 인용하며 상황을 묘사하고 있는 것으로 이해할 수 있다. 느부사라단의 말에서 최소한 분명하게 드러나는 것은 이방인 사령관 느부사라단이 지난 40년간 하나님의 심판신탁을 무시하고 거부했던 유다 왕들, 유다의 고관들, 그리고 유다백성과는 대조적인 모습을 보이는 것이다.

4-6절. 느부사라단은 예레미야를 석방시키면서 그에게 선택의 기회를 준다(4절). 자신과 함께 바벨론으로 가는 것을 좋게 여기고 오면 그를 선대하겠다(문자적으로는 "내 눈[들]을 네게 두겠다," cf. 39:12)는 약속을 한다. 아니면 원하는 곳은 어디든지 갈 수 있다고 예레미야에게 말한다. 포로로 사로잡혀 자유를 박탈당한 유다백성과는 대조적인 상황이 예레미야에게 주어진다. 예레미야가 떠나지 않고 있을 때("예레미야가 아직 돌이키기 전에") 그가 바벨론으로 가길 원치 않는다는 것을 알게 된 느부사라단은 그에게 유다의 총독으로 임명을 받은 그다랴에게 돌아가 그와 함께 남은 백성 중에 머물 것을 제안한다(5절). 유다에 남아있을 거라면 그다랴의 보호 아래 있는 것이 안전하다고 판단한 듯하다. 느부사라단은 예레미야에게 양식과 선물을 주고 그를 보낸다. 이방인 느부사라단의 이러한 배려는 예레미야의 동족인 유다 고관들의 행위와 대조를 이룰 뿐만 아니라 구스인 에벳멜렉의 배려와 짝을 이룬다. 이러한 대조를 통하여 유다 고관들의 불의가 더욱 분명하게 드러난다. 결국 느부사라단에 의해 라마에서 풀려난 예레미야는 미스바에 있는 아히감의 아들 그다랴에게로 가서 남아있는 백성 중에 거한다(6절). 예레미야는 바

벨론으로 가서 편안하게 사는 것보다는 백성 중에 머무는 것을 선택하면서 그가 바벨론에 항복할 것을 권고한 것이 그의 백성을 배반한 것이 아님을 보여준다. 유다와 예루살렘의 멸망 이후 미스바는 남아있는 백성을 통치하고 보호하는 중심 지역이 된다.

7-10절. 6절은 7절 이후에 서술하고 있는 사건으로의 자연스러운 연결을 돕는다. 바벨론 왕 느부갓네살이 시드기야를 포로로 잡아간 후 아히감의 아들 그다랴를 유다의 총독으로 임명하여 유다에 남아있는 백성을 책임지게 했다. 이 소식을 접한 유다에 남아있던 지휘관들과 부하들이 미스바로 와서 그다랴를 만난다(7-8절). 이들은 시드기야와 함께 도주하다가 바벨론의 추격으로 인해 여러 지역으로 흩어진 지휘관들과 군사들로 보인다(cf. 52:8). 8절은 이때 미스바로 온 지휘관들 중에 중요한 인물들의 이름을 구체적으로 열거한다. 느다냐의 아들 이스마엘과 가레아의 아들 요하난은 41-42장이 서술하고 있는 사건을 주도하는 주요 인물들이다. 이 만남에서 그다랴는 그들에게 바벨론 왕의 통치를 받아들이고 그를 섬길 것을 권고하면서 그렇게 하는 것이 그들에게 유익하다고 말한다(9절).[67] 또한 미스바에 머물면서 바벨론과 유다의 관계에 있어서 총독으로서의 역할을 최선을 다해 감당할 것을 약속한다(10절상). 이 약속과 함께 그다랴는 그들이 거하는 성읍에서 양식을 저장하고 재정착을 준비하라고 권고한다(10절하). 예루살렘 성읍이 여름(7월)에 파괴됐기 때문에 남은 여름과일을 비축하여 겨울을 지낼 준비를 하라는 권고다. 그다랴의 약속과 권고는 신중하고 확고하다. 왜냐하면 그가 이 모든 말을 맹세로 전하고 있기 때문이다(וַיִּשָּׁבַע 바이잇샤바; "맹세하여 이르되," 9절). 예루살렘 멸망 이후에 그다랴는 신속히 유다의 정상적인 일상을 회복하고 정세를 안정시키려고 노력하는 모습을 보인다. 이는 자신들의 죄가 자초한 하나님의 심판을 수용하는 자세를 반영한다.

11-12절. 바벨론 군대의 공격을 피해 유다의 주변 나라들(모압, 암몬, 에돔)로 피난을 갔던 유다백성 역시 그다랴가 유다의 총독이 됐다는 소식을 듣고 미스바로

67) "너희에게 유익하리라"로 번역한 히브리어 원문, יִיטַב לָכֶם 이타브 라켐은 "너희가 무사할 것이다"라는 의미다.

온다(11절). 그들은 미스바에 머물면서 그다랴의 권고에 따라 포도주와 여름과일을 상당히 모아드리고 정착을 재개한다(12절). 바벨론 군대가 유다를 침략하여 성읍들을 파괴하고 백성을 포로로 사로잡아 갔지만 남겨둔 빈민들을 위해 농산물은 어느 정도 남겨두었던 것으로 보인다.

현재적 적용 | 묵상

1. 믿지 않는 사람들이 소위 말하는 "성도들"보다 상황에 대한 인식이 더 성경적인 것은 아닌가? 즉 성도가 아니라 그들이 느부사라단처럼 최소한 성경에 따라 말하는 것은 아닌가?
2. 죄로 인한 하나님의 징계와 심판을 겸허하게 수용하고 인정하는 태도를 보이는가? 십자가의 보혈을 가리키면서 죄 사함을 뻔뻔하게 입에 올리는 것은 아닌가?
3. 더 나은 상황을 선택할 수 있었지만 자신의 사역에 대한 진정성을 보이기 위해 남아있던 백성과 함께 한 예레미야처럼 어려움도 의도적으로 기꺼이 선택하는가?

(2) 요하난의 밀고와 그다랴의 암살, 이어지는 이스마엘의 악행, 40:13-41:10

다섯째 달에 예루살렘 성읍이 파괴된 후 경건한 집안출신인 그다랴는 유다의 총독으로 임명을 받고 유다의 안정과 정착을 위해 최선을 다한다. 그의 노력으로 유다는 안정을 되찾는 듯했다. 하지만 일곱째 달에 그다랴가 이스마엘에 의해 암살을 당하게 되면서 유다는 다시 혼란의 시기를 맞이하게 된다. 이스마엘은 미스바에서 그다랴를 암살하고 그와 함께 있던 백성과 갈대아인들을 죽인다. 뿐만 아니라 예루살렘 성전으로 향하던 자들을 살육하고 미스바에 남아있던 백성을 모두 사로잡아 암몬으로 향한다. 장면 III(40:13-16)과 장면 IV(41:1-10)의 구체적인 사건전개는 아래와 같다.

장면 III. 요하난의 밀고와 그다랴의 불신, 40:13-16

a. 요하난과 지휘관들이 바알리스의 음모를 밀고함, 13-14절상

b. 그다랴의 불신, 14절하

a'. 요하난이 이스마엘 암살을 요청함, 15절

b'. 그다랴의 불허와 불신, 16절

장면 IV. 그다랴의 암살과 이스마엘의 악행, 41:1-10

a. 이스마엘이 그다랴와 유다백성과 갈대아인들을 살해함, 1-3절

a'. 이스마엘이 성전으로 가던 80명 중 70명을 미스바에서 살해함, 4-7절

b. 이스마엘이 10명은 살려줌, 8-9절

b'. 이스마엘이 미스바에 남아있던 백성을 데리고 암몬으로 떠남, 10절

장면 III. 요하난이 바알리스의 음모를 밀고함, 그리고 그다랴의 불신(40:13-14)

그다랴의 권고에 따라 유다백성이 정착을 하면서 안정을 되찾고 있는 상황에서 요하난과 군 지휘관들은 그다랴에게 암몬 자손의 왕 바알리스가 이스마엘을 보내서 그를 죽이려고 한다는 음모를 알려준다. 하지만 그다랴는 그들을 신뢰하지 않는다.

장면 III. 요하난이 이스라엘 암살을 요청함, 그리고 그다랴의 불허와 불신 (40:15-16)

다랴가 자신의 말을 신뢰하지 않음에도 불구하고 요하난은 그다랴의 죽음이 야기할 유다의 혼란을 언급하면서 이스마엘을 제거할 것을 허락해 주길 요청한다. 하지만 그다랴는 요하난의 요청을 거부할 뿐만 아니라 이스마엘에 대한 그의 보고를 불신한다.

장면 IV. 이스마엘이 그다랴와 유다백성과 갈대아인들을 살해함(41:1-3)

그다랴의 판단이 잘못됐다는 것이 사실로 드러난다. 이스마엘이 그의 심복들과 함께 미스바에 있는 그다랴를 암살하고 그와 함께 있던 유다 사람들과 갈대아 군인들을 모두 살해한다.

장면 IV. 이스마엘이 성전으로 가던 80명 중 70명을 살해함(41:4-7)

이스마엘의 악행은 더 많은 살인으로 이어진다. 이스마엘은 예루살렘 성전으로 가는 순례자 80명 중 70명을 처참하게 살육한다.

장면 IV. 이스마엘이 10명은 살려주고 남은 백성을 모두 데리고 암몬으로 감 (41:8-10)

이스마엘은 순례자 70명을 살해한 후 아사 왕이 만든 구덩이를 그들의 시체로 채우지만 숨겨 놓은 식량에 대해 말한 10명은 살려준다. 결국 이스마엘은 미스바에 남아있는 왕의 딸들과 유다백성을 모두 사로잡아 암몬으로 떠난다.

주해

40장 13-16절. 느다냐의 아들 이스마엘을 제외한 지휘관들과 요하난은 그다랴에게 협조적인 태도를 취한다. 이스마엘이 암몬 자손의 왕 바알리스의 사주를 받고 그다랴를 죽이려고 한다는 음모를 알게 된 후 그들은 그다랴에게 이 사실을 알린다(13-14절). 바벨론의 지배 아래 놓이게 된 암몬 자손의 왕 바알리스는 반 바벨론 정서를 가지고 있었기 때문에 친 바벨론 정책을 유지하고 있는 그다랴가 그에게 불편한 존재였을 것이다(cf. 27:3).[68] 따라서 바알리스는 그다랴에게 반감을 가지고 있었던 이스마엘을 사주하여 그다랴를 제거할 계획을 세운다. 구약성경에서 암몬은 거의 모든 경우에 "암몬 자손"(בְּנֵי־עַמּוֹן 베내 암몬)으로 표기되는데, 이것은 아마도 암몬이 강력한 왕권과 체계를 갖춘 국가의 형태를 갖지 못했기 때문인 것으로 보인다. 그다랴의 통치에 대한 이스마엘의 반감 역시 충분히 짐작할 수 있다. 그다랴가 유다를 멸망시킨 바벨론의 정권을 따르고 있는 것이 반감의 이유가 되기도 하지만 다윗왕조의 혈통이 아닌 그다랴가 유다를 통치한다는 사실이 엘리사마의 후손이며 "왕의 종친(מִזֶּרַע הַמְּלוּכָה 밋제라 함멜루카)" 인 이스마엘이 그에게 반감을 갖는 충분한 이유가 됐을 것이다(cf. 41:1).[69] 이스마엘과는 달리 요

68) 27장 3절에 따르면 시드기야 왕은 에돔, 모압, 암몬 자손, 두로, 시돈과 함께 바벨론의 압력에 저항하려고 한 것으로 보인다.

69) Cf. Martens, *Jeremiah*, 236; Longman, *Jeremiah/Lamentations*, 259. 41장 1절은 이스마엘의 혈통적 배경에 대해 자세한 기록을 제공한다. 개역개정은 מִזֶּרַע הַמְּלוּכָה 밋제라 함멜루카가 엘리사마를 꾸미는 것으로 번역하는데, 이 표현이 동격으로 이스마엘을 직접 꾸

하난은 그다랴의 통치 하에 되찾게 된 유다의 안정을 유지하길 원한다. 따라서 그다랴에게 이스마엘을 암살할 것을 허락해 주길 은밀히 요청한다(15절). 그러나 그다랴는 요하난의 요청을 거절할 뿐만 아니라 이스마엘에 대한 그의 말을 신뢰하지 않는 실수를 범한다(16절). 이 때 그다랴가 스스로 판단하고 행동하기보다는 예레미야에게 묻고 결정해야 했는가? 이 장면에서 예레미야가 직접적으로 언급되지 않지만 분명한 것은 예레미야가 그다랴에게로 와서 백성 중에 머물고 있었다는 것이다. 같은 맥락에서 요하난은 상황을 정치적 전략으로 해결하려는 강한 의지를 보이는 반면에 그의 행보에 예레미야가 등장하지 않는다. 요하난과 그다랴를 포함한 남아있는 이들은 모두 유다와 예루살렘의 멸망이 예레미야가 선포한 대로 이루어진 것을 실제로 경험했던 이들이다. 하지만 그들과 함께 있었던 예레미야는 그들에게 중요하게 등장하지 않는다. 결국 이스마엘로 인해 다시 고초를 겪은 후 예레미야를 찾지만 그들에게 진정성이 없다는 것을 확인하게 된다(cf. 42-44장). 흥미롭게도 40장은 예레미야가 라마에서 풀려난 후에 "말씀이 여호와께로부터 예레미야에게 임하니라"는 표현으로 시작한다.[70] 이는 하나님의 말씀을 전할 수 있는 선지자 예레미야가 그들 중에 함께 있었다는 것을 보여준다. 그럼에도 불구하고 그들의 행보에는 예레미야가 보이지 않는다. 예레미야에게 임한 하나님의 말씀이 전달되는 것은 여러 사건이 전개된 후 42장 7절에서다.

41장 1-3절. 일곱째 달에 이스마엘은 그의 음모를 실행에 옮긴다. 이스마엘과 그의 심복 10명이 미스바로 와서 그다랴와 함께 식사를 하다가 그를 암살한다(1-2절). 뿐만 아니라 그와 함께 있던 유다 사람들과 갈대아 군사들도 모두 살해한다(3

미는 것으로 번역할 수 있다. 즉 "왕의 친족인 이스마엘"로 번역이 된다. "이스마엘은 엘리사마의 손자요 느다니야의 아들로서 왕족이었다"(공동번역). 또한 엘리사마가 삼하 5:16에 언급된 다윗이 예루살렘에서 얻은 아들을 가리키는 것이라면 "엘리사마의 손자"로 번역한 **בֶּן־אֱלִישָׁמָע** 벤-엘리사마는 "엘리사마의 후손"으로 번역하는 것이 적절하다. 엘리사마를 언급하는 것은 그가 다윗의 혈통인 것을 강조하려는 것으로 보인다.

70) 40장 1절에 신탁도입형식이 서술되지만 곧바로 신탁이 서술되지 않는 것에 대해 신탁이 소실된 것으로 보거나 느부사라단의 말(40:3)이 이를 대치하는 것으로 설명하기도 한다 (Longman, *Jeremiah/Lamentations*, 256). 이런 설명과는 달리 하나님의 말씀을 전달할 수 있는 선지자 예레미야의 존재를 부각시키는 것은 아닐까?

절). 이스마엘은 그다랴와 식사를 하던 중 그 자리에서 그를 죽이는 잔악한 행위로 그다랴의 배려에 보답하면서 그의 악함을 드러낸다("떡을 먹다가[1절]. . .이스마엘과 그와 함께 있던 열 사람이 일어나서[2절]"). 1절에 년도가 언급되지 않고 "일곱째 달"만 서술되고 있기 때문에 39-41장의 흐름을 고려하면, 586년 넷째 달(7월)에 성읍이 함락되고 다섯째 달(8월)에 성읍의 왕궁과 집들이 파괴된다. 그 후 그다랴가 총독이 된 소식을 들은 남아있던 백성이 미스바로 돌아와서 수확물을 거두어들이며 정착을 하던 중 같은 해 일곱째 달(10월, 주전 586년)에 그다랴가 암살을 당하는 것으로 이해할 수 있다.[71] 이 경우, 유다의 안정을 되찾으려고 했던 그다랴의 노력은 3개월을 넘기지 못하고 그의 죽음으로 끝난다. 하지만 이와는 달리 52장 30절에 근거하여 그다랴의 암살에 대한 반응으로 느부사라단이 느부갓네살 23년(582-581년)에 유다에서 백성을 포로로 잡아간 것으로 해석하면 그다랴의 암살이 그가 총독으로 통치한 지 약 5년이 지난 후에 일어난 것으로 이해가 된다. 이 경우, 주전 581년경의 "일곱째 달"이 된다. 성경 외의 자료로 확인할 수 없기 때문에 현재로서는 하나의 해석을 단정적으로 주장하기는 어렵지만 사건기록의 흐름을 고려한 해석이 적절해 보인다. 그다랴의 암살을 기록하고 있는 열왕기하 25장 25절 역시 일곱째 달만을 언급하고 있는 점도 중요한 고려사항이다. "칠월에 왕족 엘리사마의 손자 느다니야의 아들 이스마엘이 부하 열 명을 거느리고 와서 그달리야[그다랴]을 쳐서 죽이고"(왕하 25:25). 불행하게도 그다랴의 갑작스러운 죽음으로 유다는 다시 혼란의 시기를 맞게 된다.

4-10절. 이스마엘의 악행은 그다랴를 암살하는 것에서 멈추지 않는다. 그다랴의 죽음과 더불어 요하난의 우려가 현실이 된다. "그가 네 생명을 빼앗게 하여 네게 모인 모든 유다 사람을 흩어지게 하며 유다의 남은 자로 멸망을 당하게 하랴"(40:15). 그다랴가 암살된 다음 날 이스마엘은, 그 사실을 알지 못한 채 예루살렘 성전의 파괴를 슬퍼하며 파괴된 성전에서 소제물과 유향을 드리려고 세겜과 실로와 사마리아에서 예루살렘으로 오고 있는 80명의 사람들을 그도 마치 함께 슬퍼하는 듯 속여서 미스바로 유인한다(4-6절). 이들의 애도행위는 율법이 금하는 이

71) 스가랴 8장 19절은 포로기와 포로후기의 유다백성이 넷째 달, 다섯째 달, 일곱째 달, 열째 달의 금식일을 준수한 것에 대해 언급한다.

방인들의 행위("몸에 상처를 내고," 5절)를 따르고 있다(cf. 레 19:28; 21:5; 신 14:1). 이는 율법이 규정하는 바대로 온전히 행하지 않는 모습을 보여준다. 성전에서 희생제물을 드릴 수 없기 때문에 소제물과 유향만을 가지고 온 것으로 보인다. 이스마엘은 그들을 배려하는 듯 미스바로 오게 하지만 결국을 그들을 죽음으로 인도한다(7절). 그들이 성읍에 들어왔을 때 그들 중 70명을 죽이고 물웅덩이에 던져넣는다. 10명은 들판에 감추어 놓은 양식이 있음을 알려 주고 자신들의 목숨은 건진다(8절). 9절에 시체를 매장한 "구덩이"(הַבּוֹר 합보르)에 대한 역사정보가 언급된다. 이 구덩이는 주전 9세기에 아사 왕이 이스라엘의 바아사 왕의 공격을 방어하기 위해 미스바에 요새를 구축하면서 충분한 물을 확보하기 위해 만든 것이다. 열왕기상 15:22과 역대하 16:6에는 구덩이에 대한 언급이 없지만 이때 요새를 건축하면서 구덩이를 만든 것으로 볼 수 있다. 성전의 파괴를 슬퍼하면서 북쪽에서 온 사람들을 이스마엘이 처참하게 죽인 이유가 분명하게 언급되지 않기 때문에 이스마엘의 폭력적인 성향을 그들을 죽인 이유로 제시하기도 한다. 예를 들면, 케롤(Carroll)은 이스마엘을 "정신질환을 가진 강도"로 표현한다.[72] 이와는 달리 그다랴에게 가자는 제의에 그들이 동의한 것을 그다랴에 동조하는 것으로 판단했기 때문에 죽였을 것이라고 생각할 수도 있다. 하지만 숨겨놓은 식량을 주겠다는 10명을 죽이지 않은 것은 이 답변에 문제가 된다. 이유가 어떤 것이든 간에 분명한 것은 바벨론에 포로로 끌려가지 않고 남아있던 이들이 죽임을 당하고 대적의 공격을 막기 위해 만든 구덩이에 자신들이 던져지는 참혹한 상황에 처하게 됐다는 것이다. 극악한 이스마엘의 행동은 유다인들을 위해 노력을 기울인 그다랴의 행동과 대조적인 차이를 보인다. 그다랴의 정책에 반기를 든 이스마엘과 그의 일행은 미스바에서 그다랴에게 동조한 유다인들을 죽였을 뿐만 아니라 남아있는 백성과 왕의 딸들을 사로잡아 자신들이 보호를 받을 수 있는 암몬으로 떠난다(10절). 유다백성을 사로잡아가는 것이 그들을 노예로 팔기 위한 것이라면 이것은 동족에게 행한 이스마엘의 잔악함을 더욱 가중시키는 내용이다. 왕의 딸들은 시드기야 왕의 딸들 또는 왕족의 딸들을 가리키는 것으로 보인다. 38장 22-23절은 왕궁의 여인들이 바벨론으로 사로잡혀가는 것을 묘사하고 있는 반면에 10절은 왕의 딸들이

72) Carroll, *Jeremiah*, 711. Chisholm도 이스마엘의 잔인한 성격을 언급한다(Chisholm, *Handbook, 205*).

미스바에 남아있었던 것으로 기록한다. 왕궁에서 몸을 피한 왕의 딸들이 그다랴의 보호를 받고 있었던 것으로 보인다. 요하난을 신뢰하지 않고 그의 요청을 거부한 그다랴는 결국 자신의 죽음을 맞이했을 뿐만 아니라 요하난의 우려처럼 유다에 남아있던 백성에게 고통을 안겨 주었다. 바벨론 왕이 총독으로 세운 그다랴를 암살한 것과 느부사라단이 그에게 맡긴 백성을 포로로 사로잡아 암몬으로 끌고 가는 것은 바벨론 왕의 분노를 자극하기에 충분하다. 따라서 요하난과 지휘관들이 이에 대해 신속하게 대처하는 사건이 이어진다(cf. 11-18절).

현재적 적용 **묵상**

1. 그다랴의 안일한 대처가 남아있던 백성을 위험에 처하게 한 것처럼 나의 안일한 태도가 신앙공동체를 어려움에 처하게 하는 것은 아닌가? 그다랴가 자신의 생각을 따르기보다는 선지자 예레미야에게 묻고 하나님의 뜻을 구해야 했던 것처럼 하나님의 뜻을 구하고 신중하게 판단하고 행동하는가?
2. 영적 지혜를 조언해 줄 수 있는 이들이 있음에도 불구하고 이들에게 도움을 구하지 않고 스스로 판단하고 행동한 것으로 인해 어려움을 겪고 있는 것은 아닌가?
3. 하나님의 뜻에 따라 상황이 전개되면서 어려움을 겪을 때 하나님께 귀를 기울이고 그의 뜻을 구하기보다는 자신의 전략과 방도에 골몰하는 것은 아닌가?
4. 악한 행위가 이어지면서 더 가혹해지고 심각해지는 것은 아닌가? 멈추지 못한 죄 때문에 죄에 죄를 더하는 것은 아닌가?

(3) 요하난이 이스마엘에게서 유다백성을 구출함, 41:11-18

본 장면(V, 41:11-18)은 요하난과 군 지휘관들이 이스마엘의 잔악한 행위에 대해 즉각적으로 반응한 사건을 기록한다. 사건이 벌어지는 장소는 기브온이며 게룻김함에서 사건이 마무리된다. 장면 V(41:11-18)의 구체적인 흐름은 다음과 같다.

장면 V. 요하난이 이스마엘에게서 유다백성을 구출함(11-18절)

1) 이스마엘의 악행을 들은 요하난과 군 지휘관들이 그를 추격함, 11-12절
2) 잡혀가던 백성이 요하난에게로 옴, 13-14절
3) 이스마엘과 그의 신복 여덟 명이 암몬 자손에게로 피신함, 15절
4) 갈대아인의 보복을 두려워한 요하난과 백성이 이집트로 가려고 게롯 김함에 머묾, 16-18절

요하난은 기브온까지 이스마엘의 일행을 추격하여 그곳에서 백성을 구해내지만 갈대아인들의 보복을 두려워하여 앞으로의 행보에 대해 고민한다. 그들은 일단 이집트로 가는 것을 결정하고 그들의 여정을 남쪽으로 잡는다. 하지만 자신들의 결정에 대한 확신이 없던 그들은 일단 게롯김함에 머물면서 예레미야를 통하여 하나님의 뜻을 찾고자 한다(cf. 42:1-22).

요하나님이 이스마엘에게서 유다백성을 구함(11-15절)

이스마엘이 행한 잔악한 행위에 대하여 듣게 된 요하난과 군 지휘관들은 암몬으로 향하고 있는 이스마엘 일행을 추격하여 기브온에 이른다. 잡혀가던 백성이 요하난과 군사들을 보고 그에게로 돌아가자 이스마엘과 그의 심복들은 암몬으로 도주하여 목숨을 부지한다.

요하난이 백성을 데리고 이집트로 가려고 함(16-18절)

다행히 이스마엘에게서 백성을 구해냈지만 요하난은 그들을 데리고 미스바로 돌아가지 않는다. 미스바에서 벌어진 일로 인해 갈대아인들을 두려워했기 때문에 요하난과 백성은 이집트로 가기 위해 베들레헴 근처의 게롯김함에 머문다.

주해

11-15절. 이스마엘이 그다랴를 암살하고 미스바에 있던 유다백성을 사로잡아 암몬으로 떠났다는 소식을 들은 가레아의 아들 요하난과 군 지휘관들은 모든 군사들("모든 사람들")을 데리고 이스마엘의 일행을 추격하던 중 "기브온 큰 물" 근처에서 이스마엘 무리를 발견한다("만나매"; וַיִּמְצְאוּ 바이임쩨우)(11-12절). 기브온이

미스바에서 약 5km정도 떨어진 곳이므로 요하난과 군 지휘관들이 신속하게 군대를 소집하여 대처한 것을 볼 수 있다.[73] 요하난과 군사들을 본 백성은 구조의 가능성을 보고 기뻐한다(13절). 뿐만 아니라 14절은 미스바에서 잡혀온 백성이 돌이켜 요하난의 군대에게로 돌아갔다고 기록한다. 아마도 백성이 적극적으로 이스마엘에게서 벗어나 요하난과 그의 군대에 합류한 것으로 보인다. 요하난의 군대와 이스마엘 간에 큰 군사적 충돌이 있었던 것으로 보이지 않는다. 15절의 "이스마엘이 여덟 사람과 함께"라고 기록하고 있기 때문에 이 와중에 이스마엘이 그의 심복 2명을 잃게 된 것으로 보이는데 그 외에도 이스마엘에게 동조했던 군사들이나 사람들이 그를 떠나 요하난에게 합류했을 것이다. 결국 백성의 움직임을 막을 수 없었던 이스마엘은 그의 심복 8명과 함께 암몬으로 도주한다. 요하난과 그의 군대의 재빠른 대처로 이스마엘은 뜻을 이루지 못하고 간신히 목숨만을 부지한다. 이스마엘이 암몬 자손의 왕 바알리스의 사주로 그다랴를 암살한 것이기 때문에 암몬으로의 도주는 그에게 최선의 선택이었을 것이다. 이후로 이스마엘에 대한 기록은 더 이상 나타나지 않는다.

16-17절. 요하난과 군 지휘관들은 이스마엘에 의해 포로로 잡혀가던 백성("군사와 여자와 유아와 내시")을 기브온에서 모두 구해낸다(16절). 이때 요하난은 그들을 데리고 미스바로 돌아가지 않고 이집트로 갈 것을 결정한다(17절). 하지만 이 결정에 대한 확신이 없었기 때문에 일단 베들레헴 근처에 있는 게롯김함에 머물면서 상황을 살핀다. 게롯김함은 정확하게 알려지지 않은 지역이다. "게롯김함"(גֵרוּת כִּמְהָם 개루트 킴함)은 문자적으로 "김함의 여관"(또는 "김함의 양우리")으로 번역할 수 있다.[74] "김함"은 사무엘하 19장 37-38절과 40절에 다윗이 압살롬의 반역을 피하여 마나하임에 거할 때 그를 도와주었던 바르실래의 아들의 이름으로 언급된다. 다윗이 예루살렘으로 돌아 올 때 아버지 바르실래의 부탁으로 김함이 다윗과 동행한다. 따라서 게롯김함을 다윗이 김함에게 준 지역으로 추론하여 김함

---

73) "기브온 큰 물"(מַיִם רַבִּים אֲשֶׁר בְּגִבְעוֹן 마임 랍빔 아쉐르 베기브온)이 사무엘하 2장 13절에 "기브온 못"(בְּרֵכַת גִּבְעוֹן. 베래카트 기브온)으로 언급되는데, 아마도 큰 바위를 깎아 만든 물 저장소이거나 큰 저수지였던 것으로 보인다.

74) "김함의 숙소"(공동번역); "the habitation of Chimham"(KJV).

이 소유했던 대상(隊商)의 숙박지로 보기도 한다. 요하난과 군 지휘관들은 이스마엘의 악행에 적절하고 신속하게 대처했다. 하지만 그 다음의 행보에 있어서 문제점을 드러낸다. 14절과 16절에 각각 "*미스바에서* 이스마엘이 사로잡은 그 모든 백성"과 "이스마엘이... *미스바에서* 잡아간 모든 남은 백성"이라는 표현이 반복되는 것은 마치 요하난이 구한 백성을 미스바로 다시 데리고 가야했음을 강조하는 듯하다.

18절. 요하난과 그의 무리들이 미스바로 돌아가지 않는 이유가 18절에 언급된다. 18절의 히브리어 원문은 이유를 강조해서 서술한다. 원문의 구문에 따라 18절을 번역하면 다음과 같다. "이는 갈대아인들 때문이다. 그들이 그들(갈대아인들)을 두려워했는데, 바벨론 왕이 그 땅의 총독으로 임명한 아히감의 아들 그다랴를 느다냐의 아들 이스마엘이 죽였기 때문이다."75) 요하난이 백성을 데리고 이집트로 가고자하는 결정적인 이유는 갈대아인들에 대한 두려움이다. 바벨론 왕이 임명한 그다랴를 암살한 것은 곧 그에 대한 반항을 의미하는 것이기에 자신들이 그다랴를 죽이지는 않았지만 바벨론 왕과 갈대아인들의 보복을 두려워하게 된다. 요하난과 백성은 그다랴의 죽음으로 인해 바벨론과의 평화적 관계가 완전히 어긋났고 유다 땅에서 평화로운 정착을 더 이상 기대할 수 없게 된 상황이라고 판단한 것으로 보인다. 바벨론 왕에게 사실대로 아뢰고 선처를 구할 엄두도 낼 수 없을 만큼 바벨론 왕과 갈대아인들에 대한 두려움에 사로잡혀있었다. 그러므로 갈대아인들의 보복을 피해 그들이 살 수 있는 유일한 길은 유다를 떠나 이집트로 가는 것이라고 생각했을 것이다. 하지만 요하난과 백성에게는 이에 대한 확신 또한 분명하지 않았다. 따라서 그들이 예레미야를 통해 하나님의 뜻을 확인하고자 하는 장면이 뒤이어 42장에 서술된다.

이집트는 유다 왕 시드기야가 하나님의 뜻을 받아들이고 그를 전적으로 신뢰하는데 걸림돌이었던 나라다. 바벨론의 압력이 가해질 때 시드기야는 눈에 보이는

---

75)
18a מִפְּנֵי הַכַּשְׂדִּים
18b כִּי יָרְאוּ מִפְּנֵיהֶם
18c כִּי־הִכָּה יִשְׁמָעֵאל בֶּן־נְתַנְיָה אֶת־גְּדַלְיָהוּ בֶּן־אֲחִיקָם
18d אֲשֶׁר־הִפְקִיד מֶלֶךְ־בָּבֶל בָּאָרֶץ

이집트의 도움을 더욱 기대하면서 하나님을 신뢰하지 않았다. 예루살렘의 멸망의 결정적인 원인이 된 것이 바로 시드기야가 하나님이 아닌 이집트를 선택하여 바벨론의 압제를 벗어나려고 했던 것이다(cf. 52:3; 겔 17:1-21). 하지만 에스겔서의 표현처럼 이집트가 실제로는 아무런 힘을 쓸 수도 없고 도움이 되지 않는 "갈대 지팡이"(מִשְׁעֶנֶת קָנֶה 미쉬에네트 카네)에 불과했다(cf. 겔 29:6). 무엇보다도 이집트로 되돌아가는 것은 율법이 금하고 있는 바다(cf. 신 17:16). 하지만 요하난과 그의 무리들이 갈대아인들에 대한 두려움을 해결하기 위해 이집트에 우선적으로 눈을 돌린 것은 여전히 그들에게 하나님을 신뢰하지 못하는 심각한 문제가 남아있음을 보여준다. 이러한 문제가 43장 1-7절에서 그들이 예레미야의 신탁을 거절하는 것을 통하여 실제적으로 드러난다. 언약백성의 이러한 고질적인 문제를 해결하시고자 하나님은 이집트를 미약하게 만들어 다시는 이스라엘이 이집트를 의지하지 못하게 하시겠다고 에스겔 선지자를 통하여 분명하게 선언하신다.

> 나라 가운데에 지극히 미약한 나라가 되어 다시는 나라들 위에 스스로 높이지 못하리니 내가 그들을 감하여 다시는 나라들을 다스리지 못하게 할 것임이라 *그들이 다시는 이스라엘 족속의 의지가 되지 못할 것이요* 이스라엘 족속은 돌이켜 그들을 바라보지 아니하므로 그 죄악이 기억되지 아니하리니 내가 영호와인 줄을 그들이 알리라 하셨다 하라(겔 29:15-16).

요하난과 백성이 이집트로 가려고 하는 것은 시드기야의 실수를 반복하는 것이다. 시드기야는 사람들에 대한 두려움 때문에 하나님의 말씀을 순종하지 못했다. 마찬가지로 갈대아인들에 대한 두려움에 사로잡힌 요하난과 백성은 눈에 보이는 이집트의 도움을 기대하면서 하나님의 말씀에 순종하지 못하게 된다(cf. 43:1-7).

현재적 적용 묵상

1. 상황에 신속하게 대처해서 문제를 해결하지만 여전히 하나님의 뜻을 분명히 알 수 없어서 방황하는 것은 아닌가? 혹시 하나님의 뜻이 분명함에도 불구하고 눈에 보이는 것에 따라 판단하기 때문에 겪게 되는 방황은 아닌가?

2. 사람에 대한 두려움과 하나님에 대한 두려움, 어느 것에 따라 행동하는가?

3. 실수를 돌이킬 수 있는 기회가 주어졌을 때 어리석게도 같은 실수를 반복하지는 않는가? 그렇게 하지 않기 위해서 지난 시간과 일들을 돌아보고 살피는 시간을 갖는가?

---

(4) 유다백성의 기도간청, 하나님의 응답, 유다백성의 불순종, 42:1-43:7

장면 VI(42:1-6)과 장면 VII(42:7-43:7)은 간청과 이에 따른 답변의 관계로 함께 묶어 분석할 필요가 있다. 장면 VI은 자신들의 행보에 확신을 얻기를 원하는 요하난과 유다백성의 절박함과 간절함을 서술한다. 자신들이 처해있는 상황이 긴박하고 절박한 만큼 요하난과 그 무리들은 확실한 행보를 확인하는 일에 필사적이다. 예레미야를 통해서 하나님의 뜻을 알게 되면 무조건 그 뜻대로 행하겠다는 약속을 하면서 자신들의 간절함을 드러낸다. 하지만 그들의 주된 관심은 자신들의 안전에만 집중되어 있다. 장면 VII은 요하난과 유다백성의 간청에 따른 하나님의 응답을 기록한다. 하나님은 예레미야를 통해서 그들에게 생명의 길(9-12절)과 사망의 길(15-18절)을 명확하게 제시하신다. 유다에 머무는 것은 생명의 길을 선택하는 것인 반면에 이집트로 가는 것은 사망의 길을 선택하는 것이다. 예레미야는 하나님의 응답(생명의 길과 사망의 길)을 구체적으로 전달할 뿐만 아니라 요하난과 백성에게 하나님의 뜻을 따르지 않을 때 겪게 될 불행에 대해 분명히 경고한다. 아마도 그들의 성향에 대한 우려가 예레미야가 사역하는 동안 그에게 확연히 각인됐기 때문인 것으로 보인다.

요하난과 유다백성이 예레미야를 통해서 하나님의 뜻을 알고자한 근본적인 동기는 하나님의 뜻을 순종하려고 했던 것이 아니라 이집트로 가려는 자신들의 결정에 대한 하나님의 확인을 받고 싶었던 것이다. 그러므로 그들은 유다에 머물라는 하나님의 명령이 주어지자 그 명령을 거부하고 이집트의 다바네스로 향한다. 장면 VI(42:1-6)과 장면 VII(42:7-43:7)에 서술된 사건들의 구체적인 흐름은 아래와 같다.

장면 VI. 유다백성의 기도간청과 순종에 대한 약속(42:1-6)
1) 요하난과 유다백성이 예레미야에게 기도를 간청함, 1-3절
2) 예레미야의 긍정적인 답변, 4절
3) 유다백성이 철저한 순종을 약속함, 5-6절

장면 VII. 하나님의 응답과 유다백성의 불순종(42:7-43:7)
a. 하나님의 응답이 임함 그리고 예레미야가 백성을 부름, 42:7-8
b. 하나님의 응답: 생명의 길, 42:9-12
c. 예레미야의 우려, 42:13-14
b'. 하나님의 응답: 죽음의 길, 42:15-18
c'. 예레미야의 경고, 42:19-22
d. 요하난과 유다백성이 예레미야의 신탁을 거부함, 43:1-4
d'. 요하난과 유다백성이 이집트의 다바네스로 내려감, 43:5-7

장면 VI. 요하난과 유다백성이 예레미야에게 기도를 간청함(42:1-3)

이스마엘의 손에서는 벗어났지만 앞으로 어찌할 바에 대한 확신이 없는 요하난과 군 지휘관들과 백성은 선지자 예레미야에게 나아와 하나님께 그들의 행보에 대해 묻고 자신들에게 알려 줄 것을 간청한다.

장면 VI. 예레미야의 긍정적인 답변(42:4)

예레미야는 요하난과 백성의 요청에 대해 긍정적인 답변을 주면서 하나님이 알려 주시는 말씀 중에서 어느 것도 숨기지 않고 모두 전달해 줄 것을 약속한다.

장면 VI. 유다백성이 철저한 순종을 약속함(42:5-6)

요하난과 유다백성은 예레미야가 전하는 모든 말을 철저히 순종할 것을 분명히 약속하면서 하나님의 뜻을 알고자 하는 간절함을 전한다. 또한 약속의 진정성을 나타내고자 하나님을 증인으로 세우는 일도 서슴지 않는다. 일단 그들의 간청과 순종의 약속에는 경건한 모습이 담겨져 있다.

장면 VII. 하나님의 응답이 임함 그리고 예레미야가 백성을 부름(42:7-8)

하나님의 응답이 즉시 임하지 않고 10일이 지난 후에 비로소 예레미야에게 임한다. 예레미야는 요하난과 백성을 모두 불러 모으고 그들에게 응답의 내용을 전하고자 한다.

장면 VII. 하나님의 응답: 생명의 길(42:9-12)

예레미야는 백성의 요구에 따라 기도를 드렸고 이에 대한 하나님의 응답이 임했음을 언급한 후, 응답의 내용을 구체적으로 전달한다. 먼저 생명의 길이 제시되는데, 유다에 머무는 것이 생명을 얻을 수 있는 길이다. 왜냐하면 하나님이 유다 땅에 생명의 계획을 가지고 계시기 때문이다. 그러므로 하나님은 바벨론 왕을 두려워하지 말라고 명하시면서 그의 임재와 구원과 긍휼에 대한 약속을 확언하신다.

장면 VII. 예레미야의 우려(42:13-14)

예레미야는 요하난과 백성이 게롯김함에 머물면서 이미 마음에 갖고 있는 생각이 무엇인지 알고 있기에 그들의 생각을 구체적으로 언급하면서 하나님의 응답을 전하기 전에 그의 우려를 나타낸다.

장면 VII. 하나님의 응답: 사망의 길(42:15-18)

유다 땅에 머무는 것이 생명의 길을 선택하는 것이라면 이집트로 가는 것은 사망의 길을 선택하는 것이다. 왜냐하면 그곳은 하나님의 철저한 심판이 임하는 자리가 될 것이기 때문이다. 오히려 요하난과 백성은 그들이 피하려고 했던 것들을 이집트에서 모두 경험하게 될 것이다.

장면 VII. 예레미야의 경고(42:19-22)

예레미야는 요하난과 백성이 그를 통해서 하나님의 뜻을 묻고자 했을 때 그들이 근본적으로 원했던 것은 자신들의 결정에 대한 하나님의 동의를 얻기 위한 것이었음을 지적한다. 따라서 그들이 하나님의 뜻을 구하고도 순종치 않고 이집트로 내려가면 반드시 하나님의 심판을 겪게 될 것임을 경고한다.

장면 VII. 요하난과 유다백성이 예레미야의 신탁을 거부함(43:1-3)

예레미야가 전달하는 하나님의 말씀을 다 들은 후 요하난과 백성은 그의 말을 믿지 않고 거부하면서 하나님의 말씀을 반드시 순종하겠다는 약속을 지키지 않는다.

장면 VII. 요하난과 유다백성이 이집트로 내려감(43:4-7)
요하난과 군 지휘관들은 유다에 머물라는 하나님의 명령을 듣지 않고 그들과 함께 있던 모든 백성을 데리고 이집트로 가서 다바네스에 머물게 된다.

주해

1-3절. 이스마엘에게서 성공적으로 벗어났지만 요하난과 백성은 그 다음 행보에 대해 고민한다. 갈대아인들에 대한 두려움 때문에 미스바로 돌아가지 못하고 이집트로 가는 것을 결정했지만 여전히 고민을 근본적으로 해결하지 못한 상황이다. 이때 요하난과 그와 함께 있던 모든 사람들이 한 마음으로 예레미야에게 나아온다(1절). 예레미야는 그다랴의 보호 아래 미스바에 머물러 있던 중 이스마엘의 암살음모가 실행된 후 다른 백성과 함께 암몬으로 끌려가고 있었던 것으로 보인다(cf. 40:6; 43:6). 또한 1절에 사용된 동사("나아와")가 "가까이 다가가다," "나아가다"를 의미하는 נָגַשׁ나가쉬인 점이 이러한 추측을 가능하게 한다. "모든 군대의 지휘관과 가레아의 아들 요하난과 호사야의 아들 여사냐와 백성의 낮은 자로부터 높은 자까지"라는 표현은 요하난과 함께 있던 모든 사람들을 언급하는 것으로 그들의 절박함과 불확실한 미래에 대한 불안감을 잘 드러내 준다. 유다의 멸망과 이스마엘의 악행을 경험하면서 예외 없이 모든 사람들이 민감하게 자신들의 행보에 관심을 갖는 것은 자연스러운 모습이다.[76] 2-3절에 그들이 간청한 내용이 직접화법으로 서술된다. 그들의 간청에는 절박함이 묻어난다. "제발, 우리의 간청이 당신의 면전에 상달되게 해주십시오"(תִּפָּל־נָא תְחִנָּתֵנוּ לְפָנֶיךָ틸폴-나 테힌나테누 레파네카). 먼저 그들은 자신들이 처한 상황을 예레미야에게 설명한다(2절). 유다와 예루살렘의 멸망으로 많은 백성이 죽고 포로로 잡혀갔는데, 이스마엘의 악행으로 더 많은 백성이 희생되면서 이제 적은 무리밖에 남지 않은 처참한 상황에 있음을 언급하

76) "호사야의 아들 여사냐(יְזַנְיָה예잔야)"는 43장 2절에 언급된 "호사야의 아들 아사랴(עֲזַרְיָה아자르야)"와 동일인물로 보인다.

면서 예레미야의 동정을 얻고자 한다. 이어서 여호와가 자신들에게 "마땅히 갈 길" (הַדֶּרֶךְ אֲשֶׁר נֵלֶךְ־בָּהּ 한데레크 아샤르 낼레크-바)과 "할 일" (הַדָּבָר אֲשֶׁר נַעֲשֶׂה 한다바르 아샤르 나아세)을 알려 주시길 간청한다(3절). 이 바람은 하나님께 모든 것을 맡기는 신뢰를 나타내는 것이라기보다는 자신들이 결정한 행보를 확인하려는 것으로 이해할 수 있다. 왜냐하면 결과적으로 그들은 자신들이 원하는 답변을 듣지 못하게 되자 하나님의 말씀에 순종하지 않았기 때문이다(cf. 43:1-7). 즉, 백성의 간청이 위선은 아니지만 전적인 신뢰에서 비롯된 것은 아니다. 이들의 행동은 시드기야의 행동과 유사하다. 시드기야가 절박한 상황에 처해 있을 때 선지자 예레미야를 불러 하나님의 뜻을 물었던 것처럼 요하난과 백성이 처한 절박한 상황은 그들로 하여금 예레미야를 찾고 하나님의 뜻을 알길 원하게 했다. 그들의 간청 중에 "당신의 하나님 여호와" (יְהוָה אֱלֹהֶיךָ 아도나이 엘로헤카)라는 말이 반복되고 있는 것에 주목할 필요가 있다(2절과 3절; cf. 5절). 이 표현은 요하난과 백성이 하나님의 선지자로서 예레미야가 가지고 있는 하나님과의 특별한 관계를 인정하고 있는 것으로 볼 수 있다. 하지만 이 표현은 백성이 스스로 느끼고 있는 하나님과 그들과의 관계를 간접적으로 나타낸다. 왜냐하면 예레미야가 그의 답변에서 "나의 하나님 여호와(יְהוָה אֱלֹהַי 아도나이 엘로하이)" 가 아니라 "너희 하나님 여호와" (יְהוָה אֱלֹהֵיכֶם 아도나이 엘로해켐)라고 언급하고 있기 때문이다(cf. 4절). 더 나아가 이 표현은 전에는 전혀 관심을 기울이지 않았던 예레미야에게 절대적으로 의존할 수밖에 없는 절박한 상황에 처해 있음을 스스로 고백하는 것이기도 하다.

4절. 예레미야는 요하난과 백성의 간절한 요청에 긍정적인 답변을 준다. 하나님께 기도하고 그가 알려 주시는 말씀을 숨김이 없이 모두 알려 줄 것을 약속한다. 예레미야의 약속은 그들의 절박한 상황을 충분히 이해하고 있음을 보여준다. 요하난과 백성이 "우리의 하나님 여호와" 라는 표현을 사용하지 않고 "*당신의* 하나님 여호와" 라는 표현(2-3절)을 사용한 반면에 예레미야는 "*너희* 하나님 여호와께 기도하고" 라는 표현을 사용한다. 마치 예레미야는 하나님이 자신의 하나님이시기도 하지만 하나님이 또한 그들의 하나님이시며 그들은 그의 백성임을 주지시키는 듯하다. 이러한 관계를 확실히 인식하지 못할 때는 하나님을 전적으로 의지하며 신뢰하는 것은 사실 불가능하다.

5-6절. 예레미야에게서 긍정적인 답변을 들은 백성은 하나님을 증인으로 내세우면서 하나님이 예레미야를 통해서 주시는 모든 말씀을 그대로 행하겠다고 약속한다(5절).[77] 이것은 그만큼 하나님의 말씀으로 자신들의 행보에 대한 확신을 갖고자 하는 그들의 절박함과 간절함을 그대로 드러낸다. 하나님을 "진실하고 성실한 증인"(עֵד אֱמֶת וְנֶאֱמָן 애드 에메트 베네에만)으로 세우는 것은 그들이 하나님의 뜻을 거역할 때 임하게 될 재앙도 감수하겠다는 의지의 표현이다. 자신들의 약속을 더욱 분명하게 전달하기 위하여 예레미야에게 기도를 간청하는 목적과 순종의 결연한 의지를 다시 강조한다(6절). 기도를 요청하는 것은 자신들에게 하나님의 말씀("그의 목소리")이 "좋든지 아니면 좋지 않든지를 막론하고" 순종하기 위한 것이라고 말한다. "좋든지 아니면 좋지 않든지"(אִם־טוֹב וְאִם־רָע 임 토브 베임 라)는, 이 표현이 문맥 안에서 갖게 되는 의미를 반영하여 "(우리가) 동의할 수 있는 것이든 아니면 동의할 수 없는 것이든"으로 번역될 수 있다(cf. 공동번역). 6절에서 요하난과 백성은 "우리 하나님"(אֱלֹהֵינוּ 엘로해누)이라는 표현을 사용한다. 마치 예레미야의 지적(4절)에 그들이 반응하는 것처럼 보인다. 백성의 말은 순종에 대한 결연한 의지를 나타내는 것이기도 하지만 자신들의 행보에 대한 확언을 얻기 위한 절박함도 함께 담고 있다. 더 나아가 그들은 하나님의 목소리를 순종할 때 그들이 무사할 수 있다는 고백을 덧붙인다. "여호와의 목소리를 순종할 때 우리에게 복이 있으리이다"(6절).[78] 이는 하나님의 말씀이 어떤 것이든 간에 그 말씀에 순종할 때 자신들이 무사할 수 있음을 확신하고 있다는 의미를 전달한다. 그들이 하나님의 말씀을 거부하고 불순종한 것을 알기 전까지는(43장), 그들의 간청과 순종에 대한 결연한 약속 자체는 상당히 경건해 보인다. 하지만 요하난과 백성이 이미 이집트로 가는 여정 중에 있으면서 하나님의 뜻을 묻고 있는 것을 볼 때 그들이 자신들의 결정에 대한 하나님의 동의를 구하는 것은 아닌지에 대한 의구심을 갖게 된다.

---

77) 5절의 히브리어 원문, הֵמָּה אָמְרוּ 햄마 아메루("그들이 말했다")는 3인칭 복수대명사(הֵמָּה 햄마)를 추가적으로 사용되면서 말하는 주체인 "그들"이 강조된다. 즉, 1절에 나열된 사람들 모두가 예레미야에게 자신들의 생각을 말하는 것을 강조한다.

78) "우리에게 복이 있으리이다"로 번역한 히브리어 원문, יִיטַב־לָנוּ 이타브-라누는 "우리가 잘될 수 있다" 또는 "우리가 무사할 수 있다"로 번역될 수 있다.

7-8절. 요하난과 백성의 기도요청이 있은 후 10일이 지나서야 하나님의 응답이 예레미야에게 임한다(7절). 10일 지체된 것은 예레미야가 하나님의 뜻을 발견하기까지 그 만큼의 시간이 필요했기 때문이 아니라 하나님이 의도적으로 10일을 기다리게 하신 것으로 보인다. 절박한 상황에서 10일은 짧은 기간이 아니다. 이 기간 동안 요하난과 백성은 긴장과 초조함 속에 있었을 것이다. 하지만 그들은 충분히 그들의 생각을 다시 정리해 보고 순종에 대한 약속의 진실성을 검토하는 시간을 가질 수 있었을 것이다. 따라서 그들은 즉각적인 응답보다는 지연된 응답을 더 신중하게 대할 수 있게 된다. 한편 예레미야의 입장에서는 백성의 운명이 걸린 문제이기에 하나님의 응답을 명확하게 확인한 후에야 전달할 수 있었을 것이다. 예레미야의 이러한 태도는 하나님의 말씀이 임할 때에만 신탁을 전하는 참선지자의 모습을 보여준다(cf. 1:9). 또한 하나님의 말씀이 임하면 선지자는 결코 전하지 않을 수 없다. "사자가 부르짖은즉 누가 두려워하지 아니하겠느냐 주 여호와께서 말씀하신즉 누가 예언하지 아니하겠느냐"(암 3:8). 하나님의 응답을 받은 예레미야는 절박함 속에서 하나님의 뜻을 알고자 했던 사람들을 모두 불러 모은다. 정확한 반복은 아니지만 1절의 표현이 8절에 다시 반복된다. "가레아의 아들 요하난과 그와 함께 있는 모든 군 지휘관과 백성의 낮은 자로부터 높은 자까지 다"(8절). 이러한 반복은 히브리인들의 서술습관일 수도 있지만 하나님의 뜻을 구하며 순종을 약속한 바로 그 사람들에게 그들이 구한 하나님의 뜻을 전달하고 있음을 보여주기 위한 의도로 볼 수 있다. 따라서 어느 누구도 예레미야가 전한 하나님의 응답을 듣지 못했기 때문에 순종하지 못했다고 핑계할 수 없게 된다(cf. 43:4).

9-10절. 요하난과 백성을 모두 불러 모은 후 예레미야는 그들이 구한 것에 대하여 하나님의 응답이 임했음을 언급하고 응답의 내용을 자세하게 전달한다(9절). 9절은 개역개정의 번역과는 달리, "그가 그들에게 말했다. '너희가 나를 보내어 너희의 간구를 상달하게 한 이스라엘의 하나님 여호와께서 이와 같이 말씀하셨다'"로 번역할 수 있다. 이와 같이 예레미야가 그들이 자신을 여호와께 보내어 그들의 간청을 전달하게 한 사실을 언급하는 것은 그들이 하나님의 말씀에 순종해야 할 의무가 있음을 지적하는 것이다. 더 나아가 자신들이 간청하여 듣게 된 하나님의 응답을 거절하면 그들의 죄악이 더 심각한 것임을 상기시키는 면도 있다.

바벨론 왕 느부갓네살에 의해 예루살렘 성이 포위공격을 당하고 있는 위기상황에서 시드기야에게 생명의 길과 사망의 길을 제시하시면서 올바른 선택을 하기를 권고하셨던 것처럼(cf. 21:3-10), 하나님은 게롯김함에서 갈림길에 서 있는 요하난과 백성에게 생명의 길과 사망의 길을 다시 제시하신다. 10-12절은 그들에게 생명을 허락할 수 있는 길을 서술한다. 생명의 길은 유다 땅에 머물러 있는 것이다. 달리 말하면 이것은 유다 땅에 살면서 바벨론 왕의 통치를 받아들이라는 권고다. 만약 그들이 유다 땅에 머물러 있으면서 바벨론 왕의 통치를 수용하면 하나님이 친히 그들을 세우고 허물지 않을 것이며 그들을 심고 뿌리째 뽑지 않으시겠다고 약속하신다(10절). 이는 하나님이 그들에게 행한 재앙에 대한 그의 뜻을 돌이키셨기 때문에 유다 땅에 머물러 있으면 그들이 하나님의 보호를 받을 수 있다는 약속이다. 하나님의 약속은 심판의 결과를 돌이킨다. 하나님의 심판으로 유다백성은 파괴되고 약속의 땅에서 뽑혀 이방인의 땅으로 추방됐다. 하지만 이제 남아있는 자들이 이집트로 가지 않고 유다 땅에 머물기로 결정하면 하나님이 재앙에 대한 그의 뜻을 돌이키시고 그들을 다시 세우고 심으실 것이다. 따라서 그들이 두려워하는 바벨론 왕을 더 이상 두려워하지 말라고 명하신다(11절). 이는 그들이 게롯김함에 머물면서 숙고하고 있는 고민의 결정적인 원인인 갈대아인들에 대한 두려움에서 벗어날 것을 명령하시는 것이다(cf. 41:18).

11-12절. 바벨론 왕을 두려워하지 말라는 명령과 함께 하나님은 그 근거를 분명하게 제시하신다. 첫째, 하나님이 그들과 함께 계시면서 그들을 구원하시고 바벨론 왕 느부갓네살의 손에서 그들을 건져내실 것이기 때문이다(11절). 이것은 하나님이 자신의 백성을 보호하겠다는 약속이다. 둘째, 하나님이 그들을 긍휼히 여기심이 느부갓네살왕을 통하여 분명히 드러나고 실행될 것이기 때문이다(12절). 하나님이 그들을 불쌍히 여기심은 느부갓네살이 백성을 각기 고향으로 돌려보내는 것으로 실행될 것이다. 하지만 이 길을 선택하기 위해서는 하나님께 대한 전적인 믿음이 요구된다. 당시 예루살렘을 비롯해 전 유다를 장악하고 있는 눈에 보이는 느부갓네살이 아니라 상황 이면에 계시는 하나님의 임재와 구원과 긍휼에 대한 전적인 신뢰가 있지 않으면 취할 수 없는 선택이다. 달리 말하면 이 선택은 하나님이 심판의 도구로 사용한 느부갓네살을 충분히 제어하실 수 있음에 대한 신

뢰를 요구한다. 이는 느부갓네살 왕이 아닌 하나님이 모든 상황을 통제하고 다스리고 계심에 대한 믿음의 시험이다(cf. 잠 3:25-26). 12절의 표현이 이러한 사실을 분명히 보여준다. 12절은 하나님이 느부갓네살을 이제 그의 긍휼을 드러내는 도구로 사용하시겠다는 약속이다. 달리 말하면, 12절은 느부갓네살이 하나님의 주권하에 있음을 확언하는 선언이다. 따라서 유다백성이 확실하게 하나님의 주권을 신뢰하고 유다 땅에 머물러 있게 되면 느부갓네살 왕의 통치 아래 있지만 하나님의 구원과 자비를 누릴 수 있다. 그러면 요하난과 백성이 염려하는 것과는 달리 하나님의 주권 아래 느부갓네살은 보복이 아닌 긍휼을 베풀 것이다. 이것은 남아있는 백성이 자신들의 태도를 바꾸면 하나님이 그의 뜻을 충분히 돌이키실 수 있음을 알려 주시는 것이다. 하나님의 이러한 성품을 예레미야가 이미 이전에 선포한 바가 있다. "만일 내가 말한 그 민족이 그의 악에서 돌이키면 내가 그에게 내리기로 생각하였던 재앙에 대하여 뜻을 돌이키겠고"(18:8). 결론적으로 하나님의 보호하심과 회복을 신뢰하고 유다 땅에서 바벨론 왕의 통치에 대한 하나님의 뜻을 따르면 요하난과 백성은 그들이 두려워하는 것들, 곧 "전쟁, 전쟁의 나팔소리, 양식의 궁핍"(cf. 14절)을 경험하지 않고 생명을 얻을 수 있다.

13-14절. 이집트로 내려가지 말라는 하나님의 말씀을 12절에 이어서 곧 바로 전달할 수 있음에도 불구하고 예레미야는 그 다음 응답의 내용을 전하기 전에 하나의 가정적인 상황을 언급한다. "유다 땅에 머무는 것이 생명의 길을 선택하는 것임을 알려 주었음도 불구하고 그들이 단호히 거절하고 그들이 원하는 것을 이집트에서 얻기 위해 그곳에 가겠다는 결정을 한다면"이라는 가정적 상황이다. 예레미야가 이런 우려를 표현하는 것은 지난 40년간 그가 뼈저리게 경험했던 유다 백성의 완고함 때문이다. 유다백성은 하나님의 말씀을 듣고도 자신들의 악한 마음의 고집에 따라 행동하는 일관된 모습을 보여 왔다. 결국 그들의 고집이 유다와 예루살렘의 멸망으로 이어졌음을 확실히 경험했기 때문에 예레미야는 가정적 상황을 언급하면서 신중한 태도를 취한다. 한편으로는 예레미야의 가정은 이집트 땅에서 그들이 원하는 것을 얻을 수 있다는 판단의 문제점을 지적하기 위한 준비이기도 하다. 그들은 이집트 땅에서 전쟁을 피하고 충분한 양식을 얻을 수 있다고 판단하지만 그들이 기대하는 것을 그곳에서 얻지 못한다는 것을 하나님이 명확히

말씀하셨기 때문이다.

15-18절. 가정적인 상황에 대한 언급으로 우려와 신중함을 보인 후 예레미야는 사망의 길을 제시한다. 사망의 길은 이집트로 가서 그곳에 머무는 것이다(15절). 요하난과 백성("너희 유다의 남은 자")이 이집트로 가는 것을 고집하면 오히려 그들이 선택한 바로 그곳에서 그들이 두려워하는 것들, 곧 "칼과 기근과 전염병"을 피할 수 없고 결국 죽음을 맞이하게 된다(16절). 주전 605년에 이집트가 갈그미스 전투에서 바벨론에 패하기는 했지만 당시 바벨론 왕에 의해 점령된 유다보다는 이집트가 훨씬 더 안전을 보장해 주는 것처럼 보였을 것이다. 따라서 그들은 바벨론 왕 느부갓네살에게서 멀리 떠남으로 덜 위험한 상황에 있게 될 것이라고 판단을 한다. 하지만 하나님의 말씀에 순종하지 않고 자신의 판단과 고집에 따라 이집트로 내려가면 그곳은 그들에게 생명의 자리가 아니라 사망의 자리가 된다(17절). 어느 누구도 그곳에서 죽음을 피할 수 없다. "칼(느부갓네살 왕의 칼)이 애굽 땅으로 따라가서 너희에게 미칠 것이요... 기근이 애굽으로 급히 따라가서 너희에게 임하리니"라는 표현은 이들이 결코 죽음을 피할 수 없음을 강조한다. 하나님의 말씀을 듣지 않고 관심조차 두지 않았을 때 예루살렘에서 하나님의 심판("나의 노여움과 분")을 경험했던 것처럼 하나님의 뜻을 따르지 않고 선택한 이집트에서 동일하게 그의 심판을 경험하게 된다는 것이다(18절). 장소의 문제가 부각되는 듯 보이지만 실제로는 백성의 태도가 생명과 사망의 선택에 있어서 근본적인 문제다. 하나님의 말씀에 순종하여 선택하는 곳이 바로 생명의 자리다. 왜냐하면 그곳에 하나님의 임재와 구원과 긍휼이 있기 때문이다. 바벨론 왕의 공격이 있었을 때 자신들의 고집에 따라 예루살렘에 거하는 자들이 아니라 하나님의 뜻에 따라 바벨론 왕에게 항복하는 자들이 하나님의 돌보심을 기대할 수 있었던 것처럼 중요한 것은 하나님의 뜻에 대한 순종이다(cf. 21:1-10). 그러므로 하나님의 뜻을 거부하고 선택한 이집트에서 경험하게 될 진노의 심판은 그들에게 "가증함과 놀램과 저주와 치욕"을 안겨 줄 것이다.[79] 요하난과 백성은 그들에게 닥칠 위협을 피해 일단

79) "가증함"(אָלָה 알라), "놀램"(שַׁמָּה 삼마), "저주"(קְלָלָה 케랄라), "치욕거리"(חֶרְפָּה 헤르파)는 유다와 예루살렘에 임하는 하나님의 심판이 안겨 줄 결과를 표현할 때 지속적으로 사용된 단어들이다(cf. 19:8; 23:40; 24:9; 25:9, 18, 38; 26:6; 29:18). 이는 장소의 문제가 아니라

이집트에 잠시 피신하여 머물다가(לָגוּר שָׁם 라구르 샴, cf. 15, 17, 22절; גּוּר 구르; "객으로 머물다") 다시 돌아오려는 계획을 했을지 모르지만 그들은 결코 다시 약속의 땅으로 돌아오지 못하고 영원히 추방될 것이다.

19-22절. 예레미야는 이집트로 가지 말라는 하나님의 응답과 함께 자신의 경고도 전달한다(19절). 아직 백성의 결정이 명시적으로 주어진 것은 아니지만 예레미야는 이미 백성의 결정을 확인한 것으로 보인다. 따라서 그들이 철저한 순종을 약속하면서 하나님의 응답을 구했음에도 불구하고 그들의 근본적인 의도는 하나님의 뜻이 아닌 자신들의 판단에 대한 하나님의 확인을 얻고자 한 것임을 지적한다. "너희 마음을 속였느니라"(20절). 이 말은 그들이 순종을 약속할 때 진실하거나 신중하지 못했음을 의미한다. 예레미야의 지적은 그들의 죄가 더욱 심각하다는 사실을 상기시킨다. 자신들이 간절히 원하여 임하게 된 하나님의 응답을 모두 들었음에도 불구하고 하나님의 목소리를 듣지 않는다(21절). 그러므로 그들이 선택한 이집트 땅에서 반드시 하나님의 철저한 심판("칼과 기근과 전염병")으로 죽임을 당하게 될 것이라는 확언으로 하나님의 응답을 마무리한다(22절). 결과적으로 예레미야의 경고는 심판의 책임이 하나님이나 자신에게 있는 것이 아니라 하나님의 뜻을 따르려는 의향도 없이 하나님의 뜻을 구하고 그 뜻을 거절한 요하난과 백성에게 있음을 분명히 밝혀 주는 것이다("너희는 분명히 알라," 19절; "분명히 알지니라," 22절). 하나님의 확실한 응답과 예레미야의 엄중한 경고를 듣고도 이집트로의 여정을 결정한다면 그 책임은 전적으로 요하난과 백성에게 있는 것이기에 어느 누구도 이집트에서 겪게 될 심판에 대해 불평할 수 없다. 특히 개역개정이 "너희가 가서 머물려고 하는"으로 번역한 22절의 히브리어 원문, חֲפַצְתֶּם לָבוֹא לָגוּר שָׁם 하파쯔템 라보 라구르 샴("너희가 가서 머물기를 *소원하는*")은 그들이 상황에 떠밀려 이집트로 가는 것이 아니라 자신들이 기꺼이 원해서 가는 것이라는 사실을 정확하게 전달한다. 자신들의 원하는 마음에 경도된 눈으로 이집트를 바라보면 그곳은 평화롭고 풍족하며 안전하게 보이지만 하나님의 눈으로 바라보는 이집트는 심판과 사망의 자리일 뿐이다. 요하난과 백성의 근본적인 문제가 바로 이것이다. 자신들의

하나님에 대한 순종과 불순종의 여부에 따른 결과를 의미한다.

관점과 판단이 하나님의 관점과 판단을 결코 용납할 수 없게 한 것이다. 따라서 하나님의 보호와 구원에 대한 약속도 그들에게는 신뢰할 수 없는 허언에 불과하다(cf. 10-12절). 요하난과 백성은 예루살렘의 멸망을 통해서 하나님의 철저한 심판을 경험했음에도 불구하고 여전히 그들의 고질적인 문제에서 조금도 벗어나지 못한 모습을 보인다. "그러나 그들이 말하기를 이는 헛되니 우리는 우리의 계획대로 행하며 우리는 각기 악한 마음이 완악한 대로 행하리라 하느니라"(18:12; cf. 44:16-18).

43장 1-3절. 예레미야는 요하난과 백성의 요구에 따라 하나님께 기도하여 하나님의 응답을 받은 후 약속한 대로 그가 받은 모든 말씀을 그들에게 다 전했다(1절). 이제 요하난과 백성이 그들의 약속을 성실히 지킬 차례다. 하지만 예레미야의 말을 들은 사람들 중에 호사야의 아들 아사랴(여사냐, 42:1)와 가레아의 아들 요하난과 오만한 자들이 예레미야에게 공격적으로 반응한다(2절). 그들은 이집트로 가서 머물지 말라는 명령은 하나님의 응답이 아니며 "거짓말"(שֶׁקֶר 쉐케르)이라고 말하면서 거부한다. 결국 그들은 하나님을 증인으로 세우면서 그의 말씀이 어떤 것이든 간에 그대로 순종하겠다("그의 목소리가 우리에게 좋든지 좋지 않든지를 막론하고 순종하려 함이라," 42:6)는 약속을 지키지 않는다. 뿐만 아니라 예레미야의 말은 자신들을 대적하여 갈대아인들에게 넘겨주어 죽게 하거나 포로로 잡혀가게 하려는 바룩의 음모라고 비난한다(3절). 하지만 이것은 하나님의 말씀에 순종하겠다는 약속을 어기는 것을 정당화하기 위한 어떤 증거도 없는 핑계에 불과하다. 이들의 이러한 반응은 예레미야를 통해서 하나님의 뜻을 알고자 했던 근본적인 동기가 하나님의 뜻을 따르겠다는 것이 아니고 자신들의 결정에 대한 하나님의 확인을 받고 싶었던 것임을 분명하게 보여준다. 결국 예레미야가 염려했던 일이 현실이 된다. "모든 오만한 자"(כָּל־הָאֲנָשִׁים הַזֵּדִים 콜-하아나쉼 핫재딤)는 처음 등장하는 표현이다.[80] 이 표현은 하나님의 뜻이 아닌 자신들의 고집에 따라 행동하는

80) 시 19:13(14, MT)에 동일한 단어 זֵד 재드가 사용된다: גַּם מִזֵּדִים חֲשֹׂךְ עַבְדֶּךָ 감 밋재딤 하소크 아브데카("또 주의 종에게 고의로 죄를 짓지 말게 하사"; "Keep your servant also from willful sins"(NIV). זֵד 재드는 자기 멋대로 행하는 태도를 가리킨다.

유다백성을 가리킨다. 예레미야가 선포한 심판신탁이 유다와 예루살렘에 성취되면서 그의 진정성이 확인됐음에도 불구하고 유다백성은 여전히 그를 의심하고 거부하는 태도를 보인다.

4-7절. 요하난과 백성은 유다 땅에 머물라는 하나님의 명령을 순종하기를 거부한다(4절). 왜냐하면 자신들이 듣기 원했던 말씀이 아니기 때문이다. 하나님이 유다 땅에서 그들이 누릴 안전에 대한 확실한 약속을 주셨음에도 불구하고 그들은 하나님을 신뢰하지 않는다. 그러므로 요하난과 군 지휘관들은 유다에 머물고자 돌아온 백성을 모두 데리고 이집트로 간다(5절). 6절은 그들이 데리고 간 사람들에 대해 언급하는데, 이들 중에 예레미야와 바룩이 있다. 아마도 이집트로 가기를 원치 않은 사람들도 강제로 압송했을 것으로 보인다. 요하난과 그 일행은 이집트로 내려가 나일 삼각주의 동편(하[下] 이집트의 북쪽 경계)에 위치한 다바네스에 머문다(7절). 그들이 이집트로 간 것은 결국 여호와의 목소리를 순종하지 않은 것이다. 동일한 표현("여호와의 목소리를 순종하지 아니하고")이 4절과 7절에 반복되면서 강조된다.

현재적 적용 | 묵상

1. 상황의 절박함 때문에 어찌할 바에 대해 하나님께 충분히 물을 수 있는데, 이 물음에 하나님의 뜻을 따르겠다는 거짓 없는 결단이 담겨 있는가? 하나님과의 관계에는 관심이 없고 다급함과 절박함 때문에 응답만 요구하는 것은 아닌가?

2. 하나님께 고백하고 다짐하는 결단에 신중함과 진실함이 있는가? 아니면 하나님의 환심을 얻기 위한 입술의 고백에 불과한가? 혹시 자신도 속는 것은 아닌가?

3. "하나님은 나의 하나님이시고 나는 그의 백성"이라는 분명한 인식과 함께 그의 뜻을 묻는가? 그가 알려주시는 것이 어떤 것이든 따를 수 있는 것은 이러한 인식이 확실할 때만 가능하다는 것을 기억하는가?

4. 절박한 상황에서 하나님의 응답이 지연될 때, 답답한 마음이 앞서는 것을 다

스리고 간구하는 바가 무엇인지 충분히 그리고 신중하게 생각하는 시간을 갖는가?

5. 하나님의 뜻을 구하기 전에 하나님의 절대적 주권을 충분히 묵상하는가? 또한 하나님이 가장 선한 것으로 인도하신다는 확신을 마음에 새기고 또 새기는가?
6. 안전과 성공과 복을 누릴 수 있는 것으로 판단해서 선택한 자리가 "놀램"과 "저주"와 "치욕"과 "죽음"의 자리가 될 수 있다는 것을 아는가?
7. 요하난과 남아있던 유다백성이 하나님이 아닌 "장소"에 집착한 것처럼 "장소"에만 눈을 고정하고 있는 것은 아닌가? 눈을 들어 "장소" 위에서 모든 것을 다스리시는 하나님을 볼 마음은 없는가?
8. 어떤 곳이던 하나님이 함께 하겠다고 약속하시는 그곳으로 가고 있는가? 또한 그곳에 머물면서 하나님의 긍휼과 보호와 인도를 기대하는가?
9. 하나님의 뜻을 구하는 것이 단지 내 판단과 결정에 대한 동의를 얻기 위한 것은 아닌가?
10. 하나님의 징계를 통해 잘못을 확인하고 올바른 모습을 회복하는가? 아니면 어떤 교훈도 얻지 못하고 여전히 악한 마음의 완악함과 고집을 따르는가?
11. 내가 원하는 하나님의 말씀과 내가 들어야 하는 하나님의 말씀을 구분하는 지혜가 있는가?
12. 주어진 기회를 놓친 유다백성처럼 내게 주어진 기회를 스스로 놓치고 있는 것은 아닌가?

---

(5) 이집트의 멸망에 대한 선언, 43:8-13

장면 VIII(43:8-13)은 하나님이 명령한 유다 땅이 아니라 자신들의 고집에 따라 선택한 이집트에 대한 신탁을 서술한다. 이 신탁은 하나님의 말씀이 직접 인용되는 신적 신탁이며 신탁의 대상은 이집트다. 내용으로는 이집트의 멸망을 선언하는 심판신탁이다. 이집트의 멸망을 예견하는 상징적 행위가 신탁에 서술된다. 이 신탁에는 고소단락이 등장하지 않고 선언단락만 주어진다. 하나님은 이집트가 유다백성의 기대와는 달리 심판의 자리가 될 것이라고 분명하게 선언하신다. 장면 VIII(43:8-13)의 구조는 아래와 같다.

장면 VIII. 이집트의 멸망에 대한 선언(8-13절)
신탁도입, 8절
 a. 위임명령, 9절
  b. 선언단락, 10-13절

신탁도입과 위임명령(8-9절)
요하난과 백성이 다바네스에 머물고 있을 때 하나님의 신탁이 예레미야에게 임한다. 하나님은 바로의 궁궐 입구에 있는 포장된 길에 큰 돌들을 진흙으로 묻으라고 예레미야에게 명하신다.

선언단락: 심판선언(10-13절)
이집트의 멸망에 대한 선언이 서술된다. 선언의 내용은 두 가지다. 하나는 하나님이 바벨론 왕 느부갓네살을 불러오고 그의 보좌를 예레미야가 묻은 돌 들 위에 세우면 그가 그의 장막을 그 위에 펼치고 이집트 땅을 친다는 것이다. 다른 하나는 하나님이 이집트 신들의 신당에 불을 놓으면 느부갓네살이 이집트의 신들의 신전과 석상들을 손쉽게 파괴한다는 것이다.

주해

8-9절. 요하난과 백성이 이집트의 다바네스에 머물고 있을 때 하나님은 예레미야에게 상징적인 행동을 명하시고 이집트의 멸망에 관한 신탁을 전달하신다(8절). 하나님은 예레미야에게 유다 사람들이 보는 앞에서 여러 개의 큰 돌을 가지고 가서 다바네스에 있는 바로의 궁전 입구에 있는 "벽돌로 만든 도로"(מַלְבֵּן 말벤)에 진흙으로 감추라고 명하신다(9절). 이 신탁의 대상은 이집트지만 실제 신탁을 들어야 하는 대상은 유다백성이기 때문에 이 상징적 행위를 그들이 보는 앞에서 행하게 된다.

10-13절. 하나님은 예레미야에게 돌들을 감춘 후 신탁을 선포하라고 명하신다.

신탁도입("만군의 여호와 이스라엘의 하나님께서 이와 같이 말씀하시되")과 함께 하나님의 선언이 인용된다.

첫째, 상징적 행위에 대한 설명이다(10절). 예레미야가 바로의 궁전 입구에 있는 도로에 감춘 돌은 바벨론 왕의 보좌가 세워지는 기초가 된다. 하나님이 친히 바벨론 왕 느부갓네살을 부르시고 오게 해서 감춘 돌들 위에 그의 왕좌를 세우실 것이다. 그러면 그가 그 돌들 위에 그의 장막을 펼칠 것이다. 이는 바벨론 왕의 승리를 상징적으로 나타낸다. 개역개정은 "그가 그의 왕좌를 내가 감추게 한 이 돌들 위에 놓고"로 번역하는데, 히브리어 원문, שַׂמְתִּי כִסְאוֹ מִמַּעַל לָאֲבָנִים הָאֵלֶּה 삼티 키스오 밈마알 라아바님 하앨레는 "내가 그의 왕좌를 그 돌들 위에 놓을 것이다"를 의미한다. 1인칭 동사 שַׂמְתִּי 삼티("내가…놓다")를 사용하고 있기 때문에 하나님이 그의 왕좌를 세우시는 것으로 번역하는 것이 적절하다(cf. 우리말성경; 쉬운성경; 현대인의 성경; NIV; KJV).[81] 이것은 하나님이 바벨론 왕에게 승리를 허락하신다는 사실을 분명하게 전달한다. 또한 하나님이 "나의 종"(עַבְדִּי 아브디)으로 부르는 바벨론 왕은 이집트를 파괴하는 그의 도구임을 나타낸다.

둘째, 이집트 땅에서 죽음과 사로잡힘을 피할 수 없다(11절). 바벨론 왕은 이집트 땅을 쳐서 하나님이 정하신 대로 죽일 자는 죽이고 사로잡을 자는 사로잡고 칼로 칠 자는 칼로 칠 것이다. 이는 하나님이 유다에 행한 심판과 동일하다(cf. 15:2). 요하난과 백성이 느부갓네살을 피해 이집트로 도망한 것은 아무런 소용이 없다. 왜냐하면 그가 그곳으로 그들을 찾아갈 것이기 때문이다. 이집트 땅에 있는 유다백성도 죽임과 사로잡힘의 대상에 포함된다.

셋째, 이집트의 신상과 신전들도 파괴의 대상이 된다(12-13절). 11절과 동일하게 하나님이 주어로 등장하는 1인칭 동사 הִצַּתִּי אֵשׁ 힛짤티 애쉬("내가 불을 지르리

---

81) BHS는 칠십인경(καὶ θήσει)과 시리아역본에 근거해서 3인칭 동사 שָׂם 삼("그가 세우다")로 읽을 것을 제안한다. 개역개정은 이 제안에 따른 번역인데, 히브리어 필사본들의 지지가 없기 때문에 MT독법(שַׂמְתִּי 삼티)을 유지할 필요가 있다.

개역개정은 לָאֲבָנִים הָאֵלֶּה אֲשֶׁר טָמָנְתִּי 라아바님 하앨레 아샤르 타만티를 "내가 감추게 한 이 돌들 위에"로 번역하는데, 원문의 의미는 "내가 감춘 이 돌들 위에"다. 선지자가 하나님을 대신해서 돌들을 감춘 것이기 때문에 하나님이 자신이 감춘 행위로 묘사하는 것에는 문제가 없다. 칠십인경은 2인칭 동사 κατέκρυψας를 사용해서 "네가 감춘"으로 번역한다.

라")가 서술되고 이어서 바벨론 왕 느부갓네살을 주어로 하는 3인칭 동사 שְׂרָפָם 세라팜("그가 그것들을 불사르고")가 등장한다. 이는 파괴의 주체는 하나님이시고 느부갓네살은 그의 도구로 파괴를 수행한다는 의미를 전달한다. 느부갓네살의 공격에 이집트의 신들은 전혀 도움이 되지 못한다. 오히려 느부갓네살은 목자가 몸에 그의 옷을 두르는 것처럼 이집트를 두르고 그곳을 평안히 떠날 것이다. 이 비유는 세 가지 의미가 가능하다. 첫째, 목자가 몸에 자신의 옷을 두르는 것처럼 느부갓네살이 이집트를 손쉽게 이기는 것을 의미할 수 있다. 둘째, 목자가 그의 옷에서 이를 잡아내 듯 느부갓네살이 이집트를 말끔히 털어낸다는 의미로 해석할 수 있다(cf. 공동번역; 새번역; 현대인의 성경; RSV). 이는 "두르다"로 번역한 동사 עָטָה 아타가 "이를 잡다"는 의미를 취할 수 있기 때문이다. 셋째, 바벨론 왕이 목자가 옷으로 치장을 하는 것처럼 이집트에서 많은 노획물을 얻는 것을 의미하는 것도 가능하다(cf. 사 49:18). 선지자 에스겔은 주전 571년에 그가 받은 하나님의 신탁을 전하는데, 바벨론 왕이 어렵게 두로를 멸망시켰지만 아무것도 얻지 못한 것에 대한 대가로 하나님이 이집트를 그에게 허락하실 것이며 그가 그곳에서 많은 물건을 노략하여 갈 것이라고 선언하신다. "그러므로 주 여호와께서 이같이 말씀하시느니라 내가 애굽 땅을 바벨론의 느부갓네살 왕에게 넘기리니 그가 그 무리를 잡아가며 물건을 노략하며 빼앗아 갈 것이라 이것이 그 군대의 보상이 되리라"(겔 29:17-20). 하나님의 심판의 도구로 사용되고 있는 느부갓네살의 행보를 막을 자가 없기에 그는 어떤 방해도 받지 않고 이집트에서 그가 원하는 일을 이루고 평안히 떠날 것이다. 느부갓네살이 주전 568-567년에 이집트를 공격한 역사적 기록이 있다.[82)]

13절에서 이집트의 우상들("벧세메스[태양신전]의 석상들")과 신당들의 파괴를 다시 언급하는 것은 느부갓네살의 승리를 확언하는 역할을 한다(cf. 44:30). 고대의 전쟁에서 점령군은 패배한 나라의 우상들을 승리의 행진에 끌고 다니거나 완전히 파괴하여 자신들의 승리를 확인했다. 또한 이것은 소위 말하는 "그 어느 신"도 하나님의 심판을 막을 수 없으며 그가 모든 것을 주관하시는 참 신이심을 확언하는 것이기도 하다. 유다에 머물라는 하나님의 명령을 받고서도 요하난과 백성

---

82) Harrison, *Jeremiah & Lamentations*, 165.

은 이집트를 선택했다. 왜냐하면 그들에게 이집트는 평안과 양식을 보장해 주는 눈에 보이는 증거였기 때문이다. 또한 자신의 성전이 파괴된 하나님보다는 아직 건재한 신전에 있는 이집트의 신들이 자신들을 지켜줄 것처럼 보였기 때문이다(cf. 44:17-18). 하지만 하나님이 말씀하신 대로 그곳은 생명과 축복의 자리가 아니라 사망과 저주의 자리다. 그들은 유다에서 멀리 떠나 바벨론 왕에게서 도망치려고 하지만 하나님이 그곳으로 바벨론 왕을 부르셔서 그들을 죽이고 포로로 사로잡아 가게 하실 것이다. 왜냐하면 그들이 그들의 언약의 하나님 여호와의 목소리를 듣지 않고 그를 거부했기 때문이다. 결국 그들이 기대했던 것과는 달리 이집트는 생명의 자리가 아닌 죽음의 자리가 된다.

현재적 적용 | 묵상

1. 내가 선택한 자리가 죽음의 자리가 될 것이라는 하나님의 말씀에 어떤 태도를 보이는가?
2. 하나님의 방법과 뜻에 따라 피하고 싶은 것들을 피하고 있는가? 하나님의 방법과 뜻보다는 나의 방법과 뜻이 앞서는 것은 아닌가?
3. 죽음의 길에 들어섰다는 분명한 가시적 증거가 있음에도 여전히 그곳에 머물러 있는 것은 아닌가? 내가 들어서지 않아야 할 이집트와 다바네스는 어디인가?
4. 하나님이 정하신 심판을 자리만 옮기면 그리고 시간이 지나면 피할 수 있다고 착각하지는 않는가?

(6) 이집트에 사는 유다백성의 우상숭배로 인한 심판선언, 44:1-14

장면 IX(44:1-4)는 앞 장면(43:8-13)의 신탁을 이어가는데, 신탁의 대상이 이집트에서 그곳에 머물고 있는 유다백성으로 전환된다. 같은 대상에 대한 신탁을 담고 있는 면에서 장면 IX(44:1-14)와 장면 X(44:15-30)은 연결된다. 장면 IX에 서술된 신탁은 형식에 있어서 하나님의 말씀이 직접 인용된 신적 신탁이며 내용으로는 심판을 선언하는 심판신탁이다. 신탁의 대상은 믹돌, 다바네스, 놉, 바드로스에 거하는 유다 사람들이다. 이 신탁은 고소단락과 선언단락으로 구성되는데, 고소단락(2-10절)은 두 개의 신탁도입형식에 의한 이중구조의 형식을 취하는 특징이 있다. 첫 번째 고소단락(2-6절)은 유다백성의 죄악이 초래한 유다와 예루살렘의 멸망과 폐허를 언급하며 두 번째 고소단락(7-10절)은 수사적 질문을 이용한 논쟁적 어투로 유다백성의 고질적인 불순종의 죄악을 지적한다. 핵심적인 죄악은 하나님의 율법과 규례를 버리고 그들이 행한 우상숭배다. 유다의 멸망은 그들에게 실질적인 변화를 주지 못했다. 동일한 죄악이 이집트로 내려간 유다백성에게도 여전히 발견되기 때문에 이들에 대한 심판이 선언단락(11-14절)에 주어진다. 자신들의 결정에 따라 이집트에서 안정된 삶을 살고자 하지만 하나님 백성의 정체성을 상실한 그들은 하나님의 심판을 결코 피할 수가 없게 된다. 이 신탁의 구조는 아래와 같이 구분된다.

장면 IX. 이집트에 사는 유다백성을 향한 심판선언(44:1-14)
　신탁도입과 대상, 1절
　a. 고소단락(1): 우상숭배와 불순종으로 인한 유다의 폐허[과거], 2-6절
　a'. 고소단락(2): 고질적인 우상숭배와 불순종의 죄악[현재], 7-10절
　　b. 선언단락: 심판선언, 11-14절

신탁도입과 대상(1절)

하나님의 말씀이 이집트에 있는 예레미야에게 임한다. 그가 받은 말씀은 이집트의 믹돌, 다바네스, 놉, 바드로스 지방에 정착하여 머물고 있는 유다백성에 관한 신탁이다.

고소단락(1): 죄악으로 인한 폐허(2-6절)

이집트에 머물고 있는 유다백성의 죄악을 고소하기에 앞서 유다가 멸망할 수밖에 없었던 이유가 지적된다. 유다 멸망의 원인은 두 가지다. 하나는 우상숭배의 죄악이며(2-3절), 다른 하나는 하나님의 경고를 무시한 불순종이다(4-5절). 결국 우상숭배와 불순종은 하나님의 진노의 심판으로 유다와 예루살렘이 폐허가 되는 상황을 초래했다(6절).

고소단락(2): 고질적인 불순종의 죄악(7-10절)

우상숭배와 불순종으로 인한 유다의 멸망을 경험했음에도 불구하고 이집트에 거하는 유다백성이 여전히 우상숭배의 죄악에 빠져 있는 문제가 지적된다. 큰 죄악으로 재앙을 초래하고 있는 것에 대한 책망과 함께 하나님은 그들이 유다의 멸망에서 어떤 교훈도 얻지 못하고 여전히 그의 율법과 규례를 지키지 않는 문제를 지적하신다.

선언단락: 심판선언(11-14절)

하나님은 우상숭배의 죄악에서 벗어나지 못하고 있는 백성에게 재앙이 결정됐음을 선포하신다. 따라서 "온 유다"가 멸절될 것이다. 이집트에 머물고 있는 자들은 칼과 기근으로 모두 제거되고 결국은 혐오와 조롱의 대상이 된다고 선언하신다. 어느 누구도 하나님이 내리시는 재앙을 피할 수 없으며 소수의 피난민들을 제외하고는 약속의 땅으로 돌아가지 못한다.

주해

1절. 이집트에서도 예레미야는 여전히 선지자의 사역을 감당한다. 하나님의 말씀이 그에게 임한다. 신탁의 대상은 이집트로 내려온 유다백성이다. 요하난과 함께 이집트에 내려온 유다백성은 다바네스, 믹돌, 놉(멤피스), 바드로스에 흩어져서 정착한다. 믹돌과 다바네스와 놉은 하(下) 이집트(북부)에 위치한 도시들이며 바드로스 지방은 상(上) 이집트(남부)에 위치한 지역이다.[83] 게롯김함에서 예레미야를

83) 1절에 유다백성이 정착한 지역들이 언급되는데, 크게 두 지역으로 구분된다. 하나는 하(下) 이집트(북부)를 가리키는 "이집트 땅"(אֶרֶץ מִצְרָיִם 에레쯔 미쯔라임)이다. 이어지는 지역들은 동격으로 "이집트 땅"을 구체적으로 설명한다. 즉, "이집트 땅에 거하는 모든 유다 사람들, 곧 믹돌과 다바네스와 놉에 거하는 사람들"이다. 따라서 이 표현들은 모두 하(下) 이집트(북부)를 가리킨다. 다른 하나는 상(上) 이집트(남부)를 가리키는 "바드로스 땅"(אֶרֶץ פַּתְרוֹס 에레쯔 파트로쓰)이다. אֶרֶץ מִצְרָיִם 에레쯔 미쯔라임과 אֶרֶץ פַּתְרוֹס 에레쯔 파트로쓰를 함께 서술하면서 하-이집트와 상-이집트를 가리키는 예를 사 11:11에서 볼 수 있다. 15절에는 접속사 ו 바브가 사용되지 않고 כָּל־הָעָם הַיֹּשְׁבִים בְּאֶרֶץ־מִצְרַיִם בְּפַתְרוֹס 콜-하암 하이요쉐빔 베에레쯔-미쯔라임 베파트로쓰("이집트 땅, 바드로스에 거하는 모든 백성")라는 표현이 사용된다. 이는 하-이집트와 상-이집트를 가리키는 표현으로 이집트에 있는 모든 백

통해 전달된 하나님의 명령을 어기고 이집트로 내려간 유다백성은 이집트의 중요 도시에 정착해서 살고 있을 때 그들을 향한 하나님의 심판신탁이 예레미야를 통하여 선포된다. 유다백성이 여러 지역에 정착한 것을 고려할 때, 이집트로 온 후 어느 정도 시간이 지난 것으로 보인다.

2-3절. 신탁도입형식("만군의 여호와 이스라엘의 하나님께서 이와 같이 말씀하시니라")과 함께 첫 번째 고소단락이 시작된다(2절). 하나님은 먼저 이집트에 머물고 있는 백성이 유다의 멸망을 경험한 사실을 상기시킨다. "너희는 내가 예루살렘과 유다 모든 성읍에 내린 '모든 재앙' (כָּל־הָרָעָה콜-하라아)을 보았느니라." 2-6절은 수미쌍관 형식에 의해 하나의 단락으로 묶이면서 유다의 당시 상황과 멸망하게 된 원인을 서술하는 것에 집중한다. 2절과 6절은 각각 심판이 임한 이후에 처하게 된 유다의 상황을 서술하는 것으로 의미론적 수미쌍관을 이룬다. 당시에 유다는 하나님이 내리신 진노의 심판으로 인해("나의 분과 나의 노여움을 쏟아서," 6절) 사람이 살지 않는 "폐허"(חָרְבָּה호르바, 2절/6절)와 "황무지"(שְׁמָמָה쉐마마, 6절)가 된 상태다. 유다가 이러한 상황에 처할 수밖에 없었던 원인이 3-5절에 서술된다. 그 원인은 두 가지다. 첫 번째 원인은 조상 때부터 내려온 고질적인 우상숭배다(3절). 하나님은 우상숭배를 그를 화나게 한 "그들의 죄악"(רָעָתָם라아탐, 3절)과 그가 미워하는 "가증한 일"(דְּבַר־הַתֹּעֵבָה הַזֹּאת데바르-할토애바 핫조트, 4절)로 규정하신다. 우상숭배의 문제는 이스라엘의 역사와 함께 해 온 뿌리 깊은 죄악이다. 선지자 에스겔은 이집트에서 포로기까지 이스라엘 역사에 만연했던 우상숭배의 죄악과 패역의 문제를 심각하게 지적한다(cf. 겔 20:1-32). 유다의 멸망을 경험하고 바벨론에 포로로 잡혀갔음에도 불구하고 바벨론 포로지의 유다백성은 우상숭배를

성을 의미한다. 따라서 NIV는 "all the people living in Lower and Upper Egypt"로 번역한다. 새번역도 "하 이집트와 상 이집트에 사는 온 백성의 큰 무리"로 번역한다(cf. 공동번역). "이집트 땅에"와 "바드로스에" 사이에 접속사 ו바브가 없기 때문에, 이 둘의 관계를 동격으로 간주해서 "이집트 땅, 곧 바드로스에"로 번역하면 15절에 언급된 사람들은 바드로스에 거주하는 유다백성으로 제한될 수 있다(cf. 개역개정; 현대인의 성경). 하지만 예레미야가 그의 답변(24절)에서 "애굽 땅에서 사는 모든 유다 사람이여"라고 말하는 것을 고려할 때, 동격으로 해석하기보다는 하-이집트와 상-이집트로 해석하는 것이 적절해 보인다.

포기하지 않고 오히려 더 적극적인 모습을 보였다. "너희가[바벨론 포로지에 있는 백성] 스스로 이르기를 우리가 이방인 곧 여러 나라 족속 같이 되어서 목석을 경배하리라 하거니와"(겔 20:32).

4-6절. 유다와 예루살렘이 폐허와 황폐함을 피할 수 없었던 두 번째 원인은 하나님이 끊임없이("부지런히") 선지자들을 보내어 경고의 메시지를 보내며 멈출 것을 명하셨지만 듣지도 않았을 뿐만 아니라 관심조차 두지 않았던 불순종이다(4-5절). 유다백성은 우상숭배를 포기하지 않는 불순종을 범했다. 결국 우상숭배와 불순종은 하나님의 진노를 자초했고 유다의 멸망은 당연한 결과였다(6절). 이집트에 있는 유다백성에게 유다가 멸망하게 된 원인과 결과를 구체적으로 언급하는 것과 관련하여 대략 세 가지 효과를 짐작해 볼 수 있다. 첫째, 이집트에 머물고 있는 유다백성으로 하여금 예루살렘에서 범한 우상숭배가 하나님의 심판을 초래한 사실을 회고하게 한다. 따라서 우상숭배의 심각성과 결과를 되새겨보게 된다. 둘째, 그들이 여전히 범하고 있는 우상숭배의 죄악이 가져올 결과를 생생하게 짐작할 수 있게 한다. 그들이 범한 죄악으로 인해 심지어 하나님의 도성인 예루살렘이 심판의 자리가 됐다면 믹돌과 다바네스와 놉과 바드로스 지방이 과연 그들이 믿고 있는 것처럼 안전한 자리가 될 수 있는가를 생각해 보게 한다. 셋째, 예레미야를 통해 그들에게 전달되는 하나님의 심판신탁을 신중하게 고려하게 한다. 예레미야의 신탁에 따라 정확하게 유다가 멸망한 것을 목격한 백성은 예레미야가 선포하는 이집트와 유다백성을 향한 심판신탁의 확실성을 외면하기가 쉽지 않을 것이다. 하나님은 이런 효과를 기대하셨지만 유다백성은 이 기대에 미치지 못한다.

7-10절. 신탁의 관점이 과거에서 현재로 이동한다. 과거의 유다의 멸망에 대한 원인과 결과를 분명하게 확인시킨 후 현재 이집트에 머물고 있는 유다백성을 책망하고 고소하는 두 번째 고소단락이 이어진다. 신탁도입형식("만군의 하나님 이스라엘의 하나님 여호와께서 이와 같이 말씀하셨느니라")에 이어서 수사적 질문들이 서술된다(7절). 이 질문들은 이집트에 있는 유다백성의 문제점을 효과적으로 지적한다. 왜냐하면 이 질문들을 듣는 이들은 질문에 대한 답변을 생각하면서 자신들의 모습을 돌아보게 되기 때문이다. 책망의 핵심은 첫 번째 수사적 질문에 담겨있다.

"너희가 어찌하여 '큰 죄악'(רָעָה גְדוֹלָה라아 게돌라)을 행하여 너희 자신을 해하느냐?"(7절) "남자와 여자와 아이와 젖 먹는 자"가 남지 않는 것은 미래에 대한 어떤 소망도 가질 수 없는 완전한 멸절을 의미한다. 남는 자가 하나도 없이 모두 멸절되는 것이 분명함에도 불구하고 죄악에서 돌이키지 못하는 어리석은 행동을 책망하신다. 우상숭배로 인해 유다와 예루살렘이 멸망한 후 여러 나라 중에 저주와 수치거리가 됐음에도 불구하고 여전히 이집트에서도 우상숭배로 하나님의 진노와 저주를 자처하는 어리석음이다(8절). 자신들의 죄악으로 인해 유다가 처참하게 멸망하는 중에 다행히 살아남았지만 그릇된 사고와 행위에 있어서 어떤 변화도 일어나지 않았다. 예루살렘에서 행한 우상숭배의 죄악이 이집트로 그대로 이어졌다. 이집트에 머물고 있는 유다백성은 여전히 자신들의 악한 마음의 고집에 따라 다른 신들을 따라가 그들에게 분향을 드리면서 하나님의 진노를 자극하고 있다. 조상들의 "죄악들"(רָעוֹת라오트)과 유다의 모든 구성원들이 총체적으로 범한 "죄악들"(רָעוֹת라오트)이 하나님의 "재앙"(רָעָה라아)을 초래한 사실을 기억하지 않는 어리석음을 책망하신다(9절).[84] 이는 범한 "죄악"(רָעוֹת라오트)에 상응하는 "재앙"(רָעָה라아)을 내리시는 공의의 하나님을 무시하는 어리석음이다.

하나님이 이집트에 있는 유다백성에게 제기하시는 고소는 지난 경험에서 어떤 교훈도 얻지 않고 여전히 벗어나지 못하고 있는 고질적인 불순종의 죄악이다(10절). 10절은 이집트에 있는 유다백성의 문제점을 결론적으로 정리하여 서술한다. 그들은 죄를 뉘우치거나 심판을 두려워할 줄 모르는 안일함에 빠져 있을 뿐만 아니라 하나님의 율법과 법규를 지키지 않고 무시하는 삶을 살고 있다.[85] 그들에게 유다의 처참한 멸망은 단지 과거의 사건에 불과하며 더 이상 현실이 아니기에 심

---

84) 9절에서 "유다의 왕들"과 "그들의 아내들" 그리고 "너희"와 "너희의 아내들"이 언급되는 것은 아담과 하와의 타락을 연상시킨다. 이는 인류의 죽음을 초래한 최초의 죄에서 벗어나지 못한 근본적인 문제를 지적하는 듯하다. 44:15-30에 남편과 아내가 언급되는 것도 같은 맥락에서 이해할 수 있다.

85) 개역개정이 "겸손하지 [아니하며]"로 번역한 히브리어 동사 דֻּכְּאוּ둑케우(원형, דָּכָא다카)는 "상한 상태/부서진 상태"를 가리키는 것으로 "뉘우치다" 또는 "참회하다"의 의미로 해석할 수 있는데, 이 경우 참회하지 않는 모습에 대한 지적이 된다(cf. 시 51:19, MT[נִדְכֶּה니드케]). 동사 דָּכָא다카가 시편에서는 주로 דָּכָה다카로 서술된다(cf. 시 10:10, 38:9[MT]; 44:20[MT]; 51:10, 19[MT]).

판에 대한 두려움이 없는 듯 행동한다. 결코 유다백성은 하나님의 율법과 법규를 알지 못했기 때문에 우상숭배를 범했다고 핑계할 수 없다. 왜냐하면 하나님의 율법과 법규가 분명히 그들의 눈앞에 놓여있기 때문이다. "내가 너희와 너희 조상들 앞에(לִפְנֵיכֶם וְלִפְנֵי אֲבוֹתֵיכֶם 리프내켐 메리프내 아보태켐) 세운 나의 율법과 나의 법규를 지켜 행하지 아니하느니라"(10절). 그들이 다른 우상들을 따라가 분향하며 숭배한 것은 자신들의 악한 마음의 고집에 따른 결정이다. 살아남은 유다백성이 하나님의 명령을 어기고 이집트로 내려가 정착한 것만으로도 하나님의 심판의 충분한 이유가 되는데, 여기서 더하여 이방신을 섬기는 죄악을 범하는 것은 다가올 심판의 충분한 이유가 된다. 유다와 예루살렘이 이러한 죄악들로 인하여 멸망을 피할 수 없었다면 이집트에 머물면서 동일한 죄악을 범하고 있는 이들에게 하나님의 심판이 선언되는 것은 당연한 결과다. 그러므로 하나님의 심판이 뒤이어 11-14절에 선언된다. 고질적인 우상숭배와 불순종의 "죄악"(רָעוֹת 라오트)이 초래하는 결과는 결정된 "재앙"(רָעָה 라아)이다.

11-14절. "그러므로"(לָכֵן 라캔)와 신탁도입형식("만군의 여호와 이스라엘의 하나님께서 이와 같이 말씀하시니")은 선언단락으로의 전환을 나타낸다(11절). 하나님은 무엇보다 먼저 이집트에 머물면서 우상숭배의 죄악에 빠진 유다백성에게 "환난"(רָעָה 라아; "재앙")이 결정됐음을 선포하신다. "재앙"(רָעָה 라아)은 그들의 "죄악"(רָעוֹת 라오트)이 초래한 당연한 결과다. 히브리어 원문, הִנְנִי שָׂם פָּנַי בָּכֶם לְרָעָה 힌니 삼 파나이 바켐 레라아는 문자적으로 "보라. 내가 재앙을 위해 내 얼굴을 너희에게 향하게 할 것이다"로 번역이 된다. 이것은 하나님이 재앙에 대한 그의 뜻을 정하셨음을 의미한다.[86] 흥미로운 것은 이것은 이집트로 온 유다백성의 행동에 상응하게 하나님이 행동하신 것이다.

개역개정이 "애굽 땅에 머물러 살기로 고집하고 그리로 들어간"으로 번역한 12절의 히브리어 원문, שָׂמוּ פְנֵיהֶם לָבוֹא אֶרֶץ־מִצְרַיִם לָגוּר שָׁם 사무 페내햄 라보 에레쯔-미쯔라임 라구르 샴은 하나님의 결정을 표현하는 הִנְנִי שָׂם פָּנַי בָּכֶם לְרָעָה 힌니 삼 파나이

86) 이 표현은 예루살렘의 멸망을 선포하실 때 사용하셨던 표현을 연상시킨다. "내가 나의 얼굴을 이 성읍으로 향함은 복(טוֹבָה 토바)을 내리기 위함이 아니요 화(רָעָה 라아)를 내리기 위함이라"(21:10; 44:27, 29).

바켐 레라아와 유사한 구문이다. 이는 이집트 땅으로 가서 머물기로 한 유다백성의 결정에 상응하는 재앙에 대한 하나님의 결정이 이루어졌음을 보여준다. 달리 말하면 유다백성의 결정이 재앙의 결정을 자초한 것을 의미한다. 하나님이 결정하신 재앙은 "온 유다"(כָּל־יְהוּדָה 콜-예후다)의 멸절을 가져온다. "온 유다"는 믹돌과 다바네스와 놉과 바드로스 지방에 머물고 있는 모든 유다백성을 가리킨다(cf. 1절).

하나님이 행하실 심판은 다음과 같다. 첫째, 유다의 남은 자들의 처단, 즉 제거다(12절). "유다의 남은 자들"은 유다에 머물라는 하나님의 명령을 거부하고 자신의 결정에 따라 이집트로 내려와 머물고 있는 백성을 가리킨다. 바로 이들이 이집트 땅에서 칼과 기근에 의해 죽임을 당한다. 그들 중 어느 누구도 이 심판을 피할 수가 없다("낮은 자로부터 높은 자까지"). 그러므로 자신들의 신이 결정한 재앙으로 죽임을 당하는 그들이 이집트 땅에서 "저주와 놀램과 조롱과 수치의 대상"이 되는 것은 당연한 결과다. 그들은 자신들의 결정에 따라 칼과 기근을 피해 이집트로 왔지만 바로 그곳에서 칼과 기근을 마주하게 된다.

둘째, 그들이 선택한 이집트는 생명의 자리가 아니라 심판의 자리, 곧 사망의 자리가 된다(13절). 하나님이 유다에 머물라고 명령하셨음에도 불구하고 심판의 자리였던 유다를 떠나서 이집트로 왔다. 하지만 이집트가 하나님이 예루살렘에 행하신 철저한 심판("칼과 기근과 전염병")을 다시 겪게 되는 심판의 자리가 된다. "칼과 기근과 전염병"은 죽음을 보장한다. 따라서 이집트에 머무는 것은 사망의 자리에 머무는 것을 의미한다.

셋째, 소수의 살아남은 자들을 제외하고는 어느 누구도 그들이 돌아가서 살기를 원했던 유다 땅으로 결코 돌아오지 못한다(14절; cf. "소수의 사람," 28절). 요하난과 유다백성은 바벨론의 칼날을 피해 이집트로 잠시 피신했다가 다시 유다 땅으로 돌아오길 소원했지만 그들의 소원을 결코 이루지 못한다. 오직 하나님의 심판신탁을 신중하게 받아들이고 이집트에서 도피하여 목숨을 구한 자들만이 유다 땅으로 돌아오게 된다. 왜냐하면 이집트 땅에 머물러 있으면서는 결코 하나님의 심판을 피하거나 그 심판에서 살아남을 자가 없기 때문이다(cf. 42:17). 유다의 남은 백성은 이집트를 그들의 생명을 구할 수 있는 피난처로 확신했지만 바로 그곳이 그들의 무덤이 된다.

심판의 주체는 "만군의 여호와 이스라엘의 하나님"("내가")이다. 하나님이 이스라엘을 언약관계로 부르시면서 그의 백성으로 삼으셨지만 그들이 그들의 하나님을 버리고 다른 신들을 따라가면서 하나님 백성의 정체성을 상실했을 때 그들은 단지 심판의 대상에 불과하다. 이집트에서 유다백성이 맞이하는 것은 단순한 전쟁의 죽음이 아니라 "죄악"(רָעָה 라아)을 다루시는 하나님의 "재앙"(רָעָה 라아)이다.

현재적 적용 **묵상**

1. 심판을 경험하고도 지독할 정도로 순종하지 않고 우상숭배를 끊지 못해서 스스로 해를 초래하는 유다백성을 보면 화가 나는데, 그들과 다를 바 없는 나 자신을 보면서는 왜 화가 나지 않는지 생각해 보았는가?
2. 과거에서 교훈을 얻지 않는 유다백성처럼 그들의 모습에서 교훈을 얻지 않는 동일한 어리석음이 있는 것은 아닌가?
3. 아담과 하와로부터 시작된 죄가 여전히 고질적인 문제인데, 과연 이 문제를 어떻게 해결할 수 있는가? 인간이 스스로 해결할 수 없기에 하나님이 보내신 그의 아들 예수 그리스도를 바라보는가?
4. 하나님의 뜻을 무시하고 내 판단과 결정에 따라 선택한 그곳이 피난처가 아니라 무덤이 될 수 있다는 것을 상상해 보았는가?
5. "선"(טוֹב 토브)에 대해서는 "복"(טוֹבָה 토바)으로, "죄악"(רָעָה 라아)에 대해서는 "재앙"(רָעָה 라아)으로 대응하시는 하나님의 원리원칙을 기억한다면 과연 "선"이 아닌 "죄악"을 선택할 수 있을까?
6. 내 결정에 상응하는 하나님의 결정은 과연 "재앙"(רָעָה 라아) 일까 아니면 "복"(טוֹבָה 토바) 일까?

(7) 유다백성의 부정적인 반응과 예레미야의 책망 및 심판선언, 44:15-30

장면 X(44:15-30)은 예레미야가 선포한 심판신탁에 대한 유다백성의 반응과 이에 따른 예레미야의 답변을 서술한다. 다바네스에서 예레미야가 행한 상징적 행위

(43:9)를 직접 보고 그가 전한 유다백성에 관한 심판신탁을 들은 이들과 바드로스(상-이집트)에 있는 백성을 포함해서 이집트에 있는 모든 유다백성은 악한 마음의 완악함에 따라 불순종과 우상숭배를 다짐한다. 이러한 태도에는 남녀의 차이가 없다. 이들의 반응에 대한 답변이 두 가지 형태로 전달된다. 하나는 예레미야가 자신의 말로 전하는 답변이다(20-23절). 예레미야는 그들이 범한 우상숭배와 율법과 규례를 지키지 않은 불순종으로 인해 재앙이 임한 것임을 지적한다. 이는 현실을 외면하는 그들의 태도에 대한 책망이다. 다른 하나는 하나님의 말씀을 직접 인용한 신적 신탁으로 전하는 답변이다(24-30절).[87] 이 신탁은 고소단락(25절)과 선언단락(26-30절)의 구성을 취한다. 고소단락은 맹세한 대로 하라는 조롱의 어투로 서술된다. 우상숭배를 다짐한 이들에 대해 물러섬이 없는 하나님의 모습이 선언단락에 나타난다. 하나님도 그들에 대한 재앙을 맹세하실 뿐만 아니라 재앙을 보증하는 표징을 선언하신다. 고소단락에 인용된 백성의 맹세(נָדַרְנוּ 네다래누; "우리의 서원/맹세")와 선언단락에 언급된 하나님의 맹세(נִשְׁבַּעְתִּי 니쉬바이티; "내가 맹세한다")에 주목할 필요가 있다. 장면 X(44:15-30)은 다음과 같은 구조를 나타낸다.

장면 X. 유다백성의 부정적인 반응과 예레미야의 책망 및 심판선언(15-30절)
- A. 모든 백성의 반응, 15-18절
- A'. 여자들의 반응, 19절
  - B. 여자들을 포함한 모든 백성에게 전한 답변, 20-23절
    - [예레미야의 말]
  - B'. 모든 백성과 여자들에게 전한 답변, 24-30절
    - [신적 신탁]
      - 도입, 24절
      - a. 고소단락, 25절
        - b. 선언단락: 재앙선언, 26-28절
        - b'. 선언단락: 표징선언, 29-30절

87) 24절의 도입("애굽 땅에서 사는 모든 유다 사람이여 여호와의 말씀을 들으라")을 고려하면, 형식에 있어서 선지자 신탁(prophetic oracle)이다. 이 형식의 신탁을 "선지자 설교"

유다백성의 패역과 배교에 대한 철저한 심판으로 하나님의 공의가 세워지고 죄로 얼룩진 백성과의 단절을 통하여 하나님의 거룩한 속성이 드러난다. 반면에 유다백성은 하나님의 공의와 단절을 나타내는 심판을 경험한 후에야 비로소 그의 신탁의 진정성을 깨닫게 되는 어리석음을 드러낸다. 뿐만 아니라 이집트의 바로 호브라가 그의 생명을 찾는 이들의 손에 넘겨지는 것을 보면서 자신들에게 임할 하나님의 재앙을 확인하게 된다. 유다백성은 유다와 예루살렘의 운명을 피하려고 이집트로 갔지만 그곳에서 동일한 운명을 맞이한다. 이는 지독한 불순종의 결과다.

모든 백성과 여자들의 반응(15-19절)

예레미야가 선포한 심판신탁에 대한 백성의 답변은 분명하다. 첫째, 하나님의 신탁을 거부하며 따르지 않겠다고 선언한다. 둘째, 유다에서 행했던 것처럼 하늘의 여왕을 다시 숭배할 것을 다짐한다. 왜냐하면 그들이 하늘의 여왕을 섬길 때는 풍족하게 살았다고 판단하기 때문이다.

여자들을 포함한 모든 백성에게 전한 답변: 예레미야의 말(20-23절)

예레미야는 당시 유다의 처참한 상황의 원인이 우상숭배를 행하면서 하나님을 거부하고 그의 율법을 따르지 않은 것 때문임을 상기시키면서 여전히 우상숭배의 어리석음을 깨닫지 못하고 있는 백성을 책망한다.

모든 백성과 여자들에게 전한 답변: 신적 신탁, 도입과 고소단락(24-25절)

하나님의 답변이 신적 신탁의 형식으로 전달된다. 이집트 땅에 있는 온 유다가 신탁의 대상이다. 하나님은 우상을 숭배하겠다는 그들의 맹세를 반드시 행하라고 말씀하신다. 이는 결과를 생각하지 않는 유다백성의 무모함에 대한 조롱이다.

선언단락: 심판선언(26-28절)

유다백성의 맹세에 걸맞게 하나님도 그의 이름을 두고 심판을 맹세하신다. 첫째, 이집트에서 다시는 유다백성의 입으로 여호와의 이름을 언급하는 일이 없

(prophetic speech)라고도 표현하는데, 형식과는 달리 예레미야는 그의 두 번째 답변에서 자신의 말이 아닌 하나님의 말씀을 직접 인용해서 하나님의 답변을 전한다.

게 될 것이다. 둘째, 이집트에 거하는 유다백성이 멸절할 것이다. 이는 그가 복이 아닌 재앙을 위해 그들을 지켜보실 것이기 때문이다. 셋째, 단지 소수의 사람만 유다 땅으로 돌아가게 될 것이다. 결국 그들은 하나님의 심판을 경험한 후에 신탁의 진정성을 깨닫게 된다.

선언단락: 표징선언(29-30절)

하나님은 그가 맹세한 재앙의 성취를 확인할 수 있는 표징을 선언하신다. 이집트의 바로 호브라가 그의 목숨을 찾는 원수들에게 넘겨지는 것이 표징이다.

주해

15-18절. 예레미야가 선포한 하나님의 심판신탁에 대한 유다백성의 반응이 서술되는데, 그들의 불의한 고집이 다시 한 번 여실히 드러난다. 41-43장에는 요하난을 비롯한 군 지휘관들의 이름과 유다백성이라는 표현이 사용된 반면에 15절에는 "아내들"과 "모든 남자(남편)와 곁에 섰던 모든 여인(아내)"이라는 표현이 사용된다. 이와 같이 여인들에 대한 표현이 반복되는 것은 하늘의 여왕을 섬기는 일에 여인들이 주도적이고 중요한 역할을 했기 때문인 것으로 보인다(cf. 7:18). 또한 여인들이 남편의 승인과 합의를 통해 결정한 후 우상을 숭배했기 때문이다(cf. 19절). "모든 남자," "모든 여인," "모든 백성의 큰 무리"라는 표현은 총체적인 타락을 강조한다.

백성의 반응은 단호할 뿐만 아니라 결연하다. 첫째, 예레미야가 여호와의 이름으로 선포하는 신탁을 듣지 않겠다는 확고한 답변을 전한다(16절). 이것은 하나님에 대한 불신을 의미한다. 하나님이 유다 땅에 머물라고 명령하시면서 그의 임재, 구원, 긍휼을 약속하셨다(cf. 42:10-12). 하지만 그들은 이 약속을 신뢰하지 않을 뿐만 아니라 하나님의 심판도 신중하게 받아들이지 않는다. 둘째, 조상들 때부터 지도자들과 함께 유다 성읍들과 예루살렘 거리에서 행했던 것처럼 "하늘의 여왕"(מְלֶכֶת הַשָּׁמַיִם 멜레케트 핫샤마임)을 다시 숭배할 것을 다짐한다(17절상; cf. 6:16). 이어서 그렇게 다짐하는 이유를 설명한다(17절하-18절). 백성의 다짐은 하나님의 권위가 아닌 조상들과 지도자들의 권위를 따르는 것이며 자신들의 판단과 결정을 우선하는 것이다. "우리 입에서 낸 모든 말을 반드시 실행하여"라는 표현은 확고한 다짐을 나타낸다(cf. 25절). "하늘의 여왕"의 정체에 대해 합의된 견해가 제시되는 것은 아니지만 일반적으로 메소포타미아의 이슈타르와 혼합된 서부 셈족의 아스타르트나 아낫 또는 아세라 등이 제안된다.[88] 풍요의 여신인 "하늘의 여왕"을 다시 섬기겠다고 다짐을 하는 이유는 그들이 하늘의 여왕을 섬길 때에는 식량을 풍족하게 얻었고 "재앙"(רָעָה라아)을 겪지 않고 "복들"(טוֹבִים토빔)을 누리며 살았지만 하늘의 여왕을 숭배하는 것을 멈춘 후로는 궁핍과 칼과 기근으로 인해 멸망을 당했다는 것이다. 결국 이것은 유다와 예루살렘의 멸망이 자신들의 죄악으로 인해 하나님이 칼과 기근과 전염병으로 심판하신 것이라는 사실 조차도 부인하는 것을 의미한다. 오히려 자신들이 경험한 재앙의 원인을 하나님만을 섬긴 탓으로 돌린다.

19절. 여인들(아내들)은 긍정적인 대답을 요구하는 수사적 질문으로 답변을 대신한다. 여인들이 던진 수사적 질문은 유다백성이 행한 우상숭배의 행위가 남편의 승인을 받은 합법적이고 공개적인 행위임을 강변하면서 일말의 거리낌도 없이 하늘의 여왕을 숭배하는 죄악을 정당화한다(cf. 민 30장). 이러한 태도는 우상숭배의 죄악을 범하는 자들의 패역을 그대로 드러낸다. 지난 40여 년간 예레미야의 사역에 의해 조금도 변화되지 않은 백성에게는 자연스러운 모습이다. 남편과 아내가 하나가 되어 하늘의 여왕을 섬기겠다고 다짐하는 것은 온 가족이 하나가 되어 하늘의 여왕을 섬기는 일에 열심이었던 예루살렘 거민의 모습을 상기시킨다. "자식들은 나무를 줍고 아버지들은 불을 피우며 부녀들은 가루를 반죽하여 하늘의 여왕을 위하여 과자를 만들며"(7:18). 이집트에 머물고 있는 유다백성은 하나님이 아닌 하늘의 여왕을 통해 재앙(רָעָה라아)이 아닌 복(טוֹבִים토빔)을 기대하지만 하나님은 그들에게 복(טוֹבִים토빔)이 아닌 재앙(רָעָה라아)을 결정하셨다(cf. 11절). 따라서 하나님을 거부한 유다백성은 그들이 선택한 이집트와 이방 우상의 도움으로 그들이 기대하고 원하는 것을 결코 얻지 못한다. 유다백성의 부정적이고 반항적인 모습은 악한 마음의 완악함에 따라 행동하는 이들의 전형적인 예다. 유다와 예루살렘이 멸망하기 전에 유다백성이 보였던 모습을 그대로 이어간다. "그러나 그들이 말하기를 이는 헛되니 우리는 우리의 계획대로 행하며 우리는 각기 악한 마음

88) Cf. Harrison, *Jeremiah & Lamentations*, 167; 클레멘츠, 『예레미야』, 359-60.

이 완악한 대로 행하리라 하느니라" (18:12).

20-23절. 예레미야의 책망이 서술되는데, 책망의 대상은 자신들의 판단과 결정에 따라 "하늘의 여왕"을 섬기겠다고 다짐하는 남자들과 여자들과 모든 백성이다(20절). 여인들이 수사적 질문으로 부정적인 태도를 보인 것에 맞대응을 하듯 예레미야도 강한 어조의 수사적 질문을 던진다(21절). 이 질문은 조상들의 행위를 따라 그들이 지도자들과 더불어 유다 성읍들과 예루살렘에서 행한 우상숭배의 행위를 하나님이 결코 간과하지 않으셨음을 상기시킨다. 하나님은 그들의 패역한 행위와 가증한 일들을 친히 살펴보셨고 더 이상 참으실 수 없으셨기 때문에 유다와 예루살렘을 철저하게 심판하셨다. 아무도 살 수 없는 폐허와 황무지가 되고 저주의 대상이 된 유다의 당시 상태가 이러한 사실을 분명하게 증언해 주고 있음에도 불구하고 유다백성은 자신들의 어리석은 판단에 따라 현실을 거부하며 우상숭배를 정당화한다(cf. 17-18절). 따라서 예레미야는 유다가 멸망하게 된 것이 하늘의 여왕을 섬기는 것을 중단했기 때문이 아니라 그들이 우상을 숭배하며 여호와께 죄를 범한 것임을 분명하게 지적한다(23절). 예레미야는, 하나님이 선지자들을 통하여 부지런히 그의 경고를 전하셨음에도 불구하고 그의 목소리를 듣지 않았을 뿐만 아니라 율법과 법규를 통해 하나님의 백성으로서 행해야 할 바를 알려 주셨음에도 불구하고 그릇된 길로 행했기 때문에 그들이 당시의 상황에 처하게 된 것이라고 책망한다. 당시 그들에게 닥친 "재앙" (רָעָה 라아)은 그들의 악행(רֹעַ מַעַלְלֵיכֶם 로아 마알래켐; "너희의 행위의 악함")과 "가증한 행위" (הַתּוֹעֵבֹת 할토애보트)의 결과다.

24-25절. 이 신탁은 예레미야가 전하는 마지막 신탁이다.[89] 이 신탁은 유다백성의 반항적인 반응에 대한 하나님의 답변이다. 따라서 신탁의 대상은 그의 명령을 무시하고 이집트에 머물면서 가증한 우상숭배의 행위를 다짐하고 있는 모든 백성과 그 일에 주도적인 역할을 하고 있는 여자들이다("모든 백성과 모든 여자"; "애굽 땅에서 사는 모든 유다 사람들이여") (24절). 신탁도입형식("만군의 여호와 이스라

89) 예레미야서의 구성에서는 이 신탁이 마지막이 아니다. 45장과 46-51장에도 예레미야가 받은 신탁들이 서술된다. 하지만 역사적 순서에 있어서 45장의 바룩에 관한 신탁과 46-51장의 열방에 관한 신탁들은 이 신탁 이전에 주어진 신탁들이다.

엘의 하나님께서 이와 같이 말씀하시되")과 함께 고소단락이 서술된다(25절). 하나님은 먼저 그들이 서원한 바대로 행할 것을 명하신다. 이것은 그들이 기대하는 것처럼 "하늘의 여왕"에게 분향하고 전제를 드리는 것을 통해서 안전과 번영을 얻을 수 있다고 확신한다면 그렇게 해 보라는 조롱이다. 마치 누구의 말이 옳은지 시험해 보자는 것과 같은 의미다(cf. 28절). 자신들의 고집에서 벗어나지 못하는 모습은 하나님의 심판선언이 주어지는 원인이 된다. 따라서 이에 근거한 하나님의 심판선언이 이어진다("그러므로," 26절). 과거에 우상숭배를 참으실 수 없으셨던 하나님은 현재에도 여전히 우상숭배를 용납하지 않으신다.

26-30절. 고소단락을 시작하기 전에 "애굽 땅에서 사는 모든 유다 사람이여 여호와의 말씀을 들으라"라고 말하면서 고소단락에 주의를 기울일 것을 요구한 것처럼, 예레미야는 선언단락을 시작하기 전에도 동일한 표현으로 주의집중을 요구한다(26절상). 이는 고소와 선언의 엄중성을 나타낸다. 무엇보다도 여호와가 자신의 "큰 이름"으로 맹세하는 것에 주목할 필요가 있다. 이는 유다백성이 우상숭배를 다짐하고 맹세한 행위에 상응하는 하나님의 맹세다. 유다백성이 악한 마음의 완악함에 따라 우상숭배 등의 "큰 죄악"(רָעָה גְדוֹלָה 라아 가돌라, 7절)을 입으로 말하고 반드시 행할 것을 다짐하고 맹세하자 하나님 역시 그의 "큰 이름"(שְׁמִי הַגָּדוֹל 쉐미 학가돌)으로 심판을 다짐하고 맹세하신다. 유다백성 못지않게 하나님의 의지 또한 결연한다. 우상숭배를 고집하면서 자신을 거부하는 유다백성을 향한 하나님의 최종선언은 세 가지다. 첫째, 이집트에서 유다백성의 입으로 하나님의 이름을 언급하는 일이 없게 될 것임을 선언하신다(26절하). 이 선언은 세 가지 해석이 가능하다. 첫째, 언약관계의 완전한 단절로 해석하는 것이다. 즉 유다백성은 하나님의 이름으로 맹세하는 특권을 상실하게 된다. 따라서 하나님이 더 이상 그들의 언약적 하나님이 되지 않으실 것에 대한 선언으로 보는 것이다. 둘째, 유다백성의 멸절에 대한 확언으로 해석하는 것이다. 즉 이집트에 머물고자 한 모든 유다백성이 죽임을 당할 것이기 때문에 그들의 입으로 하나님의 이름이 언급되는 일이 더 이상 없게 된다는 것이다. 셋째, 우상숭배를 행하며 하나님을 거부하는 자들의 입으로 하나님의 이름이 언급되면서 그의 이름이 더렵혀지는 것을 더 이상 허용하지 않으시겠다는 선언으로 해석하는 것이다. 어떤 해석을 따르던 간에 하나님과

유다백성의 단절은 분명한다. 이는 하나님이 우상과 공유될 수 없기 때문이다. 신명기 6장 4-5절은 경배와 섬김을 받으시기에 합당한 신은 여호와 한 분이시기 때문에 마음과 뜻과 힘이 나뉠 수 없고 오직 한 분 여호와를 향해 온 마음과 온 뜻과 온 힘을 다해 사랑하라고 명한다.

둘째, 이집트에 거하는 유다백성의 멸절을 선언하신다(27절). 이 선언은 첫 번째 선언만큼이나 확고하다. 왜냐하면 그들에게 "복" (טוֹבָה 토바)이 아닌 "재앙" (רָעָה 라아)을 내리는 일에 하나님이 결코 소홀하지 않으실 것이기 때문이다. 그는 깨어 있어서 이집트에 머물고 있는 유다백성에게 확실한 재난("칼과 기근")을 내리시기 때문에 결국 그들은 생명을 얻기를 원했던 이집트 땅에서 멸절을 당하게 된다. 그들이 멸절하기까지 하나님의 심판은 결코 멈추지 않는다.

셋째, 칼을 피한 "소수의 사람" (מְתֵי מִסְפָּר 메태 미쓰파르)만 목숨을 구하여 유다로 돌아오게 되며 그들은 하나님의 철저한 심판에 대한 증거가 될 것이라고 선언하신다(28절; cf. 14절). 이집트 땅을 선택하며 하나님을 거부한 유다백성은 하나님의 심판을 경험한 후에 비로소 하나님의 신탁의 진정성을 깨닫게 된다. 예레미야의 신탁에 따라 유다와 예루살렘의 멸망이 이루어진 것을 보면서 유다백성은 그의 신탁의 진정성을 분명히 확인했다. 하지만 그들은 여전히 그의 신탁을 거부하면서 하나님에 대해 불신하는 어리석음을 드러낸다. 그러므로 하나님은 이집트에 있는 백성에게 동일한 심판을 행하시면서 그의 신탁의 진정성을 증명해 보이신다.

29-30절. 심판을 선언하지만 여전히 의심하고 거부하는 유다백성을 위해 그들에게 임할 재앙의 확실성을 보증하기 위한 "표징" (הָאוֹת 하오트; "표적")을 선언하신다(29절). 유다백성이 의지하고 있는 이집트 왕 바로 호브라가 그의 목숨을 찾는 원수들의 손에 넘겨지게 되는 것이 하나님의 심판에 대한 표징이다. 호브라(주전 589-570/567년)는 유다 왕 시드기야와는 동맹관계에 있었고 예루살렘이 바벨론에 포위공격을 당하고 있을 때 군대를 파병했다(cf. 37:5, 11). 호브라의 진격이 느부갓네살을 예루살렘에서 잠시 떠나게 했다. 또한 호브라는 유다백성이 이집트에 정착할 수 있게 했다. 이집트에 머물고 있는 유다백성에게 그는 중요한 인물이다. 하지만 하나님이 유다 왕 시드기야를 그의 심판의 도구인 느부갓네살 왕에게 넘겨주신 것처럼 유다에 도움을 주며 그 힘을 발휘했던 이집트와 호브라 역시 그의

원수의 손에 넘겨져 죽임을 당하게 하시겠다고 선언하신다. 따라서 자신들의 어리석은 판단에 따라 호브라를 의지하고 있는 유다백성에게 그의 죽음은 하나님의 심판신탁의 진정성을 확인해 줄 것이다. "내가 너희에게 재난(רָעָה 라아; '재앙')을 내리리라 한 말이 반드시 이루어질 것을 그것으로 알게 하리라"(29절). 호브라의 죽음은 유다백성에게 임할 재앙을 확인해 주는 표증이다. 예레미야서나 구약성경이 이 신탁의 성취에 대한 기록을 전하고 있지 않지만 성경 외의 역사기록을 통해서 이 신탁이 실제로 성취된 것을 알 수 있다.[90] 헤로도토스(Herodotus)의 기록에 따르면, 호브라(헤로도토스의 기록에는 아프리에스[Apries]로 표기됨)가 리비아의 구레네에 있는 그리스 식민지를 공격하는 것에 실패한 후 그를 대항하는 반역이 일어나게 된다. 호브라는 그의 군대장관 아마시스(Amasis)를 보내어 평정하게 하지만 오히려 반란군은 아마시스를 왕으로 추대한다(주전 570년). 아마시스(주전 570-526년)는 반란군의 추대를 받아들이고 반란군과 함께 호브라를 제압하여 그의 통치권을 축소시킨다(이집트를 함께 통치한 것으로 보기도 함). 3년 후 호브라가 사이스 지역에서 그리스 병력을 모아 반란을 주도하지만 패배를 하고 포로로 잡힌다. 결국 호브라는 자신의 왕궁에서 교살을 당한다(주전 567년). 따라서 30절의 "그의 원수들"은 바벨론 왕 느부갓네살과 그의 군대가 아니라 아마시스와 그의 군대를 가리킨다. 이집트가 혼란스러운 상황에 있을 때 느부갓네살은 손쉽게 이집트를 장악한다(주전 568년, cf. 43:12).

현재적 적용 **묵상**

1. 교회 지도자들의 권위와 하나님의 권위가 충돌할 때 누구의 권위를 존중하는가? 또한 하나님이 그의 권위로 요구하시는 것을 분명히 알고 있는가?

2. 죄의 결과를 분명하게 인식하지 못하기 때문에 죄에 대해 단호하고 결연한 태도를 보이는 것은 아닌가?

3. 악을 행하는 일에 마음을 모을 것인가, 아니면 선을 행하는 일에 마음을 모을 것인가? 신앙공동체 또는 가정의 화목과 연합이 선을 위한 것인가, 아니면 악을 위한 것인가?

4. 지금 한국 교회와 성도들 안에 하나님이 참으실 수 없으실 정도로 악이 가득한 것은 아닌가?

5. 내가 하겠다고 다짐하고 맹세하는 것이 하나님을 기쁘시게 하는가 아니면 진노하시게 하는가? 나의 결정과 다짐에 상응하는 하나님의 결정과 다짐은 복인가 아니면 재앙인가?

6. 유다백성이 우상을 숭배하면서도 당당하고 결연했던 것처럼 악을 행하는 나의 모습이 어리석게도 당당하고 결연한 것은 아닌가? 그 결과가 무엇인지를 분명히 인식하고 있는가?

7. 하나님의 심판과 재앙을 확인할 수 있는 많은 표징이 주위에 있는데, 애써 외면하거나 별거 아닌 것으로 취급하며 안일하게 행동하는 것은 아닌가?

8. 본래 행하던 악이고 주위에서 동조해 주기 때문에 그 악에서 벗어나지 못하는 것은 아닌가? 사람들의 눈이 아닌 하나님의 눈으로 그 악을 바라보고 경계하는가?

9. 삶의 끝자리에서 마지막으로 듣게 되는 하나님의 말씀이 구원신탁일까 아니면 심판신탁일까?

10. 그릇된 일을 고집스럽게 하겠다고 할 때 하나님이 "그렇게 하고 싶으면 하라" 고 말씀하실 텐데, 그 결과를 감당할 자신이 있는가?

---

7. 바룩의 탄식과 구원약속, 45:1-5 [여호야김 4년, 605년]

본 단락의 연대는 앞 단락들의 연대(주전 586년이후)에서 여호야김의 시대(주전 605년)로 다시 거슬러 올라간다. 바룩이 예레미야의 입에서 신탁을 받아 책에 기록했을 때 예레미야가 바룩에게 전한 신탁이다. 이 신탁을 통해 하나님은 바룩에게 구원을 약속하신다. 유다의 모든 백성이 하나님에 대하여 적대적인 상황에서 그의 사역자들에 대한 적대감이 드러나는 것은 자연스러운 결과다. 이러한 상황에서 사역자들은 당연히 고통과 슬픔, 또한 사역에 대한 갈등을 겪게 된다. 본 단락은 바룩이 이러한 어려움을 하나님께 토로했을 때 그에게 구원을 약속하시면서 맡겨진 사역을 감당할 수 있게 하시는 하나님을 보게 한다. 본 단락은 신탁이 임한 정황에 대한 설명(1절), 신탁이 주어진 이유를 서술하는 단락(2-3절), 바룩에 관한 신탁을 서술하는 단락(4-5절)로 구분된다.

a. 정황설명(1절)
　b. 원인설명 단락: 바룩의 탄식(2-3절)
　　c. 선언단락: 바룩의 구원약속(4-5절)

유다와 예루살렘 멸망 이후의 사건들을 다루는 39-44장을 읽은 후 45장을 접할 때 두 가지 질문을 갖게 된다. 첫째, 왜 유다백성의 이야기에서 바룩 개인의 이야기로 전환되는가? 둘째, 연대기적 흐름에 있어서 주전 587년 이후의 정황에서 주전 605년의 정황으로 되돌아가는가? 먼저 첫 번째 질문에만 집중하면 앞 단락들은 유다백성의 총체적 실패와 그에 따른 재앙을 다룬다. 그렇다면 이 무리 중에 있는 신실한 자들의 운명은 어떻게 되는지 또한 하나님은 그들에게 무엇을 하시는지에 대한 질문을 가질 수 있는데, 바룩의 이야기는 이 질문에 대한 답변을 준다. 연대기적 흐름과 관련된 두 번째 질문은 예레미야서를 읽는 포로기의 독자들을 향하고 있다.[91] 유다의 포로는 605년부터 시작됐다. 그 이후 597년, 586년, 581년에도 유다백성이 바벨론으로 포로로 잡혀가는 사건이 있었다. 바벨론의 포로들은 그들이 있는 그곳에서 목숨을 부지하는 하나님의 구원을 누리며 그를 기억하고 회복을 소망하게 된다. 재앙이 확정된 이집트 땅에서도 하나님의 약속으로 바룩이 목숨을 부지할 수 있다면 바벨론에 포로로 잡혀있는 이들은 더 긍정적인 희망을 가질 수 있다. 왜냐하면 그곳에서 하나님의 회복이 시작될 것이기 때문이다.

정황설명(1절)

신탁이 전해지는 정황은 유다 왕 요시야의 아들 여호야김 4년(주전 605년)이다. 바룩이 예레미야에게서 하나님의 신탁을 받아 책에 기록했을 때 바룩에 관한 하나님의 신탁이 예레미야에게 주어진다.

90) Cf. Harrison, *Jeremiah & Lamentations*, 168-69; Longman, *Jeremiah/Lamentations*, 271.

이유설명 단락: 바룩의 탄식(2-3절)

바룩에 관한 하나님의 신탁이 예레미야에게 임하게 된 이유가 서술된다. 바룩이 겪고 있는 고통과 슬픔이 무엇인지는 분명히 알 수 없지만 바룩은 그가 겪고 있는 고통과 슬픔으로 인하여 하나님께 그의 탄식을 토로했다.

선언단락: 바룩의 구원약속(4-5절)

바룩의 탄식을 직접 인용해서 언급하신 후 하나님은 그의 신탁을 바룩에게 전하라는 명령을 예레미야에게 내리신다. 하나님은 먼저 심판을 행하시는 그의 주권에 대해 말씀하신다(4절). 이어서 바룩에게 그가 감당해야 할 "큰 일"을 구하지 말라고 명하신다. 또한 모든 사람에게 재앙이 임하지만 바룩은 어디에 있더라도 목숨을 건질 수 있다는 약속을 주신다.

주해

1절. 36장은 본 단락의 배경을 제공한다. 요시야 왕 제 13년(주전 627년)부터 여호야김 시대(주전 605년)까지 23년간 전달한 하나님의 신탁을 책에 기록하라는 명령이 여호야김 4년에 예레미야에게 주어진다(cf. 36:1; 25:1). 이 명령을 받은 예레미야는 바룩에게 그의 입에서 신탁을 받아 책에 기록하게 한다. 바룩이 예레미야의 신탁을 기록했을 때 바룩에 관한 하나님의 신탁이 예레미야에게 임한다.

2-3절. 앞서 언급한 정황에서 바룩에 관한 신탁이 임한 이유가 서술된다. 바룩(בָּרוּךְ 바루크)의 문자적 의미는 "축복받은 자"다. 바룩은 요시야의 개혁에 참여했던 마세야의 손자로 소개된다(cf. 32:12; "마아세야," 대하 36:8). 예레미야서에서 바룩은 32장, 36장, 43장과 45장에 등장한다. 그는 예레미야가 하나멜에게서 구입한 토지의 매매증서를 보관하는 등 예레미야의 사역을 옆에서 도왔을 뿐만 아니라(32:6-15), 예레미야의 입에서 신탁을 받아 책에 기록하는 서기관의 역할을 했고 예레미야의 명령에 따라 기록한 책을 유다백성과 고관들 앞에서 낭독하기도 했다(36:1-19, 32). 또한 예레미야가 요하난에 의해 강제로 이집트로 압송되어 갈 때는 그도 함께 이집트로 끌려갔다(43:3, 6). 이집트로 내려가서 머물려고 하는 유다백성에게 예레미야가 유다 땅에 머물라는 하나님의 명령을 전했을 때 바룩이 예레

미야를 부추겨서 거짓예언을 선포하게 했다는 백성의 모함을 받기도 한다. "이는 네리야의 아들 바룩이 너[예레미야]를 부추겨서 우리를 대적하여 갈대아 사람의 손에 넘겨 죽이며 바벨론으로 붙잡아가게 하려 함이라"(43:3). "부추겨서"로 번역된 동사 סוּת 쑤트는 "꾀다," "속이다," "충동하다" 등의 의미를 갖는다. 따라서 백성의 말은 예레미야가 바룩의 꼬임을 받고 마치 농락을 당한 듯 말하고 있다고 지적하는 것과 같다. 백성은 예레미야가 바룩의 부추김을 받은 것으로 말하고 있지만 예레미야서에서 제시하고 있는 예레미야와 바룩의 관계는 그들의 말이 근거가 없는 모함에 불과하다는 사실을 분명하게 보여준다. 예레미야서는, 바룩이 예레미야의 명령에 따라 일을 행했을 뿐만 아니라 예레미야가 전하는 신탁의 내용에는 결코 관여하지 않았음을 분명하게 밝히고 있다. 36장 8절은 바룩이 "선지자 예레미야가 자기에게 명령한 대로"(כְּכֹל אֲשֶׁר־צִוָּהוּ יִרְמְיָהוּ הַנָּבִיא 케콜 아샤르-찝바후 이르메야후 한나비) 기록한 책을 낭독했다고 기록한다(cf. 32:13). 특히 바룩이 스스로 예레미야의 말을 그대로 받아 기록했을 뿐이라고 설명한다. "그가 그의 입으로 이 모든 말을 내게 불러 주기로 내가 먹으로 책에 기록하였노라"(36:18). 또한 예레미야의 신탁을 기록한 것에 대해 "바룩이 예레미야가 불러 주는 대로"(וַיִּכְתֹּב בָּרוּךְ מִפִּי יִרְמְיָהוּ 바이케토브 바루크 밒피 이르메야후, 36:4), "바룩이 예레미야의 입을 통해 기록한 말씀을"(36:27), "예레미야가 전하는 대로 기록하고"(36:32)로 설명한다. 이는 바룩이 단지 예레미야의 대필자의 역할을 감당한 것을 의미한다. 하지만 바룩에게도 예레미야에 버금가는 고통과 슬픔이 있었던 것으로 보인다. 예레미야가 그의 고통과 슬픔, 갈등을 하나님께 토로했던 것처럼 바룩 역시 그의 어려움을 하나님께 토로하면서 탄식한다(3절). 바룩은, 하나님이 자신에게 고통에 슬픔을 더하셨으므로 탄식에 지쳐있고 평안을 얻지 못하고 있다고 말한다. 자신의 신변의 문제로 인한 고통과 슬픔이 있었던 것으로 보인다(cf. 36:26).[92] 하지만 그의 고통과 슬픔을 이런 문제에만 제한할 수는 없다(cf. 5절). 예레미야의 경우와 같이 그는 그가 받아 적고 있는 유다와 예루살렘의 멸망에 대한 고통과

---

91) 바룩이 어디에 있더라도 하나님의 구원과 은혜를 누릴 수 있다는 선언은 바벨론 외에 여러 지역으로 흩어진 유다백성에게도 소망을 준다.

92) Martens는 바룩의 슬픔이 여호야긴이 두루마리 책을 불사른 것에 대한 감정적 반응이었을 것으로 추정한다(Martens, *Jeremiah*, 242).

슬픔을 탄식했을 것이다.[93] 무엇보다 중요한 것은 바룩이 탄식한 것을 하나님이 그대로 인용하시는 것이다. 이는 하나님이 분명히 그의 탄식을 듣고 그의 사정을 보고 계심을 의미한다(cf. 17:10). 따라서 그의 탄식에 대한 하나님의 말씀이 예레미야를 통하여 그에게 주어진다(4-5절).

4-5절. 예레미야는 하나님이 자신에게 그의 신탁을 바룩에게 전하라고 명하신 것을 알려주면서 그가 전하는 말이 하나님의 말씀인 것을 분명하게 주지시킨다.[94] 먼저 하나님은 그가 그의 주권에 따라 심판을 행하시는 분임을 알려 주신다(4절). "내가 세운 것을 헐기도 하며 내가 심은 것을 뽑기도 하나니"는 심판을 행하시는 하나님의 절대적 주권을 의미한다. 또한 이 주권은 우주적이다. 왜냐하면 이 주권이 온 땅에 미치기 때문이다. "온 땅에 그리하겠거늘." 하나님의 주권에 따른 심판의 대상에 유다가 포함된다. 이 사실이 바룩에게 중요한 문제로 다가왔을 것이다. 바룩의 고통과 슬픔, 탄식과 지침의 원인이 바로 유다에 임하게 되는 하나님의 심판이었던 것으로 보인다. 바룩의 이러한 고통을 보신 하나님은 유다의 멸망이 하나님의 절대적 주권에 따른 그의 역사인 것을 알려 주신다. 그렇기 때문에 바룩에게 자신이 감당해야만 할 것으로 생각하는 "큰 일들"(גְדֹלוֹת 게돌로트)을 추구하지 말라고 명하신다(5절).[95] 바룩이 구하고 있는 "큰 일"이 무엇인지는 분명히 알 수 없다. 그가 구하는 "큰 일"을 예레미야와 같이 하나님의 신탁을 받는 선지자의 역할을 감당하는 것, 자신이 처한 가혹한 상황에서 벗어나는 것, 또는 자신이 한 사역에 대한 충분한 인정을 받는 것 등으로 추측한다.[96] 후자의 경우, 5절은 바룩에 대한 책망으로 보인다. 하지만 문맥을 고려할 때 더 가능한 추측은,

---

93) Cf. Harrison, *Jeremiah & Lamentations*, 169.

94) 새번역성경의 번역이 45장이 담고 있는 어감을 잘 담아낸다.

95) 히브리어 원문의 구문을 반영하면, 5절의 וְאַתָּה תְּבַקֶּשׁ־לְךָ גְדֹלוֹת אַל־תְּבַקֵּשׁ 베알타 테바케쉬-레카 게돌로트 알-테밬캐쉬는 "그리고 너는 네 스스로 큰 일들을 추구하느냐? 추구하지 말라"로 번역이 된다.

96) Martens는 바룩이 추구한 "큰 일"을 그의 야망과 연결시킨다(Martens, *Jeremiah*, 242). Longman은 "큰 일"을 그가 한 일에 대한 보상으로 설명한다(Longman, *Jeremiah/Lamentations*, 275). 즉 바룩은 큰 보상을 구하는데, 하나님은 재앙이 임했을 때 목숨을 부지하는 것을 허락하셨다는 것이다.

하나님의 심판이 임하게 될 때 더 많은 백성이 예레미야를 통해 전하는 신탁을 듣고 구원을 받게 되는 것을 바룩이 구한 "큰 일"로 보는 것이다. 그러한 일들이 벌어지지 않는 것으로 인한 고통과 슬픔이 있었을 것이다. 하지만 이제 그렇게 할 필요가 없다. 왜냐하면 하나님의 재앙이 작정됐고 모든 육체에 임하게 될 것이기 때문이다. 유다백성은 스스로 재난을 자초했기 때문에 그것을 결코 피할 수가 없다. 달리 말하면 하나님은 바룩에게 다가올 유다의 멸망을 현실로 받아들이라고 권고하시는 것이다. 하지만 바룩에게는 구원을 약속하신다. 바룩이 가는 곳이 어디이던지 간에 하나님이 그가 목숨을 부지할 수 있게 하시겠다고 약속하신다. "내가 너에게 네 생명을 노략물 주듯 하리라"는 약속은 에벳멜렉에게 준 약속과 동일하다(39:18). 심판의 소용돌이가 몰아치기 때문에 그 영향 아래 있게 되지만 목숨만은 부지할 수 있다. 이 약속은 하나님의 신탁을 거부하고 그의 목소리를 듣지 않는 유다백성이 어디에 가든지 하나님의 심판으로 죽임을 당할 수밖에 없는 것과는 대조적이다(cf. 44장). 결국 생명의 자리와 사망의 자리는 위치하고 있는 실제적인 지역이 아니라 하나님께 대한 순종과 불순종의 여부에 따른 것임을 보여준다.

현재적 적용 **묵상**

1. 내가 고백하는 탄식과 슬픔, 지침을 세밀하게 살피시고 그대로 인용해서 말씀하시는 하나님이 나의 하나님이라는 사실이 위로가 되고 힘이 되는가?
2. 하나님의 사역을 감당할 때 내 스스로 "큰 일"을 추구하기 때문에 지치고 힘든 것은 아닌가?
3. 내가 추구하는 것을 멈추어야 할 "큰 일"은 무엇인가?
4. 하나님이 하시는 일을 그의 눈으로 보지 않고 내 눈으로 보기 때문에 "하나님이 내게 고통에 슬픔을 더하신다"고 탄식하는 것은 아닌가?
5. 내가 기대한 구원 또는 해결은 아니지만 하나님이 베푸시는 은혜에 감사하는가?

제8장 열방을 향한 신탁(46:1-51:64)

유다와 예루살렘, 이집트로 내려간 유다백성에 관한 사건과 신탁에 대한 기록이 바룩에 관한 신탁(45장)으로 마무리되고 46-51장은 열방에 관한 신탁들을 시문으로 서술한다. 열방에 대한 신탁은 25장 15절을 구체화한다. "너[예레미야]는 내 손에서 이 진노의 술잔을 받아가지고 내가 너를 보내는 바 그 모든 나라로 하여금 마시게 하라"(25:15). 열방신탁의 대상은 아홉 나라다: (1) 이집트; (2)블레셋; (3) 모압; (4) 암몬; (5) 에돔; (6) 다메섹; (7) 게달과 하솔; (8) 엘람; (9) 바벨론. 이 나라들은 25장 15-26절에 서술된 하나님의 진노의 잔을 마시는 나라들의 목록과 순서가 유사하다. 크게는 유다에 이어서 이집트로 목록이 시작되고 마지막에 바벨론을 가리키는 세삭이 언급되는 점이 일치한다(25:19, 26). 예레미야서에 열방신탁이 포함되는 것은 예레미야의 소명에 따른 자연스러운 결과다.

> "보라 내가 오늘 너를 여러 나라와 여러 왕국 위에 세워 네가 그것들을 뽑고 파괴하며 파멸하고 넘어뜨리며 건설하고 심게 하였느니라 하시니라"(1:10; "여러 나라의 선지자"[נָבִיא לַגּוֹיִם 나비 락고임], 1:5).

열방신탁과 관련해서 맛소라 예레미야서(MT Jeremiah)와 칠십인경 예레미야서

(LXX Jeremiah) 사이에 두 가지 차이가 나타난다. 첫째, 열방신탁의 위치다. 칠십인경 예레미야서는 열방신탁을 25장 13절(LXX 25:13) 이후에 기록한다. 맛소라(히브리어) 예레미야서의 46-51장에서 일부 생략되는 절들을 제외하고 열방신탁이 칠십인경(헬라어) 예레미야서의 25:15-31:44에 서술된다.[1] 이에 따르면 열방신탁이 맛소라 예레미야서에는 마지막에 위치하는 반면에 칠십인경 예레미야서에는 중간에 위치한다.[2] 후자의 구성은 이사야서(13-23장)와 에스겔서(24-32장)의 구성과 유사하다.[3] 예레미야서의 마무리와 관련해서, 칠십인경 예레미야서는 바룩의 이야기(LXX 51:31-35) 다음에 유다의 멸망에 대한 역사기록(LXX 52장)으로 마무리되는 반면에 맛소라 예레미야서는 바룩의 이야기(MT 45장)와 열방신탁(MT 46-51장)에 이어서 역사기록(MT 52장)으로 마무리된다. 둘째, 열방신탁에 등장하는

---

1) 맛소라 예레미야서의 25장이 칠십인경 예레미야서에는 열방에 대한 신탁들에 의해 분리된다. 맛소라 예레미야서의 25장 1-14절과 15-38절 사이에 열방신탁들(LXX 25:14-31:44; MT 25:15-38 = LXX 32:1-24)이 위치하는 구성이다. 칠십인경 예레미야서의 열방신탁에 생략된 절은 맛소라 예레미야서의 46:1, 26; 48:[40-41], 45-47; 49:6; 51:45-48이다. 맛소라 예레미야서와 칠십인경 예레미야서의 관계와 차이에 관한 논의의 간단한 역사 및 맛소라 예레미야서의 열방신탁 배열에 관한 논의를 보려면, James W. Watts, "Text and Redaction in Jeremiah's Oracles against the Nations," *CBQ* 54 (1992): 432-47; Moon Kwon Chae, "Redactional Intentions of MT Jeremiah concerning the Oracles against the Nations," *JBL* 3 (2015): 577-93을 참조하라. Watts는 맛소라 예레미야서와 칠십인경 예레미야서를 해석할 열방신탁의 위치에 따른 의미와 해석의 중요성을 강조한다.

2) Martens는 맛소라 예레미야서에서 열방신탁이 마지막에 위치하는 것이 묵시적 색채(an apocalyptic flavor)를 더하는 효과를 갖는다고 설명한다(Martens, *Jeremiah*, 246). 또한 큰 나라와 작은 나라의 조합으로 처음 두 나라(이집트와 블레셋)가 마지막 두 나라(엘람과 바벨론)와 짝을 이루고 그 중간에 요단 동편의 세 나라(모압, 암몬, 에돔)와 북쪽의 세 나라(다메섹, 게달, 하솔)가 위치하는 구조로 열방신탁의 배열을 분석한다. Clements는 맛소라 예레미야서의 열방신탁 위치에 대해 다음과 같이 설명한다: "나중에 일어난 유대인 해석가들과 서기관들의 원(原)묵시문학적 관심들 때문에 열국예언들은 예레미야서의 문학적 집성물의 가장 마지막 자리로 옮겨지게 되었다"(클레멘츠, 『예레미야』, 371). 이 견해에 근거하여 예레미야를 열방신탁의 저자로 간주하는 것은 오해라고 설명한다. 하지만 열방에 대한 심판의 주제를 다루는 것 자체가 묵시 또는 묵시문학과 연결되는 것은 아니다. "마지막 날"(אַחֲרִית הַיָּמִים 아하리트 하이야밈, 48:47; 49:39), "날들"(יָמִים 야밈, 48:12; 49:2; 51:47, 52), "그 날[들]"(הַיּוֹם 하이욤/הַיּוֹם הַהוּא 하이욤 하후/הַיָּמִים הָהֵמָּה 하이야밈 하헴마, 47:4; 48:41; 49:22, 26; 50:4, 20, 30) 등은 종말론적 성격을 나타낼 수 있다.

3) 아모스서의 경우, 열방에 관한 신탁들이 1-2장에 서술된다.

나라들의 순서다. 맛소라 예레미야서는 이집트, 블레셋, 모압, 암몬, 에돔, 다메섹, 게달과 하솔, 엘람, 바벨론의 순서를 취하는 반면에 칠십인경 예레미야서에는 엘람, 이집트, 바벨론, 블레셋, 에돔, 암몬. 게달, 다메섹, 모압의 순서로 등장한다.[4] 맛소라 예레미야서의 배열은 대략 서쪽에 위치한 나라(이집트)에서 동쪽에 위치한 나라(바벨론)로 이동하는 흐름을 보인다.[5] 칠십인경 예레미야서의 배열의 원리는 확정하기 어렵다.[6]

맛소라 예레미야서(개신교성경)의 배열을 고려할 때, 45장에 기록된 바룩의 이야기는 두 가지 측면에서 열방신탁(46-51장)과 연결된다. 첫째, 역사적 정황이다. 바룩에 관한 신탁이 주어진 것은 여호야김 4년(주전 605년)이다. 열방신탁의 첫 번째 신탁(이집트)의 역사적 정황도 갈그미스에서 바벨론의 느부갓네살에 의해 이집트 군대가 패한 여호야김 4년이다. 둘째, 주제적 연관성이다. 바룩에 관한 신탁에서 심판을 강조하는 표현이 사용된다. "나는 내가 세운 것을 헐기도 하며 내가 심은 것을 뽑기도 하나니"(45:4)라는 표현은 "허는 것"과 "뽑는 것"에 무게를 둔다. 즉 심판에 대한 선언이다. 그런데 이 심판은 우주적 측면을 갖는다. 왜냐하면 하나님이 이 심판을 "온 땅에 그리하겠다"(45:4)고 선언하시기 때문이다.[7] 또한 "내가 모든 육체에 재난을 내리겠다"(45:5)고 선언하신다. 온 지면에 하나님의 재앙이 임하지만 바룩이 어디에 있던지 목숨을 부지하게 하시는 하나님의 구원을 누릴 수 있다는 것이 바룩에 관한 신탁의 핵심이다. 따라서 하나님의 우주적 심판을 다루는 열방신탁이 이어서 연결되는 것은 자연스럽다. 바룩에게 약속한 구원은 단지 그에게만 제한되는 것이 아니라 열국에 흩어져서 열국의 심판 중에 거하는 언약백성에게 주는 메시지가 된다(cf 애 1:3).

열방신탁(46-51장)은 바벨론의 멸망에 관한 긴 신탁(50-51장)으로 마무리되고

---

4) 칠십인경 예레미야서에는 하솔은 표기되지 않고 게달만 언급된다(LXX 30:23-28). 칠십인경은 חָצוֹר 하쪼르("하솔")를 αὐλὴ("왕궁")로 번역한다.

5) Fretheim, *Jeremiah*, 578.

6) Cf. Carroll, *Jeremiah*, 759.

7) 45장 4절의 "온 땅에 그리하겠다"는 표현이 칠십인경 예레미야서에는 없다. 하지만 5절의 "내가 모든 육체에 재난을 내리겠다"는 표현은 맛소라 예레미야(45:5)와 칠십인경 예레미야(LXX 51:35)에 모두 등장한다.

이어서 52장(유다말기의 역사기록)이 등장한다. 바벨론 신탁(50-51장)과 52장의 연결을 고려할 때, 52장 1-30절이 서술하는 것처럼 유다와 예루살렘을 파괴하는 도구로 사용된 바벨론이 하나님의 진노의 잔을 마시고 멸망하는 것은 회복에 대한 희망을 예견하는 여호야긴의 사면(52:31-34)에 무게를 더 한다.[8] 하지만 52장은 예레미야서 1-51장과의 연관해서 그 역할을 살피는 것이 적절하다. 왜냐하면 51장 64절의 마지막 문장("예레미야의 말이 이에 끝나니라")이 앞서 기록된 모든 본문들을 마무리한 후에 52장이 서술되기 때문이다. 달리 말하면 52장은 열방신탁 또는 열방신탁의 마지막에 서술된 바벨론신탁에 제한된 연관성이나 역할을 갖는 것이 아니라 예레미야가 전한 모든 말들(1-51장)에 대한 역할을 갖는다. 즉, 52장은 예레미야가 선포한 심판신탁의 성취에 대한 역사적 증거(52:1-30)를 제시하는 역할을 한다. 그렇다면 예레미야서를 읽는 독자는 심판신탁뿐만 아니라 그가 선포한 회복신탁에 눈을 돌리게 된다. 왜냐하면 심판신탁이 성취됐다면 회복신탁의 성취를 충분히 기대할 수 있기 때문이다. 하지만 그 성취의 시점은 70년 후다. 그런데 이 성취에 대한 희망을 붙들게 하는 역사적 사건이 발생한다. 바로 여호야긴의 사면이다(52:31-34). 여호야긴의 사면이 다윗왕조의 회복의 가능성을 희미하게 제시하지만 심판신탁의 성취에 비추어볼 때 그 가능성은 견고하다.

열방신탁단락(46-51장)은 아홉 나라에 대한 신탁을 서술하는 아홉 개의 단락과 바벨론의 멸망을 확증하는 상징적 행위를 서술하는 단락을 포함해서 총 열 개의 단락으로 구분된다. 괄호 안에 있는 LXX의 장절표기는 칠십인경 예레미야서의 열방신탁 단락을 표기하고 꺾쇠 안의 번호는 순서를 표기한다.

열방을 향한 신탁들(46:1-51:64)

1. 이집트(46:1-28) (LXX 26:2-25, 27-28)[2]
2. 블레셋(47:1-7) (LXX 29:1-7)[4]
3. 모압(48:1-47) (LXX 31:1-45)[9]
4. 암몬(49:1-6) (LXX 30:1-5)[6]
5. 에돔(49:7-22) (LXX 29:8-23)[5]

8) Cf. Chae, "Redactional Intentions," 589.

6. 다메섹(49:23-27)　　　　(LXX 30:12-27) [8]
7. 게달과 하솔(49:28-33)　　(LXX 30:6-11)[7]
8. 엘람(49:34-39)　　　　　(LXX 25:14-19)[1]
9. 바벨론(50:1-51:58)　　　(LXX 27:1-28:58)[3]
10. 스라야에게 내린 명령과 바벨론의 패망 확증(51:59-64)
　　　　　　　　　　　　　(LXX 28:59-64)

46장 27-28절에 서술된 이스라엘의 구원신탁은 이집트에 대한 신탁(46:1-26)과 연결된 것으로 간주해서 함께 분류한다. 또한 역사정보(시드기야 4년)와 함께 바벨론의 멸망에 대한 상징적 행위를 서술하는 51장 59-64절은 바벨론에 대한 신탁(50:1-51:58)과 구분해서 분류한다.[9] 열방신탁은 해당 나라를 향한 심판을 선언하는 것에 집중하면서도 회복에 대한 선언을 포함하는데, 명시적으로 회복선언이 표기된 신탁은 이집트(46:26하), 모압(48:47), 암몬(49:6), 엘람(49:39)에 제한된다. 회복의 내용은 심판이 지나면 황폐한 땅이 이전의 상태를 회복하는 것(이집트)과 포로에서의 귀환(모압, 암몬, 엘람)이다. 바벨론에 대한 신탁(50:1-51:58)은 바벨론에 임할 심판과 더불어 이스라엘과 관련된 선언이 함께 섞여서 등장한다(50:4-5, 6-7, 19, 28, 33-34; 51:35-36). 이는 바벨론의 멸망이 이스라엘의 회복과 직접적으로 연결되기 때문이다(cf. 30:4-8).

앞서 언급한 바와 같이 지역적으로 서쪽에서 동쪽으로 이동한다. 유다와 중요한 정치적 관계를 가지고 있는 이집트로 시작해서 바벨론으로 마무리된다. 특히 분량과 위치에 있어서 바벨론에 관한 신탁은 주목을 받기에 충분하다. 또한 주제의 측면에서도 이 신탁은 중요하다. 왜냐하면 유다의 회복은 바벨론의 멸망과 연

---

9) 열방신탁에 표기된 역사정보는 다음과 같다. 시기를 확정할 수 있는 정보는 (1) 갈그미스에서 이집트의 느고의 군대가 바벨론의 느부갓네살 왕에게 패한 여호야김 4년(46:2, 주전 605년); (2) "유다 왕 시드기야가 즉위한 지 오래지 아니하여서"(49:34, 주전 597년); (3) 시드기야 4년(51:59, 주전 594년)이다. 시기를 확정할 수 없는 정보는 "바로가 가사를 치기 전"(47:1)이다. 열방신탁에서 역사정보가 단락을 구분하는 역할을 하지 않는다. 51장 59절에 제시된 역사정보(시드기야 4년)의 경우, 이 역사정보가 표면적인 차원에서 51:59-64를 하나의 단락으로 구분한다. 하지만 이 단락은 바벨론과 관련된 주제를 다루는 면에서 바벨론에 관한 신탁(50:1-51:58)과 밀접하게 연계된다.

계돼 있기 때문이다.

46-51장의 열방신탁은 두 가지 측면에서 중요한 의미를 갖는다. 첫째, 열방신탁은 창조주로서 이스라엘의 하나님 여호와의 우주적 주권과 공의를 나타낸다. 그의 주권과 공의에 따라 열방은 심판의 대상이 된다. 열방은 심판의 대상이기도 하지만 하나님의 피조물로서 은혜의 대상이기도 하다. 둘째, 열방을 향한 심판신탁은 간접적으로 이스라엘의 회복에 대한 메시지가 된다. 이것이 열방신탁 중에 이스라엘의 구원을 선포하는 신탁들이 등장하는 이유다(cf. 46:27-28; 50:4-5, 6-7, 19, 33-34; 51:35-36).[10]

1. 이집트의 심판과 회복신탁, 그리고 이스라엘의 회복신탁, 46:1-28

본 단락(46:1-28)을 시작으로 열방에 대한 신탁들이 51장까지 시문으로 기록된다. 46장 1절은 열방신탁 전체를 열어주는 표제 역할을 한다. 이 표제에 이어서 첫 번째로 서술된 신탁의 대상은 이집트다.[11] 이는 25장에서 하나님의 진노의 잔을 마셔야 하는 나라들 중에 유다에 이어서 이집트가 언급된 것(25:19)과 일치한다. 이집트에 관한 신탁이 예레미야에게 임한 것은 갈그미스에서 바벨론의 느부갓네살 왕에 의해 이집트 왕 바로 느고의 군대가 패한 때, 즉 여호야김 4년(주전 605년)이다. 본 단락은 2절, 13절, 25절에 있는 신탁도입형식에 의해 세 개의 소단락으로 구분된다: (1) 2-12절; (2) 13-24절; (3) 25-28절.[12] 첫 번째 소단락(2-12절)은 이집트와 바벨론의 갈그미스 전투에 대한 신탁이며 두 번째 소단락(13-24절)은

10) 에스겔서의 열방신탁(25-32장)도 같은 메시지를 전달한다. 열방이 하나님의 심판을 받은 것은 이스라엘의 회복과 연결된다(cf. 겔 28:25-26). 예레미야 46장 27-28절과 에스겔 28장 25-26절은 열방에 대한 심판과 함께 이루어질 포로귀환과 귀환 후의 평온한 정착을 예고한다.

11) 칠십인경 예레미야서의 열방신탁에는 엘람(LXX 25:14-19)이 첫 번째 신탁이다. 이집트에 대한 신탁은 두 번째로 등장한다(LXX 26:2-25, 27-28).

12) 18절의 חַי־אָנִי נְאֻם־הַמֶּלֶךְ יְהוָה צְבָאוֹת שְׁמוֹ 하이-아니 네움-함멜레크 아도나이 쩨바오트 쉐모("내 삶으로 맹세하노니 이름이 만군의 여호와인 왕의 말이니라")을 신탁도입형식으로 간주하면 18-24절이 하나의 소단락으로 구분될 수 있다. 이와는 달리 이 표현을 확언을 위한 신적 선언으로 간주하면 18-24절이 13절의 도입형식에 따른 것으로 볼 수 있다.

갈그미스 전투 이후에 바벨론의 느부갓네살 왕이 이집트를 공격할 것에 대한 신탁이다. 이 신탁들은 이집트의 군대가 의기양양하게 바벨론의 군대와 전투를 벌이지만 패배를 피할 수 없고 결국 수치를 당한다고 선언한다. 왜냐하면 하나님이 이집트에 대한 그의 보복과 보응을 확정하셨기 때문이다. 세 번째 소단락(25-28절)은 이집트에 대한 하나님의 보응을 확언하면서도 보응 후에 이집트 땅이 이전과 같이 회복될 것을 선언한다. 세 개의 소단락 간에는 (1) 이집트 군대의 대응(a, a', a''), (2) 이집트 군대의 패배(b, b'), (3) 여호와가 확정한 이집트의 패배(c, c', c'')를 다루는 주제적 연결성이 나타난다. 세 번째 소단락에 서술된 이집트의 회복에 대한 선언(e, 26절하)은 이스라엘의 회복(e', 27-28절)과 짝을 이룬다. 이를 반영한 본 단락의 구조는 다음과 같다.

열방신탁 표제(1절)
- 1. 이집트에 대한 신탁도입(2절)
  - a. 전투명령(3-4절)
    - b. 두려움에 휩싸인 이집트 군대의 패배(5-6절)
  - a'. 사기가 충천한 이집트 왕과 전투명령(7-9절)
      - c. 여호와의 날. 보복의 날(10절)
        - d. 패배의 결과(11-12절)
- 2. 신탁도입(13절)
  - a''. 전투명령(14절)
    - b'. 이집트 군대의 패배(15-17절)
      - c'. 재난의 날, 보응의 때(עֵת פְּקֻדָּתָם 애트 페쿠다탐)(18-24절)
- 3. 신탁도입(25절상)
      - c''. 이집트에 대한 보응(פֹּקֵד 포케드) 확언(25절하-26절상)
        - e. 이집트의 회복선언(26절하)
        - e'. 이스라엘의 회복선언(27-28절)

출애굽 사건 이후로 언약백성이 이집트로 눈을 돌릴 때마다 하나님은 이집트가 그들의 의지가 될 수 없고 돌아갈 수 없는 땅임을 지속적으로 알려주셨다. 그럼에도 불구하고 그들은 하나님이 아닌 이집트로 눈을 돌리고 이집트의 도움으로 자신들의 어려움에서 벗어나려고 하는 패역을 행했다. 특히 유다백성의 이러한 태도는 유다의 멸망 이전이나 이후나 전혀 변화가 없었다. 따라서 하나님은 이집트가 의지의 대상이 아니라 단지 그의 심판이 임하는 보복의 대상에 불과하다는 사실을 분명하게 알리신다. 이집트는 심판의 도구인 바벨론 왕의 공격을 당해내지 못하고 패배할 수밖에 없다. 왜냐하면 하나님이 이집트에 대한 재난과 보응의 날(여호와의 날)을 확정하셨기 때문이다.

열방신탁 표제(1절)

열방에 관한 신탁들이 선지자 예레미야에게 임한다. 이 서술은 열방신탁 전체를 열어주는 표제역할을 한다.

이집트에 대한 신탁도입(2절)

여호야김 4년(주전 605년)에 바벨론 왕 느부갓네살이 갈그미스 전투에서 파멸시킨 이집트 왕 바로 느고의 군대에 대한 신탁이 주어진다.

전투명령과 이집트 군대의 패배(3-6절)

이집트 왕 바로 느고는 바벨론 군대와의 전투를 명령한다. 전투 장비를 갖추고 전투를 준비하게 한다. 하지만 두려움에 휩싸인 이집트의 군대는 바벨론 군대의 공격을 감당하지 못하고 수치스러운 패배를 당한다.

사기가 충천한 이집트 왕과 전투명령(7-9절)

바벨론 군대와의 전투에 임하는 이집트의 바로 느고는 사기가 충천하여 연합군과 함께 바벨론과의 전투에 임한다.

여호와의 날, 보복의 날과 패배의 결과(10-12절)

전투를 철저하게 준비한 만큼 이집트의 바로 느고는 승리를 확신하면서 자신만만해 한다. 하지만 이집트는 결코 그의 보복으로 인한 패배를 피할 수가 없다. 왜냐하면 하나님이 이집트와 맞서 싸우시기 때문이다. 결국 이집트는 회복이 불가능한 상황에 처하고 열국 중에서 수치를 당한다.

신탁도입과 전투명령(13-14절)

바벨론 왕 느부갓네살이 이집트 땅을 공격하러 올 것에 대한 신탁이 예레미야에게 임한다. 신탁은 전투를 준비하는 명령으로 시작된다.

이집트 군대의 패배(15-17절)

이집트의 군사들이 바벨론 군대의 칼에 넘어지고 황급히 도망하며 탄식하는 것은 여호와가 그들과 전쟁을 하시기 때문이다. 도망가는 군사들은 불만을 토로하며 이집트 왕 바로를 더 이상 신뢰하지 않는다.

재난의 날, 보응의 때(18-24절)

강력한 바벨론 왕의 공격에 이집트의 군대는 무기력하게 패하고 살육을 당한다. 이때가 이집트에게는 재난의 날이며 보응의 때이기 때문이다. 바벨론 군대가 벌목꾼이나 메뚜기 떼처럼 이집트 땅을 휩쓸고 지나가면 무기력하게 처참히 패한 이집트는 수치를 피할 수 없다.

신탁도입과 이집트에 대한 보응 확언과 회복선언(25-26절)

이집트 땅이 바벨론 왕에 의해 황폐하게 되지만 역사에서 사라지지는 않는다. 그 후에 이집트 땅은 이전처럼 다시 사람이 사는 곳이 된다.

이스라엘의 회복선언(27-28절)

유다백성은 열방에 임하는 하나님의 심판과 함께 구원과 회복을 기대할 수 있다. 두려워하지 말고 놀라지 말라는 명령에 이어서 이스라엘의 회복에 관한 하나님의 세 가지 선언이 서술된다. 첫째, 사로잡혀간 땅에서 구원하시겠다는 선언이다. 둘째, 하나님이 그의 종 야곱과 함께 하시겠다는 선언이다. 셋째, 완전히 파멸되는 열방과는 달리 이스라엘에게는 징계의 심판을 내리시겠다는 선언이다.

주해

1-2절. 1절은 열방신탁을 시작하는 표제다. 이방 나라들에 관한 하나님의 뜻을 전달하는 신탁이 선지자 예레미야에게 임한다. 신탁의 주체는 여호와이고 신탁의

전달자는 선지자 예레미야다. 신탁의 대상은 열방이다. 이 표제에 이어서 제일 먼저 언급되는 나라는 이집트다. 이는 앞서 언급한 바와 같이 25장 19절에 하나님의 진노의 잔을 마시는 이방 나라들 중에 이집트가 먼저 언급된 것과 연결된다. 구체적으로는 여호야김 4년(주전 605년)에 갈그미스 전투에서 바벨론 왕 느부갓네살 왕이 파멸시킨 이집트 왕 바로 느고의 군대에 관한 신탁이다. 2절은 이미 사건이 일어난 것으로 서술한다: "바벨론의 느부갓네살 왕이 파멸한(הִכָּה 힉카) 애굽의 왕 바로 느고의 군대에 대한 말씀이라." 하지만 신탁은 이집트 군대의 패배를 예고하고 있다.[13] 따라서 2절은 이 전투가 있고 난 후에 신탁에 첨부된 것으로 보인다. 갈그미스는 북부 시리아의 유프라테스 강변에 위치한 지역으로 시리아를 점령하기 위한 중요한 관문이다. 주전 612년에 앗시리아가 바벨론에 의해 멸망 한 후, 갈그미스는 팔레스타인의 패권을 장악하려는 이집트와 바벨론의 치열한 전투 지역이 된다.

3-4절. 이집트 왕 바로 느고가 그의 군대에게 전투를 준비하라고 명령하는 장면으로 신탁이 시작된다. 군사들은 크고 작은 방패를 갖춘다(3절). 기병은 출병채비를 하고, 투구를 쓰고, 창을 갈고, 갑옷을 입는 등 바벨론과의 전투를 철저하게 준비한다(4절).[14] 승리를 위한 전투준비가 완료된 듯 보인다. 신속하고 철저한 전투준비는 7-9절에 서술된 자신만만해 하는 이집트 왕 바로 느고의 모습과 짝을 이룬다. 철저한 전투준비와 함께 바로 느고는 승리에 대한 확신을 당당하게 선언한다(cf. 7절).

5-6절. 바로 느고의 군사들은 철저하게 준비를 갖추고 전투에 출정하지만 믿지 못할 장면이 벌어진다. 온갖 무기를 갖추고 의기양양했던 군사들이 사방에서 들이닥치는 공격으로 인해 당황해하며 뒤돌아볼 겨를도 없이 도망가기에 분주하다(5절). 두려움이 사방(מָגוֹר מִסָּבִיב 마고르 밌싸비브)에 있는 상황이다.[15] 발이 빠른 군

---

13) Longman은 이집트에 관한 신탁을 미래에 일어날 사건을 묘사하는 사건 환상(event-vision)으로 간주한다(Longman, *Jeremiah/Lamentations*, 278).

14) "작은 방패"(מָגֵן 마겐)는 둥근 방패이고 "큰 방패"(צִנָּה 찐나)는 전신을 방어하는 타원형 또는 직사각형 모양의 방패를 가리킨다(Harrison, *Jeremiah & Lamentations*, 170).

사들과 용사들이 황급히 도망하지만 대적의 칼날에서 벗어나지 못하고 북쪽 유프라테스 강가(갈그미스)에서 살육을 당한다(6절). 대적의 칼날 앞에서 빠른 발도 또한 훈련된 용사도 죽음을 피할 수가 없는 상황이다. 철저하게 준비한 것이 무색할 정도로 어이없고 무기력한 패배의 장면이다. 이러한 패배를 당하는 결정적인 원인이 10절에 언급된다. 하지만 신탁은 원인(10절)을 바로 언급하지 않고 바로 느고의 교만한 태도에 대한 언급으로 이어진다(7-9절). 이것은 바로 느고가 전혀 기대하지 않은 패배를 당하고 있음을 강조하려는 것으로 보인다. 즉 그들은 잘 준비했지만(3-4절), 무기력하게 패한다(5-6절). 또한 자신감도 있었지만(7-9절), 치유될 수 없을 정도로 참혹하게 패한다(11-12절).

7-9절. 전투를 철저히 준비한 후 자신만만해 하는 바로 느고의 모습이 서술된다. "강의 물이 출렁임 같고 나일 강이 불어남 같은 자가 누구냐"(7절). 군대를 이끌고 진격하는 바로 느고는 자신의 모습을 나일의 물이 범람하며 요동치는 모습에 비유하며 자신감을 드러낸다. 7절의 질문에 대한 답변이 8절에 주어진다. 바로 느고는 나일 강의 물이 솟아올라 주변을 덮어버리는 것처럼 자신이 땅을 덮고 성읍들을 파괴하고 그 주민들을 멸할 것이라고 자신만만하게 외친다(8절). 그와 함께 하고 있는 구스 사람(에디오피아)과 붓 사람(리비아)과 루딤 사람은 그의 자신감을 더욱 고조시킨다(9절). 전쟁무기를 갖추고 말과 병거를 타고 질주하는 그들의 모습에 승리를 확신하고 있는 듯하다. 그런데 문제는 바로 느고의 이러한 자신감은 허황된 과신에 불과하다는 것이다. 왜냐하면 그의 수치스러운 패배가 이미 확정됐기 때문이다(cf. 10절). 3-4절과 8-9절에서 하나님이 바로 느고의 의기양양한 말을 직접 인용하시는 것은 사실 전투를 준비할 수 있으면 해보고 가질 수 있는 자신감은 다 가져보라는 조롱이다. 바로 느고에 대한 직접적인 신탁은 아니지만 선지자 에스겔은 이집트의 교만을 징벌하시는 하나님의 심판을 선포한다.

> 그의 키가 크고 꼭대기가 구름에 닿아서 높이 솟아났으므로 마음이 교만하였은

---

15) מָגוֹר מִסָּבִיב 마고르 밌싸비브("사방에 있는 두려움")는 6장 25절에서 밭과 길을 가리지 않고 사방에서 들이닥치는 칼날로 인한 두려움을 표현한다. 이 표현은 선지자 예레미야를 박해하고 거부한 제사장 바스훌이 얻은 새 이름으로 그가 하나님의 심판을 피할 수 없는 상황에 처한 것을 묘사한다(20:3).

> 즉 내가 여러 나라의 능한 자의 손에 넘겨 줄지라. . . 이는 물 가에 있는 모든 나무는 키가 크다고 교만하지 못하게 하며 그 꼭대기가 구름에 닿지 못하게 하며 또 물을 마시는 모든 나무가 스스로 높아 서지 못하게 함이니(겔 31:10, 14).

10절. 바로 느고의 군대가 바벨론 왕의 군대에게 패할 수밖에 없는 이유가 서술된다. 철저하게 준비된 군사들도 그리고 바로 느고의 자신감도 바벨론 왕과의 전투에서 아무런 소용이 없다. 왜냐하면 그가 벌이는 전투는 하나님이 바벨론 왕 느부갓네살을 통하여 행하시는 보복이기 때문이다(10절). 바로 느고의 패배는 단순히 정치적인 국가적 충돌이 아니라 신학적인 측면을 담고 있다. 불행히도 그가 전투를 벌이는 "그 날은 주 만군의 여호와께 속한 날이다. 곧 그의 대적들을 보복하시는 보복의 날이다."[16] 바로 느고는 하나님의 대적이고 보복의 대상이다. 그러므로 그의 군대는 하나님의 심판 도구인 바벨론 왕 느부갓네살에 의한 처참한 살육을 피할 수 없다. 마치 제단에 드려진 희생제물(זֶבַח 제바흐)처럼 바로 느고의 군대는 유프라테스 강변에서 살육을 당하여 하나님께 드려진다. 이는 바벨론이 권하는 하나님의 진노의 잔을 마시는 것을 의미한다. "주 만군의 여호와" (אֲדֹנָי יְהוִה צְבָאוֹת 아도나이 엘로힘 쩨바오트)라는 표현은 승리의 전쟁을 행하시는 그의 전투력을 나타낸다. 하나님이 바로 느고에게 보복하시는 직접적인 원인은 그가 요시야를 죽인 것과 유다왕조에 행한 일로 보인다.[17] 바로 느고는 주전 609년에 므깃도 전쟁에서 그를 맞아서 전투에 나온 요시야 왕을 죽인다(cf. 왕하 23:28-30; 대하 35:20-24). 그런 후 여호아하스를 왕으로 세우지만 3개월 뒤 다시 그를 이집트에 포로로 잡아가고 여호야김을 왕으로 세운다. 여호야김은 이집트에 조공을 바치기 위해 백성에게 과도한 세금을 징수하여 고통을 준다(cf. 왕하 23:35). 따라서 이에 대한 보복으로 하나님의 심판이 임하는 것으로 보인다.

11-12절. 이집트 군대의 처참한 패배에 따른 결과가 서술된다. 바로 느고는 그의 패배를 극복해 보려고 애쓰지만 하나님의 보복에 의한 패배는 어떤 방법("유향")으로도 치료할 수 없는 불치의 병과 같이 치명적이다(11절). 이집트의 패배가

---

16) וְהַיּוֹם הַהוּא לַאדֹנָי יְהוִה צְבָאוֹת יוֹם נְקָמָה לְהִנָּקֵם מִצָּרָיו(10절).

17) Chisholm, *Handbook*, 208.

믿을 수 없을 정도로 처참한 것이기에 그 소문이 열국에 퍼진다(12절). 결국 이집트는 열국 중에서 수치를 당하고 이집트의 통곡은 온 땅에 가득하게 된다. "용사가 용사에게 걸려 넘어져 둘이 함께 엎드러졌음이라"는 표현은 당황하여 황급히 도망가는 용사들이 서로 부딪혀 넘어지는 장면을 연상시킬 뿐만 아니라 이집트의 수치스러운 패배에 대한 조롱이다. 갈그미스 전투에서의 패배는 이집트에게 치명상을 입혔다. 왜냐하면 북방으로의 길이 차단될 뿐만 아니라 팔레스타인 지역에서의 통치권 상실이 불가피하기 때문이다. 이 전투를 계기로 바벨론 왕이 이집트 강에서부터 유프라테스 강까지 점령하면서 이집트는 더 이상 자기 나라에서 나오지 못한다(cf. 왕하 24:7).

13-14절. 신탁도입형식("선지자 예레미야에게 이르신 여호와의 말씀이라")과 함께 이집트에 대한 두 번째 신탁이 서술된다(13절).[18] 이 신탁은 바벨론 왕 느부갓네살 왕이 "이집트 땅"을 치러 올 것에 관한 것이다. 바벨론 왕과의 전투를 준비하라는 명령으로 신탁이 시작된다(14절). "칼이 네 사방을 삼키고 있느니"라는 표현은 바벨론 공격에 따른 긴장감을 전달한다. 전투명령을 받는 대상 지역이 유다백성이 머물고 있는 믹돌과 놉과 다바네스인 것에 주목할 필요가 있다(cf. 44:1). 이것은 바벨론의 공격이 이집트에 대한 심판을 수행하는 것일 뿐만 아니라 하나님의 명령을 거역하고 이집트를 선택한 유다백성에 대한 징벌인 것을 보여준다.

> 내가 예루살렘을 벌한 것 같이 애굽 땅에 사는 자들을 칼과 기근과 전염병으로 벌하리니 애굽 땅에 들어가서 거기에 머물러 살려는 유다의 남은 자 중에 피하거나 살아남아 소원대로 돌아와서 살고자 하여 유다 땅에 돌아올 자가 없을 것이라 도망치는 자들 외에는 돌아올 자가 없으리라 하셨느니라(44:13-14).

15-17절. 15절의 질문은 기대하지 않은 일이 벌어지고 있는 상황을 전달한다.[19] 이집트의 패배는 전투준비가 미흡했기 때문이 아니다. 이집트의 군대는 전

18) 히브리어 원문에는 신탁도입형식이 먼저 서술된다.

19) 15절에 서술된 질문에 사용된 동사는 모두 단수형(נִסְחַף 니쓰하프; עָמַד 아마드)인 반면에 주어는 복수형(אַבִּירֶיךָ 압비레카)인 것에 대한 논의가 있다. BHS는 칠십인경의 ὁ ᾿Απις

투를 준비하면서 승전을 각오하지만 이집트의 "장사들"(אַבִּירֶיךָ 압비레카)은 바벨론 군대의 칼날 앞에 무기력하게 쓰러지고 황급히 도망간다. 왜냐하면 이 전투는 하나님이 행하시는 심판의 전투이기 때문이다. 여호와가 이집트의 군사들을 밀어내시어 서지 못하게 하시고("몰아내신 까닭이니라," 15절) 또한 그들로 넘어지게 하시기 때문에 사람이 사람 위에 엎드러진다(16절). 군사들은 사기를 잃고 고향으로 돌아가자고 말한다. 뿐만 아니라 이집트 왕 바로에 대한 불만을 토로한다(17절). 개역개정이 "애굽의 바로 왕이 망하였도다 그가 기회를 놓쳤도다"로 번역한 히브리어 원문, פַּרְעֹה מֶלֶךְ־מִצְרַיִם שָׁאוֹן הֶעֱבִיר הַמּוֹעֵד 파르오 멜레크-미쯔라임 샤온 헤에비르 맘모애드는 "이집트 왕 바로는 기회를 놓친 허풍쟁이다"로 번역할 수 있다(cf. 새번역; 현대인의 성경; NIV; KJV). 따라서 바벨론의 무자비한 칼날을 피해 고향으로 도망가는 군사들은 이집트 왕 바로를 "기회를 놓친 허풍쟁이"라고 부른다.[20] 그

("Apis"; 황소 신)에 근거해서 נִסְחַף 나쓰하프를 분절해서 נָס חַף 나쓰 하프("아피스[Haf]가 도망간다")로 수정해서 읽을 것을 제안한다(cf. 현대인의 성경). 또한 여러 히브리어 사본에 근거해서 복수형(אַבִּירֶיךָ 압비레카)을 단수형 אַבִּירְךָ 압비레카 또는 אַבִּירָיִךְ 압비라이크로 수정해서 단수형 동사에 맞추는 것을 제안한다. אַבִּירֶיךָ 압비레카를 "너[희]의 장사들"로 번역해서 사람을 가리키는 것으로 보기도 하지만 אַבִּיר 압비르가 "황소"(bull)를 가리킬 수 있는 것(cf. 사 34:7["들소"])을 고려해서 "너의 황소[들]"로 번역하기도 한다(cf. 새번역; RSV). 황소로 번역할 경우, אַבִּיר 압비르는 이집트인들이 섬긴 Apis와 연계된다. Jones와 Longman은 칠십인경의 독법("아피스[Haf]가 도망간다")이 MT독법이 전달하지 못하는 의미를 담아내는 것으로 설명한다(Jones, *Jeremiah*, 495; Longman, *Jeremiah/Lamentations*, 283; Chisholm, *Handbook*, 209; Thompson, *Jeremiah*, 690-92). 하지만 MT독법에 주어와 동사의 수에 차이가 있지만 자신들의 전투력을 과시하는 이집트 군대의 모습(14절)에 이어서 15절의 질문이 서술된 것을 고려하면 אַבִּירֶיךָ 압비레카를 "너의 힘센 자/장수"로 번역하는 것이 의미전달에 문제가 있는 것은 아니다. 16절 역시 이집트의 군사들에 대한 서술이다. אַבִּירֶיךָ 압비레카를 단수형 אַבִּירְךָ 압비레카로 수정하면 단수 동사와 일치할 뿐만 아니라 17절에 언급된 이집트 왕 바로를 가리키는 것으로 볼 수 있다. 이 경우, 18절에 "왕"으로 표현된 여호와와 대조를 이룬다. 15, 17, 18절을 함께 고려하면 왕이신 여호와가 "힘센 자"로 표현된 이집트 왕 바로를 내던지시므로 그가 서지 못한다는 의미가 전달된다.

20) 13-24절의 신탁이 유다백성이 거주하던 이집트의 지역을 언급하는 것에 근거해서 이집트의 바로 호브라가 바벨론의 느부갓네살 왕의 손에 넘겨질 것이라고 선언하는 44:30(cf. 43:10)과 연계된 것으로 볼 수 있다. 그렇다면 조롱을 받는 바로 왕은 호브라일 가능성이 있다(cf. Martens, *Jeremiah*, 249). 이와는 달리 이 신탁이 느부갓네살이 주전 568년에 이집트의 바로 아마시스(Amasis)와 벌인 전투를 가리키는 것으로 보기도 한다(cf.

를 조롱하고 더 이상 신뢰하지 않는다. 주전 605년에 느부갓네살 왕은 갈그미스 전투에서 승리하지만 그의 아버지 나보폴라사르의 죽음에 대한 소식을 듣고 바벨론으로 돌아갔다. 그 이후 느부갓네살은 수년 간 두로를 공격하는 것에 집중한다(cf. 겔 29:17-20). 따라서 군사들의 불만은 느부갓네살이 고국으로 돌아간 후 다른 전투에 집중하는 동안 바로 왕이 반전의 기회를 놓친 것을 가리키는 것으로 보인다. 바로 느고가 갈그미스 전투를 준비하면서 승리를 호언장담하지만 패배로 인하여 수치를 당한 것처럼(cf. 8-9절), 또 다시 바벨론 왕 느부갓네살에 의해 패배를 당한 이집트 왕 바로는 수치와 조롱을 당한다.

18-19절. 이집트의 멸망은 필연적이다. 왜냐하면 만군의 여호와가 그의 삶을 두고 이집트를 파괴할 "다볼과 갈멜 같은 자"가 올 것을 맹세하셨기 때문이다(18절). 강력한 바벨론 왕 느부갓네살을 묘사하기 위해 거대한 다볼산과 갈멜산의 비유가 사용된다. 이집트 왕 바로는 요란한 소리를 내는 "허풍쟁이"에 불과하지만 만군의 여호와는 승리를 이끄시는 "왕"이시다("만군의 여호와라 일컫는 왕이 이르시되"). 그러므로 강력한 바벨론 군대의 공격에 이집트 사람들이 할 수 있는 것은 짐을 꾸리고 포로로 잡혀갈 준비를 하는 것뿐이다(19절).

20-24절. 전투를 벌이게 될 이집트와 바벨론에 대한 비유가 이어진다. 이집트는 "아름다운 암송아지"에 비유되고 북쪽에서부터 공격해 오는 바벨론은 "쇠파리 떼"에 비유된다(20절). 쇠파리 떼가 암송아지에 달라붙어 괴롭히는 것처럼 바벨론의 군대가 이집트를 고역스럽게 할 것이다. 이집트는 용감한 군사들(구스, 붓, 루딤)을 고용하여 전투를 하지만 그들은 도살을 위한 "살진 수송아지"에 불과하다(21절; cf. 9절). 그들은 바벨론의 공격을 견디지 못하고 도망간다. 이집트가 전투를 준비하고 용감한 용병들로 무장을 할지라도 바벨론 왕 느부갓네살을 버텨내지 못한다(21절). 왜냐하면 하나님이 이집트를 향한 "[그들의] 재난의 날"(יוֹם אֵידָם 욤 에담), 곧 "벌 받는 때"(עֵת פְּקֻדָּתָם 에트 페쿠다탐; "그들을 보응하는 때")를 정하셨기 때문이다.

Longman, *Jeremiah/Lamentations*, 279). 이 경우, 조롱을 받는 바로는 아마시스가 된다.

비유가 이어지면서 바벨론 군대의 공격과 이집트의 패배가 생생하게 그려진다. 벌목꾼이 도끼로 숲을 치며 지나갈 때 뱀이 소리를 내며 도망가는 것처럼 이집트의 군대는 휩쓸고 지나가는 바벨론의 공격을 감당하지 못하고 두려움에 떠는 소리를 내며 도망간다(22절). 이집트의 군대가 헤아릴 수 없을 정도로 많아서("조사할 수 없는 그의 수풀") 충분히 바벨론 군대를 감당할 듯 보인다(23절). 하지만 황충(메뚜기 떼)보다 많아서 그 수를 헤아릴 없는 바벨론 군대에 의해 벌목꾼이 나무를 찍어내듯 이집트의 군대는 찍어냄을 당한다. 에스겔 선지자의 신탁에서도 이와 유사한 비유를 볼 수 있다(cf. 겔 31장). 하나님이 이집트를 높고 빼어난 백향목과 같이 만드셨지만 이집트는 스스로 그렇게 된 줄로 생각하며 교만하게 행동한다. 그러므로 하나님은 그를 찍어 버리고 꺾어버려서 교만하지 못하게 하겠다고 선언하신다(cf. 겔 31:9-14). 바벨론의 공격과 이집트의 패배는 여호와가 확언하시는 것이기에 확실하다("여호와의 말씀이니라," 23절). 유다백성의 기대와는 달리 이집트는 수치를 당하고 결국 바벨론의 손("북쪽 백성의 손")에 패망한다. "북쪽"은 하나님의 심판이 임하는 방향이다.

25-26절. 신탁도입형식("만군의 여호와 이스라엘의 하나님께서 말씀하시니라")과 함께 이집트에 관한 세 번째 신탁이 서술된다(25절). 앞선 신탁들의 도입과는 달리 "이스라엘의 하나님"이 언급되는 것에 주목하게 된다.[21] 왜냐하면 이집트와 바벨론의 전투는 신들의 전투이기도 하기 때문이다(cf. 겔 30:15). 그런데 이집트의 신들과 바벨론의 신 마둑의 전투가 아니라 이집트의 신들과 바벨론을 통해 심판을 행하시는 이스라엘의 하나님과의 전투다. 하나님은 이집트의 신들과 그 왕들과 이집트, 그리고 바로와 그를 의지하는 자들에 대한 보응을 선언하신다(הִנְנִי פוֹקֵד 힌니 포케드["보라. 내가 보응할 것이다], 25절). "아몬"(אָמוֹן 아몬)은 남부 이집트의 수도인 노(테베스)의 최고신이다. 자신들의 신을 의지하며 전투를 벌이는 이집트를 하나님이 바벨론을 통해 심판하시면서 그가 참 신이신 것을 증명하신다. 이집트 왕과 그의 신들을 의지하며 바벨론 왕을 피해 자신의 생명을 유지하고자 했던 이들 역시 하나님의 보응을 받는다. 이집트와 바로를 의지하는 유다백성도 예외가 될

---

21) "이스라엘의 하나님"이 언급되는 것은 이집트의 멸망을 확언하는 신탁에 이스라엘의 구원에 대한 선언이 포함되는 것과도 연결된다.

수 없다. 결국 인간 왕을 신뢰하며 우상을 의지하는 자들은 모두 하나님의 심판 도구인 바벨론 왕 느부갓네살과 그의 종들(신하들)의 손에 넘겨지는 운명에 처한다(26절상).

이러한 하나님의 심판이 이집트의 멸망을 가져오지만 이집트가 역사에서 완전히 사라지는 것은 아니다(26절하). 바벨론을 통한 이집트의 멸망이 있고 난 후 이집트는 다시 예전과 같이 사람이 사는 곳이 된다. 이집트의 미래에 대해 선지자 에스겔은 예레미야의 신탁보다 더 구체적인 내용을 전한다. 에스겔은, 이집트가 패망한 후 40년 동안(한 세대나 방황의 시기에 대한 상징적 숫자일 수 있음) 황폐하게 되지만 그 후에 이집트 백성이 고국으로 돌아와 정착할 것이라고 예언한다(겔 29:11-14). 하지만 그들은 강력한 나라를 이루지 못하고 열국 중에서 지극히 "미약한 나라"(מַמְלָכָה שְׁפָלָה 맘라카 쉐팔라)가 되어 더 이상 이스라엘 족속의 의지가 되지 못한다(cf. 겔 29:14-15). 예레미야와 에스겔이 동일하게 전하고 있는 메시지는, 유다백성이 하나님을 전적으로 의지하는데 걸림돌이었던 이집트가 제거된다는 것이다.

27-28절. 이집트의 회복에 관한 선언(26절하)에 이어서 이스라엘의 구원에 관한 신탁이 등장한다. 신탁의 대상은 "내 종 야곱" 곧 "이스라엘"이다. 예레미야의 신탁을 듣는 실제 청중은 유다백성이다. 하지만 하나님이 그들을 "야곱"과 "이스라엘"로 부르시는 것은 이 신탁이 북이스라엘과 유다가 통합된 회복을 선언하는 것임을 의미한다. 하나님은 두려워하지 말고 놀라지 말라고 명하신 후, 세 가지를 선언하신다(27절). 첫째, 그의 백성을 포로로 잡혀간 땅에서 구원하시겠다고 선언하신다. 그러면 그들이 약속의 땅으로 돌아와서 평온하고 편안하게 살 뿐만 아니라 그들을 두렵게 할 자들이 없다. 둘째, 그의 종 야곱과 함께 하시겠다고 선언하신다(28절상). 이는 그의 임재에 대한 선언이다. 신적 선언("여호와의 말이니라")으로 그의 임재를 보증하신다. "두려워하지 말라"는 명령은 그의 임재에 대한 전적인 신뢰를 요구한다. 셋째, 완전한 멸망의 심판을 받는 열방과는 달리 언약백성에 대해서는 징계의 심판을 행하시겠다고 선언하신다(28절하). 열방과 언약백성인 이스라엘을 향한 하나님의 계획에 차이가 있다. 하나님이 이스라엘(북이스라엘과 유다)을 흩어서 보낸 나라들은 그가 행하시는 완전한 멸망의 심판을 받는다

(אֶעֱשֶׂה כָלָה בְּכָל־הַגּוֹיִם 에에세 칼라 베콜-학고임). 하지만 이스라엘은 완전히 멸망하지 않는다. 완전한 멸망을 의미하는 "다 멸할지라도"(אֶעֱשֶׂה כָלָה 에에세 칼라)라는 표현이 열방에 사용된다. 동일한 표현이 이스라엘에게도 사용되지만 부정어 al{로("아니다")가 서술되면서 이스라엘과 열방의 대조적인 운명이 묘사된다. 즉 열방에 대한 심판은 완전히 멸하는 것인 반면에 이스라엘을 향한 하나님의 심판은 완전히 멸하는 것은 아니다(אֹתְךָ לֹא־אֶעֱשֶׂה כָלָה 오테카 로-에에세 칼라).[22] 그러나 하나님의 공의는 이스라엘의 죄악을 결코 간과하지 않는다. 따라서 그의 "법도(공의)에 따라"(לַמִּשְׁפָּט 람미쉬파트) 이스라엘을 징계하시고 벌하지 않은 채 내버려두지 않으신다. 따라서 이스라엘에게 행하시는 심판의 성격은 완전한 파멸이 아니라 징계다. 하지만 징계의 심판이 끝나고 나면 여러 나라로 흩어진 이스라엘 백성이 약속의 땅으로 돌아와서 평온하고 편안한 삶을 누리게 된다. 이와 같이 이스라엘을 향한 하나님의 구원의 계획이 있기 때문에 두려워하지 말라는 명령으로 포로지에 있는 언약백성을 위로하신다. 27-28절의 이스라엘에 대한 신탁은 "위로의 책"에서 선포한 신탁(30:10-11)과 동일하다. 동일한 신탁이 이집트의 회복선언에 이어서 다시 서술되는 것은, 이집트가 회복을 기대할 수 있다면 언약백성인 이스라엘의 회복은 더욱 확실하다는 의미를 전달한다.[23] 하지만 이스라엘의 회복은 이집트의 회복과 큰 차이를 나타낸다. 멸망 후 이집트는 단지 사람이 사는 상태("미약한 나라")로 회복되는 반면에 이스라엘은 하나님의 임재가 약속된 완전한 상태로 회복된다. 유다백성은 예루살렘과 이집트에서 하나님의 심판을 겪는다. 하지만 하나님은 회복신탁을 선언하시면서 그의 백성과의 언약관계가 여전히 유효하다는 사실을 알려 주신다.

현재적 적용 | 묵상

1. 모든 방법을 동원해서 철저하게 준비하고 아무리 기세가 등등해도 하나님의

22) 개역개정은 אֹתְךָ לֹא־אֶעֱשֶׂה כָלָה 오테카 로-에에세 칼라를 "너는 사라지지 아니하리라"로 번역하는데, "내가 너를 완전히 멸하지 않을 것이다"라는 의미다.

23) Jones는 열방신탁 중에 기록된 이스라엘의 회복신탁이 하나님의 백성을 위한 종말론적 희망을 완성하는 것으로 설명한다(Jones, *Jeremiah*, 496).

심판을 감당할 수 없음을 인정하고 그의 구원과 자비를 구하는가?

2. 내가 맞이하게 될 그 날 곧 하나님을 만나는 날이 하나님이 죄에 대해 보복하시는 날일까, 아니면 그의 구원과 평안을 누리고 성도로 산 삶의 수고를 인정받고 위로받는 날일까?

3. 세상이 제시하는 화려하고 힘이 있어 보이는 것들을 추구하다가 결국 심판을 받고 수치를 당하는 일이 나와는 상관이 없는가?

4. 하나님이 함께 하신다는 약속의 말씀이 내 안에 있는 두려움을 다스리는가? 하나님이 그의 임재를 약속하시면서 "두려워하지 않게 될 거야"라고 확언하지 않으시고 "두려워하지 말라"고 명령하신 이유는 무엇일까? 하나님의 임재에 대한 확신을 갖고 두려워하지 않아야 하는 것은 나의 몫이기 때문은 아닌가? 두려워하지 않는 것이 신뢰의 표현이기 때문은 아닌가?(cf. 수 1장)

5. 성도가 죄를 범할 때 하나님이 그 죄의 대가로 어려움에 처하게 하시는 것은 죄에서 돌이키기를 기대하시는 것이며 또한 잘못을 바로 잡기 위한 징계인 것을 기억하고 그의 기대와 목적에 맞게 반응하는가?

---

2. 블레셋의 심판신탁, 47:1-7

본 단락은 이집트에 이어서 두 번째로 등장하는 나라, 블레셋에 대한 심판신탁이다.[24)]

25장에서 하나님의 진노의 잔을 마시는 블레셋은 "블레셋 사람의 땅 모든 왕과 아스글론과 가사와 에그론과 아스돗의 나머지 사람들"(25:20)로 표기된다. 이 신탁이 주어진 정황은 이집트 왕 바로가 블레셋의 도시인 가사를 공격하기 전이다. 이 신탁은 블레셋이 멸망하게 되는 원인을 지적하는 4절을 중심으로 2-3절과 5-7절로 구분된다. 2-3절은 블레셋에 임한 공격과 그 결과를 비유적으로 그리고 사실적으로 선언하는 것에 집중하는 반면에 5-7절은 블레셋의 상황에 대한 예레

24) 칠십인경 예레미야서의 열방신탁에는 이집트(LXX 26:2-25, 27-28)가 두 번째로 등장하고 블레셋에 대한 신탁(LXX 29:1-7)은 네 번째로 서술된다.

미야와 블레셋 사람 간의 대화를 기록한다. 4절의 화자는 하나님 또는 예레미야일 수 있다. 이와 같이 4절은 이중적 화자를 제시하면서 자연스럽게 2-3절의 여호와의 말에서 5-7절의 예레미야와 블레셋 사람의 말로 전환시키는 역할을 한다.

블레셋에 대한 신탁 정황과 도입(1절)
도입(2절상)
a. 공격과 결과[비유적 묘사](2절중하)
a'. 공격과 결과[사실적 묘사](3절)
　b. 블레셋 멸망의 원인: 멸절의 날(4절)
　　c. 예레미야의 질문(5절)
　　　d. 블레셋 사람들의 질문과 간청(6절)
　　c'. 예레미야의 답변(7절)

블레셋에 대한 신탁 정황과 도입(1절)

블레셋에 관한 심판신탁이 주어지는데, 이 신탁은 이집트 왕 바로가 가사를 치기 전에 선지자 예레미야에게 임한 것이다.

도입, 공격과 결과[비유적 묘사/사실적 묘사](2-3절)

블레셋의 멸망에 대한 하나님의 선언이 직접 인용된다. 블레셋이 맞이하게 될 북쪽에서 오는 대적의 공격과 그 공격에 따른 결과가 비유적으로 그리고 사실적으로 묘사된다. 대적의 공격은 모든 것을 휩쓸어버리며 두려움을 일으킨다. 그러면 울부짖음과 통곡이 가득하고 아버지가 힘이 빠져 자식을 돌보지 못할 정도가 된다.

블레셋 멸망의 원인: 멸절의 날(4절)

블레셋이 멸망할 수밖에 없는 이유는 여호와가 멸절의 날을 선언하셨기 때문이다. 블레셋뿐만 아니라 블레셋을 도울만한 이들도 모두 멸절된다.

예레미야와 블레셋 사람들의 질문과 답변(5-7절)

선지자 예레미야가 블레셋 사람들에게 언제까지 애곡만 하려고 하느냐고 묻자 그들은 여호와의 칼이 멈추기를 간청한다. 이에 대해 예레미야는 여호와의 칼이 블레셋의 주요 도시들을 다 유린하기까지 쉬지 않을 것이라고 답변한다.

주해

1절. 두 번째 신탁의 대상은 블레셋이다.[25] 블레셋을 향한 심판신탁이 주어진 시기는 이집트 왕 바로가 가사를 치기 전이다. 이 시기와 연관시킬 수 있는 사건에 대한 실제적인 기록이 없기 때문에 일반적으로 네 개의 사건과 연관하여 신탁이 주어진 시기를 추정한다. 첫째, 바로 느고가 요시야 왕을 죽인 므깃도 전투 때 가사를 공격한 사건이다(주전 609년).[26] 둘째, 바로 느고가 갈그미스 전투에서 바벨론 군대에게 패한 후 돌아오는 길에 가사를 공격했을 것으로 추정되는 사건이다(주전 605년). 셋째, 느부갓네살이 이집트의 바로 느고를 공격했다가 실패했을 때 바로 느고가 바벨론 군대를 추격하던 중 가사를 공격한 사건이다(주전 601년).[27] 넷째, 바로 호브라가 시드기야 왕의 요청을 받고 예루살렘을 향해 출정했을 때 가사를 공격한 사건이다(주전 587년경). 따라서 609년에서 587년 사이의 어느 한 시기에 신탁이 임한 것으로 볼 수 있다.[28] 다양한 시기가 제안되는 것은 블레셋의 지정학적 위치가 국제정세에 있어서 순탄하지 않았음을 보여준다. 신탁의 정황을 한 시기로 확정하는 것 자체가 신탁해석에 결정적인 역할을 하는 것은 아니다. 신탁이 주어진 시기를 이집트의 공격과 연관시키고 있지만 이집트가 블레셋을 심판하는 도구는 아니다. 왜냐하면 신탁에서 심판의 도구를 "북쪽에서" 일어나는 "물"로 표현하고 있기 때문이다(cf. 2절). 이집트는 블레셋의 남쪽에 있는 나라이기 때문에 이 물이 바벨론을 가리키는 것으로 보는 것이 더 자연스럽다. 바벨론이 팔레스타인으로 올 때는 북쪽에서 내려온다. 바로가 가사를 공격하는 것은 바벨론에 의한 블레셋의 완전한 멸망에 대한 전조일 뿐이다.

---

25) 블레셋은 지중해 해안가의 팔레스타인 평원에 위치한 다섯 개의 주요 도시로 구성된 연합국가다(가사, 아스돗, 아스글론, 에그론, 갓).

26) Cf. Harrison, *Jeremiah & Lamentations,* 173; Martens, *Jeremiah*, 250.

27) Cf. Longman, *Jeremiah/Lamentations*, 284.

28) Chisholm은 주전 610-601년의 한 시기를 신탁의 정황으로 고려한다(Chisholm, *Handbook*, 209).

2-3절. 신탁도입형식("여호와께서 이와 같이 말씀하시되")과 함께 블레셋의 멸망에 대한 선언이 서술된다. 바벨론의 공격이 블레셋 땅과 그 안에 있는 모든 것들을 휩쓸어 버리는 물에 비유된다(2절). 그 물이 블레셋의 온 땅에 넘쳐흐르고 급류가 되어 다가온다. 그러면 블레셋 땅에서는 사람들의 울부짖음과 통곡의 소리가 들린다. 비유적 묘사에 이어서 바벨론의 공격이 사실적으로 묘사된다(3절). 군마와 전차의 요란하게 내달리는 소리로 인해 아버지들은 자녀들조차 돌아보지 못할 정도의 극심한 공포에 사로잡힌다. 바벨론의 공격은 블레셋 사람들을 자신의 목숨을 부지하기에도 급급한 처참한 상황에 몰아넣는다.

4절. 블레셋이 이러한 처참한 상황을 결코 피할 수가 없는 이유가 서술된다. 이 선언의 화자는 여호와이거나 예레미야일 수 있다. "여호와"가 언급되기 때문에 예레미야의 말로 보기도 한다.[29] 그런데 진노의 잔을 마시게 하는 이가 "이스라엘의 하나님 여호와"라는 사실을 강조하기 위해 여호와가 자신을 "내가" 대신에 "여호와"로 표현하실 수 있다. 따라서 여호와가 화자일 가능성이 배제되지 않는다. 그렇다면 4절의 화자가 이중적일 수 있다. 이는 2-3절의 여호와의 말에서 자연스럽게 5절에 서술된 예레미야의 말로 연결시키는 역할을 한다. 화자에 대한 논의는 있을 수 있지만 블레셋이 고통스러운 멸망을 맞이할 수밖에 없는 이유는 간명하지만 명확하게 전달된다. 그 이유는 블레셋을 모두 멸할 뿐만 아니라 블레셋의 동맹국인 "두로와 시돈"의 생존자들도 모두 멸절시키는 날이 오기 때문이다. 이 날은 "여호와"가 블레셋 사람들을 멸절시키는 날이다. 하나님이 정하신 멸절의 날이 임하면 블레셋은 어느 누구에게서도 도움을 얻지 못하고 완전히 멸망한다. 갑돌 섬(Crete)에서는 생존자를 찾아볼 수 없을 정도의 멸망이 임한다. 갑돌이 블레셋의 기원과 같은 도시인데, 이 도시에 생존자가 남지 않는다는 선언은 블레셋의 완전한 멸절을 선언하는 것과 같다. 블레셋의 주요 도시들이 심판의 대상으로 언급된다(갑돌, 가사, 아스글론).

5-7절. 블레셋이 멸망을 피할 수 없는 이유에 대한 설명에 이어서 예레미야의

---

29) 한글의 존대법에 따른 개역개정의 번역("여호와께서")는 4절을 예레미야의 말로 해석하는 어감을 전달한다.

말이 서술된다. 예레미야는 먼저 멸망을 당한 블레셋의 모습을 묘사한다. 가사는 파멸과 죽음에 대한 슬픔을 표현하기 위해 머리를 밀고 아스글론은 잠잠하다고 말한다(5절).[30] 아스글론이 잠잠하게 된다는 것은 아스글론의 주민들이 죽임을 당했기 때문에 잠잠한 것을 가리킬 수 있다(cf. 48:2). 따라서 현대인의 성경은 "아스글론이 멸망을 당했다"로 번역한다(cf. KJV; RSV). 블레셋의 상황을 묘사한 후 예레미야는 그들의 골짜기에 남아 있는 자들에게 "언제까지 멸망으로 인한 슬픔을 표현하기만 하겠느냐"고 묻는다. 몸을 벤다는 것은 슬픔을 표현하는 것을 가리킨다(cf. 16:6; 41:5; 48:37).

6절은 예레미야의 질문에 대한 블레셋 사람들의 답변을 서술한다.[31] 그들은 심판을 행하는 여호와의 칼이 멈추기를 간청한다.[32] "여호와의 칼"(חֶרֶב לַיהוָה 헤레브 라도나이; "여호와께 속한 칼")은 심판 도구인 바벨론 군대의 칼날을 의미한다(cf. 46:10). 블레셋 사람들의 간청을 들은 예레미야는, 바벨론이 여호와가 정하신 명령에 따라 블레셋을 공격하는 것이기 때문에 그의 명령을 다 수행하기까지는 결코 멈추지 않을 것이라고 답변한다(7절). 즉 "아스글론과 해변"에 대한 하나님

---

30) 5절의 히브리어 원문은 개역개정의 번역과는 달리 새번역은 "가사는 슬픔에 겨워 머리털을 밀고 아스글론은 말문이 막힌다. 아낙의 살아남은 자들아, 너희가 언제까지 몸에 상처를 내며 통곡하려느냐?"로 번역한다. 공동번역이 5절의 어감을 적절하게 전달한다("가자 사람들에게는 머리 풀 일이 생겼고, 아스클론 사람들은 말문이 막히게 되었다. 거인족의 잔류민 아스돗 사람들은 언제까지 몸에 칼자국을 내며 애곡할 것인가?"). 개역개정이 "그들에게 남아 있는 평지"로 번역한 히브리어 원문, שְׁאֵרִית עִמְקָם 세애리트 임캄은 다양하게 번역된다: (1) "아낙의 살아남은 자들아"(새번역; cf. 현대인의 성경; 공동번역; RSV); (2) "평원의 남은 사람들아"(우리말성경; NIV); (3) "the remnant of their valley"(KJV; NASB). BHS는 칠십인경의 번역(Enakim)에 근거해서 עִמְקָם 임캄을 עֲנָקִים 아나킴("아낙")으로 읽을 것을 제안한다. 하지만 히브리어 필사본들이 MT독법을 따르고 있는 것을 고려할 때 MT독법(שְׁאֵרִית עִמְקָם 쉐애리트 임캄; "그들의 골짜기에 남은 자들")을 유지할 필요가 있다.

31) Harrison은 6절이 예레미야의 간청을 서술하는 것으로 간주한다(Harrison, *Jeremiah & Lamentations*, 173). Martens는 2-5절의 화자는 여호와이고, 6절은 블레셋 사람들의 말로, 그리고, 7절의 화자는 선지자인 것으로 분석한다(Martens, *Jeremiah*, 250). 화자에 대한 논의가 있을 수 있는데, 화자를 규정하는 것이 신탁해석에 결정적인 역할을 하는 것은 아니다.

32) 6절을 예레미야가 칼에게 질문하는 것으로 그리고 7절은 칼의 답변으로 해석하기도 한다.

의 심판이 정해진 것이기 때문에 심판의 칼날이 이곳을 다 멸하기까지는 멈추지 않는다는 것이다. 블레셋의 주요 도시들(가사, 갑돌, 아스글론)이 순차적으로 나열되면서 블레셋 전 지역에 미치게 될 멸망이 긴장감 있게 효과적으로 묘사된다. 이 신탁은 블레셋에 대한 하나님의 심판이 확정된 이유를 언급하지 않는다. 하지만 동일한 대상에 대한 신탁을 전달하는 에스겔을 통해 그 이유를 살필 수 있다. 에스겔은 블레셋이 하나님의 심판을 받는 이유를 "블레셋 사람이 옛날부터 미워하여 멸시하는 마음으로 원수를 갚아 진멸하고자" 한 것으로 제시한다(겔 25:15). 언약백성에 대한 뿌리 깊은 미움에 따른 원수를 갚는 행위가 심판의 원인이다.

현재적 적용 | 묵상

1. 하나님의 심판의 대상이 되면 순서의 문제이지 결국 그의 심판으로 애곡과 통곡을 하는 상황을 피할 수 없음에도 불구하고 그의 심판의 잠시 지연되고 있는 것으로 인해 마치 그의 심판이 없을 것처럼 착각하고 사는 것은 아는가?
2. 하나님이 심판과 관련해서 "내가 그렇게 결정했다"고 말씀하시는 것이 가장 무서운 말씀이 아닌가? 그의 결정을 피할 수 없기 때문에 두려움에 휩싸이게 되는데, 결정된 심판을 피할 수 있는 길이 전혀 없는가? 십자가의 보혈이 예외를 만들어 주지 않는가?
3. 심판의 두려움에 울면서 심판이 멈추기만을 바랄 것인가? 아니면 눈물을 닦으시고 생명으로 인도하시는 주님을 바라볼 것인가?
4. 살육을 행하는 여호와의 칼에 대한 두려움 때문에 멈추기를 간청하는 블레셋 사람들의 모습에서 아브라함의 품에 있는 나사로를 보고 아브라함에게 나사로를 보내서 "그 손가락 끝에 물을 찍어 내 혀를 서늘하게 하소서 내가 이 불꽃 가운데서 괴로워하나이다"(눅 16:24)라고 말한 부자의 모습이 보이지 않는가? 이 모습이 나와는 상관이 없다고 생각하는가?

3. 모압의 심판과 회복신탁, 48:1-47

본 단락은 열방신탁을 이어가는데, 이제 신탁이 모압을 향한다. 세 번째 열방신탁이다.[33] 앞의 두 신탁(이집트와 블레셋)과 비교할 때 모압에 대한 신탁의 분량은 상당하다(48:1-47). 모압 신탁은 1절의 도입으로 시작되고 47절하의 결언으로 마무리된다. 1절과 40절에 서술된 신탁도입형식에 의해 크게 두 개의 신탁단락으로 구분된다: (1) 1-39절; (2) 40-47절.[34]

첫 번째 신탁단락(1-39절)은 주제에 따라 세 개의 소단락으로 세분화된다: (1) 1절하-10절; (2); 11-25절; (3) 26-39절. 첫 번째 소단락(1절하-10절)은 두 개의 주제에 집중한다. 첫째, 헤스본에 있는 무리와 파괴자로 표현된 대적에 의한 모압의 멸망이다(1절하-2절; 7-8절). 10절에서 여호와의 일을 게을리 하는 자에게 저주를 선언하는 것은 대적에 의한 모압의 멸망을 강조하다. 따라서 모압의 멸망을 언급하는 절들과 짝을 이룬다(1절하-2절[a], 7-8절[a'], 10절[a"]). 둘째, 멸망에 따른 울부짖음과 피신에 대한 명령이다(3-6절[c]; 9절[c']). 두 번째 소단락(11-25절)은 하나님이 행하시는 심판에 따른 모압의 멸망에 집중한다(11-13절[a], 14-16절[a'], 21-25절[a"]). 앞 단락에서는 하나님이 모압의 멸망에 객관적 입장에서 "여호와"로 개입하시는(8, 10절) 반면에 두 번째 단락에서는 하나님이 1인칭의 "내가"로 표기되면서 모압의 멸망에 직접 관여하신다는 사실을 보여준다.[35] 하나님이 모압에게 "옮겨 담는 사람"(צֹעִים 쪼임)을 보내신다(12절). 또한 만군의 여호와로 불리는 왕으로서 모압의 멸망을 확언하신다(15절). 따라서 하나님의 심판은 모압에게 재난과 재앙이 된다. 심판이 임하면 모압을 위한 통곡과 애곡이 있게 되는데, 통곡과 애곡의 주체가 모압의 사면에 있는 자들로 확장된다. 세 번째 소단락(26-39절)은 모압이

---

33) 칠십인경 예레미야서의 열방신탁에는 모압 신탁이 마지막 아홉 번째 신탁(LXX, 31:1-45)으로 서술된다.

34) 개역개정은 40절의 신탁도입형식(כִּי־כֹה אָמַר יְהוָה 카-코 아마르 아도나이)을 "이는 여호와의 말씀이니라"로 번역하는데, 이 표현은 "여호와께서 이와 같이 말씀하시니라"라는 전형적인 신탁도입이다. 개역개정이 "여호와께서 말씀하시니라"로 번역한 12절의 히브리어 원문은 신적 선언(נְאֻם־יְהוָה 네움-아도나이; "여호와의 말이니라")이다. 또한 15절의 "만군의 여호와라 일컫는 왕께서 이와 같이 말하노라"로 번역한 히브리어 원문, נְאֻם־הַמֶּלֶךְ יְהוָה צְבָאוֹת שְׁמוֹ 네움-함멜레크 아도나이 쩨바오트 쉐모는 확장된 신적 선언이다: "만군의 여호와라 일컫는 왕의 말이다." 12절과 15절의 신적 선언은 신탁을 도입하는 역할을 하기보다는 신탁을 확언하는 역할을 한다.

35) 이러한 1인칭의 표현은 세 번째 단락(26-39절)에 집중적으로 사용된다(30, 31, 32, 33, 35, 36, 38절).

심판을 받는 원인을 지적하고 그에 따른 결과를 서술한다. 심판의 원인은 모압의 "교만"(הִגְדִּיל 히그딜, 26절)이다.[36] 심판의 결과는 나라를 이루지 못할 뿐만 아니라 자신들이 확신하고 기대하는 것들을 얻지 못하는 것이다. 모압의 멸망에 대한 하나님의 애곡과 모압 사람들의 애곡이 반복해서 서술된다.

두 번째 신탁단락(40-47절상)은 "자만"(הִגְדִּיל 히그딜, 42절)으로 인한 모압의 멸망을 확언한다. 하나님이 모압의 보응의 해를 확정하셨기 때문에 그가 놓은 두려움과 함정과 올무를 모압이 피할 수 없고 멸망할 수밖에 없다. 하지만 마지막 날에 모압이 사로잡힘에서 해방될 것을 선언한다. 이상의 분석을 반영하여 본 단락의 구조를 살피면 다음과 같다.

모압에 대한 신탁단락의 도입(1절상)

I. 첫 번째 신탁단락: 모압의 멸망과 수치, 애곡(1절중-39절)

도입, 1절중

(1) 첫 번째 소단락, 1절하-10절

a. 헤스본에 있는 무리와 모압의 멸망: 1절하-2절

b. 파멸의 고통스러운 울부짖음, 3-5절

c. "도망하여 목숨을 구하라"는 명령, 6절

a'. 파괴자와 모압의 멸망: 7-8절

c'. "날개를 주어 날아가게 하라"는 명령: 9절

a''. 여호와의 일을 게을리 하는 자에게 임할 저주: 10절

(2) 두 번째 소단락, 11-25절

a. 술을 옮겨 담는 사람들에 의한 파괴와 수치: 11-13절

a'. 속히 임할 모압의 재난과 재앙: 14-16절

b. 모압의 파괴자에 의한 멸망과 수치로 인한 통곡과 울부짖음: 17-20절

a''. 심판에 의한 모압의 멸망: 21-25절

---

36) הִגְדִּיל 히그딜은 하나님 앞에서 자신을 높인 모압의 행위를 가리킨다. 개역개정은 이 표현을 26절에서는 "교만함이라"로 번역하고 42절에서는 "자만하였으므로"로 번역하는데, 히브리어 원문은 동일한 표현이다.

(3) 세 번째 소단락, 26-39절

a. 모압의 교만과 결과(조롱거리): 26-27절

b. "피난하라"는 명령: 28절

a'. 모압의 심한 교만과 결과(아무 것도 이루지 못함): 29-30절

c. 모압에 대한 여호와의 애곡: 31-32절

a''. 심판의 결과: 기쁨과 환희의 빼앗김: 33절

d. 모압 사람들의 애곡: 34절

a'''. 심판의 결과: 모압의 신을 섬기는 자들의 제거: 35절

c'. 여호와의 애곡: 36절

d'. 모압 사람들의 애곡: 37-39절

II. 두 번째 신탁단락: 모압의 멸망에 대한 확언(40-47절)

도입, 40절상

a. 자만으로 인한 모압의 멸망, 40-42절

b. 모압 앞에 놓인 두려움, 함정, 올무: 보응의 해와 포로, 43-46절

b'. 사로잡힘에서의 해방, 47절상

결언(47절하)

서술적 측면에서 모압 신탁단락의 특징은 두 가지다. 하나는 모압의 지역들을 구체적으로 언급하는 것이다. 모압의 여러 지역들에 대한 언급과 함께 신탁이 전개되는 것은 모압에 임할 파괴의 총체적 측면을 강조한다. 다른 하나는 유사한 표현과 단어의 반복이다. 이 반복은 의미를 강조할 뿐만 아니라 표현과 단어가 전달하는 주제가 반복되면서 강조된다. 따라서 모압신탁 단락을 분석할 때는 반복되는 표현과 단어에 집중하면서 전달되는 주제를 살펴야 한다.

모압은 국가를 형성한 후 큰 어려움 없이 평온한 역사를 지속했다. 모압 백성에게 강력한 군대와 요새, 그리고 그들이 섬기는 그모스 신은 그들의 자랑과 자부심이었다. 모압은 "강한 막대기"와 "아름다운 지팡이"로 불리기에 충분했다(17절). 모압이 하나님의 심판의 대상이 되는 원인은 두 가지다. 첫째, 하나님께 대한 모압의 교만이다(26, 29, 30, 42절). 모압의 교만은 모압이 이룬 업적과 보물에 근거한 것이다(7절). 이 교만은 언약백성인 이스라엘을 조롱하는 것과 연계된다(27

절). 둘째, 그모스를 비롯해서 우상을 섬긴 것이다(7, 13, 35, 46절). 따라서 하나님은 파괴자를 보내어 모압을 멸망시키겠다고 선언하신다. 모압의 성읍들이 하나씩 언급되면서 모압의 전 지역에 임하게 될 심판이 선언된다. 하나님의 심판이 임하면 모압에게 남게 되는 것은 완전한 멸망(나라를 이루지 못함, 42절), 수치와 통곡이다. 하지만 하나님은 "마지막 날"에 모압을 사로잡힘에서 해방시키실 것을 선언하신다(47절).

추가 설명

1. 모압의 멸망을 묘사하는 동사들: (1) "화"(הוֹי, 1절); (2) "유린[파괴]당하다"(שָׁדְּדָה, 1절/שֻׁדַּד, 15절; 20절); (3) "수치를 당하다"(הֹבִישָׁה, 1절(x2)/בֹּשׁ, 13절; 39절/הֹבִישׁ, 20절); (4) "점령당하다"(נִלְכְּדָה, 1절; 41절]/תִּלָּכֵדִי, 7절); (5) "파괴되다"(חָתָּה, 1절; 20절; 39절); (6) "멸망을 당하다"(נִשְׁבְּרָה, 4절; 25절/נִשְׁבַּר, 17절); (7) [멸]망하다(אָבַד, 8절; 46절/אָבָדוּ, 36절; [재물이] 사라지다); (8) 파멸되다(נִשְׁמַד, 8, 42절); (9) [기쁨과 환희가] 사라지다(נֶאֶסְפָה שִׂמְחָה וָגִיל, 33절); (10) "화"(אוֹי, 46절).

2. 모압의 멸망과 관련된 표현들: (1) "황폐와 큰 파멸"(שֹׁד וָשֶׁבֶר גָּדוֹל, 3절; 5절); (2) "황폐"(שַׁמָּה, 9절); (3) "살육"(טֶבַח, 15절): (4) "재난"(אֵיד, 16절); (5) [그의] "재앙"(רָעָתוֹ, 16절); (6) "심판"(מִשְׁפָּט, 21절); (7) "조롱거리"(שְׂחוֹק, 26, 39절); (8) "[즐거움의] 외침이 아님"(לֹא הֵידָד, 33절); (9) "공포의 대상"(מְחִתָּה, 39절); (10) "두려움과 함정과 올무"(פַּחַד וָפַחַת וָפָח, 43, 44절); (11) "[그들의] 보응의 해"(שְׁנַת פְּקֻדָּתָם, 44절).

3. 모압의 멸망에 대한 직접적인 표현들: (1) "모압이 멸망을 당하다"(נִשְׁבְּרָה מוֹאָב, 4절); (2) "너[모압]도 정복을 당한다"(גַּם־אַתְּ תִּלָּכֵדִי, 7절); (3) "모압이 수치를 당했다"(בֹּשׁ מוֹאָב, 13절/הֹבִישׁ מוֹאָב, 20절); (4) "모압이 황폐하였도다"(שֻׁדַּד מוֹאָב, 15절); (5) "[모압의] 성읍들은 사라졌고"(עָרֶיהָ עָלָה, 15절); (6) "모압의 재난이 가까웠고"(קָרוֹב אֵיד־מוֹאָב לָבוֹא, 16절); (7) "[모압]의 고난이 속

히 닥치리로다"(רָעָתוֹ מִהֲרָה מְאֹד, 16절); (8) "모압이 유린당했다"(שֻׁדַּד מוֹאָב, 20절); (9) "[모압이] 파괴되다"(חַתָּה, 20, 39절); (10) "모압의 뿔이 잘렸고 그 팔이 부러졌다"(נִגְדְּעָה קֶרֶן מוֹאָב וּזְרֹעוֹ נִשְׁבָּרָה, 25절); (11) "모압이 토한 것에 뒹굴다"(סָפַק מוֹאָב בְּקִיאוֹ, 26절); (12) "[모압이] 조롱거리가 되리로다"(הָיָה לִשְׂחֹק, 26절); (13) "[모압이] 자랑하여도 아무 것도 성취하지 못하였도다"(בַּדָּיו לֹא־כֵן עָשׂוּ, 30절); (14) "모압이 파멸된다"(נִשְׁמַד מוֹאָב, 42절); (15) "모압이 부끄러워서 등을 돌렸도다"(אֵיךְ הִפְנָה־עֹרֶף מוֹאָב בּוֹשׁ, 39절); (16) "모압이 그 사방 모든 사람의 조롱거리와 공포의 대상이 된다"(הָיָה מוֹאָב לִשְׂחֹק וְלִמְחִתָּה לְכָל־סְבִיבָיו, 39절; cf. 26절); (17) "모압 용사의 마음이 산고를 당하는 여인 같을 것이라"(הָיָה לֵב גִּבּוֹרֵי מוֹאָב בַּיּוֹם הַהוּא כְּלֵב אִשָּׁה מְצֵרָה, 41절); (18) "모압이 나라를 이루지 못하리로다"(נִשְׁמַד מוֹאָב מֵעָם, 42절); (19) "모압아 네게 화가 미쳤다"(אוֹי־לְךָ מוֹאָב, 46절); (20) "네 아들들은 사로잡혀가고 네 딸들은 포로가 되었도다"(לֻקְּחוּ בָנֶיךָ בַּשֶּׁבִי וּבְנֹתֶיךָ בַּשִּׁבְיָה, 46절).[37]

4. 하나님이 1인칭으로 서술되면서 심판행위를 묘사하는 표현들: (1) "내가 술을 옮겨 담는 사람을 보낼 것이라"(שִׁלַּחְתִּי־לוֹ צֹעִים, 12절); (2) "내가 포도주 틀에 포도주가 끊어지게 하리니"(יַיִן מִיקָבִים הִשְׁבַּתִּי, 33절); (3) "내가 [우상숭배자들을] 끊어버리리라"(הִשְׁבַּתִּי, 35절); (4) "내가 모압을 깨뜨렸음이라"(שָׁבַרְתִּי, אֶת־מוֹאָב, 38절); (5) "내가 모압이 벌 받을 해가 임하게 할 것이라"(אָבִיא אֵלֶיהָ אֶל־מוֹאָב שְׁנַת פְּקֻדָּתָם, 44절).

5. 모압을 공격하는 대적에 대한 표현들: (1) "헤스본에서 무리가 그를 해하려고 악을 도모하고"(בְּחֶשְׁבּוֹן חָשְׁבוּ עָלֶיהָ רָעָה, 2절); (2) "파괴자"(שֹׁדֵד, 8, 18, 32절); (3) "술을 옮겨 담는 사람"(צֹעִים, 12절); (4) "모압의 파괴자"(שֹׁדֵד מוֹאָב, 18절); "그가 [날아와서]"/"그의 날개"(כְּנָפָיו יִדְאֶה, 40절).

6. 멸망으로 인한 모압의 슬픔에 대한 표현들: (1) "부르짖는 소리"(קוֹל צְעָקָה, 3절); (2) "부르짖음"(זְעָקָה, 4절); (3) "통곡"(בְּכִי, 5절[x2]); (4) "파멸의 울부짖음"(צַעֲקַת־שֶׁבֶר, 5절); (5) 통곡하라(הֵילִילִי, 20절); (6) "울부짖으라"(זְעָקִי, 20절);

37) 모압이 직접적 언급되거나 모압이 주어로 등장하는 문장들이다.

(7) "헤스본의 부르짖음"(זַעֲקַת חֶשְׁבּוֹן, 34절); (8) "모든 사람이 대머리가 되었고 모든 사람이 수염을 밀었으며 손에 칼자국이 있고 허리에 굵은 베가 둘렸고"(כָל־רֹאשׁ קָרְחָה וְכָל־זָקָן גְּרֻעָה עַל כָּל־יָדַיִם גְּדֻדֹת וְעַל־מָתְנַיִם שָׂק, 37절); (9) 애곡(מִסְפֵּד, 38절); (10) "그들이 애곡하는가"(הֵילִילוּ, 39절); (11) "소리를 내어 부르짖다"(נָתְנוּ קוֹלָם, 34절).

7. 모압의 교만에 대한 표현들: (1) "여호와에 대하여 교만함"(עַל־יְהוָה הִגְדִּיל, 26, 42절); (2) "모압의 교만"(גְּאוֹן־מוֹאָב, 29절); (3) "심한 교만"(גֵּאֶה מְאֹד, 29절); (4) "그의 자고"(גָּבְהוֹ, 29절); (5) "[그의] 오만"(גְּאוֹנוֹ, 29절); (6) "[그의] 자랑"(גַּאֲוָתוֹ, 29절); (7) "그 마음의 거만"(רֻם לִבּוֹ, 29절); (8) "그의 노여워함"(עֶבְרָתוֹ ["그의 오만방자함"], 30절); (9) "그의 허풍"(בַּדָּיו, 30절).

모압 신탁 단락도입과 신탁도입(1절상중)

"모압에 대해"(לְמוֹאָב 레모아브)라는 간명한 도입으로 모압 신탁단락을 열어준다. 신탁도입형식("만군의 여호와 이스라엘의 하나님께서 이와 같이 말씀하시되")으로 모압에 대한 첫 번째 신탁단락을 시작한다.

첫 번째 소단락: 헤스본에 있는 무리, 모압의 멸망과 울부짖음(1절하-6절)

헤스본에서 무리가 모압을 끊어서 나라를 이루지 못하게 하겠다는 도모를 하고 느보를 시작으로 모압의 성읍들(기랴다임, 미스갑, 맛멘, 호로나임, 루힛)을 파괴한다. 파괴된 모압은 수치 속에서 울부짖음으로 고통을 호소한다. 도망을 가서 목숨을 부지한 이들은 광야의 덤불처럼 처량한 신세에 처한다.

첫 번째 소단락: 파괴자, 모압의 멸망과 "날개를 주어 날아가게 하라"는 명령 (7-9절)

모압이 업적과 보물을 의뢰하고 그모스를 섬긴 것이 하나님의 심판원인이다. 따라서 파괴자가 모압의 모든 성읍들에 임할 것이며 여호와가 말씀하신대로 모압 땅과 성읍들은 멸망과 파멸을 당한다. 그러므로 목숨을 건지기 위해서는 도망하라고 명한다.

첫 번째 소단락: 여호와의 날을 게을리 하는 자에게 임할 저주(10절)

모압에 대한 공격은 "여호와의 일"이다. 그러므로 그 일을 게을리 하거나 멈추는 자에게 저주가 임할 것이라는 선언이 주어진다.

두 번째 소단락: 술을 옮겨 담는 사람들에 의한 파괴와 모압의 재난(11-16절)

국가를 형성한 이후 모압은 적대국들의 침략이 있기는 했지만 그릇에 잘 담겨진 포도주처럼 비교적 평온한 역사를 유지했다. 그런데 모압을 향한 임박한 하나님의 심판이 선언된다. 바로 모압의 재난과 재앙이다. 하나님이 보내시는 "술을 옮겨 담는 사람들"(צֹעִים 쪼임)이 와서 모압의 평온을 옮겨버리고 파괴한다. 하나님이 아닌 우상을 섬기다가 멸망을 당한 이스라엘처럼 그모스 신을 섬기며 안전하다고 생각한 모압은 수치를 당하고 재난과 재앙을 겪게 된다.

두 번째 소단락: 모압의 파괴자, 모압의 멸망과 수치, 통곡(17-20절)

평온한 모습의 모압과 대조를 이루는 하나님의 심판 이후의 상태가 서술된다. 모압의 처참한 파괴로 인하여 주변 사람들이 놀라며 모압 백성은 수치로 인하여 통곡하고 울부짖는다. 이는 "모압의 파괴자"가 모압의 요새들을 폐허로 만들었기 때문이다.

두 번째 소단락: 심판, 모압의 멸망(21-25절)

"심판"이 모압 전역에 임한다. 결국 모압의 힘("뿔")과 능력("팔")이 제거되고 파괴된다.

세 번째 소단락: 모압의 교만과 결과, "피난하라"는 명령(26-28절)

심판원인인 모압의 교만은 여호와에 대한 것이다. 모압은 여호와의 백성 이스라엘의 멸망을 조롱했다. 따라서 하나님의 심판이 임한다. 목숨을 부지할 수 있는 길은 오직 도망가서 몸을 숨기는 것밖에 없다.

세 번째 소단락: 모압의 심한 교만과 결과, 여호와의 애곡(29-32절)

모압의 교만과 자만이 모두에게 소문났을 정도로 모압은 매우 거만하다. 하지만 그의 거만이 하나님 앞에서는 허풍을 떠는 것에 불과하다. 하나님이 모압을 위해 통곡하신다는 반어적인 표현으로 "탈취하는 자"("파괴자")에 의한 모압의 멸망을 확언한다.

세 번째 소단락: 심판의 결과와 모압 사람들의 애곡과 제거(33-35절)

하나님의 심판은 기쁨과 환희를 모두 제거하고 모압의 전 지역을 통곡과 애곡으로 가득 채운다. 뿐만 아니라 우상을 의지하여 하나님의 심판을 피하려는 자들이 모두 제거된다.

세 번째 소단락: 여호와의 애곡과 모압 사람들의 애곡(36-39절)

모압이 자랑하던 재물이 모두 사라진 것으로 인해 하나님은 모압을 위한 그의 애곡을 이어가신다. 하나님에 의해 파괴된 나라를 보면서 수치심에 휩싸인 모압 사람들이 전역에서 머리를 밀고 수염을 깎고 몸에 상처를 내면서 슬픔을 표현하고 통곡한다.

두 번째 신탁단락: 도입(40절상)

신탁도입형식("여호와께서 이와 같이 말씀하시니라")과 함께 두 번째 신탁단락이 시작된다.

두 번째 신탁단락: 자만으로 인한 모압의 멸망(40절하-42절)

모압을 파괴하는 자가 오면 모압의 성읍들과 요새들이 점령당하고 함락된다. 군사들도 사기를 잃는다. 결국 모압은 멸망해서 나라를 이룰 수 없게 된다. 이는 모압이 여호와에 대하여 자만했기 때문이다.

두 번째 신탁단락: 보응의 해와 포로, 그리고 사로잡힘에서의 해방(43-47절상)

모압 백성은 하나님이 그들 앞에 놓으신 두려움과 함정과 올무를 결코 피할 수 없다. 왜냐하면 하나님이 그들에게 행하시는 보응의 해가 임하기 때문이다. 그때가 오면 모압은 그모스의 백성이 망했다는 것을 실감한다. 자녀들은 모두 포로로 잡혀간다. 하지만 하나님은 마지막 날에 모압을 사로잡힘에서 해방시키겠다고 선언하신다. 신적 선언으로 모압의 회복을 확언하면서 신탁이 마무리된다.

결언(47절하)

"모압에 대하여"라는 도입과 짝을 이루는 "모압의 심판이 여기까지니라"는 결언으로 모압 신탁단락이 마무리된다.

주해

1-2절. 블레셋에 이어서 모압이 세 번째로 하나님의 진노의 잔을 마시는 대상으로 등장한다. 모압은 롯이 자신의 큰 딸에게서 얻은 아들 모압의 후손들이 세운 나라다(cf. 창 19:37). 모압은 대체로 유다와 적대적 관계에 있었다. 열왕기하 24장 1-2절은, 바벨론 왕 느부갓네살이 자신을 배반한 유다 왕 여호야김을 벌하기 위해 유다를 공격했을 때 모압이 바벨론 군대와 연합하여 유다와 전쟁을 한 것으로 기록한다.

모압에 관한 심판신탁은 느보, 기랴다임, 미스갑이 이미 파괴된 것으로 서술하면서 시작된다(1절). 사용된 동사들이 완료형이므로 파괴가 이미 이루어진 것으로 해석하는데("유린당하였도다" [שֻׁדְּדָה 슌다다], "점령되었고" [נִלְכְּדָה 닐케다], "수치를 당하여" [הֹבִישָׁה 호비샤], "파괴되었으니" [חַתָּה 할타]), 신탁의 성격을 고려하여 미래형(예언적 완료)으로 해석하기도 한다. 하지만 신탁의 전체 흐름과 서술특징을 고려할 때 완료형이 사용된 의도를 짐작할 수 있다. 즉, 모압에 관한 심판신탁의 두드러진 특징은 모압의 성읍들이 하나씩 나열되면서 다가오는 멸망을 선언하는 것이다. 따라서 모압을 향한 심판신탁은, 느보와 기랴다임과 미스갑의 파괴로 시작된 멸망이 점차적으로 다른 성읍들로 퍼져 나가면서 모압의 전 지역에 임한다는 인상을 준다. 예레미야는 이러한 서술기법으로 모압의 전 지역이 철저하게 파괴된다는 신탁을 전달한다. 열방신탁단락(46-51장)에 기록된 신탁들 중에서 모압에 대한 심판신탁(48:1-47)은 바벨론 다음으로 길뿐만 아니라 선지서에 기록된 모압에 대한 신탁들 중에서도 가장 자세하다(cf. 사 15-16장; 겔 25:8-11; 암 2:1-3; 습 2:8-11). 느보와 기랴다임은 본래 르우벤 지파에 속한 지역들이었지만(cf. 민 32:3, 38), 모압 석비는 모압 왕 메사가 주전 840년에 이 두 성읍을 점령하여 모압에 복속시킨 것으로 기록한다.[38] 미스갑(הַמִּשְׂגָּב 함미스가브)을 지역이름으로 번역하는데(개역개정; KJV),

---

38) Harrison, *Jeremiah & Lamentations*, 174.

정관사 ה헤("그")가 접두된 것에 주목해서 "요새"를 의미하는 일반명사로 보기도 한다(cf. 공동번역; 새번역; 현대인의 성경; NIV; NJB). 느보와 기랴다임과 미스갑의 파괴는 곧 수치를 의미한다. 따라서 모압에 대한 칭찬을 기대할 수 없다("모압의 찬송 소리가 없어졌도다," 2절). 헤스본에 모인 무리는 모압이 더 이상 하나의 나라로 서지 못하도록 완전히 멸할 것을 결의하며 모압에 대한 적대감을 드러낸다.[39] 그러므로 나머지 성읍들도 파괴의 위협에 놓이게 된다. 헤스본(חֶשְׁבּוֹן헤쉬본)이 언급되는 것은 동사 חָשְׁבוּ하쉐부("도모하다")와 음성적 언어유희를 이루기도 하지만 헤스본은 실제로 바벨론 군대가 모압에 대한 공격을 준비하기 위해 주둔한 장소이기도 하다. 모압에 대해 악을 도모하는 자들의 칼이 헤스본에서부터 맛멘으로 뒤따라가서 그곳을 조용하게 만든다. 칼이 뒤따라간 후 "조용하게 된다"(תִּדֹּמִּי틸돔미)는 것은 살육으로 인한 죽음을 의미한다. 죽은 자들은 소리를 낼 수 없기 때문이다. 맛멘은 알려지지 않은 지역이름이며 맛멘(מַדְמֵן마드맨)도 동사 תִּדֹּמִּי틸돔미("조용하게 되다")와 음성적 언어유희를 이룬다.[40]

3-5절. 모압을 멸절시키는 칼날은 맛멘에서 멈추지 않고 호로나임와 루힛, 그리고 오로나임으로 전진해 간다. 호로나임에서는 "황폐[파괴]와 큰 파멸"(שֹׁד וָשֶׁבֶר גָּדוֹל쇼드 바쉐베르 가돌)이라고 외치는 통곡소리가 들린다(3절). 부르짖는 소리의 내용이 인용되면서 파괴의 상황이 생생하게 전달된다. 어린 아이들도 모압의 파멸에 대한 슬픔을 울부짖음으로 드러낸다(4절). "어린 아이들"로 번역하고 있는 히브리어 צָעִיר짜이르는 "작은" 또는 "어린"을 의미하는 형용사가 실명사 역할을 하는 것인데, 모압의 "작은 성읍들"로 번역할 수도 있다.[41] 어떤 번역을 선택하던 철저한 파괴가 묘사되는 것을 볼 수 있다.[42] "루힛 언덕으로 *올라가면서*"

---

39) 모압이 나라가 되지 못하게 하려는 도모를 "악"(רָעָה라아)으로 표현한다. 무리의 도모를 직접 인용하는 것으로 생동감을 더한다.

40) Cf. Harrison, *Jeremiah & Lamentations*, 174: Longman, *Jeremiah/Lamentations*, 293.

41) BHS는 칠십인경(Ζογορα)과 사 15:5에 근거해서 צְעוֹרֶיהָ쩨이브레하를 צֹעֲרָה쪼아라("소알")로 읽을 것을 제안한다(cf. 공동번역). 수정독법이 히브리어 필사본들의 지지를 받지 못하기 때문에 MT독법을 유지할 필요가 있다.

42) צְעוֹרֶיהָ쩨이브레하를 "[모압]의 작은 성읍들"로 번역하면 앞 문장("모압이 멸망을 당한다")과 함께 모압의 총체적 파괴가 강조되는 반면에 "[모압]의 어린 아이들"로 번역하면

와 "호로나임 *내리막 길에서*" 라는 표현은 대조적인 움직임을 묘사하면서(양극대칭기법), 칼날을 피해 도망하는 자들의 비통한 부르짖음이 모든 지역에서 울려 퍼지는 처참한 장면을 연상시킨다(5절). 하나님의 심판이 임하면 모압의 도처에서 들려오는 소리는 "파멸의 고통스러운 울부짖음"(צָרֵי צַעֲקַת־שֶׁבֶר 짜래 짜아카트-쉐베르)이다.

6절. 모압을 파괴하는 칼날이 임할 때 그 칼날에 맞서 대적하는 것은 불가능하다. 따라서 목숨을 구하는 유일한 길은 도망하는 것뿐이다. 칼날의 공격이 신속하게 진행되고 있음을 보여주려는 듯 명령형들이 긴박하게 서술된다("도망하라! 너희 목숨을 구하라! 광야의 노간주나무처럼 돼라"). 도망하여 구한 목숨이 "광야의 노간주나무(로뎀나무)[עֲרוֹעֵר 아로애르]"에 비유된다.[43] 이 비유는 간신히 부지한 목숨의 처량함과 황량함을 연상시킨다. 모압의 성읍에 있으면서 죽임을 당하는 것보다는 도망하여 황량한 광야에 머무는 것이 처량하기는 하지만 목숨을 구할 수 있다는 점에서 더 나은 것이 될 수 있다.

7-9절. 하나님은 직접 모압에게 그의 심판이 임하는 원인을 말씀하신다(7절). 2인칭 표현("네가," "네," "너도")은 모압을 가리킨다. 자신이 이룬 "업적"(מַעֲשֶׂה 마아세)과 모은 "보물"(אוֹצָר 오짜르; "부[富]")을 의지한 것이 모압이 파멸을 맞게 되는 원인이다. 이것은 업적과 재물을 숭배하는 성공주의와 물질주의를 의미한다.

파괴의 참혹함이 강조된다.

43) כַּעֲרוֹעֵר 카아로애르는 원문이 훼손된 것으로 본다. 따라서 BHS는 칠십인경의 ὥσπερ ὄνος ἄγριος에 근거해서 כְּעָרוֹד 케아로드("들나귀처럼")(cf. NJB; RSV) 또는 Aquila(ά)의 (ὡς) μυρίκη와 17:6에 근거해서 כְּעַרְעָר 케아르아르("덤불처럼")(cf. KJV)로 읽을 것을 제안한다. 또한 5절의 마지막 동사 שָׁמֵעוּ 샤메우("들리다")에 첨언된 용어(gloss)로 간주하여 삭제될 수도 있다는 것을 지적한다. BHS의 설명에 따르면, 주석자(glossator)가 사 15:5의 יְעֹעֵרוּ 예오애루("그들이 울부짖다" [יְעֹעֵרוּ 예오애루는 יְעַרְעֵרוּ 예아르아루와 동일함])와 비교해서 첨언을 했는데, כַּעֲרוֹעֵר 카아로애르는 כיערערו가 훼손된 것으로 본다. JPSV는 עֲרוֹעֵר 아로애르를 사해의 동쪽에 있는 아르논 강의 북쪽에 위치한 도시인 עֲרֹעֵר 아로애르("아로엘"; Aroer)로 번역한다. 어떤 번역을 따르던 כַּעֲרוֹעֵר 카아로애르를 수식하는 "광야에"(בַּמִּדְבָּר 밤미드바르)라는 표현에 의해 모압이 처량한 신세에 처한 상황을 전달하는 것은 동일하다.

그러므로 하나님은 모압이 의지하는 것들을 모두 파괴하시면서 모압의 죄를 심판하신다. 모압이 하나님의 심판을 겪을 때 모압이 섬기는 그모스 신은 아무런 도움이 되지 못한다(cf. 민 21:29; 삿 11:24; 왕하 23:13). 오히려 그모스 우상은 포로로 끌려가는 제사장들과 고관들에게 짐이 될 뿐이다.

모압의 멸망을 결정하신 분은 하나님이시다. 왜냐하면 여호와가 말씀하신 대로 모압의 멸망이 이루어질 것이기 때문이다(8절). 구체적인 정체를 밝혀주지 않고 멸망의 도구가 "파멸하는 자"(שֹׁדֵד 쇼대드; "파괴자"; cf. 15, 18, 32절)로 소개된다. "파멸하는 자"의 공격을 피할 수 있는 성읍은 하나도 없다. 이는 모압의 모든 성읍들이 심판의 대상이기 때문이다. "골짜기"와 "평지"는 전 지역을 의미하는 양극대칭 기법이다. "모압에 날개를 주어 날아 피하게 하라"(9절)는 명령은 "파멸하는 자"의 공격이 도망가기가 쉽지 않을 정도로 신속할 뿐만 아니라 파괴력이 있다는 것을 의미한다.[44] 즉 그의 공격을 피하는 유일한 길은 신속하게 도망하는 것뿐인데, 성공적으로 도망하기 위해서는 날개가 필요하다는 의미다. 하나님의 심판을 수행하는 "파멸하는 자"가 오면 모압의 모든 성읍에 남는 것은 사람이 살 수 없는 "황폐함/폐허"(שַׁמָּה 샴마)뿐이다. "파멸하는 자"는 바벨론 왕 느부갓네살이다. 주전 582/1년에 느부갓네살에게 패한 후 한 국가로서의 모압은 역사에서 완전히 사라진다.[45]

10절. 모압의 성읍들을 파괴하는 것은 "여호와의 일"(מְלֶאכֶת יְהוָה 멜레케트 아도나이)이다. 왜냐하면 모압의 멸망은 하나님이 행하시는 심판이기 때문이다. 10절은 하나님이 "파멸하는 자"에게 말씀하시는 경고다. 그가 모압을 파괴하는 일에 게을리 하거나 칼을 금하여 모압 사람들을 죽이지 않으면 하나님의 "저주"(אָרוּר 아루르)를 받는다. 따라서 저주를 받지 않으려면 "파멸하는 자"는 그에게 맡겨진 사

44) צִיץ 찌쯔는 "날개"(새번역; KJV; NJB), "소금"(NIV), "꽃" 등으로 번역되는데, 그 의미를 확정하기가 쉽지 않다. 하지만 도망하는 것과 연관해서 그 의미를 고려하면 "날개"로 번역하는 것이 적절해 보인다. Chisholm은 칠십인경의 번역(σημεῖα)에 근거해서 צִיץ 찌쯔를 צִיּוּן 찌이윤으로 수정해서 "표지"(signpost)로 읽는 것을 선호한다(Chisholm, *Handbook*, 210; cf. BHS). 이 경우, 이 표현이 은유적으로 묘비를 가리킨다고 설명한다.

45) Martens, *Jeremiah*, 254; Harrison, *Jeremiah & Lamentations*, 174.

명을 성실히 수행하여 모압을 철저하게 파괴해야만 한다. 이 경고는 멸망의 확실성을 확언할 뿐만 아니라 강조한다.

11절. 모압의 평온했던 역사가 서술된다. 모압이 나라를 이룬 때로부터("젊은 시절부터") 대적의 침략이 있기는 했지만 모압 백성이 포로로 사로잡혀가는 극단적인 비극을 겪지는 않았다(11절). 모압의 평온한 상태를 묘사하기 위해 그릇에 담긴 포도주의 비유를 사용한다. 모압은 이 그릇에서 저 그릇으로 옮겨 담지 않아서 찌끼가 가라앉은 포도주와 같다. 맛도 그대로 남아있고 그 향도 변하지 않았다. 그러므로 이러한 평안과 안정은 강력한 군대와 견고한 요새, 그리고 그들이 섬기던 그모스 신에 대한 자부심과 모압의 자만으로 이어졌다(cf. 7절). 하지만 모압의 자부심과 자만은 일시적일 수밖에 없다. 왜냐하면 모압을 향한 하나님의 심판이 임박했기 때문이다(cf. 16절).

12-13절. 모압을 향한 임박한 심판의 날이 선언된다. 그릇과 병에 담긴 포도주와 같이 평온한 모압을 "옮겨 담는 사람"을 하나님이 보내실 날이 곧 임한다. "술을 옮겨 담는 사람"으로 번역한 히브리어는 동사 צָעָה 짜아("기울이다")에서 파생된 복수형 분사 צֹעִים 쪼임이다. 이 분사를 "포도상인"으로 번역하거나 술을 옮겨 담는 행위와 연관하여 "[술을] 옮겨 담는 사람"으로 번역하기도 한다. 하지만 동사 צָעָה 짜아가 다음 문장의 주동사로 등장하는 점을 고려할 때 이러한 관계를 반영하여 동일한 번역을 유지하는 것이 적절하다. "내가 그에게 '기울일 자들'(옮겨 담을 자들)을 보낼 것이다. 그러면 그들이 그를 '기울일 것이며'(옮겨 담을 것이며) 그의 그릇들을 비우고 그의 병들을 부술 것이다." 이러한 반복은 심판을 행할 자가 그가 행해야 할 일을 충실히 행하는 것을 의미한다. 12절은 11절의 비유를 이어서 그릇이나 병에 담긴 포도주를 기울여서 붓는 자의 모습을 연상하게 한다. 하지만 12절은 단순히 그릇이나 병을 기울어 포도주를 붓는(또는 옮겨 담는) 장면에서 멈추지 않는다. "기울이는 자들"은 포도주를 담았던 그릇과 병도 부수어버린다. "기울이는 자들"의 이러한 파괴행위 앞에서 모압의 신인 그모스는 아무런 도움이 되지 못한다. 그러므로 모압 백성은 자신들을 지켜 줄 것이라고 믿었던 그모스 신이 무기력한 우상에 불과하다는 것을 깨닫게 되면서 그모스 신을 부끄러워한다(13

절). 이러한 모습이 북이스라엘의 경우와 비교된다. 북이스라엘 백성은 여로보암이 벧엘에 세워놓은 금송아지를 의지하면서 자신들의 안전을 확신했다(cf. 왕상 12:25-29). 그러나 벧엘의 금송아지는 앗시리아의 공격에서 북이스라엘을 지켜주지 못했고 오히려 전리품이 되어 앗시리아로 옮겨졌다(cf. 호 10:5-6). 하나님의 심판으로 그들의 어리석음이 드러나고 수치를 당했다. 마찬가지로 모압도 그모스가 단지 우상에 불과하다는 사실을 확인하고 수치를 당한다.

14-16절. 하나님이 보내시는 대적("술을 옮겨 담는 사람") 앞에서 모압이 자부하던 용사와 능란한 전사는 조롱을 면치 못한다(14절). 왜냐하면 모압을 "옮겨 담는 자"가 거침없이 모압의 성읍들을 파괴하고 장정들을 살육할 것이기 때문이다(15절). "그 선택 받은 장정들"은 모압의 용사와 전사들 중에서도 특별히 훈련되고 구별된 정예부대를 의미한다. 하지만 그들도 모압을 기울여 붓는 자들 앞에서는 살육을 당한다. 14절의 조롱과 15절의 선언은 모압이 자신만만해 하던 군사력도 하나님의 심판을 결코 감당해 낼 수 없음을 강조한다. 무엇보다도 모압의 멸망은 분명하다. 왜냐하면 "만군의 여호와라 일컫는 왕"(הַמֶּלֶךְ יְהוָה צְבָאוֹת שְׁמוֹ 함멜레크 아도나이 쩨바오트 쉐모)이 모압의 멸망을 확언하시기 때문이다. 이집트의 확실한 멸망을 선포하면서 사용했던 동일한 표현이 모압의 심판선언에서도 사용된다(cf. 46:18). 이 표현은 이집트와 모압이 섬겼어야 할 신이 그들의 우상이 아니라 하나님이라는 사실을 전달한다. 이어서 모압을 향한 확실한 심판이 선언될 뿐만 아니라 이 심판의 임박성이 선언된다(16절). 하나님의 심판은 모압에게 "재난"(אֵיד 애드)이고 "재앙"(רָעָה 라아)이다. 문제는 이 재난과 재앙이 가까이 다가왔고 매우 속히 온다는 것이다. 16절의 의미론적 평행구문은 멸망의 임박성을 강조할 뿐만 아니라 긴장감과 긴박감을 더해준다.

가깝다, 모압의 재난이 오는 것이(קָרוֹב אֵיד־מוֹאָב לָבוֹא).
그 재앙이 서둘러 온다, 신속히(וְרָעָתוֹ מִהֲרָה מְאֹד).

17-25절. 그릇에 잘 담겨져 옮겨지지 않은 포도주와 같이 평온한 모습의 모압(11절)과는 대조적인 상황에 처한 모압이 서술된다. 하나님의 심판은 모압의 모든

상황을 바꾸어 버릴 것이다. 하나님의 심판이 있기 전에는 "우리는 용사요 능란한 전사라"(14절)고 말하면서 자신만만해 하던 모압이, 철저하게 파괴하는 하나님의 심판이 모든 성읍에 미치게 되면 "어찌하여 강한 막대기, 아름다운 지팡이가 부러졌는고"라는 동정의 말을 주변 사람들로부터 듣게 된다(17절). 17절의 "위로하라"는 명령은 모압이 위로를 받을 자격이 있다는 것을 의미하는 것이 아니라 그 만큼 모압의 멸망이 처참할 것임을 예고하는 것이다. "막대기"(מַטֵּה 맡태)와 "지팡이"(מַקֵּל 막켈)는 모압의 통치와 권력을 상징한다. 모압의 처참한 멸망을 위로하라는 명령에 이어서 18-24절은 "옮겨 담는 자들"("기울이는 자들")의 파괴가 모압 전 지역에 순식간에 미치는 장면을 극적으로 서술한다. 디본은 "네 영화에서 내려와 메마른 데 앉으라"는 명령을 받는다(18절).[46] 이는 "모압을 파멸하는 자"가 올라와 디본의 요새를 파괴할 것이기 때문이다.[47] "메마른 데"로 번역한 히브리어 원문 בַּצָּמָא 밭짜마의 문자적 의미는 "목마름에"다. "목마름에 앉으라." 따라서 이 명령은 하나님의 심판이 풍요로운 물질을 누리던 디본을 가장 기본적인 것마저도 갈망하게 되는 비참한 상황에 처하는 것을 의미한다. 하나님의 심판을 피해 도망하여 광야의 노간주나무처럼 되라는 명령(6절)과 같은 맥락이다. 19절은, 살육이 이루어지는 디본에서 나와서 목숨을 건지기 위해 도망가는 자들이 아로엘을 지나는 장면을 연상시킨다. 아로엘 사람들이 길가에 서서 살펴보고 있다가 도망하는 자들을 붙들고 그들에게 무슨 일이 있었는지를 묻는다. 그러자 도망하는 자들은 모압이 패하여 수치를 당한 것을 위해 애곡하라고 말하면서 아로엘 남쪽의 아르논에 모압의 멸망을 알리라고 말한다. 이렇게 "모압을 파멸하는 자"의 공격을 미리 알려서 대비하게 하더라도 모압은 결코 멸망을 피할 수가 없다. 왜냐하면 하나님의 심판이 남쪽으로 이동하여 이미 평원의 성읍들에 이르렀기 때문이다(21절). 성읍들의 이름이 열거되는 것은 하나님의 심판이 모압 전 지역에 미치는 것을 의

46) 디본은 아르논의 북쪽으로 약 10km 그리고 사해 동쪽으로 약 30km 거리에 위치한 성읍으로 본래 르우벤 지파에 속한 지역이었는데, 후에 모압 백성이 거주했다.

47) 완료형 동사 שָׁחַת 쉬해트는 과거시제("파괴했다") 또는 미래시제("파괴할 것이다"; 예언적 완료)로 번역할 수 있다. 전자의 경우, 심판이 진행되는 장면을 전달하고 후자의 경우 심판의 임박성을 전달한다. 미래적 사건이지만 심판의 생동감과 사실성을 강조하기 위해 과거시제로 번역한다.

미한다("모압 땅 원근 모든 성읍," 24절). "모압을 파멸하는 자"(שֹׁדֵד쇼대드; "파괴자")의 파괴가 언덕에 위치한 디본으로 시작하여 남부 평원의 성읍들로 이어지는 것은 8절의 선언을 더 구체적으로 서술하는 것이다. "파멸하는 자가 각 성읍에 이를 것인즉 한 성읍도 면하지 못할 것이며 골짜기가 멸망하였으며 평지는 파멸되어 여호와의 말씀과 같으리로다"(8절). 결국 하나님의 심판으로 모압의 힘("모압의 뿔")과 능력("그[의] 팔")이 제거되고 파괴된다(25절).

26-28절. 모압이 하나님의 심판을 받을 수밖에 없는 이유가 직접적으로 지적된다. 바로 모압이 여호와에 대하여 교만하게 행동한 것이다: עַל־יְהוָה הִגְדִּיל알-아도나이 히그딜(26절). 하나님의 백성인 이스라엘이 대적에 의해 파괴되고 탈취를 당하며 포로로 사로잡혀가는 것을 보면서 상대적으로 모압은 자신이 누리고 있는 업적과 재물, 정치적 안정으로 인하여 하나님의 백성이 결코 특별해 보이거나 자신보다 더 나아보이지 않았을 것이다. 선지자 에스겔이 선포한 신탁에는 모압의 이러한 태도가 "모압과 세일이 이르기를 유다 족속은 모든 이방과 다름이 없다 하도다"라고 서술된다(cf. 겔 25:8). 따라서 모압은 이스라엘에 대해 말할 때마다 도둑질을 하다가 잡힌 사람을 대하는 것처럼 머리를 흔들며 멸시하고 조롱했다(27절). 모압의 이런 태도는 결국 이스라엘을 그의 백성으로 삼으신 하나님을 무시하는 것이다(cf. 습 2:8). 그러므로 모압이 이스라엘을 조롱한 것처럼 모압도 조롱을 당한다. 술 취한 사람의 비유로 모압이 받게 될 조롱을 설명한다.[48] 술 취한 자가 자신이 토한 것에 뒹굴며 비웃음거리가 되는 것처럼 모압은 자신이 내뱉은 말에 뒹굴며 비웃음거리가 될 것이다. 즉 모압은 자신의 업적과 재물에 대해 떠들어대며 자랑하지만 재물이 약탈당하는 것으로 인하여 조롱을 당한다(cf. 7절). 모압은 "우리는 용사요 능란한 전사라"고 말하지만(cf. 14절), 파괴자의 공격에 목숨을 부지하기 위해 도망가기에 급급한 모습을 보이며 비웃음거리가 된다. 이스라엘을 조롱하며 하나님에 대하여 오만한 태도를 보인 모압은 결코 하나님의 심판을 피할 수가 없다. 그러므로 하나님이 살육을 행하시는 심판을 전제로 하는 명령이 주어진다(28절). 성읍을 떠나 파괴자가 미치지 않는 바위 사이에 살고, 위험이 오면 곧

48) 술 취한 자의 비유는 포도주의 비유(11-12절)을 이어가기도 하지만 심판의 대상인 열국이 마셔야하는 하나님의 진노의 [술]잔과도 연결된다.

날아갈 수 있는 곳에 둥지를 튼 비둘기처럼 도망가기에 용이한 자리에 머물러 있으라는 명령이다. 지금은 모압 백성이 이스라엘을 조롱하며 오만하게 행동하지만 하나님의 심판이 임하면 서로에게 자신들의 입으로 "모압이 패하여 수치를 받나니"라고 말하게 된다(cf. 20절). 오만한 모압이 하나님의 진노의 잔을 마시면 파괴적인 형벌을 피하지 못하고 조롱과 수치를 당하는 것은 당연한 결과다. "너희는 내가 너희 가운데 보내는 칼 앞에서 마시며 취하여 토하고 엎드러져 다시는 일어나지 말아라"(25:27, 28-29).

29-33절. 모압의 교만은 이미 모두에게 잘 알려진 바다(29절). "우리"는 유다를 포함해서 모압 주변의 나라들을 가리키는 것으로 보인다. 모압의 교만을 강조하기 위해 세 가지 서술기법이 사용된다. 첫째, "교만," [심한] "교만," "자고," "오만," "자랑," "거만"이라는 동의어들이 열거되면서 의미가 반복된다. 둘째, 열거되는 단어들의 처음 자음이 동일한 음가(g, "ㄱ")로 발음이 된다: 교만(גָּאוֹן 가온), [심한] 교만(גֵּאֶה 개에), 자고(גֹּבַהּ 고바흐), 오만(גָּאוֹן 가온), 자랑(גַּאֲוָה 가아바).[49] 이는 히브리어 원문에 나타나는 단어들의 음성적 효과다. 29절의 히브리어 원문에 담긴 두음과 음성적 효과를 고려하여 29절을 "우리가 모압의 교만을 들었습니다. 심한 자만입니다. 그의 자고와 그의 자부와 자랑과 그의 마음의 거만입니다"로 번역할 수 있다. "모압의 교만"(גְּאוֹן־מוֹאָב 게온 모아브)은 매우 거만한 태도(גֵּאֶה מְאֹד 개에 메오드; "심한 교만")다. 모압의 거만한 태도가 그의 자고와 오만과 자랑, 그리고 그의 마음의 거만으로 나타난다. 모압의 교만은 자신이 이루어 놓은 업적과 모은 재물, 강한 군사력과 요새, 정치적 안정, 종교(그모스 신앙)에 근거한다. 주변 나라의 백성이 모압의 교만을 잘 알고 있다고 말하자 하나님도 모압의 교만을 알고 계신다고 말씀하신다(30절). 히브리어 원문에는 주어 "내가"(אֲנִי 아니)라는 1인칭 대명사를 추가적으로 표기하면서 하나님이 친히 알고 계심을 강조한다("내가 친

49) "마음의 거만"으로 번역한 히브리어 원문, רָם לִבּוֹ 룸 립보는 이 음성적 효과를 따르지 않기 때문에 주목을 받는다. 앞서 언급한 교만과 거만을 포괄하는 표현("그의 마음의 높아짐")으로 모압의 교만에 대한 지적이 마무리된다.

50) אֲנִי יָדַעְתִּי נְאֻם־יְהוָה 아니 야다이티 네움-아도나이(30절). 신적 선언(נְאֻם־יְהוָה 네움-아도나이; "여호와의 말이니라")은 하나님이 친히 알고 계신다는 사실을 강조한다.

히").[50] 이는 하나님이 모압의 교만에 대한 확실한 증인이심을 말하는 것이다. "그의 노여워함"으로 번역한 히브리어 원문, עֶבְרָתוֹ에브라토에 사용된 명사 עֶבְרָה 에브라는 "노염"("격분")이나 "오만"("무례함")을 의미하기도 한다. 본 절에서는 "노염"의 의미보다는 모압의 불손한 태도를 가리키는 "오만"이나 "무례함"의 의미로 해석하는 것이 적절해 보인다. 하나님은 모압의 교만을 오만(무례함)으로 규정하신다. 히브리어 원문의 구문을 고려하면 개역개정의 번역과는 달리, "내가 친히 그의 오만을 알고 있다. 여호와의 말이니라. 그러나 [그의 오만은] 아무것도 아니다. 곧 그가 자랑하며 말한 것은 아무것도 이루지 못한다"로 번역하여 모압의 교만이 강조되는 의미를 전달할 수 있다. 모압이 자신이 가지고 있는 것들을 의지하여 마치 모든 것을 이룰 수 있는 것처럼 자랑스럽게 말할 때, 하나님은 모압의 이런 태도를 "오만"으로 규정하시면서 그가 자신만만하게 말하는 것처럼 이룰 수 없다고 선언하신다. 결국 모압의 오만은 아무것도 아닌 "그의 허풍"(בַּדָּיו 받다브)에 불과하다. 왜냐하면 그가 자랑하는 것을 어느 것도 이룰 수 없기 때문이다. 그가 떠벌인 만큼 그의 멸망은 그를 더 초라하게 만든다. 그러므로 하나님은 모압에 대한 그의 연민을 나타내신다(31절; cf. 사 16:9-11). 하나님이 모압을 위해 슬피 울고 애곡하시겠다고 말씀하신다. 모압의 핵심 요새인 길헤레스도 하나님의 애곡의 대상이 된다. 31절은 반어적인 표현으로 의미를 정확하게 전달한다. 지금은 모압이 이스라엘을 조롱하고 있지만 하나님의 심판이 임하면 그의 측은히 여김을 받을 수밖에 없는 더 비참하고 처참한 상태에 놓이게 된다는 것이다. 하나님은 모압을 위해 슬퍼하시는 이유를 제시하신다. 모압의 농작물이 풍작을 이루어 온 땅에 충만할 정도지만 "탈취하는 자"("파괴자," שֹׁדֵד 쇼데드; cf. 8, 18절)가 모든 수확물을 파괴할 것이기 때문이다(32절). 그러면 모압 땅에서 기쁨과 환희의 소리는 사라진다(33절). 모압에 외침이 있기는 하지만 더 이상 풍요로운 수확으로 인한 기쁨의 외침이 아니다. 모압의 외침은 "파멸의 고통스러운 부르짖음"이다(cf. 5절).

34-35절. 기쁨의 소리가 제거된 모압의 모든 지역에 애곡과 울부짖는 소리가 가득 차게 된다. 즉 포도주 틀을 밟으면서 풍작을 기뻐하며 외치던 소리가 하나님의 심판과 더불어 애곡으로 대체된다. 애곡은 헤스본에서 시작하여 모압의 전 지역에 미친다(**34절**). 애곡소리가 북에서 남으로 이동해 간다(헤스본, 엘르알레, 야하

스, 소알, 호로나임과 에글랏셀리시야). 모압의 파괴는 단순히 국가 간의 정치적 문제로만 볼 수 없다. 왜냐하면 니므림의 물이 말라버리면서 모압의 멸망이 하나님의 개입으로 인한 것임을 알려주기 때문이다. 이때 모압 백성은 산당에서 자신들의 신들을 찾으며 도움을 구하지만 소용이 없다. 왜냐하면 하나님이 우상에게 분향하며 도움을 구하는 자들을 모두 제거하실 것이기 때문이다(35절). 선지자 이사야는 이것에 대해 더 분명하게 선언한다. “모압이 그 산당에서 피곤하도록 봉사하며 자기 성소에 나아가서 기도할지라도 소용없으리로다”(사 16:12).

36-39절. 계속해서 모압을 위한 하나님의 애곡이 서술된다. 36절의 “내 마음”(לִבִּי 립비)이 예레미야의 마음을 가리키는 것으로 해석하여 애곡의 주체를 선지자 예레미야로 보기도 하는데, 31-32절에 하나님의 애곡이 서술되고 있는 점과 38절에 1인칭대명사(“내가”)가 등장하면서 하나님의 심판을 서술하는 점을 고려할 때 하나님의 애곡으로 해석하는 것이 적절해 보인다(cf. 사 16:11). 하나님은 그의 마음이 모압과 길헤레스를 위하여 피리같이 소리 내며 슬퍼하신다고 말씀하신다(36절).[51] 왜냐하면 모압이 자신이 애써서 이룬 재물이 모두 파괴되고 빼앗기는 심판을 겪고 있기 때문이다. 자신의 재물을 자랑하며 거만하게 행동하던 모압이 이제는 모든 것을 빼앗기고 초라한 모습을 하고 있다. 이런 모압을 하나님은 측은한 마음으로 바라보신다. 하지만 이것은 모압이 당하고 있는 멸망이 부당하거나 과도하기 때문에 갖게 되는 연민을 의미하는 것이 아니라 모압의 멸망의 정도를 강조한다. 즉 풍부한 물질로 자만하던 모압이 하나님의 심판이 임하면 단지 동정의 대상에 불과하다는 의미다. 따라서 모압 백성도 자신들의 멸망에 대한 슬픔을 드러낸다. 37-38절은 모압 백성이 슬픔을 표현하는 모습을 서술한다. 모압 백성은 슬픔을 표현할 수 있는 모든 방법을 다 사용해서 애곡한다. 즉 머리와 수염을 밀고 자신의 몸에 상처를 내고 베옷을 입는다. 이러한 모습과 함께 모압의 전 지역에서 애곡소리가 울려 퍼진다(“모압의 모든 지붕과 거리 각처에서”). 모압이 이와 같이 처절하게 슬픔을 표현하는 이유는 분명하다. 하나님이 모압을 아무도 원하지 않는 그릇처럼 깨뜨려 버리셨기 때문이다. 모압이 아무도 원하지 않는 그릇에 비유되는

---

51) 모압과 함께 구체적인 지명을 언급하는 것은 상황을 생동감 있게 전달하는 효과를 갖는다.

데, 38절의 표현은 그릇이 깨졌기 때문에 아무도 원하지 않는다는 것이 아니라 아무도 원치 않기 때문에 하나님이 깨뜨리셨다는 의미다. "마음에 들지 않는 그릇"으로 번역한 히브리어 원문, כְּלִי אֵין־חֵפֶץ בּוֹ 켈리 앤-해페쯔 보는 문자적으로 "그 안에 기쁨(즐거움)이 없는 그릇"을 의미한다.[52] 사람들이 원할만한 특징이나 기쁨을 줄만한 것을 그릇이 갖고 있지 않다면 사람들은 그 그릇을 원하지 않고 버린다. 즉 하나님이 모압에게서 어떤 기쁨도 찾을 수 없기 때문에 깨뜨리셨다는 의미다. 달리 말하면 모압이 심판의 원인을 제공했고 하나님은 이에 대하여 심판을 행하신 것이다. 모압의 멸망은 신적 선언이 확언하는 바이기에 분명하다("여호와의 말이니라").

39절은 직접인용형식으로 모압 백성이 갖고 있는 슬픔의 내용을 서술한다. 슬픔의 내용은 첫째, 번영과 안정을 자랑하던 모압이 파괴된 것이다. 둘째, 열국 앞에 당당하게 나서던 모압이 수치를 당하여 등을 돌릴 수밖에 없는 것이다. 그 어디에서도 모압이 교만하게 행동할 만한 근거를 찾아볼 수 없으며 교만하게 행동하는 모습도 볼 수 없다. 결국 하나님의 백성인 이스라엘을 조롱하며 "심한 교만"에 빠져 오만하게 행동하던 모압이 하나님의 심판으로 인해 파괴되면서 주변 나라들의 "조롱거리"(שְׂחֹק 세호크)와 "공포의 대상"(מְחִתָּה 메힐타)으로 전락한다.

40-42절. 신탁도입형식("여호와께서 이와 같이 말씀하시되")과 함께 두 번째 신탁 단락이 시작된다(40절상). 이 단락은 모압의 멸망을 구체적으로 서술하면서 모압에 임할 하나님의 심판을 확언한다. 독수리가 먹이를 향해 날아가 날개를 펴는 것처럼 하나님의 심판 도구인 "파멸하는 자"("그가")가 모압에 임하여 그의 칼날을 모압을 향해 휘두를 것이다(40절하). 독수리 비유는 "파멸하는 자"의 신속하고 강력한 공격을 묘사한다(cf. 49:22; 신 28:49; 합 1:8). "파괴자"를 독수리에 비유하는 것은 모압을 비둘기에 비유한 것과 대조적이다(cf. 28절). 독수리와 같은 위협적이고 신속한 파괴자의 공격에 모압이 의지하고 자랑하던 성읍들이 점령당하고 요새가 함락된다(41절).[53] 파멸하는 자의 파괴가 행해지는 날에 모압이 자랑하던 용사

52) 동일한 표현이 22장 28절에서는 버림을 받은 여호야긴(고니야)에게 사용된다.

53) הַקְּרִיּוֹת 학케리이요트는 지명 "크리옷"(NIV; KJV) 또는 "성읍들"(공동번역; 새번역)로 번역된다. 칠십인경은 지명(Ακκαριωθ; Carioth)으로 번역한다.

들은 마치 산고에 있는 여인처럼 괴로움과 고통을 호소할 뿐이다. 모압이 멸망하여 나라를 이루지 못하는 처지에 처하게 되는 것은 당연하다. 왜냐하면 모압이 여호와에 대하여 자만하게 행동했기 때문이다(42절). 동일한 표현(עַל־יְהוָה הִגְדִּיל 알-아도나이 히그딜)이 26절과 42절에 반복되면서 자신을 하나님보다 더 높이며 그를 무시한 모압이 하나님의 심판 도구인 "파멸하는 자"에 의해 낮추어지고 무시를 당하게 된다는 사실이 강조된다(cf. 18절).

43-46절. 모압은 하나님의 심판("두려움과 함정과 올무")을 대항하여 결코 견디지 못하고 멸망한다(43절; cf. 사 24:17-18). 모압 백성은 파멸하는 자의 공격으로 인한 "두려움"(פַּחַד 파하드)에 사로잡힌다. 그 "두려움"(פַּחַד 파하드)에서 벗어나 도망가지만 "함정"(פַּחַת 파하트; "구덩이")에 떨어진다(44절). 다행이 그 "함정"(פַּחַת 파하트)에 빠져나와 도망을 가더라도 다시 "올무"(פָּח 파흐)에 걸리면서 하나님의 심판을 피할 수가 없다. 왜냐하면 하나님이 모압을 보응하시는 해(שְׁנַת פְּקֻדָּתָם 쉐나트 페쿧다탐; "[그들의] 보응의 해")를 결정하셨기 때문이다. "두려움"(פַּחַד 파하드), "함정"(פַּחַת 파하트), "올무"(פָּח 파흐)의 히브리어 단어들 역시 음성적 언어유희("파하드," "파하트," "파흐")를 통해 피할 수 없는 하나님의 심판을 효과적으로 전달한다.[54]

다행히 "파멸하는 자"의 칼날을 피해 도망하여 헤스본 그늘에 앉아 가쁜 숨을 몰아쉬며 안도하지만 이것은 일시적인 성공과 허상에 불과하다(45절, cf. 암 5:19). 그들이 머물고 있는 그곳에서 파멸하는 불이 나와 도망자들을 삼켜버리기 때문이다(45절). 헤스본과 시혼에 대한 언급은 아모리 왕 시혼이 모압을 정복한 것을 노래한 시를 상기시킨다(cf. 민 21:27-30). 옛적에 아모리 왕 시혼이 헤스본에서 불꽃처럼 나와 모압을 점령한 것과 같이 "파멸하는 자"가 헤스본과 시혼 성읍에서 불같이 나와 모압 백성을 삼켜버릴 것이다. "떠드는 자들"(בְּנֵי שָׁאוֹן 베내 샤온)은 소

---

54) 44절의 언어유희는 세 개의 단어를 사용한 음성적 언어유희를 통해 니느웨의 멸망을 묘사한 나훔 2:10과 유사하다: בּוּקָה וּמְבוּקָה וּמְבֻלָּקָה 부카 움부카 움불라카("황량하고, 황무하고, 황폐하다"). 이 경우, 음성적 효과와 더불어 단어의 음절이 증가하면서 니느웨가 겪을 황폐함을 강화하고 강조한다. 하나님의 심판을 결코 피할 수 없다는 것을 극적으로 묘사하는 면에서 44절은 아모스 5장 19절의 표현과 유사하다: "마치 사람이 사자를 피해 도망하지만 곰이 그와 마주치게 되고, 그리고 집 안으로 들어가서 그의 손으로 벽을 짚고 있을 때, 뱀이 그를 무는 것과 같을 것이다"(암 5:19, 사역).

란하게 자랑하거나 큰 소리로 주변 국가들을 위협하던 이전의 모압을 표현하거나 파멸하는 자에 대항하거나 반역을 꾀하는 자들을 가리키는 것으로 볼 수 있다. 결국 하나님의 심판은 그모스를 섬기는 백성을 망하게 한다(46절). 모압의 멸망은 그모스가 자신의 백성을 지키지 못하는 우상에 불과하다는 것을 증명해 보일 것이다. 모압의 자녀들이 포로로 사로잡혀가는 것은 모압의 멸망을 증명하는 것이기도 하지만 다음 절에 선언되는 회복신탁에 대한 준비이기도 하다. 포로로 사로잡혀간 자들이 회복에 대한 기대를 가질 수 있기 때문이다.

47절. 하나님의 심판으로 모압이 멸망하지만 이것이 모압의 최후는 아니다. 왜냐하면 하나님이 모압을 위한 회복계획을 가지고 계시기 때문이다. "마지막 날"에 모압이 포로에서 돌아온다. "모압의 포로"(שְׁבוּת־מוֹאָב 쉐부트 모아브)를 되돌리는 것(שַׁבְתִּי 샤브티)을 단지 포로에서의 귀환으로만 보지 않고 모압의 운명이 전환되는 것으로 해석할 수도 있다(cf. 30:3, 18; 33:7, 11).[55] 회복이 이루어지는 때를 가리키는 "마지막 날"(אַחֲרִית הַיָּמִים 아하리트 하이야밈; "훗날," "다가올 날들")이 메시아시대를 가리키는 것으로 해석하는 것이 일반적이다.[56] 역사적으로 모압이 다시 회복되어 나라를 이룬 기록을 볼 수 없다. 하지만 메시아시대에 모압이 하나님의 백성과 더불어 하나님이 이루시는 회복을 경험할 것이다. 신적 선언("여호와의 말이니라")은 회복에 대한 약속을 확언하는 기능을 할 뿐만 아니라 40절에서 시작된 두 번째 신탁단락을 마무리하는 기능을 한다. 다른 신탁에서와는 달리 "모압의 심판이 여기까지니라"는 표현으로 신탁을 분명하게 마무리하는 것은 모압 신탁이 비교적 길게 서술됐기 때문인 것으로 보인다.

현재적 적용 | 묵상

1. 하나님의 징계와 심판이 점점 조여 오고 있음에도 불구하고 안일하게 생각하다가 돌이킬 수 없는 상황에 처할 수 있음을 기억하고 근신하고 깨어있는가?

55) 동일한 구문과 단어를 사용한 표현이 언약백성 이스라엘의 포로귀환(회복)을 선언할 때 사용된다: וְשַׁבְתִּי אֶת־שְׁבוּת עַמִּי יִשְׂרָאֵל 샤브티 에트-쉐부트 암미 이스라엘(30:3).

56) Cf. Harrison, *Jeremiah & Lamentations*, 178.

2. 내가 이룬 업적과 모은 부를 자랑하며 요란하게 말할 때 "너도 조용하게 되리라"는 하나님의 말씀을 들을 수도 있다는 생각을 하는가? 그 말의 결과가 무엇인지 아는가?

3. 하나님이 아닌 세상이 제시하는 화려하고 매력적인 우상들(명예, 인기, 부, 성공, 물질)에 사로잡혀서 하나님 앞에서 온전한 성도의 모습으로 서지 못하는 것은 아닌가?

4. 개인적인 삶과 신앙공동체에 큰 어려움이 없기 때문에 안일함에 빠져 있을 때 혹시 하나님이 "옮겨 부을 자"를 내 삶과 신앙공동체에 보내시는 것은 아닐까?

5. 나의 자랑과 자부심은 과연 무엇인가? 보여줄 수 있는 성공과 물질인가? 아니면 하나님이 기뻐하시고 존중해 주시는 성도의 아름다운 삶인가? 또한 교회의 자랑과 자부심은 무엇인가? 거짓 없는 믿음과 선한 양심에 따른 사역이 화려하지 않지만 자랑이고 자부심인가?

6. 내가 엄청난 일을 이룰 것처럼 거만하게 떠들지만 하나님의 징계로 그것을 이루지 못했을 때 겪을 떠든 만큼의 초라함과 수치에 대해 생각해 보았는가?

7. 죄에 대한 혹독한 하나님의 심판이 여전히 이집트와 블레셋과 모압의 이야기로만 들리는 것은 아닌가?

8. 심판이 임하지 않은 지금이 바로 자만과 오만의 자리에서 내려앉아야 할 때는 아닌가?

9. 성공과 번영(부)이 하나님을 보지 못하게 하고 그에게 무관심하게 하는 가장 강력한 요인인 것을 인지하고 있는가?

10. 이룬 성공과 업적에 대해 "자부심"과 "자만"을 구분하는가? 또한 성공과 업적이 하나님께 대한 감사로 인도하는가, 아니면 자화자찬으로 인도하는가?

11. 열방을 향한 하나님의 신탁을 읽으면서 온 세상을 창조하시고 다스리시고 인류 역사에 관여하시는 하나님이 보이는가? 이 하나님이 나의 삶의 소소한 일도 주목하고 계신다는 사실이 위로가 되는가 아니면 두려움을 느끼게 하는가?

12. 성도인 내가 멀리해야 할 "그모스"는 무엇인가?

4. 암몬 자손의 심판과 회복신탁, 49:1-6

모압에 이어서 암몬 자손이 열방신탁의 네 번째 대상으로 등장한다.[57] 암몬에 대한 신탁은 하나님의 말씀이 직접 인용된 신적 신탁이며 내용으로는 심판신탁이다. 암몬 자손이 하나님의 심판을 받는 이유를 서술하는 두 개의 고소단락(1절중하; 4절)과 이에 따른 심판을 선언하는 두 개의 선언단락(2-3절; 5-6절)의 구성과 함께 암몬 자손의 회복에 대한 선언(6절하)으로 신탁이 마무리된다. 암몬 자손에 대한 신탁의 특징은 고소단락이 수사적 질문으로 심판원인을 지적하는 것이다. 선언단락은 이 질문들에 대한 하나님의 답변이다. 암몬의 문제는 두 가지다. 하나는 암몬이 언약백성인 이스라엘에게 행한 일(2-3절)이며 다른 하나는 재물을 의지하고 하나님께 등을 돌린 교만(4절)이다. 이에 대해 하나님은 전쟁을 통한 파멸과 추방을 선언하신다. 하지만 암몬은 심판 후에 하나님이 허락하시는 회복을 기대할 수 있다. 이를 반영하여 암몬 자손에 대한 신탁(49:1-6)의 구조를 분석하면 아래와 같다.

암몬 자손에 대한 신탁 도입(1절상)
a. 고소단락: "어찌하여 말감이 갓을 점령하고 있느냐"(1절중하)
  b. 선언단락: 전쟁의 함성과 통곡(2-3절)
a'. 고소단락: "어찌하여 네 골짜기를 자랑하느냐"(4절)
  b'. 선언단락: 사방의 두려움과 추방, 그리고 회복(5-6절)

암몬 자손에 대한 신탁 도입(1절상)

"암몬 자손에 대하여"(לִבְנֵי עַמּוֹן 리브내 암몬)라는 간명한 도입으로 암몬 자손에 대한 신탁이 소개된다.

고소단락: "어찌하여 말감이 갓을 점령하고 있느냐"(1절중하)

심판원인을 지적하는 첫 번째 고소는 암몬 자손이 갓 지파의 영토를 점령한 후 그곳에 살고 있는 것이다.

선언단락: 전쟁의 함성과 통곡(2-3절)

갓 지파의 영토를 점령하고 있는 암몬 자손에게 하나님은 암몬의 랍바를 전쟁으로 황폐하게 하신 후 이스라엘로 하여금 자신을 점령한 자를 점령하게 하시겠다고 선언하신다. 전쟁의 심판이 임할 때 헤스본과 아이는 통곡할 뿐이며 그들이 섬기는 말감은 어떤 도움도 되지 못하고 오히려 심판의 대상이 된다.

고소단락: "어찌하여 네 골짜기를 자랑하느냐"(4절)

심판원인을 지적하는 두 번째 고소는 풍요로운 땅과 재물을 의지하여 하나님께 등을 돌린 교만이다. 누구도 자신을 대적을 할 수 없다고 자신만만해 한 것이다.

선언단락: 사방의 두려움과 추방, 그리고 회복(5-6절)

교만으로 등을 돌린 암몬 자손에게 하나님은 사방에서 엄습해 오는 두려움에 휩싸이고 제각기 암몬 땅에서 추방될 것이라고 선언하신다. 하지만 암몬 자손은 그들의 사로잡힘에서 돌아오게 된다는 선언을 듣는다.

주해

1절상. 암몬 자손에 대한 신탁의 도입형식은 간명하다. "암몬 자손에 대하여"(לִבְנֵי עַמּוֹן 리브내 암몬). 암몬 자손에 대한 하나님의 말씀이 서술되는 것이기 때문에 לִבְנֵי עַמּוֹן 리브내 암몬을 "암몬 자손에 대한 말씀이라"로 번역한다.[58] 암몬 자손은 롯이 자신의 둘째 딸에게서 얻은 아들 "벤암미"(בֶּן־עַמִּי 벤-암미)의 후손이다(cf. 창 19:38). 암몬은 아르논 강을 사이에 두고 모압의 북쪽에 위치한 나라다. 모세는 랍바를 비롯하여 암몬 자손의 땅 절반을 갓 지파에게 주었다(cf. 수 13:24-28). 하지만 주전 733년경에 앗시리아 왕 디글랏빌레셀(Tiglath-pilezer)이 요단 동편을 정복하고 백성을 사로잡아갔을 때 암몬 자손이 갓 지파의 영토를 차지하게 된 것으로 보인다(cf. 왕하 15:29).[59]

---

57) 칠십인경 예레미야서의 열방신탁에는 암몬이 여섯 번째 신탁(LXX 30:1-5)으로 등장하고 네 번째 대상은 블레셋(LXX 29:1-7)이다.

58) 새번역은 "이것은 암몬 백성을 두고 하신 주님의 말씀이다"로 의역한다.

59) Harrison, *Jeremiah & Lamentations*, 178; Martens, *Jeremiah*, 257.

1절중하. 신탁도입형식("여호와께서 이와 같이 말씀하시되")으로 신탁이 시작되면서 첫 번째 고소단락이 서술된다(1절중). 하나님은 수사적 질문으로 암몬 자손이 북이스라엘의 갓 지파에게 행한 일에 대해 문책하시면서 심판원인을 지적하신다. 이스라엘 백성이 앗시리아에 의해 포로로 잡혀갔지만 갓의 영토는 암몬이 아닌 이스라엘의 후손에게 속한 것이다. 갓 지파가 포로로 끌려갔지만 후손이 없는 것도 상속자가 없는 것도 아니라는 의미다. 그럼에도 불구하고 말감(밀곰; 몰렉)을 섬기는 암몬 족속이 그 땅을 차지하고 살고 있는 것을 책망하신다.[60] "상속자"(יוֹרֵשׁ 요래쉬)와 동일한 어근을 사용한 동사(יָרַשׁ 야라쉬)로 말감이 갓을 차지하고 있는 것을 묘사한다. 이는 말감(암몬 자손)이 하나님이 허락하신 "상속자"(소유자)가 아님에도 불구하고 그 땅을 소유하고 있는 것에 대한 지적이다. 아모스 1장 13절은 암몬 자손이 임신한 여인의 배를 가르는 참혹한 행위를 행하면서 자손을 완전히 끊어 그 땅을 영원히 차지하고자 하는 욕심을 드러냈음을 지적한다. 암몬 자손이 섬기는 말감이 갓을 점령하고 있다는 표현은 갓 지파의 땅에서 벌어지고 있는 일이 단지 갓 지파와 암몬 자손 사이의 문제가 아니라 하나님과 말감의 문제라는 의미를 전달한다. 하나님이 언약백성에게 허락하신 땅을 암몬 자손이 자신들이 섬기는 말감을 앞세워 영원히 소유하려고 한 행위가 심판원인이다. 결과적으로 암몬에 대한 하나님의 책망은 북이스라엘이 그의 심판으로 멸망을 당했지만 여전히 북이스라엘과의 언약이 유효하다는 것을 보여준다.

2-3절. "그러므로"(לָכֵן 라캔)는 선언단락으로의 전환을 보여준다. 선언단락은 심판의 날이 임할 것에 대한 선언으로 시작된다. "보라. 날들이 임할 것이라. 여호와의 말이니라"(2절). 심판은 암몬의 수도인 랍바로부터 시작된다. 심판의 주체는 하나님이시다("내가"). 날들이 임하면 전쟁의 함성이 랍바를 덮친다. 그러면 랍바는 황폐하게 되고 그 주변 마을들은 불에 타 파괴된다. 암몬 자손이 멸망하게 되면서 이스라엘의 영토가 다시 이스라엘에게로 회복된다. 개역개정이 "이스라엘은 자기

---

60) "말감"으로 번역한 히브리어 단어 מַלְכָּם 말캄을 일반명사로 간주해서 문자적으로 "그들의 왕"으로 번역하기도 한다(cf. KJV). 하지만 모음을 수정해서 암몬 자손의 신 מִלְכֹּם 밀콤(밀곰; 몰렉)을 의미하는 것으로 본다(cf. 왕상 11:5). 밀곰의 다른 이름은 "수치"를 의미하는 בֹּשֶׁת 보쉐트의 모음을 차용해서 읽는 מֹלֶךְ 몰레크다(cf. 32:35; 왕하 23:10).

를 점령하였던 자를 점령하리라"로 번역한 히브리어 원문, יָרַשׁ יִשְׂרָאֵל אֶת־יֹרְשָׁיו 야라쉬 이스라앨 에트-요레샤브는 두 가지 번역이 가능하다. 하나는 개역개정의 번역처럼 동사(יָרַשׁ 야라쉬)와 분사(יֹרְשָׁיו 요레샤브)를 "소유하다" 또는 "점령하다"의 의미로 해석하는 것이다. 다른 하나는 동사와 분사를 "몰아내다" 또는 "[소유권을] 박탈하다/빼앗다"의 의미로 해석해서 "이스라엘이 자신을 몰아냈던 자들을 몰아낼 것이다"로 번역하는 것이다. 어떤 해석과 번역을 따르던 주목하게 되는 것은 동일한 어근(ירשׁ)의 사용이다. 앞서 고소단락에서 이스라엘의 "상속자"(יוֹרֵשׁ 요래쉬)와 말감이 갓을 소유한 것(יָרַשׁ 야라쉬)을 표현할 때 이 어근의 단어가 사용된 것과 짝을 이루어 선언단락에서 이스라엘과 관련해서 다시 이 어근의 단어(יָרַשׁ 야라쉬)가 사용된다. 이는 하나님이 허락하신 땅에 대한 소유권의 문제에 집중하게 한다. 하나님이 언약백성인 갓 지파에게 허락하신 소유를 암몬 자손이 그들을 몰아내고 소유권을 주장한 것이 문제였다. 따라서 2절은 하나님이 암몬 자손을 전쟁으로 멸망시키신 후 땅에 대한 소유권(상속권)을 이스라엘에게 회복시킨다는 의미를 전달한다.

랍바에서 시작된 전쟁과 파괴는 모압의 주요 성읍인 헤스본과 아이로 이어진다(3절).[61] 하나님이 행하시는 전쟁의 심판은 그들에게 통곡과 애곡을 안겨준다. 헤스본과 랍바에 거하는 암몬 자손에게 베옷을 입고 애곡하고 성벽 안에서 허둥대며 뛰어다니라고 명하신다. 왜냐하면 전쟁의 함성과 파괴가 밀려오지만 그들이 섬기던 말감이 그들을 구해주지 못할 것이기 때문이다. 오히려 말감은 그의 제사장들과 고관들과 함께 포로로 사로잡혀가는 처지가 된다.

4절. 암몬 자손이 하나님의 진노의 잔(심판)을 마셔야하는 두 번째 이유가 서술된다. 첫 번째 고소단락과 동일하게 수사적 질문으로 심판원인을 지적한다. 암몬 자손은 비옥한 골짜기("네 흐르는 골짜기")를 자랑하고 재물을 의지하며 어느 누구도 자신을 공격할 수 없다고 자신만만해 한다. 이와 같이 암몬 자손은 자신들을 자랑스럽게 생각하지만 하나님이 보시기에는 "패역한 딸"(הַבַּת הַשּׁוֹבֵבָה 합바트 핫쇼배바; "돌아선 딸")에 불과하며 심판의 대상일 뿐이다.

---

61) 헤스본은 본래 암몬 왕 시혼의 왕궁이 있는 성읍이었는데, 갓이 차지하다가 모압이 점령한다(Martens, *Jeremiah*, 258).

5-6절. "보라 내가"(הִנְנִי 힌니)는 독자의 주의를 끌면서 선언단락으로의 전환을 나타낸다(5절). 자신들의 환경과 재물을 믿고 하나님께 등을 돌린 암몬 자손에게 하나님의 심판이 선언된다. 히브리어 원문의 어순은 선언에 확실성과 긴장감을 담아낸다. 이를 반영하여 번역하면, "보라. 내가 두려움을 네게 임하게 할 것이다. 주 만군의 여호와의 말이니라. 네 모든 사방으로부터." 하나님이 주체("내가")로 적극적으로 심판을 행하신다. 신적 선언("주 만군의 여호와의 말이니라")은 두려움을 임하게 한다는 선언을 확언한다. 또한 마지막 표현("네 모든 사방으로부터")은 그 두려움을 결코 피할 수 없음을 강조하면서 긴장하게 한다. 이어서 두려움이 임한 결과를 서술한다. 암몬 자손은 도망하는 자들을 불러 모을 새도 없이 황급히 각자의 길로 쫓겨나간다. 암몬 자손의 모습은 이집트가 하나님의 심판의 두려움으로 뒤도 돌아보지 못하고 황급히 도망하는 모습과 유사하다(cf. 46:5). 1세기의 역사가 요세푸스(Josephus)는 예루살렘이 멸망한 후 5년 뒤(주전 582년)에 바벨론 왕 느부갓네살에 의해 암몬 자손이 패망한 것으로 기록한다. 하나님의 심판으로 암몬이 멸망을 당하고 포로로 사로잡혀가지만 모압과 같이 "훗날"(אַחֲרֵי־כֵן 아하래-캔)에 회복에 대한 기대를 할 수 있다(6절). 왜냐하면 하나님이 친히 "암몬 자손의 사로잡힘"(שְׁבוּת בְּנֵי־עַמּוֹן 쉐부트 베내-암몬)을 돌이키실 것을 선언하셨기 때문이다.

현재적 적용 | 묵상

1. 하나님이 그의 언약백성 갓에게 주신 땅을 다시 회복시키시고 허락하시는 것처럼, 그의 성도들로 하늘나라의 상속자가 되게 하신 은혜에 감사와 찬양을 드리는가? 혹시 하나님이 약속하신 그 나라를 어느 누구도 빼앗을 수 없다는 사실이 나로 하여금 나태하게 하지는 않는가?

2. 내게 주어진 풍요로운 환경과 재물이 하나님께 등을 돌리게 하지는 않는가? 아무도 나를 어찌할 수 없다는 자만으로 하나님의 심판을 자처하는 것은 아닌가?

3. 내 사방에 두려움이 있는 것은 하나님이 내게 무관심하시기 때문인가, 아니면 하나님이 공의의 눈으로 주목하고 계시기 때문인가?

4. 각자의 행위에 따라 하나님이 징계와 심판을 행하시지만 "인생으로 고생하게

하시며 근심하게 하시는 것이 그의 본심이 아니라"(애 3:33)는 사실 때문에 회복을 약속하시는데, 그 회복을 얻기 위해 그에게 돌린 등을 다시 돌려서 얼굴을 그에게로 향하게 하는가?

---

5. 에돔의 심판신탁, 49:7-22

암몬 자손에 이어서 에돔이 심판의 대상으로 등장하면서 다섯 번째 심판신탁이 서술된다.[62] 에돔에 대한 신탁에는 심판을 예고하는 선언단락만 있다. 하지만 선언 중에 심판원인이 언급되는 것에 주목할 필요가 있다. 에돔 신탁은 두 가지 특징을 가지고 있다. 첫째, 수사적 질문의 사용이다. 7, 9, 12, 19절에 수사적 질문들이 집중적으로 서술된다.[63] 이 질문들은 서술문보다 더 강한 어감으로 선언 역할을 한다. 예를 들면, 7절의 "데만에 더 이상 지혜가 없느냐?"는 질문은 데만에 더 이상 지혜가 없다는 선언과 같다. 하지만 수사적 질문으로 선언되면서 독자

---

62) 칠십인경 예레미야서의 열방신탁에도 에돔에 대한 신탁이 다섯 번째 신탁(LXX 29:8-23)으로 등장한다.

63) 개역개정은 9절의 문장들을 평서문으로 번역한다(cf. 공동번역; 새번역; 현대인의 성경). 하지만 히브리어 원문은 개역개정 성경의 각주에 제시하는 바와 같이 의문문으로도 번역될 수 있다(cf. 우리말성경). "포도 따는 사람들이 와서 포도를 거둘 때도 그들이 약간의 포도를 남겨 두지 않겠느냐? 도둑들이 밤에 오면 그들이 원하는 만큼만 훔치지 않겠느냐?"(우리말성경; 쉬운성경; NIV; KJV; NJB; JPSV). 20절의 경우, 개역개정은 수사적 의문문으로 번역하는 반면에 공동번역, 새번역, 현대인의 성경, 우리말성경, 쉬운성경, 그리고 대부분의 영어성경은 서술문으로 번역한다. 개역개정이 의문문으로 번역한 "양 떼의 어린 것들을 그들이 반드시 끌고 다니며 괴롭히고 그 처소로 황폐하게 하지 않으랴"는 여호와의 의도와 계획의 내용을 서술하는 것이기 때문에 서술문, 그러나 אִם־לֹא[임-로]에 의해 확실성이 강조된 서술문으로 번역하는 것이 적절해 보인다. 의문문 불변화사 הֲ[하]에 의한 의문문이 서술되고 이어서 אִם[임]이 의문문을 유도하는 경우(cf. 49:1; 암 3:3-7)는 있지만 אִם[임]만 서술되면서 의문문을 유도하는 경우는 극히 드물다(cf. 왕상 1:27). 따라서 אִם־לֹא[임-로]를 강조용법("반드시")으로 간주해서 "양 떼의 어린 것들마저 반드시 끌려갈 것이며 그들로 인해 그가 그들의 초장을 반드시 황폐하게 할 것이다"로 번역하는 것이 적절하다. 이 문장들의 히브리어 구문 분석이 용이하지 않기 때문에 다양한 번역의 서술문이 제시된다.

의 동의를 유도하는 면에서 더 강한 어감의 선언이 된다. 둘째, 예레미야 선지자의 등장이다. 예레미야는 14절과 20-22절에 화자로 두 번 등장한다. 14절의 화자는 1인칭의 "내가"로 표현된다. 문맥을 고려할 때 이 화자는 신탁을 전달하는 선지자 예레미야로 볼 수 있다.[64] 예레미야는, 하나님이 보내신 전령을 통해 여러 나라에 "전쟁을 하러오라"는 명령이 전달됐다는 소식을 들었다고 말한다. 20-22절에서 예레미야는 여호와의 계획을 들으라는 명령과 함께 그의 계획인 에돔의 멸망을 설명한다.[65] 예레미야의 등장과 그의 말은 에돔에 대한 하나님의 심판이 확정됐다는 사실을 객관화시키는 역할을 한다.

에돔에 대한 신탁(49:7-22)은 7절과 12절의 신탁도입형식에 의해 두 개의 신탁단락으로 나뉜다: (1) 7-11절; (2) 12-22절. 첫 번째 신탁단락은 수사적 질문과 함께 에돔의 멸망선언에 집중하는 반면에 두 번째 신탁은 여호와의 선언과 예레미야의 말이 함께 등장하면서 에돔의 멸망을 선언한다. 이러한 분석을 반영하여 에돔 신탁의 구조를 살피면 아래와 같다.

에돔에 대한 신탁 도입(7절상)

1. 첫 번째 신탁(7절중-11절)

   도입, 7절중

---

64) 14절과 유사한 표현이 오바댜 1절에 서술된다. 14절과 오바댜 1장 1절이 에돔에 대한 심판신탁과 관련한 관용적인 표현일 수 있다. 그런데 14절에는 "내가 소식을 들었다"(שְׁמוּעָה שָׁמַעְתִּי 쉐무아 샤마이티)고 서술하는 반면에 오바댜 1장 1절은 "우리가 소식을 들었다"(שְׁמוּעָה שָׁמַעְנוּ 쉐무아 샤마이누)로 서술한다. 1인칭의 표현("내가")으로 서술된 14절은 신탁을 전달하는 이를 직접 가리키는 것으로 보인다. 따라서 14절의 화자를 선지자 예레미야로 보는 것이 가능하다. 선지자들 안에 공유된 관용적인 표현을 예레미야가 그의 신탁에 맞게 활용한 것일 수 있다.

65) 20-22절의 화자는 여호와일 수도 있다. 여호와가 화자로 등장하지만 자신을 1인칭 소유격("나의")으로 표현하지 않고 객관화 기법을 사용해서 3인칭 소유격("여호와의")으로 표현할 수 있기 때문이다. 하지만 예레미야가 에돔의 멸망에 대한 하나님의 의도와 계획을 객관적 입장에서 설명하는 것으로 볼 경우, 20-22절은 14절의 예레미야의 등장과 짝을 이룬다. 개역개정은 22절의 첫 번째 문장의 주어로 "원수"로 표기하는데, 히브리어 원문(יַעֲלֶה 야알레)처럼 3인칭의 "그"로 번역하는 것이 요구된다. 예레미야의 말로 언급되는 3인칭의 "그"는 여호와와 그의 심판을 수행하는 대상을 이중적으로 내포한다.

a. 질문: "더 이상 지혜가 없느냐," 7절하
b. 명령("도망하라")과 에서의 재난, 8절
a'. 질문: "얼마쯤은 남지 않겠느냐." 9절
a''. 더 이상 존재할 수 없는 에돔, 10절
b'. 명령("고아들과 과부들을 내게 맡겨라"), 11절

2. 두 번째 신탁(12-22절)

도입, 12절상

a. 질문(진노의 잔을 면할 수 있겠느냐)과 결과, 12절하-13절
b. 예레미야의 등장: 여호와에게서 온 소식, "몰려와서 그를 치라," 14절
a'. 에돔의 교만으로 인한 멸망, 15-19절
b'. 예레미야의 등장: 여호와의 의도와 계획, 20-22절

에돔이 하나님의 진노의 잔을 마시는 이유는 자신의 지혜와 요새와 같은 환경에 근거한 교만이다. 따라서 하나님은 스스로 자신을 높인 에돔을 낮추시고 조롱과 멸시를 받게 하신다. 결국 하나님의 심판으로 에돔은 더 이상 존재할 수 없게 된다. 에돔에 대한 신탁은 이집트나, 모압, 암몬 자손의 경우와는 달리 회복에 대한 직접적인 선언이 없다.[66]

에돔에 대한 신탁도입(7절상)

간명한 도입("에돔에 대하여," לֶאֱדוֹם 레에돔)과 함께 에돔에 대한 신탁이 시작된다.

첫 번째 신탁 도입, 질문과 명령("도망하라")(7절중-8절)

전형적인 신탁도입형식과 함께 선언단락이 소개된다. 하나님은 수사적 질문으로 에돔의 지혜 없음을 지적하신 후, 보응의 때가 임했기 때문에 도망하라고 명령하신다.

66) 11절에서 고아들을 살려주시는 것과 과부들이 하나님을 의지하는 것에 대해 언급하는 것은 에돔의 회복을 표현하는 것이 아니라 에돔의 처참한 상황에 대한 수사로 보인다. 11절의 주해를 참조하라.

첫 번째 신탁: 질문과 멸망확언(더 이상 존재할 수 없는 에돔)(9-11절)
하나님의 심판이 에돔에 아무 것도 남기지 않을 것이라는 사실을 수사적 질문으로 전달하신 후, 하나님은 에돔이 더 이상 존재하지 않을 것이라고 선언하신다.

두 번째 신탁 도입, 질문(진노의 잔을 면할 수 있겠느냐)과 결과(12-13절)
하나님은 수사적 질문으로 에돔이 결코 진노의 잔을 피할 수 없다는 사실을 확언하시고 에돔이 겪게 될 수치와 황폐함을 선언하신다.

두 번째 신탁: 예레미야의 등장(여호와에게서 온 소식)(14절)
예레미야가 화자로 등장해서 "와서 에돔을 치라"는 명령이 전령을 통해 열국에게 전달됐다는 소식을 여호와에게서 들었다고 말한다.

두 번째 신탁: 에돔의 교만으로 인한 멸망(15-19절)
하나님은 에돔이 열국의 멸시를 받게 하실 뿐만 아니라 요새와 같은 자리에서 그를 끌어내시겠다고 선언하신다. 이는 에돔의 교만으로 인한 것이다. 결국 하나님은 그가 택하신 사자와 같은 대적을 통해 에돔을 파괴하고 조롱거리와 폐허로 만들어서 어느 누구도 그에게 대항할 수 없음을 알게 하신다.

두 번째 신탁: 예레미야의 등장(여호와의 의도와 계획)(20-22절)
화자로 등장한 예레미야는 여호와의 의도와 계획을 설명한다. 그의 의도와 계획은 독수리와 같은 대적을 보내어 에돔을 그의 땅에서 모두 추방하고 그의 처소를 황폐하게 만드는 것이다. 확정된 하나님의 계획은 에돔의 멸망을 확언한다.

주해

7-8절. 간명한 도입("에돔에 대하여," לֶאֱדוֹם 레에돔)과 함께 에돔에 대한 하나님의 심판신탁이 시작되는데, 앞의 신탁들과는 달리 심판원인이 지적되지 않고 곧바로 신탁선언이 서술된다. 에돔에 대한 하나님의 심판신탁을 전하고 있는 다른 선지서를 보면 에돔의 심판원인은 주로 에돔의 이스라엘에 대한 적대감이다. 예를 들면 예레미야와 같은 시대에 사역을 했던 에스겔 선지자는 에돔이 하나님의 심판을 받게 되는 원인을 "에돔이 유다 족속을 쳐서 원수를 갚았고 원수를 갚음으

로 심히 범죄하였다"고 지적한다(겔 25:12; cf. 겔 35:5, 10).[67] 에돔의 심판에 대한 신탁에 집중하고 있는 오바댜 역시 "네가 네 형제 야곱에게 행한 포학으로 말미암아 부끄러움을 당하고 영원히 멸절되리라"고 선언한다(옵 1:10). 특히 오바댜의 신탁은 본 단락의 신탁과 많은 유사점을 나타낸다. 요엘과 아모스도 동일한 죄악을 지적하면서 에돔에 임하게 될 심판을 선언한다(cf. 욜 3:19; 암 1:11). 본 신탁에서는 에돔의 교만에 대해서만 명시적으로 언급한다(cf. 16절).

하나님은 에돔에 임할 심판의 성격에 대해 다음과 같이 선언하신다. 첫째, 하나님의 심판은 에돔이 지혜와 책략으로 결코 감당할 수 없는 것이다(7절; cf. 옵 1:8). 데만은 에돔 북부에 위치한 지역이다. 욥의 친구 엘리바스의 고향이며 지혜로 알려진 곳이다. 데만의 지혜자들의 거취를 묻는 수사적 질문은 에돔의 지혜에 대한 조롱이다. 또한 에돔이 자신의 지혜를 자랑하지만 그 지혜로 결코 하나님의 심판을 감당할 수 없다는 선언이다. 독수리가 덮치는 것처럼(cf. 22절) 심판이 순식간에 그들을 압도하기 때문에 그들은 전혀 대처하지 못하고 그들의 지혜를 발휘하지 못한다. 에돔의 "지혜" (חָכְמָה 호크마)와 "책략" (עֵצָה 애짜)으로는 하나님의 심판을 피할 수 없다. 하나님의 심판 앞에는 그 어떤 지혜나 책략도 없는 것과 마찬가지다.

둘째, 하나님의 심판은 "에서의 재난" (אֵיד עֵשָׂו 애드 애사브)이다(8절). 에서의 후손인 에돔은 조상 때부터 이스라엘에 대하여 한을 품고 원수를 갚는 적대적 행동을 했다(cf. 겔 35:5). 이스라엘의 환난의 때에 기뻐하며 주저하지 않고 침략과 파괴에 동참하기도 했다(cf. 옵 1:11-12). 그러므로 하나님은 이런 뿌리 깊은 적대행위에 대한 보응으로 "에서의 재난"을 선언하시는 것이다(cf. 겔 25:14). 따라서 "내가 그를 보응할 때" (עֵת פְּקַדְתִּיו 애트 페카드티브)에 "에서의 재난"을 임하게 하시겠다고 선언하신다. 데만과 더불어 에돔의 남부에 위치한 드단이 언급되는 것은 하나님의 심판이 에돔의 전 지역에 임한다는 의미를 전달한다. 하나님의 심판이 이러하기 때문에 그의 심판이 임하면 할 수 있는 최선은 맞설 생각을 하지 말고 돌이켜 도망가서 깊은 곳에 숨는 것뿐이다.

9-11절. 셋째, 하나님의 심판은 에돔의 모든 것을 사라지게 한다. 완전한 멸절

---

67) 에스겔 35장 2절은 에돔이 거하던 지역인 "세일 산"이라는 표현으로 에돔을 가리킨다.

을 설명하기 위하여 포도를 거두는 자와 도둑의 비유를 사용한다(9절). 9절의 수사적 질문은, 포도를 거두는 자나 도둑의 경우 약간은 남기겠지만 하나님의 심판은 결코 아무것도 남지 않는다는 사실을 강조한다. 하나님의 심판은 에돔이 숨을 만한 곳을 다 들추어내어서("옷을 벗겨") 숨을 수 없게 한다(10절). 뿐만 아니라 모든 백성("그 자손과 형제와 이웃")을 제거할 것이기 때문에 에돔은 더 이상 존재하지 못한다.

11절의 개역개정 번역과는 달리 히브리어 원문, עָזְבָה יְתֹמֶיךָ אֲנִי אֲחַיֶּה וְאַלְמְנוֹתֶיךָ עָלַי תִּבְטָחוּ 오즈바 예토메카 아니 아하이예 베알메노테카 알아이 티브타후는 "네 고아들을 남겨 두어라. 내가 친히 살려줄 것이다. 그리고 네 과부들로 나를 의지하게 하라"(cf. 우리말: 새번역; 현대인의 성경; KJV; JPSV)로 번역할 수 있다. 간단히 표현하면 "네 고아들과 과부들을 내게 맡기라"는 명령이다. 이 명령은 "에서의 재난"이 임하면 돌볼 사람이 없어서 더 극심한 위기에 처할 수 있는 고아들과 과부들에 대한 하나님의 긍휼과 자비를 나타낼 수 있다.[68] 하지만 8절의 "돌아서서 도망가고 깊은 곳에 숨으라"는 명령과 연계해서 11절의 명령을 고려하면 이 명령은 에돔에 임할 참담한 상황을 강조하는 수사적 기능을 한다. 마치 주변에 도움이 필요한 사람들이 있어도 신경 쓰지 말고 자기 자신만이라도 추스르고 신속히 도망가라는 명령과 같다. 사실 이렇게 도망가는 것도 소용이 없다. 왜냐하면 하나님이 숨을 만한 곳을 모두 드러나게 하시기 때문이다. 그렇다면 11절은 고아들과 과부들에 대한 하나님의 긍휼과 자비를 의미하는 것이 아니라 어떻게든 그의 심판을 피할 수 있으면 피해보라는 조롱처럼 들린다.[69]

12-13절. 신탁도입형식("여호와께서 이와 같이 말씀하시니라")과 함께 두 번째 신탁이 서술되는데, 하나님의 심판에 대한 설명을 이어간다. 넷째, 하나님의 심판은

---

68) Martens는 고와들과 과부들에 대한 언급을 심판 중에 보이시는 하나님의 긍휼로 설명한다(Martens, *Jeremiah*, 259).

69) 11절이 에돔의 회복에 대한 선언이라면 사로잡힘에서의 돌이킴으로 회복을 선언하는 신탁들(48:47; 49:6, 39)과는 다른 형식이며 회복선언이 주로 해당 신탁의 마지막에 등장하는 것과도 차이가 있다. 그렇다면 에돔의 회복을 선언할 때 왜 다른 형식과 위치를 취했는지에 대한 설명이 필요하다.

에돔에 반드시 임한다(12절). 에돔에 대한 하나님의 심판은 필연적이다. 왜냐하면 언약백성인 이스라엘과 유다가 하나님의 진노의 잔을 마셔야 했다면 에돔은 더 말할 필요가 없기 때문이다.[70)] 하나님이 그의 진노의 잔을 베푸시면 어느 누구도 결코 거절할 수 없고 반드시 마셔야 한다(cf. 25:28-29).

다섯째, 하나님의 심판은 에돔을 열국 중에 조롱과 저주의 대상으로 만들뿐만 아니라 에돔의 모든 성읍을 영원한 폐허로 만든다(13절). 보스라는 예레미야 당시에 에돔의 수도였다. 따라서 보스라는 에돔 전체를 가리키는 환유역할을 한다. 하나님의 심판으로 모든 성읍들이 파괴되고 황폐하게 된 에돔은 열국의 "놀램" (שַׁמָּה 삼마)과 "치욕거리"(חֶרְפָּה 헤르파)와 "황폐함"(חֹרֶב 호레브)과 "저주거리"(קְלָלָה 케랄라)가 된다. 자신을 걸고 한 하나님의 맹세는 성취의 확실성과 이 선언에 대한 결연한 의지를 보여준다.

14절. 예레미야는, 군대를 모아 에돔을 공격하라는 명령을 전하는 사신이 열국에 보내졌다는 소문을 들었다고 말한다(14절). 이것은 에돔에 대한 하나님의 심판이 이미 결정됐다는 의미다. 에돔의 멸망이 열방에 선포되면서 이 사건이 객관화된다. 오바댜 1장 1절에도 유사한 표현이 있는데, 단어선택에 있어서 차이가 있다. 오바댜의 경우, 전령이 전달한 말은 열방이 스스로 에돔에 대한 전쟁을 도모하는 것을 격려한다. "너희는 일어날지어다 우리가 일어나서 그와 싸우자하는 것이니라"(옵 1:1). 반면에 본 절은 열국에게 에돔과 전쟁하기 위해 모일 것을 독려한다. "너희는 모여와서 그를 치며 일어나서 싸우라"(14절). 하나님이 대적을 불러오셔서 에돔에 심판을 행하시는 것이 강조된다.

15-19절. 에돔에 대한 하나님의 작정이 선언된다(15절). 멸망당하지 않을 것이라고 교만하게 말하는 에돔을 열방 중에서 작게 만들고 사람들 중에 멸시를 당하게 하시겠다는 것이다(cf. 옵 1:2). "작게"(קָטֹן 카톤)는 "비천한" 또는 "미약한"의 의미를 갖는다.[71)] 에돔은 하나님의 심판으로 비천하게(미약하게) 되어 멸시를 받

70) Cf. Harrison, *Jeremiah & Lamentations*, 180. Chisholm은, 에돔보다 과실이 덜 한 나라가 진노의 잔을 마셔야 한다면 에돔은 반드시 에돔의 죄로 인해 징계를 받아야만 한다는 의미로 해석한다(Chisholm, *Handbook*, 212).

을 것이다. 이러한 하나님의 작정이 실행되고 있음에도 불구하고 에돔은 요새와 같은 지형조건과 주변 나라를 두렵게 만드는 자신의 용맹("스스로 두려운 자인 줄로 여김")에 의지하여 어떤 재앙도 자신에게 미치지 못할 것이라고 교만하게 행동한다(16절; 옵 1:3-4).[72] 실제로 에돔은 많은 바위와 동굴이 있는 산지에 위치했기 때문에 적의 공격을 쉽게 막아낼 수 있었다. 하지만 하나님 앞에서의 교만은 단지 자신에게 스스로 속는 것에 불과하다. 에돔이 높은 곳에 둥지를 틀고 있어도 하나님이 그를 그곳에서 끌어내리시면 에돔은 "공포의 대상"(שַׁמָּה 샴마; "놀람")이 되고 조롱당하는 것을 면할 수가 없다(17절).[73] 정복될 것 같지 않던 에돔이 끌려내려 온 것을 보는 자마다 놀랄 뿐만 아니라 자만해 하던 그를 비웃을 것이다. 맹렬한 화염으로 파괴된 소돔과 고모라와 그 이웃 성읍들의 멸망은 에돔의 멸망에 대한 본보기다. 소돔과 고모라에 대한 언급은 에돔이 맞이할 심판의 결과를 확실히 그려볼 수 있게 한다. 이 성읍들이 하나님의 심판으로 멸망한 것처럼 에돔 역시 황폐하게 되어 아무도 살 수 없는 곳이 된다(18절). 에돔을 파괴할 자가 사자에 비유된다(19절). 19절의 개인 번역을 제시하고 그 의미를 설명하고자 한다.

> 보라. 내가 순식간에 그로 하여금 그[에돔]를 뒤따라 쫓게 할 때 그가 사자처럼 요단 강의 숲에서 비옥한 초장으로 올 것이다. 내가 그[에돔] 위에 세운 택한 자가 누구더냐? 참으로 나와 같은 이가 누구냐? 나와 다툴 자가 누구냐? 나와 맞설 수 있는 목자는 과연 누구냐?(19절)[74]

---

71) קָטֹן 카톤은 크기가 "작은," 나이가 "어린," 가치가 "하찮은/비천한," 또는 힘이 "연약한/미약한"을 의미한다(cf. 암 7:2).

72) "스스로 두려운 자인 줄로 여김"(개역개정) 또는 "너의 명성"(현대인의 성경)으로 번역한 히브리어 원문, תִּפְלַצְתְּךָ 티프라쯔테카는 "네가 만들어내는 두려움 또는 공포"를 의미한다. 따라서 "네 무서움," "네 사나움," "네 용맹함" 등으로 번역할 수 있다.

73) "[그들이] 탄식하리로다"로 번역한 동사 יִשְׁרֹק 이쉬로크는 "야유를 보내다" 또는 "비웃다" 등으로 번역하는 것이 적절하다(cf. 새번역).

74) 필자의 사역과 다른 번역 간의 핵심적인 차이는 כִּי־אַרְגִּיעָה אֲרִיצֶנּוּ מֵעָלֶיהָ 키-아르기아 아리쩬누 매알레하의 כִּי 키를 시간을 나타내는 접속사 כִּי 키(temporal כִּי 키)로 해석하는 것이다: "내가 순식간에 그로 하여금 그[에돔]를 쫓게 할 때." 또한 여성 단수 대명사어미(הָ 하)와 남성 단수 대명사어미(נּוּ 누)에 주목한다. מֵעָלֶיהָ 매알레하("그를 뒤따라")의 הָ 하

하나님이 순식간에 심판의 도구인 그("택한 자")로 하여금 에돔을 쫓게 하시면 그는 사자처럼 요단 강의 숲에서 "비옥한 초장"(에돔의 요새와 같은 거처)으로 올라온다는 선언이다.[75] 이 선언은 심판의 주체가 하나님이라는 사실을 강조한다. 하나님이 에돔을 쫓게 하시는 "그"는 에돔 위에 세운 그의 "택한 자"다. 그의 정체를 밝히지 않고 그가 누구인지를 묻는 질문은 신탁에 긴장감을 더한다.[76] 또한 "참으로 나와 같은 이가 누구냐?"는 질문은 에돔을 파괴할 수 있는 강한 나라를 심판의 도구로 사용할 수 있는 주권과 권위를 갖은 신이 누구냐는 질문이다. 이어서 이와 같은 심판을 행하시는 하나님을 과연 누가 대적해서 다툴 수 있겠냐고 물으신다. 에돔의 왕이나 지도자("목자") 중에 과연 하나님과 맞설 수 있는 목자는 누구냐는 마지막 질문은 에돔의 지도자들 중에 어느 누구도 그의 심판을 감당할 수 없다는 사실을 강조한다. 그러므로 19절은 에돔을 미약하게 만들고 열방의 조롱을 받게 하시겠다는 15절의 선언을 확언할 뿐만 아니라 에돔에게 그런 일을 행하시는 이가 하나님임을 밝혀준다. 이 선언에 이어 예레미야가 등장해서 여호와의

("그")와 첫 번째 질문에 사용된 אֵלֶיהָ 앨레하("그 위에")의 הָ 하("그")는 "에돔"을 가리키는 반면에 אֲרִיצֶנּוּ 아리쩬누("내가 *그로 하여금* 쫓게 하다")의 נּוּ 누("그")와 3인칭 동사(יַעֲלֶה 야알레; "그가 올라올 것이다")의 주어("그")는 정체를 밝히지 않았지만 하나님이 에돔 위에 세우신 "택한 자"(בָּחוּר 바후르)를 가리키는 것으로 해석한다. 특히 יַעֲלֶה 야알레는 22절의 יַעֲלֶה 야알레와도 연결된다. אֲרִיצֶנּוּ 아리쩬누는 사역형의 히필동사와 3인칭 남성 대명사어미가 결합된 형태로 "내가 그로 하여금 쫓게 한다"는 의미를 갖는다. 화자의 의지를 나타내는 희구형(cohortative) 1인칭 동사 אַרְגִּיעָה 아르기아는 이 행위를 순식간에 행하시겠다는 하나님의 의지를 전달한다. רָגַע 라가의 히필형은 어떤 일을 신속하게 행하는 것을 의미한다. 따라서 אַרְגִּיעָה 아르기아가 אֲרִיצֶנּוּ 아리쩬누와 함께 서술되면서 אֲרִיצֶנּוּ 아리쩬누의 행위("내가 그로 쫓게 하다")를 하나님이 신속하게 행하시겠다는 의미를 전달한다. 같은 주어의 동사들이 사용되는 것을 고려해서 אַרְגִּיעָה 아르기아가 אֲרִיצֶנּוּ 아리쩬누를 꾸미는 "순식간에" 또는 "신속하게"로 번역한다. 바벨론에 대한 신탁을 보면, 19절과 동일한 표현이 50장 44절에 서술된다.

75) נְוֵה אֵיתָן 네배 애탄은 문자적으로 "물이 항상 흐르는 초장"을 의미하는데, אֵיתָן 애탄은 비유적으로 지속적인 또는 영구적인 상태나 나라를 가리킬 때 사용된다. 예를 들면, 5장 15절에서 유다에 하나님의 심판을 유다에 행할 나라를 묘사할 때 사용된 바가 있다: גּוֹי אֵיתָן 고이 애탄("강한 나라"). 따라서 본 절에서는 에돔의 요새와 같은 거처를 묘사하는 비유다.

76) 하나님이 에돔 위에 세우신 "택한 자"(בָּחוּר 바후르)의 정체에 대해 언급하지 않지만 바벨론 왕 느부갓네살을 가리키는 것으로 볼 수 있다.

의도와 계획을 설명한다(20-22절).

20-22절. "그런즉"(לָכֵן 라캔)은 예레미야의 등장이 에돔의 멸망에 대한 하나님의 강한 의지를 전달한 앞 절(19절)에 근거한 것임을 보여준다. 예레미야는 에돔의 멸망에 대한 하나님의 의지가 분명하고 강하기 때문에 그의 의도(עֲצַת־יְהוָה 아짜트-아도나이; "여호와의 의도")와 계획(מַחְשְׁבוֹתָיו 마흐쉐보타브; "그의 계획")을 들으라고 명한다(20절). 에돔은 먹이를 찾는 사자 앞에 있는 무기력한 양떼에 지나지 않는다. 양 떼의 어린 것들마저 포로로 사로잡혀가는 신세를 면치 못한다. 뿐만 아니라 모든 성읍(נְוֵהֶם 네배헴; "그들의 초장")은 반드시(אִם־לֹא 임-로) 황폐하게 된다.[77] 이것이 에돔에 대하여 하나님이 결심하시고 작정하신 의도이며 계획이다. 따라서 흩어짐, 포로, 파괴, 폐허는 에돔이 결코 피할 수 없는 운명이다. 에돔의 넘어짐은 땅이 진동할 정도의 큰 파괴이며 심판의 고통으로 인한 울부짖는 소리가 멀리까지("홍해") 울려 퍼진다(21절). 에돔을 파괴할 대적이 독수리에 비유된다(22절). "보라. 그가 독수리처럼 날아와서(올라와서)"(הִנֵּה כַנֶּשֶׁר יַעֲלֶה 힌네 칸네쉐르 야알레)는 19절의 "보라. 그가 사자처럼 올라와서"(הִנֵּה כְּאַרְיֵה יַעֲלֶה 힌네 케아르예 야알레)와 짝을 이루면서 에돔에 하나님의 심판을 행할 이를 묘사한다. 독수리가 먹이 위로 날아와서 날개를 펴는 것처럼 공격자가 보스라(에돔에 대한 환유) 위에 덮칠 때 주변 나라를 두렵게 하던 에돔의 사나운 용사들은 산통을 겪는 여인과 같이 두려움에 고통스러워하게 된다. 용사가 여인에 비유되면서 수치의 정도를 더한다. 모압과 암몬의 경우와는 달리 에돔 신탁에는 회복에 대한 언급이 없다. 아모스 9장 11-12절은 미래에 있게 될 다윗왕조의 회복을 통하여 에돔의 남은 자가 회복될 것에 대한 신탁을 전한다.

현재적 적용 **묵상**

1. 마치 하나님이 된 듯 인간을 복제할 수 있을 정도의 지혜를 모으면 하나님의 심판을 피해 영원히 살 수 있다고 착각하는 것은 아닌가? 그래서 하나님이 필

---

77) נְוֵהֶם 네배헴("그들의 초장")은 19절의 נְוֵה אֵיתָן 네배 애탄과 동일하게 요새화된 에돔의 거처를 가리킨다.

요 없다고 생각하는 것은 아닌가?

2. 자연의 섭리와 비교할 때 대단하지 않은 지혜임에도 불구하고 그 지혜와 그 지혜로 만들어낸 기술과 환경을 믿고 하나님의 심판을 피할 수 있다고 스스로 속는 것은 아닌가?
3. 다른 이들이 두려움과 어려움을 갖고 대하기 때문에 스스로 대단하다고 착각하고 교만에 빠지는 것은 아닌가? 하나님 앞에서의 교만은 스스로 속는 것에 불과하다는 것을 아는가?
4. 내가 피하지 못하고 들어야 하는 하나님의 의도와 계획은 축복에 대한 것인가 아니면 재앙에 대한 것인가? 삶의 모습이 그 계획이 어떤 것인지를 확인해 주는데, 내 삶의 모습은 어떠한가?
5. 감사의 소리와 고통의 소리 중에 어떤 소리가 멀리 울려 퍼지길 원하는가? 주변 사람들이 듣는 나의 소리는 어떤 소리인가?
6. 나의 말투와 행동과 태도를 돌아보니 혹시 "교만은 패망의 선봉이요"(잠 16:18)라는 말씀을 마음에 새겨야 하는 것은 아닌가?

---

6. 다메섹의 심판신탁, 49:23-27

다메섹에 대한 신탁이 여섯 번째 심판신탁으로 등장한다.[78] 에돔의 신탁과 같이 심판원인을 언급하지 않고 심판선언에 집중한다. 하나님의 심판이 다메섹에게 남기는 것은 수치와 낙담, 괴로움과 고통, 그리고 버려짐이다. 영광스럽고 하나님이 보시기에 즐거운 성읍이 불에 타서 파괴된다. 이 심판을 행하시는 이는 여호와다. 본 신탁의 구조는 다음과 같다.

다메섹에 대한 신탁 도입(23절상)
선언단락(23절하-27절)

---

78) 칠십인경 예레미야서의 열방신탁에는 다메섹에 대한 신탁이 여덟 번째 신탁(LXX 30:12-27)으로 서술된다.

a. 하맛과 아르밧의 수치, 23절하
b. 다메섹의 고통과 슬픔, 24절
c. 버려진 다메섹, 25절
d. 다메섹의 멸망확언, 26-27절

다메섹에 대한 신탁 도입(23절상)

다른 신탁들과 동일하게 간명한 도입(לְדַמֶּשֶׂק 레담메세크; "다메섹에 대하여")으로 다메섹에 대한 신탁이 소개된다.

심판선언(23절하-27절)

주변 나라들을 파괴하는 전쟁의 소문을 들은 다메섹은 두려움에 사로잡혀 평안과 기쁨을 잃는다. 결국 하나님의 심판이 다메섹에도 이른다. 하나님이 친히 행하시는 심판은 다메섹의 군대를 멸절시키고 성읍들과 궁전을 파괴하여 다메섹을 버려진 성읍으로 만든다.

주해

23-27절. 간명한 도입("다메섹에 대하여")으로 다메섹에 관한 신탁이 시작된다. 시리아의 남부에 위치한 다메섹은 아람왕조가 있었던 수도로 아람(시리아)을 가리키는 환유다. 다메섹 신탁은 하나님의 심판을 받는 이유를 언급하지 않고 심판선언만을 기록한다. 주전 760년경에 아모스 선지자를 통하여 다메섹의 멸망에 대한 신탁이 이미 선포됐다. 아모스의 신탁에는 다메섹이 철 타작기로 타작하듯 잔인하게 길르앗을 압박한 것을 심판원인으로 제시한다(암 1:3). 아모스와 동시대의 선지자인 이사야도 다메섹이 "성읍을 이루지 못하고 무너진 무더기가 될 것"이라고 선포했다(cf. 사 17:1-2). 이러한 예언에 따라 다메섹이 732년에 앗시리아에 의해 파괴되지만 앗시리아의 멸망(주전 612년) 이후 예레미야 당시에는 바벨론 제국에 귀속되고 어느 정도 회복된 상태에 있었을 것이다.[79)]

---

79) Longman, *Jeremiah/Lamentations*, 299. 왕하 24:2은 아람의 부대가 갈대아, 모압, 암몬 자손의 부대와 함께 여호아김을 공격했다고 기록한다(주전 605년/ 597년).

강한 군대에 의해 주변 나라들이 정복을 당하고 파괴된 사건에 대한 소문("흉한 소문," שְׁמֻעָה רָעָה 쉐무아 라아)이 북(하맛과 아르밧)에서부터 남(다메섹)으로 전해진다.[80] 이러한 소문을 듣는 것만으로도 이 성읍들은 낙담하고 두려움에 떨고 비틀거리며 슬퍼하는 모습을 보인다(23절). 소문을 듣고 힘이 빠진 다메섹이 도망가려고 하지만 "극심한 공포"(רֶטֶט 레테트)에 사로잡힌다(24절). 해산하는 여인처럼 괴로움과 고통에서 벗어나지 못한다. 다메섹은 풍부한 물과 상업으로 칭송을 받고 즐거움을 주기에 충분한 성읍이지만 버려진 성읍이 된다(25절).[81] 25절의 수사적 질문은 상상할 수 없었던 일이 벌어졌다는 의미를 전달한다. 이는 하나님의 심판으로 인한 것이다. 하나님의 심판이 임하는 날에(בַּיּוֹם הַהוּא 바이욤 하후; "그 날에") 다메섹을 지키던 장정들(בַחוּרֶיהָ 바후레하; "[그의] 젊은이들")과 군사들이 칼에 쓰러지고 죽임을 당한다(26절). 다메섹의 성벽에 불을 지르고 벤하닷의 궁전을 불로 태우시는 분은 하나님("내가")이시다(27절).[82] 다메섹의 멸망은 확정된 것이다. 왜냐하면 "만군의 여호와"가 선언하신 것이기 때문이다(26절). 요세푸스(Josephus)의 기록에 따르면 예루살렘이 멸망한 후 5년 뒤에 바벨론 왕 느부갓네살이 다메섹을 점령한다. 다메섹의 회복에 대한 선언이 서술되지 않는다.

---

80) 하맛은 다메섹의 북쪽으로 약 176km 떨어진 오론테스 강가에 위치한 성읍이며 아르밧은 하맛의 북쪽으로 약 152km 떨어진 곳에 위치한 성읍이다.

81) "나의 즐거운 성읍"(מְשׂוֹשִׂי 메소시)의 1인칭 소유격 "나의"는 화자인 하나님을 가리킨다. 다메섹을 "나의 즐거운 성읍"이라고 표현하는 것은 "칭찬을 받는 다메섹"(עִיר תְּהִלָּה 이르 테힐라)의 영광에 대한 추가적인 설명이다. 이는 다메섹이 누구에게나 즐거움을 주는 성읍이었음을 의미한다. BHS는 고대번역본에 근거하여 1인칭 소유격을 빼고 מְשׂוֹשׂ 마소스("즐거운 성읍")로만 읽을 것을 제안하는데, 이 독법은 히브리어 필사본들의 지지를 받지 못한다. 하나님이 다메섹을 "나의 즐거움"으로 표현하는 것을 일반은총의 관점에서 이해할 수 있다. Longman은 25절이 시리아인의 말을 인용하는 것으로 설명하다(Longman, *Jeremiah/Lamentations*, 299; cf. Harrison, *Jeremiah & Lamentations*, 181). 그러면 "나"는 하나님이 아니라 시리아인이 된다.

82) 벤하닷은 주전 9세기와 8세기에 다메섹을 다스렸던 왕조의 이름이며 왕들의 이름이다(cf. 왕상 15:18-20; 왕하 13:24-25). 하닷은 아람인들이 섬겼던 폭풍의 신의 이름이기도 하다(Martens, *Jeremiah*, 260).

현재적 적용 | 묵상

1. 인간이 찬양하고 우러러 보는 것들이 하나님의 심판 앞에서는 그 어떤 것도 아님을 기억하고 겸손히 그와 동행하는가?
2. 하나님의 심판이 안겨주는 낙담, 고통, 괴로움, 버려짐이 피상적인 언어들이 아니라 실제적인 상황이라는 것을 심판을 겪고 난 후에 확인할 것인가 아니면 심판이 임하기 전에 그의 자비를 구하는 지혜를 따를 것인가?

7. 게달과 하솔의 심판신탁, 49:28-33

게달과 하솔에 대한 신탁은 일곱 번째 신탁이다.[83] 에돔, 다메섹 신탁과 동일하게 심판원인을 지적하는 고소단락은 등장하지 않고 심판선언에만 집중한다. 신탁도입은 게달과 하솔에 대한 신탁을 바벨론의 느부갓네살 왕의 공격과 연결시킨다. 이 신탁의 특징은 공격자와 방어자에게 내린 명령을 서술하면서 전투의 장면을 연상시키는 것이다. 전투의 결과는 게달과 하솔에 임하는 탈취와 폐허다. 구조는 아래와 같다.

게달과 하솔에 대한 신탁 정황과 도입(28절상)
도입(28절중)
선언단락(28절하-33절)
  a. 공격명령과 선언, 28절하-29절
    b. 도망명령과 그 이유, 30절
  a'. 공격명령, 31절
      c. 탈취와 추방과 폐허 선언, 32-33절

83) 칠십인경 예레미야서의 열방신탁에도 게달과 하솔에 대한 신탁이 일곱 번째의 신탁(LXX 30:6-11)으로 서술된다. 하지만 하솔은 언급되지 않는다. 앞서 언급한 바와 같이 칠십인경은 חָצוֹר 하쪼르("하솔")을 αὐλὴ("왕궁")로 번역한다. 아마도 갈릴리 호수의 북쪽에 위치했던 하솔과 아라비아에 있는 게달과 연결이 되지 않기 때문인 것으로 보인다. 그러나 신탁에 언급된 하솔은 팔레스타인의 하솔이 아니라 시리아 사막의 아랍 부족을 가리킬 수 있다(cf. Martens, *Jeremiah*, 261).

게달과 하솔에 대한 신탁 정황과 도입(28절상)
주전 599(598)년에 바벨론 왕 느부갓네살이 아라비아 사막의 아랍 족속들을 공격하기 전에 게달과 하솔에 관한 심판신탁이 예레미야에게 임한다.[84]

선언단락: 공격명령과 선언, 그리고 도망명령(28절하-30절)
하나님은 그의 심판의 도구인 바벨론 왕 느부갓네살에게 게달과 하솔을 공격하라고 명하신다. 그러면 게달은 모든 것을 약탈당하고 사방에 있는 두려움에 휩싸이게 된다. 하나님이 게달과 하솔에게는 멀리 도망가서 깊은 곳에 머물라고 명하신다. 왜냐하면 느부갓네살 왕이 이미 게달에 대해 세운 모략과 계책 때문이다.

선언단락: 공격명령과 탈취와 흩어짐과 폐허 선언(31-33절)
평안하게 거하는 게달과 하솔을 치라는 명령이 공격자인 느부갓네살에게 다시 임한다. 하나님이 불러오는 재난이 임하면 게달과 하솔에는 탈취와 흩어짐과 폐허만 남는다.

주해

28절상. 간명한 도입(לְקֵדָר וּלְמַמְלְכוֹת חָצוֹר 레캐다르 우레마믈레코트 하쪼르; "게달과 하솔 나라들에 대하여")에 이어서 신탁의 대상인 게달과 하솔 나라들에 대한 추가적인 정보가 제시된다. 히브리어 원문, אֲשֶׁר הִכָּה נְבוּכַדְרֶאצּוֹר מֶלֶךְ־בָּבֶל 아쉐르 힉카 네부카드렛짜브르 멜레크-바벨은 게달과 하솔을 꾸미는 형용사절이다. 이 절에 사용된 완료형 동사 הִכָּה 힉카에 대해 두 가지 번역을 한다. 하나는 이미 벌어진 사건을 묘사하는 것으로 간주하여 과거시제로 번역하는 것이다: "바벨론 왕 느부갓네살이 친[공격한]" (cf. 개역개정, 공동번역; 새번역; NIV). 이 경우, 신탁을 받은 것은 이 사건 이전인데, 이 신탁이 예레미야서에 기록되면서 과거사건을 상기시키는 것이 된다. 다른 하나는 미래의 사건을 예고하는 신탁의 성격을 고려해서 미래시제

84) Cf. Chisholm, *Handbook*, 212; Harrison, *Jeremiah & Lamentations*, 182. Martens는 바벨론의 기록에 근거해서 이 신탁이 임한 때를 주전 604년으로 제시한다(Martens, *Jeremiah*, 260).

로 번역하는 것이다: "바벨론 왕 느부갓네살이 칠[공격할]"(cf. KJV). 이 완료형을 신탁에 등장하는 예언적 완료(prophetic perfect)로 간주하면 미래에 일어날 사건에 대한 서술이 되기 때문에 미래시제로 번역하는 것이 가능하다.

주전 599(598)년에 바벨론 왕 느부갓네살이 아라비아를 공격하고 점령했는데, 이 사건이 있기 전에 게달과 하솔의 멸망에 관한 하나님의 신탁이 예레미야에게 임한다.[85] 게달과 하솔은 아라비아 사막에 거하던 아랍 족속들이다. 게달은 이스마엘의 후손이며(cf. 창 25;13; 사 21:13-17; 겔 27:21), 두로와 가축무역을 했다. 하솔은 팔레스타인 북부에 있었던 성읍이 아니라 아라비아 사막에 위치한 여러 부족들이 연합하여 이룬 나라로 보인다(מַמְלְכוֹת חָצוֹר 마믈레코트 하조르; "하솔의 족장들"; cf. 사 42:11).[86] 이 신탁이 주어진 시기를 고려하면 예레미야를 통해서 선포된 게달과 하솔에 관한 심판신탁이 성취된 것을 유다백성이 목도했을 것으로 추정할 수 있다. 따라서 그들은 자신들을 향한 하나님의 경고에 귀를 기울였어야만 했다. 하지만 불순종으로 일관하다가 결국 하나님의 신탁에 따라 바벨론 왕에 의해 멸망한다.

28절중-30절. 신탁도입형식("여호와께서 이와 같이 말씀하시니되")과 함께 게달과 하솔 나라들에 대한 선언단락이 서술된다(28절중). 선언단락은 바벨론 왕과 그의 군대("너희는")에게 게달로 올라가서 "동방 자손들"(בְּנֵי־קֶדֶם 베내-케뎀)을 황폐하게 만들라고 명령하는 것으로 시작한다(28절하). "동방 자손들"은 아라비아 지역의 베두인들을 가리킨다. 바벨론 왕 느부갓네살의 공격이 있게 되면 게달은 소유했던 모든 것들을 약탈당하고 두려움에 사로잡힌다(29절).[87] 장막이 언급되는 것은 이

85) Longman, *Jeremiah/Lamentations*, 301.

86) Harrison, *Jeremiah & Lamentations*, 182.

87) 개역개정은 2인칭 복수("너희")를 표기하면서 29절을 느부갓네살과 그의 군대에게 내리는 명령으로 번역한다. 하지만 사용된 동사는 모두 3인칭 복수형(יִקָּחוּ 읶카우["그들이 취할 것이다"], יִשְׂאוּ 이스우["그들이 가져갈 것이다"], קָרְאוּ 카레우["그들이 외칠 것이다"])이다. 따라서 두 가지 해석이 가능하다. 하나는 "그들"(느부갓네살과 그의 군대)이 행할 일에 대한 선언으로 해석하는 것이다. "그들이 그들의 장막들과 그들의 양 떼를 취할 것이다. 또한 그들의 휘장들과 그들의 모든 기구들과 그들의 낙타들을 그들이 자신들의 것으로 만들 것이다. 그들이 그들에게 외칠 것이다. '두려움이 사방에 있다'"(cf. KJV). 다른

들이 사막에 유목민으로 거주하며 이동했기 때문이다. 휘장은 장막을 덮는 천을 가리킨다. 장막을 비롯한 모든 기구들과 양떼 등 게달이 생계를 유지하는데 중요한 모든 수단들이 바벨론에 의해 빼앗긴다. 뿐만 아니라 "두려움이 사방에 있다"(מָגוֹר מִסָּבִיב 마고르 밌싸비브)는 바벨론의 외침에 게달은 겁을 먹고 대항할 엄두조차 내지 못한다. 이는 바벨론 왕 느부갓네살의 공격 앞에 무기력하게 약탈당하고 두려움에 휩싸인 게달의 모습을 떠올리게 한다.

바벨론 왕의 이러한 파괴적인 공격이 게달에 이어서 하솔에 미친다. 따라서 하나님은 멀리 도망가서 사막의 깊은 곳에 숨어서 살라고 하솔에게 명하신다(30절). 또한 그렇게 해야만 하는 분명한 이유를 전달하신다. 바벨론 왕이 전쟁의 모략과 계략을 세우고 하솔을 공격할 것이기 때문이다.

31-33절. 바벨론 왕 느부갓네살에게 "일어나 공격하라[올라가라]"(קוּמוּ עֲלוּ 쿠무 알루)는 하나님의 명령이 전달된다(31절). 공격의 대상은 "고요하고도 평안히 사는 백성"이다. 달리 표현하면 이들은 "성문이나 문빗장이 없이 홀로 사는 이들"이다. 이 표현들은 아라비아 사막에 은둔하여 고요하고도 평안히 살던 게달과 하솔 백성을 가리킨다. 하나님의 명령에 따라 바벨론 왕이 공격하면 그들은 모든 것을 약탈당하고 사방으로 흩어지는 재난을 면치 못한다(32절).[88] 하솔은 사막에 거하고 있기 때문에 대적의 침입이 용이하지 않으므로 특별히 요새를 쌓아 방비를 갖출 필요가 없었다("성문이나 문빗장이 없이"). 그러나 이러한 지역도 하나님의 심판을 행하는 느부갓네살의 공격이 가능한 지역들 중의 하나에 불과하다. 느부갓네살의 계획된 공격이 사면에서 임하면 하솔은 탈취를 당하고 사방으로 흩어진다.

하나는 3인칭 동사들을 게달에 벌어지는 일을 간접명령(jussive)으로 묘사하는 것으로 해석하는 것이다. "그들의 장막들과 그들의 양 떼로 빼앗기게 하라, 그들의 휘장들과 그들의 모든 기구들도. 그리고 그들의 낙타들로 붙잡히게 하고 외침이 퍼지게 하라. '사방에 두려움이 있다'"(cf. NJB). 첫 번째 해석이 적절해 보인다. 왜냐하면 공격하는 자들을 가리키는 3인칭의 표현으로 그들이 행할 일을 선언하는 것은 게달에 이어서 공격을 받는 하솔 주민에게 도망가라는 명령(30절)이 전달되는 것과 자연스럽게 연결되기 때문이다. 즉, 그들의 공격이 있기 때문에 도망가라는 것이다.

88) "그 살쩍을 깎는 자들"은 아라비아 사막에서 유목생활을 하는 베두인들을 가리킨다(cf. 9:25; 25:23).

결국 하솔은 하나님의 심판으로 인해 영원히 황폐하게 되어(שְׁמָמָה עַד־עוֹלָם 쉐마마 아드-올람), 아무도 살지 않는 폐허가 된다(33절). "큰 뱀"으로 번역한 תַּנִּים 탄님은 "자칼"(우리말성경), "여우"(현대인의 성경; 공동번역), "이리 떼"(새번역) 등으로 번역되는데, 어떤 번역을 따르던 간에 이 표현은 파괴로 인해 폐허가 된 하솔의 상태를 가리킨다(cf. 9:11[9:10, MT]; 10:22; 51:37; 사 34:13; 35:7). 짧은 신탁이지만 신적 선언("여호와의 말이니라")이 반복되는 것은 신탁의 엄중성과 성취의 확실성을 강조한다(30, 31, 32절). 게달과 하솔을 "모든 방면"(כָּל־רוּחַ 콜-루아흐)으로 흩으시고 그들의 재난을 모든 방향에서"(מִכָּל־עֲבָרָיו 밐콜-아바라브) 오게 하시는 이는 여호와 하나님이시다. 따라서 그들은 하나님의 심판을 그 어느 곳에서도 피할 수 없다.

현재적 적용 | 묵상

1. "두려움이 사방에 있다"는 사탄의 외침이 울려 퍼질 때 "내가 마련한 깊은 곳 내 아들의 품으로 숨으라"는 하나님의 음성이 들리는가? 그 음성을 외면하고 내가 판단하기에 안전하다고 생각되는 곳에 집착하는 것은 아닌가?
2. 영원한 죽음과 폐허만 남기는 하나님의 심판에 대한 두려움이 있는가? 그래서 그의 자비와 긍휼을 겸허하게 구하는가?
3. 인간이 만들고 누리는 평안은 일시적일 뿐이라는 사실을 인지하고 있는가?
4. 게달과 하솔에 대한 하나님의 신탁이 성취되는 것을 보고도 여전히 그를 외면하고 등을 돌린 유다백성처럼 하나님의 말씀이 진리이고 그가 살아계심을 확인하면서도 내가 바라보는 그곳에 좋아서 여전히 그에게 등을 돌리고 있는 것은 아닌가?

8. 엘람의 심판과 회복신탁, 49:34-39

열방신탁은 유다에서 먼 서쪽에 위치한 이집트를 시작으로 유다의 남서쪽(블레셋)으로 이동한 후, 동쪽(모압, 암몬, 에돔)을 거쳐 북서쪽(다메섹)을 지나 먼 동쪽

(게달과 하솔)에 이르고, 이제는 유다에서 가장 먼 지역인 엘람에까지 이른다.[89] 엘람에 대한 신탁은 여덟 번째 신탁이다.[90] 이 신탁이 임한 정황은 유다 왕 시드기야가 즉위한 지 오래지 않은 때(주전 597년경)다. 이 신탁에는 심판원인을 지적하는 고소단락은 없고 심판과 회복을 예고하는 선언단락만 서술된다. 이 신탁의 구조는 다음과 같다.

엘람에 대한 신탁 정황과 도입(34절)
  도입(35절상)
  선언단락(35절하-39절)
    a. 심판선언, 35절하-38절
      b. 회복선언, 39절

엘람에 대한 신탁 정황과 도입(34절)

유다 왕 시드기야의 통치 초기(주전 597년경)에 바벨론의 동부에 위치한 엘람에 관한 심판신탁이 예레미야에게 임한다.

선언단락: 심판과 회복 선언(35-39절)

하나님이 사방의 바람을 하늘의 사방에서 불어오게 해서 엘람의 힘, 곧 으뜸가는 활을 꺾으시면 엘람은 사방으로 흩어져 모든 나라로 쫓겨 간다. 하나님은 그의 심판의 보좌를 엘람에 세우시고 엘람의 왕과 고관들을 제거하심으로 그의 우주적 주권을 나타내신다. 엘람이 하나님의 심판을 받지만 말일에는 회복을 누린다.

주해

34절. 엘람 신탁의 도입은 앞의 다른 신탁들보다 더 형식을 갖춘다. 신탁이 임

89) 이집트에서 게달과 하솔까지의 흐름은 역으로 바벨론 왕 느부갓네살이 이집트를 공격하기 위해 오는 여정과 유사하다.

90) 칠십인경 예레미야서의 열방신탁에는 엘람에 대한 신탁이 첫 번째 신탁(LXX 25:14-29)으로 등장하고 여덟 번째 신탁은 다메섹에 대한 신탁(LXX 30:12-27)이다.

한 정황("유다 왕 시드기야가 즉위한 지 오래지 아니하여서"), 신탁의 주체(여호와), 신탁의 전달자(선지자 예레미야)가 명확하게 표기된다. 신탁이 임한 정황은 유다 왕 여호야긴이 바벨론 왕 느부갓네살에 의해 포로로 잡혀간 후 시드기야가 유다의 왕이 된 초기다(주전 597년경).[91] 엘람은 바벨론 동부의 비옥한 평원과 산악지대에 위치했던 고대왕국이다. 주전 720년 이후에 신엘람 제국이 형성되지만 주전 640년에 앗시리아의 앗술바니팔이 엘람의 수도(수사)를 공격하여 엘람을 멸망시킨다. 이후 엘람은 페르시아에 통합되어 명맥을 유지한다. 주전 540년경에 페르시아가 바벨론을 공격할 때 엘람도 함께 참전한다. 이사야 21장 2절에는 바벨론을 공격하라는 명령을 받는 페르시아를 의미하는 엘람이 메데와 함께 언급된다("엘람이여 올라가고 메대여 에워싸라").

35-39절. 신탁도입형식("만군의 여호와가 이같이 말하노라")과 함께 선언단락이 시작된다. "엘람의 활, 곧 힘의 으뜸"(קֶשֶׁת עֵילָם רֵאשִׁית גְּבוּרָתָם 케쉐트 앨람 래쉬트 게부라탐)은 엘람의 막강한 군사력을 의미한다. 이사야 22장 6절은 유다를 공격하는 엘람에 대해 "엘람 사람은 화살통을 메었고 병거 탄 자와 마병이 함께 하였고"라고 기록한다. 또한 에스겔의 신탁에는 엘람이 앗시리아, 메섹과 두발 등과 같이 "생존하는 사람들의 세상에서 [사람들을] 두렵게 하였던" 나라로 묘사된다(cf. 겔 32:24). 그런데 하나님이 엘람의 막강한 군사력을 꺾으시겠다고 선언하신다(35절). 엘람은 사방에서 밀려오는 하나님의 심판("사방 바람")을 막아내지 못하고 그 바람을 타고 온 땅("사방")으로 흩어짐을 당한다(36절). "엘람에서 쫓겨난 자가 가지 않은 나라가 없으리라"는 선언은 엘람의 철저한 파멸을 의미한다. 실제로 엘람 사람들은 바벨론이 통치하는 모든 나라들로 쫓겨났다. 일례로 에스라 4장 9절에는 포로에서 돌아온 스룹바벨의 성전건축을 반대하는 자들 중에 예루살렘에 거하는 엘람사람이 언급된다.

엘람을 사방의 온 땅으로 흩으시는 파멸의 주체는 하나님이시다("내가," 37, 38

91) 이 시기에 엘람에 대한 심판신탁이 임한 것에 대해 Clements는 바벨론의 억압에서 벗어나길 원했던 시드기야와 유다가 엘람에 기대를 가질 수 있었는데, 이 신탁이 엘람이 그들의 기대를 채워주지 못한다는 사실을 전달하는 것으로 설명한다(클레멘츠,『예레미야』, 388).

절). 엘람이 멸망하는 것은 하나님이 그의 진노를 그 위에 내리시기 때문이다(37절). 이는 25장 15-26절에 서술한 바와 같이 하나님의 진노의 잔을 마신다는 것을 의미한다. 엘람을 멸망시키는 "그의 원수"와 "그의 생명을 노리는 자"는 바벨론 왕 느부갓네살을 가리킨다. 느부갓네살이 하나님의 진노의 잔을 들고 엘람 앞에서 나타나면 엘람은 놀라고 두려움에 떨게 된다(37절). 엘람에 임하는 "재앙"(רָעָה 라아)은 "하나님['나']의 맹렬한 진노"(חֲרוֹן אַפִּי 하론 앞피)다. 이 진노는 그들을 다 멸절하기까지 칼을 보내어 뒤쫓으실 정도로 맹렬하다. 따라서 이 선언은 엘람에게 두려움을 자아내기에 충분하다.

38절의 "내 보좌"(כִּסְאִי 키쓰이)가 바벨론 왕 느부갓네살이나 페르시아 왕 고레스를 가리키는 것으로 보기도 하는데, 이와는 달리 죄를 묻고 판결을 선언하는 심판의 보좌를 의미하는 것으로 보는 것이 적절하다. 즉, 하나님이 친히 그의 심판의 보좌를 엘람에 세우시고 엘람의 왕과 그의 고관들을 제거하실 것이다. 이 선언은 열방을 다스리시고 통치하시는 하나님의 우주적 주권을 나타낸다.[92] 이는 하나님의 주권이 단지 유다 땅에만 제한되는 것이 아니라 그 당시 가장 먼 지역으로 간주됐던 엘람에까지 미치고 있음을 유다백성에게 선포하는 것이다. 결국 엘람이 느부갓네살에 의해 멸망하게 되면서 이 신탁은 성취된다.[93] 하지만 하나님이 친히 "말일"(אַחֲרִית הַיָּמִים 아하리트 하이야밈)에는 사방으로 흩어진 엘람의 포로들을 회복시키실 것을 약속하신다(39절). 메데와 페르시아(바사)가 바벨론을 멸망시킨 후 페르시아가 메대를 통합하여 강력한 페르시아 제국을 세우면서 이 신탁이 성취된 것으로 보기도 한다. 하지만 이 신탁의 완전한 성취는 메시아시대에 이루어지는 것을 기대하게 한다.[94] 왜냐하면 "마지막 날" 또는 "다가올 날들"을 의미하는 "말일"(אַחֲרִית הַיָּמִים 아하리트 하이야밈)이 결국 메시아시대를 가리키기 때문이

---

92) 엘람에 대한 신탁에서 주목하게 되는 단어들은 "하늘의 사방"(אַרְבַּע קְצוֹת הַשָּׁמַיִם 아르바 케쪼트 핫샤마임, "하늘의 네 끝자락"), "사방 바람"(אַרְבַּע רוּחוֹת 아르바 루호트), "모든 사방"(כֹּל הָרֻחוֹת הָאֵלֶּה 콜 루호트 하엘레)이다. 이 단어들은 하늘과 땅을 모두 아우르는 하나님의 우주적 주권을 나타낸다.

93) 예언의 성취와 관련해서 Longman은 596/5년에 느부갓네살이 엘람을 공격한 것을 언급한다(Longman, *Jeremiah/Lamentations*, 302).

94) Cf. Harrison, *Jeremiah & Lamentations*, 183; Longman, *Jeremiah/Lamentations*, 303.

다. 사도행전 2장이 기록하고 있는 오순절 사건을 경험한 자들 중에 "메데인"과 더불어 "엘람인"이 언급된다(cf. 행 2:9).

현재적 적용 **묵상**

1. 인간의 눈에는 두려움과 위엄을 자아내는 으뜸인 것들이 하나님의 심판 앞에 서는 아무 것도 아님에도 불구하고 그 으뜸을 추앙하고 내려놓지 못하는 어리석음에 사로잡혀 있는 것은 아닌가?
2. 우주만물을 창조하시고 주관하시는 권위로 심판을 선언하실 뿐만 아니라 끝까지 좇아가서 심판을 행하시겠다고 말씀하시는 진노의 하나님과 회복을 약속하시는 은혜와 자비의 하나님, 과연 어떤 하나님을 만나길 원하는가?
3. 우주적 주권과 권위로 우주를 다스리고 인간사를 주장하시는 하나님을 지극히 개인적인 삶과 문제에만 제한시키는 것은 아닌가? 하나님과 함께 열방을 바라볼 뿐만 아니라 크신 하나님을 찬양하고 그의 역사를 기대하는가? 크신 하나님을 보지 못하기 때문에 생각과 관심, 소망과 기대가 작은 것은 아닌가?

9. 바벨론의 심판신탁과 이스라엘의 회복, 50:1-51:58

열방신탁의 마지막 신탁은 하나님의 심판 도구인 바벨론을 향한다. 바벨론에 대한 신탁이 아홉 번째 신탁으로 등장한다.[95] 이 신탁은 두 가지 측면에서 주목을 받는다. 하나는 분량이다. 열방신탁 중에서 이 신탁이 가장 길다. 다른 하나는 신탁의 위치다. 긴 분량과 함께 열방신탁 단락의 마지막에 위치하면서 주목을 끈다. 도입(50:1)에 이어서 50장 2-5절은 바벨론의 멸망과 이스라엘의 회복에 대한 선언으로 바벨론 신탁단락 전체를 열어주는 서론역할을 한다. 이는 바벨론의 멸망과 이스라엘의 회복이 연계돼 있음을 보여준다.

95) 칠십인경 예레미야서의 열방신탁에는 바벨론에 대한 신탁이 세 번째 신탁(LXX 27:1-28:58)으로 등장하고 마지막 신탁은 모압에 대한 신탁(LXX 31:1-45)이다.

바벨론 신탁단락의 특징은 하나님의 말씀이 직접 인용되는 신적 신탁과 예레미야의 말로 간주할 수 있는 단락들이 함께 서술되는 것이다. 모두 여덟 개의 신적 신탁이 서술된다: (1) 신탁 I(50:6-16); (2) 신탁 II(50:17-24); (3) 신탁 III(50:29-32); (4) 신탁 IV(50:33-44); (5) 신탁 V(51:1-4); (6) 신탁 VI(51:20-26); (7) 신탁 VII(51:34-49); (8) 신탁 VIII(51:50-53). 반면에 50:25-28; 50:45-46; 51:5-19; 51:27-33; 51:54-58은 예레미야의 말로 간주된다. 대부분의 신적 신탁은 바벨론의 멸망선언에 집중하는데, 신탁 II(50:17-24)와 신탁 VII(51:34-49)은 이스라엘의 회복에 대한 신탁을 포함하고 있다. 바벨론의 멸망을 선언하는 신탁들의 경우, 각 신탁에 바벨론을 가리키는 특징적인 표현을 사용해서 각 신탁의 제목을 아래의 구조분석에 제시한다. 이는 하나님의 심판을 피할 수 없는 바벨론의 속성을 보여줄 뿐만 아니라 각 신탁이 다루고 있는 주제를 담아낸다. 달리 말하면 바벨론의 멸망에 대한 신탁들은 단순한 반복이 아니라 바벨론의 문제를 다양한 관점에서 다각적으로 접근하고 있음을 보여준다. 따라서 바벨론에 대한 신탁단락을 분석할 때, 각 신탁의 특징적인 주제에 집중할 필요가 있다. 또한 각 신탁의 특징을 고려한 후에는 신탁들을 통합적으로 살펴야 한다. 그렇게 할 때 바벨론에 대한 신탁들이 전달하는 의미를 파악할 수 있다.

바벨론에 대한 신탁단락(50:1-51:58)은 모두 열네 개의 소단락으로 구분된다. 이것은 바벨론 신탁단락의 흐름과 내용을 파악하기 위한 구분이다. 따라서 해석자에 따라 세밀한 단락의 구분에 차이가 있을 수 있다. 단락을 구분하는 기준은 두 가지다. 하나는 하나님의 말씀을 직접 인용하는 신적 신탁과 예레미야의 말로 간주할 수 있는 내용이다. 후자의 경우, 예레미야가 화자라는 명시적 표기가 없기 때문에 여호와의 말로 간주할 수도 있지만 여호와가 3인칭의 관점으로 서술된 점을 고려해서 예레미야의 말로 간주한다. 예레미야의 말을 서술하는 51:27-33과 51:54-58의 경우, 예레미야의 말이 여호와의 선언(51:33; 51:58)으로 마무리되는 특징을 나타낸다. 바벨론 신탁단락은 앞서 언급한 바와 같이 바벨론의 멸망에 집중하면서도 이스라엘의 회복을 함께 담아낸다. 따라서 핵심주제는 바벨론의 멸망이며 이와 함께 수반된 주제가 이스라엘의 회복이다. 51장 59-64절은 바벨론의 멸망을 확언하는 사건기록이지만 기록형식이 산문인 것과 사건에 대한 기록인 것을 고려해서 바벨론 신탁단락과 구분된 단락으로 다룬다. 하지만 바벨론의 멸망을 확증하는 사건을 기록하는 면에서 바벨론 신탁단락과 주제적 연관성을 갖는다.

바벨론에 대한 신탁단락(50:1-51:58)의 구조는 다음과 같다.

바벨론 신탁단락 도입(50:1)

1. 서론: 바벨론의 멸망과 이스라엘의 회복(50:2-5)
2. 신탁 I: "내 소유를 노략하는자," 바벨론의 멸망(50:6-16)
3. 신탁 II: "온 세계의 망치," 바벨론의 멸망과 이스라엘의 회복(50:17-24)
4. 예레미야의 말: 공격명령(50:25-28)
5. 신탁 III: "교만한 자," 바벨론의 멸망(50:29-32)
6. 신탁 IV: "조각한 신상의 땅," 바벨론의 멸망(50:33-44)
7. 예레미야의 말: 여호와의 의도와 계획(50:45-46)
8. 신탁 V: "타국인" (זָרִים 자림)과 바벨론의 멸망(51:1-4)
9. 예레미야의 말: 명령과 바벨론의 멸망확언(51:5-19)
10. 신탁 VI: "나의 철퇴," 바벨론의 멸망(51:20-26)
11. 예레미야의 말과 여호와의 선언신탁(51:27-33)
12. 신탁 VII: "세삭," 바벨론의 멸망과 이스라엘을 위한 변호(51:34-44)
13. 신탁 VIII: 나오라는 명령과 바벨론의 우상에 임할 심판과 멸망(51:45-53)
14. 예레미야의 말과 여호와의 선언신탁(51:54-58)

이 신탁들은 바벨론을 다양한 표현으로 묘사한다. 이 표현들은 바벨론의 세 가지 측면을 반영한다. 첫째, 하나님의 심판을 행하는 도구의 측면이다.[96] 예를 들면, "온 세계의 망치" (פַּטִּישׁ כָּל־הָאָרֶץ 팔티쉬 콜-하아레쯔, 50:23)와 같은 표현이다.

---

96) 바벨론을 가리키는 표현들:

(1) "온 세계의 망치" (פַּטִּישׁ כָּל־הָאָרֶץ 팔티쉬 콜-하아레쯔, 50:23);

(2) 여호와의 손에 있는 "온 세계를 취하게 하는 금잔" (כּוֹס־זָהָב בָּבֶל בְּיַד־יְהוָה מְשַׁכֶּרֶת כָּל־הָאָרֶץ מִיֵּינָהּ 코쓰-자하브 바벨 베야드-아도나이 메샤케레트 콜-하아레쯔 미이예나흐, 51:7);

(3) "나의 철퇴 곧 무기" (מַפֵּץ־אַתָּה לִי כְּלֵי מִלְחָמָה 맢패쯔-앝타 리 켈래 밀하마, 51:20);

(4) "멸망의 산/ 온 땅을 파괴하는 자" (הַר הַמַּשְׁחִית 하르 함마쉬히트/ הַמַּשְׁחִית אֶת־כָּל־הָאָרֶץ 함마쉬히트 에트-콜-하아레쯔, 51:25).

이는 바벨론이 하나님의 심판의 도구로 사용됐지만 바벨론 역시 심판의 대상이 된 것을 의미한다. 둘째, 바벨론이 누린 위상의 측면이다. "많은 물가에 살면서 재물이 많은 자"(שֹׁכַנְתְּ עַל־מַיִם רַבִּים רַבַּת אוֹצָרֹת 쇼칸티 알-마임 랍빔 랍바트 오짜로트, 51:13)와 "온 세상의 칭찬"(תְּהִלַּת כָּל־הָאָרֶץ 테힐라트 콜-하아레쯔, 51:41)이라는 표현이다. 셋째, 하나님께 대한 부정적 측면이다. 바벨론은 "내[여호와] 소유를 노략하는 자"(שֹׁסֵי נַחֲלָתִי 쇼쌔 나할라티, 50:11)로 묘사될 뿐만 아니라 "교만한 자"(זָדוֹן 자돈, 50:31, 32)로 묘사된다. "세삭"(שֵׁשַׁךְ 세샤크, 51:41)은 하나님의 진노의 잔을 마시는 나라들에 대한 신탁(25:15-26)을 연상시킨다.

바벨론을 멸망시키는 대적을 가리키는 표현들도 다양하게 나타난다.[97] 대적이 오는 방향은 "북쪽"(צָפוֹן 짜폰)이며, 한 나라를 중심으로 무리를 이루어 바벨론으로 온다. 활과 칼로 무장한 전투력과 난폭함을 가지고 있다. 따라서 "파괴자[들]"(הַשּׁוֹדְדִים 핫쇼데딤/ שׁוֹדֵד 쇼데드)이라는 표현이 적절하다. 이들은 바벨론에 임할 하나님의 심판을 위한 도구로 세움을 입은 이방의 "택한 자"다. 구체적으로 이들은 메대 왕들(51:11), 아라랏과 민니와 아스그나스, 메대 사람의 왕들과 그 도백들과 그 모든 태수와 그 관할하는 모든 땅(51:27-28)이다.

바벨론이 하나님의 심판을 받는 이유는 세 가지로 정리된다. 첫째, 언약백성에

---

97) 바벨론을 멸망시키는 대적을 가리키는 표현들: (1) "북쪽에서 [오는] 한 나라"(גּוֹי מִצָּפוֹן 고이 밎짜폰, 50:3); (2) "북쪽 땅의 큰 나라[들]의 무리"(קְהַל־גּוֹיִם גְּדֹלִים מֵאֶרֶץ צָפוֹן 케할-고임 게돌림 매에레쯔 짜폰, 50:9); (3) "활을 당기는 모든 자"(כָּל־דֹּרְכֵי קֶשֶׁת 콜-도레캐 케쉐트, 50:14, 29); (4) "압박하는 자/무자비한 자"(הַיּוֹנָה 하이요나, 50:16); (5) "칼"(חֶרֶב 헤레브, 50:36-37); (6) 북쪽에서 오는 "한 민족"(עַם 암, 50:41); (7) "큰 나라와 여러 왕"(גּוֹי גָּדוֹל וּמְלָכִים רַבִּים 고이 가돌 우멜라킴 랍빔, 50:41); (8) "택한 자"(בָּחוּר 바후르, 50:44); (9) "멸망시키는 자의 영"(רוּחַ מַשְׁחִית 루아흐 마쉬히트, 51:1); (10) "타국인"(זָרִים 자림; "키질 하는자"[זָרִים 자림], 51:2); (11) "메뚜기 떼와 같은 사람"(אָדָם כַּיֶּלֶק 아담 카이옐레크, 51:14); (12) "나라들, 아라랏과 민니와 아스그나스 나라[들]"(גּוֹיִם 고임/ מַמְלְכוֹת אֲרָרַט מִנִּי וְאַשְׁכְּנָז 마믈레코트 아라라트 민니 베아쉬케나즈, 51:27); (13) "메대의 왕들"(מַלְכֵי מָדַי 말캐 마다이, 51:11);

(14) "뭇 백성 곧 메대 사람의 왕들과 그 도백들과 그 모든 태수와 그 관할하는 모든 땅"(גּוֹיִם אֶת־מַלְכֵי מָדַי אֶת־פַּחוֹתֶיהָ וְאֶת־כָּל־סְגָנֶיהָ וְאֵת כָּל־אֶרֶץ מֶמְשַׁלְתּוֹ 고임 에트-말캐 마다이 에트-파호테하 베에트-콜-쎄가네하 베애트 코-에레쯔 멤샬레토, 51:28); (15) 북쪽의 "파멸시키는 자[들]"/"파괴자"(הַשֹּׁדְדִים 핫쇼데딤/ שׁוֹדֵד 쇼데드, 51:48, 53, 56).

게 행한 악행이다.98) 바벨론은 언약백성을 삼키고, 뼈를 꺾고, 붙잡은 후 놓아 주지 않았다. 언약백성이 바벨론이 행한 폭행과 학대를 당한 것을 지적한다. 둘째, 여호와께 대한 범죄와 교만이다.99) 바벨론이 교만하게 행동하며 여호와께 대적한 것이 심판원인이다. 셋째, 우상숭배다.100) 하나님은 바벨론 땅을 우상의 땅이라고 규정하신다. 그 땅에서 갈대아인들이 행한 일은 이스라엘의 거룩한 이를 거스르는 것들이다. 이는 우상숭배를 포함한 모든 죄를 가리킨다.

바벨론에 임할 심판의 성격은 다음과 같다. 첫째, 바벨론에 대한 보복이다.101) 직접적으로 "여호와의 보복"(נִקְמַת יְהוָה 니크마트 아도나이)이라는 표현이 사용되는데, 이는 바벨론이 언약백성을 삼킨 것과 성전을 더럽힌 것에 대한 보복이다. 또한 그들이 행한 대로 갚는 보복의 성격을 갖는다.102) 따라서 언약백성의 입장에

98) (1) "그들[내 백성]을 삼키며"(אֲכָלוּם 아칼룸, 50:7); (2) "바벨론의 느부갓네살 왕이 그[이스라엘]의 뼈를 꺾도다"(זֶה הָאַחֲרוֹן עִצְּמוֹ נְבוּכַדְרֶאצַּר מֶלֶךְ בָּבֶל 제 하아하론 잇쩨모 네부카드렛짜르 멜레크 바벨, 50:17); (3) "그들[이스라엘과 유다 자손]을 붙들고 놓아 주지 아니하리라"(מֵאֲנוּ שַׁלְּחָם 매아누 살레함, 50:33); (4) "그들이 시온에서 모든 악을 행한 대로"(כָּל־רָעָתָם אֲשֶׁר־עָשׂוּ בְצִיּוֹן 콜-라아탐 아쉐르-아수 베찌이욘, 51:24); (5) "내가[시온 주민] 받은 폭행과 내 육체에 대한 학대"(חֲמָסִי וּשְׁאֵרִי 하마씨 우쉐애리, 51:35); (6) "내[예루살렘] 피"(דָמִי 다미, 51:35); (7) "바벨론이 이스라엘을 죽여 엎드러뜨림"(בָּבֶל לִנְפֹּל חַלְלֵי יִשְׂרָאֵל 바벨 린폴 할렐래 이스라엘, 51:49).

99) (1) "그[바벨론]가 여호와께 범죄하였음이라"(לַיהוָה חָטָאָה 라도나이 하타아, 50:14) ; (2) "네가 여호와와 싸웠으므로"(בַּיהוָה הִתְגָּרִית 바도나이 히트가리트, 50:24); (3) "그가 이스라엘의 거룩한 자 여호와를 향하여 교만하였음이라"(אֶל־יְהוָה זָדָה אֶל־קְדוֹשׁ יִשְׂרָאֵל 엘-아도나이 짜다 엘-케도쉬 이스라엘, 50:29).

100) (1) "이는 그 땅이 조각한 신상의 땅이요"(אֶרֶץ פְּסִלִים הִיא 에레쯔 페씰림 후, 50:38); (2) "그들[갈대아인들]의 땅은 이스라엘의 거룩한 자를 거슬린 죄로 가득하다"(אַרְצָם מָלְאָה אָשָׁם מִקְּדוֹשׁ יִשְׂרָאֵל 아르짬 말레아 아샴 믹케도쉬 이스라엘, 51:5). 51장 5절의 해석에 대해서는 해당 주해를 참조하라.

101) (1) "여호와의 보복"(נִקְמַת יְהוָה 니크마트 아도나이, 50:15, 28; 51:11, 56); (2) "그의 성전을 위한 보복"(נִקְמַת הֵיכָלוֹ 니크마트 해칼로, 50:28; 51:11); (3) "[여호와의] 보복의 때"(עֵת נְקָמָה 애트 니크마, 51:6).

102) (1) "그가 행한 대로 그에게 갚으시는도다"(כַּאֲשֶׁר עָשְׂתָה עֲשׂוּ־לָהּ 카아쉐르 아세타 아수-라흐, 50:15, 29; 51:24;); (2) "정당하게 갚으심"(גְּמוּל הוּא מְשַׁלֵּם לָהּ 게물 후 메샬램 라, 51:6, 56).

서는 신원의 성격도 있다.[103] 여호와의 보복은 또한 그의 진노의 표현이다.[104] 둘째, 바벨론이 범한 죄에 대한 보응(징벌)이다.[105] 이를 바벨론에 대한 "심판"이라고 표현하기도 한다(51:9).[106] 따라서 하나님이 친히 바벨론을 마주대하시고 심판을 행하신다(51:25).[107] 셋째, 바벨론의 신상들에 대한 심판이다.[108] 이는 우상숭배가 심판의 원인을 제공한 것에 따른 당연한 결과다. 하나님이 바벨론을 그의 심판으로 멸망시킴으로 바벨론이 섬기던 우상의 헛됨을 드러내신다(cf. 51:15-19). 넷째, 바벨론에 대한 심판은 하나님의 의도와 계획이다.[109] 따라서 이를 "여호와의 일"(מַעֲשֵׂה יְהוָה אֱלֹהֵינוּ 마아새 아도나이 엘로해누)로 표현한다(51:10).[110] 그 외에 바벨론의 심판을 묘사하는 표현으로 "약탈," "큰 파멸," "재앙의 날," "추수의 때"가 사용된다.[111] "추수의 때"는 "네 재물의 한계, 곧 네 끝"과 연계된다.[112]

---

103) "[보라] 내가 네[예루살렘/시온] 송사를 듣고 너를 위하여 보복하여" (הִנְנִי־רָב אֶת־רִיבֵךְ וְנִקַּמְתִּי אֶת־נִקְמָתֵךְ 힌나-라브 에트-리배크 베닠캄티 에트-니크마태크, 51:36).

104) "여호와의 진노"/"여호와의 불타는 진노"(קֶצֶף יְהוָה 케제프 아도나이/ חֲרוֹן אַף־יְהוָה 하론 아프-아도나이, 50:13; 51:45).

105) (1) "바벨론 왕과 그 땅을 벌하고[보응하고]"(הִנְנִי פֹקֵד אֶל־מֶלֶךְ בָּבֶל וְאֶל־אַרְצוֹ 힌니 포캐드 엘-멜레크 바벨 베엘-아르쪼, 50:18; 51:44); (2) "그 벌 받는 때/보응의 때" (עֵת פְּקֻדָּתָם 애트 페쿳다탐, 50:27); (3) "정당하게 갚으심"(גְּמוּל הוּא מְשַׁלֵּם לָהּ 게물 후 메샬램 라흐, 51:6); (4) "보상의 하나님이 여호와가 그에게 [보상을] 치름" (אֵל גְּמֻלוֹת יְהוָה שַׁלֵּם יְשַׁלֵּם 앨 게물로트 아도나이 샬램 예샬램, 51:56).

106) "그 화"["그의 심판"](מִשְׁפָּטָהּ 미쉬파타, 51:9).

107) "[보라] 내가 너를 대적한다"(הִנְנִי אֵלֶיךָ 힌니 앨레카, 51:25).

108) 신상들에 대한 심판(50:2; 51:47, 52).

109) (1) "여호와의 의도"(עֲצַת־יְהוָה 아짜트 아도나이, 50:45); (2) "그[여호와]의 계획" (מַחְשְׁבוֹתָיו 마흐쉐보타브, 50:45; 51:29).

110) 50장 25절은 바벨론을 파괴하는 것을 갈대아 사람의 땅에서 행하실 "주 만군의 여호와께 속한 일"(מְלָאכָה הִיא לַאדֹנָי יְהוִה צְבָאוֹת 멜라카 히 라도나이 엘로힘 쩨바오트)이라고 표현한다.

111) (1) "약탈"(שָׁלָל 샬랄, 50:10); (2) "큰 파멸"(שֶׁבֶר גָּדוֹל 쉐베르 가돌, 50:22; 51:54); (3) "재앙의 날"(יוֹם רָעָה 욤 라아, 51:2; cf. 51:64); (4) "추수의 때"(עֵת־הַקָּצִיר 애트-핰카찌르, 51:33).

112) "네 재물의 한계, 곧 네 끝이 왔도다"(בָּא קִצֵּךְ אַמַּת בִּצְעֵךְ 바 킷째크 암마트 비쯔애크, 51:13).

바벨론의 멸망은 이스라엘의 회복과 연계되는데, 언약백성의 구원자(גֹּאֲלָם 고알람[“그들의 구원자”], 50:34)이신 여호와가 약속하시는 (1) 언약관계의 회복(50:4, 5; 51:50), (2) 약속의 땅으로의 귀환(50:19), (3) 죄의 용서(50:20) 등을 포함한다. 따라서 바벨론에 심판이 임할 때 그곳에서 나오라는 명령이 전달된다(50:8; 51:6. 45).

예레미야는 상당히 많은 지면을 할애해서 바벨론에 관한 신탁을 전달한다. 이는 바벨론에 의한 멸망을 눈앞에 두고 있는 유다백성에게 분명한 하나님의 계획을 보여주기 위한 것으로 보인다. 유다는 범한 죄로 인해 바벨론에 의한 심판을 받는다. 하지만 하나님은 바벨론의 멸망과 함께 그의 백성의 회복을 구체적으로 선언하시면서 그가 그의 백성에 대한 언약을 결코 잊지 않고 계심을 보게 한다. 바벨론 신탁단락을 대략 네 개의 큰 단위로 구분해서 주해를 하고자 한다: (1) 50:1-24; (2) 50:25-46; (3) 50:1-33; (4) 51:34-58.

(1) 바벨론에 대한 신탁단락 I, 50:1-24

바벨론에 대한 신탁들을 열어주는 서론역할을 하는 50:1-5은 바벨론의 멸망과 이스라엘의 회복을 명시적으로 선언한다. 바벨론과 바벨론의 신상들은 북쪽에서 오는 “한 나라”에 의해 파괴되고 황폐하게 되는 반면에 언약백성(이스라엘과 유다)은 하나님의 “영원한 언약”(בְּרִית עוֹלָם 베리트 올람)에 따른 은혜로 회복된다. 이 선언이 이어지는 신탁들에서 구체화되는데, 본 단락에는 신탁 I(50:6-16)과 신탁 II(50:17-24)가 서술된다. 이 신탁들은 하나님의 말씀을 직접 인용하는 신적 신탁이다. 이 신탁들은 심판원인을 지적하는 고소단락과 이에 따른 결과를 선언하는 선언단락의 구성을 취한다.[113] 신탁 II의 경우 선언단락에 바벨론에 임할 보응과 이스라엘

---

113) 신탁 I(50:6-16)과 신탁 II(50:17-24)의 고소단락은 모두 언약백성을 양 떼에 비유하는 것으로 시작한다. 6절은 “잃어버린 양 떼”(צֹאן אֹבְדוֹת 쫀 오베도트)로 표현하고 17절은 “흩어진 양[또는 양무리]”(שֶׂה פְזוּרָה 세 페주라)로 묘사한다. 전자의 경우, 이스라엘(“내 백성”)의 목자들(지도자들)의 실패로 인해 양 떼가 길을 잃고 방황하는 모습을 담아내는 반면에 후자의 경우, 강대국인 앗시리아와 바벨론에 의해 쫓김을 당하는 모습을 반영한다.

의 회복이 함께 선언된다. 이는 바벨론의 심판과 이스라엘의 회복이 연계된 것을 보여준다. 특히 고소단락(6-8절; 17절)은 바벨론이 언약백성을 삼키고 뼈를 꺾은 것을 지적하기 때문에 바벨론의 심판과 이스라엘의 회복이 함께 등장하는 것은 자연스럽다. 본 단락의 세부적인 구조는 아래와 같다.

바벨론 신탁단락 도입(1절)

1. 서론: 바벨론의 멸망과 이스라엘의 회복(2-5절)

a. 바벨론의 멸망선언, 2-3절

b. 이스라엘의 회복선언, 4-5절

2. 신탁 I: "내 소유를 노략하는 자," 바벨론의 멸망(6-16절)

a. 고소단락: 심판원인, 언약백성을 삼켜버림, 6-8절

b. 선언단락: 점령과 약탈, 9-10절

a.' 고소단락: 심판원인, "내 소유"를 약탈하고 즐거워함, 11절

b'. 선언단락: 수치와 치욕, 완전한 폐허, 12-13절

c. "여호와의 보복을 행하라"는 명령, 14-16절

3. 신탁 II: "온 세계의 망치," 바벨론의 멸망과 이스라엘의 회복(17-24절)

a. 고소단락: 심판원인, 이스라엘의 뼈를 꺾음, 17절

b. 선언단락: 바벨론의 보응, 18절

c. 선언단락: 이스라엘의 회복, 19-20절

d. 공격명령, 21-22절

b'. 선언단락: 꺾여 부서질 바벨론, 23-24절

신탁 I(50:6-16)에서 하나님은 바벨론을 "내 소유를 노략하는 자"로 규정하신다. 유다가 하나님께 범한 죄로 그의 심판을 받는 것이지만 유다를 삼킨 바벨론은 그가 여호와께 범한 죄로 인해 심판대상이 되고, 결국 그의 진노를 피할 수 없게 된다. 그가 받는 심판은 그가 행한 것에 따른 보복의 심판이다. 신탁 II(50:17-24)에서 하나님은 바벨론을 "온 세계의 망치"라고 부르신다. 그는 하나님의 심판을 열방에 수행하는 도구였지만 그가 여호와를 대적한 것으로 인해 큰 파멸을 통한 멸망을 맞이한다. 반면에 이스라엘은 약속의 땅으로의 귀환과 죄의 용서에 대한

약속을 받는다. 이 신탁에서는 이스라엘의 회복에 대한 이유를 명시적으로 언급하지 않지만 서론단락(50:2-5)에 언급된 "영원한 언약"(בְּרִית עוֹלָם 베리트 올람)에 근거한 것임을 알 수 있다.

바벨론 신탁단락 도입(1절)

바벨론과 갈대아 사람의 땅에 대한 하나님의 말씀이 선지자 예레미야에게 임한다. "선지자 예레미야를 통하여"(בְּיַד יִרְמְיָהוּ הַנָּבִיא 베야드 이르메야후 한나비)라는 표현으로 예레미야가 신탁의 전달자이며 통로라는 사실이 강조된다.

서론: 바벨론의 멸망과 이스라엘의 회복(2-5절)

신탁을 열방 중에 분명하게 선포하라는 명령이 예레미야에게 임한다. 신탁의 내용은 두 가지다. 하나는 바벨론의 우상들은 북쪽에서 오는 한 나라에 의해 파괴되어 수치를 당한다는 것이며 다른 하나는 바벨론이 멸망할 때 이스라엘과 유다 자손이 회개하며 약속의 땅으로 돌아온다는 것이다. 돌아온 그들은 그들의 하나님 여호와를 구하고 영원한 언약으로 여호와와 연합할 것을 서로 독려한다.

신탁 I: 고소단락, 언약백성을 삼켜버림(6-8절)

언약백성이 그들을 인도해야 할 목자들의 실패로 인해 방황한다. 열방이 지적하는 바와 같이 그들의 하나님 여호와께 죄를 범했기 때문에 대적에 의해 삼킴을 당했다. 하지만 언약백성을 삼킨 바벨론 땅에 하나님의 심판이 임하기 때문에 그 땅에서 나오라는 명령이 임한다.

신탁 I: 선언단락과 여호와의 보복을 행하라는 명령(9-16절)

하나님은 북쪽에서 큰 민족의 무리를 오게 해서 유다를 삼킨 바벨론을 약탈하시겠다고 선언하신다. 이는 하나님의 소유를 노략하는 자에 대한 심판이다. 하나님의 진노가 임하면 바벨론은 수치를 당하고 황폐하게 될 뿐만 아니라 열방에 조롱거리가 된다. 이는 그가 행한 대로 되갚으시는 여호와의 보복이다.

신탁 II: 고소단락, 이스라엘의 뼈를 꺾음(17절)

하나님은 바벨론이 사자와 같이 이스라엘(언약백성)의 뼈를 꺾은 것을 심판원인으로 고소하신다.

신탁 II: 선언단락, 바벨론의 보응과 이스라엘의 회복(18-20절)

하나님은 바벨론을 앗시리아 왕을 벌하신 것처럼 바벨론 왕을 벌하시겠다고 선언하신다. 하지만 그의 백성 이스라엘에게는 두 가지를 약속하신다. 하나는 약속의 땅으로의 귀환이며 다른 하나는 죄의 용서다. 이 약속을 누리는 자들은 하나님이 남겨둔 자들이다.

신탁 II: 공격명령과 선언단락(21-24절)

하나님은 징벌의 대상이 된 바벨론을 칠 대적에게 그의 명령을 그대로 수행할 것을 직접 명령하신다. 이 전쟁에서 바벨론은 큰 파멸을 피할 수 없다. 왜냐하면 하나님이 친히 바벨론을 잡으려고 올무를 놓았기 때문이다. 결국 "온 세계의 망치"로 불리며 위상을 떨치던 바벨론은 꺾여 부서진다. 이는 여호와와 싸운 자의 결말이다.

주해

1절. 바벨론과 갈대아인의 땅에 대한 신탁은 하나님이 "선지자 예레미야를 통해서" 하신 말씀이다. "선지자 예레미야를 통하여"(בְּיַד יִרְמְיָהוּ הַנָּבִיא 베야드 이르메야후 한나비)라는 표현은 하나님의 말씀의 전달자로서의 예레미야의 권위를 나타낸다.[114] 이 도입이 신탁을 받은 정황에 대한 정보를 서술하지 않지만 51장 59-60절을 고려할 때 시드기야 4년(주전 594년)인 것으로 추정된다.

2-3절. 바벨론에 관한 심판신탁의 중심주제는 두 가지다. 하나는 바벨론의 멸망이고 다른 하나는 이스라엘의 회복이다. 바벨론의 멸망과 이스라엘의 회복은 연계되어 있다. 바벨론의 멸망은 곧 이스라엘의 회복을 의미한다. 유다는 지도자들과 백성의 범죄로 인하여 하나님의 심판을 피할 수 없었고 하나님은 심판을 행하시기 위해 바벨론을 심판 도구로 사용하셨다. 하지만 결국 바벨론은 자신의 범죄

114) 동일한 표현이 시드기야와 그의 신하들이 선지자 예레미야를 통해서 전달된 하나님의 말씀을 순종하지 않은 것을 지적하는 장면(37:2)에서 사용된다.

로 인해 하나님의 심판을 받는다(cf. 25:12; 합 2:1-20). 이것은 하나님이 북이스라엘을 심판하시기 위해 앗시리아를 사용하셨지만 앗시리아가 자신의 범죄로 인해 멸망을 당했던 것과 같은 맥락이다(cf. 사 10:5-19).

하나님은 "너희"에게 바벨론에 대한 신탁을 열방 중에 분명하게 선포하라고 명하신다(2절). "너희"는 예레미야를 포함한 신탁을 듣는 청자들이다. 이 표현으로 신탁을 듣는 이들이 신탁에 참여하게 된다. 또한 이 신탁은 공적인 선언이 된다. 모일 수 있는 곳을 표기하고("깃발을 세우고") 전달되는 심판을 숨김없이 모두 선포하라는 명령이다. 신탁은 "바벨론이 함락된다"는 선언으로 시작한다. 완료형 동사(נִלְכְּדָה닐케다; "함락됐다"; 예언적 완료)를 사용하면서 마치 바벨론의 함락이 이미 이루어진 것과 같은 이미지를 전달한다. 하나님의 심판으로 바벨론이 맞이하는 운명은 함락, 곧 패망이다. 바벨론의 패망은 바벨론의 신들의 문제로 연결된다. 바벨론이 패망하면 그 나라를 지키던 신들의 무능함이 드러나기 때문이다. 바벨론의 신인 벨("主")은 수치를 당하고 바벨론의 수호신 마둑(Marduk)은 공포에 사로잡힌다.[115] "부스러지며"로 번역한 חַת하트는 "부서지다"는 의미와 함께 "공포에 사로잡히다"라는 의미도 갖는다.[116] 이어지는 문장은 이 신들이 이렇게 될 수밖에 없는 이유를 설명한다. 벨과 마둑은 단지 "형상"(עָצָב아짜브)과 "우상들"(גִּלּוּלִים길룰림)에 불과하다는 것이다. 바벨론 신들의 수치와 공포가 언급되는 것은 바벨론이 유다의 주변 나라들을 점령하면서 승리의 행진을 하는 것이 바벨론의 신들에 의한 것이 아니라는 사실을 전달한다. 바벨론은 유다의 주변 나라들을 점령하고 파괴하면서 자신의 신들의 능력에 의한 승리로 간주하는 반면에 멸망을 당하는 나라들은 바벨론의 신들이 자신들의 신들보다 우월하다는 생각을 했을 것이다. 하지만 하나님은 바벨론의 신들에 대한 심판선언으로 실상이 그렇지 않음을 분명히 알려 주신다. 하나님이 일으키시는 "북쪽에서 오는 한 나라"(גּוֹי מִצָּפוֹן고

115) "므로닥"(מְרֹדָךְ메로다크)은 바벨론의 신 마둑을 가리키며 "벨"(בֵּל벨) 역시 바벨론의 신이다. 벨은 폭풍의 신 엔릴(Enlil)의 명칭인데, 마둑이 주전 2세기에 바벨론의 주요 신이 되면서 벨이라는 이름을 얻는다(Harrison, *Jeremiah & Lamentations*, 184).

116) "부스러지다"의 의미는 바벨론 신 마둑이 자신도 구원하지 못하고 부서지는 무기력함을 보여주는 반면에 "공포에 사로잡히다"라는 의미는 인간과 다를 바가 없이 두려움에 당황해 하는 모습을 묘사한다. 어떤 의미를 따르던 간에 바벨론 신들이 단지 헛된 우상에 불과하다는 사실을 분명하게 전달한다.

이 밎짜폰)에 의해 바벨론이 공격을 받아 점령되고 황폐하게 될 때에 바벨론의 수호신 벨과 마둑은 아무런 도움이 되지 못한다(3절). "한 나라"를 통한 하나님의 심판이 임하면 바벨론 땅에 남는 것은 죽음과 황폐함뿐이다. "한 나라"(גּוֹי 고이)는 주전 539년에 바벨론을 멸망시킨 고레스 왕의 페르시아 제국에 대한 예언이다. 페르시아 제국이 바벨론의 동쪽에 있는 나라인데, "북쪽에서"라는 표현이 사용되는 것은 하나님의 심판의 도구가 오는 전형적인 방향을 나타낼 뿐만 아니라 실제 역사적 사실에 대한 예견이기도 하다. 나보니두스의 연대기에는 실제로 고레스의 군대가 티그리스 강 북쪽의 오피스(Opis)에서 아카드 군대에 대한 공격으로 바벨론 점령을 시작한 것으로 기록한다. 바벨론의 마지막 왕인 나보니두스는 바벨론의 수호신 마둑을 경시하고 신년제사에 오지 않다가 페르시아의 위협이 고조되자 나보니두스가 주전 539년 봄에 마둑에게 신년제(Akitu)를 다시 거행한다. 하지만 같은 해 10월에 바벨론은 고레스에 의해 점령을 당한다(the Nabonidus Chronicle, iii. 5-19).

4-5절. 바벨론의 멸망은 이스라엘과 유다의 회복을 의미한다. 이는 바벨론이 멸망하는 "그 날 그때에" 이스라엘과 유다의 회복이 확정되기 때문이다. "그 날"은 유다의 목에서 멍에를 꺾어버리고 포박을 끊는 날이다. "만군의 여호와의 말씀이라 그 날에 내가 네 목에서 그 멍에를 꺾어 버리며 네 포박을 끊으리니 다시는 이방인을 섬기지 않으리라"(30:8). 바벨론에 대한 심판신탁이 성취되는 것은 예레미야가 선포한 회복에 대한 소망이 현실이 될 수 있음을 증명한다. 따라서 이스라엘과 유다 자손이 하나가 되어 회개하며("울며") 와서 그들의 하나님 여호와를 찾는다(cf. 30:9; 호 3:5). 뿐만 아니라 그들은 시온으로 돌아와 잊을 수 없는 "영원한 언약"(בְּרִית עוֹלָם 베리트 올람)으로 여호와와 연합하자고 서로 격려한다(cf. 32:40-41; 31:31-34; 겔 37:26). 이는 통일왕국과 단절된 언약관계의 회복을 의미한다.

6-8절. 신탁도입형식 없이 곧 바로 첫 번째 신탁(신탁 I)의 고소단락(6-8절)이 서술된다. 지도자들("목자들")의 실패로 인해 하나님의 심판을 받아 사방으로 흩어진 양떼와 같은 이스라엘과 유다지만 하나님은 여전히 그들을 "내 백성"(עַמִּי 암미)으로 부르시면서 그의 애정을 드러내신다. 그의 백성이 여러 나라들로 방황을 하

며 쉴 곳을 얻지 못하고 있을 뿐만 아니라 그의 백성을 멸망시킨 나라들의 조롱을 당한다. 대적들은, 언약백성이 그들의 소망이신 여호와께 죄를 범했기 때문에 심판을 받는 것이라고 말하면서 그들을 학대할 뿐만 아니라 자신들의 범죄를 정당화한다(cf. 40:2-3). "그의 조상들의 소망이신 여호와"를 언급하는 것은 하나님의 백성이 진정으로 의지하고 섬겨야 할 여호와를 섬기지 못한 것에 대한 지적이며 조롱이다. 하지만 하나님은 조상들과 맺은 그의 언약을 결코 잊지 않으셨을 뿐만 아니라 그 언약에 신실하시다. 따라서 그의 백성에게 바벨론 땅에서 나와 도망하라고 명하신다. 왜냐하면 "그['내 백성']의 대적"에 대한 확정된 심판이 임하는 상황이기 때문이다. 이스라엘과 유다 자손은 양떼를 앞서가면서 길을 주도하는 숫염소처럼 앞서 가면서 다른 사람들이 도망할 수 있는 길을 인도해야 한다. 언약백성을 삼키고 조롱한 것이 바벨론이 심판을 받는 원인이다.

9-10절. "보라"(הִנֵּה 힌네)라는 표현으로 청자의 주의를 환기시키면서 선언단락으로 전환한다. 바벨론의 멸망에 대한 선언은 8절의 "바벨론 가운데서 도망하라"는 명령이 주어진 배경이다. 3절에서는 "한 나라"로 표현된 것이 9절에는 "큰 민족의 무리"(קְהַל־גּוֹיִם גְּדֹלִים 케할-고임 게돌림; "큰 나라들의 무리")로 표현된다. 실제 바벨론을 멸망시킨 고레스의 군대는 메대와 페르시아 군사들로 구성된 무리였다. 또한 바벨론 사람 중 구티움(Gutium)의 통치자인 우그바루(Ugbaru; 구바루)가 고레스의 군대와 연합하여 바벨론을 공격하기도 했다. 하지만 바벨론의 멸망을 주도하시는 분은 여호와이시며 "큰 민족의 무리"는 심판의 도구에 불과하다. "*내가* 큰 민족의 무리를 북쪽에서 *올라오게 하여* 바벨론을 *대항하게 하리니*"(9절). 따라서 "큰 민족의 무리"는 맡겨진 임무를 성실히 수행하고 실패하지 않는다. "그들의 화살은…허공을 치지 아니하리라." 갈대아(바벨론)는 약탈하는 자들이 모두 만족할 만큼 충분히 그리고 철저하게 약탈을 당한다(10절). 약탈을 하던 바벨론이 이제 하나님의 심판으로 약탈을 당하는 처지에 놓인다. 하나님은 신적 선언("여호와의 말이니라")으로 이 선언을 확언하신다.

11절. 하나님은, 유다를 파괴하고 멸망에 이르게 할 바벨론을 "나의 소유를 노략하는 자"(שֹׁסֵי נַחֲלָתִי 쇼쌔 나할라티)로 규정하신다. 그들은 단지 유다를 파괴한 것이 아니라 우주를 주관하시는 만군의 여호와의 소유("내 백성")를 노략한 것이다. 이것은 바벨론에게 심판을 선언하는 충분한 이유가 된다. "내 백성"이라는 표현에 담긴 하나님의 애정이 "나의 소유"라는 말로 더 적극적으로 표현된다. 하나님의 애정이 강조되는 만큼 그의 소유를 삼키고(cf. 7절), 노략한 바벨론에게는 긴장감이 더해진다. 하나님의 소유를 노략하면서 바벨론은 즐거워하고 크게 기뻐했다. 그 모습은 마치 초원에서 뛰노는 송아지와 울음소리를 내며 적진을 향해 거침이 내달리는 군마와 같았다.[117] 바벨론이 하나님의 소유를 노략하는 일을 크게 기뻐하고 그 일에 주저함이 없었다는 것이다.[118] 현재는 의기양양해 하며 자신의 성과를 누리고 즐거워하지만 바벨론의 즐거움은 머지않아 수치로 바뀌게 된다.

12-13절. 하나님의 소유를 노략한 자는 "수치를 당하고"(בּוֹשָׁה 보샤) "치욕을 당하는 것"(חָפְרָה 하페라)을 결코 피할 수 없다(12절). 왜냐하면 하나님의 소유를 약탈하면서 그를 모욕했기 때문이다. "너희"는 바벨론 사람들을 가리키는 것이며 "너희의 어머니"와 "너희를 낳은 자"는 바벨론 제국의 수도인 바벨론 성읍 또는 바벨론 땅에 대한 은유적 표현이다. 하나님의 심판으로 바벨론 제국의 중심이 되는 바벨론 성읍(또는 땅)이 수치와 치욕을 당한다. 뿐만 아니라 열국의 중심과도 같았던 바벨론은 "나라들 중에 마지막"(אַחֲרִית גּוֹיִם 아하리트 고임; "나라들의 맨 끝")을 차지하는 나라가 된다. 열국의 으뜸에서 열국의 마지막으로 추락한 바벨론의 상태를 묘사하기 위해 "광야"(מִדְבָּר 미드바르), "마른 땅"(צִיָּה 찌이야), "거친 계곡"(עֲרָבָה 아라바; "사막")이 연이어 사용된다. 하나님의 소유를 노략하고 즐거워한 바벨론의 행위는 하나님의 진노를 자극하기에 충분했다. 따라서 하나님의 진노가 쏟아부어진 바벨론은 황폐하게 되어 아무도 거하지 않는 "완전한 폐허"(שְׁמָמָה כֻּלָּהּ 쉐마마 쿨라)가 된다(13절). 결국 바벨론의 패망은 지나가는 이들에게 두려움을 줄뿐만 아니라 조롱거리가 된다. 선지자 이사야가 바벨론의 추락과 멸망에 대해 "열국의 영광이요 갈대아 사람의 자랑하는 노리개가 된 바벨론이 하나님께 멸망당한

---

117) Longman은 송아지 이미지와 관련해서, 타작마당에서 곡식을 밟으며 곡식을 먹고 즐기는 송아지의 모습으로 설명한다(Longman, *Jeremiah/Lamentations*, 307).

118) 14절에서 하나님은 바벨론의 이런 행위를 "여호와께 죄를 범한 것"(לַיהוָה חָטָאָה 라도나이 하타아)으로 규정하신다.

소돔과 고모라 같이 되리니" 라고 예언한 바가 있다(사 13:19).

14-16절. 바벨론에 대한 하나님의 심판이 확정된 만큼 이 심판을 행하시는 그의 의지도 분명하다. 따라서 하나님이 친히 바벨론을 공격할 군대("활을 당기는 모든 자")를 불러 모으시고 철저한 공격을 명하시는 장면이 이어진다(14절). 이것은 바벨론의 멸망이 그의 결정과 주권에 의한 것임을 의미한다. 이와 같이 바벨론이 철저한 공격의 대상이 되는 것은 하나님께 범한 죄의 결과다. 바벨론이 하나님의 소유인 유다에 행한 것은 곧 하나님께 대한 범죄다. 바벨론이 유다를 점령하며 함성을 지른 것처럼 대적들이 소리를 지르며 바벨론을 공격할 때 바벨론은 대적의 공격을 감당하지 못한다(15절). 그 기세에 눌려 손을 놓게 되고 요새와 성벽은 무너져 내린다. 하나님은 바벨론에 대한 심판의 성격을 그의 보복(נִקְמַת יְהוָה 니크마트 아도나이; "여호와의 보복")으로 규정하신다. 따라서 바벨론이 행한 대로 그에게 행하는 보복을 명하신다. 결국 비옥한 바벨론의 땅은 황폐하게 버려진다(16절). 왜냐하면 밭에 씨를 뿌리고 수확물을 거두는 자들이 바벨론을 공격하는 군대의 칼날을 두려워하여 모두 각기 고향으로 도망가기 때문이다. 고레스가 바벨론을 점령할 때 예레미야의 예언과 같은 파괴적인 공격이 없었고 상대적으로 평화로운 정복이 이루어진 역사적 사실로 인해 예언의 문자적 성취 여부에 대한 논의가 있어왔다. 나보니두스 연대기는 고레스가 전투를 하지 않고 바벨론에 입성했다고 기록한다.[119] 또한 고레스의 토석원통(the Cyrus Cylinder)에서 고레스는 자신이 환영을 받으며 평화롭게 입성했다고 주장한다. 따라서 예레미야의 신탁에 서술된 바벨론의 파괴적인 멸망은 극적인 효과를 위해 정형화된 표현과 함께 과장법을 사용해서 표현한 것으로 설명하기도 한다.[120] 고레스의 바벨론 정복이 파괴적인 공격을 수반하지는 않았지만 바벨론 제국을 멸망시킨 점에서는 예레미야의 신탁이 분명히 성취된 것을 볼 수 있다. 15절에 "그가 항복하였고" 라는 표현이 먼저 서술

119) Nabonidus Chronicle: [iii, 15] "Nabonidus fled. On the sixteenth day, Ugbaru, governor of Gutium, and the army of Cyrus, without battle [iii, 16] they entered Babylon. Afterwards, after Nabonidus retreated, he was captured in Babylon. Until the end of the month, the shield-(bearing troops)."

120) Chisholm, *Handbook*, 213.

된 것에 주목할 필요가 있다. 이는 파괴적인 공격이 있지 않았을 가능성을 제시한다. 따라서 이어지는 문장들은 멸망에 대한 전형적인 표현일 수 있다. 파괴적인 공격이 없었음에도 불구하고 전형적인 표현을 사용하는 것은 바벨론의 멸망이 그가 행한 것에 대한 보복인 것을 강조하려는 것으로 보인다. 즉, 요새를 무너뜨리고 성벽을 허물어서 주변 나라를 멸망시킨 바벨론이 이제 멸망당하는 운명에 처한다는 것이다.

17절. 신탁도입형식 없이 두 번째 신탁(신탁 II, 17-24절)의 고소단락(17절)이 서술된다. 첫 번째 신탁과 두 가지 면에서 유사한 도입이다. 하나는 신탁도입형식이 서술되지 않는 것이며 다른 하나는 언약백성("내 백성" [6절]; "이스라엘" [17절])을 각각 "잃어버린 양 떼"(6절)와 "흩어진 양"(17절)으로 묘사하는 것이다.[121] 전자는 지도자("목자들")의 실패로 언약백성("양 떼")이 길을 잃고 방황하는 모습이며 후자는 사자에게 쫓기는 양과 같이 강대국에 의해 쫓겨 흩어진 모습이다. 북이스라엘은 앗시리아 왕 살만에셀에 의해 삼킴을 당했고 유다는 바벨론 왕 느부갓네살에 의해 뼈가 꺾이게 된다. 사자에게 살이 뜯기고 뼈가 꺾이는 양의 비유를 통해 이스라엘과 유다의 처참한 멸망을 생생하게 그려주면서 앗시리아와 바벨론이 행한 폭력과 잔인함을 지적한다. 따라서 하나님의 백성에 대한 바벨론의 행위는 하나님의 심판원인이 된다.

18-20절. "그러므로"(לָכֵן 라캔)와 신탁도입형식("만군의 여호와 이스라엘의 하나님이 이와 같이 말하노라")은 선언단락으로의 전환을 보여준다(18절). 또한 이 도입이 여기에만 서술되면서 이 선언에 주목하게 할 뿐만 아니라 선언의 엄중성을 더한다. 하나님이 앗시리아 왕을 징벌하신 것처럼 바벨론 왕과 그 땅을 징벌하시겠다고 선언하신다. 따라서 앗시리아의 멸망은 바벨론의 멸망에 대한 증거가 된다. 앗시리아가 바벨론에 의해 멸망한 것처럼 바벨론도 하나님이 일으키시는 북쪽의 대적에 의해 멸망한다. 반면에 바벨론의 멸망은 하나님의 백성 이스라엘에게는 회복의 시작이다. 따라서 하나님은 이스라엘에게 두 가지를 약속하신다. 첫째, 목자

121) "이스라엘"은 언약백성, 즉 북이스라엘과 유다를 모두 포함하는 표현이다.

가 흩어진 양떼를 모으듯 하나님이 그의 백성을 약속의 땅("그[이스라엘]의 목장")으로 다시 불러 모으시겠다고 약속하신다(19절). 선지자 에스겔은 흩어진 그의 백성을 모으시는 하나님을 목자에 비유하면서 더 자세하게 이 선언을 묘사한다(겔 34:11-16).

> 주 여호와께서 이같이 말씀하셨느니라 나 곧 내가 내 양을 찾고 찾되 목자가 양 가운데에 있는 날에 양이 흩어졌으면 그 떼를 찾는 것 같이 내가 내 양을 찾아서 흐리고 캄캄한 날에 그 흩어진 모든 곳에서 그것들을 건져낼지라 내가 그것들을 만민 가운데에서 끌어내며 여러 백성 가운데에서 모아 그 본토로 데리고 가서 이스라엘 산 위에와 시냇가에와 그 땅 모든 거주지에서 먹이되 좋은 꼴을 먹이고 그 우리를 이스라엘 높은 산에 두리니 그것들이 그 곳에 있는 좋은 우리에 누워 있으며 이스라엘 산에서 살진 꼴을 먹으리라 내가 친히 내 양의 목자가 되어 그것들을 누워 있게 할지라 주 여호와의 말씀이니라 그 잃어버린 자를 내가 찾으며 쫓기는 자를 내가 돌아오게 하며 상한 자를 내가 싸매 주며 병든 자를 내가 강하게 하려니와 살진 자와 강한 자는 내가 없애고 정의대로 그것들을 먹이리라(겔 34:11-16).

하나님이 그의 흩어진 백성을 모으시면 이스라엘은 그가 조상들에게 주셨던 땅을 다시 회복하고 그곳에서 평온하고 만족스러운 삶을 누린다. 갈멜과 바산은 북서에서부터 남동에 이르는 지역을 가리키는 것이며 에브라임과 길르앗은 요단 서편과 동편의 땅을 가리키는 것이다. 이는 약속의 땅의 전 지역을 회복하는 것을 의미한다. 또한 갈멜과 바산과 길르앗은 대표적으로 비옥한 지역으로 회복의 풍요로움을 의미한다.

둘째, 하나님은 "그 날 그 때"에 이스라엘과 유다의 모든 죄를 용서하시겠다고 약속하신다(20절). "그 날 그 때"는 모든 죄에서 용서함을 받는 은혜의 때다(cf. 31:34; 겔 36:25). 그들의 죄가 다시 발견되지 않고 이스라엘은 하나님의 용서를 경험한다. 이것은 회개의 눈물을 흘리며 시온으로 돌아와 여호와를 찾는 자들에게 베푸시는 하나님의 은혜다(cf. 4절; 31:18-19). 하나님이 그들의 죄를 용서하시고 그들이 소원하는 바대로 영원한 언약을 갱신하실 것이다. 이 은혜를 누리는 자는 "여호와가 남긴 자"(אֲשֶׁר אַשְׁאִיר 아쉐르 아쉬이르; "내가 남겨둔 자")다. "남긴 자"는 바벨론에 포로로 사로잡혀 있는 이들뿐만 아니라 북이스라엘의 흩어진 이들도 포함한다(cf. 4절). 하나님이 약속하시는 회복은 약속의 땅으로의 물리적인 회복뿐만 아니라 영적인 회복을 포함한다. 이 회복약속은 죄로 인해 단절된 하나님과의 언약관계가 온전히 회복되는 것을 기대하게 한다. 그런데 이 약속을 확증하는 것은 바벨론의 멸망이다. 따라서 당시에는 전혀 멸망할 것처럼 보이지 않는 "온 세계의 망치"와 같은 바벨론의 멸망에 대한 확언이 이어진다(21-24절).

21-24절. 하나님은 바벨론의 대적에게 바벨론을 공격하고 완전히 멸망시키라는 명령을 직접 내리신다(21절). 므라다임과 브곳이 언급되는 것은 바벨론 전체를 가리키려는 것이 아니라 언어유희를 위한 것으로 보인다.[122] "므라다임"(מְרָתַיִם 메라타임)의 문자적 의미는 "이중적 반항/오만"이다.[123] 이는 바벨론을 일컫는 모욕적인 명칭이다. "브곳"(פְּקוֹד 페코드)은 "방문하다" 또는 "보응하다"를 의미하는 동사 פָּקַד 파카드에서 파생된 단어로 "방문" 또는 "보응"이라는 문자적 의미를 갖는다. 이 지명들은 원인과 결과의 관계를 나타낸다. 즉 "므라다임"은 심판의 원인, 곧 바벨론의 반항/오만을 지적하는 것이며 "브곳"은 반항/오만의 결과인 "보응"을 가리킨다. 언어유희를 통해 오만에 대한 보응이 임한다는 의미를 전달하려는 것으로 보인다. 따라서 공격자들에게 "올라가서"(עֲלֵה 알래), "죽이고"(חֲרֹב 하로브), "진멸하라"(הַחֲרֵם 하하램)고 명하신다. 하나님이 명하신 그대로 빠짐없이 심판을 행하라는 명령이다. 이 명령이 실행되면 전쟁의 함성이 바벨론 땅에 있을 것이며 바벨론에게 "큰 파멸"(שֶׁבֶר גָּדוֹל 쉐베르 가돌)을 안겨줄 것이다(22절). "큰 파멸"은 하나님의 심판을 받고 파괴되는 예루살렘에 선언됐던 표현이다(cf. 4:6; 6:1). 동일한 표현으로 "큰 파멸"을 행한 바벨론이 동일한 처지에 놓이게 된다는 의미를 전달한다. 하나님이 선언하시는 "큰 파멸"이 임하면 열방을 부수고 파괴하는 망치, 곧

---

122) Cf. Jones, *Jeremiah*, 530-31. "므라다임"은 남부 바벨론의 티그리스와 유프라테스 강이 만나는 *nar marratu*("쓴 강의 땅")이다(Jones, *Jeremiah*, 530). 또한 브곳"은 동부 바벨론 족속(*Puqudu*)을 가리킨다(cf. 겔 23:23; Martens, *Jeremiah,* 268).

123) 이어지는 신탁에서 "이중적인 반항/오만"을 설명하는데, 하나는 여호와의 성전을 더럽힌 것(28절)이다. 이것은 바벨론의 교만과 연결된다(29절). 다른 하나는 언약백성에게 행한 악행(33절)이다.

"온 세계의 [쇠]망치"(פַּטִּישׁ כָּל־הָאָרֶץ 팥티쉬 콜-하아레쯔)와 같은 바벨론이 꺾여 부서질 뿐만 아니라 열국을 놀라게 한다(23절).[124] 불행한 것은 바벨론이 "큰 파멸"을 결코 피할 수 없는 것이다. 왜냐하면 하나님이 바벨론을 잡으려고 친히 올무를 놓으셨기 때문이다(24절).[125] 하나님이 놓은 올무에 걸려든 것임에도 불구하고 바벨론은 깨닫지 못할 뿐이다. 하나님이 이렇게 하시는 이유는 바벨론이 그를 대적한 것이 발각됐기 때문이다. 바벨론이 예루살렘을 파괴하라는 하나님의 명령을 수행한 것 자체가 심판의 원인인 것은 아니다. 하나님이 바벨론에게 유다와 예루살렘을 멸할 것을 명하셨는데, 바벨론은 자신의 잔인함과 악함에 따라 마음껏 유다를 유린하고 성전을 파괴했다. 이러한 사실에 대해 선지자 스가랴는 "안일한 여러 나라들 때문에 심히 진노하나니 나는 조금 노하였거늘 그들은 힘을 내어 고난을 더하였음이라"고 기록한다(슥 1:15). 따라서 하나님에 의해 바벨론이 발각되고 잡힌 것이다. 따라서 바벨론은 결코 그의 심판을 피할 수 없다.

현재적 적용 | 묵상

1. 바벨론의 멸망과 함께 이스라엘의 회복을 약속하신 것처럼 하나님이 사탄의 완전한 멸망을 예고하시면서 성도의 구원을 약속하시는데, 그 약속이 나를 위한 것임을 확신하는가? 그렇다면 나는 하나님이 "남겨 두신 자"인가? 하나님께로 얼굴을 돌리고 그를 구하며 그의 약속에 기대어 그에게 연합하시길 소원하고 간구하는가? 과연 내게는 구원에 대한 절실함이 있는가?
2. 지도자들의 문제로 인해 길을 잃고 방황하고 세상의 공격에 내몰리고 쫓겨난

124) "황무지"로 번역한 שַׁמָּה 샴마는 "놀라움" 또는 "충격"을 의미하기도 한다. 개역개정은 동일한 단어를 "놀라운 일/놀랄 일," "놀라움," "놀라서/놀라며," "놀램," "경악," "공포의 대상," "혐오의 대상" 등으로 번역한다(cf. 5:30; 8:21; 18:16; 19:8; 25:11, 18; 29:18; 42:18; 44:12, 22; 49:13, 17; 51:37).

125) "올무를 놓았더니"라는 표현이 고레스가 바벨론 성을 공격할 때 유프라테스 강의 물줄기를 돌려서 수로를 비우고 그곳을 통해 바벨론 성읍으로 진입한 사건을 가리키는 것으로 보기도 한다. 하지만 "올무를 놓는 것"이 어떤 특정한 사건을 가리키는 것이라기보다는 바벨론이 피할 수 없는 하나님의 심판을 묘사하는 은유적 표현으로 간주하는 것이 적절하다.

그의 백성을 향해 회복을 선언하시는 하나님의 음성에 위로를 얻고 있는가? 그의 회복에 대한 기대로 힘을 내고 있는가?

3. 하나님이 그의 백성, 그의 성도를 파괴하고 노략하는 자를 분명히 주목하시고 발각해서 친히 처리하신다는 사실을 기억하고 핍박과 고통 속에서도 희망을 잃지 않고 그를 구하고 그의 역사를 기대하는가?
4. 언약백성을 파괴한 것으로 인해 멸망을 당한 앗시리아와 바벨론의 분명한 증거가 있음에도 불구하고 신앙공동체를 개인적 욕심에 따라 유린하고 이용하는 것에 거침이 없는 것은 아닌가?
5. 하나님의 소유인 성도들과 신앙공동체를 어지럽히고 헤치는 것이 하나님께 행하는 범죄인 것을 기억하고 두려움을 갖는가? 이미 하나님이 올무를 놓아 잡으셨음에도 불구하고 깨닫지 못하고 있는 것은 아닌가?
6. 하나님의 진노 또는 하나님의 보복이라는 표현이 불편하기 때문에 의도적으로 외면하고 그의 은혜와 그의 축복만 말하는 것은 아닌가? 죄에 대한 심각한 고민이 있다면 그의 은혜와 축복을 말하기 전에 그의 진노와 보복에 주목해야 하지 않는가?
7. 하나님이 죄를 사하시고 죄악을 찾아도 찾지 못할 것이라고 약속하시는데, 이 약속을 당연한 듯 생각하는 뻔뻔함으로 살 것인가, 아니면 그 은혜를 감사함으로 받고 겸비한 모습으로 그가 원하시는 성도의 삶을 살 것인가?
8. 죄의 용서함을 받고 모든 것이 지워진 하얀 도화지처럼 된 새로운 삶에 과연 어떤 그림들을 그리길 원하는가?
9. 죄를 용서하시겠다는 약속을 지키시기 위해 그의 아들 예수 그리스도를 보내주셨는데, 그리스도와 그의 십자가의 죽음에 대한 진솔한 묵상과 감사를 기도에 담고 있는가?

---

(2) 바벨론 신탁단락 II, 50:25-46

두 번째 신탁단락(50:25-46)은 무기를 꺼내시는 여호와에 대한 서술 및 진멸과 살육을 명하는 예레미야의 말(50:25-28)로 시작하고 여호와의 의도와 계획을 설명하는 예레미야의 말(50:45-46)로 마무리된다. 이 중간에 신탁 III(50:29-32)과 신탁 IV(50:33-44)이 서술된다. 신탁 III에서는 바벨론의 교만이 집중적으로 다루어지는 반면에 신탁 IV에서는 우상의 땅에 임하는 칼이 행하는 심판이 반복적으로 서술되면서 독자의 주의를 끈다. 따라서 전자의 경우, 바벨론은 "교만한 자"로 표현되고 후자의 경우, "조각한 신상의 땅"으로 표현된다. 신탁 III과 IV에서 하나님이 고소하시는 바벨론의 심판원인은 바벨론의 교만과 언약백성을 학대하고 억압한 것이다. 이에 따른 심판은 교만한 자의 패망이다. 이 패망은 소돔과 고모라의 멸망과 비교될 정도로 참혹하다. 하나님의 심판을 수행하는 자는 북쪽에서 오는 "한 민족"과 "큰 나라와 여러 왕"이다. 심판의 성격은 여호와의 보복이다. 또한 바벨론의 멸망은 바벨론의 죄악을 징벌하시는 하나님의 계획이 실행되는 것이다. 징벌을 계획하고 실행하시는 하나님을 어느 누구도 맞서거나 대적할 수 없다. 바벨론 신탁단락 II(50-25-46)은 다음과 같은 구조를 나타낸다.

A. 예레미야의 말: 여호와의 일, 진멸하고 살육하라는 명령, 여호와의 보복(25-28절)

a. 분노의 무기를 꺼내시는 여호와: 여호와의 일, 25절

b. 와서 진멸하고, 아무 것도 남기지 말라는 명령, 26절

b'. 살육하라는 명령: 보응의 때, 27절

a'. 여호와의 보복, 28절

B. 신탁 III: "교만한 자," 바벨론의 멸망(29-32절)

a. 고소단락: 공격자의 소집과 바벨론의 교만, 29절

b. 선언단락: 교만한 자의 죽음, 30-32절

B'. 신탁 IV: "조각한 신상의 땅," 바벨론의 멸망(33-44절)

a. 고소단락: 언약백성의 억압과 억류, "그들의 구원자," 33-34절

b. 선언단락: 칼과 기근, 파멸, 북쪽의 한 민족, 35-44절

A'. 예레미야의 말: 여호와의 의도와 계획(45-46절)

a. 포로와 황폐함, 45절

b. 바벨론의 약탈과 부르짖음, 46절

이 단락에 제한할 때 예레미야의 말(50:25-28; 50:45-46)은 수미쌍관을 이룬다.

특히 바벨론을 공격하고 파괴하는 "여호와의 일과 보복"(25, 28절)은 바벨론에 약탈을 행하는 "여호와의 의도와 계획"(45절)과 짝을 이룬다. 또한 "바벨론 땅에서 도피한 자의 소리"(28절)와 "바벨론의 약탈당하는 소리와 부르짖음"(46절)은 대조적인 짝을 이룬다. 이 신탁들을 통해서 제시되는 하나님은 바벨론에게는 대적이고 "보복의 여호와" 이신 반면에 이스라엘에게는 "구원자" 시다.

예레미야의 말: 여호와의 일, 진멸하고 살육하라는 명령, 여호와의 보복(25-28절)

예레미야는 하나님이 바벨론에 그의 일을 행하시기 위해 병기창을 열고 "분노의 무기"를 꺼내신다고 말한다. 이에 따라 "분노의 무기"(고레스의 군대)를 향해 바벨론을 진멸하고 살육하라고 명한다. 이는 바벨론을 벌하는 때가 임했다는 것을 의미한다. 바벨론에 대한 심판은 그의 성전을 위한 여호와의 보복이다.

신탁 III: 고소단락, 공격자의 소집과 바벨론의 교만(29절)

하나님은 바벨론을 공격할 자들을 불러 모아서 바벨론이 행한 대로 그에게 갚으라고 명하신다. 왜냐하면 바벨론이 이스라엘의 거룩한 자이신 여호와께 교만하게 행동했기 때문이다.

신탁 III: 선언단락, 교만한 자의 죽음(30-32절)

바벨론의 교만에 따른 심판선언은 세 가지다. 첫째, 바벨론의 자랑인 군사들의 죽음이다. 둘째, 여호와가 친히 바벨론을 대적하시는 것이다. 셋째, 교만한 자의 몰락이다.

신탁 IV: 고소단락, 언약백성의 억압과 억류, "그들의 구원자"(33-34절)

하나님은 바벨론이 언약백성을 학대하고 사로잡은 후 돌려보내지 않고 억류한 것을 고소하신다. 또한 그가 이스라엘의 구원자이심 알리시면서 심판의 근간을 제시하신다.

신탁 IV: 선언단락, 이스라엘의 구원자, 칼과 기근, 파멸, 북쪽의 한 민족(34-44절)

언약백성을 학대하고 억류하고 있는 바벨론에 대한 선언은 세 가지다. 첫째, 칼과 기근이 바벨론을 완전히 파멸시킬 것이다. 둘째, 바벨론은 소돔과 고모라처럼 황폐하게 되어 아무도 거하지 않게 될 것이다. 셋째, 잔인하고 무자비한 민족의 공격 앞에 바벨론 왕은 힘을 잃고 해산하는 여인처럼 고통과 두려움에 사로잡히게 될 것이다. 하나님이 친히 택하신 자의 공격이기 때문에 바벨론의 어느 신이나 왕도 이에 맞설 수가 없다.

예레미야의 말: 여호와의 의도와 계획(45-46절)

바벨론의 멸망에 대한 하나님의 의지가 확고하기 때문에 예레미야는 바벨론에 관한 여호와의 의도와 계획을 설명한다. 그의 의도와 계획은 양 떼의 어린 것들을 모두 추방하고 초장을 황폐하게 함으로 바벨론의 미래를 제거하는 것이다. 이 계획이 실행되면 바벨론의 함락은 땅이 진동하고 울부짖는 소리는 열방에 울려 퍼질 정도라고 말한다.

주해

25-27절. 예레미야가 화자로 등장해서 여호와가 그의 병기창에서 그의 분노의 무기들을 꺼내신다고 말한다(25절). 이렇게 하시는 것은 그가 갈대아인들의 땅에서 하실 일이 있기 때문이라는 설명을 덧붙인다. 분노의 무기를 꺼낸다는 것은 그의 분노를 쏟아 부을 심판의 도구를 준비하시고 곧 실행하신다는 것을 의미한다. "[그의] 분노의 무기들"(כְּלֵי זַעְמוֹ 켈래 자이모)은 고레스의 군대를 가리키는 은유다(cf. 사 13:5). 하나님의 일을 확인한 예레미야는 그가 꺼내놓으신 "분노의 무기"(고레스의 군대)를 향해 갈대아인의 땅으로 오라고 명한다(26절). 이어서 타작하기 위해 곳간을 열고 곡식더미를 쌓아 놓는 것처럼 갈대아인들을 사로잡아서 쌓아 놓은 후 완전히 멸절을 시키고 아무 것도 남기지 말하고 명한다. "그의 황소"를 다 죽이고 도살하라는 것은 바벨론의 지도자들과 용사들을 제거하라는 명령이다(27절). 이런 명령들이 주어지는 것은 "그들의 날"(יוֹמָם 요맘), 곧 "그 벌 받는 때"(עֵת פְּקֻדָּתָם 애트 페궅다탐)가 임했기 때문이다. עֵת פְּקֻדָּתָם 애트 페궅다탐의 표현에는 동사 פָּקַד 파카드("방문하다")에서 파생된 명사(פְּקֻדָּה 페궅다)가 사용된다. 즉 "그들을 방문할 때"라는 의미다. 하나님이 바벨론을 심판으로 방문하실 것이기 때문에 עֵת פְּקֻדָּתָם 애트 페궅다탐을 "그들을 보응(징벌)할 때" 또는 "그들의 보응(징벌)의 때"로 번역한다. 예레미야는, 하나님이 꺼내서 내놓으신 분노의 무기가 수행하는

보응의 때가 임하면 그들에게 죽음이 임한 것과 다를 바가 없다고 말한다. "그들에게 화 있도다"(הוֹי עֲלֵיהֶם 호이 알래헴). הוֹי 호이("화로다")는 죽은 자를 애도할 때 내는 소리다.

28절. 예레미야는 바벨론의 멸망과 함께 언약백성의 회복을 바라본다. 바벨론 땅에서 도피한 자의 소리에 주목한다. 그들은 시온으로 와서 바벨론의 멸망은 "우리 하나님 여호와의 보복"(נִקְמַת יְהוָה אֱלֹהֵינוּ 니크마트 아도나이 엘로해누)이라고 선포한다. 구체적으로는 "그의 성전에 대한 보복"(נִקְמַת הֵיכָלוֹ 니크마트 해칼로)이다. 이것은 여호와가 갈대아 사람의 땅에서 행하실 일이다(cf. 25절). 바벨론이 성전을 불태우고 파괴한 것은 하나님을 대적하는 반항("므라다임")에 대한 구체적인 내용이다. 느부갓네살은 성전을 불태우고 파괴했을 뿐만 아니라 성전 기구들을 바벨론으로 가져가 벨의 신전에 두었다(cf. 52:12-23). 또한 다니엘 5장 1-4절의 기록에 따르면 벨사살 왕은 자신의 향연에서 예루살렘 성전에서 취해온 금 기명에 술을 마시고 우상들을 찬양하면서 성전기명을 더럽혔다. 바벨론의 멸망은 이에 대한 보복이다. 예레미야는 바벨론에 의해 황폐하게 된 시온에서 바벨론의 멸망은 하나님의 보복이라는 사실이 선포될 것이라고 말한다.

29절. 신탁도입형식이 서술되지 않고 하나님이 화자로 등장하면서 세 번째 신탁의 고소단락이 시작된다. 하나님은 활 쏘는 자들을 바벨론으로 불러 모으라고 명하신다. 이는 그의 심판이 시작됐기 때문이다. 이어서 소집된 그들에게 사면에서 바벨론을 공격하여 완전히 멸하라는 명령을 내리신다. 그들이 행하는 공격은 바벨론이 행한 그대로 그에게 되갚는 보복이다. 바벨론이 이러한 보복을 당하는 이유는 분명하다. 바벨론이 여호와 곧 "이스라엘의 거룩한 자"(קְדוֹשׁ יִשְׂרָאֵל 케도쉬 이스라엘)에게 교만하게 행동했기 때문이다. 29-32절에 교만이라는 표현이 반복되면서 바벨론의 교만이 강조된다("교만하였음이라"[זָדָה 자다], 29절; "교만한 자여"[זָדוֹן 자돈], 31절; "교만한 자가"[זָדוֹן 자돈], 32절). "교만하다"와 "교만"으로 번역된 זָדָה 자다와 זָדוֹן 자돈은 마음대로 행동하는 거만함과 무례함을 가리킨다. 따라서 "거만하다"와 "거만"으로 번역하는 것이 어감을 더 적절하게 전달한다. 선지자 이사야는 바벨론이 하나님께 대하여 거만하게 행동한 것을 자세하게 서술한다. "네가 [바벨론] 네 악을 의지하고 스스로 이르기를 나를 보는 자가 없다 하나니 네 지혜와 네 지식이 너를 유혹하였음이라 네 마음에 이르기를 나뿐이라 나 외에는 다른 이가 없다 하였으므로"(사 47:10). 여호와께 대한 바벨론의 거만함의 절정은 그의 임재의 자리인 거룩한 성전을 더럽히고 파괴한 것이다. 따라서 여호와가 거만한 자의 죽음과 멸망을 선언하시는 것은 자연스러운 결과다(cf. 30-32절).

30-32절. "그러므로"(לָכֵן 라캔)와 함께 바벨론의 거만함에 따른 선언단락으로 전환된다. 선언의 내용은 세 가지다. 첫째, 바벨론의 자랑이며 거만함의 근간인 군사들의 멸절이다(30절). "그 날"은 31절의 "너의 날 곧 보응의 날"(יוֹמְךָ עֵת פְּקַדְתִּיךָ 요메카 애트 페카드티카)을 가리킨다. "보응의 날"에 바벨론의 장정들과 군사들이 엎드러지고 멸절된다. 이 선언은 대적의 공격에 맞서지 못하고 패하는 것을 의미한다(cf. 49:26). 신적 선언("여호와의 말이니라")은 이 멸절을 확언한다. 둘째, 여호와가 친히 바벨론을 대적하신다(31절). 하나님은 바벨론을 "교만한 자"(זָדוֹן 자돈; "거만한 자")라고 부르시면서 그가 그를 마주대하고 계심을 선언하신다. "보라. 내가 너를 대적하나니"로 번역한 히브리어 원문, הִנְנִי אֵלֶיךָ 힌니 앨레카는 하나님이 바벨론을 마주대하고 있는 장면을 연상시킨다. 이는 하나님과 바벨론의 적대적 관계를 나타낸다. 하나님이 바벨론에게 친히 대적이 되시는 것은 바벨론이 하나님의 보응(징벌)을 받을 때가 임한 것을 의미한다. 신적 선언("주 만군의 여호와의 말이니라")은 이 선언에 엄중성과 두려움을 더한다. 왜냐하면 바벨론의 실제 대적은 만군을 주관하시는 용사이신 여호와(אֲדֹנָי יְהוִה צְבָאוֹת 아도나이 엘로힘 쩨바오트)이시기 때문이다. 셋째, "교만한 자"(זָדוֹן 자돈)의 몰락이다(32절). 하나님께 거만하게 행한 자의 결말은 어떤 도움으로도 재기가 불가능한 파멸이다. 거만함의 근간이었던 성읍들이 완전히 제거된다.

33-34절. 신탁도입형식("만군의 여호와께서 이와 같이 말씀하시니라")과 함께 네 번째 신탁이 서술된다. 고소단락(33-34절)에서 하나님은 바벨론이 심판을 받는 원인을 지적하신다. 첫째, 언약백성이 억압을 받고 있기 때문이다(33절). 억압을 받고 있다는 것은 그들을 사로잡은 이들이 그들을 놓아주기를 거부하고 억류하고 있는 것을 의미한다. 이는 북이스라엘과 유다를 포함한 언약백성의 상태를 가리킨다. 하지만 신탁의 대상인 바벨론을 고려할 때 직접적으로는 유다백성이 바벨론에 포로로 잡혀 억류된 것을 지적한다. 둘째, 언약백성의 구원자(גֹּאֲלָם 고알람; "그들의

구원자")가 그들을 위해 싸우시기 때문이다(34절). "반드시 그들 때문에 싸우시리니"로 번역한 히브리어 원문, רִיב יָרִיב אֶת־רִיבָם 리브 야리브 에트-리밤은 법정에서 사건을 놓고 다투는 장면을 연상시키다. 사용된 동사 רִיב 리브는 "변론하다," "소송하다," "변호하기 위해 다투다" 등의 의미를 갖는다. 변호의 내용은 "그들의 사정"(רִיבָם 리밤), 즉 그들이 포로로 사로잡혀 억류된 사정이다. 특히 동족의 부정사 רִיב 리브가 주동사 יָרִיב 야리브 앞에 서술되면서 이 문장은 "그들의 사정을 *확실히* 다투어 변호하겠다"는 강한 의지가 담긴 의미를 전달한다(cf. 우리말성경; 새번역; NIV; KJV). 이와 함께 하나님은 두 가지 사실을 전달하신다. 하나는 "그들의 구원자"가 강하다(חָזָק 하자크)는 사실이다. 언약백성의 구원자의 능력을 표현할 때 חָזָק 하자크("강한")라는 단어를 사용하는 것은 "그들을 사로잡은 자들은 다 그들을 붙들고[강하게 붙잡고]"(כָּל־שֹׁבֵיהֶם הֶחֱזִיקוּ בָם 콜-쇼배헴 헤헤지쿠 밤)라는 표현에 따른 것이다. 언약백성을 붙들고 있는 이들의 행위가 동사 הֶחֱזִיקוּ 헤헤지쿠로 표현되는 것에 짝을 이루어 붙잡혀 있는 백성의 구원자는 그 문제를 해결할 수 있을 만큼 "강하다"(חָזָק 하자크)는 사실을 전달한다.[126] 다른 하나는 그가 언약백성의 하나님 "만군의 여호와"(יְהוָה צְבָאוֹת 아도나이 쩨바오트)라는 사실이다. 이는 "그들의 구원자"가 그의 백성을 위해 싸울 수 있는 충분한 능력과 권위를 가지고 있음을 의미한다. "강하신 만군의 여호와 하나님"이 언약백성의 사정을 변호하기 위해 다투시는 목적은 세상("그 땅")에 평안을 주고 바벨론 사람은 두려움에 떨게 하려는 것이다.[127] 바벨론의 멸망은 억압과 억류를 당하고 있는 이스라엘을 위해 구

126) Cf. Martens, *Jeremiah*, 269.

127) הָאָרֶץ 하아레쯔는 문자적으로 "그 땅"을 의미하는데, 그 대상에 대한 해석에 차이가 있다. "그 땅"을 "세상"(공동번역; the earth, RSV; JPSV; NASB), 약속의 땅을 의미하는 "우리의 땅"(NJB) 또는 "그들의 땅"(현대인의 성경; NIV)으로 번역한다. "그 땅"이라는 표현이 "바벨론에 거하는 이들"(יֹשְׁבֵי בָבֶל 요쉐배 바벨)이 두려움에 떠는 것과 대조적으로 평안을 누리는 대상이 있는 곳을 가리키기 때문에 언약백성의 땅을 가리키는 것으로 볼 수도 있다. 하지만 명시적으로 "그들의 땅"이라고 서술하지 않는 것을 고려해서 약속의 땅을 포함해서 바벨론의 억압을 당한 모든 땅을 가리키는 것으로 보는 것도 가능하다. 바벨론의 멸망은 곧 바벨론의 억압을 당한 땅의 해방을 의미하기 때문이다. 이는 니느웨의 멸망으로 앗시리아의 억압을 당하던 이들이 기뻐하는 것과 같은 맥락이다(cf. 나 3:19).

원자이신 여호와가 행하시는 심판이다.

35-37절. 심판원인을 지적한 것에 이어서 곧바로 심판이 선언되는데, 히브리어 원문에서 가장 먼저 등장하는 단어는 חֶרֶב 헤레브("칼")이다. 언약백성의 구원자이신 하나님은 바벨론에게 "칼"의 심판을 선언하신다. 이 선언서술은 흥미로운 형식을 취한다. 칼의 심판이 임하는 대상을 언급하고 그 대상에게 남긴 결과를 서술하는 형식이 반복된다. 이 형식은 칼의 심판의 총체적 측면과 칼의 파괴력을 강조한다. 이 심판이 임하면 결국 바벨론은 사라지게 된다는 인상을 전달한다. 35절의 첫 번째 칼의 선언("칼이 갈대아인들 위에")은 표제와 같은 역할을 한다. 이어서 갈대아인들을 구성하는 구체적인 대상이 나열되면서 칼의 심판과 결과가 서술된다.[128)]

35절. 칼이 갈대아인들 위에 [임한다], 35a
"여호와의 말이니라"
그리고 바벨론에 거하는 이들 위에
그리고 그[의] 고관들 위에
그리고 [그의] 지혜로운 자들 위에 [임한다]
36절. 칼이 자랑하는 자들(הַבַּדִּים 합받딤; "점쟁이들") 위에 [임한다]
그러면 그들이 어리석게 될 것이다.
칼이 [그의] 용사들 위에
그러면 그들이 놀랄 것이다("두려워 떨 것이다," חָתּוּ 할투)
37절. 칼이 [그의] 말들과 [그의] 병거들과 그 중에 있는 여러 민족 위에
그러면 그들이 여인처럼 될 것이다.
칼이 [그의] 보물들 위에
그러면 그것들이 약탈될 것이다.

"갈대아인들"이라는 표현이 주요 구성원을 가리키는 표현으로 세분화된다: 백

128) Martens가 지적하는 바와 같이 칼의 심판은 바벨론의 정치적, 종교적, 군사적, 경제적 힘을 파괴한다(Martens, *Jeremiah*, 269).

성("바벨론에 거하는 이들")과 지도자들("고관들과 지혜로운 자들")(35절). 고관들과 지혜로운 자들을 언급하는 것은 바벨론이 칼의 공격(전쟁)을 막아낼 수 없다는 사실을 간접적으로 전달한다. 36절의 "자랑하는 자"로 번역한 הַבַּדִּים 합받딤은 בַּד 바드의 복수형에 정관사 ה 헤가 붙은 형태로 문자적으로는 "헛된 말" 또는 "자랑"을 의미한다. 여기서 파생된 "점쟁이"나 "거짓말쟁이"라는 의미를 갖기도 한다(cf. "거짓 예언자들"[우리말성경]; "점쟁이들"[새번역]). 따라서 하나님의 칼의 심판은 자신의 지혜를 자랑하는 자들이나 거짓 점술을 떠벌이며 지혜로운 듯 행동하는 자들의 어리석음을 드러낸다. 선지자 이사야는 바벨론의 현자들과 점술가들이 하나님의 심판에 대항하여 아무런 힘이 되지 못하는 것을 조롱한다.

> 이제 너는 젊어서부터 힘쓰던 주문과 많은 주술을 가지고 맞서 보라 혹시 유익을 얻을 수 있을는지, 혹시 놀라게 할 수 있을는지, 네가 많은 계략으로 말미암아 피곤하게 되었도다 하늘을 살피는 자와 별을 보는 자와 초하룻날에 예고하는 자들에게 일어나 네게 임할 그 일에서 너를 구원하게 하여 보라 보라 그들은 초개 같아서 불에 타리니 그 불꽃의 세력에서 스스로 구원하지 못할 것이라 이 불은 덥게 할 숯불이 아니요 그 앞에 앉을 만한 불도 아니니라(사 47:12-14).

하나님의 칼은 잘 훈련되고 용맹스러운 군사들을 두려움에 떨게 하기 때문에 그들은 하나님의 칼에 맞설 엄두를 내지 못한다(36절하). 또한 바벨론이 보유하고 있는 말들과 병거들과 이방 군사들에게 칼이 미치면 바벨론의 군사력은 무용지물에 불과하다(37절상). 그들은 여인과 같이 무기력함을 나타낼 뿐이다. 바벨론이 여러 민족들을 정복하면서 약탈하여 모아들인 보물들 위에도 칼의 심판이 임한다(37절하). 약탈을 행하던 자가 하나님의 칼 앞에서는 약탈을 당하는 자가 된다, 하나님이 일으키시는 전쟁("칼")으로 인하여 바벨론은 총체적으로 파괴될 뿐만 아니라 전혀 대적의 공격을 막아내지 못한다.

38-40절. 칼의 심판에 이어서 선언되는 것은 가뭄의 심판이다. 바벨론의 물에 가뭄이 임하면 그 물들이 마른다(38절). 바벨론은 하나님이 보내시는 파괴자에 의한 파멸뿐만 아니라 하나님이 행하시는 자연재해로 인한 파멸을 겪는다. 이것은 바벨론의 멸망에 대한 하나님의 직접적인 개입을 보여준다. 또한 가뭄의 심판은

바벨론의 우상들에 대한 심판을 의미한다. 하나님이 직접 행하시는 가뭄의 심판을 바벨론의 신들은 결코 해결할 수 없다. 왜냐하면 그들은 우상에 불과하기 때문이다. 바벨론은 온갖 우상들을 섬기는 "조각한 신상의 땅" (אֶרֶץ פְּסִלִים 에레쯔 페씰림)이기 때문에 하나님이 행하시는 심판을 감당할 수 없다. 바벨론의 우상숭배는 하나님이 바벨론을 심판하시는 이유들 중의 하나다. 바벨론 땅에는 우상들이 가득했으며 바벨론 백성은 우상을 숭배하는 일에 미쳐있었다. "그들은 무서운 것을 보고 실성하였음이니라"로 번역한 히브리어 원문, בָאֵימִים יִתְהֹלָלוּ 바애밈 이트홀랄루는 앞의 문장과 연관하여 "그들이 우상에 미쳐있다," 즉 그들이 미친 듯이 우상을 숭배하는 일을 의미하는 것으로 해석할 수 있다(cf. 우리말성경; 현대인의 성경). 주변 나라들을 점령하면서 바벨론 백성은 자신들의 우상에 대한 자부심을 가졌을 것이며 그 우상들은 더욱 두려운 존재로 다가왔을 것이다. 그러므로 그들은 그들의 신을 섬기는 일에 더 열심을 냈을 것이다. 하지만 이것은 유일한 신이신 하나님의 진노를 자극하는 것이며 결국 바벨론의 멸망을 초래한다. 고대 문서에는 바벨론이 고레스에 의해 점령을 당하는 주전 539년 10월에 기근이 바벨론에 있었다는 기록이 있다.

기근의 심판이 바벨론에 임하면 바벨론은 사람이 살 수 없는 폐허가 되고 단지 들짐승들이 거하는 곳이 된다(39절). 실제 역사에서는 바벨론이 고레스의 군대에 의해 완전히 폐허가 되지는 않는다. 하지만 역사가 흘러가면서 점차적으로 바벨론이 황폐하게 되고 결국 로마제국에 의해 완전히 파멸한다. 39절에 바벨론의 멸망을 확언하는 전형적인 표현이 사용된 것으로 볼 수도 있다. 같은 맥락에서 하나님의 심판에 의한 멸망의 전형적인 예가 되는 소돔과 고모라의 멸망이 언급된다(40절). 하나님의 심판으로 역사에서 사라진 소돔과 고모라처럼 바벨론은 아무도 살지 않는 폐허가 된다.

41-42절. 하나님이 심판의 도구로 사용하시는 "칼"에 대한 구체적인 설명이 서술된다. 그 칼은 북쪽에서 오는 "한 민족" (עַם 암)이다(41절). "한 민족"은 "큰 나라" (גּוֹי גָּדוֹל 고이 가돌)이며 여러 왕들이 가세한 연합군이다. 이 연합군은 메대와 바사로 구성된 고레스의 군대를 가리킨다. 고레스의 군대는 병장기를 잘 갖추고 있을 뿐만 아니라 잔인하고 용맹스럽다(42절상). 하나님은 바벨론을 "딸 바벨론

야" 라고 부르시면서 "한 민족" 의 연합군이 대열을 갖추고 바벨론과의 전쟁을 기다리고 있음을 알려 주신다(42절하). 이는 임박한 심판에 대한 선언과 같다. "딸 바벨론" (בַּת־בָּבֶל 바트-바벨)은 "바벨론의 딸" 로 번역되며 고레스의 군대가 공격할 바벨론 성을 가리킨다.

43-44절. "한 민족" 의 공격에 대한 소문을 들은 바벨론 왕은 자신의 무기력함을 여실히 드러낸다(43절). 그는 기력을 잃을 뿐만 아니라 해산하는 여인처럼 "극심한 괴로움" (צָרָה 짜라)과 "고통" (חִיל 힐)에 사로잡힌다. 바벨론 왕이 두려움에 사로잡혀 있는 순간에 바벨론의 대적이 먹이를 순식간에 포획하는 사자처럼 신속하게 바벨론을 요새와 같은 성읍("견고한 처소")에서 쫓아낼 것이라고 선언하신다(44절). 이 선언을 하신 후, 그가 "택한 자" (בָּחוּר 바후르)와 같은 이가 누구냐고 물으신다. 이 질문은 하나님의 절대적 주권에 따른 심판을 감당할 수 없음을 강조한다. 따라서 바벨론의 신들 중에 누가 하나님과 견주거나 다툴 수 있느냐고 물으신다. 무엇보다도 바벨론의 왕과 지도자("목자") 중에는 심판을 행하시는 하나님 앞에서서 버틸 수 있는 이가 없다는 사실을 수사적 질문으로 확언하신다. 이 수사적 질문들은 하나님이 이스라엘의 구원자라는 사실과 그가 바벨론으로 하여금 두려움에 떨게 하시겠다는 선언을 확언하는 역할을 한다. 바벨론은 하나님의 심판을 위한 "택한 자" 였지만 교만, 하나님의 백성에게 행한 억압, 그리고 우상숭배로 인해 또 다른 하나님의 "택한 자" (고레스)에 의해 멸망한다.

45-46절. 바벨론의 멸망에 대한 하나님의 확고한 의지를 확인한 것에 근거해서("그런즉," לָכֵן 라캔) 예레미야는 바벨론과 갈대아 사람의 땅에 대한 "여호와의 의도" (עֲצַת־יְהוָה 아짜트-아도나이)와 "그[여호와]의 계획" (מַחְשְׁבוֹתָיו 마흐쉐보타브)을 들으라고 명한다(45절).[129] 여호와의 의도와 계획은 양 떼의 어린 것들을 제거하는

129) 개역개정은 동일한 표현, עֲצַת־יְהוָה 아짜트-아도나이를 49:20에서는 "여호와의 의도" 로, 그리고 50:46에서는 "여호와의 계획" (50:45)으로 번역한다. 또한 מַחְשְׁבוֹתָיו 마흐쉐보타브를 49:20에서는 "여호와의 계획" 으로, 그리고 50:45에서는 "여호와의 생각" 으로 번역한다. 하지만 동일한 번역을 유지할 필요가 있다. 에돔의 심판선언과 바벨론의 심판선언에 유사한 표현들이 사용되는 것은 하나님께 대한 교만과 언약백성에게 공격적이고 적대적인

것과 바벨론의 거주지를 폐허로 만드는 것이다. 즉 완전한 폐망이다. 바벨론이 약탈을 당하는 소리가 땅을 진동시키고 그 부르짖음이 열방 중에 들릴 정도의 파멸과 파괴다. 이는 바벨론이 하나님을 거슬러 행한 교만과 우상숭배, 언약백성에게 행한 억압과 억류의 결과다. "그 부르짖음"으로 번역한 히브리어 원문, זְעָקָה제아카는 정관사가 없는 "부르짖음"이다. 이 부르짖음이 전투의 상황에서 공격자의 기세를 나타내는 전투함성을 가리키는 부르짖음인지 아니면 파괴되는 바벨론의 고통을 표현하는 울부짖음인지 명확하지 않다.[130] 이는 전투의 혼란과 치열함을 그대로 전달하는 듯하다. 바벨론의 멸망에 대한 선언이 바벨론에게는 두려움을 자아내는 반면에 유다백성에게는 회복에 대한 소망을 갖게 한다. 왜냐하면 이 심판을 행하시는 하나님이 그들의 강한 구원자이시기 때문이다(cf. 34절). 바벨론의 멸망의 소리를 들은 열방은 언약백성의 회복을 목격하면서 누가 참 신인지 알게 될 것이다.

현재적 적용 **묵상**

1. 하나님이 친히 무기창고를 열고 죄인들을 심판하시려고 진노의 무기들을 꺼내시는 장면을 상상해 보았는가? 이것이 하나님의 일이라는 분명한 인식이 있는가? 이 모습이 죄인들에게는 두려움을 주지만 죄인들에게 고통당하는 그의 백성에게는 위로와 소망을 주는데, 하나님의 이러한 모습이 내게는 어떻게 다가오는가? 두려움인가 아니면 위로와 소망인가?

2. 하나님이 "교만한 자여"라고 부르실 때 그 결과가 무엇인지 아는가?

면에서 에돔과 바벨론의 심판원인이 유사하기 때문인 것으로 보인다. 또한 이 유사성은 심판선언에 전형적인 표현의 선언들이 사용되는 현상을 보인다. 에돔의 부르짖는 소리는 홍해까지 들리는 반면에 바벨론에서 들리는 부르짖는 소리는 열방 중에 들린다. 모압의 경우에도 교만의 문제가 언급된다(48:26, 29). 에돔과 바벨론의 교만을 언급할 때는 זָדוֹן자돈이 동일하게 사용되는 반면에 모압의 경우, גָּאוֹן가온, גֵּאֶה개에, גֹּבַהּ고바흐, גַּאֲוָה 가아바, רוּם룸으로 표현한다(48:29).

130) 49장 21절에도 זְעָקָה제아카는 정관사가 없이 서술되지만 에돔을 가리키는 대명사어미가 접미된 קוֹלָהּ콜라("그의 소리")와 짝을 이루기 때문에 에돔의 "부르짖음"(울부짖음)인 것을 알 수 있다: צְעָקָה בְּיַם־סוּף נִשְׁמַע קוֹלָהּ.

3. 바벨론이 유다백성을 억압하고 억류한 것처럼 극단적인 행위를 하는 것은 아니지만 그리스도의 한 몸인 지체들을 무시하거나 무례함으로 대하지는 않는가? 내 말과 태도는 그들을 지체로 인정하고 존중하는가? 무시당하는 그의 백성을 위해 다투시는 하나님이 보이지 않는가?
4. 모든 자연재해가 죄에 징벌을 행하시는 하나님의 심판은 아니지만, 하나님이 재해로 경종을 울릴 때 그에게 주목하고 자신을 돌아보는가?
5. 한국교회가 세상이 세운 성공주의, 성장주의, 물질주의, 권력과 인기의 우상에 미쳐있는 것은 아닌가? 그래서 하나님이 서실 자리가 없는 것은 아닌가?
6. "성도의 구원자는 강하니 그의 이름은 만군의 여호와라"는 선언을 마음에 새기고 핍박과 고난 중에도 성도인 것을 감사하고 인내하는가? 구원자이신 하나님이 치열하게 우리의 사정을 위해 다투시고 결국에는 평안을 허락하신다는 확신이 있는가?
7. "조각한 우상의 땅"으로 불린 바벨론이 하나님의 심판을 피할 수 없었던 것처럼 한국교회가 "세속주의에 물든 땅"이라고 불리면 그 미래가 어떠할지 상상이 되지 않는가? 한국교회를, 그리고 주님을 주로 모시는 가정을 어떤 땅으로 만들길 원하는가? 조각한 우상의 땅인가, 아니면 영광의 주가 임재하시는 주의 땅인가?

---

(3) 바벨론 신탁단락 III, 51:1-33

본 단락은 세 번째 바벨론 신탁단락으로 바벨론의 멸망에 대한 주제를 이어가는데, 언약백성과 바벨론을 대비하면서 엇갈린 운명을 다룬다. 바벨론은 하나님의 심판의 도구로 그의 심판을 열방에 행한 나라다. 따라서 "온 땅을 취하게 만드는 금잔"(7절), "나의 철퇴/무기"(20절), "멸망의 산"과 "온 땅을 파괴하는 자"(25절)로 불린다. 그 심판을 수행하면서 많은 재물을 모았다("많은 물가에 살면서 재물이 많은 자," 13절). 하지만 이스라엘의 거룩한 자를 거슬린 죄(5절)와 시온에서 행한 모든 죄악(24절)으로 인해 하나님의 심판의 대상이 된다. 하나님의 심판은 그의 판결과 계획(6, 29절)에 따라 정당하게 집행하는 보복(6, 11절)이며 성전을 위한 보복(11절)이다. 심판이 임하는 날은 바벨론에게 "재앙의 날"(2절)과 "추수의 때"(33절)다. 반면에 "그[여호와]의 소유인 지파"로 불리는 이스라엘은 바벨론의 멸망으로 회복의 기회를 얻는다. 따라서 바벨론 가운데서 도망하여 목숨을 구하라는 명령을 받고 시온으로 돌아와서 여호와의 일을 선포한다(6, 9-10절). 바벨론의 신들은 거짓되고 허망할 뿐만 아니라 비웃음거리에 불과하다(17-18절). 반면에 "야곱의 분깃"인 이스라엘의 하나님 여호와는 창조주이시며 만물을 통치하시는 분이시다(15-16, 19절). 우상의 백성인지 아니면 참 신의 백성인지에 따라 바벨론과 이스라엘의 운명이 엇갈린다. 언약의 하나님 여호와가 그의 백성을 위해 의도하신 바를 이루실 때 바벨론은 멸망을 피할 수 없다(11-12절).

본 단락에서 바벨론에 하나님의 심판을 수행하는 대적의 정체가 드러난다. 바벨론을 치기 위해 하나님이 일으키시는 "멸망시키는 자의 심령"(רוּחַ מַשְׁחִית루아흐 마쉬히트, 1절)은 "메대 왕들의 마음"(רוּחַ מַלְכֵי מָדַי루아흐 말캐 마다이, 11절)과 짝을 이룬다. 이 왕들이 바벨론을 멸하시는 하나님의 뜻을 수행하는 자들이다. 27-28절은 대적의 정체를 더 구체적으로 서술한다. "아라랏과 민니와 아스그나스 나라"(27절)와 "뭇 백성 곧 메대 사람의 왕들과 그 도백들과 그 모든 태수와 그 관할하는 모든 땅"(28절)이다. 메대(페르시아)를 중심으로 한 연합군이 바벨론을 멸망시키는 대적이다. "멸망의 산"(הַר הַמַּשְׁחִית하르 마쉬히트, 25절)과 "온 땅을 멸망시키는 자"(הַמַּשְׁחִית אֶת־כָּל־הָאָרֶץ함마쉬히트 에트-콜-하아레쯔, 25절)로 불리던 바벨론은 "멸망시키는 자"(מַשְׁחִית마쉬히트)에 의해 역전된 운명을 맞이한다.

본 단락에 제한해서 살필 때 본 단락은 하나님의 말씀이 직접 인용되는 신적 신탁과 예레미야의 말, 그리고 다시 신적 신탁과 예레미야의 말이 서술되는 구성을 보인다. 두 번째 예레미야의 말(27-33절)은 여호와의 선언신탁(33절)으로 마무리된다. 본 단락의 세부적인 구조는 다음과 같다.

A. 신탁 V: "타국인"(זָרִים자림)과 바벨론의 멸망(1-4절)

a. 멸망시키는 자와 바벨론에 임할 재앙의 날, 1-2절

b. "전멸시키라"는 명령, 3절

a'. 바벨론의 넘어짐, 4절

B. 예레미야의 말: 바벨론의 멸망확인(5-19절)

a. 여호와의 보복의 때와 도망하라는 명령, 6절
a'. 바벨론의 파멸과 애곡하라는 명령, 7-9절
　b. 여호와의 일과 보복, 그리고 바벨론의 끝, 10-13절
　　c. 여호와의 선언을 통한 확언, 14절
　　c'. "야곱의 분깃," 여호와 그리고 우상의 헛됨, 15-19절

A'. 신탁 VI: "나의 철퇴," 바벨론의 멸망(20-26절)

a. 고소단락: 나의 철퇴, 바벨론이 시온에서 행한 모든 죄악, 20-24절
　b. 선언단락: 영원한 황무지, 25-26절

B'. 예레미야의 말과 여호와의 선언신탁(27-33절)

a. "전쟁을 준비하라"는 명령과 여호와의 계획, 27-29절
　b. 바벨론의 패망, 30-32절
　　c. 여호와의 선언신탁: 바벨론의 추수 때, 33절

신탁 V: "타국인"(זָרִים 자림)과 바벨론의 멸망(1-4절)

심판의 주체로서 하나님이 바벨론의 멸망에 적극적으로 관여하신다. "멸망시키는 자의 심령"을 부추기시고 바벨론에 보내실 뿐만 아니라 친히 공격을 명하신다. 하나님의 심판이 임하는 날이 바벨론에게는 "재앙의 날"이며 살육을 피할 수 없다.

예레미야의 말: 바벨론의 멸망확언(5-14절)

예레미야는 이스라엘과 유다가 여호와의 버림을 받은 것은 아니라는 사실을 언급하면서 그의 말을 시작한다. 따라서 하나님의 심판이 바벨론 땅에 임할 때 그곳에서 도망하여 목숨을 구하라고 명한다. 바벨론은 하나님의 심판을 수행하는 도구였지만 하나님을 거슬린 죄로 인해 회복될 수 없는 파멸로 인도하는 심판을 받는다. 예레미야는 유다백성에게 시온으로 와서 바벨론에 대한 여호와의 일을 선포할 것을 권고한다. 뿐만 아니라 하나님이 메대 왕들의 마음을 부추겨서 심판을 행하신다는 사실을 전달한다. 이어서 바벨론에게 메대 왕들의 공격을 방어하기 위한 준비를 갖추라고 명한다. 하지만 바벨론의 방어는 소용이 없다. 왜냐하면 하나님이 강력한 군대를 보내어 바벨론을 끝내시는 것을 확정하

셨기 때문이다.

예레미야의 말: 야곱의 분깃, 여호와 그리고 우상의 헛됨(15-19절)

예레미야는 하나님이 그가 의도하신 바를 충분히 행하실 있는 분임을 설명한다. 하나님은 창조주이시며 만물을 주관하시는 분이시다. 하나님의 심판이 바벨론에 임하면 바벨론 백성은 그들이 섬긴 신들이 거짓되고 허망한 우상인 것을 확인하고 어리석음을 깨닫는다. 반면에 야곱의 분깃이신 여호와는 그와 같지 않다는 말로 유다백성에게 회복에 대한 기대와 소망을 갖게 한다.

신탁 VI: "나의 철퇴," 바벨론의 멸망(20-26절)

바벨론은 하나님의 심판 도구("나의 철퇴")로 그의 심판을 열방에 행한다. 하지만 바벨론이 시온에서 행한 모든 죄악으로 인해 심판의 대상이 된다. 이 죄악을 되갚으시기 위해 하나님이 친히 바벨론의 대적이 되실 뿐만 아니라 "멸망의 산" 이었던 바벨론을 "불 탄 산" 으로 만드시겠다고 선언하신다. 그러면 바벨론은 그 어떤 것도 다시 사용할 수 없는 영원한 폐허가 된다.

예레미야의 말과 여호와의 선언신탁(27-33절)

바벨론을 영원한 폐허로 만드시는 여호와의 계획이 분명하기 때문에 예레미야는 메대의 연합군에게 전쟁을 준비하고 바벨론을 공격하라고 명한다. 이어서 메대의 연합군이 수행하는 땅이 진동할 정도의 공격에 당황해 하는 바벨론 군사들의 모습과 파괴된 바벨론의 모습을 생생하게 묘사한다. 수확만 남은 타작마당과 같은 바벨론에게 곧 추수의 때가 임할 것이라는 하나님의 선언으로 그의 말을 마무리한다.

주해

1-4절. 신탁도입형식("여호와께서 이와 같이 말씀하시니라")과 함께 하나님의 말씀을 직접 인용하는 신적 신탁이 서술된다. 이 신탁은 선언단락만 전달하면서 여호와 하나님이 바벨론의 파멸을 이루시는 실제적인 주체라는 사실과 이에 따른 바벨론의 멸망을 확언한다. 하나님이 친히 "멸망시키는 자의 심령"(רוּחַ מַשְׁחִית 루아흐 마쉬히트)을 부추겨서 바벨론과 바벨론에 거하는 자들을 치게 하신다. לֵב קָמָי

래브 카마이는 "나를 대적하는 자"로 번역하거나(cf. KJV), 또는 히브리어 음역을 따라서 "래브 카마이"(Leb Kamai)로 번역한다(cf. 공동번역; 새번역; 우리말성경; NIV; NASB; JPSV). 전자의 번역은 לֵב קָמָי 래브 카마이의 문자적 의미를 번역한 것이다.[131] 이 번역은 바벨론의 문제가 무엇인지를 지적한다. 즉, 여호와를("나를") 대적한 것이다. 후자의 번역은 לֵב קָמָי 래브 카마이를 치환기법(atbash)에 따라 갈대아를 암시적으로 가리키기 위해 만든 암호로 간주한다. 치환기법이란 히브리어 알파벳의 마지막 자를 첫 번째 글자로 대치하고 뒤에서 두 번째 글자는 앞의 두 번째 글자로 대치하는 등, 알파벳 전체를 이와 같은 방식으로 치환해서 비밀스러운 내용을 전달하는 암호를 만드는 기법이다.[132] לֵב קָמָי 래브 카마이의 자음들(י 요드, מ 맴, ק 코프, ב 배트, ל 라메드)을 치환하면 ם 맴, י 요드, ד 달레드, שׂ 신, כ 카프가 된다. 치환된 자음들은 כַּשְׂדִּים 카스딤("갈대아인들")이라는 단어를 만든다. 이 단어는 바벨론을 가리킨다.[133] 흥미롭게도 לֵב קָמָי 래브 카마이는 두 가지 기능을 한다. 즉, 암호로 바벨론을 가리키면서도 문자적 의미로 갈대아인들의 문제를 지적한다. 바벨론은 자신의 부와 능력을 자랑하면 위대하다고 생각하지만 하나님의 눈에는 단지 그를 대적하는 자(לֵב קָמָי 래브 카마이)로 심판의 대상에 불과하다. "멸망시키는 자의 심령"으로 번역한 히브리어 원문, רוּחַ מַשְׁחִית 루아흐 마쉬히트를 "멸망시키는 바람"으로 번역하기도 한다(cf. 현대인의 성경; "광풍"[공동번역]; KJV; JPSV). 이 번역은 2절의 "키질하는 것"의 이미지와 연결된다.

2-4절은 1절의 내용을 보다 구체적으로 설명한다. "멸망시키는 자"는 זָרִים 자림, 즉 "타국인/이방인"이며 그들은 키질을 해서 겨를 날려버리 듯 바벨론을 비워버린다.[134] 이는 바벨론을 폐허로 만든다는 의미다. 앞서 언급한 바와 같이 1절의

---

131) לֵב 래브는 "마음"을 의미하는데, 사람(者)이라는 의미를 갖기도 한다(cf. 전 1:16). קָמָי 카마이는 칼 분사형 קָם 캄에 1인칭 대명사어미(ָי)가 접미된 것인데, 1인칭 대명사는 분사의 목적어 역할을 한다. 따라서 "나에 대해 일어남"의 의미인데, 부정적 의미를 담아서 "나를 대적함"으로 번역할 수 있다.

132) 25장 26절의 "세삭" 역시 치환기법에 따라 바벨론을 가리키기 위해 만든 암호다.

133) 현대인의 성경은 "그 백성"이라는 번역으로 치환기법에 따른 암호의 의미를 반영한다.

134) BHS는 Aquila, Symmachus, Vulgate에 근거해서 זָרִים 자림을 זֹרִים 조림("키질 하는 자")로 읽을 것을 제안한다. 이는 이어지는 문장의 동사 זֵרוּהָ 재루하("그가 그를 키질

רוּחַ מַשְׁחִית루아흐 마쉬히트를 "멸망시키는 바람"으로 번역해서 이방인의 키질과 연결시키면 2절의 선언은, 키질을 할 때 바람에 의해 겨가 날아가는 것처럼 하나님이 일으키시는 "바람"(רוּחַ루아흐)에 의해 바벨론이 날아가 버리는 이미지를 담아낸다. 이방 대적의 이러한 공격은 하나님이 정하신 "재앙의 날"(יוֹם רָעָה욤 라아)에 바벨론의 사방에서 이루어진다. 바벨론을 키질을 하는 날은 바벨론이 폐허가 되는 "재앙의 날"이다. 하나님은 "멸망시키는 자"에게 무자비하고 철저한 공격으로 바벨론의 군대가 저항할 수 없게 만들고 그의 모든 군대를 전멸시키라고 명하신다(3절).[135] 그러면 이 공격을 감당하지 못하고 죽임을 당한 사람들의 시체로 바벨론이 채워진다(4절; 50:30). 이것은 바벨론의 죄악에 대한 하나님의 보복이 철저하게 이루어진다는 사실을 반영한 선언이다.

5절. 예레미야가 화자로 등장해서 이스라엘과 바벨론의 대조적인 운명에 대해 설명한다. 개역개정이 단순히 "땅"으로 번역하고 있는 히브리어 원문, אַרְצָם아르짬은 "땅"을 의미하는 명사 אֶרֶץ에레쯔에 3인칭 복수 남성 대명사어미 ם ָ("그들의")이 접미된 것이다. 따라서 문자적의 의미는 "그들의 땅"이다. "그들"이 가리키고 있는 선행사에 따라 본 절의 의미가 다를 수 있다. 개역개정과 다른 한글성경의 경우 "그들"의 선행사를 앞 문장에 언급된 이스라엘과 유다로 간주하여 본 절을 번역한다. 이 경우 이스라엘과 유다가 자신들의 땅을 이스라엘의 거룩하신 이를 거역하는 죄악으로 가득 채웠음에도 불구하고 하나님께 버림을 받은 "홀아비"(אַלְמָן알만)는 아니라는 의미를 전달한다.[136] 즉 그들의 죄악에도 불구하고 완전

하다")와 연계된 독법이다. 공동번역이 이 제안을 따른 번역을 제공한다: "내가 바벨론에 키질 하는 자를 보내어"(cf. KJV; RSV; NJB). "타국인"(זָרִים자림)을 바벨론에 보내어 키질하게 하신다는 것은 51절에 זָרִים자림이 언급되는 것과 연관된다. 51절에서 유다 백성은 "외국인"(זָרִים자림)이 거룩한 성전에 들어가서 자신들이 책망을 듣고 수치를 당했다고 말한다. 그렇다면 2절은 זָרִים자림(바벨론)에 의해 성전이 더럽혀진 것에 상응하게 하나님이 זָרִים자림(페르시아)를 통해 바벨론을 심판하신다는 의미를 전달한다.

135) 3절의 맛소라 본문은 난해하기 때문에 다양한 수정독법이 제시된다(cf. BHS). 3절이 전달하려는 의미는 "활을 당기는 자로 그의 활을 당기지 못하게 하며 그의 갑옷을 입고 서지 못하게 하라. 그의 젊은이들에게 자비를 베풀지 말고 그의 모든 군대를 완전히 멸하여라"(사역)로 보인다(cf. 새번역).

136) אַלְמָן알만은 배우자를 잃고 "홀로 남겨진"의 의미다.

히 버림받지는 않았다는 의미다(cf. 사 54:4-8). 이와는 달리 2절에 "그의 땅"(אַרְצָהּ 아르짜; "바벨론의 땅"), 그리고 4절에 "갈대아 사람의 땅"(אֶרֶץ כַּשְׂדִּים 에레쯔 카스딤)이 언급되는 것과 6절에서 "바벨론 가운데서"(מִתּוֹךְ בָּבֶל 밑토크 바벨) 도망하여 생명을 구하라는 명령과 연계하여 고려하면 5절의 "그들의 땅"이 이스라엘과 유다("그들")의 땅이 아니라 갈대아 사람들의 땅, 즉 바벨론 땅으로 해석하는 것도 가능하다. 이 해석이 전체 흐름을 고려할 때 더 적절할 수 있다. 이 경우 5절의 의미는 다음과 같다. 바벨론이 이스라엘의 거룩한 자를 거역하는 죄로 가득 차있기 때문에 바벨론은 1-4절에서 선언한 것과 같은 살육의 심판을 받는 장소가 된다. 이 심판의 장소에 이스라엘과 유다가 거하고 있지만 예레미야는 그들에게 그들이 하나님에게 완전히 버림을 받은 것은 아니라는 사실을 상기시켜 준다. 따라서 바벨론 가운데서 도망하여 생명을 구하라고 선포한다(6절). 이러한 의미의 흐름을 반영해서 5절을 "그들[갈대아 사람]의 땅이 이스라엘의 거룩한 자를 거슬린 죄로 가득하지만 이스라엘과 유다는 그의 하나님 곧 만군의 여호와께로부터 버림을 받은 것은 아니다"로 번역할 수 있다. 이 해석과 함께 6절의 의미가 더욱 분명해진다. 뿐만 아니라 1-4절이 하나님의 심판으로 인해 죽음의 땅이 되는 바벨론 땅에 집중하고 있는 것을 5절에서도 그대로 유지할 수 있다. 또한 이 해석을 따를 경우, 5절은 바벨론이 하나님의 심판을 받는 이유를 설명한다. 즉, 바벨론의 땅이 이스라엘의 거룩한 자를 거슬린 죄로 가득한 것이다. 이 죄는 우상숭배를 비롯한 모든 죄를 포함한다.

6절. 예레미야는 유다 포로들에게 바벨론 땅에서 도망하여 각자 자기의 목숨을 구하라고 명한다. 바벨론이 그의 죄악으로 인해 죽임을 당하는 곳에서 바벨론과 함께 죽임을 당하지 말라는 것이다. 하나님의 정당한 보복의 심판이 바벨론에 임하면 생명을 구하는 유일한 길은 그곳에서 도망하는 것이다(cf. 50:8). 바벨론의 죄악은 바벨론의 교만, 성전의 파괴, 하나님의 백성에 대한 학대와 억압 등을 가리킨다(cf. 50:28, 29-32, 33). 따라서 죄로 인한 심판은 바벨론에게 마땅한 되갚음을 실행하는 여호와께 속한 보복의 때라는 설명을 덧붙인다.

7-10절. 바벨론에 대한 신탁이 선포될 당시(주전 594년)에 바벨론이 유다백성의

눈에는 여전히 위협적이고 강력해 보였다. 하지만 하나님의 눈으로 볼 때 바벨론의 실상이 어떠한지에 대해 예레미야가 설명한다. 당시에 바벨론이 하나님이 그의 진노를 열방에 쏟아 붓기 위해 사용하는 "금잔"이라는 것은 사실이다(7절). "금잔"은 하나님의 심판 도구로 사용되는 바벨론의 부와 강력한 군사력을 가리키는 비유적 표현이다. 바벨론이 돌리는 하나님의 진노의 잔을 마신 나라들은 모두 바벨론에게 폐하고 멸망한다. 이와 같이 강력한 힘을 발휘하는 바벨론이 넘어지거나 파멸될 것처럼 보이지 않지만 기대하지 않은 때에 갑자기 넘어져서 파멸된다고 말한다(8절). 이 파멸은 죽음을 의미한다. 따라서 바벨론을 위해 애곡하라고 명령하는 것이다. 치료하려고 해도 치유될 수 없는 치명적인 파멸이다. 유향으로 바벨론의 상처가 혹시 나을 수도 있다는 표현은 회복할 수 없는 멸망에 대한 반어적 선언이다. 9절은 바벨론의 치료를 시도해 본 이들의 말처럼 들린다. 치료하려 해도 낫지 않는 것을 보고는 바벨론에 대한 판결이 이미 확정됐다는 말과 함께 바벨론을 버리고 각자 자기의 고향으로 가자고 말한다.[137] 이는 바벨론에 대한 미련을 버리고 그 곳을 피해 목숨을 구하자는 의견이다. 그런데 유다백성에게는 바벨론에서 도망하는 것이 목숨을 구하는 것 이상의 의미를 갖는다. 왜냐하면 하나님이 이루실 바벨론의 멸망은 하나님이 그의 백성의 공의를 드러내시는 것, 곧 그의 백성을 신원하시는 것이기 때문이다(cf. 50:34, "그들 때문에 싸우시리니"["그가 그들의 사정을 반드시 변호하여"]). 그러므로 예레미야는 약속의 땅으로 돌아가 시온에서 하나님의 일을 선포하고 기념하자고 권한다(10절). 여호와의 일은 바벨론에 행하는 여호와의 보복을 의미한다.

11-14절. 예레미야는 바벨론에게 대적의 공격을 방어할 준비를 갖추라고 명한다(11절).[138] 왜냐하면 하나님이 이미 메대 왕들의 마음을 움직이셨고 바벨론을

---

137) "그 화"로 번역한 히브리어 원문의 표현은 מִשְׁפָּטָהּ 미쉬파타("그의 판결" 또는 "그의 심판")이다. 바벨론에 내려진 판결이 하늘에서 궁창에까지 미쳤다는 것은 바벨론의 운명이 확정됐다는 이해를 반영한다.

138) 11절의 명령이 바벨론을 공격하는 대적에게 주어진 것으로 보기도 하는데, 하나님이 바벨론을 파멸하기 위해 메대 왕들의 마음을 부추기셨다는 다음 문장을 고려할 때 바벨론을 이 명령의 대상으로 보는 것이 적절해 보인다. Longman은 11절의 명령이 공격하는 대적에게 주어진 명령으로 해석한다(Longman, *Jeremiah/Lamentations*, 311).

멸하시기로 작정하셨기 때문이다. 메대 왕들에 의한 바벨론의 멸망은 단순히 정치적 충돌에 의한 것이 아니라 바벨론이 예루살렘 성전에 행한 악행에 대한 하나님의 보복이다. 따라서 명시적으로 "성전을 위한 그의 보복"이라고 설명한다(cf. 50:28). 바벨론을 공격하는 대적은 메대와 페르시아의 군사들이 핵심군대인데, 메대 왕들이 언급되는 것은 당시에 메대가 페르시아보다 강력한 나라였기 때문인 것으로 보인다. 예레미야는 다시 바벨론에게 대적의 공격을 방어하기 위해 깃발을 세우고 튼튼히 지키며 파수꾼과 복병으로 잘 경계하라고 명한다(12절). 왜냐하면 바벨론에 대한 대적의 공격이 확실하기 때문이다. 대적의 공격이 확실한 이유는 하나님이 이것을 계획하셨을 뿐만 아니라 행하실 것이기 때문이다. 당시의 관점에서 보면 바벨론의 멸망은 오랜 후에 일어날 일이다. 이 신탁을 듣는 세대는 바벨론의 멸망의 징조들이나 멸망자체를 보지 못한다. 따라서 예레미야는 바벨론의 멸망은 하나님이 의도하신 것이기 때문에 그가 반드시 행하실 것이라고 명확하게 알려 준다. 공격을 대비하고 경계하라는 명령은 만약 공격을 방비할 수 있다면 할 수 있을 만큼 해보라는 조롱이다. 바벨론이 아무리 방비하고 경계를 해도 하나님이 보내시는 대적의 공격을 이겨낼 수는 없다(cf. 46:3-6). 왜냐하면 바벨론이 전쟁과 탈취를 통해 재물을 모으는 일의 종말이 확정됐기 때문이다. "네 재물의 한계"는 바벨론의 "끝"을 의미한다. 하나님의 심판으로 바벨론이 더 이상 약탈을 행할 수 없게 된다. "많은 물가에 살면서"라는 표현은 바벨론 성읍이 유프라테스 강변에 세워져 있었고 유프라테스 강의 물들이 성읍으로 연결된 환경을 반영한 표현이다.

예레미야는 자신이 설명한 바벨론의 실상을 확언하기 위해 하나님의 말씀을 직접 인용하는 신적 신탁으로 그의 말을 마무리한다(14절). 하나님이 바벨론에 대해 자신의 목숨을 두고 맹세한 바를 전달한다. 바벨론을 공격하는 대적이 메뚜기 떼와 같이 전쟁의 함성을 지르며 바벨론의 온 땅에 가득히 몰려오게 하시겠다는 맹세다. 메대는 주전 612년에 바벨론을 도와서 앗시리아를 멸망시키지만 539년에는 페르시아 제국과 연합하여 바벨론을 멸망시킨다.

15-19절. 메대(페르시아)에 의해 바벨론의 끝이 임한다는 사실을 선포한 후, 예레미야는 하나님이 이러한 파멸을 이루실 수 있는 능력을 가지신 분이심을 분명

하게 전한다. 15-19절은 10장 12-16절을 그대로 반복한다. 19절의 원문에는 "이스라엘"이 표기되지 않지만 개역개정의 번역에는 10장 16절을 따라 "이스라엘"을 작은 글씨로 표기한다. 이스라엘의 하나님 만군의 여호와는 바벨론의 우상들과 확연히 구분된다. 첫째, 하나님은 자신의 능력과 지혜에 따라 땅과 하늘(세상)을 창조하신 분이시라는 점에서 우상과 구분된다(15절). 이 세상의 피조물들은 하나님의 능력과 지혜를 보여주는 증거다. 둘째 하나님은 살아계셔서 만물을 자신의 뜻에 따라 주관하신 분이시라는 점에서 우상과 구분된다(16절). 살아계신 하나님에 의해 만물의 질서가 언제나 유지된다. 반면에 우상은 인간이 부어 만든 형상이기 때문에 그 안에 호흡이 없다. 이런 우상을 섬기는 것은 인간에게 지식이 없고 어리석다는 것을 보여줄 뿐이다(17절). 특히 우상을 만든 이들은 우상으로 인해 부끄러움을 당한다. 왜냐하면 하나님의 능력 앞에서 우상은 허망하고 비웃음거리에 불과할 뿐만 아니라 하나님의 징벌이 임하면 파괴되는 것에 지나지 않기 때문이다(18절). 10장 11절이 선언하는 바와 같이 "천지를 짓지 아니한 신들은 땅 위에서, 이 하늘 아래에서 망할 것이다." 바벨론의 신들은 헛된 우상에 불과하지만 "야곱의 분깃"(חֵלֶק יַעֲקוֹב 해레크 야아코브; "야곱의 몫")은 이런 우상과 다르다(19절; cf. 10:16). 왜냐하면 "야곱의 분깃"은 창조주 하나님이시며 그의 이름이 만군의 여호와이시기 때문이다. 그러므로 만군의 여호와의 소유인 야곱은 그의 하나님 여호와께 소망을 둘 수 있다.

20-24절. 신탁도입형식 없이 하나님이 화자로 등장해서 바벨론이 심판을 받는 이유를 지적하신다. 20절에 언급된 "나의 철퇴"가 바벨론을 멸망시킬 페르시아 제국의 고레스를 가리키는 것으로 보기도 하지만 24절의 선언을 고려할 때 열방을 심판하기 위해 사용된 바벨론 왕 느부갓네살(또는 바벨론)을 가리키는 것으로 보는 것이 적절하다.[139] 24절의 히브리어 원문은 접속사 ו 바브로 시작되는데(개역

---

139) "나의 철퇴"를 바벨론을 파괴할 페르시아의 고레스 왕으로 보는 근거는 20-23절에 미래 사건을 서술하는 형식인 ו 바브 완료 연계형의 사용이다. 20절의 첫 문장에 이어서 모든 문장이 ו 바브 완료 연계형(וְנִפַּצְתִּי 베닢파쯔티[x9]와 וְהִשְׁחַתִּי 베히쉬하티)에 의해 서술된다. 하지만 이 신탁이 선포될 당시에(주전 594년) 바벨론이 열방을 파괴하는 것이 여전히 진행 중이고 미래적 사건(유다의 경우)이기 때문에 "나의 철퇴"가 바벨론을 가리키는 것으로 해

개정에서는 번역하지 않았음), 이 ו바브는 반의접속사("*그러나*")의 의미를 갖는다(cf. 새번역; NASB; JPSV). 따라서 24절은 "그러나 내가 ... 바벨론과 갈대아 모든 주민에게 갚으리라"라는 의미가 되면서 열방을 파괴하는 바벨론(20-21절)과 하나님의 보복을 당하는 바벨론(24절)을 대조시킨다.

"너는 나에게 속한 철퇴, 곧 전쟁무기"(מַפֵּץ־אַתָּה לִי כְּלֵי מִלְחָמָה 맢패쯔-앝타 리 켈래 밀하마)로 표현된 바벨론 왕 느부갓네살은 나라들을 분쇄하여 멸망시키고 강한 군사들과 병기들을 파괴한다(20-21절). 또한 남녀노소를 가리지 않고 무자비하게 살육을 행한다(22절). 각 나라의 지도자들과 백성을 도륙하고, 이러한 도륙은 군인이 아닌 농부들과 소, 그리고 지방의 지도자들에게까지 미친다(23절). 바벨론의 공격을 받는 대상들이 구체적으로 열거되면서 동사 נָפַץ 나파쯔("분쇄하다"; נִפַּצְתִּי 닢파쯔티)가 계속해서 반복되는 것은 "철퇴"(מַפֵּץ 맢패쯔)로 내치는 장면을 연상케 한다. 철퇴의 히브리어 발음(*맢패쯔*)과 동사의 히브리어 발음(*닢파쯔티*)이 유사하게 들린다. 동사 נִפַּצְתִּי 닢파쯔티("내가 분쇄하다")가 20-23절에 9번 사용된다. 히브리어 원문에는 נִפַּצְתִּי בְךָ 닢파쯔티 베카("내[여호와]가 너[철퇴; 바벨론]로...을(를) 분쇄할 것이다")의 구문이 반복되면서 하나님이 분쇄의 주체이고 바벨론은 심판의 도구인 것이 강조된다. 즉, 21-23절에 언급되고 있는 모든 파괴행위는 하나님이 바벨론으로 하여금 각 나라에 행하게 하신 심판행위다. 바벨론의 공격을 받고 멸망한 나라들의 눈에 바벨론은 대적할 수 없는 강력한 나라다. 하지만 바벨론에 사로잡혀온 유다 포로들의 눈에는 바벨론 역시 심판의 대상에 불과하다. 왜냐하면 하나님이 바벨론이 시온에 행한 모든 악을 갚아 주실 것이기 때문이다. 유다 포로들은 바벨론에 대한 하나님의 보복을 목도하면서 그들의 하나님 여호와("야곱의 분깃")가 바벨론의 헛되고 생명이 없는 우상들과는 확연히 구분되는 살아계시는 참 신이라는 사실을 분명히 확인하게 될 것이다. 바벨론이 감당할 수 없는 막강한 제국으로 보이지만 단지 하나님이 사용하시는 심판 도구라는 사실과 시온에서 행한 모든 악

석하는 것이 가능하다. Longman은 20-26절의 동사들을 현재시제로 번역하는 것에 근거해서 "나의 철퇴"가 바벨론의 대적을 가리키는 것으로 해석하는 가능성을 언급하면서도 20-26절의 동사들을 w바브 완료 연계형이 아니라 단순 완료형으로 간주해서 과거시제로 번역할 것을 제안한다(Longman, *Jeremiah/Lamentations*, 312). 또한 24-26절이 바벨론의 행위를 지적하는 것이라는 이해와 함께 "나의 철퇴"가 바벨론을 가리키는 것으로 해석한다.

을 되갚는 심판의 대상이라는 사실은 바벨론에 심판이 선언되는 이유가 된다.

25-26절. "보라. 내가 너를 마주대하고 있다"(הִנְנִי אֵלַיִךְ 힌니 앨레카)는 표현으로 선언단락을 시작한다(25절상).[140] 히브리어 원문은 화자인 여호와("내가")와 바벨론("너") 간의 적대적 관계를 보여준다. 따라서 개역개정은 "나는 네 원수라"로 번역한다. 이 선언의 대상은 바벨론인데, "멸망의 산"(הַר הַמַּשְׁחִית 하르 함마쉬히트), 곧 "온 땅을 멸하는 자"(הַמַּשְׁחִית אֶת־כָּל־הָאָרֶץ 함마쉬히트 에트-콜-하아레츠)로 표현된다. 평지에 자리를 잡고 있는 바벨론이 산으로 묘사되는 것을 바벨론 성읍의 성벽과 건물이 높기 때문인 것으로 설명하기도 한다. 하지만 바벨론이 행한 파괴의 대상인 "온 땅"과 상징적인 대조를 이루기 위해 바벨론이 산에 비유된 것으로 해석하는 것이 적절해 보인다. 우뚝 솟은 산은 땅과 대조를 이루면서 교만한 바벨론의 모습을 연상시킨다. 바벨론은 하나님의 심판을 행하는 도구로 사용되면서 열방을 분쇄하는 것임에도 불구하고 교만했다. 50장 29절은 바벨론의 행위에 대해 "그가[바벨론] 이스라엘의 거룩한 자 여호와를 향하여 교만하였음이니라"라고 지적한다. 연이어 "교만한 자"(זָדוֹן 자돈; "거만한 자"; 50:31, 32)라는 표현이 반복되면서 바벨론의 교만을 강조한다. 하나님은 거만한 바벨론에게 그가 그를 마주대하고 있다고 선언하신다. 이 선언은 표제와 같은 선언이다. 이어서 서술되는 선언들은 여호와가 마주대하고 있는 것에 따른 결과들이다. 달리 말하면 바벨론의 교만을 꺾으시는 것에 대한 구체적인 서술이다. 첫째, 하나님이 그의 손을 바벨론을 향해 펴서 바위에서 그를 굴러 떨어뜨리신다(25절중). הַסְּלָעִים 핬쎄라임을 "바위"로 번역하면 견고하게 세워진 성읍과 요새들을 가지고 있는 바벨론이 파괴되는 모습을 연상할 수 있다. הַסְּלָעִים 핬쎄라임을 "절벽"으로 번역하면(cf. 현대인의 성

140) 개역개정의 어순과는 달리 히브리어 원문은 הִנְנִי אֵלַיִךְ 힌니 앨레카로 시작한다. 원문의 어순에 따라 1절상반절을 번역하면, "보라 내가 너를 마주대하고 있다. 멸망의 산아. 여호와의 말이니라. 온 땅을 멸하는 자야"가 된다. "온 세계를 멸하는 멸망의 산아"로 번역하기보다는 "여호와의 말이니라"에 의해 "멸망의 산"과 "온 땅을 멸하는 자"가 분리되기 때문에 두 개의 호격으로 분석하는 것이 적절하다. 이 경우, 이 선언이 신탁대상에 집중하고 있는 것을 보여준다. 즉, 여호와가 마주대하고 있는 대상은 멸망의 산이고 온 세계를 멸하는 자로 평가되는 바벨론이라는 것이 강조된다. 모든 이의 눈에 그렇게 보이는 바벨론을 하나님이 마주대하고 있다는 것이다. 이것은 바벨론이 그렇게 보일지라도 하나님이 심판을 위해 마주대하시면 무력한 존재에 불과하다는 의미로 연결된다.

경; NIV), 높은 곳에 서 있는 듯 자만해 하는 바벨론이 그가 선 곳에서 굴러 떨어지는 장면을 그려볼 수 있다. 둘째, 하나님이 우뚝 솟은 산처럼 거만하게 행동하는 바벨론을 마치 화산이 폭발하여 불에 타버린 산과 같이 만드신다(25절하). 하나님의 이러한 심판이 임하면 바벨론은 쓸 만한 것을 찾아내는 것이 불가능할 정도의 영원한 폐허가 된다(26절). "집 모퉁잇돌"과 "기촛돌"이 완전히 파괴되어 쓸모가 없게 되는 것은 바벨론이 멸망한 후 다시 세워질 수 없음을 상징적으로 보여준다. 거대한 산처럼 군림하던 바벨론은 모든 것이 무너져 내린 황폐한 광야처럼 낮아진다. 하나님은 신적 선언("여호와의 말이니라")으로 이러한 결말을 확언하신다.

27-29절. 예레미야가 다시 화자로 등장한다.[141] 예레미야는 바벨론을 멸망시킬 대적들에게 전쟁을 준비하고 공격하라고 명령한다(27절). 땅에 깃발을 세워 모일 곳을 정하고 나팔을 불어 전쟁소집을 알려서 나라들을 모으라는 명령이다. 이 명령을 받는 대상은 메대 왕들이다(cf. 11절). 메대 왕들이 불러 모으는 나라는 아라랏과 민니와 아스그나스다. 이 나라들은 바벨론의 북쪽에 위치한 나라들로 바벨론의 대적들이 북쪽에서 올 것이라는 하나님의 선언이 그대로 성취될 것임을 보여준다(cf. 50:3). טִפְסָר 티프싸르는 "사무관," "사령관"(새번역), "지휘관"(현대인의 성경) 등으로 번역하는데, 문맥을 고려할 때 군사를 인솔하고 전투를 지휘하는 지위를 가리키는 것으로 보인다.[142] 말들을 메뚜기 떼처럼 몰아오라는 명령은 메뚜기 떼와 같이 수많은 사람들로 바벨론을 가득 채우시겠다는 하나님의 선언을 연상시킨다(cf. 51:14). 전쟁명령을 받는 핵심 대상인 메대의 왕들은 그들의 관할 아래 있는 모든 지도자들을 모아 바벨론을 공격할 준비를 하고 공격해야 한다(28절).[143] 바벨론 땅이 진동하고 출산하는 여인처럼 몸부림을 치는 전쟁이 벌어진다(29절

141) 27-32절을 하나님이 하신 말씀으로 볼 수도 있다. 하지만 29절에 "여호와"라는 3인칭 표현이 사용되고 있는 것을 고려할 때 예레미야의 말로 간주하는 것도 가능하다.

142) 동일한 단어의 복수형이 나훔 3장 17절에 사용되는데, 개역개정은 "장수들"로 번역한다.

143) "준비시키라"로 번역한 명령형 קַדְּשׁוּ 칻데슈는 "성별하라," "봉헌하라," "거룩하게 하라"를 의미한다(cf. 27절). 이 동사가 사용되는 것은 바벨론에 행하는 전쟁이 여호와께 성별된 것이라는 의미를 전달한다.

상).[144] 왜냐하면 바벨론을 황폐하게 하여 폐허로 만드는 "여호와의 계획[들]"(מַחְשְׁבוֹת יְהוָה 마흐쉐보트 아도나이)이 바벨론에 실행되기 때문이다(29절하). 복수형의 "계획들"(מַחְשְׁבוֹת 마흐쉐보트)로 표기되는 것은 바벨론에 대한 하나님의 모든 계획이 다 성취된다는 어감을 전달한다. 27-28절에 "그[바벨론]를 치다"(עָלֶיהָ 알레하; "그를 향해")라는 표현이 네 번 반복되면서 공격의 대상이 명확하게 지적된다. 이는 하나님이 계획하신 파괴의 공격을 바벨론이 피할 수 없음을 강조한다. 29절은 하나님의 계획이 견고히 세워지면서(קָמָה 카마; "서다"), 바벨론 땅이 진동하고(תִּרְעַשׁ 티르아쉬) 소용돌이치는(תָּחֹל 타흘) 대조적인 장면을 그려준다.

30-33절. 예레미야는 메대를 비롯한 여러 나라들이 바벨론을 공격할 때 바벨론이 처하게 되는 상황을 서술한다. 완료형 동사들을 사용해서 마치 공격의 상황이 눈앞에서 벌어진 것처럼 생생하게 묘사한다. 메뚜기 떼처럼 덮쳐오는 대적의 공격에 바벨론의 용사들은 낙담하여 여인처럼 기력을 잃고 싸움을 멈춘 채 요새에 숨는다(30절). 그 사이 그들의 거처와 문빗장이 대적에 의해 불타고 파괴된다. 전쟁의 소식들이 바벨론의 도처에서 연이어 바벨론 왕에게 다급히 전달되면서 바벨론 성읍이 처한 위태롭고 다급한 상황이 극적으로 묘사된다(31절). 보발꾼과 전령이 전하는 내용은 바벨론 성읍의 사면이 함락됐을 뿐만 아니라 나루터들도 점령됐고 갈대밭이 불타버리면서 대적의 공격을 피해 도주할 수 있는 길이 모두 차단됐다는 것이다(32절). 더욱이 군사들이 겁에 질려있다는 보고는 바벨론이 완전한 점령과 멸망을 피할 수 없는 상황을 알리는 것이다. 이와 같이 바벨론의 끝이 임한 것을 확언하기 위해 예레미야는 하나님의 선언으로 그의 말을 마무리한다(33절).

33절. 신탁도입형식("만군의 여호와 이스라엘의 하나님께서 이와 같이 말씀하시되")과 함께 하나님의 선언이 서술된다. 신탁의 주체가 "이스라엘의 하나님 만군의 여호와"로 표기된다. 바벨론의 멸망을 선언함에 있어서 "만군의 여호와"(יְהוָה צְבָאוֹת 아도나이 쩨바오트)라는 표현은 적절하다. 왜냐하면 이 표현은 하나님이 무수한 군대를 이끄시며 전쟁을 행하실 수 있는 분이심을 보여주기 때문이다.

---

144) "소용돌이치나니"로 번역한 תָּחֹל 타흘은 출산하는 여인이 고통 중에 몸부림치는 장면을 묘사한다.

바로 이 여호와가 바벨론의 멸망을 선언하신다. 또한 이 여호와는 "이스라엘의 하나님"(אֱלֹהֵי יִשְׂרָאֵל 엘로해 이스라앨)이시다. 이 문맥에서 이 표현은 50장 34절의 선언을 연상시킨다. "그들[이스라엘과 유다의 자손]의 구원자는 강하니 그의 이름은 만군의 여호와라 반드시 그들 때문에 싸우시리니 그 땅에 평안함을 주고 바벨론 주민은 불안하게 하리라"(50:34).

멸망을 당하게 될 바벨론이 "딸 바벨론"(בַּת־בָּבֶל 바트-바벨)으로 불리면서 추수를 할 때가 이른 타작마당에 비유된다. 바벨론을 "딸"로 부르는 것은 바벨론 성읍을 가리키는 비유적 표현이며 바벨론 전체를 가리키는 환유의 역할을 한다. 타작마당의 비유는 두 개의 장면을 암시한다. 하나는 타작마당에 놓인 곡식들이 타작기구에 짓밟히는 것처럼 바벨론이 대적에 의해 짓밟힘을 당하는 장면이다. 타작하던 자가 이제 타작의 대상이 된다. 다른 하나는 추수 때에 밭에서 수거된 곡물들이 타작마당에 수북이 쌓여있고 타작이 임박한 장면이다. 이는 멸망의 임박성을 암시한다. 이 신탁이 임하고 전달된 것은 시드기야 4년(주전 594년)이다(cf. 51:59). 이때 바벨론 멸망의 임박성이 선언된다. 하지만 바벨론이 멸망하는 것은 주전 539년이다. 따라서 상당히 오랜 기간이 지난 후에 이 신탁이 성취된다. 그럼에도 불구하고 이때 멸망의 임박성이 선언되는 것은 이 신탁의 성취적 측면을 강조하면서 포로로 사로잡힌 백성에게 회복의 희망을 갖게 하려는 것으로 보인다. 선지자 하박국은 바벨론의 멸망의 확실성을 강조하면서 성취의 임박과 함께 지체됨을 언급한다. "이 묵시는 정한 때가 있나니 그 종말이 속히 이르겠고 결코 거짓되지 아니하리라 비록 더딜지라도 기다리라 지체되지[만은] 않고 반드시 응하리라"(합 2:3).

현재적 적용 **묵상**

1. 하나님이 멸망시키는 자의 심령을 부추겨서 바벨론을 심판하셨다는 사실이 사랑과 은혜의 하나님에게만 익숙한 현대의 성도들에게 충격으로 다가오는 것은 아닌가? 또한 "여호와의 보복"이라는 표현은 어떤가? 보복을 계획하시고 실행하시는 하나님의 모습이 어떻게 다가오는가? 죄의 문제에 대해 심각하게 생각하지 않기 때문에 심판하시는 공의의 하나님이라는 사실을 불편하

게만 생각하는 것은 아닌가?

2. 하나님의 심판이 임하기 전에 내가 신속히 빠져나와야 할 바벨론은 어디인가? 죄악과 함께 영적으로, 육적으로 멸망할 자리에 여전히 머물고 있는 것은 아닌가?

3. 높이 솟은 산처럼 거만하게 행동한 바벨론을 밑바닥으로 내리시고 폐허로 만드신 하나님이 여전히 교만과 거만의 문제를 주목하고 있다는 사실을 기억하는가? 혹시 높이 솟은 교회건물이 한국교회의 교만을 보여주는 것은 아닌가?

4. 우리가 선포해야 할 우리의 공의를 드러내신 여호와의 일은 무엇인가?

5. 만물을 지으신 여호와가 "나의 분깃"이고 내가 "그의 소유인 지파"라는 사실이 공의를 행하고 인애를 사랑하며 여호와 앞에 겸손히 행하게 하는가?

6. 헛되고 거짓된 우상과 왜곡된 진리에 사로잡혀 여전히 어리석음에서 벗어나지 못하는 것은 아닌가?

7. 하나님이 나를 마주대하시는 것은 "복"(טוֹבָה 토바)을 위한 것인가 아니면 "화"(רָעָה 라아)를 위한 것인가?

---

(4) 바벨론 신탁단락 IV, 51:34-58

본 단락은 바벨론에 대한 신탁의 마지막 단락이다. 먼저 하나님의 말씀을 직접 인용하는 신적 신탁(신탁 VII; 51:34-44)이 등장한다. 이어서 서술되는 신탁 VIII(51:45-53)은 바벨론에서 도망하여 피하라는 예레미야의 명령과 바벨론의 우상에 대한 징벌과 멸망에 대한 하나님의 선언이 반복되는 이중구조의 형식을 취한다. 예레미야의 명령(51:45-46) – 하나님의 선언(51:47-49) – 예레미야의 명령(51:50-51) – 하나님의 선언(51:52-53)의 구성이다. 최종적으로 전체 바벨론에 대한 신탁단락(51-52장)은 바벨론의 멸망을 확언하는 예레미야의 선언(51:54-56)과 여호와의 선언(51:54-58)으로 마무리된다.

신탁 VII(51:34-44)은 시온과 예루살렘의 탄식을 서술하는 고소단락(34-35절)과 여호와의 변호(보복)을 예고하는 선언단락(36-44절)의 구성을 취한다. 이는 언약백성에게 행한 바벨론의 악행이 바벨론의 멸망에 중요한 원인인 것을 의미한다. 달리 말하면 하나님이 바벨론의 멸망을 선언하시는 것은 그의 백성을 신원하시는 것이다. 바벨론이 사자와 같이 포효하며 힘을 과시하지만 하나님의 보복이 임하면 도살장으로 끌려가는 어린 양이나 숫염소에 불과하다.

앞서 언급한 바와 같이 신탁 VIII(45-53절)은 예레미야의 명령과 하나님의 선언이 짝을 이루어 반복되는 이중구조의 구성인데, 바벨론의 우상에 대한 징벌과 이에 따른 바벨론의 멸망이라는 주제에 집중한다.[145] 바벨론의 우상들은 결코 하나님의 심판을 막아낼 수 없기 때문에 결국 바벨론은 죽음과 진노의 자리가 된다. 따라서 그곳에서 나와서 피하라는 예레미야의 명령은 자연스러운 등장이다. 바벨론의 공격으로 언약백성이 모욕을 당하고 탄식했다면 하나님은 바벨론이 하늘까지 솟아오를지라도 그의 "파괴자들"(שֹׁדְדִים 쇼데딤)을 통해 반드시 바벨론을 파괴해서 한숨을 짓게 하신다.

하나님이 언약백성의 탄식에 반응하신 것처럼 예레미야는 바벨론의 부르짖는 소리에 반응한다(51:54-56). 예레미야는, 하나님이 "파괴자"(שׁוֹדֵד 쇼대드)를 세우시고 바벨론에 대한 그의 보복을 실행하시기 때문에 바벨론이 부르짖는 소리와 큰 파멸의 소리를 피할 수 없다는 사실을 전달한다. 만군의 여호와라 일컫는 왕이 바벨론의 멸망을 확언하는 이중선언(51:57-58)은 예레미야의 말을 확언할 뿐만 아니라 전체 바벨론에 대한 신탁단락(50-51장)이 마무리하는 역할을 한다. 바벨론의 멸망에 대한 신탁이 실제로 성취되기까지는 50여년을 기다려야 하지만 멸망의 임박성이 선언되면서 성취의 확실성이 강조된다.

본 단락(51:34-58)의 세부적인 구조는 아래와 같다.

A. 신탁 VII: "세삭," 바벨론의 멸망과 이스라엘을 위한 변호(34-44절)

a. 고소단락: 시온과 예루살렘의 탄식, 34-35절

b. 선언단락: 여호와의 변호(보복)과 세삭의 함락, 36-44절

145) 이중구조를 이루는 두 개의 작은 단락은 의미론적, 언어적, 주제적 연관성에 의해 함께 묶일 수 있다. 신탁 VIII의 결속성에 대한 구체적인 논의는 아래의 "추가 설명"을 참조하라.

A′. 신탁 VIII: 나오라는 명령과 바벨론의 우상에 임할 심판과 멸망(45-53절)

a. 나와서 피하라는 예레미야의 명령과 권면, 45-46절

b. 하나님의 선언: 우상에 임할 징벌과 "파괴자들"(הַשּׁוֹדְדִים 핫쇼데딤), 47-49절

a′. 피하고 떠나라는 예레미야의 명령과 권면, 50-51절

b′. 하나님의 선언: 우상에 임할 징벌과 "파괴자들"(שֹׁדְדִים 쇼데딤), 52-53절

B. 예레미야의 말과 여호와의 선언(54-58절)

a. 예레미야의 말: 바벨론의 부르짖는 소리와 큰 파멸의 소리, 54-55절

a′. 예레미야의 말: "파괴자"와 보복의 하나님, 56절

b. 만군의 여호와인 왕의 선언: 지도자들의 몰락, 57절

b′. 만군의 여호와의 선언: 바벨론 성의 파괴, 58절

추가 설명

신탁 VIII(51:45-53; A′)은 이중구조의 구성을 취한다. 도망하여 피하라는 예레미야의 명령이 서술되고 이 명령을 따라야만 하는 정황을 설명하는 하나님의 선언이 이어진다. 이 흐름이 반복되기 때문에 이중구조로 본다. 이 이중구조를 구성하는 소단락들(45-49절; 50-53절)은 의미론적, 언어적, 주제적 연관성에 의해 결속되면서 전달하고자 하는 주제를 강화한다. 앞서 신탁 VIII의 세부 구조에 제시한 바와 같이, 45-46절(a)과 50-51절(a′)은 "여호와"가 3인칭의 관점에서 서술되는 것에 근거해서 예레미야의 말로 간주한다. 특히 "여호와"라는 표현과 함께 51절의 "우리"라는 표현에 주목하면 45-46절과 50-51절을 예레미야의 말로 간주하는 것이 적절해 보인다. 45-46절(a)와 50-51절(a′)은 도망하라는 명령의 주제뿐만 아니라 "마음"과 연관된 권면으로도 연관성을 나타낸다.

45-46절(a)

a. 명령(45절): 나오라(צְאוּ), 피하라(מַלְּטוּ)

  a. 권면(46절); 너희 마음(לְבַבְכֶם)을 나약하게 말라, 소문을 두려워 말라

50-51절(a')

a'. 명령(50절상): [칼을] 피한 자(פְּלֵטִים), 가라(הִלְכוּ)

  a'. 권면(50절하-51절): 여호와를 기억하고 예루살렘을 너희 마음(לְבַבְכֶם)에 두라

47-49절(b)과 52-53절(b')은 하나님의 말씀이 직접 인용되는 신적 신탁의 선언이다. 하나님이 화자("내가")로 등장한다. 하나님은 먼저 바벨론의 우상들을 징벌하시겠다고 선언하신다. 이어서 이 선언에 따른 바벨론의 멸망이 서술된다. 이 흐름이 47-49절(b)과 52-53절(b')에 동일하게 나타난다. 특히 47절상(b)과 52절상(b')은 거의 동일한 표현이다.

47-49절(b)

b. 선언(47절상): 그러므로 보라 날들이 임할 것이다(לָכֵן הִנֵּה יָמִים בָּאִים)
내가 바벨론의 우상들을 벌할 것이다(וּפָקַדְתִּי עַל־פְּסִילֵי בָבֶל)

  b. 바벨론의 멸망(47절하-49절):
  - "그 온 땅" (כָל־אַרְצָהּ), 47절
  - "그 죽임 당할 자" (כָל־חֲלָלֶיהָ), 47절; 49절
  - "하늘과 땅" (שָׁמַיִם וָאָרֶץ), 48절
  - "온 세상" (כָל־הָאָרֶץ), 49절
  - 북쪽에서 오는 "파멸시키는 자[들]" (הַשּׁוֹדְדִים), 48절

52-53절(b')

b'. 선언(52절상): 그러므로 보라 날들이 임할 것이다(לָכֵן הִנֵּה־יָמִים בָּאִים)
여호와의 말이니라(נְאֻם־יְהוָה)
내가 그[바벨론] 우상들을 벌할 것이다(וּפָקַדְתִּי עַל־פְּסִילֶיהָ)

  b'. 바벨론의 멸망(52절하-53절):
  - "그 [모든] 땅" (כָל־אַרְצָהּ), 52절
  - "하늘까지" (הַשָּׁמַיִם), 53절
  - 내게로부터 오는 "멸망시킬 자[들]" (שֹׁדְדִים), 53절

신탁 VII: 시온과 예루살렘의 탄식과 여호와의 변호(34-44절)

바벨론 왕 느부갓네살이 행하는 파멸과 압제로 인해 시온과 예루살렘이 탄식한다. 탄식을 들으시고 하나님은 유다의 사정을 변호하시고 그를 위해 보복하실 것을 약속하신다. 하나님의 보복으로 바벨론은 폐허가 되고 온 땅의 칭찬을 받는 성읍이 놀람의 대상이 된다.

신탁 VIII: 도망하라는 명령과 바벨론의 우상에 임할 심판과 멸망(45-53절)

예레미야는, 바벨론에 하나님의 보응이 임할 때 그곳에서 도망하여 여호와의 진노를 피하라고 유다 포로들에게 명한다. 또한 마음을 나약하게 하지 말고 오히려 여호와를 기억하고 예루살렘을 마음에 두라고 권면한다. 바벨론은 죽음과 파멸의 자리가 될 것이다. 왜냐하면 하나님이 파괴자들을 통해 바벨론의 우상을 징벌하시고, 바벨론을 살육하시고, 엎드러뜨리실 날들을 확정하셨기 때문이다. 파괴자들이 임하면 바벨론은 어떤 방법으로도 그의 심판을 피할 수 없다.

예레미야의 말과 여호와의 선언(54-58절)

예레미야는, 하나님이 세우시는 "파괴자"(שׁוֹדֵד 쇼대드)를 통한 그의 보복이 실행되면 바벨론에서 부르짖는 소리와 큰 파멸의 소리가 들릴 것이라고 말한다. 이를 확언하기 위해 만군의 여호와라 일컫는 왕의 선언을 직접 인용해서 전달한다. 하나님은 바벨론의 지도자들과 용사들이 깨어나지 못하게 하시겠다고 선언하실 뿐만 아니라 바벨론 성은 완전히 파괴될 것이라고 선언하신다. 하나님의 심판 앞에 그들의 어떤 노력과 수고도 소용이 없다.

주해

34-35절. 바벨론의 공격으로 처참한 상황에 놓인 시온과 예루살렘의 탄식이 인용된다. 바벨론의 행위를 생생하게 묘사하면서 괴로움을 토로하는데, 탄식의 내용은 두 가지다. 첫째, 바벨론 왕 느부갓네살이 행한 폭력과 살육으로 인한 파괴에 대한 탄식이다(34절). 느부갓네살의 폭력과 살육이 먹어치우는 행위와 그릇을 비워버리는 행위에 비유된다. 이어지는 비유는 더욱 노골적이며 자극적이다. 큰 뱀

(תַּנִּין탄닌; "바다괴물")이 먹이를 통째로 집어 삼키는 장면과 먹이를 잡아먹은 짐승이 살을 발라 먹은 후 뼈만 뱉어 버리는 장면을 연상시킨다. 이와 유사하게 앞서 50장 17절은 바벨론 왕 느부갓네살의 행위를 흩어진 양을 잡아먹고 그 뼈를 꺾은 것에 비유한 바가 있다. 이러한 비유들은 느부갓네살이 예루살렘을 공격해서 재물을 약탈하고, 살육을 행하고, 사람들을 포로로 사로잡아가면서 예루살렘을 폐허로 만든 것을 묘사한다. 둘째, 바벨론에 대한 하나님의 보복을 호소하는 탄식이다(35절). 시온에 거하는 자들은 바벨론에 의해 당한 폭력이 그대로 바벨론에게 임하길 호소한다. 시온의 간청에 이어서 예루살렘도 갈대아인들에 의해 흘린 자신의 피(살육)가 갈대아 주민에게 돌아가길 간청한다. 유다백성(시온과 예루살렘)의 탄식과 간청은 하나님의 보복을 유도한다. 뿐만 아니라 아직 유다와 예루살렘의 멸망이 임하지 않은 상황에서 이 탄식은 유다백성에게 예루살렘의 멸망의 확실성을 확언한다. 뿐만 아니라 이 탄식은 예루살렘의 멸망을 생생하게 그려보게 하는 역할을 한다.

36-40절. "그러므로"(לָכֵן라캔)와 신탁도입형식("여호와께서 이와 같이 말씀하시되")은 선언단락으로의 전환을 나타낸다. 선언단락은 시온과 예루살렘의 탄식과 간청에 대한 하나님의 답변이다. 하나님은 그의 백성의 송사(사정)를 변호하고 그들을 위해 바벨론을 보복하시겠다고 약속하신다. "네 송사를 듣고"로 번역한 히브리어 원문(הִנְנִי־רָב אֶת־רִיבֵךְ힌니-라브 에트-리배크)의 구문은 50장 34절에서 "그들 때문에 싸우시리니"(יָרִיב אֶת־רִיבָם야리브 에트-리밤)로 번역한 구문과 유사하다. 따라서 50:34과 동일한 번역을 유지한다면 "네 송사를 듣고"는 "너 때문에 싸우리니"로 번역할 수 있다. 하지만 이것은 단순한 싸움을 가리키는 것이 아니라 법정에서의 다툼(변론)을 연상시키는 표현이다. 따라서 히브리어 원문(הִנְנִי־רָב אֶת־רִיבֵךְ힌니-라브 에트-리배크)은 "보라. 내가 네 사정을 다툴 것이다[변론할 것이다]"라는 의미를 전달한다(cf. 우리말성경).[146] 이 표현은 하나님이 유다의 탄식을 들은 후 그의 송사를 변호하시는 모습을 묘사한다. 그런데 하나님은 언약백성의 사정을 변론하는 변호사의 모습뿐만 아니라 "그들의 보복"(נִקְמָתֵךְ

146) "보라. 내가 네 소송을 변호하고..."(51:36, 우리말성경).

니크마태크; "네 보복")을 바벨론에 수행하는 형(刑) 집행관의 모습도 취하신다. 바벨론은 하나님의 도구로 시온과 예루살렘에 그의 심판을 행한다. 하지만 자신의 악함에 따라 하나님이 요구하신 것 이상으로 약탈을 행하고 피를 흘리며 교만하게 행동한 것이 하나님이 보복을 행하시는 직접적인 이유다(cf. 50:29-32; 슥 1:15). 하나님의 보복은 바벨론의 멸망을 의미한다. 첫째, 하나님의 보복은 바벨론의 바다를 말리며 그의 샘을 메마르게 한다(36절). 이것을 고레스가 바벨론을 공격할 때 바벨론 성읍으로 흘러들어가는 유프라테스 강의 물길을 막아서 물을 말린 후, 성읍을 점령한 것에 대한 예언으로 해석하거나 또는 바벨론의 무수한 재물이 약탈당하는 것에 대한 비유적 묘사로 해석하기도 한다. 되갚아주는 보복을 선언하고 있는 문맥을 고려할 때, 후자의 해석이 적절해 보인다. 즉, 바벨론이 예루살렘에서 재물을 약탈해 간 것에 대한 보복으로 바벨론의 재물이 약탈당한다는 것이다. 둘째, 하나님의 보복은 바벨론을 황폐하게 만들어 짐승의 거처가 되게 하고 혐오와 탄식의 대상으로 만든다(37절). 이것은 바벨론이 예루살렘을 황폐하게 만들어 열국의 혐오와 조롱의 대상으로 만드는 것에 상응하는 하나님의 보복이다. 셋째, 하나님의 보복은 자신의 힘을 과시하고 있는 바벨론을 다시 깨어나지 못하는 영원한 잠과 같은 파멸로 인도하신다(38-39절). 바벨론은 젊은 사자들처럼 으르렁거리며 자신의 힘을 과시하고 주변 나라들을 위협한다. 승리와 약탈에 고무된 바벨론은 더 잔인하고 파괴적인 행동을 하면서 교만으로 치닫는다. 자기 자신에 도취해서 흥분하고 있을 때("열정이 일어날 때"), 하나님은 연회를 베풀고 바벨론을 취하게 해서 다시 깨어나지 못하는 영원한 잠으로 인도하신다. 39절에 언급된 "연회"를 다니엘 5장이 기록하고 있는 벨사살 왕의 연회와 연관을 짓기도 하는데, 단순히 비유적 표현을 따라가 보면 "내가 연회를 베풀고"라는 표현에서 바벨론이 술에 취해 흥분해 있을 때 하나님이 또 다른 술잔을 권하는 모습을 연상해 볼 수 있다.[147] 그런데 이 잔은 바벨론을 "영원한 잠"(שְׁנַת־עוֹלָם 쉐나트-올람)으로 인도하는 "진노의 술잔"(כּוֹס הַיַּיִן הַחֵמָה 코쓰 하이야인 하해마)이다. 주변 나라들이 마셔야 했던 진노의 잔이 결국 바벨론에게도 주어지게 되고 바벨론은 이 술에 취해서 다시

147) 사료는 바벨론의 지도자들이 술에 취해 있을 때 고레스가 바벨론 성을 점령한 것으로 기록한다(cf. Longman, *Jeremiah/Lamentations*, 317).

깨어나지 못한다. 넷째, 하나님의 보복은 바벨론으로 하여금 도살장으로 끌려가는 힘없는 양이나 염소와 같은 파국을 맞이하게 하신다(40절). 이는 돌볼 목자가 없이 흩어진 양 떼와 같은 유다백성을 사자처럼 삼키고 먹어치운 바벨론에 대한 보복이다(cf. 50:17). 젊은 사자처럼 포효하며 자신의 힘과 용맹을 자랑하고 주변 나라들을 두렵게 하는 바벨론이지만 하나님의 보복 앞에서는 도살을 당하는 힘없는 어린 짐승에 불과하다.

41-44절. 바벨론 왕 느부갓네살이 언약백성으로 탄식하게 한 것에 맞추어 하나님은 바벨론 백성이 세삭의 멸망으로 탄식하게 하신다(41절).[148] 연회에서 취하는 이미지는 술잔과 연결되는데, 이는 세삭을 등장을 자연스럽게 만든다. 왜냐하면 25장 26절에서 이미 진노의 술잔을 마시는 바벨론이 "세삭" (שֵׁשַׁךְ 세샤크)으로 표현됐기 때문이다. 아직 파멸에 이르지 않았음에도 불구하고 세삭의 파멸에 대해 탄식하는 것은 세삭의 운명을 극적으로 묘사한다. 왜냐하면 이미 세삭의 파멸을 전제하고 있기 때문이다. 세삭은 바벨론을 가리키기 위해 치환기법(atbash)으로 만든 암호다. 25장 15-26절에서 선언하는 바와 같이 하나님의 진노의 잔을 열방으로 마시게 한 세삭도 결국 하나님의 진노의 잔을 마시고 멸망한다. 그러면 온 땅의 칭찬을 받던 세삭은 열국 중에서 "공포의 대상" (שַׁמָּה 삼마)이 된다.[149] 대적의 침입이 바벨론을 뒤덮는 파도에 비유되면서 순식간에 바벨론 전역이 함락되는 장면이 묘사된다(42절). 이 장면과 함께 함락소식을 바벨론 왕에게 황급히 전하는 보발꾼과 전령의 모습(31절)을 그려볼 수 있다. 바다가 모든 것을 휩쓸고 간 바벨론에는 황폐함, 마른 땅, 사막, 그리고 사람이 살 수 없는 폐허만 남는다(43절).[150] 바벨론의 멸망은 바벨론 백성이 자부심을 가졌던 그들의 신 "벨" (בֵּל 벨; 마둑)에

148) 41절은 시온과 예루살렘의 탄식(34-35절)과 짝을 이루는 바벨론 백성의 탄식을 인용하는 것으로 보인다.

149) 개역개정의 번역과는 달리 우리말성경은 "어찌하여 바벨론이 열국 중에서 놀람의 대상이 되었는가!" 로 번역한다.

150) Longman은 42절의 "바다" 가 혼돈의 세력(the forces of chaos)을 의미하는 것으로 해석한다(Longman, *Jeremiah/Lamentations*, 314; cf. Jones, *Jeremiah*, 543). Chisholm은 "바다" 가 북쪽에서 오는 대적을 가리키는 것으로 해석한다(Chisholm, *Handbook*, 215).

대한 징벌의 심판이다(44절). 바벨론은 승리의 행진을 하면서 벨에 대한 충성을 더욱 견고히 했을 것이며 주변 나라들 또한 벨에 대한 두려움을 가졌을 것이다. 하지만 하나님이 벨을 징벌하시면 바벨론이 의지하던 성벽이 무너져 내리고 벨에게 바친 약탈물들이 다시 약탈을 당한다. "그가 삼킨 것을 그의 입에서 끌어내리니"라는 표현을 느부갓네살이 여호와의 성전에서 취하여 벨 신당에 바친 기명들을 다시 가져올 것에 대한 선언으로 보기도 한다.[151] 결국 바벨론과 그의 신의 멸망으로 인하여 바벨론에 대한 나라들의 두려움과 관심은 사라지고 "온 세상의 칭찬을 받던" 바벨론은 어느 나라도 찾지 않는 존재가 된다.

45-46절. 예레미야는 유다 포로들에게 바벨론에서 나와서 여호와의 진노로부터 목숨을 구하라고 명한다(45절). 예레미야는 그들을 "내 백성"이라고 부르면서 그들에 대한 그의 애정을 표현한다. 따라서 그의 명령은 더욱 간절하다. 바벨론에서 나와서 도망가라는 명령이 바벨론 신탁들에서 반복되는 것은 바벨론의 멸망이 유다를 위한 회복의 시작이기 때문이다(cf. 50:8, 28; 51:6). "그 날 그때에 이스라엘 자손이 돌아오며 유다 자손도 함께 돌아오되"(50:4). 하나님의 진노가 바벨론 땅에 임하면 해를 거듭할수록 여러 소문이 있고, 사람들은 폭력적으로 변하고, 권력다툼의 소용돌이가 치지만 용기를 잃거나 두려워하지 말라고 권면한다(46절). 이는 바벨론에서 나올 준비를 할 때 바벨론의 흉흉한 상황에 두려워하지 말라는 권면이다. 바벨론의 멸망의 때가 이르면 언약백성이 해야 할 일은 그 땅을 치료하려고 노력하는 것이 아니라 그곳에서 나와서 여호와의 진노를 피하는 것이다(cf. 51:9).

47-49절. "그러므로"로 번역한 לָכֵן 라캔은 원인에 따른 결과를 유도하는 것이 아니라 "참으로"라는 의미로 앞서 예레미야가 바벨론이 하나님의 진노의 땅이기 때문에 나오라고 명령한 것에 대한 확언을 유도하는 역할을 한다(cf. לָכֵן 라캔의 용법, 2:33). 간단히 표현하면, 하나님은 예레미야가 말한 것처럼 "정말로" 바벨론의

---

151) Martens는 그가 삼킨 것을 느부갓네살이 삼킨 이스라엘로 해석한다(Martens, *Jeremiah*, 271; Cf. Longman, *Jeremiah/Lamentations*, 315).

우상들을 징벌하는 날들이 올 것이라고 선언하신다(47절). 그 날은 하나님의 보복의 심판을 수행하는 "파괴자들"(הַשּׁוֹדְדִים 핫쇼데딤)이 북쪽에서부터 바벨론에 임하는 날이다(48절). 그 날이 임하면 하나님의 진노를 막아내지 못하는 바벨론 신들의 거짓됨과 헛됨이 드러나면서 온 땅이 치욕을 당한다. 뿐만 아니라 살육을 당한 시체들로 우상을 섬기던 바벨론의 온 땅이 채워진다. 반대로 바벨론에 의해 고통을 당하던 모든 나라들은 하나님이 보내시는 파멸하는 자가 바벨론에 임하는 것을 볼 때 크게 기뻐한다(48절; cf. 사 14:7-10).

49절은 구문분석에 따라 해석에 차이가 있다. 개역개정은 "온 세상이 바벨론에서 죽임을 당하여 넘어지는 것"을 핵심선언으로 제시하는 번역을 제공한다. 이 경우, 바벨론이 이스라엘을 죽여 넘어지게 한 것이 온 세상이 바벨론에서 죽임을 당하고 엎드러지는 것에 대한 예가 된다. 따라서 개역개정의 번역에 따르면, "온 세상"(כָל־הָאָרֶץ 콜-하아레쯔)이 바벨론에서 죽임을 당하고 엎드러진다는 것은 바벨론에서 나오지 않은 자들의 죽음을 의미하는 것으로 해석이 된다. 하지만 이와는 달리 바벨론이 이스라엘을 죽여 넘어지게 한 것으로 인해 "바벨론이 반드시 넘어지게 된다"는 것을 49절의 핵심선언으로 간주할 수 있다(cf. 우리말성경; 새번역). "바벨론으로 인해서 온 땅이 살해당한 사람들같이 쓰러진 것처럼 이스라엘의 살해당한 사람들로 인해서 바벨론이 반드시 쓰러질 것이다"(우리말성경). 이 경우 "온 세상"(여러 나라들)이 바벨론에 의해 죽임을 당하고 넘어진 것은 바벨론이 죽임을 당하고 넘어지는 것에 대한 예가 된다. 또한 "이스라엘을 살육한 것"이 바벨론이 쓰러지는 직접적인 원인이다. 간단히 표현하면, 바벨론이 이스라엘을 죽여 엎드러뜨렸기 때문에 바벨론에 의해 온 세상이 죽임을 당해 넘어진 것처럼 바벨론도 죽임을 당하고 넘어지게 된다는 것이다.[152] 바벨론의 멸망에 집중하고 있는 신탁의 주제를 고려할 때 후자의 번역이 더 적절해 보인다. 이는 진노의 술잔을 마지막에 마시는 바벨론의 모습과 연결된다. 49절의 כָל־הָאָרֶץ 콜-하아레쯔를 "온 세상"으로 해석하지 않고 바벨론의 "땅 전체"를 가리키는 것으로 본다면, 49절은 "바벨론이 이스라엘에서 많은 사람들을 죽이고 넘어지게 한 것처럼 이제 바벨론 사람들이 바벨론의 온 땅에서 죽임을 당하여 넘어지게 된다"는 의미를 전달한다.[153] 바벨

152) Cf. Harrison, *Jeremiah & Lamentations,* 189.

론의 죽음은 바벨론이 이스라엘에 행한 바대로 보복하시는 하나님의 심판에 따른 결과다.

50-51절. 예레미야는 바벨론에서 칼을 피한 자들에게 멈추지 말고 계속 걸어가라고 명한다(50절). 이는 예루살렘까지 갈 길이 멀지만 그 행보를 멈추지 말라는 명령이다. 계속 걸어가기 위해서는 여호와를 "기억하고"(זִכְרוּ 지크루) 예루살렘을 마음에 품으라고 권면한다.[154] 이는 앞서 바벨론에서 나올 준비를 하는 이들에게 소문으로 인해 낙담하거나 두려워하지 말라고 권면한 것과 같은 맥락이다. 예레미야의 권면은 유다백성이 "그 얼굴을 시온으로 향하여 울면서 돌아오고 여호와를 구할 것"이라는 하나님의 선언을 반영한다(cf. 50:4-5). 51절은 예레미야의 권면을 듣는 백성의 탄식으로 보인다. 예레미야가 여호와를 기억하고 예루살렘을 마음에 품으라고 권면하자 그들은 "이방인"(זָרִים 자림)에 의해 더럽혀진 예루살렘을 떠올린다. 그들은 바벨론이 여호와의 거룩한 성전을 더럽힌 것으로 인해 수치를 당했고 모욕이 그들의 얼굴을 덮었다고 탄식한다. 이는 예루살렘을 그의 처소로 정하신 여호와에 대한 소망을 잃은 백성의 심정을 반영한다. 따라서 하나님은 이 탄식에 대한 답변을 주신다. 52-53절이 그 답변이다.

52-53절. "그러므로"(לָכֵן 라캔)라는 표현은 이어지는 선언이 앞의 내용에 따른 것임을 보여준다. 유다백성은 바벨론(זָרִים 자림; "이방인")이 여호와의 성전을 더럽힘으로 그들에게 수치와 모욕을 안겨주었다고 탄식한다. "그러므로" 하나님은 바벨론이 성전을 더럽힌 행위에 대한 보복의 날을 선언하신다(52절). 바벨론이 자신의 신인 "벨"(마둑)을 앞세우고 예루살렘 성전을 파괴하면서 하나님을 모욕한

---

153) 49절의 כָל־הָאָרֶץ 콜-하아레쯔는 바벨론의 전 지역을 가리킨다. 왜냐하면 짝을 이루는 52절의 선언에서 "그[바벨론]의 온 땅"(כָל־אַרְצָהּ 콜-아르짜)이라는 표현이 사용되기 때문이다.

154) 여호와를 기억하고 예루살렘을 마음에 품으라는 권면은 유다백성의 돌아옴이 단순히 땅으로의 귀환이 아니라 하나님과의 깨어진 관계의 회복이라는 의미를 전달한다. 즉, 하나님과의 관계회복에 대한 소망을 갖게 한다. 50장 5절에서 하나님은 시온으로 돌아오는 자들이 "와서 잊을 수 없는 영원한 언약으로 여호와와 연합하자"고 서로 권면하는 것을 언급하신다(cf. 30:9).

것에 대한 보복으로 바벨론의 우상들에 대한 그의 징벌을 선언하신다. 보복의 날이 임하면 대적의 공격에 부상을 당한 자들이 부상의 고통으로 신음할 뿐만 아니라 자신들의 우상들이 아무런 도움이 되지 못한 것을 보고는 한숨을 짓는다. 바벨론 백성의 탄식은 바벨론이 유다백성으로 51절의 탄식을 하게 한 것에 대한 보복이다. 하나님은 바벨론의 신이 그 땅을 지킬 수 없는 헛된 우상에 불과하다는 것을 증명해 보이실 것이다. 따라서 바벨론은 어떤 방법으로도 하나님의 보복을 결코 피할 수가 없다(53절). 바벨론이 하늘과 같이 높은 곳에 요새를 쌓고 대적의 공격을 막으려고 할지라도 하나님이 보내시는 "파괴자들"(שֹׁדְדִים쇼데딤)이 반드시 바벨론에 임한다. 신적 선언("여호와의 말이니라")은 이 선언의 진정성을 확언한다.

54-56절. 하나님이 유다백성의 탄식에 반응하신 것처럼 예레미야는 바벨론의 소리에 반응한다(54절). 바벨론에서 들려오는 "부르짖는 소리"(זְעָקָה제아카)는 울부짖음 또는 함성을 의미하는데, 전자의 경우 이 부르짖음은 대적의 공격으로 인해 바벨론 사람들이 울부짖는 소리를 가리킨다. 후자의 경우 바벨론을 공격하는 대적의 전쟁함성을 의미한다. "큰 파멸의 소리"와 짝을 이루는 것을 고려할 때 후자의 의미가 적절하다. 왜냐하면 "큰 파멸의 소리"(שֶׁבֶר גָּדוֹל쉐베르 가돌)는 파괴될 때 나는 소리, 곧 파열음을 가리키기 때문이다. 이것은 55절이 묘사하는 바와 같이 바벨론이 파괴되는 소리다. 흥미로운 것은 "황폐하게 하사"로 번역한 히브리어 분사형 동사가 שֹׁדֵד쇼대드("파괴하다/황폐하게 하다")라는 것이다. שֹׁדֵד쇼대드는 북쪽에서 오는 "파괴자들"(הַשּׁוֹדְדִים하이쇼데딤, 48절)과 여호와께로부터 오는 "파괴자들"(שֹׁדְדִים쇼데딤, 53절), 56절의 "파괴자"(שֹׁדֵד쇼대드)와 연결되는 표현이다. 이는 실제로 바벨론을 파괴하는 주체가 여호와 하나님이라는 사실을 전달한다. 또한 "여호와가 바벨론을 파괴하신다"(שֹׁדֵד יְהוָה אֶת־בָּבֶל쇼대드 아도나이 엘-바벨)는 표현은 그의 심판 도구로 "파멸하는 자"의 역할을 감당하던 바벨론이 이제 그의 파멸의 대상이 된 것을 의미한다. 왜냐하면 שֹׁדֵד쇼대드는 바벨론이 열방을 파괴하는 도구임을 나타낼 때 사용한 표현, "파멸하는 자"(שֹׁדֵד쇼대드)와 동일하기 때문이다(cf. 48:8, 18). 바벨론에서 사라지는 "큰 소리"(קוֹל גָּדוֹל콜 가돌)는 바벨론이 열방을 공격하면서 지른 "전쟁의 함성"이나 승리로 인한 "기쁨의 함성" 또는 자신의 힘과 권력을 자랑하는 소리를 의미한다. 51장 38절은 바벨론의 이러한 함

성을 젊은 사자와 새끼 사자의 포효에 비유한다.

55절하반절의 히브리어 원문은 "그들의 파도[들]가 큰 물처럼 흉용하고(포효하고) 그들의 요란한 소리가 울린다"로 번역이 되는데, 대명사어미("그들")의 선행사가 누구인지에 따라 의미에 차이가 있다. "그들"이 바벨론을 가리키는 것으로 간주하면 이 표현은 바벨론에서 사라지는 "큰 소리"에 대한 부연설명이다(cf. 공동번역).[155] 하나님이 보내시는 대적에 의해 파괴되기 전에 바벨론이 위용을 떨치며 열국을 호령하던 모습을 연상시킨다. 대적이 임하면 이 큰 소리가 제거된다는 것이다. 51장 13절이 바벨론과 관련하여 "많은 물"을 언급하는 것을 이러한 해석에 대한 근거로 제시하기도 한다. 하지만 이와는 달리 "그들"이 바벨론을 공격하는 56절의 "파괴자"를 가리키는 것으로 간주하면 이 표현은 공격하는 군대가 사기가 충천해서 함성을 지르며 위협적인 전투를 벌이는 모습을 연상시킨다(cf. 개역개정; 새번역; 현대인의 성경). 하지만 단정적으로 "그들"의 선행사를 확정할 수 없다. 이는 의도된 것으로 보인다. 치열한 전투장면에서 공격하는 군대와 방어하는 군대를 구분할 수 없는 것과 같은 혼잡함과 혼란이 그대로 전달된다. 그렇다면 "그들"을 규정한 번역보다는 히브리어 원문 그대로 "그들"로 번역하는 것이 적절하다(cf. 우리말성경).[156]

예레미야는 열방을 파멸시키는 "파괴자"(שֹׁדֵד 쇼대드), 바벨론에게 "파괴자"(שֹׁדֵד 쇼대드)가 임할 것이라고 선언한다(56절).[157] 이는 바벨론의 신세가 역전된 것을 의미한다. "파괴자"가 임하면 바벨론의 용사들은 사로잡히게 되고 무기력하게 파멸된다. 바벨론의 신세가 역전된 것은 여호와가 보복의 하나님이시기 때문이다. 예레미야는 그가 반드시 되갚으실 것이라는 말로 그의 말을 마무리한다.158) 이어지는 하나님의 선언은 예레미야의 선언을 신적 권위로 확언하는 역할을 한다. 특히 이중 선언(57절; 58절)으로 확언의 기능이 더욱 강화된다.

57-58절. 개역개정의 57절 번역과는 달리 히브리어 원문을 따르면 하나님의

---

155) "파도 소리 요란하게 밀려오는 바다처럼 큰소리치던 바빌론을 잠잠하게 하신다"(공동번역).
156) "그들의 파도가 큰물들처럼 으르렁대고 그들의 목소리의 소음이 터져 나온다"(우리말성경).
157) 여기서 바벨론을 공격하는 "파괴자"는 페르시아 왕 고레스를 가리킨다.

첫 번째 선언(57절)은 선언이 먼저 서술되고 신적 선언으로 마무리된다. 반면에 두 번째 선언(58절)은 신탁도입형식이 서술되고 선언으로 마무리된다. 따라서 57-58절은 교차평행 구조를 이루면서 의미를 상호 보완할 뿐만 아니라 선언의 엄중성을 강화한다.

a. 선언(57절상): 지도자들의 몰락
　b. 신탁도입(57절하): "만군의 여호와라 일컫는 왕의 말이니라"
　b'. 신탁도입(58절상): "만군의 여호와께서 이와 같이 말씀하시니라"
a'. 선언(58절하): 바벨론 성의 파괴

전쟁을 주도하는 강한 용사를 의미하는 "만군의 여호와"로 불리는 "왕"이 바벨론의 지도자들을 무기력하게 만들고 그들을 영원히 제거하시겠다고 선언하신다(57절). 바벨론의 고관들과 지혜 있는 자들, 도백들과 태수들과 용사들이 제거되는 것은 바벨론이 다시 회복될 수 없는 상태에 처하는 것을 의미한다. 즉 바벨론의 영원한 멸망에 대한 선언이다. 이어서 "만군의 여호와"가 바벨론의 멸망을 다시 확언하신다(58절). 바벨론이 수고해서 쌓아올린 성벽과 높은 문들이 훼파되고 불에 탈 것이라고 선언하신다. 58절하반절은 두 가지 해석이 가능하다. 첫째, 바벨론의 성벽을 쌓고 요새로 만드는 일에 여러 민족들이 동원돼서 수고를 했는데, 하나님이 행하시는 심판의 불에 모두 타서 파괴가 될 것이기 때문에 모두 헛수고가 된다는 의미로 해석하는 것이다. 수고를 하면 할수록 지치게 될 뿐이다. 이 해석은 바벨론의 어떤 수고와 노력도 하나님의 심판을 감당하거나 막아낼 수 없다는 의미를 전달한다. 따라서 하나님의 심판에 따른 바벨론 멸망의 확실성이 강조된다.

둘째, 인간이 애쓰고 수고해서 이룬 것들이 하나님의 심판의 불에 모두 소멸되는 것이라면 인간의 모든 수고는 헛된 것이라는 일반적인 선언으로 해석하는 것이다. 달리 표현하면 바벨론과 같은 태도와 모습으로 아무리 수고해서 무엇인가를 이루어도 그것은 단지 불에 땔감을 공급하는 헛수고에 불과하다는 것이다.[159] 이

158) שַׁלֵּם יְשַׁלֵּם 샬램 예샬램의 구문은 되갚는 행위의 확실성을 강조한다: "그가 반드시 되갚으실 것이다."

159) 58절에 서술된 בְּדֵי־רִיק 베대-리크는 문자적으로 "헛된 것의 충분함" 또는 "빈 것의 충분

해석을 따르면 바벨론 신탁은 바벨론에게만 제한되지 않고 모든 민족과 백성이 들어야할 신탁으로 확장된다. 즉, 이 선언은 바벨론의 이야기가 바벨론과 같은 또 다른 백성과 민족에게도 적용되고 바벨론과 같은 개인에게도 적용되게 한다. 선지자 하박국은 바벨론을 규정하는 표현("피로 성읍을 건설하며 불의로 건축하는 자에게 화 있을진저." 합 2:12)을 서술한 후, 이어서 58절하반절과 유사한 선언을 전달한다. "보라. 민족들이 불을 만족케 하는 것으로 수고하며, 백성들이 헛된 것을 만족케 하는 것으로 자신을 피곤하게 하는데, 이것이 만군의 여호와께로부터 온 것이 아니냐?"(합 2:13; 사역). 하박국서의 문맥에서 13절의 선언은 바벨론에게 적용되기도 하지만 열방으로 확장되기도 한다(cf. 합 2:14). 따라서 바벨론에게만 특정되지 않는 일반적인 선언으로 이해할 수도 있다. 이와 같은 이해를 58절하반절이 바벨론에 대한 신탁을 마무리하면서 담아내는 것이라면 두 번째 해석도 가능하다.

현재적 적용 | 묵상

1. 사정을 살펴보시고 변호해 주시겠다고 말씀하시는 하나님께 탄식하며 사정을 아뢰는가, 아니면 혼자만의 불평이거나 지인에게 넋두리만 늘어놓는 것은 아닌가?
2. 교만한 마음에 사로잡혀 성공을 자랑하며 기쁨에 젖어있을 때가 하나님의 심판이 임하는 순간이라는 것을 아는가? 하나님의 기뻐하시고 인정하시는 방법으로 그리고 성도의 정체성을 포기하지 않으면서 이루고 있는 성공인가? 아니면 성공만을 향해 달려가고 있기 때문에 하나님이 계신 것도 성도인 것도 잊고 있는 것은 아닌가?
3. 여호와의 진노를 피해서 나와야 하는데, 주변의 소문에 마음이 약해지고 두려워서 나오는 것을 주저하는 것은 아닌가?

함"을 의미하는데, "헛된 것이 풍성하게 함"으로 의역할 수 있다.
따라서 יִגְעוּ עַמִּים בְּדֵי־רִיק 이그우 암밈 베대-리크를 "백성들이 헛된 것을 배부르게 하는 것으로 수고한다"는 의미로 이해할 수 있다. 같은 맥락에서 לְאֻמִּים בְּדֵי־אֵשׁ 레움밈 베대-애쉬는 "민족들이 불을 배부르게 하는 것으로 수고한다"는 의미를 전달한다. 마지막 문장, יָעֵפוּ 야애푸는 "[결국 그렇게 하는 것으로] 그들이 지친다"는 의미가 된다.

4. 다행히 하나님의 진노의 자리를 피했다면 하나님을 기억하고 그에게로 나아가는 발걸음을 재촉하고 있는가?
5. 보응하시고 보복하시는 하나님이 죄의 문제를 엄중히 다루시고 그 결과를 분명히 얻게 하신다는 사실을 기억하고 죄의 문제를 심각하게 고민하는가? 내 기도 안에 죄를 고백하고 용서를 구하는 간구를 담고 있는가?
6. 강한 용사이시고 만군을 지휘하시는 여호와 하나님이 사탄을 영원히 제어하신 것을 신뢰하고 사탄이 우는 사자와 같이 삼키려고 할 때 대적하는가? (벧전 5:8-9) 인간의 사정을 변호하시고 이미 사탄에게 보복을 행하신 그리스도를 바라보는가?
7. 애쓰고 수고해서 이루는 일들이 하나님의 심판의 불에 모두 소멸될 것들은 아닌가? 헛되게 될 것을 위해 애쓰고 수고하는 것은 아닌가? 내 수고와 열심이 심판의 불만 배불리는 것은 아닌가? (고전 3:10-15)

10. 스라야에게 준 명령과 바벨론의 패망 확증, 51:59-64 [시드기야 4년, 594년]

본 단락은 바벨론의 멸망을 확언하는 상징적 사건에 대한 산문형식의 기록이다. 이 사건의 정황은 시드기야 4년(주전 594년)이다. 예레미야는 바벨론에 대한 신탁들(50-51장)을 두루마리 책에 기록한 후, 스라야를 통해 유다 포로들에게 전달한다.[160] 예레미야는 스라야에게 그 책을 낭독하고 책에 돌을 달아 유프라테스 강에 던지라고 명한다. 두루마리 책의 내용이 바벨론 백성에게는 위협이 되지만 유다 포로들에게는 회복에 대한 소망이 된다. 하지만 그 당시 스라야의 낭독을 듣는 이들은 아직 예루살렘의 멸망도 보지 않았고 바벨론의 멸망의 그 어떤 기미도 느낄 수 없었다. 따라서 믿음의 눈으로 바벨론의 멸망과 이에 따른 유다의 회복을

160) 예레미야는 시드기야가 바벨론에 사신으로 보낸 사반의 아들 엘라사와 힐기야의 아들 그마랴 편에 포로지에 있는 유다백성에게 70년 후의 회복을 언급하면서 그곳에 정착할 것을 권면하는 편지를 보낸 바가 있다(cf. 29장).

보아야 했을 것이다. 그렇다면 이 사건은 그들에게 믿음의 큰 도전이었을 것이다. 이 사건기록의 핵심인 61-64절은 스라야가 바벨론에 가서 해야 할 두 가지 일과 전해야 할 두 가지 말을 기록한다. 본 단락의 세부적인 구조는 아래와 같다.

정황과 사건서술 도입(59절)
예레미야가 바벨론에 대한 신탁을 기록함(60절)
예레미야가 스라야에게 한 말(61-64절)
a. 스라야가 할 일: 기록된 말씀을 모두 읽으라, 61절
b. 스라야가 전할 말: 바벨론이 영원히 황폐하게 될 것임, 62절
a'. 스라야가 할 일: 책을 읽은 후 책에 돌을 묶어 유프라테스 강에 던지라, 63절
b'. 스라야가 전할 말: 책과 같이 재앙으로 인해 바벨론이 가라앉을 것임, 64절상
예레미야 신탁의 결언(64절하)

정황과 사건서술 도입(59절)

사건의 정황은 병참감 스라야가 시드기야 왕과 함께 바벨론으로 간 때다(주전 594년). 이 때 여호와의 말씀이 예레미야에게 임한다.

예레미야의 신탁기록과 스라야에게 내린 명령(59-64절상)

예레미야는 바벨론에 임할 모든 재앙을 두루마리 책에 기록한 후, 스라야에게 바벨론에 가서 할 일과 전할 말을 알려준다. 첫째, 예레미야가 기록한 신탁을 모두 읽고 바벨론이 영원히 황폐하게 될 것임을 구두로 전하는 것이다. 둘째, 두루마리 책을 읽은 후에 책에 돌을 묶어 유프라테스 강에 던지고 그 책과 같이 재앙으로 인해 바벨론이 가라앉을 것임을 선포하는 것이다. 두루마리 책을 돌에 묶어 유프라테스 강에 던지는 것은 바벨론의 멸망을 가시화하는 상징적 행위다. 또한 이 행위는 바벨론의 멸망을 확증한다.

예레미야 신탁의 결언(64절하)

"예레미야의 말이 이에 끝나니라"는 예레미야에게 임한 신탁들의 기록이 마무

리된 것을 표기한다.

주해

59절. 역사적 정황에 대한 정보는 바벨론에 관한 심판신탁(51-52장)이 주어진 때가 유다 왕 시드기야 4년(주전 594년)임을 알려 준다. 이 때 시드기야는 바벨론에 대한 반역에 공모하지 않았음을 확인시켜 주고자 바벨론을 방문한 것으로 보인다.[161] 스라야는 '마세야의 손자 네리야의 아들"로 소개된다. 32장 12절이 바룩을 "마세야의 손자 네리야의 아들"로 설명하는 것을 볼 때 스라야가 바룩의 형제인 것으로 보인다. 그렇다면 예레미야가 스라야에게 두루마리 책을 전달하고 행할 일을 알려 주는 것이 가능했을 것이다. 또한 스라야는 "병참감"이었다는 설명을 덧붙여진다. "병참감"(שַׂר מְנוּחָה 사르 메누하)이란 시드기야의 바벨론 여정 동안 왕의 잠자리를 돌보는 직무를 맡은 관리의 수장을 의미하는 것으로 보인다. 따라서 "왕의 관리인"(쉬운성경), "왕의 수행관"(우리말성경; 현대인의 성경), 또는 "왕의 수석 보좌관"(새번역) 등으로 번역한다. 그의 지위를 고려할 때 유다 포로들은 그가 한 행동과 한 말에 관심을 보이고 주목했을 것이다.

60-62절. 예레미야는 바벨론에 임할 "모든 재앙"(כָּל־הָרָעָה 콜-하라아), 곧 50-51장의 내용을 기록한 사본을 만든다(60절). 그 사본을 시드기야의 바벨론 방문 여정에 병참감으로 동행하는 스라야에게 전하고 자신을 대신해서 바벨론에서 해야 할 일을 명한다. 예레미야는 스라야에게 두 가지 할 일과 전할 말을 알려준다. 첫째, 그의 신탁을 기록한 사본을 가지고 바벨론으로 가서 그것을 공개적으로 낭독하는 것이다(61절). 그리고 신탁의 핵심적인 내용을 구도로 선포하는 것이다(62절). 62절은 스라야가 구두로 선포하는 말의 내용을 서술하고 있는데, 중요한 세 가지 사실을 전달한다. 첫째, 여호와가 심판의 주체라는 사실이다. 이는 당시 유다의 상황이 여전히 여호와의 주권 아래 있다는 것을 의미한다. 또한 바벨론에 심판을 행하실 하나님이 언약백성의 회복을 선언하셨다는 것을 상기시킨다. 50-51장의 신탁이 바벨론의 멸망과 함께 시작되는 언약백성의 회복을 선언하고 있기 때

161) Cf. Harrison, *Jeremiah & Lamentations*, 189; Martens, *Jeremiah*, 272.

문이다. 둘째, 바벨론에 거하는 모든 사람들과 짐승들이 심판의 대상이라는 사실이다. 이는 하나님의 심판이 임해서 바벨론의 죽음의 땅이 될 때 그곳에서 나와 피하라는 명령을 상기시킨다. 셋째, 바벨론에 거하는 사람들과 짐승들이 그곳에 더 이상 거하지 못하는 영원한 폐허가 된다는 사실이다. 이는 유다 포로들의 마음에 예루살렘을 품고 약속의 땅으로의 귀환을 소망하게 한다. 스라야가 전하는 말이 선언이 아니라 여호와께 고백하는 형식인 것에 주목하게 된다. 이는 스라야가 낭독한 두루마리 책의 내용을 믿음으로 받고 인정할 것을 요구한다. 아직 그들에게는 먼 미래의 일이고 당시의 상황에서 바벨론은 멸망할 것처럼 보이지 않지만 하나님이 하실 일에 대한 믿음과 확신을 고백하는 것이다(cf. 히 11:1).

63-64절. 예레미야는 스라야에게 두루마리 책을 모두 낭독한 후에는 그 사본에 돌을 묶어 유프라테스 강 속에 던지라고 명한다(63절). 이것이 두 번째 할 일이다. 이것은 바벨론의 멸망을 가시화하는 상징적인 행위다. 이어서 이 행위의 의미를 그의 말로 선포하라는 명령을 전한다(64절). 스라야가 전하는 말은 하나님의 선언을 직접 인용한다. 하나님이 임하게 하시는 재앙으로 인해 바벨론이, 돌과 함께 강물에 던져진 두루마리 책이 다시 수면 위로 떠오르지 않는 것처럼 완전히 몰락하여 다시 일어서지 못하고 결국 소멸할 것이라는 선언이다. "그들이 피폐하리라"로 번역한 יָעֵפוּ 야애푸는 58절의 "그들이 쇠잔하리라"(יָעֵפוּ 야애푸)와 동일한 표현이다. 58절의 יָעֵפוּ 야애푸는 불에 타서 소멸되는 어감을 전달하는 반면에 본 절의 Wp[ey"야애푸는 강 물속에 가라앉아 부패해서 소멸되는 어감을 전달한다. 이 표현은 바벨론이 하나님의 심판으로 인해 다시 회복될 수 없는 상태에 처하게 되는 것을 묘사한다. 스라야가 예레미야의 명령에 따라 수행했는지의 여부는 기록하지 않는다. 하지만 이 사건기록은 예레미야서 안에서 바벨론의 멸망을 가시화하고 확언하는 기능을 충분히 감당한다. 스라야가 예레미야의 명령을 수행했는지의 여부는 스라야의 몫으로 남는다. 또한 스라야가 수행했다면 두루마리 책을 신뢰하고 하나님이 하실 일을 기대하는 것은 스라야의 행동을 목격하고 그의 말을 들은 유다 포로들의 몫으로 남는다. 이는 마치 예레미야서를 읽고 그가 선포하는 신탁들을 하나님의 말씀과 약속으로 받는지의 여부가 독자의 몫으로 남는 것과 같다.

역사적 정황을 고려하면 같은 시기에 예레미야가 시드기야 왕과 유다백성에게 바벨론에게 항복하라는 신탁을 전했을 뿐만 아니라 바벨론의 멸망에 대한 신탁도 함께 전한 것을 볼 수 있다(cf. 21:1-10). 그렇다면 바벨론 왕에게 항복하라는 예레미야의 신탁이 단지 바벨론의 권력에 복종하거나 친 바벨론 정책을 옹호하는 것이 아님을 분명하게 알려 준다. 결과적으로 예레미야는 하나님이 그의 입에 두신 말씀을 그대로 전하는 참 선지자의 사역을 감당했다는 사실이 전달된다.

"예레미야의 말이 이에 끝나니라"는 표현은 예레미야가 전한 신탁들의 기록이 마무리된 것을 의미한다.[162] 따라서 52장의 저술과 관련해서는 예레미야와 직접적인 연관이 없다. 52장이 열왕기하 24:18-25:30의 본문을 거의 그대로 서술하고 있는 것과 52장 31-34절의 여호야긴의 석방기록(주전 561년의 사건)은 52장이 예레미야가 아닌 다른 손길에 의해 첨부된 것임을 보여준다. 하지만 이러한 사실이 52장을 제외한 예레미야서의 예레미야 저작권이나 그의 신탁의 진정성에 대한 반박의 결정적인 근거가 되는 것은 아니다.

현재적 적용 | 묵상

1. 모든 사역을 혼자 감당하지 않고 상황에 맞추어 나누고 동역하는 지혜를 발휘하는가? 사역을 나누는 것 역시 겸손의 표현인 것을 기억하는가?
2. 주위에 스라야처럼 사역을 나눌 수 있는 지체가 있는가? 또한 신앙공동체 안에서 스라야와 같은 역할을 감당하는가?
3. 병참감이었던 스라야는 소위 말하는 "평신도"임에도 막중한 사역을 부여 받고 감당한 것처럼, 교회 안에서의 직책에 관계없이 주어진 사역을 감당하고 있는가? 섬김을 우선하는가, 아니면 직책이 주어지면 섬기겠다고 생각하는가?
4. 입으로만 성도의 삶을 말하는 것이 아니라 실제적인 행동과 삶으로 성도의 삶을 가시화하고 볼 수 있게 하는가?
5. 성경을 읽고 진리를 알게 되면서 그 진리가 하나님께 드리는 나의 고백과 확

162) 이 표현은 Harrison이 지적하는 바와 같이 52장을 첨부한 이가 그의 첨부와 예레미야의 신탁들을 구분하기 위해 기록한 것으로 보인다(Harrison, *Jeremiah & Lamentations*, 189). 이는 그가 1-51장의 기록을 예레미야의 신탁으로 간주하고 있음을 보여준다.

신이 되고 있는가?

6. 세상에 벌어지는 많은 사건들을 단지 정치적, 사회적, 문화적 요인으로 인해 발생하는 일들로만 이해하는가, 아니면 하나님의 주권과 섭리에 따라 일어나는 일들로 하나님의 눈으로 바라보고 이해하는가?

제9장

역사기록(52:1-34)

예레미야서의 긴 여정이 유다와 예루살렘이 멸망하는 사건에 대한 기록으로 마무리된다.[1] 일반적으로 52장을 "역사부록(또는 보충)"(historical appendix/ supplement)으로 간주하는데, 그 근거는 두 가지다. 하나는 51장 64절이 "예레미야의 말이 이에 끝나니라"라는 서술과 함께 예레미야가 전한 신탁들에 대한 기록을 마무리하는 것이다. 다른 하나는 52장 31-34절이 주전 561년의 사건인 여호야긴의 사면을 기록하는 것이다. 따라서 52장이 첨부된 것은 후대의 손길, 즉 여호야긴의 사면(주전 561년)을 알고 있는 이에 의한 작업이다. 열왕기하 24:18-25:17에 52:28-30의 포로에 대한 기록을 삽입한 후 예레미야서의 마지막에 부록으로 첨부한 한 것으로 이해한다. 52장의 등장이 최종 형태의 예레미야서에 편집자의 손길을 어느 정도 그리고 어디까지 관여했는지에 대해 구체적인 답변을 주지는 않는다. 하지만 최소한 이것은 유다 포로들에게 예레미야의 신탁을 전달하고자 했던 손길에 의해 예레미야서가 지금의 최종 형태를 취하게 되는 작업이

---

1) 52장은 열왕기하 24:18-25:17과 역대하 36:11-21과 유사한 기록이다. 왕하 24:18-25:17과는 부분적인 미세한 차이와 52:28-30의 포로에 대한 기록을 제외하고는 거의 일치한다. 역대하 36:11-21은 시드기야의 등극과 그에 대한 신학적 평가, 예루살렘의 함락과 시드기야의 체포에 대한 사건만 기록한다(cf. 52:1-11; 왕하 24:18-25:7).

있었던 것을 의미한다. 그렇다면 최종 형태의 예레미야서는 예레미야서 전체를 포로기의 관점에서 재조명해서 읽을 것을 요구한다. 같은 맥락에서 52장의 의미와 역할을 예레미야서 전체의 구조 속에서 뿐만 아니라 포로기의 정황을 함께 고려해서 살필 필요가 있다.[2)]

예레미야서 안에서 52장의 역사기록은 예레미야가 전한 신탁의 진정성과 성취의 확실성을 증명해주는 기능을 한다. 52장은 유다와 예루살렘의 멸망이 예레미야가 예고한 바대로 성취됐음을 확인해준다. 이는 예레미야가 하나님의 신탁을 받아서 전달한 참 선지자라는 사실을 증명한다. 그렇다면 유다 포로들은 예레미야가 선포한 회복신탁에 주목하게 되고 그 성취에 대한 기대를 갖게 된다. 이것이 52장을 첨부한 이의 의도로 보인다. 죄로 인한 여호와의 심판을 인정하고 겸비하게 그가 이루실 회복을 소망하고 기대하라는 것이다. 여호야긴의 사면은 이 소망에 대한 전조이고 확증이다. 다윗왕조가 완전히 소멸되지 않고 하나님의 은혜를 얻고 있음을 보여주기 때문이다.

52장은 사건 자체를 전달하는 단순 보고형식의 서사(historical narrative)다. 서사분석의 원리에 따라 주요 사건 및 시간과 장소, 등장인물 등의 변화에 주목하면 네 개의 작은 단락으로 구분된다: (1) 1-5절; (2) 6-11절; (3) 12-30절; (4) 31-34절. 첫 번째 단락(1-5절)은 시드기야의 등극과 그에 대한 신학적 평가 및 사건의 정황에 대한 정보를 제공한다. 이어서 6절에 4월 9일(시드기야 11년)이 구체적으로 언급되면서 두 번째 단락(6-11절)의 시작을 나타낸다. 이 단락은 예루살렘 함락과 시드기야의 체포에 대한 사건을 기록한다. 첫 번째와 두 번째 단락은 시드기야에 집중한다. 12절의 느부갓네살 19년 5월 10일(시드기야 11년, 주전 586년)에 대한 언급과 새로운 인물인 느부사라단의 등장이 세 번째 단락(12-30절)의 시작을 보여준다. 이 단락은 성전과 예루살렘과 성읍들의 파괴, 성전의 약탈, 유다백성의 포로에 대해 기록한다. 느부사라단과 갈대아 사람의 모든 군대가 사건을 주도하는 주요 인물이다. 31절에 새로운 역사정보가 기록되면서 네 번째 단락이 시작한다. 여호야긴이 포로로 잡혀간 지 37년째 되는 해, 곧 바벨론 왕 에윌므로닥 왕 원년(주전

---

2) 예레미야 52장과 열왕기하 24:18-25:30이 거의 동일하게 사건을 기록하고 있지만 이 본문들이 각각 예레미야서와 열왕기서 안에서 갖는 기능을 살피는 것은 흥미롭다.

561년)이다. 에윌므로닥과 여호야긴이 새로운 인물로 등장한다. 또한 장소의 변화가 나타난다. 네 번째 단락이 서술하고 있는 사건이 발생한 장소는 바벨론이다. 이 단락은 여호야긴의 사면사건에 집중한다. 이러한 요소들을 고려해서 52장의 구조를 분석하면 아래와 같다.

1. 시드기야의 등극과 신학적 평가, 사건의 정황(1-5절)
2. 예루살렘 함락과 시드기야의 체포(6-11절)
3. 느부사라단에 의한 성전과 예루살렘의 파괴, 약탈과 유다 포로(12-30절)
4. 여호야긴의 사면(31-34절)

유다의 멸망은 그 당시 백성이 가지고 있던 잘못된 언약 이데올로기를 거부하시는 하나님의 심판이라는 큰 틀 속에서 이해해야 한다. 북이스라엘은 주전 722년에 앗시리아에 의해 멸망당하지만, 멸망을 면하고 나라를 유지할 수 있었던 유다백성은 그들의 생존이 예루살렘과 시온에 거하는 것, 성전에서 제사를 드리는 것, 다윗왕조가 그들과 함께 하고 있는 것 때문이라는 결론을 가지게 됐을 것이다. 이것은 그들이 어떠한 삶을 사는 것과는 관계없이 그들이 결코 멸망하지 않을 것이라는 잘못된 확신을 주었다. 결국 이러한 사고는 유다백성 안에 왜곡된 언약 이데올로기로 정착하게 됐고 백성은 점점 더 언약의 요구와 분리된 삶을 살면서도 언약의 요소들(예루살렘, 시온, 성전, 다윗왕조)을 소유하고 있다는 사실만으로 그들의 안정과 평안을 확신했다. 따라서 예레미야의 주요 메시지 중의 하나는 바로 이 왜곡된 확신을 책망하는 것이다. 하나님은 그의 백성이 언약백성의 정체성을 지키지 못할 때는 모든 언약 요소들을 과감히 거부하실 수 있음을 선포하신다. 52장 1-30절은 바로 이러한 거부에 따른 결과를 기록한다. 그러나 그럼에도 불구하고 여호야긴의 사면(52:31-34)을 통해 하나님은 회복의 계획을 여전히 기억하고 있음을 전달하시면서 포로기의 백성이 회복에 대한 소망을 품게 하신다.

1. 시드기야의 등극과 신학적 평가, 사건의 정황(1-5절)

예레미야서에서 유다와 예루살렘과 관련된 역사적 사건들을 기록할 때 집중적으로 언급된 유다의 왕은 여호야김과 시드기야다.[3] 하지만 52장의 역사기록은 시드기야에만 집중한다. 이는 52장이 유다와 예루살렘의 멸망 사건에 초점을 맞추고 있기 때문이다. 52장 1-5절은 열왕기하 24:18-25:2과 동일한 기록이다. 본 단락(52: 1-5)은 1-2절과 3-5절로 구분되는데, 1-2절은 시드기야의 등극과 그에 대한 신학적 평가를 간략히 서술하고 3-5절은 여호와가 예루살렘과 유다에 진노하심으로 그의 백성을 자기 앞에서 쫓아내신 사건의 정황을 소개한다.[4] 하지만 전달하는 정보에 근거해서 52장 1-5절을 분석하면 다음과 같다.

a. 시드기야의 등극(1절)
  b. 시드기야에 대한 신학적 평가(2절)
    c. 하나님이 유다백성을 추방하신 사건의 정황(3-5절)

시드기야의 등극과 신학적 평가(1-2절)

바벨론에 의해 포로로 잡혀간 여호야긴의 뒤를 이어 그의 삼촌인 시드기야가 21세에 유다의 왕으로 등극해서 11년간 예루살렘을 통치한다. 그의 어머니에 대한 정보가 함께 서술된다. 립나인 예레미야의 딸 하무달이다. 시드기야에 대한 신학적 평가는 부정적이다. 여호야김의 모든 행위에 따라 여호와 보시기에

---

3) 요시야가 예레미야서 전반에 걸쳐 언급되기는 하지만 사건과 관련해서 주요 인물로 등장하지 않는다.

4) 히브리어 원문의 구문에 따르면, 52장 1-5절은 1-2절과 3-5절로 구분된다. 2절은 ו바브 미완료 연계형(וַיַּעַשׂ바이아아스; "그가 행했다")에 의해 1절에 결속된다. 3절은 접속사 כִּי키(여기서는 강조용법, "참으로")에 의해 구문에 있어서 2절과 분리된다. 3절의 완료형, הָיְתָה하예타("그것이 있었다")에 이어서 5절까지는 ו바브 미완료 연계형들에 의해 함께 묶인다: וַיִּמְרֹד바이임로드("그가 배반했다," 3절); וַיְהִי바예히("그것이 있었다/일어났다," 4절); וַיַּחֲנוּ바이야하누("그들이 진을 치다," 4절); וַיִּבְנוּ바이이브누("그들이 쌓았다," 4절); וַתָּבֹא발타보("그것이 포위됐다," 5절). 4절의 ו바브 미완료 연계형, וַיְהִי바예히는 주로 사건서술을 시작하는 전형적인 표현이지만 본 절에서는 3절의 마지막 문장, וַיִּמְרֹד바이임로드("그가 배반했다")에 이어지는 연계형으로 보는 것이 적절하다. 즉, 시드기야가 바벨론 왕을 배반했고 이에 따라 연계된 결과(행위)는 4절이 서술하는 바다. 그렇다면 5절의 ו바브 미완료 연계형, וַתָּבֹא발타보는 자연스럽게 4절과 함께 3절에 연결된다. 6절은 부사구 "넷째 달에"(בַּחֹדֶשׁ הָרְבִיעִי바호데쉬 하레비이)로 시작되면서 ו바브 미완료 연계형을 이어가지 않기 때문에 앞 절들과는 구분된다.

악을 행한 왕이다.

하나님이 유다백성을 추방하신 사건의 정황(3-5절)
여호와의 진노하심으로 유다백성이 그에게서 추방을 당하는 일이 예루살렘과 유다에 있었는데, 시드기야가 바벨론 왕을 배반한 정치적 사건이 추방의 결정적 계기다. 시드기야의 배반에 대한 보응으로 바벨론 왕 느부갓네살이 시드기야 9년 10월 10일에 예루살렘을 포위하기 시작하고 그 포위가 시드기야 11년까지 이어진다.

주해

1-2절. 유다의 마지막 왕인 시드기야의 등극과 그에 대한 신학적 평가가 서술된다. 시드기야는 그의 조카인 여호야긴의 뒤를 이어 바벨론 왕 느부갓네살에 의해 유다의 왕위에 오른다(cf. 왕하 24:17). 본래 시드기야의 이름은 맛다니야(מַתַּנְיָה 맡탄야)인데, 느부갓네살이 그를 유다의 왕으로 삼으면서 그의 이름을 시드기야로 바꾼다. 왕위에 오를 때 시드기야의 나이는 21세였고 11년(주전 597-586년) 동안 유다를 통치했다(1절). 시드기야의 어머니는 립나인 예레미야의 딸 하무달인데, 어머니에 대한 정보가 서술되는 것은 유다 왕에 대한 기록에만 나타나는 열왕기서의 특징이다. 시드기야에 대한 신학적 평가는 부정적이다. "그가 여호야김의 모든 행위를 본받아 여호와 보시기에 악을 행한지라"(2절). 히브리어 원문의 표현, כְּכֹל אֲשֶׁר־עָשָׂה יְהוֹיָקִים 케콜 아쉐르 아사 예호야킴은 여호야긴이 한 모든 것을 그대로 시드기야가 했다는 의미다. 이는 시드기야가 과거로부터 내려오는 악의 사슬을 끊지 못하고 그대로 답습한 과오를 지적한다. 하나님의 진노를 자극한 여호야김의 악행에서 시드기야는 벗어나지 못했다. 예레미야 선지자의 권고를 듣고 고질적인 악행을 단절할 수 있는 기회가 있었지만 이것을 포기하고 결국 시드기야는 멸망의 길을 선택했다.[5]

---

5) 역대하 36장 11-21절에 따르면 시드기야의 과오는 첫째, 하나님이 선지자 예레미야를 통하여 그 의 말씀을 지속적으로 전달해도 그가 겸비하게 순종하지 않은 것이다(대하 36:12). 둘째, 하나님을 가리켜 맹세한 바벨론 왕과의 맹약을 지키지 않고 교만함으로 그를 배반하고 결국 하나님께로 돌아오지 않은 것이다(대하 36:13; cf. 겔 17:19).

3-5절. 시드기야의 악행은 하나님의 진노를 자극하기에 충분했고 결국에는 진노하신 하나님이 유다백성을 그의 면전(פָּנָיו 파나브)에서 쫓아내시는 사건이 예루살렘과 유다에 발생한다(3절). 이 사건에 결정적 계기가 된 것은 시드기야가 바벨론 왕 느부갓네살을 배반한 것이다. 예레미야는 하나님의 심판도구인 바벨론 왕 느부갓네살에게 순종하고 그를 섬기라는 하나님의 말씀을 전달했다(cf. 27:1-22). 하지만 시드기야는 생명의 길을 포기하고 죽음의 길, 곧 심판의 길을 선택한다. 이것은 바벨론을 통한 하나님의 정당한 심판을 거부하고 자신의 죄를 인정하지 않는 것일 뿐만 아니라 그의 백성을 위한 하나님의 계획을 거절하는 것이다. 바벨론의 멍에를 수용하라는 권고가 반국가적이고 매국노적 명령이기에 어느 누구도 수용하기 힘든 것이 분명하다. 하지만 이것은 하나님이 그의 선지자를 통해서 전달하신 그의 뜻이고 계획이었다. 하나님의 분명한 계획이 전달됐음에도 불구하고 시드기야는 자신의 영적 무지로 인해 그의 계획을 거부하여 바벨론 침공의 직접적인 원인을 제공한다. 결국 시드기야의 배반은 유다의 멸망을 초래한다. 지도자의 실패가 백성의 실패와 유다의 멸망으로 이어진 것이다.

시드기야가 바벨론 왕 느부갓네살과의 종속계약을 어기고 이집트의 도움으로 바벨론의 압제에서 벗어나려고 한 것이 배반의 내용이다(cf. 겔 17:1-21). 시드기야의 배반을 알게 된 느부갓네살은 시드기야의 통치 9년 열째 달 열째 날에 그의 군대를 모두 동원하여 예루살렘을 포위한다(주전 587년 1월 10일; cf. 39:1). 느부갓네살의 포위가 이집트 군대의 출정으로 일시적으로 중단되기는 하지만(cf. 37:11), 시드기야 11년까지 지속된다. 이어서 서술되는 사건들은 이 정황에서 벌어진다. 3절의 평가, 즉 52장을 기록한 사가의 평가에 따르면, 유다의 멸망은 단순한 정치적 사건이 아니라 여호와가 그의 분노로 유다를 그의 앞에서 쫓아내신 사건이다. 이는 이어지는 사건을 바라보는 관점을 제공한다.

현재적 적용 | 묵상

1. 하나님의 관점으로 나의 삶을 면밀히 살펴서 평가하면, 과연 어떤 평가일까? 행한 바에 따라 엄격하게 평가하시고 판결을 내리시는 하나님의 모습을 기억하고 살아가는가?

2. 과거로부터 내려오는 악행을 단절하지 못하는 이유는 그 악행이 우리 안에 자연스럽게 스며들어 익숙해지고 습관이 됐기 때문은 아닌가? 또한 악을 구분하지 못하는 영적 무지 때문은 아닌가? 혹시 끊어버려야 할 악행인 것을 알지만 이기적인 욕심 때문에 주저하는 것은 아닌가?

3. 하나님의 면전에서 쫓겨날 정도로 하나님을 화나게 하는 것은 아닌가?

4. 사람들과의 신의를 지키는 성도인가? 확신을 주기 위해 하나님의 이름을 말하거나 성도라고 말하며 약속을 하지만 이기적인 욕심 때문에 하나님의 이름 또는 "성도"라는 이름을 욕되게 하는 것은 아닌가?

5. 내 판단과 생각과 다른 하나님의 계획이 전달됐을 때 그 계획에 순종할 마음을 갖는가? 아니면 여전히 그의 응답이 없었다고 말하며 외면하는 것은 아닌가?

---

2. 예루살렘 함락과 시드기야의 체포(6-11절)

"넷째 달 구일"이라는 날짜정보와 함께 두 번째 단락이 시작된다.[6] 이 때는 시드기야 11년의 넷째 달이다. 본 단락은 두 가지 사건을 서술한다. 하나는 18개월의 긴 포위공격 끝에 바벨론 군대가 예루살렘을 함락한 사건과 시드기야가 도망가다가 체포되어 수모를 당한 사건이다. 사건기록은 시드기야의 체포와 수모에 집중한다. 이는 고질적인 죄를 단절하지 못하고 하나님 앞에 악을 행한 자의 최후를 보여준다. 지도자로서 시드기야의 실패는 예루살렘의 함락과 유다의 멸망을 초래했다. 본 단락은 예루살렘의 함락(6-7절상)과 시드기야의 체포와 수모(7절하-11절)로 구분된다.

a. 예루살렘의 함락(6-7절상)
b. 시드기야의 체포와 수모(7절하-11절)

예루살렘의 함락(6-7절상)

예루살렘에 물과 양식이 떨어지자 더 이상 버티지 못하고 시드기야 11년 넷째

---

6) 왕하 25:3-7과 동일한 기록이다.

달 구일에 마침내 예루살렘이 바벨론 군대에 의해 함락된다.

시드기야의 체포와 수모(7절하-11절)
예루살렘이 함락되자 군사들과 함께 시드기야가 도주한다. 하지만 갈대아 군대에 의해 여리고 평지에서 체포되고 군사들은 그를 떠나 흩어진다. 바벨론 왕 느부갓네살에게 끌려온 시드기야는 그의 눈앞에서 아들들과 고관들이 죽임을 당하는 것을 목격한다. 결국 두 눈이 뽑히고 놋사슬에 결박되어 바벨론으로 끌려가고 죽는 날까지 옥에 갇히는 수모를 당한다.

주해

6-7절상. 거의 18개월에 달하는 포위공격으로 인해 예루살렘은 극심한 기근과 식량부족에 시달리게 되면서 저항하지 못하는 상황에 처한다(6절). 애가 4장 10절은 예루살렘 성의 극심한 기근으로 인해 심지어 부모가 자녀들을 삶아먹는 처참한 상황이 벌어졌다고 기록한다. 이와 같이 유다가 더 이상 저항할 수 없는 상황에 처하게 되자 바벨론 군대가 성벽에 구멍을 뚫고 진입해서 예루살렘을 함락한다.

7절하-11절. 예루살렘 성이 느부갓네살의 군대에 의해 장악되자 시드기야와 그의 군사들은 밤에 도주한다(cf. 왕하 25:1-7).[7] 그들은 두 성벽 사이에 있는 왕의 동산 곁문 길로 도망하여 예루살렘 성을 무사히 빠져 나온다(7절하). 시드기야와 군사들은 아라바 길까지 도망하면서 도주에 성공하는 듯 보인다. 이것은 어둠 속에서 시드기야가 도주하게 될 것이라고 선포한 에스겔의 신탁이 성취되는 장면이다(겔 12:12). 하지만 바벨론 군대가 그들을 추격해서 여리고 평원에서 체포하고 시드기야와 함께 있던 군사들은 그를 버리고 흩어져 도망한다(8절). 사로잡힌 시드기야는 당시 립나(시리아의 안디옥)에 주둔하고 있던 느부갓네살 왕에게로 끌려가 심문을 받는다(9절). 느부갓네살은 시드기야의 배반에 대한 대가로 그의 아들들과 유다의 모든 귀족들에게 사형을 선고한다. 시드기야가 느부갓네살을 대면한

7) 애가의 저자는 이 장면을 "그의 지도자들은 꼴을 찾지 못한 사슴처럼 뒤쫓는 자 앞에서 힘없이 달아났다"고 묘사한다(애 1:6).

후 판결을 받는 것은 예레미야의 신탁이 그대로 성취된 것을 보여준다(cf. 32:3-4). 시드기야는 그들이 죽임을 당하는 처참한 광경을 직접 목격한 후 두 눈이 뽑히고 놋사슬에 묶인 채 바벨론에 포로로 잡혀가는 수모를 당한다. 에스겔 선지자가 예언한 바대로 두 눈이 뽑힌 시드기야는 그 땅을 보지 못하고 "감옥"(בֵּית־הַפְּקֻדֹּת 배트-합페쿠도트)에서 죽는다(cf. 겔 12:13).[8] 예루살렘과 시드기야가 맞이한 운명은 예레미야의 신탁이 성취된 것에 대한 증거다. 그렇다면 포로기의 정황 속에서 예레미야의 신탁을 읽는 신실한 유다백성은 예레미야가 선포한 회복에 대한 소망을 분명히 가질 수 있었을 것이다.

---

8) 시드기야가 머물게 될 "옥"이 בֵּית־הַפְּקֻדֹּת 배트-합페쿠도트로 표현되는데, 이 표현은 32장 5절을 연상시킨다. 32장 5절에서 하나님은 시드기야가 바벨론으로 끌려가면 "내가 [그를] 돌볼 때까지"(עַד־פָּקְדִי אֹתוֹ 아드-포크디 오토) 거기에 있을 것이라고 선언하셨다. 이 선언에 사용된 동사는 הַפְּקֻדֹּת 합페쿠도트와 어근이 같은 פָּקַד 파카드("방문하다," "돌보다," "징벌하다")다. 따라서 בֵּית־הַפְּקֻדֹּת 배트-합페쿠도트라는 표현은 시드기야가 바벨론에서 하나님의 돌보심을 기다리면서 그곳에 머무는 장면을 떠올리게 한다. 하나님이 돌보지 않으시면 그가 그곳에서 나올 수 없다는 의미도 전달된다. 특히 동일한 사건을 서술하고 있는 열왕기하 25장에는 "그가 죽는 날까지 옥에 가두었더라"(52:11)는 표현이 서술되지 않는다. 그렇다면 בֵּית־הַפְּקֻדֹּת 배트-합페쿠도트라는 표현이 사용된 것은 32장 5절을 연상시키기 위한 의도로 보인다. 또한 이것은 52장을 예레미야서에 첨부한 이가 예레미야의 신탁을 분명하게 이해하고 있음을 보여준다. 칠십인경은 בֵּית־הַפְּקֻדֹּת 배트-합페쿠도트를 οἰκίαν μύλωνος("제분소"/ "millhouse")로 번역한다. 31절에서 여호야긴의 경우 בֵּית הַכְּלִיא 배트 합케리("감옥," 31절)를 사용한다. 열왕기서의 기록에는 없는 포로 수의 목록(52:28-30)이 52장에 추가된다. 이것 역시 בֵּית־הַפְּקֻדֹּת 배트-합페쿠도트를 추가한 것과 같은 맥락에서 예레미야가 회복을 누리는 이들이 포로지의 백성이라고 선언한 것을 반영해서 포로로 잡혀온 유다백성 모두에게 "이 수에 포함된 너희가 바로 회복을 기대할 수 있는 이들"이라는 사실을 상기시키려는 것은 아닐까? 50장 20절에서 하나님은 "그 날 그 때에는 이스라엘의 죄악을 찾을지라도 없겠고 유다의 죄를 찾을지라도 찾아내지 못하리니 이는 *내가 남긴 자*를 용서할 것"이라고 약속하셨다. 그렇다면 포로로 끌려간 수에 포함된 이들은 하나님의 죄 사함을 누릴 수 있는 그가 남긴 자들이 된다.

현재적 적용 **묵상**

1. 불순종으로 일관한 시드기야의 최후가 가련하지 않은가? 혹시 내가 그런 가련한 신세가 되는 것은 아닌가?

2. 시드기야의 영적 실패가 실제적인 실패와 고통으로 연결된 것처럼, 내가 겪고 있는 실패나 고통이 영적 실패로 인한 것은 아닌가?

3. 하나님의 뜻에서 어긋난 선택이 어떤 결과를 가져올지에 대해 예레미야를 통해 분명히 들었음에도 불구하고 시드기야가 처참한 지경에 이른 것은 하나님의 눈치를 본 것이 아니라 주변 고관들과 백성의 눈치를 보았기 때문인 것을 기억하는가? 나는 누구의 눈치를 보는가?

3. 느부사라단에 의한 성전과 예루살렘의 파괴, 약탈과 유다 포로 (12-30절)

일자를 나타내는 부사구 בַּחֹדֶשׁ הַחֲמִישִׁי 바호데쉬 하하미쉬("다섯 째 달")와 함께 세 번째 단락이 시작된다.[9] 본 단락은 예루살렘이 함락된 후 여호와의 전과 예루살렘과 성읍들이 파괴되고 약탈당한 사건과 유다백성이 포로로 사로잡혀 간 사건을 자세히 기록한다. 바벨론 왕의 어전 사령관 느부사라단과 갈대아 사람의 모든 군대가 주요 인물로 등장한다. 다섯 째달 열째 날에 느부사라단과 갈대아 군대는 예루살렘으로 와서 파괴와 약탈을 시작한다. 본 단락(52:12-30)은 이들이 행한 일을 중심으로 다섯 개의 단락으로 구분된다.

도입(12절)
  a. 성전과 예루살렘과 성읍들의 파괴(12-14절)
    b. 포로생포와 남겨진 빈민들(15-16절)
      c. 성전 약탈(17-23절)

9) 포로목록을 제외하고 본 단락은 왕하 25:8-17과 동일한 기록이다(cf. 대하 36:18-19).

d. 유다 고관들의 처형과 포로압송(24-27절)
e. 포로목록(28-30절).

성전과 예루살렘의 파괴는, 하나님의 언약에 따라 살지 않으면서도 막연히 언약 자체에만 안주하며 왜곡된 확신을 가지고 있을 때 과감히 언약을 거부하시며 심판하실 수 있는 하나님의 주권을 보여준다. 유다백성은 하나님의 언약을 받은 자들이지만 그 언약을 누리지는 못한다. 왜냐하면 그 언약이 요구하는 하나님의 백성으로서의 삶을 스스로 거부하고 포기했기 때문이다.

도입, 성전과 예루살렘과 성읍들의 파괴(12, 13-14절)

느부갓네살 왕 19년 다섯째 달에 바벨론 왕의 어전 사령관 느부사라단이 예루살렘에 온다. 그의 주도 하에 성전과 왕궁, 예루살렘의 모든 집들과 예루살렘 성벽이 파괴된다.

포로생포와 남겨진 빈민들(15-16절)

느부사라단은 가난한 자들을 남겨두어 포도원과 밭을 관리하게 하고 그 외 모든 백성은 포로로 사로잡아간다.

성전 약탈(17-23절)

갈대아 군대는 여호와의 전을 약탈하고 성전의 기명들과 놋으로 만든 것들을 모두 취해서 바벨론으로 가져간다.

유다 고관들의 처형과 포로압송(24-27절)

대제사장 스라야를 비롯해서 유다의 지도자들과 평민 60명이 느부사라단에 의해 체포되어 립나에 있는 느부갓네살 왕에게로 끌려간다. 바벨론 왕은 립나에서 그들을 모두 처형하고 살아남은 백성은 바벨론에 포로로 사로잡혀간다.

포로목록(28-30절)

느부갓네살 통치 7년, 18년, 23년에 세 차례에 걸쳐 유다백성이 포로로 잡혀갔으며 전체 숫자는 4,600명이다.

주해

12-14절. 앞 단락(6-11절)이 다윗왕조의 비참한 최후를 기록한 반면에 본 단락은 유다 백성이 상상하지 못했던 여호와의 성전과 예루살렘의 파괴를 기록한다. 하나님의 백성이 그들의 정체성에 맞는 삶을 살도록 인도하지 못한 다윗왕조의 실패는 그들로 하여금 언약백성의 특권을 상실하게 만든다. 유다백성이 상실한 특권들 중 중요한 세 가지가 차례로 언급된다. 첫째, 다윗왕조의 보좌가 놓인 예루살렘 성이 파괴된다(13-14절). 다윗왕조의 몰락과 더불어 예루살렘 성의 파괴는 영원한 보좌를 보장하는 다윗언약에 대한 하나님의 거부를 의미한다. 예루살렘이 함락된 것은 바벨론 왕 느부갓네살의 통치 19년 넷째 달 구일이다(시드기야 11년; 주전 586년). 한 달이 지난 다섯째 달 십일에 바벨론 왕의 어전 사령관 느부사라단의 주도 하에 바벨론 군대는 여호와의 성전을 비롯하여 왕궁과 예루살렘의 모든 집들을 불로 태워서 파괴한다(13절; cf. 27:19-22). 예루살렘 성벽의 파괴는 예루살렘이 더 이상 대적의 공격을 방어할 수 없고 완전히 점령됐음을 보여주는 가시적 증거다(14절). 또한 하나님의 보호가 가시적으로 제거된 것을 의미한다. 회복이 시작된 포로후기의 정황에서 여전히 예루살렘 성벽과 성문이 파괴된 채로 방치된 것이 느헤미야에게 슬픔으로 다가온 이유를 같은 맥락에서 이해할 수 있다(cf. 느 1:1-4). 예루살렘 성벽과 성문이 파괴된 상태에 있다는 소식을 접한 느헤미야는 예루살렘으로 돌아와 주변의 위협과 반대에도 불구하고 52일 만에 성벽과 성문을 재건하여 회복된 예루살렘에 하나님의 보호가 있음을 가시적으로 볼 수 있게 한다(느 6:15-16). 12절은 느부갓네살 19년으로 표기하는 반면에 29절은 18년으로 기록하면서 차이가 나타나는데, 후자의 경우 느부갓네살이 등극한 해를 포함하지 않은 연도계산으로 보인다.

15-16절. 둘째, 아브라함의 자손은 약속의 땅에서 쫓겨나 흩어진다. 이는 약속의 땅에 거할 수 있는 특권의 상실이다. 하나님이 아브라함의 자손을 약속의 땅으로 인도하시고 그곳에 거하게 하셨지만 유다백성이 스스로 하나님을 거부하고 우상들을 숭배하면서 약속의 땅에서 쫓겨나는 신세에 처한다. 느부사라단은 예루살렘 성에 남아 있는 백성과 항복한 자들과 유다의 다른 지역에 남은 자들("무리의

남은 자"; cf. "남은 백성," 39:9)을 모두 사로잡아간다. 그러나 빈민들은 남겨두어 포도원과 밭을 가꾸는 농부의 일을 감당하게 한다(cf. 39:10). 예루살렘 성에 빈민들만 남겨두는 것은 유다가 다시는 반역을 꾀하지 못하게 하려는 의도로 보인다. 예레미야의 신탁에 따라 바벨론 왕에게 항복한 자들은 바벨론의 공격으로부터 목숨을 구하지만 포로가 되어 바벨론으로 사로잡혀 간다.[10] 개역개정이 "무리의 남은 자"로 번역한 히브리어 표현, יֶתֶר הָאָמוֹן 예테르 하아몬은 "나머지 기술자들"을 의미하기도 한다(cf. "남아있던 세공장이들"[우리말성경]; "나머지 기술자들"[새번역; 쉬운성경]). 이 번역을 따르면, יֶתֶר הָאָמוֹן 예테르 하아몬이 느부갓네살이 주전 597년에 여호야긴 왕과 더불어 유다의 기술자들을 사로잡아갔는데, 이때 사로잡혀가지 않고 남겨진 기술자들을 가리키는 것으로 보인다(cf. 왕하 24:14). 느부사라단이 나머지 기술자들도 모두 바벨론으로 사로잡아가는 것은 예루살렘의 재건을 도모할 수 없게 만들려는 의도를 분명하게 보여준다.

17-23절. 셋째, 하나님의 임재의 상실이다. 그의 임재에 대한 가시적 상징인 성전이 철저하게 파괴된다. 궁극적으로 성전의 파괴는 여호와와의 단절을 의미한다. 성전의 파괴와 더불어 유다백성은 하나님의 임재를 경험하고 그의 말씀을 듣고 자신들의 죄를 속하는 장소를 잃는다. 바벨론으로 옮겨진 성전의 기명들에 대한 서술(17-23절)이 열왕기하 25장 13-17절의 기록보다 더 자세하다(cf. 22-23절). 갈대아인들은 놋으로 된 물건들(기둥과 받침들과 놋대야)을 깨뜨려 작게 만들어 바벨론으로 가져간다(17절). 뿐만 아니라 제의에 필요한 금과 은으로 된 기명들을 모두 약탈한다(18-19절). 솔로몬이 여호와의 성전을 웅장하고 아름답게 건축했지만 유다백성의 죄악으로 인해 이방인들이 성전을 철저하게 파괴한다. 성전이 파괴된 것은 유다백성이 가증한 것들로 성전을 온갖 우상으로 더럽히고 불의를 행했기 때문이다(cf. 7:1-15; 겔 8장). 하지만 바벨론이 성전을 파괴한 것은 하나님이 바벨론에게 그의 보복을 행하시는 원인이 된다(cf. 50:28; 51:11). 17-23절(성전 약탈)은 27장 21-22절에 기록된 신탁의 성취에 대한 증거다. 여호야김 시대 이후로 바벨론 왕 느부갓네살에 의해 하나님의 심판이 이미 시작됐음에도 불구하고 거짓 선

10) 52장 28-30절은 세 차례에 걸쳐 바벨론에 포로로 잡혀간 유다백성의 수를 자세히 기록한다.

지자들은 그 당시 유다가 처한 상황이 오래가지 않을 것이라고 예언했다. 신속한 회복에 대한 확신을 주기 위해 거짓 선지자들은 바벨론 왕이 여호야긴 왕을 사로잡아 갈 때 약탈해간 성전 기구들이 속히 돌아올 것이라고 예언을 했다(cf. 27:16). 이때 예레미야는 그들의 예언이 거짓된 것임을 지적하는 하나님의 확고한 계획을 전달했다. 즉 그 당시 성전과 예루살렘에 남겨진 것들마저 모두 바벨론으로 옮겨질 것이며 하나님이 그것들을 돌아보게 될 날까지는 그곳에 있게 된다는 것이다. 바로 이 신탁이 그대로 성취된 것에 대한 증거가 17-23절이다(cf. 왕하 25:13-17; 대하 36:18). 하지만 역설적으로 이 신탁의 성취는 성전 기명들이 다시 성전으로 돌아올 것에 대한 소망을 갖게 한다. 왜냐하면 27장 22절이 "그 후에 내가 그것을 올려 와 이곳에 그것들을 되돌려 두리라"는 여호와의 약속을 서술하기 때문이다. 예루살렘 성전이 파괴된 것은 절망적이지만 성전 기명들이 파괴되지 않고 모두 바벨론으로 옮겨진 것은 후대에 성전제사가 다시 회복될 것이라는 예언의 성취를 기대하게 한다. 에스라 1장 7절은 페르시아 왕 고레스에 의해 이 약속이 성취된 것을 기록한다. 본 단락이 서술하고 있는 예루살렘 성과 성전의 파괴와 약속의 땅에서의 추방은 유다백성이 가지고 있었던 왜곡된 확신의 근거들을 모두 거부하시고 파괴하는 하나님의 심판이다. 달리 말하면 예루살렘 성전의 멸망과 다윗 왕조의 패망은 언약이 요구하는 삶과 무관하게 살았던 유다백성에게 성전과 다윗 왕권 자체가 그 어떤 것도 보장해 주지 않음을 확실히 보여주는 사건이다.

24-27절. 유다백성이 하나님의 백성으로 살기를 포기하면서 상실하게 된 특권들 중의 하나인 약속의 땅에서의 추방이 구체적으로 기록된다(cf. 15-16절). 바벨론의 사령관 느부사라단은 예루살렘을 파괴한 후 예루살렘에 살아남은 지도자들을 모두 체포한다(24-25절). 이때 체포된 사람들은 대제사장 스라야와 부제사장 스바냐, 성전 문지기 세 사람, 일부 고관들 및 평민 60명이다. 평민 60명이 다른 지도자들이 나열된 후에 언급되는 것을 고려하면 민간 지도자들인 것으로 보인다. 느부사라단은 이들을 립나에 있는 느부갓네살에게 압송한다(26절). 느부갓네살은 립나에서 그들을 모두 처형하고 남은 백성은 바벨론에 포로로 사로잡아간다. 느부갓네살이 예루살렘의 지도자들을 모두 처형하는 것은 느부사라단이 예루살렘에 세운 질서가 방해받지 않고 그대로 유지되게 하려는 의도로 보인다(cf. 16절). 예

루살렘의 지도자들이 처형되거나 포로로 사로잡혀가게 되면서 예루살렘에 남아있는 사람들은 바벨론의 통치를 거역하지 못하고 따를 수밖에 없었을 것이다. 또한 그 어떤 반역도 도모하지 못했을 것이다. 지도자들의 처형은 유다백성의 패역과 배교를 막지 못하고 오히려 주도한 지도자들에 대한 심판선언의 성취다.

28-30절. 느부갓네살에 의해 바벨론으로 사로잡혀간 유다백성의 수에 대한 자세한 정보가 주어진다. 28-30절은 열왕기하 25장에는 없는 기록이다. 느부갓네살은 세 차례에 걸쳐서 유다백성을 포로로 사로잡아 간다. 여호야김 3년(4년)에 포로를 잡아간 사건은 언급하지 않는다(cf. 단 1:1-2). 이는 시드기야에 집중하고 있기 때문인 것으로 보인다. 첫 번째는 느부갓네살 7년(주전 597년)에 여호야긴과 함께 사로잡혀간 포로들이다(28절). 이때 유다인 3,023명이 사로잡혀간다. 열왕기하 24장 10-17절을 보면 연도와 포로 숫자에 차이가 있다. 열왕기하 24장 12절은 8년으로 기록하고 있는데, 이것은 즉위 해를 포함한 계산으로 보인다. 28절의 3,023명은 유다 지파 사람들(יְהוּדִים 예후딤)만 계산된 것인 반면에 열왕기하 24장에 언급된 수(18000)는 유다 지파 외의 사람들도 포함한 계산으로 보인다.[11] 두 번째는 느부갓네살 18년(주전 586년)에 느부사라단이 예루살렘 성과 집들을 불태우고 사로잡아간 포로들이다(29절). 15-16절이 기록하는 것이 바로 이 사건이다(cf. 39:8-10). 이때 예루살렘에서 832명이 포로로 끌려간다. 세 번째는 느부갓네살 23년(주전 581년)에 느부사라단이 사로잡아가 포로들이다(30절). 745명이 포로로 잡혀갔다. 이 사건은 성경에 기록되지 않지만 두 가지 정황을 추정해 볼 수 있다. 첫째, 느부갓네살이 두로와 전쟁을 하던 중에 느부사라단을 모압과 암몬에 보내어 포로들을 사로잡아 오게 했는데, 이때 예루살렘에 남아있던 자들이 포로로 잡혀간 것으로 추정한다. 둘째, 41:1-10과 열왕기하 25:22-26은 바벨론 왕 느부갓네살이 세운 유다총독 그다랴의 암살을 기록하는데, 이에 대한 징벌로 느부사라단이 느부갓네살 23년(582-581년)에 유다에서 백성을 포로로 잡아간 것으로 추정한다.[12] 세

11) Martens는 28절의 수가 남자들만 계수한 것으로 추정한다(Martens, *Jeremiah*, 279). Longman의 경우, 28절과 왕하 24:14 간의 차이는 지도자들 또는 남자들만 계산했기 때문인 것으로 본다(Longman, *Jeremiah/Lamentations*, 323.

12) Martens, *Jeremiah,* 279.

번에 걸쳐 바벨론에 포로로 사로잡혀간 백성은 총 4,600명이다. 만약 이 숫자가 남자들만을 계산한 것이라면 실제 포로의 수는 열왕기서의 기록처럼 더 많았을 것이다. 24-30절이 성전 제사를 수행할 제사장들이 죽임을 당하고 약속의 땅을 잃은 언약백성이 흩어지게 된 심판의 결과를 적는 것이지만 다른 한편으로는 희망의 메시지를 간접적으로 전하기도 한다. 즉 하나님이 유다백성을 완전히 진멸하지 않으시고 그의 백성을 살려두시는 것을 보게 된다. 하나님은 결국 이들을 통하여 회복을 계획하신다(cf. 24:4-7). 이것은 앞 단락에서 성전 기구가 파괴되지 않고 바벨론으로 옮겨지는 것이 후대에 다시 돌아오는 것을 기대하게 하는 것과 같은 맥락이다. 결국 유다백성이 겪는 심판은 회복의 또 다른 시작이다. 다음 단락에서 이러한 희망의 시작이 더 구체화된다.

현재적 적용 | 묵상

1. 언약의 혜택과 특권만 누리려고 하고 의무는 외면한 유다백성처럼, 성도의 의무는 외면한 채 혜택과 특권만 기대하고 바라는 것은 아닌가?
2. 언약을 주셨지만 그것을 누릴만한 자격이 없는 자에게서 그 언약을 다시 취하시는 냉정하신 하나님이 유다의 멸망에서 보이는가? 그 하나님이 동일한 심정으로 한국교회를 또한 나를 바라보고 계신 것은 아닌가?
3. 성도의 정체성을 지키지 못해서 축복의 약속을 듣기만 하고 누리지 못하는 것은 아닌가?
4. 성도의 삶을 스스로 포기할 때, 그리스도도, 하나님의 임재도, 영원한 생명의 땅도 잃게 된다는 것을 마음에 담고 행동과 태도에 조심하는가?
5. 심판이 임하고 난 후에 하나님의 말씀이 진리인 것을 확인하길 원하는가, 아니면 진리인 것을 확신하고 그 확신에 따라 살길 원하는가?
6. 불행하게도 죄로 인한 하나님의 심판이 임했을 때 그 심판 속에서 하나님이 이루실 회복의 시작을 발견하는가? 그 시작이 죄를 인정하고 그의 심판을 수용하는 이들의 눈에만 보이는 것을 아는가? (애 3장)

4. 여호야긴의 사면(31-34절)

역사의 시간은 주전 581년(30절)에서 바벨론 포로기의 중간으로 이동한다. 유다와 예루살렘이 멸망하고 희년의 절반인 25년이 지난 후 여호야긴이 사면된다.[13] 이 때는 여호야긴이 사로잡혀간 지 37년이 되는 해이며 에윌므로닥이 그의 아버지 느부갓네살의 뒤를 이어 왕이 된 원년(주전 561년)이다. 새로운 인물로 에윌므로닥과 여호야긴이 등장한다. 다윗왕조의 몰락과 유다의 멸망은 유다백성에게 절망으로 다가왔을 것이다. 예루살렘과 성전이 파괴되고 대제사장과 지도자들이 제거됐다. 또한 유다백성은 약속의 땅에서 추방되어 바벨론에 포로로 사로잡혀 왔다. 하지만 이것이 유다를 향한 하나님의 계획의 마지막이 아니라는 사실을 여호야긴의 사면에 대한 기록을 통해 전달한다. 유다를 멸망으로 인도한 다윗왕조가 몰락했지만 여호야긴의 사면은 다윗왕조가 완전히 제거된 것이 아님을 보여준다. 사건의 진행에 있어서 행동의 주체를 중심으로 31-34절은 두 개의 단락으로 구분된다.[14]

a. 에윌므로닥이 여호야긴을 사면하고 존중함(31-32절)
　b. 여호야긴이 특별한 대우를 누림(33-34절)

에윌므로닥이 여호야긴을 사면하고 존중함(31-32절)
여호야긴이 포로로 잡혀간 지 37년이 되는 해에 바벨론 왕 에윌므로닥이 그를 사면하고 친절히 대할 뿐만 아니라 바벨론에 있는 다른 왕들보다 자리를 높이고 존중한다.

여호야긴이 특별한 대우를 누림(33-34절)
여호야긴이 예루살렘으로 귀환하지는 못하지만 바벨론에서 죽는 날까지 왕의 식탁에 참여하고 필요한 정량을 받는 특별한 대우를 누린다.

---

13) 에스겔은 여호야긴이 사로잡힌 25년이 되는 해에 성전환상(40-48장)을 받는다.

14) 개역개정은 33절의 번역에서 행동의 주체를 에윌므로닥으로 제시한다. 하지만 히브리어 원문의 동사들 שִׁנָּה 쉰나("그가 갈아입었다")와 אָכַל 아칼("그가 먹었다")의 주어를 여호야긴으로 보는 것이 적절하다(cf. 공동번역; 새번역; 현대인의 성경).

주해

31-32절. 에윌므로닥은 왕위에 오르면서 유다 왕 여호야긴을 사면한다(31절). 여호야긴이 포로로 잡혀간 지 37년째 되던 해인 주전 561년의 일이다. 유다의 멸망(586년) 이후 25년째 되는 해다. 그 해 12월 25일에 여호야긴이 감옥에서 석방된다. "여호야긴 왕의 머리를 들어 주었다"는 것은 그의 사면을 의미한다(cf. 새번역). 창세기 40장 13절에 보면, 감옥에서 요셉이 술 맡은 관원장의 꿈을 해몽해 주면서 동일한 표현을 사용한다. "지금부터 사흘 안에 바로가 당신의 머리를 들고 당신의 전직을 회복시키리니"(창 40:13). 여호야긴을 사면한 후 에윌므로닥은 그를 친절하게 대하고("좋은 것[טֹבוֹת 토보트]을 그에게 말하고"), 바벨론에 포로로 잡혀온 왕들 중에서 자리를 높여서 그를 존중한다(32절).

33-34절. 여호야긴은 에윌므로닥이 허락한 특별한 대우를 누린다. 여호야긴은 죄수의 의복을 벗고 그의 평생 동안 왕과 함께 식사를 한다(33절). 뿐만 아니라 그에게 필요한 것들이 바벨론 왕에 의해 그가 죽는 날까지 종신토록 채워지는 특혜를 누린다(34절). 여호야긴의 사면과 특별한 대우에 대한 기록은 유다와 다윗 왕조가 여전히 포로의 상태에 있지만 회복에 대한 기대를 가질 수 있게 하는 대목이다. 52장에 제한해서 여호야긴의 사면을 읽으면 회복은 여전히 희미하고 막연해 보인다. 하지만 예레미야서 전체의 흐름 속에서 이 사건을 접하면 이 사건이 포로기의 백성에게 희망의 메시지를 명확하게 전달하는 것을 알 수 있다. 왜냐하면 예레미야가 다윗왕조의 회복에 대한 분명한 신탁을 전했기 때문이다. 23:5-6과 33:15-16은 다윗에게서 나올 의로운 가지가 왕이 되어 공의와 정의를 행할 것을 선포한다. 29:11-14은 여호와의 회복에 대한 계획을 분명하게 기록한다. 뿐만 아니라 30:3, 8-11, 18-22은 포로에서의 귀환과 다윗왕조 회복을 예언한다. 특히 소위 말하는 "위로의 책"인 30-33장의 메시지를 마음에 새기고 여호야긴의 사면사건을 읽으면 이 사건은 이러한 회복의 성취를 확증하는 전조가 된다. 여호야긴이 더 이상 죄수의 대우를 받지 않는다는 것은 포로의 신세로 암울한 시기를 지나고 있는 유다백성에게 해방의 소망을 갖게 한다. 더 나아가 하나님이 다윗왕조와의 언약을 여전히 잊지 않고 계심을 상기시켜준다. 포로기의 백성은 왕좌에 앉아 통

치하는 다윗의 후손을 실제로 경험하지 못하지만 여호야긴의 사면을 통해서 다윗 왕조의 회복을 위해 일하고 계시는 하나님을 본다. 두 가지 모습의 하나님이다. 첫째, 인간의 실패에도 불구하고 일하시는 하나님이다. 하나님은 백성의 변화에 근거하지 않은 그의 전적 개입(God's *monergistic* involvement)을 통하여 회복을 약속하시고 그의 신실하심을 보여주신다(cf. 23:5-6; 24:4-7; 30:1-3, 4-9; 30:1-31:14, 31-34; 33:14-26). 하지만 회복의 메시지를 분명히 듣기 위해서는 심판의 메시지를 먼저 확인해야 한다. 둘째, 그가 말하신 것이 성취되기까지 쉬지 않고 일하시는 하나님이다(cf. 30:23-24). 따라서 유다 포로들은 자신들이 아닌 하나님을 통해 회복의 희망을 본다.

52장은 심판과 희망의 합주곡이다. 심판의 성취는 희망의 기저를 제공하는 선율이며 희망의 메시지와 함께 그 절정에 이른다. 심판이 연주되고 있는 포로기의 암울한 시기를 겪고 있는 백성에게 그 심판이 희망의 선율로도 연주되어 들려진다. 예레미야서 전체 메시지의 흐름 속에서 살필 때, 52장은 심판의 곡조마다 회복의 여지들이 함께 곁들여 있다는 사실을 보여준다. 하나님이 유다를 심판하시면서도 성전 기명을 여전히 보존하시고 또한 포로로 잡혀가는 자들을 통해 "남은 자"를 만드시는 것에서 볼 수 있는 바와 같이 심판의 흔적 위에 하나님은 회복을 노래하는 소망의 씨를 뿌리고 새기어 두셨다. 이것은 예수님이 우리를 대신해서 감당하시는 심판 속에서 회복의 확실한 증거를 보는 것과 같다. 심판의 실재성을 선포해서 신자로 하여금 심판을 두려워하고 실패하지 않도록 경고해야 한다. 하지만 이미 실패의 자리에 있는 이들을 향해서는 심판에 뿌려진 회복의 씨앗을 보고 여호와께 소망을 두고 돌아오라고 외치는 것이 52장을 예레미야의 신탁에 첨부한 이의 의도는 아닐까?

예레미야서를 다 읽고 난 후 독자는, 악한 마음의 완악함에 따라 지독하게 하나님을 외면하고 그에게 등을 돌린 일로 인해 처참하게 파괴된 예루살렘을 바라보면서 애간장이 타들어가는 슬픔의 눈물을 흘리며 부르짖는 이의 호소에 귀를 기울여야 하지 않을까?

주의 명령이 아니면 누가 이것을 능히 말하여 이루게 할 수 있으랴

회와 복이 지존자의 입으로부터 나오지 아니하느냐
살아 있는 사람은 자기 죄들 때문에 벌을 받나니 어찌 원망하랴
우리가 스스로 우리의 행위들을 조사하고 여호와께로 돌아가자
우리의 마음과 손을 아울러 하늘에 계신 하나님께 들자
(애 3:37-41)

여호와여 주는 영원히 계시오며 주의 보좌는 대대에 이르나이다
주께서 어찌하여 우리를 영원히 잊으시오며 우리를 이같이 오래 버리시나이까
여호와여 우리를 주께로 돌이키소서 그리하시면 우리가 주께로 돌아가겠사오니 우리의 날들을 다시 새롭게 하사 옛적 같게 하옵소서
(애 5:19-21)

현재적 적용 | 묵상

1. 죄로 인한 심판이지만 그 심판에 새겨진 회복의 흔적을 살피며 하나님의 은혜를 구하는가?
2. 현재의 상황에서는 희미하고 막연한 전조에 불과하지만 하나님의 전체적인 계획과 약속의 말씀에 반추하여 확실한 증거로 취하고 있는가?
3. 계속되는 실패로 인해 낙담이 될 때 결코 실패하지 않으시는 하나님께 주목하는가?
4. 심판과 희망의 합주곡이 연주될 때 심판의 선율에는 회개로 그리고 희망의 선율에는 믿음으로 따라가고 있는가?

참고문헌 1)

박동현. 『예레미야 I & II 』 서울: 대한기독교서회, 2006.

반게메렌, W. 『예언서연구』 채천석 역. 서울: 솔로몬, 2012.

랄레만, 헤티. 『예레미야/예레미야 애가』 유창걸 역. TOTC. 서울: CLC, 2017.

롱맨, 트램퍼 & 레이몬드 딜라드, 『최신구약개론』 박철현 역. 서울: 크리스찬다이제스트, 2009.

류호준. 『인간의 죄에 고뇌하시는 하나님: 예레미야 묵상』 고양: 이레서원, 2006.

송병현. 『예레미야 I』 엑스포지멘터리, 2016.

_____. 『예레미야 II & 예레미야 애가』 엑스포지멘터리, 2016.

아쳐, 글리이슨. 『구약총론』 김정우 역. 서울: 기독교문선교회, 1985.

앤더슨, 버나드 W. 『구약성서 이해』 강성열/노항규 역. 서울: 크리스찬다이제스트, 2002.

원용국. 『예레미야 주석(상/중/하)』 서울: 호석, 2005.

장성길. 『이스라엘의 구원과 회복의 드라마』 서울: 이레서원, 2007.

정규남. 『구약개론』 서울: 개혁주의신행협회, 2001.

조휘. 『사자가 부르짖은 즉 누가 두려워하지 않겠느냐?: 아모스서 원전연구 및 주해』 서울: 그리심, 2011.

____. "선지서의 신적 신탁에 등장하는 '여호와께서' 와 '여호와가' 의 한글번역에 관한 제언 - 개역개정을 중심으로." 「ACTS신학저널」 26 (2015): 9-39.

크레이기, 피터 외. 『예레미야 1-25』 권대영 역. WBC. 서울: 솔로몬, 2003.

코운, 젤라드 L. 외. 『예레미야 26-52』 정일오 역. WBC. 서울: 솔로몬, 2006.

클레멘츠, 로날드 E. 『예레미야』 서울: 한국장로교출판사, 2002.

Alter, R. *The Art of Biblical Narrative.* New York: Basic Books, 1981.

________. *The Art of Biblical Poetry*. New York: Basic Books, 1985.

---

1) 참고문헌 목록은 본서에 인용되거나 참조한 서적뿐만 아니라 예레미야서 연구자들이 참고할 만한 서적을 포함하고 있다.

Becking, B. "Jeremiah's Book of Consolation: a Textual comparison Notes on the Masoretic Text and the Old Greek Version of Jeremiah XXX-XXXI." *VT* 44 (1994): 145-69.

Berlin, Adele. *The Dynamics of Biblical Parallelism*. Indiana University Press, 1992.

Bright, J. *Jeremiah*. AB. New York: Doubleday, 1965.

Brueggmann, Walter. *To Pluck Up, to Tear Down: A Commentary on the Book of Jeremiah 1-25*. ITC. Grand Rapids: Eerdmans, 1988.

________. *To Build, to Plant: A Commentary on Jeremiah 25-52*. ITC, Grand Rapids: Eerdmans, 1991.

________. *A Commentary on Jeremiah: Exile and Homecoming*. Grand Rapids: Eerdmans, 1998.

Carroll, R. P. *Jeremiah 1-25*. OTL. London: SCM Press, 1986.

Chae, Moon Kwon. "Redactional Intentions of MT Jeremiah concerning the Oracles against the Nations." *Journal of Biblical Literature* 3 (2015): 577-93.

Chisholm, R. B. Jr. *Handbook on the Prophets*. Grand Rapids: Zondervan, 2002.

Crenshaw, James L. "A Living Tradition, the Book of Jeremiah in Current Research." *Interpretation* 37 (1983): 117-29.

Dearman, J. A. *Jeremiah, Lamentations*. NAC. Grand Rapids: Zondervan, 2002.

Fretheim, T. E. *Jeremiah*. SHBC. Vol. 15. Macon: Smyth & Helwys Publishing, 2002.

Harrison, R. K. *Jeremiah & Lamentations: An Introduction and Commentary*. TOTC Downers Grove: Inter-Varsity Press, 1973.

Hayes, John H. "The Tradition of Zion's Inviolability." Journal of Biblical Literature 82 (1963): 419-26.

Hobbs, T. R. "Some Remarks on the Composition and Structure of the Book of Jeremiah." *Catholic Biblical Quarterly* 34 (1972): 257-75.

Holladay, W. "Prototype and Copies: A New Approach to the Poetry-Prose Problem in the Book of Jeremiah." *Journal of Biblical Literature* 79

(1960): 351-67.

_________. *Jeremiah 1: A Commentary on the Book of the Prophet Jeremiah (Chapters 1-25)*. Hermeneia. Philadelphia: Fortress Press, 1986.

_________. *Jeremiah 2: A Commentary on the Book of the Prophet Jeremiah (Chapters 26-52)*. Hermeneia. Philadelphia: Fortress Press, 1990.

Huey, F. B. *Jeremiah, Lamentations: An Exegetical and Theological Exposition of Holy Scripture*. Nashville: Broadman, 1993.

Hyatt, J. P. "The Beginning of Jeremiah's Prophecy," in *A Prophet to the Nations: Essays in Jeremiah Studies*, ed. by L. G. Perdue and B. W. Kovacs, 63-72. Winona Lake: Eisenbrauns, 1984.

Jones, D. R. *Jeremiah*. NCBC. Grand Rapids: Eerdmans, 1992.

Longman, T., III. *Jeremiah/Lamentations.* UBCS. Grand Rapids: Baker, 2008.

Lundbom, J. R. *Jeremiah 1-20.* AYBC. New Haven: Yale University Press, 1999.

________. *Jeremiah 21-36*. AYBC. New Haven: Yale University Press, 2004.

________. *Jeremiah 37-52*. AYBC. New Haven: Yale University Press, 2004.

McKane, W. A. *Critical and Exegetical Commentary on Jeremiah*. 2 Vols. ICC. Edinburgh: T&T Clark, 1986, 1996.

Martens, E. A. *Jeremiah*. Scottdale: Herald Press, 1986.

Patterson, R. D. "Of Bookends, Hinges, and Hooks Literary Clues to the Arrangement of Jeremiah's Prophecies." *Westminster Theological Journal* 51(1989): 109-31.

Perdue, L. G. "Jeremiah in Modern Research: Approaches and Issues." In *A Prophet to the Nations: Essays in Jeremiah Studies*, ed. L. G. Perdue and B. W. Kovacs, 1-32. Winona Lake: Eisenbrauns, 1984.

Petersen, David L. and Kent H. Richards. *Interpreting Hebrew Poetry.* Minneapolis: Fortress, 1992.

Pratt, R. L. Jr. *He Gave Us Stories*. New Jersey: P & R Publishing, 1993.

Rofé, Alexander. "The Arrangement of the Book of Jeremiah." *Zeitschrift für die alttestamentliche Wissenschaft* 101 (1989): 390-98.

Ryken, L., J. C. Wilhoit, and T. Longman III, eds. *Dictionary of Biblical Imagery*. Downers Grove: InterVarsity Press, 1998.

Smelik, Klaas A. D. "An Approach to the Book of Jeremiah." In *Reading the Book of Jeremiah: A Search for Coherence*, ed. Martin Kessler, 1-12. Winona Lake: Eisenbrauns, 2004.

Steiner, R. C. "Incomplete Circumcision in Egypt and Edom: Jeremiah (9:24-25) in Light of Josephus and Jonckheere." *Joural of Biblical Literature* 118 (1999): 497-526.

Thompson, J. A. *The Book of Jeremiah*. NICOT. Grand Rapids: Eerdmans, 1979.

Watson, W. E. *Classical Hebrew Poetry*. JSOTSup. 26, Sheffield; JSOT Press, 1984. Watts, James W. "Text and Redaction in Jeremiah's Oracles against the Nations." *Catholic Biblical Quarterly* 54 (1992): 432-47.

예레미야와 함께

(예레미야 주해서) 끝

나훔서
원전연구 및 주해
본서를 통해 의도하는 바는 다음과 같다.
첫째, 원문분석과 원문주해에 집중하고 있다.
둘째, 각 단락의 핵심 메시지를 찾고 해당 단락이 나훔서 전체에서 갖는 위치와 역할, 주제적 연결성을 제시한다.
셋째, 선지자 나훔이 성도의 삶을 향해 선포하고 있는 메시지를 현재적 적용 단락에서 미흡하나마 다루고 있다. 설교자는 나훔서의 의미를 파악한 후 각자의 정황에 따라 그 의미를 정확하고 효과적으로 적용하는 일에 충분하고 신중한 고민을 해야 한다.
조 휘 지음
함께 시리즈
나훔과 함께

조 휘 · 양장 · 392면

나훔과 함께

본서는
말씀 사역자들이 나훔서를 올바로 다루는 것에
도움을 주고자 저술하였다.
해석적 이론과 절차를 구체적으로 설명하지 않지만
나훔서 히브리어원전의 구문을 분석하고
신탁의 문학적, 신학적 특징에 근거하여
본문을 주해하여
나훔서 해석과 이해를 돕고자 한다.

저자의 근본적인 의무는
본문에서 자신이 원하는 의미를 창출하는 것이 아니라
저자가 의도한 의미를 발견하는 것이다.
즉, "나훔과 함께" 본문을 읽으면서
그의 인도에 따라 그의 의미를 찾는 것이다.
본문의 단어 및 구문, 문학적 기법,
나훔서 전체의 배열과 구성은
선지자 나훔이 어떻게 그의 의미로
독자들을 인도하고 있는지를 보여준다.

아모스와 함께

본서를 통해 의도하는 바는 다음과 같다.
첫째, 원전연구를 통하여 아모스 선지자의 메시지를 보다 견실하게 파악하고 전달하는 것이다.
둘째, 히브리어 구문과 문학적 기교에 대한 이해를 제공하는 것이다.
셋째, 비평적 견해에 근거한 본문분석과 해석의 문제를 복음주의 입장에서 어떻게 다루어야 하는지에 대한 예를 제시하고자 한다.
넷째, 의사소통이론(communication theory)에 근거하여
구문론(syntactics), 의미론(semantics), 활용론(pragmatics)을
중요한 분석적 작업의 영역으로 간주하고 있는
텍스트언어학(textlinguistics)을
성경주해에 어떻게 활용하는 지에 대한 예를 전달하고자 한다.
다섯째, 궁극적으로는 보다 정확한 본문주해에 근거하여 현재적 적용을 제시하는 것이다.
단지 석의나 주해에서 머무는 것이 아니라
아모스 선지자의 메시지가
오늘 우리에게 어떤 도전을 주고 있는지를 고민하는 것은 성경연구의 핵심이다.